北京市哲学社会科学"十五"规划项目

中国社会科学院创新工程学术出版资助项目

社 科 学 术 文 库

LIBRARY OF
ACADEMIC WORKS OF
SOCIAL SCIENCES

清代北京旗人社会

（修订本）

刘小萌 ● 著

中国社会科学出版社

图书在版编目（CIP）数据

清代北京旗人社会／刘小萌著．—修订本．—北京：中国社会科学出版社，2016.1（2022.7）

ISBN 978-7-5161-7459-3

Ⅰ.①清… Ⅱ.①刘… Ⅲ.①满族—民族社会学—北京市—清代 Ⅳ.①K282.1

中国版本图书馆 CIP 数据核字（2015）第 309554 号

出 版 人	赵剑英
责任编辑	郭沂纹
特约编辑	沂 涟
责任校对	李小冰
责任印制	李寡寡

出　　版	中国社会科学出版社
社　　址	北京鼓楼西大街甲 158 号
邮　　编	100720
网　　址	http://www.csspw.cn
发 行 部	010-84083685
门 市 部	010-84029450
经　　销	新华书店及其他书店
印　　刷	北京明恒达印务有限公司
装　　订	廊坊市广阳区广增装订厂
版　　次	2016 年 1 月第 2 版
印　　次	2022 年 7 月第 2 次印刷
开　　本	710×1000　1/16
印　　张	53.25
字　　数	818 千字
定　　价	159.00 元

凡购买中国社会科学出版社图书，如有质量问题请与本社营销中心联系调换
电话：010-84083683
版权所有　侵权必究

目　录

第一章　绪论 ………………………………………………… (1)
　第一节　研究范围及方法 …………………………………… (2)
　第二节　研究成果的回顾 …………………………………… (3)

第二章　旗人社会的形成 ……………………………………… (8)
　第一节　从辽沈到北京 ……………………………………… (8)
　第二节　"首崇满洲"与旗人特权 ………………………… (13)
　　一　"首崇满洲" ………………………………………… (13)
　　二　旗人的特权 …………………………………………… (18)
　第三节　八旗制度的变化 …………………………………… (24)
　　一　分布格局的变化 ……………………………………… (24)
　　二　管理制度的变化 ……………………………………… (26)
　　三　兵制的变化 …………………………………………… (34)
　第四节　八旗内部关系的变化 ……………………………… (36)
　　一　上三旗与下五旗 ……………………………………… (36)
　　二　内务府包衣三旗 ……………………………………… (39)
　第五节　旗人社会的形成 …………………………………… (41)
　　一　内城的建制 …………………………………………… (41)
　　二　内城的建筑 …………………………………………… (52)
　　三　寺庙与宗教 …………………………………………… (57)
　　四　商业与店铺 …………………………………………… (67)
　　五　风俗与文化 …………………………………………… (74)

第三章　旗房与旗地 ································ (82)
第一节　旗人间的房产交易 ···························· (82)
　　一　旗房的由来与私有化 ···························· (83)
　　二　旗房交易的主要形式 ···························· (86)
　　三　旗房交易的特点 ······························ (104)
第二节　旗人间的土地交易 ··························· (118)
　　一　旗地交易的主要形式 ··························· (118)
　　二　旗地交易的特点 ······························ (124)
第三节　旗人的茔地与祭田 ··························· (132)
　　一　茔地和祭田的来源 ···························· (132)
　　二　茔地和祭田制度 ······························ (150)
第四节　旗人的施舍地 ······························· (162)
　　一　旗人舍地的来源 ······························ (162)
　　二　旗人施主的身份 ······························ (167)
　　三　旗人舍地的对象 ······························ (172)
　　四　旗人舍地的影响 ······························ (178)

第四章　旗人与民人 ································ (193)
第一节　内城居民的分布格局与变迁 ··················· (194)
　　一　八旗的居址与消失 ···························· (194)
　　二　民人与旗人的混居 ···························· (201)
第二节　旗人与碓房 ································ (222)
　　一　旗人的粮米与仓储 ···························· (222)
　　二　碓房的由来 ·································· (227)
　　三　碓房的经营 ·································· (232)
　　四　碓房的放债 ·································· (240)
　　五　名目繁多的偿债形式 ··························· (247)
第三节　内城中的民人 ······························· (264)
　　一　经商的民人 ·································· (264)
　　二　从事手工业的民人 ···························· (277)
　　三　水夫、粪夫、剃头匠 ··························· (281)
　　四　寺观中的僧道 ································ (285)

第四节　旗人与香会 …… (293)
　　一　香会的名目 …… (294)
　　二　香会的组织 …… (326)
　　三　简短的结语 …… (341)

第五章　形形色色的旗人 …… (352)
第一节　"新满洲"入旗 …… (352)
第二节　"满化"的汉人 …… (356)
第三节　汉军出旗 …… (375)
第四节　俄罗斯旗人 …… (379)
　　一　俄罗斯佐领的形成 …… (380)
　　二　俄罗斯人到北京后的生活 …… (385)
　　三　俄罗斯人与东正教 …… (389)
　　四　俄罗斯人的到来与中俄关系 …… (395)
　　五　俄罗斯人的归宿 …… (397)

第六章　旗人的世家 …… (406)
第一节　内务府世家 …… (406)
　　一　世家的类型 …… (407)
　　二　世家的婚姻 …… (448)
第二节　满洲世家与汉军世家 …… (458)
　　一　满洲世家 …… (458)
　　二　汉军世家 …… (463)

第七章　旗人的文化与习俗 …… (478)
第一节　旗人的文教 …… (478)
　　一　八旗教育的兴起 …… (478)
　　二　重文轻武习气的养成 …… (491)
第二节　旗俗的演变 …… (501)
　　一　骑射习俗 …… (503)
　　二　旗家打扮 …… (507)
　　三　饮食习俗 …… (511)

四　礼仪习俗 …………………………………………（514）
　　五　婚葬习俗 …………………………………………（516）
第三节　语言与姓氏 ………………………………………（524）
　　一　满语满文的衰落 …………………………………（524）
　　二　姓氏的汉化 ………………………………………（535）
第四节　信仰的递嬗 ………………………………………（544）
第五节　消闲之俗 …………………………………………（555）

第八章　晚清旗人社会 ………………………………………（572）
第一节　八旗生计的恶化 …………………………………（572）
　　一　人口增长 …………………………………………（575）
　　二　财政危机 …………………………………………（576）
　　三　高利贷盘剥 ………………………………………（579）
　　四　旗制积弊 …………………………………………（580）
　　五　旗制束缚 …………………………………………（583）
　　六　不知撙节 …………………………………………（586）
第二节　八旗兵丁的荒怠 …………………………………（588）
　　一　八旗军队不堪一战 ………………………………（588）
　　二　对八旗军队的整饬 ………………………………（595）
第三节　"化除旗民畛域" …………………………………（597）
第四节　筹办八旗生计 ……………………………………（604）
　　一　兴办实业 …………………………………………（606）
　　二　兴办学堂 …………………………………………（607）
　　三　编练新军 …………………………………………（615）
　　四　编练警察 …………………………………………（620）
　　五　民间的自救 ………………………………………（623）

第九章　旗人社会的瓦解 ……………………………………（628）
第一节　清朝的灭亡 ………………………………………（628）
第二节　辛亥革命后的北京 ………………………………（635）
　　一　剪除辫发 …………………………………………（638）
　　二　冠姓改籍 …………………………………………（644）

第三节　维护旗人权益 (655)
　　一　组织旗人社团 (656)
　　二　创办旗人工厂 (659)
　　三　筹划八旗生计 (664)
　　四　旗族意识 (669)
第四节　八旗制度的终结 (672)
　　一　八旗制度的终结 (672)
　　二　旗人社会的瓦解 (674)
第五节　概括总结 (679)
　　一　关于旗人社会形成 (679)
　　二　关于旗人不动产 (680)
　　三　关于旗民关系 (681)
　　四　关于旗人类型 (683)
　　五　关于旗人世家 (684)
　　六　关于旗人文化 (684)
　　七　关于旗人社会瓦解 (686)

第十章　文献研究 (687)
第一节　基本史料 (687)
　　一　官书奏档 (687)
　　二　地方史志 (691)
　　三　笔记文集 (693)
　　四　外人记录 (694)
　　五　满文文献 (698)
　　六　舆图绘画 (700)
　　七　报纸杂志 (706)
　　八　回忆口述 (708)
　　九　目录索引 (708)
第二节　重点史料 (708)
　　一　契书 (708)
　　二　碑刻 (722)
　　三　谱书 (743)

四　词曲 …………………………………………………（764）
　　五　小说 …………………………………………………（787）

大事记 ………………………………………………………（800）

参考文献 ……………………………………………………（807）

后记 …………………………………………………………（826）

图 目 录

图1　长白山图(雍正《古今图书集成》) …………………………(9)
图2　满族崛起之地(辽宁新宾) …………………………………(10)
图3　燕山图(雍正《古今图书集成》) ……………………………(12)
图4　满洲的将军(内藤湖南:《满洲写真帖》) …………………(13)
图5　满洲皇帝与王公贵族(《唐土名胜图会》) …………………(17)
图6　清帝冠服图(《唐土名胜图会》) ……………………………(19)
图7　京城图(雍正《畿辅通志》) …………………………………(23)
图8　杭州旗城涌金门遗址 ………………………………………(30)
图9　江宁(南京)旗城今景 ………………………………………(31)
图10　荆州旗城马道 ………………………………………………(31)
图11　绥远旗城遗迹 ………………………………………………(32)
图12　伊犁惠远古城今景 …………………………………………(32)
图13　甘肃武威旗城今景 …………………………………………(33)
图14　右卫旗城城门遗迹 …………………………………………(33)
图15　成都旗城窄巷子今景 ………………………………………(34)
图16　京师总图(《唐土名胜图会》) ………………………………(42)
图17　京师内城与八旗分布(《唐土名胜图会》) …………………(42)
图18　京师外城图(《唐土名胜图会》) ……………………………(43)
图19　八旗阅武楼 …………………………………………………(45)
图20　蓝靛厂火器营近景 …………………………………………(46)
图21　内城的栅栏(康熙《万寿盛典图》) …………………………(47)
图22　内城的堆拨(康熙《万寿盛典图》) …………………………(48)
图23　连接内外城的正阳门(《唐土名胜图会》) …………………(50)

图 24	西直门(《唐土名胜图会》)	(52)
图 25	内城的王府(康熙《万寿盛典图》)	(54)
图 26	西四牌楼商业区(康熙《万寿盛典图》)	(55)
图 27	水井和饮马人(康熙《万寿盛典图》)	(56)
图 28	井与庙(康熙《万寿盛典图》)	(56)
图 29	关帝庙(康熙《万寿盛典图》)	(58)
图 30	观音庵(康熙《万寿盛典图》)	(59)
图 31	天仙庙(康熙《万寿盛典图》)	(60)
图 32	顺治帝"敬佛"碑	(61)
图 33	法海寺遗址	(61)
图 34	放生图(康熙《万寿盛典图》)	(62)
图 35	满文《萨满祭祀》书影	(63)
图 36	满人祭祀神本	(64)
图 37	关羽像(《唐土名胜图会》)	(66)
图 38	民间娘娘神	(66)
图 39	井边的龙王庙(康熙《万寿盛典图》)	(67)
图 40	内城的菜局(康熙《万寿盛典图》)	(70)
图 41	内城的银局和酒铺(康熙《万寿盛典图》)	(71)
图 42	内城的饭铺、烟铺、茶叶店、米铺(康熙《万寿盛典图》)	(71)
图 43	内城的酒铺、煤铺、菜铺(康熙《万寿盛典图》)	(72)
图 44	内城的布铺、糕点铺、米店(康熙《万寿盛典图》)	(72)
图 45	内城的香料铺、佛具铺、饽饽铺(康熙《万寿盛典图》)	(73)
图 46	卖玩具的小贩(康熙《万寿盛典图》)	(73)
图 47	顶包袱的旗妇(康熙《万寿盛典图》)	(75)
图 48	骑马的父子(康熙《万寿盛典图》)	(76)
图 49	骑马的旗人妇女(康熙《万寿盛典图》)	(77)
图 50	厚底女旗鞋	(79)
图 51	高底女旗鞋	(80)
图 52	内城的旗人妇女(康熙《万寿盛典图》)	(80)
图 53	内城的汉人妇女(康熙《万寿盛典图》)	(81)
图 54	京师八旗右翼管税关防印文	(86)
图 55	康熙四十八年蒙古旗人五十八满文典房契	(87)

图 56　康熙四十八年蒙古旗人五十八汉文典房契 …………………… (89)
图 57　康熙五十三年满洲旗人富绅满文典房契 …………………… (90)
图 58　嘉庆二年觉罗景文景和改典为卖契 ………………………… (93)
图 59　乾隆二十八年、三十二年、三十九年旗人陆世俊抵押房契 …… (99)
图 60　民间房契上房牙与总甲戳记 ……………………………… (103)
图 61　旗人房契上钤盖的满汉文佐领图记 ……………………… (103)
图 62　道光十六年绮贝勒卖房契 ………………………………… (110)
图 63　康熙十七年安氏茔地碑 …………………………………… (133)
图 64　马佳氏图海墓碑 …………………………………………… (135)
图 65　"文化大革命"中被毁的范文程墓穴 …………………… (137)
图 66　同治七年醇王园寝诗碑 …………………………………… (140)
图 67　醇亲王墓 …………………………………………………… (141)
图 68　康熙三十六年汉军石文晟继妻佟氏诰封碑 ……………… (143)
图 69　敬谨亲王尼堪墓碑 ………………………………………… (145)
图 70　顺承郡王墓地宝顶 ………………………………………… (147)
图 71　洪承畴及妻李氏墓志铭 …………………………………… (148)
图 72　康熙十三年镶红旗护军参领额苏墓碑拓本 ……………… (151)
图 73　光绪四年兀扎喇氏茔地碑记拓本 ………………………… (153)
图 74　肃亲王墓地石享堂 ………………………………………… (155)
图 75　礼王坟遗址 ………………………………………………… (156)
图 76　康熙名臣索额图女黑舍里氏众圣保圹志拓本 …………… (159)
图 77　恭亲王园寝图（光绪《昌平州志》） ……………………… (161)
图 78　恭亲王园寝牌坊 …………………………………………… (161)
图 79　康熙四十九年五十三舍地碑 ……………………………… (164)
图 80　伊桑阿墓地 ………………………………………………… (165)
图 81　伊桑阿墓地牌坊 …………………………………………… (166)
图 82　大觉寺内醇亲王题匾额 …………………………………… (168)
图 83　京师内城隆福寺（《乾隆京城全图》） …………………… (169)
图 84　康熙五十七年东岳行宫重修碑 …………………………… (174)
图 85　龙王圣母庙 ………………………………………………… (174)
图 86　关帝庙 ……………………………………………………… (176)
图 87　白云观 ……………………………………………………… (178)

图 88　大觉寺内古塔 …………………………………………（180）
图 89　资福寺 ………………………………………………（183）
图 90　嘉庆十三年玉保舍地碑 ……………………………（188）
图 91　睿王府（普渡寺）旧照 ………………………………（196）
图 92　睿王府今照 …………………………………………（196）
图 93　八旗方位全图（《八旗通志初集》）…………………（199）
图 94　京师城池全图（《宸垣识略》）………………………（199）
图 95　康熙三十四年包衣旗人李成茂卖房契（满文本）…（204）
图 96　康熙三十四年包衣旗人李成茂卖房契（汉文本）…（205）
图 97　民间红契上的宛平县印 ……………………………（209）
图 98　民间红契上的大兴县印 ……………………………（210）
图 99　光绪元年满洲公爵德寿卖房契 ……………………（212）
图 100　京师四牌楼大市街（《唐土名胜图会》）……………（214）
图 101　京师通州漕运图（雍正《古今图书集成·河槽总图》）……（223）
图 102　京杭大运河南端富义仓码头遗址 …………………（224）
图 103　京杭大运河北端通济桥遗址 ………………………（224）
图 104　通州张家湾古桥 ……………………………………（225）
图 105　京师八旗粮仓之一——南新仓遗迹 ………………（226）
图 106　舂米（雍正《古今图书集成》）………………………（229）
图 107　碓房 …………………………………………………（231）
图 108　水碓（雍正《古今图书集成》）………………………（233）
图 109　乾隆五十七年蒙古旗人富兴等给通泰号张姓的借钱
　　　　字据 …………………………………………………（234）
图 110　四义碓房印文 ………………………………………（236）
图 111　四义碓房（德内）印文 ………………………………（236）
图 112　嘉庆二年满洲旗人玉某给通泰号张姓借钱字据 …（239）
图 113　嘉庆十一年旗人玉泰、常清给通泰号的借据 ……（239）
图 114　嘉庆十三年原任佐领绅亮同子现任佐领泰林给张姓的
　　　　借钱字据 ……………………………………………（243）
图 115　光绪十四年蒙古旗人皂老四给通泰号的借钱字据 …（244）
图 116　道光十八年蒙古旗人富庆给通泰号的借钱字据 …（246）
图 117　同治九年旗人祥瑞给通泰号的借钱字据 …………（248）

图 118	皇城内的菜局(康熙《万寿盛典图》)	(266)
图 119	皇城内的药铺(康熙《万寿盛典图》)	(267)
图 120	皇城内的店铺与小贩(康熙《万寿盛典图》)	(268)
图 121	大清门前棋盘街(《唐土名胜图会》)	(269)
图 122	内城皮市(《八旗通志初集》)	(270)
图 123	鼓楼大街(《唐土名胜图会》)	(271)
图 124	隆兴煤厂印文	(272)
图 125	聚发合铺号印文	(273)
图 126	永兴斋冥衣铺印文	(273)
图 127	复兴斋笺表铺印文	(274)
图 128	佩华银楼印文	(274)
图 129	锡宝楼印文	(275)
图 130	锡宝楼账单	(275)
图 131	德外东长聚印文	(276)
图 132	通兴长绸缎铺印文	(276)
图 133	内城的修车铺、米店、药店(康熙《万寿盛典图》)	(278)
图 134	广丰木厂印文	(279)
图 135	盔头铺永茂号印文	(280)
图 136	永源号鞍韂铺印文	(280)
图 137	同兴长记、德庆隆店印文	(280)
图 138	送水夫(康熙《万寿盛典图》)	(282)
图 139	灯市中的送水夫(《唐土名胜图会》)	(284)
图 140	隆福寺庙会(《北京风俗图谱》)	(286)
图 141	阐福寺大佛(《唐土名胜图会》)	(288)
图 142	地安门大街火神庙	(290)
图 143	烟袋斜街内烟袋铺遗迹	(292)
图 144	都城隍庙旧址	(295)
图 145	康熙九年西顶娘娘庙香会碑碑侧题名	(297)
图 146	康熙二十六年西顶洪慈宫进香碑碑侧题名	(298)
图 147	丫髻山图(《怀柔县新志》)	(300)
图 148	修缮中的丫髻山玉皇殿	(300)
图 149	妙峰山顶惠济祠	(301)

图 150	乾隆五十二年成府村献供斗香膏药胜会碑	(303)
图 151	乾隆七年宗室弘晃进香碑	(304)
图 152	妙峰山朝顶进香	(307)
图 153	乾隆四十八年满汉文香会碑	(309)
图 154	慈善寺燃灯古佛塔	(310)
图 155	东岳庙内景	(311)
图 156	东岳庙碑林	(313)
图 157	万善吉庆悬灯老会碑	(317)
图 158	万善重整白纸老会碑	(318)
图 159	白云观(《唐土名胜图会》)	(319)
图 160	白云观内敕建罗公塔	(321)
图 161	白云观戒台	(322)
图 162	公议重整万善掸尘放生圣会碑(白云观)	(323)
图 163	大觉寺内景	(325)
图 164	石景山碧霞元君庙遗址	(327)
图 165	刘诚印墓塔	(330)
图 166	古刹龙泉寺	(331)
图 167	太监安德海捐资修建妙峰山香道	(333)
图 168	康熙八年西顶进香碑	(335)
图 169	北顶碧霞元君庙内古树	(336)
图 170	白云观进香(《北京风俗图谱》)	(341)
图 171	盛京(沈阳)清宫崇政殿木雕龙	(353)
图 172	顺治十一年巴尔达齐诰封碑	(356)
图 173	雍正朝《八旗满洲氏族通谱》书影	(358)
图 174	荆州旗城今景	(361)
图 175	江宁城与八旗驻防(《南巡盛典·程途图》)	(363)
图 176	温庄长公主(皇太极次女)圹辞	(364)
图 177	盛京(沈阳)怀远门满文门额	(365)
图 178	《听雨丛谈》书影	(367)
图 179	耿聚忠墓碑	(369)
图 180	柔嘉公主墓碑	(370)
图 181	康熙三十一年尚之隆妻和硕和顺公主谕祭碑拓本	(371)

图目录　7

图 182　顺治十二年孔有德赐谥碑 …………………………………（371）
图 183　广州旗城旧址 ………………………………………………（373）
图 184　浙江乍浦旗营遗址 …………………………………………（374）
图 185　广州驻防旗人墓地 …………………………………………（378）
图 186　雅克萨城遗迹 ………………………………………………（381）
图 187　雅克萨城哥萨克的军旗 ……………………………………（384）
图 188　雅克萨阵亡的哥萨克墓地 …………………………………（384）
图 189　内城东北角罗刹庙放大图（《乾隆京城全图》） ……………（390）
图 190　北馆图（《俄国驻北京传道团史料》）………………………（390）
图 191　写尔伊神父墓碑拓本（碑阳俄文） …………………………（391）
图 192　写尔伊神父墓碑拓本（碑阴汉文） …………………………（391）
图 193　俄罗斯北馆 …………………………………………………（393）
图 194　唎喇思机神父墓碑拓本（碑阳汉文） ………………………（394）
图 195　唎喇思机神父墓碑拓本（碑阴俄文） ………………………（394）
图 196　清宫画师绘俄罗斯人像 ……………………………………（397）
图 197　俄罗斯大使馆 ………………………………………………（399）
图 198　康熙朝古鼎 …………………………………………………（399）
图 199　清代建筑 ……………………………………………………（400）
图 200　阿尔巴津儿童 ………………………………………………（401）
图 201　遇难教徒"封圣"图 …………………………………………（403）
图 202　雅克萨哥萨克供奉的东正教圣像 …………………………（404）
图 203　雅克萨村今貌 ………………………………………………（404）
图 204　尚志杰墓碑拓本 ……………………………………………（411）
图 205　康熙十五年董得贵满汉合璧诰封碑拓本 …………………（412）
图 206　董氏墓地残碑 ………………………………………………（413）
图 207　董氏墓地 ……………………………………………………（414）
图 208　东陵图（董恂《凤台祗谒笔记》）……………………………（415）
图 209　沈阳清宫内石雕龙头 ………………………………………（418）
图 210　雍正七年金新达礼神道碑拓本（碑阳满文） ………………（420）
图 211　雍正七年金花住（新达礼之子）神道碑拓本（碑阳满文）…（422）
图 212　乾隆十一年常明（金花住之子）满汉合璧谕祭碑拓本 ……（423）
图 213　金佳氏墓地牌坊 ……………………………………………（424）

图214	江宁织造衙门(《南巡盛典·名胜图》)	(425)
图215	恭勤夫人谢氏墓地牌坊	(426)
图216	乾隆十六年乳母董氏满汉合璧墓碑拓本	(427)
图217	选宫女清册(《清朝图典》)	(430)
图218	选秀女排单(《清朝图典》)	(430)
图219	谢氏后人李广择	(433)
图220	谢氏牌坊上龙头凤尾象鼻蟒爪兽雕	(434)
图221	顺治九年满洲进士题名碑拓本	(440)
图222	麟庆画像	(442)
图223	河工图(《儿女英雄传》)	(445)
图224	文华殿御经筵图(《唐土名胜图会》)	(448)
图225	恽珠画像	(454)
图226	恽珠《闺秀正始集》	(455)
图227	安骥娶妻(《儿女英雄传》)	(457)
图228	富察氏宗祠碑	(460)
图229	富察氏宗祠碑额	(461)
图230	马佳氏勒保夫妇诰封碑	(462)
图231	明万历八年立李成梁石牌坊	(465)
图232	明崇祯四年立祖氏石牌坊	(470)
图233	祖大寿家族墓地	(471)
图234	《郎氏家谱》	(476)
图235	顺治帝《孝经序》书影	(480)
图236	雍正帝《圣谕广训序》书影	(483)
图237	紫光阁试武进士(《唐土名胜图会》)	(484)
图238	乾隆四年翻译进士题名碑拓本	(486)
图239	沙济富察氏乌拉布朱卷	(487)
图240	满汉文《三国演义》书影	(489)
图241	和素辑《醒世要言》书影	(490)
图242	聚珍堂梓行满汉合璧《圣谕广训》书影	(492)
图243	乾隆帝诗碑	(494)
图244	纳兰性德墓志铭	(496)
图245	康熙帝"昌明仁义"榜书拓本	(498)

图 246	成亲王书法（张宝《泛槎图》）	（502）
图 247	八旗演练（《唐土名胜图会》）	（504）
图 248	旗兵布库图	（506）
图 249	汉装女子服饰（《北京风俗图谱》）	（508）
图 250	旗人女子服饰（《北京风俗图谱》）	（508）
图 251	旗民妇女发式（《北京风俗图谱》）	（509）
图 252	抽旱烟的旗女（《儿女英雄传》）	（513）
图 253	男女揖拜请安（《北京风俗图谱》）	（515）
图 254	嘉庆二十三年旗人库雅拉氏节烈碑拓本	（519）
图 255	道光元年旗人刘氏节烈碑拓本	（520）
图 256	清太祖努尔哈赤父辈骨灰罐	（521）
图 257	缠足的十三妹（《儿女英雄传》）	（524）
图 258	新老满文	（525）
图 259	乾隆帝《吟射诗刻》（乾隆十三年题）	（527）
图 260	满洲文士达海诰封碑	（533）
图 261	光绪三十一年满文时宪书	（536）
图 262	门前迎客图（《清俗纪闻》）	（537）
图 263	《一学三贯清文鉴》书影	（540）
图 264	《清字解学士诗》书影	（543）
图 265	清宫堂子（《唐土名胜图会》）	（545）
图 266	祭灶王（《北京画报》）	（547）
图 267	天主—圣母，中国皇后（朱家驹绘）	（550）
图 268	耶稣会士绘康熙帝像	（552）
图 269	天主教士墓地	（554）
图 270	观戏的小孩（康熙《万寿盛典图》）	（556）
图 271	广和查楼（《唐土名胜图会》）	（558）
图 272	畅音阁大戏台	（559）
图 273	京城戏楼（《北京风俗图谱》）	（560）
图 274	京剧中的脚色之一（《北京风俗图谱》）	（564）
图 275	京剧中的脚色之二（《北京风俗图谱》）	（564）
图 276	京剧《四郎探母·萧太后》的旗装扮像（《清升平署戏装扮相谱》）	（565）

图 277　民国《国剧画报·旗装专号》 …………………………（566）
图 278　民国《国剧画报·旗装戏考》 …………………………（566）
图 279　茶园演戏图（顾文荃提供） ……………………………（569）
图 280　旗人制"永"字号鸽哨满汉文印文 ……………………（570）
图 281　康熙四十二年八旗感恩碑亭记拓本 ……………………（575）
图 282　咸丰三年银票 ……………………………………………（577）
图 283　当铺账簿 …………………………………………………（579）
图 284　光绪年间镶红旗满洲斌良佐领关于旗兵病故
　　　　饷银仍被冒领的禀文 ……………………………………（582）
图 285　光绪三十年武备院为旗兵误差不到给镶红旗
　　　　满洲都统衙门的公文 ……………………………………（584）
图 286　镶蓝旗满洲广勤佐领为女孩出嫁出具的图片 …………（589）
图 287　光绪三十三年镶蓝旗满洲觉罗启煜佐领为娶妻
　　　　事给镶红旗满洲斌良佐领的公文 ………………………（590）
图 288　八旗健锐营碉楼 …………………………………………（591）
图 289　吸大烟图（《北京风俗图谱》） …………………………（594）
图 290　神机营印文 ………………………………………………（596）
图 291　光绪《北京新闻汇报》 …………………………………（600）
图 292　洋报上的慈禧太后 ………………………………………（602）
图 293　总管满洲火器营营务满汉文印文 ………………………（605）
图 294　满洲火器营营总关防满汉文印文 ………………………（605）
图 295　北京同文馆 ………………………………………………（609）
图 296　宗室觉罗八旗高等学堂印文 ……………………………（611）
图 297　贵胄法政学堂试卷 ………………………………………（611）
图 298　原八旗高等小学 …………………………………………（612）
图 299　光绪三十二年慧仙女工学校碑（碑阳） ………………（613）
图 300　光绪三十二年慧仙女工学校碑（碑阴） ………………（613）
图 301　经正书院碑拓本（碑阳） ………………………………（614）
图 302　经正书院碑拓本（碑阴刻各省旗员捐款题名） ………（615）
图 303　钦命办理京旗练兵事宜大臣关防印文 …………………（617）
图 304　铁良去思碑（宣统二年杭州驻防兵丁公立） …………（619）
图 305　钩子兵（消防兵）查夜（《北京画报》） ………………（621）

图306	内城的巡警(《北京画报》)	(622)
图307	光绪三十年火器营为旗兵盗卖坟树给镶红旗满洲都统衙门的咨文	(625)
图308	光绪三十年内务府为宗室金山借官库银修祖茔事给镶红旗满洲都统咨文	(625)
图309	皇上好学(《图画新闻》)	(629)
图310	清帝退位号外(《京师公报》)	(634)
图311	福州将军朴寿毙命处(福州于山炼丹井)	(636)
图312	中华门(《旧都文物略》)	(636)
图313	京城桂公府内上马石	(638)
图314	奉天学生剪发(《图画新闻》)	(640)
图315	《剪发百谈》(辛亥年)	(642)
图316	民国二年时宪书	(645)
图317	健锐营碉楼	(648)
图318	健锐营印房旧址	(648)
图319	北京密云檀营旗人老屋	(654)
图320	清末旗人与民人	(655)
图321	载涛贝勒府	(661)
图322	民国四年镶红旗佐领关于旗人病故的公文	(667)
图323	光绪《京师八旗同学录》	(670)
图324	民国五年镶红旗满洲都统印文	(673)
图325	旗人挂孝图	(685)
图326	《八旗则例》满文本书影	(688)
图327	光绪三十年《镶红旗档》	(689)
图328	民国八年《镶白旗满洲公牍》	(690)
图329	顺天贡院全图(《顺天府志》)	(692)
图330	日本《鞑靼胜败记》中的满人形象	(695)
图331	西洋人笔下的满洲皇帝与皇后	(696)
图332	松筠《百二老人语录》书影	(699)
图333	盛京将军富俊墓碑	(700)
图334	大清门到正阳门(《乾隆京城全图》)	(701)
图335	八旗营房图(《密云县志》)	(703)

图 336	康熙《万寿盛典图》（局部）	（703）
图 337	摔跤图（《北京画报》）	（705）
图 338	扔石锁图（《北京画报》）	（705）
图 339	光绪《大同白话报》	（707）
图 340	京城《右翼税则》（《右翼司榷笔记》）	（711）
图 341	嘉庆十一年满汉合璧执照	（713）
图 342	民国八年步军统领衙门颁给租地执照	（717）
图 343	民国十九年密云檀营满人关如宽买地执照	（717）
图 344	康熙帝赐佟国维妻何奢礼氏"宿德壸范"匾额拓本	（724）
图 345	乾隆六十年宗人府颁恩碑（北京石刻博物馆）	（726）
图 346	肃亲王豪格满汉合璧墓碑拓本	（729）
图 347	顺承郡王勒克德浑墓碑	（730）
图 348	雍正帝书《仲丁诣祭文庙诗》拓本	（733）
图 349	光绪二十九年端方侍姬杨氏高氏碑	（736）
图 350	雍正三年隆福寺重修碑	（738）
图 351	乾隆帝书《般若波罗蜜多心经塔碑》拓本	（739）
图 352	乾隆十五年恩施郎世宁旗地碑拓本	（741）
图 353	雍正十三年沙济富察氏满文家谱	（748）
图 354	《叶赫纳喇氏宗谱》	（750）
图 355	《沙济富察氏家谱》书影	（758）
图 356	八旗火炮五福图案	（759）
图 357	八旗火炮禄寿图案	（760）
图 358	崇雯的满汉文印文	（764）
图 359	百本张子弟书书影	（767）
图 360	子弟书《孟姜女哭城》	（768）
图 361	茶馆图（《北京风俗图谱》）	（773）
图 362	二闸河灯（《北京风俗图谱》）	（775）
图 363	溜冰（《北京画报》）	（777）
图 364	抖空竹（《北京画报》）	（778）
图 365	京师灯市口地方镶白满固山厅（《左翼四旗所属官厅图》）	（781）
图 366	民间取租票	（783）

图 367 旗人家庭生活 …………………………………………（784）
图 368 京郊卢沟桥(《南巡盛典·名胜图》) ……………………（786）
图 369 旗人家庭(《儿女英雄传》) …………………………………（789）
图 370 祭拜家祠(《儿女英雄传》) …………………………………（789）
图 371 旗人主仆(《儿女英雄传》) …………………………………（790）
图 372 白云观庙会——打金钱眼(《北京画报》) ………………（794）
图 373 送妆奁图(《清俗纪闻》) ……………………………………（797）
图 374 迎亲图(《清俗纪闻》) ………………………………………（797）
图 375 京师八旗衙门遗址之一 ……………………………………（798）

表 目 录

表 3-1	旗人房契简表	(111)
表 3-2	旗人地契简表	(129)
表 3-3	玉清观自置受施房地一览表	(181)
表 3-4	有关施舍地的碑刻拓片参考目录	(190)
表 4-1	康、雍年间部分亲王郡王旗属府址对照表	(216)
表 4-2	康、雍、乾、嘉年间北京内城房屋交易表	(217)
表 4-3	与碓房有关的契书借据表	(251)
表 4-4	香会碑名表	(343)
表 9-1	《陆军部旗籍司呈准复姓更名入籍表》	(646)
表 9-2	陆军部咨文附《直隶陆军小学校旗生申请冠姓人名单》	(648)
表 9-3	内务部咨文附《陆军部旗籍官员呈请冠姓更名清单》	(651)
表 9-4	《铨叙局汇编旗员改籍冠姓更名表》之一	(653)
表 9-5	《铨叙局汇编旗员改籍冠姓更名表》之二	(653)

第一章

绪　论

> 我们清朝的制度不比前代，龙飞东海，建都燕京，万水朝宗，一统天下。就这座京城地面，聚会着天下无数的人才。真是个冠盖飞扬，车马辐辏。与国同休的，先数近支远派的宗室觉罗，再就是随龙进关的满洲、蒙古、汉军八旗，内务府三旗，连上那十七省的文武大小汉官，何止千门万户！
>
> ——文康：《儿女英雄传》

清代京师（今称北京）有句俗话，叫做"不分满汉，但问旗民"。旗人与民人是社会成员的基本分野。隶属省府州县（即所谓民籍）者为民人，隶属八旗（即所谓旗籍）者为旗人。后者又称"旗下人""在旗的"，他们不仅在行政隶属、权利义务、经济来源、政治地位、文化习俗等方面有别于民人，就连居住的地域（旗城、旗屯）、占有的土地（旗地），最初与民人也是泾渭分明的。这样一来，旗人便成为清代社会中成分最集中、特点最鲜明、影响最强大的一个特殊人群。

清代旗人在地域分布上主要有三部分：第一部分，在满洲"发祥之地"——东北地方驻防和屯居的旗人，通常称"关东旗人"（山海关以东的旗人）、"关外旗人"或"东北旗人"；第二部分，在京师内城居住的旗人，清代称"禁旅八旗"，又称"京旗"（京师旗人）；第三部分，在直隶各省和西北等边疆地区驻防的旗人，称"驻防八旗"，即"驻防旗人"。在这三部分中，禁旅八旗居天下之中，拱卫皇辰，居重御轻，军事政治作用最为重要。京旗人口约为其余两部分旗人的总和。因此，从人口上说，他们在整个旗人中也是举足轻重的。

清朝是满洲人（简称满人，20世纪初以来称满族）建立的王朝。顺治元年（1644）清朝入关，定鼎北京，将内城民人驱往外城（南城），腾出地方安插八旗将士。在此后近三百年里，旗人一直是内城的主体居民。虽然这种居住格局未尝不是暴力和强权的产物，但它对北京历史发展所产生的深远影响却不是三言两语可以讲清的。

从清朝到中华民国、再到中华人民共和国，在经历一次次改朝换代、阅尽世态炎凉之余，当初精于骑射的京旗后裔，早已蜕变为"老北京（人）"中最传统、最正宗、最有代表性的一部分。以至于说到北京的历史、北京的文化、北京的语言、北京的小说、北京的戏剧、北京的曲艺、北京的建筑、北京的民俗、北京的饮食、北京的服饰……举凡带有"京味"的东西，几乎都渗透着旗人的影响。换言之，离开旗人的历史与文化，所谓的"京味"就无从谈起。凡此都说明，北京旗人社会，是清史特别是北京史研究的一项重要内容。

第一节　研究范围及方法

旗人与北京史既有如此密切的联系，时至今日，却还没有一部系统研究他们的专著。究其原因，一方面，辛亥鼎革以来，昔日的旗人尤其是作为其核心的满洲人备受歧视，其中绝大多数不得不把自己的族籍改为汉族。旗人群体迅速消失于民间，犹如水银泻地一般。而他们在失去自身属性的同时，也就失去了话语权，以致在很长一段时间里，鲜有人们去关注他们的命运。另一方面，旗人社会丰富的文化历史底蕴，以及大量满文文献的存在，研究起来确有相当难度。

2001年，笔者以"北京满族史研究"（今改《清代北京旗人社会》）为题，在北京市社会科学基金申请立项，本书即该项课题的最终成果。

研究北京旗人社会，首先要把握北京古都发展史的一个突出特点，即它自古以来就是多民族杂居共处的地区。从早期的契丹、女真，到后来的蒙、满、回，许多民族与汉族共同创造了古都的悠久历史，同时也熔铸了它绚丽多彩的地域文化。这是古都持续发展、始终充满生机的一条基本线索，也是它有别于其他历史文化名城的一个基本特色。具体就满族而言，作为清朝的统治民族和当时北京内城的主体居民，它为北京发展所作出的贡献尤为突出，影响也尤为深巨。

研究北京旗人社会，其次要把握满族历史的基本脉络。严格讲，满族是一个现代族称。民国肇建，提倡汉、蒙、满、藏、回"五族共和"，始有满族一称的流行。满族在清代称"满洲"，是17世纪初在中国东北地区，以明代女真为主体，融合部分蒙古、汉、朝鲜、达斡尔、鄂温克、鄂伦春、赫哲等族成员形成的一个新民族。天聪八年（1635），清太宗皇太极在将国号"大金"（史称"后金"）改称"大清"的前夜，宣布定族号为"满洲"。在此前后，创建八旗制度。八旗组织虽包括满洲、蒙古、汉军三个组成部分，但满洲人始终居有核心和主导地位。正是从这个意义上，学术界普遍认为：八旗不仅是清代的重要军事组织，同时也是满洲人军、政、经合一的社会组织。研究八旗社会之所以要从满族史入手，原因即在于此。

研究北京旗人社会，还要明确八旗史与满族史的关系。这是因为，两者的关系固然密切，却也不能简单等同。首先，从民族成分、文化传统来说，汉军旗人和蒙古旗人均渊源有自，各有特点，不是泛泛归入满族史范畴就能说明的；其次，有清一代，是由旗人而非只由满人结成一个统一的利益集团，并居有高于民人的地位。即使到清朝末期，满洲人基本接受汉文化，"旗"（旗人）与"民"（民人）的畛域也仍旧分明。辛亥革命后，包括汉军旗人在内的全体旗人，普遍遭到排斥和歧视，并不是偶然的。以致民国三年（1914）一份叫做《旗族》的杂志提出：现在八旗内部不能分满洲、蒙古、汉军，应统称旗族，并号召所有旗人团结在一起，维护自己的权益。这是对当时社会上普遍性歧视的一种正当抗争，也反映出旗人间的一种强烈认同。最后，从民族认同看，自民国以来，以迄当代，尽管许多汉军和蒙古旗人后裔选择了满族籍，但选择蒙古族籍和汉族籍者同样大有人在。这就说明，我们既不应该把历史上的"旗人"简单地视同"满族"，也不应该把八旗史简单地等同于满族史。本研究成果最终定位在"北京旗人社会"而非"北京满族"，正是考虑到历史现象本身的复杂性。

第二节　研究成果的回顾

民国年间关注旗人问题的学者堪称凤毛麟角。20世纪30年代，孟森先生发表了一系列关于八旗制度史的论著，至今仍是扛鼎之作。① 社会学家李景汉的《北平郊外之乡村家庭》、牛鼐鄂的《北平一千二百贫户之研究》，揭示了北京西郊贫困旗人潦倒的生活。

50 年代以来进行的北京市满族历史调查，表明这一专题开始纳入北京地方史研究范畴。傅乐焕在《关于清代满族的几个问题》中，曾就八旗土地、八旗兵饷、八旗生计等问题作了开拓性研究。

近几十年来，八旗问题和与之相关的满族史著述相继问世。王锺翰师主编的《满族简史》以及《清史杂考》《清史余考》《清史续考》《清史补考》的出版，将这一领域的研究引向深入。北京市社会科学院满学研究所阎崇年主编的《满学研究》1—8 辑，使这一研究具有鲜明的地域特色。吴建雍《北京通史》第 7 卷关于清代北京内城旗人社会组织、经济生活的论述，魏开肇等《北京通史》第 8 卷中有关旗人生计、人口的考察，韩光辉《北京历史人口地理》关于清代北京内城人口变动的考证，侯仁之、唐晓峰主编的《北京城市历史地理》一书关于北京区域史的论述，尹钧科《北京郊区村落发展史》关于京郊旗庄、"三山五园"的兴建与相关村落的形成等研究，从不同角度加深了人们对北京旗人社会的认知。

定宜庄在八旗驻防、旗人妇女与婚姻诸方面均有著述，所撰《内务府完颜世家考》，以及张福记《清末民初北京旗人社会的变迁》、迟云飞《清末最后十年的平满汉畛域问题》、袁熹《清末民初北京的贫困人口研究》、毕琼《成府村研究》诸文，研究对象各有不同，均有参考价值。

史明正《北京史研究在海外》对北京史在海外的研究状况做了回顾与前瞻，重点介绍 20 世纪以来欧美学者用英文发表的有关北京史的著作。文末附参考书目。西方学者研究北京史的成果值得关注，但迄今为止，北京旗人社会还没有真正进入他们的视野。

在海外学术界，研究八旗史取得突出成就的首推日本。经过几代学者一百年来的努力，无论在满文文献翻译整理、目录索引编辑，还是在专题研究方面，都取得丰硕成果。长期以来，日本学者的研究，主要集中在清初史、八旗制度史、东北地方史、清代边疆民族史等方面。具体到北京旗人社会，细谷良夫关于八旗制度和八旗米局的研究、中见立夫关于松筠

---

① 此处所引著述的出处、时间，详见本书附录三《参考文献目录》。

《百二老人语录》的研究、小野胜年关于康熙朝《万寿盛典图》的研究、长井裕子关于满族作家穆儒丐的研究，对笔者尤有启迪。

20世纪90年代以来，欧美学界对满族史和八旗史研究有所升温。新一代学者力图揭示满族民族共同体形成与演变的轨迹，探寻清王朝成功的奥秘。这一研究受到新理论和新史料两方面推动，确切地说，大量民族学、族群理论和族群认同的研究是其理论指导，重新发掘满文档案是其材料基础。他们的关注点，主要集中在满洲人的族群认同、"汉化"模式，以及作为满洲人根本制度的八旗制度。[1] 这些研究，大多比较宏观，且以观点的新颖和大胆而风靡海外。以往国内一些学者论到清代满洲人（为了行文便利，这里姑且使用人们习惯的称谓"满族"），往往自觉或不自觉地站在汉族立场也即王朝正统的立场上，我们不妨把这种立场概括为"汉族中心论"。基于这种立场，清朝史中的满族，通常只占很小的比重。不少论著，对满族在清朝史中举足轻重的地位和作用，缺乏应有关注。近些年来，一些海外学者试图纠正这种认识上的偏差，他们在研究清史过程中，更注重把满族而非汉族作为研究中心（主体），更强调满族对清帝国所作的贡献和影响，更注意满族人主宰下的多民族关系与多元文化的互动，同时更重视对满文文献的挖掘利用。这一研究动向，对笔者准确把握满洲人在北京旗人社会史中的核心地位，颇有裨益。

由于文化背景、历史传统、学术环境、研究角度、理论方法、史料挖掘深度的差异，对于如何理解满族自我认同、如何理解满族形成、如何理解满族"汉化"等问题，中国学者的看法可能与海外学者有所不同。笔者认为，对于中国学者来说，目前最重要的，不仅是求其"异"而且是求其"同"，首先应端正心态，静下心来，认真品味海外学者的观点和论述，从中找出合理的内容，以校正我们学术观点的偏颇。毕竟，我们久已

---

[1] 定宜庄：《美国与台湾学者近年来对满族史与八旗制度史的研究简述》，《满族研究》2002年第1期；[美]欧立德：《清代满洲人的民族主体意识与满洲人的中国统治》，华立译，《清史研究》2002年第4期；[美]盖博坚：《西方学者近期对"满洲"之释义》，王湘云译，《清史论集——庆贺王锺翰教授九十华诞》，紫禁城出版社2003年版；马钊：《满学：清朝统治的民族特色——1990年以来以英语发表的清史著作综述之一》，载《清史译丛》第1辑，中国人民大学出版社2004年版；孙静：《满族民族认同的历史追寻——柯娇燕满族研究评价》，载《清史译丛》第3辑，中国人民大学出版社2005年版；李典蓉：《清代满洲认同的几个问题》，载《清史译丛》第6辑，中国人民大学出版社2007年版；[美]欧立德：《清八旗的种族性》，温海清译，载《清史译丛》第7辑，中国人民大学出版社2008年版。

习惯在一种比较封闭的学术环境下工作，传统的惯性往往会消磨思维的敏锐。当然，任何学术观点的形成，都应该而且必须以充分的文献研究为基础，而不是"以论带史"。笔者希望，通过对北京旗人社会这样一个典型个案的考察，将有助于就上述问题展开更深入的探讨。

笔者长期从事清史、满族史研究，一向侧重八旗问题的考察，并就清代北京旗人社会，发表有系列论文（俱详书末附录三《参考文献目录》）。这些成果，初步奠定了本书的基础。

本书共十章。第一章绪论，第二至九章为主体研究。与北京旗人相关的史料非常丰富，有深入发掘整理的必要，迄今为止，这项工作才刚刚起步。有鉴于此，特将"文献研究"作为第十章，系于书末，裨便参考。

在前人研究基础上，本书试图在几个方面有所前进。第一是研究角度。本书关注的重点，并非高居社会顶端的极少数满洲皇室和贵族，而是居旗人群体绝大多数的中下层。另外，本书并非传统意义上的政治史或制度史，而把考察重点放在旗人社会生活的形态、特点与演变上，因此，它更接近于一般意义上的"社会史"而非传统史学。第二是研究方法。除传统史学外，还借鉴民族学、社会学等相关学科的理论和方法，并结合田野调查访谈等方式，作为文献研究的补充。第三是史料来源。努力挖掘前人在研究北京旗人诸问题时尚未涉猎或殊少问津的新鲜史料，如满汉文档案、碑刻拓片、契约文书、族谱家乘、图籍画册。从报刊、小说、笔记、诗歌、子弟书中，也多有采撷。第四是研究专题。本书考察对象主要有：旗人内部经济关系（重点为旗房、旗地买卖）；旗地类型与区别（重点为茔地与祭田）；旗民（旗人与民人）的地域关系（重点为分布格局与变动）；旗民的经济关系（重点为旗人施舍地、碓房与旗人生计、旗人社会中的民人）；旗民的文化关系（以民间香会为重点）；旗俗（主体是满俗）的流变与"汉化"；晚清旗人的"贫困化"与八旗制度改革；辛亥鼎革与旗人社会的瓦解。上述专题，多数是前人没有涉猎或涉猎较少者。笔者希望，以这些专题为基础，大致勾勒出清代北京旗人社会变化的基本脉络与轮廓。

西方学者研究旗人社会，或强调其特殊性与封闭性。有学者提出，八旗制度在维护旗人利益、旗族认同（以及"满族认同"）、满洲文化独立性方面，起到关键作用。而笔者所关注的，则是旗人与民人（很大程度上就是满人与汉人）在八旗制度阻隔下，其关系是如何发展的，文化是如何交流的，感情是如何融通的。笔者认为，八旗制度作为清初满洲人的一项重大发明，对旗人社会的发展实际起着双重作用：一方面，它为旗人社会的运转和延续提供了组织保证；另一方面，它对旗人的束缚，又注定了旗人对民人的严重依赖。尤其都市中的旗人，世代为兵（还有少数出仕），不能不在日常生活的各方面对民人产生严重依赖。这是八旗制度的致命缺陷，也是导致旗人社会不可能脱离民人社会，并保持较长时期"独立"或"封闭"的根本原因。随着时间的推移，旗人对民人的依赖逐渐加深，范围不断扩大，彼此关系越来越密切，其自身特性也逐渐剥蚀。这是北京旗人社会变化的一条基本线索，也是本书立论的基础。

书中所引满文转写，取国内外通行罗马拼音。引文一律用简体字。引用契书或碑文内容无关紧要之处稍加删略，标以"从略"等字样；其中如有误字或疑误字，就所知者或对校正字加括号（[　]）、缺漏字用方形框（□）标明。所有引文，均在正文第一次出现时注明作者（外国人注明国籍）、出处、卷页、版本、时间，个别有一书而版本不同者，均各自标明，以备核查。

第二章

旗人社会的形成

在清代，旗人与民人是社会成员的基本分野。民人就是隶属省府州县之人，以人数众多的汉人为主体；旗人则是被编入八旗组织之人。八旗虽依满、蒙、汉不同民族成分编组，但起核心作用的始终是满洲人，所以，旗、民差别在很大程度上又是与满、汉差别相对应的。

旗人又称"旗下人""在旗的"，他们在行政隶属、权利义务、经济来源、政治地位、文化习俗等方面均有别于民人，甚至所居地域，最初也是与民人泾渭分明的。这样一来，旗人便成为清代社会中人员最庞杂、特点最鲜明、影响最强大的一个区域人群。了解北京旗人社会，应从它的形成谈起。

第一节 从辽沈到北京

有清一代，旗人被统治者视作"国家根本所系"而恩养有加，绝不是偶然的。清统治者一再标榜"本朝以弧矢戡定天下"，从清王朝的奠基到统治的稳固，主要凭借的就是八旗的武功。嘉庆朝《八旗箴》曾这样记述清朝肇建年代八旗的兴起：

> 皇清受命，抚有万方。白山毓秀，闼门衍祥。躬率子弟，基开沈阳。八旗布列，有正有镶。干城御侮，励纪旗常。[1]

"白山"即今东北的长白山脉（见图1）。长白山脉山势雄阔，林深如

---

[1] 国家图书馆藏：《八旗箴》，嘉庆十三年（1808）十月书，编号：北京3650。

图1　长白山图(雍正《古今图书集成》)

海,山巅终年白雪皑皑,云雾缭绕,主峰峰峦环峙,拱着一池碧绿清澄的湖水,此湖即文中所谓的"闼门",也就是天池。鸭绿江、松花江、图们江均以天池为源头,从这里奔涌而出。清朝皇室则将其视为祖宗"衍祥"发迹的神圣之地。

尽管满洲先民曾经散布在"白山"(长白山)、"黑水"(黑龙江)间的广袤地带,长白山却是其生息繁衍的重要地区。明朝末叶,清太祖努尔哈赤就是在长白山脉南段的苏子河畔(今辽宁省新宾县境)(见图2)崛起的。明万历十一年(1583),他召集子弟数十人从这里起兵,开始兼并诸部的战争。在这个过程中,努尔哈赤以满洲人原有的牛录制为基础,创建了八旗制度。

"牛录"是氏族时代的生产和军事组织。行军出猎之际,人们各依所属的族或寨行进,在每十人中立一首领,称"牛录额真"(满语"牛录"是箭,"额真"是主人的意思)。努尔哈赤为把战争中征服来的各部落统一组织起来,规定每三百壮丁编为一牛录,每牛录设一个牛录额真;五个牛录组成一个甲喇,设"甲喇额真";五个甲喇再构成一个固山,首领叫"固山额真"。满语中,"固山"的原意为"部落","甲喇"原意为"关节"的"节",这意味着甲喇是联结固山与牛录的中间环节。明万历二十九年(1601),努尔哈赤编成四个固山。这四个固山分别以黄、红、蓝、

图 2　满族崛起之地(辽宁新宾)

白四色旗作为标志,于是改用旗色指称之,称作黄、红、蓝、白四旗;万历四十三年(1615)又增设镶黄、镶红、镶蓝、镶白旗,全称八旗。

八旗组织将以往涣散的村寨、部落联为一体,它不仅是强有力的军事组织,同时也是卓有成效的行政管理和经济组织。所有的八旗男丁兵农合一,出则为兵,入则为民,耕战两事,未有偏废。战利品除贵族占有大部分外,所余部分"论功行赏",军费赋役各项开支由各旗通过牛录,向众旗人分摊。部落的统一和八旗的编设,奠定了满洲国家的基础。

明万历四十四年(1616),努尔哈赤在赫图阿拉(今辽宁省新宾县老城)称"汗",建立了大金国(史称"后金")。在以后十年中,努尔哈赤凭借着所向披靡的八旗军队横扫明军如卷席,进而将明朝辽河以东的大片土地据为己有,这就是《御制八旗箴》中津津乐道的"躬率子弟,基开沈阳"那段光荣历史。①

随着全国政治中心从赫图阿拉迁至沈阳,满洲人首次大规模迁入汉人聚居的辽沈地区。这以前,由于受北方寒冷气候和山地原始林带自然生态环境的制约,满洲先民长期以渔猎采集为主要生业,传统的狩猎活动使他们精于骑射。迁入久经汉民垦殖的辽沈地区后,满洲人便开始了由"引弓

---

①　刘小萌:《八旗子弟》,福建人民出版社1996年版,第3页。

之民"向"农耕之民"的转变。八旗在辽沈一带实行大规模"计丁授田",每名壮丁授给田地六垧(一垧相当六亩)作为份地,俗称"一个壮丁地",五垧种粮一垧种棉。而旗人"一家衣食,凡百差徭,皆从此出"。①

明天启六年(1626),清太宗皇太极继承汗位。十年中,他在国家政权建设中积极取仿明朝制度,并于明崇祯九年(清崇德元年,1636)宣布改汗称帝,更定国号为大清。

八旗组织建立初期,以满洲人为主要成分。随着清国疆域的急剧扩大,汉人和蒙古人降众迅速增多。为适应这种变化,皇太极陆续增编蒙古八旗和汉军八旗,使之与满洲八旗共同构成八旗制度的整体。清廷入关前夕,八旗共有六百一十五个牛录,其中满洲八旗三百一十九个,蒙古八旗一百二十九个,汉军八旗一百六十七个,规模比八旗初创时显然扩大了许多。

清崇德八年(1643),皇太极病殁。第二年,第九子福临(清世祖)即位,改年号顺治。顺治帝即位时年仅六岁,由亲叔多尔衮和堂叔济尔哈朗共同辅政。顺治元年(1644),多尔衮亲率八旗劲旅闯入山海关,攻克明都北京。接着,清廷从沈阳迁都北京,很快建立起对全中国的统治。

在清朝定鼎北京以前,北京曾作为辽的陪都和金、元、明三朝的都城。除明朝外,辽契丹、金女真、元蒙古以及清满洲的统治者都是入主中原的北方少数民族。北京城之所以为历代王朝尤其是少数民族建立的王朝所青睐,主要是因为它拥有优越的地理环境和重要的战略位置。北京地处华北大平原的东端,永定河的古冲积扇面上,且背依群山,面向开阔的平原。北面以燕山(见图3)山地与蒙古高原毗邻,西面以太行山脉与黄土高原接壤,南面是一陌平川,遥瞰渤海。燕山、太行山两幅巨大屏障,从东北和西北两面围拱着北京所处的小平原。两山相会处,形成狭长的峡谷——关沟。横跨关沟的居庸关,历来是连接华北平原与蒙古高原的重要交通孔道。

正是由于如此险要的地势,北京成为历代兵家必争之地。早在春秋战国时代,燕国就定都于此。秦统一中国后,为防御北方游牧民族,在原诸侯国已有的长城基础上,沿山势修筑了驰名中外的万里长城。此后,在以

---

① 高士俊:《谨陈末议奏》,载《天聪朝臣工奏议》卷上,清初史料丛刊,辽宁大学历史系1980年铅印本,第6页。

图 3　燕山图(雍正《古今图书集成》)

长城为界展开的游牧、农耕民族争夺势力范围的拉锯战中,北京的政治、军事地位益显突出。游牧的契丹族、蒙古族以及当初以渔猎为主要生业的女真族、满洲族统治者,都选中这里,是为了在背依"发祥"故地的同时,能够高屋建瓴地对中原汉族地区实施有效统治;而明初汉族统治者大规模营建北京,则是基于与塞北盘马弯弓民族比试高低的雄才大略。

北京城的形成发展,始终是各民族往来交融的产物。清朝定鼎北京长达二百六十七年,满洲人给这个古老城市带来的新气息尤为浓郁。

清朝定都北京,伴随而来的是八旗人口的大规模迁徙。意大利传教士卫匡国亲眼目睹了这次史无前例的民族大迁徙:

> 大批鞑靼人进入中国,来的不光是女真人,还有奴儿干人、西部的古鞑靼人和鱼皮鞑靼人。鱼皮鞑靼在更加东面,与日本处于同一海拔高度。那里的人被称为鱼皮,因为他们穿用坚固的鱼皮制造的盔甲或胸甲。不仅这样,我还看见很多来自伏尔加河的人,鞑靼人管他们叫阿尔加鞑靼。①

---

① [意]卫匡国:《鞑靼战纪》,戴寅译,杜文凯编:《清代西人见闻录》,中国人民大学出版社1985年版,第29—30页。

卫匡国笔下的"鞑靼人",并非指狭义的蒙古人,而是包括满洲人和东北沿边地区的其他渔猎民族如赫哲人等。从清初到近代,黑龙江下游及乌苏里江流域的赫哲人始终以"鱼皮鞑子"称名于世。用鱼皮加工成服装、甲胄,正是当地通古斯语诸民族传统文化中的基本要素。当时,满洲人的几乎全部,以及同样被编入八旗的部分蒙古人、赫哲人、汉人、朝鲜人,都随同清朝入关。由于他们统一穿着满式服装,依照满洲传统实行剃发,难怪卫匡国要将他们大而化之地统称为"鞑靼人"了(见图4)。

图4 满洲的将军
(内藤湖南:《满洲写真帖》)

从历史上看,辽代契丹族和元代蒙古族在建都北京后,大批居民仍留居本族故地。而金代女真族,在海陵王、金世宗以后,大举南迁中原与汉人杂居,在加速民族融合的同时,也很快失去了本族传统和特性。清朝入关,满洲人大举迁入内地,对其自身发展也产生了深远影响。

第二节 "首崇满洲"与旗人特权

满洲统治者定鼎北京后,用二十余年的时间基本结束了大陆上的武装反抗,确立起清王朝统治,满洲人也由一个边地小族一跃成为统治全中国的特权民族。满洲人统治全国,不能不联合汉、蒙古等族的政治精英,但这种联合并不是一种平等关系。满洲统治者旨在巩固自己的特权地位,确立起"首崇满洲"的原则,为进一步扩大统治基础,又赋予旗人种种特权。

一 "首崇满洲"

清朝定都北京,沿用关外旧制,强迫汉民剃发易服。明朝,汉族男子都蓄长发、梳髻。满人的传统是男子剃发，即将头顶四周的头发剃去寸余，中间长发分三绺编成一条长辫垂于脑后。除父母丧和国丧百日内外，头顶四周边缘的头发必须及时剃除，不许养长，叫做"薙（剃）发"。清朝把汉人剃发，改从满人发式，作为降顺的重要标志。顺治元年（1644）五月，摄政王多尔衮入京，下令"薙发衣冠悉遵本朝制度"。此举严重伤及汉人感情，京城内外形势不稳，南下清军遭到更强烈反抗，由此，剃发易服令又有所弛缓。翌年五月，以清军攻克南京，清廷再次颁布严令：自今布告之后，京城内外限旬日，直隶各省地方，自部文到日，亦限旬日，尽令剃发。遵依者，为我国之民；迟疑者，同逆命之寇，必置重罪。同时重申，衣帽装束，悉从本朝制度。①

所谓"本朝制度"，也就是作为征服者的满洲制度。满人的装束仍保持渔猎时代传统。由于渔猎生产的需要，在装束上，男子多穿"马蹄袖"袍褂，袖口窄狭，上长下短，马蹄袖口盖在手背上，袍两侧开襟，腰束布带，上系小刀、匙、箸等日用品。妇女穿长袍，天足。清朝在强迫汉人男子剃发留辫的同时，规定他们必须着满式衣冠。不过妇女例外，出家人（和尚、道士、尼姑）和乞丐例外，俗称"三不降"，头发服饰可不改旧制。当时汉人男子全依满式，妇女则仍按明制凤冠缠足，上衫下裙，因此又有"男顺女不顺"之说。道士修炼，以不剪不剃为玄规；和尚以六根清净、拔除烦恼为三宝律例，头发早已剃去；况且道士、僧人的服装也不便更换。至于他们的发式，又有"长不剃，短不编"的俗谚。乞丐衣食全是乞讨得来，无钱剃头换衣，所以也在"不降"之列。但乞丐的"特权"未能保持多久，随着清王朝建立起对中国的统治，满人的服装发式完全取代了汉人传统服式。

作为征服者最高代表的清世祖福临曾经宣称："朕不分满汉，一体眷遇"，实际上却以"首崇满洲"为圭臬。② 清朝的中枢机构均重用满洲亲贵大臣。议政王大臣会议是满洲贵族控制国家的重要工具，拥有很大权力。参与议政的成员除宗室贵族亲王、贝勒、贝子外，还有满洲勋臣贵戚。康熙初，满洲、蒙古八旗都统和各部尚书俱为议政大臣，唯汉军与汉人无权参与。会议设有"议政处"，每届朝期，议政王大臣们聚集皇宫

---

① 《清世祖实录》第17卷，台湾华文书局影印本，第8页。
② 《清世祖实录》第72卷，第4页上。

中左门外会议。时人谈迁记载说："清朝大事，诸王大臣佥议既定，虽至尊无如之何。"① 体现出满洲贵族在清政权中举足轻重的核心地位。

多尔衮摄政时，曾以内三院为六部之首，如明朝内阁之制。大学士品级，满洲一品，汉人五品，满尊汉卑。世祖亲政以后，撤销内三院，以原内三院满汉大学士兼管各部事，正式改行内阁制。内阁大学士表面上满、汉各半，实则汉大学士班列满大学士之次，不问政事。崇德年间六部一度只设满尚书，顺治五年（1648）改行满汉尚书复职制，实权操于满官之手。"京堂俱一满一汉，印归满官。"② 康熙初年划一满汉官品级后，同样是满官权重，汉六部九卿只是奉行例行公事，所以又有"满人謦欬，无敢违者"的记载。

雍正年间，创设军机处，很快成为决策中枢，不仅大学士无实权，即议政王大臣会议亦形同虚设，但满洲贵族独占鳌头的特殊地位没有改变。乾隆一朝，军机大臣备受恩眷，权重一时者多为满臣，前有傅恒，后有阿桂，两人领军机数十年，已逾乾隆朝一半以上。晚期和珅主其事，更无人及之。

满洲旗人在人数上远远少于人口众多的汉人，文化传统也与汉人大相径庭。入关初期，许多满人不谙汉语汉文，对内地情况隔膜无知，因此在进行政治制度建设中，清廷始终处在一种两难选择：既要吸引大批汉人参与政权建设，又要时时提防满人特权为汉臣所侵蚀，于是苦心孤诣地创立"分缺制"，以确保满人对中央和地方高级职务的专擅。为此，将中央机构的职务即"缺分"（满语称"乌布"）全部分为宗室缺、满洲缺、蒙古缺、汉军缺、内务府包衣缺和汉缺。在这六种官缺中，除汉缺外，均属旗人缺。康熙《大清会典》共载内阁、六部等十三个中央机构中有品级和无品级额缺二千零八十二个，其中属汉军和汉人的额缺三百二十五个，仅占其中的百分之十五点六。③ 其余额缺，大部分为满洲旗人和内务府包衣旗人占有。

对于地方官员，满洲统治者重视的是督、抚一级人选。顺治四年（1647）至雍正十三年（1735）近九十年间，旗人任督、抚的共计七百七

---

① 谈迁：《北游录·纪闻下》，中华书局1960年点校本，第368页。
② 同上书，第349页。
③ 陈文石：《清代满人政治参与》，"台湾中央研究院"历史语言研究所集刊第48本，1977年。

十人，其中汉军十居其七，满洲十居其三，蒙古仅二人。① 督抚一级多用汉军旗人，主要是因为他们语言、习俗与汉人同，体现着"以汉治汉"的用意。但到了乾、嘉年间，地方大吏也开始偏用满洲旗人。当时陕、甘、四川、云贵诸省督抚中，总督满人约占八缺，汉人占二三；巡抚缺满人为十之五六，汉人仅占六七。至于边疆大吏如驻防将军、副都统、参赞大臣、办事大臣，则由满人专任。

总之，就全国官员总数而言，汉人多于满人，但京城内外文武要缺，则满人多于汉人。因有满洲人只任六品以上官的成文，就保证了人数很少的满人集中控制中央和地方的要职。

满洲贵族不但通过一定制度，将自己的政治特权固定下来，还采取措施，试图把这种特权地位永久保持下去。对皇帝一族的宗室、觉罗（清制：清显祖塔克世以下支派称宗室，其疏者称觉罗）赐予封爵。顺治十年（1653）定：宗室封爵共十等，亲王一子封亲王，余子为郡王；郡王一子封郡王，余子为贝勒；贝勒之子封贝子，贝子之子封镇国公，镇国公之子封辅国公，辅国公之子授三等奉国将军，奉国将军之子授奉恩将军。乾隆年间增定封爵为十二等，即和硕亲王、多罗郡王、多罗贝勒、固山贝子、奉恩镇国公、奉恩辅国公、不入八分镇国公、不入八分辅国公、镇国将军、辅国将军、奉国将军、奉恩将军。其中镇国将军、辅国将军、奉国将军、奉恩将军又分一二三等。（见图5）

清初宗室王公中的礼（初封代善）、睿（多尔衮）、郑（济尔哈朗）、庄（硕塞，初封承泽亲王，其子博果铎袭封时改号庄亲王）、豫（多铎）、肃（豪格）六亲王和顺承（勒克德浑）、克勤（岳讬）二郡王，皆开国时期建有大勋劳者，世袭不降封②，俗称"铁帽子王"，世代承袭不替。其余宗室王公封爵以世递降，至奉恩将军而止。

对旗人异姓功臣、贵戚也封以世爵，即所谓"八旗世爵"，分为公、侯、伯、子（精奇尼哈番）、男（阿思哈尼哈番）、轻车都尉（阿达哈哈番）、骑都尉（拜他喇布勒哈番）、云骑尉（拖沙喇哈番）、恩骑尉九等。其中公、侯、伯为"超品"，位在正一品以上，各分为三等。子爵为正一品，男爵为正二品，轻车都尉为正三品，也分为一二三等。骑都尉为正四

---

① 福格：《听雨丛谈》第3卷，中华书局1984年点校本，第57页。
② 吴振棫：《养吉斋丛录》第1卷，北京古籍出版社1983年点校本，第1页。

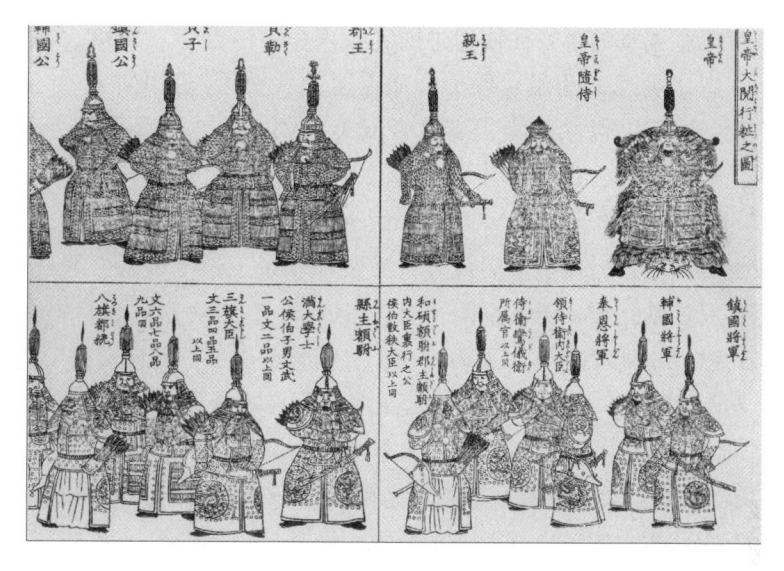

图5 满洲皇帝与王公贵族（《唐土名胜图会》）

品，云骑尉为正五品，恩骑尉为正六品，不分等。清初规定：开创勋臣不论阶次，均世袭罔替①，后改为降袭至恩骑尉而止。

宗室王公，在朝中多位居显要，其余贵族子弟依据地位高低世受高官显爵。关外时期，满洲王公各照爵秩领取庄田，并不支取俸银俸米。入关后，清廷沿用明制，征收地丁银、杂税银、盐课、关税银。顺治八年（1651）前后，国家岁入额赋仅一千四百八十余万两，顺治末年增至二千四百万两。②满洲统治者拥有聚敛来的巨额财富，将其中一部分作为俸饷，分给王公贵族和八旗官员。宗室贵族中地位最高的和硕亲王，岁俸银一万两，米一万斛（五千石），以下世子、多罗郡王、长子、多罗贝勒、固山贝子、镇国公、辅国公、镇国将军、辅国将军递减，最低一级奉恩将军，岁支银一百六十两，米八十石。其余闲散宗室及龄（十六岁）以后，都有钱粮和赏银。

功臣外戚世爵中最高的一等公，岁俸银七百两，米三百五十石，以下递减至云骑尉，岁支银八十两，米四十石。八旗官员中最高的都统，岁俸银一百八十两，米九十石，最低的骁骑校岁俸银六十两，米三十石。

---

① 昭梿：《啸亭杂录》第10卷，中华书局1980年点校本，第329页。
② 王庆云：《石渠余记》第2卷，北京古籍出版社1985年点校本，第76页。

皇帝任意颁赠的银物往往超过固定收入。顺治五年（1648），顺治帝福临以宗室"贫乏"为由，赐给公瓦克达银六千两，固山贝子尚善等人各五千两；同年，以"奉太祖高皇帝配天"颁赏，亲王赐金一百两，银一万两，缎一百匹，以下至奉恩将军，银四十两。顺治八年正月福临以"亲政"颁赏，和硕亲王银一万两，缎一百匹，以下至辅国公，银一千两，缎十匹；八月，加皇太后徽号，又赐和硕亲王银七千两，缎一百匹，以下至多罗贝勒，银一千七百两，缎二十匹。① 皇帝颁赏的名目繁多，有"登极赏赉""亲政赏赉""万寿赏赉""徽号赏赉""配享赏赉""升祔赏赉""册立赏赉"等固定名义，以及随时即兴的特恩赏赉。每次颁赏对象，上自宗室王公，满洲世爵公侯，下至大小臣工，九品官以上，无一遗漏。② 历次颁赏都要挥霍掉巨额财富。顺治十一年（1654）八月，例赠约黄缎六千四百匹，银三十五万五千余两，竟以"户部告绌，赏未行"。③

康熙年间，在京王以下满洲官员两季俸银一百一十二万一千九百余两，汉官两季俸银仅三万七千九十四两。④ 前者收入竟是后者的三十倍以上。这说明旗人的最大受益者还是满人。满洲贵族官员年领粮，月领饷，并且利用职权获得大量财帛田地，成为清王朝统治阶层中最有权势的集团。

二 旗人的特权

清朝入关初，满洲壮丁总共只有五万五千人⑤，男女老幼全部加在一起，估计不过二三十万人，而他们面对的，则是人口上亿的汉人。清廷欲维护自身统治，仅仅依靠少数满洲人是远远不够的，于是把"从龙入关"的旗人作为立国的"根本"，赋予他们相应特权。

（一）圈占旗地

清朝入关初，为了安置迁入关内的大批八旗王公、官兵，在近京五百里内，东起山海关，西达太行山，南至河间，北抵长城的广大地区，先后

---

① 鄂尔泰等：《八旗通志初集》第53—54卷，东北师范大学出版社1985年点校本；谈迁：《北游录·纪闻下》，第360页。
② 《八旗通志初集》第53卷。
③ 谈迁：《北游录·纪闻下》，第362页。
④ 刘献廷：《广阳杂记》第2卷，中华书局1957年点校本，第74页。
⑤ 允祥：《为报顺康年间编审八旗男丁事奏本》雍正元年五月初四日，载《历史档案》1988年第4期。后

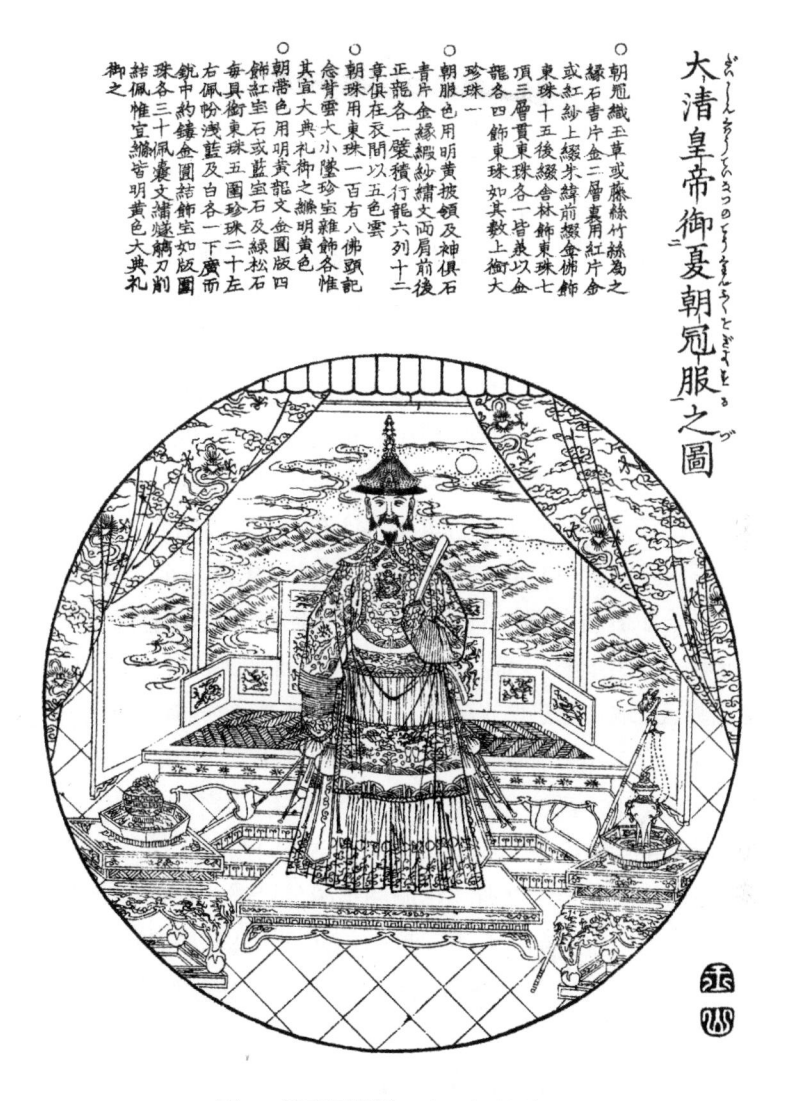

图6 清帝冠服图(《唐土名胜图会》)

进行了三次大规模的圈地,总共圈占十六万六千余顷。① 被圈占的土地,总称"旗地"。一部分由皇帝和王公贵族、官僚占有,建立庄园,另一部分仍按"计丁授田"原则,分给八旗人丁,作为负担兵役的"份地"。对

---

① 托津等:《大清会典事例》第135卷,嘉庆二十三年(1818)殿本,第9页下(下简称嘉庆朝《会典》);昭梿:《啸亭杂录》第8卷,第226页。

于满洲统治者来说，圈占旗地不过是沿用关外时的旧制，但对当地汉民来说，却是赤裸裸地暴力掠夺。

在皇帝所有土地上设立的为皇庄，又称内务府官庄，是皇室私产。畿辅皇庄有地一万三千余顷。① 从顺治元年开始圈地设庄，到康熙中，在畿辅、奉天、热河等处，共设皇庄（园）一千余所。官庄依生产性质，分为粮庄、银庄、豆秸庄、稻庄、各种瓜菜果园。畿辅粮庄每庄领地十八顷，纳粮三百六十仓石。还要交纳大量的猪、鸡、鸭、鹅、蛋等，并将定额租折交杂粮，皇庄承担的杂泛差派也非常繁重。皇庄设庄头一人，役使庄丁进行生产。庄丁是皇家的奴仆，无人身自由，被严格束缚在庄园内，身份世袭。内务府设有专门惩罚壮丁的司法机构——慎刑司，对壮丁严加钤束。

赐予八旗宗室王公的庄田为王庄，计有一万三千余顷，半庄和园八百二十三所。② 王庄星罗棋布于京畿各处。顺治末年谈迁在《北游录》中记载说："都城外俱满洲赐庄。"大庄每所地四百二十至七百二十亩不等，半庄每所地二百四十至三百六十亩不等，园每所地六十至一百二十亩不等。这些赐予土地来源于两个方面，一是按世爵分领的庄园地，一是按丁给地。八旗王公在入关前攻城略地时掳有大量壮丁，按规定，这些壮丁均各给地六垧（三十六亩），实际上都归主人所有。康熙朝以后，分封皇子的王公庄园不再计丁给地，而是按爵秩从皇庄内拨给。计亲王给地大粮庄二十所，银庄三所，半庄二所，瓜园和菜园各二所，果园三所，共三十九所，约七百二十四顷。郡王以下，贝勒、贝子、公等按爵秩递减。③

除赐予地外，宗室王公在入关初，还利用逼民投充方式攫取大量土地。所谓"投充"，就是强迫汉族农民投身旗人名下为奴。多尔衮摄政时滥收投充，其子多尔博依仗权势多收投充人至六百八十余名，皆带有房地富厚之家。④ 其同母弟阿济格所收投充人亦近七百名，平均每丁带地十余

---

① 昭梿：《啸亭杂录》第 8 卷，第 226 页。
② 伊桑阿等：《大清会典》第 21 卷，康熙二十九年（1690）内府刻本，第 10 页下—21 页上（下简称康熙朝《会典》）；《八旗通志初集》第 19 卷，第 337—338 页。
③ 昆冈等：《大清会典事例》第 1198 卷，光绪二十五年（1899）刻本，第 10 页上（下简称光绪朝《会典》）。
④ 《清世祖实录》第 59 卷，第 28 页上。

顷，合计八千余顷。① 所以，王公贵族的庄地面积远远超过了赐予地。王庄与官庄性质相同，各设庄头，督率庄丁生产。

分给八旗官员的圈地叫"官员庄田"。尽管官员庄田与分配给兵丁的"份地"均称作"一般旗地"，性质却有所区别。八旗官员首先按封爵和品级的高低分得土地。副都统以上给地四十垧（二百四十亩），参领以上各给地十二垧（七十二亩）。此外，还按"计丁授田"原则分取旗地。早在入关前，八旗官员就在战争中掳获了大量人口，当时就有"将领从役最多，富家畜马最强，是以所得必多"的说法。入关以后继续通过掳掠和逼民投充扩大奴仆队伍。占丁较多的官员，得田每至数百垧，田连阡陌，壮丁众多，有条件设立庄田。官员庄田的规模因人而异，大小不等。庄园壮丁除向庄主完纳租银外，当主人出征时，还必须随同充当厮役（满语"库图勒"，即控马奴）。

清朝在圈占畿辅土地时，依照入关前旧制，对广大八旗人丁实行"计丁授田"，作为旗人负担兵役的物质保证。刘献庭《广阳杂记》卷一："当日原圈地，每人六赏［垧］，一赏六亩，共地三十六亩。如家有壮丁二名，该地七十亩。人多者照数加增，当差照人算数。"② 顺治五年（1648）八旗编审壮丁（包括奴仆壮丁在内）共计三十四万七千③，除隶属王公贵族者外，其余壮丁共领有旗地十四万余顷④，约占畿辅旗地总额的百分之七十以上。这部分土地，后来泛称"一般旗地"。

（二）旗民分居

与圈地活动并举的一项政策，是在畿辅地区实行满汉分居（实际上是旗、民分居）政策。这项政策最初是由顺天巡按柳寅东在顺治元年十二月提出的。他提出，为避免旗人与汉民杂处而生事端，莫若先以州县大小定用地多寡，使满洲人自占一方。而后以察出无主地，与有主地互相兑换，务使满汉界限分明、疆理各别而后可。⑤ 虽然实行满汉分居的理由被冠冕堂皇地说成是为了避生事端，但在实施过程中却不可避免地引发了大

---

① 杨学琛：《清代的八旗王公贵族庄园》，载《满族史研究集》，中国社会科学出版社1988年版，第151页。
② 刘献庭：《广阳杂记》，第4页。
③ 允祥：《为报顺康年间编审八旗男丁事奏本》雍正元年五月初四日，载《历史档案》1988年第4期。
④ 康熙朝《会典》第21卷，第22页下、29页上。
⑤ 《清世祖实录》第12卷，第2页下、3页下。

规模的滋扰民人事件。凡居住旗地内的民人，通常被强令迁出，土地、房舍落入新迁入的旗人之手。这样，清朝统治者首先在北京城周围方圆五百里内，用暴力手段强制划定了旗民畛域。

同时，清廷借口北京城内"盗贼窃发"，于顺治三年（1646）二月谕令兵部严满汉分城之制。① 依此规定，原居内城的民人必须尽快移往外城（南城），腾出内城给"从龙入关"的八旗占住。所谓"满汉分城"，其实是不准确的。进入内城的八旗，包括满洲、蒙古、汉军以及人数众多的汉人奴仆，并非清一色满人②；外城居民固然以汉人为主，也还有回人等。所以，"满汉分城"的实际含义应是旗民分城。

清廷在京城强制推行旗民分居制度，寓有确保八旗组织在人数众多的汉人社会中的独立性，维持其剽悍战斗力的目的，但对于数十万被驱赶的汉人来说，却无异于暴力掠夺，也因此遇到重重阻力。由于顺治三年的迁徙令实施不力，清廷在顺治五年八月又重申前令，要求内城的汉官及商民人等尽快迁出，限期在第二年年底以前搬完。③ 经过顺治五年至六年间的大规模清理，内城汉人无论官民，一律移居外城，内城则成为旗人天地。（见图7）

（三）差别待遇

以满洲为主体的旗人，是清朝统治赖以维持的主要支柱，因此被视为"国家之根本"，享受种种优于民人的待遇。

经济上，优养旗人。从入关时起，宣布永远免征八旗人丁的差徭、粮草、布匹，从此只承担兵役。在圈占京畿汉民土地分给旗人的同时，禁止旗民交产（实际上只禁止民人购买旗地，对旗人购买民地却并不禁止）。由于八旗兵丁经常出兵在外，又建立俸饷制度。

法律上，实行旗民差别待遇。旗人与民人发生纠纷，州县官无权判决，须依旗民分治的原则，由各旗和地方特设的理事同知审理。民人犯法，有笞、杖、徒、流、死五等刑罚，旗人则享有换刑特权，"笞、杖各

---

① 《清世祖实录》第24卷，第4页上。
② 这也就是谈迁在《北游录·纪闻上》所说的"入燕以后，以汉人尽归之外城，其汉人投旗者不归也。分隶内城"。
③ 《八旗通志初集》第23卷，第434页。《清世祖实录》第5卷，第15页上下；第9卷，第13页下；第24卷，第4页上；第40卷，第9页上；第41卷，第2页下。

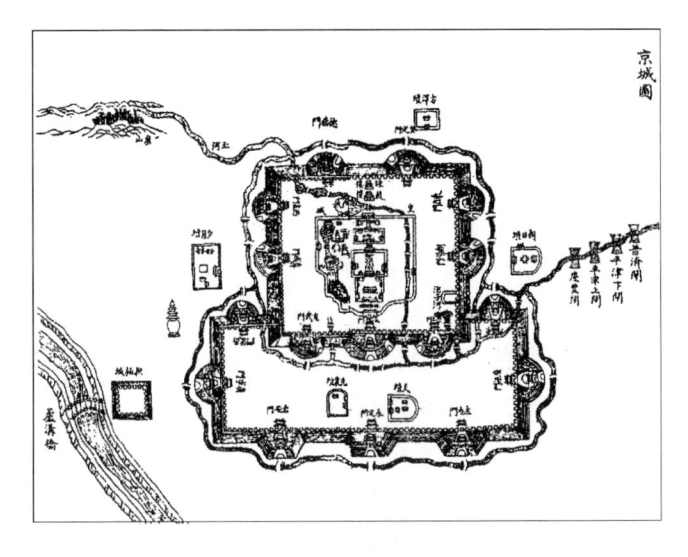

图7　京城图(雍正《畿辅通志》)

照数鞭责，军、流、徒免发遣"①，犯徒刑一年者，换刑枷号二十日；流刑二千里，换刑枷号五十日；犯极边充军的，换刑枷号九十日。旗人犯盗窃罪免刺字，即使是重犯，也不过刺臂而不像对汉人那样刺面；犯死罪者也可减等，由斩立决改为斩监候。《清史稿·刑法志》在解释这样做的原因时说："原立法之意，亦以旗人生则入档，壮则当兵，巩卫本根，未便远离。"满洲统治者视八旗为巩固统治的主要军事机器，所以才在政治、经济、法律上予旗人以种种特殊待遇。由于旗人的核心是满洲人，民人的主体是汉人，所以旗人与民人的不平等，实质上是满汉差别的延伸与放大。

旗人与民人在仕进上也有不同。民人仕进，只有通过科举考试，旗人博取功名，并不专重科举，仕途远比民人便捷。上三旗为皇帝自将之军，其达官子弟，仕进多由侍卫。清制，上三旗大臣子弟，五年一次挑选侍卫。侍卫分一、二、三、四等，以下有蓝翎侍卫。其中御前侍卫最显崇，满洲将相多由此出。

笔帖式（汉译文书）则是普通旗人子弟晋身捷径。中央各部院及地方督抚、将军、都统、织造、关盐各衙门，均设笔帖式一职。仅中央各部

---

① 赵尔巽等：《清史稿》第143卷，中华书局1976年点校本，第4196页。

衙笔帖式，就有一千五百五十人之多，清一色旗人，而在旗人中，又以满洲旗人占绝对多数。①笔帖式之出身有任子、有捐纳、有议叙、有考试。旗人凡文武翻译举人、翻译生员、贡生、监生、官学义学学生、领催、亲军、库使、骁骑（马甲）以及闲散，皆可参加笔帖式考试，足见其来源广泛。试题极为简单，仅翻译一道。通过考试者，注册序班，按旗分缺选用。此外还有无需考试，先充无品笔帖式，效力期满议叙改正。笔帖式品级虽低（高不过六七品，低则未入流），但升迁快，只要有可靠奥援，或善于攀援，即便材质平庸，或目仅识丁，一二十年间，也可至大富大贵，即时人所称"将相大僚，多由此途历阶"。②

清廷为保证旗人仕进，在科举考试中实行满汉分榜，又为旗人特设翻译考试，考试内容远较汉人科考容易。

满洲统治者通过这些措施，为旗人晋身提供便利之阶。有清一代，尽管汉官人数在不断增多，地位也在逐渐提高，但优待旗人的原则却从未动摇，其影响是很深远的。

第三节　八旗制度的变化

清朝定都北京，实行旗民分居，很快以内城为中心，形成了一个前所未有的旗人社会。旗人社会从它形成初期起，就面临着与关外迥然不同的环境。在对新环境的适应中，八旗制度本身也发生了某些变化。

一　分布格局的变化

清朝入关后，为了以人数较少的八旗军队有效地控制全国广大地区，采取"居重驭轻"重点配置的政策。北京是统治的中心，也是八旗驻扎的重点。以后基于镇戍地方的需要，陆续将一部分旗兵派往各地驻防，于是形成"禁旅八旗"和"驻防八旗"的区别。

禁旅八旗，又称京旗，分左右翼驻扎北京内城。禁旅八旗的兵额是保

---

① 陈文石：《清代的笔帖式》，台湾《食货月刊》第4卷第3期（1974年6月），第71页。
② 福格：《听雨丛谈》第1卷，第22页；震钧：《天咫偶闻》第2卷，北京古籍出版社1982年点校本，第26—27页；宝廷：《请整顿八旗人才疏》，载《竹坡侍郎奏议》卷下，光绪年间刻本，第40页上。

密的。顺治年间约有八万①，乾隆年间为十万余人②；咸丰初增至十四万九千余人③；光宣之际，实存名数，职官六千六百有奇，兵丁十二万余。④禁旅八旗以满洲八旗为主，遇有战事，派出作战，战毕撤归京师，为清朝基本的军事力量。

八旗驻防制度开始于顺治朝，发展于康、雍两朝，迄乾隆朝始告形成。顺治年间，各地驻防仅一万五千余人⑤，康熙、雍正年间渐增至七万九千余人⑥，清中叶达十万余人。⑦从此，驻防八旗兵额大体与京旗持平，这种状况一直延至清末。康熙至乾隆年间，八旗在东北的驻防地由十五处增至四十四处，在各省驻防地由九处增至二十处，乾隆年间在新疆新设八处。其中，配备在京畿和东北的兵力，约占驻防八旗总数的一半，而东北的驻防八旗又占畿辅地区以外驻防八旗的半数以上。东北地区并未配备绿旗汉兵，说明清朝统治者非常重视自己的"发祥地"。相比之下，内地各省八旗驻防，一省不过一至三处，其中又以长江以北较多。湖南、江西、广西、贵州等处未设驻防。

内地军事戍守的任务，主要由六十余万绿旗（绿营）汉兵担任，八旗驻防起监视作用。八旗兵丁屯驻在全国七十余处重要城镇和水陆要冲，根据需要各设驻防将军、都统、副都统，或只设城守尉、防守尉为其统领，他们成为清朝控制全国的重要力量。

清世宗胤禛说过："驻防之地，不过出差之所，京师乃其乡土。"⑧驻防各地的兵丁，最初都是从京旗各佐领派拨的，并由这些来自不同旗、佐的兵丁，在驻防地组成新的佐领。但他们的户籍，仍隶属原旗原佐领。所以在清初一段时间里，驻防旗人仍把京师视作他们的籍贯所在地。以后，随着驻防制度的固定化，驻防旗人的户籍虽然隶属原旗都统衙门，与本佐

---

① 沈起元：《拟时务策》，载贺长龄编《皇朝经世文编》第35卷《八旗生计》，上海广百宋斋光绪十七年（1891）版。

② 《清朝文献通考》第179卷，浙江古籍出版社2000年版，第6395页。

③ 《清文宗实录》第84卷，第1页上下。

④ 《清史稿》第130卷，第3879页。

⑤ 光绪朝《会典事例》第1127卷，第1页上下、12页下、20页下。

⑥ 伊泰等：《大清会典》第144卷，第10页上、12页上；第217卷，第13页上、15页下，雍正十年（1732）内府刻本（下简称雍正朝《会典》）。

⑦ 允祹等：《大清会典》第96卷，第3页上、15页上；乾隆二十九年（1764）殿本（下简称乾隆朝《会典》）；嘉庆朝《会典》第69卷，第4页下、8页下。

⑧ 《八旗通志初集》第68卷，第1328页。

领的关系却逐步削弱，并在驻防地形成新的旗人群体。

驻防制度的实施，使旗人的分布呈现大分散小聚居的特点，分散在全国各地——南至广州、北抵瑷珲、西迄伊犁，最集中的地方则是京师。

二　管理制度的变化

清朝入关以后，八旗"牛录"改称"佐领"，"甲喇"改称"参领"，同时改定八旗官员汉译名称："固山额真"称都统，"美凌章京"称副都统，"甲喇章京"称参领，"牛录额真"称佐领。各佐领在行政上均隶属本旗都统。

京师满洲、蒙古、汉军各八旗，各设都统一员，共二十四员。都统由八旗勋臣担任，或以皇子、王公兼任，秩一品，"掌八旗之政令，稽其户口，经其教养，序其官爵，简其军赋"①，综理一旗的军、政、经事务，是各旗最高长官。各旗分设都统衙门（俗称"档房"），举凡军政、户籍、铨选、司法、婚丧、稽查不轨等事务，各有所司，完善了八旗管理体制。

佐领是八旗的基层组织，每佐领一般辖管数十户，每户约计数口以至数十口人丁。他们均按本旗方位集中安置在某个街区的某条胡同。佐领长官也称"佐领"，凡兵籍、俸饷、谱系、户婚、田宅的考稽，都在职责以内。

八旗人家生子女，照例须报明本旗佐领，书之于册，及长而婚嫁亦如此。又必须男女两家佐领，互出印结，谓之图片（即钤盖印文的证明）。三年一次编审壮丁，同一佐领人丁，均编入丁册。对壮丁的三代以及出身成分，或正户（又称正身，即自由民），或开户（奴仆获准出户并在旗下独自立户者），或户下（奴仆），一一详细注明。严禁出身卑贱者混入正户旗人阶层。旗人故去，将其在册名氏销去。旗人户口不准随意增减，姓名也不准随意改动，主要是为了"整军经武"，即军事活动的需要。

佐领内成员复杂，有世袭官员、职任官员、护军、前锋、马甲、步甲、养育兵、闲散。佐领官阶虽仅四品，因职权大，本佐领旗人即便位居公侯，对其仍客客气气，不敢怠慢。②佐领犹如其父母官，既有严格管理的一面，也有细心关照的一面，日常职守包括：关心属下生计，询问其度日光景；发现甚贫者，交族长，令向本族中富足家量为资助；与各族长一同晓谕佐领下诸

---

① 光绪朝《会典》第84卷，中华书局1991年影印本，第754页。
② 谈迁：《北游录·纪闻下》，第375页。

人，不许浪费，恭行节俭；对佐领下子弟，笃爱训教，对家贫不能读书者，亦由族中帮助，令其读书，学习骑射，送旗下义学；所属各户遇有红白事件，前往其家指示、关照；挑选马甲、养育兵、满汉先生；如发现不称职的族长，应在该族中访求合适人选，禀明参领，回明都统，更换挑取。①

清初的八旗（主要是满洲八旗）仍带有浓厚的血缘色彩，氏族长、部落长率部入旗后，出任各种官职，对旧属仍保留相当权威。当初"牛录"（佐领），"甲喇"（参领），"固山"（旗）的长官各以"额真"（满语：主人的意思）相称，盖缘于此。这种传统关系往往因旗人世代居住同一佐领而得以长期延续。久而久之，在佐领中便形成了几种不同的类型：开国初期率部族归附的酋长，授为佐领，以统其众者，称"勋旧佐领"；因率众归附，卓有劳绩，被赐以人户而成佐领者，称"优异世管佐领"；仅同弟兄族里归附，授予佐领者，称"世管佐领"；因户小人稀，合编为一佐领，由两姓三姓轮流担任首长的佐领，称"互管佐领"；由若干佐领各拨出余丁，攒为一新佐领者，称"公中佐领"。其中，唯公中佐领一职不在子弟中世袭。清前期，公中佐领所占比例很小，以后有所扩大。② 由于多数佐领控制在贵族世家子弟手中，加之各佐领世世代代聚居一处，这就为盘根错节的血缘亲属关系的绵延提供了理想温床。同时，也成为旗人凝聚的一个内力。

清统治者为加强对旗人管理，以佐领内的血缘关系为基础，并参考汉人社会的宗法制度，建立起族长制度。族长由族众公推，选出后由佐领验放，入选族长的多为休致（退休）官员或者德高望重的长老。族长多寡，视佐领内宗族的数目而定。由于佐领是多族姓聚居，故族长常在三四人左右。遇到涉及本族的公私事务，族长有责任与佐领一同筹划。③

按蒙古旗人松筠《百二老人语录》的说法：族长往往由文武官员兼管，属族中有地位有脸面者。其职守包括：当差余暇，关心族中贫户，发现人口众多、钱粮寡少的情况，同骁骑校、领催等呈报，遇有兵缺，尽量挑补，以资度日；凡遇红白事件，有家贫不能办理者，由族长出面协调族中有力之家，帮办完事。松筠在书中赞扬了这样一位族长，其族中并无富户，只有数十贫户，于是他找到佐领建议说：我们佐领下数族姓氏虽异，

---

① 松筠：《百二老人语录》，日本东洋文库藏本。
② 光绪朝《会典事例》第1111卷，中华书局1991年影印本，第51—52页。
③ 福格：《听雨丛谈》，第132页。

当初原系一处生长之人，祖先皆同村居住，今同居一佐领下，即如一家。彼此周济，不仅得到了好的名声，子孙后代世世效法，彼此相维相系，不是可以永享富足吗？佐领认为他的话有理，就向全佐领的富户商量，凡遇贫户有难，即由富户凑钱帮助。这说明，族长职守之一，就是通过自己的努力，缓解贫户压力，达到和睦宗族（"睦族"）的目的。

教导族人遵纪守法，也是族长的重要职守，防察重点是那些嗜酒赌钱不务正业，或在家不服尊长教训动辄嚷闹的子弟。一旦发现这种情况，族长有责任将桀骜之徒传至佐领处鞭责。三次不悛者，呈明都统，照不服教令律治罪。① 可见，族长在维护社会秩序、等级尊卑、纲常伦理等方面，也起着不容忽视的作用。

族长虽非爵秩，其权威也颇令人敬畏。雍正三年（1725）重定：族长一缺，由都统、副都统从各族中拥有男爵、轻车都尉、骑都尉、云骑尉等世职的贵族，或举人、生员、领催等人中选取；每三年由都统对族长考察一次，对教导族人有成绩者，予以奖励。这表明，族长人选与考核趋于制度化。

在旗人社会中，宗族组织最为完备的当推皇室。皇室又称宗室，即清显祖塔克世（努尔哈赤的父亲）的直系子孙。清肇兴时代，宗室子弟不过数十人，随着人丁繁衍，到清中叶已经按血缘亲疏分为近支宗室和远派宗室。近支宗室原来不设族长，乾隆四十年（1775）起将八旗左翼宗室子弟分为二族，右翼宗室子弟分为四族，每族设族长一人，由王公兼任。② 远派宗室原有左翼二十族，右翼二十族，各有族长。乾隆年间又在众族长之上添设总族长。清末光绪年间，八旗宗室子弟已达八千多人。③

为加强对旗人的管理，建立保甲制度。清初沿袭明制，在地方州县以下建立保甲组织，十户为甲立一甲长，十甲为保立一保长，为统治者负起直接管理和监视人民的职责。康熙二十五年（1686），在畿辅屯居旗人中试行保甲法，将各庄屯旗丁与当地民户共编保甲，令旗人屯拨什库（屯领催）与保、甲、乡长共同稽查不轨。雍正七年（1729），世宗谕令近畿旗庄依仿汉民保甲之制，设立屯目、乡长。屯目、乡长的设立，意味着旗

---

① 宝琳、宝珣编：《升勤直公（升寅）年谱》，道光间刻本，收入《北京图书馆藏珍本年谱丛刊》126 册，北京图书馆出版社 2001 年版，第 315—316 页。
② 世铎等：《宗人府则例》第 181 卷，光绪三十四年（1908）刻本，第 1 页上下。
③ 详见刘小萌《爱新觉罗家族全史》，吉林人民出版社 1997 年版，第 295—301 页。

籍保甲长的产生,是旗人保甲组织走向完善的重要一步。①

关于屯目职掌,《户部则例》明文规定:"屯居旗人,责成理事同知及该州县择老成者放为屯目,不拘旗分,令其管束,其乡村寓远畸零旗户,即交附近屯目管辖,仍册报八旗存案。凡旗人有来及往他处经营者,报明屯目给限,若无故逗留或潜往他处,报官严拿惩治。"从屯目职掌不难看出,清统治者编设旗人保甲的目的就是对屯居旗人的行止进行更严密的监督与控制。乾隆年间,在东北、口外以及部分驻防八旗居住地,先后设立旗人保甲组织。嘉庆十八年(1813)北京发生林清领导的天理教起事,直捣皇宫,一些旗人卷入这次活动,表明旗人内部矛盾也在激化,促使清统治者扩大编查旗人保甲的范围。此后,北京旗人,上起宗室觉罗,下至旗人家丁,所有八旗人丁,几乎都被编入保甲组织。② 道光九年(1829)颁布《整顿什家户章程》,规定旗人有自原住之处迁往他处居住者,责令该旗随时查明,将其迁移之处及原住处所,均登记于册,以便查其往来行踪。这表明,清廷进一步加强了对旗人的控制。

清统治者还制定一套严格规定,限制旗人的行动自由。入关初规定:八旗人丁不得擅离本佐领居住,违者以逃旗论,人口财产入官,本人治罪。不久,繁文缛节愈增愈多,在京旗人不准擅自离城四十里,各省驻防旗人不准擅自离城二十里,违者交刑部治罪;旗人因事出境,须到本旗衙门告假领票,票内注明本人年貌,呈报所去地方旗衙知晓,回旗时,再由该地旗衙告知本旗,并出具印文交本人带回销假;如果中途他往,或久住外地不归,均以逃旗论罪。旗人学习民间技艺,与民交产、通婚或抱养民人之子,也在反复申禁之列。

八旗官兵由北京调拨各地,大部分驻防地都处在汉人社会包围之下,清廷为了加强对他们的控制,采取了几项特别措施:

首先,建立归旗制度。清廷规定,驻防兵丁与京旗兵丁一样,归属在京八旗都统管辖,旗籍也隶于在京各佐领之下。即便他们已在驻防地长久安居,统治者仍坚持将他们的驻扎看作临时性质。康熙二十三年(1684)定:驻防官兵,如果有老病、解退、亡故,家口俱令还京,子弟和家人中有披甲当兵的,也必须革退还京。空出兵缺,由京师旗人中抽调前往。又规定,驻防旗

---

① 华立:《从旗人编查保甲看清朝"旗民分治"政策的变化》,《民族研究》1988年第5期。
② 《清仁宗实录》第280卷,第25页上下。

人不准在当地置产，死后也不准在当地安葬。从此，驻防旗人亡故后，一律用棺木收敛或火化后送京归旗。统治者担心旗人世居外地，形同土著，养成安土重迁的心态，以致与汉民融合，丧失勇武剽悍的雄风。所以，要处心积虑地用八旗组织这根纽带，将这些散布四方的旗人维系在一起。

对旗人来说，归旗制度无疑是一个劳民伤财的规定。每年都有大批退役的兵丁与家口，尤其是孤寡妇女，由官方备办车船，动用公费，在规定期限内进京。朝廷为此耗费人力、物力、财力不赀，而年老兵丁与妇孺在漫长旅途中也备尝艰辛。到京以后，或无产业，或鲜亲属，生计无着，以致有些旗人回京不久又被迫返回驻防原地。

其次，建筑旗城。清廷依照在京畿实行的"旗民分居"的模式，在八旗各驻防地大兴土木，兴建"旗城"（俗称"满城"）。修建旗城是清廷实施旗、民隔离的重要手段。旗城与一般兵营、堡塞的区别在于：它不仅是一个军事要塞，而且是当地社会中一个相对独立的社区。城内包括军事设施、官衙、居住区、学堂、庙宇。布局亦如京师，旗兵各按八旗方位分左右翼依序排列。重要的八旗驻防地有：杭州、江宁、青州、荆州、绥远、新疆伊犁、西安、福州、广州。（见图8—15）

图8　杭州旗城涌金门遗址

图9　江宁(南京)旗城今景

图10　荆州旗城马道

图11　绥远旗城遗迹

图12　伊犁惠远古城今景(新疆伊犁霍城)

图 13　甘肃武威旗城今景

图 14　右卫(山西右玉)旗城城门遗迹

图 15　成都旗城窄巷子今景

在清统治者的重重限制下，无论是在京旗人，还是大部分地区的驻防旗人，他们既不能从事农业生产，又不便经商逐利，不得不脱离生产和流通领域，转以俸饷和统治者的赏赐为主要经济来源。清统治者在"优养"旗人的同时，又剥夺他们自谋生计的权利，这对旗人产生的影响是很深远的。

三　兵制的变化

入关前满洲人"出则为兵，入则为农"，实行兵农合一的体制。入关后，清廷为了加强中央的军事力量，对八旗兵拣选、兵种、官兵俸饷逐一规定，确立起八旗常备兵制。

兵丁拣选制度。八旗的基层单位佐领是按人丁编设的，清代佐领丁额屡有变化。努尔哈赤时代规定每牛录（佐领）壮丁三百人，皇太极时改为二百人，入关初沿用此制。康熙年间，八旗满洲佐领总数增加，但每佐领的标准丁额却缩减为一百人。乾嘉年间，又改为一百五十人。其实，这些都只是官方字面上的规定，具体到各佐领，由于在人员构成、隶属关系上存在种种差异（如佐领有勋旧、世管、互管、公中等差别），壮丁数额相差是很悬殊的。作为一个壮丁（俗称"汉子"）的标准也未成定制，有的时期以身满五尺为合格，有的时期以一定年龄为尺度（如十五岁、十六岁、十八岁等）。但八旗壮丁每三年编审一次的制度则始终被严格遵守着。每届编审之期，筛汰老弱病残，合格者编入丁册，作为候补兵员。

从佐领壮丁中产生组成八旗军队的甲兵。拣选兵丁俗称"挑缺"，被选中者俗称"披甲"，落选者为"余丁"，也称"闲散"。应选子弟除年龄或身高合乎要求外，还必须通过骑步射和满语考试。

各佐领兵额均有明文。康熙朝《大清会典》卷八一载：京旗满洲、蒙古佐领，设前锋二名，亲军二名，护军十七名，拨什库（领催）六名，马兵（马甲，又称骁骑）四十名，步兵拨什库（步军领催）二名，步兵（步甲，又称步军）十八名，铁匠二名，共八十九名；汉军佐领，设拨什库四名，马兵三十名，步兵拨什库二名，步兵十二名，共四十八名。以后，各佐领兵额与所设兵种又有所调整。

兵丁粮饷制度。八旗兵饷俗谓"钱粮"，主要包括月饷（每月发放一次）和季米（每季度发放一次）。因收入稳定可靠，时人譬之曰"铁杆庄稼老米树"。康熙朝定制：京旗前锋、护军、领催，月饷四两，马兵月饷三两，每年饷米均四十六斛（合二十三石）；步兵领催月饷二（一说三）两，步兵月饷一两五钱，每年饷米均二十二斛（合十一石）。此外，养马有马银，出兵另有行粮。① 这种待遇到清中叶基本保持稳定。相比之下，驻防兵丁的待遇略低于京旗，马兵月饷二两，月支米二斗五升（合岁支米十二斗五升），与绿营马兵饷米相差无几。

八旗兵丁饷额，在当时的社会收入水平中，显然是不低的。饷米一项，高者每人每年四十六斛，低者也有二十二斛，这不是一个人所能消费得了的。统治者有意把饷额定得高一些，以便兵丁可以赡养家眷，还可把多余的粮食变卖，作为一项辅助收入。清朝一名七品官员的俸禄额数是每年银四十五两、米二十二石五升，八品官是银四十两，米二十石，而八旗一个甲兵所得之饷已超过此数，所以雍正帝曾对八旗子弟说："今兵丁等钱粮较前加增一两，又有马银，计其所得，已多于七、八品官之俸禄，即此有能谋生之人，尽足其用矣。"② 兵额与兵饷确定以后，额兵成为吃粮当差的职业军人，未当兵的闲散余丁，则是无差无饷的旗下平民。当兵食粮成为旗人的主要职业，经济上

---

① 刘献庭：《广阳杂记》第1卷，第3—4页。
② 《八旗通志初集》第67卷，第1291页。

形成对统治者的严重依赖。

八旗骁骑校以上，都统以下，属官员阶层。其薪给不称"钱粮"，而称"俸银、俸米"。八旗官员俸银，俱按品级支给；俸米，初定每俸银二两，支米三斛；后定每俸银一两，支米一斛。据此，旗员正从一品，岁给俸银一百八十两，俸米九十石；正从二品，岁给俸银一百五十五两，俸米七十七石五升；正从三品，岁给俸银一百三十两，俸米六十五石；正从四品，岁给俸银一百五两，俸米五十二石五升；正从五品，岁给俸银八十两，俸米四十石；正从六品，岁给俸银六十两，俸米三十石。八旗官员中品秩最高的，在京都统，在外将军，岁俸银为一百八十两，米九十石；佐领是正四品，岁俸银一百五两，俸米五十二石五升；而最低的骁骑校岁俸银六十两，米三十石。

官员依靠薪俸，很难既赡养家口又维持一种比较阔绰的生活水平，贪赃枉法的事件，层出不穷。为了堵塞漏洞，整饬官箴，雍正朝起，建立养廉银制度，对地方官员自总督、巡抚以下，知县、巡检以上，发给"养廉银"，其数从三万两到数百两。各官的养廉银同其俸禄比，高出十几倍、几十倍乃至上百倍。对京城各官，改发双份俸银俸米，对八旗官员则增给"亲丁钱粮"和"养廉银"。

第四节　八旗内部关系的变化

清朝入关后，在八旗内部，依据不同的从属关系，逐步确立两层关系：第一层是上三旗与下五旗的关系；第二层是内府三旗与外八旗的关系。

一　上三旗与下五旗

清太祖努尔哈赤晚年，沿用过去的遗制，将八固山（八旗）作为家族的私产，在亲近子侄中分配。领旗的旗主（和硕贝勒）享有在经济、政治上均等的特权。清太宗皇太极即位以后，为强化自己的统治地位，在八旗增设管旗大臣，由大臣牵制八旗诸王，又陆续削夺阿敏、莽古尔泰两大旗主，直接统辖正黄旗、镶黄旗、正蓝旗，但其余各旗仍分别由和硕亲王执掌。顺治元年（1644），世祖福临冲龄即位，叔父多尔衮以旗主身份摄政，实际秉执国家的最高统治权。多尔衮与阿济格、多铎是同母兄弟，原领有实力雄厚的两白旗。顺治五年，多尔衮强加豪格（皇太极长子）以"徇隐部将冒功"的莫须有罪名，将其瘐死狱中，乘机将隶属皇太极一家的正蓝旗夺为己有。多尔衮兄弟实领两白一蓝三旗，威权自专，形成对皇权的巨大压力。两年后，多尔衮病死，福临亲政，时年十四岁，倚恃堂叔济尔哈朗，对多尔衮一系展开反击，迫令多尔衮亲兄阿济格自缢（此前，多铎已病死），追论多尔衮悖逆之罪，下诏追削封爵，又兴起大狱，处死多尔衮一系亲近贵族重臣数十人。①

福临通过这些努力，沉重打击宗室强藩，巩固了皇权。他在原有两黄旗的基础上，又把隶属多尔衮的正白旗划归己有，成为新上三旗（原正蓝旗换出）。从此，正式形成上三旗与下五旗的体制。上三旗归皇帝亲领，地位高贵，人多势众，构成八旗的核心。下五旗各司其职，成为诸王、贝勒等宗亲的分封之地。上三旗与下五旗的分治，是八旗制度的一次重大变革，是以皇权为代表的中央集权进一步加强的明显标志。

康熙元年（1662），圣祖玄烨即位以后，陆续分封诸兄弟子侄为下五旗王公，与原有本旗王公共同管辖每一旗人丁，于是一旗有王公数人，不再存在一个旗主专擅一旗的局面。康熙十八年（1679）确定王公府属官员名额，并规定王公府属佐领下人在各王公门上行走。至于各王公名义上领有的旗分佐领（下五旗佐领），则归各旗都统管理。都统"掌宣布教养、整诘戎兵，以治旗人"②，直接承受皇帝令旨，各旗王公从此无权干预旗务。

上三旗下五旗制度，形成正身旗人社会地位事实上的差别。上三旗守卫皇城，挑取侍卫，皇帝外出时担任扈从，是皇帝最倚重的亲军。下五旗除守卫京城外，被大批派往各地驻防戍卫。玄烨冲龄即位时，以索尼（正黄旗）、苏克萨哈（正白旗）、遏必隆、鳌拜（镶黄旗）为四辅政大臣，均出身上三旗，说明上三旗人在参与政治方面也享有优势。

为了破除上三旗下五旗的畛域，鼓励下五旗人为皇帝建功立业，清廷特别建立了"抬旗"制度。"抬"意即由下往上升。由"满洲下五旗，抬入上三旗者，谓之抬旗"。③ 其本支子孙准许一同抬旗，同胞兄弟仍隶原

---

① 刘小萌：《爱新觉罗家族全史》，第119页。
② 乾隆朝《会典》第95卷，第1页上。
③ 吴振棫：《养吉斋丛录》第1卷，第2页。

旗。皇太后、太后母家在下五旗者均准予抬旗。以后，抬旗形式趋于多样化，上三旗汉军可以抬入同一旗分满洲旗。圣祖生母孝康皇后一家，佟佳氏，原隶镶黄旗汉军，后抬入镶黄旗满洲，后族抬旗自此始。包衣旗人也可以拨出内务府抬入满洲旗。①不同形式的"抬旗"，成为清代满、蒙、汉军旗人间，上三旗人与下五旗人、正身旗人与非正身旗人间成分流通的一种特殊途径。

康熙年间，以下五旗为王公贵族分封之地，和硕亲王不再像清初那样领有全旗，而是由皇帝从上三旗拨给十五个满、蒙、汉军旗分佐领和包衣佐领作为私属，亲王以下诸王、贝勒，也分别领有若干佐领。此举虽然破除了旗主专擅一旗的积弊，但王公贵族仍以所得佐领为私产，在子孙中承袭。他们对所属佐领的旗人任意差遣役使，遇有过失，辄行锁禁，籍没家产，任意扰累。②下五旗旗员身为国家官属，却处在诸王私人支配之下。两广总督杨琳，为敦郡王属下，郡王遣人赴广，据其衙署勒索，杨琳无可奈何。八旗都统五格，于世宗胤禛面前奏对，对已经获罪削籍的允禵，仍口口声声称之为"主"。故主尚有如此淫威，足见下五旗旗人对于旧日领主的人身依附关系很强。

胤禛本来是在诸兄弟倾轧中"夺嫡"而得皇位，即位后杀戮诸弟，进一步激化了矛盾。当时亲王各有五六佐领，兵丁三四百名，六个亲王所属兵丁多至二千四百至二千五百名，加上其他若干王公的兵丁，总数竟达四千余名。③胤禛为巩固地位，不遗余力打击诸旗王公权势，以杜祸源。他借口"五旗之人，竟有二主，何以仰生"④，严禁诸王对所属旗人擅行治罪；规定除王府护卫仍由本主升擢，其余官员的升擢贬黜，皆归有司，诸王特权自此削弱；又禁止诸王私遣人役，需要时必须列名请旨。旧例：上三旗护军扈卫宫禁，下五旗护军各守王公府邸，世宗改为；下五旗各旗分佐领十七名护军除留二人仍隶属王公外，余者均派往守卫皇宫。下五旗宗室、觉罗原先俱隶本府王公包衣佐领下，胤禛命令将他们撤出王府属

---

① 福格：《听雨丛谈》第1卷："下五旗满洲，或皇后、皇贵妃母族，例得抬入上三旗；若大臣建立勋劳，亦有奉旨抬入上三旗。至蒙汉军大臣著有功绩，或拨入本旗满洲，或抬入上三旗满洲；及内务府人拨入外三旗满洲佐领，皆随时出于特恩，不在定例。"于"抬旗"制度概括得较为完整。
② 《清世宗实录》第9卷，第19页上。
③ 《八旗通志初集》第26卷，第497页。
④ 雍正朝《上谕八旗》第1卷，雍正元年七月十六日，四库全书本。

下，置之公中佐领。这些旗人始由王公私属变为国家属人。

胤禛通过裁抑宗藩，使自己的统治地位得以巩固。从此，不但上三旗人为其控制，下五旗人"虽各自有该管之主，而其心亦只知有君上，不知有管主"。① 此后，尽管八旗王公仍旧享有尊崇的政治地位，经济上领取优厚的俸禄、收取旗租，但对旗人已失去昔日的权力。正身旗人不再是领主私属，成为皇帝治下的旗下平民。

二　内务府包衣三旗

上三旗下五旗分治后，各旗所有的包衣（满语"booi"，意即"家的"，指某人的私属）随之析为两个系统：上三旗包衣称"内务府属"或内府旗人，为皇家私属，编为内务府镶黄、正黄、正白三旗（俗称内三旗），亦分满、蒙、汉；下五旗包衣称"王公府属"，为各王公私属，编为府属佐领、管领。若食钱粮，只准在本府。除了不得挑取各旗钱粮（即披甲当兵）及预选秀女外，其余晋身之阶，与八旗同。② 内三旗与八旗（俗称外八旗）是两个独立的组织体系。有别于八旗佐领（又称旗分佐领）统属于各旗都统，内三旗初隶领侍卫内大臣，康熙十三年（1674）改归内务府，从此终清之世不改。

内三旗的构成与外八旗有所不同。内三旗以下，各设内参领；内参领下设有内府佐领、旗鼓佐领、内管领。内府佐领，即皇家所有的满洲佐领，成分为满洲平民；旗鼓佐领即皇帝所有的汉人佐领。宗室奕赓在《寄楮备谈》中说得明白："内务府三旗汉军佐领，俱名旗鼓佐领，旧作齐固佐领。"在康熙朝《大清会典》卷一五三中，又把"旗鼓佐领"，直接写为"（内务府）汉军佐领"。旗鼓佐领均由关外入旗的辽沈旧汉人编成。内管领（满语为"珲托和"，意即"半个佐领"）又称"辛者库牛录"，意思是"内管领下食口粮人"。编入内管领的最初是满、蒙、汉人奴仆，以后内部成分渐有分化。奕赓《寄楮备谈》说："辛者库，乃半个佐领下食口粮人也，起初原系家奴，向例不许为官，内府俱贱视之。"在内三旗中地位最低下。内府三旗初设满洲佐领九，旗鼓佐领十二，高丽（朝鲜）佐领一，内管领二十。康熙三十四年（1695）增至满洲佐领十

---

① 雍正朝《上谕八旗》第 4 卷，雍正四年五月十二日。
② 福格：《听雨丛谈》第 1 卷，第 4 页。

五，旗鼓佐领十八，朝鲜佐领二，管领三十。①

内三旗包衣人，除担任内廷供奉亲近差使，专供驱使外，也有按丁披甲的义务。其中，满洲、朝鲜佐领，披甲人各八十九名（或九十名）；旗鼓佐领，披甲人各五十九名；管领，披甲人各八十九名。②兵种为前锋、护军、骁骑（马甲），均分别编营。乾隆年间，内三旗护军营额兵一千六十五人，前锋营额兵一千一百一十四人，骁骑营额兵五千二百五十人。③均布列皇城内，各按旗分，星罗棋布，拱卫皇宫，是直接役属皇室的亲兵。

清朝初期，内府旗人的身份地位较低，但由于他们是皇帝奴仆和私属，一旦为其宠信也能外任肥差、执掌重权，进而成为诗礼簪缨的世家望族。内府旗人允许入学、考试、为官，旗鼓佐领下人在内务府的仕进与满洲人同，升至九卿，亦占满缺。在《八旗满洲氏族通谱》中，他们被列为"满洲旗分内汉姓人"，在《八旗通志初集》中，他们被列入满洲官员志，而八旗汉军，则别列一门。④因此，又可将其视为八旗内部满洲化程度最高的汉人。

内务府旗人在一定条件下可以抬旗或改旗。顺治九年（1632）议准：内务府三旗佐领、内管领下官员，有军功劳绩，奉特旨令其开出内府佐领、内管领者，各归上三旗旗下佐领。顺治年间卓灵阿因父罪编入包衣籍，以后世祖认为定罪过重，又将他开出包衣；王辅臣初为八王阿济格的"虾"（侍卫），八王得罪死，王辅臣被没入"辛者库"为奴。世祖福临亲政后，闻其勇冠三军，特旨拨出辛者库，授御前一等侍卫。⑤清中叶以降，内务府旗鼓佐领下人如大学士高斌、高晋、书麟，皆改隶外满洲镶黄旗。当然，在人数众多的内府旗人中，能膺此殊荣者，只是凤毛麟角。

内务府三旗的形成，是满洲皇帝独掌三旗，并在八旗中确立起经济、军事、政治绝对优势的产物，同时，又保留着满人早期蓄奴制的残余。内三旗与八旗并行不悖地存在，构成清代旗人社会组织的一大特色。

---

① 《八旗通志初集》第41卷，第779—783页。
② 嘉庆朝《会典》第77卷，第5页上。
③ 乾隆朝《会典》第91卷，第1页上。
④ 福格：《听雨丛谈》第1卷，第17页。
⑤ 刘献庭：《广阳杂记》，第182—185页。

第五节　旗人社会的形成

清代北京的重要特征，是居民结构与前代发生了很大变化。几十万旗人聚居的内城，成为名副其实的"旗城"。旗城与民城，是并存且有明显差异的两个社会，在管理体制、社会职能、文化风俗诸方面，均有不同特色。

一　内城的建制

清代北京内城沿袭明制，分为同心圆的三座城（紫禁城、皇城、大城）。

城中心为紫禁城。紫禁城占地七十二万平方米，有宫城高墙环绕，城高十米，厚六米多，呈长方形，南北长九百六十一米，东西宽七百五十三米，周长十四里，城外环以宽五十二米的护城河，又名筒子河。城四方各有高大的城门楼一座，南曰午门，北曰神武门，东曰东华门，西曰西华门。

紫禁城外为皇城。皇城始建于明永乐年间，用砖砌成，外涂朱红色，墙顶覆黄琉璃瓦，周长九千多米，高六米，厚二米，顶部厚一点七三米。南有大明门（清代改称大清门，民国改称中华门），东有东安门，西有西安门，北边初名北安门，清代改为地安门。皇城东为南池子、北池子、东皇城根，皇城西为南长街、北长街、西皇城根。

皇城外为大城。明永乐年建造。周围四十里，高三丈五尺五寸。为九门，南曰丽正、文明、顺城，东曰齐化、东直，西曰平则、西直，北曰安定、德胜。正统中，改丽正为正阳，文明为崇文，顺城为宣武，齐化为朝阳，平则为阜成，余四门仍旧。大城又称内城。（见图16、17）

内城南有外城。外城，又曰南城。明朝时，正阳门外人口增多，为防外族侵扰，嘉靖二十一年（1542）毛伯温等倡言修筑北京外城。三十二年（1553），给事中朱伯辰疏称，城外人口激增，应添修外城。北京城郊尚遗存有金、元城故址，如能增卑补薄，培缺续断，可事半而功倍。此言与中国古代城市"内城外郭"的重城之制正相吻合，因此嘉靖帝谕令兴工修筑。后因财政拮据，决定先筑南面城墙，待以后财力充裕再成四面之制。于是将北京城南已经筑起的一面城基，东折转北，接城东南角，西折

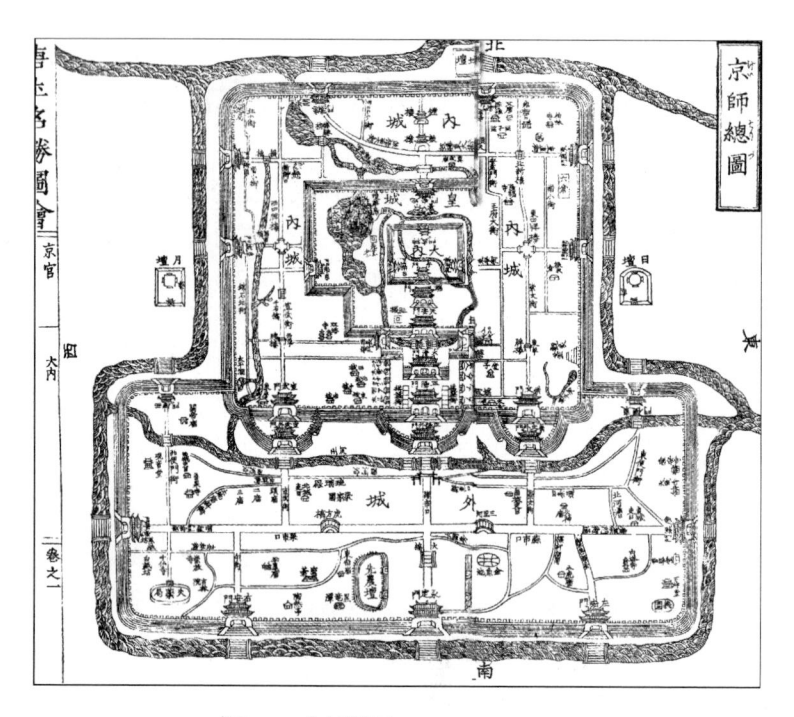

图 16　京师总图(《唐土名胜图会》)

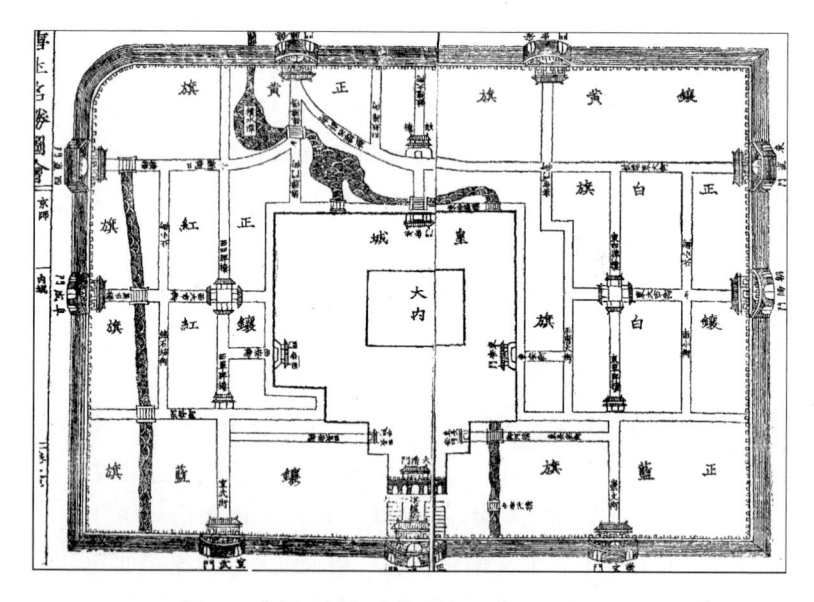

图 17　京师内城与八旗分布(《唐土名胜图会》)

转北，接城西南角。外城三面全长二十八里，为七门，南曰永定、左安、右安，东曰广渠、东便，西曰广宁、西便。北京内外两城北窄南宽，形成一"凸"字形格局。

清代，京师民间或呼正阳门为前门，崇文门为哈达门，又曰海岱门，宣武门为顺治门，朝阳门为齐化门，阜成门为平则门，外城的左安门为江擦门，广渠门为沙窝门，右安门为南四门，广宁门为彰仪门，皆有所本。（见图18）

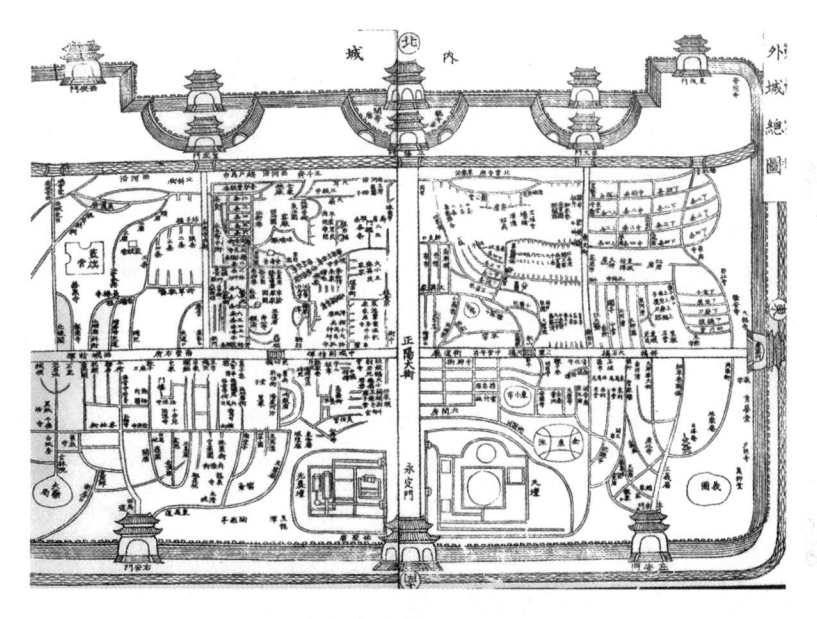

图18　京师外城图（《唐土名胜图会》）

清朝定鼎北京初，在城内强行实施旗、民分城居住制。当时的北京城，仍保持明朝多次重建后的面貌。内城在北，平面呈东西较长的长方形；外城在南，东西各宽于内城五百米有余。经过顺治五年至六年间的大规模清理，原来在内城居住的汉人无论官民一律迁居外城，内城则成为清朝皇室和八旗王公贵族、官兵聚居的区域。

内城中央是满洲皇室居住的紫禁城（即今故宫博物院范围）。

紫禁城外，是由内务府各衙署（七司三院各库）及内务府三旗集中住居的皇城。皇城有四门，南曰天安门、北曰地安门、东曰东安门、西曰西安门。

皇城外是由八旗驻扎的大城。大城的八旗称"禁旅八旗"，又称"京旗"，从四面拱卫着皇城。八旗的分布，是依据五行相生相克的原则确定的。东方属木，金克木，金为白色，故正白、镶白二旗驻东城；西方属金，火克金，火为红色，故正红、镶红二旗驻西城。其他各旗也是按五行相克说确定防地——正黄、镶黄二旗驻北城，正蓝、镶蓝二旗驻南城。又以皇城中线分左、右翼，东部四旗为左翼，西部四旗为右翼。

在各旗的防区内，均按满洲、蒙古、汉军划定范围，以下按参领、佐领分别居住。佐领是八旗的基层组织，每佐领一般辖管数十户，每户约计数口以至数十口人丁。他们被集中安置在某个街区的某条胡同。

内城设有中央内阁、部院和地方衙署（顺天府和宛平、大兴两县）。八旗系统各设衙属、仓廒、炮厂、箭亭、校场、税务、官学、营房、警卫（栅栏与堆子）。

顺治年间，设镶黄旗校场于安定门外，正黄旗校场于德胜门外，正白旗校场于东直门外，镶白旗校场于朝阳门外，正红旗、镶红旗校场于阜成门外，正蓝旗校场于崇文门外，镶蓝旗校场于宣武门外，各建演武厅。①

八旗仓房，各按旗分：海运仓，在东直门内鞭子胡同北口外，镶黄旗地方；北新仓，在东直门内瓦叉儿胡同东口，正黄旗地方；旧泰仓，在朝阳门内，正白旗地方；南新仓，在朝阳门内镶白旗地方；兴平仓，在朝阳门内扁担胡同南口，正红旗地方；富新仓，在朝阳门内北小街，镶红旗地方；禄米仓，在东城朝阳坊智化寺西，正蓝旗地方；太平仓，原与禄米仓同设一处，康熙四十四年移设于朝阳门外镶蓝旗地方。此外，还有本裕、万安等仓，分别供应京郊旗营、内务府三旗。②

在清初，北京城是作为军事大本营来配置旗兵的，以后城市的军事性质逐渐减弱，但驻防区划沿袭不改，直至清末。

禁旅八旗各佐领在行政上隶属本旗都统衙门。在军事体制上，八旗兵丁又按照兵种，分为前锋、护军、马甲、步甲，均独立编营。其中，骁骑（马甲）营、护军营、步军（步甲）营均按旗分设，前锋营按左右翼分设。护军营与前锋营是近卫亲军，平时警卫宫禁，皇帝外出时扈从行营，

---

① 吴廷燮：《北京市志稿》第 1 册，北京燕山出版社 1998 年版，第 27 页。
② 《八旗通志初集》第 25 卷，第 471—473 页。

是八旗兵的精锐。以后陆续增设虎枪营、火器营、健锐营、善扑营、神机营，都是禁旅八旗的特殊兵种。（见图 19）

图 19　八旗阅武楼（北京海淀香山）

火器营最初驻防在北京城内，由满、蒙八旗兵丁组成，是皇帝守卫扈从的一部分。营兵专职制造炮弹、枪药和各种火器。平时也演练弓箭、枪炮技术，担负警戒任务。八旗兵分驻城内四方，每旗均配有一部分火器营兵，操演起来十分不便。乾隆年间将火器营兵成建制调到北京西郊蓝靛厂一带。初建营时，共抽调满、蒙兵丁四千七百余人，连同家属共一万多人。

有清一代，火器营与圆明园护军营、香山健锐营并为京西拱卫京师的三大旗营。每座旗营都是固若金汤的兵营。其中，火器营的形制最为典型。火器营占地南北约四里多，东西约一里，周围有用三合土夯筑的约半米厚、三米高的围墙。墙外是宽、深各五米的护城河，河外有二米高的土围子用以防洪。土墙开有东西南北四座大门，随门各有一座平桥。营门早晚按时启闭。

营区内，街巷横平竖直，成棋盘状。建房七千余间，水井十六口。每条小胡同驻五至八户不等，兵丁按人口分配住房，住房青砖盖瓦，平房朝阳，方砖铺地，院墙用北京西山特产虎皮石砌成。营区内引入河水，每条胡同临大街口都有小石桥。下大雨时常有大量鱼群逆流涌入大街小渠。大街两侧种植槐树，槐花盛开季节，清香四溢。各家前后院种有红枣、杜梨、石榴、花椒、葡萄和花草、豆、菜等，并有养鱼、鸟、鸡、兔、猫、犬之风。举凡旗人聚居的地方，无不交融着兵营与民居的双重气息，非唯火器营如此。（见图20）

图20 蓝靛厂火器营近景

禁旅八旗的基层军事单位称"汛"，汛下设栅栏和堆拨（在《乾隆京城全图》中称"堆子"）。在汛、栅栏、堆拨执勤的为八旗步军营。汛的设立以皇城为界，分内外两区。皇城内各汛，专隶八旗满洲，分九十个汛，一百一十六个栅栏；皇城外各汛，分隶八旗满洲、蒙古、汉军，内九门城上设汛八十七处，大城内共设六百二十五个汛、一千一百九十九个栅栏。每汛设步军十二人，均按地界防守稽查。夜则巡更击柝，每汛设更筹，自初更起，上下汛往来传送至黎明乃止。[①]

栅栏和堆拨遍布内城，是基层执勤单位，起着维持治安、缉捕盗贼、防范火灾的作用。关于栅栏和堆拨的具体情况，从康熙《万寿盛典图》

---

① 福隆安等：《钦定八旗通志》第34卷，吉林文史出版社2002年点校本，第594页。

中可以察知，栅栏一般设在大街两旁的胡同入口，早启晚闭。堆拨（俗称堆子）通常设在通衢或闹市旁，建有执勤班房，房内放着条凳，墙上挂着弓箭，门外插架上插着长枪。

每座栅栏设步军三人。按《八旗通志初集》卷四五《城内夜禁》条：城内起更后，栅栏关闭，自王以下官民人等，不得任意往来。步军校等，分定街道，轮班值宿；步军副尉等仍行巡逻。兵部不时差官查验。若栅栏不行关闭，官兵旷班及不支更者，步军副尉一并议处。另外，对夜间有特殊情况如遇丧事、生产、问病请医、祭祀、婚嫁、宴会的旗人，也制定严格的呈报制度。①（见图21、22）

图21　内城的栅栏(康熙《万寿盛典图》)

---

① 《八旗通志初集》第45卷；雍正四年十二月，皇帝上谕八旗都统："尔等为旗下大人……在街上行走……遇着不公不法的，即行教谕他，如不服，就叫堆子上的步兵看住，查明他的住址姓名，对他本管官员说了惩治，尔大人等各个如此，街上的坏人也就少些，民间的风俗自然渐渐化好。"（中国第一历史档案馆编：《雍正朝汉文朱批奏折汇编》第8册，江苏古籍出版社1991年版，第752页。）这也说明，堆子兵的职守之一是针对内城的不法旗人。

图 22 内城的堆拨(康熙《万寿盛典图》)

在堆拨执勤的八旗步甲（步军、步兵），俗称"堆子兵"，是八旗兵中地位最低、收入最少的兵种（后备兵性质的养育兵除外）。其任务："昼则巡街泼水，夜则敲梆守栅，终日坐堆，不得宁家，甚为苦役。"以至条件稍好的旗人都不愿当步甲，"惟贫乏及户下家人始肯挑补，间有穷老及寡妇，必藉钱粮以为养赡者，或典买一人，或向亲戚借一人，或抚一民为养子，使之披甲当差，得钱粮以养赡家口"。因此当步甲的多是旗下奴仆或抱养民人之子。[1]

清初北京内城的警备体系相当严格。各街巷（胡同）有步甲负责缉查，维持治安。其上为步军校，负责若干胡同在内的街区。遇到治安问题，步军校呈报协尉，转报步军统领衙门。《百二老人语录》卷二记载了协尉和步军校的一席话，其中就提到他们的职守："要将我等所管地方，令其肃清，道在缉盗逐娼。"确保一方平安，铺面和殷实人家无被盗之事。步军在城内的职能实近似于现代治安警察。

步军的另一职责是每年春季疏浚城市沟渠。京城内外大小街道乃至胡同，皆有暗沟。每岁春季气候转暖，必须将所有沟渠开启，把里面的臭水泥泞清除干净，再行掩盖。如此，空气清新，防止疫病流行。修理沟渠惯例，每岁开沟之先，必严谕大小街巷步兵领催等，不可省用淘夫。沟渠挖淘洁净后，先由步军校、步军领催在各自地段验看，然后呈报工部及步军统领衙门，待两处官员验毕，再将沟渠掩盖覆石。

与内城旗人比邻而居的是外城的众多汉人，彼此被一道高高的城墙阻隔着。当时北京内外城共有城门十六座，内城九门外城七门，俗称"内九""外七"。由于民人集中聚居在外城，所以内城南面的宣武门、正阳门、崇文门（又称"前三门"）便成为旗、民往来的主要交通甬道。清朝实行严格的城禁制度，前三门于每天傍晚下锁，至三更时，唯正阳门开启一次，以便外城的汉官入朝。有些到外城游宴的内城人，也乘这一开城门的机会回到内城中来，当时管这种现象叫"倒赶城"。但只准进不准出，以防贼盗宵遁。（见图23）

外城居民大致有三种：一种是汉官，清代的中央六部，都设在正阳门内，就是今天天安门广场一带，为赶早上朝，汉官多在正阳门外就近拓地建房；一种是外省到京赴考的士子，为了方便他们的食宿，各地都在外城一带起建会馆，供其居住；还有一种就是百工商贾、医卜娼优、佣夫走卒者流。偌大的京城，每日需要大量的消费用品，于是外城又兴起为商贸市

---

[1]《雍正朝汉文朱批奏折汇编》第29册，第671—672页。八旗步军服役之苦，连汉官都觉得不近情理。国子监司业孙嘉淦曾奏言："窃见八旗步兵守堆子房者以及城外诸营把军守夜者，经年执役，从不换班，甚至疾病婚丧亦不得告假……国家立法原本人情，终岁守夜而不得归家一宿，此法似当变通也。"见《雍正朝汉文朱批奏折汇编》第32册，第773页。

图 23　连接内外城的正阳门（《唐土名胜图会》）

场，前三门外成为商、农、手工业产品的重要集散地。当时有民谣说："官员出入正阳门，士子出入宣武门，商人出入崇文门。"外城士子多居城西，商贾皆居城东。因为东城隙地多，故为百货所萃。

外城的独特格局，及其相应社会功能，为人员的集聚、流动、交往提供了良好环境，也为工商会馆、同乡会馆、士子会馆的纷兴竞起，提供了适宜土壤。当然，与之如影随形的，还有妓院、烟馆、茶楼、戏院、酒肆、饭庄。结果，内城的森严庄重与外城的热闹繁华，形成鲜明对比，这对内外城不同社会生活与习俗的形成产生了直接影响。

内城是旗人世界，生活习俗具有浓厚的旗俗色彩。内外城的房屋式样明显不同，震钧《天咫偶闻》卷十说：外城房式近于南方，庭宇湫隘，内城则院落宽阔，屋宇高宏。因为内城诸宅，多是明代勋戚旧址，清廷入京后，八旗王公贵族互相攀比仿效，以致屋宇日华。兵丁住宅也有异于居民。八旗营房，分旗建筑，地极宽阔，如左安门内原建有蓝旗大营房，矮屋排列井然有序，北房居多，皆用黄松木料，三五间成一院落，供旗兵小家庭使用。

康熙三十一年（1692），沙皇俄国派遣荷兰人伊兹勃兰特·伊台斯为首的使团至北京拜谒清廷。伊台斯记述说："住在北京城内的大部分是鞑鞑人（按：指旗人），汉人必须住在外城和关厢，那里有最大的市场和店铺。"① 此后一些西方人的记载，也多提到北京"鞑靼城"（满城）与"汉城"的区别。② 17 世纪前后来华的耶稣会传教士，习惯上把中国的蒙古人和满人泛称为"鞑靼"，又依据大致地理方位，称前者为"西鞑靼"，后者为"东鞑靼"。北京内城的旗人社会虽然有满洲、蒙古、汉军之区别，但其男妇在服饰等方面浑然一体，完全"满化"，这应是传教士把旗城称作"鞑靼城"或"满城"的基本原因。

旗人与民人分城而居，是清朝旗民分治二元体制在空间关系上的突出表现。旗人的主体是满人，民人的主体是汉人，又说明旗民分治的实质是满汉隔离。

清朝统治者实施旗民分治，还导致城市功能的明显变化。内城不仅是国家的政治中心和军事中心，还是巨大的消费中心。几十万旗人衣食日用，无不仰给于民人供给和服务，构成一个数量庞大的消费群体。这一群体的存在进一步强化了内城的消费性质，并使周围地区出现生产的地域性分工。近郊区是以生产蔬菜为主的园艺农业区，距城较远的则是旱地农作区。烧酒多产在东郊和南郊，运酒车多进崇文门。朝阳门是京师通往运河北端重镇通州的必经之地。在通州卸下的大宗漕米要顺这条路进入朝阳门，该城门以走粮车为主，因有粮门之称。运进朝阳门的漕米，存进附近的米仓，以供八旗官兵食用。内城需用木材也多半通过运河输送，为减少朝阳门的压力，运木车辆多从东直门进，以至在与东直门成一线的交道口一带发展起许多木材厂。西直门是通往玉泉山的必经之地，宫廷饮水取自玉泉山，因此西直门又叫"水门"。阜成门的门洞内过去曾有石刻梅花一枝，"梅"为"煤"的谐音，因为该城门经常是西山运煤车必经之地。另外，八旗兵丁出征必经德胜门，因"德胜"谐音"得胜"。打仗归来进安定门，意味战争平息而安定了。（见图24）

---

① ［荷］伊兹勃兰特·伊台斯等：《俄国使团使华笔记》（北京师范学院俄语翻译组译），商务印书馆1980年版，第218页。

② 1703年耶稣会士洪若翰的一封信中写道："北京由两个城组成：第一个是满人城，皇帝的宫殿就在该城的中央；第二个是汉人城。两座城彼此相连。"（［法］杜赫德编：《耶稣会士中国书简集》（郑德弟等译），大象出版社2001年版，第269页。）［法］让·巴底斯特·杜赫德：《关于大中国和中国的鞑靼族的地理、历史、年代、政治和体质的描写》（荷兰海牙亨利·舒尔来出版社1736年版）和《中国总地图集》（法国巴黎皇后出版社1785年版）所载《北京城图》，均把内城称为"鞑靼城"，外城称为"汉城"。

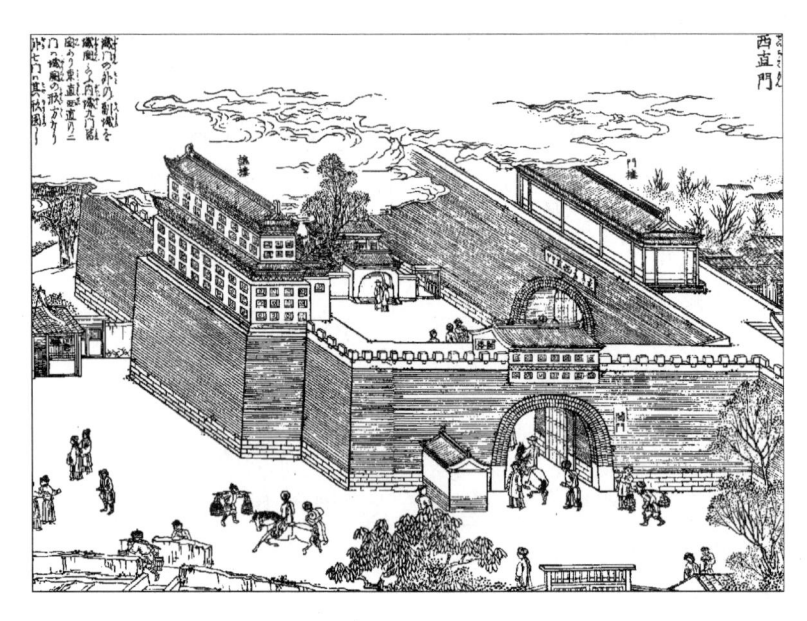

图 24　西直门（《唐土名胜图会》）

二　内城的建筑

清代京师内城，为巍峨的城墙所拱卫。城墙四周有角楼，城上有马道、马面，城门上有箭楼，门外有瓮城，城周环以护城河，构成坚固的军事设施。

北京主要河道源于京西的玉泉山，中经玉河，至西直门分支环绕京城，至松林闸则入城汇为三海，至西便门则东流为前三门护城河，复东趋东便门外二闸①，直达通州，为漕运枢纽。城内河道交叉，形成一系列桥梁，主要有：银锭桥、地安桥、板桥、三座桥、清水桥、北大桥、东板桥、白石桥、王公桥、平桥、马市桥、骑河楼桥、皇恩桥、鞍子桥、北御河桥、半边桥、牛郎桥、武烈桥、文盛桥、大石桥、小石桥、南御河桥、中御河桥、象房桥。

满洲皇帝居住的紫禁城，是规模最宏大壮丽的建筑群。等而下之，是三十余处满洲王公府第。康熙《万寿盛典图》（以下简称《盛典图》）描绘沿途街景、建筑，包括两侧平行的胡同和稍远的宅院。在西直门内横桥

---

① 吴廷燮主纂：《北京市志稿·建制志》第 1 册，第 258 页。

东，有一处满洲王公的高大宅第，格局宏敞，前后四重院落。大门两旁立着拴马桩。清初关于王公府第台基高度长度、殿楼房屋门柱彩绘、脊瓦颜色，都有明确规定。康熙六年（1667）建裕亲王府，包括大门、正殿、东西配楼、顺山房；后殿、左右正房；寝殿、东西配殿、南北厢房；后楼、转角房、仓房、围房共计一百八十间以上；围墙一道，长一百一十五丈三尺，高一丈六尺，厚五尺。其正殿正门覆以绿色琉璃瓦。此外还有家庙。康熙十三年（1674），建恭亲王府，规制与裕亲王同。其余府第，多系自造，大略相等。① 《盛典图》中的府第，前为大门，次为正殿，次为后殿，次为寝殿，次为后楼，如实反映了朝廷规制。（见图25）

普通八旗官兵住房，当然狭小许多。顺治初年圈占内城民房拨给八旗官兵，规定一品官给房二十间，以下递减至八品官给房三间；护军、领催、甲兵给房二间。② 以后，一些旗人家口增长，购置或添盖住房，同时有些贫困旗人将房子出卖。即便有上述变化，八旗官兵住房总量也不会有太大改变。从图中可以看出，当时内城住房大多是小四合院。这就是说，在同一院落内居住着若干户旗人，彼此形成密切的邻里关系。

四合院内以北房为正，两侧为厢。房前中央开门，左右设窗。室内附窗为炕。炕外铺砖，贫家则否。灶在室中，皆安釜炊，烟常弥漫而人不以为苦，习惯使然。窗隔皆向内，从内开闭而糊纸于外。③

《盛典图》描绘宅院，不仅是外观，还用俯瞰式技法展示屋内和院内的情景。有的屋开着门，有的屋敞着窗；有几个人坐着聊天的，哄孩子的、洗衣服的、做饭的、抽烟的、喝茶的，还有在马棚给马喂料的。人物有男有女，有老有少，无不栩栩如生，反映了家庭生活的情趣与和谐。

内城的繁华街市主要有四处：东四牌楼、隆福寺街、西四牌楼、鼓楼大街。（见图26）

随着旗人进驻，内城的一些街巷名称明显带有旗人文化的色彩：昂班章京胡同、谙达宫街、堂子胡同、官学胡同、妞妞房胡同、虾库胡同、缎库胡同、会计司胡同、桦皮厂胡同、冰窖胡同、回子营胡同、喂鹰胡同、恭王府后身、端王府夹道、郑王府夹道、马状元胡同（麻状元胡同，顺

---

① 《八旗通志初集》第23卷《营建志》，第431页。
② 同上。
③ ［朝］李宜显：《庚子燕行杂识》，［韩］林基中编：《燕行录全集》第35册，东国大学校出版部2001年版，第445—446页。

图 25　内城的王府(康熙《万寿盛典图》)

治年间正黄旗满洲状元麻勒吉、汉名马中骥所居)、噶哩胡同（康熙年间两江总督噶礼所居)、班大人胡同（乾隆年间定北将军班第所居)、郎家胡同（传为顺治年间两江总督郎廷佐所居)、佟府夹道（康熙帝舅舅佟国

图 26　西四牌楼商业区(康熙《万寿盛典图》)

纲所居)以及饽饽房胡同等,不一而足。

　　沿街铺面房通常是平房,前为铺面,后为居室,偶尔也有二层楼建筑。在这种场合,楼下是铺面,楼上是居室。二层楼建筑有助于缓解商业区和人口密集区的住房压力,在清后期北京内外城颇为流行。

　　对北京这样一个大都市来说,居民用水始终是一个大问题。北京井水的水质,有甜水(软水)和苦水(硬水)之别,而以苦水为多。[①] 康熙《盛典图》的作者观察细微,连水井等城市基础设施也没有遗漏。[②] 井口高出井台,井台高出地面,保证了饮水卫生,旁边是饮马的水槽。从图上看,人们站在井台上,用桶直接从井里汲水,并未使用辘轳一类的工具。这说明,当时北京城地下水面尚浅。水井周围,有人用扁担挑水,或者用一只手拎水。这些应是附近居民。而远处居民的生活用水,则依靠专门的送水夫(详见后文)。(见图27、28)

[①]　阙名:《燕京杂记》,北京古籍出版社1986年标点本,第133页。
[②]　朱一新:《京师坊巷志稿》详细记载各胡同有无水井的情况,北京古籍出版社1982年版。

图27 水井和饮马人(康熙《万寿盛典图》)

图28 井与庙(康熙《万寿盛典图》)

三 寺庙与宗教

作为古都的北京城，一向是座宗教氛围浓郁、善男信女众多的城市。清代，北京内外城的寺庙至少有一千余处。性质主要有敕建（太庙、宣仁庙、凝和庙、先农坛、怡贤亲王祠）、集体建、私建。其中，为数较多的有土地庙、真武庙、关帝庙（关王庙、关帝殿、关帝高庙、双关帝庙）、观音寺（堂、院、庵、阁）。其他如天仙庙（庵）、火神庙、白衣庵、地藏庵（寺、殿）、财神庵、龙王庙（庵）、药王庙等，亦为数不少。香火最盛的为东岳庙、隆福寺、护国寺。

康熙《盛典图》描述盛典沿途寺庙道观三十余处。在这些寺观，有皇室贵族、满汉官员延请的和尚、道士、喇嘛们，为皇帝大诵万寿经。其中，城外一段有：清梵寺、小关帝庙、兴隆庵、皇庄关帝庙、百祥庵、茶棚关帝庙、慈献寺（西直门外北下关）、隆昌寺（慈献村，后改寿安寺）、广通寺、天仙庙（西直门外北下关）、真武庙、五圣庵。大城至皇城一段有：关帝庙、崇寿寺（西直门内大街）、万福庵、万寿寺、东三官庙、崇元观、北广济寺、祝寿寺（新街口南大街）、龙泉寺、关帝庙（大帽儿胡同）、宝禅寺（大帽儿胡同南）、普庆寺（新街口南大街）、西方寺（西四牌楼北石碑胡同）、般若庵、街心观音庵、真武庙、双关帝庙（西四牌楼大街）、旃檀寺、关帝庙。皇城至紫禁城一段有：慈云寺、旃檀寺（北海太液池西南岸，又称弘仁寺）、白塔寺（即永安寺，北海琼华岛）。

《盛典图》文字说明提到的寺观还有：通惠寺、元静观、大佛寺、延禧寺、法华寺（法华寺街）、境灵寺、普恩寺、三佛寺、清凉庵、静默寺（西华门外）、兴隆寺（西华门外）、永宁观、万寿寺（西直门外长河广源闸）、药王庙、仁威长寿观、西顶广仁宫（西郊蓝靛厂）。①

这些寺观多属佛教，有些属藏传佛教即喇嘛教，如旃檀寺（弘仁寺）、白塔寺；有些属道教，如药王庙、关帝庙。反映出京师居民（满人与汉人，旗人与民人）丰富多彩的精神生活、多重信仰以及彼此融通。（见图29—31）

---

① 寺观地点参考《嘉庆重修一统志》第2卷《京师二》，中华书局1986年版；《北京市志稿·宗教志》。

图 29　关帝庙(康熙《万寿盛典图》)

图30 观音庵(康熙《万寿盛典图》)

早在关外时期,满洲先世女真人已受到佛教、道教影响。天命元年(1616),清太祖努尔哈赤称汗立国初,在赫图阿拉城东山顶上盖造佛寺、玉皇庙和十王殿等,号称七大庙。从这些庙宇的祭祀对象不难得知,当时满人信仰体系已是佛、道教的杂糅。清太宗皇太极统治时,随着与蒙古诸部交往的增加,喇嘛教在满人中的影响明显加强。清朝入关,满人在濡染汉文化的同时,宗教信仰不能不日益与后者趋同。

顺治帝福临笃信佛教在历史上是出名的。顺治十七年(1660)春,福临亲自为万安山法海寺慧枢和尚榜书"敬佛"二字。①又谕旨宣徽院发出告示保护法海寺免受搅扰。是他礼佛、敬佛、崇佛的实证。(见图32、33)

在关外时,满人已与喇嘛教发生频繁接触。崇德七年(1642),西藏达赖喇嘛派使者至盛京(沈阳),受到皇太极的盛情接待。顺治八年,福临谕命将北海琼华岛山顶的主要建筑广寒殿拆除,建筑一座巨大的喇嘛塔(即今北海白塔)和寺庙(永安寺)。② 在《盛典图》中,特别刻画了高耸的白塔。

---

① 即著名的《敬佛榜书碑》顺治十七年三月十六日。碑在北京海淀区正红村香山法海寺。
② 《白塔碑》顺治八年七月。北京图书馆金石组编:《北京图书馆藏中国历代石刻拓本汇编》(下简称《拓本汇编》)第61册,中州古籍出版社1990年版,第37—38页。

图 31 天仙庙(康熙《万寿盛典图》)

图 32　顺治帝"敬佛"碑(北京海淀万安山法海寺)

图 33　法海寺遗址(北京海淀万安山)

康熙帝即位后，重修梵宇，广建佛刹，以至崇佛之风，一时称盛。京城内外许多古老寺观，如《盛典图》中提到的宝禅寺、双关帝庙、法华寺、广仁宫、旃檀寺（弘仁寺）、静默寺，都是这一时期敕命修缮的。图中还刻画了宁寿宫老福晋、西四旗旗人设台放生的情景，放生台前，几只重获自由的小鸟在快乐地振翅飞翔。所谓放生，指基于佛教"不杀生"理念，将笼中小鸟重新放飞的活动。（见图34）

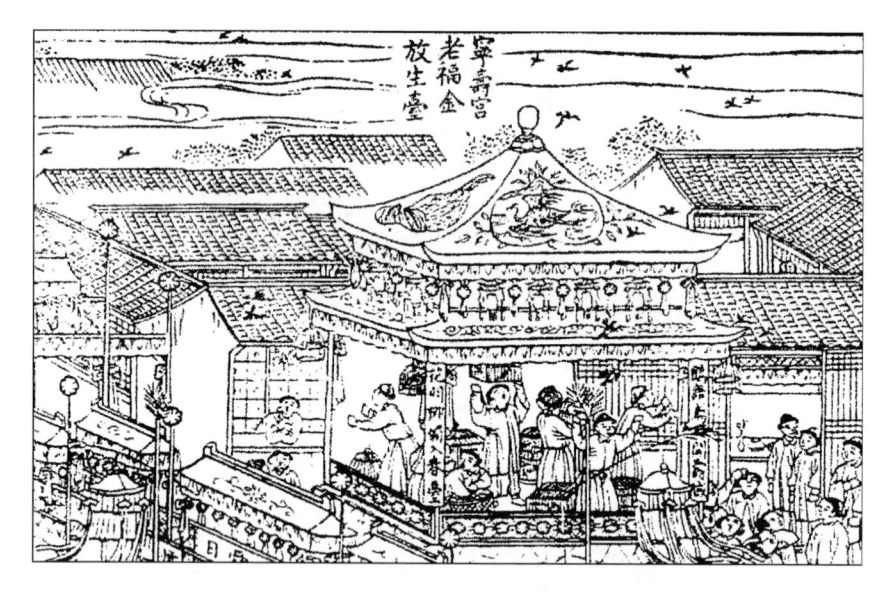

图34　放生图（康熙《万寿盛典图》）

清朝统治者在尊崇佛教的同时，对民间影响很大的道教也优礼有加。北京道观丛林中最著名者，东有东岳庙，西有白云观，自康熙年间起屡次修建。

康熙朝后期，国家富强，社会安定，人们开始追求更充实的精神生活。在统治者的倡导下，旗人民人均乐此不疲。《盛典图》中着力刻画诸多寺观，既是迎合皇帝的喜好，也是信仰流行的真实写照。

特别有意思的是，《盛典图》中多处绘有满洲萨满教信仰所特有的索罗竿。满人早期信仰的萨满教，是一种原始多神教。他们认为万物有灵，因此不但对天、地顶礼膜拜，而且把与自己生活有密切关系的动、植物也奉若神明，同时供奉祖先为神。"萨满"则是宗教活动的主持者，被认为是沟通人与神的信使，其实也就是汉民社会习称的"巫"或"跳大神的"。清太祖努尔哈赤时，立竿祭天，举凡用兵及国中大事必祭，是人们笃信萨满教的一种表现。满人平日在家供"祖宗（神）板"，院中竖索罗竿，祭祀时请萨满跳神。①（见图35、36）

索罗竿（神竿）由当初的神树崇拜演变而来，上端置一木斗，祭祀时在斗内放猪杂碎，以饲乌鹊。在萨满教信仰中，乌鸦、喜鹊都是神鸟，是人与天神沟通的媒介。《盛典图》中的索罗竿，立在一块础石上，顶端置一小屋，下悬彩穗。其作用，大概相当于原先的木斗。奇怪的是，在索罗竿后面，还有一木栅圈起的屋舍。是否旗人家庙，尚无从而知。

萨满教之所以能在满人中继续流行，究其原因，萨满不仅是宗教活动的主持者，还兼有医病的职能。萨满跳神时，或模拟老虎神的狰狞，或表演"妈妈神"的噢咻，或取仿"姑娘神"的腼腆，其宗旨都是为了取悦或

图35　满文《萨满祭祀》书影

恫吓作祟的恶神，以达到祛病的疗效。因此，康熙年间"御制"满文辞书《清文鉴》中，将有关萨满作法的语汇列入《医疗项》下，也就不足为奇了。《清文鉴》卷十三《医疗项》下载："萨满供祭渥辙库（家内神）跳神以驱妖魅，此谓之跳老虎神逐祟。"届时萨满需模仿老虎的各种动作，恐吓作祟病人的所谓妖魅，认为可以达到祛病的目的。

同一类巫术还有："送纸通诚"，即在病人面前，由萨满烧纸钱以通达神明，求其救助；"叫魂"，即当小儿受惊吓中风时，延请萨满由受惊处起步，一边走一边高声呼唤病儿姓名，直到进屋乃止；"动鼓逐祟"，即将五色纸剪成条状粘贴在柳枝上，然后由萨满敲击手鼓以驱走恶疠的邪气。② 此类巫术固然无科学道理可言，但对于病笃日深的患者来说，在他

---

① 详见刘小萌、定宜庄合著《东北民族与萨满教》，吉林教育出版社1990年版。
② 均见康熙朝《御制清文鉴》第13卷，内府殿本。

图36 满人祭祀神本

们有限的理解范围内，确也不失为希望的所在。体内积极因素的调动，往往使一些患者增强抗病能力，甚至得以痊愈。换言之，当迷信的巫术活动作用于特定对象时，有时的确能起到心理疗法的作用。

萨满的医疗活动并不局限于巫术，在长期的实践中，还积累了丰富的民间医学知识。例如，"盐酒米袋烙风气病"的疗法，即由萨满将盐、酒、米等物掺和一起炒热，放在布袋里，然后置于因中风引起的病痛处；"烧柳汁熨咬伤"的疗法，即将手指粗细的湿润柳枝顶端齐齐截去，然后用火烧炙柳枝中段，随即将由截面处流出的柳枝液滴在被野兽抓咬伤的患处以熨之。这种医治创口的方法，应是满洲先民在古老狩猎时代不断摸索所积累的经验。此外，还有"剖活牲胸膛熨伤""燃艾子炙伤痛"等因地制宜的民间医术，均属萨满的服务范围。民间萨满既是巫师，也是医士，既是导人于冥冥之中的宗教代表，也是拯病人于水火的积善之士。这应是萨满信仰在旗人中间长期流传的一个重要原因。

在旗人的民间信仰中，关帝和娘娘神占有重要地位。康熙《万寿盛典初集·注文》记载的关帝庙至少有七处，[①] 在各类寺观中为数最多。

关帝指三国时蜀国大将关羽，后以兵败被杀。他生前最大官衔为

[①] 即小关帝庙、皇庄关帝庙、茶棚关帝庙、双关帝庙各一，关帝庙三。

"前将军",最高爵位不过"寿亭侯",然而宋朝以降,历经元、明,他的地位却不断上升。由封"王"而封帝,明神宗加封他为"三界伏魔大帝神威远镇天尊关圣帝君",简称"关圣帝君"。清顺治帝给他的封号长达二十六个字,尊崇褒扬至于极点。关帝原为民间信仰和国家祭祀的神明,以后声威大震,逐渐跻身于佛、道二教神祇。人们赋予他越来越多的法力:司掌命禄、祛病消灾、除恶驱邪、招财进宝,以至社会各阶层、各职业的人们,不分男女老幼,无不顶礼膜拜。

清代,关帝庙遍及全国,以京师尤胜,专供关公或兼供关公的庙宇有百处之多。关帝庙又称老爷庙。关帝庙中有白马塑像,故俗称"白马庙";有些庙除供关羽外,还有刘备和张飞的像,俗称"三义庙"。此外如五虎庙、七圣庙,也都兼供关羽。入贡北京的朝鲜使者记载说:"家家奉关帝画像,朝夕焚香,店肆皆然。关帝庙必供佛,佛寺必供关帝,为僧者一体尊奉,曾无分别。"① 足见关帝信仰的普及。

这位由英勇善战、忠君信友的大将军演化而来的神祇,对崇尚武功、笃守信义的满人来说,有特殊的魅力。清人王嵩儒《掌故零拾》卷一写道:"本朝未入关之先,以翻译《三国演义》为兵略,故其崇拜关羽。其后有托为关神显灵卫驾之说,屡加封号,庙祀遂遍天下。"关帝及三国故事,在旗人中家喻户晓。旗人足迹走到哪里,关帝庙就修到哪里。而且,旗营中倘有八个旗就有八个关帝庙,真是不厌其多。旗人视关羽为护国神,绝不对他指名道姓,只能尊称"关帝",俗称"关马法"。"马法"在满语中有"老爷""老翁"的意思。旗人对关老爷的崇拜比较民人来说确实是"青出于蓝而胜于蓝",这显然与他们崇尚武功的传统有关,但在发扬光大中,也潜移默化地掺入了满人传统信仰的因素。如八旗的老爷庙正殿前往往只有一根旗杆,每年正月初一至十五,旗杆上均挂上一只鱼鳞纸糊的灯笼。北京外火器营有句歇后语:"老爷庙的旗杆一个——独挺。"这种只竖一根旗杆的习俗,与满人庭院中设神竿祭天的传统有关。(见图37)

在旗人信仰中,娘娘神也居有重要地位,尤其在妇女中间。《万寿盛典初集》提到的广仁宫,供碧霄元君,俗称西顶,是北京最著名的娘娘庙。西顶在西郊蓝靛厂前,地近西山之麓,为郊畿一胜境。元君宫初号天

---

① [朝]金昌业:《燕行日记》,[韩]林基中编:《燕行录全集》第31册,第289页。

妃宫，据说宋朝宣和间开始显灵，至清初，该宫碑碣犹存，殿宇破旧。圣祖玄烨于康熙四十七年（1708）发内帑重葺，落成后又亲往瞻礼，题额曰"广仁宫"。① 从此，碧霞元君宫成了"西顶广仁宫"。每届开庙之期，清廷均派大臣前往拈香。（见图38）

图37　关羽像(《唐土名胜图会》)　　　　　　　图38　民间娘娘神

"娘娘"其实是对一组女神的泛称，以其职司分为子孙娘娘、接生娘娘、送生娘娘（管女临盆顺利生产）、眼光娘娘（管保护人不生眼病）、痘疹娘娘（管治"天花"）。清代北京城内外的娘娘庙很多，著名者多在城外山上，远近闻名的有妙峰山、丫髻山，其次为东顶、南顶、西顶、北顶，都是旗人经常烧香祷祝的去处。众娘娘神中"痘疹娘娘"地位最高，这也是事出有因的。出痘是人生一大关，必须过此一关，生命才算有了几分把握。传说中"五台山出家"的顺治帝，实际就是出痘死的。满洲人往往不死于战场刀剑，却丧命在痘灾上，因此畏之尤甚（又如蒙古王公，出过痘的称"熟身"，方许入京"觐见"，否则不许）。直到嘉庆年间，西方人种牛痘的方法由菲律宾传至澳门，不久进入内地。但对普通旗人来说，逃避痘疹肆虐的唯一希望，仍然寄托在朝夕相处的痘疹娘娘身上。

---

①　玄烨：《广仁宫碑》，康熙五十一年四月十八日。《拓本汇编》第66册，第164页。

康熙《盛典图》在三处水井旁绘有龙王庙。人们相信，龙王掌管着天上地下的水源。在旱魃猖獗时节，龙王尤其受到人们的顶礼膜拜。此外如灶王、财神，也是旗人中流行的信仰。（见图39）

图39 井边的龙王庙（康熙《万寿盛典图》）

四 商业与店铺

明代北京大明门（清代改称大清门）两旁曰朝前市，不论日。东华门外灯市，则元宵节后十日。东华门内曰内市，则每月三日。正阳门桥上曰穷汉市，则每日晡刻。刑部街西都城隍庙市，则每月初一、十五、二十五。清初，庙市移外城报国寺，日期同前。增灵佑宫庙市，每月八日。灯市也移正阳门外。经过明清之际的大动荡，商业集市已不如昔日之盛。[①]

经过六七十年恢复发展，到康熙末年，内城通衢要道已是店铺栉比，一片商机盎然的气象。康熙五十九年（1720）朝鲜使臣这样描述北京市肆的繁华：

---

① 谈迁：《北游录·纪闻上》，第334页。

市肆，北京正阳门外最盛，鼓楼街在次之（原注：在宫城北）……而大抵市楼华饰，亦北京为最。每于市肆，辄悬竖木板，或排张绒帐，揭以佳号。或称某楼，或称某肆某铺。日用饮食、书画器玩，以致百工贱技，无不列肆以售。而以白大布横张于肆前，或悬揭旗幢，大书某货和买，使过去者瞥见即知。而辄以佳名称之，如酒则称兰陵春，茶则称建溪茗之类是也。①

按其说法，外城市肆以正阳门外最繁华，内城市肆则以鼓楼大街为最。朝鲜使臣对内城市肆的记载过于简单，仅限鼓楼一带。在康熙《盛典图》中，这种情况得到更为生动翔实的反映。作者运用其神来之笔，惟妙惟肖地刻画了盛典沿途的店铺和商人，如图中提到"西华门外众铺家""四牌楼北众买卖人""西直门外众铺家"，反映了这三个地区商业繁荣、店铺栉比的事实。从图中看，仅西四牌楼一带，就有烟铺、布店、酒店、油漆店、钱庄、饭铺、茶点铺、杂货铺、粮店。西四的四个牌楼是该商业区的标志性建筑，题额均为满汉合璧，其中一牌楼上书"大市街"，另一牌楼上书："行义。"②

《盛典图》通过店铺悬挂的幌子或招牌，揭明其经营性质。位于西直门至西华门（即大城至皇城一段）的店铺有：杂货铺，写有"南北川广杂货""本行发卖各种杂货"；烟铺，写有"福建烟""石马名烟""佘塘高烟""济宁干烟""浦城社塘所烟"；药铺，写有"处制生熟道地药材""各种疾病丸散""岐黄世业""人参""专理男妇难症""虔制应症饮片丸散""南北川广道地药材"；香料铺，写有"出卖各色名香""玉容肥皂""诸品名香"；蜡烛铺，写有"本铺自浇细心坚烛"；颜料油漆店，写有"川广油漆杂货"，或者"各色颜料俱全"，两旁还写着"只此一家，别无二店"；点心铺，写有"松江茶食""本铺佳制各色粉麦细点""南式点心""苏式茶点"，有的还特别说明，有"三元糕""五仁糕""百子果""百合饼""各色菜馅饽饽"等各色食品；酒店，写有"诸色名酒"

---

① [朝] 李宜显：《庚子燕行杂识》，[韩] 林基中编：《燕行录全集》第35册，第444页。
② 按《顺天府志》和《北京市志稿·名迹志二》均记载：大市街有坊四，东曰行仁，西曰履义，南北曰大市街，俗称"西四牌楼大街"。"行义"牌坊在东四而非西四。

"名酒发卖""各色花露药酒";菜局即菜铺,写有"南来各种小菜";布店,写有"大有京记布店";洗染店,写有"青蓝标布发行""青蓝标扣发卖";成衣局,写有"成衣",即裁缝铺;钱庄、银庄,写有"信宝倾销""倾销各色银两""兑换银钱""银局""倾销银铺""信实通□银铺""通商银铺……""南北通商倾销银铺";"天宝斋仿古金[铺]",应是加工首饰的金店;摆着大肚弥勒佛和观音塑像的佛具店,幌子上书"诚造各种供佛高香";古董店的幌子写着"文物古玩";引人注目的还有"益美号百文小当"的当铺;西直门内有"南北车辆"的幌子,或是大车店,或是车铺;刻书铺,幌子上书"本铺印造释……"

店铺招幌目不暇接,且有号、堂、居、斋、行、铺、局、楼,种种名目:大兴号、泰和号、正元号、新丰号、天成号、广源号、正源号、广聚号、通裕号、仁德堂、萃生堂、杏仁堂;聚宝斋、胜兰斋、天宝斋;露香居、甘露居、华国楼。

一些临街店铺,虽无商幌,其经营内容从屋内外的摆设一看便知。屋外摆满原木的是木匠铺,放着木桶和木板的是箍桶铺,放桌椅柜子的是家具铺,摆着车轮、车框的是车铺,院里摆满煤球的是煤铺,屋外张挂皮革的是熟皮铺,挂着毡子的是毡子铺,店内堆着粮囤的是粮店。肉店墙上挂着猪腿,案板上摆着肉。当铺的柜台前围着高高的栅栏,柱子上挂着一个鸟笼子,点染出店主的嗜好。其他如菜店、水果店、鞋店、杂货店、棉丝店,对自己的经营之道,均以特定商品、用物或商幌来表现,令人一目了然。最醒目的还有帽子店,店前招牌上绘着一顶清朝特有的官帽。

除了坐商,沿街还活跃着形形色色的行商,多数是沿街吆喝的小商小贩。他们各有标号,有的推着小车,有的背着竹筐,筐上插着小旗,手中敲打着铜镲或者锣鼓,不劳呼叫已闻其声,知其为何种买卖。有的小贩手持一竿,竿上跨小猴,手舞足蹈,毛发飘动。迫近视之,乃为假造。目的是诱人聚看,以售其货。① 关于这些小贩,《盛典图》中亦有栩栩如生的描画。(见图40—46)

---

① [朝]洪大容:《湛轩燕记》,[韩]林基中编:《燕行录全集》第49册,第257页。

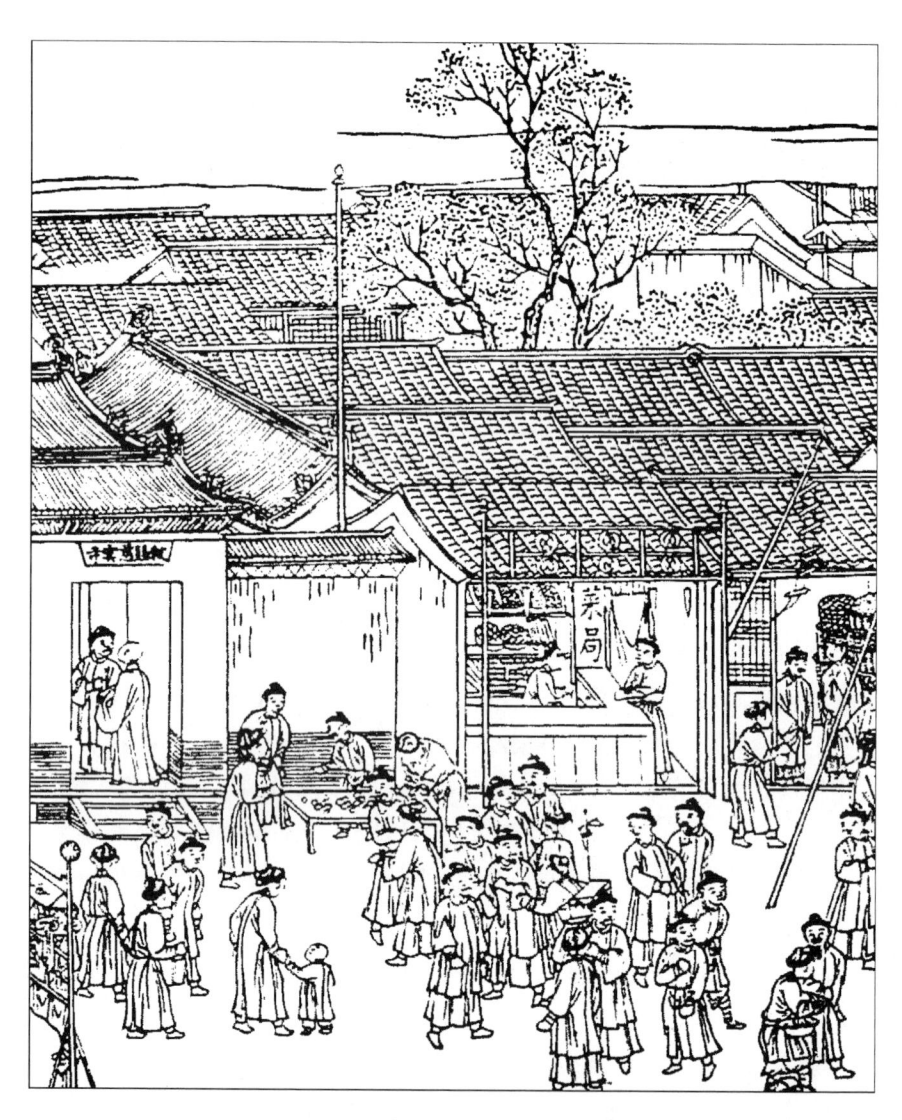

图 40　内城的菜局（康熙《万寿盛典图》）

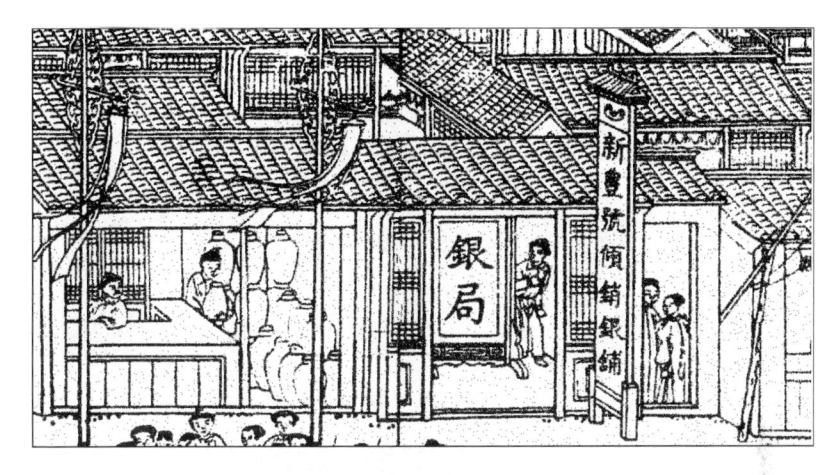

图 41　内城的银局和酒铺(康熙《万寿盛典图》)

图 42　内城的饭铺、烟铺、茶叶店、米铺(康熙《万寿盛典图》)

图 43　内城的酒铺、煤铺、菜铺(康熙《万寿盛典图》)

图 44　内城的布铺、糕点铺、米店(康熙《万寿盛典图》)

图 45　内城的香料铺、佛具铺、饽饽铺(康熙《万寿盛典图》)

图 46　卖玩具的小贩(康熙《万寿盛典图》)

《盛典图》生动刻画出康熙后期北京城内商业的发达，烟草、药材、香料、酒乃至糕点，许多商品来自遥远的南方；四面八方的商品荟萃于京师，是国内社会秩序安定、经济发展、商业繁荣、交通畅达的结果。同时说明：与关外时期商品极度匮乏相比，旗人的物质生活已有巨大改善。丰富的商品，满足了旗人生活的多方需求，与此同时，也消磨着当初骁勇善战、吃苦耐劳的传统，滋生了贪图享乐、攀比奢华的风气，旗人中的贫富分化由此加剧。

五 风俗与文化

《盛典图》在刻画盛景的同时，也描绘了大量与盛典无直接关系的社会场景和人物。这既是对盛典背景的渲染，也是对北京社会面貌的真实写照。对了解旗人文化风俗来说，具有珍贵价值。

在都市中，车是重要的交通工具。主要分两轮车和独轮车。两轮车有驴车、马车、骡车；或者运货，或供人们乘坐。乘坐的车带车棚，有拱形的，长方形的，还有上面悬挂一块遮阳席篷或者布篷的。独轮车用于运输，有的车上面放着蔬菜、水果、水桶，盖着苫布。

街道上是川流不息的人群，有参加祝寿盛典的官员，也有出来围观或闲逛的普通旗人和百姓。穿着官袍、戴着官帽的官员，官袍上的补子和官帽上的花翎标志一定的品级。全副武装的八旗官兵，手握刀枪的，腰间挂刀的，背着弓箭的，擎着大旗的。穿行在人群中还有上穿长衣、腰间系带或者上穿短衫、打着绑腿的民间劳动者。僧侣、道士则是特定的装束。

街上人物形形色色，有徒步的、骑马的、骑驴的、骑骡的、骑骆驼的，背着口袋、褡裢或毡子卷的，抱着席子的，清扫马粪的，牵着孩子手的，扶着拐杖的，吸着烟的。北海大桥人流中的两位旗人妇女，头顶包袱，究竟是为了遮阳，还是保持着从朝鲜带来的旧习（部分内务府旗人，是清初两次入侵朝鲜掳掠奴仆的后人），已无从得知。清代满俗又称"国俗"。谈迁《北游录·纪闻下·国俗》："满洲妇所携器物俱首戴，如食案酒缶，昂首掉臂，略不倾仄。"[1] 正可与图中景象彼此印证。（见图47）

满人入关初，还带入传统歌舞和音乐。《北游录》中提到宫廷大宴演出满洲舞："凡二三十人北面立，衣文豹者持彩箑一，背画虎头。最西一人，少前

---

[1] 谈迁：《北游录·纪闻下》，第356页。

图47　顶包袱的旗妇(康熙《万寿盛典图》)

而歌,箕人齐以杖杠其背,戛戛有声……"这显然是一种产生于狩猎活动的歌舞,充溢着欢快浓郁的生活气息。还有一种鱼皮舞,是取自鱼皮部的歌舞。同舞者四人,旁边四人用琵琶胡琴伴奏。这应是诞生于黑龙江流域渔猎民族的古老歌舞。另外还流行关东乐,大概是辽东地区的传统音乐。①

八旗子弟,清初以骑射为尚,当他们长驱数千里,刚刚从辽阔的关外大平原移居北京时,依旧勤肄骑射,毫无懈怠。顺治元年(1644)十一月即清朝入关同一年,恰好有若干遭遇海难的日本人从辽东半岛被送抵京师,他们在京师逗留一年之久,并惊异地发现:城里到处可见演练骑射的"鞑靼人"(此处指旗人)策马飞奔,如履平地,扬手飞矢,莫不中的。技艺精湛,令人叹服。②

---

①　谈迁:《北游录·纪闻下》,第350页。
②　[日]田兵右卫门等口述:《鞑靼漂流记》,园田一龟注本,日本东洋文库丛书,平凡社1991年版,第25页。

基于保持骑射武功的考虑，清廷不时在京师举行大型围猎。一次，摄政王多尔衮率领王公大臣、八旗兵丁出京行猎，仅猎鹰就不下千只。平日，街头时常出现声势浩大的出猎队伍，引来人们驻足观看。满人塞尔赫的一首诗描述了这种情景：

兰堂秋晚菊花开，潞水河滨猎未回。
会见儿童齐拍手，拦街争看辟鹰来。①

后两句烘托出儿童们欢聚街头，争睹架鹰出猎队伍满载而归的热闹场面。简洁生动地勾勒出当时的旗俗风尚。

康熙年间，旗人仍旧保持骑射民族的风采和英姿。宗室诗人文昭写过一首著名的小诗《见城中少年》："鹭翎缯笠半垂肩，小袖轻衫马上便。偏坐锦鞍调紫鹞，腰间斜插桦皮鞭。"刻画了在街头骑马而过的八旗子弟，他们头戴鹭翎缯笠，身穿小袖轻衫，一边稳坐锦鞍，一边调教着捕猎的鹞鹰。在《万寿盛典图》中，这种传统在艺术上得到淋漓尽致的概括：除了八旗官兵的马队，还有旗人骑马的场景：扬鞭驰骋的，缓辔徐行的，两人并乘一骑的（见图48）；骑者有老有少，最令人瞩目的，还是旗人妇女骑马的飒爽英姿。八旗子弟平日聚集，习武也是重要内容。朝鲜使臣在先农坛外空地，亲眼目睹了八旗子弟习射的场面（见图49）：

图48　骑马的父子(康熙《万寿盛典图》)

---

① 引自张菊玲《清代满族作家文学概论》，中央民族学院出版社1990年版，第59页。

图 49　骑马的旗人妇女(康熙《万寿盛典图》)

群胡（满人）聚路上习射，置一毯于地，大如帽，驰马射之。衣马皆鲜华，盖城中富贵子弟习武艺者。其中一少年最善射，屡中。又有小胡，亦能射。问其年十二云。①

年仅十二，即能发矢射的，说明骑射技艺的普及。不但旗人子弟，即使身为天潢贵胄，自幼也要学习骑射。康熙帝晚年回忆：自幼凡用鸟枪弓矢获虎一百三十五、熊二十、豹二十五、猞猁孙十、麋鹿十四、狼九十六、野猪一百三十二、哨获之鹿数百，其余在围场内随便射获的野兽不可胜计。数量如此惊人，当然不会是康熙帝一人猎取，但他娴于骑射是没有疑问的。据奕赓《寄楮备谈》记载，玄烨曾经在一天内射兔三百一十八

---

① ［朝］金昌业：《燕行日记》，［韩］林基中编：《燕行录全集》第 32 册，第 17 页。

只，确是寻常人毕其一生也难以做到的。

日本人《鞑靼漂流记》中，还留下了关于鞑靼人（这里指旗人）外表服饰的深刻印象：鞑靼人比日本人高大，皆剃发，惟顶发留长，分三绺编辫。男人留上髯，下髯剃去，官民皆同。女人头发从正中分为两绺，后梳，在头顶结髻。冬戴圆帽，以缎或灰鼠皮为质。

满人原生活在中国东北，擅长渔猎游牧，男人辫发，妇女天足，均穿旗袍，袍四面开衩，以便骑乘，有扣袢束腰带，脱卸方便，保暖御寒，适合传统生活方式。官员旗袍分朝服常服，朝服有披领，胸前补子，文禽武兽，多沿明制。官员帽上缀各色"顶子"，以衔红宝石为贵，其次蓝石，其次小蓝石，其次水晶。庶民帽上无"顶"。夏戴草帽，形似圆帽，随身份而不同。衣服随身份而有别，衣袖窄小，袖长及指（马蹄袖），两腋以下衣襟渐宽。①

入关后，清政府强迫汉人男性遵从满俗，剃发易服；妇女服饰仍保持旧有传统。朝鲜使臣的记载较为详细："男子所着胡帽及裘，富厚者用貂，其次用羔羊、杂兽皮，而不用狗皮。凡着裘，必使毛在表。男女衣服，无论奢俭，色俱尚黑，而汉女则不尽然，穿青红裤者多。男女衣无衽，内外所着，又无敛结之带，皆以小团珠无数纽缀，解脱衣服之际，甚不容易。无论胡汉，一皆胡帽胡服。"②

旗妇与汉妇外观差异，主要有三，一为发式，二为脚，三为服装。这些差异，在康熙《盛典图》中均有鲜明的描绘。

在《盛典图》中，旗人妇女都梳"两把头"，汉人妇女脑后梳髻。满洲女孩婚前多梳辫，额头留"刘海儿"。及笄年岁，扎发作双角状，称"丫髻"，又叫"髽髻"。出嫁后，妇女发式为顶上梳髻，也称旗髻，有别于梳在脑后的汉髻（"疙瘩鬏"）。清初，满洲发式扩大为旗人妇女（包括汉军、蒙古旗人）的统一发式。吴梅村诗中曾有："可怜鸦色双盘髻，抹做巫山两道云。"深以汉妆改旗妆为可惜。旗人妇女出门梳"两把头"。"两把头"，把头发分成左右两部分，脑后留一些，其余梳向头顶，编成一个横式长髻，再把留在脑后的头发梳挽成扁平状垂至领口，俗称"燕

---

① ［日］田兵右卫门口述：《鞑靼漂流记》，第 21 页；同一时期，意大利传教士卫匡国：《鞑靼战纪》，对满人形象作了更为细致生动的描述，并与汉人加以比较。见杜文凯编《清代西人见闻录》，第 11 页。

② ［朝］李宜显：《庚子燕行杂识》，［韩］林基中编：《燕行录全集》第 35 册，第 452 页。

尾儿"("尾儿"读"引儿"音),然后在头顶发髻上插戴鲜花和首饰。

在《盛典图》中,旗人妇女均大脚,大脚又叫"天足",汉人妇女则是小脚。汉妇缠足始于何时,尚无定说。元、明之际,陶宗仪《南村辍耕录》认为始自五代。元代南方妇女尚不尽缠足,北方似已通行,明代始风靡南北。① 汉人妇女为裹小脚,受尽精神和肉体的折磨,还美其名曰"金莲"。清初,一度禁止汉人妇女裹足,因受到强烈抵制,不得不宣布弛禁。②

满人女子不缠足,与其早期渔猎生活的方式相适应。努尔哈赤时代,朝鲜人李民寏到过后金都城赫图阿拉,回国后写有《建州闻见录》,书中提到满洲女子"执鞭驰马,不异于男"。《满文老档》中也记载努尔哈赤率领众福晋(夫人)行围狩猎,或当他班师回国时众福晋骑马出城相迎的情景。骑马驰骋,当然不能缠足。女子天足的习俗,被旗人带进关内。康熙年间,满洲词人纳兰性德在一首词中写道:"一半残阳下小楼,朱帘斜挂软金钩,倚栏万绪不能愁。有个盈盈骑马过,薄妆浅黛亦风流,见人羞涩却回头。"这首词的下半阕生动地描绘了一位满洲少女的形象,只见她英姿飒爽地骑在马上,体态轻盈,薄妆浅黛,尤其是"见人羞涩却回头"的举止,把她质朴无华的神情刻画得惟妙惟肖。在朝鲜使臣眼里,旗女气质,亦与汉女不同:汉女傅粉,旗女(胡女)则否;汉女避人,旗女不避人。③(见图50、51)

图50 厚底女旗鞋

在《盛典图》中,旗人妇女均穿袍(旗袍)。一些贵族官宦家妇女,因参加万寿盛典,穿的是礼袍,平常家居一般穿便袍。此即前人所谓:"满俗,妇人衣皆连裳,不分上下。"④ 与旗人妇女相反,汉人妇女则是上袄下裙,上下衣不连属。穿裙实为汉人妇女外表一大特征。旗袍与上袄下裙的汉装风格迥异。旗袍上下一体,合身,显露出腰

---

① 罗继祖:《枫窗脞语·缠足》,中华书局1984年版,第197页。
② 崇德三年七月,诏禁有效他国裹足重治其罪之制,嗣又定顺治二年以后所生女子禁裹足。康熙六年,礼部员外郎王士禛奏请弛禁裹足,谕旨准行。参见福格《听雨丛谈》第7卷,第161页。
③ [朝]金昌业:《燕行日记》,[韩]林基中编:《燕行录全集》第31册,第290页。
④ 震钧:《天咫偶闻》第10卷,第211页。

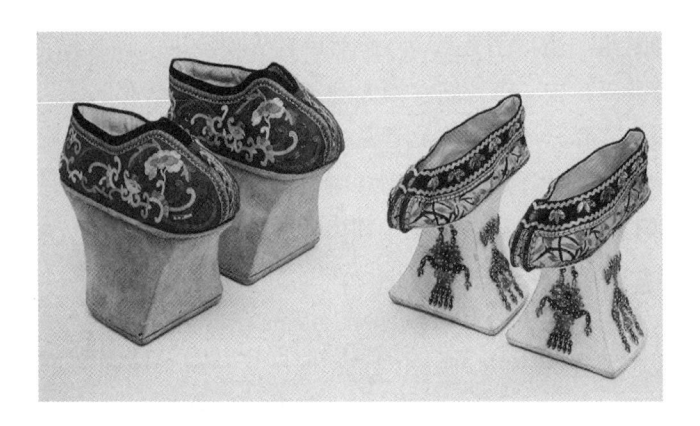

图 51　高底女旗鞋

身的曲线美，加之穿高底鞋，袍长及地，使穿着者显得长身玉立，走起路来重心上移（这在满洲旗人文康的武侠小说《儿女英雄传》中有生动描述）。汉女的上袄下裙分割线多，富节奏感，但袄衫肥大至膝，将女性曲线美掩藏于宽衣大袖之下，反映了儒家传统文化的影响。早期旗人妇女外出常骑马，所以也穿靴。这些都是有别于汉女外表的特征。（见图52、53）

图 52　内城的旗人妇女（康熙《万寿盛典图》）

图 53　内城的汉人妇女(康熙《万寿盛典图》)

基于文化差异，旗人素有"重头轻脚"之说，发髻固然高耸，天足却被掩盖于袍服之下。相反，汉人倾心于"纤纤作细步"，"三寸金莲"是无论如何要露出裙摆的。此即汉人的"重脚轻头"。这些细微的差异，居然也被《盛典图》作者敏锐的观察力所捕捉。

上述现象还说明，旗人与民人（核心还是满人与汉人）间的差异，深嵌在当时的社会意识中。外在的差异，还远不是满汉文化差异的全部内涵。更为突出的，还是旗人在政治、经济、法律等方面享有的特权。这些因素综合到一起，就构成清朝初期旗人与民人（满人与汉人）两个社会既无法隔离，彼此又存在深刻矛盾的原因。

第三章

旗房与旗地

北京旗人的不动产，主要有两项，即畿辅旗地和内城旗房。旗房与旗地，是旗人衣食住行、养赡家口的依托，其盈亏对旗人生计所关甚巨，而旗人生计的荣枯，又直接关涉八旗制度的损益，清朝统治的兴衰。对清朝统治者来说，维护旗房与旗地的国有，从一开始就不是一个简单的经济问题，而是一个政治问题。旗房与旗地，两者既有共性又有区别。这里，主要探讨四个具体问题：第一，旗人间的房产交易；第二，旗人间的土地交易；第三，旗人的祭田与葬地；第四，旗人的施舍地。希望通过上述考察，就旗人不动产的演变，勾勒出一条比较清晰的脉络。

第一节 旗人间的房产交易

清王朝从奠基到建立起稳固统治，主要凭借的是八旗的赫赫武功。因此，在定鼎北京后，将旗人置于高出民人的地位而优养有加，颁给旗地、拨给旗房，便是优养政策的重要内容。但在以后岁月里，旗地、旗房的交易现象潜滋暗长，日渐繁兴。以此为机缘，又牵动旗人之间，以及旗人与民人间社会关系的变迁。

清代北京既是全国政治、经济中心，又是旗人的主要聚居地，旗房买卖现象尤为突出，于八旗制度的影响也尤为深巨。唯官修史书中有关记载零散疏略，笔者研究着重利用了旗人房契文书。契书形制，包括典房白契、老典白契、转典白契、改典为卖白契、改典为买执照、杜绝卖契、找押白契、卖房白契、卖房红契、买房执照，大致反映了房屋交易中形成的多种契约关系。契书时间，上起康熙四十八年（1709），下至宣统三年（1911），为时二百年之久，为系统了解旗房买卖情况提供了可靠依据。① 这里，试就旗房由来与私有化、旗房买卖的形式与特点作一初步考察。

一 旗房的由来与私有化

旗人房契文书盖源于房屋交易，数量庞杂，为了便于对其内容进行分析，先对八旗住房制度的形成与变迁作一概括说明。

八旗住房制度，创设于入关初期北京内城大规模圈占民居。清廷将圈占的内城民房，分拨给"从龙入关"的旗人，除明朝勋臣贵戚的豪华府第被王公大臣占住外，规定八旗一品官给房二十间，二品官给房十五间，三品官给房十二间，至八品官给房三间；拨什库（领催）、摆牙喇（护军）、披甲人各给房二间。而后数年，迁入内城的旗人不断增多，所圈民居不敷分配，清廷曾一度将分配住房的标准照例酌减。但从后来的记载看，旗兵领有住房二间，仍是普遍现象。② 分拨给旗人房屋的准确数字已无从得知。由于清廷对京旗兵额秘而不宣，增加了澄清这个问题的难度。有学者估计：清朝定鼎初，迁入北京的旗下人口约有三十余万。这一数字与明末北京城人口大致相当。③ 若按三口人一间房标准来估算，内城房屋当在十万间左右。

与清廷在京畿方圆五百里内圈占的大片旗地如出一辙，京城内的旗房最初也属国有性质。旗人只有居住权，没有所有权，自然也不准随意买卖。顺治四年（1647），清朝建立买卖田宅税契制度，只以民人为对象④，不用说也就是基于这个缘故。然而，不过半个世纪的光景，旗房的国有性质已销蚀殆尽。

问题在于，清朝统治者恩养旗人"至优至渥"，拨给房宅，圈给土地，完善粮饷制度，使兵丁所得正项银米收入高于七八品官，加以种种名

---

① 关于旗房研究，参见刘小萌《从房契文书看清代北京城中的旗民交产》，《历史档案》1996年第3期；《清代北京旗人的房屋买卖》，《清史论丛》，辽宁古籍出版社1996年版；《清代北京内城居民的分布格局与变迁》，《首都师范大学学报》1998年第2期；《清代北京旗人的房地契书》，《满学研究》第5辑，民族出版社2000年版；《清前期北京旗人满文房契研究》，《民族研究》2001年第4期。

② 光绪朝《会典事例》第1120卷，中华书局1991年影印本，第130—131页。

③ 李慕真主编：《中国人口·北京分册》，中国财政经济出版社1987年版，第38页；侯仁之主编：《北京历史地图集》，北京出版社1988年版，第32页。

④ 康熙朝《会典》第53卷，第13页上。

目的赏恤，却不能制止他们走向畸富畸贫的分化。京城本是四方货物荟萃流转的大都会，商品经济素称发达。随着商业资本和高利贷资本的膨胀，昔年"从龙入关"的旗人，虽然从国家分得室庐，但日久天长，贫困者率多转售与人。他们只好僦屋以居，并节省钱粮交纳房租。这对已经拮据的生计来说不啻雪上加霜。尽管这种现象在乾隆年间才发展到严重程度，但它的端倪却显露于康熙初年。康熙三十四年（1695）官方调查：内城中无房旗人已有七千人之多。这件事很快引起康熙帝关注。一方面他自我宽慰说，"无房舍者，七千有余人，未为甚多"，另一方面却也不能不承认，"京师内城之地，大臣、庶官、富家，每造房舍，辄兼数十贫人之产，是以地渐狭隘"①。这里所说的"大臣、庶官、富家"，指旗人中的钟鸣鼎食之家、绅缙素封之户，而成为其兼并对象的，则是窘乏潦倒的旗下"贫人"。

　　兼并现象的滋蔓，损害的不仅是旗人的生计，且不利于清王朝统治基础的稳固，难免会引起统治集团的焦虑。然而作为最高统治者的康熙帝，却无意遏止这股咄咄逼人的势头，理由是："若复敛取房舍以给无者，譬如剜肉补疮，何益之有？"既然八旗贵宦富家的兼并所得不能有丝毫触动，解决旗下贫人失房问题又刻不容缓，他只好另辟蹊径，谕令在内城之外，每旗各造屋二千间，无屋兵丁，每名拨给二间。八旗共建房一万六千间，约费国帑三十余万两。循着这条成规，以后雍正、乾隆、道光诸朝均曾陆续在京城内外起建旗房，以缓解无栖身之所者的燃眉之急。② 在此同时，对内城中愈演愈烈的房屋买卖活动却取听之任之的态度。

　　旗房的兼并，主要通过价买方式进行。换言之，当旗房可以堂而皇之地进行交易时，也就凸显了它的私有性质。实际生活中业已发生深刻变化的经济关系要求上层建筑作出相应调整。雍正元年（1723），总理事务王大臣等议定八旗田宅税契令，便是调整中举足轻重的一步：

> 查定例内，不许旗下人等与民间互相典卖房地者，盖谓旗人恃房地为生，民间恃地亩纳粮，所以不许互相典卖，斯诚一定不易之良法也。应将条奏所称旗民互相典卖之处无庸议外，至旗下人等典卖房地，从前

---

① 《八旗通志初集》第23卷，第438页。
② 光绪朝《会典事例》第1120卷。

俱系白契，所以争讼不休。嗣后应如所请，凡旗人典卖房地，令其左右两翼收税监督处，领取印契，该旗行文户部注册。凡实买实卖者，照民间例纳税，典者免之。至年满取赎时，将原印契送两翼监督验看销案，准其取赎。倘仍有白契私相授受者，照例治罪，房地入官。①

清朝定鼎北京，即由户部在八旗左、右翼设关（见图54），派满官征收商税，计货价每两抽税三分。② 当时的"货"，主要是指各种动产，首先是牲畜，其次是作为特殊商品的旗下奴仆。旗人的不动产——旗地、旗房，因不准买卖，故不在税契之列。康熙年间，旗房、旗地典卖活动由地下走向公开，逐渐充斥于旗下，并形成大量的白契。白契的日积月累，使交易双方经常为交易对象的归属与各自权益构讼不休，矛盾年深日久、纠结难解，给清政府管理带来越来越多的麻烦，最终导致旗房、旗地税契制度的应运而生。税契，是旗房所有权的法律保证，也是买卖合法化的重要标志。只有当旗房私有权得到清政府事实上的承认后，才可能建立起这种制度。从此，旗人典卖房地，按规定必须到八旗左、右翼收税监督处领取红契（即官方颁给的财产转让文件）；凡实买实卖者照成例每两抽税三分，典买典卖不用纳税。

对于满洲人来说，从法律上确认田、宅等不动产的私有，是财产观念的重大进步。康熙朝《御制清文鉴》卷十三将个人家庭财产叫作"boigon"，释义为"一人（指男性家长）所有之人、地、房"。但这里所反映的已是满人过渡到农业社会后形成的财产观念，突出了对土地、房屋等不动产的重视，与其往昔的私有财产范畴却不完全吻合。事实上，满洲先民的私有财产仅限于动产③，并不包括农业居民视为生命之源的基本生产资料的土地，以及作为稳定生活所必备的物质保证——房舍。这突出反映了一个渔猎民族与农业民族在私有制发展进程上的差异。满洲先民传统的采猎经济和迁徙不定的生产方式，使他们难以固着于一块土地上，即便在栖

---

① 《八旗通志初集》第70卷，第1347—1348页。
② 康熙朝《会典》第34卷，第4页下。
③ 见《朝鲜成宗实录》第159卷（日本京都大学文学部编：《满蒙史料·朝鲜王朝实录抄》，景仁文化社1982年版），十四年十月戊寅记女真人婚姻所馈财物，及《满洲实录》第1卷记努尔哈赤分家时所得"家产"（满文"aha ulha"即"奴仆、牲畜"），知满人早先的私有财产有甲胄弓矢、牲畜、奴婢、衣服、什物等，仅限于动产。

息一地时，总是在一年当中的大部分时间外出行猎，因此难以形成对不动产的私有观。清朝入关，大举圈占民间田宅不以为意，除了军事、政治上的迫切需求外，与满洲传统观念的绵延也并非无缘。从这个意义看，当满洲人深入中原腹地，完全蜕变为一个农业民族，财产观相应由动产扩大到不动产后，也意味着其私有制度的成熟与发展。

同时应看到，税契制度确立后，旗人对旗房及旗地的私有权仍旧是不充分的。这集中体现在国家对旗人不动产买卖的限制上，也就是严禁与民人交易。旗人成为旗房名义上的所有者，却没有充分支配权，继续受着国家权力的干预。这种现象一直延续到清末。

图54　京师八旗右翼管税关防印文

二　旗房交易的主要形式

旗房私有化的过程，也就是买卖活动走向活跃，买卖方式由简而繁的过程。房屋买卖关系，也就是使用权和所有权的转让关系。旗人的房屋交易，主要采取典、抵押、卖等形式。

（一）典卖

"典"本身并无"卖"的含义，与卖合在一处，成为一种附加条件的出卖。房屋典卖的基本特点，就是作为债务人一方的房主直接以房屋在一定期限内的经济收益（主要是房租）抵算利息，交给典主（也就是债主）。在房屋出典期间，典主拥有使用权、处分权或转典他人权。房主则保留出典限满后的回赎权。因此，典房是一种所有权与使用权分离的、不充分的房屋买卖形式。中国社会科学院近代史所藏康熙四十八年（1709）满文典房白契，就是一件弥足珍贵的书证：

elhe taifin i dehi jakūci aniya uyun biyai juwan emu de. abida nirui sula ušiba i ping dzi men dukai tule kiyoo i šun dekdere ergi amargi gencehen de bisire juwan emu giyan wase boobe emu jalan i arana nirui sula haipol duin tanggū orin yan menggun bume udame gaiha. ere juwan emu giyan booi dolo bisire langui juwe paidzi ilan boo dorgide giyalaha undefun be gemu aššaburhū.

erebe ini ajige bošokū mungkidei tulesun se akdulaha.（见图55）

汉文直译为：

康熙四十八年九月十一日，阿必达佐领闲散五十八所有平子［则］门外桥东北墙根处十一间瓦房，同参领阿拉纳佐领闲散海潘儿给四百二十两银买了。此十一间房内所有之拦柜二、排子三，屋内隔断用的木板都不能挪动。

此系小领催孟衣特、兔拉孙等保了。

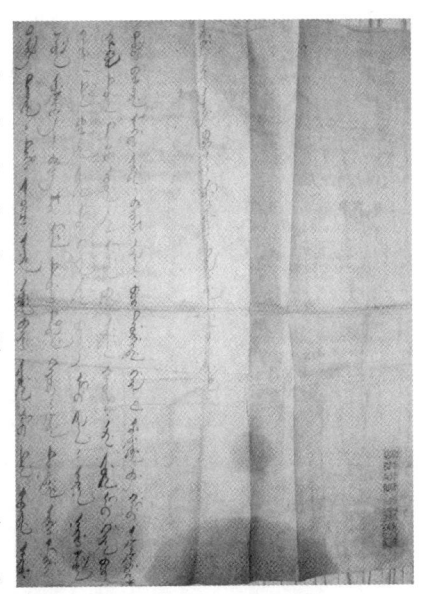

图55 康熙四十八年蒙古旗人五十八满文典房契

上引契书形制朴拙，颇具特色。首先是文字使用，仍未脱早期满语印迹，如称墙壁根为"gencehen"，木板为"undefun"，东北方为"šun dekdere ergi amargi"①，均为规范化满语所不取。不过，从"wase"（瓦）、"kiyoo"（桥）、"giyan"（间）、"langui"（拦柜）、"paidzi"（排子）、"ping dzi men"（平子门）等汉语借词的使用上，汉文化的汲取也一目了然。

平子［则］门为元代旧称，明正统年间改阜成门，清沿明称，唯民间犹呼平则门。因知这是一件涉及阜成门附近房屋买卖的契书。作为房屋附产一同出卖的拦柜、排子，都是店铺中常见用物。这些附产的性质表

---

① 只有在满文老档中，才经常使用如此累赘的方位表示法（直译为"太阳升起的方向北方"，用指"东北方"）。以后，表示"东"的方位词为"dergi"，当系"dekdere ergi"（升起的方向）两词的一头一尾"de""rgi"拼合而成。

明，交易的是一栋用于商业活动的铺面房。[①] 在笔者所见旗人房契中，交易铺面房的事例并非偶然一见，这是为时最早的一件。

这件契书未说明契约双方旗属。笔者曾据《八旗通志初集·旗分志》，考订八旗内部同一参领而辖阿必达、阿拉纳两佐领的唯有正红旗蒙古左参领。[②] 就是说，这件满文房契是由蒙古旗人写立的。并据以认为，蒙古旗人在内部交易中使用满文。有趣的是，多年后，笔者在翻检近代史所房契时，意外发现五十八在与海潘儿交易时，还另外写有一份汉文契书。兹征引如下，并略作分析：

立老典房契人系正红旗蒙古阿必达佐领下乌各身五十八，原有祖占破烂房十二间、后院一块，坐落平则门外月墙对过路北。内有揽［拦］柜二个、排子三个，铺内隔断俱全。情愿将此房老典与本旗参领阿拉那佐领下马甲海潘儿名下为业。当日价银四百二十两整。其银当面交明不能短少，言明一典一百年永不准回赎，拆改挪移任凭置主自便。恐口无凭，立字存证。

领催孟衣特、兔拉孙仝保（押）（见图56）

康熙四十八年九月十一日

从立契时间看，上引满、汉文两契均系康熙四十八年九月十一日写立，显然属同一笔交易，但从具体内容看，却多有差异。首先，满文契对交易性质缺乏明确说明，仅说"给四百二十两银买了"；汉文契则明言是"老典"，期限为一百年。其次，满文契关于交易对象文字简略，只说瓦房十一间（应为十二间之误）；汉文契则就对象房来源、质地、数量、附产等，一一交代清楚；所谓"祖占"，应即"祖先圈占"或"祖父圈占"之意。再次，满文契未提及立契人旗属，汉文契则明确"系正红旗蒙古阿必达佐领下乌各身五十八"。从而印证笔者当初关于五十八是蒙古旗人的考订是正确的。乌各身，满语"马甲"的音译，该汉文契中，"马甲"一词，或用满语音译，或用汉语意译。凡此种种，都反映出旗人中满汉语

[①] 该契的下手契为铺面房，可作为一个佐证。见近代史所图书馆存乾隆二十七年三月十二日宛平县民张顺典房契。因事涉旗民交产，本书附表未录。

[②] 见《八旗通志初集》第11卷，第208、209页。参见刘小萌《清前期北京旗人满文房契研究》，载《民族研究》2001年第4期。

文兼用时的随意性。

耐人寻味的是，蒙古旗人在这起内部交易中，兼用满汉两种语文，却唯独没有使用本族文字。这或者反映出康熙年间蒙古旗人对满汉文化兼容并蓄的一种趋势。满文作为"国书"，一向受到满洲统治者提倡；但在旗人不动产交易中，汉文契行文远较满文契准确严密，也是显而易见的事实。从这个角度讲，蒙古旗人在不动产交易中兼用满汉两种文本，确有其一定合理性。

稍晚时期的一件满文典房白契，则反映同旗满洲、汉军之间典卖房产的一些情况：

  kubuhe šangyan i fulbu nirui sula fušen i juwan giyan i boobe emu gūsa i g'ao coo ju nirui hoo guwe yong ni juwe tanggū susai yan sain menggun gaime diyanlaha ilan aniya duleke manggi teni jolibumbi.

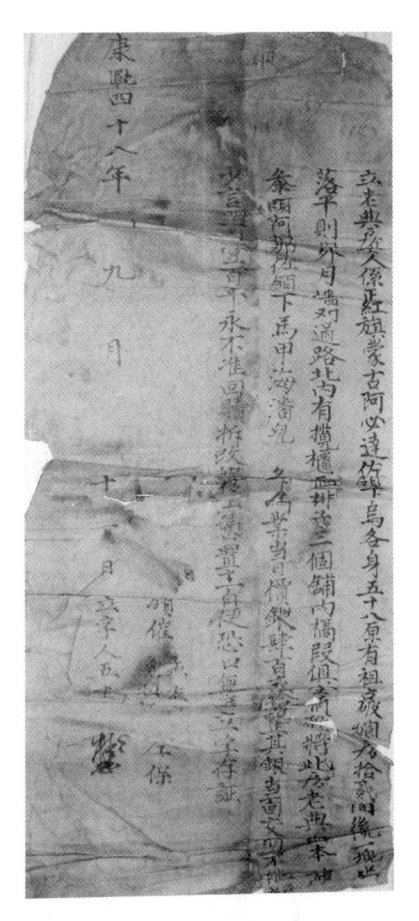

图 56　康熙四十八年蒙古旗人五十八汉文典房契

erebe juwan i da fulhū funde bošokū sotai ajige bošokū hamban uheri akdulaha.

elhe taifin i susai ilaci aniya juwan biyai ice jakūn[①]（见图 57）

汉文译作：

镶白［旗］富尔布佐领下闲散富绅的十间房，同旗高朝柱佐领下侯国用用纯银二百五十两典了，三年过后才准赎。

此系护军校富尔虎，骁骑校索太，小领催韩班同保。

康熙五十三年十月初八

---

① 中国社会科学院近代史所图书馆收藏。以下凡未注明契书，收藏单位同。

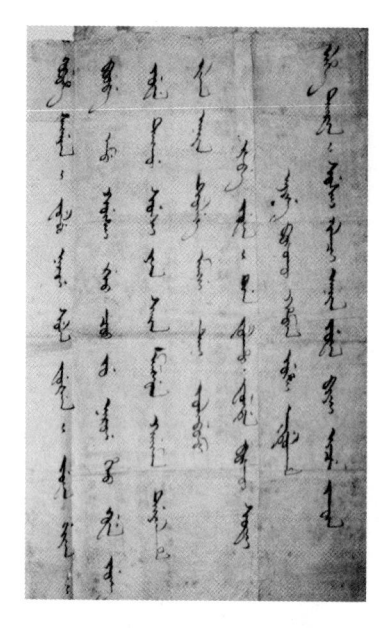

图57 康熙五十三年满洲旗人富绅满文典房契

与前引满文契书如出一辙，此契关于契约双方身份也没有说明。检《八旗通志初集·旗分志》卷七和卷十五，知立契人富绅所隶富尔布佐领为镶白旗满洲第三参领第一佐领；受契人侯国用所隶高朝柱佐领为同旗汉军第四参领第三佐领。因知，这是同一旗分的满洲人将房屋典卖给汉军人的契书。康熙年间，北京满洲旗人虽渐染汉俗，写立契书仍常用满文。上引契书并非孤证。①

文化、语言间的隔膜，在一定程度上妨碍了满洲旗人（同样包括蒙古旗人）随心所欲地从汉人社会中汲取自身发展所亟须的经验和知识，其中包括订立契书的规范化格式和与之相适应的行为准则。因此，早期满文契书普遍带有简陋粗疏的特点，也不足为奇。以上引富绅典契为例，除列明契约双方身份、对象房数量、契价交付、典当期限、中保人身份、立契时间外，于对象房来源、坐落、质地、出典原因，以及违约责任的说明，均付阙如，而这些条文却是民间汉人契书的基本要素。说明对象房来源，也就是说明房屋所有权来源，早期满文契书缺此要素，与旗房私有关系正在发展但尚未成熟的状态是分不开的。②

雍、乾之际，满洲旗人典房白契既有满文，也有汉文，总的趋势是满文契书急剧减少，与此同时，满汉合璧以至纯用汉文成为主流，在契式上也与民间大同小异。下引乾隆十年（1745）旗人典契就很典型：

> 立典契人正黄旗满洲固山黑格佐领下披甲的达子，有祖业铺面瓦房前后粥铺二间，坐落在德胜门内路南，今因无银使用，情愿典于本旗满

---

① 参见王锺翰《康雍乾三朝满汉文京旗房地契约四种》(《清史续考》，华世出版社1993年版) 引康熙三十二年满文房契。

② 参见刘小萌《清前期北京旗人满文房契研究》，《民族研究》2001年第4期。

洲固山保平佐领下闲散杭日布名下永远为业。言定典价纹银一百二十两整。其银当日交足并无欠少，言定二十年之后银到许赎。自典之后若有来路不明、重复典卖、托［拖］欠官银、满汉亲族人等争竞，俱系本佐领黑格、骁骑校苏起，领催刘喜一面承管。恐后无凭，立此典契存照。

乾隆十年　　月　　　立典契人达子（押）

（满文内容相同，从略）

这件契书取满汉合璧体，其中就立契人身份、对象房情况（产权来源、坐落、间数、质地）、出典原因、受契人身份、立契手续（契价的议定与过付）、权利和义务（回赎期限、立契人违约或对房屋所有权发生争执时的责任承担）等条款逐一作了说明。至此，满洲旗人典契的形制基本完备。

在旗人典契中，出典一方一般称"业主""原业""原业主""本主""房主"；典买一方称"典主""置主""银主""现业主"。关于典价收付，称"典于［与］……名下为业"，而不书"永远为业"。对回赎期限亦有明文规定。说明出典人虽然将房屋典给典主，作为所得借款利息的补偿，但名义上仍保留着房屋所有权和期满回赎的权利，这正是典与卖的主要区别。当然也有例外，如上引契书称"典于……名下永远为业"，就是一例。这种措辞主要用于典期较长或老典契中。

清前期，旗人典主为了达到使原业主"日久难赎，名典实卖"的目的，普遍利用"多勒年限"的手段。[①] 典房回赎的期限少则三五年，一二十年，多者长达五十年，甚至一百年。一些老典房契根本不注明回赎期。[②]

同时，由于清初旗房的国有性质，旗人缺乏明确的所有权意识。所定回赎期限，只是允许原业主回赎的最早时限，即确保典主经济利益而对原业主课以不得妄自赎回房产的起码年限，至于它的最迟年限却不明确。康熙五十四年（1715）旗人拉巴的满汉文典契规定"一百年为满，银到许赎"，满文体写为："emu tanggū aniya jalun amala da menggun bufi joliki"[③]，意即"一百年满了以后原价取赎"。但回赎期限究竟"后"到哪一年为止，

---

① 《清高宗实录》第557卷，第6页下。
② 参见本节表3–1。
③ 王锺翰：《康雍乾三朝满汉文京旗房地契约四种》。

没有说明。这实际意味：回赎的时效毫无限制，当原业主无力回赎而年限已满之后，名义上的回赎权将无限期保留。迟至乾隆前期，旗人契书中还有"以［一］典五十年之外许赎"，"以［一］典五十年之后许赎"，"二十年后银到许赎"之句。① 仍旧沿袭清初旧俗。时效限制也就是有关权利的产生所需要的期限（占有时效）或请求期限。在汉人历史上，田宅典当的回赎时效限制在唐宋年间早已存在②，满人的这一观念却姗姗来迟。

回赎期限长和限满以后房屋所有权的不确定性，与旗人房屋买卖关系的发展形成日益尖锐的矛盾。乾隆二十年（1755）户部奏称："近年以来，案牍日多，构讼不息。臣等伏思，康熙年间典卖房地，至今多则八九十年，少亦三四十年。"③ 从这时起上溯八九十年，时当康熙初年，其间因典当事件酿起的讼案连篇累牍，以至于令官府一筹莫展。尤其是在旗房辗转典当的场合下，一处旗房的所有权无异于被逐次分割，以致形成一房数主的复杂局面。有鉴于此，清廷在乾隆三十五年（1770）正式宣布：凡典契"载有二三十年至四五十年以上者，令现在主（即典主）一体上税"，改典为卖；所有积年典契"不准控赎"；又将旗人典当契载年份与民人划一办理，"统以三五年以至十年为率，概不税契，逾限听典主执业"。④ 从此，旗人典房期限被严格限定在十年以内，在房屋所有权上存在的混乱现象大为减少。

清政府的定例是对实际生活中法权关系的概括和规范，也是旗房私有化在上层建筑的反映，它反转来又对旗房典当关系产生了显著影响。乾隆三十四年（1769），旗人德福将自典房一所老典给本旗的包衣玉柱，原言定"老典一百年"，典价银一百八十五两。但不旋踵，清政府颁布十年以上典契必须改典为卖、归现在主执有的规定。典主玉柱遂在乾隆三十八年（1773）到左翼税务监督办理了改典为买手续，即按原典价银的百分之三纳税后，领取买地执照。⑤ 乾隆三十五年定例的实施，使许多典期在十年以上的契约关系为之中断。与此同时，加速了房产由典到卖的过渡。印证

---

① 见表3-1第8、10、14号。
② 窦仪撰：《宋刑统》第13卷，民国7年（1918）国务院法制局重校天一阁本，第5页下、6页上。
③ 《内务府来文》，中国科学院民研所等编：《满族历史档案资料选辑》，1963年铅印本，第136页。
④ 《户部则例摘要》第16卷，乾隆五十八年（1793）铭新堂刻本，第10页上。
⑤ 参见表3-1第14、17号。

嘉庆九年（1840）岳兴阿典契中"言定一典八年为满，钱到许赎。八年以后，如业主不赎，准其现典主遵例过税，不与业主相干"；道光七年（1827）讷谟恩典契中"言明一典八年，年届限，任从投税"等语①，又表明有关回赎权的时效限制，已成为清中叶旗人典契流行的格式。

出典房屋的旗人，绝大多数是基于生计上的窘迫，也就是契书通常要注明的原因："乏用""无银使用""手乏不便""乏手无钱"。事实上，他们很难在较短的期限内筹措或积攒到足够的款项赎回原业，典主却可以依据官府的法令，在期限满后将低价典入的房屋无条件地据为己有。房契中所见众多旗人在回赎期限年满后被迫改典为卖的个案，足以证明房屋典卖往往就是出卖的前奏。

改典为卖时，照例要在原典契外，由原业主另立卖契（民间又叫投税契），签字画押后交新业主收执，作为所有权完全转让的凭证。嘉庆二年（1797）景文、景和两兄弟所立契书行文简略：

> 立字人系镶蓝旗忠禄佐领下闲散觉罗景文同弟景和，将自置灰房一间空院一块于乾隆五十一年二月十六日典与正红旗满洲吉兰太佐领下舒宁阿名下为业，现今实在无力回赎，情愿典主遵例过税。
>
> 嘉庆二年十月二十五日
> 立字人景文景和（押）（见图58）

这件契书系汉文白契。契中"实在无力回赎"六字道出了旗人改典为卖时的普遍原因。景文、景和兄弟在契书中表明了听凭典主遵例纳税改为卖契的态度。卖契之签意味着原业主完全断绝了与房屋的联系。但白契还只是私家交易的契约文书，不能作为享有充分法律权

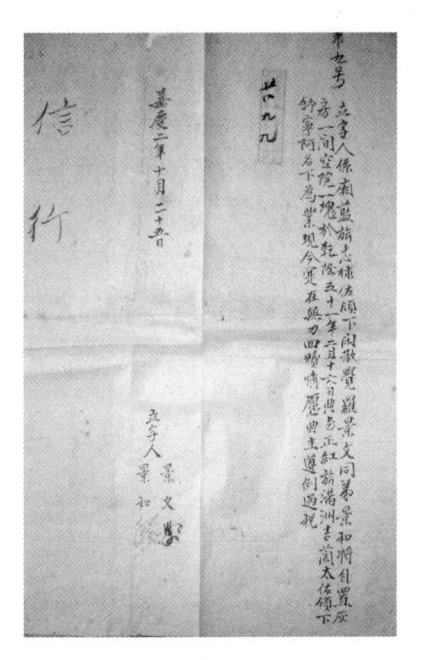

图58　嘉庆二年觉罗景文景和改典为卖契

---

① 参见表3-1第30、40、41号。

威的凭证。是年十二月，新业主舒宁阿到左翼办理了税契手续，从而完成了由典到买合法交易的最后一道手续。①

典价低，卖价高，按照民间常规，改典为卖应由典主补给原业主若干价格差额，即所谓"找价"。要求找价是有法律依据的，也就是《户部则例》中的明文规定："凡出典年满及出卖仍以典契论之田地宅，原主欲赎无力者，许凭中公估令现业主找贴原主一次价银。"②但在旗人中间，至少在一段时间里，要求找价却困难重重。原因之一，房屋作为一种特殊商品，为私人占有后才具有可以买卖的属性，但它的价格远比一般商品高，又不会被购买者消费掉，所以不像一般商品那么容易出售；原因之二，京城旗房一向不准民人典买，如私行典买者，照民人典买旗地例办理③，这样一来，势必缩小旗房交易的范围，为旗人典主提供了更多压价的机会。他们或者在写立典契时要挟原业主"添写虚价"，或者在典契中附以"自典之后，永不加找"④的苛刻条件，预先剥夺了原业主改典为卖时加找差价的权利。

约自乾、嘉年间起，找价做法开始流行于旗下。这首先是由于受到民间惯例的影响，其次则基于原业主不断以"告找告赎"来反制典主的苛剥。嘉庆二十一年（1816），苏那同嫂将祖遗住房一所典给麟春，言明典价银二百两整，一典八年为满。道光六年（1826），典期已逾。苏那与嫂因无力回赎，只好改典为卖，并立杜绝房契如下：

> 立杜绝字人系镶白旗满洲嵩明佐领下马甲苏那同嫂□□氏，有本身自置住房一所共计十三间半，坐落在总布胡同路北，典给正蓝旗满洲佐领麟□名下永远为业。今因无力回赎，当面言明将房价前后找清并无欠少，已［以］后如拆挪改移转行典卖以及遵例［过］税均与原业主无干。恐后无凭，立杜绝字存照。
>
> （立杜绝字人、中见人签名及年月均从略）⑤

---

① 参见表3-1第27、28号。
② 乾隆朝《户部则例摘要》第3卷，第11页下。
③ 光绪朝《会典事例》第160卷，第1034页。
④ 《清高宗实录》第557卷，第6页下；《内务府来文》，中国第一历史档案馆编：《清代档案史料丛编》第5辑，中华书局1980年版，第86页。
⑤ 原契存北京大学图书馆善本部。见表3-1第32、37号。

契中有"将房价前后找清并无欠少"句，证明原业主在立新契时得到若干款项的补偿，但具体数额不详。道光十八年（1838），汉军姚明山将孟端胡同房产以三千吊的价格出典，原典契书除正文外，于下方空白处写有"现于道光二十九年七月十三日又付钱一百吊，言明前后业主以[已]逾八年之现[限]，均无力回赎，仝中言明任凭典主过税"云，显系改典为卖时的补注。相对三千吊典价而言，后付的一百吊不过是杯水车薪，但这区区一百吊钱，看来就是典主补给的找价。① 又，道光九年（1829）巴衍善将瓦房十四间典给宗室满某，典价清钱四百吊；道光十二年重填卖契时，契价清钱六百吊。② 这多出的二百吊显然就是加价。从这些事例不难得知：清中叶以降，旗人中改典为卖时的找价已不再是寥若晨星的现象，唯加价的多寡视具体情况而相差甚远。

房屋的典买典卖，是清代社会中高利贷资本转化为不动产资本的一种普遍形式。高利贷者为了达到低价攫取房产的目的，采取种种非法手段，除了在改典为买时尽量不找价或少给价外，司空见惯的做法还有：

违例老典。乾隆三十五年定例后，典期在十年以上者即为非法，"一经发觉，追交税银，照例治罪"。③ 但在实际生活中，于典契上多写年份甚至不写明典期的例子却屡见不鲜。尤其道光以降，清朝统治日益衰朽，对社会的控制力大为削弱，旗人中违例老典现象遂畅行不衰。④

契内多写修理费。房屋在出典期间有时是要加以维修的，因房屋所有权仍隶属原业主，维修费用由原业主承担一部分甚至全部，从表面看似乎也合情合理。在这方面，旗人契书中有着不同的规定。有的契书规定："大修两家，小修典主"，或"大修房主，小修银主"，即费用由契约双方承担，原业主要承担其中的主要份额。⑤ 但在许多场合，这笔费用却被无条件地强加在原业主身上，兹将契书有关条文胪列如次：

1. 其应修理需要银两，典主记账，赎房之间[日]，将修理用过银两并房价交完，方准回赎。

---

① 表3-1第49号。
② 表3-1第41、43号。
③ 乾隆朝《户部则例摘要》第3卷，第12页上。
④ 表3-1第18、45、47、50、51、52号。
⑤ 表3-1第11、23、24号。

2. 如有坍他［塌］倒坏□典主修札［理］将所有银两上系。

3. 任凭典主修理房屋居住，每间房做价银二十两，取赎之时照数交还不许短少。

4. 其房现糟旧，由置主自变，永无反悔。

5. 日后修理工料钱随时上契，不用通知，系［俟］回赎之日如数归还方许赎。

6. 因群房糟朽俱得翻盖修理□估写修理钱四百吊整。

7. 如有添盖房间大小修理，不必通知业主自行修理粘单上契，如赎房之日一并清还。

8. 自典之后有修补坍塌等项另计粘单（是契附粘单，上书："于道光十二年五月修盖门房五间共合钱四百二十吊"）。

9. 日后如有坦［坍］坏修立［理］工料钱随时上契不必通知原业主常姓，回赎之日原典价一百八十吊外，修立［理］钱照数归还方许回赎（是契上又补注："现有修理坦［坍］坏房墙等共钱一百吊随时上契"）。①

房屋出典期间的工料修理费，往往是一笔可观开支。道光六年（1826），满洲旗人忠庆同家人景生将绒线胡同房一处出典时，典价四百五十吊，但契书上"估写"的修理钱就达四百吊。这就是说，不管典主用于房屋修理的实际开支有多少，忠庆不交出八百五十吊钱，就别想回赎。道光六年萨克升阿典契，原契价一千二百吊，但典主于典期届满之际以"修盖门房"名义报上费用四百二十吊。这样一来，就给原业主回赎增加了更大难度。问题的关键不仅在于回赎价格的加码，而在于典主完全可以利用"工料钱随时上契不必通知原业主"一类的规定，在工料费报价上做手脚，或以少报多，或任意添盖，以致将原业主置于欲赎无力的窘地。

有清一代，房屋典买典卖在北京旗人中之所以盛行不衰，原因大致有三：其一是为了逃税，以及在与民人交产时逃避官府纠查；其二是守业心理，典卖按理可以回赎，因此可使出典者免去出卖祖业（即所谓"败家"）的耻辱；其三为高利贷资本廉价兼并房产提供了重要手段。

---

① 依次为表 3-1 第 5, 7, 8（10 号行文类同），18, 29（25 号行文类同），34, 36（39 号行文类同），38, 44 号。

(二) 抵押

除了典买，高利贷者攫取旗人房产的另一惯用手段是抵押。下引为雍正年间一件满文抵押白契：

  hūwaliyasun top i juwanci aniya juwan biyai juwan duin de, yonggo nirui juwan i da hoise diyalaha guwamboo nirui bayara bašii gio lian dzi hūtung ni julergi gencehen de bisire wase boo ilan giyan haša boo emu giyan be jorime, hetu nirui sula macang ni dehi yan menggun juwen gaijaha.

  boo de turigen akū, menggun de madagan akū, da diyalaha boo i wenšu bithe be suwaliyame buhe .

  erebe daiselaha funde bošokū cangjo, bošokū da be daiselaha ilhi funde bošokū keret sei akdulaha.

汉译文：

  雍正十年十月十四日，永郭佐领下护军校回色指所典关保佐领下护军八十一之旧帘子胡同南墙根处瓦房三间、仓房一间，借取赫图佐领下闲散马常四十两银。

  房无租银，债无利息，将原典房之契书一并交给。

  此系署骁骑校常卓、署总催、副骁骑校克勒特等同保。①

契中的"bošokū da"（拨什库达），汉译"总催"或"催长"，是领催的头目。"hoise"（回色），又译回子，原指回人。不知何故，满洲旗人中往往有取"回色"为名者。"haša boo"，汉译"仓房"。

本契未说明立契双方旗属。据《八旗通志初集》卷二《旗分志二》：新帘子、旧帘子等五条胡同属镶蓝旗蒙古第二参领之十二佐领居址。旧帘子胡同在北，新帘子胡同在南。而在《清乾隆朝北京城图》上，上述两胡同分别称"旧帘子库胡同"、"新帘子库胡同"。②

本契是一件房产抵押白契。永郭佐领下护军校回色因借取赫图佐领下闲散马常四十两银，而将典自关保佐领下护军八十一的四间房抵押给了债主。这种场合的交易，又叫指房借银，即债务人向债主借银，并以房屋为

---

① 此契藏北京市首都博物馆。
② 中国社会科学院考古研究所编：《明清北京城图》，地图出版社1986年版。

抵押物。契中"房无租银，债无利息"的含义，就是负债者直接用房屋在一定期限内的经济收益（租银）抵算债银的利息，一俟偿还债银，债权人将抵押房产退回。此项债权因有物权作为担保，对债权人而言最无风险，故在八旗内外颇为流行。

抵押与典卖的区别：前者采用借贷方式，负债者按期向债主支付利息；后者却是暂时转移房权，即负债者直接以房屋地在一定期限内的经济收益（房租）抵算利息，交给债主（典主）。两者异曲同工之处在于，都是高利贷者巧取豪夺的惯用手段。在这种场合，借高利贷—房屋出押—丧失房权，往往构成指房借银的三部曲。

乾隆二十八年（1763）八月和三十二年（1767）正月，镶蓝旗汉军陆世俊先后两次从高利贷者鲁某处举债清钱六十千整（约相当六十吊）。借钱借据写道："言明三分行利，如利不到中保人一面承管。"清制，私人间借贷是合法行为，但为了约束高利贷者牟取暴利，规定了利率最高数额。《大清律·户律·钱债》明文：凡私放钱债，每月取利不得过三分，年月虽多不过一本一利；违者，笞四十，以余利计赃，重者坐赃论，罪止杖一百。[①]所谓"一本一利"，即利息不得再滚入原本利息。如借银一两，按每月三分取利，积至三十三个月以外，利钱已满一两，与本钱相等。此后债负年月虽多，不准再照三分算利，即使五年十年，也只能以一本一利为限。违制者要给以重惩。但以上规定只是官样文章，实际上未能有效制止高利贷的苛剥。仍以上举旗人陆世俊为例，他从鲁某举债清钱六十千后，迫于生活压力，不得不继续饮鸩止渴，在乾隆三十九年再次向鲁某借钱四十千整。因债台高筑，清偿无望，最终在该年七月将房抵押给债主，并写立契书如下：

> 立找押房契人镶蓝旗汉军周玥佐领下领催陆世俊，因无钱使用，将自置瓦房三间座［坐］落銮仪卫夹道路南，有老契纸一张，押到鲁名下借现钱四十千整。三［次］共借找押钱一百千整，将押老契纸为凭。同保人说合，利息全改坐［作］分半行利。每月初五日取房租，利息钱一千五百文。如一个月房租、利息不到，鲁姓要房，如

---

① 姚雨蓭原纂、胡仰山增辑：《大清律例通纂》第14卷，嘉庆十四年（1809）刻本，第1页上。

钱、房不到，有中保人一面承管，恐后无凭立此借找押契存照。

　　有老契一张　此纸一张

　　中保人　领催陈明（押）

　　乾隆三十九年七月　　立借找押［契］人陆世俊（押）（见图59）

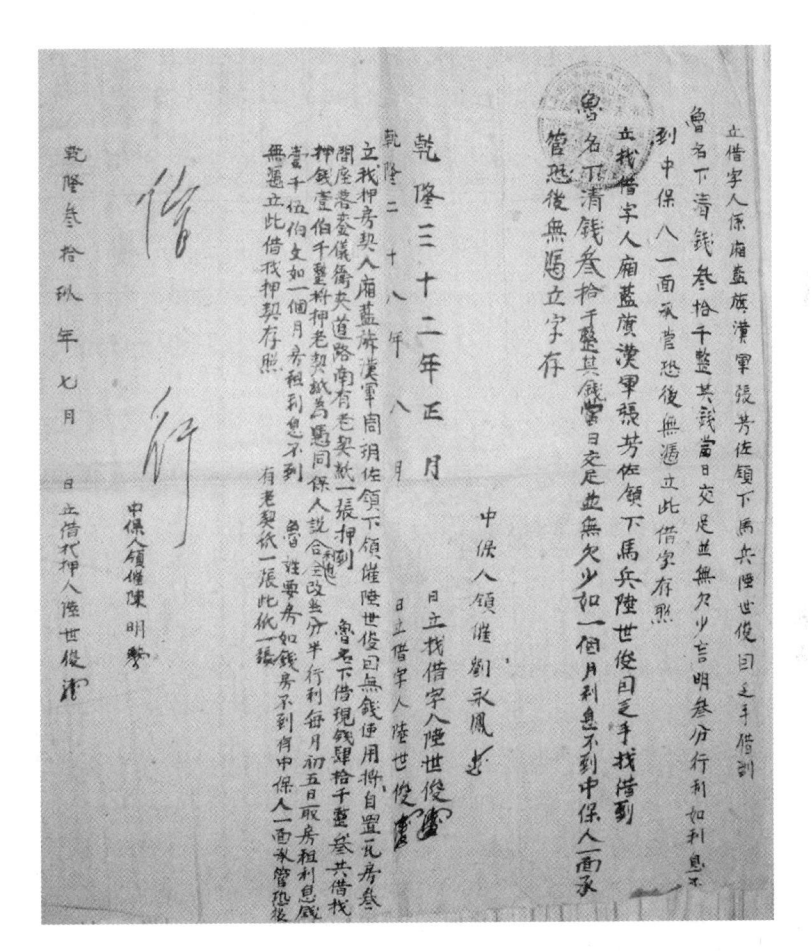

图59　乾隆二十八年、三十二年、三十九年旗人陆世俊抵押房契

　　立契人陆世俊前后三次共借钱一百千整（约合一百两银）。利息虽然由原来的三分改作一分半，但已违反官方"年月虽多不过一本一利"的定例。随着房子被抵押，陆世俊除每月交利息一千五百文外，还必须缴纳房租。这些开支对早已入不敷出的负债人来说，足以构成不堪承受的负

担。债主显然也了解这一点，所以才会乘人之危，胁迫负债人同意接受"如一个月房租、利息不到，鲁姓要房"的苛刻条件。结果可想而知，房子很快落到鲁某名下。①

（三）买卖

在大量的旗房交易中，与典卖、抵押等形式交织发展的始终是直接的买卖。至迟到康熙后期，同一旗分乃至不同旗分间的旗房买卖活动已相当活跃。下引蒙古旗人的一件满文卖房白契，时间为乾隆十三年（1748）：

> kubuhe fulgiyan i monggo gūsai hisembu nirui beri faksi ilibu i beye ilibuha sin liyan dzi hūtung ni wargi jugūn i amargi gencehen de bisire wase boo duin giyan be, emu gūsai dingfu nirui bayara ulintai de nadanju yan menggun gaime enteheme uncaha. ere boo aika turgun getuken akū ojoro, jursuleme uncara diyalara, alban i menggun edelere, temšere niyalma bisire oci, hisembu nirui miyoocan bayara suihene, foboo nirui bayara bašisy sei akdulaha.
>
> erebe hisembu nirui miyoocan bayara suihene（押）emu nirui beri faksi ilibu（押）foboo nirui bayara bašisy（押）sei akdulaha.
>
> abkai wehiyehe i juwan ilaci aniya jakūn biyai orin jakūn

汉译文：

> 镶红旗蒙古希森布佐领下弓匠伊里布将自盖新帘子胡同西路之北墙根处所有瓦房四间，永远卖给同旗定福佐领下护军乌林泰，价银七十两。此房若有来历不明、重复典卖、拖欠官银、亲友争竞等情，希森布佐领下鸟枪护军绥和讷、佛保佐领下护军八十四等同保。
>
> 此系希森布佐领下鸟枪护军绥和讷（押）同佐领弓匠伊里布（押）佛保佐领下护军八十四（押）等同保。
>
> 乾隆十三年八月二十八日②

与典卖和一般"出卖"不同的是，本契使用了"永远卖给"（enteheme uncaha）一词。民间房地交易有典有卖，卖又有"活卖""绝卖"之

---

① 表 3-1 第 13 号。
② 此契藏北京市首都博物馆。

别，实际反映的是所有权转移的程度。从活卖到绝卖，原主尚有找价（即买主补给一定价值）机会，绝卖则是所有权的完全转移。本契所说"永远卖给"，也就是绝卖。

顺治初年，八旗满、蒙、汉军分驻北京内城，各有界址；每个旗下的参领、佐领，也各有指定街区，同一佐领成员集中住在某条胡同。旗房的交易范围最初比较狭小，主要在同旗范围内展开，这也是早期旗契交易双方不注旗属的原因之一。而后，交易范围扩大，越旗交易日渐普遍。按八旗方位，位于内城东南角的新帘子胡同属镶蓝旗界，而镶红旗人伊里布不仅在该处建了房，还把它卖给同旗的乌林泰。可见，这是旗人房产买卖逐步打破八旗间此疆彼界的一个具体例证。

有清一代，旗人卖房有白契、红契之别。雍正元年（1723）规定旗人买卖房屋必须税契，买主往往视此为额外负担而百般规避。再者，旗民交产有干法禁，不得不取私相授受的方式。有此两条理由，足以使卖房白契充斥于旗人中间。当然，也有许多旗人为了使自己的合法交易得到法律的充分保护，在八旗两翼税务监督处税契，故形成大量红契。

关于旗人房屋买卖关系的发展，不妨以乾隆四十三年（1778）穆隆阿卖房红契为例，作进一步的考察：

> 立卖房契人系镶蓝旗满洲铁柱佐领下护军穆隆阿，有本身房一所共计六十五间，坐落阜成门内孟端胡同内路北。今情愿卖于本旗宗室玉鼎住佐领下闲散宗室文魁名下永远为业。言定价银三百三十五两整，其银当日交足并不欠少。自卖之后，如有来路不明、重复典卖、拖欠官银、亲族争竞等情，俱是佐领铁柱、骁骑校伯儿或、领催德什布仝卖主穆隆阿等一面承管。
> 当堂收税银十两零五分
> 乾隆四十三年　月　日
> （满文体内容同，从略）

旗人卖契行文与典契大体相同，最重要的区别在于说明房屋所有权的完全转移，所以凡典契中使用"典"字处，这里均写为"卖"字，并注明"卖于××名下为业"或"卖于××名下永远为业"。因为经过官方收税验契，所以卖契必书明税银数额（契税每银一两征三分，清末宣统年间增至九分)。

关于房屋来源,因涉及交易可靠性问题,故为买主所重。清初旗房由国家无偿拨给,以后世事变迁,递相转手,房屋来源渐趋多样。反映在契书中,遂有"本身""祖遗""祖遗分产""自置""自典""老典"种种区别。

旗人卖房,十之八九基于经济的拮据。但至少在某些场合,也寓有倒卖牟利的动机。光绪十九年(1893)十月,内务府包衣、候补员外郎庆绪购得总布胡同房产一处,共一百一十五间,买价银二千八百两整。三年后转卖给庆德堂时,却得银一万二千五百两。① 就是低价买进高价售出的一个典型事例。

旗人卖契,普遍要说明违约责任的担保人,以免一旦出现来路不明、重复典卖、拖欠官银、亲族争竞等意外问题时损及买主权益。具体规则有四种,即"由卖主一面承管""由中保人一面承管""卖主与中人承管",以及由卖主和所在佐领官员共同担保。

中保人不是契约当事人,而是当事人订立契约时在场的人。清代民间卖房红契上署名画押者除立契人、中保人外,还有"左邻""右邻""房牙""总甲""代书"。民间交易受宗法制影响,习惯上要"先问亲邻",如购买条件相同,亲邻有先买权。房牙是由官府认可的为买卖双方从事说合磋商并收取一定佣金之人;总甲是十甲(甲是城市基层行政组织)之长;代书则是官印契纸上的代笔人。从有关人等的署名画押中,不难看出传统宗法关系、人身依附关系、政治等级关系在民间交易中根深蒂固的影响。(见图60)

房屋所有权的纯粹形态,应是完全的、自由的,即排斥一切他人、只服从自己个人意志的所有权。这在清代社会中显然是不存在的。相比民间交易而言,旗房买卖则受到更严格的限制,按规定必须"呈明本管佐领"。② 因此,在旗人卖房红契上签名画押的可以没有中保人、说合人,却不能没有卖主所在佐领的大小官吏——佐领、骁骑校、领催。他们的在场,已成为合法交易的必要保证。雍正帝胤禛曾说:"佐领之管佐领下

---

① 表3-1第58、59号。
② 嘉庆朝《会典》第16卷,第17页下。

图60 民间房契上房牙与总甲戳记

人,无异州县之于百姓。"① 足见旗人尽管基本上掌握房屋所有权,但并不能像商品所有者任意支配自己商品那样去处理房屋,而必须在国家权力的代表佐领的直接监控下进行。与此同时,还受到不准旗民交产等法令的束缚。与民间房产相比,旗房在私有化程度上始终存有差距。(见图61)

旗人卖契末尾,一般还要说明上手契的处理。上手契是相对本契而言的。本契指转让权利之人亲自订立的转让权利契书,上手契(又称随契、随带契、老契)指转让权利人以前在受让权利时收执的书契。上手契的交代,是原业主的一种义务,也是产权合法的重要凭

图61 旗人房契上钤盖的满汉文佐领图记

---

① 雍正朝《上谕八旗》第5卷,第59页上。

证。故旗人交易亦如民间，都很注重上手契的保留。于是，随着房屋所有权的辗转易手，上手契也就越来越多。迨及清末，一件房契牵连的上手契少则三五张，多则十几张，已是常见的现象。① 一些康、雍年间乃至为时更早的老契，均得到精心保护。

三 旗房交易的特点

八旗的贵族官员富户基于赢利和守财的目的，积极从事房产交易，而渐入贫困之境的下层旗人生计无着，唯有出售住房，由此形成旗房买卖中的几个新特点。

（一）所有权的频繁转移

房屋买卖关系的发展与商品经济的发展水平是相得益彰的。满洲人入关初，自然经济色彩比较浓厚，房屋交易尚处在萌芽起步阶段。康、雍以降，在商品经济的繁兴以及高利贷资本的推波助澜下，旗房易手的频率明显加快。一处房产在数十年以至百余年间轮换数主，成为旗下常见现象。乾隆年间畿辅旗地为民人大批典买，据说达到了"旗地之在民者，十之五六"的严重地步。② 依旧在旗人名下的土地也集中到少数天潢贵胄、世宦阀阅，或者豪富素封之家。下层旗人地亩锐减，生计日蹙，对旗房所有关系的频频变化也起到推动作用。在笔者所见契书中，不少是作为上手契保留下来的，从中可以考知有关房产在一段时间里周转流动的踪迹。兹援举数起为证：

第一起，小哑叭（雅宝）胡同瓦房一所。乾隆十三年（1748），正蓝旗满洲旗人苏郎阿将这所从镶白旗蒙古阿林处典买的瓦房转典给本旗宗室富明阿。从此以至乾隆四十七年（1782），这处房产依次经正白旗蒙古护军校绥哈、正蓝旗满洲领催武达色、同旗奉恩将军寿安、护军艾兴阿、马甲依昌阿、正白旗满洲觉罗永明、同旗满洲嘉珲辗转典买典卖。③ 从苏郎阿到嘉珲，前后仅三十四年，递经九主，平均不到四年就易手一次，周转

---

① 表3-1第40号契注云："外随红白契纸七张"；41号契："外跟红契一张白契六张"；46号契："外随典卖字六张"；48号契："外有红契纸一张、白契纸八张交明"；56号契："旗红契一张帖［贴］身白契十三张跟随"；59号契："本身旗红契一套，上手红契七套白字五张。"

② 赫泰：《复原产筹新垦疏》，见《皇朝经世文编》第35卷，上海九敬斋书店光绪二十八年（1902）石印本，第6页。

③ 据石桥崇雄《关于满文文书》，载日本东京大学东洋文化研究所《中国土地文书目录·解说》（下），1986年版，第188—195页。

范围涉及镶白旗、正白旗、正蓝旗下的满洲和蒙古。

第二起，头锦儿（调儿）胡同房一所。康熙五十四年（1715），镶白旗满洲富绅将此房十间典与本旗汉军侯国用。后为镶白旗汉军张世杰、正蓝旗汉军王泽章、镶白旗满洲常远、同旗蒙古秀德依次典买。道光十三年（1833），其中四间房被典卖给正蓝旗满洲德禄保。在百余年间，这处房产转手七次，卷入交易的包括镶白、正蓝两旗的满洲、蒙古、汉军。①

以上两起房产交易形式均为清一色典买典卖。经济拮据的业主不肯轻易放弃房屋所有权，宁愿采取典卖的形式；而典主为达到以较低价格占有房产的目的，也乐于采用这种交易形式。不过，在更多的场合，典与卖经常是互相衔接的两个环节。

第三起，东四牌楼十一条胡同住房一所共九间。原系镶白旗宗室奕补祖遗家产，嘉庆八年（1803）典给正白旗汉军惠某。不久，惠某出旗为民，入籍大兴县，遂于嘉庆十九年六月将这处房产卖给镶白旗满洲玉麟，价钱三百吊。两个月后玉麟转手倒卖，净赚二百五十吊。以后各主或典或买依次为：正白旗满洲二等侍卫凌山、同旗蒙古副都统金某、同旗满洲世袭云骑尉倭惕庵、同旗蒙古凤瑞。咸丰三年（1853），为镶黄旗蒙古世袭云骑尉扎拉丰阿购得。②

这三处房产所涉及的交易均限于旗人内部。有清一代，旗人是北京内城的基本居民。满洲、蒙古、汉军的分别，并不是彼此交往的障碍，共同的生活环境和社会制度（八旗制度），更为经济关系的密切提供了便利。不过到了清朝末叶，随着旗民畛域大为消融，内城房屋的买卖越来越频繁地在旗人与民人间进行。

(二) 所有权的集中

在旗人的房屋交易中，始终并行不悖着两股趋向。一股是畸零分散的趋向，主要见于兄弟数人分家析产的场合；另一股是不断集中并形成大房产的趋向，主要是不断兼并的产物。这里要说明的，是产生了重大社会后果的第二股趋向。清初分授旗房，本来就是以等级高低为标准的。王公贵族宅院宽阔，屋宇高宏，多为明代勋戚旧产。官员与兵丁得房也多寡悬殊。旗房与旗地的等级占有，构成旗人经济地位分化的重要物质前提。而

---

① 见表 3-1 第 2、5、20、25、29、44 号。
② 全套红、白契共 8 张前后粘连，现存中国社会科学院近代史研究所图书馆。

满洲亲贵、大臣，并不满足于按爵秩领受田宅，又凭借政治经济特权，广置田宅。康熙年间，旗人上层的兼并活动还只是崭露头角。乾嘉以降，旗房不断集中的态势在契书中已充分反映出来。为省繁文，据有关契书将两处大房产的形成过程图示如下：

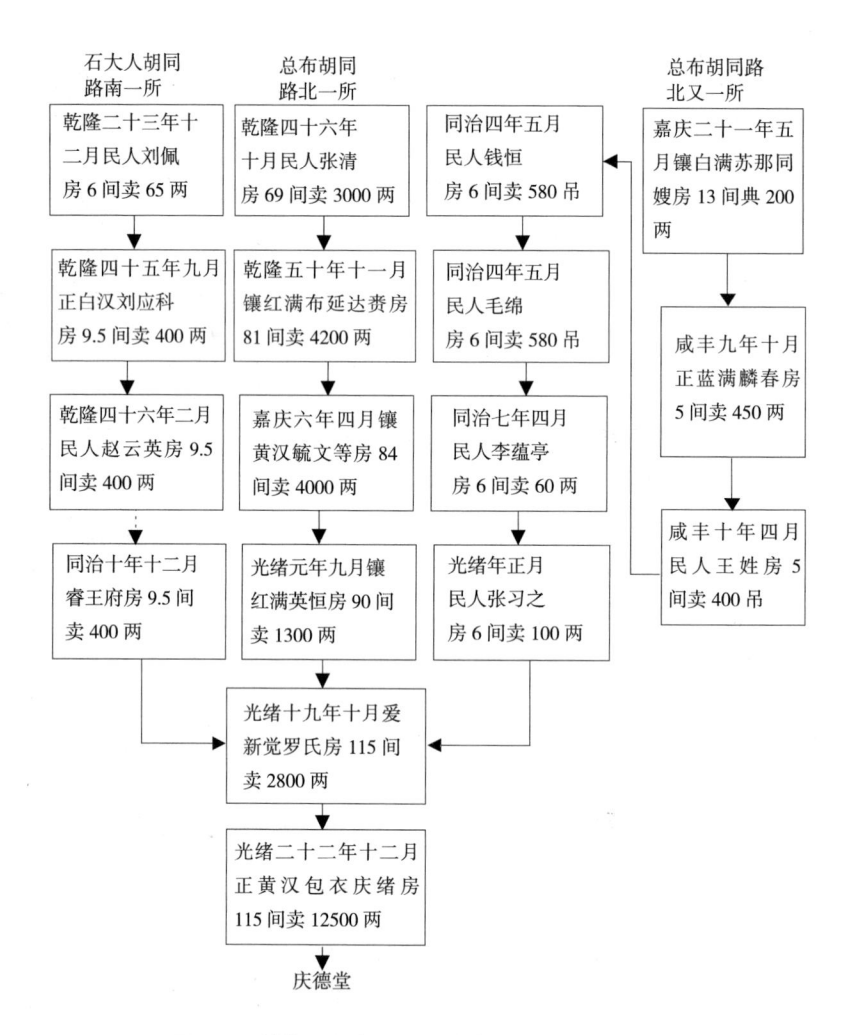

```
石大人胡同              总布胡同                                 总布胡同路
路南一所                路北一所                                 北又一所

乾隆二十三年十          乾隆四十六年          同治四年五月        嘉庆二十一年五
二月民人刘佩            十月民人张清          民人钱恒            月镶白满苏那同
房6间卖65两             房69间卖3000两        房6间卖580吊        嫂房13间典200
                                                                  两

乾隆四十五年九月        乾隆五十年十一月      同治四年五月
正白汉刘应科            镶红满布延达贲房      民人毛绵
房9.5间卖400两          81间卖4200两          房6间卖580吊

乾隆四十六年二月        嘉庆六年四月镶        同治七年四月        咸丰九年十月
民人赵云英房9.5         黄汉毓文等房84        民人李蕴亭          正蓝满麟春房
间卖400两               间卖4000两            房6间卖60两         5间卖450两

同治十年十二月          光绪元年九月镶        光绪年正月          咸丰十年四月
睿王府房9.5间           红满英恒房90间        民人张习之          民人王姓房5
卖400两                 卖1300两              房6间卖100两        间卖400吊

                        光绪十九年十月爱
                        新觉罗氏房115间
                        卖2800两

                        光绪二十二年十二月
                        正黄汉包衣庆绪房
                        115间卖12500两

                            庆德堂
```

图示1　总布、石大人胡同大房产一处的集中过程

注：全套契书现存北京大学图书馆善本部。方框中注明立契人、立契时间、房间数和价银，受契人从略；方框间用虚线相连，表示房权转换关系有中断。"正白汉"即"正白旗汉军"简写，其他以此类推。

总布胡同，当时又称总铺胡同、总把胡同，明代已成巷，位于北京东城。石大人胡同以明天顺年间权臣石亨旧宅得名，与总布胡同平行，在其北，故石大人胡同路南房宅与总布胡同路北房宅实相毗连。睿王府即睿亲王府。庆德堂待查。

第三章　旗房与旗地　107

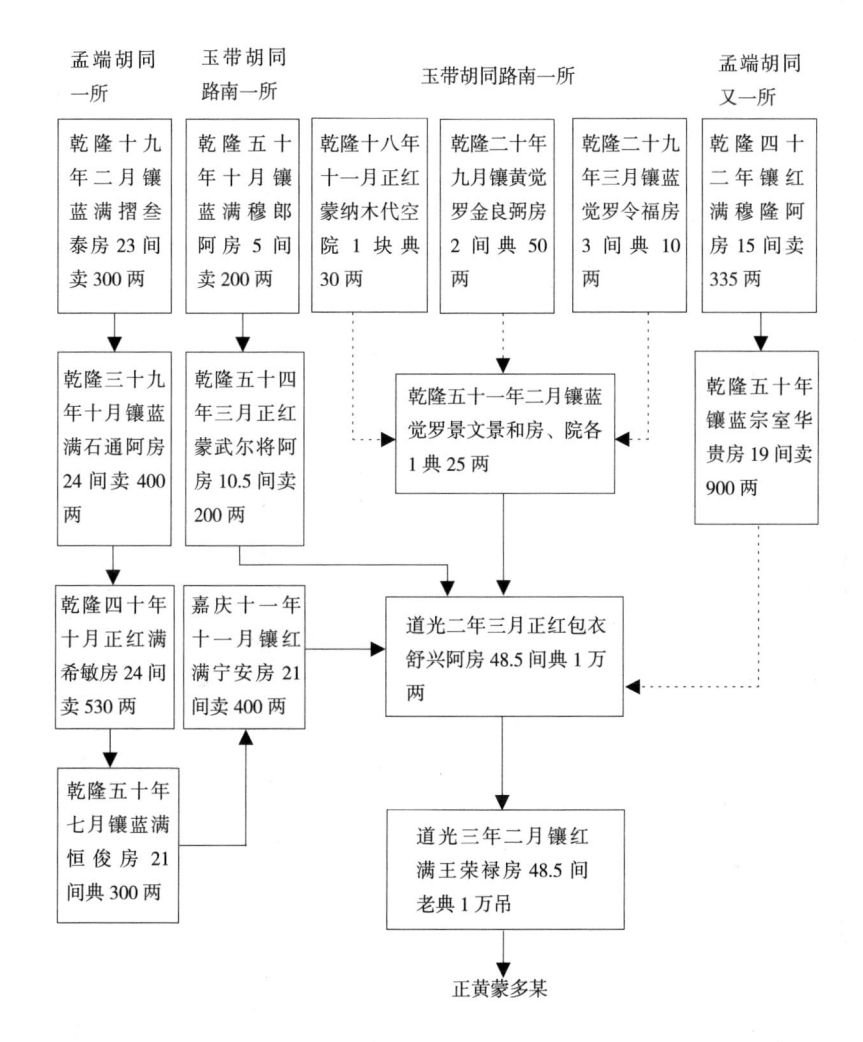

```
孟端胡同          玉带胡同                              孟端胡同
一所             路南一所        玉带胡同路南一所         又一所

┌─────────┐  ┌─────────┐  ┌─────────┐ ┌─────────┐ ┌─────────┐  ┌─────────┐
│乾隆十九 │  │乾隆五十 │  │乾隆十八 │ │乾隆二十 │ │乾隆二十 │  │乾隆四十 │
│年二月镶 │  │年十月镶 │  │年十一月 │ │年九月镶 │ │九年三月 │  │二年十月 │
│蓝满摺叁 │  │蓝满穆郎 │  │正红蒙纳 │ │黄觉罗金 │ │镶蓝觉罗 │  │镶红满穆 │
│泰房23间 │  │阿房5间  │  │木代空院 │ │良弼房2  │ │令福房3  │  │隆阿房15 │
│卖300两  │  │卖200两  │  │1块典30  │ │间典50两 │ │间典10两 │  │间卖335两│
└────┬────┘  └────┬────┘  │两       │ └────┬────┘ └────┬────┘  └────┬────┘
     │            │       └────┬────┘      │           │            │
     ▼            ▼            ╎           ▼           ▼            ▼
┌─────────┐  ┌─────────┐       ╎      ┌──────────────────┐    ┌─────────┐
│乾隆三十 │  │乾隆五十 │       ╎      │乾隆五十一年二月  │    │乾隆五十 │
│九年十月 │  │四年三月 │       └╌╌╌╌╌▶│镶蓝觉罗景文和房、│◀╌╌ │年镶蓝宗 │
│镶蓝满石 │  │正红蒙武 │              │院各1典25两       │    │室华贵房 │
│通阿房24 │  │尔将阿房 │              └────────┬─────────┘    │19间卖   │
│间卖400  │  │10.5间卖 │                       │              │900两    │
│两       │  │200两    │                       │              └────┬────┘
└────┬────┘  └────┬────┘                       │                   │
     │            │                            │                   │
     ▼            ▼                            ▼                   │
┌─────────┐  ┌─────────┐              ┌──────────────────┐         │
│乾隆四十 │  │嘉庆十一 │              │道光二年三月正红  │         │
│年十月正 │  │年十一月 │─────────────▶│包衣舒兴阿房48.5  │◀────────┘
│红满希敏 │  │镶红满宁 │              │间典1万两         │
│房24间卖 │  │安房21间 │              └────────┬─────────┘
│530两    │  │卖400两  │                       │
└─────────┘  └────┬────┘                       │
                  │                            │
                  ▼                            ▼
             ┌─────────┐              ┌──────────────────┐
             │乾隆五十 │              │道光三年二月镶红  │
             │年七月镶 │              │满王荣禄房48.5间  │
             │蓝满恒俊 │              │老典1万吊         │
             │房21间典 │              └────────┬─────────┘
             │300两    │                       │
             └─────────┘                       ▼
                                           正黄蒙多某
```

图示 2　玉带、孟端胡同大房产一处的集中过程

注：全套契书现存中国社会科学院近代史所图书馆。有关说明与上表均同。孟端胡同、玉带胡同位于北京西城，彼此相接。

以上两图形象地说明，大房产是不断兼并的结果。其中，总布、石大人胡同一处由三所房产合成，玉带、孟端胡同一处则由四所房产合成。由于上手老契的残缺和下手契的中断，两图提供的并不是大房产集中过程的完整轮廓。卷入交易活动的既有旗人，又有民人。旗人中上起宗室外贵族，下至披甲、闲散，属于不同的阶级和阶层。大房产形成的过程也就是被兼并者不断失去房产的过程，而这一过程给人们留下的深刻印象或者可以用一句成语来概括——"螳螂捕蝉，黄雀在后"。随着大房产的集聚，交易额也在不断增加，愈到后来，交易的范围愈小，主要在旗人贵族、官僚、富商、大地主的范围内进行。

旗人大房产的形成，在史书中也得到充分印证。乾隆年间满洲大学士和珅贪婪暴敛，富甲天下。仅房产一项就达三千八百五十一间。其中和珅花园一处有房一千三百六十间，又京城内外取租房一千余间①，多系兼并所得。是旗人大房产主的代表。和珅蠹国病民，家人也依仗主人权势聚敛房产。其家人刘姓、马姓二人，有住房一百八十二间，当铺、古玩铺八座，市房二十七所（契价银二万五千两）用于收租。② 出身公主陪嫁人的那亲保，被查办时，有房三千六百一十三间，内契买房一千六百六十八间（两个半间折合一间）；契典房一千五百零五间半；指房借银对明取租户一百三十四间半；无文契房二百一十六间半。③

旗人大房产主的房屋主要用于出租。房屋越多，房租积累量越大，兼并力量就越强。乾隆年间恒亲王弘晊饕餮成性："俸粱除日用外，皆置买田产、室庐，岁收其利。"④ 清末京城富户"锺杨"家，内务府旗籍。先人锺祥，嘉庆间仕至河道总督。后人累代巨富，在京城内"户舍连云，几遍前后两街"⑤，是旗人中房地产最多的富户之一。同样的旗人大房产，多不胜举，俱见崇彝《道咸以来朝野杂记》。

（三）暴力因素的削弱

清初八旗亲贵大僚凭借特权和强制性手段占有大量民居。而后，尽管他们依旧保持着政治、经济特权，但在房屋等不动产交易中，主要通过价买的经济手段实行兼并。清代中叶，除了旗下奴仆典买正身旗人房产仍受到禁止，在贵族与普通旗人，上三旗人与下五旗人，正身旗人与包衣旗人之间的房屋交易，已不受任何身份限制，双方均以"情愿"二字作为缔结契约的前提。

乾隆五十年（1785）宗室华贵的一件卖契这样写着："立卖房契人

---

① 定亲王绵恩：《内务府官租库呈稿》，嘉庆四年十二月二十七日，中国第一历史档案馆藏。
② 薛福成：《庸庵笔记》第 3 卷，商务印书馆光绪二十四年（1898）本，第 43 页。
③ 《内务府来文》，载中国人民大学清史研究所、档案系合编《康雍乾时期城乡人民反抗斗争资料》上册，中华书局 1979 年版，第 432—433 页。
④ 昭梿：《啸亭杂录》第 6 卷，第 179 页。
⑤ 崇彝：《道咸以来朝野杂记》，北京古籍出版社 1982 年版，第 21 页。

系镶蓝旗宗室洋森佐领下宗室华贵,有自置房一所共计十九间坐落在阜成门内孟端胡同中间路北,今情愿过税卖与正红旗包衣吉兰太佐领下候补笔帖式七十四名下永远为业(下略)";道光十七年(1837)九月宗室奎铭的一件卖契文为:"立卖字人厢红旗六族宗室华德佐领下四品宗室奎铭,今将自置房一所坐落在东拴马桩路西……共计房十四间,今卖与正蓝旗包衣王□名下为业。"① 两位卖主都是天潢贵胄,其中一位还是四品职官,而作为他们买主的,却是包衣佐领下人。清初的包衣佐领下人,不过是满洲贵族的私属。乾隆初,清政府正式允准包衣佐领下人与旗分佐领下人互为婚姻,表明他们的经济、政治地位发生了实质性变化。清朝中叶,他们已可以堂而皇之地契买贵族的房产,旗人房屋买卖的身份限制明显松弛,据此可见一斑。

　　以旗人内部经济关系的变迁为契机,一部分普通旗人的经济实力得到增长,同时也有少数勋臣贵戚的后嗣,由于种种原因而家境败落。绮贝勒曾是清季贵族中酿起过轩然大波的著名人物,道光十九年(1839)因赴内城茶园登场唱曲,以致九城哄传。且登场时任由优伶辱骂,以博众茶客一笑。结果龙颜震怒,下令革去贝勒,重责四十板,令闭门思过,逾年而卒。绮贝勒平日耽于游乐,又不善理财,以致入不敷出,不得不出卖家产。在道光十六年(1836)的一件卖房白契上,绮贝勒的手迹仍宛然如昨:"立卖字人绮贝勒,今将自置新庄路南下处一所共计房一百零九间,情愿卖与细贝勒名下为业"云云。②(见图62)荣华富贵已成过眼烟云,昔日颐指气使的贵胄不得不弯下腰来写立"卖字"。何况落到这般田地的旧贵族也并非寥寥。震钧《天咫偶闻》卷三曾颇为感慨道:"世家自减俸以来,日见贫窭,多至售屋。能依旧宇者,极少。"咸丰年间,衰朽的清王朝在内忧外患、国帑空虚的多重压力下,一度削减百官公卿俸银。但招致家境败落的主要原因显然不是俸银减少,而是无度的挥霍。

　　综上所述,旗人契书是一块蕴涵丰富的历史化石,正是通过对它的透视,我们对清代北京旗人房屋买卖的历史面貌和特点有了一个大致清晰的了解:

　　与畿辅旗地一样,北京内城旗房经历了一个从国有到私有的演变,由

---

① 表3-1第21、48号。

② 表3-1第46号。

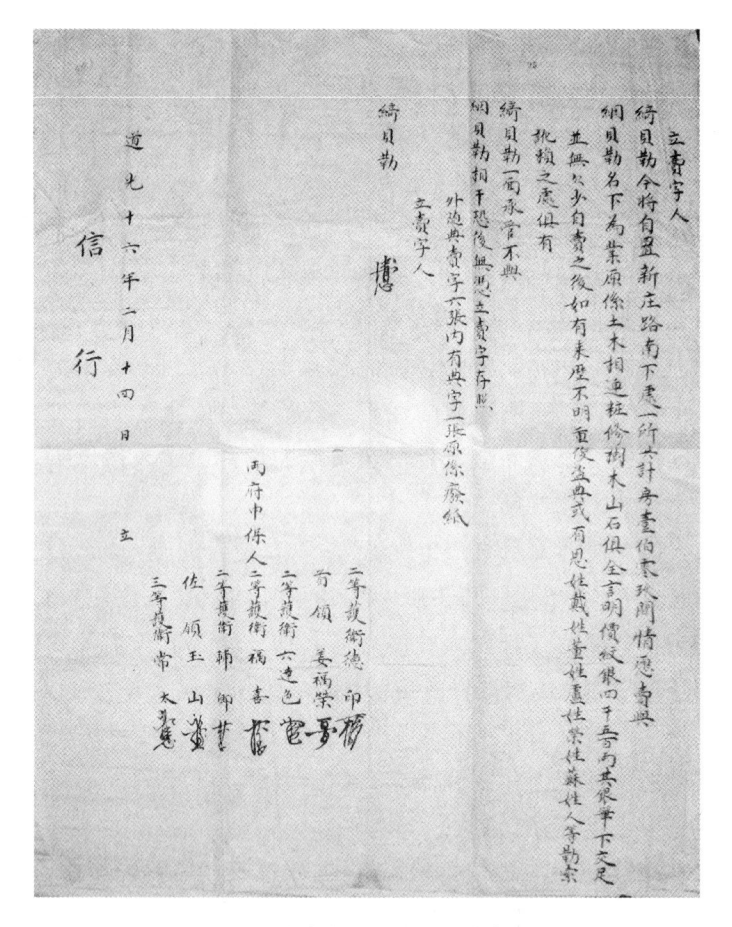

图62　道光十六年绮贝勒卖房契

于这一演变是在商品经济发达、高利贷资本集中的大都市中进行的，因此相对于植根在农村自然经济的大片旗地来讲，它变化的速度更快一些应在情理之中。

旗房买卖关系的发达不仅表现为交易活动的增加，交易频率的加快，而且反映在交易范围的扩展上。最初的交易局限于同一旗分的满洲、蒙古、汉军之间，它的发展却很快突破这种界限并进入一个更为开阔的空间。当越旗交易现象为人们所熟视无睹时，旗民间的买卖活动也在迅猛发展。

在城、乡两个方面发展起的旗地、旗房买卖关系，加剧了旗人的分化。随着中下层旗人的田宅陆续转售与他人，八旗制度的物质基础开始瓦解。对清王朝的荣枯来说，这种变化所产生的影响是很深远的。

表 3-1

旗人房契简表

序号	立契人	来源	坐落	质地	间数	附产	价格(两)	价格(吊)	受契人	立契时间	契别	备注
1	正红旗蒙古五十八		平则门外	瓦房	11	拦柜等	420		正红旗蒙古海潘儿	康熙四十八年九月	满文老典契	另有汉文典契一纸,典期一百年
2	镶蓝旗满富绅		崇文门内头条儿胡同		10		250		镶白旗汉军侯国用	康熙五十四年十月	满文典契	过三年后回赎
3	镶蓝旗满洲观音保		孟端胡同		20		227		镶蓝旗崇堂德满	乾隆七年三月	满汉文卖契	
4	正黄旗满洲达子	祖业	德胜门内	铺面瓦房	2		120		正黄旗满洲杭日布	乾隆十年	满文典契	无典期,写明"永远为业"
5	镶白旗汉军侯升、侯联登	本身房	崇文门内头条儿胡同	瓦房、灰棚	10		250		镶白旗汉军张世杰	乾隆十一年六月	汉文老典契	"典九年后银到归赎"
6	镶蓝旗蒙古胡礼	本身房	拴马桥路西		22.5		200		正黄旗满洲陈国祥	乾隆十五年八月	满汉文典契	
7	厢蓝旗包衣天党	自卖[买]房	孟端胡同北		18		150		正红旗满古长安	乾隆十八年八月	汉文典契	无典期
8	正红旗蒙古纳木代		玉带胡同东头	门楼	1	空院1块	30		镶蓝旗觉罗吉禄	乾隆十八年十一月	汉文典契	"以[一]典五十年之外银到许赎"
9	厢蓝旗满洲摺叁奏		孟道胡同	瓦房	23		300		厢蓝旗满洲福格	乾隆十九年二月	满汉文卖契	

续表

序号	立契人	来源	对象房说明 坐落	质地	间数	附产	价格(两)	价格(吊)	受契人	立契时间	契别	备注
10	镶蓝旗觉罗金良弼		玉带胡同东头	门楼、灰房	1、2	大院1块	50		厢黄旗觉罗纳启通	乾隆二十年九月	汉文典契	"以[一]典五十年之外银到许赎"
11	镶蓝旗朱有良	原典	安福胡同	瓦房	5		48		杨某	乾隆二十一年三月	汉文转典契	"五年为满银到回赎"
12	镶蓝旗觉罗令福	本身	玉带胡同	灰房	3				厢蓝旗觉罗扎郎阿	乾隆二十九年三月	汉文典契	无回赎期
13	镶蓝旗汉军陆世俊	自置	銮仪卫夹道	瓦房	3			100	鲁某	乾隆三十二年正月	汉文找押契	与乾隆二十八年八月、三十九年七月借据粘连
14	镶黄旗满洲舒通阿同子德福	自典	汤家胡同	瓦房、土房等	7.5		165		镶黄旗包衣玉柱	乾隆三十二年五月	汉文典契	无回赎期
15	正黄旗塞同阿	自典	德胜门大街		2		50		刘某	乾隆三十三年十二月	汉文老典契	"二十年后银到归赎"
16	镶黄旗满洲德福	自典	汤家胡同		7.5		185		镶黄旗包衣玉柱	乾隆三十四年九月	汉文老典契	"老典一百年"
17	镶黄旗包衣玉柱	典得	汤家胡同		7.5					乾隆三十八年五月	满汉文改典为买执照	原价银185两，纳税银5两5钱5分。与第14号、第16号契粘连
18	正黄旗汉军陈鹏仪	自置	东拴马庄		22.5			600	镶蓝旗李尧	乾隆四十年二月	汉文老典契	无回赎期

第三章　旗房与旗地

续表

序号	立契人	对象房说明					价格		受契人	立契时间	契别	备注
		来源	坐落	质地	间数	附产	两	吊				
19	镶蓝旗满洲穆隆阿	本身	孟端胡同		15		335		镶蓝旗宗室文魁	乾隆四十二年	满汉文卖契	
20	镶白旗汉军张文辅	祖遗、自置	崇文门内调儿胡同		10			500	正蓝旗汉军王某	乾隆四十九年三月	汉文典契	"一典八年"
21	厢蓝旗宗室华贵	自置	孟端胡同		19		900		正红旗包衣七十四	乾隆五十年	满汉文卖契	
22	镶蓝旗觉罗景文、景和	自置	玉带胡同	灰房	1	空院1块	25		正红旗满洲舒宁阿	乾隆五十一年二月	汉文典契	"典五年银到许赎",此房产系第8号,第10号,第12号契三处住房合并而成
23	镶蓝旗汉军观音保	原典	拴马庄胡同	瓦房等	19			720	正红旗满洲德通阿	乾隆五十一年闰七月	汉文典契	"五年为满"
24	镶蓝旗满洲通阿	原典	东拴马庄胡同	瓦房等	19			720	镶红旗汉军周松年	乾隆五十一年九月	汉文典契	"五年为满"
25	正蓝旗汉军王泽章	自置	崇文门内调儿胡同		10			500	镶白旗满洲常某	乾隆五十一年十一月	汉文典契	"一典五年"
26	镶红旗觉罗巴宁阿	典得	孟端胡同		21				正红旗满洲舒宁阿	乾隆六十年九月	满汉文改典为买找照	原价银300两,纳税银9两
27	镶蓝旗觉罗景文、景和	自置		灰房	1	空院1块			正红旗满洲舒宁阿	嘉庆二年十月	汉文改典为卖契	"现今实在无力回赎情愿典主遵例过税"

114　清代北京旗人社会

续表

序号	立契人	对象房说明					价格		受契人	立契时间	契别	备注
		来源	坐落	质地	间数	附产	两	吊				
28	正红旗包衣舒宁阿	典得	王带胡同	灰房	1	空院1块				嘉庆二年十二月	满汉文改典为买执照	原价银25两，纳税银7钱5分
29	镶白旗满洲常远	自典	崇文门内调儿胡同		10			500	镶白旗蒙古秀德	嘉庆五年十二月	汉文典契	"一典五年钱到许赎"
30	镶红旗满洲岳兴阿	祖遗自置	阜成门外月坛西	瓦房	20	大院1块		4000	镶蓝旗满洲清某	嘉庆九年九月	汉文典契	"一典八年，钱到许赎"
31	镶红旗满洲宁安	自置	孟端胡同		21		400		正红旗包衣舒宁阿	嘉庆十一年十一月	满汉文卖房执照	
32	镶白旗满洲苏那同嫂	祖遗	总布胡同		13		200		镶红旗满洲麟某	嘉庆二十一年五月	汉文典契	"一典八年"
33	正红旗满洲舒兴阿	自置	孟端胡同		48.5	井1眼	1000		镶红旗满洲荣禄	道光二年三月	汉文典契	"一典五年，荣禄即35号契王荣禄"
34	镶红旗满洲忠庆同家人景生	自置	绒线胡同		12.5		450		镶红旗蒙古英某	道光三年十一月	汉文典契	"一典八年"
35	镶红旗满洲王荣禄	自置	孟端胡同		48.5	灰棚4座		10000	正黄旗蒙古多某	道光三年二月	汉文老典契	"一典八年为满"。契书粘附白纸上书："以上共房四处纺归舒宁阿，递宁字改名舒兴阿，舒兴阿典与王荣禄，道光一年王荣禄出典，又另立无力回赎字据一张。"
36	镶红旗蒙古英麟	自老典	绒线胡同		10.5			1000	镶蓝旗崇室英端	道光四年十一月	汉文典契	"一典八年为满"

第三章 旗房与旗地　115

续表

序号	立契人	来源	对象房说明 坐落	质地	间数	附产	价格 两	价格 吊	受契人	立契时间	契别	备注
37	镶白旗满洲苏那同嫂	本身自置	总布胡同		13.5				正蓝旗满洲麟某	道光六年	汉文杜绝契	"今因无力回赎当面言明将房价投清后清并无欠少"
38	镶蓝旗满洲萨克升阿	自置	按院胡同	糟烂房	15			1200	本旗蒙古七十五	道光六年三月	汉文典契	"一典五年"
39	镶蓝旗宗室英瑞	自老典	绒线胡同		10			1000	镶红旗满洲常赓	道光六年七月	汉文典契	"一典八年为满"
40	镶红旗蒙古讷谟恩	自置	宛平县衙署	糟烂瓦房	61		4000		镶蓝旗满洲凯某	道光七年六月	汉文典契	"一典八年"
41	镶红旗满洲巴衍善	祖遗	东挂马庄	瓦房	14			400	宗室满某	道光九年十一月	汉文典契	"如过八年不赎任其置典本主不相干"
42	镶红旗满洲王荣禄	自置			48.5	灰棚4座		600	正蓝旗宗室多某	道光十年十二月	汉文改为卖契	"今无力回赎任凭典主遵例过税"
43	镶红旗满洲巴衍善	祖遗	东挂马庄	瓦房	14			180	本旗宗室某	道光十二年十二月	汉文卖契	"一典八年"
44	镶白旗蒙古秀山	自典	崇文门内锡儿胡同		4			800	正蓝旗满洲德禄保	道光十三年十月	汉文老典	
45	镶红旗宗室之母巴故海福伊尔根觉罗氏	自置	太平街东		11				镶红旗宗室普姓	道光十三年十一月	汉文卖契	"永远为业"
46	绚贝勒	自置	新庄路南		109	树木山石	4500		绚贝勒	道光十六年十二月	汉文卖契	

116　清代北京旗人社会

续表

序号	立契人	来源	对象房说明 坐落	质地	间数	附产	价格 两	价格 吊	受契人	立契时间	契别	备注
47	镶白旗汉军白姓	自置	西栓马桩	瓦房	10			2500	潘姓	道光十七年	汉文老典	"永不回赎"
48	镶红旗宗室奎铭	自置	东栓马庄		14			800	正蓝旗包衣王某	道光十七年	汉文卖契	
49	镶红旗汉军姚明山	自典已逾八年之限	锦什坊街中间孟端胡同		22			3000	王姓	道光十八年八月	汉文老典契	"一典八年"
50	镶红旗满洲宗室普龄	自置老典房	太平街东		12			1000	本旗满洲荣某	道光十九年五月	汉文老典契	"永远为业"
51	镶红旗满洲荣桂	自典	太平街东		12			1500	本旗噶某	道光十九年八月	汉文老典契	
52	正红旗满洲玉振	老典	孟端胡同		51.5	井一眼		6000	厢蓝旗宗室椎某	道光二十三年四月	汉文老典契	"永远为业","自典之后八年后如不回赎遵例过税不与原业主相干"
53	绸贝勒	自置	新庄路南		152	马圈花洞树木山石	5700		柏宅	道光二十五年八月	汉文卖契	
54	镶蓝旗宗室祥全	租遗分产	背阴胡同		4			200	本族内宗室桂策	道光二十五年	汉文卖契	
55	镶黄旗蒙古扎拉丰阿	买得	东四牌楼北十一条胡同	瓦房	9					咸丰三年四月	满汉文买房执照	原价银110两,纳税银3两3钱

第三章　旗房与旗地　117

续表

序号	立契人	对象房说明							价格		受契人	立契时间	契别	备注
^	^	来源	坐落	质地	间数	附产			两	吊	^	^	^	^
56	镶白旗包衣韩姓德安	自置	东垡马桩		15					1600	刘某	同治九年五月	汉文卖契	
57	正黄旗满洲公爵德寿	祖遗	十岔海河沿		6						芮某	光绪元年十月	汉文卖契	原契房价处残缺
58	正白旗满洲已故博启善之妻爱新觉罗氏	自置	总布胡同	瓦房等	115	甜水井2眼			2800		庆宅	光绪十九年十月	汉文卖契	
59	正黄旗满洲公爵庆绪	自置	总布胡同	瓦房等	117	甜水井2眼			12500		庆德堂	光绪二十二年十二月	汉文卖契	
60	镶白旗汉军包衣文福	买得	东布朝胡同	灰瓦房	24							宣统三年二月	满汉买房执照	原价银480两纳税银43两2钱

注：笔者所见北京旗人房契总计300余件，因数量较多，择与本文相关并较为典型者共60件编为此表，其中第32号、37号、58号、59号契为北京大学图书馆善本部收藏，余均存中国社会科学院近代史所图书馆。

第二节　旗人间的土地交易

旗地是清代旗人特有的土地制度，在清朝入关后的百余年中，同旗房一样经历了由国有到私有的嬗变，显示出不同于民间土地的若干特点。关于旗地问题，前辈学者多从租佃关系、民典旗地等角度进行研究，至于旗人内部的土地交易问题，尚少专门探讨。①

一　旗地交易的主要形式

清朝入关初，圈占畿辅地区大片民地以为旗地，禁止越旗买卖和私售与民，违者以盗卖官田论。② 此后，在农业生产和商品经济逐步发展的影响下，旗地的交易逐步突破了官府的限制。

实际上，早在康熙年间，畿辅地方的汉人地主就开始兼并旗地。由于有旗民不准交产的禁令，所以这种买卖多半是以"典"的形式进行的。"典"是一种只让渡使用权，而保留所有权和回赎权的财产交易形式。因为民人典买旗地时所定回赎期限很长，显然等于变相的买卖行为。诚如时人所指出："名曰老典，其实与卖无异。"③ 乾隆初年，畿辅地方的民典旗地已不下数百万亩，典地民人不下数十万户。普通旗人手中的土地相当一部分已落入民人之手。在关外，旗地典卖事件同样层出不穷。乾隆十二年（1673）四月，盛京将军达尔党阿提到，奉天旗人将"以五六十年乃至一百年为期，写立文契，典与民人耕种"。④ 到乾隆中叶，奉天民典旗地已达十二万余垧。⑤ 因此，就旗人与民人之间来考察，旗地买卖

---

①　参见刘小萌《乾、嘉年间畿辅旗人的土地交易》（《清史研究》1992年第4期），重点利用中国科学院图书馆收藏的20件土地契约文书，其中包括典地白契5件、改典为卖白契1件、老典白契1件、卖地红契10件、买地红契执照3件，大体反映出旗人土地交易中形成的不同契约关系。契书时间上起乾隆九年（1744），下迄嘉庆二十五年（1820），为研究清中叶旗地交易提供了宝贵的第一手资料。这批契书均钤"南满洲铁道株式会社图书印"和"满铁北支经济调查所"朱红印文，并编有序号；入藏日期注系昭和十八年（1943）八月。因知契书在日本侵华时曾辗转落入日人之手。中国科学院图书馆创办初曾接收原属日本东方文化学会的大批典藏，这些契约当在其内。
②　乾隆朝《会典》第10卷，第2页下。
③　琴川居士编：《皇清名臣奏议》第45卷，赫泰疏语，清末刻本。
④　北京中国第一历史档案馆藏：《满文月折档》，乾隆十二年四月二十六日达尔党阿奏。
⑤　《钦定八旗通志》第66卷，第32页上、33页下。

在乾隆年间已发展到相当发达的地步。旗民交产因属非法交易，主要采取"典"或"老典"形式，而旗人内部土地交易较少官府干预，主要流行"典"与"卖"两种形式。

典地，指典主（承典人）交付典价后，在典当期间获得该地的使用及收益权，原业主仍保有名义上的土地所有权和期满回赎权。土地的典价一般远低于卖价。原业主迫切需款，又想保持土地的回赎权，常采取典的方式。到期后往往无力回赎，只得改典为卖，但所得找价很少。所以，典地是旗人地主和民人地主兼并土地的普遍方式。顺治、康熙之际，旗人为了规避旗地不准买卖的禁令，多采取"典"的形式，这样一来，势必由典买典卖构成旗地交易的主要内容。旗人典主为了达到使原业主"日久难赎，名典实卖"的目的，往往采取"多勒年限"的手段①，典地回赎期限少则三四十年，多则百年，不少旗人因此失去土地。

另一方面，由于旗地的国有性质，旗人尚不具备明确的土地所有权意识，所订回赎期限，只是允许原业主回赎的最早时限，即确保典主经济利益而对原业主课以不得妄自赎回地产的最低年限，至于它的最迟时限却未明文（详见前文）。这实际意味着：当原业主无力收赎而年限已满之后，名义上的回赎权将继续保留。迟至乾隆九年（1744），旗人五十四的典地契中还规定："言明一典三十年后，原价取赎。"②仍旧沿袭着清初的特点。

回赎期限长和期满后土地所有权的长期不确定性，与旗人土地买卖关系的发展形成日益尖锐的矛盾。特别是在旗地辗转典当的场合下，一块旗地的所有权无异于被逐次分割，以至于形成一地数主的复杂局面。有鉴于此，清政府在乾隆三十五年（1770）正式宣布：将旗人典当契载年份，与民人划一办理，"统以三五年以至十年为率，概不税契，逾限听典主执业"。③经此一番清理，旗人典地期限被严格限定在十年以内，杜绝了因回赎期过长而引起的积弊，土地多次转典而造成的土地所有权归属不明的问题也得以祛除了。

清政府的定例是对实际生活中法权关系的概括和规范，也是旗地私有

---

① 《清高宗实录》第557卷，第6页上下。
② 表3-2第1号契。
③ 见表3-2第2号契；乾隆朝《户部则例摘要》第16卷，第10页上。

化在上层建筑领域的反映，它反转来又对旗人土地典当关系产生显著影响。嘉庆二年（1797）旗人西琅阿将三契六顷余土地典给外旗的恩荣，其中一件契文的内容如下：

  立典园汉［旱］地契人系镶红旗满洲勒善佐领下员外郎西琅阿，有红契自置园汉［旱］地座［坐］落在阜成门外（从略）四顷二十九亩。今因乏用，情愿典与镶黄旗满洲德伦泰佐领下恩□名下为业，言明实典价二两平纹银三千两整。其银笔下交足，并无欠少，言定一典五年为满，如五年以后不能回赎不用知会原业主，任凭典主自用本佐领下图书尊［遵］例过税为卖。自典之后，如有重复典当并有亲族长幼弟男子侄人等争竞等情，俱有原业主同中保人一面承管，恐后无凭立典契存照。

  外旗红契一张跟随
  嘉庆二年　月　日　立典园汉［旱］地契人西琅阿
  （以下中保人、说合人、管业人名从略）

  旗人典契为白契，是立契双方的私家契约。早期典契为满汉合璧，乾隆朝以后满人汉化日深，改以汉文书写。在有关典契中，出典一方一般称"业主""原业主""本主""本地主"，典卖一方称"典主""现业主"；关于典价收付，称"典与……名下为业"，而不书"永远为业"；对收赎期限也有明文规定。说明出典人虽然将土地典给典主，作为所得借款利息的补偿，但名义上仍保留土地所有权和期满回赎的权利，这正是典与卖的主要区别。

  然而，由于乾隆三十五年所订回赎条件相当苛严，实际加速了由典到卖的过程。按上引典契，一典五年为满，如原业主逾限不赎，典主有权自行办理过契手续，改典为卖。再印证嘉庆十八年（1813）旗人积善典契中"言明一典八年为满，银到许赎，如过八年无力回赎，不必知会业主，听其福英阿（典主）遵例税契自便"云云，可知典主改典为卖自主权的说明，已成为清中叶旗人典契中习见的条款。

  基于经济压力被迫出典土地的原业主，事实上很难在较短期限内筹措到足够的款项赎回原产，典主则可以凭借政府的法令，在回赎限满后将低价典入的土地无条件地据为己有。土地契书中所见旗人五十四、西琅阿、积善等人在回赎期限年满以后因无力回赎、被迫改典为卖的具体事例（详见表3-2第1、2、8、9、10、12、14、20号契），证实旗地典卖通常就是出卖的前奏。

改典为卖，是双方契约关系的变动，按例要在原有典契外，另立卖契。这类契书亦由卖方立契，并与中保人等一同签字画押后，交新业主收执。嘉庆七年（1802）西琅阿的改典为卖契行文简略：

> 立字人系镶红旗满州［洲］勒善佐领下员外郎西琅阿，于嘉庆二年二月典与镶黄旗满洲德伦泰佐领下恩□名下园汉［旱］地三处，座［坐］落在阜成门外（从略）六顷三十四亩半，今因无力回赎，为此具结一纸任凭典主自行尊［遵］例纳税为卖，恐后无凭立字存照。（以下立字人等签字画押从略）

是契亦为汉文白契，上首书"执照"二字。契中"无力回赎"四字，道出原业主改典为卖的主要原因。西琅阿在契书中表示听凭典主遵例纳税改为卖契的态度，意味原业主从此断绝了与该地的关系。但白契还只是私家交易的契约文书，不能作为享有充分法律权威的凭证。所以自清中叶又规定：旗人典契十年以内者不税契，限满改典为卖者必须纳税，并领取红契，否则追契价一半入官，照例治罪。[①] 上引契书中的"恩某"即"恩荣"，嘉庆九年（1804），他以新业主的身份到八旗左翼户关纳税并取买地执照（见表3-2第13号），完成了由典到卖合法交易的最后一道手续。

典价低，卖价高，按照民间常规，改典为卖应由典主补给原业主若干地价差额，但在旗人中间这种惯例却难以兑现。土地作为一种特殊商品，为私人占有后才具有可以买卖的属性；土地价格远比一般商品高，又不会被购买者消费掉，所以不像一般商品那么容易售出。这就为土地购买者乘人之危杀低地价提供了机会。在这方面，旗地与民地并没有分别，但这还不是旗地找价难的主要原因。

旗地找价难，首先是由其官有地性质决定的。清入关初旗地禁止买卖，旗地所有权属于国家，旗人只有使用权和收益权，康熙九年

---

① 表3-2第13号契引户部条奏。

(1670)放宽限制，允许旗地在本旗内买卖；乾隆二十三年（1758）进一步放开限制，准许越旗交易。但旗民不准交产的限制依旧如故，至清末才正式废除。在旗地从国有到私有的递嬗中，由于土地所有权与使用权长期悖离，大为缩小了旗地合法交易的范围，势必为旗人典主提供压价机会。他们或者在写立典契时强迫业主"添写虚价……名典实卖"，以致后者"得价转不如卖"①，或者于典契中附以"自典之后，永不加找"的苛刻条件②，预先剥夺了原业主改典为卖时加找差价的权利。

再者，乾隆三十五年（1770）定例将典地期限严格限定在十年之内，迫使原业主在"无力回赎"的情况下同意改典为卖，而不再附加任何找价的条件。印证笔者所见契书，改典为卖交易有三起：

第一起，乾隆九年（1744）镶黄旗包衣五十四将三契共地十四顷三十八亩典给镶黄旗满洲苏海，典价银三千一百三十二两；乾隆三十五年（1770）以后苏海改典为卖，即按此典价纳税银。③

第二起，嘉庆二年（1797）镶红旗满洲西琅阿典给镶黄旗满洲恩荣三契地共六顷三十余亩，典价银六千七百两（表3-2第8、9、10号）；嘉庆七年（1802）西琅阿与恩荣办理改典为卖手续时，后者未再找给地价（第12号）；到嘉庆九年（1804）恩荣到左翼户关补领官契时，即按原典价银缴纳税银二百一十两（第13号）。

第三起，嘉庆十四年（1809）正蓝旗蒙古积善将一契地三顷五十五亩典给正白旗蒙古福英阿，典价银四百两，八年回赎期满后"无力回赎"，改典为卖。至二十五年（1820）法丰阿到左翼户关补领买地官契时亦按原典价银纳税十二两（第20号）。

在上述三起交易中，新业主在改典为卖时都没有再找给原业主地价，他们在向户关办理买地契据时均按原典价银，而非找给地价以后的买地价银的百分之三纳税就是证明。这种不平等交易，自然要激起失去土地一方的不满，并千方百计维护自己的权益。自乾隆三十五年（1770）以迄嘉庆十二年（1827），清政府曾经三令五申禁止原业主"不得事后告找告赎"，并以"照例治罪"相恫吓④，又表明原业主往往以"告找告赎"来

---

① 《清高宗实录》第557卷，第6页下。
② 《清代档案史料丛编》第5辑，引《内务府来文》，第86页。
③ 表3-2第1、2号契。
④ 嘉庆朝《会典事例》第136卷，参13、20号契，第18页下、19页上。

对付典主改典为卖时的苛剥。

直接的买卖，是旗人内部土地交易的又一基本形式。

旗地买卖，在清初属于违禁活动。康熙九年（1670），清政府规定：官兵地亩，不准越旗交易，兵丁本身种地，不许全卖。① 表明同一旗分旗人互相买卖旗地已经合法化。土地可以买卖，其私有性趋向明显，不准越旗交易的禁令也无法长期维护。史料中记载：正黄旗满洲曾两任工部尚书的萨穆哈，于康熙中叶契典镶红旗色讷伊的九丁田；② 康熙五十四年（1715），镶黄旗人拉巴将五十五亩地、房基一段及有关附产典给别旗的苏才敏③，都是不准越旗交产的规定形同具文的例证。越旗交易假"典当"名义以行，应是当时普遍现象。

乾隆二十三年（1758），清廷不得不面对现实，准许旗人田地"不拘旗分买卖"。④ 从此，旗地的越旗买卖畅通无阻。表3-2所收契书，涉及十三起土地买卖，其中同旗交易仅四起，而且集中在乾隆朝的前半期。从而证明，越旗交易的规模在乾隆二十三年定例后有了长足的进展。乾隆二十三年定例与前述三十五年定例的颁行异曲同工，均表明清政府在逐步摒弃以国有地为对象的传统政策，是旗地私有化的重要标志。

关于旗人卖契反映的土地买卖关系，可以乾隆二十一年（1756）额尔登布的卖契为例，略作剖析：

> 正蓝旗满洲德楞额佐领下鸟枪护军额尔登布有地三顷七十亩、土房二处共十七间，坐落东安县新店村地方，今卖与本旗蒙古雅萨哈佐领下鸟枪护军白福名下，价银五百两，此地倘有未扣完官银之公产、并重复典卖、亲族人等争执等情，俱系署佐领沙尔坦、骁骑校舒伏太、领催二僧保、卖主额尔登布，同保此照。
>
> 纳税银拾伍两
>
> 乾隆二十一年十一月 日立卖契人额尔登布（以下署佐领、骁骑校、领催签名画押，以及满文体一并从略）（表3-2第3号契）

---

① 《八旗通志初集》第18卷，第318页。
② 关嘉录译：《雍乾两朝镶红旗档》，辽宁人民出版社1987年版，第5页；参钱实甫《清代职官年表》（四），中华书局1980年版，第3275页。
③ 王锺翰：《康雍乾三朝满汉文京旗房地契约四种》，载《北方民族》1988年1期。
④ 《清高宗实录》第557卷，第6页下。

据此契书，可知旗人卖契行文格式与典契大体吻合，它与后者的主要区别在于说明土地所有权的完全过割，所以凡典契中使用"典"字处，这里均写为"卖"字。再者，订立典契无须向官府履行纳税手续；而买卖土地意味着地产易主，故必须向官府纳税，并在红契上注明纳税金额。雍正元年（1723），经总理事务大臣等议准，旗人买卖房地，照民间例纳税。① 不过，与旗房买卖一样，旗人间的土地买卖，也须在国家权力的基层代表佐领的直接监督下进行，加以旗民不准交产禁令的存在，证明旗地与民地在私有化程度上仍有距离。

清代民间土地买卖，有活卖、随找、绝卖等不同名目，实际上反映了地权转移的性质和程度。旗人卖契中尚未见此类契式，然而在说明土地所有权的让渡时，却使用了"卖与……名下永远为业"和"卖与……名下为业"两种措辞②，彼此之间是否有细微差别仍待查考。不过，随着土地买卖关系的发达，特别是受到民间汉人影响，旗地买卖中"找价"现象的崭露头角，确是嘉庆年间旗人卖契中反映出的一个变动。③

除典与卖两种基本形式，在旗人内部还有"老典""长租"等土地交易形式，因主要流行于正身旗人与非正身旗人间，在此不述。

二　旗地交易的特点

八旗贵族官僚为了满足奢侈的物质生活，积极从事土地交易；破产的下层旗人生计无着，唯有剜肉补疮、出卖土地，旗地买卖活动因此愈演愈烈，酿成土地买卖关系中的若干新特点：

（一）所有权的频繁转移

土地买卖的频率，与商品经济的发展水平成正比。满人入关伊始，内部自然经济色彩比较浓厚，尚少土地买卖的记录。康熙朝以后畿辅地区的商品经济发展到一个较高水平，对旗人生计产生深刻影响。伴随旗人经济地位的分化，旗地买卖的频率明显加快。档案载称：康熙年间，正黄旗满

---

① 《八旗通志初集》第 70 卷，第 1347 页。
② 表 3-2 第 4、7 号契称"情愿卖与……名下永远为业"；其余卖契称"卖与……名下（为业）"。
③ 见 3 号契书粘连下手契主于嘉庆二十五年五月十六日书写的土地四至清单，内有"嘉庆十三年十二月又找价银一百两"句，可以为证。

洲佐领海崇额,将宛平县彰义村三顷余旗地典给了镶白旗的方阿,后者于康熙五十四年转典给正蓝旗根杜,到乾隆初年,这块旗地已落在正白旗满洲马姓的名下。① 一块旗地在数十年间辗转数主,已不再是旗下的罕见现象。

乾隆初年,畿辅旗地已经为民人大批典占。据说达到了"旗地之在民者,十之五六"②的严重地步。旗人地亩锐减,生计日蹙,对土地关系的频频变动起到推波助澜的作用。在笔者考察的二十件契书中,有一些是作为上手契保留下来的,因而可以从中考察出若干旗地在数十年间周转流动的轨迹,兹援举数起以为证:

第一起:乾隆九年(1744)镶黄旗人五十四将自己白契置买的十四顷三十八亩典给本旗苏海,乾隆三十五年(1770)定例后改典为卖。嘉庆十一年(1806),苏海将其中黄渠庄地计二顷余典与内务府正白旗满洲吉广管领下闲散奎某。从五十四的上手契主到奎某,这块地前后递经四主(详见表3-2第1、2号契以及契书附注)。

第二起:嘉庆二年(1797),镶红旗满洲员外郎西琅阿将红契自置旗地六顷三十亩余典给外旗恩荣,七年(1802)限满改为卖契。此后仅仅过了五年(嘉庆十二年,1807),恩荣已将契内十四段地陆续拨卖给正红旗汉军董翰军、正黄旗蒙古阿某、石佛寺庙内寂然、民人孙某(详见表3-2第8、9、10、12号契及13号契附注)。在新一轮买主中,既有旗人,又有民人,乃至寺庙和尚。在土地频繁转手的情况下,即使形成较大的地产,有时也是不稳定的,一旦业主分块售出便重新陷于片段畸零。以上就是一个例子。

第三起:乾隆二十一年(1756),正蓝旗满洲额尔登布将三顷七十亩地卖给本旗蒙古白福,随即转入同旗蒙古积善名下;嘉庆十四年(1809),积善复将其中三顷五十五亩典给正白旗蒙古福英阿,后改典为卖(详见第3、14、20号契)。五十年间前后四易其主。在土地的转手中,典与卖经常是互相衔接的两个环节,破产的业主不肯轻易放弃土地所有权,宁可采取典卖的形式,而高利贷者虽然对典卖者推迟了出卖土地的时间,却使他处在更为不利的条件下出卖土地。

---

① 中国第一历史档案馆藏:《八旗都统衙门档》职官项第207号满文档(日期残缺)。
② 赫泰:《复原产新垦疏》,载《皇朝经世文编》第35卷。

另外，在嘉庆十六年至十九年（1811—1814）短短三年中，宗室成英的一块老圈地竟转卖了两次（详见第15、17号契）。这与当时有关民间地亩"十年之间已易数主"①的略嫌夸张的说法，相差无几。

地权的不断转移，破坏了土地关系的稳定，作为"八旗世业"在家庭中世代传承的"祖遗老圈"已经所余寥寥。在所见十五件注明土地来源的契书中，有典契五件，卖契十件。五件典契分别以"自置"（1号契）、"红契自置"（8、9、10号契）、"自置旗地"（14号契）标明土地系自家置买，同时在契书末尾以"外有原白契三张跟随"（1号契）、"外旗红契一张跟随"（8号契）、"外有旗红契一张跟随"（14号契），对上手契的处理作出交代。上手契，又称随契、随带契、老契，是交易双方立契交价时，由原业主交给现业主的有关旧契，作为土地交易合法化的一种凭据。在十件卖契中，注为"有地"的六契，"本身地"和"老圈地"的各二契。事实上除了"老圈地"得自祖传，其他地亩多经转手。属于"老圈地"的，一为嘉庆十六年（1811）镶蓝旗宗室奉国将军成英所售之十顷三十亩，一为嘉庆十八年镶蓝旗宗室佐领下员外郎敏维的三顷八十亩。清初宗室王公享有经济、政治特权，受地最多，土地关系较为稳定也是自然的。

（二）地权的集中

土地买卖越频繁，土地再分配越迅速，地权的集中就越明显。清初授给旗人土地以等级高低和占有人丁的多少为标准，故王公贵族所得最多，乃至旗员与富厚有力之家"得田每至数百晌"；普通旗人"或止父子、或止兄弟、或止一身，得田不过数晌"。②旗地的占有，已奠定旗人经济地位分化的物质基础。康熙年间，旗人地主开始兼并旗地，到清代中叶，旗地高度集中的态势已轮廓粲然，这在契书中得到充分反映：

首先，土地交易额高。在契书所反映的十四起土地交易中，数量最多的两起十顷三十亩，最少的也在顷亩之上，其中五顷以上的就占有七起。土地交易数额之大，花费银两之多，实为民间土地交易所罕有。

其次，地产均由多段地块组成。在十四起交易中，除二起（1、19号

---

① 钱泳：《履园丛话》第4卷，中华书局1979年点校本，第110页。
② 《清世祖实录》第127卷，第15页上。

契）契载不明外，其余十二起的段数自二十八段依次递减至二段。奉恩将军宗室诺穆谨二十八段六顷九十九亩余，分布在阜成门外卧佛寺、滕公栅栏、杜家沆、洪门沟天主教坟、青龙桥，以及宛平县黄庄、云会寺庄、冉家村、化家坟地等处；海龄阿的二十八段五顷五十亩坐落在大兴县管头、半壁店等处，其中最大的地块九十二亩，最小的仅八分。这些由畸零分散的地块组成的大地产，应是不断实行土地兼并的结果。卷入旗地交易的旗人上起宗室贵族，下至披甲、闲散，属于不同的阶层，但是由于大部分普通旗人失去了土地，使土地交易主要局限在旗人地主的范围内进行，这与民间土地买卖大量在小农之间展开的情况似乎有所不同。

事实上，当旗地大量流入民间的同时，掌握在旗人大地主手中的土地不仅没有耗减，反而有增无已。占地最多的皇庄、王庄姑且不论，乾嘉年间有名的"贪相"和珅就有地八千余顷[①]，是旗人大地主的代表。权贵的家人依仗主势也兼并有数量可观的地亩，出身公主陪嫁人的包衣那亲保，乾隆七年（1742）被查办时，除房产六千间外，有地五百九十五顷余，其中契买地二十五顷余，契典地三百三十六顷余，无文契地八十七顷余[②]，大部分土地都是兼并而来。旗人地主的土地越多，地租积累量越大，兼并力量就越强。在畿辅地区，旗人地主已成为地主阶级中举足轻重的力量。

日本学者村松佑次对雍正末年畿辅地区某王府的取租册档和差银册档的研究表明：在该王府所有的九百七十九顷六十三亩土地中，原额地（即清初分授王公贵族的老圈地，包括投充地亩）约七百七十二顷八十五亩，原租地（即王府在置买旗地、民地基础上所设租地）约二百零六顷七十八亩。后者为兼并所得，约占全部地产的百分之二十一。其中大部分来自旗产，属镶红、镶黄、正黄等旗，散布在昌平、延庆、西山常裕村、房山、安肃、清苑、顺义、安定门外闪各庄诸处。[③] 由于"旗民不准交产"的禁令，破产旗人首当其冲成为旗人大地主的蚕食对象。

清代民地必须向国家缴纳田赋，所以民间卖契书有"钱粮随时过割"之句，以示纳赋责任的一同转移。而笔者所见旗人契书，多未涉及这项义

---

① 薛福成：《庸盦笔记》第3卷，江苏人民出版社1983年版，第64页。
② 《康雍乾时期城乡人民反抗斗争资料》（上），第432—433页。
③ ［日］村松佑次：《关于旗地的〈取租册档〉和〈差银册档〉》上下，载《东洋学报》第45卷。

务,说明作为标的物的主要是旗地,其中有些契书还明确是"自置旗地"。这种现象,同样反映了旗地向旗人地主手中集聚的事实。乾隆二年(1737),旗员色鲁即在一份密奏中忧心忡忡地指出了旗人"生计尽失,典卖地亩者甚多,今兵丁贫者仅依饷米为生"①的窘迫处境,清代中叶,在旗、民地主的竞相兼并下,大部分旗人已失去土地。

(三) 暴力因素的削减

清初满洲贵族官僚凭借政治特权和军事暴力占夺民地,设立官庄、王庄,复以投充等强制性手段兼并民地。而后,随着地主经济的发展,尽管他们还保持政治、经济特权,但在原先圈占土地基础上,主要通过价买的经济手段兼并土地。清代中叶,除了旗下奴仆典卖正身旗人土地仍受到禁止,在贵族与下层旗人、上三旗人与下五旗人、正身旗人与包衣旗人之间的土地买卖,不受任何身份限制,双方均以"情愿"二字作为缔结契约的前提。乾隆二十四年(1759)宗室诺穆谨的一件卖契这样写着:"立卖地契人系镶红旗包衣常兴佐领奉恩将军诺穆谨,今有本身地……六顷十九亩二分,情愿卖与本旗满洲额尔青额佐领下闲散成禄名下永远为业,言定卖价纹银四千两整";嘉庆十六年(1811)宗室成英的一件卖契的契文为:"今据镶蓝旗宗室常龄佐领下奉国将军宗室成英有老圈地六段十顷三十亩……卖与正白旗包衣贻恭佐领下候补主事那兴阿名下,价银一千五百两。"奉国将军是清朝宗室封爵的第十一级,奉恩将军是第十二级,两位卖主都是有爵位宗室,而作为他们买主的,一位是旗下闲散(未挑补任何官差的普通旗人),另一位是包衣佐领下人。清初的包衣佐领下人,不过是满洲贵族的私属,至清朝中叶,已可以合法地契买贵族的土地,旗人土地买卖的身份限制大为松弛,据此可见一斑。

随着旗人内部经济关系的变化,一部分上层旗人,在不断的土地兼并中实力增长,成为旗人大地主,但也有少数人,由于种种缘故家境败落。与此同时,大批非正身旗人(即非自由民)的后裔——开户人以及一部分户下人的经济、政治地位,却发生了实质性变化:乾隆初年,清政府正式允许包衣佐领下人与旗分佐领下人互为婚姻;不久,将官庄、王庄中的大部分壮丁放出为民;大批开户人也获得"出旗为民"的机会。乾隆年间几次动帑回赎旗地,其中,"奴典旗地"(即旗下奴仆和开户人

---

① 中国第一历史档案馆藏:《军机处满文录副》,乾隆二年七月初十色鲁奏。

典买正身旗人的土地）多达五六千顷，约占回赎旗地总额的四分之一①，反映出一部分非正身人经济地位的崛起。传统的阶级分野在地主经济的发展中进行着新的组合，统治阶层的权势已不能单凭品级爵秩，还取决于经济的实力，首先便是土地占有的多少。

综上所述，房屋与土地，构成旗人不动产的基本要素。二者均经历了由国有到私有的转变。这一变化，必然加剧旗人经济地位的分化。一部分失去房屋与土地的旗人，逐渐落入贫困。此种现象的发展，不应仅仅归结为民间汉人的兼并，与旗人社会内部愈演愈烈的不动产交易也是分不开的。

表 3-2　　　　　　　　　　　旗人地契简表

编号	立契人	对象地说明					价银（两）	受契人	立契时间	契别	备注
		来源	坐落	面积（顷）	段数	附产					
1	镶黄旗包衣、香山总管兼员外郎五十四	自置	通州黄渠庄、石庄驹子房	14.38		土房5间	3132.3	镶黄旗满洲闲散苏海	乾隆九年七月二十三日	典地白契	乾隆三十五年以后改典为卖，参2号
2	镶黄旗满洲闲散苏海			14.38					乾隆三十五年以后	买地红契执照	
3	正蓝旗满洲护军额尔登布	有地	东安县新店村	3.7	10	土房17间	500	正蓝旗蒙古护军白福	乾隆二十一年十一月	卖地红契	
4	镶红旗满洲奉恩将军宗室诺穆谨	本身地	阜成门外卧佛寺滕公栅栏，宛平县黄庄、云会寺庄、冉家庄等	6.992	28		4000	镶红旗满洲闲散成禄	乾隆二十四年正月二十七	同上	

---

① 刘家驹：《清朝初期的八旗圈地》，台湾文史哲出版社1978年版，第155页。

续表

编号	立契人	对象地说明					价银（两）	受契人	立契时间	契别	备注
		来源	坐落	面积（顷）	段数	附产						
5	镶黄旗满洲养育兵六达子	有地	永清县西义河邓家务	1.8			180	镶蓝旗包衣佐领下闲散梁志端	乾隆二十八年十一月	同上	
6	正蓝旗满洲护军奇克慎	同上	东安县新店村	1.2	9		200	镶黄旗包衣人闲散李子柱	乾隆四十年六月	同上	
7	镶蓝旗满洲护军龙阿	本身地	永清县刘家勒各庄	1.1	2		125	镶蓝旗包衣佐领下护军校福祥	乾隆四十二年四月	同上	
8	镶红旗满洲员外郎西琅阿	红契自置	阜成门外八里庄北云会寺庄	4.29	11		3000	镶黄旗满洲闲散恩荣	嘉庆二年	典地白契	嘉庆七年改典为卖，参12、13号
9	同上	同上	阜成门外田村北苹果庄	0.532	3		200	同上	同上	同上	同上
10	同上	同上	阜成门外北关卧佛寺、神庙、九天庙红门沟、南关杜家沆等	1.518	6	砖井9眼	3500	同上	同上	同上	同上
11	镶白旗满洲都司海龄阿	有地	大兴县管头半壁庄等	5.5	28		550	镶蓝旗满洲闲散福新	嘉庆二年十二月	卖地红契	
12	镶红旗满洲员外郎西琅阿			6.345				镶黄旗满洲闲散恩荣	嘉庆七年	改典为卖白契	

续表

编号	立契人	对象地说明 来源	对象地说明 坐落	对象地说明 面积(顷)	对象地说明 段数	对象地说明 附产	价银(两)	受契人	立契时间	契别	备注
13	镶黄旗满洲闲散恩荣			6.345			6700		嘉庆九年八月	买地红契执照	
14	正蓝旗蒙古闲散积善	自置旗地	东安县新店村	3.55	10		400	正白旗蒙古领催福英阿	嘉庆十四年正月十九	典地白契	嘉庆二十二年以后改典为卖,参20号
15	镶蓝旗满洲奉国将军宗室成英	老圈地	大兴县西里河	10.3	6		1500	正白旗包衣佐领下候补主事那兴阿	嘉庆十六年十二月	卖地红契	
16	镶蓝旗满洲员外郎敏维	同上	固安县南柳林庄	3.88	13		450	镶红旗蒙古托金锋阿拉富明	嘉庆十八年四月	同上	
17	正白旗包衣、候补员外郎那兴阿	有地	右安门外西里河村	10.3	6		1000	正黄旗包衣佐领下试用知县彭龄	嘉庆十九年十二月	同上	
18	正白旗汉军闲散双凤	有地	东安县庄、新店	2.03	2		100	镶蓝旗汉军闲散赵德魁	嘉庆二十四年十二月	同上	
19	镶红旗汉军敖尔布张延梁	自置地	固安县小黑岱小店香营史家岱	7.24		庄伙4处土房20间	5000吊	吏部左堂熙	嘉庆二十四年十二月二十四日	老典白契	
20	正白旗蒙古法丰阿		东安县新店村	3.55			400		嘉庆二十五年五月	买地红契执照	

第三节　旗人的茔地与祭田

旗人土地问题，是以往研究的一个重点，也是一个难点。旗地形态相当复杂，按性质分，有官庄（皇庄）、王庄、一般旗地之别；按来源分，有老圈、价买、典置、赏赐、置换、回赎、转让、继承等之别；按用途分，又有农庄、茔地、祭田之别。其中，茔地和祭田，作为安葬和祭祀先祖的用地，彼此关系密切，在以往旗地研究中，很少专门探讨，故笔者将其一并考察。① 主要考察两个问题，第一，茔地和祭田的来源；第二，茔地和祭田的制度。

一　茔地和祭田的来源

满洲人自清初起，已深深濡染汉人的孝道观，尊祖先，重丧葬，成为风靡全社会的一种时尚。厚葬必先立坟茔，尊祖需设祭田，《正黄旗满洲乌雅氏祭田记》说："建碑以表先茔，常存报本之意，置田以备祭祀，足徵追远之诚"，表述的也就是"慎终追远"之意。② 茔地与祭田，作为旗人土地的一个重要组成部分，其来源主要有以下七种：

来源之一：老圈地

入关初期，旗人计丁授田，所授土地均圈自汉民，习称"圈地"（后称"老圈地"）。旗人最初的茔地、祭田，多设置在自家的圈地内。康熙十七年（1678）旗人安氏茔地碑载称：

> 安氏佳城者，安氏所建之祖茔也。安氏世家长白，龙兴朗公（按：原文如此），公讳翁格清，旧以赵为姓，从龙之始，外同驰骋，内侍帷幄，历有奇勋……奄有四方，定鼎燕京，敛戈释马之日……遂请得畿西良邑之鲁村，膏壤近百顷，既而庶事乃备。公又怡然而喜曰：吾事竣，心则泰然而安矣。思古人每以地每以官以事而为氏，吾

---

① 赖惠敏：《天潢贵胄——清皇族的阶层结构与经济生活》（"台湾中央研究院"近代史研究所专刊第81辑，1997年版）第三章《皇族的公产》第三、四节，依据档案，对皇族祭田进行了研究。金启孮：《北京郊区的满族》（内蒙古大学出版社1989年版）第三部分《园寝附近的满族》，对王公园寝的规模制度，有比较翔实的说明。

② 道光十四年四月刻，碑在北京房山区北羊头岗，载《拓本汇编》第63册，第122页。

赞言辽安中土安，今身家亦安，是贻子孙以安，盍以安为氏？乃令举族咸以安为姓，而命名少子曰安泰。公又怃然曰：盍以安为氏？乃令举族咸以安为姓，而命名少子曰安泰。公又怃然曰：吾无不安，独先人之墓远在一方，不能伏□祭缞何心□。然吾老，□无□矣，此则子孙之责也。后以寿而卒……嗣君三人，皆歧嶷俊伟，或供职内府，或任事王田，绍先人之业而光大之。遂于庄西之近土竟获牛眠而建斯茔焉。①

翁格清一家原籍长白，也就是明辽东边外的满族故地，后来随着不断壮大的后金（清）政权，先进入辽沈，接着入关并安置在京西良乡的鲁村（见图63），遂得"膏壤近百顷"。清朝入关，对八旗官兵"莫不授以土田，俾聚家室，长子孙"，授田的标准是每丁六垧（每垧六亩，合三十六亩）。按此方法授田，显然对占有众多奴仆壮丁的八旗贵族官员最为有利，因为"富厚有力之家，得田每至数百垧。满洲披甲人，或止父子，或止兄弟，或止一身，得田不过数垧"。② 翁格清受田百顷（即一万亩），说明他家所属的壮丁至少有二百多人，应该是旗人中的大户了。而众多壮丁和良田的占有，与他"从龙之始，外同驰骋，内侍帷幄，历有奇勋"的业绩又是分不开的。

图63 康熙十七年安氏茔地碑

翁格清原汉姓为赵，或即满洲觉罗姓，定居京畿后，因希望后世子孙代代平安，乃改汉姓为安，又命名少子曰安泰。这虽是濡染汉习，以吉祥

---

① 碑在北京房山区良乡南鲁村，张凤□撰，载《拓本汇编》第63册，第122页。
② 《清世祖实录》第127卷，第15页上。

字给子孙命名的结果,但满人改姓命名的随意性,据此可见一斑。

旗人"从龙入关"以后,或安置北京内城,或分屯畿辅各县。前者为城居旗人,后者为屯居旗人。翁格清功成志满,退居庄田,当属"屯居旗人"之类。但从他三个儿子"或供职内府,或任事王田"的记载看,八旗子弟或当兵出仕,或在家掌管农事,本没有截然的界限,只是各种机缘和个人选择的结果。

旗人入居北京后,祖坟均在关外,路远山长,祭扫祖茔成为许多旗人终生魂牵梦绕而难以成真的事。康熙帝在统一全国后,特意网开一面,准许在京旗人去奉天设庄守墓,凡是退回所分畿辅旗地,可以在奉天如数拨给熟地。但绝大多数旗人显然更愿意留居北京,虽然他们将辽东视作原籍,但真正有条件殁后归葬的却寥若晨星,现实的选择还有在京郊设立新茔。翁格清就是如此,他选定的茔地就在良乡鲁村西的圈地上。

延升主修《那拉氏宗谱》,也明确记载祖茔是老圈地"嗣奉旨赐勋臣茔地,准其跑马站〔占〕圈。我祖站〔占〕得通州半壁店地一顷有奇。除营茔外,余皆族人分站〔占〕出租。今旗人往往有地亩无券约者,名老圈地。职此之故"。一世祖觉豁托、宗神保相继入葬京郊祖茔,因父祖辈均葬在关外原籍,故又在墓地首位立先代衣冠冢,以示对先祖的敬慕和依恋。这种做法,对初入关的满洲人来说也是比较常见的。许多满人初到北京,依旧把关外视为原籍,京师不过是寄居之地。老人临终,或遗言子孙把棺椁千里迢迢运回关外安葬。以后,随着时间推移,满洲人逐渐成为"老北京",乡土观念因之嬗变。这种变化,实在是耐人寻味的。

马佳氏是满洲望族之一,与瓜尔佳、钮祜禄、舒穆禄、纳喇、董鄂、辉发、乌拉、伊尔根觉罗诸氏并称"八大家"。曾涌现赫东额、克库噶哈、雅希禅、图海(见图64)、马尔赛、和起、升寅、宝琳、绍英等名将、名臣。该族族大支繁,早在入关前已析分为一系列宗支,各有茔地。开国名将雅希禅,天命年间卒,葬在盛京(沈阳)东北曾家屯。至其孙纳新、洪海,始随清世祖入关,设新茔于北京安定门外东北十二里关家庄地方,奉雅希禅为始葬祖。茔地方圆二百余亩,系老圈地。[①]

清朝入关初,旗人世家望族广占田土,最初的茔地多建于自家圈地。

[①] 马熙运编著:《马佳氏宗谱文献汇编》乙编第 6 卷,《北京雅希禅墓》,1995 年铅印本,第 514—515 页。

图 64　马佳氏图海墓碑

几代以后，再无隙地，一般只能通过置买设立新的墓地。《叶赫那拉氏族谱》记该族祖茔，原系老圈地，而新置东直门外东坝楼子庄西墓地，则由受赠地和置买地两部分构成。选择墓地有一定标准。首先，尽量接近祖坟，以体现"亲亲之道"。如楼子庄西地"距曾祖之墓仅半里许，生而形影则相依，没而魂魄更相守"。[①] 其次，必须考虑风水。该族在安定门外小黄庄选定一块墓地，北距京城五里许。风水先生认定此地"以土城为后帐，以京畿作前朝；左右相生，进退得位；沙迥水转，隐藏财禄之形；虎抱龙环，具有腾骧之势，生旺归库，代出相卿"。族谱还说，正是因为该地风水好，所以后辈都仕途发达。

镶白旗汉军高其位、高其佩兄弟，都是康雍年间的显宦。其位官至大学士兼礼部尚书，其佩官至刑部侍郎兼正红旗汉军都统。后者还以指头画知名当世。他们的第一世祖高友，明万历间自山东莱州府高密县草桥村迁居辽东的铁岭卫，其后人于清初入旗，祖坟在沈阳新城堡。第四世高尚仁、高尚义等"从龙入关"，设坟茔于广渠门外老虎洞圈地。到第五世高天爵时，又在左安门外周家庄燕儿窝圈地设立新茔。以后随着子嗣繁衍，

---

① 载祥安等续修《叶赫那拉氏族谱·四世叔祖六十三公墓志》，道光二十九年（1849）稿本，收入《北京图书馆藏家谱丛刊·民族卷》第 38 册，北京图书馆出版社 2002 年版。

茔地不断增置，然多为价买，已非老圈旗地。①

另据档案记载：正蓝旗宗室福伦等之六世祖镇国公托克托慧，在朝阳门外十里堡采立坟茔时，将自己名下圈地一块，坐落在滦州李福庄地方，作为后辈公中祭田，每年收取租银九十六两。② 镶蓝旗近支宗室载钦等人，原有祖遗老圈地一项，每年收取租银八十两，除祭祀上坟等项应用外，余剩钱按十房公分。③ 这些记载表明：除茔地外，旗人祭田也往往源于圈地。④

清开国勋臣、汉军旗人范文程卒于康熙五年（1666），其祖茔原在关外，本人殁后则安葬在北京怀柔县城北红螺山下卢庄村西的新茔。⑤（见图65）范家祭田也相应分为两处。乾隆二十二年（1757）范文程嫡裔重立的《范公（文程）祠墓碑记》，碑阳刻祠堂规制图、关东（即辽东）熊岳地方祭田义产清单，碑阴刻熊岳方位图。清单上载明：范氏在熊岳的祭田义产有六百垧，每百垧地设壮丁十名，分属都统、少保、司马、勋爵、司农、兼山等六房。后来又购置地十六顷一十六亩；房一百五十七间。⑥ 其中，六百垧祭田义产都是红册地（即入关前圈占旗地）。可见，范氏祭田包括圈地和购置地，而圈地是主要部分。资料又显示：祭田只占范氏全部红册地中很少一部分。⑦ 不过，到了晚清，范府的实力亦如大清王朝，走过了"烈火油烹，繁花似锦"的好时光。耕种祭田的壮丁不断逃亡⑧，范府只好将他们遗下的土地招民佃种，收取地租。

来源之二：购置地

顺治、康熙年间，旗地来源单一，决定了旗人茔地、祭田主要设置于自家圈地，以后旗地来源日呈多样，购置地随之构成茔地、祭田的重要来

---

① 中国科学院图书馆藏：《镶白旗汉军高氏家乘》，写本。
② 中国第一历史档案馆藏：《宗人府来文》，《福伦等亲供事》，咸丰五年三月。
③ 《宗人府来文》，《载钦等供事》，同治十三年三月二十七日。
④ 参见赖惠敏《天潢贵胄——清皇族的阶层结构与经济生活》，载有宗室贵族祭田源于老圈地的事实，第135、139页。
⑤ 李霨：《范文肃公墓志铭》，载钱仪吉《碑传集》第1卷，中华书局1993年点校本，第70页。
⑥ 《范公（文程）祠墓碑记》，刻于乾隆二十二年正月。碑在北京怀柔县城北卢村西，载《拓本汇编》第71册，第95页。
⑦ 见《范府关东地亩人丁册》《范宅老地账》《范府祠堂地亩和房间册》，俱载中国科学院民族研究所编《满族历史档案资料选辑》。
⑧ 道光十年十一月《范府祠堂地亩和房间册》。

图 65 "文化大革命"中被毁的范文程墓穴（北京怀柔红螺寺南）

源。购置地，就是价买得来的土地。

在茔地的选定上，"风水"的好坏，逐渐成为考虑的重要因素，也是导致购置地增加的一个因素。风水，又叫堪舆，堪指天道，舆指地道，综合起来，堪舆是指地理形势和自然环境。在人与环境的关系中，求得人和天地、自然的和谐，达到逢凶化吉的目的，便是讲究风水的宗旨。具体到选择茔地，必须考虑的要素包括"气"（取吉气，避煞气）、龙（山势）、穴（穴地）、砂（穴地前后左右回护的山峰）、水（与龙、穴、砂相关的流水或静水）以及位向，只有在这些方面都符合规矩，才称得上是风水宝地。但风水好的地点未必在自家老圈地内，在这种情况下，购置就成为添设新茔的重要手段。

另外，子孙后代不断繁衍分析，祖茔内余地逐渐减少，也促使旗人寻找新的来源。《德敏墓碑志》说："惟我祖茔限于地狭，难以安葬，余无可如何，图维数载，方卜葬于东直门外东坝之北，另造新茔，立向子午，兼癸丁三分。周围植树三百余株，置地二顷三十五亩五分。"① 德敏隶满洲镶白旗，乾隆九年（1744）、二十六年（1761）两任荆州将军，第二次任职不久后殁，诰封光禄大夫。他请风水先生寻访数载，才在东直门外东坝之北选定新茔。所谓"置地"，也就是购地。

又元福撰《乌雅氏祭田记》载：乌雅氏世隶正黄旗满洲，族大支繁，原难备载。其中元福一支始祖名翁握春，例赠光禄大夫，高祖名莫尔欢，官员外郎；曾祖名明安图，授职分部主事。② 自始祖以至高、曾三代，俱葬于京北大屯。祖名天文，隐居未仕，殁后葬于房山县北羊头岗村南。元福父亲名常明，生兄弟二人，长即元福，弟名元禄。两兄弟"幼而读书，长而俱入国学"。及年长，元福随父亲在乡料理家务，元禄则在京应事。元福生子四人，元禄生子五人，其时家道日隆，人丁亦盛，孰知不数年间，元福之父、弟以及三子相继亡故。这给元福的心理造成沉重打击。碑文还提到，常明死后没有随其父天文葬在房山县北羊头岗村，而是回葬京北大屯祖茔，以了却看守先人之墓的夙愿。

常明生前以祖茔狭隘，曾命元福在祖茔之北另择新地设茔，并将设立祭田的大事托付给他。而当元福撰写此碑时，距父亲辞世已过十数年，他本人也已七十有一，垂垂老矣，"忆吾父属吾之言，有不能不急为之图者"。于是"就吾父与吾所置地亩，在羊头岗者，旗地四顷、民地四顷六十亩，并有羊头岗所居房屋一所，共为祭田"。元福设立的祭田在祖父天文墓地所在的房山县北羊头岗村，都是置买的旗地和民地，共计八顷六十亩，还有房屋一所。为此，他亲撰《祭田文》，镌碑树立，谆谆教导后嗣："是祭田也，是祖、父艰难辛苦不易得之者也，是祖、父夙夜矜持惟恐失之者也。尔子孙其之克勤克俭勿怠勿荒，尚其遵祖训，听父言，勿以其为虚文故事也。"③

最迟从清代中叶起，置买已成为王公设置园寝地的重要手段。以乾隆帝第五子荣纯亲王永琪一系为例，先后设立四处园寝，即：密云县董格庄

---

① 碑刻于乾隆二十八年三月十八日。盛昱辑：《雪屐寻碑录》第14卷，载金毓黻编《辽海丛书》第5册，辽沈书社1985年影印本，第3046页。

② 据《八旗满洲氏族通谱》第30卷《哈达地方吴雅氏》。翁鄂春（即翁握春）原任佐领，父名萨穆哈，伯名额柏根，为开国勋臣，创业名家，子弟累世簪缨。额柏根之孙魏武女儿为康熙帝孝恭皇后，即雍正帝母，故雍正年间其族人贵幸无比。

③ 元福：《正黄旗满洲乌雅氏祭田记》，道光十四年四月，碑在北京房山区北羊头岗村，载《拓本汇编》第80册，第55页。

荣纯亲王园寝、丰台区大灰厂荣恪郡王绵忆园寝、房山县大南峪奕绘贝勒园寝、海淀区马连湾载钧贝子园寝。这四处园寝，除一处为官府代购，其余三处都是置换或购买的。①

醇亲王奕譞，是晚清政坛上一言九鼎的人物。他是道光帝第七子，福晋叶赫那拉氏是慈禧皇后的胞妹，正因为有这层至亲关系，他先为慈禧太后篡权"垂帘听政"出了大力，后又挪用海军经费为慈禧太后修建颐和园，故几十年间荣宠不衰。在慈禧太后的意旨下，醇王一家竟出了两个皇帝（即光绪帝和宣统帝），贵显无比。即便有这般权势，醇王园寝也是通过置买得来。

醇王为选择风水宝地，颇费心思。事成之后，他将置买园寝经过赋诗刻石说：

中情犹豫逐时添，卜吉迟迟岁月淹，立异漫夸三识慧，决疑须协二人占，心通柳暗苍明境，语绝瓜田李下嫌（妙高峰风水经李尧民看定本无疑义，旋有称不可用者，复倩萧山叶绣圃来视，始知皆属子虚），分付舆儓宜便了，朴诚忠信喜相兼（命七品首领太监范常喜、护军校色克图董厥事，一切章程均极周妥，山田互易，公平售买，亦毫无抑勒沾染，虽由余指画，伊等实能恪遵）。戊辰嘉平月十六日作并书勒石。②

戊辰年即同治七年（1868），醇王是在这年秋选定妙高峰东麓作为茔地的（在今北京海淀区北安河乡妙高峰）。（见图66）此地泉壑幽美、层峦叠嶂，景色宜人，有唐代法云寺遗址，金章宗时，此处又是西山八院之一的香水院。当时他正在蔚秀园养病，某日到西山响堂庙闲游，该庙距妙高峰不过十里之遥，是醇王旧仆、太监王照禄、王正光修建的。他们带着风水先生李唐（字尧民）和醇王一起到妙高峰勘察，李唐认为该处"点穴最佳"，醇王喜极，不复狐疑，一言决断。③ 但不久就有人谓此处不可用，于是醇王又请叶绣圃再视，叶认为"不可用"一说不足为据，使醇王最终拿定主意，在此修筑园寝。醇王诗追述了选定吉壤的曲折过程，并

---

① 金启孮：《北京郊区的满族》，第86页。
② 《醇王园寝诗刻》，同治七年十二月十六日，碑在北京海淀区北安河宏伟村，载《拓本汇编》第83册，第151页。
③ 奕譞：《退潜别墅存稿》第1卷。

图66 同治七年醇王园寝诗碑(北京海淀北安河)

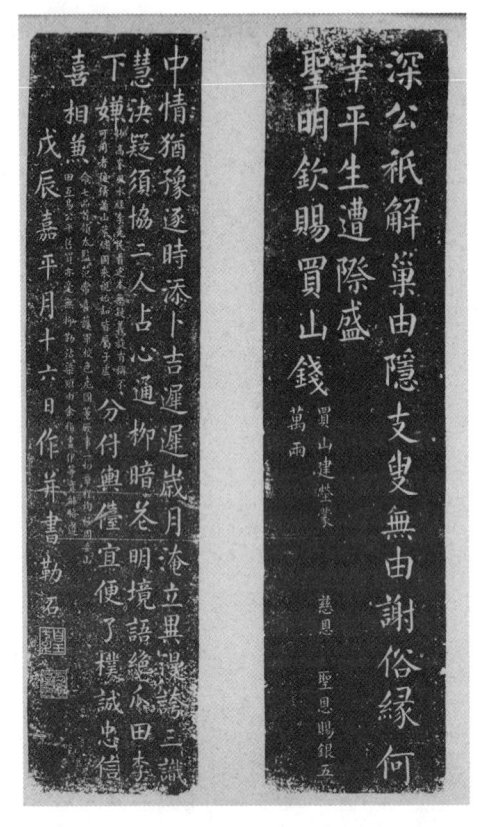

对"山田互易，公平售买，亦毫无抑勒沾染"的做法表示满意。

为了帮助醇王置买茔地，慈禧太后和同治帝还拨给白银五万两。奕譞对此不禁感激涕零，特别赋诗一首，刻碑立于园寝，作为纪念。诗曰："深公祇解巢由隐，支叟无由谢俗缘，何幸平生遭际盛，圣明钦赐买山钱。（买山建茔，蒙慈恩圣恩赐银五万两）。"① 慈禧太后的恩赐，无非是对醇王的笼络。可见，在所谓"公平交易"的背后，体现的依然是宗室王公的巨大特权。这应是王公贵族置买地与普通旗人置买地的基本区别。（见图67）

来源之三：置换地

在茔地的多种来源中，置换地是比较特殊的一种。所谓"置换地"，也就是用自家土地交换来的茔地。旗人戴全德撰《北山墓地记》说：他家祖坟在顺义县彰禧庄，是老圈地，自高祖以下已安葬五代，因无隙地，只好另择新茔。选择新茔的标准有二：一是距祖坟不宜太远：恐离祖墓太远，子孙祭扫时"顾其近宗而遗其远祖，失水源木本之义"；二是风水要好，必须是堪舆家认定的"吉地"。最后选定的新茔地在昌平州东（今怀柔县城西东坟村），距祖坟三十五里，便于岁时祭祀，子孙省视，且地方偏僻，价值不昂。

新茔地共十一顷四十八亩八分三厘，其中阴宅占地五十三亩三分三厘，阳宅占地五十七亩，家庙安云观占地十一亩九分三厘。以六顷作为看坟人的赡养田，其余部分招人耕种。在上述茔地中，有六顷余是戴全德用俸银购买的，另外有五顷官田，则是遵例用比它多三倍的自置地交换的。

---

① 《醇王园寝诗刻》。

图67　醇亲王墓(北京海淀北安河)

在设置新茔的同时还拨出通州大兴庄地十三顷六十九亩，立为祭田。①

按清制："官员人等坟茔不能容葬者，准其兑换官地为茔。"兑换条件，一是必须按一比三的比例，即"每官地一亩给地三亩，准其兑换"，二是交换后的土地收益要高出原来土地。这成为八旗官员置换官地为茔地的通例，有关交换事件不仅载于碑文，也屡见于档案记载：乾隆十年（1745），正白旗满洲工部员外郎清福向内务府会计司呈称：用自置东直门外驼方营道南地五十亩、孙河马连店地一顷，换取驼方营道北内务府奉宸苑所属花匠郑名荣名下当差地五十地，作为茔地。征得郑名荣同意后，会计司以清福所请符合"凡更换坟地者，每官地一亩，给地三亩交换"之例，准其更换地亩，并移咨正白旗满洲都统、奉宸院，派人带领双方当事人将更换地亩互相明白指交，记入各自档案。②

有的旗人为了征得对方同意，不惜用高出对方三倍的土地兑换。嘉庆

---

① 乾隆五十六年戴全德撰，嘉庆三年五月十三日铁保正书，碑在北京怀柔县城西东坟村，载《拓本汇编》第77册，第35页。
② 乾隆十年五月二十三日会计司呈稿《为更换茔地事》，载韦庆远主编《清代的旗地》下册，中华书局1989年版，第1242—1243页。

元年（1796）掌仪司呈稿《为咨行事》载称：镶白旗满洲道崇福因"祖坟狭隘，不能容葬"，呈请将红契自置坐落顺义县西后桑园村地方地共二顷一十亩内，拨出地一顷四十四亩，遵照三亩兑换官地一亩之例，兑换掌仪司所属果园壮丁徐进荣名下坐落广渠门外燕窝村官地四十八亩为茔，并情愿将契内余地六十六亩一并给徐进荣名下添补当差。道崇福的二顷一十亩地，共取租钱五十七千五百五十文，比徐进荣四十八亩地的地租多出了十九千一百五十文，因"比官地租息，有盈无绌〔绌〕"①，掌仪司呈准这起交易。

嘉庆二年（1796），绵八爷贝勒府用本府坐落通州台户村地三顷二十七亩兑换阜成门外八里庄南边核桃园地方内务府花匠马平的一顷零九亩地。贝勒府所指地比马平的官地整多三倍，每年取租钱一百三十吊八百文，比马平的官地地租还多出八百文。经内务府核准换给。② 这又说明，即便是王公贵族，兑换茔地时也必须遵守有关规定。

清中叶以降，因数十万旗人长期聚居京城，使越来越多的人遇到"祖茔因年久地窄，不能容葬"的问题。另辟新茔，成为他们朝思暮想的一桩心事。近郊寻找不到，只好到远郊寻找，到后来，连在远郊或畿辅各县兑换茔地也成为一件难事。嘉庆三年（1798）三月，正黄旗满洲贡生灰瑞，指自置坐落新城县旗地四顷一十亩，每年取租钱一百零二千，兑换该县上清河村香灯官地一顷三十六亩余，每年官征租银二十二两二钱余，作为茔地。寻经内务府查清，灰瑞所指香灯地，已经正黄旗副催长福宁呈递兑换为茔。灰瑞的要求自然落空。③

正如前面已经指出的：有些旗人兑换茔地，首先注重的是"风水"好坏，至于地价高低、租钱多少，考虑到在其次，所以才会出现不计较地价和收益的现象。不过，换一个角度看，官府之所以规定兑换地必须按三比一的比例，也是为了防止自身利益受到损害。顺理成章的推测是：旗人用于兑换官地的土地，往往是硗瘠薄收或者地理偏远、难以管理的土地，因为只有在这一前提下，三比一的兑换比例才被认为是可以接受的。

除官地外，旗人兑换民地为茔有时也参照三比一的比例。北京西郊恩

---

① 《清代的旗地》下册，第1243—1244页。
② 嘉庆三年二月二十二日《管理三旗银两庄头处呈稿》，载《清代的旗地》下册，第1245—1246页。
③ 嘉庆三年三月初九日《管理三旗银两庄头处呈稿》，载《清代的旗地》下册，第1246页。

图68　康熙三十六年汉军石文晟继妻佟氏诰封碑
（北京朝阳区三间房村石家坟）

济庄关帝庙，原置有民地一段，在八宝庄村西，计地五十二亩，租银二十六两。咸丰三年（1853）旗人崇宅欲兑换此地为茔，遂与关帝庙住持议定：换出双槐树村北地五段共计一顷六十三亩，每年取租钱一百八十吊。崇宅换出地约当换入地的三倍，收益则相当换入地的六倍。①

在宗室王公中，奕绘贝勒的园寝是典型的置换地。他看中的园寝在今房山县大房山之东的大南峪，明神宗生母慈圣李太后曾为宝珠禅师王能贵建天台寺于峪中，从此，大南峪成为天台寺产。至清道光年间，天台寺早已衰败，四面地界又受到豪强侵蚀。道光十四年（1834），奕绘方袭多罗贝勒，派府员求访茔地，爱天台寺山林幽静，命二等侍卫阿禅泰用府中采育（在今北京市大兴县）地两千亩（多于天台寺地三倍有余）与寺僧商换得之。奕绘雅好文学，诗词文章皆称名当世，亲书易地诗券交给寺僧，存于上院法源寺，作为交易的契据。② 其诗曰：

---

①《关帝庙茶棚碑》，咸丰三年二月，载《拓本汇编》第82册，第58页。
② 金启孮：《大南峪绘贝勒园寝》，载《京华古迹寻踪》，北京燕山出版社1996年版，第125页。

永定河之西，大房山之东，是为大南谷，建寺万历中，环山多膏腴，
寺僧颇素丰，其木宜柿栗，桃花路难通。迄今二百载，传徒懦以懵，
皇庄向来横，况值州县慵，乃献法源寺，以势压彼凶。按碑问疆界，
已非昔日封，转求大檀越，良田易青峰。
谷东果树林，官惟半顷薮，其余皆僧物，方家占来久，久则难变正，
况埋祖父母，葬妻夺人墓，斯心汝安否？二顷我不需，其余僧不守，
不守其弃诸，斯可为我有。我有采育田，每每二千亩，三倍于南谷，
长老或肯受，与僧立诗券，贞珉建东阜。
东阜建碑亭，大书刻我诗，我诗胜券契，券契多假为。一为圣恩重，
使我子孙知。一为寺僧弱，恐我子孙欺。一为土豪横，虑我子孙痴。
南谷界已定，万世不可移，采育田已舍，万世不可追，此诗之墨草，
法源实藏之，藏之若符契，文句同吾碑。(下略)①

易地诗券中"南谷"的"谷"即"峪"字。诗中追述了天台寺的历史：二百年来，寺僧懦弱，常受到皇庄势力压迫，州县衙门却不为寺僧做主，僧众无奈，只好将本寺投献京城名刹法源寺（法源寺在北京菜市口西南胡同之西，唐名悯忠寺，明改景福寺。清雍正九年重修，赐额法源寺），希望借助该寺威势抗拒豪强欺压，但收效甚微。按旧碑所载查核寺庙四至，早已不是昔日疆界。最后，只好把寺庙近地换给"大檀越"（施主）奕绘，以减少损失。奕绘诗还记载了自己用采育（今大兴县采育）二千亩地与寺僧交换南峪地作为园寝的经过。为了永久保存，他又建碑亭于园寝东坡，镌诗券碑即"买山缘起碑"于亭中（及奕绘殁，其长子载钧以该碑不符园寝制度，撤去）。

奕绘易地成交后，为修园寝向户部预支十年俸银二万七千两，时价值官钱三千三百万，分作二十年扣还。他在《借俸纪恩志愧诗》中说："圣恩许借买山钱，南峪深宜作墓田，贝勒葬妻容请地，小民乏食敢呼天，度支预领三千万，经费先亏二十年，世禄悠悠愧无补，勉将家学继前贤。"②时奕绘嫡妻贺舍里妙华已殁，暂厝于房山县大灰厂奕恪郡王园寝，故诗中说："葬妻容请地"，这新的园寝，就是南峪。奕绘因预借俸银又联想到

---

① 奕绘：《明善堂文集》第7卷，天津古籍出版社1995年版，第289—290页。
② 同上书，第288页。

平民百姓的贫乏，不免心有愧怍。

实际情况是，立此园寝后仅四年（即道光十八年七月），奕绘就病逝了，当时寝工犹未竣，馆阁庵舍，尚未彩饰。预借的俸银如何扣还，自然也就成了问题。不管怎么说，整整十年的俸银被提前预支，如此经济特权，也只有王公贵族才可能享有。

来源之四：回赎地

乾隆年间，清政府鉴于畿辅地方大批旗地被民人典买，严重影响旗人生计，先后四次回赎"民典"旗地一万八千九百七十六顷。一些旗人将回赎地作为茔地、祭田，以期永久保存。丰升额之妻赵佳氏《祭田碑记》说：乾隆八年（1743），

图69　敬谨亲王尼堪墓碑
（北京房山东甘池村）

朝廷特赐阿里衮（即丰升额之父）滦州地二十四顷七十亩、土房十二间半。阿里衮历官外任，家务荒疏，竟被原业主盗典于民人。至乾隆二十七年（1762）始经查出，遵奉部文，代交典价五百两，赎回管业。四十五年（1780）因聘福晋奁费无资，将此地指借官银二千两，每岁息银三百两。后因息银拖欠，四房公议，将此地归于长房，听其售价，以缴官项，立结存照。赵佳氏念及丈夫丰升额已逝，家业凋零，囊无余物，又不愿将此地委之他姓，遂将旧存钗钿衣服全行质售，始得了结二千三百两的官债。①

阿里衮，钮祜禄氏，满洲正白旗人，乾隆朝历仕总管内务府大臣、湖广、两广等处总督，领侍卫内大臣等要职。乾隆三十四年（1769）缅甸之役卒于军，谥襄壮，祀贤良祠。后追加封号为果毅继勇公。他有子四人，即赵佳氏碑文中提到的"四房"，长房即赵佳氏之夫丰升额，以下三房依次为倭兴额、色克精额、布彦达赉。丰升额袭封一等公，擢领侍卫内大臣、署兵部

---

①《赵佳氏祭田碑记》，乾隆五十五年，《雪屐寻碑录》第14卷，第3054页。

尚书。四十一年（1776）平定金川立大功，加封一等子，以其弟布彦达赉袭爵。四十二年卒，赐太子太保，谥诚武。① 丰升额死后，家境衰落，赵佳氏为了保住赎回的祭田，不得不将旧存钗钿衣服全行质售，才算了结官债。可见，即便是世家大族，要长久保有祖辈留下的茔地、祭田，也并非易事。这正是赵佳氏立祭田碑的用意所在。

《庆安茔地碑》也提到，乾隆二十五年（1760）先人孙尔松阿、嵩噶礼、蟒古赉将"前岁赎回祖茔明堂地一顷二十三亩以存公中，每岁所获租银以备修理坟茔之资"。② 除北京外，在关外旗人中，同样存在将回赎地立为祭田的现象。③

回赎地虽然不构成茔地、祭田的主要来源，但它的存在却凸显了民人侵蚀旗地现象的严重。一些旗人为了防止回赎地再度流失，往往刻碑存记。碑文除谆谆叮嘱后嗣谨守家业外，还详细记载土地段数、亩数、四至。几代以后，碑文逐渐涣泐不清，后世子孙还要重刻碑文，以便垂之久远。如上引《庆安茔地碑》，前载乾隆二十五年（1760）先人孙尔松阿、嵩噶礼、蟒古赉所撰旧碑文，后载嘉庆七年（1802）诸孙魁顺、来仪、来成、爱申禄、爱申诚、爱申明、爱申达新刻碑文。新刻碑文重申："今恐世远年湮，抑或后世儿孙及取租人等或典或售以至指地借贷，不顾先灵，许看守坟茔之人来禀，众人会同秉公办理，毫不姑容。"然而晚清以降，越来越多的中下层旗人生计凋零，茔地祭田或典或卖，厚葬与祭祖的习俗随之式微。

来源之五：遗留地

遗留地，指祖先分产时预留的公共用地，其来源实际是多种多样的，既有老圈地、置买地、置换地，也有回赎地。在大家族中，若干家支（房）通常保留一块祖遗的公有茔地和祭田，祭田的收益用于维护祖坟和祭祀。镶蓝旗宗室明善泰一族，其祖上自乾隆十七年（1742）分家时，将土地分为六份，另外留出祭田地三顷七十亩。这两项地每年共收租钱一百吊，收存以备修理坟茔，每年三次祭祀，除取自祭田收入外，六房子孙还要各拿出七吊二百文。④ 属于同样情况的还有正蓝旗宗室福伦。其六世

---

① 《清史稿》第313卷第35册，阿里衮、丰升额本传，第10675页。
② 《庆安茔地碑》，嘉庆七年，《雪屐寻碑录》第15卷，第3058页。
③ 《马佳氏宗谱文献汇编》乙编第7卷，《马佳氏宗祠碑文》，第535页。
④ 中国第一历史档案馆藏：《宗人府来文》，《明善泰呈文》，嘉庆十七年八月。

祖镇国公托克托慧生前，在朝阳门外十里堡采立坟茔时，将坐落在滦州李福庄的一顷老圈地作为后辈公中祭田，每年收租银九十六两，至五世祖镇国公阳复时，又在西山崇各庄采立坟茔一处。于是将租银分作两份，用为两处坟茔祭祀费用，并分派两房轮流管理。① 在档案中，还有十房子孙共同拥有一块"祖遗老圈地"作为祭田的记载。② 随着世系绵延，家支（房）分析增多，围绕祖遗地产生的矛盾也往往愈演愈烈。因此，在八旗贵族中，关于祖遗地的诉讼案屡见不鲜。

富裕族人的捐赠，也是遗留地的一个重要来源。③

图70　顺承郡王墓地宝顶（北京房山西甘池村）

来源之六：恩赐地

恩赐地，即最高统治者以朝廷的名义，将某片国有地直接划归亡故的功臣作为茔地或祭田，以示褒奖。这种做法始见于关外时期。沈阳马佳氏

---

① 中国第一历史档案馆藏：《宗人府来文》，《福伦等呈文》，咸丰五年三月。
② 中国第一历史档案馆藏：《宗人府来文》，《载钦等口供》，同治十三年三月二十七日。
③ 东北满族家谱中有关记载，可参见魁升修、张晓光整理《吉林他塔拉氏家谱》，中国社会科学出版社1989年版，第131页；《专图呢吗察氏族谱》，载李林《满族家谱选编》（1），辽宁民族出版社1988年版，第90页。

《宗祠碑文》记载：克库噶哈，为清初名将，晋封男爵，及入关定鼎，留守陪都（沈阳），以战伤逝世，"赐葬奉天大西边门外南孤家子地方，四时派员致祭，并赐祭田一百五十亩，以示酬庸"。其第四子农岱逝后，亦葬于此。大西边门又称怀远门，南孤家子地方位于今沈阳市大西路二经街一带。这片茔地是马佳氏在关外的祖茔之一。①

清廷入关后，对八旗贵族赏庸酬功，继续采用赐予茔地或祭田的办法。康熙四年（1665），镶黄旗汉军人、原大学士、兵部尚书、五省经略洪承畴死。清廷念其在招抚江南、平定西南建有殊功，赐谥文襄，并于西直门外麦庄桥赐予茔地。②（见图71）

图71 洪承畴及妻李氏墓志铭

除少数八旗贵族，为皇帝所宠信的西洋传教士也蒙此惠泽。顺治十二年（1655）传教士汤若望奏请安立坟茔地方事，福临谕旨："随伊心所愿地方问明启奏。"汤若望在平子门（阜成门）外利玛窦墓旁选定旗地十二日（垧），经户部奉旨换给。③汤若望不是旗人，却蒙恩赐予旗地，这自然是一个特例。

清末统治衰朽，八旗贵族多耽于享乐，贪黩成性，"恩赐地"仍然是最高统治者笼络贵族的手段之一。洵贝勒《九龙山庄园碑》，就是一个实证：

洵贝勒府庄园处奉谕：著庄园处传知本府园头黄文□、□国臣、杨森，所有大宫山玄同寺沟一带相连山产，均划归本爵预修吉地之用，统名之曰九龙山，栽安界桩，以符恩赐原旨名称。所有伊等出力

---

① 《马佳氏宗谱文献汇编》甲编第4卷，第35页；参见同书《赐祭田》，第489页；《马家坟与马家祠堂》，第515页。
② 《洪士铭墓志》，康熙十八年，载《拓本汇编》第63册，第130页。
③ 《赐汤若望茔地谕旨碑》，顺治十二年十月十五日，载《拓本汇编》第61册，第81页。

垦熟山地，俟占用时另行酌量给价，俾资移种，□示体恤。将此通传知之。特谕。①

此碑刻立时间不明。据《清史稿》卷一六五：载洵，醇亲王奕䜣第六子，光绪十三年（1887）封不入八分辅国公，十五年晋辅国公，十六年晋镇国公，二十八年（1902）过继给瑞郡王奕志，袭贝勒。三十四年（1908）加郡王衔。知此碑应刻于光绪二十八年袭贝勒之后。宣统年间，载洵兄载沣（即溥仪父）任摄政王，一味集权，诛除异己。载洵以"近水楼台"，得以担任海军部尚书，改海军部大臣。

九龙山，在今北京市门头沟区大峪西七公里处，永定河南岸，与妙峰山隔河夹峙。洵贝勒为预修吉地，借"恩赐原旨"名义，将九龙山划归己有，栽安界桩，作为界限。对于界限内已由庄户"垦熟山地"，只说"俟占用时另行酌量给价"，至于地价多寡，业主同意与否，全无商量余地。这种做法，名义上是"恩赐"，实际带有强占的性质。

来源之七：拨给地

清朝入关初，在畿辅一带实行大规模"计丁授田"。占有众多壮丁的王公显宦占地每至数千万晌，而普通旗人家中不过一二丁乃至数丁，占地数晌以至数十晌而已。对于后者来说，就是这有限的土地也往往因连年征战、不善经营或天灾人祸而丧失殆尽，甚至落到死无葬身之地的窘迫地步。顺治十年（1653）诏：八旗贫无葬地者，每旗拨给坟茔地五十晌。②第一批茔地是以旗为单位拨给的，每旗不过五十晌（合三百亩），说明贫无立锥之地的旗人虽然在增加，总数还不是很多。康熙初年，又将拨给公中茔地的范围扩大到内务府各旗和王公府属佐领。十七年（1678）圣祖玄烨巡视京畿，见八旗亡故兵丁葬地狭窄，坟墓垒垒，亦有竟无茔地者，因谕令户部拨给地土。又以近京地亩，俱系内务府及王以下官员以上园地，命将当初分拨旗地时溢于正额者，清查拨给。寻议准：八旗内府佐领，每一佐领给坟茔地六晌。满洲、蒙古，每佐领给坟地三晌。汉军，每佐领给坟地一晌半。但这些坟地很快就人满为患，玄烨不得不再次上谕内

---

① 碑在北京海淀区北安河大工村，载《拓本汇编》第90册，第135页。
② 《八旗通志初集》第22卷，第410页。

务府，给包衣佐领及浑托和下贫寒之人酌量拨给安葬之地。① 这些拨给地又称"八旗义地"。

北京八旗义地在今元大都遗址附近。其南界，在蓟门桥，西、北界在土城东北角，东界在今北京电影制片厂。前些时，尚有游人在著名燕京八景之一的"蓟门烟树"碑东北树丛中，发现一块横卧的"八旗义地"碑，通高二点九米，宽一点三米，厚零点三米，碑阴刻"南界"两字。② 笔者往寻，已不知所踪。

清代中叶，失去土地的中下层旗人明显增多，他们的土地一部分集中到八旗贵族手中，另一部分则在典当的名义下流入民人之手。在这种情况下，统治者即便拨给贫穷旗人若干公共茔地，也无异于杯水车薪。随着"八旗生计"的愈演愈烈，旗下贫人葬地问题难以解决，是很自然的。

普通的八旗兵丁人数众多，无论是葬身公共茔地，还是自家坟茔，无不占地狭小，甚至连粗陋的墓碑都没有。至于阴宅、阳宅、墓道、碑碣等一应建筑，都是八旗世家大族的特有标志，而与他们无缘。③

二　茔地和祭田制度

关于旗人的茔地和祭田制度，主要涉及社会功能、结构规模、管理办法、禁忌与习惯等四个方面。

（一）茔地与祭田的功能

在旗人的日常生活中，茔地和祭田的实际意义除了安葬和祭祀亡者外，至少还有如下的功能：

其一，维系家族和宗族内部血缘纽带。祖茔设有始葬祖，以下各代分左昭右穆、按辈分排列。借此空间关系，将亲疏贵贱的血缘关系明明白白地展示给后人。《德敏墓志碑》说，"事死如生，事亡如存"，要求向对待生者一样侍奉前辈亡灵。祖先意识和族体意识还借助于常年祭祀、祖茔修

---

① 《八旗通志初集》第22卷，第411页。
② 金人：《北太平庄的八旗义地》2005年1月23日，网络文章，引自《北京地名漫谈》。
③ 赵书：《外火器营满族乡杂忆》（载《文史资料选编》第42辑，北京出版社1992年版）称其家有两处坟地，一处是位于朝阳门外东坝的老坟，埋着自入关以来的前九代祖先，连一块简易的石碑都没有。另一处是位于黄庄的坟地，只有一亩三分地，却埋着外火器营一支的四代先人。他家的情况在普通旗兵中应是有代表性的。

整、举办家塾、救济族中贫人等活动得以强化。①

其二，提供生存保障。清制，因罪籍没之家，坟园祭田不入官。这正是世家大族苦心经营坟园祭田的一个重要原因。这一规定至迟在雍正年间已经存在。②乾隆元年（1736）又定：凡亏空入官房地内，如有坟地及坟园内房屋，看坟人口，祭祀田产，俱给还本人，免其入官变价。③钱泳《履园丛话》卷二四《闺秀诗》："毕秋帆（毕沅）先生，购得朱长文乐圃，不过千金。没后未几，有旨抄其家产，园已造为家庙，例不入官，一家眷属，尽居圃中。"可作为祭祀产业不入官的一个佐证。毕沅是汉官，但此种规

图72 康熙十三年镶红旗护军参领额苏墓碑拓本

定同样适用于八旗官员。④同治《户部则例》卷十"存留坟地"条：凡八旗及汉员应行入官地内，有坟园祭田数在三顷以下者，免其入官；若在三顷以上，除给还三顷外，余地悉行入官。又说明晚清以降，对不入官的田数已有所限制。不过，如果是宗室王公，即便获重罪，茔地祭产照例不抄没。咸丰十一年（1861），慈禧太后与恭亲王合作发动政变，受咸丰帝遗诏的八位"赞襄政务王大臣"同罹厄运。其中，郑亲王端华被

---

① 吉林他塔拉氏家谱规定：祭田租粮如有余资，即作为族中婚嫁、丧葬、恤贫、存寡、奖善、旌贤等费。见《吉林他塔拉氏家谱》，第131页。
② 《正红满洲参领明图奏陈严禁擅毁祖坟变卖财物事折》，载中国第一历史档案馆编《雍正朝满文朱批奏折全译》，黄山书社1999年版，第2447页。
③ 马建石、杨育棠主编：《大清律例通考校注》第12卷《户律·隐瞒入官家产》，中国政法大学出版社1992年版，第500页。
④ 内务府汉军旗人曹雪芹的名著《红楼梦》第十三回秦可卿魂托凤姐贾家后事一段有云："若依我定见，趁今日富贵，将祖茔附近多置田庄、房舍、地亩，以备祭祀、供给之费，皆出自此处；将家塾亦设于此。合同族中长幼，大家定了则例，日后按房掌管这一年的地亩钱粮、祭祀供给之事。如此周流，又无争竞，也没有典卖诸弊。便是有罪，己物可以入官，这祀祭产业，连官也不入的。便败落下来，子孙回家读书务农，也有个退步，祭祀又可永祭。"这段话固然是小说者言，却将旗人世家置办茔地、祭田时的心态表露得淋漓尽致。

赐自尽，家产抄没。但在北京西郊五路居的祖坟、祭田以及在直隶定州（今河北定县）大小王庄的庄田仍得以保留，用以养赡族人。①

其三，提供经济收益，缓解生计压力。大约从清中叶起，依傍郊外坟茔而住的旗人日渐增多。他们中除了因"褫职籍其家"而沦为赤贫者外②，多数是迫于生计的拮据。城市中的生活费大大高于乡村，使许多旗人由北京内城迁往郊区也就是宗室奕赓所谓："近日生齿日繁，有不得不移住坟茔之势。"③ 文康《儿女英雄传》第一回记旗人安学海家境时说：

> 他家的旧宅子本在后门（即地安门）东步量桥地方……他自家却搬到坟园上去居住。他家这坟园又与别家不同，就在靠近西山一带……这地原是安家的老圈地，到了安老爷的老太爷手里，就在这地里踹了一块吉地，作了坟园，盖了阴阳两宅（相地者谓墓地为阴宅，居室为阳宅）。又在东南上盖了一座小小庄子，虽然算不得大园子，那亭台楼阁，树木山石，却也点缀结构得幽雅不俗。附近又有几座名山大刹。围着庄子，都是自己的庄田，佃户承种交租。④

安学海家的坟园也是老圈地，而他之所以搬到坟园去住，一是靠近西山，远避都市喧嚣，便于静养；二是可以就近管理庄田。《儿女英雄传》的作者文康，字铁仙，满洲大学士勒保之孙，少年时沐浴家世余荫，门第鼎盛，晚年家道中落。从其家世不难得知，他有关旗人世家坟茔的描写绝非捕风捉影之谈。

正是因为茔地和祭田具有多重社会职能，才会在旗人社会生活中占有举足轻重的位置。防止茔地和祭田流失，则被提到"崇先报本，保产兴宗"的高度，这也是每一家庭子孙必须承担的神圣义务。基于这种情况，如果认为茔地与祭田在所有权方面的稳定性远远超过旗人名下的其他土地，应该是没有什么问题的。

---

① 此系笔者好友、郑亲王端华裔孙辛旗先生见告。
② 郭诚：《璞翁将军哀辞·序》，转引自周汝昌《曹雪芹小传》，百花文艺出版社1983年版，第143页。
③ 奕赓：《佳梦轩丛著·管见所及》，北京古籍出版社1994年版，第98页。同样议论又见道光元年武隆阿《筹议旗人生计疏》，载王云五主编《道咸同光四朝奏议》第1册，台湾商务印书馆1970年影印本，第36页。
④ 文康：《儿女英雄传》，齐鲁书社1990年版，第13页。

（二）茔地和祭田的结构和规模

世家大族的茔地尽管规模不一，结构却大致一样。主要包括坟茔（王公叫宝顶）、碑碣、阴宅、阳宅、围墙、园林、祭田。有的祭田与坟茔毗连，也有的散在各处。

王公园寝的规模虽不能与皇帝的“万年吉地”相比，但也已相当宏大。清末醇亲王园寝范围，据说连“宝顶”（即坟）、享殿、阳宅以及看坟佃户所耕种的土地统统包括在内，方圆约有几十里。[①] 园寝附有大片土地，一则为守护坟茔的包衣（家人）提供养赡之资（即所谓养身地），二则将收获物一部分用于园寝四季祭祀（即所谓祭田）。恭亲王园寝位于京郊昌平翠华山前，面积十三顷三十八亩余，还不包括大片的山坡地。[②]

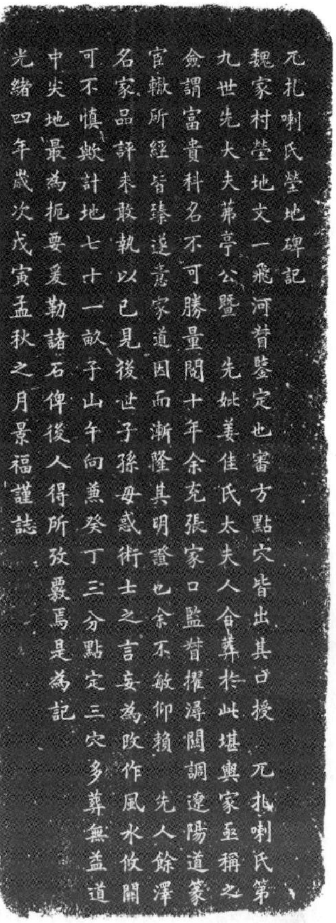
兀扎喇氏塋地碑記
魏家村塋地文一飛河替鑒定也審方點穴皆出其日授　兀扎喇氏第
九世先大夫第亭公暨　先妣姜佳氏太夫人合葬於此堪輿家亟稱之
僉謂富貴科名不可勝量閱十年余充張家口監督擢潯閩調遼陽道篆
官轍所經皆臻遂意家道因而漸隆其明證也余不敏仰賴　先人餘澤
名家品評未敢執以己見後世子孫毋惑術士之言妄為更作風水攸關
可不慎歟計地七十一畝子山午向兼癸丁三分點定三穴多葬無益道
中尖地最為扼要爰勒諸石俾後人得所攷覈焉是為記
光緒四年歲次戊寅孟秋之月景福謹誌

图 73　光绪四年兀扎喇氏茔地碑记拓本

八旗官员、富户的茔地大多规模可观。马佳氏雅希禅一支茔地，方圆二百余亩，南为葬地，北为祭田，东南有五圣家庙，坐东向西，其北有停柩之所。再北即守茔家人居处。茔地西南有河，踞河桥一里许即本族老夸栏（老茔地），苍松翠柏如团盖，遮天蔽日，周围筑有栏垣。后有土山，以雅希禅为主墓，附近散布有各房之分夸栏。家庙东北为未成年夭亡者葬地。[③] 按碑文记载：德敏新立茔地有二顷三十五亩五分；戴全德立茔地多达十一顷四十八亩八分余；景福给自己选定的茔地只有三个墓穴，就有七十一亩。他家的阳宅修得很有气势：

---

① 溥杰：《回忆醇亲王府的生活》，载《晚清宫廷生活见闻》，文史资料出版社 1982 年版，第 243 页。

② 吴履福等修，缪荃孙等纂：《昌平州志》第 10 卷，《中国地方志集成 · 北京府县志辑》第 4 册，世纪出版集团、上海书店出版社 2002 年版，第 17 页。

③ 《马佳氏宗谱文献汇编》乙编第 6 卷，《北京雅希禅墓》，第 514—515 页。

其门西向，围墙三十九丈余，上房三间，向西罩房三间，耳房二间，后院耳房四间，大门西房七间，中间月洞门墙一道，其南北房六间，尚未起造。是年四月兴工，阅两月告成，共费银三千两。①

仅修筑阳宅就花了三千两，这在当时是一笔很大的费用。不仅盖房筑墙，还要绕墙栽植槐柳，以示兴发之象。这也是富裕人家的习见做法。另外，有些人家在坟地四围植种松柏，密如墙壁，四围不再砌墙，名曰"松墙子"。

总起来看，茔地与祭田的规模与旗人家庭的政治、经济地位是成正比的。

（三）茔地和祭田的管理

关于茔地和祭田的管理，各族姓都有一些约定俗成的规定，虽然其具体内容不尽相同，在维护茔地和祭田稳定性方面所起作用则是一致的。戴全德家的祭田有十三顷六十九亩，"每岁入其租息，备四时祭祀，以及修葺之用"。他有子五房，凡收租治祭备坟葺屋之事，皆按年轮管，契归长房收执。②乌雅氏家的祭田有八顷六十亩，其收入"上不废先人之祭祀，下可养后人之身家"。赵佳氏家的祭田多达二十四顷七十亩余。每岁租银三百两，宽街祠堂年节朔望需用香烛供献共十处，计用银一百八十两；阿里衮、丰升额二处三节祭扫，计用银五十两，余银七十两备修墓用。

马佳氏升寅，满洲镶黄旗人，嘉庆年间署盛京将军，后移居北京东城新鲜胡同，任礼部尚书等职。道光十四年（1834），升寅卒。他生前清操亮节，无田产私蓄，及死，其子宝琳等人得朝廷赏赐和内外官员赙赠，始置地四顷于北京东北崔各庄，除立茔并养赡坟丁用地九十亩，余地三顷一十亩作为祭田。祭田每年收租京钱三百一十千，专为祠祭、墓祭之用。《家庙规则》特别规定：祠祭、墓祀余额，"为添修祭器及岁修之用，如祠墓有大修兴作，应由有力子孙量力筹办"。又申明："子孙固不得典售干咎，亦不准挪移他用，违者以不孝论。"③

---

① 介臣撰：《东茔阳宅碑记》，光绪四年七月，碑在北京丰台区岳各庄魏家村，载《拓本汇编》第84册，第179页。

② 乾隆五十六年戴全德撰，嘉庆三年五月十三日铁保正书，碑在北京怀柔县城西东坟村，载《拓本汇编》第77册，第35页。

③ 《马佳氏宗谱文献汇编》乙编第6卷，第516、528页。

图 74　肃亲王墓地石享堂(北京石刻博物馆)

索绰络氏宗祠原在东四牌楼十条胡同，毁于一场大火。又改建于十条胡同东口外。光绪初年，因宗祠年久倾圮，重加修缮，计有房屋二百四十余间，祭田四百余亩。为了防止家业流失，除将房产和祭田开单绘图、呈报本旗都统存案外，复勒石镶于祠壁，"以垂永久，俾子孙恪守"。[①]

坟茔一般几十年修理一次，费用通常出自祭田收益。庆安家的祭田有三顷一十三亩，共二十四段。其中九段二顷七十亩地共收租银九十两零四钱，另外十五段四十三亩为坟丁养赡家口和葬埋下人用地，无租。他家自乾隆四十二年（1777）至嘉庆六年（1801），存积余剩祭费银五百五十四两五钱，作为修理坟茔之费。于次年（1802）二月鸠工庀材，内外公门、内外月台、内外通道、周围土墙、东西角门、耳房等，逐一修葺完固，用银五百六十两。[②]

管理祭田是家族中的一项"肥缺"，容易引起各房的觊觎以致纷争。为了减少纷争，各家族向有不同规定。主要方式，一种是前面提到的

[①] 国英撰：《吉林索绰络氏宗祠记》，光绪六年八月，碑在北京东城区建国门内大街，载《拓本汇编》第85册，第21页。

[②] 《庆安茔地碑》，嘉庆七年，载《雪屐寻碑录》第15卷，第3058页。

"按年轮管",利益均沾。还有一种是由长房管理。① 如果是贵族家,则归爵位高者管理。爵位最高者,往往也就是长房。赵佳氏一家,有世袭公爵一、世袭子爵一。其夫丰升额既是阿里衮长子,又袭一等公爵,故管理祭田,负责一切祭扫活动。也就是碑文中所说:"向来近族因无祭田,一切祭扫之事藉袭公爵者出资办理。"赵佳氏还特别规定:"嗣后长房子孙有袭公者有袭子者,则此地归之袭公之人,如不袭公而袭子,则此地归之袭子之人。"只有在长房后人陵替、无爵可袭的情况下,才可由二三四房之嗣中有爵位者管理,即"应袭子爵即令袭子爵者承管此祭山"。赵佳氏明确规定四房中长房优先,长房中爵高者优先的原则,刻碑存记,目的在于"祀田有专属,祀典有责成,即代远年湮,可以恪守"。②

图 75 礼王坟遗址(北京海淀红旗村)

(四) 禁忌与习惯

每一旗人家庭,关于茔地和祭田,都有自己的禁忌和习惯。前引荆州

---

① 参见赖惠敏《天潢贵胄——清皇族的阶层结构与经济生活》,第 136 页。
② 《赵佳氏祭田碑记》,刻于乾隆五十五年,《雪屐寻碑录》第 14 卷,第 3054 页。类似做法见于宗室贵族中,见赖惠敏《天潢贵胄——清皇族的阶层结构与经济生活》,第 136 页。

将军德敏墓碑志，对茔地、祭田事务作了十条规定，要求后世子孙严格遵守：（1）御赐碑文乃国家旷典，后世子孙务宜敬谨看守，毋致损坏。如有损坏碑文者，准众子孙公同逐出户外。（2）祖父坟墓毋因乏嗣而听风水之言，迁棺移葬，致使骸骨不安。如有迁移坟墓者，准众子孙公同逐出户外。（3）祭田存公，其每岁地租以备修葺墙垣、补种树木之用，毋得以糊口无资相（按：此句后缺文）。（4）月台围墙宫门，务须随时修补，不得拆毁，以失观瞻，如有拆毁者，准众子孙将伊应得地租扣除赔修。（5）所栽树木，偶有回干，理宜补种，毋得砍伐活树以作炊爨，如有砍伐活树者，准众子孙将伊应得地租扣除补种。（6）阳宅原为上坟聚集起坐之所，毋得率性居住，任意骚扰，如有住公所以省房租者，准众子孙将伊应得地租扣除赔修。（7）子孙内或因阵亡而有功于国家者，准其入葬外，非正命而死者概不准入，如有妄行入葬者，准众子孙公同掷出。（8）使妾本非敌礼，岂容并葬，除妾有生子嗣者，权许并葬外，其余概不准入葬坟院，如有擅行入葬者，准子孙公同掷出。（9）无子嗣并未娶室者，不得冒入安葬，有碍风水，如有擅行霸入者，准众子孙公同掷出。（10）轮流祭扫，本令皆得尽其诚敬，源［原］无分于尔我，每逢上坟，务须各家皆到，如有托故推病指差不到者，异日令伊知会众人，自行补奠。

这十条规定，比较完整地反映了旗人在丧葬和祭祀方面的禁忌和礼俗。其中，对毁坏碑文、妄迁祖坟，将使妾、非正命死亡子孙、未婚子孙妄行入葬等行为的处罚尤为严厉。"逐出户外"，也就是开除族籍。

在其他旗人碑记中，也可以看到类似的一些规定。景福《兀扎喇氏茔地碑记》，特别强调不得轻信术士之言，妄改茔地：父母茔地"堪舆家亟称之，金谓富贵科名不可胜量"，十年来，自己仕途遂意，家道渐隆，就其明证。并遗言后世子孙："毋惑术士之言，妄为改作。"碑末言："计地七十一亩……点定三穴，多葬无益，道中尖地最为扼要。"①

关于婴儿、未婚子女、使妾不得入葬祖茔的禁约，在相当长一段时间里被旗人广泛遵守。康熙二十一年（1682）皇室未满月的公主病故，内务府总管巴图奏言："我朝之先例，幼童盖［概］不制棺……即于彼时用

---

① 碑刻于光绪四年七月，碑在北京丰台区岳各庄魏家村，景福撰，载《拓本汇编》第84册，第169页。

单被裹出，送一净地火化。勿敛勿埋，自然了之。"① 皇子的媵妾亦不得入葬园寝。康熙五十二年（1713）闰五月内务府奏请，二阿哥身边之女亡故，即照从前阿哥身边女亡故后，送地坛后面茔地，斋戒后安葬例办理。② 同样，王公媵妾不能入葬祖茔，必须另辟坟地。③

贵族早殇子女也在祖茔外择地而葬。1962年在北京西城区德胜门外小西天现北京师范大学西南角发掘一三层拱券顶豪华墓室，墓以砖、大理石和汉白玉构筑，棺床中央放置一木质骨灰盒，甬道中央有汉白玉碑一通，上刻"清故淑女黑舍里氏圹志铭"。圹志铭曰：

> 淑女黑舍里氏法名众圣保，皇清光禄大夫、辅政大臣、一等公文忠索公、一品夫人佟佳氏孙女，光禄大夫、太子太傅、户部尚书、保和殿大学士愚菴索公、一品夫人佟氏长女也。生而聪慧，三四岁俨若成人，至性温纯，动与礼合，事祖母、父母孝敬不违。咸谓异日必贵而多福也。岂料［顿嬗］，忽遭疹疾，时淑女犹跪祷神前，顾保稚年以慰抚育至意也。虽古之娴习四教者不能及已，何天不佑，［顿］尔玉殒。祖母父母俱痛惜悯悼不能自已。因择吉壤以妥之。淑女年仅七龄，生于康熙戊申年（七年，1667）七月十三日，［卒］于甲寅年（十三年，1674）十二月二十七日。今乙卯（十四年，1675）四月廿一日葬于德胜门外之新阡（以下铭辞略）。④

圹志铭即墓志铭，是埋入墓中记载墓主姓名家世和水平事迹的标识物。墓主黑舍里氏（赫舍里氏），系康熙朝辅政大臣索尼长孙女。索尼历仕清太祖、太宗、世祖、圣祖四朝，为开国勋臣，卒于康熙六年（1667）。黑舍里氏之父索额图，少年得志，康熙八年（1669）清除鳌拜一党，推为首功，升保和殿大学士。索额图兄噶布喇之女是康熙皇后（孝诚皇后），于康熙十三年（1674）生太子允礽。索额图兼有皇后戚族和名门贵胄的双

---

① 中国第一历史档案馆编：《康熙朝满文朱批奏折全译》，中国社会科学出版社1996年版，第1539页。
② 同上书，第859页。
③ 赖惠敏：《天潢贵胄——清皇族的阶层结构与经济生活》，第141页。
④ 沈荃撰并正书，志作碑式，阳满文，阴汉文。北京海淀区太平庄出土，现藏北京石刻博物馆，又载《拓本汇编》第63册，第69页。

重身份，自是荣宠无比。然而令他痛彻心脾的是，就在这一年，爱女黑舍里氏患痘疫亡。（见图76）

痘疫，又叫痘疹，也就是民间俗称的"出痘"。在当时医疗条件非常落后的情况下，出痘是人生的一大关，须过此关，生命才算有了几分保障。不但小孩，大人也如此。顺治皇帝就是出痘死的。满洲人由关外入居关内，对痘疫的抵抗力似乎尤弱，出痘时亦如黑舍里氏，不过"跪祷神前"而已，因此丧命者比比皆是，故畏之尤甚。为了能保证子女顺利成长，消灾免祸，满洲旗人亦如汉人，只有祈祷神祇的保佑。给黑舍里氏取法名"众圣保"，就是父母舐犊情深的一个例子。当时流行于满人民间的名字还有"众僧保""菩萨保""释迦保""佛保""观音保""韦驮保"等，不一而足。①

图76　康熙名臣索额图女黑舍里氏众圣保圹志拓本
（碑阳满文，碑阴汉文）

黑舍里氏死时仅七岁，照例不能入葬祖坟，为此索额图在索家祖茔北一里许为她专门修了坟墓。她的墓室豪华，用料精细，作工考究，随葬有瓷器、玉器、铜器，多为唐、宋以下历朝传世珍宝。② 足见史书所载"索额图巨富，通国莫及"③，并非虚语。与黑舍里氏同地，尚有墓室三座，按常规推测，这三位墓主也应是索家不能入祖茔的成员。

不过，晚清以降，早殇幼子女不得入祖茔的旧例已不再被严格遵守。恭亲王奕訢早殇的诸子女，都葬在园寝内。同治三年（1864）二月，奕訢第二女夭折。她生于咸丰十年（1860）二月，卒时仅三岁。四个月后，

---

① 康熙四十四年阿进达墓碑载：阿进达殁后，其妻生一遗腹子，祖母"捧负珍如掌珠，锡以佛名众僧保"，"岂意年方十岁，患痘而殇"。与众圣保的命运如出一辙。见《雪屐寻碑录》第10卷，第3000页。

② 北京市文物研究所编：《北京考古四十年》，北京燕山出版社1990年版，第209页。

③ 《清圣祖实录》第99卷，第9页。

奕䜣第三子载浚生。适逢清军克复太平天国都城天京（今南京市），当时奕䜣已位极人臣，为议政王，于是恩封奕䜣诸子，生仅一月的载浚竟得封辅国公。其获封年龄之幼，在有清一代是空前绝后的。奕䜣信佛，曾臆想载浚是爱女转世，心里稍感慰藉，谁知两年后载浚又夭折。及将载浚葬于昌平州翠华山（在今北京昌平县东三十里的翠华山前麻峪），奕䜣复将已故多年的第二女的棺椁迁往一处安葬。他担心爱女葬处"无所表于后世"，又专门写了墓志铭。铭文写得真切动人，慈父爱女之情充溢其间。中曰："汝卒之四月，而汝弟浚生。阅二年，而浚又死。其殆汝之灵不昧，而故托伊以来耶？然无端而来，又无端而去，抑何必为此一见再见，以重伤吾之心耶？其当皆归于命耶？"① 奕䜣为子女的一再殇逝哀痛不已，深感生命的脆弱，人世的不可测，最终只有归结为命运安排了。

奕䜣卒于光绪二十四年（1898）四月，选定的园寝就在葬有早夭诸子女的翠华山麻峪。园寝中专门辟有一处俗称阿哥圈的"小园"，里面除早年入葬的第二女和第三子载浚外，还陆续葬有奕䜣的第三女、四女和第四子不入八分公载潢。② 其他如醇亲王早殇诸子女，也是集中葬在园寝的"阿哥圈"中，并未另葬他处。（见图77、78）

据此看来，旗人中的某些禁忌，随着时间的推移似乎也有所松动。

以上主要依据碑刻史料，对清代北京旗人的茔地和祭田进行了初步考察。茔地和祭田，是旗人土地的重要组成部分，考察其来源，大体有七种，即圈地、置买地、置换地、回赎地、遗留地、恩赐地、拨给地。清入关初，旗地来源单一，圈地构成茔地和祭田的主要来源，以后随着旗地来源多样化，以及风水意识的抬头、家族组织的分析等原因，茔地和祭田的来源也变得复杂起来，这些情况，为了解清代旗人内部以及旗人与民人之间的社会关系和经济关系，提供了一个新的视角。

茔地和祭田的管理与相关活动，是旗人生活的重要内容，对家族和宗族内部血缘纽带的维系起着至关重要的作用。它在提供生存保障、缓解生计压力等方面所起的作用，也是显而易见的。

各族姓关于茔地和祭田的管理虽然有着不尽相同的规定，但它们在强

---

① 恭亲王：《第二女墓志铭》，载盛昱等编《八旗文经》第49卷，辽沈书社1988年标点本，第396页。
② 冯其利：《清代王爷坟》（下），载《文史资料选编》第44辑，北京出版社1992年版，第284页。

第三章　旗房与旗地　　161

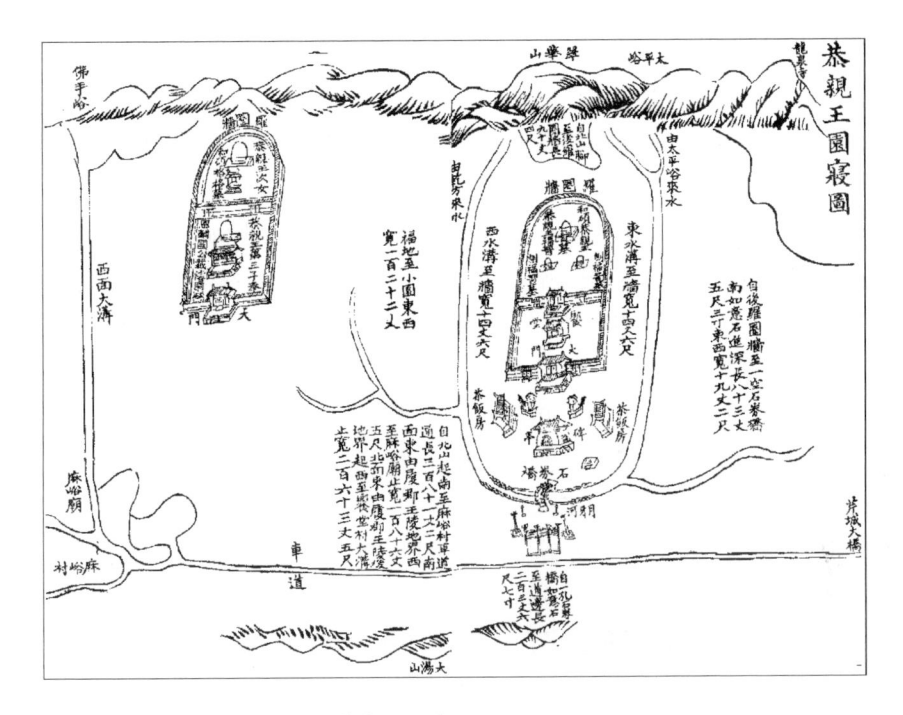

图 77　恭亲王园寝图(光绪《昌平州志》)

图 78　恭亲王园寝牌坊(北京密云秦城)

化祖先意识、巩固血缘纽带、维系茔地和祭田稳定性所起的作用则是一致的。其中有关未婚子女、使妾不得入葬祖坟的禁例，以及祖坟内严格的辈分序列和与之相适应的祭祀程式，则是各族姓内部等级制度和宗法关系的集中体现。

在旗人各类土地中，茔地和祭田无疑是稳定性最强的一部分。这首先是由它们被赋予的"神圣"性质所决定的。此外，传统观念的束缚、族人间的相互牵制、严格的防范措施，也是遏制这部分土地外溢的重要因素。

揭示茔地和祭田的多重内涵，对了解旗人家庭组织、家族和宗族关系、风俗习惯、文化观念，也有参考价值。至于旗人在这些方面多大程度上承袭了满人传统，又在多大程度上濡染了汉人风习，以及满洲、蒙古、汉军旗人家庭之间存在的差异等更深一层的问题，仍有待专门的探讨。

第四节　旗人的施舍地

旗人施舍地，指旗人施舍给寺观的土地。数十万旗人居住北京内城，除当兵做官外无所事事，加之经济收入比较稳定，到寺观赶会进香，施银舍物，很快成为一种时尚。更有许多善男信女，将土地钱财慷慨地施舍给寺观。施舍土地的既有旗人也有民人，而以前者尤为踊跃。揭示旗人舍地现象，对了解旗地的流失、旗人的信仰及其与寺观的关系，均有意义。这里试以碑刻拓片为基本资料，从旗人舍地的来源、旗人施主的身份、旗人舍地的对象、旗人舍地的影响诸方面，进行初步考察。

一　旗人舍地的来源

清代北京城内外的寺庙宫观，星罗棋布。寺观维持正常运转，主要通过两个途径：自身经营和施主（又称功德主、檀信、檀越）施舍，自身经营必须有寺观经济作为基础，不是许多寺观都能具备的，接受施舍就具有举足轻重的作用。施舍包括：不动产（房、地）、银钱（用于扩大基址、修葺殿宇、僧道日用、祭祀香火、传戒费用）、实物法器。其中，不动产可以提供长期稳定的经济收入（收取租银），尤为寺观所重。

对于施主善举，寺观通常刻立石碑。这种做法，首先是基于对施主的表彰，同时寓有奖劝善信慷慨解囊的目的。另外，舍地碑无异于永久性契书，对于证明土地来源合法性、防止施主子孙或亲属的无理纠缠乃至土地日久迷失，也具有重要作用。

舍地碑行文格式不尽相同，有的称颂施主善举，有的记述施舍缘由，有的照录舍契原文，但不管怎么写，通常总包含以下要素：施主姓名、舍地来源、额数、坐落四至、立碑时间，有的还要说明施主籍贯（是旗籍还是民籍）、施舍目的、所舍土地价格与质地，舍契交付，写字人、说合人、中保人（中见人）姓名，以及"永为寺业，各无争竞"，"永不反悔"之类的担保。

舍地碑对土地来源的说明通常比较简略，如说"有地""有开荒民地""自置地""自典地""祖业地"。说明土地来源，主要是为了确保产权让渡的合法性，而使用"有地"一类的措辞却未免过于简单。其中，明确说明自置地的有康熙四十九年（1710）岫云寺《五十三舍地碑》，这也是目前所见旗人舍地碑中为时最早的一通：

> 大清康熙四十九年岁次庚寅闰七月
> 　　信士五十三同男苏兴捐金买稻田一段计□顷，永远供奉岫云常住，以为香火。兹于康熙四十六年七月吉日买稻田一段四十亩，□至本寺地，南至本寺地，西至砖瓦窑，北至官道。又四十九年五月吉日买稻田一段六十亩，东至本寺地，南至鹌鹑户地，西至官道，北至本寺地。
> 　　施主市银五百两买稻田二段共一顷。其地□□□址俱开分明。
> 　　钦命潭柘山岫云寺□持道林□①

此碑系潭柘山岫云寺住持道林刻立。（见图79）岫云寺位于京西门头沟宝珠峰下，始建于西晋，初名嘉福寺。清代，因康熙帝题有"敕建岫云禅寺"，改名岫云寺。又因寺后山上有青龙潭，寺前山坡上遍植柘树，习称"潭柘寺"。

满人命名常取数字，是一种古老传统，如某人出生时，其祖父七十岁，就给他取名叫"那丹珠"，即满语七十之意，但满语名字毕竟难懂，所以越来越多的人改用汉语，这是汉人所没有的习惯，说明施主五十三为

---

① 碑在北京门头沟区上岸栗园庄，载《拓本汇编》第66册，第148页。

满人无疑。五十三同子苏兴于康熙四十六年七月、四十九年五月前后两次置买稻田二段共一顷，用银五百两，舍给岫云寺作为香火地。

自置地也就是置买得来的土地，因现地主拥有充分的土地所有权和处置权，施舍手续比较简便。相比之下，施舍自典地因涉及原主权益，产权关系复杂，转让地权的难度也比较大。乾隆十九年（1754）《福增格施地供众碑记》：

图79 康熙四十九年五十三舍地碑

> 功德主、散秩大臣、副都统兼管右翼步军总尉事、佐领、和硕额驸福增格撰并书。
>
> 西峪云居寺，京西之巨制也。自滇师开山以来，不事庄严，清修苦行，因距先祖文端公先茔甚迩，是以余家三世护持焚修，将及六十年矣。今有增格典到正白旗汉军石勇佐领下伊凌阿地二十顷零五十亩、瓦房十五间、土房二十五间、场院、园子、井、树，坐落新城县栗各庄，用价银五千两，契写三十年后银到取赎。后因知增格愿舍与龙天常住供众，石姓原典主亦乐劝善举，亲写"永不取赎"契约。是以余情愿尽写舍契施与常住，永为寺业，各无争竞，久远存验。
>
> 乾隆十九年闰四月十五日①

云居寺又称西峪寺，位于今北京西南郊的房山地区，隋唐时代由幽州智泉寺静琬法师创建，历代屡有修葺，成为规模宏伟、僧侣众多的巨刹，以藏有万千珍贵的石刻佛经板而闻名遐迩。

上引碑文无异于舍地契的翻版，由施主亲自撰写并书。立舍契人福增格，又译福增额，大学士伊桑阿之孙，尚郡主，诏封和硕额驸，由副都统任盛京侍郎。平生多次出征，军旅中吟诵不辍，填词尤工。② 伊桑

---

① 碑在北京房山区云居寺，碑阴为乾隆二十年四月八日《吴王氏施地碑》，载《拓本汇编》第71册，第36页。

② 《八旗满洲氏族通谱》第14卷，第2页上；《清世宗实录》第43卷，第4页上；法式善撰、张寅彭等校：《梧门诗话合校》，凤凰出版社2005年版，第216页。

阿系康熙朝名臣，死谥文端，入祀贤良祠，《清史列传》卷九有传。其家祖坟位于云居寺东南，今北京房山区岳各庄镇皇后台村。①（见图80、81）福增格祖孙三代六十余年间对云居寺始终护持焚修，他将典到汉军旗人伊凌阿地二十顷零五十亩、瓦房十五间、土房二十五间及相关附产舍予该寺，正是这种关系的进一步发展。当初典买这些土地，福增格共用五千两银子。如此巨额的施舍，至少在笔者所见旗人舍地碑中，是为数最多的一例。

图80　伊桑阿墓地(北京房山皇后台村)

福增格所施土地为自典地。与自置地相比，施舍典地难度较大。究其原因：典地是一种所有权与使用权分离的、不充分的买卖形式，在土地出典期间，现典主拥有使用权、处分权或转典他人权，原业主则保留出典限满后的回赎权（如上引碑文中所云："契写三十年后银到取赎"）。在此种场合，现典主难以实现真正法律意义上的产权转移，只有当原业主声明放弃回赎权时，才另当别论。在这起施舍中，我们看到的正是这种情况：福

---

① 参见冯其利《京郊清墓探寻——大学士墓》，载《北京档案史料》2002年第2期，新华出版社2002年版，第300页。

图81　伊桑阿墓地牌坊

增格在征得石姓原业主同意，并由后者亲笔书写"永不取赎"契约后，终于将土地施舍给云居寺。

问题是：如果原业主不愿放弃回赎权，是否还有权宜办法呢？不妨参考当时民间流行的做法。据《诸公施舍永为药王庙碑记》：村民张自贵施舍典契地五亩，典价一百五十吊，日后价归香火。① "价归香火"的意思，就是一旦原业主按典契规定期限回赎土地，所付价银归寺庙收取。另外，还有明确规定将价银依旧置地的，《李永福捐助烧煤地亩记》写明：施主李永福将自典地两段，一段三亩典价五十吊，一段三亩典价十九两，舍于寺，倘原业主赎回，价照旧置地。该碑记又载：海玉堂交寺银二十两，当年置典契地五亩，如原业回赎，仍然置地。② 在这种场合，碑文无一例外，都要注明典地价，以便日后办理回赎并用所付价银重新置地。此种变通做法，既广泛流行于民间，当然也适用于旗人。说明在原业主保留回赎权的情况下，现典主依旧可以实现施舍土地的愿望。

---

① 光绪八年十月刻，碑在北京顺义县北向阳村，载《拓本汇编》第85册，第101—102页。

② 光绪十年三月刻，碑在北京昌平县阳坊镇西贯市清真寺，载《拓本汇编》第85册，第140页。

二 旗人施主的身份

在清代社会里，旗人有别于民人而自成一社会群体。在旗人内部，上起皇族贵胄，阀阅世家，下至普通旗人，以至奴仆家丁，又分为不同阶层。那么，旗人施主主要来自哪些阶层呢？

首先是皇室阶层。满洲皇室是旗人最上层，他们广占庄田，家资富赡，赏赐或施舍财物土地于名刹古观，尤为慷慨。康熙帝玄烨曾赏赐云居寺住持溟波大师银两。溟波是著名高僧，法迹远播，皇亲显贵多与之交。玄烨先后三次到岫云寺留住，并为寺中殿宇庭院赐名、书匾、题诗。三十一年（1692）拨库帑一万两重修大殿。皇室贵族也纷纷到寺焚香敬佛，参禅悟道，或馈赠金银法器、斋僧银两。孝惠皇太后自康熙四十三年至五十六年间每年赐饭僧银五百两，又织金幢五十对，织金幡五十对，锦幔一百方，龙缎桌围二百条，绣锦经盖八百幅。怡亲王、果亲王、庄亲王、显亲王等也竞相施舍。①

坐落在北京西郊阳台东麓的大觉寺，历经辽、金、元、明、清诸朝，已逾千载，为著名的禅宗寺院。康熙年间，时在藩邸的皇四子胤禛出资修缮大觉寺，并推荐迦陵（性音）禅师任住持。此后，大觉寺作为一座敕建禅寺和雍、乾两代皇帝的行宫，多次由皇室动帑修缮。②（见图82）

皇帝的赏赐，出自内府库帑，实际上是国家财产，而王公贵族乃至一般旗人的施舍，却是实实在在的私有财产，从这个意义上讲，赏赐与施舍的性质是有所区别的。不过，皇帝的赏赐，对施舍之风起到推波助澜的作用，也是显而易见的。

隆福寺是内城大喇嘛寺。（见图83）康熙五十二年（1713），康熙帝赏给该寺大喇嘛穆尔根绰尔济坐落房山县佃子村地十二顷三十二亩，又山坡地三十五亩七分，共地十二顷六十七亩七分。③ 说明皇帝对寺观的赏赐，虽以银货为主，有时也包括土地。嘉庆帝曾赐云居寺稻田。④ 光绪间，皇六子和硕恭亲王因躲避政治倾轧在戒台寺一住十年，在此期间捐资重修戒台寺

---

① 宗室神穆德：《潭柘山岫云寺志》第1卷，光绪九年（1883）刊本。
② 孙荣芬等：《大觉禅寺》，北京出版社2006年版，第2页。
③ 《户部为觉罗德庆控告高世瑞等霸地事致宗人府咨呈》乾隆五十四年十一月初十日，载《清代档案史料丛编》第5辑，第134页。
④ 《云居寺纪赐稻田碑》，载溥儒辑《白带山志》第4卷，民国三十七年（1948）版。

图 82　大觉寺内醇亲王题匾额

罗汉堂、千佛阁等处①；他还出资为戒台寺赎回庄院一座，土地七顷余。由此，他成为戒台寺最大施主。② 镇国公毓炤则将土地施舍给丰台花神庙。③ 这些事实又表明：康熙朝以后，对寺观的施舍在皇室中一直蔚然成风。④

在满洲贵族的表率下，普通旗人向各寺观施舍钱物、田产者也很踊跃。

岫云寺内观音殿、文殊殿、祖堂、龙王殿、大悲殿、孔雀殿、地藏殿等许多建筑，都是由旗人和民人出资捐造的。在捐造殿宇的同时，还有人施舍土地，上引《五十三舍地碑》，就是旗人将自置地舍给该寺的一个例子。据《潭柘山岫云寺志》：捐造大悲殿者为"信官五十三"⑤，与上面提到的施主可能是同一人。五十三身为八旗官员，既独力捐造大悲殿，又购田施地，足以想见他信仰的虔诚和家资的富赡。乾隆六年，怡亲王府总管李天福、王配为资助岫云寺举办龙华法会，各捐俸二百两，加上其他善

---

① 《重修万寿寺戒坛碑记》，光绪十七年，载《拓本汇编》第86册，第197页。
② 张云涛：《北京戒台寺石刻》，北京燕山出版社2007年版，第41页。
③ 《花神庙施地碑》，碑在北京丰台区花神庙村。立碑人炤公，即康熙帝第二子允祉四世孙毓炤。毓炤光绪二十二年袭镇国公。载《拓本汇编》第89册，第178页。
④ 在近年出版的杨亦武《上方山兜率寺》（华文出版社2004年版）、孙荣芳、张蕴芬、宣立品《大觉禅寺》二书中，也收有这方面资料，可以参考。
⑤ 《潭柘山岫云寺志》第1卷，第18页上。

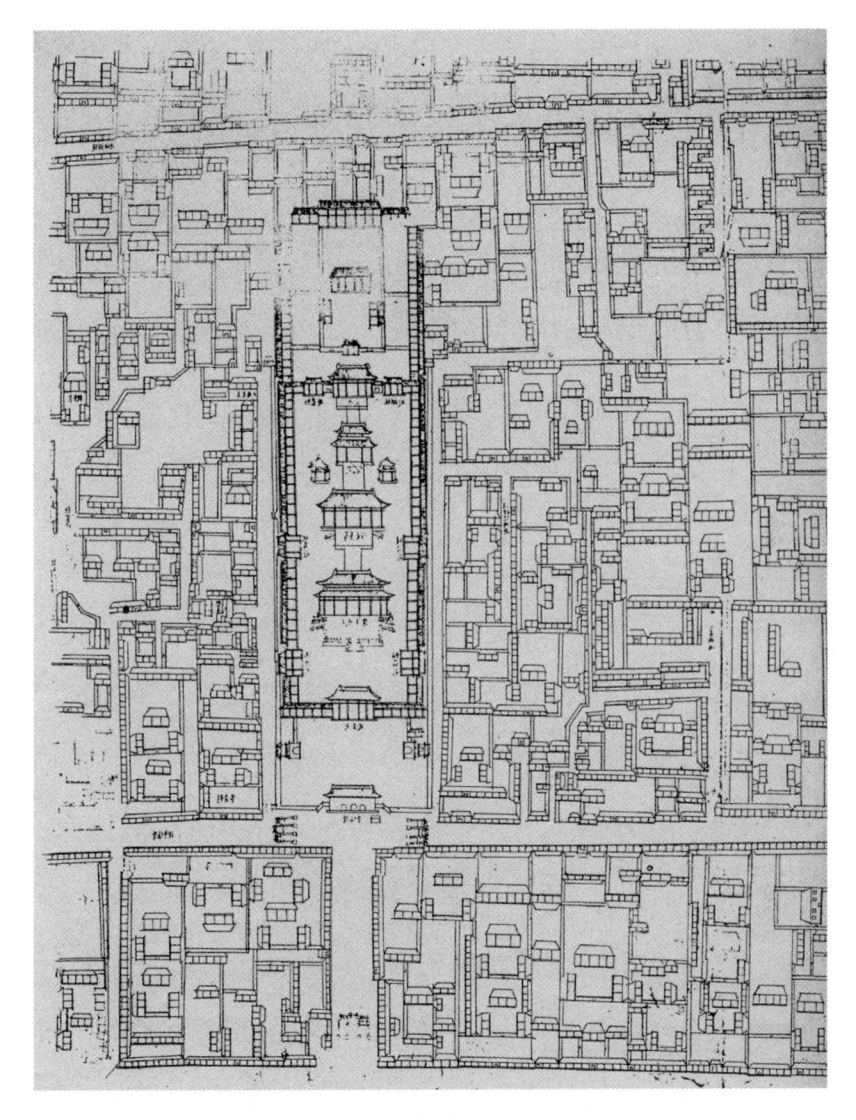

图 83　京师内城隆福寺(《乾隆京城全图》)

信所捐二百五十两，合置昌平州稻地三顷十亩。① 李、王二总管，是王府中地位最高的包衣旗人，他们掌管内外钱粮土地，收入丰厚，有实力为寺观慷慨布施。

戒台寺是与岫云寺、云居寺齐名的巨刹，位于今北京市门头沟区永定

---

① 《潭柘寺置地修道碑》，《拓本汇编》第 69 册，第 96 页。

镇马鞍山麓，在唐代额曰"慧聚"，明正统年间赐名"万寿"，内有规模居全国之首的戒台，素有"天下第一坛"之称，因常在此台开坛传戒，俗称戒坛寺或戒台寺。京师的旗民人等、善男信女，自发组织起香会，捐献香火钱、香火地或实物给戒台寺，这成为该寺维持日常开支的重要来源。乾隆二十九年（1764），崇文门内王府总管高淳等，召集晋商郭藩周等一百九十五人集资为寺中竖立大旗杆。《旗人常福保等舍地碑》，集中记载乾隆四十二年至五十年间旗民人等向戒台寺施舍土地的一些情况：

> 立舍地人厢白旗宗室永锡佐领下宗室常福保，有地三段九十四［亩］，坐落通州南□□庄。庄南一段廿亩，庄西一段五十亩，庄西南［一段］□□亩，同庄头周永佩、吴兴、倪秉仁舍与戒台寺，永作佛前香火，永不反悔，刻碑流芳。
>
> 乾隆四十二年正月　　立舍地人宗室常福保
>
> 立舍地人厢白旗宗室永锡佐领下宗室荣喜，有开荒民地十一段一［二？］顷六十五亩，坐落通州南共吉店村南，同庄头周永佩、管家□昌、中见人吴兴、倪秉仁舍给戒台寺，永作佛前香火，永不反悔，刻碑流芳。
>
> 乾隆四十二年十二月十七日　　立舍地人宗室荣喜
>
> 立舍地人厢白旗永锡佐领下宗室宁泰，有地一顷零二亩，坐落［通］州南共吉店西；又苏家庄，房地相连，四顷有余一段，同庄头杨蓉与本庄大和尚，舍给戒台寺，永作佛前香火，永不反悔，刻碑流芳。
>
> 乾隆四十四年八月廿八日　　立舍地人宗室宁泰
>
> 固安县西蛮子营村关帝庙是戒台寺下院，立舍地人正黄旗汉军邵源浩佐领下吏部小京官杨，有地三段四十亩，坐落蛮子营村西二段，一段八亩，又一段五亩，村南一段廿七亩，同管家周德福、中人梁谟舍给戒台寺，永作佛前香火。
>
> 乾隆四十四年十月廿六日　　立舍地人杨畯
>
> 立舍地人厢蓝旗包衣富森牛录马甲伊立布，有自置地一顷廿亩，坐落固安西苏家桥村北，南北地二段，每段六十亩，同婶母廖门李氏舍给戒台寺，永作佛前香火，刻碑流芳。中见人姚廷必、官保。
>
> 乾隆四十四年十一月卅日舍

(以下尚有乾隆四十七年四月、四十八年十二月、五十年十月旗人、民人将"开荒民地"、"本身地"舍给戒台寺的契书，涣漫不清。)①

上引碑由戒台寺刻立，载有乾隆四十二、四十四、四十七、四十八等年善信人舍地的一些情况，照录舍地契原文，可惜部分文字已泐，难以辨识。

舍地旗人中有镶白旗宗室常福保、荣喜、宁泰，正黄旗汉军吏部小京官杨晙，镶蓝旗包衣牛录下马甲伊立布，他们的社会身份不尽相同，既有满洲也有汉军，既有皇室贵族（宗室），也有包衣牛录下人。从一个侧面反映了舍地旗人的广泛性。

五位施主共舍地九顷一十七亩，其中五顷余的一位，一顷余的二位，九十亩和四十亩的各一位。这说明旗人舍地多在顷亩以上。

碑文还反映了舍地必须履行的程序，由施主写立舍地契，并与庄头、管家、中见人等共同担保。碑文中提到的"庄头"，均隶属宗室，即宗室常福保的庄头周永佩、吴兴、倪秉仁，宗室荣喜的庄头周永佩，宗室宁泰的庄头杨蓉。清初圈占畿辅大片土地，将其中一部分分给皇帝和王公贵族，建立官庄和王庄。庄头是管理农庄的头目，有条件设庄的宗室贵族，都占有大地产。以后，一些贵族又通过兼并扩大对土地的占有。宗室荣喜所施土地为"开荒民地"，显然是得自民间的土地。

清初圈占畿辅大片土地，除将其中一部分分给皇帝和王公贵族设庄外，大部分分给八旗官兵作为份地。因为份地是按"计丁授田"原则分配的，占有大量奴仆壮丁的贵族获益最多，因此具有设立管家管理农庄的条件。印证上引碑文，旗人舍地一般在顷亩以上。慷慨的施舍，说明他们的社会身份虽不尽相同，均属旗人中的富裕阶层。

旗人舍地，首先是以家庭成员的名义，这与家庭是财产所有单位的情况是一致的。施舍者多为家庭中的男性家长（例甚多，从略），另外还有：父与子（《五十三舍地碑》），兄弟（《起刚等施舍房产碑记》），母与子（《圣文寺香火地碑记》），孀妇（《吴王氏施地碑》《重修关帝庙题名碑》），侄子同婶母（《旗人常福保等舍地碑》），总之，都是与所施土地

---

① 载《拓本汇编》第75册，第43页。

产权有直接关系的当事人。值得注意的一点，女性家长自主处置地产，只有在男性家长亡殁的前提下才可能实现，这始终是男权社会里的一个通则，旗人也不例外。

除了以家庭成员为单位，还有以香会名义施舍的。在这种场合，施舍的对象实际是会众集体的资产而非一家一户的私产。

香会，是民间祭神修葺的自发性组织，在旗人与民人中非常流行。成立于雍正十三年（1735）的岫云寺楞严胜会，例年会费除佛供僧斋外，十三年间节余五百六十两银，置地二顷，岁入租银二百零十两，献给岫云寺永作香火之需。① 乾隆十六年（1751）《广善米会置香火地碑》称："京都西直门广善米会众发诚心愿买水园地供奉常住，以作永远功德。"该会用银一百五十两，置地三段四十四亩，每年取租银十六两。永作戒台寺香火费。乾隆五十八年（1793）《广善米会捐资题名碑》记载：该会由德胜门外索家坟药王庙一带旗民百余人组成，每年例往戒台万寿寺献供斋僧敬礼施食。会众捐资钱一百七十二吊，置地三十亩，"得租永作佛前香供"。② 这两个广善米会，会址不同，一个在西直门，一个在德胜门，可能并非同一香会。还有由宣武门内西单牌楼旗民组织的如意会，每年四月间往戒台寺"礼佛献供斋僧施食济孤"。在会首蒋廷臣、亢希表率下共施银三百两置地二顷，每年得租钱一百千，"永作佛前香火"。③ 这些香会施舍的虽是地租，其实也是土地，因土地所有权已归属寺庙，并立有碑石作为凭证。

三　旗人舍地的对象

旗人舍地，以京郊名刹为主要对象（详见前文），也包括居处附近的中小寺观。雍正十二年（1734）四月《重修关帝庙题名碑》记载北京西北郊大榆河等村旗民人等向当地关帝庙施舍土地的事实：

> 大榆河关帝庙施舍并自置香火地亩四至清开于左：
> 山主一等阿达哈哈番舒数舍地一段四亩，坐落庙南，东至旗地，

---

① 《潭柘山岫云寺楞严胜会碑记》，乾隆十三年秋，载《拓本汇编》第70册，第34页。
② 《广善米会置香火地碑》，乾隆十六年九月，载《拓本汇编》第70册，第161页；《广善米会捐资题名碑》，乾隆五十八年八月八日，载《拓本汇编》第76册，第60页。
③ 《如意老会置香火地碑》，乾隆四十一年四月，载《拓本汇编》第73册，第177页。

西至庄窠，南至香火，北至旗地；又地一段四十亩，坐落村北，东至旗地，西至道，南至香火，北至旗地。内阁学士和素施庙身地一段。牛录章京兼员外郎事石头施庙身地一段。牛录章京□□科泰施地十八亩，坐落村东，东至旗地，西至民地，南至旗地，北至沙垌。宁秀布施地六亩，杜文路施地三亩，孔印凭施地三亩，共合十二亩，东至道西，西至旗地，南至香火，北至庄窠。安尚仁施地三十六亩，坐落关家坟西，东至坟，西至沟，南至道，北至旗地；又施地一段十四亩，东至道，西至龙母宫香火，南至沟，北至道。姚门常氏施地八亩，庄门沈氏施地八亩，共合十六亩，坐落村南，东至沟，西至道，南至坟，北至坟。自置香火地二十四亩，坐落村东南，东西至旗地，南至坟，北至道。又置地四十五亩，坐落村东，东西至旗地，南至坟，北至坟。又置地五十亩，坐落村东，东西至旗地，南北至道。又置地十四亩，坐落村东，东西至旗地，南至道，北至旗地。又置地三十六亩，坐落村东，四至俱在旗地。又置地十五亩，坐落村东，东西至旗地，南至道，北至旗地。又置地四十五亩，坐落村东，东至沟，西至道，南至旗地，北至道。

厢黄旗包衣下那六哥、全德、全福、全安、全宁施香火地一段四十亩，坐落玉河村东洼，东至民地，南至旗地，西至其［旗］地，北至其［旗］地。又置买地一段十亩，坐落村东翟家坟前，东至旗地，南至道，西至旗地，北至道（按此两段地亩系补刻）。

十方檀信芳名开列于后：

大榆河合村众善人等，皂甲屯合村众善人等，新庄合村众善人等（以下八十四人名从略）。①

榆河，又称玉河（今南沙河），在皂甲屯东南方流过。榆河（玉河）村、皂甲屯（皂荚屯）、新庄一带，清属昌平州（今属海淀区上庄乡），是康熙朝权臣、大学士明珠家族的赐庄、宅院和祖茔所在地。康熙四十七年（1708），明珠故后，明府总管安尚仁将当地东岳庙（皂荚屯东）、关帝庙（皂荚屯村南三里）、龙母宫（全称"龙王圣母庙"，皂荚屯东北）重修，各延高僧住持在内，朝夕焚修，供祀明珠牌位。新庄，原名新立

---

① 碑在北京海淀区上庄乡东北玉河村，载《拓本汇编》第68册，第143—144页。

庄，在皂荚屯西南，据说是由明珠家坟丁和其他人户迁入而形成（即今之上庄村）。①（见图84、85）

图84　康熙五十七年东岳
　　　行宫重修碑
　　　　（北京海淀上庄）

图85　龙王圣母庙
　　　　（北京海淀上庄）

---

① 黄兆桐：《关于纳兰性德在上庄地区史迹的调查报告》，打印稿本，2001年9月15日。

据碑阳《重修关帝庙碑记》，关帝庙始建于康熙四十四年（1705），至雍正八年（1730），前后两次增修，庙观辉煌，巍然焕然。不想方过一年，突发地震，使二十年之经营毁于一旦。僧人通理痛心之余，乃"蓄地亩之力，集檀信之资"，再次重修，雍正十二年竣工，通理因撰此碑，将寺观兴筑始末并受施、自置地亩情况记载其上。

关帝庙修筑仅二十年，通过善信的"施舍"和"自置"已拥有四顷多土地，均位于榆河村附近。其中，庙身地二段，施舍地十一段一百八十亩，自置地八段二百三十九亩。施主为周邻各村居民，既有一等阿达哈哈番（即一等轻车都尉，为三品八旗世职）舒数、内阁学士和素、牛录章京兼员外郎石头这样的朝廷命官，也有屯居旗人和皂甲、大榆河、新庄等村村民。

安尚仁（又称安尚义、安三、金义、钱仁），正黄旗包衣人，其先高丽人，清初入旗。安尚仁以替明珠贩盐而致富，与其子安歧贩盐于天津、扬州等处，拥资数百万。① 作为明府管家，安尚仁不仅主持了三寺观的修缮工程，还一次性向关帝庙施地五十亩。这说明，碑记上的其他一些施主，可能也是该家族的包衣（家人）或者家庭成员。

从上引碑文还可得知，当地旗地与民地（包括关帝庙香火地）是插花交错在一起的。清初以来，满汉旗民的界限原本分明，尤其在京师，旗人居内城，民人居外城，不允许混杂。但在京畿地区，因旗地与民地往往交错在一起，且旗地基本由民人耕种，就从地域关系上为旗人与民人的杂居提供了条件。作为同一地区甚至同一村落的居民，旗人与民人的交往方式多种多样，向庙宇施舍土地，就是一项基于共同信仰而热心参与的社会活动。

由世家大族和周围村民提供资助并拥有数顷土地的大榆河关帝庙，应属于中等规模的寺观。等而下之，还有许多小规模的寺观，作为本地居民的信仰中心，同样是受施对象。昌平州沙河关帝庙，既是当地乡民的供奉对象，也是开会聚议的场所，因此被奉为香火寺。该寺原有地二段，后来，正黄旗蒙古人赵仝氏同子伊兴阿又施舍一段十亩地。② 就个体而言，

---

① 邓之诚：《安歧》，载《骨董琐记全编》，北京出版社1996年版，第128页；房兆楹：《安歧》，[美] A. W. 恒慕义主编：《清代名人传略》（上），中国人民大学清史研究所翻译组译，青海人民出版社1990年版，第804页。

② 《圣文寺香火地碑记》，乾隆五十六年六月，碑在北京昌平县沙河文庙，载《拓本汇编》第75册，第179页。

图 86　关帝庙

这类寺观所受土地有限，几亩、十几亩，多不过几十亩，但由于为数甚多，星罗棋布于城郊村镇，受施土地的总量还是很可观的。

旗人踊跃捐施，究竟基于哪些原因？

首先是信仰："永作佛前香火。"(《旗人常福保等舍地碑》)

其次是祈福，即所谓"植之福果，生生自是不断"(《吴王氏施地碑》)，"作功德"(《资福寺施地题名碑》)。佛教认为布施可以修福。《上品大戒经》说："施佛塔庙，得千百倍报。布施沙门（僧人），得百倍报。"施主修福免灾，死后登西方极乐净土，永享天福，福泽绵延不绝，惠及子孙。关福里置买二顷六亩地施与极乐庵，在碑记中写道："凡我在族子孙，日后不得以常住地亩为己物,隳我培善之源,不能流传于后世也。"① 施舍行为必须得到后世子孙充分尊重,功德才能圆满,否则,前功尽弃,这正是许多施主所担心的。

再次是维持长期的特殊关系。福增格舍地给云居寺,自述是因为该寺距祖茔甚迩,是以三世护持焚修,将及六十年(《福增格施地供众碑记》);旗员奎某为香山玉皇顶静福寺置地修树,修整殿宇,也是因为寺后西山顶上有其亡妻李佳氏、王佳氏之墓。② 此处是奎某家祖坟阴宅,平日由静福寺悉心照料,给予一定回报也是合乎情理的。

与某个寺观保持一种特殊的亲密关系,在旗人贵族世家中是一种时尚。有清一代,皇帝潜邸或王公府邸舍为寺庙的就有雍正潜邸、怡亲王府、醇亲王府。另外,有些寺庙本身就是世家大户的家庙,如宗室额勒登保之妻张佳氏呈称:"窃氏有祖遗老圈地在沧州许官屯地方,共计十八顷有余,系多罗平郡王祖遗之产,有老册载明亩数段落可凭,亦有原建家庙华严寺在彼。"③ 内务府旗人曹雪芹所著《红楼梦》第十五回写道:铁槛寺原是宁、荣二公当日修造,现今还有香火田亩布施。是八旗达官贵人生活的真实写照。《红楼梦》里的贾府,本是以江宁织造曹家为生活素材的。曹家极盛时,修造寺庙,资助佛事,都有史籍可考。康熙四十三年,曹寅在扬州重修理安寺松巅阁,后又重修江宁二郎神庙、鸡鸣寺塔。康熙帝南巡驻跸江宁织造府时,曾到香林寺亲题匾额。曹寅追随玄烨,也向香林寺慷慨解囊,大事捐施。《香林寺庙产碑》碑文称:"前织造部堂曹大人买施秣陵关田二百七十余亩,和州田地一百五十余亩。"说明旗人舍地现象,并不限于京师一区。

内务府满洲世家完颜麟庆,道光年间河道总督,与子崇厚、崇实皆信道教,与白云观关系密切。麟庆曾出资重修白云观宗师(即邱真人的十八弟子)殿。崇厚撰《白云仙表》,记历代真人事迹,以"志数典不忘之意"。又为观中篆刻《罗真人碑记》《昆阳王真人道行碑》。均保留至今。崇实撰有《邱长春真人事实》,以表对全真邱祖的虔敬之心。(见图87)

---

① 《关福里施香火地碑》,乾隆四十四年十二月,碑在北京东城区羊管胡同极乐庵,载《拓本汇编》第74册,第48页。

② 《玉皇顶静福寺碑记》,光绪二十九年八月,碑在北京海淀区香山,载《拓本汇编》第88册,第186页。

③ 《宗人府说堂稿》新整档,道光二十四年;转引自赖惠敏《天潢贵胄——清皇族的阶层结构与经济生活》,第132页。

图 87　白云观

光绪年间，恭亲王奕䜣长期居住戒台寺，也注定了他家祖孙几代与该寺的特殊关系。由于他对戒台寺的重大贡献，住持曾将该寺下院之一的西峰寺赠给他作为"百年"后的安身之所。但奕䜣故去被慈禧太后"赏葬"在京北的麻峪村（今属昌平区），他为自己营造的西峰寺"地宫"，后来就安葬了其子载滢（即第二代恭亲王溥伟和著名书画大家溥儒生父）。

四　旗人舍地的影响

旗人施舍大量土地，无论对寺观还是对旗人社会本身，都产生了深刻的影响。

（一）促进寺观大土地的发展

清代北京地区寺观田产多寡不一，多者在百顷以上，少者只有十数亩、数亩乃至没有土地。地产的悬殊表现在：一方面，极少数名寺古观拥有大地产，普通中小寺观较少土地甚至没有土地；另一方面，城郊寺观通常占有较多土地，城区寺观只有少量土地甚至没有土地。

旗人舍地促进了寺观大土地的形成。兹以岫云寺、大觉寺、云居寺、白云观、红螺寺为例，略加说明：

清前期，岫云寺在几代住持的苦心经营下走向繁兴，地产随之扩大。前引五十三施地碑的立碑者住持道林，少依龙坡寺乾宗为僧，后入广济寺，康熙四十一年（1702）钦命为岫云寺住持，"住持二十余年，兴造最多"，六十一年（1722）圆寂。

乾隆初，恒实接任住持，岫云寺进入蓬勃发展时期。乾隆九年（1744）春，乾隆帝驾幸，赐供银、金匾额、楹联等。翌年，恒实建无量寿会，数年后于下院翊教寺建龙华大会，扩大了岫云寺的影响。他还倡建楞严胜会，以八旗官员五三泰、铎尔跻色楞为首，组织会众按年捐献佛供僧斋银两。该香会将积累余银五百六十两，置地二顷，施与岫云寺，作为香火之需。①

雍正、乾隆年间，岫云寺地产急剧增长，主要得力于监院来琳的苦心经营。乾隆三十三年（1768），正黄旗汉军都统、总管内务府大臣兼管国子监事务德保撰《潭柘岫云寺募置香火田碑记》称：

> （前略）宛平西山有寺曰岫云……灵祀既多，人天宗仰，四方之打包持盂至者充溢，选场粥饭，每虞不继。寺僧来琳受戒时，苦持宏愿，思所以振之。自雍正八年至乾隆三十年置民田及民自舍田、旗人自舍田共一百五十顷，而旗田不得与民授受。每四十二亩为一绳，六亩为一坰。其间间有隐占，丈量点对文令日严，所舍田又散处各州县，畸零窎远，科勘不易，琳得请于户部，以例免予丈量，下宛平县核按田数，永作寺产，有私相售者罪之。爰伐石树碑，而乞余记其颠末。②

德保在碑记中还说：自己初次扈跸来寺时年龄尚少，而来琳久以苦行闻，数十年来不改初衷，寺中僧众莫不借助他的努力得以养赡，他本人却依旧冷斋破衲。来琳的做法，固然是基于信仰的笃诚，但力出于己而不自私，实在难能可贵。

来琳，顺天宛平县人氏，幼依龙母宫祝发，及长诣岫云寺为僧，其时该寺屡遭岁歉，间或以秕粥度日。来琳先后任知客（负责接待外来宾客）、监院（总管一寺事务）诸职，为解决僧众生计，立下心愿扩充香火地。按碑文记载，在雍正八年（1730）至乾隆三十年（1765）短短三十

---

① 满洲旗员僧格勒：《潭柘山岫云寺楞严胜会碑记》，乾隆十三年，碑在北京门头沟区潭柘寺，载《拓本汇编》第70册，第34页。

② 碑在北京门头沟区潭柘寺。

五年中，经他购置的土地就有一百五十顷，数量惊人。如按《潭柘山志》卷二来琳本传，则他在管理寺院四十余年间，共增置香火地二百余顷。大约相当岫云寺地产的一半。①

京西古刹大觉寺明末衰落，清康熙、雍正年间因胤禛的青睐而迅速兴起，土地迅速增加。据寺内现存地租册，乾隆末年有地十六顷之多，其来源包括：本寺旧有地、善信施舍地、典买地、僧人本身香火地，散布在冷泉、唐家岭、回龙观、韩家川、东北旺等远近十多个村落。②（见图88）

图88 大觉寺内古塔

云居寺的巨额地产，也是通过置买或受施集聚起来的，确切数字已无从查考。乾隆十九年旗人福增格一次施地二十顷五十亩；乾隆四十二年至

---

① 近代以来，岫云寺土地有四万三千多亩。东到卢沟桥，南到良乡，西南到涿县，北到延庆，方圆几百里，都有它的庄房。每年租银一二万两。见丛宏业等《北京风物散记》第1集，科学普及出版社1981年版，第140页。

② 孙荣芳：《大觉禅寺》，第181—182页。

四十四年间常福保等五人施地九顷一十七亩。据此，受施地产已近三十顷，是十足的大地产。

乾隆八年四月刻《云居寺地产碑》，碑阳刻多罗宁郡王弘晈撰写碑文，阴刻地亩四至。记载土地四至的内容已涣漫不清，所幸有关该寺下院及土地亩数文字仍隐约可见："京都阜成门外□明寺香火旱地园地七十亩，涿州西北乡社村东南香火水稻地一顷二十二亩，涿州城东为坊村兴隆寺香火地五顷，新城县龙堂村通会寺香火地七顷，新城县栗各庄万寿庵香火地二十二顷，京都东城大佛寺（下缺）。"据此作不完全统计，云居寺下院地产至少有三十五顷之多。

位于京城西南的白云观是著名的道教丛林。光绪十二年《白云观碑》碑阴刻本观地亩坐落契据清册：土地一百六十三顷五十七亩二分。其中房山（丰台？）县地二十二顷八十九亩，良乡县地三十三顷四十六亩九分余，武清县地四十三顷四十九亩五分余，顺义县地五顷九十四亩，昌平州地十六顷余，以及怀柔等州县。来源包括施舍地、典契地、自置地。①

白云观各下院土地也很可观，左安门内玉清观，有田产四十四顷七十八亩三分，除少部分在毗邻各处，多散布在朝阳门外大黄庄、京南赵庄、昌平州奋奁屯、通州小松堡村、朱家堡村、东安县夏家营、顺义县杜各庄等远近地方。这些土地"统系本观自置，亦有善信所施者"。玉清观监院由白云观派遣，土地则由本观承管，以所收租项，作为香供、岁修养众之费。契据文约，俱存白云观。②

表3-3　　　　　　　　玉清观自置受施房地一览表

来源	原主	不动产	数额	坐落	备考
自置	聂姓	园地	12亩	观北	附产房2间 红白契4张
自置	潘姓	房院	2所18间	观西	红白契24张
自置	窦姓	房院	1所6间半	观西	红白契3张
自置	刘姓	房基	1块	观西	红白契3张
自置	吕姓	园地	1段	观西	红白契4张

---

① 光绪十二年夏刻，碑在北京西城区白云观，载《拓本汇编》第86册，第12页。
② 《玉清观田产碑记》，光绪十二年秋，碑在北京西城区白云观，载［日］小柳司气太《白云观志》，开明堂东京支店1934年版，第164—166页；参见《拓本汇编》第86册，第11页。

续表

来源	原主	不动产	数额	坐落	备考
自置	李姓	地基	1块	观北	红白契2张
自置	张姓	地基	1块	观北	老契1张
自置	吴姓	园地	30亩	观南	老契1张
自置	刘姓	房	1所	观北	红白契9张
自置	傅姓	园地	4块40亩		红白契6张
自置	姜姓	地	10亩3分	朝阳门外大黄庄	红白契3张
自置	李姓	地	15亩	孟家庄	老契1张
自置	刘姓	地	2段1顷	京南赵村	老契1张
自置	边、宿姓	地	3顷98亩	昌平州畚叁屯	红白契各3张
自置	五虎庙	地	3段	观南	红白契2张
自置	庆姓	地	3顷98亩	通州小松垡村	红白契3张
自置	朱、李姓	地	11段2顷70亩	通州朱家垡	附产房4间 红白契4张
自置	关姓	地	21段9顷39亩	东安县夏家营	红白契3张
受施	王宅	铺面房	1所	崇文门外小市口	红契3张
受施	戴宅	地	13段7顷65亩	顺义县杜各庄	红白契5张
受施	海宅	地	1段14顷余	京南赵村	红白契3张

玉清观四十四顷余土地主要通过自置和受施两个途径获得，耐人寻味的是：十二次土地交易总共购得二十三顷十三亩三分地（平均每次一顷九十二亩余），而两次受施就得到二十一顷六十五亩地。这一现象或者有助于印证前面的推断，即施主主要是拥有大地产的豪门大户，而土地的出卖者则以中小土地经营者为多。

白云观下院不限于京师，远在山东济宁州的常清观也是其下院。成为下院的条件："彼中住持，永遵白云规约。"① 在经济上，也要受上院控制。

一般情况下，寺观地产愈大，来源愈多，空间上的分布就愈广。

岫云寺土地东到卢沟桥，南到良乡，西南到涿县，北到延庆，方圆几百里。云居寺地产，坐落在阜成门外，京郊新城县栗各庄、龙堂村，通州

---

① 蔡永清：《白云观捐产碑记》，载［日］小柳司气太《白云观志》，第145—146页。

南共吉店村，固安县西蛮子营村、苏家桥村，涿州乡社村、为坊村等处。白云观地产散布于房山（丰台?）县，西便门外南圈，广安门外董家口村，京西冉家村，以及良乡、武清、顺义、昌平、怀柔等州县。

相形之下，中小寺观的土地主要集中在本地。不过，寺观的地产无论大小，基本都是由畸零小块组成的。地权的不断转移，破坏了土地关系的稳定性，是导致这种现象的基本原因。

怀柔县北红螺寺（资福寺），是佛教净土宗的重要道场，始建于盛唐，也是京郊名寺。（见图89）《资福寺施地题名碑》载有嘉庆八年（1803）至道光九年（1829）间各施主的题名：

图89　资福寺

因远近施地功德注明芳名于左以垂不朽云：

京都厢黄旗汉军卢德芳佐领下卢静轩，嘉庆八年四月二十二日施水旱地共十二段，记［计］一顷六十五亩，坐落四至在原施契可凭。

京都正蓝旗满洲三甲喇恒庆佐领下尚福，嘉庆八年十一月初七日施地一项水旱地二十段，计地九十四亩，坐落在原施契可凭。

京都正蓝旗满洲三甲喇恒庆佐领下药圣保，嘉庆八年十二月十三日施地一段四亩半，坐落四至在原施契可凭。

京都厢黄旗蒙古人张守信，嘉庆十年正月二十七日施地三段，共计地一顷一十亩，坐落四至在原施契可凭。

□□□嘉庆十二年十一月初四日作功德，施自置地十三段，共计地一顷九十三亩，坐落四至在原施契可凭。

□炳□嘉庆十四年十二月初五日作功德，施自置地二段，共计地八十四亩，坐落四至在原施契可凭。

陈自新、陈维新嘉庆十五年正月二十四日作功德，施地四段，共计一顷二十二亩，坐落四至在原契可凭。

范树智嘉庆十六年十月初六日作功德，施自置地一段，计地七十亩，坐落四至在原施契可凭。

京都厢黄旗满洲五甲喇文孚佐领下春保，嘉庆十八年十二月初一日作功德，施地一项［段］，计地一顷四十九亩，坐落在原施契可凭。

京都厢黄旗满洲五甲喇文福佐领下达保，嘉庆十八年十一月二十三日施自置地七段，计地一顷二十亩，坐落在原施契可凭。

京都厢蓝旗绵翔，嘉庆十九年十一月十九日作功德，施地二十一段，计地九顷二十三亩，坐落四至在原施契可凭。

京都厢黄旗满洲常庆佐领下德兴额，嘉庆十九年十二月十九日施地九段，计地一顷五十亩，坐落四至在原施契可凭。

京都厢黄旗汉军范正容佐领下范正□，嘉庆二十四年十二月二十四日施地一段，计地四十亩，坐落四至在原施契可凭。

厢黄旗汉军范正耀佐领下范一振，道光二年十一月二十九日施地十一段，计地一顷三十一亩，坐落四至在原施契可凭。

陈门吕氏同侄群儿，道光八年十二月初十日作功德，施本身地二段，计地十亩，坐落四至在原施契可凭。

厢黄旗满洲□□佐领下户部笔帖式沙时敏，道光八年十二月二十□日施地五段，计地一顷六十四亩半，坐落原施契可凭。

陈门吕氏同侄群儿，道光九年十二月初三日作功德，施本身地一段，计地四十三亩，坐落四至在原施契可凭。①

据上引碑文，在嘉庆八年（1803）至道光九年（1829）的二十六年中，红螺寺共受施土地一百一十六段二十五顷七十三亩。在十七起舍地活动中，注明旗籍者十一起，未注明者（应是民人）六起；前者舍地二十顷五十一亩，后者舍地五顷二十二亩。前者舍地额数约为后者四倍。旗人施主中，舍地九顷余的一位，一顷至二顷间的七位，一顷以下的三位。这与前引戒台寺《旗人常福保等舍地碑》反映的事实完全相同，即旗人舍地数额多在顷亩以上，且总量超过民人。富裕旗人在寺观大地产形成中所起的重要作用，是显而易见的。

(二) 导致旗地流失

寺观地产主要有三个来源：置买民田、民人自舍地、旗人自舍地。前两项属民间不动产交易，为法律所允许，问题出在最后一项——旗人自舍地。旗人自舍地中既有置买得来的民人土地，也包括祖传下来的旗地，而将旗地所有权转让给民人（包括寺观僧人），是为法律禁止的。因知，在旗人舍地现象背后，掩盖的恰恰是旗地非法流入民间的事实。而在这个问题上，不仅授受双方明知故犯，作为管理者和执法者的官府通常也置若罔闻。

按照文献记载，早在康熙年间，京畿民人典买旗地现象已崭露头角，且随时间推移呈愈演愈烈趋势，据说到乾隆前期，已有大约十之六七的畿辅旗地落入民人之手。②此说或不免有些夸大，但旗地大量流失，以致严重影响到旗人生计，应是不争的事实。

旗地流失严重瓦解八旗制度的根基，满洲统治者不能无动于衷，因此从雍正年间起，开始大规模清查旗地，谕令将流入民间的旗地全部动帑回赎，重新置于旗人控制下。前引《潭柘岫云寺募置香火田碑记》所云

---

① 碑在红螺寺大雄宝殿前，拓片载《拓本汇编》第79册，第161—162页。
② 赫泰：《复原产筹新垦疏》，载《皇朝经世文编》第35卷，上海九敬斋书店光绪二十八年（1902）石印本。

"间有隐占",即指旗地被民人典买占用现象,而"丈量点对文令日严",则指大规模清查旗地活动。

民人舍地,契书中往往言明是"民地""自置民地""自置老粮民地""册粮地",有的还附加随带"粮银"(钱银)额数说明。① 原因很简单,民地有赋银而旗地无赋银,现地主在取得民地所有权同时,必须承担向国家缴纳赋银的责任。而在旗人舍地碑中,对土地的来源却大量使用"有地"一类含糊其辞的说明,又未见有随带"粮银"之类的文字,说明他们施舍的多为旗地。

大量旗地在施舍名义下流入寺观,壮大了寺观的经济实力,也凸显了后者的政治和经济特权。

岫云寺来琳置买或受施的二百余顷香火地中,相当一部分是旗地,令人惊异的是来琳的活动能量如此巨大,竟能以"所舍田又散处各州县,畸零弯远,科勘不易"为由,说服户部免于丈量,并行文宛平县衙,永远作为寺产。在雍、乾两朝旷日持久的清查旗地活动中,类似这样网开一面的事情很少见于历史记载。来琳之所以能打通户部关节,内中缘故颇值得探究。

来琳自乾隆初年升监院,掌寺内一切事务,因为他的努力,不数年殿堂寮舍百废俱兴,岫云寺名声由此大噪于畿内。② 乾隆九年(1744)、二十九年(1764)乾隆帝两度驾幸岫云寺,来琳均出面接待,颇得青睐。他多次为皇太后、皇帝举办祝寿道场,平日结交王公贵族、满汉大臣如和硕庄亲王允禄、直隶总督方观承、内务府大臣德保辈,无一不是权势熏灼的显贵人物,进而在朝廷中获得可靠依托。他还通过接济狱囚、赡养游僧、印制经文、施舍棺木等善举,扩大在民间的美誉。来琳先后辅弼五任住持,历时四十余年,在寺内举足轻重,在寺外更是神通广大。他能够将旗产合法地转为寺产,盖缘于此种背景。

岫云寺的权势和声威既远近闻名,寺中僧人难免恣意妄为。在档案中有这样的记载:内务府属宛平县栗元庄(又写为梨园庄、栗园庄)庄头边国森,乾隆初年将庄地一顷三十亩出典于奉佛寺(奉福寺)僧人。在

---

① 载《拓本汇编》第78册,第73页。参见《显圣宫香会勒名》,载《拓本汇编》第65册,第82页;《重修隆阳宫大殿建立禅堂成砌群墙置买并舍地亩等事序》,载《拓本汇编》第72册,第145页;《云居寺地产碑》,载《拓本汇编》第69册,第119页。

② 《潭柘山岫云寺志》第2卷,第11页下、12页上。

以后七十余年里，该地亩始终被寺僧典种。嘉庆五年（1800），新任庄头边训发现后，向奉福寺追讨官地。这一项三十亩官地，每年租钱一百三十吊，七十余年中，寺僧收取地租已不止万吊，却仍不满足，声称必须先还典价，方能交出官地。及宛平县衙传讯各佃，奉福寺僧竟五次不到案，继续霸占官地。奉福寺僧胆大妄为，皆因该寺为岫云寺下院，且事情败露后，皆由岫云寺僧出面交涉，呈请追还典价，企图霸地不还。宛平县官府慑于岫云寺声威，并不实力严追，听任该寺僧人藐法多端。①

这一案例充分说明，岫云寺因与皇室、贵族、高官保持千丝万缕的联系而形成巨大权势，地方官投鼠忌器，不能不让他几分。来琳有通天本事，打通关节，将购置和受施旗地据为己有，的确不是偶然的。

一些寺观在购置和受施的同时，还通过放债（往往是高利贷）手段侵蚀旗地。为了掩人耳目，这类非法交易有时也采取"施舍"的形式。嘉庆十三年（1808）《玉保舍地碑》：

> 勒碑刻石以传不朽，恐悔将来，今作证明：
> 兹因厢蓝旗觉罗讳玉保有祖遗老圈地两顷，坐落在固安县外河村。因玉公往返取租，与本地万佛寺住持朗然相好，朋友有通财之道，相善岂无周旋之理？故玉公手乏，长租朗然之钱使至九百贯之数，因循日久，无力清还，玉公不肯侵染三宝之财，□怕堕无间之地狱，自己发□上之心，情愿补眼前之债，[因]将祖遗老圈地两顷布施与万佛寺朗然名下，长为香火之地，永无反悔之情。明则布施佛寺地，实系补还朗师财源。由此之后，地无回赎之理，钱无再讨之情。两家情愿，各无反悔，更有中人说合，同作证明。为此镌碑刻石，千古不朽，百代流芳，永垂不朽，刻立碑记（以下说合人、立字人、中保人等从略）。②（见图90）

"祖遗老圈地"，指清初圈占并经祖先遗留下来的旗地，法律严禁转交民间。旗人玉保因借万佛寺住持朗然九百吊钱，年深日久，无力偿还，不得已将两顷老圈旗地交给朗然。明明是还债，却偏要以"布施"为名，

---

① 嘉庆五年五月二十八日《掌仪司呈稿》，载《清代的旗地》下册，第 1500—1503 页。
② 嘉庆十三年六月三十日刻，载《拓本汇编》第 78 册，第 34 页。

图 90 嘉庆十三年玉保舍地碑

即碑文所载:"明则布施佛寺地,实则补还朗然财源。"朗然为了防止玉保反悔,要求他写立"舍契",邀集说合人、中保人共同作证,勒碑刻石,特别申明:"由此之后,地无回赎之理,钱无再讨之情。"

民人侵蚀旗产(主要是房地),向有"指地(房)借银"之名。即债主长期借银给旗人,并以对方房地作为抵押物。待若干年后,本利累积,债务人无力偿还,顺势将抵押物占为己有。玉保因借银失地,与

"指地借银"的过程和结局如出一辙。

旗地不断流入寺观，引起清廷的警惕并制定出相关法令。乾隆二十四年（1759）定：喇嘛不得借旗出名，税契置买旗地，如敢巧立影射，仍照民典旗地例办理。[1] 又嘉庆二年（1797）十月十二日《内务府会计司呈稿》：关于北斗庙道士刘仁相契买旗人李宁等人旗地案，官府文书中有"寺庙住持借香火名色置买旗地者，自应仍照民典旗地例办理"句。[2] 所谓"借香火名色"，指寺观假借置办"香火地"的名义购买旗地。清廷态度非常明确，一旦发现这种情况，按民人典买旗地例办理，动辄回赎，仍归旗人管理。尽管如此，仍不断有旗人和寺观僧道知法犯法，寺观侵蚀旗地现象始终没有禁绝。同时，还存在内务府旗人非法盗取官地"施舍"寺观的现象。[3] 这也构成旗地流失的又一途径。旗地的大量流失，对清王朝赖以为统治根基的八旗制度所产生的瓦解作用，是不言而喻的。

如上所述，可以得出以下认识：

旗人所施土地，主要为自置地和自典地。后者的产权关系比较复杂，为了实现所有权转让，流行一些通融的方式。

施舍土地，必须办理产权移交手续，由施主邀集中证，书写舍契，并交出有关红白地契。尽管如此，仍不能禁绝施主子孙或亲族的纠缠。寺观刻立舍地碑，不失为预作防范的一种措施。

旗人施主，以富裕的中上层为主。他们经济实力雄厚，收入稳定，施舍土地多，质量好。施舍对象首先是名刹古观，此类寺观为数少，影响大，所受土地多，分布范围广；其次是众多中小寺观，它们的影响主要及于本地，受施土地少也基本集中在本地。

旗人舍地，导致两方面后果：促进了寺观大土地的形成与发展，又造成旗地的流失。有清一代，统治者禁止旗民交产，特别是严禁民人典买旗地，旗人却在"施舍"名义下将土地无偿让渡给寺观。旗地的流失，成为清廷屡禁不止的难题。

---

[1] （清）佚名《钱谷指南》，载郭成伟、田涛点校整理《明清公牍秘本》，中国政法大学出版社1999年版，第294页。
[2] 《清代的旗地》下册，第1260页。
[3] 《清代的旗地》上册，第237—240页。

表 3-4　　　　　　　　　有关施舍地的碑刻拓片参考目录

序号	碑名	时间	地址	出处	提　要
1	五十三舍地碑	康熙四十九年闰七月	北京门头沟上岸栗园庄	《汇编》第66册第148页	旗人五十三买稻田二段共一顷舍给岫云寺
2	邰世贵舍地契碑	康熙六十一年九月	北京房山上方山兜率寺	《上方山兜率寺》第229—230页	宛平民人邰世贵同妻、子、女等舍自置旗地一段四十亩
3	重修关帝庙题名碑	雍正十二年四月	北京海淀玉河村	《汇编》第68册第143页	碑阴刻大榆河关帝庙受施并自置香火地亩额数、坐落、四至
4	上方山供众地亩碑	乾隆三年十月	北京房山上方山兜率寺	《上方山兜率寺》第230页	本寺住持同徒子、徒孙将契置旗地二段、一顷六十亩的历年租钱八十吊，舍给全寺僧众
5	岫云寺置地修道碑	乾隆六年	北京门头沟潭柘寺	《汇编》第69册第96页	怡亲王府总管李天福等施银六百五十两合置稻地三顷十亩，岁收粳米六十五石
6	云居寺地产碑	乾隆八年四月	北京门头沟云居寺	《汇编》第69册第119页	碑阴刻认买入官地亩执照原文、云居寺土地四至、下院及土地亩数、旗人实泰置买寺产契书原文
7	建立供众斋僧碑	乾隆二十一年夏	北京房山上方山兜率寺	《上方山兜率寺》第232页	本寺僧人心安等将自置旗地及旗人何常明"本身地"历年地租，舍给全寺僧众
8	西直门广善米会置香火地碑	乾隆十六年九月	北京门头沟戒台寺	《汇编》第70册第161页	用银七十五两价买地四十四亩，每年租银舍与戒台寺
9	施地供众碑记	乾隆十九年闰四月十五日	北京门头沟云居寺	《汇编》第71册第36页	和硕额驸福增格将所典二十顷地及房屋等附产（典银五千两）施与云居寺
10	和平寺香火地碑	乾隆十九年九月	北京昌平桃洼花塔村	《汇编》第71册第44页	碑阴刻香火地一顷二十七亩的段数、四至
11	吴王氏施地碑	乾隆二十年四月	北京门头沟云居寺	《汇编》第71册第56页	香会会首吴王氏施银三十两置地三十亩
12	冯天寿舍地碑	乾隆二十七年十月	北京门头沟戒台寺	《汇编》第72册第15页	民人冯天寿舍地一顷二十亩
13	刘王氏舍地碑	乾隆二十八年十二月	北京门头沟云居寺	《汇编》第72册第22页	民人刘王氏率孙刘魁玉舍祖业地六段计一顷八十亩
14	捐旗杆碑	乾隆二十九年三月	北京门头沟戒台寺	《北京戒台寺石刻》第200—201页	王府总管高淳等共一百九十余人捐银竖立旗杆

续表

序号	碑名	时间	地址	出处	提要
15	重修隆阳宫施买香火地碑记	乾隆三十一年三月	北京房山南尚乐石窝村	《汇编》第72册第139页	记民人施地亩数、坐落、四至以及置买地
16	重修隆阳宫大殿建立神堂成砌群墙置买并舍地亩等事序	乾隆三十一年五月	北京房山南尚乐石窝村	《汇编》第72册第145页	记民人施地亩数、坐落、四至以及置买地
17	潭柘岫云寺募置香火田碑记	乾隆三十三年四月	北京门头沟潭柘寺	《汇编》第72册第182页	雍正八年至乾隆三十年间岫云寺置民田及民人自舍田、旗人自舍田一百五十顷。住持来琳请于户部，免于查丈，永作寺产
18	关福里施香会地碑	乾隆四十四年十二月	北京东城羊管胡同极乐庵	《汇编》第74册第48页	舍昌平州自置地二顷六亩。碑记照录舍契全文
19	旗人常福保等舍地碑	乾隆五十年	北京门头沟戒台寺	《汇编》第75册第43页	乾隆四十二、四十四、四十七、四十八、五十年宗室常福保、荣喜、宁泰等人舍地契书原文
20	内务府旗人边文学等舍地碑	乾隆五十二年十二月	北京门头沟戒台寺	《北京戒台寺石刻》第224—225页	内务府园头边文学、旗人富明安等舍宛平、通州、固安等处"祖业"山场、家庙、树木及"本身老圈旗地"
21	起刚等施舍房产碑记	乾隆五十四年冬月	北京西城北长街兴隆寺	《汇编》第75册第134页	舍自置房一所十二间
22	广善米会捐资题名碑	乾隆五十八年八月八日	北京门头沟戒台寺	《汇编》第76册第60页	该会旗民百余人，捐钱一百七十二吊，置地三十亩，取租永作佛前香供
23	圣文寺香火地碑记	乾隆五十六年六月	北京昌平沙河文庙	《汇编》第75册第179页	旗人赵仝氏同子伊兴阿舍地一段十亩
24	玉保舍地碑	嘉庆十三年六月	北京西城小黑虎胡同	《汇编》第78册第34页	觉罗玉保借"舍"之名，将祖遗老圈地二顷抵债
25	白云观捐产碑记	嘉庆十六年正月	北京西城白云观	《白云观志》第145—146页	天津民人蔡永清捐银六千两，为传戒费，又以制钱千吊、银二千两助庄田二处，计地四十五顷
26	菩萨庙碑	嘉庆十六年	北京怀柔石厂村菩萨庙	《汇编》第78册第73页	满洲太学生佐良等施舍香火地二段五亩半。还有施舍民地，或以民地兑换香火地的记载
27	白云观火祖殿香灯布施勒名之碑记	道光六年	北京西城白云观	《白云观志》第147—148页	满洲旗人、员外郎镇林施香灯钱六千七百两，买上泽田三顷，岁收租银四百两，供办火祖殿等项开支

续表

序号	碑名	时间	地址	出处	提要
28	资福寺施地题名碑	道光九年十二月	北京怀柔红螺寺	《汇编》第79册第161—162页	碑阳刻嘉庆八、十、十八、十九、二十四、道光二、八年旗人、民人舍地亩数、坐落
29	真君殿香火殿	道光二十四年七月	北京西城云居寺	《白云观志》第153页	王洪礼先捐修真君殿，至是复捐钱五百二十二吊文，置地八十七亩，岁收租钱五十二吊余
30	玉皇殿前常明海灯碑	道光二十七年九月	北京房山上方山兜率寺	《上方山兜率寺》第244页	内务府旗人张舒秀舍海灯一，引旗民善信捐钱四百余千，又合宅捐钱三百余千，置地二百余亩，历年取租钱一百余千，俱为香灯之资
31	胡铭施地碑	咸丰元年四月	北京房山云居寺	《汇编》第82册第6页	民人胡铭舍自置保定府新城民地二十余顷（价银八千余两）
32	诸公施舍永为药王庙碑记	光绪八年十月	北京顺义北向阳村	《汇编》第85册第101—102页	本村民人施舍典地、祖遗地额数、坐落
33	李永福捐助烧煤地亩记	光绪十年三月	北京昌平阳坊镇西贯市清真寺	《汇编》第85册第140页	民人李永福舍自典地，并注明："契纸交明，业主赎回，价照旧置地。"
34	中元济孤勒石记	光绪十一年六月	北京西城白云观	《白云观志》第157页	平则门内吕祖宫住持叶合仁等施银二百两，白云观恐日久废弛，按价拨出地一顷七十八亩半，收取租钱
35	刘素云道行碑	光绪十二年二月	北京西城白云观	《白云观志》第158—159页	太监刘素云（法号诚印）多次布施巨额银两，为传戒费，又捐银三千余两，购置上泽田十五顷，每岁租银三百三十两
36	玉清观田产碑记	光绪十二年秋	北京西城白云观	《白云观志》第164—166页	本观下院玉清观有受施及自置亩产四十四顷余，坐落二十余处
37	白云观碑	光绪十二年四月	北京西城白云观	《汇编》第86册第12页	碑阴刻本观地亩一百六十三顷余的坐落。施地者有旗人也有民人
38	四御殿皇经坛香火碑记	光绪十六年七月	北京西城白云观	《白云观志》第173—174页	阜成门内吕祖宫住持叶合仁以五百二十四两银典置香火地一顷二十三亩余，舍与白云观
39	施地租碑	光绪二十二年三月	北京房山石楼乡	《汇编》第87册第144页	庄头胡殿臣劝说贵族奕宅、英宅将旗地余租施与紫竹院，以资香火
40	玉皇顶静福寺碑	光绪二十九年八月	北京海淀香山	《汇编》第88册第185页	碑刻香火地二十二顷余的坐落、四至
41	花神庙施地碑	约在光绪二十九年以后	北京丰台花神庙村	《汇编》第89册第178页	康熙帝第二子允祉四世孙毓炤施地与花神庙

第四章

旗人与民人

清廷入居北京，阻挠旗人与民人正常交往，制造旗民畛域，实施旗民分居，导致内城旗人社会与外城民人社会的并存。但内城旗人倾慕外城街市的繁华，旗人与民人又存在经济、文化交往的现实需要，使旗民间的往来很快频繁起来。康熙年间，虽然大部分旗人仍安居内城，但已有人悄悄地移居外城。乾隆初，在外城居住的旗人已有四百余家，结果奉旨严禁。嘉庆年间，禁止旗人迁移的法令形同虚设，甚至连宗室觉罗也纷纷移往外城。与旗人移居外城形成对流的，是汉人大批移入内城，他们中间有商贩、工匠、车夫、送水夫。在内城与外城，逐渐出现旗民杂居现象。

在畿辅一带，大规模圈地的结果是旗人庄屯星罗棋布。最初，老圈旗地界址分明，圈内民户被强迫迁往他处。但少数民户安土重迁，不肯舍房就地，最终在原籍留住下来。[①] 旗地采用租佃制后，民人租种旗地，经常就近居住，随即成为旗圈内土著。乾隆年间，畿辅农村中旗民相互转让地产的现象频繁发生，既有民人典买圈内旗地，也有旗人置买圈外民地。旗民杂居的程度超过了京城。

雍正初年，清廷为防范畿辅旗人渐染汉俗，一度强迫在庄屯居住以耕读为生的旗人全部移住京师。出乎意料的是，这批人被集中到京城后，完全脱离生产领域，终日游手好闲，无所事事，成为一群仰食父兄，不仕不农不商不贾、非民非兵非工之徒，生计无着，精神委靡。乾隆四年（1739），清廷只好网开一面，重新允许八旗闲散人员在屯居住，自行耕种。此后，畿辅旗人与民人的联系日益密切。本章以北京内城为重点，通

[①] 孙嘉淦：《孙文定公奏稿》第4卷，沈云龙主编：《近代中国史料丛刊》正编第55辑，台湾文海出版社1966年影印本，第20页上、30页上。

过若干侧面，揭示旗民关系发展的途径、过程、影响。

第一节　内城居民的分布格局与变迁

清朝入关以后，以北京内城安置"从龙入关"的旗人。在以后的年代里，随着房产交易以及其他一些原因导致的人员流动，内城居民的分布格局发生深刻变化：首先是八旗间的居址由清晰、模糊而消失，其次是民人大批入居内城并与旗人混居。

一　八旗的居址与消失

清朝入关后，强令北京内城汉官汉民迁往外城（又称南城）居住，腾出内城安置八旗官兵及眷属。此即《八旗通志初集》卷一所称："自顺治元年（1644），世祖章皇帝定鼎燕京，分列八旗，拱卫皇居。"八旗的具体方位：镶黄旗居安定门内，正黄旗居德胜门内，并在北方；正白旗居东直门内，镶白旗居朝阳门内，并在东方；正红旗居西直门内，镶红旗居阜成门内，并在西方；正蓝旗居崇文门内，镶蓝旗居宣武门内，并在南方。

清朝曾将八旗方位缘起归结为汉人传统五行相胜说的影响：两黄旗位北，取土胜水；两白旗位东，取金胜木；两红旗位西，取火胜金；两蓝旗位南，取水胜火。此说实系后来追加的解释，穷溯本源的话，应肇始于满洲人早先行围狩猎之制：人分五部——围底（fere）、两"围肩"（meiren）、两"围端"（uturi）；每部以牛录为基本单位；以后由牛录而扩展为五牛录（后叫甲喇），五甲喇合并为一固山（后叫旗），复从一旗发展到八旗，八旗制度遂臻完善。但行军作战仍存旧制：两黄旗为围底，居北；两红旗为右围翼，居西；两白旗为左围翼，居东；两蓝旗为围端，居南。入关以前，八旗军无论行围出兵还是攻城、驻防，均按此方位。[①] 入关以后八旗在京师内城的分布格局，不过是沿袭以往成例。

清代官书有关北京旗人分布情况的最早记载见于《八旗通志初集》和雍正朝的《上谕旗务议覆》。前书始纂于雍正五年（1727），成于乾隆四年（1739）；后书编刊分为两个阶段，雍正元年至五年（1723—1727）部分先

---

① 刘小萌：《满族的部落与国家》，吉林文史出版社1995年版，第178—179页。

成于雍正九年（1731）；雍正六年至十二年（1728—1734）部分纂成于雍正末年，同时付梓。这就是说，清朝官书中有关入关初八旗在北京分布的记载，是在将近一百年后追述的。随之就产生了一个问题：清初北京内城既按八旗旗分划分为八区，那么属于同旗的人们，是比较严格地按旗分居住，还是可以不住在本旗区域内呢？以往有学者根据曹雪芹家及平郡王讷尔苏、睿亲王多尔衮府第的位置得出"清初八旗人并非按旗分居住"的推论。[①] 此说能否成立，应从八旗王公居址谈起。

清朝定鼎北京后，宗室王公相继赐予府第。睿亲王多尔衮在入关前系镶白旗和硕贝勒，入关时以摄政王身份主政，其王府设在"明南内"，即明代在南内所建的洪庆宫。清初著名诗人吴梅村有诗云："七载金縢归掌握，百僚车马会南城"[②]，写的就是"南内"。是指明代皇城南部，实即位于紫禁城以东。顺治七年（1650）多尔衮死后被削夺爵位，王府遂废。（见图91、92）至乾隆四十三年（1778）恢复睿亲王爵，因旧府已改为佛寺，遂设新府于内城东南的石大人胡同，属镶白旗界。但多尔衮之裔已改属正蓝旗，说明睿王府府址的确不在本旗地界。再考其他王府：康亲王（礼亲王）府，府址在镶红旗界，府主属正红旗；显亲王（肃亲王）府，府址在正蓝旗界，府主属镶白旗；简亲王（郑亲王）府，府址在镶红旗界，府主属镶蓝旗；信郡王（豫亲王）府，府址在镶白旗界，府主属正蓝旗。《八旗通志初集》卷二三"诸王府第"条所列十七个亲、郡王府中，可以考订府址在本旗界内的只有果亲王府（详见表4-1）。足见王府不在本旗地界，确是清朝通则，而非偶然一见的个例。

王府既不在本旗界内，为王府所役使的下五旗包衣自然要随主人居住。至于包衣上三旗（即正黄旗、包衣镶黄旗、包衣正白旗）人，他们的身份是皇室家奴，统属于内务府，其居址依工作性质而定，分布在皇城以内，紫禁城以外。《八旗通志》于八旗下各甲喇、佐领的居址逐一开列，而于包衣各旗下人的居址却付之阙如，正是基于上述原因。然而仅从上述事实，能否得出"清初八旗人并非按旗分居住"的推论？笔者的答案是否定的。

[①] 翔凤：《清初北京内城八旗驻地问题》，载《红楼梦研究集刊》第5辑，上海古籍出版社1980年版，第84页。

[②] 朱一新：《京师坊巷志稿》卷上，第31页。

图 91　睿王府(普渡寺)旧照

图 92　睿王府今照

第四章　旗人与民人

如前所述，清代旗人分属两个组织系统，一个是包衣旗人，即所谓"内务府属"和"王公府属"；再一个是隶属八旗都统的旗人，俗称"外八旗人"。后者作为旗人主体，是兵役的主要承担者。实际情况是，清统治者基于确保八旗军队战斗力的考虑，从定鼎北京时起，对八旗的居址不能不加以严格规定。《八旗通志初集》卷二三称："都城之内，八旗居址，列于八方。"又说："凡旗分房屋，顺治十一年（1654）议准：八旗官员、兵丁，俱照分定地方居住。"这里所说的"八方"和"分定地方"，也就是八旗各自的旗界。著名汉文士谈迁曾在顺治十年（1653）至十三年（1656）间往返于北京。他在《北游录·纪闻下》写道：清朝"入燕（按，指燕京，即北京）之后，以汉人尽归之外城。其汉人投旗者不归也。（旗人）分隶内城"。[①] 作者还记录了八旗在城内的具体方位，所记虽有误，却足以反映八旗各有居址的事实。稍晚时候，查慎行在《人海记》中也记载："八旗官兵内城分驻之地，国初各有地界。"[②] 查慎行，康熙四十二年（1703）进士，他居住北京三十年，任翰林院编修，在内廷行走七年。所记亦为亲所闻见。

清初八旗各居一定区域，彼此不相混淆，首先应是基于对旗人自上而下严格控制和管理的需要。八旗各设都统衙门，举凡军政、户籍、铨选、司法、婚娶丧葬、稽查不轨等事务，各有所司。八旗管理体制的完善与管理职能的正常履行，都离不开同旗人的集中居住。

清初北京内城，不仅八旗（满、蒙、汉军各八旗，实为二十四旗）各有界址，在每个旗地界之内，满、蒙、汉军旗间，乃至旗下各甲喇、佐领人户，居住也都有一定位置。佐领是八旗的基层单位。每佐领一般辖管数十户，每户约计壮丁数口至十数口。他们按本旗方位被集中安置在某个街区的某条胡同。同佐领成员毗邻而居，首先是便于军事的调动，也就是禁令中规定"凡旗下人远离本佐领居住者，人口、财物入官，该佐领领催各罚责有差"的初衷。[③] 其次，适应亲属聚族而居的需要。血缘亲属关系的盘根错节与绵延存续，因此成为同佐领成员世代聚居的重要纽带。

但是，尽管清统治者采取了一些措施，却难以保持旗人居址的稳定。经过顺治、康熙七十多年的光景，八旗间泾渭分明的居住界限已被打破。

[①] 谈迁：《北游录》，第347页。
[②] 查慎行：《人海记》，北京古籍出版社1989年点校本，第1页。
[③] 《钦定八旗通志》第30卷，第534页。

雍正三年（1725）八旗都统议覆称：

> 八旗原定形胜地方，现今旗人不能确知，臣等拟将各旗地方指明东西南北，某旗与某旗接界，各按甲喇均匀区划。……如此，各旗、各甲喇俱知本地界限，凡遇传集诚［差］遣等事，自不至有纷扰贻误之处。①

入关初划定的八旗界址，已经令许多旗人"不能确知"，足见问题的严重。而清廷这次重新划定八旗界址，也仍旧是基于确保八旗军力的考虑，即遇到"传集差遣等事"，号令一下，迅速到指定地点集结。于是，经过一番调查，就各旗各甲喇、各佐领的居址重新做了规定：镶黄满洲、蒙古、汉军三旗，各按甲喇，自鼓楼向东至新桥，自新桥大街北口城根，向南至府学胡同东口，系与正白旗接界。满洲官兵，自鼓楼向东循大街至经厂，为头甲喇十七佐领之处。自经厂循交道口，转南至棉花胡同东口，为二甲喇十七佐领之处……②（其他各旗各甲喇各佐领居址从略）。八旗衙门在划界的同时，为了"辨八旗方位之制"，还绘制了《八旗方位全图》（收入《八旗通志初集》），凡九幅。除《全图》一幅（见图93），以北京内城为背景，分示八旗居址外，另绘八旗《地图》八幅，即以旗为单位，每旗一幅，绘示满、蒙、汉军及所辖甲喇、佐领居住街巷胡同的具体情况。《八旗方位全图》行世后，为《钦定八旗通志》（即人们习称的《八旗通志》二集）、吴长元《宸垣识略》（见图94）、日人冈田玉山《唐土名胜图会》等中外官私史书辗转传抄，影响之深远自不待言。

以上诸书，均刊行于清中叶的乾嘉之际。然而，正值《八旗方位全图》及其变种流传海内外的同时，北京内城的八旗界址不仅没有如官方所希望的那样固定下来，反而发生了更大变迁。有关这方面变化虽然史书缺载，但从时人留下的只言片语中已不难推见。雍正年间，统治者在上谕中还说：满洲佐领下人口，多不及二百人，少或七八十人，计户不过四五十家，世为同里。③ 说明当时同佐领下人大体上还是毗邻而居的。到嘉庆

---

① 允禄等编：《上谕旗务议覆》，天津古籍出版社1991年点校本，第47页。
② 《上谕旗务议覆》凡写某甲喇某佐领"之处"，在《八旗通志初集》第2卷写为某参领某佐领"居址"（满文本写为"tehe ba"），意义更为明确。
③ 雍正朝《上谕八旗》第5卷，第59页上。

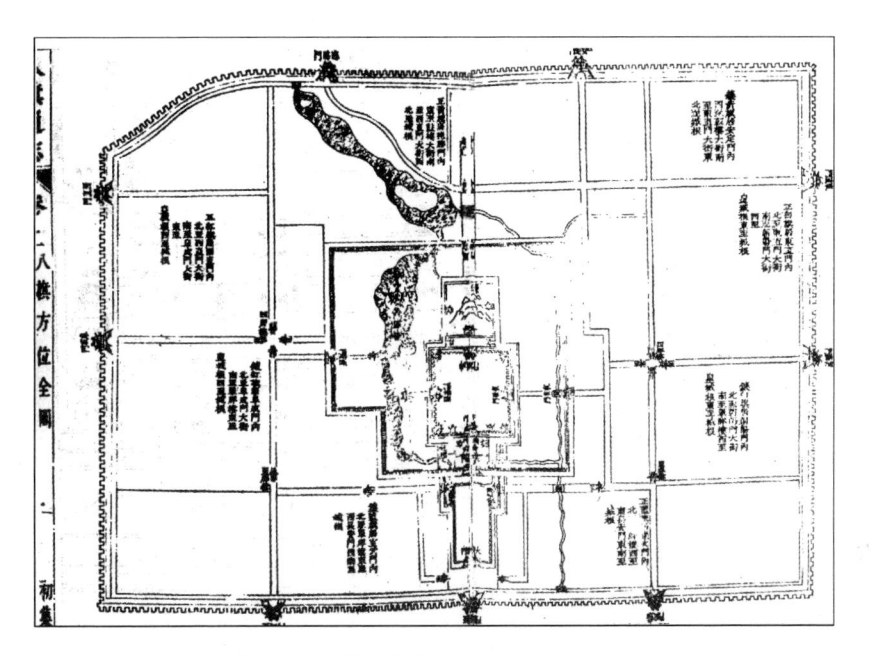

图 93　八旗方位全图(《八旗通志初集》)

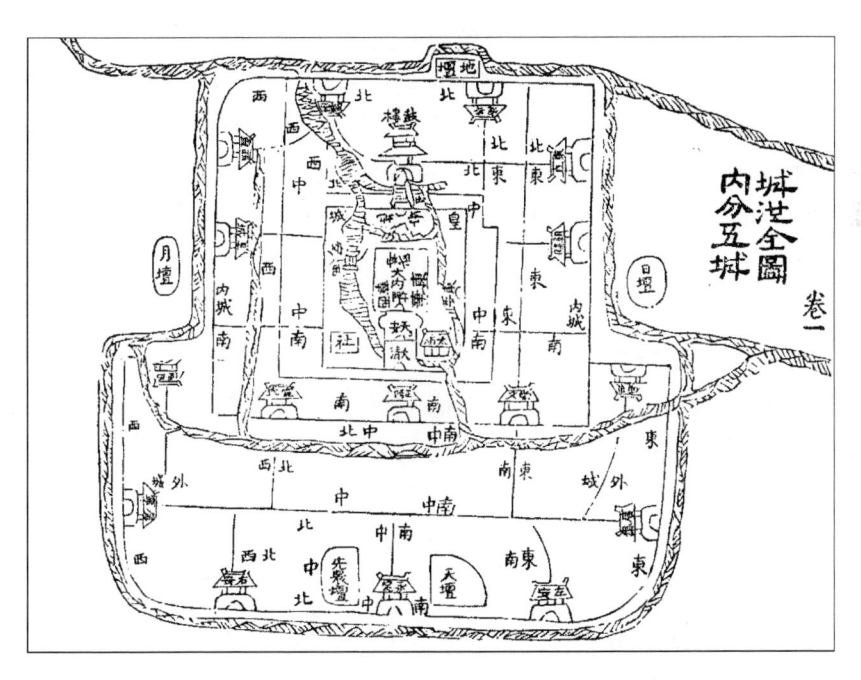

图 94　京师城池全图(《宸垣识略》)

年间，在提到满洲佐领时，却不能不承认，他们的居址已不尽毗连里巷，散处较远者在数十里之内了。① 佐领是八旗的基本单位，因此，同佐领成员由聚居到涣散的变化，从更大范围讲，也就是同甲喇、同旗人们的共同经历。

八旗居址的混淆，首先与清初以来八旗官兵的频繁调动不无关系。随着全国各地驻防兵力的增加，一部分北京旗人陆续调出；与此同时，不断有旗人基于各种原因在不同旗分间调动。顺治年间定，八旗官兵若遇调旗更地，仍准住原处。有情愿买房搬移者，听从其便。② 调动后既准留住原地，也就开创了越旗界而居的先例。雍正年间，京城佐领，越旗移置者甚多③，以致雍正帝不得不下令将各旗各佐领下的人丁重新均匀分派。这说明，不同旗分之人的杂居共处已随越旗移置者的增多而趋普遍。

旗人住房的私有化及房产交易的盛行，对八旗居址的混淆也起到推波助澜的作用。清朝入关初，将圈占的内城民房分拨给旗人。④ 与清廷在畿辅方圆五百里内圈占的大片旗地相呼应的是，京城内的旗房最初也属国有性质。旗人只有居住权，没有所有权，自然也不准买卖。顺治四年（1647），清朝建立了买卖田宅税契制度，只以民人为对象⑤，不用说也就是基于这个缘故。然而，不过半个世纪的光景，旗房的国有性质已消磨殆尽。

雍正元年（1723），清廷颁布八旗田宅税契令，标志着旗地旗房从国有到私有的转化，也标志着旗地旗房交易在八旗内部的合法化。从现存房契来看，旗人中的房屋交易也正是从这一时期起开始流行的（参见表4－2）。

如果说旗人间的房屋交易最初还只限于本旗范围，那么，私有化的进程注定要推动它突破旗界向更大的范围扩展。笔者据近代史所收藏康熙五十三年（1714）至嘉庆二十五年（1820）北京内城房契统计，在八十三起交易中，涉及旗人与旗人交易的有四十三起。其中属同旗交易的有十六起，但这十六起中的十二起，也是在外旗地界内进行的。如表4－2第1号契，

---

① 光绪朝《会典事例》第1147卷，中华书局1991年影印本，第424页。
② 《八旗通志初集》第23卷，第436页。
③ 《八旗通志初集》第17卷，第300页。
④ 光绪朝《会典事例》第1120卷，第130—131页。
⑤ 康熙朝《会典》第53卷，第13页上。

康熙五十三年（1714）镶白旗满洲人富绅与本旗汉军人侯国用交易的对象房，坐落在崇文门内头锦儿胡同，属正蓝旗界；第 3 号契镶蓝旗满洲人观音保与本旗宗室德满交易的对象房，坐落在孟端胡同，属镶红旗界；第 11 号契镶黄旗觉罗金良弼与本旗觉罗纳启通交易的对象房，坐落在玉带胡同，属正红旗界；第 13 号契正黄旗满洲人鹤伶与本旗满洲人达宁交易的对象房，坐落在大帽儿胡同，属正红旗界。在四十三起交易中，真正属同旗人而又在本旗界内交易的，只有四起（即表 4-2 第 4、19、42、44 号契）。①

随着房屋交易的大范围展开，势必是不同旗分的旗人纷纷跨界居住，与此同时，在内城的任何一块地方，各旗旗人的错居现象也在发展。仍据表 4-2 考察，崇文门内头锦儿胡同一处房产，先后转手于镶白旗满洲、汉军、蒙古和正蓝旗汉军旗人②；阜成门内孟端[道]胡同一处房产，先后转手于镶蓝旗满洲、正红旗满洲、镶红旗满洲、正红旗包衣人③；又拴马桥[桩、庄]路西一处房产，先后转手于镶蓝旗蒙古、正黄旗汉军、镶蓝旗汉军和蒙古、镶红旗汉军和满洲旗人④。如果据此认为，清代中叶八旗人混居局面已经形成，应是大致不错的。

二　民人与旗人的混居

旗人居址的混淆，只是内城居民分布格局变迁的第一阶段，伴随旗人与民人间的房产交易，则预示着更为深刻的变化。从康熙年间汉民流入内城到清末旗界完全消除，旗民杂居共处，是一个经历了两百来年的渐进过程。

（一）旗买民房与民买旗房

清廷在北京城强制实施旗民分居后，内外城居民成分不同，隶属制度有别，房屋的性质也泾渭分明。外城屋舍系民人自建或自置，属个人私有；内城旗房系清廷圈占后无偿分拨给八旗官兵居住，属国有性质。因此，旗人只有居住权，没有所有权，故不准私相授受，尤其不许汉民置买。在这种情况下，内城旗人首先染指外城民房也就不足为奇了。

---

① 关于对象房与旗界的对应关系，请参照《钦定八旗通志》第 30 卷《八旗方位总图》和八旗《地界图》；侯仁之主编：《北京历史地图集》的清代各图。
② 见表 4-2 第 1、5、34、49、56 号契。
③ 见表 4-2 第 10、26、27、38、63 号契。
④ 见表 4-2 第 6、28、42、43、78 号契。

1. 旗买民房

旗人置买民房的现象，至迟在康熙初年就已经出现。康熙四年（1665）题准：旗人居前三门外者，俱令迁入内城。汉人投充旗下者，不在此例。① 前三门指崇文门、正阳门、宣武门，是连接内外城的通衢要道。前三门外是京师汉族官、民的聚居地，也是繁华的商业和文化娱乐区，四方商贾辐辏云集，店铺楼馆鳞次栉比。一些旗人既移居外城，势必要置买民人住房，唯数量不详。"汉人投充旗下者"，指顺治年间主动或被动投充到旗人名下并成为其私属的汉民，允许他们移往外城，实际开创了旗人置买民房的先例。康熙十一年（1672）二月十一日民人张相等人的卖房契上这样写着：

> 立卖房契人张相同弟张德位、侄张大仁，因为无银使用，将自置瓦房一所门面三间半到底七层共计大小三十二间半，上下门窗户壁土木相连，坐落中城中东坊头牌头铺总甲车魁地方，凭中说合情愿出卖与正白旗李牛录下李□名下住座为业。三面议定房价银二百二十两整，其银当日收讫外无欠少。自立契之后倘有亲族人等争竞，卖主一面承管；两家各无反悔，如先悔之人甘罚白米百石入官公用。恐后无凭，立此卖契，永远存照。
>
> （以下立卖房契人、中保人、左邻右邻、房牙、总甲、代书署名俱从略。）②

这件契书是笔者所见旗人置买民房的最早实证。因系卖主写立，故反映了当时民间卖契的典型格式，内容包括卖房人（立契人）姓名，立约原因，对象房的来源、坐落、数量，买房人（受契人）姓名，房价的过付，立约保证，立契年月，以及卖房人和中保人等署名。

该房产的买主正白旗李氏，在二十三年后把它转卖给了正黄旗偏宅，并立有满汉文契各一纸：

满文卖契：

gulu šanggiyan i baisha nirui boo uncara niyalma li ceng moo takūrara

---

① 光绪朝《会典事例》第1146卷，中华书局1991年影印本，第404页。
② 此契藏中国社会科学院近代史研究所图书馆。

menggun akū ofi, ini da beye udaha boo de tehe top šun i dukai tule jung dung fang teo pu, dulimbai hecen i harangga bai emu falan i boo, dukai girin i boo ilan giyan, hontoho giyan, utala uheri dehi juwe giyan boobe, gulu suwayan i piyan halangga de boobe obume uncaha. ineku inenggi bahabure hūdai menggun duin mingga duin tanggū yan menggun be, ini beye pingseleme gaime gamaha . umai edelehe ba akū, uttu ofi, wen šu i bitehe ilibuha. amaha〔amaga〕inenggi aikabade mukūn i dorgide gercilehe niyalma bici, boo uncara niyalma li ceng moo, nirui janggin baisha, funde bošokū šug'ai, ajige bošokū li jio ceng, mukūn i niyalma i li ceng g'an uheri akdulaha.

akdulaha niyalma nirui janggin baisha（押）, funde bošokū šug'ai（押）, ajige bošokū li jio ceng（押）, mukūn i niyalma li ceng g'an（押）.

elhe taifin i gūsin duinci〔duici〕aniya sunja biyai juwan de wen šu bithe ilibuha niyalma li ceng moo（押）.（见图95）

汉文卖契：

立卖房契人李成茂系正白旗拜思哈佐领下，因为无银使用，今将自置房一所门面房三间、一过道到底，共计四十二间，坐落正阳门外中城中东坊头铺，凭中说合，出卖与正黄旗偏宅名下为业。当日得受价银四千四百两整，亲手领讫并无缺欠，日后倘有亲族人等争竞，卖主与牛录张京、分得拨什库、族中人等共同承认，恐后无凭，立此卖房文约永远存照。

外有清字白底契一张，付买主收存。今写汉契一纸，遵例赴县收税，一并存照。

凭中保人：牛录张京拜思哈，分得拨什库秋楷，小拨什库李九成，族中人李成幹。

康熙三十四年（1695）五月初十日　立卖房契人李成茂（押）[①]（见图96）

牛录张京通常写作牛录章京，汉译佐领，是八旗基层组织牛录（佐领）的长官。康熙年间刘献庭《广阳杂记》卷一："每牛录下，有分得拨

[①] 此契藏中国社会科学院近代史研究所图书馆，满汉文契粘连，文字略有出入。

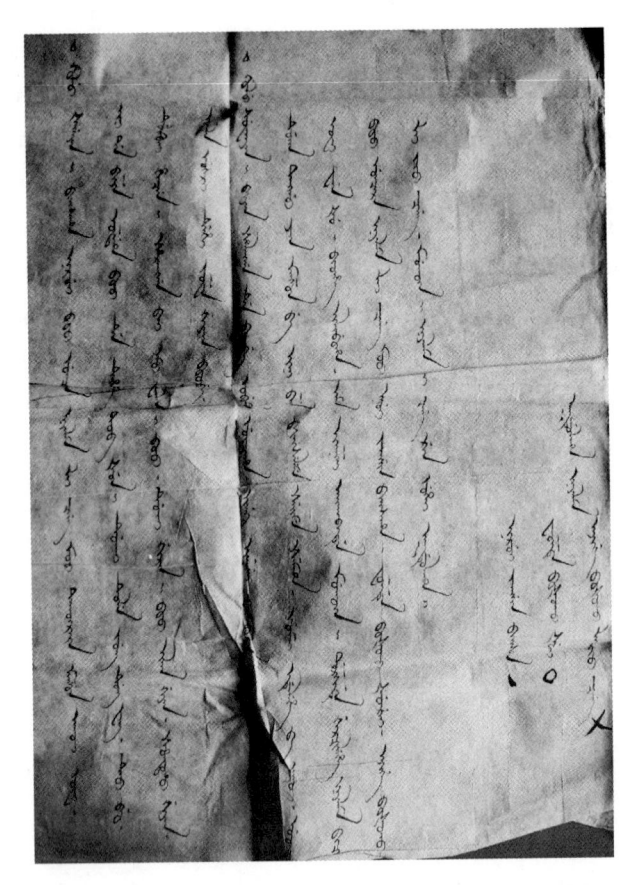

图95　康熙三十四年包衣旗人李成茂卖房契(满文本)

什库一员,职六品。小拨[什]库六名。小拨什库轮班管事,不分人数。"① 分得拨什库汉译带子（代子）,又译骁骑校,是牛录章京的副手。小拨什库即领催,是马甲（或步甲）的头目,掌管登记档册支领俸饷。

据《八旗通志初集》卷五《旗分志五》：李成茂所在佐领为正白旗满洲包衣第四参领第一旗鼓佐领,"系国初编立"。佐领（牛录章京）依次为：李世昌、李成幹、都图、拜斯哈。拜斯哈是第四任佐领。如前述,旗鼓佐领,指内务府属上三旗（镶黄旗、正黄旗、正白旗）汉人佐领,成员一般是关外入旗的辽沈旧汉人。

李成茂写立的卖房白契,满、汉文各一纸,相互粘连,均为底契。汉

---

① 刘献庭：《广阳杂记》,第2页。

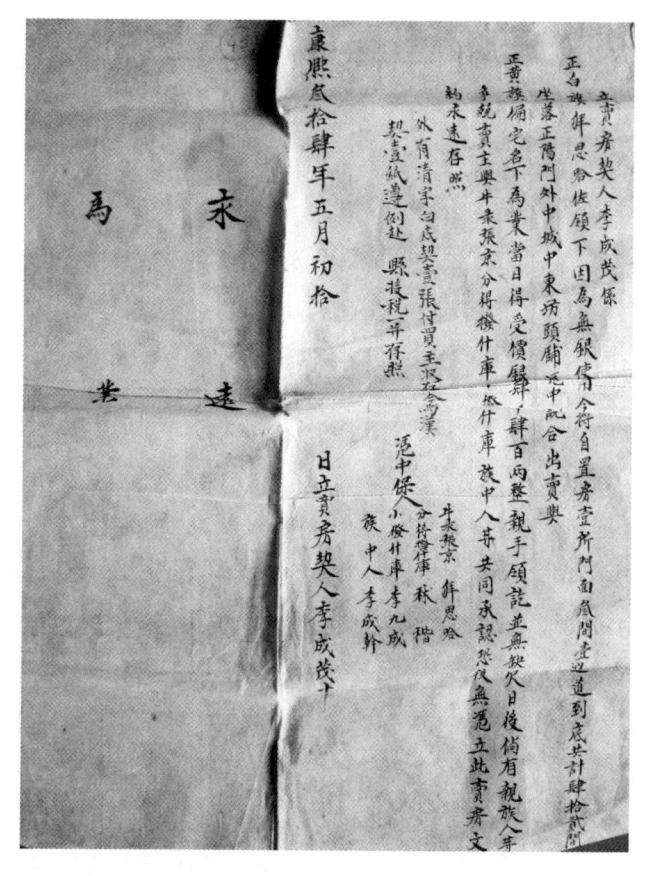

图96　康熙三十四年包衣旗人李成茂卖房契(汉文本)

文契与满文契文字略有出入，其中"外有清字（满文）白底契一张，付买主收存。今写汉契一纸，遵例赴县收税，一并存照"语，为满文契所无。说明满文契即汉文契中提到的"清字（满文）白底契"，写立在前，汉文契写立在后，写立汉文契的目的是赴县衙纳税。

顺治四年（1647），清政府设立买卖田宅税契制度，只以外城民房为对象。内城旗人置买外城民房，照例应持底契（白契）赴大兴或宛平二县衙门纳税，并领取官契（又称印契、红契）。从本契未粘连官契看，买主偏宅并没有遵例纳税，而是将满、汉文白契作为交易的有效凭证保存下来。

契中说明标的物为"beye udaha boo"（自置房）。从其上手契可知，该房产系康熙十一年（1672）二月十一日李姓旗人（按常规推测，应是李成茂本人或其父辈）购自民人张相等人之手。其时购房三十二间半，买价二百二十两整。① 至此二十三年后，李成茂将该处房产（增至四十二间房）以四千四百两价格卖给了正黄旗人偏姓，比当初价格翻了将近二十倍。

康熙中叶，随着长期战乱的平息，社会秩序趋于安定，社会经济迅速复苏，尤其京师前三门（宣武门、正阳门、崇文门）以南地区，是外城汉人官、民的聚居地，也是繁华的商业和文化娱乐区。本契标的物坐落地点位于正阳门外中城中东坊头铺。头铺的具体范围："东至长巷上二条胡同，南至鲜鱼口小桥，西至正阳门街，北至城根。"② 正好位于正阳门外大道东侧，是最繁华的街区。这一带商贾辐辏云集，店铺楼馆鳞次栉比，铺面房随着商业活动的繁荣而大幅升值，是很自然的。

从上引两契还可得知，首先是旗下汉人，接着便是满人，相继染指于外城民房。清朝统治者从维系自身特权利益的目的出发，一向禁止民人置买旗人不动产，反之对旗人置买民人房地产却视为合法。在这种政策的鼓励下，旗人围绕外城民房展开的交易愈演愈烈，也就不足为奇了。

值得注意的一点是，作为买主一方的旗人均为汉姓。隶属旗籍的汉姓人，包括汉军、内务府和下五旗王公府属包衣。他们原本就是汉人，与民人交往不存在语言、文化上的障碍，又熟悉民间订立契约关系的规范，所以能在旗人置买民房方面开风气之先。但这还不是答案的全部。康熙二十年（1681）六月，汉军八品官王天荣因在关厢居住，交兵部议处。康熙帝谕云："汉军人员住关厢者甚多，向以为禁，似乎不当。今皆令其内城居住，则汉军富者一人得住数家之房，将使满洲贫者不得住房。此事应着再议，尔等另拟票签来看。"③ "关厢"指城门外大街和附近地区。众多汉军旗人移住关厢，使有禁不行，以致连康熙帝都认为不应再墨守成规。但促使他转变态度的关键，则是内城中方兴未艾的旗房兼并活动，以及由此导致的对"满洲贫者"失去住房的担忧。

内城旗房本属国有，但不到四五十年时间，典买典卖现象首先在旗人内部滋长起来。昔年"从龙入关"的旗人，富贵者除以前分占，亦有额

---

① 此契藏中国社会科学院近代史研究所图书馆。
② 周家楣、缪荃孙等编纂：《光绪朝顺天府志》第14卷，北京古籍出版社1987年版，第391页。
③ 中国第一历史档案馆：《康熙起居注》（一），中华书局1984年版，第715页。

外置买者，贫困者的住房却大多转售与人。① 康熙三十四年（1695），内城无房旗人已有七千人之多，而八旗大臣、高官、富家，每造房舍，辄兼数十贫人之产，是造成这种局面的基本原因。② 由此可见，康熙帝提出放宽汉军旗人移居外城的限制，确有其不得已的苦衷。康熙二十年八月议政王等议定：汉军有职无职人员愿在关厢居住者，听其居住；满洲、蒙古内年老有疾休致官员，愿在关厢居住者，亦听其居住。③ 至此，不仅汉军旗人获得移住外城的自由，连满洲、蒙古退休或告病人员也被允许移居外城。这样一来，势必进一步助长旗人置买民房的风气。

不过，清廷在放松限制的同时，对满洲、蒙古现任官员移居外城的动向仍严加提防。而旗民交产活动的变本加厉却一步步冲破人为的樊篱，向更大范围扩展。雍正八年（1730）正月觉罗博诺写立的契书可为证明。立契人觉罗博诺，隶正黄旗满洲，他在说明房屋产权来源时写道："原系自用价银七百二十两契买为业。"而该契随带的上手契（指转让权利之人以前在受让权利时收执的书契）则进一步表明：这处房产原系他购自民间。④ 契书又称，对象房"坐落北城日南坊二铺地方"。此处"北城"，指外城五个城区中的北城。日南坊二铺的确切范围是：东至观音寺街寺前与中城界，南至观音寺，西至琉璃厂桥，北至廊坊头条胡同内之藁荐胡同。⑤ 因此不难推知，这件契书是满洲旗人置买民房的一个物证。乾、嘉以降，满、蒙旗人置买外城房产，已成为常见的社会现象。

2. 民买旗房

当旗人置买民房活动在北京外城不断加剧时，民人蚕食内城旗房的活动也在起步。

康熙年间，来往于内城的民人逐渐增多，除居无定址的小商小贩、形形色色的游客，还有店铺坐商。⑥ 雍正年间，在东华门、西华门外的皇城一带，民人开的饭铺、酒铺生意兴隆，服务对象是值班八旗兵丁。⑦

乾隆二十一年（1756）官方统计，内城开设猪、酒等店七十二处，

---

① 《康熙起居注》（一），第1042页；《八旗通志初集》第23卷，第438页。
② 《八旗通志初集》第23卷，第438页。
③ 《康熙起居注》（一），第734页。
④ 此契藏中国科学院图书馆。
⑤ 朱一新：《京师坊巷志稿》卷上，第25—26、52页；卷下，第243页。
⑥ 中国第一历史档案馆：《康熙朝满文朱批奏折全译》，第1008页。
⑦ 雍正朝《上谕旗务议覆》，第180、160页。

售卖杂货、夜间容留闲杂人等居住的店铺四十四处,专门客店十五处。总计一百三十一处。就是这为数很少的客店,也因有"宵小匪徒易于藏匿"而引起当局忧虑。同年,官方饬令所有内城客店移于城外,并重申禁令:"嗣后城内地面永不许开设。"① 嘉庆十七年(1812),查出民人孟大于内城四方栅栏(崇文门内西墙根)私开客店,共房十七间,将该房及有关契纸查收入官。② 这说明禁令仍旧有效。

民人入居内城的活动之所以举步维艰,禁开客店的命令倒在其次,主要应归结为旗民交产的禁令。民人定居内城,首先要解决住房问题,但内城房屋均为旗产。由于清廷视旗人为"国家的根本",所以要一如既往地维护旗产的完整,并制定法律禁止民人置买旗产。在这种情况下,留居内城的民人只有向旗人租赁住房,而一些旗人基于赢利动机,也乐于私盖小屋,赁与民人开铺③。双方一拍即合。

清中叶,民人置买内城旗人房产的活动呈上升趋势。由于法律禁止民人置买旗产,这类交易主要采取白契买卖和典卖的形式。

现存房契中有一个典型例子:康熙四十八年(1709)九月,正红旗蒙古旗人五十八将平则门(即阜成门)外桥东北"祖占破烂房"一处十二间老典给同参领的海潘儿。如前所述,"祖占"即祖先圈占之意,一典百年。雍正四年(1726)十二月,该房产已转归民人张姓名下。乾隆二十七年(1762)三月,民人张顺将它典与霍姓,一典三十年为满,契书上注明:"外有老白契三张跟随。"咸丰七年(1857)十月,这处房产房主民人高文德在老典契中写着:祖置铺面房三处共十五间,老典于民人张姓名下,永远为业。契书末又注:"白纸(即白契)四张,满洲字(即满文契)一张,一并跟随,并无红契。"从康熙四十八年至咸丰七年近一百五十年间,此处房产先后四次易手,全部契书现存五件④,清一色白契,除上首康熙四十八年满汉文老典白契出自旗人私相授受外,下连几张汉文典契均出自民人之手。这种一脉相承的交易

---

① 《金吾事例》,转引自吴廷燮主纂《北京市志稿》第1卷,第124—125页。
② 《内务府官房租库呈稿》嘉庆十七年八月十四日,转引自杨乃济《西华门札记》,载《京华古迹寻踪》,北京燕山出版社1996年版,第367页。
③ 雍正朝《上谕旗务议覆》,第160页。
④ 均藏中国社会科学院近代史研究所图书馆。

方式，应与逃避官府纠察有关。①

老典与典的区别在于，老典契所定回赎期限很长，少则二三十年，多者五十、一百年，有的老典契甚至不写明回赎期限，代之以"永远为业"或"永不回赎"等字样。足见老典等于变相的买卖行为。嘉庆十九年民人李金福将安福胡同一处房产卖与陈姓，契书上写着："外有图书纸一张，白契十五张一并跟随。"（表4-2第70号契）"图书纸"指旗人在八旗左右两翼收税监督处领取的红契，只限于旗产交易，契书形制有别于民间红契（京城民人交易房产，照例到大兴、宛平县衙纳税，领取红契）。说明此处房产原系旗产，后落入民人之手，因系违法行为，所以后来的几次交易均为白契。民人对旗人房产变本加厉地兼并，使大批民人入居内城成为可能。

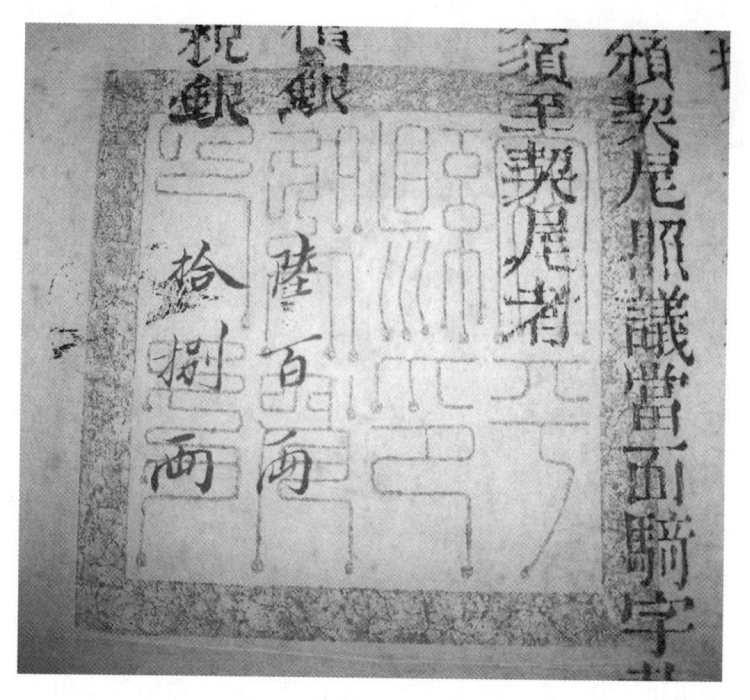

图97 民间红契上的宛平县印

---

① 参见刘小萌《从房契文书看清代北京城中的旗民交产》，《历史档案》1996年第3期。

图 98　民间红契上的大兴县印

清代中叶，民人对旗房的兼并活动引起了统治集团的关注。乾隆四十七年（1782）十月八旗都统等奏准：

> 民人等多有因谋买卖租债典买旗房而又另行典买房间或自己居住或索取重息者，除将已［以］前旗人已经卖与民人者无庸置议外，嗣后旗人房间永远不准民人典买。如有阳奉阴违，或多方以指房借银为名倒写年月，或央烦旗人冒名典买，一经发觉，即照偷盗典买之例，将房撤出，并将价银追出入官，仍治以违禁之罪。①

由此可知，民人典买旗人房产，除自己居住，多用于出租，牟取厚利。民人兼并旗房的主要手段有二：其一曰"指房借银"，即债务人以房屋为抵押物，向高利贷者（即债主）借银。一段时间后，本利累积，无

---

① 裕诚等纂：《总管内务府现行则例·会计司》第 4 卷，故宫博物院文献馆民国二十六年（1937）校印本，第 81 页上。

力偿还，债主顺势将房屋攫为己有。这种场合下的房权转手，自然低于平均房价。其二曰"冒名典买"，具体方式，或由民人"冒名"旗人，即民人假借旗人名义典买旗房，据为己有；或为旗人"冒名"民人，即旗人将旗房"伪作民产，假写汉人名字，税契出卖与民人为业"。内务府员外郎老格，因清缴官项，将自己房屋伪作民产售给民人。案发后交易双方并中保、说合人等均受到惩处，房屋与房价银一并入官。①

官方在乾隆四十七年奏议中提出"已〔以〕前旗人已经卖与民人者无庸置议"，实际认可了民人置买旗产的既成事实。不过，在网开一面的同时，又采取下不为例的严厉态度，即"嗣后旗人房间永远不准民人典买"。因此，在以后年代里，民人兼并旗房，为逃避官府纠举惩办，仍旧流行典买典卖的形式。乾隆五十一年（1786）八月旗人长安典契：

立典契人系正红旗蒙古广福佐领下领催长安，今有自典住房一所，座〔坐〕落在阜成门内孟端胡同东头路北大门，共计灰、瓦房二十七间，今中保说合，情愿转典与宛平县民王□名下为业。言定典价全钱一千五百吊正。其钱当中保笔下交足，并无欠少。言定一典八年为满，钱到回赎；如过八年不赎，遵例过税。自典之后，如有重复典卖、亲族人等争竞等情，具〔俱〕有典主、中保一面承管。恐口无凭，立典字存照。外有红契一张、白纸一张，一并跟随（以下知情底保人、立典房契人、中保人署名，立契日期均从略）。②

这件契约文书代表了旗人典契的通行格式。为了防止以典为名，逃避纳税，乾隆三十五年（1770）规定，典契十年以内不税，十年以外与卖同税，听现典主税契执业。③ 上引契书中"一典八年为满，钱到回赎，如过八年不赎遵例过税"，即体现该定例的规定。但民典旗产既属违法，纵使回赎期满，现业主也不会到官府纳税过契，改典为买。在这种场合，"典"就是"卖"的代名词。

---

① 《内务府奏销档》，引自《清代的旗地》下册，第1364页。
② 表4-2第41号契。
③ 《户部则例摘要》第16卷，第10页上。

清廷对违法者的惩办不可谓不严，为防止"旗产民业混淆"，采取了一系列措施①，但效果不佳。到清代后期，不要说普通的旗人，连一些家境败落的天潢贵胄的祖业也相继成了民人的囊中之物。光绪元年（1875）正黄旗满洲公爵德寿的卖房契上写着："有祖遗房一所，坐落在后门外十岔海南河沿大翔凤口东边路南，大门一间正房五间……随房并无红白契纸，现立白字契纸一张。今因手乏，凭中说合将房卖与芮名下永远为业。"②（见图99）"十岔海"即今"什刹海"，为清代内城风景胜地。清季一些贵族在无度的挥霍中家境走向败落，王府别业亦不能保有。

（三）旗民交产的影响

旗置民产与民置旗产，这两种现象在内外城并行不悖地发展与交织，使旗民交产呈现出更为复杂的情景。

房产交易促进了旗民成分的对流，对房产交易也起到推波助澜的作用。现存房契，为了解民人入居内城的情况，提供了具体翔实的资料。据表4-2，早在乾隆元年（1736）以前，就有民人在东直门内北小街开设油、盐、纸马铺（第2号契）。乾隆中叶以后，民人入居者逐渐增多，契书中注明的房屋来源有："自置""祖遗""祖置""祖业""夫遗""买得""自盖""父置""自典"。民人房源的日

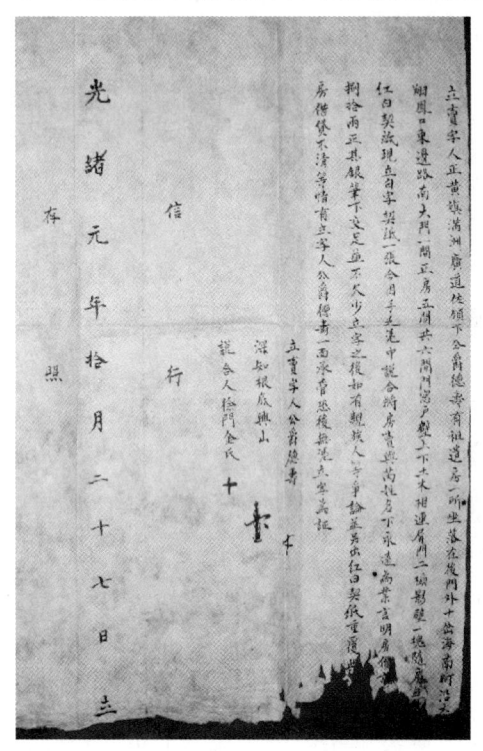

图99 光绪元年满洲公爵德寿卖房契

趋多样，实际反映了民人入居内城的规模逐渐扩大的事实。雍正、乾隆年间，清廷为解决日益严重的"八旗生计"问题，强令住居北京的大批汉

---

① 见光绪朝《会典事例》第607卷《八旗处分例·田宅》；第1120卷《八旗都统·田宅·拨给官房》。

② 此契藏中国社会科学院近代史研究所图书馆。

军旗人、内务府和下五旗王公府属包衣人以及开户人、另记档案人等"出旗为民",从另一渠道扩大了内城民人的数量。到嘉、道年间,内城中民人住户显著增多。

越来越多的民人入居内城,发展起旗民杂居的局面。同一地域旗民的错居杂处,又导致邻里关系的发展。乾隆二十二年(1757)八月民人徐廷玫分卖房契,就是一个令人信服的例证:

> 立分卖房契人徐廷玫同侄徐峻德、朗元,将祖遗铺面房二间,座[坐]落安定门内大街路西,门面二间二接檐前后共计瓦房四间(中略)北至马家香铺,南至管家布铺染坊,凭中说合情愿卖厢黄旗汉军李□名下永远为业,价银二百五十两整(中略)。此房系祖遗布铺,门面八间半前后共房四十二间,一契内分卖房四间。已在业主总房契上同业主、中保人写明,恐后无凭,立此分卖房契永远存照。(下略)①

分卖房契即业主将房产的一部分而非全部售出时所立契书。立契人徐廷玫有祖遗房产四十二间,因将其中铺面房四间卖给旗人李某,故写立分卖房契交新业主收存,作为产权分割凭证。分卖房契不仅有民人写立由旗人收受的,也有旗人写立由民人收受的。② 无论属于哪种情况,均使缔约双方形成一种新型的、更为密切的邻里关系。

旗民交产给双方带来的影响并不限于地域关系的演变,而且波及经济、文化、政治乃至社会生活的各个领域。

在经济领域,旗民交产为京城中的贵族世家、富商大贾、高利贷者变本加厉地兼并房产提供了一个不断扩大的市场。当越来越多的下层旗人、民人在经济窘迫的困厄下售出栖息之所时,"房舍连云"的大房产主就应运而生了。他们的兼并所得主要用于出租,房租的积累量越大,兼并实力就越强。尤其旗人中的大房产主,成为京城内举足轻重的力量。

清朝入关初,颁布有关旗人"居积牟利之禁",表面上说,是为了防止旗人恃强凌弱,骚扰民间③,真正用心还是希望旗人以当兵为唯一

---

① 表4-2第14号契。
② 表4-2第31号契。
③ 王庆云:《石渠余纪·记八旗生计》,第196—197页。

职志，成为国家可以依靠的"干城"和"股肱"。日久天长，许多旗人逐渐谙于营生之道，甚至落到"经商逐利，不待禁而不能"的地步。在旗民交产中，属于商业用途的房屋不在少数，这对旗人中商业活动的开展起到了促进作用。

在进入内城民人中，经营商业者占有不小比例。据表4-2，铺面房中表明具体用途的有"油盐纸马铺""烟袋铺""棉花铺""钱铺香铺""蜡铺"。这些铺面所在的东直门内北小街、安定门内大街、鼓楼前斜街、德胜门内大街、国子监西口、西四牌楼东边等处，都是内城中通衢闹市。（见图100）其中，鼓楼前斜街东口内的烟袋铺，自乾隆二十四年（1759）至嘉庆二十一年（1816）的五十七年中，虽然数易店主，但老店风貌犹存，不能不认为是内城中习见的现象。①

图100 京师四牌楼大市街(《唐土名胜图会》)

近代以来，民人入居内城的迅速增多。尤其经庚子年（1900）义和团事件和八国联军入侵造成的浩劫，内城居民构成发生了巨大变化。

---

① 表4-2第15、39、67、76号契。

光绪初年，内城汉民不过三万余人，到宣统年间，大约增至二十一万。① 与此同时，八旗同旗同佐领的人们，逐渐散布于京城内外。以镶红旗满洲二甲喇的十七个佐领为例，据《八旗通志初集》卷二记载，其居址清初仅限于西安门大街南边的板场、廊房、酱房、小酱房、细米、东斜街等六条胡同。然而到了清季，该甲喇下仅斌良一个佐领，人户只有百余，人口不足四百，却已散居在京城内外至少七十余处了。② 无怪乎光绪年间成书的《京师坊巷志稿》在追记内城八旗居址后感慨道："此国初定制也……近则生齿日繁，多错处矣。"③ 随着内城旗界消融，在同一地域内形成了各旗、各佐领人，乃至旗人与民人的交错杂居。这就是"多错处矣"的真正含义。此时的旗人大多以个体家庭为单位居住一地，不要说传统的宗族组织早已瓦解，连同一家族的成员也难得一聚。

在文化领域，旗民的交产与杂居，使满洲人的传统文化遇到无法抗拒的冲击。满人先世以渔猎为生，俗尚骑射。日久渐染汉习，不知征役之劳。乾隆帝曾斥责那些移住外城的八旗子弟"显系妄费游荡，在闹市地方听戏曲，与娼妓耍闹"。④ 满洲统治者之所以一再提倡"国语（又称'清语'，即满语）骑射"，是因为从康熙末年起，在京城成长起的新一代满洲子弟在与汉民的频繁往来中多能使用汉语，作为母语的满语却日渐荒疏了。乾隆年间，京城八旗子弟即便能讲满语，发音也不再纯正，常发生"音韵错谬"的问题，即失却满洲正韵，而是音近汉人语气。同时，京师汉人语汇中，也吸收了不少满语腔调和词汇。⑤ 今存满洲、蒙古旗人房契，康熙年间多用满文，雍、乾以降改行汉文，恰是上述转变的一个缩影。

在政治领域，旗民交产的愈演愈烈，使统治者反复重申的禁令成为具文。问题是，禁止旗民交产并不是一项孤立的经济政策，而是与政治上实施"旗民分治"、生活中实行"旗民分居"等政策相辅相成的。满洲统治者要长久维护自己的特权地位，不能不殚尽心智地恪守这些陈陈相因的陋

---

① 韩光辉《北京历史人口地理》据《皇朝文献通考·户口考》、宣统元年《京师内外城巡警厅统计书》等史料统计，北京大学出版社1998年版，第125页。另据《北京市志稿·民政志·户口》：宣统二年，北京内城共有民人83808户。可以参考。
② 中国科学院图书馆藏：《光绪宣统民国户口册·镶红旗满洲二甲喇户口册》。
③ 朱一新：《京师坊巷志稿》卷上，第182页。
④ 《钦定八旗通志》第30卷，第534页。
⑤ 奕赓：《佳梦轩丛著·括谈上》，第178页。

规,而社会生活中已经发生的深刻变化或迟或早总要引起上层建筑的相应调整。但满洲统治者在顺应历史潮流过程中却不免一波三折:咸丰二年(1852)第一次准许旗民交产,五年后借口"徒滋涉讼",奏准仍复旧制;同治二年(1863)一度恢复咸丰二年定例,"庶旗民有无,均可相通",光绪十五年(1889)又规复旧制,旗民不准交产。"然民间之私相授受者仍多,终属有名无实。"[①] 待到光绪三十三年(1907)再度确认咸丰二年成案的合法性时,清王朝的来日已经无多了。

表4-1　　　　康、雍年间部分亲王郡王旗属府址对照表

爵号	旗属	府　　址	备　　注
康亲王	正红旗	普恩寺东,在镶红旗界	礼亲王改
显亲王	镶白旗	玉河桥东,在正蓝旗界	肃亲王改
裕亲王	镶白旗	台吉厂,在正蓝旗界	
庄亲王	镶红旗	太平仓,在正红旗界	即承泽亲王
简亲王	镶蓝旗	大木厂,在镶红旗界	郑亲王改
恒亲王	镶白旗	东斜街,在正白旗界	
怡亲王	正蓝旗	煤炸胡同,在镶白旗界	后改北小街,在正白旗界
果亲王	正红旗	草厂胡同,在正红旗界	
理亲王	镶蓝旗	王大人胡同,在镶黄旗界	
顺承郡王	正红旗	麻线胡同,在镶红旗界	
平郡王	镶红旗	石驸马大街,在镶蓝旗界	克勤郡王改
信郡王	正蓝旗	三条胡同,在镶白旗界	豫亲王改
愉郡王	正红旗	在正黄旗界	另有愉亲王府,在正白旗
履郡王	镶白旗	东北小街,在镶黄旗界	
宁郡王	正蓝旗	新开路,在镶白旗界	
惠郡王	镶红旗		

注:亲、郡王爵号、旗属据《八旗通志初集》第23卷;府址参据昭梿《啸亭续录》第4卷;《清北京城图》(乾隆十五年),载侯仁之主编《北京历史地图集》,北京出版社1988年版。

---

① 户部井田科编:《户部井田科奏咨辑要》卷上,第1页上、13页上、15页上;卷下,第51页下,光绪朝排印本;沈家本:《变通旗民交产旧制析》,收入李光灿《评〈寄簃文存〉》,群众出版社1985年版,第201页。

表 4-2　　　　　　　康、雍、乾、嘉年间北京内城房屋交易表

序号	立契人	对象房说明 来源	对象房说明 坐落	间数	价格 两	价格 吊	受契人	立契时间	契别	备注
1	镶白满富绅		崇文门内头锦儿胡同	10	250		镶白汉侯国用	康熙五十三年	满文典契	典契 3 年
2	民人魏其	自置	东直门内北小街	30	220		镶黄满查灵阿	乾隆元年	汉文卖契	油盐纸马铺
3	镶蓝满观音保		孟端胡同	20	227		镶蓝宗室德满	乾隆七年	满汉文卖契	
4	正黄满达子	祖业	德胜门内路南	2	120		正黄满杭日布	乾隆十年	满汉文卖契	粥铺，无典期
5	镶白汉侯连生		崇文门内头锦儿胡同	10	250		镶白汉张世杰	乾隆十一年	汉文老典契	典期 9 年
6	镶蓝蒙胡礼	本身	拴马桥路西	22.5	200		正黄汉陈国祥	乾隆十五年	满汉文卖契	
7	镶蓝汉金大伟		帽儿胡同内路东	11	200		正黄满鹤伶	乾隆十六年	满汉文卖契	
8	镶蓝包衣天觉	自买	孟端胡同北	18	150		正红蒙长安	乾隆十八年	汉文典契	无典期
9	正红蒙纳木代		玉带胡同东头	1	30		镶蓝觉罗吉禄	乾隆十八年	汉文典契	典契 50 年
10	镶蓝满折三泰		孟道[端]胡同	23	300		镶蓝满福格	乾隆十九年	满汉文卖契	
11	镶黄觉罗金良粥		玉带胡同东头	3	50		镶黄觉罗纳启通	乾隆二十年	汉文典契	典期 50 年
12	镶蓝朱有良	原典	安福胡同	5	48		杨某	乾隆二十一年	汉文转典契	典期 5 年
13	正黄满鹤伶		大帽儿胡同路东	11	250		正黄满达宁	乾隆二十二年	汉文卖契	
14	徐廷玫等	祖遗	安定门内路西	4	250		镶黄汉李某	乾隆二十二年	汉文分卖房契	铺面房
15	民人门廷枢	祖置	鼓楼前斜街东口内	4	200		王某	乾隆二十四年	汉文卖契	烟袋铺
16	民人刘普	自置	东安门内葡萄园后身	7	180		盖某	乾隆二十八年	汉文卖契	
17	镶蓝觉罗令福	本身	玉带胡同	3	10		镶蓝觉罗扎郎阿	乾隆二十九年	汉文典契	无典期
18	镶蓝旗陆世俊	自置	銮仪卫夹道	3		100	鲁某	乾隆二十三年	汉文找押契	粘连借据
19	镶黄满舒通阿同子德福	自典	汤家胡同	7.5	165		镶黄包衣玉柱	乾隆三十二年	汉文典契	无典期

续表

序号	立契人	对象房说明 来源	对象房说明 坐落	间数	价格 两	价格 吊	受契人	立契时间	契别	备注
20	民人李天祥	祖业	十一条胡同西口内	5		250	白某	乾隆三十二年	汉文典契	典期25年
21	正黄塞同阿	自典	德胜门大街路南	2	50		刘某	乾隆三十三年	汉文老典契	典期20年
22	正红满常禄	本身住房	阜成门内头条胡同	15	400		民人韩玉琳	乾隆三十四年	汉文卖契	
23	镶黄满德福	自典	汤家胡同	7.5	185		镶黄包衣玉柱	乾隆三十四年	汉文老典契	典期100年
24	正蓝满咸宁		十方院路南	6.5	80		正蓝满达子	乾隆三十九年	汉文改典为卖契	
25	民人张六格	祖遗	宣武门内西拴马桩北口内	10.5	130		镶红蒙七十四	乾隆三十九年	汉文卖契	
26	镶蓝旗石通阿	自置	孟端胡同中间路北	24	440		正红满希敏	乾隆三十九年	满汉文卖契	
27	正红满希敏	自置	阜成门内孟端胡同	24	530		镶蓝满恒永	乾隆四十年	汉文老典契	
28	正黄汉陈鹏仪	自置	东拴马桩路西	22.5		600	镶蓝李尧	乾隆四十年	汉文老典契	无典期
29	镶蓝满穆隆阿	本身	孟端胡同路北	15	335		镶蓝宗室文魁	乾隆四十二年	满汉文卖契	
30	民人刘玉	自置	德胜门内大街路南	2	130		增某	乾隆四十三年	汉文卖契	棉花铺
31	镶黄包衣妇杨门蒋氏等	夫遗	钟楼东南湾[弯]路	5	110		谷某	乾隆四十五年	汉文分卖契	
32	民人王禹平	自置	西单牌楼安福胡同	7	250		董祥临	乾隆四十六年	汉文卖契	
33	正白包衣和本额		宛平县衙门西边路北	57	2500		镶红宗室恒元	乾隆四十八年	满汉文卖契	
34	镶白汉张文辅	祖遗自置	崇文门内调[锦]儿胡同	10	500		正蓝汉王某	乾隆四十九年	汉文典契	典期8年
35	镶红蒙七十四	自置	宣武门内西拴马桩北口内路东	9.5	450		镶红汉南永亮	乾隆四十九年	汉文典契	典期5年
36	镶蓝宗室华贵	自置	孟端胡同	19	900		正红包七十四	乾隆五十年	满汉文卖契	

第四章　旗人与民人　219

续表

序号	立契人	对象房说明 来源	对象房说明 坐落	对象房说明 间数	价格 两	价格 吊	受契人	立契时间	契别	备注
37	镶蓝满穆郎阿	自置	阜成门内玉带胡同	10.5	200		正红蒙武尔将阿	乾隆五十年	满汉文卖契	
38	镶蓝满恒俊	自置	孟端胡同东口路北	21	300		镶红旗巴宁阿	乾隆五十年	汉文典契	典期5年
39	民人王兆凤	自置	鼓楼斜街口内路南	1		520	黄某	乾隆五十一年	汉文卖契	烟袋铺
40	镶蓝觉罗景文等	自置	阜成门内玉带胡同	1	25		正红满舒宁阿	乾隆五十一年	汉文典契	典期5年
41	正红蒙长安	自典	孟端胡同东头路北	27	1500		民人王某	乾隆五十一年	汉文典契	典期8年
42	镶蓝汉观音保	原典	长安街拴马庄胡同	19	720		镶蓝满德通阿	乾隆五十一年	汉文典契	典期5年
43	镶蓝满德通阿	原典	长安街东拴马庄胡同	19	720		镶红汉周松年	乾隆五十四年	汉文典契	典期5年
44	正红蒙乌儿江阿	自置	阜成门玉带胡同路南	10.5	200		正红包衣舒宁阿	乾隆五十四年	满汉文卖契	
45	镶红宗室噶尔布	自置	地安门外宛平县西边路北	54	2500		正黄蒙哈当阿	乾隆五十五年	满汉文卖契	
46	民人张健	自置	国子监西口外南边路西	3	280		施某	乾隆五十七年	汉文卖契	铺面房
47	民人蒋门靳氏等	买得	安定门内大街国子监对过路西	11	1110		李某	乾隆五十九年	汉文卖契	钱铺香铺
48	正黄蒙佛柱	自置	茶叶胡同东口外路西	4		210	唐某	乾隆五十九年	汉文卖契	粥铺
49	正蓝汉王泽漳	自置	崇文门内调[锦]儿胡同	10	500		镶白满	乾隆五十九年	汉文卖契	典期5年
50	民人王学	祖遗	七条胡同	13	200		李某	乾隆六十年	汉文卖契	
51	正黄满达宁	自置	西四牌楼北大帽儿胡同	23	1000		正黄汉张履庭	乾隆六十年	汉文卖契	典期5年
52	民人王忠	祖遗	东安门外王府大街小抓帽胡同	7	200		冯某	嘉庆二年	汉文卖契	

续表

序号	立契人	对象房说明 来源	对象房说明 坐落	间数	价格 两	价格 吊	受契人	立契时间	契别	备注
53	民人冯焕	自置	王府大街小抓帽胡同	7	200		任某	嘉庆二年	汉文卖契	
54	民人李蓉	自置	安定门内国子监对过路西	11.5	1000		民人朱秉乾	嘉庆三年	汉文卖契	钱铺香铺
55	民人冯焕	自盖	王府大街小抓帽胡同	9				嘉庆三年	汉文投税契	此系在"祖遗空地"盖房后赴县投税
56	镶白满常远	自典	调[锦]儿胡同东口内路北	10	500		镶白蒙秀德	嘉庆五年	汉文卖契	典期5年
57	民人白君重		东四牌楼北十一条胡同西口路南	5	370			嘉庆七年	汉文卖契	
58	镶黄汉卢阳明同子	自置	东四牌楼北十一条胡同西口路南	7	400		陈某	嘉庆八年	汉文卖契	
59	民人雷有	祖遗	太平街	11	300		盛某	嘉庆八年	汉文卖契	
60	镶白宗室奕補	祖遗	东四牌楼十一条胡同口内	9	450		正白汉惠某	嘉庆八年	汉文典契	典期8年
61	民人丁茂宗	自盖	后宰门外鼓楼前斜街口内	5.5	350		柳肇凯	嘉庆十年	汉文卖契	
62	民人施明达	父置	国子监西口南边路西	3	660		朱某	嘉庆十一年	满汉文卖契	铺面房
63	镶红满宁安	自置	阜成门内孟端胡同路北	21	400		正红包衣宁阿	嘉庆十一年	满汉文卖契	
64	民人盛永成	自置	太平街东边路北	11	750		镶红满拉海	嘉庆十二年	汉文老典契	无典期
65	民人孙光德	自置	西四牌楼东边马市路南	3	100		常某	嘉庆十二年	汉文卖契	铺面房
66	镶蓝汉阳光裕	典得		25.5	2500		正白蒙额某	嘉庆十二年	汉文典契	典期8年
67	民人黄朝梁	自置	鼓楼斜街口内路南	2	575		柳肇凯	嘉庆十三年	汉文卖契	烟袋铺

续表

序号	立契人	对象房说明 来源	对象房说明 坐落	对象房说明 间数	价格 两	价格 吊	受契人	立契时间	契别	备注
68	镶蓝汉吴长德	原典	东拴马庄中间路西	3		300	镶红汉赵裕福	嘉庆十六年	汉文典契	典期5年
69	民人王琏	自置	汤家胡同	7.5	100		宋某	嘉庆十八年	汉文卖契	
70	民人李金福	自置	安福胡同	5	100		陈某	嘉庆十九年	汉文典契	典期8年
71	民人惠保	自置	东四牌楼北十一条胡同东口内	9		300	郁［玉］某	嘉庆十九年	汉文卖契	
72	镶白满玉麟	自置	东四牌楼北十一条胡同东口内	9		550	正白满凌山	嘉庆十九年	汉文卖契	
73	正白满凌山	自置	东四牌楼北十一条胡同东口内	9		550	金某	嘉庆十九年	汉文卖契	
74	谷凤程	自置	钟楼湾路南	9		200	李某	嘉庆二十年	汉文卖契	
75	民人柳肇凯	祖遗	鼓楼斜街口内路北	5.5	300		李某	嘉庆二十一年	汉文卖契	铺面房
76	民人柳肇凯	祖遗	鼓楼斜街口内路南	2	200		李某	嘉庆二十一年	汉文卖契	铺面房
77	民人胡彦杰	自置	德胜门内西水关口外路南	3	150		杨某	嘉庆二十一年	汉文卖契	蜡铺
78	镶红汉周炳	原典	东拴马桩胡同	16		600	镶红满苏某	嘉庆二十一年	汉文典契	典期10年
79	正黄蒙额勒登布	祖遗	宛平县西边路北	62	1000		镶红蒙富某	嘉庆二十二年	汉文卖契	
80	民人王庆	自典	孟端胡同中间路北	20		1500	姚某	嘉庆二十四年	汉文典契	典期8年
81	民人陈济安		东四牌楼北十一条胡同西口内路南	5		200	李某	嘉庆二十四年	汉文卖契	
82	镶蓝满达林等	自典	按院胡同西头路北	15		1000	镶蓝满萨克升阿	嘉庆二十五年	汉文典契	典期5年
83	镶蓝满年长阿	自置	西单牌楼劈柴胡同中间	26		2750	镶白满恩某	嘉庆二十五年	汉文典契	典期8年

注：表中清代北京内城房契八十三件，时间起自康熙五十三年（1714），迄于嘉庆二十五年（1820），均为中国社会科学院近代史研究所馆藏。道光以后历朝房契为数甚多，从略。表中"镶黄满"即"镶黄旗满洲"，"镶黄包衣"即"镶黄旗包衣"，其余以此类推。

第二节　旗人与碓房

清初以来，不断有民人想方设法进入内城，这种进入起初还只是临时性的，以后逐步定居，各色店铺随之扎下根来。在各色店铺中，有一种叫做碓房，专门负责粮米的运输、加工，与旗人生计尤为密切，种种盘剥的手段亦因此而生。考察碓房的由来、经营方式和特点，对了解清代北京的商业发展、民人与旗人的经济关系，以及旗人生活的实际状况，均有价值。鉴于官修史书中有关资料畸零，笔者重点利用了海内外收藏的契约文书。①

一　旗人的粮米与仓储

以满洲人为核心的旗人阶层是清代社会中享有特权的阶层。皇室、贵族、高官姑且不论，就连普通八旗兵丁的钱粮（甲银甲米）也是不低的。仅甲米（兵米）一项，前锋、护军、领催、马甲每人每年四十六斛（合二十三石），最低的步甲也有二十二斛（十一石）。统治者有意把甲米定得高一些，以便兵丁养家，余粮则可变卖，作为一项辅助收入。当时一名七品官员的俸禄是每年银四十五两、米二十二石五升，八品官是银四十两、米二十石。所以雍正皇帝曾坦率地告诉八旗兵丁：他们的收入，实际上已多于七八品官的俸禄。②

几十万八旗官兵聚居京城，每年领取的粮食究竟有多少，尚无精确统计。有学者认为，每年在京八旗官员的禄米（俸米）约需十二万石，八旗士兵甲米约需一百七十五万石，八旗宗室勋戚及荫袭官员禄米约需一百万

---

①　笔者重点利用中国社会科学院近代史所图书馆、北京大学图书馆（收载于张传玺主编《中国历代契约会编考释》下，北京大学出版社1995年版）、日本东京大学东洋文化研究所仁井田升博士文库藏清代北京契约文书。在东京大学搜集资料时，得到日本大学博士生绵贯哲郎先生、东京大学博士生相原佳之先生热心帮助；"台湾中央研究院"近代史所赖惠敏研究员提供了档案中有关碓房的宝贵资料。在此一并致以衷心感谢！

②　《八旗通志初集》第67卷，第1291页。八旗官兵所领俸米、甲米的市价应高于其对应的俸银、甲银。中国第一历史档案馆藏：《内务府慎刑司呈稿》，道光朝刑第四十七包，道光二十八年八月十一日载："三旗营总清平应领本年二月季三色俸米二十五石，派本营官人持票赴仓关领，卸交兴隆碓房温仓铺内，价钱十一万三千一百五十文。"二十五石俸米就值十一万余文，折合一百多两银子。

石，此外还有八旗失职人员、鳏寡孤独养赡米石等，合计近三百万石。①清代京城食粮主要来自南方漕运，分别由山东、河南、江南、浙江、江西、湖广运抵。据雍正《大清会典》卷四十：江南额定漕粮一百七十九万四千余石；浙江：六十三万石；江西：二十七万石；湖广：二十五万石；山东：三十七万五千余石；河南：三十八万石。以上合计约三百七十万石，其中绝大部分入于旗人之手。②（见图101、102、103）

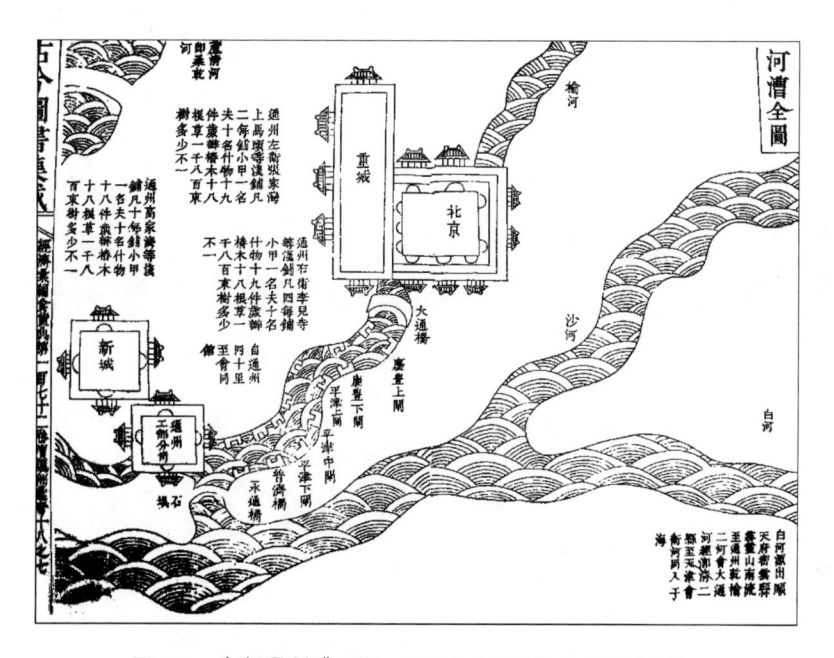

图101　京师通州漕运图（雍正《古今图书集成·河槽总图》）

漕粮由运河运抵通州上岸，按照米色和用途的不同，分仓收贮。清制，旗人按身份地位之高下，在食用米的品质上有如下区别：宗室贵族之亲王以下辅国将军以上，异姓贵族之公、侯品级，以及一、二品官员，俱食用江米、白米、次白米、粟米；宗室贵族之奉恩将军，异姓贵族之伯、

---

① 李文治等：《清代漕运》，中华书局1995年版，第71页。
② 雍正朝《会典》第40卷《漕运》（台湾文海出版社1995年版）："额运四百万石，间遇升科荒折，随时增减。"说明定额是400万石，但历年数额有所变动。如康熙二十四年，实运289万余石；雍正四年，实运329万余石（见上书同卷）。另据中国科学院图书馆藏子涛氏《旗务积略》第62页：北京每年运入的米麦豆共计360万余石（光绪十八年手写本）。这应是晚清时漕运额数。

图 102　京杭大运河南端富义仓码头遗址(浙江杭州拱野)

图 103　京杭大运河北端通济桥遗址(北京通州)

子、男下至恩骑尉，以及三至九品官员，俱食用老米、稗（稷）米；而众多八旗兵丁食用之米则称甲米，包括老米、稷米、小米，按比例发放：老米五成，稷米三成之五，仓米一成之五，即所谓"三色米"。①

江米（giyang mi）就是糯米，白米（be mi）即优质稻米，次白米（ts be mi）是口感稍次的稻米；老米（lao mi），指漕运和存贮过程中因日久发热而变黄的稻米；稷米又叫稷子米（so dzi mi），近似老米而色红，串米时不易碎，味道不及老米；粟米即小米；仓米，指已入仓的小米。②

通州三仓（大运西仓、大运中仓、大运南仓）主要存江米、白米、次白米、老米；京城各仓主要存三色米、麦、黑豆。因此，食用上品米的贵族、官员们必须出城到通州仓运米，而八旗骁骑校、护军校以下及兵丁则在京城各仓运米。（见图104）

图104　通州张家湾古桥

---

① 中国第一历史档案馆编：《雍正朝汉文朱批奏折汇编》第1册："京仓所贮三色米石，粳米为上，稷米次之，粟米又次之。向来八旗甲米三色兼放，每色多寡例有定数。"参见子涛氏《旗务积略》，第752页。

② 参照［日］中嶋幹起《清代中国语满洲语词典》，东京外国语大学亚非语言文化研究所1998年版，第906页。

京城八旗，各有指定仓库：左翼镶黄旗，海运仓（东直门内鞭子胡同北口外）；正白旗，旧太仓（朝阳门内大百万仓南门）；镶白旗，南新仓（朝阳门内豆瓣胡同）；（见图105）正蓝旗，禄米仓（朝阳门内智化寺西）；右翼正黄旗，北新仓（东直门内瓦叉儿胡同东口）；正红旗，兴平仓（东直门内扁担胡同南口）；镶红旗，富新仓（朝阳门内北小街）；镶蓝旗，太平仓（原与禄米仓同设一处，康熙四十四年移设朝阳门外瓮城之南）。

图 105　京师八旗粮仓之一——南新仓遗迹

此外尚有：本裕仓（康熙四十五年设，在德胜门外清河地方），开放圆明园及郑家庄二处驻防官兵俸甲米石；万安仓（雍正元年设，在朝阳门外正白旗地方；乾隆四年，将储济仓新建厫归并管理，改名万安东仓；其旧厫名曰西仓）；储济仓（东直门外谢圣保园地）；裕丰仓（东便门外骆驼馆）；丰益仓（安河桥）；恩丰仓（东华门北首东夹道）。其中，朝阳门内旧太仓、兴平仓、海运仓、富新仓彼此接近，规模最大，四仓实为一大仓，但各走一门。①

———————
① 《八旗通志初集》第 25 卷，第 471—473 页；《钦定八旗通志》第 114 卷，第 1960—1962 页。

按八旗方位：左翼四旗镶黄旗居安定门内，正白旗居东直门内，镶白旗居朝阳门内，正蓝旗居崇文门内；右翼四旗正黄旗居德胜门内，正红旗居西直门内，镶红旗居阜成门内，镶蓝旗居宣武门内。对照上述各旗仓厫不难发现，八旗官兵领米，路程远近不等。由于京仓均集中在城东一带，右翼四旗领米，必须从城西赴城东，中途还要绕行皇城，路程远较左翼四旗为远。

二 碓房的由来

清朝盛时，府库充盈，八旗官兵给养丰厚。旗兵每季领米一次，所以又叫"季米"。季米的发放分旗定期，大致有两种。第一种为"二五八冬"，即二月、五月、八月、十一月为领米期；第二种为"三六九腊"，即三月、六月、九月、十二月为领米期。① 届时仓前车水马龙，人头攒动。为了运输与发放便利，领米时各旗多以佐领为单位雇觅车辆，凭米票到指定仓房领米。松筠《百二老人语录》卷二载：

（满文）emu sakda hendume, mini sara emu niyalma bošokū ofi, caliyan i baita be icihiyarangge, umesi ferguwecuke sain, tesu nirui ursei caliyan i jiha ocibe, menggun ocibe, biyadari boigon i jurgan ci gaime tucibuhe manggi, nirui janggin i boode benebufi, jiha be ton i songkoi sindambi, ere hacin, tere hacin seme tebure ba akū, menggun oci, ubu aname dangsede acabume tondokosaka dengnefi sindambi, fulu tucinjihengge ci turihe sejen i hūda be bumbi, funcerakū ci wajiha, aika funceci, uthai nirui janggin de alafi, gubci nirui dorgi umesi yadahūn udu boode, dendefi bahabumbi, emu jiha emu fuwen seme gejureme gairakū... nirui dorgi hafan ocibe cooha ocibe, bele gaire erinde, ini beye nirui mejige sebe gaifi, hūda ja sejen be baime

---

① 清廷为了平抑市场米价，曾多次调整放米之期。康熙五十五年将八旗放米时间统一由每年春（二月）、秋（八月）两季改为三季（即三月、八月、十一月），乾隆二年又改为四季（二、五、八、十一月）放给。尽管如此改动，但每次放米之后，距下次放米之期尚远，铺户依旧乘机囤积，以致米价日昂。以后又改为分别旗色、按月轮放的办法，即镶黄、正黄两旗，正、四、七、十月支放；正白、正红、镶白三旗，二、五、八、十一月支放；镶红、正蓝、镶蓝三旗，三、六、九、十二月（腊月）支放（雍正朝《会典》第44卷，乾隆朝《会典则例》第177卷）。如此轮放，虽对平抑米价、防止囤积起到一定作用，却未能改变旗人贱价粜卖、贵价籴买的事实。[日]细谷良夫：《八旗米局考——围绕清朝中期的八旗经济》，载《集刊东洋学》第31号，1974年6月。

turifi bele ušambi, boo tome aname benebuhe manggi, banjishūn boode nerginde sejen i hūda buci, alime gaifi uthai sejen i ejen de bahabumbi, suilashūn boode nerginde burakū oci, i uthai tere niyalmai caliyan ci elhei gaifi niyeceme sejen i ejen de bahabumbi .

（汉文）一老人云：吾知一人曾充领催，办理钱粮事务，甚为美善。其于本佐领下人钱粮，或银或钱，每月由户部领出时，送至佐领宅内，将钱如数散放，并无坐扣这项那项。银两按分照册公平秤放，余出者给雇车工价外，不余则已，有余即回明佐领，分与佐领中极贫之家，虽一分一文，并不苟取……佐领下或官或兵，关米时，伊亲率佐领下听事人，找雇贱价车辆拉米，逐户挨送。其充足人家如及时交给车价，即令车夫领去；贫穷人家当时不能措给，伊在钱粮内陆续坐扣，找还车夫……①

松筠在《百二老人语录》中，具体描述清中叶满洲旗人生活的各个侧面，他以"一老人云"为开场白，一共讲述一百二十个故事，从将军、都统、参领、佐领到领催，塑造了一系列正面形象，希望通过这些形象，达到对八旗子弟进行说教的目的。他笔下的人物，虽未必确有其人，却是对实际生活中同类人物的高度概括。他在此讲述的，是一自奉清廉的领催。当时官兵关领月饷季米，均由佐领下管理钱粮事务的领催负责。每季放米，由其率人赴仓领取。具体内容包括：雇车拉运，监督过秤装车，运回分送各户。

文中提到的车夫，是专门被雇佣来给旗人运米的民人。他们大多为个体经营，在车价上亦有差异。清初同一佐领的人户集中居住在某街区，以后逐渐散居各处，随之，季米的领取越来越费时费力，车脚工价亦水涨船高。雇觅车夫，讨价还价，这些工作，琐碎繁重，照例是佐领下钱粮领催的职责。

但这些交易环节，往往也给领催提供了以权谋私的机会。故其人品之高下，贪廉与否，直接涉及旗人的切身利益。上引文还提到，一些旗人贫户，因无钱付给车价，只有欠账，等到下季度领取钱粮时再由领催扣还给

---

① 松筠，蒙古旗人，乾隆、嘉庆、道光三朝名臣，所撰《百二老人语录》，原本满文，后由蒙古旗人富俊译为汉文。关于《百二老人语录》版本和研究情况，见［日］中见立夫《关于〈百二老人语录〉的各种抄本》，载《清史论集——庆贺王锺翰教授九十华诞》，紫禁城出版社 2003 年版。本处所引《百二老人语录》满汉合璧本藏日本东洋文库。

车夫。在这种场合,旗人与车夫就形成了债务关系。

由于粮食来源和品质不同,旗人与民人的食物构成存在着明显差异。内城旗人主要食用南方运来的稻米,而外城民人所食多为北方产五谷杂粮。此即时人所谓"旗人平日多食老米,民人平日多食杂粮"。① 仓廒中存贮的稻米,很大一部分未经加工仍带硬壳,叫"粗米"(或糙米),此米蜕壳后方可食用。"粗米"蜕壳的过程叫作"舂",又叫"串米"。(见图106)米经串治后称作"细米"。② 这样,主要为旗人加工稻米的碓房就发展起来。"碓"是舂米的工具③,碓房多为民人所开。《百二老人语录》卷二又云:

(满文) gemun hecen i yaya hūtung de bele niohure puseli neire šandung ba niyalma, urui gūsai ursei forgon dari gaiha sain bele be bargiyafi narhūn obume niohumbi seme, sunja amba hiyase de damu duin hiyase bumbi, yala šandung ba i niyalma de mujakū jabšabuha bime, suilashūn banjire gūsai gucuse, inenggi de alban kame genefi, boode niyalma komso ucuri, aika bele benjire šandung niyalma jihe manggi, i jortanggi bele be ele komso bumbi, ini

图106 舂米(雍正《古今图书集成》)

---

① 《钦定八旗通志》第77卷,第1321页。
② 粗米串细米,折耗二成糠秕。见文康《儿女英雄传》第39回,第946页。
③ [朝]洪大容:《湛轩燕记》记京城碓房:"碓,用直木无双踏法。石臼石杵,杵圆而短,其大几满臼,置臼低斜外向,不如是,不善舂也。一人舂踏甚勤,冬日袂衣犹汗,一日能舂两甑粟云。"(载 [韩] 林基中编《燕行录全集》第49册,第280页。)这是人力舂米,在碓房中颇为流行。此外,还有水碓。

baru ton isirakū seme leheme gaici, i burakūsere anggala, hono ere bele be suwe jeci jekini, jeterakū oci, mende basa jiha bufi, suweci da bele be niyalma takūrafi gamakini seme, cingkai ekterišeme kaicama gisurembi, imbe ainame muterakū ofi, kirihai dulembi.

（汉文）京城凡胡同内，有开设碓房、米铺之山东人，常收揽旗人每季关领之好米，谓之碓细。每五大斗止给四斗，实于山东人大有便宜。而度日艰窘之旗友，白日出当官差，家中人少。如遇送米来时，山东人故意将米少给。因缺数向争，彼不但不添，仍发豪横，并云：此是你们原米，好食则食，不食给我工钱，将你们原米叫人拿来罢。因无可奈何忍耐过去。

"碓房"，满语叫作"bele niohure puseli"（直译：碓米铺）；"碓细"，满语叫作"narhūn obume niohumbi"。松筠在这里特别说明，开碓房、米铺的，以山东人为多，平时里收多给少，或以劣充次，盘剥旗人，花样多多。

在清代北京，与旗人关系密切的民人，一为山西人，一为山东人。山西北与蒙古接壤，向南毗邻京、冀，素有经商传统，京师经营银钱业务之炉房、钱铺、票庄、当铺、印局老板等，大半非山西人莫属。而山东人与满洲人历史渊源最久，关系也最密切。山东东部一带素为富庶，但人稠地窄，故出外谋生者多。山东半岛与辽东半岛隔渤海湾相望，自明代以来，许多人浮海北上，谓之"闯关东"。关外地广人稀，物产丰饶，北上者络绎不绝，或春去秋归，或迁往不归，关外遂成山东人"第二故乡"。待16世纪末满洲人崛起于辽东，开疆拓土，建立清朝，编入汉军八旗的汉人，十之八九原籍山东。清朝入关，大批山东人随之来京，继而又从原籍招来不少亲朋。山东人素性吃苦耐劳，兼有经商传统，久而久之，旗人日用所需多由山东人承办，近水楼台先得月，老米碓房多由其经营也是很自然的。

碓房的工具，用古老的杵臼改进而成。在场棚内就地栽上手扶横架，架子前后各刨一坑，前坑埋一石槽，后坑为陷脚之用。横架下部有轴，安一杠杆，杠杆前端安装石碓，后端用于脚蹬，石碓一起一落，捣几百下以后，石槽里的粗米即成精米。[1]（见图107）

---

[1] 金祥斋、邵义斋：《清末旗丁的生活》，载文安主编《晚清述闻》，中国文史出版社2004年版。

图107 碓房

那么，清代北京内城的碓房是何时兴起，又是如何兴起的呢？雍正年间镶红旗汉军副都统尚崇坦在一份奏折中称：

> 臣查八旗官兵自定鼎以来居住内城，所关米原系自行舂碾，未有雇觅旁人者。乃数十年来享国家升平之福，惮劳苦而习宴安，遂有山东、山西两省来历不明之人入京开设碓碾。而旗人所关之米交与舂碾，久久习熟，竟有关米出仓并不载运回家而直送至碾碓听其销算者，以致无籍奸民得以施其盘剥之计。除一石只舂八斗外，或用大斗小升，多入少出；或因先借后还，贵价贱折；甚至有寄放既多乘便卖尽而飘然远遁者。①

这份奏折说得很清楚，清朝初期，八旗官兵领取的兵米俸米，原本自行加工。以后习于安逸，惮于劳苦，逐渐转给了不断进入京城的外省民人，首先是山东、山西人。他们开设碓房碾房，除了收取加工费，还想出种种额外盘剥的伎俩，影响到旗人生计。为此，尚崇坦向雍正皇帝建议：

---

① 《雍正朝汉文朱批奏折汇编》第32册，第218—219页。

以后八旗所关粮米应令自行春碾；开设碾碓的民人概令移出外城；如敢仍留内城，由步营官员即行查拿交送步军统领，转交刑部治罪；如步军官员不行查拿，照失察例议处。尚崇坦的想法过于简单也过于粗暴。他认为只要把民人逐出内城，旗人就可习力作之勤，而"奸民"亦无所施盘剥之计。但已经习于安逸的旗人如何使之重操旧业？何况米石加工数额巨大，确实需要社会的专业分工和必要设备。难怪雍正皇帝对尚崇坦的建议未置可否，实际是搁置一旁了。

除建议将民人逐出内城外，还有八旗官员建议设立官办碓房以取而代之者。即在各旗附近小巷内，照山东民人做法，每旗各设碓房十处，春串细米发卖。问题是，八旗食钱粮之人当时有九万五千五百余。八旗大员会议得出的结论是：食粮人数众多，碓房若立少不足敷用，若立百余处，又人多事繁。因此否定了官办碓房的建议。① 总之，清廷自雍正朝起开始注意到碓房对旗人的盘剥问题，但是又找不到取代民间碓房的办法，只好任其发展。

乾隆初年，北京内外城的碓房已有千余家。② 其中，内城碓房主要以旗人为对象，业务量尤大。根据契书记载，可以得知一些碓房的大概位置：位于内城西的有玉皇阁、护国寺、护国寺西口外大街、西四牌楼、阜成门内南沟沿十八半截胡同、鞍匠营西口内；位于内城东的有东四牌楼隆福寺西口、后门东板桥妞妞房胡同、东华门外南池子葡萄园、东安门内；位于内城北的有德胜门内路南；位于内城南的有宣武门内；位于外城的则有前门外杨梅竹斜街、正阳门外大蒋家胡同中间路南（表4-3第32、1、68、48、56、74、36、63、88、94、65、92、77、73号）。这些记载虽不完备，却反映了一些碓房设在闹市或通衢附近的事实。③（见图108）

三　碓房的经营

碓房加工粗米，收取一定的费用。晚清时，一石粗米的加工费和脚力

---

① 《雍正朝汉文朱批奏折汇编》第28册，第669—671页。
② 《清朝文献通考》第36卷，浙江古籍出版社2000年重印本，第5188页；（乾隆二年）京师"内外城碓房不下千余所，率每日买米春碓，肩挑出门，沿街货卖，少藉余利，以资糊口"。足见碓房数量之多。同时说明，多数碓房都是小本经营。
③ 《清朝文献通考》第37卷，则有"通衢僻巷，多设碓房，既收春碓之利，更为敛囤之区"语，第5197页。

图 108　水碓(雍正《古今图书集成》)

费（运输）约为京钱两吊，其时银钱的兑换率约为每两十三吊。费用看似微薄，但集腋成裘，碓房还是有不小的收入。碓房的劳力俗称"小力笨"，多系碓房主从家乡招来的徒工，劳动量很大。每日三顿老米饭，用饭汤加盐煮豆芽就是菜汤。①

　　碓房的规模，大小不一。首先，从碓房买卖契书考察：房价一般在一百两、二百两左右，数量一般在二三间至六七间（表4-3第1、36、48、56、77、88、94号）；房价在一二千两（表4-3第65、74、75号）以上的，为数很少。光绪四年八月，宛平县周廷熙将鞍匠营西口内宝兴局碓房卖于屈、李等姓，价银二千一百两（第74号）。当属规模较大的碓房。

---

①　金祥斋、邵义斋：《清末旗丁的生活》。

房价只能反映碓房固定资产的一部分，此外，流动资金的多少也能反映碓房的营业额和规模。在本文考察对象中，张姓通泰号、屈姓宝兴局，均有能力在短时间内连续放债、且一笔债务动辄数千两，足证都是颇有经济实力的碓房。东京大学东洋文化研究所藏《北京文书》中，包括许多旗人写给碓房的借钱（银）字据，其中，通泰号名下的借据有近七十件，时间最早的为乾隆五十七年（1792）（见图109），最晚的为光绪二十五年（1899）。通泰禄（通泰号）借给正黄旗满洲佐领续昌父亲的一笔债有一万三千吊（第104号）；借给正黄旗满洲世袭佐领讷钦泰的债合计有二万六千吊（第59号）。而宝兴局借给正红旗满洲佐领德培的债多达三万五千八百七十吊（第86、95号）。这些债务不仅数额巨大，且还债时间相当长（详见后文），均说明大碓房拥有雄厚的经济实力和营运资本。同治

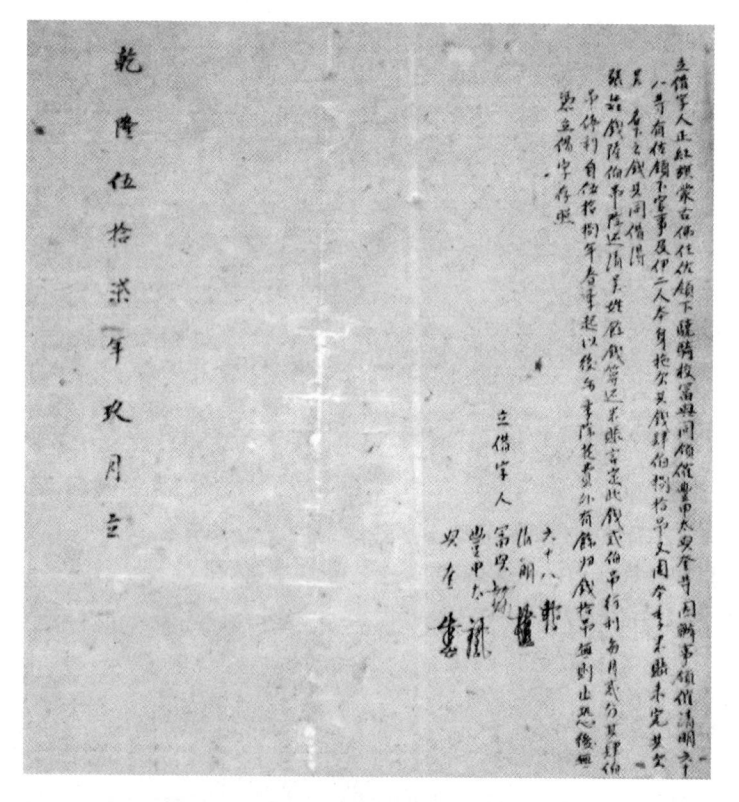

图109　乾隆五十七年蒙古旗人富兴等给
通泰号张姓的借钱字据

十一年至十三年间，民人夏文瑞将位于后门内东板桥妞妞房胡同、德胜门的碓房陆续出卖（第63、65、66号）。又说明，有些业主还拥有不止一处碓房。

碓房规模不同，经营方式也比较复杂。小型碓房，多属一家一户的个体经营，大一些的碓房，则有合股或多股合营。合资入股者称股东（也叫东人，铺伙），合股时要签订合同，基本原则是"赔赚均分（摊）"。[1] 屈福禄、李瀛洲等人签订的合股合同载：将置到鞍匠营宝兴局碓房，价银一千七百两，生意按十成股份，各领成股，永远为业（第75号）。说明该碓房由十股组成，利益与风险由股东共担。李瀛洲入股未久，将股份转卖给另一股东屈福禄（第79号），签有退股契约（第85号）。接着，姜容庄作为新股东，复与屈福禄合股（第80号）。可见，碓房的股东也并非一成不变。一些碓房在竞争中逐渐衰落下去，一些碓房却在竞争中发展起来。像上面提到的宝兴局碓房，业务不断扩张，最后落到屈姓一家手里。又说明，从独资到合股，或从合股到独资，均是碓房经营中常见的现象。

经营方式的不同，在很大程度上决定着碓房内部组织的差异。与个体经营者相比，合股经营的碓房内部结构比较复杂。股东下面设掌柜、账房、跑外伙计、舂米工人、力笨（学徒）、厨子。掌柜是铺内管事；账房就是会计，管理账目；跑外伙计往来于户部银库和各储米仓厫，善于辨别白银成色和米石好坏；舂米工和力笨，是碓房的体力劳动者。[2]（见图110、111）

碓房的经营范围，均有一定地域性，而且它既以旗人米石为利润渊薮，势必要努力控制并扩大已有的地盘，彼此间亦展开竞争，而各佐领有权势的官员就成为他们极力拉拢和控制的对象。光绪四年（1878）八月宛平县周廷熙实卖碓房契载：

> 立实卖字人系宛平县人周廷熙，与本族众东人等商允，将自己祖业遗留鞍匠营西口内路西宝兴局碓房生意一处，厢红旗满洲头甲双端佐领下、

---

[1] 中国第一历史档案馆：《嘉庆十四年通州粮仓吏胥舞弊案》，载《历史档案》1990年第1期，第45页；《道光朝北京粮仓吏役舞弊史料》（上），载《历史档案》1994年第2期，第19页。

[2] 参考赵润龄《清季之碓房》（一个剥削企业），手写稿，北京市西城区政协文史资料组1963年7月25日。

图 110　四义碓房印文　　　　　　图 111　四义碓房
　　　　　　　　　　　　　　　　　　　　（德内）印文

又正红旗满洲三甲翔凤佐领下、又厢蓝旗满洲二甲喇德本佐领下，共三个牛录兵丁米石配脚拉车，各有字据，以及垫办官项钱文账目，俱有字据，外交众军账目、铺底家具等件并无存留。今因无力成［承］做，托出知情底保人说妥，情愿将原字号宝兴局卖于屈福禄、李瀛洲名下承做，永远为主。同众亲友言明价银京平松江银二千一百两整。①（下略）

这是民人周廷熙将宝兴局碓房转卖给屈、李二人的契书。"众东人"即众股东。随着碓房易手，原有业务一并移交。宝兴局周姓旧业主与上述佐领的业务关系从何时缔结已无从得知，可以明确的是，在以后的年代里，屈姓新业主为了长期控制该佐领兵米的运输、加工，继续对该佐领官员大放其债。如镶蓝旗满洲佐领德本，因"置办官事军装器械帐房等项无钱办理"，陆续借到宝兴局名下清钱二千吊。《借钱字据》载称：

　　同众言明：钱无利息，每甲米季给坐甲米一分满归，归完为止。情愿将本佐领下应领众军米石车脚交于宝兴局配脚拉车。因众军米石关奚［系］重大，以借此钱作为车底押账。倘若以后有车辆不齐，再本佐领有升转之日，不拘何人承袭此职，管此图书，将此钱一并归清。（第76号）

---

① 张传玺主编：《中国历代契约会编考释》（下），第1441页。

佐领德本借的二千吊钱，虽无利息，接受的附加条件同样是：将本佐领众兵丁的米石车脚全部交宝兴局承揽。这样，宝兴局就通过与德本的债务关系，牢牢控制了该佐领兵米的运输加工。

正红旗满洲佐领德培"因置办官事、军装、器械、帐房等，无钱办理"，与族祖长庆、堂叔祥明及伊母联名，向宝兴局借钱一万四千吊，除每月每吊按六厘行息外，答应将本佐领下应领兵丁米石交宝兴局配车拉脚。此后短短十年，德培又因订婚放定、结婚成亲、父母殡葬等公私事项续借三万五千八百七十吊（第86、95号）。如此巨额债务，自然难以偿还，作为交换条件，德培同意把本佐领米石运输加工业务长期由宝兴局包揽。

如出一辙的还有镶红旗满洲佐领恩龄。他借口办理本佐领公务，向宝兴局借银五百四十两，言明："将本佐领下众军米石交与宝兴局配车拉脚，每季给土道一分半作为利息，日后将此银归清。"（第105号）所云"土道"，意思不明，或指运输米石过程中产生的下脚料。

宝兴局位于鞍匠营（即今北京市西城区鞍匠胡同），靠近阜成门北顺城街，属内城正红旗界，而由其承揽业务的三个牛录（即佐领）则分别隶属镶蓝旗、正红旗、镶红旗满洲。按《八旗通志·旗分志二》：镶红旗满洲头甲（甲即甲喇，参领）的地址在"与正红旗接界之四牌楼大街，向南至单牌楼，转东至长安街牌楼"，即今西四大街往南至西单，再由西单转西长安街一带；正红旗满洲三甲的地址在"皇城西边所有之马状元胡同、太平仓胡同、毛家湾胡同、红罗厂胡同、拐棒胡同"，即今西四北大街东边一带；镶蓝旗满洲二甲的地址在"自江米巷向北至长安门大街，中府、左府、四眼井周围"，即今天安门广场西侧一带。在早期，各旗有各旗碓房，经营范围比较狭小，以后竞争加剧，一些碓房破落了，另一些碓房的业务则不断拓展并突破了旗界。与宝兴局碓房形成稳定业务关系的三佐领分别位于内城西北、西南、正南，就是一个具体例证。

独自一家碓房把某佐领米石加工及一切借债业务包揽下来，当时叫做"拉票"。大的碓房可有十票八票，小的也有三四票。[①] 这就确保了碓房的基本财源。

宝兴局的放债对象，除了以集体为单位的佐领，还包括大量旗人散户。

---

① 金祥斋、邵义斋：《清末旗丁的生活》。

他们分属正红旗满洲、正红旗蒙古、镶蓝旗满洲、镶红旗满洲、镶白旗满洲、镶黄旗汉军的各佐领（第 86、91、93、95、98、103、105、106、109、111、112、113 号）。按照八旗方位，正红旗居西直门内，镶红旗居阜成门内，并在西方；镶蓝旗居宣武门内，在西南方；镶白旗居朝阳门内，在东方；镶黄旗居安定门内，在东北方。尽管当时旗人居址已不再严格局限在本旗地界，上述事实仍有助于说明，宝兴局的营业范围已扩展到大半个内城。

通泰号又称"玉皇阁通泰号"，位于宣武门内①，属镶蓝旗界。通泰号的经营方式与宝兴局如出一辙，也是通过与佐领官员的重重债务，将佐领兵丁米石的运输、加工牢牢控制起来。正黄旗汉军增和佐领下众领催，因办理公事，先后向该碓房借钱八千五百吊，除按季还利外，"备车拉脚仍归通泰号"（第 54 号）。正黄旗满洲佐领毓横在《借钱字据》中言明：每季军米永远祈本铺备车拉脚，倘若不然，将本利全行归还（第 55 号）。正黄旗满洲世袭佐领讷钦泰，因"办公手乏"借通泰号清钱一万六百吊，言明"本佐领下每年众军甲米、正（月）四（月）七（月）十（月）米季在本铺备车拉脚"。以后续借一万五千四百吊，共欠钱二万六千吊，言明每季给老米二石二斗作为利息，永不更改（第 59 号）。正黄旗满洲佐领续昌等，因先父生前陆续借过通泰号一万三千吊，也接受"众军米石仍在通泰禄碓房配车拉脚"的条件（第 104 号）。八旗官员与碓房通过这种借贷关系，均可获得经济上的实惠，这应是双方一拍即合的原因。而受到损害的，大概就是佐领下的那些普通兵丁了。

在目前所见《借钱（银）字据》中，以通泰号名下的最多，其债务人既有佐领下官员，也包括众多散户。主要是正红旗满洲、蒙古、汉军和正黄旗满洲、蒙古、汉军，还有一些镶红旗和镶蓝旗人。（详见表 4-3）由此可见，通泰号虽位于内城西南，其经营范围却涵盖到内城西和内城北。（见图 112、113）

道光十一年（1831），通泰碓房被牵扯进被革仓役放豆舞弊案。北新仓花户张凯因案被革，不思悛改，每于八旗官员领豆之日，串通同伙将好豆用水浸泡，任意掺和搭放。领豆者不能食用，找其更换，他就让这些人到通泰碓房换取。后者乘机"多方勒折，巧为扣算"，旗人用三石仓豆才

---

① 中国第一历史档案馆编：《道光朝北京粮仓吏役舞弊史料》（上），载《历史档案》1994 年第 2 期，第 21 页。

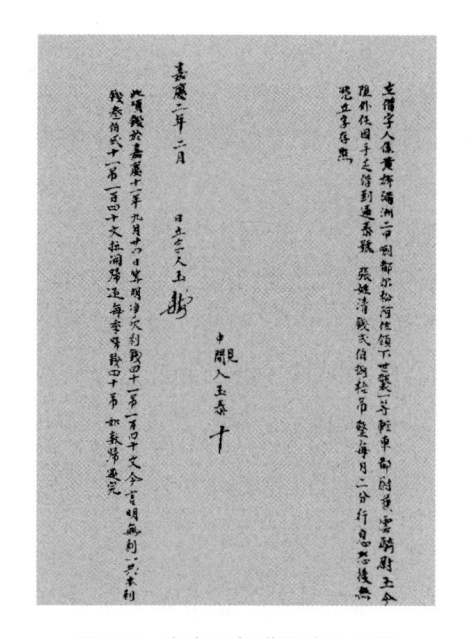

图112　嘉庆二年满洲旗人玉某给通泰号张姓借钱字据

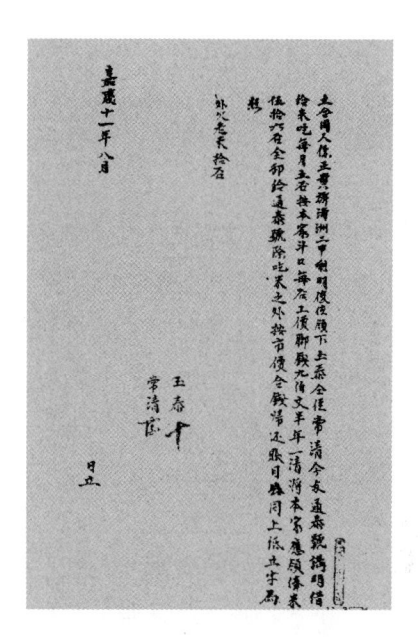

图113　嘉庆十一年旗人玉泰、常清给通泰号的借据

能从该碓房换得一石好豆。其实，这些好豆都是碓房主勾结张凯到仓上冒领的。案情败露后，监察御史韩大信直接上奏皇帝，"请旨救办，以惩积蠹"。奏折还揭露了该碓房囤积粮食、转手倒卖的劣迹。[①] 但从后来的结局看，张凯等人财大气粗，四处行贿，这个案子居然久拖不决。通泰号不仅顺利逃过了这场官司，事后依旧财源滚滚，继续大放其债。（详见表4-3）

碓房最初由民人开设，随着经营主体的扩大，逐渐有一些旗人染指其间。乾隆三十七年（1772），正黄旗蒙古常清将位于护国寺的祖遗碓房二间，后院一块，卖给官学生五勒棍布，售价一百两（第1号）。契书注明此处碓房出自"祖遗"，只是确切时间不详。常清属正黄旗人，碓房所在的护国寺，亦属正黄旗传统地界。常清的碓房，虽得自祖传，也有可能是通过交易购置而来，至于其交易对象是旗人还是民人，已无从得知。咸丰二年，正红旗满洲玉树珊，将坐落在西四牌楼自置的和盛

---

① 中国第一历史档案馆编：《道光朝北京粮仓吏役舞弊史料》（上），载《历史档案》1994年第2期，第21页。

碓房售给玉某（第48号）；光绪五年，镶黄旗满洲凤秀将位于前门外杨梅竹斜街的祖遗文雅斋成衣铺、永珍楼碓房共十四间，卖给王某（第77号）；光绪十七年，镶黄旗满洲钟秀，将位于宣武门内的碓房卖给韩宅（第92号）。这些零星的事例表明：约自清朝中叶起，已有旗人染指碓房生意，及至晚清，这种状况有增无减。

碓房的红火生意吸引了富有旗人的投资热情。光绪年间，宗室春四在德胜门内开设义兴印子局，专放高利贷，数年间积资八千两。他随即把印子局关闭，另请山东掌柜成立了合兴碓房。① 当碓房的经营者身份变得复杂时，碓房的经营范围也在扩大，逐步从内城发展到外城，首先是前三门外热闹的商业区。（详见表4-3）

四 碓房的放债

本来，碓房是以加工漕粮（粗米）为主要营生的，但现存大量《借钱（银）字据》，集中反映的却是碓房的债务。这固然与《借钱（银）字据》的性质有关（该字据作为具有法律意义的契约文书，具有长久保留的价值），也在很大程度上说明碓房特别是大碓房的经营特点，即它们不仅承办漕粮加工、运输，还把大笔资金投入金融借贷领域，以规取更多的利润。近人待余生《燕市积弊》卷一云：

> 北京老米碓房都是山东人所开……山东人赋性朴实，原不会奸巧滑坏，惟独这行偏有许多的毛病。内城叫作碓房，又称为"山东百什户"（当初只准串米不准卖，故曰"碓房"），名为卖米，其实把旗人收拾的可怜，只要一使他的钱，一辈子也逃不出他的手。②

---

① 金祥斋、邵义斋：《清末旗丁的生活》。

② 待余生：《燕市积弊·米碓房》，北京古籍出版社1995年版，第31页。这一类议论在当时相当多，如旗人冷佛的小说《春阿氏》第一回引文光的话说："咱们扎爷家里，闹得日月好紧，米跟银子，都在堆[碓]房里掏啦。"吉林文史出版社1987年版，第9页。旗人松龄著小说《小额》首页《题辞》说：小额"不习弓马不临池，专吸旗人之膏脂，重利盘剥放大账，更比碓房盛一时。"日本汲古书院1992年版。芝兰主人《都门新竹枝词·市井》一首："京师放债半山东，粮饷权衡握手中。剥削八旗成众怒，开仓一见眼睛红"，载雷梦水等编《中华竹枝词》第1册，北京古籍出版社1997年版，第353页。都是讽刺开碓房的山东人。参见齐如山《故都三百六十行·老米碓房》，书目文献出版社1993年版，第102—103页。

百什户，亦写"拨什库""拨什户""伯什户"，满语 bošokū 译音，汉译领催。领催虽为佐领低级官员，一旦掌旗人粮饷发放，位卑而权大。民人所开碓房，往往兼营放债（有时还是高利贷）。旗人为还债，时常把按季节关领粮饷的米票、俸票乃至不动产抵押。"只要一使他的钱，一辈子也逃不出他的手。"碓房对负债者的控制甚至超过领催，故有"山东百什户"之谓。

民间碓房越来越深地干预旗人的家庭经济，乃至控制其经济命脉，主要依靠的就是放债。并因此构成民人与旗人经济关系的一个侧面。

从碓房一方说，放债必须有充足的流动资金（银两或钱），就旗人一方而言，如果不是迫于经济压力，也不会与碓房缔结借贷关系。那么，旗人向碓房举债，主要基于哪些压力呢？

首先，因公举债。如前所述，佐领官员往往借口承办公务、捉襟见肘，向碓房举债。正红旗蒙古骁骑校富兴同领催丰甲太、兴奎，因有佐领下官事及拖欠钱文，向碓房通泰号借钱六百吊；正红旗蒙古佐领吉隆阿因拖欠官项钱及置买凭戥夹剪等物，向通泰号借钱八百吊；正黄旗汉军增和佐领下众领催，因办理公事、置办军器等物，陆续向通泰号借钱八千五百吊（第2、6、8、9、10、35、54、59、76、86、95、105号）。这类《借（钱）银字据》为数不少，足以证实这种现象的流行。当然，在众多因公举债的场合，不排除某些佐领官员是在假公济私，中饱私囊。

其次，因私举债。各色旗人，因生活窘迫多向碓房举债。从康熙朝起，京师旗人开始出现所谓"生计问题"。生计问题的实质，是旗人经济上分化加剧，一部分下层旗人陷于贫困。这一现象在雍正、乾隆年间愈演愈烈，尽管统治集团采取了一系列补救措施，效果并不明显。在写给碓房的《借钱（银）字据》中，旗人开具的理由主要有："因父在日殡祖父手乏"（第19号）、"因办母丧仪"（第21号）、"因殡母无出"（第26号）、"因迎娶无资"（第28号）、"因父死乏用"（第29号）、"因迎娶无资"（第30号）、"因伊妹出阁"（第41号）、"因小女出阁无资"（第45号）、"因无钱办理部中查核办谱文书等项"（第57号）、"聘孙女无钱"（第87号）、"因父母病故殡葬、本身授室"（第95号）、"因办理白事度日"（第102号）、"因父病故手乏无资"（第112号）。婚、丧、嫁、娶是人一生中遇到的几件大事，基于传统仪礼和风俗的约束，都不能草率处之，尤其给长辈送终，关系孝道，更是马虎不得。没有钱的借钱，也要大事操办。其结果，开销大，负担重，这成为旗人举债的重要原因。①

道光十七年（1837），正黄旗汉军马甲姚双庆因妹妹出嫁，借通泰号清钱四十二吊（第41号）。四年后，因小女出嫁无资，又同叔弟德庆借通泰号清钱四十五吊（第45号）。咸丰三年（1853），德庆先借通泰禄（通泰号）钱九十九吊八百七十五文，复因女儿出聘，续借五十二吊（第50号）。姚双庆、德庆的情况表明，晚清时，一些贫困旗人因频频举债，对碓房产生了越来越严重的依赖。

旗人举债，本在窘迫之时，即便饮鸩止渴也在所不辞。碓房关切的始终是如何以最小的代价、最低的风险，牟取经济上的最大好处。基于此种关切，碓房放债，完全是"看人下菜碟"，即视对方的身份和具体情况，而对还债期限和利息高低，亦有种种灵活的规定：

其一，对还债期限不予限定：镶红旗满洲佐领都某等为官项借到通泰号清钱五百吊，言明每月一分行利，米季归还，归本除利（第6号）。《借钱字据》只说到全部债务清偿时不再计算利息，但对还债期限却没有硬性规定。属于同样情况的还有：正红旗满洲原任佐领绅亮等，借到该碓房钱七百吊（第9号）（见图114）；正黄旗汉军领催文睿，借到该碓房钱一百二十吊（第13号）；镶红旗满洲佐领善住，借到该碓房钱八百三十五吊（第25号）；正红旗蒙古佐领吉隆阿等，借到该碓房钱八百吊（第35号）。在上述场合，《借据》都是只规定利息率，对还债期限未予说明。这些债务人或为佐领，或为领催，都是旗人中有脸面的人物。而且他们一般具备还债条件，但关键还是有权有势，握有碓房所觊觎的经济权（决定佐领的米石加工、运输），这是碓房要对其刻意笼络的主要原因。

其二，对还债期予以限定，但时间长短不等。短者半年（第11、15、16号），长者则有三四年、五六年、十年乃至数十年者。镶红旗佐领诚善，向张姓碓房（通泰号）借钱五百四十吊。《借钱字据》言明：每俸米季归钱五十吊（第4号）。就是说，一年还二百吊，三年内还清；镶蓝旗宗室贵当阿，借到通泰号清钱七百二十吊，言明每年二八月俸银归钱二十

---

① 对旗人操办红白事时的奢费，时人多有劝诫。松筠《百二老人语录》卷一："每遇白事，安葬父母，为人子者，理当尽心，然尽力奢费，安葬事毕，甚至家计不能过度，伊父母如有知识，九泉之下必不心安。"又说："或有家本无力，一遇娶媳，势必借债，打棚借债，赁用彩轿，整理筵席。媳妇娘家亦尽力巴结买办，这样那样陪送许多，不过暂时华美而已，事后又须还债，因而当卖抵还。"

吊，三六九腊月米季归钱四十吊（第19号）。就是说，一年内还债二百吊，三年半后还清。镶红旗满洲亲军双桂，借到通泰号清钱一百五十吊，言明每月一分行息，每米季归清钱十吊（第29号）。这笔债，约需三年零三个季度还清。正红旗蒙古云骑尉吉星保等，借通泰号清钱三百一十千，言明无利息，共归四年为满（第43号）。以上为债期三四年者。

此外，债期五六年者：正红旗蒙古马甲皂明等，借到通泰号钱二百五十吊。言明：每米季归钱十吊（第17号）。一年还四十吊，约六年后还清。镶红旗满洲佐领都尔松阿，借钱二百五十吊，言明每季归钱十吊（第10号）。

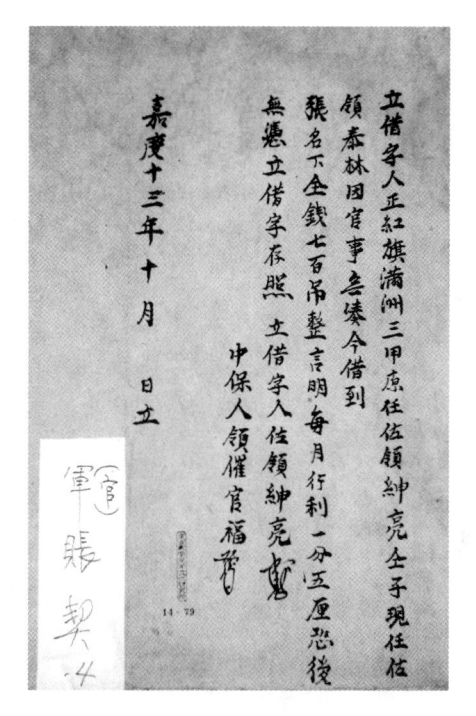

图114　嘉庆十三年原任佐领绅亮同子现任佐领泰林给张姓的借钱字据

还债期限约为六年。正红旗蒙古阿木拉凌桂，借通泰号钱六百五十吊，言明每季归五十吊，六年半为满（第20号）。

债期九、十年者：正红旗蒙古佐领凤太等，借通泰号钱七百吊，言明每季归钱二十吊（第8号）。一年还八十吊，九年内归还。正红旗蒙古养育兵皂老四欠通泰碓房五十吊，并无利息，托本佐领下办事领催保姓说合，言明九年后归还（第89号）。（见图115）

债期十年以上者：正黄旗汉军李秀，屡续借通泰号清钱五百吊，言明停止利息，每年二月初二、八月初二日还钱二十五吊（第42号）。此债限期十年偿还。正红旗蒙古骁骑校富兴等，向通泰号借钱六百吊，言明自第二年春季起，每季有余归钱十吊，无则止（第2号）。这笔债，至少需十二年才能还清。正黄旗蒙古一等男索诺木扎使，向通泰号借清钱一千二百吊，言明止利归本，每年归钱四十吊，共归三十年为满（第5号）。

镶蓝旗宗室都姓，欠通泰号钱八百吊。《借钱字据》言明，此钱无利息，将每年二、八月俸米票上代还，每季归钱八吊，每年共归钱十六吊，共归五十年，合一百季整（第33号）。这是《借钱字据》中还债期限最长的一笔。

碓房对八旗贵族、官员大放其债，意在通过他们控制佐领的经济命脉，攫取暴利，所以并不汲汲于债务本身的些许收益，除了期限宽松，利息方面往往是取其少，甚至只要求"无利归本"（即只收本不收利）。如通泰号对镶红旗佐领诚善、正黄旗蒙古一等男索诺木扎使、正红旗满洲佐领忠文、正红旗蒙古世袭佐领图明阿、镶蓝旗宗室贵当阿、镶蓝旗宗室都姓、正红旗蒙古云骑尉吉

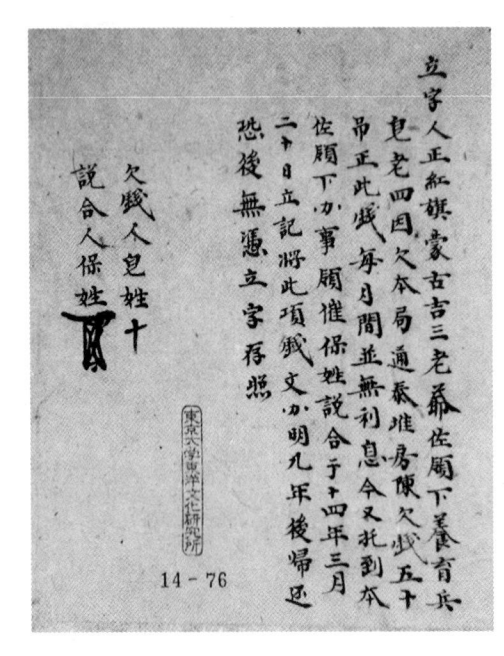

图115 光绪十四年蒙古旗人皂老四给通泰号的借钱字据

星保、镶红旗满洲护军桂林等，都是按"无利归本"办理的（第4、5、12、14、19、32、33、43、62、76号）。

在利息方面，碓房亦视具体情况而有种种变通的做法：

一笔债，只收取部分利息。正红旗蒙古骁骑校富兴等，共向通泰号借钱六百吊，言明其中二百吊每月二分利息，另外四百吊停利（第2号）。

一笔债，由收取利息改为不收取利息。正黄旗满洲世袭一等轻车都尉玉某，嘉庆二年二月因升外任借通泰号清钱二百八十吊，规定每月利息二分。嘉庆十一年九月二十四日算明，除债本未还外，净欠利钱四十一吊一百四十文。于是补充规定：言明无利，一共本利三百二十一吊一百四十文，每季归钱四十吊（第3号）。这笔债原先是有利息的，久拖未还，九年后，碓房为了尽快收回旧债，只要求如期还债，不再计算利息。

一笔债，由不收取利息改为收取利息。正黄旗蒙古一等子庆禄，有先父在日借到通泰号清钱三百六十五吊一百四十文，言明无利。道光二十九年三月续签《借钱字据》言明：每俸米季归钱二十吊；今又借到一百吊，三分行息（第47号）。庆禄除先父的旧债，又借新债一百吊，对后来的这一百吊，碓房是明确要收利息的。由不收利息改为收利息，显然是为了

使负债者在经济上承受久拖不还的压力，促其如期归还。为此，碓房还有如期还债不取利、逾期则加利的做法（第 39 号）。

一笔债，由收取较高利息降至较低利息。此做法，主要针对长期欠债的八旗官员。镶红旗满洲佐领海长等，道光八年，因迎娶无资借通泰号清钱七百五十千，言明每月一分五厘行息。此后十年，海长又续借二次，都是只借不还，债务累计到一千九百九十二吊一百三十文。钱债数额大，拖欠时间长。在最后一份借据中，作为债权人的通泰号改为五厘行息，又因还银无望，改以甲米、俸米冲抵，即每季甲米五石五斗，每季俸米二十五石，按市价合钱，除利归本（第 30 号）。

总之，在利息方面，碓房始终表现出很大的灵活性，因此彼此间差异相当大。具体说，有每月每吊二至四厘（第 54、59 号）、五厘（第 104 号）、六厘（第 31、86 号）、1 分（第 6、8、29、52、55、60、82 号）、一分二厘（第 57 号）、一分五厘（第 7、9、13、18、25、30、38、99、101、102 号）、二分（第 3、10、17、20、27、37、44、46、50[①]、51、78 号）、二分半（第 32 号）、二分七厘（第 81 号）、三分（第 11、15、16、21、24、26、28、41、45、49、53、58、61、107、111 号）等种种区别。通常，债务数额大，还债期限长的，利息较低；反之，钱数较少，还债期限短的，利率一般较高。

正黄旗汉军增和佐领下众领催，先因本佐领下兵丁米石在通泰号备车拉脚，办理公事，陆续借钱七千六百吊，言明每月利息二厘；后因置办军器等物又借钱九百吊，言明每月利息四厘（第 54 号）。正黄旗满洲世袭佐领讷钦泰，同治九年五月，因办公手乏借到通泰号清钱一万六百吊，月利三厘。光绪二十六年、二十九年又续借一万五千四百吊，前后共欠二万六千吊。于是在契后补注：每季给老米二石二斗作为利息，永不更改（第 59 号）。以上两笔钱都是八旗官员为办理佐领公务借的，数额大，无还债期，利息也比较低。

在个人债务中，比较流行的是三分行息。镶红旗满洲佐领德仪，借通泰号清钱一百五十八千九百五十文（第 11 号）；正红旗满洲大同游击忠某，借通泰号清钱五百吊（第 15 号）；镶红旗满洲佐领福广，借通泰号清钱一百吊（第 16 号）。都是每月三分行息，半年内本利归还。

[①] 见表 4-3 第 50 号契，一部分按二分取息，又一部分按二分半取息。

正红旗蒙古佐领图明阿，借天顺局清钱一百二十吊（第21号）；正红旗蒙古骑都尉哈弗那，借通泰号一百吊（第24号）；镶红旗满洲护军明山，借通泰号四十吊（第26号）；绪绵、绪山父亲亡故时借屈宅八十两银，因拖欠未还，签下《分担欠账文约》，规定以兄弟分居各分账目银四十两（第107号）；正红旗满洲麟泰，因有至要急难之项，借屈宅银一百两（第111号）。以上几笔债务，多是临时取借，数额少，也是三分行息，通常在一年最多两年内本利归还。①

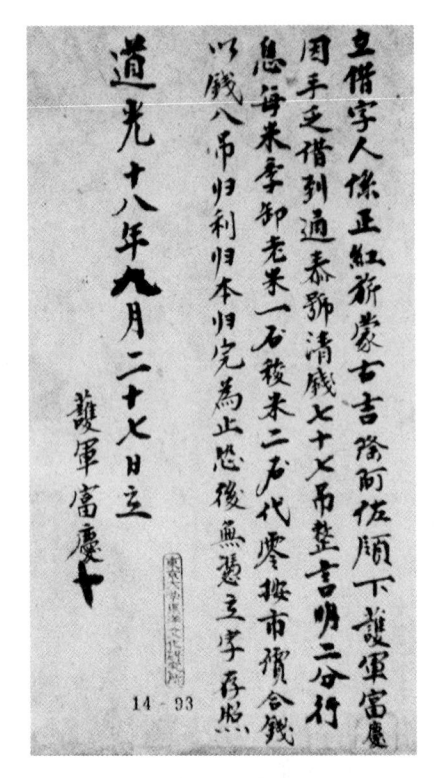

图116 道光十八年蒙古旗人富庆给通泰号的借钱字据

三分行息之所以流行，因为这是清政府规定的最高利息率，超过即属违法取利。《清律·户律·钱债》明确规定："凡私放钱债及典当财物，每月取利并不得过三分，年月虽多，不过一本一利。违者，笞四十，以余利计赃，重（于笞四十）者，坐赃论，罪止杖一百。"② 如借银一两，按每月三分取利，积至三十三个月以外，则利钱已满一两，与本相等，是谓一本一利。年月再多，不得复照三分算利，即使五年十年，亦止一本一息。清朝关于"三分取息"的限制初见于顺治五年（1648），反映出清统治者对高利贷危害的高度重视和抑制态度。大量《借钱字据》规定三分取利，都是遵照《清律》的上限，至少从字面上看，属合法借贷活动。

不过，尽管有官方禁令，高利贷并未从旗人生活中消失。嘉庆年间，满洲人得硕亭在竹枝词《草珠一串》中，将京城内高利贷商人盘剥旗人的情景描述得淋漓尽致："利过三分怕犯科，巧将契券写多多，可怜剥到

---

① 档案中亦不乏碓房三分取息的记载："扎拉丰阿系正黄旗文贵管领下领催，向与恒利永碓房来往，其账目记载，陆续借用钱文5200吊，每月按三分行息。"载中国第一历史档案馆藏《内务府慎刑司呈稿》，同治朝刑第5包，同治四年八月七日。

② 《大清律例》14卷《户律·钱债》，见《大清律例通考校注》，第522页。

无锥地，忍气吞声可奈何。"为了避开官府取利不得过三分的规定，高利贷主强迫债务人在借据上比实数多写若干，旗人尤受其害。[①] 清朝末年，社会动荡，秩序紊乱，法律条文形同虚设。在这一时期的旗人借据中，公开出现了每月四分行息的字样（第113号）。与此同时，变相高利贷层出不穷，仍是碓房违法取利的手段。

碓房放债，为了保险起见，在所有借据中都写明了债务承袭和担保的条文。正红旗蒙古世袭佐领图明阿，父、祖生前曾借天顺碓房钱一千四十四千余，陆续故去后，图明阿与碓房订立新的《借钱字据》，言明：愿将所有欠账归于本身名下（第14号）。这是祖孙三代的陈年旧债。镶蓝旗宗室贵当阿，因父生前殡葬祖父，借到清钱七百二十吊，最后由其承受，续签借据（第19号）。这是父子两代的债务。旗人禄寿聘孙女无钱，借到碓房京钱二百五十吊。《借钱字据》言明：福寿若有事故，俱有灵泉承管（第87号）。福寿、禄寿，应为兄弟关系；灵泉，或为子辈，或为异姓中保人。不管怎么说，有关债务承袭和担保的规定为债权人提供了法律依据。王延柱的父亲王维三生前欠屈姓碓房二百两银，民国五年十一月《欠银字据》言明：将本铺材料布匹租出五年，以民国九年十二月为满（第119号）。可见即便是在王朝鼎革的动荡年代，父债子还的传统依旧有效。

五　名目繁多的偿债形式

三分行息的法律，限制了额外取利，为了绕过这一条文，碓房采取了名目繁多的偿债形式：

其一，以实物抵债。碓房放债，往往要求旗人以某项实物作为抵押，首先是钱粮，包括兵丁的甲米、库银，官员的俸米、随甲米（以及代表一定实物的米票、俸米票）。正黄旗汉军马甲明廉，借通泰号清钱一百九十五吊七百五十文。《借钱字据》言明，其债务，本利在内，分别用季米、库银和每月的钱粮偿还（第49号）。镶红旗满洲护军桂林，借通泰号清钱六十五吊，言明三、六、九、腊米季归还（第62号）。镶蓝旗满洲官员固普齐光，借信成局五千余吊，《借钱字据》规定：将每年二、八月俸银俸米按三成三分比例归还（第57号）。镶红旗佐领诚善向碓房借钱五百四十吊，无利息，言定每俸米季归钱五十吊（第4号）。实物抵债之所以在旗人中流行，是因为八旗官兵的钱

---

① 杨米人等著，路工编选：《清代北京竹枝词》，北京出版社1962年版，第51页。

粮饷米（甲米、库银、俸米、随甲米），既是其赖以维生的稳定收入，也是偿还债务的可靠保证（当然，这也是旗人有别于民人的经济特权之一）。所以，民间商人店主，无不乐于向旗人放贷，以规厚利。而一些八旗兵丁，仅靠有限钱粮，终至入不敷出，债台高筑，钱粮也就有名无实了。

问题的关键，不在于旗人用什么还债，而在于这种交易是否等价。由于在以实物作价的场合碓房拥有显而易见的主导权，势必导致对实物价值的低估，遂使实物偿债成为碓房额外生利的重要手段。清季一石好米，值银五六两，次米又称"糊丁米"，只能熬糖或用于喂猪，每石只值二三两。碓房用最低价买进次米加工，而旗人用于还债的则是好米，碓房通过这一进一出，就可以赚更多的钱。时人将此种盘剥手段譬之为"掏钱粮"，可谓一针见血。

其二，以动产或不动产（土地、房屋）抵债。又分典当抵押和出卖两种方式。动产抵押，如指铺底借银。[①] 张福指龙泉厂原倒聚盛厂家具铺底清单，借屈宅银一百两（第97号）；王维三，借屈姓碓房银二百二十两，以本身铺底字一套作押（第110号）。正黄旗汉军领催禄寿等，借通泰号清钱八百吊，因无项归还，不得不将坟地二十八亩兑与通泰号代为耕种，"历年地内所有土产余资，除利归本，归完为止"（第60号）。在这种场合，土地收益的多少恐怕只能由债主说了算。

不动产典当。镶白旗满洲明昆，因父病故手乏无资，指锦什坊街王府仓中间住房一所情愿典与屈宅，典价银四百五十两，一典二年。倘两年后不赎，准许典主遵例投税（第112号）。

指房借银则是不动产抵押的流行

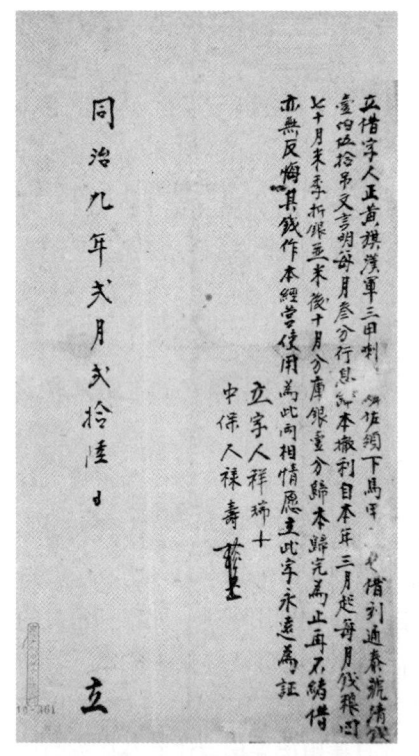

图117　同治九年旗人祥瑞给通泰号的借钱字据

[①] 铺底含义相当复杂，一般理解是指店铺中卖余之货或货架桌椅各种家具。

方式。正红旗蒙古桂山的遗孀桂希氏向屈姓借银三百两，以一套十六间的房契作为抵押，同时交付的有作为上手契的两张红契、二十八张白契。这意味着，一旦桂希氏不能在一年期限内归还本利，债主收房（第91号）。镶白旗"废员"（被撤职的官员）恒惠，借屈宅二百两银，为此将本身房契一套八张、老红契两张一并抵押（第109号）。

镶白旗满洲马甲明昆因父亲病故，手乏无资，以本身住房一所十一间做抵押，借到宝兴局四百五十两银，言定每月按二分五厘行息，一年内归还。同时写立借银字据和典房白契各一纸。四年后，明昆父子终因无力回赎，将出典房卖与屈姓"永远为业"。屈姓补给他卖价银圆一百五十元。这是碓房以借银为始，最终将旗人住房据为己有的一个典型例子（第112、118号）。

不动产作为安家立命之本，主人非到万不得已不会放弃，即便已经抵押或典当出去，也会想尽办法在期限内赎回。正红旗满洲马甲胜魁以一所住房的房契为抵押，向屈宅借银一百一十两，并规定："五年为期，准其赎房。如无力回赎，准许屈星垣收房抵价。"五年到期，胜魁不仅没能赎房，反而因聘女无资，又向债主续借六十五两。从后来的结局看，胜魁虽然从屈宅赎回了房子，但不久就以"手乏"的同样理由将其卖给了另一家叫仁厚堂的店铺（第103、117号）。可见，对债台高筑者来说，即便暂时赎回祖业，它的易手也只是时间早晚的问题。

正是通过这些方式，碓房主在放债过程中聚敛起越来越多的土地，进而兼具了店铺业主、商人、房产主乃至地主的多重身份。

除了放债，碓房复与佐领官员沆瀣一气，对普通旗人多方盘剥。旗人赴仓领米，各环节都有使费①，其中有合法的也有非法的，而碓房对旗人的克扣尤为严重。碓房将米用大车运回，要收取拉脚费，加工脱壳要收取加工费。碓房与管仓员役、八旗佐领、领催串通作弊，串米过程或以劣充好，或以少充多，或米中掺土，种种盘剥手段，在芙萍《旗族旧俗志》中均有入木三分的揭露。②

---

① 《内务府慎刑司呈稿》，嘉庆朝刑第12包，嘉庆九年五月十三日，马大称：我系宛平县民人，与正黄旗管领下苏拉黄德素日相好，每季他托我下仓关米，今年正月下仓，黄名下二石六斗，共卖钱七千七百二十文，仓内使钱四百五十六文，每石车脚钱二百六十文，个儿钱八十文，抬夫、过栅栏钱一百五十四文，饭钱五十文、每石使钱一百文，剩钱五千一百二十文。

② 芙萍：《旗族旧俗志》，北京市民族古籍整理出版规划小组办公室1986年铅印本。

碓房惯于囤积居奇，贱买贵卖，加剧了下层旗人的生计困难。八旗官兵每季领取米石，如自家吃用，一季可保无虞。但大家庭领米很多，或有孤独旗兵，自食有余，大多拿到市面售卖。① 因售卖总量巨大，每届官兵领米之期，市面米价随之跌落，而一旦流入市面的米石减少，米价又随之上扬。这几乎成了京城粮市价格涨落的规律。这部分转变为商品的粮食流入民间，对京城数十万民人的生计来说可谓举足轻重，旗人售粮得银，于生计也大有裨益。问题是许多旗人习于奢靡，不知节俭，"以所支之米，不运至家，惟图微利，一时即行变卖，及至此银费去，米价又贵"。② 米价的一低一昂，让碓房看到牟利的商机，做起贱买贵卖的营生。也即时人所谓："乘贱收买，居奇抬价"，"既收舂碓之利，更为敛屯之区"。③ 同时，碓房还成为八旗官员贪污米石后销赃的重要渠道。④

19世纪后半叶，越来越多的民人入居内城，尤其经过庚子事变八国联军的占领，内城的居住格局发生了更大变化，大批民人涌入内城。碓房经营范围随之扩大，除旗人外，越来越多的民人也纳入业务范围（第83、97、99、110、114、115、119、120、121号）。

综上所述，在清代北京的各种店铺中，碓房是与旗人关系最密切的一种，其在内城的发展不能不对旗人的生计产生深刻影响。正是从这一点，凸显了旗人与民人在经济上的相互交往与依存。清朝定鼎中原，给旗人以种种特权，但他们在生活上对民人的百般依赖，却使其经济特权受到越来越严重的侵蚀。碓房在满足旗人基本生活需求的同时，又对其进行经济的控制与盘剥，加剧了下层旗人的生计困难。其结果，不能不削弱清王朝的

---

① 旗人甲米和禄米除本身食用外，大半在市场上售卖，这卖出的部分基本流入民间，构成民人食粮的重要来源。[日]细谷良夫：《八旗米局考——围绕清朝中期的八旗经济》。

② 《清圣祖实录》第241卷，第4页上。

③ 均见《清朝文献通考》第37卷，第5197页。

④ 参见中国第一历史档案馆藏《内务府来文》刑罚类，第2113包，乾隆十四年张二达子供称："系镶黄旗包衣载通管领下，派定跟随在米仓仓长，回京之日在关防衙门听差。今年正月随往江南沿途支放太监、茶膳房等处米粮。按正项数目每日约用米三石七斗有零，共一百二十天应领正项米四百三十九石有零。本管包衣达青海向三仓值年包衣达阿林等商议，共领米五百石，其多领六十余石以备沿途抛撒添补之用，正月初二、初十两次领米三百八十石，下剩一百二十石存仓收贮，以备不敷。再正项应领面八千二百余斤，青海等议定共领面二万六千五百斤。其多领支面缘各处每日交面俱得多交，向来俱是如此。正月二次共领面二万三千八百斤，下剩面二千七百斤，也存舱内。五月七日到京。小的向儿子张常保说：广宁门外观音庵内存着米四十二石，面七口袋。你可将来卖给开碓房的民人邓三，讲定老米每石二千五百文，白米每石价钱三千二百文。"

统治根基。

内城碓房业，几乎与清朝统治相始终。光绪三十一年（1905），漕运制度彻底废止，漕粮全部改征银两，碓房作用随之削弱。辛亥革命后，八旗制度迅速崩解，旗人们丧失了被称为"铁杆庄稼"的粮饷，加之近代机器加工业传入，碓房业迅速衰落。[①] 经营者散伙的散伙，改行的改行。或开粮店，或改粮栈，或开饭馆，或从事金融、房地产，或投资新兴的城市运输业（第123、124号）。不妨说，清代北京碓房的命运，是与八旗制度的兴衰息息相关的。

表4-3　　　　　　　　与碓房有关的契书借据表

编号	契约名目	立契人	立契时间	受契人	契约内容	备注
1	卖房红契	正黄旗蒙古常清	乾隆三十七年	官学生五勒棍布	祖遗碓房2间、后院1块，位于护国寺，售价100两银	
2	借钱字据	正红旗蒙古骁骑校富兴同领催丰甲太、兴奎等	乾隆五十七年九月	张姓	因办事领催清明、六十八等有佐领下官事及拖欠钱文，共借得钱600吊，其中200吊每月2分利息，400吊停利；自明年春季起，每季除花费外有余归钱10吊，无则止	
3	借钱字据	正黄旗满洲世袭一等轻车都尉玉某	嘉庆二年二月	通泰号张姓	因升外任借到清钱280吊，每月2分行息	补注：此项钱于嘉庆十一年九月二十四日算明，净欠利钱41吊140文，今言明无利，一共本利321吊140文，每季归钱40吊
4	借钱字据	镶红旗佐领诚善	嘉庆七年十一月	张铺	借钱540吊，无利息，言定自嘉庆八年每俸米季归钱50吊	
5	借钱字据	正黄旗蒙古一等男索诺木扎使	嘉庆九年二月	通泰号张某	嘉庆六年借到清钱1200吊，言明止利归本，本年八月起每年归钱40吊，共归30年为满	

[①] "北京民食，向恃南漕，昔有碓房，皆山东人，专司碓米，代汉官旗员领碓俸米，兼营放款，其势力最伟。自仓储停运后，此项工业遂衰，米皆上海运来，而碓工停。"吴廷燮主纂：《北京市志稿》第3册，第474页。

续表

编号	契约名目	立契人	立契时间	受契人	契约内容	备 注
6	借钱字据	镶红旗满洲佐领都某同领催武某莫吉格王某	嘉庆十年九月	通泰号	为官项借到清钱500吊,言明每月1分行利,米季归还,归本除利	
7	借钱字据	正黄旗汉军杨文宪等	嘉庆十一年十二月	张某	借钱250吊,言明每月1分5厘行利	
8	借钱字据	正红旗蒙古佐领凤太同骁骑校富克积善	嘉庆十三年	张某	因官事借钱700吊,言明每吊1分行利,每季归钱20吊	
9	借钱字据	正红旗满洲原任佐领绅亮同子现任佐领泰林	嘉庆十三年十月	张某	因官事无凑,借到全钱700吊,言明每月利息1分5厘	
10	借钱字据	镶红旗满洲佐领都尔松阿	嘉庆十三年十一月	张姓	为公中官项事务,借到清钱250吊,言明每月2分行息,每季归钱10吊	
11	借钱字据	镶红旗满洲佐领德仪	嘉庆十四年八月	通太[泰]号张碓房	借到清钱158千950文,言明3分行息,于嘉庆十五年二月内本利归还	
12	借钱字据	正红旗满洲佐领忠文	嘉庆十五年十月		欠到无利钱120吊,每年四季每季归钱10吊	
13	借钱字据	正黄旗汉军领催文睿	嘉庆十八年十一月	张三爷	借到清钱120吊,言明每月分半行息	
14	借钱字据	正红旗蒙古世袭佐领图明阿	嘉庆十九年八月	天顺碓房	先前父、祖借到钱1044千190文,陆续故去,今情愿将所有欠账归于本身名下,言明四季归还,每季随甲米5石5斗,并无利息	
15	借钱字据	正红旗满洲大同游击忠某	嘉庆十九年九月	张某	借到清钱500吊,言明每月3分行利,于明年3月内归还借本	

续表

编号	契约名目	立契人	立契时间	受契人	契约内容	备注
16	借钱字据	镶红旗满洲佐领福广	嘉庆二十年八月	通泰号	借到清钱100吊,言明3分行息,此钱二十一年二月俸米上本利一共归还	
17	借钱字据	正红旗蒙古马甲皂明等	嘉庆二十一年十月	通太号	借钱250吊,利息2分,归本撤利,言明每米季归钱10吊	
18	借钱字据	正黄旗汉军领催艾如寅	嘉庆二十一年十一月	通泰号	借到清钱70吊,言明每月1分5厘行息,每季归钱5吊	
19	借钱字据	镶蓝旗宗室贵当阿	嘉庆二十二年三月	通泰号	因父在日殡祖父手乏,借到清钱720吊,言明无利归本,二、八月俸银归钱20吊,三、六、九腊月米季归钱40吊	末注:外欠米11石,每季归米1石
20	借钱字据	正红旗蒙古阿木拉凌桂	嘉庆二十三年九月	通太[泰]号	借到清钱412吊160文,每月2分行息,每年二、八月本身米票一张,照市价合钱,除利归本	末补注嘉庆二十四年八月改立借据:因前欠通泰号京钱650吊,言明每季归京钱50吊,六年半为满
21	借银字据	正红旗蒙古佐领图明阿	嘉庆二十四年八月	天顺局	因办母丧仪,借到清钱120吊,言明自二十五年春季俸银起,作为三季,本利归完,按3分行息	
22	借钱字据	镶红旗满洲佐领庆住	嘉庆二十五年二月	通泰号张姓	借到清钱240吊,并无利钱,言明每季还钱20吊,二八月俸银上还钱15吊,俸米上还钱5吊	
23	合同	正黄旗满洲玉泰同侄常清		通泰号	与通泰号讲明借给米吃,每月5石按本家斗口,每石工价脚钱900文,半年一清;将本家应领俸米56石全卸给通泰号,除吃米之外按市价合钱归还账目	后注:外欠老米十石
24	借钱字据	正红旗蒙古骑都尉哈弗那	道光三年六月	通泰号	借到清钱100吊,每月利钱3分,将俸米归本撤利	
25	借钱字据	镶红旗满洲佐领善住	道光七年二月	通泰号张某	借到清钱835吊,言明每月1分5厘行息,每逢二、八月还本	

续表

编号	契约名目	立契人	立契时间	受契人	契约内容	备注
26	借钱字据	镶红旗满洲护军明山	道光七年十月	通泰号	因殡母无出借到清钱 40 吊，言明每月 3 分行息，每季归本钱 6 吊	
27	借钱字据	镶红旗满洲庆五爷	道光七年十一月	天顺号	借钱 175 吊，2 分行息，言明每季俸银归钱 60 吊	
28	借钱字据	镶红旗满洲乌林	道光八年正月	通泰号	因迎娶无资，借到清钱 130 吊，言明每月 3 分行息，归本钱 30 千；每季归本钱 20 千	
29	借钱字据	镶红旗满洲亲军双桂	道光八年二月	通泰号碓房	因父死乏用，借到清钱 150 吊，言明每月 1 分行息，每米季归清钱 10 吊	
30	借钱字据	镶红旗满洲佐领海长、领催松明	道光八年四月	通泰号	因迎娶无资借到清钱 750 千，言明每月 1 分 5 厘行息，每二、八月季上归钱 20 千，俸米季上尽力归本，赶紧归完	契上补注：十一年十一月廿七日又借钱 430 吊。又补注：十八年六月二十四日算明，又借钱 812 吊 130 文，三次共 1992 吊 130 文，言明改为 5 厘行息，每季甲米 5 石 5 斗，每季俸米 25 石，按市价合钱，除利归本
31	借钱字据	正黄旗汉军护军校文睿	道光九年二月	通泰号	借钱 512 吊，每季俸归钱 50 吊，行息 6 厘	
32	借钱字据	正红旗蒙古领催胡孙布	道光十年二月	玉皇阁通泰号	借到清钱 100 吊，言明每月 2 分半行利，每米季除吃米 1 石，下卖钱归本	
33	借钱字据	镶蓝旗宗室都姓	道光十年七月	玉皇阁通泰号碓房张姓	欠钱 800 吊，言明此钱无利息，将每年二、八月俸米票上代还，每季归钱 8 吊，每年共归钱 16 吊，共归五十年，合一百季正	
34	借钱字据	正红旗满洲伊通阿	道光十二年三月	通泰号张姓	借到 500 吊，言明每俸银俸米季归钱 30 吊	
35	借钱字据	正红旗蒙古佐领吉隆阿	道光十二年五月	玉皇阁通泰号堆[碓]房	借到清钱 500 吊；再已故办事催领关住托[拖]欠官项钱 180 吊；索、保姓制[置]买凭戥夹剪官项之物又借钱 120 吊，共借钱 800 吊；每月给利息 5 吊	

续表

编号	契约名目	立契人	立契时间	受契人	契约内容	备注
36	卖房白契	大兴县民梅善	道光十三年五月	孙某	自盖碓房3间，位于东四牌楼隆福寺西口，价银150两	
37	借钱字据	正红旗蒙古马甲忠祥	道光十五年二月	通泰宝号	借到清钱100吊，言明每月按2分行息，每二、五、八、冬季米1分外，米1石，随旗官价合钱，除利归本	
38	借钱字据	正黄旗满洲马甲那蒙阿	道光十五年八月	通泰号张姓	借到清钱52吊，言明每月1分5厘行息，正、四、七、十米季归钱5吊	
39	借钱字据	镶红旗满洲护军郭仁	道光十五年八月	天顺碓房	借到清钱80吊，言明并无利息，每米季归米2石，按官价合钱，如一季米不到，按3分行息	
40	借钱字据	正黄旗汉军佐领李绣	道光十六年九月	通泰号	借到全钱60吊，言明过年二月俸米票一张米25石按市价合钱，除利归还	
41	借钱字据	正黄旗汉军马甲姚双庆等	道光十七年十一月	通太[泰]号	因伊妹出阁，借到清钱42吊，言明3分行息，每米季归钱10吊500文，一年归完	
42	借钱字据	正黄旗汉军李秀	道光十八年二月	通泰号	屡续借到清钱500吊，言明停止利息，每年二月初二、八月初二日还钱25吊	
43	借钱字据	正红旗蒙古云骑尉吉星保同那、桂、赵三姓	道光十八年九月	通泰号	清钱310千，言明无利息，每二、八月俸银上各归钱25千，每俸米季上各归钱15千，共归4年为满	
44	借钱字据	正红旗蒙古护军富庆	道光十八年九月	通泰号	借到清钱77吊，言明2分行息，每米季卸老米1石，[梭]米2石，按市价合钱，以钱8吊归利，归本归完为止	
45	借钱字据	正黄旗汉军马甲姚双庆等	道光二十一年十二月	通泰号	小女出阁无资，同叔弟德庆借到清钱45吊，言明3分行息，指甲米5石5斗按市价合钱	

续表

编号	契约名目	立契人	立契时间	受契人	契约内容	备 注
46	借钱字据	正红旗满洲镇江理事同知觉罗海绵	道光二十九年二月	通泰宝号	借到清钱320吊，言明每月按2分行息，3年内本利归清	
47	借钱字据	正黄旗蒙古一等子庆禄	道光二十九年三月	通泰号	有先父在日借到清钱365吊140文，言明无利，自今言明每俸米季归钱20吊。今又借到100吊，3分行息，又每月银1两，每米季随甲米1分，铺内关取	
48	卖房白契	正红旗满洲玉树珊	咸丰二年八月	玉某	自置和盛硙房12间、后院1块，坐落西四牌楼、价银150两	
49	借钱字据	正黄旗汉军马甲明廉	咸丰三年四月	通泰号	借到清钱97吊，言明每月3分行息，每年正、四、七、十月米季除卸老米1石，其余米零俟开账后全行归还除利作为归本。每年库银归钱5吊，每月钱粮给钱1吊	
50	借钱字据	正黄旗汉军马甲德庆	咸丰三年十二月	通泰禄记	先借到钱99吊870文，言明每月2分5厘行息；又因伊女出聘，借到52吊，言明每月2分行息。每年地租内归本钱6吊，每年库银内归钱10吊，每米季5石5斗，合钱若干全行归本；每月所食钱粮，除还利息外，归本钱1吊	
51	借钱字据	正红旗蒙古马甲百顺、领催百福	咸丰四年四月	通泰禄记	清钱202吊，言明2分行息；又欠钱51吊，言明停利，情愿将二人本身甲米2分，每季按官价卖钱，每季归停利钱2吊；其余钱除利归本，归本抽利，归完为止	
52	借钱字据	正红旗蒙古佐领瑞祥	咸丰六年十一月	天盛硙房	借到清钱1200吊，言明1分行息，每年二、八月俸米票一张，按市价归还	旁注："德和店将此钱冲清"
53	借钱字据	正黄旗汉军马甲明廉	咸丰六年十一月	通泰号	陆续借到清钱98吊750文，言明每月3分行息，每季米上除给下余归本钱5吊，又每月归钱1吊，每年库银归钱5吊，通计每年除利合归钱37吊	

续表

编号	契约名目	立契人	立契时间	受契人	契约内容	备注
54	借钱字据	正黄旗汉军增和佐领下众领催	咸丰七年十一月	通泰号	因本佐领下兵丁米石在通泰号备车拉脚,办理公事陆续借钱7600吊,言明每月利息2厘;今置办军器等物又借钱900吊,言明每月利息4厘。每米季除利如有余项归本抽利,备车拉脚仍归通泰号	
55	借钱字据	正黄旗满洲佐领毓横	咸丰十年十二月	通泰号	借到清钱500吊,言明每月行息1分,并言明每季军米永远祈本铺备车拉脚,倘若不然,将本利全行归还	
56	卖房白契	孙廷璜	同治元年闰八月	尹某	祖遗自置三泰号碓房18间,坐落阜成门内南沟沿十八半截胡同,价银230两	
57	借钱字据	镶蓝旗满洲固普齐光	同治八年五月	信成局	因无钱办理部中查核办谱文书等项,借信成局清钱1000吊,每月行息1分2厘,每年二、八月俸银俸米按3成3分归还	外欠清钱3767吊500文。又批:八年四月、十年十二月又续借826吊,1分行息
58	借钱字据	正黄旗汉军马甲祥瑞	同治九年二月	通泰号	借到清钱150吊,言明每月3分行息,每月钱粮,四、七、十月米季折银并米后十月库银一分归本,归完为止	
59	借钱字据	正黄旗满洲世袭佐领讷钦泰	同治九年五月	玉皇阁通泰碓房	因办公手乏借到清钱10600吊,言明月利3厘,本佐领下每年众军甲米正、四、七、十米季在本铺备车拉脚	契后补注:光绪二十六年正月续借通泰禄清钱14400吊,光绪二十九年二月续借钱1000吊,前后欠钱26000吊,言明每季给老米2石2斗作为利息,永不更改
60	借钱字据	正黄旗汉军领催禄寿等	同治九年九月	通泰宝号	前借到清钱800吊,每月按1分行息;因无项归还,情愿将坟地28亩兑与通泰号代为耕种,历年地内所有土产余资,除利归本,归完为止	

续表

编号	契约名目	立契人	立契时间	受契人	契约内容	备注
61	借钱字据	正黄旗汉军马甲灵泉	同治九年十月	通泰宝号	借到清钱80吊，言明每月3分行息，每月钱粮银交利，余钱及库银归本	
62	借钱字据	镶红旗满洲护军桂林	同治九年闰十月	通泰号	借到清钱65吊，言明三、六、九、腊米季归还，不取利归本，归完为止	
63	卖房白契	夏文瑞	同治十一年十二月	某宅	自置油盐店、碓房5间、后院1块，位于后门内东板桥妞妞房胡同	
64	借钱字据	马甲柏顺	同治十二年四月	通泰号	借到钱180吊，自六月起至明年二月米季止，所有进项俱归通泰号	
65	卖房白契	夏文瑞	同治十二年五月	马宅	自置粮店、碓房3间，位于德胜门内路南，价钱1000吊	
66	卖房红契	夏文瑞	同治十三年四月	广宅	自置油盐店、碓房5间、后院1块，位于地安门东板桥妞妞房胡同	
67	借钱字据	正黄旗汉军马甲德明之妻孔氏	同治十三年五月	通泰号	欠清钱385吊，言明每月钱粮给钱10吊，每米季米折银一分，马甲米一分，归本二年为完	附注：每年给库银1包归本
68	倒铺底白契	胡学礼	光绪元年九月	天泰轩杜蓁	祖遗碓房2间，位于护国寺西口外大街，价钱850吊	地基为官地民产，每月地租照章交纳
69	借钱字据	正黄旗汉军弓匠德升同子福海	光绪二年闰五月	通泰号	借到清钱240吊，情愿每月大包钱粮银1包给利，每季米折银1包、甲米1分归本，每年库银1分满归	补注：再续借钱50吊，每月给小包银一分，归钱10吊，归完为止
70	借钱字据	柏顺	光绪三年八月	通泰号	因天寒凉，指明年六、七、八三个月银，借到清钱20吊，言明归完为止	
71	借钱字据	正黄旗汉军明廉	光绪三年十一月	通泰号	陆续借到清钱400吊，言明由光绪四年正月起米季米折米并八月库银归本；每月永泉养育兵钱粮1分给利	

续表

编号	契约名目	立契人	立契时间	受契人	契约内容	备注
72	借钱字据	柏顺	光绪三年十一月	通泰号	因手乏无钱，指光绪四年九、十两个月钱粮借到清钱32吊，归完为止	
73	倒铺底白契	董世明	光绪四年四月	明富民	自置泰来碓房，位于大蒋家胡同中间路南	
74	卖房契	宛平县周廷熙	光绪四年八月	屈福禄、李瀛洲	将祖业遗留鞍匠营西口内宝兴局碓房卖于屈、李，价银2100两	附带交出镶红旗满洲双端佐领、正红旗满洲翔凤佐领、镶蓝旗满洲德本佐领米石配车拉脚字据等
75	入股合同	屈福禄、李瀛洲	光绪四年九月		将置到鞍匠营宝兴局碓房，价银1700两，生意按十成股份，各领成股，永远为业	
76	借钱字据	镶蓝旗佐领德本	光绪四年九月	宝兴局	因置办官事等项无钱办理，借宝兴局清钱2000吊；钱无利息，每季给坐甲米1分，归完为止	附带条件：将本佐领下应领众军米石车脚交宝兴局配车拉脚
77	卖房红契	镶黄旗满洲凤秀	光绪五年闰三月	镶红旗汉军王海	祖遗文雅斋、成衣铺、永珍楼碓房14间，位于前门外杨梅竹斜街，价银140两	
78	借钱字据	镶红旗满洲松山	光绪六年	通泰禄	借到清钱180吊，言明2分行利，每季米账一分，除利满归	
79	卖碓房股东字据	李瀛洲	光绪六年七月	屈福禄	将自己名下股份卖与屈福禄	
80	入股合同	屈福禄、姜容庄	光绪六年七月		屈、姜合股经营宝兴局	
81	借钱字据	正黄旗汉军弓匠德升	光绪七年七月	通泰号	陆续借到清钱500吊，言明每月钱粮银一分出利钱，按2分7厘行息；每米季米银归本钱20吊，米上归钱10吊，库银归本钱一半；赏二分归本钱一半	
82	借钱字据	正黄旗汉军立顺	光绪七年十二月	通泰号	借到清钱250吊，言明每月钱粮银1分除利满归；每米季米1分并米折银满归；五月库银1分满归	

续表

编号	契约名目	立契人	立契时间	受契人	契约内容	备注
83	借银字据	宛平县张长春	光绪九年十一月	屈宅	指自置钱铺家具铺底借到银300两，按1分4厘行息，3个月归还	
84	借钱字据	正黄旗汉军马甲德福	光绪十年三月	通泰禄	借到清钱200吊，每月钱粮银1分出利，下余找回；每米季米折银满归，闰五月库银1分满归，闰月银米满归	
85	退股契约	宛平县张作相	光绪十年五月	骁廷选	情愿交退出铺事不管，不与张作相相干	
86	借押账字据	正红旗满洲佐领德培等	光绪十二年八月	宝兴局	因置办官事等项无钱办理，情愿将本佐领下应领众军米石交与宝兴局配车拉脚，借到清钱14000吊，每月按6厘行息，以借此钱作为车底押账	补批：十三年十月十七日因本身放定，续借钱500吊；二十二年八月又借清钱14000吊
87	借钱文约	正黄旗汉军领催禄寿同办事副领催灵泉	光绪十二年十月	通泰禄碓房	因禄寿聘孙女无钱，借到京钱250吊；每月有本佐领下公议钱8吊还息，每米季由公项留钱内归本钱20吊；禄寿若有事故，俱有灵泉承管	
88	卖房红契	于梦贲	光绪十三年七月	邓普臣等	祖遗庆兴局碓房7间，位于东华门外南池子葡萄园，价银110两	
89	借钱字据	正红旗蒙古养育兵皂老四	光绪十四年三月	通泰碓房	陈欠50吊，并无利息，今托本佐领下办事领催保姓说合，九年后归还	
90	借钱字据	正黄旗汉军马甲万顺、恒顺同侄	光绪十六年十一月	通泰禄碓房	旧欠清钱180吊，续借200吊，言明每月钱粮内还利归本	
91	借银字据	正红旗蒙古桂希氏	光绪十六年十一月	屈宅	以本身坐落丰盛胡同房一处为凭，借到屈宅银300两，每月按5两行息，一年归还	随字外有红契2张、白契28张，一并跟随
92	杜绝卖房白契	镶黄旗满洲钟秀	光绪十七年正月	韩宅	原有灯笼铺、羊肉铺、碓房6间，位于宣武门内	按，该契价银不详
93	卖地白契	镶蓝旗满洲爱山	光绪十七年十二月	屈姓	因手乏情愿将自置米粮地一段8亩，内有树900余棵，出卖与宛平县民屈姓	按，该契价银不详

续表

编号	契约名目	立契人	立契时间	受契人	契约内容	备注
94	倒铺底白契	孙瑜	光绪十八年七月	庆兴局	祖遗碓房7间,位于东安门内,价银220两	
95	借钱字据	正红旗满洲佐领德培	光绪十九年七月	宝兴局	因父母病故殡葬、本身授室及当差办理官项手乏无资借到宝兴局清钱7370吊,以俸米票、俸银、步甲米等归还	
96	借银字据	正红旗蒙古护军恩厚	光绪二十年二月	通泰禄	借到纹银150两,言明以银米、恩赏银归本还利	
97	借银字据	张福	光绪二十年十一月	屈宅	指龙泉厂原倒聚盛厂家具铺底清单,借到屈宅银100两	
98	借银字据	镶红旗满洲额勒恒泰	光绪二十一年五月	屈宅	借到屈宅银20两,以俸银归还	
99	借银字据	信成局	光绪二十三年十月	屈宅	借到屈宅银100两,每月按1分5厘行息	
100	借银字据	正红旗蒙古亲军恩凌	光绪二十四年二月	通泰禄碓房	陆续借到银170两,言明每月由本身钱粮银给1两6钱;每米季米折银1分满归;米账1分满归;每年赏1分满归	契上补注:自光绪二十六年三月又续借银43两
101	借钱字据	正红旗蒙古前锋祥顺	光绪二十四年七月	通泰禄	借到京平足银18两,言明每月利息1分5厘,每季米账1分,除利归本,归完为止,永不续借	
102	借银字据	正红旗蒙古领催福喜	光绪二十五年五月	通泰禄	因办理白事度日陆续借到京平足银230两,言明每月利息1分5厘,每月给本身钱粮银1份,除利归本;每季米折银,归银5钱	
103	借银字据	正红旗满洲胜魁	光绪三十二年六月	屈星垣	因手乏,指原有住房一所,坐落锦什坊街小水车胡同,借到屈星垣银110两,每月利息1两6钱,5年为期,准其收房,如无力回赎,准屈星垣收房抵价	补批:宣统三年九月初十日胜魁同子奎玉因聘女无资,续借银65两,后作为房价175两归屈姓业产。屈姓不忍收房展限1年

续表

编号	契约名目	立契人	立契时间	受契人	契约内容	备注
104	借钱字据	正黄旗满洲佐领续昌同骁骑校、领催等		通泰禄	因先父在时陆续借过通泰禄碓房钱13000吊，言明每月按5厘行息，众军米石仍在通泰禄碓房配车拉脚	
105	借银券	镶红旗满洲佐领恩龄	宣统元年六月	宝兴局	因本佐领办公借到宝兴局银540两，将本佐领下众军米石交与宝兴局配车拉脚，每季给土道1分半作为利息，日后将此银归清	
106	限期还债甘结	正红旗满洲麟泰	宣统元年腊月	屈宅	因拖欠屈宅房租50余两，限期准于正、二月内全数奉还清理	
107	分担欠账文约	绪绵、绪山	宣统元年四月	屈宅	因家中手乏无银，所欠屈宅银80两未还，每月3分行息，以兄弟分居各分账目银40两	此银原本家中堂前大人亡故花费使用
108	倒房字据	屈宅	宣统二年七月		典到西直门内曹公观后中街孟宅住房一所，典价200两，2年后银到准赎，倘8年后不赎，此倒字作废，准许典主遵例税契	补批：腊月初十日续借银50两
109	借银字据	镶白旗满洲恒惠	宣统二年五月	屈宅	因手乏无资借到屈宅银200两，每月按2分5厘行息，1年内归还	有本身房契一套8张、老红契2张作押
110	借银字据	北京王维三	宣统二年七月	屈宅	因手乏无资借到屈姓银120两，并无利息，每月归银12两，10个月归还；又借银100两，每月按2分5厘行息	以本身铺底字一套作押
111	借银约	正红旗满洲麟泰	宣统二年八月	屈宅	因有至要急难之项，借到屈宅银100两，3分行息，一年内限期归还	
112	典房白契	镶白旗满洲明昆	宣统三年七月	屈宅	因父病故手乏无资，指锦什坊街王府仓中间住房一所情愿典与屈宅，典价银450两，一典2年。倘2年后不赎，准许典主遵例投税	又批：借到屈宅银450两，每月按2分5厘行息，期至1年内归还

续表

编号	契约名目	立契人	立契时间	受契人	契约内容	备注
113	借银字据	镶黄旗汉军桂全	宣统三年二月	屈宅	借到屈宅银30两，每月行息4分，由本年秋季米票归本	
114	典房白契	宛平县王海	宣统三年七月	屈宅	因手乏，将自置住房一所坐落阜成门外铁铺胡同情愿典与屈宅，典价银100两，2年准赎。倘8年后不赎，准许典主遵例投税永远为业	
115	借银字据	北京王维三	民国元年九月	屈宅	因手乏借到屈宅银100两，每月归银12两	
116	续立还债新约	阜成门外永恒杠房铺东王子厚	民国二年四月	屈宅	前清时因手乏借到屈宅银125两，每月利息2分5厘，因屡讨未付以致拖欠利息百数余两。议准一年归银54两，5年还清	
117	卖房白契	正红旗满洲胜奎［魁］同子奎玉	民国三年七月	仁厚堂	自置房一处坐落锦什坊街小水车胡同内，卖与仁厚堂，价银235两	按，此房原抵押于屈宅
118	卖房白契	镶白旗满洲恒惠之子明昆同子伊洪额	民国四年五月	屈姓	祖遗住房一所坐落阜成门内王府仓胡同，情愿卖与屈姓，卖价银圆150元	按，此房原典与屈姓，赎回后至此出卖
119	欠银字据	王延柱	民国五年十一月	屈宅	王延柱父王维三生前欠屈宅银200两，因将本铺材料布匹租出5年，以民国九年十二月为满，即将本铺材料布匹等变卖归还	
120	典地文约	汪可裕	民国六年二月	屈振兴	因乏手不便，将本身祖遗老粮民地一段5亩，典与屈振兴，典价银圆45元。一典5年，银到原价回赎	
121	当地契	何景山	民国六年二月	屈振兴	有典地1亩，典与屈振兴，当价银圆17元	
122	借钱字据	屈化氏	民国十三年五月		将自置房一处坐落内右二区王府仓路门牌33号，押给何宅，借到大洋400元，每月2分行息，每月房租15元，除利8元，下余7元退回屈宅。倘房空租，屈宅按月付利，不得拖欠。如有拖欠，准何宅另行税契。归还期限一年	

续表

编号	契约名目	立契人	立契时间	受契人	契约内容	备注
123	借钱字据	屈汉臣、崔久峰、张续田	民国十四年九月	屈宅	因立汽车行无钱使用，借到屈老太太现洋400元，将汽车底捐2个抵押，每月2分行息	
124	变更股份字据	崔久峰	民国十六年八月		屈汉臣从汽车行退股，全归崔久峰营业	

注：本表第1、36、48、56、63、65、66、68、73、77、88、92、94号契为中国社会科学院近代史研究所图书馆收藏；第57、74—76、79、80、83、85、86、91、93、95、97—99、103、105—124号契，载张传玺主编《中国历代契约会编考释》（下）；其余各契为日本东京大学东洋文化研究所仁井田升博士文库收藏。

第三节　内城中的民人

清朝初期在北京实施旗、民分居。旗、民分居形成并存的两个社会，即内城旗人社会与外城民人社会。不过，这两个社会并不是相互隔绝的，随着时间推移，越来越多的民人进入了内城。关于进入内城的民人，前面提及的有碓房业的民人（碓房主与"小力笨"）和运输业的民人（车夫）。此外，进入内城的还有其他身份的民人。他们是在什么时间，通过何种途径进入内城的？主要从事哪些行业？与作为其服务对象的旗人又是一种什么关系？这些情况正是本节所要考察的。

一　经商的民人

清前期北京内城的繁荣气象，前文已述。内城经济的恢复与商业的繁荣，与民人（主体是汉人）重返内城是分不开的。一个悬而未决的问题是：清初民人既被逐出内城，他们是何时开始返回，返回的途径又是什么呢？对于这个问题，笔者曾试图利用北京房契寻找答案。但清前期房契存世者少，仅据房契，难以得出比较准确的估计，因此，必须结合康熙朝《万寿盛典图》和相关史料，作进一步考察。从《盛典图》可以看出：内城商业、手工业、服务业的发展，为民人进入内城提供了契机。在通衢两旁，各色店铺鳞次栉比，店铺主人都是民人。康熙五十四年（1714），旗员赖温在一份满文密折中奏称：

> 九门之内地方，甚为紧重，且外紫禁地方，所关更为紧重，因天下各省之人来者甚多，于外紫禁城内外地方开下榻之店者皆有……若外紫禁城内外店房皆与查禁，闲荡之人，零星商贩皆令于城外店房下榻，则城内风气似可改观，且良恶之人亦不可妄加栖止。①

清代北京内城包括三个城区：中央是皇帝居住的紫禁城（今故宫博物院的范围）；紫禁城外是皇城（主要居住为皇室服务的内务府旗人）；皇城外是八旗及其眷属驻扎的大城。赖温所谓"九门之内地方"，指八旗居住的大城；而"外紫禁地方"，则指皇城。这就充分证明，至迟在康熙末年，不少民人已进入大城，其中一部分是居无定址的流动人口，他们下榻在皇城内外的客店，又带动客店业的发展。赖温为了维护城内治安，建议将皇城内外所有客店不问青红皂白，一概查禁。康熙帝未置可否，只朱批道："九门提督会同该部议奏。"从后来情况看，皇城内外的客店并未查禁。

康熙《盛典图》生动再现了皇城内民人店铺的经营状况。在西华门内，大道旁是挂着招牌的"菜局"，隔壁堆放着一筐筐的蔬菜，几个民人在聊天。西边是一个药铺，柜台上摆着捣药罐，靠墙是盛放各味药材的柜子，幌子上写着"仁德堂南北川广道地药材"。有的店铺挂着"名烟""石马名烟""所烟发兑"的幌子；有的幌子是一串铜钱的造型；有的店内摆着酒坛，墙上挂着葫芦瓢；有的店内摆着桌子和条凳，一位客人坐着吃饭，旁边的伙计忙着应酬。有的店铺柜台上摆着一双鞋，还悬挂着旗人穿用的靴子；还有的店铺摆满了杂货。穿行于熙熙攘攘人流中的是游动小贩，挑箩筐的，推独轮车的，提着秤杆交易的，坐在道边等待顾客上门的；还有在道边小桌上放个大茶壶卖茶水的，有手里摇着货郎鼓或背着货箱沿街吆喝的，还有在货箱上插一面小旗作为装饰的……这些熙熙攘攘的热闹情景，弥散着浓厚的生活气息和情趣，当然不是《盛典图》作者的虚构。② 答案只有一个，在内务府旗人聚居的皇城，民人已开拓出属于自己的立足之地。（见图118、119、120）

---

① 中国第一历史档案馆编：《康熙朝满文朱批奏折全译》，第1008页。
② 参见《康熙朝满文朱批奏折全译》，记民人在皇城内团城附近卖布，第1621页；记民人在西安门内开清茶铺，第1636页。《雍正朝满文朱批奏折全译》，记民人在皇城内开茶馆，第287页。

图 118　皇城内的菜局（康熙《万寿盛典图》）

雍正年间，皇城内东华门、西华门外民人开的饭铺、酒铺生意兴隆，值班八旗兵丁进铺沽饮，习以为常，以致引起清廷干预，谕令将两门外酒铺一概禁止；饭铺亦只允许出卖饭肉菜蔬，永禁卖酒。城内禁止卖酒，主要是担心旗人沉溺于享乐，经济上渐趋窘迫，军事上丧失尚武的传统。至于饭铺、油盐等铺，为旗人日常生计所系，不能不允许照常营业。①

雍正十年（1732），内务府官员丁皂保奏请严禁东西安门内的书场、茶社，以及在皇城内街道搭棚设醮，其中有段话是这样说的：

> 皇城以内与紫禁（按：指紫禁城）甚近，查旧例凡居住旗人不许在街在道搭棚设醮，扬幡挂榜，锣鼓喧哗，以内地理宜洁清故也。其东安门西安门内大路两旁人居稠密，在廛在舍听凭贸易经营，此实我皇上宽恤深仁爱民如子之至意，凡属旗民皆宜仰体圣心，尤当凛遵法度也。乃者奉行日久玩愒旋生，于大路两旁密支布伞，或作茶社，或作书场，人民拥挤，道路壅塞……于肃清禁地旧例甚属不合……②

---

① 雍正朝《上谕旗务议覆》，第180、160页。
② 《雍正朝汉文朱批奏折汇编》第30册，第520页；参见《雍正朝满文朱批奏折全译》，有内容近似的记载，第2595页。

图 119　皇城内的药铺(康熙《万寿盛典图》)

从丁皂保奏折中不难得知，在皇帝"听凭贸易经营"的谕旨下，皇城内主要街道两旁的店铺发展很快，并且出现了茶社、书场等文化娱乐场所。民间的商业触角由大城渗入皇城，同时带动起娱乐、文化业等性质的经营，这意味着商人和民间艺人的出现。

在明代，皇城内悉为禁地，民人不得出入。至清代，东安、西安、地

图 120　皇城内的店铺与小贩(康熙《万寿盛典图》)

安三门以内、紫禁城以外的皇城地区,始允许旗、民人等自由行走、居住。① 这种变化,对民间商业的发展乃至旗、民交往,都具有积极意义。

随着商业发展,皇城内出现了各具特色的集市。雍正年间的一份奏折提道:棋盘街以北西长安街以南,沿皇城一带大街,以往虽有加工贩卖牛马皮张者,不过寥寥数家,近年来贸易之人迅速增多,挨家逐户收买各色皮张,车载骡驮,不可胜数;遍地腥膻血污,一遇春夏,臭秽难闻,行人莫不掩鼻,殊失观瞻。这些人都是来自外省的民人,在此赁屋居住。为了

---

① 朱一新:《京师坊巷志稿》,第 27 页;参见吴廷燮主纂《北京市志稿》第 8 册,第 421 页。

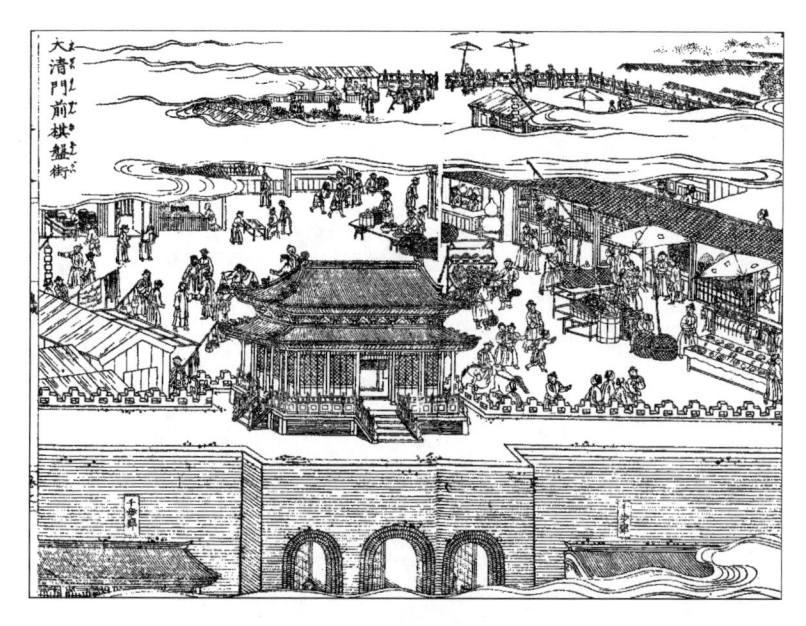

图121　大清门前棋盘街（《唐土名胜图会》）

清理环境，以壮观瞻，陈奏者建议将这些人全部驱逐出城。① 检雍正朝《八旗通志初集》卷二《八旗分布图》，上述地区明确标着"皮市"二字。（见图122）这不仅验证了皮市在雍正年间的兴起，还说明该市场的合法存在。显然，将民人逐出皇城的建议，并没有被清廷所采纳。同图，在东四牌楼和西四牌楼一带标有马市，东四牌楼西北有雀市，这都是旗、民交易的市场。

上述记载表明：旗人社会的消费性质（除了当兵领取饷银粮米外，不事生产），决定了它无法与外城民人社会隔离，并对民人产生越来越深的依赖。越来越多的民人被吸引到内城里来，从事商业、手工业、服务业、娱乐业。这种交流，既为民人提供了无限商机，也满足了旗人日常需求，丰富了他们的物质和文化生活。

京城最繁华的去处，外城在正阳门外，内城则在地安门街、东西安门外、东西四牌楼、东西单牌楼。康熙末年，朝鲜使臣金昌业在游遍京城后这样概括说："城内人家无空隙，皆瓦屋，而路旁人家虽僻巷尽开铺子……城中市肆北最盛，次则东牌楼街，西不及东，西牌楼南北路旁皆官

---

① 《雍正朝汉文朱批奏折汇编》第32册，第730—731页。

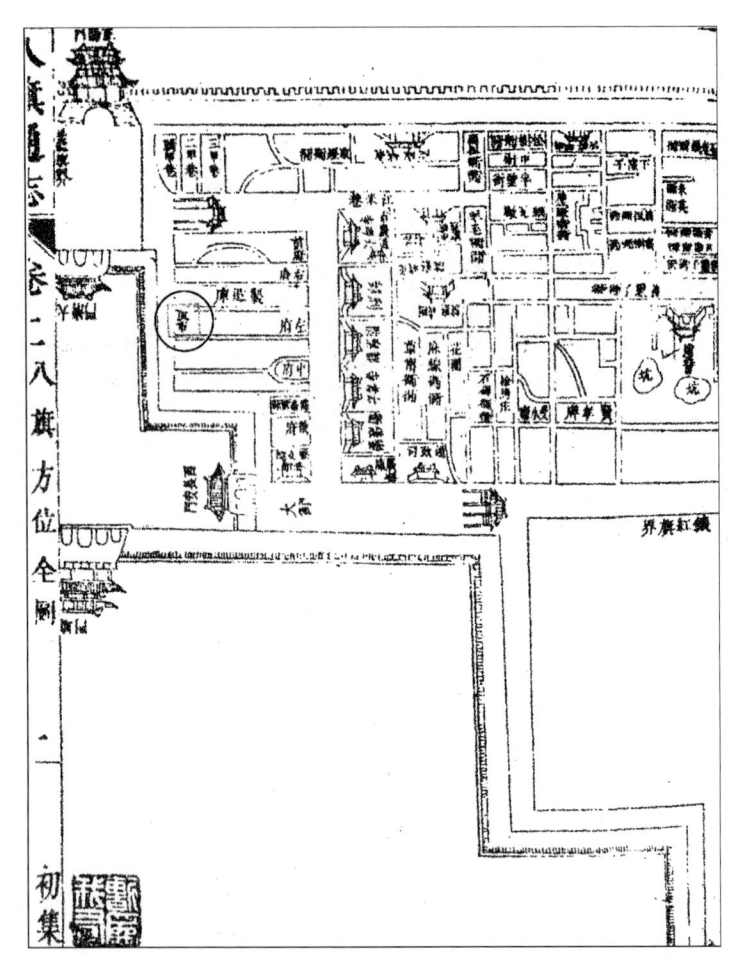

图 122　内城皮市(图中圆圈处)，在正阳门、大清门西侧镶蓝旗界(《八旗通志初集》)

府及诸王宅第，铺子仅十之二三。城外市肆人家，南最繁华，正阳门外，崇文门外次之，宣武门外又次之。东不及西，南不及东，北不及西焉。"他所指内城北"最繁华"处，即紫禁城北鼓楼前大街（地安门大街），"市肆之盛，几埒正阳门外。当街有大石桥，两旁设阑干，桥下水颇大，即流入宫墙为玉带河者也。过桥数百步，有三层楼，楼下四面有虹门，楼上悬鼓，是为鼓楼，即十字街也"①。鼓楼南大石桥，修于元代，至今尚存，惟桥下河道已塞。（见图 123）

---

① ［朝］金昌业：《燕行日记》，载［韩］林基中编《燕行录全集》第 32 册，第 39、115—116 页；他还记载说："市肆，北京正阳门外最盛，鼓楼街次之。"见同书，第 317 页。

图 123　鼓楼大街(《唐土名胜图会》)

东四牌楼一带，因有隆福寺，发展为生意繁兴的商业区。[1] 隆福寺在大市街西北，明景泰年间建，是内城有名的巨刹之一。乾隆年间，以每旬八、九、十凡三日，开市于寺中。开市之日，一城商贩货物荟萃于此，主要有书市、烟袋市、书画市、杂货市、古董市、饼果市、衣服市。[2] 在隆福寺东一里许的花草铺也很有名。冬日皆筑土室，藏各种花盆，上通明窗，下为暖炕。雪天严寒时，百草枯槁，惟此土室内，盎然有春意。如牡丹、芍药、水仙、海棠、红白之梅、石榴、月桂诸种，无不有之。这些商家的服务对象都是内城旗人。

隆福寺一带，逐渐由临时性商市发展成常年性的商业区，首饰店、缎靴店、帽店、估衣店、茶叶店、点心铺、饭馆，多有名气。致美斋以生产满洲风味糕点闻名，因有"妙制品惟供上用，奶油风味溯兴京"之句。清朝把满洲肇兴之地（今辽宁新宾县）称为"兴京"。满洲奶食品名"奶乌他"，被满人带入京城，食之不免忆及关外时的生活和本族传统。当地还有号称"四大恒"（恒兴、恒利、恒和、恒源）的四家钱铺，是操纵京

---

[1] 汪启淑：《水曹清暇录》第 3 卷，"康熙三十八年，崇文门内东四牌楼地方，生意最盛。"北京古籍出版社 1998 年版，第 46 页。

[2] ［朝］洪大容：《湛轩燕记》，载［韩］林基中编《燕行录全集》第 49 册，第 214 页。

师经济命脉的总汇。① "四大恒"始于乾嘉之际，以浙东商人宁波、绍兴人居多，集股开设，资本雄厚，皆设于东四牌楼左右。凡官府往来存款，及九城富户显宦放款，多通过"四大恒"。

内城书肆也集中于此，主要有同立堂、宝书堂、天绘阁。天绘阁位于隆福寺东口路南，同治中，为内务府旗人张姓接收，改名聚珍。张氏有旧书数屋，不知好坏，遂充书肆装架之货。复用工人刻木字若干，以为活字版之用。最初只打算印珍稀之作，后来却改印说部（小说），如《三侠五义》《极乐世界》《儿女英雄传》之类。光绪二十一年（1895），聚珍堂后柜失慎，木字皆付之一炬。所印以《包公案》（即《三侠五义》）最有名，该书本无底本，有旗人故旧数友，每日听评书，归家后彼此互记，逐渐凑成此书。二十七年（1901），当地又开设文奎堂，其铺长王云瑞（号辑五），本聚珍堂张氏外甥，庚子八国联军入京时，因琐事为其舅所逐，因而发愤自创业。最初资本很少，不过一年时间，即大发迹，很快成为内外城最有名的书肆。②（见图124—132）

图124　隆兴煤厂（后门内）印文

---

① 李慈铭：《越缦堂日记》第41卷。
② 崇彝：《道咸以来朝野杂记》，第19页。

图 125　聚发合（后门外）铺号印文

图 126　永兴斋冥衣铺（绒线胡同）印文

274 清代北京旗人社会

图127 复兴斋笺表铺（旁注：支取银钱另有戳记）印文

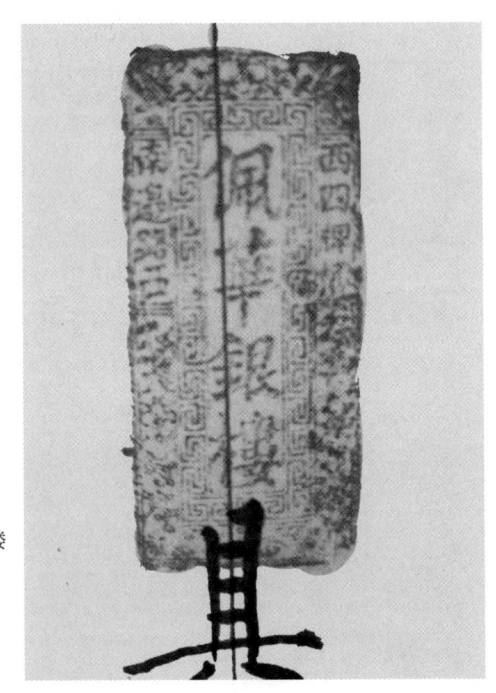

图128 佩华银楼（西四牌楼南边路西）印文

第四章　旗人与民人　275

图 129　锡宝楼印文

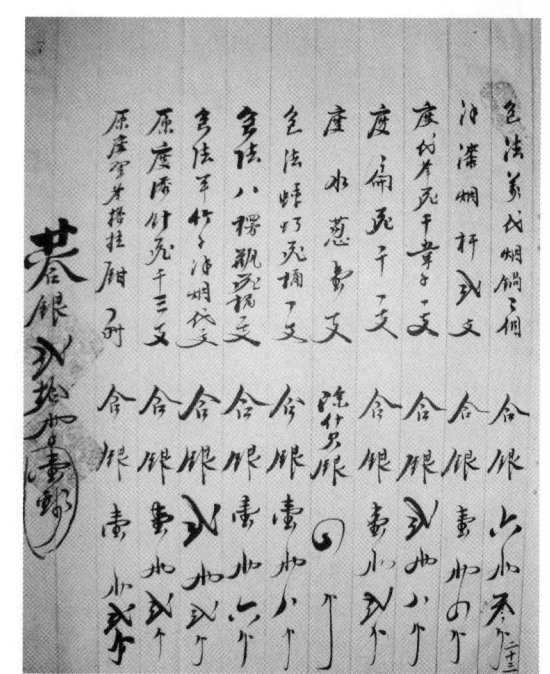

图 130　锡宝楼账单

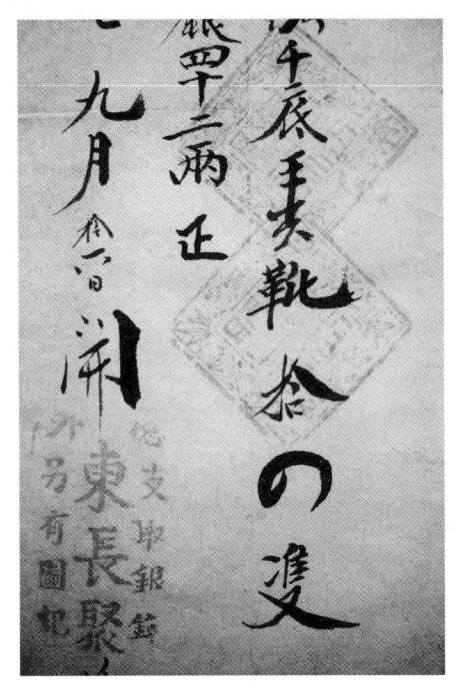

图131　德外东长聚印文（旁注：支取银钱另有图记）

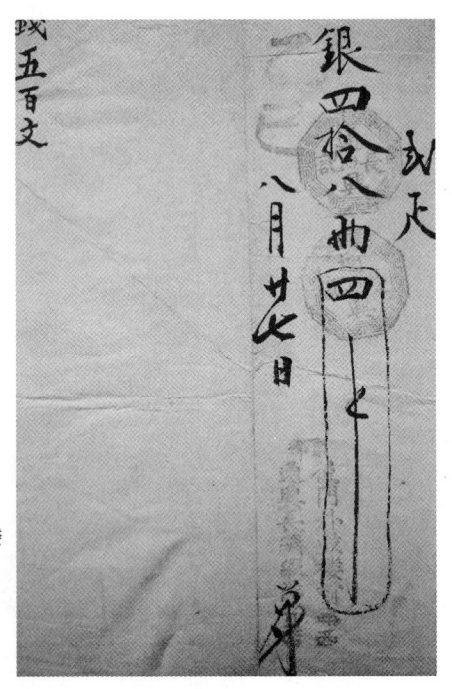

图132　通兴长绸缎铺（后门外鼓楼前路西）印文

清后期京城各商市，一般有固定地点。坐落外城的有：银市、珠宝市、玉器市（在正阳门外）；估衣市、肉市、果子市（在正阳门东）；皮衣市（在南小市）；鱼市（在金鱼池西）；菜市（在宣武门外大街南）；骡马市（在虎坊桥西）；拆补市（在西珠市口南）；油葫芦市（在花儿市西）；棉花线市（在东直门外）。坐落内城的有：在东四牌楼南有米市；在东四牌楼西有猪市、羊市、马市；在隆福寺西有雀市；在德胜门内有耍货市。① 据雍正朝官修《八旗通志初集》卷二《八旗分布图》，雀市在隆福寺东南，马市在隆福寺西南。说明这些商市，早在康雍年间已经形成。雀市交易相思鸟、倒挂鸟、洋鸟、白鹦鹉、鹤、鹳等鸟，竹笼、瓷罐俱全。杨静亭《都门杂咏·雀儿市》有云："市陈隆福鸟堪娱，奇异难将名字呼。细自鹪鹩大至鹤，买来除却凤凰无。"② 除了传说中的凤凰无从寻觅，几乎所有可以驯养的鸟类雀市上均有出售，可见经营范围之广。八旗子弟终日无所事事，养成提笼架鸟的习尚，助长了内城雀市的发展。③ 至于马、猪、羊、米诸市，为日常生活所需，更是须臾不能离开。

清末，内城商业繁荣的街市除东四牌楼、西四牌楼、鼓楼前大街，还有新街口、东安门外、东单牌楼、北小街闹市口（朝阳门内）、北新桥、交道口（安定门内）等处。④ 商业区的增多与扩大，反映了商民群体的增长。

二 从事手工业的民人

在康熙《万寿盛典图》中，一些画面刻画了清前期北京内城形形色色的店铺和手工业者形象。有些店铺的经营内容通过幌子反映出来：如成衣局，即裁缝铺；一个商幌上写着"天宝斋仿古金□"，应是加工首饰的金店；刻书铺的幌子写有"李家印□"，"印造释［经］"。一些临街店铺，虽没有幌子，但从屋内外的摆设一看便知。如屋外摆满原木的是木匠铺，放

---

① 周家楣、缪荃孙等编纂：《光绪顺天府志》第18卷第2册，第579页。
② 《清代北京竹枝词》，第82页。
③ 在《清代北京竹枝词》中，屡屡提到旗人养鸟的习尚。如杨米人《都门竹枝词》："胡不拉儿架手头，镶鞋薄底发如油。闲来无事茶棚坐，逢着人儿唤'呀丢'。"旗人得硕亭《草珠一串》："衫厂［敞］前襟草帽横，手擎虎叭喇儿（原注：鸟名，即伯劳也）行。官差署了原无事，早饭餐完便出城。"（载《清代北京竹枝词》，第20、51页。）
④ ［日］服部宇之吉主编：《北京志》，中文译本改称《清末北京志资料》，北京燕山出版社1994年版，第347页。

满桌椅柜子的是家具铺，悬挂车轮的是修车铺（见图133），院里摆满煤球的是煤铺，屋外张挂皮革的是皮货店，挂着毡子的是毡子铺。各色店铺对自己的经营内容，均以特定商品用物或者幌子来表现，令人一目了然。最醒目的还有帽子店，店前的幌子上画着一顶清朝特有的官帽。虽然不能断言这些店铺的产品都是在店内制造加工，但大部分产品在店内制作完成应没有问题。这说明，随着内城商业的恢复，一些专门为旗人服务的民间手工业者，逐渐进入内城。

图133 内城的修车铺、米店、药店（康熙《万寿盛典图》）

清代后期，内城民间手工业诸如营建业（木工、瓦工、石工、油漆工、棚工）、裱糊业、皮毛业、成衣业、制帽业、制靴业、绦带业、马具业等，均有发展，民间工匠随之增多。及清朝亡，八旗制度不复存在，部分为旗人服务的特种行业才不得不转行：

制靴业。满洲人早先是骑射民族，不论男女都骑马穿靴，以后骑技荒疏，仍保持穿靴传统。东四一带的内兴隆靴店，专做文武朝靴和战靴，"便帽锦边红结穗，缎靴穿着内兴隆"，成为内城旗人的一种时尚。[1] 清朝灭亡后，旗俗迅速消失，靴业只有向制鞋业转行。所以民国修《北京市志稿》说："京靴为本市特制，自国体变更，靴已无形取消。"[2]

服饰绦带业。清代旗人保持满洲人传统服饰，男女均穿袍（即所谓旗袍），旗袍左衽，镶绦带。京师的绦带业驰名四方，其工人以吴桥、景

---

[1] 杨士安：《都门纪略》第3卷，同治癸酉刻本。
[2] 吴廷燮主纂：《北京市志稿》第3册，第460页。

县、枣强县等地为多。乾隆间已设立行会。迨辛亥鼎革，朝野服制变更，此业遂衰。①

皮革、斜皮业。该行业以骡、马、驴臀部两股上方之皮为原料，亦称股子皮，性软质细，耐摩擦，用以制作靴之牙条，鞋之双梁，及镶毡帘四角；又拉弓、掼跤、举石、架鹰者，多以黑绿色股子皮沿衣四周。及清朝亡，靴鞋之式改变，毡帘之制与八旗武士之衣多废，故其业衰微。②

绣花业。清代京师绣工，有绣花作与湘绣庄两类。绣花作有苏绣、顾绣两种，皆名之曰京绣，最有名。八旗官员蟒衣黼黻遍行于天下，故绣花业很有市场。及清朝亡，只好改绣戏衣、神袍。③

牙角骨业。清初重骑射，凡引弓须带扳指，因制扳指而成业者曰扳指店。其原料：关东有兽曰犴达罕（又称"四不像"，即麋鹿），似鹿而大，角坚，色灰白，制扳指者用之。此外，有象牙、牛角、驼骨及粤东所来之虬角（即海马牙，染绿甚美）。凡可制器者，兼收并蓄。及辛亥鼎革，弓矢之业废，扳指店只好改行。④

图134　广丰木厂（东马市）印文

造花业。此业纯为手工，其原料大别有二：曰绢类，中有绫、绢、缎、绸、绒之分，用作头花、襟花、夹花为多；曰纸类，中有洋、毛太、粉连、裕褙之分，用作瓶花、盆花及花圈为多。凡喜庆丧祭，陈设佩戴，各异其用。有清一代，旗、汉妇女皆喜戴花，旗装妇女尤盛，宫中式样，流布民间，故此类花或称宫花。⑤ 清朝灭亡，旗装很快绝迹。同时衰落的还有首饰业。⑥

马掌业。给马钉蹄铁，是一种劳动量大比较辛苦的行业。业马掌者，制造蹄铁，兼施钉工。初为肩挑游行，随地钉掌。清代中叶，始设专铺，

---

① 吴廷燮主纂：《北京市志稿》第3册，第461页。
② 同上书，第464页。
③ 同上书，第465页。
④ 同上书，第506页。
⑤ 同上书，第508页。
⑥ 同上书，第515页："自服装变更，首饰生意骤衰。"

然无字号，多于门前立架，拴缚骡马，其铺址则多在马店与兽医的邻近。近代以来，京城内骑马者绝迹，及人力车、自行车等引入，此业遂微。①（见图135—137）

图135　盔头铺永茂号印文

图136　永源号鞍鞯铺（西单牌楼）印文

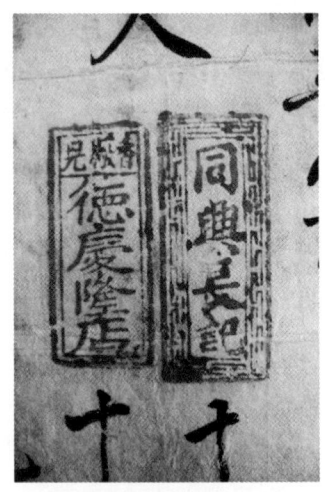

图137　同兴长记、德庆隆店（香厂儿）印文

---

① 吴廷燮主纂：《北京市志稿》第3册，第523页。

内城手工业的发展，带动了民人的进入。这些工匠，各有专业技能，成为内城居民中技术含量最高的一部分。

三 水夫、粪夫、剃头匠

对北京这样一个大都市来说，居民用水始终是一个大问题。

北京井水的水质，素有甜水（软水）和苦水（硬水）之别，而以苦水居多。[①] 乾隆《京城全图》记载地名，不少与水井有关系：三眼井、四眼井（两处）、苦水井、坑眼井、龙头井、高井儿（两处）、高井胡同、井儿胡同（两处）、苦水井胡同、小井儿胡同、四眼井胡同、三眼井胡同（两处）等。[②] 人们以水井或水的特质作为胡同标志，反映了水源与生计的息息相关。

记载水井位置和数字比较准确的当属晚清朱一新《京师坊巷志稿》，有学者据该书统计，北京街巷共有饮用井1228眼，其中皇城91眼，内城623眼，外城514眼。[③] 从该书记载不难看出，在内城大多数地区，都是数条胡同的居民共用一眼水井。相对于密集的人口，井水成为人们居家度日的宝贵资源。多数住户距水井较远；水井多属私人性质；井水多苦，甜水少而价高，饮用甜水者只能从远处取用。凡此种种，就导致内城兴起了满足不同居民需求的卖水和送水业。[④] 金昌业《燕行日记》载："当路有两井，水极多，持桶而来者相属，或驮驴，或扁担，用辘轳而汲之。井旁小屋有守者，一桶收三钱。"[⑤] 又记：正阳门外四十里许有佳水，莲洞李相公来时，每饮此水，而给重价始得。[⑥] 为了喝甜水井的水，必须到四十里外地方，而且要付高价，都说明水源的匮乏。这些收费水井，应属私家所有。

发达的卖水、送水业，造就了一支人数可观的民人队伍——水夫。

在《盛典图》中，第一次刻画了水夫形象。头戴草帽，打着绑腿，推着独轮车，车上放着四只盛满水的木桶，穿行于内城的街巷间。[⑦]（见图138）

---

① 阙名：《燕京杂记》，第133页；震钧：《天咫偶闻》第10卷。
② 见北京市古代建筑研究所、北京市文物局资料中心编《加摹京城全图·地名表》，北京燕山出版社1996年版。
③ 邱仲麟：《水窝子——北京的供水业者与民生用水（1368—1937）》，载李孝悌主编《中国的城市生活》，台湾联经出版社2005年版，第243页。
④ 谈迁：《北游录·纪闻上》，第312页。
⑤ ［韩］林基中编：《燕行录全集》第32册，第16页。
⑥ ［朝］金昌业：《老稼斋燕行日记》，载《燕行录全集》第33册，第34页。
⑦ 朝鲜使臣对京师水夫也有记载，见［朝］洪昌汉《燕行日记》，载《燕行录全集》第39册，第135页；［朝］洪大容：《湛轩燕记》，载《燕行录全集》第49册，第274页。

图 138 送水夫(康熙《万寿盛典图》)

旗人得硕亭《草珠一串》云:"草帽新鲜袖口宽,布衫上又著磨肩(挑水人所穿半臂,名曰磨肩)。山东人若无生意,除是京师井尽干(京师卖水俱山东人)。"① 作者在准确把握水夫装束的同时,还点明从业者都是山东人。但明人史玄《旧京遗事》中,却明确说"京师担水人皆系山西客户"。② 水夫籍贯如何从山西人变为山东人是一个很有趣的问题。有学者指出,这应与入清以来内城居民成分变化,即由民人变为旗人、汉军又以鲁籍为多的情况有关。③ 在京师各省人中,山东人勤苦耐劳,有口皆碑。

---

① 载《清代北京竹枝词》,第52页。
② 北京古籍出版社1986年本,第7页。
③ 详见邱仲麟《水窝子——北京的供水业者与民生用水(1368—1937)》,第249—250页。

直到清末，水夫的穿着和作业手段相沿不改。① 冬则寒风积雪，夏则烈日暴雨，水夫的劳动条件相当恶劣，一向被居民视为"贱业"。内城水夫的服务对象主要是旗人。旗下贫户经常拖欠水钱，招致水夫不满，或出言嘲笑或肆意骂辱。这也就是松筠《百二老人语录》卷二提到的："习见各巷居住之旗下贫家，常有山东人索要水钱，形状强横。"这些水夫原籍山东，无计度日，始肯离乡，来京挑水谋生，"每日送水，按月领钱"。②水夫本身也良莠不齐，有的人利用自己熟知旗人家境的条件，与旗人家奴勾结，从事盗窃活动，受到官府追究。③

发达的卖水送水业，逐渐形成民人对水井和"水道"的独占。水井和"水道"的所有权与经营权，同不动产土地房屋一样，可以买卖、转让、分割，由此形成复杂的契约关系。④

水夫只是城市供水系统的体力劳动者，他们受雇于"井主"（hūcin i da，又称"水窝"），后者才是水井的所有者。民国初年，北京内外城的水夫多达六七千人。水夫送水，对用户稍不如意，即百般刁难，或减少水量，或加高水价，甚至断绝送水，居民受其挟制，乃呼为"水阀"。⑤ 这虽是晚出记载，印证前引《百二老人语录》，足证其劣习由来已久。一向被视为"国家根本"而志得意满的八旗官兵，在日常生活中却时时受到这些送水小民的刁难，无疑是一件既难堪又无奈的事。

清代北京内城，势力最大的民人群体非山东人莫属。据说，乾隆年间，曾有土著水夫与山东水夫因争水道（特指送水的对象和一定范围）而涉讼。官府遂规定，准山东人按井分段，挨户送水，不许他人争夺；山东水夫亦须各守范围，不许互相侵犯。从此相沿成习。⑥

---

① 参见日人冈田玉山《唐土名胜图会》（ぺりかん社昭和六十二年版）和内田道夫解说《北京风俗图谱》（平凡社昭和三十九年版）中的水夫形象。关于清末旗营中的山东水夫，金启孮《北京郊区的满族》第42页亦有生动描述。

② 松筠：《百二老人语录》第2卷，有一段专门提到内城挑水夫：水井各有"井主"，底下雇了一批送水的伙计。

③ 《康熙朝满文朱批奏折全译》，第1110页。

④ 日本东京大学东洋文化研究所藏仁井田升博士搜集北京文书中，有卖水文书243件，是反映该行业经营状况最集中、丰富的资料。研究成果详见熊远报《清代民国时期北京的卖水业和"水道路"》，载《清代徽州地域社会史研究》，日本东京汲古书院2003年版。

⑤ 吴廷燮主纂：《北京市志稿》第3册，第468—469页。

⑥ 北平市社会局：《北平市工商业概况》，民国二十一年（1932）印本，转引自孙健主编《北京经济史资料》，北京燕山出版社1990年版，第331页。

图 139　灯市中的送水夫(《唐土名胜图会》)

在内城,与水夫异曲同工而为旗人生活所必需的,还有粪便清理业的从业者,即粪夫。粪夫多用独轮车,轮径不过两周尺,两辕后长,高不过人腋,中有铁机,止则下垂,而左右支之,使不倾。行则上有担索,荷于两肩,两手推而前,其行如飞。车上置一粪桶。①

粪夫也为山东人,且与送水业一样,形成对一定经营领域的独占。② 粪夫取粪有以户计者,有以胡同计者,均谓之"粪道"。"粪道"的所有权与经营权,可买卖、转让、分割。《北京市志稿》卷七载:京市粪夫,由来已久,其初散漫,略无挟制。康熙中,承平既久,户口浸滋,粪夫贪利,始划疆守。粪道之名,由是而起。属甲某之粪道,乙某不敢越畔而作,住户无自由选择之权,粪夫有永远占据之利,子孙承继,典质买卖。旧时一粪道约值银二三十两至百余两,如倒让必立字据即契约。此种契约,有人持十数张至数十张者,雇用粪夫,分道淘取,居民畏之,呼为

---

① [朝]洪大容:《湛轩燕记》,载《燕行录全集》第49册,第274页。
② 鲍毓埠编:《故都三百六十行》,第92页;夏仁虎:《旧京琐记》,北京古籍出版社1985年版,第97页。

"粪阀"。则其霸道可知！粪道自数十户至二百户为一道，平均百户一道。民国初年，全市纳捐开粪场约四百余家，足证其在清代已是一个发达的行业。①

剃头匠，也是内城旗人生活所必需。时人记载："剃头者，以扁担，担两圆桶，外施杂彩，桶中削刀，大小篦、洗盆及炉罐温水之具，无不备。挖耳垢，刮足核（鸡眼）。凡洒削薄技，猥琐器械，无不具。其甘为人役，不惮卑屑如此。"②

四 寺观中的僧道

清朝进入北京初，强制实行旗、民分城居住，所有内城汉官及商民人等限期徙往外城，唯独寺观中僧人道士，特许留居内城。换言之，他们是清朝入关初唯一获此特权的民人。这种做法，反映出满洲人对佛、道二教由来已久的尊崇。

清代北京内外城有多少寺观，说法不一。据乾隆《京城全图》统计，约有一千二百二十余处。内城寺观即使以半数计，也有六七百处，僧人道士不会少于三四千人。③僧道与旗人交往密切，构成旗民关系的一个重要方面。

第一，寺观是旗人宗教活动的中心。世代居住北京内城的数十万旗人多笃信佛、道二教，并在日常生活中与寺观形成密切的关系。寺观既是旗人宗教活动中心，也是他们慷慨捐资、施舍田地的对象，旗人为了实施善举，还参与或组织了形形色色的香会。④

第二，寺观举办的庙会，是内城重要的商业集市和娱乐场所。内城庙会最热闹的有两处：一处西庙，护国寺，在皇城西北定府大街正西，每月六次，逢七、八日开庙；一处东庙，隆福寺（见图140），在东四牌楼西马市正北，每月六次，逢九、十日开庙。是日，百货云集，凡珠玉绫罗，衣服饮食，古玩字画，花鸟虫鱼，以及寻常日用之物，星卜杂技之流，无

---

① 《北京市志稿》第2册，第273页；第3册，第534—535页。
② ［朝］洪大容：《湛轩燕记》，载《燕行录全集》第49册，第258页。
③ 康熙年间朝鲜使臣金昌业记载："北京城内外寺观比人家几居三分之一，但一寺所居僧虽大刹不过数十人，道士尤少。"载《燕行录全集》第32册，第321页。
④ 详见刘小萌《清代北京旗人与香会》（载《燕京学报》新12期，2002年5月）、《清代北京旗人舍地现象研究》（载《清史研究》2003年第1期）两文。

所不有。① 此外，每月逢五、六日，在白塔寺有市。举办庙会的寺观一般规模较大，且选位适中，以照顾所辐射的区域。②

图 140　隆福寺庙会（《北京风俗图谱》）

第三，旗人平日家居，与寺观联系密切。婴儿出生，父母祈其无病无灾，顺利成人，到寺庙中许以"跳墙和尚"。"跳墙和尚"，又叫"俗家弟子"。旗人崇彝、崇霁两兄弟，自幼即成为贤良寺晟一方丈的弟子，儿子则是晟一方丈的徒孙，这种父一辈子一辈的关系不断延续，形成与该寺的特殊关系。崇彝之父生前把棺材备好寄存贤良寺多年，每月照付香资三吊。父母去世，请贤良寺僧人诵念禅经。③ 不妨说，旗人一家，从生到死，都离不开和僧道打交道。至于八旗富贵之家，多立有家庙，与僧道的往来更加频繁（在旗人曹雪芹《红楼梦》、文康《儿女英雄传》诸书中均有记载）。

---

①　旗人得硕亭《草珠一串》有云："东西两庙货真全，一日能消百万钱。多少贵人闲至此，衣香犹带御炉烟。"载《清代北京竹枝词》，第52页。

②　侯仁之主编、唐晓峰副主编：《北京城市历史地理》，北京燕山出版社2000年版，第211页。

③　崇彝：《崇翰池年记》，民国间稿本，载《北京图书馆藏珍本年谱丛刊》第198册，北京图书馆出版社2001年版。

除了许以"跳墙和尚",还有一种替代办法,即父母为小儿发愿舍身寺庙,实际上却以他儿代之,名曰"替僧"。①

旗人虽受到八旗制度的束缚,却不排除某些旗人子弟出家的事实。满洲旗人马宜麟幼年多病,被父母送入东岳庙做道士,他秉愿募化,修理本庙东廊、西廊、各处道院工程,并在后院建立同善堂义学,又在马道口买地,设立义园。因诸多善举,逐渐升至东岳庙第十七代住持。② 这是旗人子弟出家的一个典型例子。

第四,寺庙环境幽静,兼备客房,是八旗子弟应试备考、苦读诗书的首选之地。晚清名臣内务府满洲人崇实,饱读诗书,以翰林身份补任将军、都统。他五岁入塾读书。七岁读唐诗。十三岁与弟崇厚在黄大王庙读书,始做破承题。以后陆续学习作诗、八股文。十八岁,始习骑射,不过虚应故事。③ 崇实二十岁在北京参加乡试,落榜后先后在双寺、文昌等庙伏案苦读。几次名落孙山,仍志在正途。三十一岁终于中榜。殿试二甲。他家三代进士。本人与弟崇厚均以翰林补用将军、都统,儿子嵩申也是翰林。

一些寺观景色秀美,旗人文士吟咏酬唱、宴游娱乐,成为常客。冰盏胡同贤良寺,本怡亲王胤祥舍宅为之。原址在帅府胡同,后迁于此。寺内层甍云构,闲院花飞,地少人迹,终日苔封。道光中,旗人文士在此读书,结漱芳文社,同人极一时之盛。豹房胡同法华寺,明代建。乾隆中,该寺和尚交结王公,淫纵不法,被大臣阿里衮擒拿,立杖杀死。该寺规模巨大,为东城之冠。寺西海棠院,海棠高大,春花烂漫。院内竹影斑斑,一庭净绿,桐风松籁,地最幽静。旗人学者震钧(汉姓名唐晏)年轻时在此与同人结社,每日诵读诗书,其乐融融。

与寺观僧道交往,构成旗人日常生活的重要内容。但由于寺观性质特殊,随带也产生了一些社会问题。清政府在为其提供保护的同时,不能不加以防范。防范的问题主要有:

其一,庙会期间,寺观开场演戏,借机敛钱。车王府曲本《封神榜》写于同治年间,说唱中穿插了许多北京风土民情,其中就有揭露道士借发

---

① 吴廷燮主纂:《北京市志稿》第7册,第421页。
② [日]小柳司气太:《白云观志》(附东岳庙志),第218页。
③ 崇实:《惕盦年谱》(《完颜文勤公年谱》),光绪三年(1877)刊本,第9页。

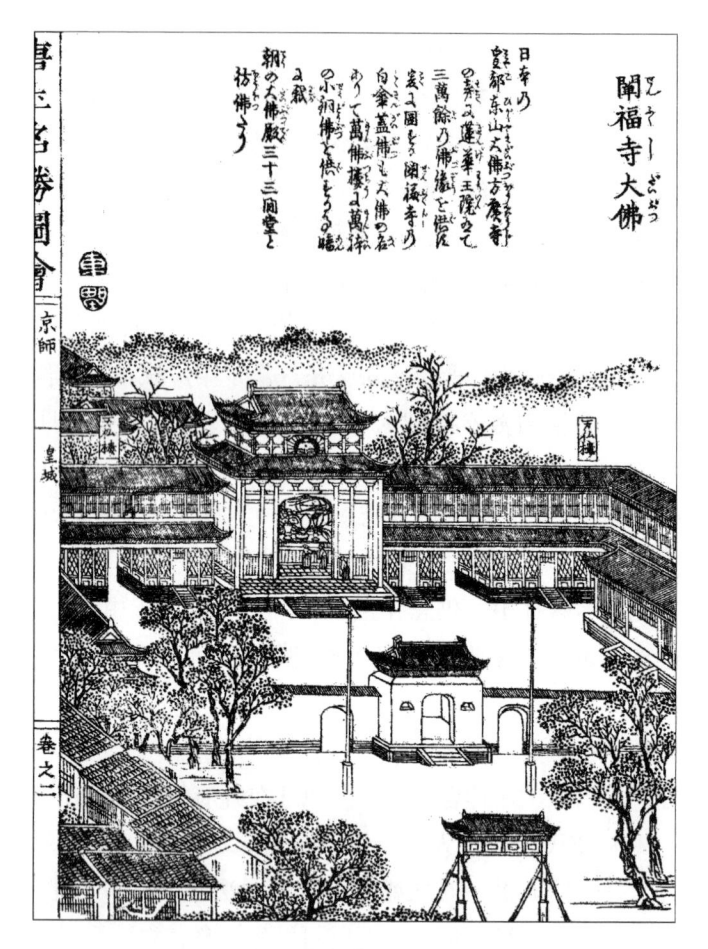

图 141　阐福寺大佛(《唐土名胜图会》)

起香会骗人财物的内容：

> 王道起了个香油会，慈悲舍饭济贫穷。众多善人齐入会，来助王道为传名。王道吃斋为会首，他比僧人分外凶。白干布就是灯油香油的本，镇宅闲钱心口嘣。大字香烛钱一吊，谁要来烧现给铜。花账本擎在手内，一吊他写二吊零。①

这种借起会敛财的现象在当时并不少见。子弟书《阔大奶奶听善

---

① 石继昌：《车王府曲海一勺》(下)，载《春明旧事》，北京出版社1996年版，第174页。

会戏》，讲述尼姑庵借"娘娘圣诞"名义举办"善会"，"恭请"阔大奶奶到庵中听戏。阔大奶奶是一位旗人贵妇，庵中的老施主，尼姑们请她赴会目的只有一个，就是多敛钱。① 民间作品中这类人物虽为虚拟，却是现实生活中的真实写照。

其二，寺观开办娱乐场所。清代北京娱乐场所主要集中在外城（南城），旗人因受到禁令约束，前往不便。内城寺观投旗人所好，借举办善会的名义，变相举办娱乐活动。雍正十二年（1734）兵部左侍郎喀尔吉善奏："近见八旗官员人等因不能到园馆酒肆演戏聚敛，乃于京城寺庙中假托善会为名布散请帖，敛取分金，或演戏或唤歌童，聚饮作乐，官员兵丁人等间杂无别。"② 喀尔吉善奏请皇帝饬令禁止。乾隆二十七年（1762）奏准："五城寺观僧尼开场演剧，男女概得出资随附，号曰善会，败俗酿弊，所关非细，应交步军统领五城顺天府各衙门严行禁止。"③ 清廷虽屡次申禁，但这类现象并没有绝迹。④

其三，妇女在庙会期间结队游玩，"有伤风化"。清廷多次谕令不许妇女进庙烧香，收效甚微。内城隆福寺、护国寺开庙之期，旗妇结队前往，屡禁不止。同治年间重申，一旦发现此类问题，将该庙僧尼人等从重惩办，以挽颓风。⑤

其四，寺庙出租房屋，存在治安隐患。相对郊区寺观而言，内城寺观地产较少，经济来源主要依靠出租房屋，用老北京的一句俗话，叫做"吃瓦片"。据李虹若《朝市丛载》卷二《庙寓》记载，晚清时北京内外城一共有三十一座寺观兼有旅寓场所的功能，其中内城十五座。⑥ 租住者

---

① 北京市民族古籍整理出版规划小组辑校：《清蒙古车王府藏子弟书》，国际文化出版公司1994年版，第113页。
② 《雍正朝汉文朱批奏折汇编》第26册，第912页。
③ 《乾隆二十七年禁五城寺观僧尼开场演剧》，载《台规》卷25，转引自王晓传辑录《元明清三代禁毁小说戏曲史料》，作家出版社1958年版，第41页。
④ 《清文宗实录》第181卷，第20页下。
⑤ 《清文宗实录》第271卷，第2页上下。
⑥ 这15座寺观是：贤良寺（前门内冰炸胡同），法华寺（前门内豹房胡同），万善寺（东华门灯市西口），慈云寺（崇文门内泡子河），水月寺（东四牌楼五条胡同），成寿寺（东华门椿树胡同路北），翊教寺（西四牌楼当街庙正西），柏林寺（安定门内雍和宫东），太平寺（前门内煤炸胡同），双关帝庙（崇文门内路西），关帝庙（东华门北池子沙滩），关帝庙（东华门外烧酒胡同），高井庙（崇文门内路西），毗卢庵（前门内东城根），天后宫（东四牌楼马大人胡同），见李若虹《朝市丛载》，北京古籍出版社1995年版，第67—68页。

图 142　地安门大街火神庙

多为民人，三教九流，成分复杂，既有读书应试的举子，为人担挑杠抬的佣工，走街串巷的小贩，也有流窜入室的窃盗。①《百二老人语录》卷二："如欲缉捕盗贼，不独先将所管地方庙宇趁间突查，素常犹当剀切晓谕，各庙凡有可疑之人，概不许留。"寺观出租生利，易容留鼠窃狗盗之辈，所以，官府始终把内城寺观作为缉奸防盗的重点。②

综上所述，可就内城民人情况作如下概括：

满洲统治者在京师实施旗民分居，形成内城（北城）旗人与外城（南城）民人两个社会的并存。满洲统治者可以强行把民人迁出内城，却无法阻碍其重新进入。这一过程，自康熙年间起崭露头角，雍正、乾隆年间持续发展。这部分人群，即前面考察的"旗人社会中的民人"。

进入内城的民人，围绕旗人社会的需求，发展起多种行业。诸如粮食加工（碓房）、运输、商业、手工业、卖水清粪等业，以及寺观僧道，只

---

① 《康熙朝满文朱批奏折全译》，第439、686页。
② 《清宣宗实录》第156卷，道光九年（1829）五月丙午："庵观寺院内闲房出租，其各住持僧道有度牒者，尚知小心查考。其无度牒住持僧道，只知以房租为生，并不查其来历，易致藏奸。此项人等，应专立一册，并将租房之人姓氏、籍贯备载，取具该庙住持不敢容留匪人甘结，粘连册后。倘有潜住来历不明及为匪不法者，一经发觉或被查出，即讯无知情容隐，亦将该住持僧道，在本庙前分别枷号示众。"参见《清文宗实录》第81卷，第27页上、41页下。

是其中一部分。其他如跟丁（随丁）、轿夫、门房、仆妇、塾师、艺人、棚匠、医师、舆师（风水先生）者流，也无不与旗人日常生活关系密切。

对民人进入内城的趋势，满洲统治集团在特定时期虽采取某些限制政策（如限制民人购买旗人房地；限制民人在内城开设客店、戏园；限制民人与旗人通婚等），但总体来看，并没有明令禁止。

究其原因，数十万旗人聚居内城，形成庞大的消费群体；他们除做官当兵外不事百业，强化了该群体的寄生性质。旗人衣食住行，无不严重依赖民人。这种状况，不是哪个统治者一厢情愿所能改变的。清前期，八旗官员为保护旗人利益，曾屡次提出限制民人在内城活动，甚至奏请将其全部逐往外城，最终却都不了了之，就是基于上述原因。

换一个角度考察，外城民人对内城旗人也有强劲的经济需求。八旗官兵的消费能力和消费水平，远远超过民人；旗人有钱，不知撙节，民人挣钱营利，旗人是最理想的对象。正是这种双向需求，决定了旗人社会不仅无法与民人隔离，反而随着时间推移，吸纳越来越多的民人。这说明，旗人社会与民人社会，只是表面的并存与分立。随着时间推移，两者相互渗透，彼此依存，并在京师的大框架内形成你中有我，我中有你，相互流通的局面。

只要动态地而不是静止地、全面地而不是片面地考察旗民关系，就不难发现：旗人社会与民人社会，始终处在频繁的互动中。而那种认为旗人社会是一个封闭社会，八旗制度在强化满人封闭性方面起了关键作用的观点，颇值得商榷。

除了对旗民关系的考察，民人内部关系也值得关注。清代京师是一个庞大的移民社会，它犹如一块巨大磁石，吸附着来自四面八方的外来人口。进入内城的民人，也少有土著，大量是外来人口。其中，山西人、山东人势力尤大，并在行业分工形成鲜明的地域特色。山西人主要经营炉房（以铸造马蹄银为专业）、票庄（又称票号，以汇兑交易为业，亦借贷银钱）、当铺、放印子，旁及皮货、干果诸铺。在银钱业务方面优势明显。山东人与旗人关系最近，故旗人常用所需多由其承办，除碓房、送水、淘粪诸业归其专营，开设绸缎铺、粮店、饭庄者，也多为山东人。①

关于山西人、山东人与旗人的关系，前人说法不尽相同。金启孮《北京郊区的满族》说，在京旗外三营（蓝靛厂外火器营、香山健锐营、

---

① 夏仁虎：《旧京琐记》，第97页。

图 143　烟袋斜街内烟袋铺(地安门大街)遗迹

圆明园护军营)中,都有八旗以外的汉人即民人,这些汉人以山西人和山东人为多,多半是旗人的随丁和夫役,以及过去随营的工匠、商人和小贩。久而久之,他们都附在旗营集体中,与旗人关系良好,没有利害冲突,只有互助关系。① 金先生自幼生长在旗营,所述应具有权威性。然而,在清代文献首先是旗人著述中,议论最多的却是山西人、山东人如何因债务问题与旗人纠缠,以及他们开的碓房、当铺如何对旗人百般苛剥。以上两说,人言人殊,各有其真实的一面,或者也各有其偏颇的一面。综合考虑,是否可以认为,山东、山西民人与旗人关系存在着两重性?一重是和谐性,山东、山西民人与旗人关系密切,由来已久,其中一部分还逐步融入旗人社会;一重是矛盾性,一些山东、山西民人,利用与旗人的特殊关系,逐渐控制后者的经济命脉,为牟取最大经济利益,见利忘义,加

---

① 金启孮:《北京郊区的满族》,第41—43页。

剧了旗人困境，并引起后者的普遍不满。

内城民人的不断增长，对旗人社会产生了多重影响：

首先，促进内城商业、手工业和服务业全面发展，使旗人的生活质量大为提高，生活内容空前丰富，生活方式随之改变。

其次，密切了民人与旗人的文化交流。文化的多样性（满、汉、蒙古文化的并存），本是旗人社会的重要特征。满洲人作为旗人社会的核心，其文化演变，曾主导旗人文化的走向。但是随着汉文化渗透，满文化也在不断演变。清代北京旗人文化，既不是单纯满洲文化，更不是汉文化翻版，而是满汉文化的陶融。陶融的结果，旗人文化与民人文化差异不断缩小，最终形成北京特有的"京味"文化，乃是一个不争的事实。

再次，越来越多的民人进入内城，带动了旗、民关系的演变。清初，满洲皇帝统率的八旗军队，是以征服者身份入居北京的。以后，旗人在日常生活中严重依赖被征服者，则使自己的经济命脉逐渐为后者所控制。清代中叶，许多旗人的不动产（旗房与旗地）落入民人之手，同时受到债务的困扰。这些问题被概括为所谓"八旗生计"问题，在官方文献中得到集中反映。旗人负债问题，康熙年间已露端倪[①]，雍正、乾隆年间愈演愈烈。旗人不仅欠碓房、当铺、饭铺、酒铺的钱，甚至欠车夫、水夫的债。许多人负债累累，落入高利贷网罗。在这些场合，旗人与民人的关系，已由简单的商品交换关系或雇佣关系，转变为债权人与债务人关系。征服者与被征服者关系的转变，对标榜八旗是国家"根本"的满洲统治者来说，是一个无法破解的难题。

最后需要说明一点，清初北京旗、民的分治与分居，并不是孤立现象。在全国七十余处八旗驻防地，大体形成类似格局，而发生在京城的民人进入旗人社会的过程，大致也在这些地区重演。从这个意义上讲，上述考察，对从全国范围内探讨旗人与民人关系的演变，也有一定启迪。

第四节　旗人与香会

在统治者的积极倡举和民间风习的涵濡下，世代居住北京内城的数十万旗人多笃信佛、道二教，并在日常生活中与寺观形成密切的关系。寺观

[①] 参见［法］白晋《康熙皇帝》，赵晨译，黑龙江人民出版社1981年版，第23页。

既是旗人宗教活动中心，也是他们慷慨捐资、施舍田地的对象，旗人为实施善举，还参与或组织形形色色的香会。

香会，作为民间祭神修葺的自发性组织，有着悠久历史①，更为重要的还是它在民间信仰方面所起的作用。清代北京，每届寺观举行节庆活动，各处信士弟子朝顶进香之际，多有香会活跃其间。

关于北京香会，以往已有一些局部性调查和研究。1925 年，北京大学研究所国学门的顾颉刚等五人对妙峰山庙会进行了为期三天的实地考察，相关成果陆续在《京报副刊》登出，题为《妙峰山进香专号》，其中包括顾颉刚撰写的调查报告《妙峰山的香会》，以后结集为《妙峰山》一书，1928 年出版。在此前后，满族学者奉宽撰有《妙峰山琐记》，金勋撰有《妙峰山志》（稿本），后两部著作虽不及顾颉刚之作闻名，却与之共同构成研究北京地区香会的起点。近年来，刘锡诚主编《妙峰山·世纪之交的中国民俗流变》一书和赵世瑜的论文《国家正祀与民间信仰的互动——以明清京师的"顶"与东岳庙为个案》，同是这方面研究的延续。②

笔者的研究，并非对清代北京香会的全景式考察，而只关注其中与旗人息息相关的部分，首先是香会的名目，其次是香会的组织，希望以此为切入点，了解旗人参与香会的情况及其与民人的关系。鉴于有关记载很少见于官私史籍，本研究是以现存寺观碑石拓片为基础的。

一 香会的名目

旗人作为内城主体居民，积极参与民间香会活动，通过这些活动增进与民人的交往。限于篇幅，这里不作面面俱到的胪列，仅以若干著名寺观为对象，进行初步考察。

（一）都城隍庙香会

都城隍庙位于京师内城西旧刑部街，元称佑圣王灵应庙，明永乐中为

---

① 顾颉刚：《妙峰山的香会》，载《妙峰山》，中山大学语言历史研究所《民俗学会丛书》1928 年本，第 11 页。

② 刘锡诚主编：《妙峰山·世纪之交的中国民俗流变》，中国城市出版社 1996 年版。赵世瑜：《国家正祀与民间信仰的互动》，载《北京师范大学学报》1998 年第 6 期，第 25 页。这方面的成果还有［美］韩书瑞（Susan Naquin）：《北京妙峰山的进香之旅：宗教组织与圣地》（*The Pekin Pilgrimage to Miao-feng Shan: Religious Organizations and Sacred Site*），载《中国的进香和圣地》（*Pilgrims and Sacred Sites in Chaina*），加利福尼亚大学出版社 1992 年版。北京师范大学中国民间文化研究所吴效群未刊博士论文：《北京的香会组织与妙峰山碧霞元君信仰》，1998 年。

大威灵祠，清朝改称都城隍庙（见图144）。庙内塑十三省城隍。顺治帝入居北京初，岁遣大臣春秋两祭城隍，顺治十四年（1657）春，敕命重修都城隍庙。皇帝作礼于上，士民效法于下，中外善信，不分旗人、民人，纷纷结会捐金。十五年（1658）五月，《西棚老会碑》称："当神圣诞之期，修崇庆贺之礼，法事告成，凡心克尽。会首傅联登仔肩任劳，副会黑松等勋□协力，同会□应元等乐善输资，胜念均不可泯，勒石以志流芳。"① 是碑题名由正白旗头等阿达哈哈番李世昌、正红旗甲喇章京杨茂春领衔，两人都是汉军旗人。

图144　都城隍庙旧址

在碑刻中，香会又称"善会""圣会"，会史长者方可称"老会"②，否则只能称"善会""圣会"。上述香会明言"老会"，说明成立有年，唯具体年代无从查考。李世昌等汉军旗人，在信仰方面，本与民间汉人无别，作为清朝新贵，地位和社会影响又非一般汉人所能企及，由他们接办

---

① 《西棚老会碑》，顺治十五年五月，载《拓本汇编》第61册，第118页。
② 顾颉刚：《妙峰山的香会》，载《妙峰山》，第38—39页："一个香会必须经过了一百年，方可改'圣会'为'老会'。老会是香会中的领袖……"但从碑刻看，一些成立几十年的香会往往自称"老会"。

西棚老会，或主持会务，是很自然的。

凡香会，皆有会名，所谓"西棚"，即该会之名。按民间传统：香会会名，以最初成立时会址为准，以后无论迁移何处，时间延续多长，会员有多大变动，会名依旧，不能改变。这种传统，一直延续到近代。①

与西棚老会同时，都城隍庙还有挂灯一会，始建于顺治二年（1645），到雍正十二年（1734）已近百年。设正、副会首、司房等职，会众多达六百人，主体为男性，每年按月轮值，义务在庙前挂灯照明。会碑由武状元、正红旗汉军刘塞都撰，镶红旗汉军、候选县丞吴宗泰书。碑阴题名，一类为典型的满洲人名，如阿尔泰、萨哈立、柏度、丫思马、德山、哈尔巴、衣同保、屯太、德尔吐、札弄阿、巴音代、德楞阿等；一类为汉化式满名，如五十八、七十一、四十七、三达子、四达子、喜长、常保、常明、得金、憨徒、二格、八格等；再一类为满洲名前冠以汉姓，如刘发而面、沈三达立、刘六十、李萨哈喇、陈五达子、张四达子、刘法尔吐之属。② 在香会碑中，类似的题名屡见不鲜③，是值得研究的文化现象。满洲人传统一般"称名不举姓"，在满洲名前冠以汉姓，或径取一个汉式名字，自然是渐染汉俗的结果。同时也不能排除，有些汉军旗人因趋附满俗、在自己汉姓后取一满洲式名的情况。但不管怎么说，这些人属旗人当无疑义。

（二）碧霞元君祠香会

潘荣升《帝京岁时纪胜》称："京师香会之胜，惟碧霞元君为最。"④ 在道教神仙谱系中，男性高仙曰真人，女性高仙曰元君。碧霞元君，相传是东岳大帝女，宋真宗时封天仙玉女碧霞元君，下迄元、明，代加封号，清康熙年间，加封"天后"，民间俗呼泰山娘娘、娘娘神。据道教传说，碧霞元君主管招人魂魄、生寿短长、保佑子孙兴旺诸事，故民间信之弥笃，祭祀香火几乎无处无之，仅京城内外，祭祀元君的宫观祠庙就有二十处之多。⑤

---

① 金受申：《香会》，载《北京通》，大众文艺出版社1999年版，第155页。
② 《京都城隍庙挂灯会碑》，雍正十二年七月，载《拓本汇编》第68册，第146—147页。
③ 带有类似题名的香会碑颇多，仅康熙年间就有：《东岳庙碑》，载《拓本汇编》第65册，第119页；《散司攒香会碑》载《拓本汇编》第65册，第122页；《曹国相创善会碑》，载《拓本汇编》第66册，第7页；《岳武穆鄂王碑》，载《拓本汇编》第66册，第169页；《药王庙碑》，载《拓本汇编》第67册，第105页；《马王庙奉祀碑》，载《拓本汇编》第67册，第114页；《如意胜会碑》，载《拓本汇编》第67册，第152页。雍正朝以下碑刻为数更多，俱从略。
④ 北京古籍出版社1981年版，第18页。
⑤ 吕威：《民国时期的妙峰山民俗研究》，载《妙峰山·世纪之交的中国民俗流变》，第20页。

第四章 旗人与民人

环北京近郊四围，著名元君祠有五，俗称东、西、南、北、中五顶。西顶元君祠位于西郊蓝靛厂长春桥畔，始建于明万历年间，初号天妃宫，又名洪慈宫，清康熙间玄烨发内帑重葺，改名"广仁宫"。

西顶香会起于明末①，入清而不衰，康熙初年，"每岁四月初一日迄十八日，四方善信顶礼者扶老携幼而来，殆肩相磨，踵相接也"。②上供进香，搭台演戏，热闹非常。香会虽多，基本为民人。③康熙九年（1670）《西顶娘娘进香会碑》题名会首中有"工部他吃哈番加一级信官伽蓝保"，碑侧题"京都北城鼓楼西各旗地方等处正会首信官等仝立"。（见图145）鼓楼西属正黄旗界。该会照例于每年四月中旬"虔备冠袍带履金银贡器等项钱粮进献"于元君圣母。④大约同时还有由"京都定府大街龙头井众善"组织的香会。龙头井亦在正黄旗界。⑤这表明，康熙初年前往西顶拈香的旗人明显增多。此后见于碑文记载的有：

由"阜成门里朝天宫三条胡同仕宦满汉军民"组成的"西顶洪慈宫进香会"。按乾隆时人吴长元《宸垣识略》卷首图，朝天宫三条位于内城西北。清初八旗分布的具体方位：镶黄旗居安定门内，正黄旗居德胜门内，并

图145 康熙九年西顶娘娘庙香会碑碑侧题名

---

① 2001年4月，笔者踏访西顶元君祠旧址（现为盲人工厂），见正殿东侧路口处卧残碑一方，文字残存无几，碑阳题名有宣城伯卫时春字样，碑侧题名有："……衢衢、总管香头陆□、朱朝等立。"据《明史》第107卷：第一代宣城伯卫颖，天顺元年封，至第七代卫时泰，万历三十九年袭，崇祯十七年阎门死难。知此为明末香会残碑，中华书局1974年本，第3248—3249页。
② 《西顶施茶碑》，康熙四年，载《拓本汇编》第62册，第62页。
③ 《西顶进香碑》，顺治十一年四月，载《拓本汇编》第61册，第62页；又《西顶施茶碑》，康熙四年，载《拓本汇编》第62册，第62页；《西顶进香碑》，康熙八年四月，同上第124—126页。
④ 《西顶娘娘进香会碑》，康熙九年四月，载《拓本汇编》第62册，第151—153页。
⑤ 《西顶进香碑》，康熙三十一年四月，载《拓本汇编》第65册，第6—8页，又第9—11页。

在北方；正白旗居东直门内，镶白旗居朝阳门内，并在东方；正红旗居西直门内，镶红旗居阜成门内，并在西方；正蓝旗居崇文门内，镶蓝旗居宣武门内，并在南方。朝天宫位于内城西北，应属正红旗界。"军民"的"军"，实际是指旗人，"军民"也就是"旗民"。该会成立于康熙十七年（1678），每年十二月奉香瞻拜。①（见图146）

由"阜成门里朝天宫东廊下"满汉旗民组成的香灯会。东廊下胡同在朝天宫南。该会成立于康熙初年，会碑追述："是会也，每逢岁之丰歉，量捐资之多寡。每至孟夏之月，男女不下三五百。"②

由"西直门里西官园口"一带满汉旗民成立的香会。西官园口在朝天宫北，该会成立于康熙十四年（1675），会众例于元君诞辰（四月十八日）进香，"阅二十七年而不倦"，四十一年（1702）刻碑纪念。碑阴题名"信官""信士"中多为旗人，已婚妇女约占半数。③

《宸垣识略》卷八又载："朝天宫在阜成门内朝天宫街，元之天师府也……今虽有宫门口、东廊下、西廊下之名，其实周围数里，大半为民居矣。"这是乾隆年间记事，说明外城民人入居朝天宫一带由来已久。

图146 康熙二十六年西顶洪慈宫进香碑碑侧题名

以上几个香会会址均集中在这一带，可能与较早形成旗民杂居的社会环境有关。

另外，进香西顶的还有："西直门里南扒儿胡同弥罗庵"香会。南扒儿胡同在正红旗界。正会首以下男女各数百人。④

由"阜城关外六道口一带军民"组成的如意胜会。六道口村在阜成门西。该会成立于康熙五十八年（1719），会众"同为乐输，岁以为常"。近三百人中，妇女占半数以上。⑤

---

① 《西顶洪慈宫进香碑》，康熙二十六年四月，载《拓本汇编》第64册，第93页。
② 《香灯会垂后碑记序》，康熙二十七年四月，载《拓本汇编》第64册，第108页。
③ 《曹国相创善会碑》，康熙四十一年二月，载《拓本汇编》第66册，第6页。
④ 《年例进香碑》，康熙三十一年四月，载《拓本汇编》第65册，第12—14页。
⑤ 《如意胜会碑》，康熙六十一年，载《拓本汇编》第67册，第151页。

康熙中叶起，大规模征战明显减少，社会趋于安定，经济走向繁荣，旗人不必再像祖父辈那样终年戎马倥偬，四处征战，有了更多余暇过一种平民式生活。从会碑题名还可得知：不仅汉军旗人，还有越来越多的满洲旗人卷入香会活动，成为这一时期兴起的新现象。

乾隆三十五年（1770）清廷在蓝靛厂设八旗外火器营，与西顶元君祠近在咫尺，营中官兵及眷属进香尤为便利。旗人和硕亭所作竹枝词《草珠一串》说："欲游西顶（娘娘庙烧香，必曰朝顶）顺长河（此河通昆明湖），一路楼台点缀多。万寿寺（在长河北岸）前需驻马，此中山子甚嵯峨（相传张南垣所堆）。"① 京城旗民往游西山诸景，沿西直门外长河是一条重要通道，途中美景目不暇接。长河北岸的万寿寺殿宇宏丽，廊阁错落，园林秀美，假山嶙峋，是皇室贵族休憩赏玩之所。寺东是万寿街，因街两旁的店铺均仿苏州样式，俗称苏州街，其北即为西顶元君祠，是旗民进香还愿、赶庙游乐的理想去处，故直到近代，香火历久不衰。

自清初以来，京郊五顶之外，以京东丫髻山和京西妙峰山的碧霞元君祠最为著名。

丫髻山在京东百里，旧属怀柔（今属平谷），二峰高出云际，形如丫髻，故名。山上旧有护国天仙宫，即碧霞元君祠。每年四月初八日四方聚会，庙会五日。清初，香火日盛。康熙四十三年（1704），玄烨驾幸丫髻山。御赐"敷锡广生"匾悬祠前。五十二年（1713）三月初一日，玄烨六旬寿辰前夕，遣皇十子、十二子奉敕前往降香，启建万寿道场。十八日诞辰日，在京皇会至丫髻山进香，彩楼仪仗，共二三万人。皇帝赐内帑，并皇会布施，建玉皇顶于山顶。玉皇顶建成后，御书匾额"清虚真宰"。五十五年（1716），玄烨再次驾幸丫髻山。② 雍、乾年间，皇室屡屡降香丫髻山。嘉庆十五年（1810）九月十五日，颙琰前往丫髻山行宫，还发生了天理教徒林清串通内监攻入紫禁城的惊天大案。（见图147、148）

因为皇帝的尊崇，丫髻山碧霞元君祠在京师旗民中的影响迅速提升。每岁四月初旬，丫髻山庙会四方云集，京师香会尤多，各立名色。其中有名放帑会者，会员一二千人，捐银数千两，至庙场放帑（施舍银两）。乞食

---

① 载《清代北京竹枝词》，第53页。
② 吴景果纂修：《怀柔县新志》第2卷，康熙六十年（1721）刻本，第11页下至14页上，载《中国地方志集成·北京府县志辑》第5册，世纪出版社、上海书店出版社2002年版。

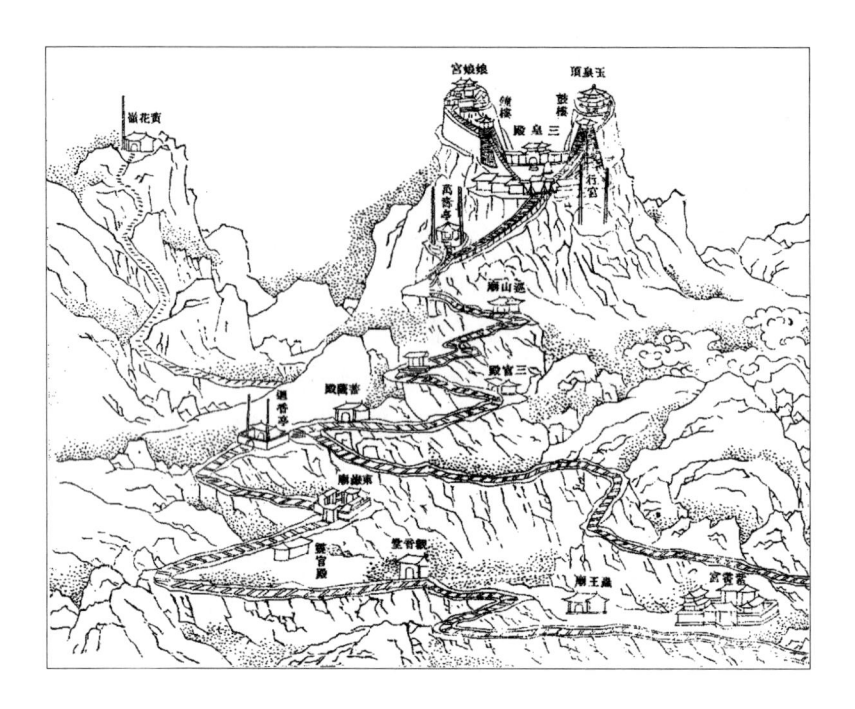

图 147　丫髻山图（《怀柔县新志》）

图 148　修缮中的丫髻山玉皇殿

穷民挨次排坐，每人给钱百文，麦食半斤。受施者多至二三万人。岁以为常。香会为首者多为满洲贵族与内府旗人。① 《夜谈随录·孝女》记京城旗民妇女前往丫髻山碧霞元君祠进香的盛况："旧说丫髻山上祀奉山顶碧霞元君之神，灵应昭于畿辅。上自大内后妃、中使及王公缙绅，下迄庶民，每际四月，则进香赛会者，车马络绎，不绝于道。而五更鸡鸣时即上殿进香者，谓之上头香。头香必待宫使巨珰，他人罔敢僭越。"② 足见香火之兴盛。

与丫髻山遥遥相对，京西妙峰山碧霞元君祠香火也很兴盛。因吸引八方香客，被誉为"金顶"。妙峰山在京城西北八十余里，山路四十余里，共一百三十余里。祠在万山中，孤峰矗立，山路盘旋而上，势如绕螺。香火起于明代，兴于有清。原称天仙圣母庙。③ 乾隆年间为道士主持，称灵感宫，嘉庆帝御赐惠济祠，即元君祠。每年四月十八日元君诞辰，从初一日起开祠，盛况空前，朝廷特派大臣拈香，凡京城旗民，远至数百里者，亦踊跃前往，且有徒步之徒，结队而行，不惮劳苦，各种香会随之而兴。（见图149）

图149 妙峰山顶惠济祠

---

① 吴景果纂修：《怀柔县新志》第4卷，第18页下19页上。
② 和邦额：《夜谈随录》，中州古籍出版社1993年版，第254页。
③ 张献：《妙峰山香会序》，王养濂修，李开泰等纂：《宛平县志》第6卷，康熙二十三年（1684）刻本，第81页，载《中国地方志集成·北京府县志辑》第5册。

妙峰山香会众多，有文会武会之别。文会主要是举行祭祀庆典，为香客做各种善事——修道、清路、为夜行香客挂灯照明、提供茶水、免费提供修鞋服务，以及舍馒头、舍盐豆、舍鲜花、舍拐杖。武会主要活动为娱神，如踩高跷、扭秧歌、耍五虎棍等。见于碑碣记载的主要为文会。顾颉刚《妙峰山的香会》记峰顶元君祠内清代碑碣十二通，金勋《妙峰山志》载二十六通，其中无字碑一通。时间最早的为引善老会，康熙二年（1663）立碑，时间最晚的为万善长青献鲜圣会，光绪二十二年（1896）立碑。①

京城西北郊为山水胜境，清皇室自康熙、雍正至乾隆历朝累世经营，兴建畅春园、圆明园以及万寿山（原名瓮山，因慈禧太后办六旬万寿，改名万寿山）的清漪园、玉泉山的静明园、香山的静宜园（所谓"三山五园"），以供避暑栖息，园囿周围设置八旗军队和特殊兵种火器营、健锐营、护军营。这些旗营，都是官兵携眷属驻扎，旗人家口多达数万。这一带又是通往妙峰山的要道，故很早就兴起尊奉碧霞元君的香会。著名的有：

献供斗香膏药圣会，会碑题称"京都顺天府宛平县西直门外成府村年例诚起"。成府村在海淀镇东北一里许，毗邻圆明园，村东北建有内务府三旗营房，村东南建有正蓝旗营房，村民成分主要为内务府旗人。雍正八年（1730），该村创办献供斗香膏药圣会，前几任会首多为年老妇人，每年四月初十上妙峰山进香，先期请海甸长生堂药铺照立会时老药方精制膏药，名"神效万应膏"，进香时沿途施舍，据说"外贴内服，其效如神"云。②乾隆五十二年（1787），重立会碑于峰顶元君祠前。据碑阴题名，该会有香首（会首）、副香首、都管、司都、厨房都管、吵子都管、执事上、钱粮上、号上、凳子上等分工。③（见图150）

---

① 据笔者于2001年6月15日实地考察，祠前塔院西侧碑林尚存清代石碑七通：康熙二十八年三月工部营缮司主事张献撰并书《妙峰山香会序》；乾隆七年三月宗室弘晁撰并书《金顶妙峰山进香碑》，碑文中提到"二顶兴隆圣会"；乾隆三十五年四月立《天仙圣女感应碑碣》，碑阴题记称"十人膏药老会"；乾隆四十七年七月立《二人老会碑》；乾隆五十二年四月立《献供斗香膏药胜会碑》；乾隆六十年夏月立《修补道□圣会碑碣》；道光十六年四月立《海灯老会碑》，碑阴刻同治二年七月《重建光明海灯碑文》。

② 金勋：《北京西郊成府村志》，中国科学院图书馆藏民国二十九年（1940）手写本。

③ 《献供斗香膏药胜会碑》，乾隆五十二年四月。实地考察。

图150 乾隆五十二年成府村献供斗香膏药胜会碑(妙峰山)

嘉庆年间，孝和睿皇后钮祜禄氏曾赐该会黄缎九龙弯脖伞、圣旨牌、龙旗、龙棍、銮驾，成为"奉旨香会"（也就是皇会，许用黄旗黄幌），名声远播。光绪末年，仍然兴隆，会众达三百余人。

与膏药圣会关系密切的有海淀保福寺（在成府村南）引善音乐圣会。创于康熙年间，每年与膏药圣会合伙上山。会众百余人，多在乐部承差，乐谱为昆曲，以张、邓二姓最有名望。乾隆二年（1737）在峰顶立有会碑。[①] 这样一个主要由民间艺人组成的香会，长期保持与成府村膏药圣会的合作关系，这对于揭示以香会为背景的旗民关系，无疑是一个典型的例子。

二项兴隆圣会。据乾隆七年（1742）三月宗室弘晟撰《金顶妙峰山进香碑记》，该会创立于雍正十一年（1733）七月，碑侧题称"京都顺天

[①] 金勋：《妙峰山志》，中国科学院图书馆藏民国稿本，第18页下。

府宛平县西直门内肯处诚起二顶兴隆圣会"。"肯处"指肯姓会首家居处，位于内城旗界。在会者约有百人，诸如孙韦驮保、德楞厄、那钦、孙佛保等均为旗人。① 碑记中特别记载的刻字匠——王好珠、王好直、李肯魁，应是民人。(见图151)

图151 乾隆七年宗室弘晃进香碑(妙峰山)

十人膏药老会。乾隆三十五年（1770）在峰顶立碑。值得注意的一点，碑文中称该会"起于乾隆三十一年（1766）"，同时却又自称"老会"。这与前人所谓百年以上香会方可称为"老会"的说法明显抵牾。合理的推断是：十人膏药会的渊源很早，所谓"起于乾隆三十一年（1766）"，指的应是重整香会的时间，而并非创建日期。

据会碑题名，会首有海塔思哈、高玉保、白拴住、穆克登额等十人，

---

① 弘晃:《金顶妙峰山进香碑记》。实地考察。

随香会首、制药弟子近五十人，其中如佛顺、辛达隆、泰宁、灵官保、长寿保、巴通阿、舒宁阿、乌林泰、明德、兴泰、富泰、马七十一、张七十四等，均系旗人。

碑记末又载："京都顺天府宛平县阜成门内祖家横街路东钱铺众善诚起。"① 按内城八旗方位，祖家横街在朝天宫东，属正红旗界，而这些钱铺商户当系民人。八旗兵丁月支饷银、季领饷米（官员则叫俸银、俸米），数额巨大，带动银两钱币在市面的频繁流动。银钱兑换、借贷离不开钱铺的中介，以至钱铺商人与旗人形成经济、文化、宗教等多方面联系。由入居内城的商民与旗人共组膏药老会，是清朝中叶旗人与民人密切交往的又一实例。

二人老会。顾颉刚《妙峰山的香会》提到峰顶元君祠前立有乾隆二年（1737）由皇城门（按：当为阜成门）朝天宫众善所立《二人圣会碑》。七十多年后的今天，原址已无此碑，不过从依旧矗立原处的乾隆四十七年（1782）七月明智呈献《二人老会碑》上，仍可了解香会概貌。其一，该会可能是以军庄地方的善男为主组织的，在碑阴题名中有"军庄香首"的说法；其二，成员中包括许多旗人，如"当年香首"富勒贺以及会众花连布、明亮、明海、明智、千佛保、他克什布、他思哈、伊拉哈、巴克唐阿、乌金太、松龄、图六十等；其三，成员姓名前冠有"厨房弟子""拨号弟子""钱粮弟子""表作弟子""司房弟子""进香弟子"等名目，反映了香会内部的分工。

修补道□（按：当为"路"字）圣会。乾隆六十年（1795）会碑称："今因京师内外善男信女秉诚以通神心，不外驰捧表章以上告，身不辞劳进香朝顶，年岁罔懈，作为例矣。又因往来维艰，崎岖难至，善士人等坚心向佛，不吝惜而愿捐资，整理道途，易高下而为平地。前有善士人等诚（按：此处脱一'起'字）此修道圣会，立此碑碣，奈风拍损坏，迄今住持僧重为募化宣武门内单牌楼众善人等共献碑碣于云聚寺中、书于孟尝岭上。"② 这个以修整香道为宗旨的香会，很可能也是旗民兼容组织。碑阴题名中的富荣、康七达色、额僧额、穆滕额、他金阿、财神保、番六

---

① 《天仙圣母感应碑碣》碑阴载十人膏药老会的碑记，乾隆三十五年四月十四日。实地考察。

② 《修补道□圣会碑碣》，乾隆六十年夏月。实地考察。

十四、孙章阿、张七十四等，应该就是出资刻碑的"宣武门内单牌楼众善人等"，均系旗人；而曹各庄、南庄、桃园、李园、樱桃沟、山岔涧（三岔涧）等进香山道沿途的"六村合会人等"，则应该包括有民人了。

当时，通往妙峰山的香道主要有四条，即由聂各庄台头村上山的北道、由北安河村上山的中北道、由徐各庄村上山的中道、由陈家村上山的南道。上述六村中，南庄、桃园、樱桃沟位于南道沿途。三岔涧又名涧沟村，位于北道、中道、南道三条香道的交汇点，是南来北往香客辐辏的去处。沿途村民投入修整道路活动，说明该香会在民间拥有广泛影响和号召力。

圆明园正白旗遵王荡平修道圣会。该会成立时间较晚，道光二年（1822）起会，光绪八年（1876）重整。据其"报单"（又称报子、会报、启帖，是进香前通知会众的公告）称："年例：二月初一日祭山。三月二十日起程，至塞（应为寨）尔峪落宿。次日兴工，由大觉寺修至大岭，遂移至萝卜地落宿，又由萝卜地修至娘娘顶（即妙峰山顶）。四月初一日朝顶进香，初二日回香（下山）。"[①] 寨尔峪和萝卜地均位于从北安河徐各庄村上山的中道。该会活动惯例，于每年开庙前为香客义务修路。同样承担修路义务的圆明园修道老会[②]，也是以旗人为主体的香会。

据近人记载：由乾隆朝至光绪二十年（1894）止，沿各路进香之茶棚（由善信设立的施粥茶供客食宿场所）已达三百数十所之多，文武皇会达一百七十余堂。[③] 此说未必准确，却足以说明妙峰山香会的规模、声势和影响，堪称京师之冠。（见图152）

碧霞元君虽属道家神祇，但真正意义上的妙峰山元君祠，却是一处熔道教、佛教、儒教、民间俗神于一炉的宗教盛会。以惠济祠而论，山门殿供奉道观的门神青龙、白虎；正殿即灵感宫供奉以碧霞元君为主的五元君（娘娘），两旁配殿供奉地藏菩萨、观音菩萨、药王扁鹊、月下老人、喜神、财神、王三奶奶。各路神灵共济一堂，最大限度地满足了善男信女祈福、求财、寻医、问卜、释怨、乞子等多方面需求。这应是妙峰山香会蒸蒸日上，长盛不衰的重要原因，也是清代北京民间杂信并呈的缩影。

---

① 奉宽：《妙峰山琐记》，中山大学民俗学会民国二十八年（1939）铅印本，第133页。
② 顾颉刚：《妙峰山的香会》，载《妙峰山》，第53页。
③ 金勋：《妙峰山志》，第2页上。

图 152　妙峰山朝顶进香(近代)

(三) 慈善寺香会

慈善寺位于京西磨石口天太山（天台山、天泰山）上，又名天台寺，建于明末万历年间。满洲旗人富察敦崇《燕京岁时记》载："每岁三月十八日开庙，香火甚繁。"一说十五日开庙，为古佛成道之期。

今寺内尚存碑刻十五通（其中清代碑十二通，民国碑二通，无年月无字碑一通），多为乾隆年间香会碑，清朝中叶香火之盛，据此可知。寺东香道连接香山、八大处，沿途有宝胜仙桥、佛字石、满井茶棚、双泉寺、万善桥等遗迹，寺西南香道通金顶妙峰山（即南道）。秀色可餐的景观，闻名遐迩的香道，以及距京城较近的地理位置，使它成为旗民香会辐辏的又一去处。已知香会有：

普照报恩圣会。以供奉寺内神佛为宗旨。乾隆十年（1745）会碑称："天太（天太山）古佛，道高德重，神人皆钦。"碑阴题"大清国直隶顺天府大宛二县旗民人等各巷居住"。会首参将李世荣，"老会首"孙门都氏，会众一百三十余人，基本是已婚妇女。①

报恩秉心放堂老会。由"京都顺天府十方院那处"起会。十方院，在朝阳门里禄米仓，属镶白旗界。会碑追述：该会"朝礼福地天太山燃灯尊

---

① 《普照报恩圣会碑》，乾隆十年。实地考察。下同。

佛座前进香久矣","有求□应,无愿不从。在会善信无不被德沾恩"。说明会众对寺内神佛进香多年,感恩戴德。香会发起者那姓(满洲那拉姓简称那姓),应是旗人。① 施舍钱物饭食与出家人(道士、道姑、和尚、尼姑),称"放堂"。有放内堂、放外堂两种:内堂只限于本寺观中人,外堂则不问来者何方。说明该会除佛前进香,还有向寺僧施舍的义务。

攒香放堂圣会。在西直门外两间房村赵某处起会。会众为"京都顺天府大宛二县旗民"。会碑称:"合会善男信女城里关外各村各巷居住,众等秉心前往京西天太山慈善寺燃灯古佛老爷驾前献供香、元宝、纸帐表词,放堂祈求平安。"可见也是"进香多年"的香会。碑阴题名有"当年会首"张凤山、孙九,"当年信女"刘门赵氏、马门老氏、傅门赵氏、赵门罗氏、王门刘氏等。② 是一个旗民兼容的组织。

如意礼忏钱粮圣会。会碑称:"京都顺天府大宛二县旗民人等在德胜门西李广桥庐处诚起。"李广桥在什刹海南,属正黄旗界。该会内部分工比较细致,成员包括旗人、民人、僧人。③

如意攒香圣会。在西安门内旃檀寺西妞妞房徐某处起会。妞妞房在皇城内西北。会首徐某即乾隆四十三年(1778)四月会碑题名的"引善弟子徐六十六",应系内务府旗人;信女徐门赵氏可能是其妻子。会众男女各数十人。碑文征引东汉明帝刘庄夜梦金佛,遣使者往西域求取佛法的典故,认为是佛教传入中国之始,还表达了对寺内古佛的虔诚敬畏。

如意老会,全称"□吉如意老会"。会众为圆明园正白旗旗民,亦进香于寺内古佛。会碑立于乾隆四十八年(1783)三月,阳面满文,为其他会碑所无,弥足珍贵,惜残缺渤漫。碑阴汉文,称:"京都之西北有天太山,上有燃灯古[佛],精诚行化,慈爱救民。一时之鼎力进香者,上而公卿大夫有焉;虔心献供,农工商贾有焉。"正文旁题:"三界十方旗民散处瞻神","吉祥康泰远近错居赖□"。(见图153)

传膳路灯老会。乾隆六十年(1795)三月由"京都东安门外丰增胡同马处、地安门外东步梁桥冯处年例诚起"。东步梁桥又写为东步粮桥,两处均属内城旗界。"马处""冯处"即碑阴题名的当年会首马永安、冯

---

① 《报恩秉心放堂老会碑》,乾隆二十四年三月。
② 《攒香放堂圣会碑》,乾隆三十七年九月。
③ 《如意礼忏钱粮圣会碑》,乾隆四十一年四月。

图153 乾隆四十八年满汉文香会碑(北京石景山慈善寺)

文峰。会众有塔思哈、赵景兴保、那达阿、伊升阿、德太、五达子、宋七、赵九、梁二等满汉人。妇女有李门张氏、那门邹氏、汪门邹氏、胡门赵氏、马门卢氏等二十余人。

敬献鲜果圣会。雍正十年（1732）三月由"京都顺天府宛平县圆明园海淀成府三旗营众善弟子"起会。道光二十三年（1843）三月立会碑时，已有百年以上历史。会碑题名"众善弟子"塔克升布、哈当阿、乌尔恭阿、□奇成额、得明、德善等约百余人，基本为男性旗人。

慈善寺会碑中屡屡提到"燃灯古佛"，指三世佛中过去佛，又称定光佛。相传他出生时，周围一片光明，似点燃无数明灯，因称燃灯太子，后得道成佛，称燃灯佛（见图154）。燃灯佛在佛国中辈分最高，法力最大，被善男信女尊礼膜拜本不足为奇。耐人寻味的是，今日慈善寺内已无古佛踪影，而寺外又有碧霞元君、财神、龙王、吕祖、灵官、三皇、王三奶奶诸多神庙，应是后世陆续增置。这或者说明，慈善寺初为禅寺，后在民间信仰的涵濡下逐渐演变为释道合一、兼糅民间诸神的寺院。

民间传说：顺治帝曾出家于此，苦修成佛，寺中佛像即他肉胎坐化而

图 154　慈善寺燃灯古佛塔(上有内务府旗人题名)

成,号魔王和尚。但在《燕京岁时记》中,富察敦崇已斥"魔王"之说,"语多荒诞不经"。近代以来,慈善寺始终香火繁盛,开庙之期,远近旗民,善男信女焚香顶礼者络绎塞途,香会多达三十余堂。[1] 这与妙峰山香火之盛,可谓相得益彰。

(四) 东岳庙香会

道教自南宋以后,渐分教派,各立门户,至清代形成全真、正一两大教派,在北京,各以东岳庙、白云观为最著之丛林。两派教理不同,生活方式也有差异。白云观道士,素以修真念经为务,注重自我的身心修养;东岳庙所奉神圣,则极为庞杂,其道士掌祈祷符咒之术,迹近巫祝,尤易为民间接受,故每年庙会(三月十五日至二十九日)、每月庙会(十五日)间瞻礼进香者络绎于途,香会数量也远多于白云观。[2] (见图155)

---

[1] 常华:《天台松柏拥古刹》,载《北京青年报》2001年12月4日;马芷庠:《北平旅行指南·天台寺》,载北京市东城区园林局编《北京庙会史料》,北京燕山出版社1999年版,第219页。

[2] [日]小柳司气太:《白云观志》(附东岳庙志),第87—88、220—221页。

图155 东岳庙内景

东岳庙在朝阳门外二里许,为正一派(即张天师派)在华北的第一座大道观,供祭东岳大帝。东岳大帝信仰源于对泰山的自然崇拜。古代中国有五岳之说:东岳泰山、西岳华山、南岳衡山、北岳恒山、中岳嵩山。泰山为五岳之长,尊而又尊,遂被神化为"掌人间之福禄,操生死之大权"的万能之神,并被道教神团所吸纳。唐宋以降,历代帝王对泰山神屡加尊号,先尊为"天齐君",继尊为"天齐王",以后加帝号。元朝尊其为"东岳天齐大生仁圣帝",世称"东岳大帝"。

东岳庙始建于元,毁于元末兵火,明正统间重建。清康熙三年(1664)失火全烧,唯存左右道院而已。三十七年(1698),附近居民用火不慎,引发火灾,延烧到庙,殿宇被毁。玄烨发广善库银鸠工庀材,命和硕裕亲王董其事,经始于三十九年(1700)三月,迄工于四十一年六月。[1] 后因岁久剥隳,乾隆二十五年(1760)用内帑重加修葺,一年后竣工,弘历亲往瞻礼。[2]

据沈榜《宛署杂记》,至迟明代,东岳庙已有香会,到清代,香火更

---

[1] 玄烨:《东岳庙碑》,康熙四十三年十一月,载《拓本汇编》第66册,第65页。
[2] 弘历:《御制东岳庙重修落成碑》,载《白云观志》(附东岳庙志),第214—216页。

盛。信徒们依照世间官衙的模式，为东岳大帝设置副贰佐辅以及职能机构——七十六司。庙中神像众多，以东岳大帝居首，下设文武辅臣、司命真君、炳灵君、水天地三官、文武财神、子孙爷、子孙娘娘、药王、鲁班、马神、瘟神、月下老人等等，多达千余。① 无论儒、释、道三教者流，乃至民间俗神，无不斋祀，又设十八地狱，兼察世间善恶。后阁有梓潼帝君，据说颇为灵验，科举之年，祈祷者相属。神座右有铜骡一匹，能治愈人疾病。病耳者则摩其耳，病目者则拭其目，病足者则抚其足。此等效应愈传愈神，因有旗人将病儿送入观中为道。②

东岳庙"每于朔望时，王公大人以及世家巨族，执炬拈香，辐辏云集"。③ 尤其是三月中旬，春暖花开，开庙半月。三月二十八日是东岳大帝诞辰，进香者人山人海，"民间多结香会，盛陈鼓乐旗幢前导……观者夹路"。④ 从现存碑刻拓本来看，东岳庙香会名目最繁，数量最多。与西顶等处情况相同的是，顺治至康熙初，庙中香会虽多，尚少旗人踪迹。⑤ 自康熙二三十年起，以旗人为主体或旗民兼容者的香会始明显增多，举其荦荦大者有：

二顶圣会。始建于康熙十四年（1675），会首张全华，会碑题有"西华门四牌楼二顶进香圣会"，西华门外属皇城界，知其为内务府旗人香会。⑥ 均为男性。

金牛圣会。康熙二十三年（1684）会碑称"于西直门里小街口诚起金牛圣会，年例进献冠袍带履金牛一乘种种钱粮，亦有年矣"。⑦ 小街口属正红旗界。正会首十五人，副会首近九十人，以下"子弟信众"数百人，清一色男性，多为汉姓旗人。至于那八七、苏拉太、关保住、他尔

---

① 北京市朝阳区文化文物局、北京市民俗博物馆编写：《东岳庙》，1999年铅印本。
② ［日］小柳司气太：《白云观志》（附东岳庙志），第218页：满洲旗人马佳氏马宜麟幼年多病，改为道士，秉愿募化，修理本庙东廊、西廊、各处道院工程，并在后院建立同善堂义学，又在马道口买地，设立义园，因有诸多善举，逐渐升至东岳庙第十七代住持。
③ 《掸尘会碑》，乾隆二十七年十月，载《拓本汇编》第72册，第16—17页。
④ 《北平风俗类征》引康熙《宛平县志》，转引自《北京庙会史料》，第31页。
⑤ 见《白纸会碑》，顺治三年九月；《东岳庙金灯碑》，顺治五年正月；《东岳庙掸尘碑》，顺治十六年八月；《寿桃会碑》，顺治十七年三月，均载《拓本汇编》第62册；《东岳庙圣会碑》，康熙四年三月，载《拓本汇编》第62册；《四季进贡碑》，康熙十二年八月，载《拓本汇编》第63册。
⑥ 《二顶圣会碑》，康熙十七年三月，载《拓本汇编》第63册，第114—115页。
⑦ 《金牛圣会碑》，康熙二十三年三月，载《拓本汇编》第64册，第52—54页。

马、王六十八、康五十八、常英保、不拉哈者，则是典型满洲式汉姓。（见图156）

图156　东岳庙碑林

散司会。成立于康熙初年，起会于东华门外，属皇城界。会众"攒印积金虔办冠袍带履供器等仪"，照例于每年三月奉献于神前。① 三百余人，清一色男性。有当年香首、正香首、副香首、随会香首、厨茶房助工、音乐等名目。

扫尘会。成立于康熙二十九年（1690），会众恭祭东岳大帝。碑记强调："净外即以净内，扫室所以扫心。"可见香会所标榜的"扫尘"不仅指殿宇内尘埃，且包括心中的私欲杂念。碑侧题："安定门大街中城兵马司胡同扫尘圣会。"兵马司胡同属镶黄旗界。会众千余人，清一色男性。②

扫尘净炉会。成立于康熙三十年（1691），照例于每月初八日到庙瞻拜。会碑题："九天、太乙、东岳三顶静［净］炉襌［掸］尘老会""都城内外各城坊巷居住"。九天宫在东岳庙东隔壁。该会正会首十三人，副会首二十八人，以下数百人，清一色男性。③

---

① 《散司会碑》，康熙二十九年三月，载《拓本汇编》第64册，第144—145页。
② 《扫尘会碑》，康熙二十九年三月，载《拓本汇编》第64册，第146—147页。
③ 《扫尘会碑》，康熙三十年三月，载《拓本汇编》第64册，第188—190页。

散司攒香会。始建年代不详，康熙三十七年（1698）会碑自称"老会"。由东四牌楼一带旗民组织。正会首中有名挠亥、李五十八者，副会首中有名四十九、马尔泰、克丫头者，应是旗人。以下"司房""管事""随会"人中，旗人众多。①

精忠会。成立于康熙五十一年（1712），由"朝阳关内外各巷居住信心弟了众善等诚起"。东岳庙两庑置七十六司，司各有神主之，速报司居东庑，神主为岳武穆（岳飞）。岳飞"秉精忠报国，遭奸佞陷害，志虽未遂于生前，神显灵于后世"，故深得旗民敬仰，凡有负屈含冤心迹不明者，均在此处设誓盟心，据说："其报最速"云。会众例于每年二月十五日恭庆精忠圣诞。②

子午会（又叫子午进善会）。成立时间不详。信官会首八人，正会首十八人，副会首四十二人，以下善信约四百九十人。清一色男性。照例于"每岁三春，洁具牲醪，肃将金帛"进献神前。碑侧题："京都西安门外土地庙诚起子午胜会""内外各城坊居住众善人等名列于后"。③ 西安门外为正红旗和镶红旗界。清代北京只有民人居住区才有"坊"的编制，又说明会员来源广泛，既有内城旗人，也有外城民人。

路灯会。成立于康熙五十五年（1716），每逢东岳大帝诞辰日"众信同心燃灯陈贡"。④ 正会首张答尔赛、押戚那、索柱、穆拉太、朱六十七等，以下副会首、当月会首等约六百人。除妇女二名，余皆男性。乾隆年间再立会碑，是一个很有影响的香会。

马王会。成立时间不详。康熙五十九年（1720）会碑自称"老会"，由"京都朝阳门内东四牌楼马市众善弟子"组成。东岳庙西廊三皇殿内有马明王，"马王为世明神，灵声赫耀，有叩必应，有感必通……凡都城里外蓄马之家悉赖其庇"，旗人以骑射为技艺，尤信之。会众例于每年三、六月出资设供演戏以娱马神。成员多达三百余人，从碑刻题名看，既

---

① 《东岳庙碑》，康熙三十七年三月二十四日，载《拓本汇编》第65册，第118—120页。《散司攒香会碑》，康熙三十七年三月，载《拓本汇编》第65册，第121—122页。

② 《东岳庙速报司岳武穆鄂王碑记》，康熙五十一年八月，载《拓本汇编》第66册，第168—170页。

③ 《子午会碑》，康熙五十五年四月，载《汇编》第67册，第48—50页。参见《子午进善会碑》，康熙五十六年三月，载《拓本汇编》第67册，第64—66页。

④ 《路灯会碑》，康熙五十五年五月，载《拓本汇编》第67册，第52—53页。

有民人，也有旗人，或者还有从事马市交易的蒙古人。①

掸尘会。东岳庙神像众多，每逢开庙之日，顶礼膜拜者摩肩接踵，加之庙市繁华，百货填积，清洁环境成为一项十分繁重的工作，于是出现掸尘会等以清洁神像、清扫环境为义务的香会。该会始建于乾隆五年（1740），由"朝阳门内外信心善姓，议于每月十四开庙拂尘、进香献茶，岁以为常，永永勿替"。②旗人众多，正会首镶黄旗宗室吉腾、镶白旗宗室全康。

该会自乾隆五年（1740）后，于乾隆二十七年（1762）、三十九年（1774）、同治六年（1867）、光绪十八年（1892）多次刻立会碑。乾隆三十九年会碑云："掸尘老会……肇于元季，隆于明代，辉煌轮奂于我朝（指清朝）……自有此庙，即有此会。"③此说恐有夸大，但不管怎么说，该会历史悠久，应无疑义。从碑刻题名考察，最辉煌时期大概在清代中叶。乾隆五年前后，会众至少三四百人，乾隆二十七年时约二百余人，三十九年时约三百余人④，到晚清，人数呈减少之势。会众不甘心坐视老会衰落，同治六年三月重刻会碑，并在碑阴题称："崇文门内外顺天府大、宛二县旗民众善人等同心公议重整老掸尘圣会。"⑤

献花会。照例于东岳庙众神前按时敬献香花。该会始建于康熙初年，会众清一色男性，主要有乾清宫、宁寿宫、寿康宫、雍和宫、圆明园等处总管太监、首领太监、八旗内参领、管领官员以及部分民人。设正、副会首，中军都管、□号都管、厨茶房都管、陈设都管。⑥

净水会。全称"东岳庙三伏供献净水会"。净水是神前供品，用净水喷洒醮坛，是道教斋醮中的仪程之一。每年伏天，会众盥漱晨集，抬取泉

---

① 《马神庙奉祀碑》康熙五十九年六月，载《拓本汇编》第67册，第113页。
② 《掸尘会碑》，乾隆五年三月，载《拓本汇编》第69册，第56—57页。按顺治十六年已有掸尘会（见《拓本汇编》第61册，第138页），雍正十一年又有掸尘散司献茶会（见《拓本汇编》第68册，第116—118页）。是否本会源头，待考。
③ 《掸尘会碑》，乾隆三十九年六月，载《拓本汇编》第73册，第133—134页。
④ 《掸尘会碑》，乾隆二十七年十二月，载《拓本汇编》第72册，碑阳左下方补刻《掸尘会因果感应记》，第16—17页。参见乾隆三十九年六月《掸尘会碑》。
⑤ 《东岳庙拂尘碑记》，同治六年三月，载《拓本汇编》第83册，第106—107页。光绪十八年又重刻会碑，载《拓本汇编》第87册，第7—8页。
⑥ 《献花会碑》，乾隆六年三月，碑记后刻十四年重刻题记，载《拓本汇编》第69册，第87页；参见《献花会碑》，乾隆二十一年八月，载《拓本汇编》第71册，第85—87页。

水，奉进庙中，逐殿更换水盂中净水。会众中妇女约占一半。① 是会成立于雍正八年（1730）六月，至道光二十四年（1844）历时百有余年，因镌"万善重修，净水老会"碑作为纪念。会众二百余人，多为旗人。②

盘香会。成立于雍正十三年（1735），每月朔望进香。乾隆五年（1740）会碑称："吾会中男女长幼九十余众，住居各地，同心共意，惟惧不终厥事"云。③ 碑阴题名分为乾隆五年、嘉庆九年（1804）两部分。题名局部泐漫，仍可辨识出尹四达色、关塔思哈、李菩萨保、达桑阿、翁七达子、丑格、塔门宗室氏、塔门赵氏、那门贾氏、傅门布氏等旗人男妇姓名。

净炉会。成立于乾隆二十八年（1763）。会碑称：东岳庙"香火之盛，甲于都下，每月朔望，都人士进香顶礼者，自晨及暮，填集不绝。过此以往，扫除拂拭，虽设有庙户以供其役，而广殿修廊、集场甬道，区分林立，曲折逶迤，半月之中，迄无暇日。至于楮炉香鼎积烬充盈，所应筛淘匀正而不迨者，则赖有信心善士，于朔、望前一日相率到庙，为之淘匀拭净，务使炉无积滞、灰不飞扬而后去"。此即净炉会之宗旨，清理炉灰、拂拭香炉而已。碑阴题会众人名，有正会首、副会首、效力人之别。碑侧题称："朝阳门内净炉会旗民人等同立。"④

悬灯会。成立于嘉庆元年（1796），会众近四百人，碑阳题"万善吉庆，悬灯老会"，又题："东安门内北池子沙滩张处会同朝阳关内外旗民众善诚起。"⑤（见图157）

掸尘放生会。成立年代不详，重整于嘉庆三年（1798），会众三百余人。会碑题"万善掸尘，放生老会"，又题："兹因京都顺天府大、宛二县朝阳关内外旗民人等众善诚起。"⑥

糊饰窗户会。成立年代不详。同治五年（1866）众善因会务废弛多年，无人继理，遂发愿重整。首先将东岳庙、九天宫、慈尊寺诸处糊饰一新，所费甚巨。成员为"乾清宫等处总管首领太监、旗民"⑦，清一色男

---

① 碑在北京朝阳区东岳庙，载《拓本汇编》第70册，第27页。
② 《净水会碑》，道光二十四年七月，载《拓本汇编》第81册，第84—86页。
③ 《盘香会碑记》，乾隆五年，现存东岳庙碑林。
④ 《净炉会碑》，乾隆二十八年八月，四十九年重刻，载《拓本汇编》第72册，第33—35页。
⑤ 《悬灯老会碑》，嘉庆元年八月，载《拓本汇编》第77册，第8—11页。
⑥ 《掸尘放生会碑》，嘉庆三年五月，载《拓本汇编》第77册，第31—32页。
⑦ 《东岳庙糊饰窗户会碑》，同治五年八月，载《拓本汇编》第83册，第89—90页。

性，六百余人。

白纸献花会。成立年代不详。同治六年（1867）重整，会众多达九百六十人，清一色男性。按时置办白纸香花，供奉庙内众神。光绪二十年（1894），再次刻立会碑，"重整旧规，广结善缘，期其久而不弛"，并献十八狱各司铁五供三十六份、铁鼎炉盖一个、蜡扦四对。碑刻题名五百余人，以内务府大臣福锟领衔，以下有内务府属大西天、万佛楼、阐福寺、永安寺、丰泽园、勤政殿、瀛台、紫光阁、宝月楼、福华门、西苑门、水西门诸处僧人、道士、太监的头面人物。① 可知是一个以内廷人员为主体的香会。（见图158）

图157　万善吉庆悬灯老会碑（东岳庙）

在东岳庙形形色色的香会中，除直接服务于道观者外，还不乏为香客提供各种义务服务者。

献茶会。成立于雍正九年（1731）。"每逢朔望日，虔诚献茶，供奉敬献东岳仁圣帝君尊前"，并张棚施茶，接待众香客。会众近三百人，基本为男性。② 善信很重视这些平凡的公益活动，认为善虽小，只要长久坚持，就能积成大善。乾隆五十年（1785）、嘉庆十七年（1812）该会又两次刻立会碑，是一个名副其实的老会。③

献茶豆会。成立于乾隆八年（1743）。该会众各捐己资，每月初一、十五日在东岳庙岱宗殿西边设缘豆，又于初二日、十六日在广嗣子孙殿北

---

① 《白纸献花会碑》，同治六年三月，载《拓本汇编》第83册，第110页；又《白纸献花会碑》，光绪二十年三月，载《拓本汇编》第87册，第84—86页。
② 《献茶会》，雍正九年八月，载《拓本汇编》第68册，第97页。
③ 《献茶会碑》，乾隆五十年五月刻，嘉庆十七年四月重刻，载《拓本汇编》第75册，第36页。

图158　万善重整白纸老会碑(东岳庙)

边摆设帐子桌凳壶盏等物，设清茶、缘豆、红枣、酱姜，"以结善缘"。"舍缘豆"原为佛教习俗，后为道教吸收，在民间有广泛影响。① 这是一个基本由已婚旗民妇女组成的香会，成员百余人。

供茶会。成立于乾隆十三年（1748）。该会众"每见寒暑风雨之际，男女老幼苦无汤水，心甚怅然，是以义集同心，择其忠厚端行者共成一会，曰赐福如意供茶老会。众善人等各捐己资，置桌凳壶盏，每月初一、初二、十五、十六等日在育德殿前玉皇阁下虔设清茶、姜豆，以结善缘"。② 碑阴题名二百六十余人，有信士、信女、尼僧，妇女占半数。

清茶会。东岳庙每逢朔望，焚香顶礼者自晨至昏络绎不绝，于是有"皇城内外旗民众善人等"组织是会，届期备办清茶，从正殿暨各配殿并九天宫

---

①《东岳庙集义献茶豆老会碑记》，乾隆十四年六月。关于舍缘豆之俗，旗人富察敦崇《燕京岁时记》："四月初八日（按：是为佛诞之日），都人之好善者，取青黄豆数升，宣佛号而拈之，拈毕煮熟，散之市人，谓之'舍缘豆'，预结来世缘也。"（北京古籍出版社1981年版，第61页。）佚名：《燕台口号一百首》中也有诗云："香会逢春设戏宴，分尝豆子结良缘。"（载《清代北京竹枝词》）又曹雪芹《红楼梦》第七十一回亦有舍豆结缘的记载。

②《供茶会碑》，乾隆十三年三月，载《拓本汇编》第70册，第18页。

慈尊庙献供礼毕，于山门内鼓楼前设立茶棚，为众香客止渴之需。清茶会创自同治末年，到光绪十九年（1893）三月为"重整旧规"刻碑纪念。会众二百余人，基本为男性。①

以上列举东岳庙香会二十三个，事实上，旗民兼容的香会还远不止这些。

（五）白云观香会

清代北京道观丛林中最著名者，东有东岳庙，西有白云观。

白云观在阜成门外西南五六里，历史悠久。按《日下旧闻考》，白云观为元太极宫故墟，内塑邱真人像，白皙无须眉。真人名处机，道号长春子，登州栖霞人，元太祖成吉思汗尊奉之，封为大宗师，掌管天下道教，使居太极宫，后改长春宫，即后之白云观。从此，白云观成为全真派第一丛林。（见图159）

图159　白云观（《唐土名胜图会》）

---

① 《公议同善重整献清茶圣会碑》，光绪十九年，载《拓本汇编》第87册，第49—51页。

有清一代，清廷与白云观关系一直很密切。顺治十三年（1656），第七代住持王常月（号昆阳）奉旨主持白云观，顺治帝福临赐紫衣三次，又赐斋田，王常月辞谢曰："贫可养道。"名声益著，皈依者如流。他前后三次登坛传戒，度弟子千余人，被誉为全真派中兴之祖。康熙十九年（1680）逝世，康熙帝玄烨闻讯，赐号抱一高士。①

康熙末年，道士罗守一自江西入京师。他冬夏身穿一衲佯狂于市，或取生米麦，以口吹之即熟；晚间店家举烛火，未及燃，他吹之亦炽；京师九门，一日九见其形，后忽隐去。熟睡三年后复现，遂往前门外蜜蜂窝，"窝洞在土山之凹，聚游蜂数百万，罗解衣赤身而入，群蜂围绕出入，于罗之七窍而不能蜇"。又传说他一餐能食斗米，鸡蛋三百枚，一啖而尽，略无饱色；或馈生姜四十斤，片时啖尽。种种怪异举动，皆为人之所不能，名声因此大振，朝野咸知。雍正五年（1727）春至白云观，不久坐化。胤禛闻讯，敕封恬淡守一真人，命建塔覆之，即今白云观东院内的罗公塔。②（见图160）

有清一代，白云观出了不少类似罗真人的奇异之人，如张睡仙、李圆裙、王赤脚辈③，其行迹真真假假，加之传言辗转、添油加醋，益发显得扑朔迷离，也增加了旗民对他们的痴迷。

康熙四十五年（1706），玄烨见白云观地基太狭，大兴土木，动帑葺治。④ 乾隆年间，弘历又先后两次动帑重修。五十三年（1788）仲春御笔诗云："古观西郊外，逮今五百年；葺新不知几，有象那恒坚；前岁临真域，当春礼法宴，希敷万民福，宁渠为求仙。"⑤ 此前，弘历西巡启跸，路经此观，见栋宇颓圮，命内府发帑八千六百两有奇进行修葺，至是竣工，便道瞻礼，并题诗纪念。他在诗中表示，自己亲往瞻礼，宗旨并不是求仙，而是为了祈福于万民。这年，他已经是七十八岁的老人。

---

① 崇实：《昆阳王真人道行碑》，光绪十二年，载［日］小柳司气太《白云观志》（附东岳庙志），第162页。
② 崇实：《罗真人道行碑》，光绪十二年四月十四日，载中国科学院图书馆藏《白云观碑拓本》。罗公塔塔身题字："敕封恬淡守一真人罗公之塔"；上首书："内务府员外郎加二级兴清额、内管领加二级宁［录］监造"；下首书："大清雍正五年岁次丁未闰三月吉日立。"说明该塔由皇帝敕修，内务府建造。
③ 李养正：《新编北京白云观志》，宗教文化出版社2003年版，第426页。
④ 《重修白云观碑记》，载［日］小柳司气太《白云观志》（附东岳庙志），第141页。
⑤ 《弘历御笔诗碑》，乾隆五十三年二月，载中国科学院图书馆藏《白云观碑拓本》。

图 160　白云观内敕建罗公塔（上有内务府旗人题名）

光绪中叶，第二十代住持高明峒，又名仁峒（法名云峒，号云溪）通玄典，擅诗绘，光绪年间传戒弟子一千五百九十五人。（见图161）与戒友宫内大太监刘诚印（法号素云）关系甚笃。二人同为十九代住持张耕云的弟子，且同为慈禧太后所宠信。高仁峒结交权贵太监，使全真派的影响达于内廷。高仁峒又劝说太监、贵宦，捐资赈济，创设粥厂。光绪二十六年（1900）八国联军抵近京郊，慈禧太后仓皇出逃，京城旗民惊恐万状。他募劝华俄银行总领事璞科第等人筹集巨款，购置米粟于白云观并城市各区，分设粥厂八所，兼施御寒冬衣。周围灾民"全活无算，近村老稚得免锋镝沟壑之虞"。[1] 事后以"西便门内外二十一村"名义刻立的《云溪方丈功德碑记》中如此叙述，或者有些夸大，但高仁峒在危难时能

---

[1] 高仁峒：《云溪方丈功德碑记》，光绪二十八年八月，载《白云观碑拓本》。参见高仁峒《粥厂碑记》，光绪二十七年九月，载［日］小柳司气太《白云观志》（附东岳庙志），第176页。

图161　白云观戒台

有此义举,产生的社会影响无疑是很大的。基于这样一种社会背景,京城旗民热心参与白云观香会,虔敬有加,也就不足为奇了。见于碑刻记载的主要有:

永庆善会。供奉观中火祖(火德真君),每年六月二十三日为火祖诞辰,住持与众道士齐集火祖殿内,设香献灯,讽经顶礼,作法会终日,众香客进香瞻礼。该会始建年代不详,曾助香资钱六千七百四十二吊有奇,重修火祖殿,又置办香火地三顷,所得租钱,以备火祖圣诞之日献供斋众、各殿海灯油费。施主包括店铺商号二百四十余家,还有王永春、扎坤珠、清弼等旗民五十余人。会首为十三家商号。[①](见图162)

祖师圣会。供奉吕祖,即吕洞宾祖师,是道教八仙中影响最大的一位。该会始建年代不详。会碑嵌于吕祖殿西壁,载称:"有地安门外帽儿胡同、诰授一品命妇董母索霍拉氏暨男舒明一门,好善乐于施舍,自光绪元年(1875),接办祖师圣会,每岁四月十四日圣诞之辰,必薰沐焚香,讽经斋众,十有余年,虔诚未尝少懈。"[②] 她见吕祖殿被雨水渗透,又慨然捐银增修。

---

① 《永庆善会碑》,年代不详,载《白云观碑拓本》。
② 《重修吕祖殿碑记》,光绪二十三年,载《白云观碑拓本》。

图 162 公议重整万善掸尘放生圣会碑(白云观)

祈福消灾会。创立于同治元年（1862），由住持高仁峒等发起，每年四月初八如期举行道场。该会宗旨："无论满蒙回汉士农工商，凡抱有意乐施济众之愿者，均可从心助善纳资入会"，"虔集道众于真武殿前设坛唪经爇香焚楮，并修吉祥道场"。[①]

长春永久供会。创立于光绪八年（1882），由大太监刘明印等人发起。刘明印法号诚印，又号素云道人，河北东光县人。是咸、同、光三朝大内权监之一，任掌玺太监，人称"印刘"。清宫廷太监多信道教，自认为出家道士。刘诚印曾出资在京西蓝靛厂修建立马关帝庙，还为各处寺观慷慨捐献。他利用自己的影响，多次对白云观资助募捐。在他发起组织的这个香会里，有内官、信官助善者百余人，每年为长春祖师和九皇祖师圣诞提供香资三百余两。[②] 白云观中邱真人塑像白皙柔和无须眉，有妇人之

---

① 《祈福消灾老会碑》，中华民国十一年四月初八日，载《白云观碑拓本》。
② 《刘素云道行碑》，光绪十二年三月，载《白云观碑拓本》。

像，至迟明代，即有真人自宫之说①，内廷太监尊奉邱真人，盖缘于此。

（六）药王庙等处香会

京城药王庙有多处，主要供奉伏羲、神农、黄帝和历代名医扁鹊、张仲景、华佗、韦慈藏、孙思邈。紫禁城北一里许药王庙，"为都人锡福之地"，每月朔、望日，炷香燃烛者动以万计，兼之商贾百业之民摩肩接踵，拥途载道，为内城一大要区。康熙五十八年（1719），有"悬灯老会"共舍财于庙前建廊庑三十余楹，逢市出赁，以佐香灯之费。② 乾隆初又有传膳一会，每年如期于药王前敬献香花，会众为"顺天府大、宛二县各城坊巷旗民众善人等"。③

据乾隆三十二年（1767）《传膳音乐圣会碑》记载，当时参加题名的有"顺天府大、宛二县旗民众善人等"和"宝泉局、音乐拾番众等"题名约百人。④ 宝泉局隶户部，掌监收铜铅及鼓铸钱币事，下设四厂；音乐拾番应系乐部神乐署的乐生。他们都是在衙门里当差的旗人或民人。四十四年（1779）《传膳老会碑》题名，会首为佐领那苏图，以下六十五人，基本为男性。⑤

大觉寺献灯会。会众于腊月除夕在大觉寺药王前献灯一宿。设正会首、当年会首。会众男性旗民数十余人，或助钱、或献鲜花。⑥（见图163）

看丹村药王庙膏药圣会。看丹村在丰台镇西南，药王庙是远近闻名的古刹，供奉"药王"孙思邈、"药圣"韦真人（韦慈藏）、王真人以及十代名医。每年四月二十八，传为药王诞辰，开庙三天。该香会由"顺天府□街口旗民众等诚起"，虔心熬制膏药施治筋骨损伤。为表虔敬，按时在药王前进献香花，故自称"香花圣会"。⑦

关帝庙掸尘会。左安门外十里河，明代建伏魔大帝庙，"远近居民，有求必祷，祷无弗应"。该会乾隆八年（1743）刻立《关圣帝君碑记》，碑阴题名，碑侧刻九年十一月赎地记，谓本庙掸尘会众善人用银十两，赎

---

① 王世贞：《弇州山人续稿》第60卷，见［日］小柳司气太《白云观志》（附东岳庙志），第60页。
② 《药王庙碑》，康熙五十八年九月，载《拓本汇编》第67册，第104页。
③ 《传膳圣会碑》，乾隆十七年四月，载《拓本汇编》第70册，第176页。
④ 《传膳音乐圣会碑》，乾隆三十二年四月，载《拓本汇编》第72册，第168—169页。
⑤ 《传膳老会碑》，乾隆四十四年四月，载《拓本汇编》第74册，第33—34页。
⑥ 《献灯圣会碑》，嘉庆十五年四月，载《拓本汇编》第78册，第64—65页。
⑦ 《香花圣会碑》，乾隆十八年四月，载《拓本汇编》第71册，第8页。

图163　大觉寺内景

地十三亩，以地租供神前香灯费用。①

　　戒台寺广善米会。戒台寺位于北京西郊永定镇马鞍山麓，唐代始建（一说建寺时间不晚于隋代），额曰"慧聚"，明英宗时赐名"万寿"。这里有规模居全国之首的戒台，故俗称戒坛寺或戒台寺。戒台寺多次重修，规模宏大，加之山川秀美，众多香客趋之若鹜。乾隆十六年（1751）《广善米会置香火地碑》称："京都西直门广善米会众发诚心愿买水园地供奉常住，以作永远功德。"用银一百五十两，置地三段四十四亩，每年取租银十六两，永远作为戒台寺香火费。乾隆五十八年（1793）《广善米会捐资题名碑》记载：该会由德胜门外索家坟药王庙一带旗民百余人组成，每年例往戒台万寿寺献供斋僧敬礼施食。会众捐资钱一百七十二吊，置地三十亩，"得租永作佛前香供"。② 这两个广善米会，会址不同，一个在西直门，一个在德胜门，似乎并非同一香会。

　　以上所记多为名观巨刹，香客如云，自然成为我们考察的重点。此外还有为数众多的小型寺观，它们在社会上名声寂寂，却是本地居民进香还愿的

---

　　① 载《拓本汇编》第69册，第125—127页。
　　② 《广善米会置香火地碑》，乾隆十六年九月，载《拓本汇编》第70册，第161页；《广善米会捐资题名碑》，乾隆五十八年八月八日，载《拓本汇编》第76册，第60页。

中心，因此也形成形形色色的香会。如京西香山齐家村的"攒香老会"，就是由"阁村旗民人等"组织的小型香会，人数只有二十人。① 这类香会人数很少，但为数众多，星罗棋布于京城内外，同样是旗民杂糅的组织。

二 香会的组织

数量繁多的香会不仅在供奉对象、活动方式上存在种种区别，在组织、人员构成上也呈现出复杂的形态。这里试从香会的组织、香会的会首、香会的会费、香会的范围、香会的人员构成等方面略作考察。

（一）香会的组织

香会首领为"会首""正会首"（又有"香头"之谓），正会首可以是一二人，三四人，也可以是十数人。正会首以下一般设若干副会首、承办会首，或当月会首。会内人员按职守划分的小组称"把"，各把管事人俗称"把儿头"（尊称"都官"或"督管"）。

东岳庙掸尘会，正会首以下，设承办会首、掸扫把都管、司房把都管、前引都管；又有神耳把、中军把、吵子把、亭子把、家伙把、采作、裱作、画作、茶房把、茶把、面把。

糊饰窗户会，设承办会首、承办执事都管、中军把、岳家楼村大把、厨把、钱粮把、茶把、铺摆陈设把、佟处小把、本会大把都管、裱作糊饰把、陈设把、司房。

清茶会，设香首、钱粮把、小把、大把、清音把、中军把、仲伙把、布棚把、衣服把、茶把等，还有神堂弟子、陈设弟子、擒牲弟子、缮裱弟子、助布棚弟子、助大车弟子、助水车弟子。前者出力，后者出物。

慈善寺如意礼忏钱粮圣会，有总理都管、中军都管、陈设都管、拨号都管、神堂、厨房都管、钱粮都管、司房、裱作都管、车都管、献供、做供、礼忏以及正香首、副香首等名目。②

以上各会中，中军把，负责掌锣（锣有"天耳""神耳""中军"之称）；茶房、茶把、厨把、面把、仲伙把，负责饭食；钱粮把负责采办；布棚把、陈设把、衣服把等负责陈设、服装。前引司事负责进香前导（一说兼管会中庶务）。神堂把，专司祭神仪礼及供品。其他种种名目，

---

① 《攒香会题名》，光绪二十四年四月，载《拓本汇编》第88册，第9页。
② 《如意礼忏钱粮圣会碑》，乾隆四十一年四月。

图 164　石景山碧霞元君庙遗址

多因事而设，以年久事湮，或有不能揣知其含义者。

　　香会各有会名（会号，又叫会万儿），多标明起会时地址。每临进香之期，例由会首率领诸执事人，肩担四面大锣于在会各家宅前或路旁粘贴"报单"（又称报子、会报、启帖），主要内容为进香日期、会规。妙峰山香会还贴出本会的彩绘朝山图。粘贴时敲起天耳，会众闻声出户，各道功德。该捐钱者捐钱，该赴会服务者赴会，绝无迟疑。行香走会时，皆设"栊子"（为一黑漆圆柜），正名曰"平"，即会之招牌。上插旗幌，飘带上分写会名和建立月日。前引司事手执三角小旗，正名"支竿"，俗名"拨子"，引导前行。这些就是香会进香的一般程序。① 人数众多的香会，名目繁多，分工也较复杂，相形之下，小型香会的分工则很简单。

　　为了维持进香时纪律，香会各立会规。光绪年间，妙峰山"普兴万缘净道圣会"报单规定："本把人等不准拥挤、喧哗玩戏，亦不准沿路摘取花果，以及食荤饮酒，一概禁止。人多，饮酒不免有乱性妄为，口角淫词等事……恐其有失善道，不成体制。如不遵约束者除名不算。各宜戒之慎之。"妙峰山香会会规中还有："各会诸棚各把众位老都管行香坐棚文

---

① 金受申：《北京通》，第154页。

武，当通仝一体，必应互辅。若有各把误有失神脱落之处，须破缝绽补，不令外人看出遗漏，以整局面。"① 从这两段记载中可以得知，香会并不是涣然无序的组织，通过各种有形无形的约束，规范会众的行为，同时也增强了他们的凝聚力。

（二）香会的会首

一个百年以上的"老会"无不享有盛名，会碑随之一立再立，香会的成功与否，除了会员的自愿程度、会规的约束外，在很大程度上取决于会首的资质、才干。那么，取得会首资格又凭借哪些条件呢？

其一是政治条件。都城隍庙西棚老会由李世昌、杨茂春等汉军旗人领衔，应是倚重他们的政治地位。较高的政治地位，势必产生较强的号召力，对香会的发展，是一个有利条件。东岳庙掸尘会乾隆五年（1740）初创时旗人众多，其中不乏宗室成员，如正会首镶黄旗宗室吉腾、镶白旗宗室全康，承办会首宗室福泉、吉芬、全木、载坤、魁岗，掸扫把都管宗室德善、魁连，掸扫把信士宗室阿哈达、阿克丹、普顺，化外信士宗室载恩、奎秋、凤勋等皆是。反映了宗室在会中的核心作用。耐人寻味的是，同治六年（1867）重整掸尘老会会碑，仍把百余年前首创该会的宗室吉腾、全康奉为正会首。这种场合下的"会首"，显然已是香会的精神领袖，同时作为在会众人凝聚力的象征。

其二是宗教条件。康熙四十一年（1702）二月《曹国相创善会碑》称：会首曹国相，"燕之清门庶人也，世居城西，尤好崇信佛教"。曹国相既称"清门庶人"，应是道教中人，碑中说他"尤好崇信佛教"，看来也是佛、道兼通的。② 白云观祈福消灾会，则是由该观住持高仁峒等人组织的。③ 高仁峒影响及于内廷，在民间亦有很大影响，由他发起香会，旗民自然闻风影从。

其三是经济条件。康熙五十八年（1719），东岳庙献花会因会首财力匮乏，改由弟子傅胜龙接会。十余年后，傅胜龙独力难支，又请数人助力。④ 傅胜龙接任会首，是因为他财力雄厚。白云观祖师圣会改由一品命

---

① 顾颉刚：《妙峰山的香会》，载《妙峰山》，第22—23页。
② 《曹国相创善会碑》，康熙四十一年二月，载《拓本汇编》第66册，第6页。
③ 《祈福消灾老会碑》，民国十一年四月初八日，载《白云观碑拓本》。
④ 《献花会碑》，乾隆六年三月，碑记后刻十四年重刻题记，载《拓本汇编》第69册，第87页。

妇董母索霍拉氏暨男舒明接办会务，是因为其"乐善好施"。①索霍拉氏除平日施舍香资外，还捐银修殿，又说明"乐善好施"的前提也就是家资富赡。

长春永久供会会首、宫内大太监刘诚印，自幼入宫为太监，后皈依在白云观第十九代住持张耕云名下为徒，与第二十代住持高仁峒又是一同受戒的密友。他平时聚敛巨额财产，成为白云观的"护坛化主"，同治十年（1871）募捐银五千余两为传戒费，光绪八年（1882）复募七千余两为衣钵口粮传戒费，十年（1884）募捐九千余两为传戒费，前后受戒者多达一千二三百人。他还为观内修屋建舍，刊版印经，种种善举不可枚举。他见长春永久供会积蓄无多，自捐三千二百六十两，购买昌平州地方上泽田十五顷，每年收租三百三十两，交白云观永远为业，作为香供灯果之资。②（见图165）

通常情况下，政治地位、宗教地位高者，家境通常比较富裕，也就易于博取"乐善好施"的赞誉，可见以上三个条件往往是相辅相成的。

担任会首，固然要承担捐献更多香资的义务，但对于居心叵测者来说，乘机巧立名目，聚敛钱财，也并非无益。车王府曲本的长篇《封神榜》写于同治年间，说唱中穿插了许多北京的风土民情，其中就有揭露道士借发起香会骗人财物的内容："王道起了个香油会，慈悲舍饭济贫穷。众多善人齐入会，来助王道为传名。王道吃斋为会首，他比僧人分外凶。白干布就是灯油香油的本，镇宅闲钱心口嘣。大字香烛钱一吊，谁要来烧现给铜。花账本擎在手内，一吊他写二吊零。"③子弟书《阔大奶奶听善会戏》，讲述的则是尼姑庵借"娘娘圣诞"名义举办"善会"，"恭请"阔大奶奶到庵中听戏。这位旗人贵妇是庵中老施主，尼姑们请她赴会只是为了多得资助。④民间文艺作品中这类栩栩如生的人物虽然是虚拟的，却是日常生活中真实现象的写照。

（三）香会的会费

香会的会费又称"香资"。捐献会费是会众的基本义务，也是香会活动得以维持的基本保障。沈榜《宛署杂记·朝东岳》记："民间每年各随

---

① 《重修吕祖殿碑记》，光绪二十三年，载《白云观碑拓本》。
② 《刘素云道行碑》，光绪十二年三月，载《白云观碑拓本》。
③ 石继昌：《车王府曲海一勺（下）》，载《春明旧事》，第174页。
④ 载《清蒙古车王府藏子弟书》，第113页。

图 165　刘诚印墓塔(北京海淀阳台山金山寺)

其地预集近邻为香会，月敛钱若干，掌之会头。"会头，又称"香头"，也就是会首。这是明末人记载，至清代没有多大变化。

会费主要有银钱、实物，平均派捐是一般原则。[1] 十里河关帝庙每年五月十三日举行大型庙会，京都人士咸集以邀福佑，车击毂人骈肩，热闹非常。庙外有台，为演梨园地。嘉庆十六年（1811），头等护卫全国庆、全福、参领董连弟、宗室护军参领福宁、户部银库乌林大富宁、太学生吴永清、广东饶平游击周永泰等四十名满汉官员，相约每人每年施钱二十四千（约合二十四两），共计清钱九百六十千。除每月关帝庙香资十千，每年五月十三日、六月二十四日演戏一部，约需清钱四百千外，又约定："余资若干，岁拟四人承办置买香火地。十年中则四十人

---

[1]《妙峰山》第20页说："他们的会费，是依地亩捐的，一亩地派捐多少钱，所以很公平。"可以参考。

图 166　古刹龙泉寺(北京海淀凤凰岭)

各值年一次。"① 正因为会费是大家平摊的，所以机会和权利也是均等的。这大概不是偶然一见的例子。当然，在平均派捐的前提下，一些富裕人家慷慨解囊、额外多捐的事也是有的。

富裕人家积极捐助，既可广结善缘，博取"乐善好施"的美誉，也不乏"耗财买脸"的目的。至于不肖会首，借会敛钱，欺蒙良善，则被官府明令禁止。②

会众除缴纳会费，还有提供义务劳动的义务。

会费除维持日常支出外，节余部分通常置办不动产以收取租银钱。收取的租银钱或者留作本会自用，更多的时候还是献给寺观作为香火之资。成立于康熙五十九年（1720）的妙峰山义合膏药老会，置房两处，一处在内城观音寺胡同，一处在孟端胡同，"每岁收租施舍万应神膏，并顶上香金四千"。③ 成立于雍正十三年（1735）的岫云寺楞严胜会，例年会费

---

① 《关帝庙碑》，嘉庆十六年六月，载《拓本汇编》，第 83—84 页。
② 《清宣宗实录》第 323 卷，第 20 页上下。
③ 《金顶妙峰山义合膏药老会碑记》，乾隆四十年。转引自容庚《碧霞元君庙考》，载《妙峰山》，第 127 页。

除佛供僧斋外，节余五百六十两银，置地二顷，岁入租银二百一十两，永作寺内香火之需。①

乾隆十四年（1749），东岳庙献花会会首傅胜龙年事已高，担心"年深日久，废弛失所"，决定将累年余剩会费治立铺面房四间，坐落内西花[华]门外南池子路东，每年所收租银，交与接会之人，以备年例需用。白云观永庆香会，用会费余额置办香火地三顷，所得租钱，以备火祖圣诞之日献供斋众、各殿海灯油费。这些都是利用会费余额置办不动产收取租银钱的例子。

民间商号直接介入香会活动，捐献香资，是清代中叶出现的一个新气象，反映了民间商业的发展与繁兴。东岳庙清茶会的捐献者中有三合石场、永义局、万年堂、天顺号、合兴斋、万盛号等铺户。掸尘会"中军把"下有天恒鼓铺、"吵子把"下有兴顺鼓铺、"刻字"项下有泰和斋。白云观永庆香会施主以各店铺商号为主，包括车行、皮铺、米局、帽铺、棚铺、碾房、粮店、布铺、纸铺、缎铺、钱铺、当铺、窑厂等二百四十余家，该会会首为全兴当、全盛号、寿昌号、广聚皮铺、瑞元楼、三顺斋等十三家商号。白云观九皇会，道光十四年为修葺斗姥宫，集合铺户六十余家。丰台看丹村药王庙献供会，也包括众多煤铺、皮局、米局、车铺、木厂、布铺。伴随商业活动的繁兴和商业资本的强大，商人对香会的资助明显加强，他们在香会中的影响亦随之增强。

香会的另一部分费用是由"外化信士""外化信女"即会外的善男信女提供的。

光绪二十年（1894），长春宫总管刘得印自称受东岳庙神灵感应，自愿施助纹银五千两与香灯供膳窗户纸会，随即又募纹银五千两，共一万两。翌年经会首商量，在张家湾等处置地三十一顷余，用银一万三百余两，每年取租三百八十二两余、制钱一千三十五吊余，以所取租项作为例年妙峰山香道上妙尔洼（庙儿洼）茶棚、东岳庙十八狱常年香灯窗户纸会暨佛前供膳等项之需。②

在东岳庙掸尘会乾隆五年会碑题名中，"化外信士"一项载有和顺木厂、广成饭店、义聚号、富隆堂、德泰钱铺、源和号、洪顺号、泰和斋等

---

① 《潭柘山岫云寺楞严胜会碑记》，乾隆十三年秋，载《拓本汇编》第70册，第34页。
② 《香灯供膳碑》，光绪三十二年八月，载《拓本汇编》第89册，第103页。

商号铺号三十余家。可见，商号铺户除直接参加香会，还经常以会外资助者的身份出现。

寺观的大型修缮工程需用巨资，不是哪个寺观或香会可以独立承受的，多渠道募集资金成为唯一有效的办法。据碑文记载：慈善寺重修，得到几方面资助：若干香会（帘子老会、鲜果圣会、如意老会）；附近寺庙（法海寺、广福寺、戒台寺）；地方富户（赵德克金太、赵穆腾太、佟苔芬布等，都是冠以汉姓的旗人）；商号店铺（北辛安、悦来店、天宝店、万成店、义长号等）和各村（三家店、过街塔村、石府村、琉璃局、黑石头村、佟家坟、麻峪村、磨石口、东下庄村、五里坨村、秀府村）村民。① 十一个村子分布在方圆数十里内，共助善举。这种做法在当时是很流行的。

图167　太监安德海捐资修建妙峰山香道

---

① 《重修天太山大慈善寺警戒后世碑文》，实地考察。

一些戏班、堂馆也成为寺观修缮的有力赞助者。道光十八年（1838），戒台寺重修罗汉殿佛像，赞助者有四十余家和一些个人，施主来自梨园、戏曲界、餐饮诸业，如王庆园、广德楼、中和园、庆乐园、六一斋、福寿堂、柏芳泉、庆和园、广和楼、槐荫堂、燕喜堂、淙山堂、天和馆、礼玉堂、汇元堂、文昌馆、敬义堂、梨园馆、春和堂、宴汇堂、务本堂、三庆班等。① 戏班、堂馆踊跃赞助，反映了其经济实力的壮大，也是京城文化娱乐业走向繁荣和普及的结果。

（四）香会的范围

香会会名，通常以最初的会址为准，据此考察，可以大致了解会众来源。

康熙年间，"阜成门里朝天宫三条胡同仕宦满汉军民"组成的西顶洪慈宫进香会，"阜成门里朝天宫东廊下"满汉军民组成的西顶香灯会，由"西直门里西官园口"一带满汉军民成立的西顶香会，由"阜城［成］关外六道口一带军民人等"组成的西顶如意胜会，由东四牌楼一带旗民组织的东岳庙散司攒香会等，会众均来自同一街区，说明一些香会在起会之初，会众的来源只限于狭小的地域。（见图168）

相比之下，精忠会由"朝阳关内外各巷居住信心弟子众善等诚起"。说明其成员居住在若干个毗邻的街巷，带有较大的地域性。悬灯会，由"东安门内北池子沙滩张处会同朝阳关内外旗民众善诚起"。会首住在皇城内沙滩，会众则住在朝阳关内外，已形成一种跨地域的联系。盘香会会碑自称："会中男女长幼九十余众，住居各地。"所云"范围"究竟有多大？显然已无从查考，但不管怎么说，应是吸引了不同地域的旗民。

有些香会，在多年的发展中不断吸收新会员，同时也扩展了地域上的联系。戒台寺茶豆结缘斋僧会，起会于南城左安门内四块玉地方，每年佛诞日到戒台寺拜佛，并施舍钱物。据碑文记载，该会成员来自四面八方，京城有镶黄旗、正蓝旗，大兴县、永定门、海岱门、正阳门内、左安门内外、高庙；京城外有东光、逢来、永年、枣强、寿阳、衡水、巨鹿、昌邑、束鹿、高言、顾城等县和霸洲［州］、深洲［州］、紫阳城等。②

东岳庙掸尘会，始建于乾隆五年（1740），最初是由"朝阳门内外信

---

① 《重修罗汉殿佛像碑》，道光十八年八月，载张云涛《北京戒台寺石刻》，第238—240页。

② 《左安门茶豆结缘斋僧圣会碑》，乾隆八年四月，载张云涛《北京戒台寺石刻》，第175—176页。

心善姓"组织的，同治六年（1867）三月重刻的会碑中却称："崇文门内外顺天府大、宛二县旗民众善人等同心公议重整老掸尘圣会。"其成员，几乎分布在京城各地方。该会《掸尘会因果感应记》又载：有本会善士、济南府章邱县郝庄张家贤，因捐资一百一十六千，题名碑石。后忽染危病，命在旦夕，夜梦一黄衣神人以红丸相救，诸病顷刻痊愈。黄衣人自称在"齐化门（即朝阳门）外东岳庙居住"。① 此说固然荒诞，却说明入会的不仅有本地旗民，还有一些原籍外地的民人。

图168　康熙八年西顶进香碑
（北京石刻博物馆）

属于同样情况的还有前面提到的东岳庙献茶豆会。该会旗妇分属镶黄、正白、镶白、正红、正蓝各旗的满洲、蒙古、汉军；民妇的籍贯则包括顺天府玉田县、大兴县、通州以及淮安府山阳县、奉天关东、天津杨柳青等地。这样的香会，规模大，人数多，已形成大范围的地域联系。

（五）香会的构成

在碑刻中，会众又称"会末""信士""信女"，指香会的一般成员。另外，还有"信官""信官女"等称谓，特指参加香会的官员或其妻子。

香会的构成，按社会成分划分，约有三类：

以民人为主体的香会。有些由从事特殊行业者组成，如彩棚（陈设彩作）工匠组织的东岳庙"鲁班会"②，由羊行商户组织的元宝会③，由

---

① 此碑文补刻于乾隆二十七年十二月《掸尘会碑》碑阳左下方，载《拓本汇编》第72册，第16—17页。

② 《鲁班会碑》，乾隆十七年六月，载《拓本汇编》第70册，第183—184页。鲁班会一直坚持到民国年间，有乾隆二十六年二月、乾隆五十四年六月、民国十六年四月等历次会碑为证，分见《拓本汇编》第71册、75册、95册。

③ 《羊行会碑》，乾隆二十九年三月，载《拓本汇编》第72册，第46—47页。

图 169　北顶碧霞元君庙内古树

东四牌楼猪市同业组织的庆司会①，由西四牌楼猪市同业组织的财神会②，由大内太监为主的白纸会。③ 有些由外城（主要是南城）居民组成，如正阳门外猪市口百子会④，永定门内外石榴庄村民放堂吉祥会⑤，由"西直门外天禧昌运宫、大宅"等十余处村民组成的西顶进香会⑥，中顶位于右安门外，地近南城，民人香会居多。⑦

---

① 《庆司会碑》，乾隆三十三年十二月，载《拓本汇编》第 72 册，第 191—192 页。
② 《财神圣会碑》，乾隆四十四年七月，载《拓本汇编》第 74 册，第 40—41 页。
③ 《白纸会碑》，康熙三十年八月，载《拓本汇编》第 64 册，第 174 页；《岳庙碑》，康熙三十五年三月，载《拓本汇编》第 65 册，第 74—76 页。
④ 《中顶普济宫碑》，康熙三十五年六月，载《拓本汇编》第 65 册，第 85—88 页。
⑤ 《放堂吉祥老会题名碑》，乾隆四十七年四月，载《拓本汇编》第 74 册，第 117 页。
⑥ 《西顶进香碑》，康熙八年四月，载《拓本汇编》第 62 册，第 124—126 页。
⑦ 《中顶泰山行宫碑》，康熙三年四月，碑在北京丰台区右安门外中顶村，载《拓本汇编》第 62 册，第 35—36 页。

前三门外，是南城商业最繁华的地区，戒台寺大悲随心会是一个由前三门内外众善组成的香会，香会碑上铭刻有源昌店、兴盛帽局、大成煤局、庆丰斋、天庆号、永成远记、永义号、信义号、三盛号、万和号、日茂斋、义兴布局、增盛米局、兴盛局、三合号、永兴店等众多商号和商人。①

另外，还有居京外地同乡组成的香会。道光年间进香于东岳庙的"山东掸尘老会"，碑阴题名包括唐[糖]店、席铺、皮铺、麻铺、煤铺、铁铺、布店等许多店铺商号，是带有同乡会性质的民人香会。② 不过，即便是在这类香会里，有时也掺杂着一些旗人，比如在上举"山东掸尘老会碑"的题名中，就可以看见松年、哈清阿、伊凌阿、双庆、广庆、齐克唐阿等一些典型的满洲名字。清代山东青州、德州等处，均有八旗驻防，其中不乏在京做官、读书者。这些满洲人，很可能就是来自这样一些地方的旗人。外地旗人与民人共同组织同乡会甚至香会，是晚清出现的一个新现象，从一个侧面反映了旗人与民人关系的发展。

以旗人为主体的香会，一般起会于内城和京城西北郊的旗人聚居区。

旗民混杂的香会，往往起会于内外城接合部或近郊，这些地方较早形成旗民的错居。随着错居现象的蔓延和旗民交往的密切，这类香会也在不断发展。

香会的构成，按性别分，约有三类：

一类由清一色男性或基本由男性组成。如慈善寺圆明园海淀成府三旗营敬献鲜果圣会，会众约百余人，基本为男性旗人。东岳庙献花会，糊饰窗户会，主要为宫廷内太监。白纸献花会，会众多达九百六十人，也是清一色男性。该会由内务府大臣、满洲大臣福锟领衔，以下有内务府属各处僧人、道士、太监的头面人物③，是一个以内廷人员为主体的香会。属于这类香会的还有东岳庙路灯会、献茶会、清茶会，药王庙传膳音乐会。

一类由男女混杂组成。如西直门里西官园口一带满汉旗民成立的西顶香会、由"阜城[成]关外六道口一带军民人等"组成的西顶如意胜会、东岳庙的净水会、供茶会等。慈善寺如意礼忏钱粮圣会包括许多已婚妇

---

① 《前三门大悲随心圣会碑》，嘉庆五年，载张云涛《北京戒台寺石刻》，第229—231页。
② 《掸尘老会碑》，道光十七年六月，载《拓本汇编》第80册，第132—133页。
③ 《白纸献花会碑》，同治六年三月，载《拓本汇编》第83册，第110页；又《白纸献花会碑》，光绪二十年三月，载《拓本汇编》第87册，第84—86页。

女，如成门李氏、富门宋氏、赵门赵氏、杨门栾氏、赵门吴氏、陈门吴氏、蒋门王氏、李门荣氏、王门张氏、李门刘氏、赵门傅氏、那门刘氏、郭门朱氏、伊门刘氏、金门亢氏、白门蔡氏、关门贾氏、那门关氏、韩门朱氏、刘门崔氏、李门王氏。值得注意的是，该会在总理都管（会首）下，会众按性别分设正香首、副香首等职。这种情况，并非个例①，说明依"男女有别"原则管理，也是香会中比较流行的现象。

再一类基本由女性组成。早在明代，已有所谓"妇女会"②，是由妇女组织的香会。据乾隆十四年东岳庙献茶豆会会碑，该会会首中，旗人妇女有：镶白旗汉军董成名雄氏、正白旗蒙古信官阿南达张氏、正白旗汉军信官刘汉宝苏氏、正蓝旗满洲庞德舒陈氏、正红旗汉军吴琨李氏、镶黄旗满洲高□亮陈氏、□□旗蒙古屠禄尹颜氏、正白旗汉军金满李氏；民人妇女有：顺天府玉田县民林世隆贾氏、大兴县民郑自德张氏、淮安府山阳县民刘智李氏、大兴县民王全李氏、通州民武进孝王氏、大兴县民王玉李氏、大兴县民田□□马氏、大兴县民胡□□尤氏、大兴县民贾□魁刘氏、大兴县民徐朝栋尤氏、奉天关东民魏进宽刘氏等。

每名会首名下，又注妇女若干名，如镶白旗汉军董成名雄氏名下，注有董镇邦王氏、董奇何氏、董国政孙氏；正白旗蒙古阿南达张氏名下，注有阿木虎郎茶氏、所色金氏；正白旗汉军刘汉宝苏氏名下，注有刘明赵氏、刘成强贺氏、刘希福诸葛氏；正蓝旗满洲庞德舒陈氏名下，注有庞文辉刘氏、庞君福马氏、怕尔布李氏；顺天府玉田县民林世隆贾氏名下，注有林潘解氏、林盛王氏；大兴县民郑自德张氏名下，注有郑义花石氏、郑泰金孟氏；淮安府山阳县民刘智李氏名下，注有刘远公张氏、刘耀云吴氏、刘士印陈氏等。

显而易见，这些夫姓相同而辈分不一的已婚妇女，属于同一个大家庭；每一位大家庭中的女性家长，也就是香会中的一名会首，于是在香会内部形成一个个以女性家长为首领，以血缘、姻缘关系为纽带、吸收不同辈分家庭成员的小群体。

碑阴题名还提到八旗信官的女眷：镶黄旗满洲抄武一等公关门赵氏、

---

① 如寿桃老会，正会首男性有王承惠等，女性有王门钱氏等，载《拓本汇编》第64册，第161页；西直门里南扒儿胡同进香会，正会首男性有李国祥等，女性有王门那氏等，载《拓本汇编》第65册，第14页。

② 沈榜：《宛署杂记》第17卷，北京出版社1961年版，第167页。

正红旗满洲信官恒德和门觉罗氏、正白旗满洲信官武尔登吴氏、正白旗蒙古寇门佘氏、镶黄旗满洲信官陈布仲王氏、正白旗蒙古信官那亲魏氏、正白旗蒙古信官常索王氏、镶黄旗包衣孙国安刘氏、正蓝旗满洲大硕色关门侯氏、正白旗满洲觉罗信官呼布里赵门刘氏、镶白旗满洲李七十八张氏。民人妇女的来源也相当广泛，主要来自顺天府大兴县，还有原籍天津杨柳青的。另外，还有"当差庙户会首"贾玉等二十一人。[①] 烧茶送水，施舍缘豆，历来是妇女的职守，该会吸纳了众多妇女，与其服务性质或有一定关系。

在会碑题名中，凡已婚妇女均称某门某氏。在这一点上，旗人与民人、满人与汉人的表述方式合若符节，未婚少女却寥若晨星。

在供奉碧霞元君各香会中，妇女人数很可观。这一现象，在西顶会碑中尤为引人注目。[②] 进香慈善寺的普照报恩会、进香涿州元君祠的圣母会、进香妙峰山元君祠的成府村献供香斗膏药圣会，都包括了众多妇女。碧霞元君（圣母）作为女性崇拜和法力无边的"治世大福神"，自然备受妇女关注。何况与碧霞元君同受香火的，通常还有眼光圣母明目元君、子孙圣母佑渡元君、癍疹圣母慈幼元君、送生圣母保产元君，即所谓五顶娘娘。如果再附上乳母圣母养幼元君、催生圣母保幼元君、引蒙圣母导幼元君、痘疹圣母隐形元君，则合称九顶娘娘。这些女性神祇职司广泛，对于企盼生儿育女、禳灾祛病的妇女来说，吸引力尤大。

不过，从总体来看，香会中女性远远少于男性，却是一个不争的事实。传统伦理道德的约束，使妇女少有在公众场合抛头露面的机会，无疑是一个重要原因。统治者针对所谓男女混淆现象，三番五次颁布禁令，也限制了妇女参与香会的自由。康熙《大兴县志》卷一："四月十八日元君诞辰，都中士女群聚而往曰香会，舆者、骑者、步者、拜者，盈衢塞路，有司莫能禁也。"[③] 男女群聚的进香活动很快引起统治集团的关注。康熙四十八年（1709），御史张莲疏称：民间设立香会，千百成群，男女混

---

① 《献茶豆会碑》，乾隆十四年六月，载《拓本汇编》第70册，第102—103页。
② 赵世瑜：《国家正祀与民间信仰的互动》，载《北京师范大学学报》1998年6期，第25页。
③ 张茂节修、李开泰等纂：《大兴县志》第1卷，第25页，康熙二十四年（1685）刻本，载《中国地方志集成·北京府县志辑》第7册。

杂，请敕地方官严禁。谕旨施行。① 雍、乾年间，宣布对京城各寺庙内妇女烧香之习悉行严禁。当时，仅北京城西郊就有大小寺庙千余所，每年"二三月间春融之后，旗民妇女浓妆艳服，逐队成群，任意缘山越岭进庙遨游"。② 旗民妇女进香祈福，同时兼有踏春游玩的目的，呼朋引伴，乐此不疲。这种强烈的愿望不是一纸禁令所能阻挡的。乾隆二十七年（1762）奏准："五城寺观僧尼开场演剧，男女概得出资随附，号曰善会，败俗酿弊，所关非细，应交步军统领五城顺天府各衙门严行禁止。"③ 此后，清廷于咸丰二年（1852）正月、同治八年（1869）十一月、光绪十年（1884）二月屡次谕旨重申，严禁妇女进寺院庵观烧香。④

统治集团三番五次颁布禁令，应是导致香会女性少于男性的一个基本原因。但如果换个角度考察问题：尽管有官府禁令，仍有不少旗民妇女冲破了各种有形无形的束缚，她们不仅积极参与香会活动，甚至堂而皇之地将名字刻写在会碑上。这一事实说明，至少在某些时期或场合，特别是在广大民间，禁令并没有真正奏效。这正是最高统治者不得不一再重申禁令的缘故。

光绪十一年（1885）正月，御史张廷燎奏称：京师城外白云观，每年正月间烧香赛会，男女杂沓，并有托为神仙之说，怪诞不经等语。奉上谕：僧道造言惑众，及妇女入庙烧香，均于例禁，嗣后著该管地方官严行禁止。其余京城内外各寺观，如有烧香赛会，与此相类者，亦著随时查禁。⑤ 正月十九日，传说是邱处机即长春真人成仙飞升日，俗称"燕九节"，相传是日真人必来，或化官绅，或化游士冶女，或化乞丐，有缘遇之者得以祛病延年，故僧道旗民男女人等于是日辐辏云集，焚香持斋，彻夜达旦，谓之"会神仙"。此即张廷燎奏折中所指"托为神仙之说，荒诞不经等语"。（见图170）

---

① 《清圣祖实录》第238卷，第7页上下。
② 《监察御史舒敏为请禁妇女游荡山寺习俗事奏折》，乾隆九年十一月十四日，载《乾隆初年整饬民风民俗史料》（下），《历史档案》2001年第2期。
③ 《乾隆二十七年禁五城寺观僧尼开场演剧》，载《台规》卷二十五，转引自王晓传辑录《元明清三代禁毁小说戏曲史料》，第41页。
④ 《清文宗实录》第52卷，第20页上下；《清穆宗实录》第271卷，第2页上下；《清德宗实录》第178卷，第4页下。
⑤ 《清德宗实录》第202卷，第7页上。

图170　白云观进香(《北京风俗图谱》)

三　简短的结语

民国十七年（1928），顾颉刚先生在《妙峰山进香专号》一书《引言》中，曾就调查研究民间香会的意义作过如此评价：

> 朝山进香的事，是民众生活上的一件大事。他们储蓄了一年的活动力，在春夏间作出半个月的宗教事业，发展他们的信仰，团结，社交，美术的各种能力，这真是宗教学、社会学，心理学，民俗学，美学，教育学等等的好材料，这真是一种活泼泼的新鲜材料！[①]

顾颉刚先生这番话，是针对当时学者中轻视民间文化风俗调查、认为这种调查"不入流品"的倾向而言。他认为，朝山进香，不仅是一项宗教活动，同时兼有发展信仰、增进友谊、密切交往乃至发挥艺术创造力的作用，正是在这个意义上，他强调，进香是"民众生活上的一件大事"，

[①] 顾颉刚：《妙峰山进香专号引言》，载《妙峰山》，第9页。

对香会的调查，将为宗教学、社会学、心理学、民俗学、美学、教育学（当然还有历史学）研究提供新鲜的一手资料。将近七十年后的今天，重温这段话，仍旧富于启迪。

那么，具体到本文所探讨的"北京旗人与香会"问题，又可以概括出哪些要点呢？

第一，香会的性质。香会是完全起自民间的组织，不带有任何官方色彩。早在明代，北京地区已流行各种名目的香会。多数香会都是围绕某一宗教中心（寺庙宫观）组织的。大的中心如妙峰山碧霞元君祠，可以吸引数百里甚至上千里以内的香火，聚集上百乃至数百的香会；而小的宗教中心只能吸引周邻居民组织的一两个香会。香会人数多寡不等，多的达到六七百人，少的仅二三十人；时间也长短不一，长者绵延数百年不衰，短者则旋聚旋散。有的香会按行业组织，更多的则以地域为纽带。一些香会只是乡邻族党的狭小聚集，另一些香会则形成跨地域的广泛联系。在供奉对象、活动内容和方式、人员构成等方面，香会也存在种种差异。

第二，香会反映的信仰形态。清代民间主要流行佛、道二教。道教是本土宗教，兴起于汉末，唐以后盛行，明代皇帝多奉道教，嘉靖帝尤甚。佛教则是本土化的外来宗教。清朝统治者对道教的重视程度虽不如前朝，对佛、道两教还是兼容并蓄的。就笔者考察来看，都城隍庙、东岳庙、白云观、药王庙、碧霞元君祠、关帝庙等香会活动场所，基本属道教宫观。这或者说明，道教在民间始终保持着强劲的影响。这种状况不仅适用于旗人，同样适用于民人。道教宫观的众多神祇，实际体现的是儒、佛、道兼容的精神，并且吸纳了民间众多俗神。所以，在道教信仰的表象下，真正流行的还是民间的所谓"杂信"。

第三，香会的社会功能。香会之所以长盛不衰，是因为它具有多方面社会功能，且与普通旗民日常生活形成密切联系。

香会具有重要的宗教功能，它将具有共同信仰的人们组织在一起，举行各种宗教活动，并为寺观提供多种形式的帮助或服务。香会的捐助构成寺观的重要经济来源，它们甚至是寺观最大的施主。在宗教节日和庙会期间，香会的作用尤为重要。如东岳庙道众多不过十数人，远不足以应付规模巨大的开庙活动，届时全仗各香会出钱出力，操办一应事务。正是由于众多香众努力，使得庙会期间的寺观环境整洁，供养丰足，香烟氤氲，灯烛通明，营造出浓厚的宗教气氛。香会还通过出巡、百戏、放生等娱众和慈善活动，渲染节日盛典气氛，使更多的善男信女乃至凡夫俗子趋之若鹜，扩大了宗教的传播与影响。

香会还是社交重要场所，增进了不同地区、不同阶层、不同民族、不同集团人们间的沟通，它将平日邈不相涉的人们集结在一起，因此具有重要的组织功能。香会名目尽管繁多，做功德，讲奉献，不索取，则是共同的宗旨。诸如集资修路、奉送膏药、施舍饭食、缝补鞋袜等种种善举，都是在宗教形式下弘扬助人为乐的传统美德，所以又具有道德教化功能。

第四，香会对旗人的影响。清朝统治的一个基本特点，是实行"旗民分治"的两元社会体制。具体到北京地区，在八旗制度束缚下的数十万旗人，长期生活在内城的狭小天地里，除了当兵做官，大多无事可做。组织香会，朝顶进香，自然成为生活中的一件大事。其中，排遣烦恼、自娱自乐、填补精神空虚的成分固然不少，宗教虔诚还是起着举足轻重的作用的。这应是旗人在香会中始终扮演重要角色的基本原因。

清初北京旗民畛域极为鲜明。不同管理机构，不同户籍，不同居住地域，不同职业分工，不同身份地位，对于满洲、蒙古旗人来说，还有不同的文化背景。满洲统治者处心积虑地构建旗民畛域，主旨是为了维护自身特权利益。香会作为旗民兼容、满汉兼容的民间组织日益发展壮大，则是"旗民分治"体制的一种异己力量。正是通过这种完全自发的组织，旗人与民人密切了联系，他们基于宗教的信仰互结同心，彼此频频交往，共享精神上的安慰与欢娱，感情上也日渐陶融。至于香会在融通满汉语言文化信仰风俗等方面所起的作用，也是不言而喻的。

表4–4　　　　　　　　　　**香会碑名表**

序号	碑名	时间	地址	出处	提　　要
1	西棚老会碑	顺治十五年（1658）五月	北京西城区成方街都城隍庙	《汇编》第61册第118页	祭城隍之神，会首傅联登、副会首黑松
2	西顶娘娘进香会碑	康熙九年（1670）四月	北京海淀区蓝靛厂广仁宫	《汇编》第62册第151—153页	题名会首中有"工部他吃哈番加一级信官伽蓝保"，碑侧题："京都北城鼓楼西各旗地方等处正会首信官等全立"
3	二顶圣会碑	康熙十七年（1678）三月	北京朝阳区东岳庙	《汇编》第63册第114—115页	会首张全华。成立于康熙十四年。会碑题称"西华门四牌楼二顶进香圣会"

续表

序号	碑名	时间	地址	出处	提要
4	金牛圣会进香碑	康熙二十三年（1684）三月	北京朝阳区东岳庙	《汇编》第64册第52—54页	碑文称"诸善在于西直门里小街口诚起金牛圣会，年例进献冠袍带履金牛一乘种钱粮"
5	西顶洪慈宫进香碑	康熙二十六年（1687）四月	北京海淀区蓝靛厂广仁宫	《汇编》第64册第93—94页	成立于康熙十七年，祭祀泰山圣母，碑记称："阜成门里朝天宫三条胡同仕宦满汉军民，每岁十二日奉香瞻拜"
6	香灯会垂后碑记序	康熙二十七年（1688）四月	同上	《汇编》第64册第108—109页	成立于康熙初年，祭祀元君圣母，碑侧题："阜成门里朝天宫东廊下香灯圣会正会首罗司明（其他人名略）仝立。"男女不下三五百人
7	散司会碑	康熙二十九年（1690）三月	北京朝阳区东岳庙	《汇编》第64册第144—145页	成立于康熙初年，由东华门外众善弟子等诚起。会众"攒印积金虔办冠袍带履供器等仪"，照例于每年三月奉献于神前。三百余人，均男性
8	扫尘会碑	康熙二十九年（1690）三月	同上	《汇编》第64册146—147	祭祀东岳大帝，并扫除尘污。碑侧题："安定门大街中城兵马司胡同扫尘圣会。"千余人，均男性
9	西顶进香碑（共两碑）	康熙三十一年（1692）四月	北京海淀区蓝靛厂广仁宫	《汇编》第65册第6—8，9—11页	祭祀碧霞元君。会碑称已起会三十余载。碑侧题："定府大街龙头井年例进香老会杨时春众等仝立。"约一百七十人，均男性
10	年例进香碑	康熙三十一年（1692）四月	同上	《汇编》第65册第12—14页	祭祀碧霞元君。碑侧题称："西直门里南扒儿胡同弥罗庵进香圣会。"男女各数百人
11	东岳庙碑	康熙三十七年（1698）三月	北京朝阳区东岳庙	《汇编》第65册第118—120页	祭祀东岳帝君。碑侧题："东四牌楼散司老会。"二百余人，均男性
12	散司攒香会碑	康熙三十七年（1698）三月	同上	《汇编》第65册第121—122页	祭祀东岳帝君。设正会首十一人，副会首三十一人，司房管口二十一人，"随会"（会众）约二百人，均男性
13	曹国相创善会碑	康熙四十一年（1702）二月	北京海淀区蓝靛厂广仁宫	《汇编》第66册第6—8页	于元君诞辰日进香，"阅二十七年而不倦"（应建于康熙十四年前后）。碑阴题名有"信官"二十二人，"信士"近九十人，"信官女"近一百八十人。碑侧题："西直门里西官园口坐香圣会香首曹国相众等仝立"

续表

序号	碑名	时间	地址	出处	提要
14	岳武穆鄂王碑	康熙五十一年（1712）八月	北京朝阳区东岳庙	《汇编》第66册第168—170页	祭祀速报司主神岳武穆鄂王（岳飞）。二百余人，均男性。碑侧题："朝阳关内外各巷居住信心弟子众善等"，"诚起每年二月十五日恭庆精忠圣诞碑"
15	子午会碑	康熙五十五年（1716）四月	同上	《汇编》第67—50页	进香东岳庙。约五百六十人，均男性。碑侧题："京都西安门外土地庙诚起子午胜会"，"内外各城坊居住众善人等名列于后"
16	路灯会碑	康熙五十五年（1716）五月	同上	《汇编》第67册第52—53页	每年东岳大帝诞辰日"众信同心燃灯陈贡"。会众六百余人，除妇女二人外，余皆男性
17	药王庙碑	康熙五十八年（1719）九月	北京西城区旧鼓楼大街大觉寺	《汇编》第67册第104—105页	祭祀药王。碑阴题："悬灯老会众善人等。"三十六人，均男性
18	马王庙奉祀碑	康熙五十九年（1720）六月	北京朝阳区东岳庙	《汇编》第67册第113—114页	祭祀马神。碑阴题："京都朝阳门内东四牌楼马市众善弟子。"正会首七人，以下三百二十余人，均男性
19	如意胜会碑	康熙六十一年（1722）	北京海淀区蓝靛厂广仁宫	《汇编》第67册第151—152页	祭祀元君圣母。成立于三年前。成员为"阜城[成]关外六道口一带军民人等"。碑侧题："阜城关外六道口村西顶如意胜会香首李凤等立。"以妇女为多
20	献茶会碑	雍正九年（1731）八月	北京朝阳区东岳庙	《汇编》第68册第97页	会众"每逢朔望日，虔诚献茶，供奉敬献东岳仁圣帝君尊前"，张棚施茶，接待香客。近三百人，以男性为主，题名中有铺号。参见第47号碑
21	京都城隍庙挂灯会碑	雍正十二年（1734）七月	北京西城区二龙路成方街	《汇编》第68册第146—147页	创自顺治二年。会众约六百人，以男性为主。按月轮值，主体是旗人
22	盘香会	乾隆五年（1740）	北京朝阳区东岳庙	实地考察	成立于雍正十三年，会众于每月朔望进香，碑阴题名分为乾隆五年、嘉庆九年两部分。包括许多旗人男妇
23	掸尘会碑	乾隆五年（1740）三月	同上	《汇编》第69册第56—57页	该会为"朝阳门内外信心善姓"，"于每月十四开庙拂尘进香献茶"。人数众多，以男性为主。正会首镶黄旗宗室吉腾、镶白旗宗室全康等。碑阴题名"化外信士"中，有许多铺号。参见第36、41、54、63、70号碑

续表

序号	碑名	时间	地址	出处	提要
24	献花会碑	乾隆六年(1741)三月(碑记后间刻十四年重刻题记)	北京朝阳区东岳庙	《汇编》第69册第87—88页	按期敬献香花于神前。始建于康熙初年。会众三百余人,包括宫内太监、八旗内参领、管领官员,均男性
25	金顶妙峰山进香碑记	乾隆七年(1742)三月	北京门头沟区妙峰山碧霞元君祠	实地考察	碑记:二顶兴隆圣会,成立于雍正十一年七月初七日,在"京都西直门内诚起"。约百人,均男性
26	关帝庙碑	乾隆八年(1743)七月	北京朝阳区十八里店十里河	《汇编》第69册第125—127页	碑额题"掸尘老会",碑侧刻:"乾隆九年十一月十日,今有本庙掸尘会众善人等赎地十三亩,用银十两,以□地□□圣前香灯费用。当年会首张廷弼领众善四十四人后殿扁〔匾〕上查名。"百余人,均男性
27	普照报恩圣会碑	乾隆十年(1745)	北京石景山区慈善寺	实地考察	会碑称:"天太(天太山)古佛,道高德重,神人皆钦。"碑阴题:"大清国直隶顺天府大、宛二县旗民人等各巷居住。"会首李世荣,"老会首"孙门都氏,会众基本为已婚妇女,约一百三十人
28	供茶会碑	乾隆十三年(1748)三月	北京朝阳区东岳庙	《汇编》第70册第18—19页	会众于每月初一、初二、十五、十六等日在育德殿前玉皇阁下度设清茶、姜豆,"以结善缘"。会众男女二百六十余人
29	楞严胜会碑	乾隆十三年(1748)秋	北京门头沟区潭柘寺	《汇编》第70册第34页	是会肇自雍正十三年,旗员五三泰、铎尔跻色楞等与会。至此以会费余银五百六十两,置地二顷,收租为本寺香火之需
30	献茶豆会碑	乾隆十四年(1749)六月	北京朝阳区东岳庙	《汇编》第70册第102—103页,又实地考察	该会起于乾隆八年,会众于每月初一、初二、十五日、十六日在庙内设清茶、缘豆、红枣、酱姜,"以结善缘"。会众百余名,基本为已婚妇女
31	广善米会置香火地碑	乾隆十六年(1751)九月	北京门头沟区戒台寺	《汇编》第70册第161页	会址在西直门。会众用银一百五十两置买三段地四十四亩,每年取租银十六两,永作戒台寺香火费
32	香花圣会碑	乾隆十八年(1753)四月	北京丰台区看丹村药王庙	《汇编》第71册第8页	会名膏药圣会,又称香花圣会。由顺天府新(?)街口旗民众等起会,施舍膏药

续表

序号	碑名	时间	地址	出处	提要
33	献花会碑	乾隆二十一年（1756）	北京朝阳区东岳庙	《汇编》第71册第85—87页	会众主体为内廷太监（以乾清宫总管为首），以及部分旗人。均男性
34	路灯会碑	乾隆二十二年（1757）三月	北京朝阳区东岳庙	《汇编》第71册第101—102页	会众于每月初一、十五，在庙内神像前燃烛照明。二百余人，均男性
35	报恩秉心放堂老会碑	乾隆二十四年（1759）三月	北京石景山区慈善寺	实地考察	由"京都顺天府十方院那处"起会。会碑追述："朝礼福地天太山燃灯尊佛座前进香久矣"
36	掸尘会碑	乾隆二十七年（1762）十月	北京朝阳区东岳庙	《汇编》第72册第16—17页	会众于每月十四日更衣入庙，洒扫庭除。二百余人，多旗人男妇。参见第23、41、54、63、70号碑
37	净炉会碑	乾隆二十八年（1763）八月（四十九年重刻）	同上	《汇编》第72册第33—35页	会众于每月朔、望前一日相率到庙，将各殿香炉积灰淘清并拂拭干净，碑侧题名："朝阳门内净炉会旗民人等全立。"均男性
38	传膳音乐圣会碑	乾隆三十二年（1767）四月	北京西城区旧鼓楼大街大觉寺	《汇编》第72册第168—169页	活动地点在紫禁城北旧鼓楼大街大觉寺。碑阴题："顺天府大、宛二县旗民众善人等"、"宝泉局音乐拾番众等"，又设"拨号"、"厨茶房"，成员约百人，均男性
39	天仙圣女感应碑	乾隆三十五年（1770）四月	北京门头沟区妙峰山碧霄元君祠	实地考察	碑记：十人膏药老会创办于乾隆三十一年。会首海塔思哈等十人，随香会首、制药弟子等近五十人，旗人居多。碑记又载"京都顺天府宛平县阜成门内祖家横街路东钱铺众善诚起"。均男性
40	攒香放堂圣会碑	乾隆三十七年（1772）九月	北京石景山区慈善寺	实地考察	碑记："京都顺天府大、宛二县旗民人等公议攒香放堂圣会，在西直门外往北两间房村，在赵处年例诚起。合会善男信女城里关外各村各巷居住，众等秉心前往京西天太山慈善寺燃灯古佛老爷驾前献供香、元宝、纸幛表词，放堂祈求平安"
41	掸尘会碑	乾隆三十九年（1774）六月	北京朝阳区东岳庙	《汇编》第73册第133页	碑记称：该会"肇于元季，隆于明代，辉煌轮奂于我朝（指清朝）……自有此庙，即有此会，以清除殿宇尘氛，绵绵延延数百余年"。会众三百余人。参见第23、36、54、63、70号碑

续表

序号	碑名	时间	地址	出处	提要
42	如意礼忏钱粮圣会碑	乾隆四十一年（1776）四月	北京石景山区慈善寺	实地考察	会碑称："京都顺天府大、宛二县旗民人等在德胜门西李广桥庐处诚起。"内部分工比较细致
43	如意攒香圣会碑	乾隆四十三年（1778）四月	同上	实地考察	在西安门内旃檀寺西妞妞房徐某处起会。会众进香祈福于寺内古佛。旗人男女各数十人
44	传膳老会碑	乾隆四十四年（1779）四月	北京西城区旧鼓楼大街大觉寺	《汇编》第74册第33—34页	碑阳题名："顺天府大、宛二县各城坊巷旗民众善人等"，首起为佐领那苏图，以下六十五人。主体为男性
45	二人老会碑	乾隆四十七年（1782）七月	北京门头沟区妙峰山碧霞元君祠	实地考察	进香碧霞元君。会众满汉旗民，清一色男性。当年会首为旗人富勒贺
46	如意老会碑	乾隆四十八年（1783）三月	北京石景山区慈善寺	实地考察	碑阳满文，碑阴汉文。会众为圆明园正白旗旗民，进香古佛
47	献茶会碑	乾隆五十年（1785）五月刻，嘉庆十七年（1812）重刻	北京朝阳区东岳庙	《汇编》第75册第36—37页	每月朔望，设献茶会于岱宗殿前"憩息有所，杯水作供"。会众五百余，主要为男性旗民。参见第20号碑
48	献供斗香膏药胜会碑	乾隆五十二年（1787）四月	北京门头沟区妙峰山碧霞元君祠	金勋《北京西郊成府村志》，又实地考察	雍正八年创办，成员为西直门外成府村旗民，前几任会首多为年老妇人。每年四月初十上山进香
49	广善米会捐资题名碑	乾隆五十八年（1793）八月	北京门头沟区戒台寺	《汇编》第76册第60页	碑记称："京都德胜门外索家坟药王庙年例诚起广善米会恭往戒台万寿寺献供斋僧礼□施食，众善捐资钱一百七十二吊，置地三十亩，得租永作佛前香供。"会众男女百余人
50	传膳路灯老会碑	乾隆六十年（1795）三月	北京石景山区慈善寺	实地考察	由"京都东安门外丰增胡同马处、地安门外东步梁桥冯处年例诚起"。男妇数十人
51	子孙胜会题名碑	乾隆六十年（1795）四月	北京门头沟区戒台寺	《汇编》第76册第99页	由京都永定门内外旗民人等组织，"恭往戒台寺进香，斋僧、礼忏、施食"，会众近百人，女性居多

第四章　旗人与民人　　349

续表

序号	碑名	时间	地址	出处	提　要
52	修补道□圣会碑	乾隆六十年（1795）夏月	北京门头沟区妙峰山碧霞元君祠	实地考察	碑记称："因往来维艰，崎岖难至，善士人等坚心向佛，不吝惜而愿捐资整理道途。"此碑系"募化宣武门内单牌楼众善人等共献"。会众为男性
53	悬灯老会碑	嘉庆元年（1796）八月	北京朝阳区东岳庙	《汇编》第77册第8—11页	是会系"东安门内北池子沙滩张处会同朝阳关内外旗民"。男女近四百人
54	掸尘放生会碑	嘉庆三年（1798）五月	同上	《汇编》第77册第31—32页	碑记称："京都顺天府大、宛二县朝阳关内外旗民人等。"男性三百余人。参见第23、36、41、63、70号碑
55	献灯圣会碑	嘉庆十五年（1810）四月	北京西城区旧鼓楼大街大觉寺	《汇编》第78册第64—65页	该会全称："药王殿同心献灯圣会"，会众于腊月除夕在药王神像前献灯一宿。会众男性五十余人
56	献供会碑	嘉庆十五年（1810）	北京丰台区看丹村药王庙	《汇编》第78册第66页	碑阳额题"献供老会"，碑记中称起会"以历百有余年"，每年药王圣诞献供于该庙。碑阴提名称：京都西便门内外……两处年例诚起献供圣会各项旗民众善芳名。有旗人、民人、店铺名甚众
57	楞严圣会碑	道光二年（1822）四月	北京门头沟区潭柘寺	《汇编》第79册第28—29页	碑阴称："兹因朝阳门内外旗民众善弟子年例春季前往潭柘山岫云寺楞严古佛圣前呈供进香"云。又记：众善弟子资助金钱五百吊，交寺置地一段
58	掸尘老会碑	道光十七年（1837）六月	北京朝阳区东岳庙	《汇编》第80册第132—133页	碑阳"众善山东掸尘老会"，碑阴题名包括许多店铺。是带有同乡会性质的民人香会
59	大悲圣会碑	道光二十二年（1842）四月	北京门头沟区戒台寺	《汇编》第81册第45页	会首奕达宁。碑阳题："京都大悲圣会旗民善信人等共捐钱一百二十吊"，修板桥一座
60	敬献鲜果圣会碑	道光二十三年（1843）三月	北京石景山区慈善寺	实地考察	会碑称：雍正十年三月由"京都顺天府宛平县圆明园海淀成府三旗营众善弟子"起会。已有百年以上历史。"众善弟子"百余人，基本为男性

续表

序号	碑名	时间	地址	出处	提要
61	净水会碑	道光二十四年（1844）七月	北京朝阳区东岳庙	《汇编》第81册第84—86页	碑两侧题称："雍正庚戌年六月榖旦公立"，"嘉庆戊辰年六月榖旦重修"。至道光二十四年已历时百有余年。男妇约二百三十人
62	糊饰窗户会碑	同治五年（1866）八月	同上	《汇编》第83册第89—90页	该会宗旨为修整庙内窗棂。碑阴题称："乾清宫等处总管首领太监旗民"，人数多达六百余人
63	拂尘会碑	同治六年（1867）三月	同上	《汇编》第83册第106—107页	参见第23、36、41、54、70号碑。本会乃掸尘会之延续。碑阴载正会首仍为镶黄旗满洲宗室吉腾、全康。又题称："崇文门内外顺天府大、宛二县旗民众善人等全心公议重整老掸尘圣会。"约一百五十人
64	白纸献花会碑	同治六年（1867）三月	同上	《汇编》第83册第110—112页	该会置白纸香花，以供众鬼神文籍簿书所需，男妇多达九百六十人
65	净水会碑	光绪二年（1876）六月	同上	《汇编》第84册第123—124页	满汉旗民共组，男性为主有承办人、钱粮把、中军把、仲伙把、供水把、神堂把、扎采把、口事把之分工
66	长春永久胜会	光绪八年（1882）七月	北京西城区白云观	《汇编》第85册第88页	碑阴载会首旗人、民人一百二十人
67	刘素云道行碑	光绪十二年（1886）三月	同上	《碑拓》，又《汇编》第86册第4页	光绪八年，大太监刘诚印发起组织长春永久供会，包括内官、信官百余人，每年为长春祖师、九皇祖师圣诞提供香资
68	净炉会碑	光绪十三年（1887）三月	北京朝阳区东岳庙	《汇编》第86册第42—44页	碑阴为满汉旗民题名。碑侧题："朝阳门内外旗民众善人等。"男性为主
69	如意老会题名碑	光绪十八年（1892）正月	北京门头沟戒台寺	《汇编》第87册第1页	碑阳题称："京都顺天府大宛两县旗民人等公议同心重整新春如意老会"云
70	老掸尘会碑	光绪十八年（1892）三月	北京朝阳区东岳庙	《汇编》第87册第7—8页	会首、会众多为旗人，包括宗室、觉罗。碑阳题称："有善士旗汉人等创立斯会……例于每月十四日齐集至庙……一律扫除洁净"云。为国初建立之老会，至此再立新碑，"以垂久远"。参见第23、36、41、54、63号。

续表

序号	碑名	时间	地址	出处	提要
71	献茶会碑	光绪十九年（1893）三月	北京朝阳区东岳庙	《汇编》第87册第49—51页	碑两侧题："皇城内外旗民众善人等"，"大清光绪十九年三月立"。该会创自二十多年前，至是刻碑纪念。有男妇二百余人，于每月朔、望，设棚备办清茶，为香客止渴之需
72	白纸献花会碑	光绪二十年（1894）三月	同上	《汇编》第87册第84—86页	会众五百余人，内有内务府大臣福锟等满汉大臣以及内宫太监
73	香灯供膳窗户纸会碑	光绪二十二年（1896）三月	同上	《汇编》第87册第146—147页	会费得大太监刘得印助一万两，会众例于二月十九、三月二十八、七月三十日佛前供献，以及妙尔洼茶棚一例办理。会众包括太监、旗民男妇
74	攒香会题名碑	光绪二十四年（1898）四月	北京海淀区四季青祁家村	《汇编》第88册第9页	碑记题称："兹因京西香山齐家村攒香老会置神耳二堂"，"阖村旗民人等""众香首人名"及助银额数
75	永庆善会碑	年代不详	北京西城区白云观	《碑拓》	该会供奉火祖，助香资钱置香火地三顷，又重修火祖殿。施主包括商号铺户二百四十余家，以及旗、民人等。会首为商号十三家
76	香灯供膳碑	光绪三十二年（1906）八月	北京朝阳区东岳庙	《汇编》第89册第103页	长春宫总管太监刘得印先后为香灯供膳窗户纸会施助纹银五千两，又募纹银五千两
77	祈福消灾老会碑	民国十一年（1922）四月初八日	北京西城区白云观	《碑拓》	创立于同治元年，议定："无论满蒙回汉士农工商，凡抱有意乐施济众之愿者，均可从心助善纳资入会"

注：本表"出处"项下，《汇编》指中州古籍出版社1990年版《北京图书馆藏中国历代石刻拓本汇编》；《碑拓》指中国科学院图书馆藏《白云观碑拓本》。

第五章

形形色色的旗人

八旗组建之初，以满洲人为主体，以后吸收了部分蒙古、汉、朝鲜、鄂温克、鄂伦春、达斡尔、赫哲人。入关后，又容纳了一些锡伯、俄罗斯、藏、回人。八旗在不断壮大的同时，也有一部分成员因各种原因分离出去。这成为清代旗人社会与民人社会互动交流的重要方面。

第一节 "新满洲"入旗

"新满洲"是相对于"陈满洲"而言的身份性概念。入关前，部分东北边远地区的居民在内迁编旗时称"新满洲"，他们被编入满洲八旗，参与了满洲共同体的形成。此后所谓"新满洲"，则指清朝入主北京后陆续入旗的东北边民。

当清朝刚刚在关内站稳脚跟时，作为其重要发祥地的黑龙江流域却受到来自北方的沙俄哥萨克的侵扰。清政府当时将主要兵力用于与南明政权的战争，无力在黑龙江北岸组织对侵略者的反击，只好在顺治末年将黑龙江上、中游的边民分别南迁到嫩江流域和以宁古塔（今黑龙江省宁安县）为中心的牡丹江流域。与此同时，清政府通过当地部族首领，进一步扩大招抚的范围。顺治十年（1653），通过混同江流域（从黑龙江与松花江汇流处下迄今俄境哈巴罗夫斯克市即伯力的一段）的赫哲人部长库力甘招抚了黑龙江下游副使哈喇等九姓四百三十二户，以及入海处的"东海费牙喀"（今尼夫赫人，旧称基里亚克人）的九村居民。[①] 顺

[①] 《顺治朝题本》编号第1、4、5，中国第一历史档案馆编：《清代中俄关系史料选编》第1编上，中华书局1981年版；《清世祖实录》第124卷，第6页。

治十一年（1654），派遣"兴堪"（兴凯湖）的库雅拉姓酋长札斯胡里等十名噶栅达（满语村长）随同清廷派出的章京分赴乌苏里江流域的额思库伦等地，招回当地壮丁一百一十四人。两年后，珲春地方的库雅拉部"总管"赉达库奉当时东北最高军政长官沙尔虎达之命，率噶栅达十六人，部民一百六十四人，分赴阿库里（今俄境瓦库河）、尼满（今俄境伊曼河）、厄勒（今俄境滨海省的雾迷大沟）、约索（今俄境纳赫塔赫河一带）等处，广为招徕散居部落。厄勒、约索位于锡赫特山脉以东，距珲春上千里之遥，途中山岭纵横，窝集（森林）密布，夏潦冬雪，人迹罕至，终于招回壮丁八百六十人，迁入珲春。大规模的招抚活动，一直持续到康熙初年始告结束。① 清朝在南迁并集结黑龙江上、中游边民的同时，又招徕黑龙江下游和乌苏里江东的大批壮丁，作为"新满洲"编入旗籍。（见图171）

图171　盛京(沈阳)清宫崇政殿木雕龙

---

① 中国第一历史档案馆藏：《军机处满文月折档》，乾隆七年二月二十二日鄂弥达奏。

康熙九年（1670），清政府首先在宁古塔将迁来的壮丁编为十四个"库雅拉佐领"（额兵八百四十五）。康熙五十三年（1714），另在珲春编设了三个"库雅拉佐领"（额兵一百五十）。"库雅拉"是满洲旧姓之一，原籍珲春及以东地方，这里作为对乌苏里江以东广大滨海地区和珲春河附近归附部落的泛称。编入"库雅拉佐领"的边民主要来自珲春、喜禄河（伊鲁河，今俄境别利措瓦山附近）、雅兰河源（今俄境滨海地区南端）、乌苏里江源，以及北迄阿库里、尼满、厄勒、约索一线。①

康熙十三年（1674），清政府在宁古塔举行有史以来最大规模的一次"新满洲"编旗活动，将迁来的四千七百余名壮丁及其眷属编为四十个"新满洲佐领"（额兵二千）。其主体是来自松花江下游以及黑龙江北毕瞻河（今俄境比占河）流域的氏族、部落，并吸收乌苏里江下游及支流毕歆河、诺罗河、木伦河的散居人民。"新满洲"入旗，为康熙帝组织对沙俄入侵者反击，收复失地，提供了一支生力军。

东北边疆局势安定后，清政府为加强对整个黑龙江下游各族部的有效管理，完善三姓城（今黑龙江省依兰县）的驻防制度，康熙五十三年（1714）将徙自黑龙江中游德新（在乌苏里江口）、集纳林（今黑龙江同江勤得利）、喜鲁林（今黑龙江省抚远县境）等地一千五百余名壮丁编为四个新满洲佐领。雍正九年（1731）将当地协领衙门升格为副都统衙门的同时，再加以乌苏里江口以北、黑龙江下游的"八姓"赫哲人壮丁，增编十六个新满洲佐领，总共二千兵丁。

"新满洲"来源地域广泛，覆盖了乌苏里江和黑龙江流域及毗邻地区。人口众多，据不完全统计，入旗壮丁超过七千余人，全部人口不少于三四万人。这里本来就是满洲人的发祥地，当地居民早在清初即参与满洲共同体的形成，南迁入旗不过是重新踏上前辈的足迹。

在"新满洲"的众多族姓中，除宁古塔、纽呼特、萨克达、尼马察、颜札、库雅拉、巴雅拉、富察这样一些传统满洲旧姓，还包括墨尔哲勒、乌札拉、托科洛、葛依克勒、努业勒、恰喀拉等属于赫哲人、乌德赫人的姓氏。这些"新满洲"族姓大多被载入《八旗满洲氏族通谱》的事实充分说明，与满洲人有着密切血缘关系与同一文化背景的东北边疆居民，在

---

① 详见刘小萌《清前期东北边疆"徙民编旗"考察》，载吕一燃主编《中国边疆史地论集》，黑龙江教育出版社1991年版。

新的历史条件下又一次参与了满洲族的壮大与发展。因此，《吉林通志》说："佛（陈）与伊彻（新）、库雅拉，皆满洲也。"

康雍年间，以集结在嫩江流域、祖籍黑龙江上游和精奇里江的达斡尔、鄂温克（索伦）、鄂伦春人编为"布特哈（打牲）八旗"，它是参考八旗制度而建立的军政经合一的组织。康熙中叶，陆续抽调一部分布特哈壮丁编为三十九个八旗索伦佐领和达斡尔佐领（额兵二千三百四十），分驻瑷珲、墨尔根、齐齐哈尔诸城。这些被编入八旗的达斡尔、鄂温克（索伦）、鄂伦春人，在八旗制度的管理下同样接受满洲文化的熏陶。

康熙三十一年（1692），清廷用银赎出科尔沁王公所属的万余达斡尔、索伦（鄂温克）、锡伯、卦尔察壮丁，编为七十二个八旗佐领（内达斡尔佐领十六、锡伯佐领四十六、卦尔察佐领十，共额兵四千）[1]，分驻齐齐哈尔、伯都讷、吉林乌拉、阿勒楚喀、拉林、呼兰等北疆要地。翌年，编漠北喀尔喀车臣汗所属巴尔虎来归之一部六百三十七户为八个巴尔虎佐领（额兵四百八十），分驻北疆诸处。[2] 雍正十三年（1734），将又一部内附巴尔虎人编为"巴尔虎八旗"，共四十佐领（壮丁二千九百八十四），置于克鲁伦河下游、贝尔湖和喀尔喀河（今贝尔湖上源哈拉哈河）驻牧。[3]

清廷大规模徙民编旗活动前后持续八十年之久。它汇聚了黑龙江、乌苏里江两大流域的众多土著居民成分：达斡尔人、索伦人、锡伯人、卦尔察人、赫哲人、恰喀拉人、蒙古人，体现了历时长、范围广、人口多、来源复杂的特点。

在以后的年代里，这些旗人大部分在东北地区驻防，也有一些陆续迁入北京。精奇里江达斡尔人首领巴尔达奇，迁入北京后隶正白旗满洲，授一等男爵。精奇里、克音、乌力苏、德都勒、托尔佳、傲拉、倭勒、多锦、多拉尔等众多达斡尔、索伦姓，均作为"满洲一姓"，被载入《八旗满洲氏族通谱》中，正是部分东北土著居民与满洲人融合的反映。（见图172）

---

[1] 《满文月折档》第30—40卷；又见《盛京通志》第10卷，乾隆朝《会典则例》第174卷，殿本。

[2] 《满文月折档》，乾隆七年十一月十八日博第奏。

[3] 《呼伦贝尔总统事略》，《盛京通志》第19卷。

图172　顺治十一年巴尔达齐诰封碑(北京石刻博物馆)

第二节　"满化"的汉人

有清一代，不断有非满洲血统的成分——主要是汉人——通过各种途径加入八旗，其中一部分与满洲人融为一体。

清太祖努尔哈赤建国时创立的八旗组织，从一开始就是多民族成分的汇集。据《八旗通志初集》记载，在创业时期的四百个牛录中，满洲蒙古牛录三百零八个，蒙古牛录七十六个，汉军牛录十六个。其中，满洲蒙古牛录，以满洲人为主，又编入了少量蒙古人和汉人。以后，归附日众，人口增加，分设蒙古、汉军八旗，但满洲旗内的外族成分非但没有减少，反而因对外掳掠战争的升级与规模扩大而不断增多。天聪三年（1629）至崇德三年（1638）短短十年间，八旗军队四次破关而入，掳掠汉民不少于二三十万。清朝入关后，畿辅一带被迫投充旗下的汉民约有五万人。所有这些沦为奴仆的外族人，绝大多数被编入满洲旗下。

在长期的共同生活中，他们耳濡目染满洲文化，一部分人逐渐满化。刘献庭《广阳杂记》卷一说："满洲掳去汉人子女年幼者，习满语纯熟，与真女直（按：此处指满洲人）无别。"被掳外族女子，无论为奴为姜，衣服穿戴均改满洲式样。汉妇习惯，一耳戴一钳，改从满式，则一耳三钳。这些外族子女，自幼在满洲人家庭内生活，最易被同化。何况当时满洲人正处盛朝时代，依仿满俗是一种时尚。他们在讲满语、着旗装的同时，生活起居无不率同满俗，男子剃发，女子天足，放弃汉姓，改称满名。

早在开国时代，随侍努尔哈赤左右的就有汉人。其中一人满名"洛翰"，本姓刘，因扈从努尔哈赤受伤致残，被赐姓觉罗①，是汉人改从满姓的开始。《八旗满洲氏族通谱》卷七四洛翰（劳翰）本传称其"世居长白山地方"，说明其先辈流入满洲（女真）地区很久，原籍湮没无闻，或者还表明对其"满洲化"的认同。洛翰后人隶北京内务府，文武科第绵延不绝，知名者有：康熙五十四年乙未科武状元赛都，官至云南开化镇总兵，出身武鼎甲而风雅能诗，有儒将之称，其子刘淳，乾隆十五年庚午科武举人，官冠军使，亦能诗，父子两人作品均收入铁保纂辑《熙朝雅颂集》中。刘淳亦善画，李放《八旗画录》曾予著录。刘淳裔孙铭德，嘉庆十四年己巳科翰林，官江西广信知府。刘淳子豫益，道光二年壬午科翰林，官江苏松江知府；其弟豫师，咸丰二年壬子科进士，八股文最有名，官至西宁办事大臣。光绪年间，他在北京西四牌楼北当街庙创办会辅堂讲舍，按月讲书，会课文艺，培养学生。②

满洲旗下一部分汉人，原是辽东地方平民，因为在关外时期曾与满人一同戍守边台，被称作"台尼堪"（意即"坐台汉人"）。入关后，他们的子孙仍世代与满洲人同编一佐领，享受同等待遇，随之陆续将汉姓隐去，改用满姓满名，或者取"台尼堪"中"台"的谐音，改称"台"姓或者"唐"姓、"谈"姓。这是他们在民族心理上与满洲人产生认同感的重要标志。③

乾隆年间历任浙江总督、杭州将军、兵部尚书等显赫官职的正蓝旗满洲人性桂，先祖王国左原来是辽东义州汉人，天命七年（1622）随蒙古兀

---

① 昭梿：《啸亭续录》第3卷《洛翰》，收入《啸亭杂录》，第465页；《八旗满洲氏族通谱》第74卷《劳翰》。

② 石继昌：《春明旧事》，第71—72页；宗彝：《道咸以来朝野杂记》，第81页。

③ 定宜庄、刘小萌：《台尼堪考》，载《清史研究通讯》1988年第3期。

鲁特部长索诺木归附后金国后，子孙世代隶属满洲旗。性桂位居一品，任职满缺，名列《满洲名臣传》。书中全然未提及他的汉人血统。满洲旗下汉人中像性桂一家发迹的为数寥寥，但他的家庭历史所揭示出的外族人满化的基本事实，不仅对于满洲旗下的汉人，而且对于有过相似经历的内务府和满洲旗下朝鲜人、蒙古人、藏人（蕃子）等来说，都具有普遍意义。

《八旗满洲氏族通谱》的编纂体例中载："乾隆五年十二月初八日奏定：蒙古、高丽（即朝鲜）、尼堪（汉人）、台尼堪、抚顺尼堪等人员，从前入于满洲旗分内历年久远者，注明伊等情由，附于满洲姓氏之后。"书中共收载隶属满洲八旗的一千二百六十六姓氏，除满洲七百四十一姓外，附载蒙古二百三十五姓，高丽（朝鲜）四十三姓，尼堪（汉人）二百四十七姓。这些附载族姓，都是清初被编入满洲八旗和内务府的外族人后裔。因为与满洲人长期共处，生活习俗、精神面貌、心理状态趋于满化，所以经清廷批准，载入《八旗满洲氏族通谱》。（见图173）

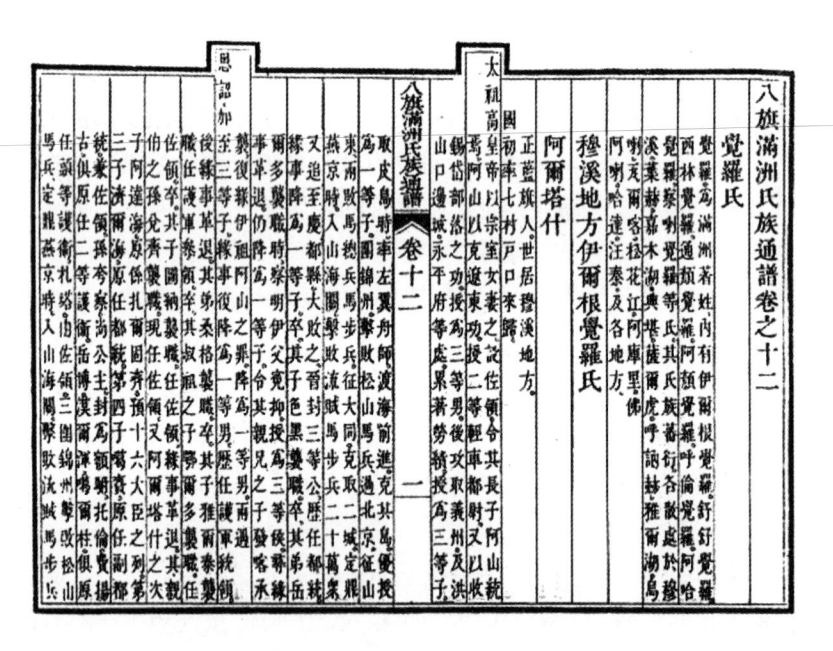

图173　雍正朝《八旗满洲氏族通谱》书影

清初统治者对旗下非满洲人施行满化政策，而满洲人所享有的特权地位，又促使旗内非满洲人主动地接受这种同化，这就推动了外族成分融合

于满人的过程。除了内务府非满洲人及台尼堪,外族成分融于满人的途径,还有以下几种:

第一,奴仆开户。清代旗人在社会身份上主要有"正身旗人"与"户下家人"的区别。所谓"正身旗人",是旗人中的自由民阶层,上起钟鸣鼎食的天潢贵胄,诗礼簪缨的世宦阀阅,下至普通的八旗子弟,中间虽然存在着不容僭越躐等的政治等级,但同属于一个阶层。"户下家人"或称"包衣阿哈"(家奴),是服侍皇室、王公、官僚和一部分富裕旗人的家内奴仆和庄园壮丁。他们没有独立户籍,隶属在主人名下,所以才称"户下人"。清入关以前大规模掠人为奴的结果,使奴仆成为八旗社会中为数最庞大的阶层。顺治五年(1648),八旗男丁三十四万六千九百三十一人中,汉军和台尼堪壮丁四万五千八百四十九人,满洲壮丁五万五千三百三十人,蒙古壮丁二万八千七百八十五人,满洲、蒙古的汉人奴仆壮丁二十一万六千九百六十七人。[1] 由此可知,清入关初,户下奴仆约占全部八旗人口的百分之七十。这是当初满洲蓄奴制度异常发达的一个明证。由于汉人构成旗人奴仆的主体,且多为满洲旗人占有,又使八旗内部的主奴关系带有鲜明的民族压迫色彩。

清初八旗兵丁东征西讨,常带奴仆随迁。清统治者为减少满洲人的伤亡,对奴仆实行奖励军功政策,允许立有战功的奴仆豁除奴籍,并在原佐领独立开户,称"开户人"。拥有独立的户籍,意味着取得了近乎自由民的身份。雍正九年(1731),清廷用兵西北,与准噶尔部战事方酣,苦于兵源匮乏,雍正帝下旨从北京旗人奴仆中遴选二千人,组成"家选兵",又将阵亡八旗将士的家奴编为"复仇兵",派往军前效力。战毕凯旋,这些参战的家奴连同眷属均获得旗下开户的资格。雍乾年间,八旗开户人已形成人数可观的阶层。[2]

奴仆开户后,可以当兵食饷,担任低级军官,享有高出奴仆的社会地位。但与正身旗人相比,又时时受到歧视和压抑。开户人为了彻底改变这种不尽如人意的处境,唯有混入正身旗人一途。雍正帝目睹这种现象愈演愈烈,曾发出警告说:"八旗现今开档人(开户人)及养子(即抱养民人

---

[1] 允祥:《为报顺康年间编审八旗男丁事奏本》,雍正元年五月初四日。
[2] 刘小萌:《关于清代八旗中"开户人"的身份问题》,载《社会科学战线》1987年第2期。

或旗奴之子）当前锋、护军者甚多，［若］辈即与满洲等矣。"① 前锋、护军是满、蒙旗人专擅的头等差事，收入多于七八品官，汉军都无缘染指，却有大批开户人跻身其间，他们在身份上逐渐与满洲旗人混淆莫辨。

雍乾年间，清廷曾花费二十余年时间，对旗人户籍进行大规模清查整理，清查的重点便是混入满洲人中的开户人。这些人一经发现，便被打入另册，又称"另记档案人"。乾隆二十一年（1756），所有被查出的开户人和"另记档案人"，都在清廷的严令下出旗为民。但是，仍有为数不少的开户人躲过了这次大清查，继续夤缘于正身旗人中间。乾隆二十七年（1762），乾隆帝下谕："其二十二年以前，阅年已久，无凭查核，著无论有无情节，亦悉加恩免究，均令作为另户旗人。"② 这部分满洲旗下开户人经过长期努力，在争取到与正身旗人同等待遇的同时，实现了向满人身份的转变。

第二，抱养义子。汉人民间素有"不孝有三，无后为大"的观念，民间继子之俗，原由于抱养者乏嗣，以养子继承香火为目的。而旗人家庭"过继子"的目的，除了延续血脉，在很多场合是基于经济利益的驱动。旗人以当兵食饷为主要经济来源，如果没有子嗣，就意味着无法享受这种待遇，为此必须想方设法抱养他人之子，即所谓抱养义子或过继子。通常，满洲佐领因本佐领阵亡壮丁较多，户口凋零，人丁不旺，也会鼓励旗人抱养义子。所以，旗下"过继子"之风远较民间盛行。

旗人抱养对象，除族中子弟和户下家生子（世代为奴者的子弟）外，主要是民间汉人之子。清初对旗人抱养对象没有任何具体限制，无嗣者抱养他人之子，只需报明本主，送部注册，即可增入本佐领壮丁册。一些汉人养子和旗下奴仆子弟，借此混入满人之列，数辈之后即自称"满洲"。

对漫无节制地抱养义子尤其是抱养民人子弟之风加以禁止，是以雍正朝"八旗生计"问题凸显出来以后为起点的。雍正帝谕令中提到：养子中当前锋、护军等优缺的人很多，各旗佐领应清查呈报，养子本人应从实自首。但由于这道谕令直接损害抱养者与养子的利益，实施过程中遇到很大阻力，收效甚微。乾隆二十一年（1756），乾隆帝承认：旗人抱养民子的事件无论在京旗还是在驻防旗人中都为数众多。

进入晚清，旗、民畛域趋于淡化，加以旗制破败，此风大有不可遏止

---

① 《八旗通志初集》第31卷，第14、15页。
② 《清高宗实录》第644卷，第9页上。

的趋势。道光元年（1821），对混入旗籍的民人和家奴之子再一次进行大规模清查。据不完全统计，镶黄旗满洲，清查出三千四百三十九人；正黄旗满洲，清查出一百九十四人；正红旗满洲，清查出三百零五人；镶白旗满洲，清查出二千八百三十人；镶红旗满洲，清查出五百五十九人；正蓝旗满洲，清查出一百一十四人；镶蓝旗满洲，清查出六百六十人。[①] 以上七旗，共查出假冒八千一百零一人。各旗查出人数相差悬殊，与主持者的清查力度和认真态度有关，说明在京旗中隐没遗漏者仍大有人在。

在各地驻防清查出的冒入旗籍养子也很可观。荆州一地查出抱养民子的满、蒙旗人有四百多名；江宁、京口两地驻防满、蒙旗人中，抱养民人为嗣者竟达一千八百四十五人之多。[②] 在有数千额兵的驻防地，民人养子达到成百上千之数，实在是很惊人的。此次清查涉及人数众多，清廷只得依照乾隆年旧例：宽免治罪，另册注明，及身而止。[③]

图174 荆州旗城今景

---

① 中国第一历史档案馆藏：《道光元年查办冒入旗籍史料》，载《历史档案》1995年第3期。
② 光绪朝《会典事例》第1115卷，中华书局1991年影印本，第90页。
③ 瑞洵：《请饬清查旗籍折》光绪二十年六月，载《散木居丛稿》第1卷，民国餐菊轩印本，第2页上下。

经过此番清查，清廷意在防患于未然，定出章程四条，中心是严格申报制度、杜绝冒滥①，但京旗抱养民人之子的现象并未消弭。道光六年（1826），正红旗满洲查出养育兵存亮系民人姜福之子，经马甲富明阿抱养为嗣。随即在各旗展开新一轮清查。② 十五年（1834），查出旗人成安，抱养大兴县民人董祥寿为嗣，改名百福保，冒入旗档，并挑取马甲粮饷。结果，董祥寿被革退马甲，消除旗档；成安被革退马甲，其胞兄族长骁骑校清安被解任；一并交刑部审办。③

光绪九年（1883），满洲大臣英和在一份关于八旗积弊的奏议中，首先讲的仍是冒入旗籍问题："兹则八旗兵丁，半属民人充数。询以姓氏而不知，叩以清语而不晓。"④ 旗人抱养民子，主要为了多领粮饷，养赡家口，缓解生计压力。八旗生计问题不解决，假冒问题不仅无法消除，反而愈演愈烈，这正是问题症结所在。

旗人抱养民子，在手续上如何弄虚作假？旗人芙萍《旗俗见闻录》举例说：譬如满洲旗人家庭某氏，膝下本有亲生子，经人拉拢，推介某汉人家子弟，认为义子，入门后实行改姓，与其亲生子排列成名。如亲生子名德瑞，则此"过继子"可起名德俊，纵然较前者年龄稍长，亦须居弟弟的地位，以便呈报虚名。因系满洲义子，所以挑取披甲较为顺利。或等缺候补，或运动于本旗领催，务使该"过继子"获得钱粮而后已。待钱粮到手，养子与义父义母平分。此后如果养子受到提拔，获得优缺，钱粮增多，也必须履行先前约定俗成的分配办法，不能借口反悔。养子一直要等到义父义母都去世后，所领钱粮才能全部归己，并且兄辈也不能与他相争。

清前期针对冒入旗籍民人，多次进行大规模清查，均未见成效。八旗制度本有三年一编审之例，目的之一就是杜绝假冒。近代以来，八旗制度积弊重重，编审之例形同虚设。北京城中，厮舆之卒皆食钱粮，勋旧之家亦多乞养；叩以清语而不晓，询以姓氏而不知；始则窜名闲散，渐至报捐送考；初仅承嗣孤孀，继且荫官袭爵。此种弊端，愈演愈烈。外八旗固所不免，内务

---

① 《清宣宗实录》第26卷，第22页上、23页下。
② 中国第一历史档案馆藏：《奕绍等为遵旨清查正红旗满洲抱养民子为嗣情形事奏折》，道光六年六月二十一日，载《历史档案》1995年第3期。
③ 《清宣宗实录》第254卷，第3页下、4页上。
④ 王云五主编：《道咸同光四朝奏议》，第4602页。

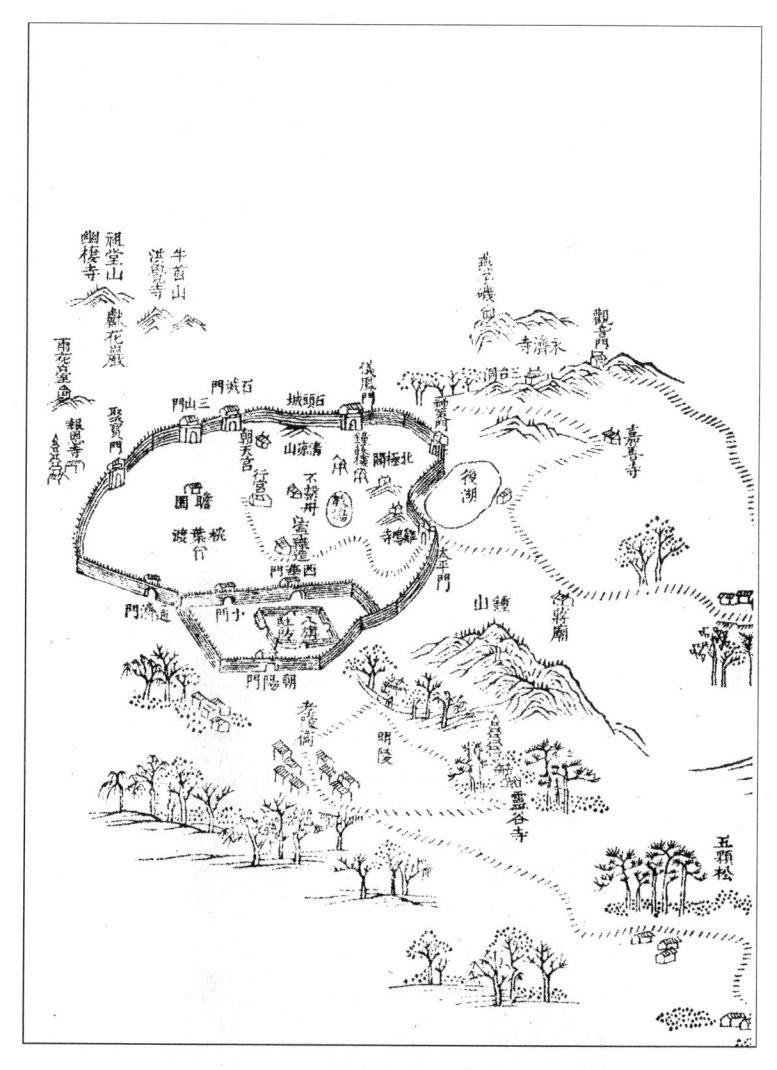

图 175　江宁城与八旗驻防(《南巡盛典·程途图》)

府利之所在,蒙混尤多。社会上因有"八旗官兵半系民人"之语。① 这种现象的流衍,足证冒入旗籍问题的严重性。分散进入旗人家中的民人子弟,自幼与养父养母朝夕相处,融为满洲旗人中的一部分,应是水到渠成的事情。

第三,缔结婚姻。通过婚姻建立、扩大地域联系,增强不同部落首领间的联系,早在满洲人先世已是习见的现象。在《满洲实录》卷一所载

---

① 瑞洵:《请饬清查旗籍折》,光绪二十年六月。

始祖传说中就提到：三姓人息争，共同推举布库里雍顺为部主，并将本部之女妻之。这里体现了部落社会的基本原则：氏族外婚与部落内婚制的实行，形成一张联结起所有部落成员的亲属关系网络，彼此之间不是血亲就是姻亲。所以，布库里雍顺只有在与三姓人建立起姻亲关系后，才能取得部落长的资格。在以后满洲人由部落向国家的演进过程中，缔结婚姻关系始终是部落显贵扩大同盟关系、控制从属部落的重要手段。①

　　清太祖努尔哈赤建国后，将这种传统的政治手段发挥到了极致，赐婚的对象既有满洲将领大臣、蒙古贵族，也有汉人降官。从而在统治集团内部营造出盘根错节的亲属纽带，最大限度地巩固了政权轴心，加快了建国步伐。太祖努尔哈赤的十名出嫁女（包括二名养女）中，嫁给满洲贵族的六名，嫁给蒙古王公的四名；太宗皇太极的十五名出嫁女（包括养女一名），嫁给满洲贵族三名，嫁给蒙古王公十一名，嫁给汉人一名；世祖福临的四名出嫁女，嫁给满洲人和蒙古人的各一人，嫁给汉人的二名。② 这一统计虽然未必准确，但对了解清初皇室的联姻趋向还是很有帮助的，即首选为蒙古王公，其次是满洲人和汉人。

图 176　温庄长公主(皇太极次女)圹辞

---

①　详见刘小萌《满族的部落与国家》，吉林文史出版社 1995 年版，第 10、11、114、267 页。
②　姜守鹏等：《爱新觉罗家族全书——世系源流》，吉林人民出版社 1996 年版，第 21 页。

满洲人与蒙古人语言异而服制、风俗相似，满、蒙贵族在开国的征战中结成共同的政治利益。此后，与蒙古王公世代联姻，成为清历朝统治者恪守的国策。其中，满洲皇室爱新觉罗氏与蒙古著姓博尔济吉特氏的婚姻最为频繁。① 这正是蒙古人通过婚姻加入满洲人中的一个缩影。

图177　盛京（沈阳）怀远门满文门额

至于满汉间的联姻，在清初没有禁例。相反，作为笼络汉人的一种策略，还一度受到满洲统治者的鼓励。天命三年（1618），努尔哈赤攻取明朝抚顺，守将李永芳降附，娶努尔哈赤第九子、贝勒（王）阿巴泰女；佟养性自明投归，努尔哈赤赐宗室女，据清皇室《玉牒》，该女即努尔哈赤第三子阿拜之女。两人对外均称"额驸"（女婿之意）。努尔哈赤倚重的汉人将领刘兴祚，又名爱塔，娶大贝勒代善（努尔哈赤第二子）养女。他们都与汗家族（宗室）缔结这样或那样的婚姻关系，并且在子孙辈延续，形成世代联姻。②

清太宗皇太极即位后，汉人政治地位明显提高，满汉联姻范围进一步扩大。皇太极攻取大凌河城后，采纳贝勒岳讬建策，以诸贝勒女妻明朝一品降官，以诸大臣女妻二品降官，以国中汉人女和庄头女给配众降兵。与此同时，汉人女嫁给满人的也不少。《顺治朝题本》就提到，亲王阿济格有"尼堪福晋"（福晋，对夫人的尊称），即娶自汉人的妻子。

顺治帝福临定鼎北京，准满汉官民相互婚娶。五年八月上谕："方今

---

① 郑天挺：《探微集》，中华书局1980年版，第50页。
② 详见［日］绵贯哲郎《清初的旧汉人与清皇室》，载阎崇年主编《满学研究》第7辑，民族出版社2002年版。

天下一家，满汉官民皆朕臣子，欲其各相亲睦，莫若使之缔结婚姻。自后满汉官民，有欲联姻好者，听之。"数日后又颁布婚嫁报部的具体办法：满洲官员之女，欲与汉人为婚者，先须呈明户部，酌情具奏或自行办理；无职人等之女，部册有名者，令各牛录章京报部方嫁，无名者，听各牛录章京自行遣嫁；汉官之女，欲与满洲人为婚者，亦行报部，无职者听其自便，不必报部；起满洲官民，娶汉人之女，实系为妻者，方准其娶。① 此即清初著名的满汉通婚条例。福临为表率天下，选汉宫女备六宫。户部左侍郎石申女，承恩赐居永寿宫，冠服用汉式，后封恪妃。② 当时满、汉矛盾尖锐，通婚尚不普遍，但满洲人是统治者，享有种种特权，民人嫁女于满人的现象应是存在的。

对汉人降臣，清廷则沿用"赐婚"传统国策。诸如范文程、洪承畴、冯铨者流，无不受赐满妇。明朝阉党余孽冯铨降清后纳满洲妇并借此附入旗籍，就是中间的一段插曲。

冯铨，涿州人，明万历进士，天启年间自昵于大太监魏忠贤，得以入阁拜相。他部裁《三朝要典》，作《辽东传》，陷害忠臣熊廷弼于死地。崇祯帝即位后剪除阉党，搜得冯铨为魏忠贤祝寿百韵诗，论罪杖徒，赎为民。清朝入京，录用旧臣，冯铨以大学士原衔入内院佐理机务，录任礼部尚书、中和殿大学士。冯铨是五代时"长乐老"冯道一类无气节无人格见风使舵的官僚，老奸巨猾，邀宠有术。冯铨死于康熙十一年（1672），生前清帝曾赐给八旗满洲纳兰氏，即内务府总管鄂貌图之女。胡世安《贺元辅冯鹿庵赐婚二首上元次日》中有"春台布令倚三公，奉敕联姻瀚海东"句。③ "鹿庵"是冯铨字，诗中点明是皇帝赐婚。冯铨因此疏陈"叨承宠命，赐婚满洲，理应附籍满洲编氓之末"，并如愿以偿。④

冯铨后人世代隶属内务府汉军镶黄旗，乾隆朝大学士英廉即其后裔。英廉曾孙福格，字申之。咸丰初，以惠州通判留在僧格林沁山东军中，后升山东莒州知州。他熟悉清朝掌故，尤详于满洲情况。所著《听雨丛谈》书稿扉

---

① 《清世祖实录》第40卷，第11页上、14页上下。
② 金梁：《光宣小记》，上海书店出版社1998年版，第147页。
③ 胡世安：《秀岩集》，康熙三十四年修补本，转引自杨海英《洪承畴与明清易代研究》，商务印书馆2006年版，第97页。
④ 邓之诚：《清诗纪事初编》，上海古籍出版社1984年版，第616页。

页，题有"长白福格申之撰"。①"长白"即长白山，一向被满洲人视为祖先肇兴之地，因此成为满洲血统与满洲文化传统的重要象征。福格先世入旗近二百年，与满洲人长期通婚，血统上早已融为一体，他自属"长白"，正是从血统、文化乃至心理趋于满化的自然表露。（见图178）

清初满汉通婚的最高形式，是皇室与"三藩"贵族的联姻。清朝入关初，统治基础未稳，对西南和东南沿海广大地区的征服与控制，主要倚重平西王吴三桂、靖南王耿继茂（后由耿精忠袭爵）、平南王尚可喜、定南王孔有德。吴三桂镇云南，耿继茂镇福建，尚可喜镇广东，孔有德镇广西，四王地位尊显，战功赫赫，各拥重兵，呼吸响应，形成清王朝震慑南方的有力藩屏。顺治九年（1652），南明李定国攻陷广西桂林，孔有德遇难爵除，吴、耿、尚三王继续镇其地，形同割据，史称"三藩"。其时，中原内地干戈扰攘，汉人反抗此伏彼起，八旗兵力捉襟见肘，疲于奔命。在这种形势下，清廷只得暂时容忍"三藩"的尾大不掉，为了倚重其实力，又不能不加紧笼络。与"三藩"本人及其子弟缔结婚姻，是笼络的重要手段。

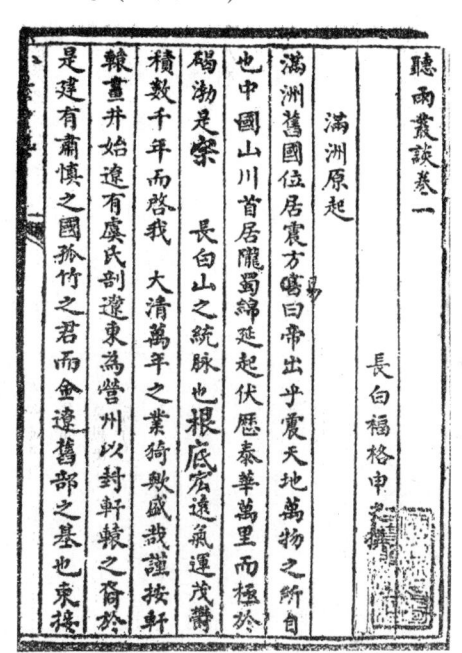

图178 《听雨丛谈》书影

在"三藩"中，因"冲冠一怒为红颜"的平西王吴三桂降清最晚，但战功最著，实力最强。清廷赐其四满洲妇，以示宠异。②

顺治年间，"三藩"诸子相继上送京师，名义上是"奉侍"皇帝，实际兼有充当人质的作用。但不管背景如何，至少从表面看来，这些子弟出入禁廷，姻联皇室，俨然是京师汉人中地位最显赫的贵族。

顺治二年（1645），吴三桂晋封亲王。十年（1653），其长子吴应熊

---

① 福格：《听雨丛谈·再版说明》，第1页。
② 刘献廷：《广阳杂记》第3卷，第141页。

尚世祖皇帝福临最年幼的异母妹（即清太宗皇太极的第十四女），当时和硕公主年仅十三岁。应熊封和硕额驸后，留侍京师，十四年加少保兼太子太保。① 康熙十二年（1673）十一月，吴三桂反，翌年四月诏执应熊并其子世霖，处死。

在耿氏三兄弟中，长子耿精忠，顺治十一年（1654）遣往北京侍奉世祖皇帝，因父卓有战功，封一等精奇尼哈番，娶肃亲王豪格女，因称和硕额驸。② 康熙二年（1663）赴福建习军事。十年（1671），耿继茂死，精忠袭父爵，后因参与吴三桂叛乱，爵除。次子昭忠，生于崇德二年（1637），顺治十一年（1654）十五岁入侍禁廷，授一等精奇尼哈番，"以异姓诸王子之贵，加之额驸之贵"，娶固山贝子苏布图女固山格格，由世祖皇帝赐婚得封固山额驸，寻加授多罗额驸，加太子少保、进太子太保。③

三子聚忠，顺治十五年（1658）十一岁时入侍内廷，康熙二年（1663）娶安亲王岳乐（饶余郡王阿巴泰子）之女。该女顺治九年（1652）生，因有"世祖皇帝抚育宫中"的名义，得享和硕公主（柔嘉公主）封号④，聚忠封和硕额驸，初授三等精奇尼哈番，康熙七年（1668）加太子少师。十三年兄精忠响应吴三桂反，清圣祖玄烨诏执聚忠于狱，翌年七月释放复官职如故，十五年进太子太保。⑤ 聚忠和公主殁后葬北京门头沟区龙门耿王坟。⑥（见图179、180）

平南王尚可喜有子三十三人，其中最有名的有二人，其一为次子尚之信。之信生于清崇德元年（1636），其兄早亡，遂为嫡长子，顺治十一年（1654）春入侍世祖福临。这年，之信十八岁，福临十七岁，两人年龄相近，加之他天资颖悟，彬彬有礼，深得福临器重，"出入必从，呼为俺答"⑦，特旨进公爵，又进少保兼太子太保。

---

① 《清史稿》第474卷第42册，第12838页。
② 同上书，第12853页。
③ 钱仪吉纂：《碑传集》第6卷第1册，第126页；《清史稿》第234卷第31册，第9408页；《八旗通志初集》第188卷，第4466页。
④ 《耿聚忠妻和硕柔嘉公主诰封碑》，《拓本汇编》第62册，第25页；《八旗通志初集》第188卷，第4466页。
⑤ 唐邦治：《清皇室四谱》第4卷，上海聚珍仿宋印书局民国十二年（1923）排印本，第11页。
⑥ 《耿聚忠诰封碑》，《拓本汇编》第61册，第117页。
⑦ 释今释：《元功垂范》卷下，乾隆三十年（1765）刻本，第5页上。

"俺答",在碑文中写为"俺答",为满语(anda 安达)的音译,意为朋友、至交,是生活中使用频率很高的一个词,但尚之信所获"安达"并不是随意性称呼,而是世祖特赐封号①,所以在正式场合必与其他爵秩一同冠于姓氏之前。② 之信因在父辈撮合下已娶耿精忠妹,而与额驸爵位无缘,但清廷又不愿因此降低他的身份,故赐予"安达"封号。这一封号从顺治朝沿袭到康熙朝,待遇与和硕额驸相等。由此可见清廷笼络藩王的一番苦心。

康熙十年(1671),尚可喜以年老多病为由奏请放归之信,朝廷乃遣

图179 耿聚忠墓碑(北京门头沟)

之信赴广东佐军事。但他秉政后为人专横暴戾,很快失去父亲和朝廷信任,后起兵响应吴三桂叛乱,不久降清,其时,康熙帝在公文中仍称之为:"平南亲王安达尚之信",直到被杀爵除。③

尚之信就戮前,其母舒氏、胡氏疏言:"之信怙恶不悛,有不臣之心。恐祸延宗祀,乞上行诛。"④ 舒氏、胡氏,即老平南王尚可喜之妻,舒氏即舒穆禄氏,与胡氏均系清廷赐予可喜的满洲妇,她们深知尚之信罪恶深重,故上疏康熙帝将其诛死。

尚家只出了一位额驸,即第八子尚之隆。之隆生于顺治三年(1646),十四年(1657)与之孝、之廉、之辅、之佐等兄弟一起送往京师,三年后(即1660)尚公主。公主为福临养女,即福临兄承泽亲王硕塞女,顺治五年(1648)生,抚养宫中,出嫁时仅十三岁,封和硕公主

---

① 尚久蕴等:《尚氏宗谱》,1994年第6次续修本,第196页;罗振玉编:《平南敬亲王尚可喜事实册》,民国十三年(1924)铅印本,第30页上。
② 索尼:《保安禅寺碑记》,康熙三年三月,载《拓本汇编》第62册,第33页。
③ [日]细谷良夫:《围绕尚氏家族的诸史料》,《满学研究》第4辑,民族出版社1998年版,第273页。
④ 《清史稿》第474卷。

图 180 柔嘉公主墓碑(北京门头沟)

(后封和硕和顺公主),之隆得封和硕额驸。康熙十年（1671），他携公主及女儿远赴广州探视父亲。此后，长期留居京师。康熙十五年兄尚之信响应吴三桂叛乱，康熙帝诏免之隆连坐罪。四十一年授领侍卫内大臣。六十一年（1722）卒。和顺公主则卒于康熙三十年（1691）十一月，墓地即今北京市丰台区张郭庄公主坟。① （见图181）

顺治年间定：皇后所生女，封固伦公主；皇妃所生女，封和硕公主；亲王女，封和硕格格；郡王女，封多罗格格；贝勒女，封贝勒多罗格格；贝子女，封固山格格；公女，封公格格；若宫中抚养下嫁者，亦称为和硕公主。② 不过，无论是对外藩蒙古王公，还是对"三藩"汉人重臣，清廷出嫁皇室女往往采取破格册封的办法。耿氏三兄弟中，聚忠、精忠所娶为亲王女，按制应封和硕格格，却给予"和硕公主"封号；昭忠所娶为贝子女，按制应封固山格格，却给予"多罗格格"的封号。究其原因，皇帝亲生女本来有限，能够活到出嫁年龄的更少，需要通过婚姻关系笼络的对象却多得多，权宜之计只能是"破格册封"，而"破格册封"的口实也几乎如出一辙——自幼"抚育宫中"，即成为皇帝皇后的养女。这种做法

---

① 康熙三十一年三月刻《尚之隆妻和硕和顺公主谕祭碑》，《拓本汇编》第65册，第5页。
② 《八旗通志初集》第50卷，第968页。

图181　康熙三十一年尚之隆妻和硕和顺公主谕祭碑拓本

图182　顺治十二年孔有德赐谥碑
（北京石刻博物馆）

并非清皇室所独创，早在汉唐时代的中原王朝已屡试不爽。将皇室亲贵女升格为"公主"，主要是为了提高被赐婚者的身份和待遇，满足后者的荣誉心，进而达到政治上笼络和控制的目的。

除了"三藩"家的五位额驸，破格受封的还有因娶汉人"公主"而成为特殊额驸的孙延龄。延龄系定南王孔有德部将孙龙之子，幼年即与孔有德之女孔四贞订婚。顺治九年（1652），南明李定国进攻广西桂林，孔有德阖家遇难，孔四贞是唯一的幸存者，两年后被送到北京。因其父为清朝殉节，孝庄皇后抚育宫中，视同郡主，食和硕格格俸禄。[①] 十七年（1600），与孙延龄完婚，并遥控其父在广西的旧部。延龄晋封和硕额驸，成为议政王大臣，赐袭一等男爵。延龄所娶虽为汉女，已为满洲皇室收养，此不失为满汉联姻的特殊形式。

---

① 《八旗通志初集》第178卷，第4294页。

满洲皇室与"三藩"的联姻可谓用意深远，但事态的发展却表明，这种政治联姻，并没有达到预期目的：纠结在"三藩"叛乱这一重大史事中的矛盾是如此错综复杂，如此不可调和，以致最终发展为大规模暴力冲突的形式，这当然不是几重脆弱的婚姻所能化解的。这个教训对清廷可谓刻骨铭心，"三藩"之后，满洲皇室与汉人贵族的联姻基本中断。

但是，在八旗内部，满洲、蒙古、汉军的婚姻始终不受限制。清朝诸帝往往选娶汉军之女：顺治帝妃中有四人出身汉军，即陈氏、唐氏、杨氏、苏氏；康熙帝所娶汉军女子有王氏、高氏、袁氏、刘氏。其生母孝康后（康熙时尊称慈和太后）是汉军佟图赖女，而佟图赖妻又为满洲觉罗氏。嘉庆帝母孝仪后也出身汉军。清制：后族出身于汉军准予抬入满洲旗。孝仪后为清泰女，清泰姓魏氏，本汉军，嘉庆年间抬入满洲镶黄旗，改魏佳氏。这不过是援用孝康后一族抬旗的旧例。在普通旗人中，汉军与满人联姻也很普遍。①

在各类旗人中，汉军应是婚姻关系网络最广泛的人群，他们一方面与满、蒙旗人保持通婚；另一方面与民人联姻也相当普遍。康熙五十二年（1713），朝鲜使臣在北京调查汉人与汉军通婚状况。受问者称：十分之内可有五分。② 这种情况，在汉军家谱中也得到充分印证。

自雍正朝起，满洲统治者明显采取将汉军与满洲、蒙古旗人区别对待的政策。雍正五年（1727），福州将军蔡良奏称：当地八旗汉军兵丁及闲散壮丁一万二千余名中，娶民女者二百一十四名，聘女给民人的二名。他把这个问题看得很严重，奏请严行查禁。雍正帝朱批却表示："已往原可不究，将来当着实核禁。"③ 既往者不究，等于默认既成事实，禁令固严，结果仍是禁而不止。广州是清前期唯一未设满城的驻防地，旗界与民界壤地相接，加之当地汉军多由原"三藩"部属改编而来，在当地世代居住，形同土著。他们与民人往来密切，联姻缔友，由来已久。④

雍正末年，汉官杨弘绪于福建盐驿道任内进京引见，在京私买旗女为

---

① 据康熙五十二年朝鲜使臣在北京调查，时人把汉军称为"是汉人而非汉人者"，说他们多与"靼子"（此处指满人）结婚，汉人则否。[朝] 金昌业：《老稼斋燕行日记》，载《燕行录全集》第33册，第32页。

② [朝] 金昌业：《老稼斋燕行日记》，载《燕行录全集》第33册，第32页。

③ 《雍正朝汉文朱批奏折》第9册，第182页。

④ 同上书，第418页。

图 183　广州旗城旧址（海珠中路）

妾。署福州将军满人准泰为此奏称："除此之外，未经发觉者实不知凡几。更闻得别省汉军驻防地方，多有将女儿许配民人者，总以定例未载相沿成习。"他认为汉军与满洲、蒙古同属旗人，所有定例应划一遵行。请此后凡汉军旗人之女悉照满洲、蒙古之例，不许私与汉人结姻。雍正帝却朱批："向来既未定例禁约，此非目前要务，姑且［听］之。"[①] 上述情况说明，汉军与民人通婚，清初本无禁令，雍正朝在加紧限制满洲、蒙古与民人联姻同时，对汉军与汉人的婚姻仍取听任态度。其结果，汉军一面与满、蒙旗人通婚，一面又与汉人通婚，在旗人与民人的血缘交流中，它实际起着枢纽的作用。

乾隆一朝在禁止满汉通婚方面，更为严厉。[②] 但乾隆帝对待汉军与汉人婚姻，同样持放任态度。奉天锦州副都统党在曾奏请，对所属八旗蒙古、锡伯、巴尔虎、汉军、包衣佐领下人的女儿，应照满洲旗人定例，禁止与汉人结亲。乾隆帝答复说："汉军每与汉人结亲，历年已久，毋庸禁止，其另户蒙古、锡伯、巴尔虎佐领子女，俱照满洲例。"乾隆帝听任汉军与汉人结亲，至少基于两点考虑。其一，汉军与民人通婚历年已久，非一纸禁令所能阻止，与其兴

---

① 《雍正朝汉文朱批奏折》第 28 册，第 910 页。
② ［朝］金钟正：《沈阳日录》说："清（满）汉人前或相婚，乾隆始禁之。"反映了官方态度趋于严厉，载《燕行录全集》第 41 册，第 221 页。

图 184　浙江乍浦旗营遗址(如今已是一片菜地)

师动众，徒生扰攘，不如息事宁人，听之任之。其二，他一向认为，汉军旗人原本汉人，当"八旗生计"问题严峻起来后，他更倾向于用牺牲汉军旗人利益，来确保满人利益。为此，他不惜将大部分汉军出旗为民。在他眼里，这是更彻底的解决办法。

　　旗民通婚，以旗人娶民女居多，旗女嫁民人者相对较少。旗人娶亲，俗尚铺张。杭州、乍浦满营内婚嫁论财，相沿成习。但随着八旗生计恶化，不少下层旗人无力筹措财礼，以致婚姻失时。旗人宝琳管辖杭州八旗时，营内仅婚约已定、因出不起财礼而不能及时娶妻者多达数百家。生计所迫，成为贫困旗人将择偶目光转向民女的一个重要因素。民人欲借此抬高自己的社会地位，双方一拍即合。雍正年间，北京八旗兵丁、拜唐阿（执事人）内，曾有迎娶附近乡屯民女现象，引起旗员关注。[1] 乾隆十二年（1747），宁古塔将军阿兰泰奏：吉林乌拉（今吉林市一带）原先仅有旗人，而后民人陆续移住，与满人错杂而居，彼此结为好友。许多满人生计拮据无力娶妻，因贪图民人富裕，多与之结亲。可见，这种现象不仅发

---

[1]《雍正朝汉文朱批奏折》第 31 册，第 8 页。

生于关内，且伴随旗人的贫困化而如影随形地往关外蔓延。同样，有些汉人嫁女于满人，也是基于经济目的。有的汉人家境贫寒，为了日后把女儿嫁给满人，自幼就不给她缠足。不管基于何种情况，其结果都是"满人之家，汉女甚多"。①

乾隆朝以降，由于清廷禁令，旗民（主要是满汉）通婚确实遇到很大障碍。在一些环境比较封闭的八旗驻防地如绥远城、西安城，满人基本不与汉人通婚，而是各旗子女互为婚配，久而久之，亲戚关系盘根错节。

满汉通婚之所以较少，除了统治集团的政策干预，与风俗习惯的差异也有一定关系。汉女缠足，与旗女天足就很不一样。至于服装、发式（汉髻在脑后，旗髻在顶上）的区别，也一目了然。清末统治者明令准许满汉通婚，汉人媒婆进旗营说亲，还常闹出笑话。金启孮《北京郊区的满族》提到：进火器营提亲的多是一些上年纪的小脚老太太，对营房情况一点也不清楚。当女方问起"小人（未来新郎）马步箭怎样"时，她们竟答："小人马步箭七八等。"其实旗人马步箭最好的是头等，其次是二等，结果引起哄堂大笑。这虽然是日常生活中的一桩小事，却反映出满汉双方往往缺乏对对方的了解。

同治三年（1864）奏准，旗民生计维艰，听往各省谋生，并准与该地民人互相嫁娶。光绪二十八年（1902），清政府明确宣布准许满汉通婚。②

辛亥革命以后，大批满洲人走出旗营，融入汉人社会，满汉通婚人数由此大增。

第三节　汉军出旗

当大批外来成分逐步融入满人群体的同时，也有一部分不同程度已被"满化"的汉军旗人被清廷逐出八旗，这就是乾隆年间发生的"汉军出

---

① ［朝］俞彦述：《燕京杂识》，载《燕行录全集》第39册，第293页。
② 其时，民间满汉通婚现象已较为普遍，江浙一带亦不例外。蔡元培1903年发表《释仇满》一文说："虽往昔有不与汉族通婚之制，然吾所闻见，彼族以汉人为妻妾而生子者甚多，彼族妇人密通汉人，及业妓而事汉人者尤多。江浙驻防，歼于洪杨之手，其招补者多习与彼族游处之汉人，此皆血液混杂之证据也"（载高平叔编《蔡元培全集》，中华书局1984年版，第171页）。按蔡氏说法，太平军攻克杭州、南京，八旗驻防伤亡殆尽，在补充人员中混入了不少汉人。这说明，推动满汉通婚的因素，除日常密切交往，还有战争带来的社会震荡。

旗"事件。

汉军旗人虽出身汉人，但因久隶旗下，诸事取仿满洲，婚姻上与后者相通，文化上也受到后者强烈影响，曾被法国传教士白晋称作"鞑靼化的汉人"。"鞑靼化"，也就是"满洲化"。其具体表现，不仅在服饰、发型上依从满洲风俗，而且以当兵披甲为主要生业。

不过，在为数众多的汉军人中，因祖辈入旗时间和入旗缘由千差万别，其满化程度也有差异。乾隆帝曾不厌其烦地一一列举汉军源流说：

> 有从龙入关者，有定鼎后投诚入旗者，亦有缘罪入旗与夫三藩户下归入者，内务府、王公包衣拨出者，以及招募之炮手，过继之异姓，并随母、因亲等类。先后归旗，情节不一。①

在八旗诸种汉人中，以内务府汉人满化程度最深。反映在祭祀上，从满洲礼者十居六七，从汉军礼者十居三四。而汉军旗人在祭祀仪礼上依从满洲礼者仅十居一二，从汉人礼者却十居七八。② 汉军旗人来源复杂，入旗后并不能摆脱汉人社会的影响。何况在清统治者眼中，他们"本系汉人"，往往与满、蒙旗人另眼相待。凡此种种，都注定他们仍与汉人藕断丝连，并在很大程度上保持着汉文化传统。况且，岁月的流迁，不仅没有使这种状况泯改，反而日趋明朗。既然连满人本身都逐渐受到汉文化的濡染，又怎么能指望出身汉人的汉军旗人，成为满文化的忠实继承者和弘扬者？不言而喻，汉军从清初依从满俗到后来改趋汉俗，都有其特定的背景和条件。乾隆年间，满人舒坤批《随园诗话》曾记：汉军蒋攸铦，本籍宝坻，先人因受田文镜提拔，遂登仕途，其家妇女缠足，饮食日用，悉仿南人（指汉人）。应擢尚书，例兼都统，已不识清文（满文）辞。舒坤对他的行止大为反感，斥之曰："此尤纵欲丧心者也。"汉军旗人照例应从满俗、习满语、妇女天足，蒋攸铦一家却渐弃满俗，"悉仿南人"，难怪被视作离经叛道。但恰恰是这种行迹，表明清中叶以来在汉军人中孕育发展的一种变化。

清统治者表面上强调"满汉一体"，实际上却歧视汉人，对满洲子弟沾染汉俗尤为深恶痛绝，到后来连早已归旗的汉军人也受到变本加厉的歧

---

① 《清高宗实录》第164卷。
② 福格：《听雨丛谈》第6卷，第137页。

视。雍正帝曾对臣下说："惟望尔等习为善人，如宗室内亦有一善人，朕必先用宗室；满洲内有一善人，汉军内亦有一善人，朕必先用满洲；推之汉军、汉人皆然。苟宗室不及满洲，则朕定用满洲矣。"① 在同等条件下，先用宗室，其次满洲，再次汉军，最后才是汉人，亲疏有别，一目了然。雍正帝的这一表露充分说明了"满汉一体"政策的虚伪性。事实上，就旗民关系言，旗人地位优于民人；就八旗内部关系言，满人地位又高于汉军。这是清代社会中不可移易的等级。不同等级的权利、义务，又通过一系列政令、法律加以规范。

清朝入关后，整顿旗制，满人与汉军待遇轩轾有别：汉军都统、副都统往往由满洲宗亲、显贵担任；在兵种分配上，待遇高、钱粮丰厚的兵种如前锋、护军，历来为满、蒙人专擅，汉军只能充任编制多、收入较低的马甲、步甲；同一兵种，待遇也时有高下。在候补兵性质的养育兵中，满洲、蒙古人月银三两，汉军人月银二两；官学生，满洲、蒙古人月银一两五钱，汉军人月银一两；对八旗孤寡人，每人月给养赡银一两五钱外，如系满洲、蒙古，另岁给米一石六斗，汉军不给。

在法律上，清廷规定：满、蒙旗人家口，不许卖与汉军、民人，也不许私赠；汉军家人不准卖予民人。违者都要惩处。换句话说，满、蒙人可以恣意占有、役使汉人家奴，汉军与民人却没有资格置买满、蒙旗人家奴。这不过是满洲、蒙古、汉军、汉人四等级在法律地位上的诸多差别之一。

清初汉军大学士范文程自称是"大明骨，大清肉"。范是明朝儒生，熟悉儒家文化和明朝典章制度，降清后对满洲社会有较多了解，在政治、文化上具有兼通满汉的特点。"大明骨，大清肉"，在很大程度上概括出汉军旗人的双重政治性格。在以后的岁月里，这种性格既迎合了清统治者治理广大汉民的需要，也因此受到歧视与猜忌。乾隆年间官修《贰臣传》，将清初历仕两朝的汉人臣僚称为"贰臣"。并指出，洪承畴因兵败被俘归顺，祖大寿因惧祸投诚；冯铨、王铎在明朝是显宦，在本朝又"悉为阁臣"；左梦庚等人是清朝大军到后，才解甲乞降。当时，对这些人不得不加以录用，以安人心。事后平心而论，他们都是遭逢时难，畏死幸生。"至于既降复叛，或又暗中诋毁者，更不能比之人类。"乾隆帝谕

---

① 允祥编：《上谕内阁》，雍正三年三月十三日谕，清刻本。

令将这些"大节有亏之人",在国史内另立《贰臣传》一门,据实直书,送呈裁定。这些"贰臣",不论降清后是忠是奸,在清朝官史中的处境其实都很尴尬,他们十之八九均隶属汉军。随着清统治者对满汉合流的忧虑越来越强烈,尤其是"八旗生计"问题的加剧,汉军地位自然每况愈下。

乾隆帝嗣位,整饬旗务,日益显露出将汉军视同汉人的倾向。果然,到七年(1742)四月,便发出了一道将汉军出旗为民的谕旨。主要是说:汉军其初本是汉人,先后归旗的缘由也不一样;其中有从龙人员子孙,皆系旧有功勋,历世既久,不用另议更张外,其他各类汉军子弟,如果有愿意改归原籍的,准许他们与当地民人一样编入保甲。大刀阔斧地裁减汉军,首先是为了解决满洲旗人因人口增长而加剧的食饷难题。乾隆帝表面上讲,汉军人是否出旗听凭自愿,实则采取大规模强制行动。按照他划定的标准,除"从龙入关"的陈汉军另当别论外,其他汉军均在出旗之列。随即,各省驻防汉军旗人也被强令出旗。截至乾隆四十四年(1779),除广州驻防一千五百名汉军外,其他地方的驻防汉军已被剔除一空。与此同时,满、蒙、汉军旗内的开户人、抱养民子、另记档案人,内务府属和王公府属汉人血统家人,均被清除出八旗。

图 185 广州驻防旗人墓地(广州白云山)

雍正元年（1723），八旗汉军与汉人家奴壮丁共计四十四万余人，占当时八旗人丁总额的百分之七十二；经过乾隆一朝旷日持久的出旗为民活动后，到嘉庆元年（1796），上述壮丁仅剩二十二万余人，只占当时八旗人丁总额的百分之四十三。① 在经历九十年以后，汉军丁额不升反降的事实充分表明，乾隆年间的出旗规模是巨大的。此举的直接后果，是旗人构成发生引人注目的变动，即满洲人取代汉军，成为旗人社会中人数最多的成分。

大批汉军出旗，腾出兵缺饷额归满、蒙旗人占有，一定程度上缓解了旗人生计的窘困。汉军出旗以后，从事百业，自谋生计，很快融入民人社会。

尽管清廷苦心孤诣地要把旗人造就为独立于民人社会的世袭军人集团，千方百计保证该集团成分上的清白与纯正，旗民成分的对流却始终如一地进行着，并且规模越来越大。这种人员间的交流，有助于打破八旗制度的封闭，推进旗人与民人的交融，对满汉文化的涵濡也起到了促进作用。

第四节 俄罗斯旗人

在形形色色的旗人中，有一种旗人人数虽少，历史影响却很大，这就是隶属八旗满洲的俄罗斯旗人。

17世纪40—80年代，清朝政府与沙皇俄国在黑龙江中游雅克萨（俄国称阿尔巴津）② 等地发生了一系列军事冲突。在此过程中，一些被清军俘虏或投诚的俄罗斯哥萨克（即俄国史籍上的所谓"阿尔巴津人"）被迁入北京。在康熙皇帝的授意下，他们被编为八旗满洲镶黄旗下的俄罗斯佐领。这些人及其后裔，就是我们所要考察的对象——清代北京的俄罗斯

---

① 安双成：《清初编审八旗男丁满文档案选译》，载《历史档案》1988年第4期；嘉庆朝《会典》第12卷，第22页下。
② 阿尔巴津，在中国文献中称"雅克萨"。"雅克萨"在通古斯语（满语）中意指河流冲刷形成的河湾。黑龙江湍急的江水在雅克萨城西冲刷出半月形的陡岸，雅克萨因而得名。雅克萨木城，原是索伦部达斡尔人的居地。清崇德五年（1640），在清太宗皇太极对索伦部的远征中，雅克萨木城曾遭战火焚毁（见《清太宗实录》第51卷，第8页下）。不久，索伦部达斡尔族首领阿尔巴西在其址建城居住。顺治八年（1651），沙俄哥萨克侵占该城，并以城主阿尔巴西之名称为"阿尔巴津"（Албазин）。清朝政府认为雅克萨（阿尔巴津）是中国领土，所以在康熙二十二年（1683）、二十四年（1685）、二十五年多次派兵进剿，最终包围雅克萨城，并拔除了这个据点。

旗人。

由于研究清史、八旗制度史的关系，俄罗斯旗人的历史命运不能不引起学者的关注。2004年8月30日，笔者曾与日本东北学院大学细谷良夫教授对俄罗斯旗人在北京的历史遗迹进行了考察。考察对象包括北京城东北角的俄罗斯大使馆（原俄罗斯北馆遗址）、南馆公园（原俄罗斯教堂遗址）、安定门外的青年湖公园（原俄国墓地遗址）。俄罗斯大使馆（苏联大使馆），也就是原俄罗斯佐领的所在地。它是如今北京众多外交使团中面积最多、规模最大的一处。我们不可能进入戒备森严的使馆内部进行考察。而其他几处与俄罗斯人相关的去处，也随着北京城市建设的巨大变迁早已面目全非。实际上，除了几个包含着历史内容的地名，我们的考察收获甚微。但不管怎么说，正是这次考察，激起了我们对俄罗斯旗人的浓厚兴趣：俄罗斯佐领是怎么形成的？俄罗斯人在北京是如何生活的？他们与东正教是一种什么关系？以及他们的到来，给中俄两国关系带来了哪些影响？笔者试在文献搜集、实地考察、前人研究基础上[①]，对上述问题作一初步说明。

一 俄罗斯佐领的形成

明万历四十四年（后金天命元年，1616），新兴的满洲族在中国东北建立了大金国（史称后金），清崇德元年（1636）改称大清（清朝）。在此期间，满洲统治者多次用兵黑龙江、乌苏里江流域，将其纳入自己的版图。

顺治元年（1644），清朝军队由万里长城最东端的山海关进占北京，建立起对全中国的统治。与此同时，不断向东方扩张的沙俄势力进入了黑龙江流域。随即，清朝军队与沙俄势力在黑龙江流域发生了武装冲突。一些被清军俘虏或投诚的俄罗斯人，被陆续送到北京安置，编为镶黄旗满洲第四参领第十七佐领，史称"俄罗斯佐领"。

关于该佐领的形成，清朝官修史书记载说："第四参领第十七佐领，系康熙二十二年（1683）将尼布绰（尼布楚）地方取来鄂罗斯三十一人

[①] 关于俄罗斯佐领的先行性研究，有清人俞正燮《俄罗斯佐领考》一文（载《癸巳类稿》第9卷，上海商务印书馆1957年版，第332—334页）。吴洋：《清代"俄罗斯佐领"考略》（载《历史研究》1987年5期）亦可参考。

及顺治五年（1648）来归之鄂罗斯伍朗格里、康熙七年（1668）来归之鄂罗斯伊番等编为半个佐领，即以伍朗格里管理。后二次又取来鄂罗斯七十人，遂编为正佐领。"①

据此记载，最早归附的俄人有顺治五年（1648）的伍朗格里②，其次是康熙七年（1666）归附的伊番等人。

第三批人数较多，即上引文中所称康熙二十二年（1683）"将尼布绰（尼布楚）等地方取来鄂罗斯三十一人"。这年七月，雅克萨城俄罗斯人六十七人在梅勒尼克带领下分乘六只船沿黑龙江顺流而下，企图进入牛满河地区。当他们行至精奇里江口时，被驻守该地的清军兵船截获，俄人三十一名被俘。

图186　雅克萨城遗迹

这些人被送到北京后，首先遇到的一个问题就是如何安置。户部建议，将他们分散编入八旗满洲正白旗下的各佐领，而康熙帝考虑到罗刹（俄罗斯）归顺人颇多，提出把他们集中编为一佐领，"令其彼此相依，

---

① 《钦定八旗通志》第3卷《旗分志三》第1册，第44—45页。
② ［俄］尼·伊·维谢洛夫斯基：《俄国驻北京传道团史料》第1册（杨诗浩等译，商务印书馆1978年译本，第19页）也认为，阿尔巴津人首次被俘，是顺治帝在位的时候。

庶有资济"。① 结果，他们被编为镶黄旗满洲第四参领第十七佐领。并任命三十五年前（1648）归附清朝的俄人伍朗格里负责管理。②

从上引文还可得知，因为俄罗斯人丁不足编为一个整佐领，康熙二十二年（1683）编设的只是"半个佐领"。直到"后二次又取来鄂罗斯七十人，遂编为正佐领"。那么，这后二次具体是什么时间呢？引文中未明言。检以相关史料，应为以下两次：

一次，康熙二十三年（1684）正月。俄罗斯降人宜番受命进入雅克萨一带沙俄据点，招抚米海罗等二十一人。康熙帝命将米海罗等送北京安置。③

再一次，康熙二十四年（1685）五月。三千余名清军在彭春、林兴珠率领下收复雅克萨城，俄人首领战败乞降。除遣返六七百人外，有副头目巴什里等四十人（一说四十五人）表示不愿回国，因而也安置在北京。④ 另外，还有若干零散俘获者。⑤

合计这两次取来俄罗斯七十人，加上原先在京者，总数约有百人（这里指壮丁，不包括妇女儿童）。⑥

按八旗兵制，旗以下是参领，参领以下是佐领，佐领是由壮丁编成的基层单位（俄国文献中称为"Сотня"，即百人队）。康熙年间，八旗满洲佐领的标准丁额为一百人。在北京的俄罗斯人达到百人，正好符合编设一个佐领的条件。

由此可见，俄罗斯佐领的编设，经历了一个过程，即康熙二十二年（1683）先编成半个佐领，两年后（1685）始成一整佐领。⑦

对于俄罗斯降人，康熙皇帝一再谕命给予宽大，妥善安置，赐予房

---

① 中国第一历史档案馆编：《康熙起居注》，第1074页。
② 伍朗格里，俄名阿纳尼亚·乌鲁斯拉诺夫，原信伊斯兰教，后改皈依东正教，归附清廷前为沙俄雅库特军政长官弗兰别科夫的仆人，见［俄］尼古拉·阿多拉茨基《东正教在华两百年史》，阎国栋、肖国秋译，广州人民出版社2007年版，第290页。
③ 《清圣祖实录》第114卷，第18页。
④ 《清代中俄关系档案史料选编》第1编上册，第56页。参见《八旗通志初集》第153卷，第3885页。
⑤ 俞正燮：《俄罗斯佐领考》，载《癸巳类稿》。
⑥ 按俄国文献的说法，这些人大部分并不是纯种俄罗斯人，而是入了东正教的布里亚特人、卡尔梅克人和混血儿。见无名氏《俄罗斯人在华小史》，引自俄罗斯驻华大使馆网站。
⑦ 俄方档案，有俄罗斯佐领设于顺治五年（1649）的记载（见［俄］尼古拉·阿多拉茨基《东正教在华两百年史》，第30页），似误。

屋、土地、仆人；对其中地位较高者，授给官职。① 宜番，授给骁骑校；鄂噶番、席图颁、机里郭礼（吉礼过里）、鄂佛那西、马克西木，俱授七品官。伍朗格里身为佐领长官（亦称佐领），官居四品。

当然，康熙帝优待俄罗斯降人，并非简单的宽大为怀，在很大程度上是着眼于黑龙江流域对俄作战的需要。事实上，这些俄罗斯人在编入八旗后，至少其中的一部分，很快又被送往黑龙江前线。②

在前线，他们的主要任务是侦察敌情和招降。如前面提到的骁骑校宜番，先曾招降俄罗斯，后受命进入雅克萨城侦察敌情。③

他们在阵地前向自己的同胞喊话，号召他们投降博格达汗（指清朝皇帝）。④ 这种攻心战在康熙二十五年（1686）第二次雅克萨之战中取得了奇效。正是在他们的招降下，固守雅克萨的哥萨克最终决定放下武器："阿尔巴津人看到敌营中已有自己的同伴，又看到对方兵力雄厚，所以非常害怕此时如不主动投降，就必然会遭到覆灭的下场；而且他们还设想，如不抵抗就投降，也许会得到中国皇帝的赦免。于是他们便听从了叛变投敌者的话。就这样，他们把自己的全部武器都集中起来，运至指定的地点。郎谈收缴了武器以后，即下令烧城。"⑤ 可见，俄罗斯旗人不仅参加了雅克萨之战，而且在关键时刻立有殊功。⑥

若干年后，当一位俄国使节来到北京时，有些俄罗斯人曾要求把他们带回俄国，这位使节给他们的答复却很干脆："把你们带回俄国？除非是要把你们当作叛国者押赴边界绞死，才能把你们带回俄国去。"⑦ 联系前

---

① 《清圣祖实录》第111卷，第7页；《清代中俄关系档案史料选编》第1编上册，第50页。参见［法］白晋《康熙皇帝》，第10页。
② 《清圣祖实录》第113卷，第9页下、10页上。
③ 《八旗通志初集》第153卷，第3887页。
④ 《历史文献补编——十七世纪中俄关系文件选译》，郝建恒等译，商务印书馆1989年译本，第335—336页。
⑤ 《俄国驻北京传道团史料》第1册。该书又记：在记事本手稿中，对于中国人战胜阿尔巴津人的经过所作的如下描述，我认为是最符合实际情况的："当时曾经有五个人，即斯捷凡、阿加方、雅基姆、塔塔林，还有一个不知是谁（记事本中只提到三个人的名字，没有提到另外两个人的名字），在投向满洲人以后，就开始劝说其他阿尔巴津人，要他们不要去冒风险，不要再对抗优势的兵力。如果他们还珍惜自己的生命，就应该放下武器，归顺围城者。只要他们按照这样的忠告去做，不仅可以得到宽恕，而且自己愿意到哪里去，还有完全的自由。"第21页。
⑥ ［英］约·弗·巴特莱：《俄国、蒙古、中国》下卷第2册，吴持哲等译，商务印书馆1981年译本，第1526—1527页。
⑦ ［俄］尼·伊·维谢洛夫斯基：《俄国驻北京传道团史料》第1册，第30页。

图 187　雅克萨城哥萨克的军旗

图 188　雅克萨阵亡的哥萨克墓地

面的事实，对俄使的这番回答也就不难理解。所以，在俄国史籍中，这些俄罗斯人一般被称为"阿尔巴津人"，但在某些特定场合，又被称为"逃人""叛徒""叛变投敌者""俄奸"。

通过前面的考察还可得知，俄罗斯旗人的来源，除了雅克萨（阿尔巴津）之战中的战俘和投诚者，也包括其他时间来自其他地区的一些人员。因此，俄国文献中把他们称为"阿尔巴津人"，只能理解为一种便于表述的泛称，却不应据此认为，他们都来自"阿尔巴津"一地。

康熙二十八年（1689），中俄两国签订《尼布楚条约》，条约划定了两国疆界，又规定凡定约以前，已在中国的俄国人和已在俄国的中国人均不必遣返。[1] 从此，这批俄罗斯人便在中国世代定居下来。[2]

二 俄罗斯人到北京后的生活

前面提到，这些俄罗斯人被编入八旗中的镶黄旗满洲。清代北京城内的八旗驻防，各有一定方位。镶黄旗位于北京城的东北部[3]，这样，俄罗斯佐领就顺理成章地被安置在属于镶黄旗地面的东直门内胡家圈胡同。

按照清代制度，全中国的社会成员被分为旗人与民人两大部分。民人即隶属各级政府（省、府、州、县）的普通百姓，主体是人数众多的汉人；旗人则是被编入八旗军队之人。八旗军队内部，又分为八旗满洲（即满洲人）、八旗蒙古（来源于早期归附的蒙古人）、八旗汉军（来源于早期归附的汉人）。一般说来，旗人的地位优于民人。而在旗人内部，满洲人的地位又优于蒙古和汉军。来自遥远异国的俄罗斯人，不仅被编入八旗满洲，而且还是上三旗中的镶黄旗。[4] 这样一来，在清朝多民族的等级架构中，他们就被置于了与满洲人基本同等的地位。[5]

满洲人以人数很少的民族而统治人口众多的汉族，不能不想尽办法扩大

---

[1] 俄国谈判代表戈洛文曾明确表示："那些叛变的俄罗斯人，竟不怕亵渎上帝，忘记东正教的信仰和大君主沙皇陛下对他们的隆厚恩典，叛离俄国，如今居于汗殿下（康熙皇帝）境内。由于他们这种罪恶的强盗图谋，已没有必要让他们回到沙皇陛下方面来。"苏联科学院远东研究所等编：《十七世纪俄中关系》第2卷，商务印书馆1978年译本，第830页。

[2] 俄罗斯人除了被安置在北京，还有一部分安置在盛京（沈阳），见《清圣祖实录》第121卷，第14页。他们后来的命运无从知晓。

[3] 《钦定八旗通志》第30卷《八旗方位图》。

[4] 在满洲的八个旗中，镶黄旗、正黄旗、正白旗为上三旗，为皇帝所领属；其余镶白旗、镶红旗、正红旗、镶蓝旗、正蓝旗为下五旗，为宗室王公领有。

[5] ［俄］尼·伊·维谢洛夫斯基：《俄国驻北京传道团史料》第1册，第31页。

自身的实力。将一部分归附在先的汉人、蒙古人编为八旗，是一种做法；将边疆地区一些被征服的小民族编为满洲旗下的索伦（鄂温克、鄂伦春）佐领、达斡尔佐领、锡伯佐领、新满洲（黑龙江流域的赫哲）佐领、库雅喇（乌苏里江上游的赫哲）佐领、番子（四川西部的藏人）佐领，是又一种办法。将来自边外的俄罗斯人编为满洲旗下俄罗斯佐领，不过是依仿既定模式。

清朝政府对俄罗斯人在生活待遇方面予以照顾。"他们完全和满洲人一样受到尊重。给他们安排了住房，派了佣人，还规定每隔三年发给他们四时所需的衣服，将步军统领衙门收押的女犯配与他们为妻，还给他们当中的某些人匹配了大户人家的妇女。"①

他们与其他旗人一样，以当兵为基本职业，领有粮饷。一些人被授予官职，一些人则在衙门中担任翻译工作。清朝的内阁档案多次提到：将"俄文书交罗刹人希图班、鄂果番、侍卫罗多浑等翻译"；② 或者将致俄罗斯国文书，交俄罗斯佐领小领催库西玛、雅稿、伊凡、尼坎等译成俄文。③

康熙十五年（1676），俄国使者尼古拉·斯帕法里访问北京后，曾回忆："目前在中国有十三名俄国人，其中仅有两名是在阿穆尔河（黑龙江）上被俘的，其余的都从边境城堡特别是阿尔巴津（雅克萨）逃来中国的……汗（康熙皇帝）录用了他们，发给他们薪俸，并让他们成了家。"他们还负责教授清军使用火枪。有的人既能读写俄文，又掌握了中文，成为衙门中高水平译员。④

据《钦定八旗通志》卷三《旗分志三》：俄罗斯佐领最初由俄人伍朗格里管理。伍朗格里故，以其子罗多珲管理。罗多珲，又作罗多浑。康熙二十八年（1689）作为清廷侍卫，在中俄尼布楚谈判中担任中方译员。⑤ 罗多珲故，该佐领改以马齐兼理。⑥ 马齐，满洲富察氏，官至大学士，因位高权重，徒党众多，当时社会上流传有"二马吃尽天下草"的谚语。⑦ 二马指

---

① ［俄］尼·伊·维谢洛夫斯基：《俄国驻北京传道团史料》第 1 册，第 26 页；［英］约·弗·巴特莱：《俄国、蒙古、中国》上卷，第 487 页。
② 《清代中俄关系档案史料选编》第 1 编上册，第 78 页。
③ 同上书，第 318 页。
④ ［英］约·弗·巴特莱：《俄国、蒙古、中国》下卷，第 1528 页。
⑤ 俞正燮：《俄罗斯佐领考》。
⑥ 按俄国档案记载：伍朗格里的佐领世职由其孙富寿承袭，富寿绝嗣，改镶黄旗公有。见［俄］尼古拉·阿多拉茨基《东正教在华两百年史》，第 30 页下注。
⑦ 昭梿：《啸亭杂录》，第 284 页。

马齐和他的弟弟马武。马齐曾任总管内务府大臣，与清皇室关系极近。他身为一品大员，掌管与俄国的各种事务（外交、商贸）。马齐死，俄罗斯佐领由公阿灵阿兼理。阿灵阿，满洲钮祜禄氏，开国功臣额亦都之后，世袭一等公。他曾任理藩院尚书，负责对俄事务。阿灵阿死于康熙五十五年。其后兼管该佐领者为尚书德明。德明故，该佐领由大学士尹泰管理。尹泰，章佳氏，雍正间官至东阁大学士，兼兵部尚书。尹泰死，续由哈达哈、书山管理。书山之后，该佐领改由马齐后代——副都统富亮（马齐子）、副都统富景（马武之孙）、都统广成（马齐弟李荣保之子）、和硕额驸福隆安（马齐弟李荣保之孙）、公魁林（马齐弟李荣保之孙）、丰绅济伦（福隆安之子）相继管理。这似乎又说明，俄罗斯佐领与马齐一族已形成某种特殊的领属关系。但 20 世纪 90 年代初，俄罗斯人后裔在一篇回忆文章中却声称，该佐领始终由俄罗斯人罗姓世袭。① 罗姓对该佐领管理，或是较晚时的事。

与其他被编入八旗的异族人一样，俄罗斯人在编入满洲旗后，文化风俗等方面均受到满洲文化的影响。

其一，发型。明朝时汉人男子蓄长发、梳髻。满洲传统是男子剃发，即将头顶四周的头发剃去寸余，中间长发分三绺编成一条长辫垂于脑后。除父母丧和国丧百日内外，头顶四周边缘的头发必须及时剃除，不许养长，叫作"薙（剃）发"。满洲人统治中国，强迫被征服的各族剃发，改从满洲发式，作为降顺的重要标志。在这方面，俄罗斯旗人不会有所例外。②

其二，服饰。清代满洲人装束仍基本保持渔猎时代的传统。男子多穿"马蹄袖"袍褂，袖口窄狭，上长下短，马蹄袖口盖在手背上，袍两侧开襟，腰束布带。清朝在强迫被征服民剃发留辫同时，规定他们（主要指男性）必须服用满式衣冠。俄罗斯旗人似乎很快就适应了这种改变。不管怎么说，北京的物质生活要远远优于当初在黑龙江流域拓荒时的艰苦条件。于是，这些昔日的猎人脱下了原色的粗呢外衣，换上了绸衣和棉布衣

---

① 见俄罗斯佐领后裔杜立福、罗荣禄《俄国东正教在北京的兴衰》（载《北京市东城区文史资料选编》第 4 辑，1993 年）一文。很可能，该佐领长官先由马齐后裔管理，后来又改归罗姓世袭。

② 康熙年间清廷曾命令俄国人出征。文献记载说：临出发时他们把司祭的头发剃光，只在后脑勺留下一条像满洲人那样的辫子，带着他一块儿出征去了。［俄］尼·伊·维谢洛夫斯基：《俄国驻北京传道团史料》第 1 册，第 29 页。

服,脱下兽皮靴,换上了中国缎鞋。①

其三,语言和姓氏。俄罗斯人被编入满洲旗后,无论公私事务,都必须与满人频繁交往,一些俄罗斯人很快掌握了满文、满语。这一点,成为他们出任公职(担任翻译、当兵或做官)的前提条件。为此,他们还取了满洲名。第一任俄罗斯佐领伍朗格里的儿子,满洲名字叫罗多珲(又作罗多浑)。另外见于俄国传道士团文献:俄人伊万的满洲名字叫德成、格里戈里叫友发、帕维尔叫民泰。② 这些零星例子说明:俄罗斯人后代按照通行于八旗内部的惯例,相继使用了满名。与此同时,他们的母语却走向退化。③

如果说清朝前期俄罗斯旗人较多濡染满洲文化的话,那么随着时间推移,他们与满人一样,又日益受到汉文化的熏陶。一个明显标志是,他们的俄罗斯姓氏都根据谐音改成了汉姓(即根据俄国姓氏中的第一个字母,取一个发音接近的汉姓),如:罗曼诺夫(Романов)改为罗姓、哈巴洛夫(Хабаров)改为何姓、雅克甫列夫(Яковлев)改成姚姓、杜必宁(Дубинин)改为杜姓、贺洛斯托夫(Холостов)改为贺姓。④

与此同时,俄罗斯人在宗教信仰和婚丧习俗诸方面,也发生了明显转变(详见后说)。

总之,在入居北京并编入满洲旗后,俄罗斯人由表及里,发生了深刻的变化。这种变化,足以令俄罗斯使臣深感惊愕。道光二十五年(1845),俄国外交官叶·彼·科瓦列夫斯基造访北京。事后,他这样回忆与俄罗斯人会面的情景:"中午前我们来到了南馆,大司祭和传教士团成员们已在恭候我们,还有阿尔巴津的男女老少近百人,几乎都来了。看到这些俄罗斯人的后裔有种很奇怪的感觉,他们的服饰、语言、容貌一点都不像俄罗斯人……"⑤

然而,对于清朝人来说,上起皇帝下至普通旗民,对此并不会感到有

---

① [俄]尼·伊·维谢洛夫斯基:《俄国驻北京传道团史料》第1册,第28页。季姆科夫斯基:《俄国使团赴华情况》(1827年,伦敦)也提道:"他们(指阿尔巴津人)同满洲人的关系是如此密切,以致难以将他们区别开了。他们说中国话,穿着和满洲人一样,生活方式完全像该国士兵。"载[英]约·弗·巴特莱:《俄国、蒙古、中国》下卷,第1608页。

② [俄]尼·伊·维谢洛夫斯基:《俄国驻北京传道团史料》第1册,第72、74页。

③ 雍正十三年,多尔济奏陈派遣学童学习俄罗斯语文一折称:俄罗斯馆中两名俄罗斯文教习,"虽系俄罗斯血统,但生于京师,原对俄罗斯语文不甚精通"(《雍正朝满文朱批奏折全译》,第2492页)。这两名教习,应即俄罗斯佐领下人。

④ 杜立福、罗荣禄:《俄国东正教在北京的兴衰》。

⑤ [俄]叶·科瓦列夫斯基:《窥视紫禁城》,阎国栋等译,北京图书馆出版社2004年译本,第116页。

什么奇怪。因为在八旗这个多民族的"大熔炉"里，除满人以外，其他各族成员几乎经历过同样"脱胎换骨"的改造。何况俄罗斯人自定居北京之初就娶中国女人为妻，一些人还抱养中国养子。其结果，只能是加速与异民族的融合。

三 俄罗斯人与东正教

清朝统治者一向把旗人视为"国家的根本"，严禁他们皈依西方"洋教"（主要是基督教、天主教）。但是对俄罗斯旗人的东正教信仰，清统治者却采取了宽容态度。在康熙二十四年（1685）来归的雅克萨人中，有一俄人马克西姆·列昂季耶夫是教堂司祭。康熙皇帝把胡家圈胡同内一所关帝庙赐给他们作为临时教堂，还授予列昂季耶夫七品官衔，让他主持教堂活动。当时，中国人把俄罗斯人称为"罗刹"，这座小教堂被称为"罗刹庙"①，也就是俄罗斯庙的意思。② 列昂季耶夫从雅克萨城带来了圣尼古拉的神像，所以，这座教堂称为尼古拉教堂（后称乌斯宾斯基教堂、索菲亚教堂、圣母安息教堂、俄罗斯"北馆"），是北京的第一座东正教教堂。③（见图189、190）

康熙二十八年（1689），中俄签订《尼布楚条约》，划定两国黑龙江流域的边界，掀开了两国和平睦邻的新篇章。

康熙五十年（1711），胡佳科夫率领俄国商队来到北京，以列昂季耶夫年老为理由，要求理藩院准许俄国另派教士来京接替，康熙皇帝同意了这个要求。四年后（1715），俄国派遣的第一个传教士团到达北京。雍正五年（1727），中俄订立《恰克图界约》，该条约规定，传教士团每十年（后改为五年）轮换一次，每次由大约六名神职人员和四名世俗人员组成。

---

① "罗刹"这个中文词一说来自佛经中的梵文"Rākṣasa"，意为"邪气、恶鬼"。中国人当时用这个词称呼17世纪定居到中国边界阿穆尔河旁的俄罗斯哥萨克，使这个词具有"俄罗斯庙"的意思。

② 此教堂建立不久，即有到北京的俄罗斯商人去参谒，参加弥撒。他们记载："新建教堂在中国北京城东右方的城墙脚下。教堂附近为在中国的俄国人建立了一个居住区。该区同中国居民的庭院相连。……该教堂由马克西姆神甫主持弥撒，但据说他因年老体弱，已无力主持其事。"《历史文献补编——十七世纪中俄关系文件选译》，第313—314页。

③ [荷]伊兹勃兰特·伊台斯、[德]亚当·勃兰德：《俄国使团使华笔记（1692—1695）》第224页下注引俄国人亚金甫《北京概况》（圣彼得堡1828年，第62页）。

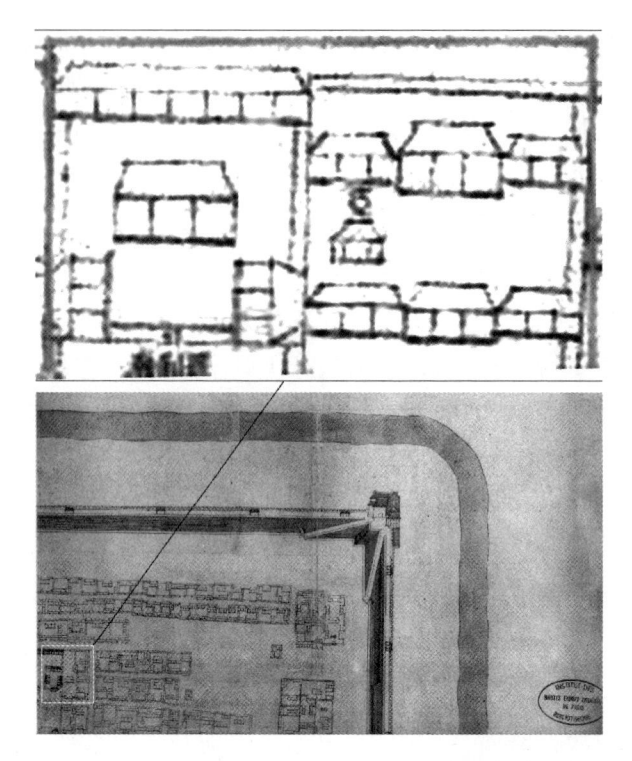

图 189　内城东北角罗刹庙放大图(《乾隆京城全图》)

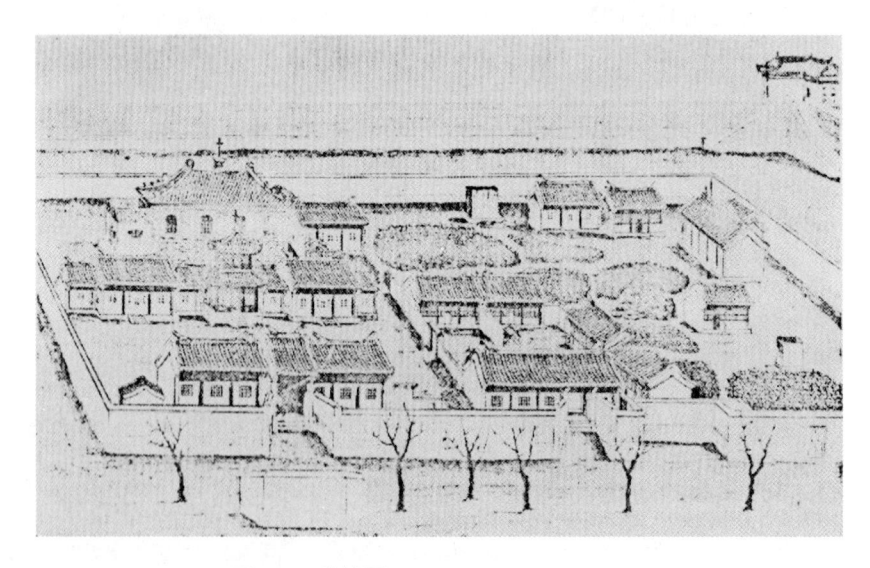

图 190　北馆图(《俄国驻北京传道团史料》)

第五章　形形色色的旗人　391

　　该条约还允许俄罗斯东正教会在北京建立新教堂。新教堂地址选定在北京城南部的东江米巷（即后来的东交民巷），与会同馆或称俄罗斯馆相毗连。距离清朝紫禁城（皇宫）很近。该教堂称"奉献节教堂"（后称俄罗斯"南馆"）。俄罗斯北京传教士团随即由胡家圈胡同的北馆迁入南馆。至此，俄国东正教终于实现了在中国政治中心建立一个长期稳定的传教据点的愿望。

　　从康熙五十四年（1715）起，一批又一批的传教士团派来中国，至同治四年（1865），先后派遣了十五批。①

　　俄国政府派遣传教团到北京，主要有四个目的：一是维持北京俄罗斯人的东正教信仰；二是在华传播东正教；三是完成俄国政府外交任务，向俄罗斯商队提供住所和帮助；四是培养留学生，并多方面研究中国。

　　为减少清廷疑忌，传教团采取了一些适合中国传统的宣传方式，如他们把东正教称为"天主教"，把教堂对外称为"庙"（罗刹庙）；把天主称为"佛"（Fo）；把教士称为"喇嘛"（藏传佛教的僧人）。② 在他们的努力下，一些中国人先后皈依东正教，他们中有满人也有汉人。③（见图191、192）

图 191　写尔伊神父墓碑拓本　　　图 192　写尔伊神父墓碑拓本
　　　　（碑阳俄文）　　　　　　　　　　　（碑阴汉文）

---

①　关于这方面交涉，参见《历史研究》编辑部编印《故宫俄文史料》，1964 年铅印本；又国家清史编纂委员会编译组、《历史研究》编辑部合编《故宫俄文史料》，2006 年铅印本。

②　［意大利］马国贤：《清廷十三年——马国贤在华回忆录》，李国纲译，上海古籍出版社 2004 年译本，第 78—79 页。乾隆三十三年（1768）九月初一刻写尔伊墓碑（碑原在北京安定门外东正教公墓），把已故神甫写尔伊称作"天主教三喇嘛"，亦可为证。引自《拓本汇编》第 72 册，第 189—190 页。

③　［俄］尼古拉·阿多拉茨基：《东正教在华两百年史》，第 100、167、174—175、215、262 页。

不过，总体来看，传教团在北京传播福音的活动并不顺利。事实上，多数俄罗斯人在定居北京不久，就丧失了宗教热情。而当他们娶了中国姑娘后，这种变化就更加明显。这些女人不仅教给他们汉语和中国风俗习惯，还向他们灌输中国的传统宗教。她们指着偶像教训自己的丈夫："连皇帝本人也得尊敬它，向它磕头，何况全国人民都信它。你是一个在森林里长大的野人，难道你认为你比皇帝还要聪明？"① 这样一来，这些俄罗斯人就不再与司祭来往，完全按照妻子的话行事。他们严格遵守中国的生活方式，模仿他们的风俗习惯，改奉他们的宗教（佛教与道教），家中供奉偶像，向其顶礼膜拜。第一任教堂司祭马克西姆·列昂季耶夫的孙子扎哈尔，一生中甚至没有进过一次教堂。

这些人既不到教堂中领洗②，也不到教堂做忏悔，领圣餐。他们改以中国婚礼娶妻。临终前，他们不再请东正教司祭来做祷告；死后，则按照中国风俗请和尚诵经安葬。③ 有一次，一位俄罗斯旗人为他的兄弟举办中国式葬仪，受到教堂司祭的干预。这位旗人理直气壮地告诉他："我们有自己的皇帝，我们是领取皇饷的，因此应当像靠皇上恩典生活的人一样行事。"④

这种状况一直延续到19世纪中期，俄罗斯旗人与教会的关系出现了戏剧性转机。咸丰八年（1858）《天津条约》签订后，各国教会获得了在中国自由传教的特权。北京的俄罗斯传教团不仅开始在中国人中积极传教，在俄罗斯旗人中的传教活动也取得成效。据1886年（光绪十二年）的教徒名册统计，北京的东正教徒共有四百五十九人，其中俄国雅克萨人后裔一百四十九人，中国人三百一十人。⑤

为什么俄罗斯后裔重新皈依东正教？除了宗教感情，很大程度上应是基于实际生活的需要。晚清以来，清朝国势日衰，各国教会因有西方列强

---

① ［俄］尼·伊·维谢洛夫斯基：《俄国驻北京传道团史料》第1册，第28—29页。

② 一位在俄罗斯佐领当过差的俄罗斯人，一点也瞧不起基督教（东正教），当有人把他叫做领过洗的人时，他反而感到羞耻。这时他就对那些称他为基督徒的人说：一个婴儿当然一点也不知道他的父母为他做过什么。我的父亲就是在我还在吃奶的时候给我领洗的，所以我不记得这件事。见［俄］尼·伊·维谢洛夫斯基《俄国驻北京传道团史料》第1册，第71页。

③ ［俄］尼·伊·维谢洛夫斯基：《俄国驻北京传道团史料》第1册，第70页。

④ 同上书，第72页。

⑤ ［俄］阿·马·波兹德涅耶夫：《蒙古及蒙古人》第2卷前言，刘汉明等译，内蒙古人民出版社1983年译本，第18页。

做后盾,在中国的势力和影响迅速扩大。入教之人不仅可以得到教会庇护,在就业、就医以及子女就学等方面也有更多机会。在这一点上,北京俄罗斯人与中国其他教民的需求应是一样的。

图193　俄罗斯北馆(1874年摄,转引自http://www.wdl.org/en/item/2120/)

光绪二十六年(1900)爆发的义和团事件,一度中断了东正教的发展。俄罗斯北馆遭到彻底破坏。动乱后,教会将旧北馆附近的居民住房和出让的土地以及四爷府(履亲王府)的土地统统购买过来,形成东起东城墙、北至北城墙的北官厅、南到东羊管胡同、西到四爷府的西墙及针线胡同,方圆三百亩(三顷地)的一大片教堂用地。[①] 教堂用地的墙外设立石碑为界,墙内建立了一座"教众致命堂",把在义和团事件中被杀害的中国东正教徒二百二十二具遗骸收殓在六具石制棺材里,埋在该堂"圣所"内地下。

[①] 早在雍正年间,俄罗斯教堂即开始置买旗人房地。另外,俄罗斯旗人把土地施舍给教堂。旗人为了规避禁令,在把房地卖给教堂时主要采取"典"或偿租形式。见[俄]尼古拉·阿多拉茨基《东正教在华两百年史》,第93—94、146、173、211—214、233页。

教会在这里陆续建起圣母安息大堂、圣主教伊诺肯提依堂、钟楼、图书馆、天文台、男女修道院、男女学堂、神品学堂。此外，在安定门外建立了俄国坟地（今青年湖一带）的"圣些拉肥木堂"和在西山昌化寺的小教堂（主教避暑时用的）。开设了面粉厂（机器磨）、铁工厂、印刷厂、牛奶场、装订房、造纸作坊、织布厂、养蚕室、养蜂场、地毯作坊、菜地、果园以及小型发电所。在东单北大街新开路口购置了一所公寓式的三层楼房供出租用，还开设天福号米面庄。

图194　咧喇思机神父墓碑拓本
（碑阳汉文）1716年（康熙五十七年）
10月14日在北京去世
北京传教团第一任团长

图195　咧喇思机神父墓碑拓本
（碑阴俄文）

这一时期，北京的东正教徒（包括俄罗斯后裔）达到三千至三千五百人。[①]

俄国东正教以北京为起点，逐渐向全国各地扩张。北京郊区通县，河

---

① 杜立福、罗荣禄：《俄国东正教在北京的兴衰》；肖玉秋：《俄国东正教驻北京传教团在华活动的历史评价》认为，1911年，中国东正教徒有1167人，1917年已达6310人。载［俄］尼古拉·阿多拉茨基《东正教在华两百年史》附录，第302—303页。

北遵化、涿县、张家口、保定、北戴河、天津、山东青岛、烟台、崂山、华东上海、华中武汉、广东石浦、东北沈阳、长春、哈尔滨、旅顺、大连、齐齐哈尔、内蒙古海拉尔、满洲里、新疆乌鲁木齐、伊宁等地，都设有东正教分会和教堂或传道所。各分会和教堂的主管神职人员，均由北京俄国东正教总会派遣。

民国七年（1918），北京东正教会辖下有男女修道院各一，司祝（祭司）寓所一，庙堂五，礼拜堂（大小教堂）三十有二，包括俄罗斯后裔在内的中国洗礼信徒多达五千五百八十七人①。这也是东正教会最兴盛的时期。

四 俄罗斯人的到来与中俄关系

俄罗斯人初到北京时不过百余人。尽管人数很少，对中俄关系的发展却产生了巨大而深远的影响。主要反映在三个方面：其一，使东正教传入了中国；其二，推动了中俄关系的发展；其三，促进了两国文化的交流。第一方面已见前述，这里只概括后两方面：

其一，推进了中俄关系的发展。

俄罗斯人与中国人的交往最早可追溯到元代。公元13世纪，蒙古人西征，屡次入侵俄罗斯。在长达数十年的征服战争中，蒙古人每到一地，就要从当地居民中补充兵员。西征军中就有俄罗斯籍士兵。其中一部分后来随军来到中国本土，参与了元朝灭亡金和南宋的战争。据《元史》卷三四记载，元至顺二年（1331），元朝政府在北京（大都）设置了"宣忠扈卫亲军都万户府，秩正三品，总斡罗思（即俄罗斯）军士"。据此可知，这时来华的俄籍士兵不会很少。而且，随着蒙古帝国版图的拓展，中西交通更加便利，联系更为密切。俄国东正教士、商人、工匠等各色人等因各种原因来华也有所增长。在《元史》中就有西域宗王献纳斡罗斯人口的记载。十四世纪中，随着元帝国的覆亡和明朝建立，中俄交流一度停滞。②

明万历四十六年（1618），一批俄罗斯人在伊万·佩特林率领下来到了明朝首都北京。明朝皇帝尽管未能接见俄罗斯外交使团，但颁给使团一

---

① 吴廷燮总纂：《北京市志稿·宗教志》第8册，第392页。
② 关于这一时期俄罗斯人来华情况，参见［俄］尼古拉·阿多拉茨基《东正教在华两百年史》，第3—4页。

封诏书，允许俄罗斯人前来建使馆、做买卖。以后，费多尔·巴伊可夫（1656）、伊万·佩尔菲利耶夫（1660）、伊格纳季·米洛瓦诺夫（1670）、尼古拉·斯帕法里（1676）分别率团拜访清朝首都，做买卖的商队也络绎于途。这些交往使俄国更多地了解了中国，同时也宣传了自己。

但俄罗斯使团真正常驻中国首都，则是以康熙年间俄罗斯人从黑龙江迁来北京为契机的。自康熙年间以迄咸丰年间，俄国东正教会传教士团，一直兼为俄国政府驻华代表。这也使俄国成为咸丰十年（1860）以前唯一在中国首都保持使团的国家。这一年，北京开始建立外国使馆，俄罗斯宗教使团的地位发生变化。同治三年（1864），俄罗斯使团最终分成宗教使团和外交使团。宗教使团返回北馆，靠近原阿尔巴津人教区；外交使团则安置在南馆。俄罗斯外交使团始终安顿在这里，直到民国九年（1920），中国政府宣布终止使团职能。随即，使团被苏联大使馆所取代。

其二，促进了中俄文化的交流。

俄国汉学是随着俄国传教士团的到来兴起的。而俄国传教士团到来的前提，也是因为北京有了俄罗斯人。（见图196）

俄国传教士团既是一个宗教机构，也是外交、商务、文化机构。在每届来华传教士团中都包括来中国学习的俄国留学生。他们学习汉语、满语、蒙古语，从事中国经典著作的翻译研究，编纂辞书，进行社会调查和搜集图书。以这些学生为基础，逐渐形成俄国汉学的基本队伍。罗索欣（1707—1761）、列昂节夫（1716—1786）、比丘林（1777—1853）、科瓦列夫斯基（1800—1878）、扎哈罗夫（1814—1885）、卡法罗夫（1817—1878）、瓦西里耶夫（1818—1900），就是他们中的佼佼者。他们著书立说，介绍中国人的习俗和生活，编纂俄汉（满汉）词典，为俄罗斯汉学奠定了基础。[①] 卡法罗夫（巴拉第）主持编写的《俄国驻北京布道团人员论著集刊》，是这一时期俄罗斯学者汉学研究成果的集大成者。另外，罗索欣、列昂节夫完成了《八旗通志初集》的翻译。瓦西里耶夫的博士论文《元明时代关于满族的记载》，是对满族早期历史的研究成果。扎哈罗夫编有《满俄大辞典》。戈尔斯基撰有《满洲王朝的发祥和最初情况》《中国清王朝始祖的出身和满洲民族》等。他们为俄国满学研究的发展，

---

① 详见曹天生主编、张琨等译《19世纪中叶俄罗斯驻北京布道团人员关于中国问题的论著·前言》，中华书局2004年版；肖玉秋：《俄国东正教驻北京传教团在华活动的历史评价》。

图 196　清宫画师绘俄罗斯人像

作出了杰出贡献。

　　传教士团还编写俄拉汉满四体字书,把《圣经》等西方宗教经典译为满文、汉文,促进了中西文化交流。①

　　为了发展对俄国的关系,清朝政府于康熙四十七年(1708)开设俄罗斯馆。主要培养俄语人才。俄语教师最初从镶黄旗满洲俄罗斯佐领中遴选。俄罗斯馆办了一百五十四年之久,直至咸丰十年(1860)中俄《北京条约》签订,根据总理各国事务衙门之请,它结束了单一语种的教学,开始增设其他外国语文。两年后并入新创立的外国语文学校——京师同文馆。

　　总之,为发展两国关系,中俄双方均以北京俄罗斯旗人为媒介,做出了自己的努力。

五　俄罗斯人的归宿

　　俄罗斯人定居北京后,人口一直没有增长。繁华都市环境和奢华风气

---

① [俄]尼古拉·阿多拉茨基:《东正教在华两百年史》,第103页。

的侵蚀，使一些俄罗斯人习于酗酒和挥霍浪费。他们是八旗兵丁，但身无长技，眼高手低，为了打发时间，经常走街串巷，逛戏园，吸鸦片，热衷赌博。有人死于酗酒和斗殴。尽管俸饷优厚，却债台高筑，成为街头巷尾的笑柄。一些人赤贫如洗，甚至死于饥饿。这些因素均制约了其人口发展。①

晚清时期，满洲统治者日益衰朽，政治腐败，官贪吏黩，八旗制度出现种种流弊。旗人子弟为了争取当兵食饷的资格，必须向长官行贿，这种现象在俄罗斯佐领中同样愈演愈烈。"俄罗斯佐领中如果有谁死了，他的儿子不能立刻被接受为俄罗斯佐领的士兵。要想使自己能补上父亲的遗缺，非花费很大力气和大量银钱不可。为此，必须向领催（五十人长）和其他五位副领催求情送礼，求他们把谋求遗缺的人推荐给主管长官，因为主管长官总是根据他们的推荐来批准谋缺者的请求的。"②

进入民国，八旗制度被废除，俄罗斯旗人断了粮饷。一些人靠做小生意、当工人、任巡捕维持生计。为谋生，不断有人离开世代居住的东直门内一带地方。到20世纪五六十年代，罗、何、姚、杜、贺等姓后裔，已散布在北京、天津、哈尔滨、海拉尔等地，据说总共有一百多人。近二三十年来，随着北京城市建设加速和老城区大片拆迁，俄罗斯后裔已完全湮没在茫茫人海中，无从寻觅。

与此同时，与俄罗斯旗人的历史命运息息相关的东正教教会和教堂也消失得无影无踪。

1955年，东正教教会中止了在中国的活动。北馆连同建筑和财产转为苏联国家财产。很快，这里建起大型现代建筑，成为前苏联驻中国大使馆（现为俄联邦大使馆）（见图197）。南馆则移交给中国政府。

几十年来，随着北京城市建设的迅疾发展，东正教教堂先后被拆除。目前，在俄罗斯大使馆院内，还保留着前高级神甫的住房、前图书馆（现在是领事处）和某些建筑，但它们的外观已大大改变。在使馆院内池塘边的露台上，兀立着一个三腿香炉，康熙年间铸造，应是与俄罗斯人历史有关的最古老遗物。（见图198、199）位于北京安定门外青年湖内东北

---

① ［俄］尼·伊·维谢洛夫斯基：《俄国驻北京传道团史料》第1册，第27页；［俄］尼古拉·阿多拉茨基：《东正教在华两百年史》，第32页。

② ［俄］尼·伊·维谢洛夫斯基：《俄国驻北京传道团史料》第1册，第31页。

图 197　俄罗斯大使馆(北京东直门内,原俄罗斯佐领所在地)

角的圣母堂保留的时间稍长。1987 年也因城市建设被拆除。在此之前,俄国墓地早被夷为平地。尽管北京俄罗斯人的历史遗迹已难寻觅,但他们在中俄关系史中所起的特殊作用却是不可磨灭的。近年来,中、日、俄等国学者共同合作,对这段历史进行实地考察与研究,就是一个明证。

图 198　康熙朝古鼎(俄罗斯大使馆内)

图 199　清代建筑（俄罗斯大使馆内）

补记：俄罗斯人的新情况（2006 年 10 月 12 日）

2006 年 9 月 8 日，在日本东北学院大学、东京外国语大学亚非语言文化研究所、日本大学文理学部联合召开的"黑龙江流域的民族与国家——从黑龙江流域看俄清关系——"国际学术研讨会上，笔者曾发表学术报告《清代北京的俄罗斯旗人》。报告发表后，总感到意犹未尽，旧问题解决了，又有新问题浮现出来。比如：俄罗斯旗人后裔在 20 世纪 50 年代官方组织的民族识别时，被归入了哪个民族？如果按常规被归入满族的话，他们对满族是否认同？又如，他们对母国俄罗斯，抱有一种怎样的情感，是完全淡漠，还是藕断丝连？再有，在宗教环境逐步变得宽松起来的今天，他们是否还笃信东正教？以及他们的子女，对"阿尔巴津人"先祖的历史，又是一种怎样的态度？诸如此类的问题尽管耐人寻味，但在文献中却很难找到答案。

正当我感到无奈之际，一次偶然机会，得知黑龙江大学满语研究所唐戈老师，曾经采访过俄罗斯旗人后裔。通过电话，我从唐老师处得到了一些很宝贵的信息。2003 年，唐老师在北京采访了杜立福先生。杜立福曾任北京市东城区文史馆馆员，我在文章中引用的《俄国东正教在北京的兴衰》》①一文，就是杜立福与罗荣禄老人合写的。但由于某些原因，杜、罗的回忆文章隐略了一些重要内容，多亏唐老师的采访，使这些宝贵信息得以保留。唐老师采访不久，杜立福老人去世。现征得唐老师同意，将他提供的情况归纳为三点，作为上文的补充：

1. 俄罗斯人后裔的族属。据杜立福说，1951年官方进行民族识别时，所有的阿尔巴津人后代都被归入了满族。至于是官方决定还是他们本身意愿，已无从得知。但杜立福认为，这样划分是错的，应划入"俄罗斯族"。许多满族人保留有本族的家谱，当唐老师问杜立福有无家谱时，杜却调侃说："鬼子不立家谱。"② 杜把自己称作"鬼子"，而"罗刹"确实也有"鬼"的意思。这或者说明，至少杜立福本人对满族并没有太多的认同。

图200　阿尔巴津儿童

(1874年摄，转引自 http://www.wdl.org/en/item/2120/)

---

① 载《北京市东城区文史资料选编》第4辑，1993年。
② 其实，俄罗斯编设佐领后曾有家谱（世袭谱），保存在旗衙门。见［俄］尼古拉·阿多拉茨基《东正教在华两百年史》，第30页下注。

唐老师还在天津采访了杜立福的侄子（杜立昆的儿子）。初次见面，对方听到"您是阿尔巴津人后代吗"一句问话，热泪顿时夺眶而出。这应是一种被压抑已久的复杂情感的宣泄，确实值得细细品味。最令杜立福侄子感到宽慰的是：前些年，他的儿子在中国学中医毕业后前往俄国。在俄国，他恢复了杜比宁老姓，娶了俄罗斯姑娘，在当地行医（当然是中医），而且成为虔诚的东正教徒。

2. 俄罗斯后裔的走向。据杜立福说，1956年以前，北京的俄罗斯后裔仍集中住在一个院（即北馆）。1956年北馆改为苏联大使馆后，由苏方出钱，为迁出的"阿尔巴津人"后裔在真武庙一带盖了几栋二三层小楼。这样，在后来一段时间里，他们仍得以保持聚居的状态。但是近二三十年来，变化很大，到本世纪初，几栋旧楼还在，"阿尔巴津人"后裔却一个没剩，去世的去世，搬家的搬家。唐老师在天津采访过的杜立福侄子后来也断了音信。据他推测，可能是步儿子的后尘去了俄罗斯。目前，分散在北京、天津、哈尔滨等地的俄罗斯旗人后裔大概还有几百人。

3. 俄罗斯后裔的宗教。1955年以来，尽管苏联东正教会停止了在中国的活动，但俄罗斯后裔（至少是其中的一部分老人）对东正教的信仰并没有泯改。杜立福曾长期主持在京的东正教活动，活动地点就在苏联大使馆内的教堂。当时他家就住在苏联大使馆旁边。他的信仰很坚定，曾对唐老师说：因为罗姓（罗曼诺夫姓）"反教"（叛教的意思），他们都与罗姓断绝了来往。他说的那位"罗姓"老人当时已九十多岁。

前些年，俄罗斯东正教大牧首把光绪二十六年（1900）义和团事件中殉难的二百二十二名北京东正教徒封为"圣徒"（叫作"封圣"），据说在美国一处东正教堂还悬挂着他们每个人的画像，一律清代辫发袍服的满洲式打扮。① （见图201）

近年来，俄罗斯后裔中的东正教信仰有所复兴，这一趋势得到了俄罗斯政府的支持和鼓励。据唐老师了解，目前在俄罗斯学习东正教的中国留学生中，有六位是"阿尔巴津人"后代。他们都是经由哈

---

① 巧的是，2006年底我在台湾访问时，从"中央研究院"近代史所余敏玲教授处，看到她从美国带回的一幅北京东正教"封圣"图。图中圣徒，无论男女老幼，一律清代服饰。

图 201　遇难教徒"封圣"图

尔滨的一位朝鲜老太太送出去的。这位老太太于 1917 年"十月革命"后从苏联远东来到哈尔滨，她的母语是俄语，对俄罗斯情有独钟。可惜的是，这位身世奇特的老太太也已去世。

近年来，还有"阿尔巴津人"后裔抱着宗教的执着和对"母国"的留恋，辗转万里，前往俄罗斯"寻根"。2004 年杜立福的侄女访问了内蒙古额尔古纳地区的东正教友，又经由黑河对岸的布拉戈维申斯克前往雅克萨（阿尔巴津），探访远祖生活过的地方。她随身带去一幅祖辈传下来的圣像，因历经"文化大革命"劫难而弥足珍贵。据说，2005 年，"阿尔巴津人"后裔曾借用北京的天主教南堂举办过东正教活动。

唐老师提供的上述情况，有助于澄清先前的一些疑问，如关于俄罗斯后裔的族属，及其与东正教的关系等等。但"拔出萝卜带出泥"，随之又引出若干新问题：杜立福作为一位具有特殊宗教背景的人物，他对满

图202　雅克萨哥萨克供奉的东正教圣像

图203　雅克萨村今貌

族的态度，在俄罗斯后裔中是否具有代表性？如果具有代表性的话，那他们为什么对满族没有民族认同？与此相关的另一个问题是，在决定民族认同的诸要素中，血缘、文化与宗教各要素究竟起着怎样的作用？论血缘，他们身上的俄罗斯成分已残留无几；论文化，他们的先辈已基本接受汉文化。如果说与汉、满等民族还有什么区别的话，只有一个，就是仍旧保持着宗教信仰的独立。这样，问题就回到宗教信仰在维系民族认同的特殊作用上。无论是世界范围内散居的犹太人，还是中国境内散居的回族，基本上都是以其宗教维系自身民族认同的。前者信仰犹太教，后者信仰伊斯兰教。具体到俄罗斯后裔，他们的东正教信仰是否也起到类似作用呢？这确实是一个值得继续探讨的问题。

第六章

旗人的世家

有清一代，旗人享有种种特权，其中最重要的就是在仕途上远较民人为易。在总人口中只占很小比例的旗人，始终把持着中央和地方的大部分高职显爵，世代承袭，形成世家大族。世家大族间，又通过婚姻和亲属纽带，结成盘根错节的社会关系。旗人世家主要由哪几类构成？他们的来源是什么？内部与外部关系怎样？凡此种种，都是本章要探讨的。

第一节 内务府世家

清代的内务府包衣，主要由皇帝亲领的上三旗（镶黄、正黄、正白三旗）包衣组成。包衣的全称是"包衣阿哈"，意为"家的奴仆"，内务府包衣出身卑贱，本是不争的事实。不过正如前辈学者指出的，因为他们入旗时间早，世代为皇室"家奴"，关系特殊，加之"近水楼台先得月"的便利，其仕进不仅远较汉人为优，就连一般外八旗人也难望其项背。所以也就不奇怪内务府包衣何以会内任九卿、大学士、内务府大臣，外任织造、监督、总督、将军，不仅代不乏人，且有一家两三代连任高官者，这样就形成了内务府世家。[①] 王锺翰师《内务府世家考》一文，广征博引，

[①] 内务府包衣研究，见孟森《八旗制度考实》，载《明清史论著集刊》，中华书局1959年版；郑天挺：《清代包衣制度与宦官》，载《探微集》；祁美琴：《清代内务府》，中国人民大学出版社1998年版。内务府世家研究，见王锺翰《清史续考》，台湾华世出版社1993年版；赖惠敏：《社会地位与人口成长的关系——以清代两个满洲家族为例》，载台湾《"中央研究院"近代史研究所集刊》第21期（1992年）；定宜庄：《内务府完颜世家考》，载《清史论丛》，辽宁古籍出版社1995年版；杨海英：《佐领源流与清代兴衰》，《中国社会科学院历史研究所学刊》第3集，商务印书馆2004年版。

列举二十余家五六十人，对世家的概况、源流、特点作了精辟的说明。在前人研究基础上，笔者主要依据谱牒、碑文等史料，就内务府世家的类型及其婚姻关系做一探讨。

一 世家的类型

归纳对象的特点并予以分类，是比较研究的必要前提。问题在于，研究内务府世家应如何设定分类标准，是按族籍（如满洲、蒙古、朝鲜、汉人）还是籍贯？是按政治作为还是品秩高低？根据研究的取向，本可以有不同选择，而笔者关注的则是世家的形成过程，即他们是通过什么途径从众多包衣中脱颖而出，并走向辉煌的。这中间，至少有四种类型颇具特色——军功、保母、婚姻、科举。

（一）军功型

清朝入关初，满洲壮丁不过五万，全部八旗壮丁，合计三十余万，其中大半又是包衣壮丁[1]。他们面对的则是人口逾亿的庞大明朝。从入关作战，定鼎北京，再到南下中原，剪除南明，荡平三藩，在半个多世纪里，始终是干戈扰攘、战事接踵。内府包衣亦如外八旗人，时时奉调出征。许多内府包衣骁勇作战，捐躯疆场，成为王朝"忠烈"，载入史册；[2] 也有一些包衣，因军功卓著，跻身王朝新贵。时势造英雄，其时八旗世家多由军功起家，非独内府包衣使然，所不同者，后者因身份卑微，积军功而至高位的难度更大，付出的代价往往也更高。在此，只举前人尚未提及的两家——尚氏和董氏。

尚氏，内务府正白旗汉姓人，在《八旗满洲氏族通谱》卷七四，被"附载于满洲旗分内之尼堪姓氏"。

尼堪，满语汉人意。清初，隶属满洲旗分的尼堪以其来源，大致划分为三类：抚顺（抚西）尼堪、台尼堪、尼堪。俱详《清朝通志·氏族志》。其中，除台尼堪隶属八旗满洲外，抚顺尼堪和尼堪两类多隶属内务府。其共同特征：先世均为辽东汉人；入旗时间久远，一般在八旗汉军成立前；

---

[1] 雍正元年五月初四日《和硕怡亲王允祥等为奏为查报顺康年间八旗男丁数目事本》称：顺治五年八旗丁册载，满洲五万五千三百三十丁；八旗壮丁共计三十四万六千九百三十一丁，其中以汉人为主体的包衣壮丁二十一万六千九百六十七人。安双成：《顺治朝八旗男丁满文档案选译》，载《满学研究》第1辑，吉林文史出版社1992年版。

[2] 详见《八旗通志初集》第220—231卷《忠烈传》；又，福格《听雨丛谈》第1卷，第17页。

因与满洲人关系密切，被收入《八旗满洲氏族通谱》。作为"附载于满洲旗分内之尼堪姓氏"，他们可以被视为八旗内部满洲化程度最高的汉姓人。

尚氏一族，以尚大德立为一世祖。道光朝《尚氏宗谱》追述：大德祖父名九霄，为明金州卫官。九霄生子四，第四子尚清，娶项氏，生子三，长曰大贤、三曰大忠，第二子即大德。世居关东沈阳北门外山达然地方。① 说明尚氏先世本为明辽东军官，籍贯沈阳。至于《宗谱》说大德在"国初"（清初）担任过"侍从官"，恐非事实。文饰或虚构先祖的辉煌业绩，本是修谱的通病，《尚氏宗谱》也未能免俗。《八旗满洲氏族通谱》只说大德是正白旗包衣人，并未提及官衔，说明他也就是普通的包衣。天命六年（1621），清太祖努尔哈赤进踞辽沈，大批明朝军民沦为满人包衣，大德入旗，或在此时。以后，大德"从龙入关"，葬于京都东直门外东坝河尚家楼（今地名尚在），成为尚氏的始迁祖。

在清代旗籍汉姓人中，尚姓有两大家，一为三藩之一的尚可喜之裔，一为内务府尚大德之裔。可喜子名之隆、之信，大德孙名志杰、志舜，因清初档案通行满文，志杰、志舜往往又译之杰、之舜（或之顺）。外姓人不明就里，或误为一姓。为防止子孙辈"误联"乱宗，《尚氏宗谱·凡例》曾特别说明："平南王尚可喜系奉天海城人，其子之隆、之孝俱系国朝名臣，原不必以逆藩为讳。但吾族先世有谱，名氏昭然……居址世派迥别。且传载可喜纳款，旗以皂镶，号天助兵，入关后全支入镶蓝旗汉军，百余年从未有议系同宗者。恐后人误联，故及之。"修家谱的基本宗旨之一，就是谨防"异姓乱宗"，二尚氏虽为同姓，但没有丝毫血缘上的关联，所以必须加以说明。尚可喜一族，隶镶蓝旗汉军；大德一族，隶内务府正白旗。两氏畛域分明，隶属八旗的不同系统。再者，尚可喜是"逆藩"，先降又叛，有玷臣节，乾隆年间被载入《贰臣传》；大德子孙，则为荡平三藩战争中的功臣。薰莸不同器，这大概也是划清界限的一个理由。②

---

① 凝祥、凝瑞修：《尚氏宗谱》，道光乙酉年（五年，1825）刻本（残缺）1册，由尚氏第十三代孙尚焰先生提供。

② 耐人寻味的是，2004年8月28日，笔者和细谷良夫教授在辽宁省海城县尚王陵考察时看到，尚大德在北京的一支后人，已于二年前主动派代表到海城，与尚可喜一族"认宗"，同时赠景山公园内槐树12棵（大概因为"槐"与"怀念"的"怀"同音吧），铜鼎一个，并在陵园醒目处立起认祖归宗碑。这些尚大德的后人似乎连本族宗谱都没有见过，否则怎会出现这种祖宗早已担心过的"误联"？

第六章　旗人的世家　409

清入关初，正白旗原为摄政王多尔衮所属。顺治七年（1650），多尔衮病死，世祖福临亲政，追论多尔衮悖逆罪，把正白旗据为己有。大德作为正白旗包衣，最初应为多尔衮所属，福临亲政后始转为皇帝亲统的内务府旗人。

大德五子，唯第四子尚兴有功名，从最低的拨什库达做起，升内务府正白旗第五参领第四旗鼓佐领、惜薪司掌印郎中。康熙十三年（1674）三藩之乱，尚兴以副将征湖广，四年后在洞庭湖阵亡。[①]

内三旗的构成与外八旗不同，内参领下设内府佐领、旗鼓佐领、内管领。内府佐领，即满洲佐领；旗鼓佐领，即汉人佐领。内管领（满语为"珲托和"，意即"半个佐领"），又称"辛者库牛录"，意思是"内管领下食口粮人"。主要成分为满、汉、蒙古奴仆，在内三旗中地位最低。[②]

内府三旗初设满洲佐领九，旗鼓佐领十二，高丽（朝鲜）佐领一，内管领二十。康熙中增至满洲佐领十五，旗鼓佐领十八，朝鲜佐领二，内管领三十。[③] 尚兴是正白旗包衣第五参领第四旗鼓佐领首任佐领，身故，改由异姓汪义图管理；汪义图缘事革退，改以尚兴子志杰管理；志杰升任内务府总管，改以海璋、萨齐库等异姓管理。志杰与弟志舜、侄尚琳还曾受命管理同参领的第一旗鼓佐领。该佐领"亦系国初编立"，始以高国元管理；高国元故，以曹玺正管理；曹玺正缘事革退，由张士鉴、郑连相继管理；郑连缘事革退，以曹寅管理；曹寅升任江宁织造，以齐桑格管理；齐桑格故，以内务府总管尚志杰管理；志杰年老辞退，以内务府总管尚志舜管理；尚志舜故，以员外郎尚琳管理（下略）。[④] 高国元父亲高闻举、曹玺祖父曹锡远、张时鉴（《氏族通谱》写作张时荐）父亲张良弼、郑连曾祖郑朝辅，均为各姓入关后的始迁祖，作为"附载满洲旗分内之尼堪姓氏"，在《八旗满洲氏族通谱》卷七四、七六、七七均各有专传。曹氏，即文学巨擘曹雪芹家族。曹寅，即曹雪芹祖父。这些正白旗旗鼓佐领下人，都是以军功起家，而成为内府汉姓人中的佼佼者。

[①] 《八旗满洲氏族通谱》第 74 卷；《尚氏宗谱》载康熙六年十一月二十六日尚兴诰封碑，称其原任"包衣卫勒勒诸尔汉"（还原满文为：booi weilere jurgan，直译内府工部，即营造司前身）郎中。碑文拓片载《拓本汇编》第 62 册，第 101 页。

[②] 奕赓：《佳梦轩丛著·寄楮备谈》第 120 页说："辛者库，乃半个佐领下食口粮人也，起初原系家奴，向例不许为官，内府俱贱视之。"

[③] 《八旗通志初集》第 41 卷，第 779—782 页。

[④] 《钦定八旗通志》第 7 卷，第 130—131 页。

旗鼓佐领长官（亦称佐领）向无世袭，升除完全取决于皇帝，这是与外八旗世袭佐领的一个重要区别。尚兴、志杰、志舜、尚琳祖孙三代先后担任旗鼓佐领，则是尚氏在康、雍年间颇受皇帝重用的明证。

尚志杰，尚兴长子，由护军授銮仪卫治仪正，康熙十三年（1674）随扬威大将军和硕简亲王出征吴三桂，转战江西、福建、湖广等地，战功卓著。升员外郎、佐领，进广储司郎中兼御书处总管，授杭州织造，辞未赴任，旋署内务府总管、管理崇文门税务。管理崇文门税务是个肥缺，而作为内务府总管，负责处理皇家日常事务，也是重要职缺。尚志杰的名字频频见于康熙后期满文档案，就是明证。康熙五十二年，玄烨六十大寿，在北京东郊丫髻山碧霄元君祠举办万寿道场，御赐内帑，在山顶增修玉皇阁，亦由他董理其事。①志杰生于顺治七年（1650）正月，卒于雍正三年（1725）。②（见图204）雍正四年至九年，其弟志舜继任内务府总管，直至病死，称得上是胤禛近臣。尚兴的继子志立，由副将征吴三桂阵亡，赐总兵官。③也是同辈子弟中的佼佼者。

尚氏延至第四世，时天下大定，内务府旗员子弟不必再通过戎马倥偬的凶险生涯博取功名。他们沐浴在先辈的福泽下，或承袭世职，或在内府做官。志立子尚锐，世袭云骑尉；志杰继子尚铭（本志舜次子），诰赠中宪大夫，晋武显大夫；志舜第四子尚瑛，初袭云骑尉，诰赠勇武将军；第五子尚琇，任南园苑丞，诰赠奉直大夫，晋武功大夫；第六子尚琳，任内务府堂郎中，河东盐政；第七子尚琮，任武英殿副监造。

尚氏第五世，以福海（尚铭继子，本尚琇次子）地位最高。历任热河总管、杭州织造、江宁织造、监督淮宿海三关税务等职，赏戴花翎及内府珍奇，御制诗画。福海生于康熙六十一年（1722）九月，卒于乾隆五十二年（1787）十一月，历仕雍、乾两朝。乾隆五十年（1785），受邀参加千叟宴，御赐寿杖。诰授中宪大夫，晋武显大夫。

如上所述，尚氏凭借军功在康熙朝发达，康雍之际，志杰、志舜兄弟两任内务府总管，在管理内廷事务方面做了大量工作。至福海，仍任内务府要职。遗憾的是，《尚氏宗谱》现已严重残损，对其五世以后情况，已

---

① 吴景果纂修：《怀柔县新志》第2卷，第13页上。
② 据《拓本汇编》第67册，第161页，《皇清诰封资政大夫讳志杰尚公之墓》，碑原在北京朝阳区太阳宫尚家楼。
③ 《钦定八旗通志》第216卷有传。

图 204　尚志杰墓碑拓本

难得其详。

董氏，内务府正黄旗汉姓人，在《八旗满洲氏族通谱》卷七四中亦为"附载满洲旗分内之尼堪姓氏"。

始迁祖董文选，世居抚顺地方，入旗年分无考。前三世无功名，为普通包衣，至曾孙董得贵，始由军功获官爵、世职。《董得贵诰封碑》载：

"董得贵,尔原系白身、包衣牛录章京,定鼎燕京入由山海关之日,击流贼马步兵二十万,尔同固山额真谭泰步战对阵,败之。嘉尔故授尔为拜他喇布勒哈番(骑都尉)。"①董得贵初为"白身",也就是旗下无官职平民,后以军功擢正黄旗包衣第四参领第一旗鼓佐领的长官(佐领),又任第五参领第六旗鼓佐领首任佐领。《八旗通志初集》卷四说该佐领系"国初编立",确切时间不可考,从其原籍地域看,应在太祖时期。入关时,董得贵在山海关对李自成农民军一役,作战勇敢,立有战功,获骑都尉世职。入关后,三遇恩诏,累加至二等阿达哈哈番(二等轻车都尉)。顺治九年,年老身病,由次子殿邦袭职。(见图205)

殿邦以"从龙华胄"袭替二等阿达哈哈番,历会计、营造两司员外郎、郎中,康熙五十五年以慎刑司郎中代内务府总管。自康熙十五年袭爵迄乾隆四年致仕,殿邦历仕康、雍、乾三朝,前后六十余年,黾

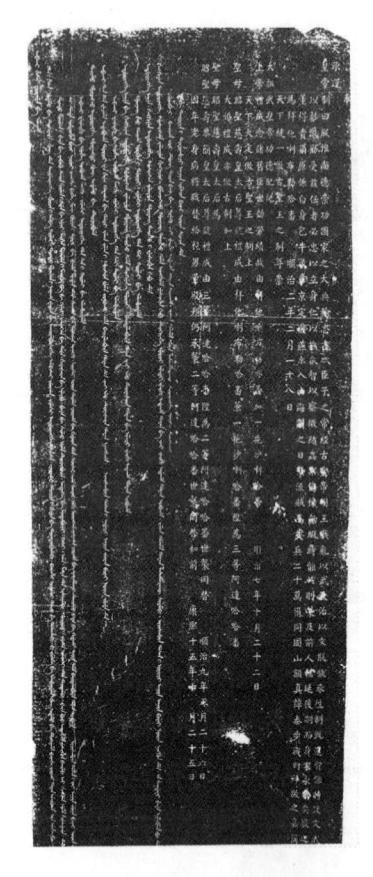

图205 康熙十五年董得贵满汉合璧诰封碑拓本

勉供职,八十四岁时寿终正寝,被誉为"三朝之硕辅,一代之伟人"。②他的学识渊博,经济优长,姓名频频见于内府档案,凡所服官,皆有建树,扈跸南巡时,奉旨图写全河形势,日与河臣商榷,备防当泻之要,动中机宜。多年以后,当地故老对他的治河业绩仍念念不已。殿邦有九子、十二孙、七曾孙,多在朝内外任官。

董得贵长子浩善(郝善),初由銮仪卫整仪尉改会计司郎中,管佐领事。康熙十三年吴三桂犯湖北,清廷发大兵征讨,特授郝善岳州水师副

---

① 《拓本汇编》第63册,碑刻于康熙十五年十月二十五日,残碑现在北京房山区阎村镇南坊村,第97页。实地考察。参见《八旗通志初集》第203卷,董得贵本传。

② 《光禄寺少卿、内务府总管董公墓表》,载《拓本汇编》第76册。

将，首开战功。此后，转战湖南、湖北、广西等地，屡建战功，晋总兵官。二十一年凯旋，随即病殁，归葬北京良乡县南方村（今房山区阎村镇南坊村）。郝善以内务府汉姓人出任绿营将官，与他的出身背景有很大关系。说明在控制汉人军队方面，内务府汉姓人作为皇帝的亲信爪牙，能起到满洲将帅起不到的作用。郝善频年征战屡建战功，被后人称颂为"勇战敬官而以死勤事者"。① （见图206、207）

由于缺乏连贯性记载，对浩善以后董氏的发展情况尚无从得知。②

上举尚氏、董氏，都是内务府汉姓人。熟谙掌故的内务府旗人福格说过："内三旗佐领，有满洲，有旗鼓，无蒙古、汉军"；旗鼓佐领由汉姓人编成；统于上三旗满洲都统；其在内务府仕途，与满洲同；升至九卿、大学士，亦多占满缺。③ 这些都与汉军旗人构成明显区别，且反映了他们与满洲人的密切关系。可见，那种将旗鼓佐领混同于汉军佐领，或将旗鼓佐领下汉姓人混同于外八旗汉军旗人的说法，是不够准确的。

图206　董氏墓地残碑（北京房山南坊）

---

① 《董郝善及妻郭罗罗氏、继配黑摄李氏合葬墓碑》，康熙五十一年十一月二十一日，载《拓本汇编》第66册，第174页。

② 据今人杨海山等访查，董氏第十五代孙董桂林尚在当地生活，但对家世知之甚少。家中尚保存董得贵墓骨灰坛。杨海山：《京郊清代墓碑》，学苑出版社2014年版，第471—479页。

③ 福格：《听雨丛谈》第1卷，第6、17、18页。

图 207　董氏墓地（北京房山南坊）

（二）保母型

保母又称乳母、奶母、乳媪，满语嬷嬷、嬷嬷额涅[1]，即今人所云奶妈。在清代，举凡八旗世家，都有乳母。在内务府旗人曹雪芹著《红楼梦》中，女仆中地位最高者就是奶母。贾政的乳母赖嬷嬷，家有花园，孙子做县官；宝玉的乳母李嬷嬷，任意打骂奴婢；贾琏的乳母赵嬷嬷，连凤姐对她都以礼相待。非一般仆人可比。因"爱屋及乌"的关系，连奶母的丈夫奶公（又叫嬷嬷爹），在主人家中同样受到尊敬。同样出身八旗世家的文康在《儿女英雄传》中提到，公子安骥的嬷嬷爹华忠，一生耿直，赤胆忠心，不但在公子身上十分尽心，就连安老爷的一应大小家事，但是交给他的，无不尽心竭力，一草一木都不肯糟蹋，"真算得上'奶公子里的一个圣人'。因此老爷、太太待他格外加恩"。奶母、奶公身受主子恩典，自然忠心报效，彼此结成一种特殊的主仆关系。这种情况在旗人世家中比较常见。不过，身份最尊显的，当属皇帝家的奶母。由保母而发迹，也就成为清前期内府包衣跻身世家的一条捷径。

满洲皇帝的奶母是些什么人？生前与皇帝是怎样的一种关系，死后又

---

[1] 奕赓：《佳梦轩丛著·寄楮备谈》，第129页："乳母，清语曰嬷嬷。"福格：《听雨丛谈》第11卷，第228页，《乳母》："京师呼乳媪为奶子、奶妈，文其词曰奶姥、奶娘，国语曰嬷嬷。"

得到哪些哀荣？她们的丈夫（奶公）和子孙又从中得到了什么优待？这些问题之所以令人感兴趣，不仅因为它是清朝内廷制度的一个方面，而且从一个侧面展示了清朝最高统治者——满洲皇帝与身份卑微的仆妇间一种充满温情的特殊关系。

1. 皇帝的保母与册封

清太祖努尔哈赤起兵于草莽，历尽艰辛，年长诸子侄同样在动荡岁月中生长，还没有安享锦衣玉食的生活，在襁褓中就受到奶母百般呵护的条件。今沈阳清昭陵东上岗子村附近，原有"奶妈坟"一座，葬的是清太宗皇太极的奶妈奶公。① 坟前原有石碑一通，当地人称之为"关家碑"。瓜尔佳氏汉姓关，乃清代满洲著名八大姓之一，因为官者多，以至有"关半朝"之说。据此看来，皇太极的奶母可能是瓜尔佳氏。

及清朝入关，顺治帝福临、康熙帝玄烨均以幼年即位，保母在宫廷中的作用由此大增。福临即位时，年仅六岁，由亲叔多尔衮和堂叔济尔哈朗共同辅政。福临母亲孝庄皇太后是蒙古科尔沁亲王寨桑的女儿，福临出生不久，就与母亲分宫居住，数月方得一见。所以他在内廷接触最多的就是保母。（见图208）

图208　东陵图（董恂《凤台祗谒笔记》）

---

① 引自电子版 http://www.redrival.com/qingzhaoling/default.shtml《清昭陵·昭陵及其陪葬墓之三〈奶妈坟〉》。

就目前所知，福临的保母有朴氏、叶赫勒氏、李嘉氏、金氏，清一色内务府包衣。

关于朴氏的出身背景，在清朝正史中语焉不详。近阅光绪二十四年隆钊修《辉发萨克达氏家谱》（下简称《萨氏家谱》）①，总算澄清了笼罩在这位满洲妇女身世上的谜团。朴氏的夫家是辉发萨克达氏，始祖伊拉达，二世祖他母布，三世祖吾达那，四世祖巴萨哩。朴氏是巴萨哩的妻子，本姓布母布哩氏，以后简称朴氏。布母布哩氏不见于《八旗满洲氏族通谱》。按照《八旗满洲氏族通谱·凡例》的说法，只有那些元勋世宦或子孙"有名位（即有一官半职）可考"的氏族，才符合收载条件。布氏（朴氏）未被收载，说明朴氏娘家身世卑微，名不见经传。

《萨氏家谱·祖母受封例》载："由太祖龙飞之日携族内府，世受皇恩，屡承天眷。"这虽然有自炫的成分，却说明早在太祖开国时代，朴氏或者还包括成为其夫家的辉发萨克达氏，已成为努尔哈赤的包衣。朴氏前后经历太祖、太宗、世祖、圣祖四朝，卒于康熙二十年（1681）。照此推算，她去世时至少有六十多岁，这在当时的满洲人中已是享寿很高了。

朴氏的丈夫巴萨哩早殁，葬在吉林辉发原籍，没有赶上"从龙入关"的风光，而他的族人，是在女家长朴氏带领下进入北京的，朴氏也就顺理成章地成为萨氏的始迁祖。当时，福临尚在幼冲，加之体弱多病，作为其保母，朴氏付出的心血可想而知。顺治七年（1650），摄政王多尔衮在外出行猎时猝死，十四岁的福临提前亲政，朴氏依旧服侍其左右。顺治十六年（1659），当南明郑成功围攻南京的消息传至北京后，福临大发雷霆，扬言要御驾亲征。面对百官的劝阻，他竟用剑把御座劈成碎块，再没有人敢站出来谏止。其母孝庄太后劝说无奈，转身退去，另遣福临的奶妈出面谏阻。目睹此景的耶稣会士后来追述说："因为奶母是被满人敬之如自己生身母亲一般的。这位勇敢的奶母很和蔼地向他进劝……"②这位敢于进谏的奶母可能就是朴氏，她为人慈祥宽厚，亲手把福临带大，在宫中的地位和受到的尊重不难想见。

顺治十八年（1661）正月，福临染上天花，数日后撒手尘寰，年仅

---

① 隆钊修：《辉发萨克达氏家谱》，光绪二十四年（1898）本，载《北京图书馆藏家谱丛刊·民族卷》第38册。

② ［德］魏特：《汤若望传》，杨丙辰译，商务印书馆1949年版，第290页。

二十四岁。年方八岁的康熙帝玄烨继承了皇位。又过了八年（康熙十六年），朴氏病故。① 在此前两年，玄烨已在太和殿举行隆重的亲政大典。闻知朴氏溘然长逝，他沉痛万分，谕礼部说："世祖章皇帝乳母朴氏，保育先皇，克昭敬慎。朕躬幼时，殚心调护……每怀畴昔，时廑于衷；封典宜加，用彰隆眷。今封为奉圣夫人。顶带服色，照公夫人品级。"②

在中国历史上，帝王诸子由保母养育有着悠久传统，《礼记·内则》云：择于诸母与可者使为子师，其次为慈母，其次为保母。皆居子室，他人无事不往。以上"诸母""慈母""保母"，又称"三母"。说明早在先秦时，已有帝王之子由保母养育、教养的制度。帝王子孙的衣食住行几乎全由保母包揽，他们在童年时期同保母的密切程度甚至超过了生母，他们对保母的感情也因此日久弥深。

同样，对保母锡以封号，尊以高位，赐以财富，也并非清朝的肇始。汉武帝曾号其乳母为大乳母，以公田赐之。东汉安帝封乳母王圣为野王君；顺帝封乳母宋娥为山阳君，邑五千户；灵帝封乳母赵娆为平氏君。晋元帝封乳母阿苏为保圣君。唐中宗封乳母于氏为平恩郡夫人；玄宗封乳母蒋氏为吴国夫人，莫氏为燕国夫人；代宗封乳母吴氏为颍川郡太夫人；宪宗封乳母卢氏为燕国夫人；哀帝封乳母杨氏为昭仪、王氏为郡夫人、第二王氏为昭仪，后因中书劝谏，改封杨氏为安圣君、王氏为福圣君、第二王氏为康圣君。宋朝以下，这类记载仍不绝于书。至于北魏太武帝即位后尊乳母窦氏为保太后（又尊皇太后），元朝文宗封乳母夫为营都王，则是历史上少数民族皇帝尊崇保母的先例。

明永乐三年（1403），成祖朱棣追封乳母冯氏为保圣贞顺夫人，是明朝尊封保母之始。仁宗朱高炽初登基，封保母为翊圣恭惠夫人，置守坟人丁十二户；又封保母杨氏为卫圣夫人，其夫蒋廷珪为保昌侯，赐谥庄靖。都是前所没有的旷典。宣德元年（1426），宣宗朱瞻基封乳母尹氏为卫圣夫人。从此沿以为例。③ 明英宗尊保母张氏为佑圣夫人。万历时，保定人

---

① 卒年据《八旗通志初集》第239卷，第5376页；中国第一历史档案馆译编：《雍正朝满文朱批奏折全译》，第983页。《辉发萨克达氏家谱》将其卒年系于康熙二十年，似误。

② 《八旗通志初集》第239卷，第5376页；参见《清圣祖实录》第96卷，第16页下17页上；《辉发萨克达氏家谱》。

③ 沈德符：《万历野获编》第21卷《乳母异恩》，中华书局1959年版，第542页。记载有误，参见王世贞《弇山堂别集》第72、74卷（四库全书本）；郭良翰：《明谥纪汇编》第3、20卷（四库全书本）。

侯二妻客氏入宫为朱由校乳母，以姿色受宠幸。由校（熹宗）立，封客氏奉圣夫人。客氏与大宦官魏忠贤朋比为奸，把持朝政。由此可见，清朝册封朴氏为"奉圣夫人"，完全是因袭明朝制度。①

清制，公、侯、伯及一品官，封光禄大夫，其妻封一品夫人。朴氏照公夫人品级，在清初皇室各保母中，所受尊荣规格最高。这与她精心呵护两代幼帝有关。朴氏去世后，玄烨曾满怀深情地追忆朴氏的音容笑貌和对自己无微不至的关爱，为报答朴氏抚育之恩，玄烨不仅追封她为奉圣夫人，还赏赐孝陵近地，按公夫人仪礼安葬，建祠墓道，春秋致祭。

顺治帝福临遗体火化后葬在北京东北方的昌瑞山（在今河北省遵化县），即通常所称东陵。他的陵墓孝陵又是在东陵起建的第一座陵寝。玄烨谕旨朴氏葬在孝陵，意在让她永远伴随着钟爱的小主子福临。但《萨氏家谱》却这样写道："德胜门外大豁口东满井祖茔坟座记载：首座葬布母布哩氏……其葬制，始祖为上，已婚男姓并正妻按辈分左昭右穆顺延。"据此，朴氏不仅被萨克达氏奉为入关后的始迁祖，还在满井祖茔占

图 209 沈阳清宫内石雕龙头

---

① 按郭良翰《明谥纪汇编》第 3 卷，"国朝谥例：帝用十七字，后用十三字，皇妃或六字或四字或二字，亲王一字，东宫、郡王及文武大臣，若保母与王妃之以节死者，皆两字"。（《四库全书》本）可见，清朝与保母二字谥，也是遵从明制。

据了主穴位置。问题是：朴氏一身，怎能兼有两墓？玄烨既已御赐"孝陵近地"，朴氏族人又怎敢违背？何况，朴氏生前已再婚，后夫名喀喇（说详后文）。这样一来，朴氏即便不葬在孝陵近地，按常规也不应入葬萨氏祖坟。合理的推测只能是，朴氏及其后夫一并葬在孝陵近地，至于萨氏在自家祖茔设置的，只是她的衣冠冢。①

帝王陵附葬保母的做法，最晚始于唐代。唐昭陵附葬的彭夫人就是太宗李世民的奶妈。据说此坟仍存遗迹，墓呈圆锥形，高八米，直径二米。而前面提到的清昭陵奶妈坟，或者就是清代奶妈坟之始。

在笔者所见满人族谱中，女性被奉为始迁祖的，仅此一例。清朝定鼎北京，满人各姓随之入关，迁徙之第一代家长为始迁祖，死后葬在墓地首位。在汉人葬制中，女性长辈不可能被奉为始迁祖，因为她是通过婚姻关系进入该族的异姓，与族中男性祖先并无血统上的联系。萨克达氏奉已改嫁的朴氏为始迁祖，说明清初满人的葬制，还没有形成像汉人那样一套繁缛刻板的程式，仍带有很大的随意性。当然，这种做法与朴氏在社会上的特殊地位也不无关系，毕竟她不是一位普通的女性长辈，而是皇帝的保母。

福临的保母，还有李嘉氏和叶赫勒氏。两氏都是在崇德三年（1638）正月福临诞育之初被选入宫的。李嘉氏卒于顺治十七年十二月，翌年正月初七，福临就因出天花死去。两者相距不过数日。可以说，李嘉氏几乎陪伴了福临终身。对李嘉氏的逝世，福临极为沉痛，上谕中除表彰她尽心奉侍外，还特别提到一个情况："睿王摄政时，皇太后与朕分宫而居，每经累月，方得一见，以致皇太后萦怀弥切。乳母竭尽心力，多方保护诱掖……"②这段话透露，睿王多尔衮摄政期间，福临与皇太后分宫而居，行动受到严格限制，往往数月才能一见。年幼的福临，独处宫中，实际是在保母精心呵护下成长起来的。

叶赫勒氏也是福临甫一降生，即开始保母生涯。而且同李嘉氏一样，生前死后均未及时得受恩封，也就是后来玄烨谕旨里所追述的："久更岁年，宠命未颁。"迟至康熙六十年（1721）四月，玄烨亲谒孝陵，叶赫勒氏

---

① 据徐广源《清东陵史话》，紫禁城出版社1997年版，第169—170页。朴氏墓在孝陵东马兰峪河东村东南处，遗址尚存。
② 《清世祖实录》第143卷，第17页。

的孙子怀诚与李嘉氏的儿子喀都礼一起叩请加恩。玄烨追念两保母"旧侍禁庭,殚心夙夜"的劳绩,准从其请,追封叶赫勒氏为佐圣夫人,李嘉氏为佑圣夫人。①

除以上诸氏,福临保母尚有朝鲜金氏。朝鲜使臣权以镇《癸巳燕行日记》记:

> 尚明者,义州人,被虏于丁卯(清太宗天聪元年,1627),金贵俊之孙。贵俊之妻,乳养康熙之父,是谓世祖,自此出入官中,便同内戚。清主少与尚明狎,及即位,常在阙内,为一等侍卫,知内仪院、南海子、内务府事内大臣。威行内外云②。

图210 雍正七年金新达礼神道碑拓本(碑阳满文)

癸巳年即康熙五十二年(1713),是年,权以镇出使清廷,行抵北京。他书中提到的尚明,即《八旗满洲氏族通谱》卷七二"附载满洲旗分内之高丽姓氏"第一家——金氏:"金氏……其氏族散处于易州等地方。"此处"易州",非指直隶易州,而是朝鲜北部鸭绿江畔的义州。尚明,在《通谱》和朝鲜使臣记录中通常写作"常明"。其祖父金贵俊(满名"新达理",见《通谱》卷七二),天聪元年(1627)被掳。任通事。崇德元年(1636)清军再次入侵朝鲜,新达理(新达礼)与朝鲜国王议和有功,皇太极命把俘获朝鲜人户编为佐领,交他统管,同时兼任内务府三旗火器营总管。(见图210)

新达理隶内务府正黄旗第四参领第二朝鲜佐领,其妻即常明祖母,是世祖福临乳母。因常明与玄烨自幼共嬉游,当时的朝鲜使臣把他称为玄

---

① 《清圣祖实录》第292卷,第11页上下。谕祭文俱载《八旗通志初集》第239卷,第5375—5376页。又,佐圣夫人、佑圣夫人墓在清东陵的孝陵东侧,尚存。

② [朝]权以镇:《癸巳燕行日记》,载《燕行录全集》第35册,第132页;关于常明及其祖母事,参见[朝]俞拓基《燕行录》,载《燕行录全集》第38册,第101—102页。

烨"乳弟"。① 玄烨即位，对他恩遇非常，委以重任，先后担任御前大臣、领侍卫内大臣、内务府总管。常明身历康、雍、乾三朝，位高权重。对前世原籍朝鲜，仍念念不忘。朝鲜贡使到北京，他往往盛情接待，互通信息。俱详朝鲜使臣所撰《燕行录》。乾隆七年（1742），常明病重，弘历特派大皇子看视，加赐太子太保。常明位极人臣，生前死后，无比荣光。不过最令金氏荣宠的，还是新达理之孙三保之女被弘历（后来的乾隆帝）纳为妃。乾隆初封嘉妃，进嘉贵妃，生永珹、永璇、永瑆三皇子。②（见图211、212）

乾隆年间金氏出了一位名臣金简（三保之子、嘉贵妃之兄），任总管内务府大臣、工部尚书、吏部尚书。他在兼掌武英殿修书处时，疏请采用活字版排印珍稀古籍。此法远较当时通行的雕版印刷成本低廉。金简建议将六千左右的常见字刻成单个枣木活字，常用字再加刻数十乃至数百个；木字要有大小号两套，小号字用于注疏；还应预备若干木块，以便遇到冷僻字时随时增刻。乾隆帝准其所请。未及半载，活字刻成。乾隆帝取名"武英殿聚珍版"。金简还用活字版排印成《武英殿聚珍版程式》，书中附有插图及各种文献，记述活字版印书的工艺流程。所有用聚珍版印行的书籍，包括这部《程式》，统称《武英殿聚珍版丛书》，凡一百三十四种。金简尽管在政治上也有所作为，但真正令他留名青史的，还是在采用活字版排印珍稀古籍方面的重要贡献。金简在朝廷供职超过四十五年，死后追谥"勤恪"。子缊布，由内务府笔帖式出身，亦官至总管内务府大臣、工部尚书，并兼掌武英殿修书处。嘉庆初，该族由内务府包衣籍抬入正黄旗满洲籍③，嘉庆二十三年（1818）命玉牒改书为金佳氏。④（见图213）

康熙帝玄烨同其父福临一样幼年嗣位，保母在宫中仍保留重要影响。玄烨保母瓜尔佳氏，入侍年月无考，卒于康熙三十八年（1699）。玄烨特封保圣夫人，遣官致祭四次。初次祭文提到：瓜尔佳氏是由太皇太后从众保母中亲自拣选出来，看护襁褓中的玄烨。⑤ 此太皇太后，指玄烨祖母孝庄太后。玄烨即位不久，母后佟佳氏过早去世，父母双亡，祖母成了

---

① ［朝］金舜协：《燕行录》，载《燕行录全集》第38册，第380页。
② 《清史稿》第214卷，第8919页。
③ 《清史稿》第321卷，第10788页。
④ 唐邦治：《清皇室四谱》第2卷，第21页上。
⑤ 《八旗通志初集》第239卷，第5376—5377页。

图 211 雍正七年金花住（新达礼之子）神道碑拓本（碑阳满文）

图212 乾隆十一年常明（金花住之子）满汉合璧谕祭碑拓本

图 213　金佳氏墓地牌坊（北京房山北刘庄）

他身边最亲近的长者。康熙六十年，玄烨谕令王大臣等："为朕御极六十年，奏请庆贺行礼。钦惟世祖章皇帝因朕年幼时未经出痘，令保母护视于紫禁城外，父母膝下，未得一日承欢。此朕六十年来抱歉之处。"① 从玄烨出生，到父亲福临去世，中间长达八年，他多数时间随保母避痘在外②，不能在即父母膝下"一日承欢"，享受寻常人家的天伦之乐。这段经历既使他抱憾终生，也成为其与保母感情深笃的重要原因。瓜尔佳氏患病后，玄烨曾遣御医诊视，进方药，以时问状，及病重，屡次亲往探视。瓜尔佳氏病殁，玄烨赐葬孝陵附近，位在奉圣夫人朴氏之次。③ 在朴氏、瓜尔佳氏墓园中，还安葬着她们的丈夫即人们习称的奶公。

据前人考证，玄烨保母还有孙氏。萧奭《永宪录》载："颊之祖□□

---

① 《圣祖仁皇帝圣训》第 1 卷，四库全书本。
② 玄烨避痘的确切地点在西华门外北长街路东，即喇嘛教福佑寺原址，该寺建于雍正元年，门外坊书"圣泽永垂，泽流九有"，正殿中奉康熙皇帝大成功德佛牌，东案陈设《圣祖御制文集》，西案设宝座，殿额题"慈容宛在"，皆雍正帝御书。即康熙帝少时保母护御之邸。内务府旗人英和：《恩福堂笔记》中有记载。参见金梁《光宣小记·福佑寺避痘》，第 71 页；《北京市志稿·宗教志五》第 8 册，第 232 页。
③ 瓜尔佳氏墓在孝陵马兰峪东河东村北，2004 年 3 月笔者至该地考察，古墓尚存，墓前石祭台一座，康熙四十年四月二十八日《保圣夫人瓜尔佳氏碑》和康熙四十一年五月二十九日《乳公图克善碑》各一通。清制，官五品以上，用碑，龟趺螭首，六品以下用碣，方趺圆首；庶人止用圹铭（雍正朝《会典》第 101 卷）；又规定：民公以下，庶民以上，葬，永不许造地室（同上）。瓜尔佳氏夫妇不仅墓前有龟趺螭首碑，原先还造有地室，说明给她的待遇确实很高。

与伯寅相继为织造将四十年。……寅……奉天旗人，有诗才，颇擅风雅。母为圣祖保母，二女皆为王妃。"① 寅指曹寅，内务府正白旗旗鼓佐领下人。其父曹玺，外任江宁织造，内升兵部尚书；其母孙氏为玄烨保母，二女皆为王妃。寅亦出任江宁织造，兼两淮盐政。嗜学，工诗，精鉴赏。其子曹颙，仍任江宁织造。颙卒，頫补其缺。到雍正帝胤禛即位，頫因党附胤禛弟胤禟而被革职抄家。自玺至頫，曹家三世为江宁织造，将近四十年。到曹寅孙曹雪芹时，家境已败落。他落拓不羁，著《红楼梦》八十卷。陈康祺《郎潜纪闻》说：康熙三十八年（1699）四月，玄烨南巡回程，驻跸于江宁织造曹寅廨署（见图214），重见保母孙氏，"色喜，且劳之曰：此吾家老人也"。于是赏赉有加。时值庭院中萱花盛开，御书"萱瑞堂"三字以赐。这件事被说成是前所未有的旷典。据考，孙氏生于明崇祯五年（后金天聪六年，1632）②，卒年不详。俗话说"爱屋及乌"，终康熙一世，孙氏的娘家、夫家同样荣宠不衰。

清帝诸子（阿哥）女（格格）出生后都有保母，但唯有即位阿哥的保母才有获封机会，孙氏没有像其前任那样得到追封，可能与后来政局的变动有关。胤禛即位，一味诛除异己，祸及曹、李两家，其保母封号遂不得与。

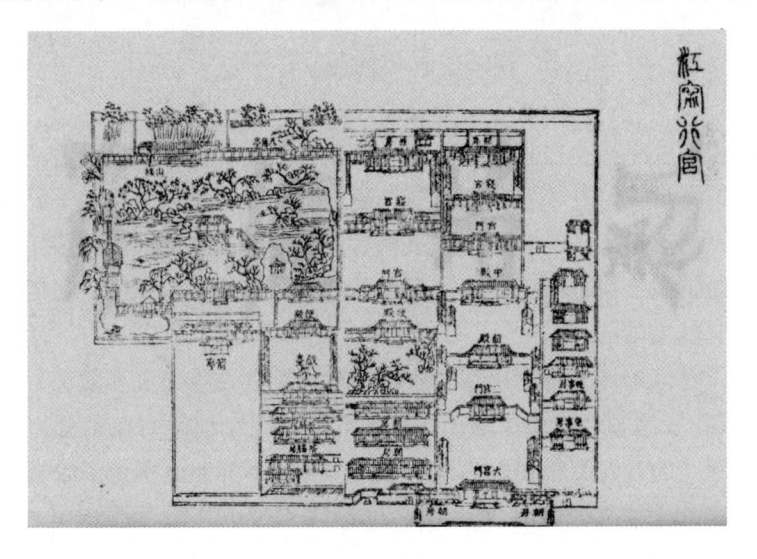

图214　江宁织造衙门（后改行宫）（《南巡盛典·名胜图》）

---

① 萧奭：《永宪录》续编，中华书局1959年版，第390页。
② 周汝昌：《红楼梦新证》，华艺出版社1998年版，第172页。

胤禛即位时已四十五岁，在清朝入关后的十位皇帝中，他即位时的年龄最大。一旦统御万方，君临天下，虽然政务丛脞，首先想的仍是褒扬自己的保母。雍正元年（1723），他册封保母王氏为顺善夫人、谢氏为恭勤夫人，并命谕祭四次，立碑其墓。①（见图215）

图 215　恭勤夫人谢氏墓地牌坊（北京大兴榆垡）

胤禛即位是否得自篡夺，史家一直存有争论，但他通过与诸皇子的激烈角逐取得皇位，并在登基后对结怨诸皇子大加迫害的事实却是没有疑问的，也因此落得工于心计、猜忌多疑、刻薄寡恩、心毒手狠之类的贬词。但不管胤禛基于何种考虑，这种甫一登基即册封保母的做法，在清朝诸帝中也是空前绝后的。

王氏身世不详，唯谢氏墓和谕祭碑在历经数百年离乱和劫难后，居然留到现在。② 胤禛在碑文中颂扬谢氏的劳绩，回忆幼年时在她身边嬉戏的情景。谢氏的音容笑貌仍旧栩栩如生，一切宛如昨日，但生灵已逝，阴阳

---

① 《八旗通志初集》第239卷，载雍正元年《顺善夫人王氏碑文》《恭勤夫人谢氏碑文》。
② 墓在今北京市大兴县榆垡黄各庄村东。2002年9月18日，笔者与细谷良夫教授、加藤直人教授、中见立夫教授一同前往考察。墓地南向，坟丘、神路、石桥、石五供已无存，仅留汉白玉华表、牌坊、墓碑。《八旗通志初集》称此碑立于雍正元年，但诰封碑的时间却写着雍正八年六月。前者或是诰封时间，后者是墓成立碑时间。巧的是，我们还遇到谢氏后人李广择老人。考察情况详见附记。

相隔，胤禛不能不感慨人生短暂，年月无情。

除了王氏、谢氏，胤禛保母还有刘氏，封安勤夫人。① 身世不详。

清初追封保母，主要行于顺、康、雍三朝，至乾隆朝已成尾声。就目前所知，乾隆帝弘历追封的保母只有董氏，封温淑夫人。有乾隆十六年（1751）十二月《温淑夫人碑》为证。是碑今存拓片，满汉文合璧，由弘历亲撰并书。②（见图216）

关于清初诸帝保母的封典，并载雍正朝修《八旗通志初集·列女传一》，值得注意的是，在乾隆朝重修《钦定八旗通志》（即俗称《八旗通志》二集）中，这些记载已被全部删削。合理的解释是，新一代统治者无意沿袭旧制，决定改弦易辙，并且隐去这段历史。从此，皇帝保母再无受封的机缘。

2. 保母的优待措施

保母的丈夫称为奶公，奶公曾协助妻子看护年幼皇帝。皇帝施恩于奶母，不能不泽及奶公，由此形成特殊的旗人世家。优待措施主要有：

赐以世职。顺治八年（1651），赐福临奶公迈堪、满都礼、喀喇三等阿达哈哈番，准其子孙承袭。③ 康熙六年，赐奶公图克善拜他喇步勒哈番。三等阿达哈哈番为正三品世职，拜他喇布勒哈番为正四品世职。清制，三等阿达哈哈番，岁支银一百六十两，米八十石；拜他喇布勒哈番，

图216 乾隆十六年乳母董氏满汉合璧墓碑拓本
（乾隆帝撰并正书）

---

① 奕赓：《佳梦轩丛著·寄楮备谈》，第129页。
② 《乳母董氏碑》，载《拓本汇编》第70册，第172页。碑原在北京朝阳区酒仙桥东八间房村，今去向不明。
③ 雍正二年十一月二十五日《和硕怡亲王允祥等奏查奶母子孙承袭封赏折》，载中国第一历史档案馆译编《雍正朝满文朱批奏折全译》，第983页。

岁支银一百一十两，米五十五石。这说明奶公的待遇，大体接近八旗二品或四品官员。①

喀喇即奉圣夫人朴氏之夫，生前晋二等阿达哈哈番，殁于顺治十一年七月。福临闻讯，赠谥"恭襄"，立碑墓前。② 前面提到，朴氏前夫巴萨哩葬在吉林辉发原籍，喀喇是其后夫。奶公因夫以妻贵，故生前受职，死后追谥，无比荣光。

迈堪即佐圣夫人叶赫勒氏之夫，满都礼即佑圣夫人李嘉氏之夫。孝陵建成后，满都礼奉命长期守陵，恪尽职守。康熙十四年十月，玄烨谒陵毕，驻跸汤泉，将御用貂裘、皂靴、马匹赏赐满都礼。满都礼大约死于康熙十八年前后，赐谥"良禧"。③

图克善是瓜尔佳氏之夫，任一等侍卫，殁于康熙二十六年。十二年后瓜尔佳氏病殁，玄烨再次御赐图克善碑文，供立于坟前。

世职由子孙承袭。《和硕怡亲王允祥等奏查奶母子孙承袭封赏折》载称：雍正二年（1724）十一月初九日奉旨：奶母之子海保，著补授包衣员外郎，赏戴翎子，赐银二千两。再，奶母之诸子，准袭何等官爵，著查成例，俾海保、讷尔特依等承袭。寻奏准，按照奶母诸子袭爵成例，赐海保拜他喇布勒哈番（正四品）世职。④ 海保父亲叫李登云（满文译汉），其母可能即雍正帝保母谢氏。⑤ 日本学者铃木真在《雍正帝和藩邸旧人》一文中指出：康熙年间，胤禛受封镶白旗和硕雍亲王也即镶白旗旗主，其亲信既包括傅鼐、常赉、博尔多、阿林、傅敏、遂和德这样的满洲人，年羹尧、沈竹、冯国相这样的汉军，也包括李登云、海保这样的包衣。后者因属保母一族，与胤禛形成极密切的关系。⑥ 这应是胤禛即位后要对他们赏庸酬功、加以封赏的主要原因。

保母隶籍内务府，出身无不卑贱，一旦有宠于当朝，子孙随之发迹。

---

① 八旗二品官俸禄，岁给俸银一百五十五两，俸米七十七石五斗；四品官俸禄，岁给俸银一百五两，俸米五十二石五斗。见《八旗通志初集》第45卷，第861页。
② 《清世祖实录》第85卷，第5页下。参见顺治十二年三月二十五日《乳公二等阿达哈哈番谥恭襄喀喇碑文》，载晏子有《清东西陵》，中国青年出版社2002年再版，第452页。
③ 康熙十八年三月十九日《乳公二等阿达哈哈番谥良禧满笃理碑文》，载晏子有《清东西陵》，第453页。
④ 《雍正朝满文朱批奏折全译》，第983页。
⑤ 笔者考察谢氏墓时见其后人姓李名广择，可以为证。
⑥ ［日］铃木真：《雍正帝和藩邸旧人》，载日本《社会文化史学》第42号，2001年9月。

前面提到的玄烨保母孙氏和她的夫家曹氏，莫不如此。海保，雍正初年不过一介笔帖式，不数年骤升至苏州织造。再看朴氏的夫家萨克达氏一族，情况却有所不同。《八旗满洲氏族通谱》卷三十五载"各地方萨克达氏"："（正黄旗）包衣伊拉达，辉发地方人，其五世孙永德，现任七品官。满泰，原任骁骑校。六世孙八十七，现任守备。"文中提到的伊拉达，即辉发萨克达氏始祖。前四世，一直没有功名，正是从朴氏的下一代即第五世起，才开始步入仕途。

由此又形成一个有趣的现象：有些保母子弟如康熙时的孙家、曹家，雍正时的李家，都是显耀于当朝；但是也有一些保母子弟，在累积数代之功以后，才攀上仕途的峰巅。如萨氏第九世中祥，历任公中佐领、骁骑参领、热河总管、粤海关监督等要职，殁于道光十五年（1835）；中福，历任员外郎兼公中佐领、郎中、张家口监督、江宁织造、骁骑参领、圆明园郎中，殁于咸丰十年；中祐，历任内务府会计司员外郎、福建泉州府知府。第十世诚明，历任员外郎、公中佐领、会计司郎中、银库郎中、骁骑参领、山海关监督、总管内务府大臣。诚基，公中佐领。诚英，历任护军参领、庆丰司员外郎、公中佐领，光绪十五年升总管内务府大臣。萨氏第九、十两世，正值道、咸年间，尽管国运衰颓，该氏却如旭日东升，尤其第十世，内务府总管就出了两位。传至第十一、十二两世，仍以出仕者为多。

在《萨氏年谱》中，还载有两条特殊的优待条例：

其一，不选秀女。"康熙十四年十一月初四日顾太监奉上谕：传内务府大臣噶鲁海拉孙，今选女子萨克达嬷嬷额娘一姓，族中女子等止选。"选秀女，是八旗的一项特殊制度，具体又分两种情况。第一，八旗满、蒙、汉军正身女子，年满十三岁至十七岁者，每三年一次参见验选，选中者，入宫为皇帝嫔妃或备王公贵族指婚之选，验选前，不准私相聘嫁。第二，内务府三旗佐领、内管领下女子，年满十三岁亦选秀女，选中者，留作宫女，余令父母择配。可见，同样是选"秀女"，八旗女子和内务府女子中选后的境遇却大相径庭。内务府女子被选入宫，多充当杂役，满二十五岁才能遣派出宫。为皇室无偿服役十余年，按当时标准，出宫时已是十足的"大龄青年"，谈婚论嫁谈何容易？内务府女子不乐入选，乃人之常情。萨氏世代隶属内务府，本来也就是皇帝的家奴，只是因为其家的媳妇朴氏保育圣躬有功，才被赐予全族女子免选秀女的恩典。在旗人社会中，这是莫大的荣誉，因此载入家谱，使后世子孙代代铭记。（见图217、218）

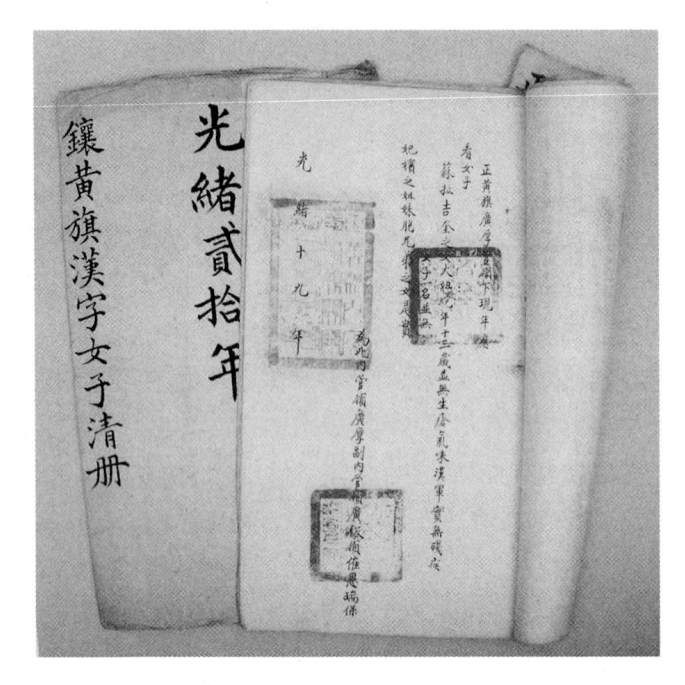

图 217　选宫女清册（《清朝图典》）

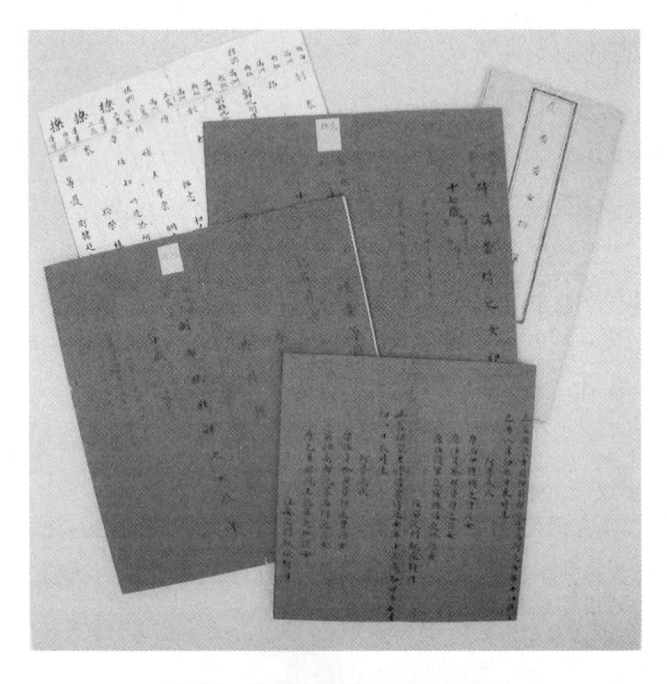

图 218　选秀女排单（《清朝图典》）

其二，抬旗。萨克达氏"原由盛京来时，系正黄旗内府满洲第三佐领下人，修谱时内府佐领系茂林承管①，因祖母前在朝有功抬入正黄旗满洲四甲第十六佐领下"。"抬旗"的"抬"字，本意是由下往上升。旗人隶属关系不同，抬旗的形式多样，如由内府三旗抬入相对应的满洲上三旗，由下五旗抬入上三旗，由同一旗分汉军旗抬入满洲旗。抬旗者或为勋臣，或为皇后、皇贵妃母家。而像萨氏这样因祖母保育之功而由内务府抬入正黄旗满洲，确属旷世之典。朴氏两世保母，所哺又是幼年登基的皇帝，故所得封赠最隆，非其他保母所能攀比。

挑选奶母，历朝原有不同的规定。明朝选奶母之制，养于宫者曰坐季奶口，籍于官者谓点卯奶口，须有夫，年十五以上二十以下，形容端正，第三胎仅三个月者应选。产男用乳女者，产女用乳男者。乳母本终身不得出，至崇祯帝乃令皇子至七岁放出。清朝之制集中载在《总管内务府现行则例·会计司》卷三《挑选嬷嬷妈妈里》：凡挑选嬷嬷妈妈里，据宫殿监督、领侍太监等所传，即交各佐领、管领查选，将应选之人送与宫殿监督、领侍太监等挑取。雍正七年十月奉旨：阿哥公主等之嬷嬷妈妈里，著照雍和宫例，每月赏给银二两、白米二斛；看灯火妈妈里，赏给银一两、白米一斛半。乾隆三十九年二月奉旨，嗣后挑选照看阿哥等妈妈，著在京居住东三省侍卫官员妻室内会清语者挑选。道光五年十二月奏准，吉林将军遵旨派员送到清语妇人三名，请交敬事房预备典礼等项差使。②

据此，清朝保母选自内务府下各佐领、管领；其待遇为每月银二两、白米二斛，明显高于看灯火妈妈里。福临保母清一色满洲人，对本族语言自然熟通，玄烨、胤禛的保母虽然多冠汉姓，至少也是满洲化汉人（曹雪芹家就是例子），对满语满文并不生疏。但是到乾隆中期，为了让阿哥们从小熟通满语，只好从在京居住的东三省侍卫官员的妻室内挑选，说明具备这种语言能力的旗人妇女已大为减少。满洲统治者以一少数民族入主中原，为了维护自己的特权，始终对汉文化的侵蚀保持着高度警惕，因此把提倡以"国语骑射"为核心的本族传统文化，作为历代统治者必须恪守的一条基本原则。选用擅长满语、习于满俗的旗人妇女充任皇子、皇女

---

① 检《钦定八旗通志》第5卷《正黄旗包衣佐领管领》，满洲佐领无茂林一名，姑且存疑。

② 故宫博物院文献馆民国二十六年（1937）印本，第46页下，47页上。

的保母，与这一原则是合若符节的。然而到了道光年间，内务府只能派专人前往吉林挑选会满语的保母，又说明这方面的人物已是凤毛麟角。

发生的另外一个变化是：道、咸以降，清朝统治日益衰微，"祖宗家法"迅速隳坏，皇室保母的选用已不再限于内务府旗人。末代皇帝溥仪的保母王焦氏，是出身直隶河间府任丘县农村的汉族贫民。光绪三十二年（1906），王焦氏入醇亲王府给溥仪当保母，三年后随同入宫。溥仪曾深情地回忆："我是在乳母的怀里长大的，我吃她的奶一直到九岁，九年来，我像孩子离不开母亲那样离不开她。我九岁那年，太妃们背着我把她赶出去了。那时我宁愿不要宫里的那四个母亲也要我的'嫫嫫'……乳母走后，在我身边就再没有一个通'人性'的人。"① 溥仪之所以对保母怀有深情，是因为从后者身上，得到了慈祥的抚爱、无微不至的关怀。在高墙环峙的内廷中，充斥着争权夺利和尔虞我诈，在刻板的训导背后，泯灭的往往是人的本性，唯有保母使年幼的皇帝沐浴到世间真情。

综上所述，帝王之家尊崇保母，在中国历史上由来已久。清朝诸帝册封保母，固然是因袭前朝，却带有本身制度的印记，如长期从内务府旗人中选用保母。历史上保母缘恩放恣、扰乱朝政的事不绝于史。有清一代，却无此类现象发生，这与严禁太监干政之措施可谓相得益彰。

满洲皇帝追封保母，主要行用于顺、康、雍三朝，至乾隆一朝已近尾声。换言之，这种在中国历史上延续很长时间的做法是在满洲统治者手里被终结的。这或者说明，他们接受汉族的儒家文化，确实达到了青出于蓝而胜于蓝的程度。在严格等级观念的约束下，册封保母并使之享有贵族身份的做法越来越显得不合时宜，这应是最终摒弃保母册封制的主要原因吧。

附录：雍正帝保母谢氏墓考察记

2002年9月18日，一个阳光和煦的秋日，笔者与日本学者细谷良夫、加藤直人、中见立夫出北京城往南，前往雍正保母谢氏墓考察。墓在大兴县榆垡黄各庄村东，墓地南向，坟丘、神路、石桥、石五供已无存，仅留汉白玉华表、牌坊、墓碑。墓碑螭首龟趺，碑石四

---

① 溥仪：《我的前半生》，群众出版社1979年版，第81页。

边浮雕龙珠，是清雍正八年（1730）六月胤禛追封其保母谢氏为恭勤夫人的颂德碑。碑北立汉白玉华表（擎天柱）一对，光面六边形，顶为仰覆莲刻石，上有吼狮，下有覆莲石座，中嵌云板。

我们正在墓地徜徉间，一位面目黧黑的老汉踱过来。老汉很健谈，一问竟是谢氏的后代李广择。老人自述六十五岁，有事没事就在这片墓地上转悠。老人的家史简单明了："我家自雍正以后就在旗，是正黄旗，入民国又改民人（民籍）。据说那时候有很多地，都是跑马占圈圈来的，凡是拿眼睛看得到的［地方］都是。但是后来败落了。共产党土改时我家有五口人三十多亩地，又没雇工，够不上高成分，划了个中农。但因为是谢氏后代，'文化大革命'时又想给我父亲长一次成分，没有长成。"（见图219）

图219 谢氏后人李广择

有一种陈陈相因的说法，谓自康熙朝起，每有皇子、皇女出生，均在大兴、宛平两县选取民女为奶母。谢氏就是这样的一位民女。问题是，谢氏的封典，明确载在《八旗通志·列女传一》，而《八旗通志》是不可能收录民人事迹的。再者，李广择老人明言，祖上一直在旗；复印证前引《辉发萨克达氏家谱》，都说明谢氏的籍贯应为内务府旗籍。

八旗官兵圈占畿辅土地始于入关初的顺治年间,"跑马占圈"一说由此而生。雍正年间,畿辅旗地早已稳定,不可能再有圈地的事发生。老人所称祖上圈占大片土地云云,应是捕风捉影之谈。

老人还给我们讲述了一个祖上打官司的故事:"大清朝后期,有个看坟的冒名谢氏之后,我太爷李朝俊为这进京打官司,跪铁索,走十二连桥(踩红烙铁)。衙门的大官问:'你是不是主?'我太爷回答:'我是主,他是奴。'这场官司本不难查,但如果查下去牵连太多,最后还是抹稀泥吧。反正有大清一天,让我太爷吃一天钱粮。至于冒名的那个人呢,该当官当官。后来我太爷一赌气,就葬在这块儿坟地上了,子午坟(南北向)。但是到国民党时,就不让我爷葬在这儿了。"

老人的这段故事,得自祖上传闻,虽然只是一些梗概,从中还是能了解到一些有用的信息。清代旗人中,最明确最严格的身份界限就是"主"与"奴"的划分,两者在法律上有不同的适用条文。但是到清朝末叶,政治腐败,秩序紊乱,富裕起来的旗奴或冒充家主夤缘做官,或欺蒙霸占家主财产,此类事例屡见不鲜。李广择的太爷状告坟丁未果,就是一个具体的例子。

如今的谢氏墓地早已衰败凋零,幸亏遇到李广择,给我们介绍了

图220 谢氏牌坊上龙头凤尾象鼻蟒爪兽雕

墓地当年的轮廓:"谢氏坟坐北朝南,前头摆放香案,上头是石五供。一边一个童男玉女,当然都是石头雕的。往前是两道宫门,第二道宫门两侧各有一个擎天柱;第一道宫门两侧有朝房。朝房前就是墓

碑，雍正六年刻。碑前原来有一对石狮，被县文物局收走了。前头是石牌楼。牌楼往南下台阶，各有一排拴马桩。再往前是石桥，桥东有井。'解放'后，对谢氏坟一直没保护。'文化大革命'前修水利，把坟头给炸了。坟是找不到了，但周围墓墙基址还可以分辨出来。最可惜那个九龙香案，多好的物件！全给炸了。另外还有一个坟，一个棺材，说是谢氏大儿子的。里头两罐儿，迁坟放进去的，应该是他的夫人。当时准备把牌楼也给炸掉，我叔叔跑到公社告，才算没炸。牌楼上一共是七个小牌楼，每个小楼上原来各有一条龙，我小时候就只有三条了。后来县文物局保留了一条，剩下的或者遗失或者被盗，反正是一条也没有了。你看这牌楼，花纹没有重样的。正面浮雕，有一个龙头凤尾象鼻蟒爪的怪兽。两边的浮雕上，也各有一个怪兽，谁也说不清是何物……"

石牌坊为四柱七楼，面宽九米、高五点五米，全部由汉白玉仿木构造。坊额正面是二龙戏珠的图案，背面是八宝及莲花图案，坊侧两端各雕有直毛披肩发的狮子，也就是老汉所说的"怪兽"。（见图220）楼柱和正中花板上雕有祥云，充满佛教色彩。整个牌坊造型生动，精美绝伦，或出自大内匠役的手笔。

李老汉还告诉我们：坟地上的两根擎天柱（华表），跟天安门前的一模一样，早年被放倒了，前几天文物局修缮，刚用吊车立起来，但上头的莲花盘在前几年被偷了。

关于谢氏墓地的图纸，1947年，李广择的叔叔还到北京找过，据说在乾清宫。在那张纸上，这地方不叫"黄各庄"，而是叫"黄家庄"。二十多前，李广择本人亲自进城，找到宽街的人民大学大清史所，想问问坟图的事儿。都到了门口，又一想：你一个小小老百姓，谁接待你呀。就没进去……

昔日气势宽敞的墓地，疏落地长着一些杨树，在秋风中絮絮低语，似乎在感慨世事的沧桑，只剩下石牌坊和两根擎天柱南北矗立，形影相吊。它们是一部物化的史书，讲述着雍正皇帝和他保母的故事……

（三）婚姻型

有清一代，内务府三旗女子通过选"秀女"晋身嫔妃者代不乏人，其母家一跃而为皇室戚畹，父兄子弟多跻身枢要。兹以高氏（高佳氏）、陈氏（陈佳氏）、魏氏（魏佳氏）为例说明。

高氏，内务府镶黄旗第四参领第一旗鼓佐领下汉姓人。乾隆朝，因高斌官拜文渊阁大学士，高氏成为内府包衣中的望族。高斌曾祖高名选，祖籍奉天辽阳，太祖皇帝时归。① 子高登永（家谱中写为高登庸），任直隶兵备道；孙高衍中，由内务府主事历升都虞司郎中兼佐领、参领。高氏真正显赫是自第四世高斌始。

高斌，雍正初授内务府主事，升郎中兼佐领、护军参领，外任苏州织造，浙江等处布政使，两淮盐政兼署江宁织造，升江南河道总督。其间，致力治河，修建水坝，改建水闸，积累了丰富经验，显露出超众的才干。乾隆初，调直隶总督，兼河道总督。在视察永定河后，疏请在该河上游修建水闸，以便疏浚下游。十年（1745），授吏部尚书，仍管直隶水利、河道事。寻授文渊阁大学士。二十年（1755）卒于江南河道总督任上。高斌死后，弘历念其治河功，追谥"文定"，命与靳辅、齐苏勒、嵇曾筠三河臣同祭于河神祠，又入祀京师贤良祠。②

高斌一生勤奋谨慎，忠于职守。他能够位极人臣，一是才干出众，对河务，每有巨工，辄受命督理。任南河总督时，排抑众议，开茅城锡山，以浅洪泽之水入黄河。河道安者十年。③ 二是得益于外戚的特殊身份。高斌女嫁弘历于潜邸，为侧福晋。弘历即位，册立贵妃，晋皇贵妃，死谥慧贤皇贵妃。高斌一族，蒙恩由内务府镶黄旗抬入满洲镶黄旗。④ 嘉庆二十三年（1818），命玉牒内改书为高佳氏。⑤

有清一代，皇帝外戚，照例予以"抬旗"。圣祖玄烨生母孝康皇后一家，佟佳氏，原隶镶黄旗汉军，后来抬入镶黄旗满洲，后族抬旗自此始。如系包衣旗人，则拔出内务府抬入满洲旗。内务府镶黄旗包衣陈希敏，有女嫁圣祖玄烨，初为勤嫔，晋勤妃。康熙第十七子允礼，为其所生。胤禛即位，允礼封和硕果亲王，颇受重用。雍正十二年（1734）九月奉旨：

---

① 《八旗满洲氏族通谱》第74卷，《高名选传》，第805页。
② 伊桑阿续修：《奉天高佳氏家谱》1册，乾隆五十九年（1794）写本，中国科学院图书馆藏，清刻本；《钦定八旗通志》第142卷本传；《清史稿》第310卷，第10629页。
③ 萧奭：《永宪录》，第119页。
④ 《奉天高佳氏家谱》。
⑤ 唐邦治：《清皇室四谱》第2卷，第20页下。

勤妃母之外戚，著出包衣，入于本旗。其族人七十余，即编为一个佐领，令其族人管辖。乾隆初，尊封纯裕勤太妃。① 根据《八旗造送奏折事件清册》中《已入满洲姓氏》档记载，陈氏一族，原系太祖努尔哈赤时海城来归"旧尼堪"（陈汉人），编入镶黄旗满洲包衣牛录，入关后隶内务府管理。陈氏一族获准抬入镶黄旗满洲，改满洲"陈佳氏"，相关档案题名"已入满洲姓氏"，表示汉人陈氏一族转为满洲氏族。②

弘历在潜邸时娶魏氏，内管领清泰女，入宫为贵人，累进贵妃。乾隆二十五年（1760）生仁宗颙琰，进皇贵妃。六十年（1795），颙琰立为皇子，册封孝仪皇后。《清史稿》卷二一四说："后家魏氏，本汉军，抬入满洲旗，改魏佳氏。"魏氏隶内务府镶黄旗内管领，实际上并非汉军，因系外戚由内务府镶黄旗抬入满洲镶黄旗。改魏佳氏的时间也在嘉庆二十三年（1818）。③

话说回来，高斌子孙虽同样显赫，结局却大相径庭。高斌子高恒，乾隆初，由荫生授户部主事、郎中，出监山海关、淮安、张家口榷税、署长芦盐政、天津总兵、两淮盐政。乾隆中内任总管内务府大臣。时弘历屡南巡，两淮盐商迎跸，治行宫扬州，弘历留数日乃去，花费不赀。高恒为盐政，令诸商每盐引输银三两为公使钱，乘机中饱私囊。事发，诸盐商称例年上贡及备南巡差共用银四百六十七万余两。高恒论罪当斩。④ 大学士傅恒乞弘历念慧贤皇贵妃的情面，姑贷其死，弘历却说："若皇后弟兄犯法，当如之何？"傅恒为孝贤皇后兄，闻谕战栗失色。高恒终被诛。⑤

高恒之一子高朴，初授武备院员外郎，迁兵部右侍郎。因疏劾太监高云从泄密外廷事，获弘历赞扬。乾隆四十一年（1776）奉命往叶尔羌办事，二年后被劾"役使回民三千采玉，婪索金宝，并盗卖官玉"，论斩。⑥

尽管高恒、高朴的行径有玷高氏的名声，高斌的侄子高晋，却是一位廉能的大吏。高晋是高斌长兄述明第四子。述明，由护军于康熙年间随中路出征，嗣赴陕甘，授陕西兴汉镇总兵。雍正元年（1723）提兵驻扎红

---

① 《八旗满洲氏族通谱》第74卷，第806页，《陈善道传》；《清史稿》第214卷，第8912页。
② ［日］细谷良夫：《歴史語言研究所藏「已入満洲姓氏」檔案——包衣ニルをめぐって——》，载日本《满族史研究》第1号（2002年5月），第69页。
③ 唐邦治：《清皇室四谱》第2卷，第20页上。
④ 《清史稿》第339卷，第11072页。
⑤ 昭梿：《啸亭杂录》第1卷，第22页；《清史稿》第339卷将此事系于高朴。
⑥ 《清史稿》第339卷，第11073页。

罗山军营，旧受瘴气病发，卒于军，蒙恩赐御祭，荫一子入监。高晋由荫生入仕，初授山东泗水知县，累迁江宁织造、安徽巡抚。乾隆二十六年（1758）迁江南河道总督，任内解除数县水患，修筑堤坝、水闸，挖渠疏导。寻迁两江总督，仍统理南河事务。① 三十六年授文华殿大学士，兼礼部尚书。不久，疏请将江苏清河段黄河故道改道，以防止河水频频倒灌洪泽湖，他建议从陶庄向北开凿运河，直抵黄河旧道南侧的周家庄。此项计划付诸实施。高晋毕生治河，功绩卓著，后卒于河南黄河工次，赐谥文端。②

高晋有三子位居高官。长子书麟，初授銮仪卫整仪尉。乾隆三十八年（1773）征大金川，为领队大臣，每力战则先登，克坚碉数十。金川平，加等议叙，图形紫光阁。官至安徽巡抚、两江总督。书麟素行清谨，和珅柄政，书麟独善其身，和珅尤忌之。嘉庆四年（1799），和珅败，书麟授协办大学士，闽浙总督。以督师剿白莲教农民军，卒于军，谥文勤。③ 弟广厚，官至江苏布政使、浙江巡抚。④ 高晋第十二子广兴，捐纳出身，敏于任事，背诵案牍如流水。嘉庆四年因率先弹劾和珅名声大振，颇得颙琰倚信，后来却威服自专，以致中外侧目。前后两任总管内务府大臣，嘉庆十三年（1808）以任意作威、收纳馈遗被劾，处死籍家。⑤

高斌、高晋、书麟，祖孙三人，先后入阁拜相（大学士），皆补满洲额缺。⑥ 高斌孙高杞，外任湖北、湖南、浙江巡抚，内任总管内务府大臣，亦为乾、嘉名臣。⑦

与高氏情况类似的内务府世家还有朝鲜金氏，已见前文。

（四）科举型

清初内府旗人多以军功起家，无所谓考试，也无所谓科目。顺治年间八旗科举考试，时举时停，不甚重视，康熙年间渐成定制。⑧ 随着天下晏安，修文偃武，旗人读书向学，渐成时尚，正途与偏途，畛域也日趋分

---

① 河道总督原驻济州，雍正间分设南河，始以清江浦为督署。
② 《钦定八旗通志》第 143 卷本传；《清史稿》第 310 卷，第 10634 页。
③ 《清史稿》第 343 卷，第 11125 页。
④ 同上书，第 11127 页。
⑤ 《清史稿》第 355 卷，第 11301 页。
⑥ 福格：《听雨丛谈》第 1 卷，第 18 页。
⑦ 《清史列传》第 33 卷，中华书局 1987 年版，第 2545 页。
⑧ 福格：《听雨丛谈》第 7 卷，第 150 页。

明。科举出身的世家大族，诗礼簪缨，名声显赫，其中最具代表性者有完颜氏、索绰络氏、蒙乌吉氏。

完颜氏，内务府镶黄旗满洲人，系出金章宗完颜璟①，世系绵长，至清代又累世高官，被誉为"金源世胄，铁券家声"。始祖守祥，金哀宗天兴末年避乱东归。十三传至鲁克素，始徙居长白山下。天聪年间（一说天命初）举族归附。鲁克素曾任内府总管，两子瑚齐喀、达齐喀，初隶镶蓝旗满洲，寻以妹为太祖所纳，改入镶黄旗包衣佐领。②

完颜氏秉持渔猎民族遗风，以骑射武功见长。先祖有名隆万杭爱者，生而智勇过人。性喜捕虎，杀虎至九十有九。一日家人报有虎，即持枪往追，跃上虎背，以枪戮之，虎亦咬其足。虎死，隆万杭爱亦伤重，环顾家人说："此吾命也，后世子孙当绘吾骑虎像祭之。"③ 隆万杭爱之英武，凛凛生威，是早期女真（满洲）民族骁勇善战的缩影。

达齐喀入旗后，先后参加朝鲜、蒙古、叶赫、乌拉、锦州、松山诸役，率所统兵为先锋。但就是这样一个以赫赫武功传世的家族，在入关后却迅速改弦易辙，走上一条温文博雅、诗书继世的仕途。

顺治二年（1645），达齐喀子阿什坦，以通满汉文，选授内院中书。时天下初定，阿什坦翻译《大学》《中庸》《孝经》等儒家经典，刊行之，为翻译者奉为准则。九年（1652），参加第一次为满洲人特开的科举考试，中翻译进士，殿试二甲三名，在中式的五十个旗人中名列第六，授刑科给事中。时稗官野史盛行于世，满人亦纷纷翻译。阿什坦颇不以为然，建言皇帝敕下八旗人等，自经史外，杂书不许翻译；又请严旗人男女之别。实际上是主张将满人行为言语纳入封建的伦理纲常。阿什坦笃于学问，重视实践，仕途却并不平坦。以不附权臣鳌拜，受到压抑。④ 康熙帝玄烨亲政后，誉其为"我朝大儒"⑤，入国史儒林传。（见图221）

阿什坦的儿子鄂素、和素继承父业，同为出色的翻译家。后者享誉尤

---

① 崇实：《惕盦年谱》，第1页上，光绪三年（1877）刊本。关于完颜氏家族史，已有研究成果：定宜庄：《内务府完颜世家考》，载《清史论丛》，辽宁古籍出版社1995年版；景爱：《皇裔浮沉——北京的完颜氏》，学苑出版社2002年版。

② 崇实、崇厚：《完颜氏鲁克素家世碑》，载王晶辰主编《辽宁碑志》，辽宁省人民出版社2002年版，第315页；崇实、崇厚：《清江南河道总督完颜公行述》，清刻本，第3页上。

③ 《阿什坦传》，载钱仪吉《碑传集》第52卷，第1504页。

④ 麟庆：《鸿雪因缘图记·赐茔来象》，北京古籍出版社1984年版。

⑤ 盛昱：《八旗文经》第57卷《作者考》，第453页。

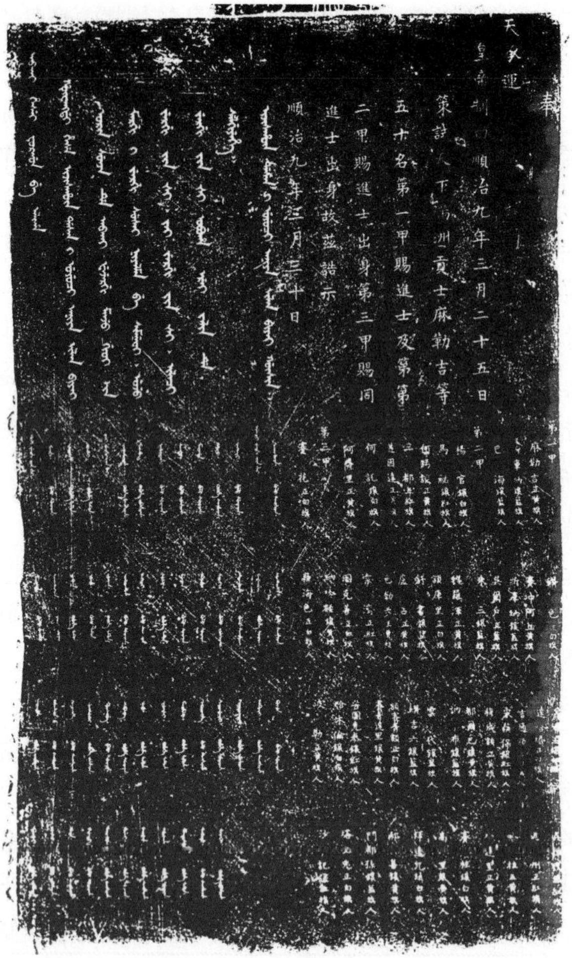

图 221　顺治九年满洲进士题名碑拓本（题名二甲第三名阿锡谈即阿什坦）

盛，官内阁侍读学士、翻书房总管、武英殿总裁，玄烨三试八旗，满文俱第一，赐巴克什号，敕译《资治通鉴纲目》诸书，主编《清文鉴》，充皇子师傅有年。① 宗室昭梿说："有户曹郎中和素者，翻译精绝，其翻《西厢记》《金瓶梅》诸书，疏栉之句，咸中綮肯，人皆争诵焉。"② 在各类

---

① 郑虎文：《代履亲王作内阁侍读学士完颜公和墓志铭》，钱仪吉：《碑传集》第52卷，第1508页。

② 昭梿：《啸亭杂录·续录》第1卷，第397页。

书籍中，文学书籍的翻译难度尤大，词汇丰富，表现手法复杂，和素能以神来之笔，将其翻译得惟妙惟肖，没有对满汉文的精熟和深厚文学功底，显然难以胜任。不过，他的这类译作，多属"杂书"，说明在翻译的旨趣和选用标准上，与其父阿什坦已有明显区别。

鄂素早亡，其子留保由和素抚养长大。旗人仕途较汉人为宽，本不必执拗于科举。何况科举虽被视为正途，但皓首穷经地苦读却意味着付出更多的艰辛。留保十四岁入国子监读书，康熙五十三年（1714）中举后，连续几次会试未中。六十年（1721）会试，雍亲王胤禛检落卷，由圣祖玄烨特赐进士，改翰林院庶吉士，散馆授编修。雍正年间迁礼、吏、工三部侍郎。终雍正一朝，留保始终受到胤禛眷顾。① 和素子白衣保，科甲出身，康熙乙酉（四十四年，1705）科副榜，官头等侍卫，兼郎中、佐领，翻书房总管。② 从阿什坦到白衣保，祖孙三代无不兼通满汉，先后主持内廷译书三四十年之久，这在清朝是绝无仅有的。

白衣保下传四世至麟庆。麟庆，字伯余，号见亭。祖父完颜岱，也是科甲出身，官河南布政使，逢三省白莲教起事，奉旨督防汉江，以劳瘁卒于军营。③ 父廷鏓，官浙江温州府、山东泰安府知府，署山东督粮道。为人淡泊名利，于声色犬马舆服，一无所嗜，唯喜交游，客至留饮，日夜不倦。闲时吟诗赋词，皆清婉可诵。④ 麟庆母恽珠，江南阳湖才女，名画家恽格（字寿平，号南田老人）后代。麟庆的文学才能和艺术造诣，很大程度得益于母教。

麟庆以嘉庆进士授内阁中书，升兵部主事。道光初出守安徽徽州知府，升河南按察使、贵州布政使、湖北巡抚。可知他自科举步入仕途一帆风顺。完颜氏家族前后出过两个治河名臣，一个是阿什坦孙子（麟庆的叔高祖）完颜伟，乾隆初年任江南河道总督、东河河道总督。⑤ 再一个就是麟庆，初任河南开、归、陈、许道巡道，日读古今名臣治河书，博览综合，洽闻强识。秋汛时，曾亲守危堤十三昼夜，督修抢险，写有"眼前

---

① 《清史稿》第290卷《留保传》，第10274页。
② 崇实、崇厚：《清江南河道总督完颜公行述》，第4页上。
③ 昭梿：《啸亭杂录》第7卷，第210页。
④ 陆继辂：《山东泰安知府完颜君廷鏓墓志铭》，钱仪吉：《碑传集》第110卷，第3169页。
⑤ 《清史稿》第310卷，第10636页。

都是倾危地，身外全成浩渺天"的诗句。① 道光十三年（1833）擢江南河道总督。麟庆幼年，跟随祖父、父亲步履，往来于长江南北、黄河沿岸，增广见识。出仕后，宦迹遍及河南、贵州、湖北、江苏等省，对各地名山大川了然于胸。所至登临，采风问俗，援古证今，绘图撰文以记之，编为《鸿雪因缘图记》，自诩"此即我之年谱而别创一格耳"。②（见图222）

麟庆两子崇厚、崇实，都是科甲出身。崇实字子华，号朴山、惕盦。生长富家，却能悬梁锥刺，勤奋向学。道光三十年（1850）成进士，选翰林院庶吉士。散馆后，升迁很快，两年间就从正七品翰林院编修升至正三品户部左侍郎。崇彝《道咸以来朝野杂记》："道咸间，士人多以点翰林为仕官捷径，由编修、检讨十年可至侍郎，虽未必尽然，亦差不多。咸丰初元，升途尤速……崇文勤公实，见亭河督公子，由道光庚戌翰林，至咸丰四年，已升至工部侍郎，才五年耳。"③ 以后，崇实担任驻藏大臣、成都将军、蒙古镶白旗都统、热河都统、刑部尚书、盛京将军等要职。在盛京期间，剿平盗匪，改革政务。身后追谥"文勤"。④

图222　麟庆画像

麟庆次子崇厚，道光举人，捐甘肃阶州知州。咸丰二年（1852），因其兄崇实报效朝廷军费银一万两，擢河南某地知府。十一年（1861），擢三口通商大臣，驻天津办理天津、芝罘、牛庄三口通商事务，从此长期办理外交通商。光绪五年（1879）赴俄签订伊犁条约。约成，朝野哗然，斥为卖国，交章弹劾。崇厚被判斩监候（后改监禁）。十年（1884），崇

---

① 麟庆：《鸿雪因缘图记·上南抢险》。
② 衡永编、崇厚述：《鹤槎年谱》，民国十九年（1930）刊本，第13页上。
③ 崇彝：《道咸以来朝野杂记》，第23页。
④ 《清史列传》第52卷，第4135页。

厚捐助军饷三十万两，获释。①

崇实子嵩申，同治初以荫生入仕，通过捐纳，晋户部郎中。嵩申锐意博取正途，一面做官一面应考。七年（1868）成进士，选翰林院庶吉士，散馆授翰林院检讨。父子两代翰林，一时传为佳话。从此青云直上，光绪年间任内务府总管大臣、刑部尚书。

麟庆半亩园藏书多达八万五千余卷，自诩乃萃集六七世之收藏，其中还有天聪年间始祖达齐喀略地山东时所携归者。② 清初，满洲人从整体讲文化还比较落后，但就完颜氏来说，汉文化修养已相当深厚。否则，如何能在戎马倥偬的年代还关注文教？③ 从阿什坦到嵩申，前后八代，几乎代代以科举入仕，崇实、嵩申父子更是两代翰林。完颜氏累世诗礼簪缨，无愧满洲之冠，难怪当时人说："满洲旧族，簪笏相承，无如完颜氏之盛且远者。"④

崇实、崇厚年轻时官运亨通，除科甲出身、才能出众外，与连续捐助军饷也有一定关系。时国库空虚，官员俸饷不能按时发放，完颜氏则是京城有名的富家。崇厚十六岁时，因黄河开口设豫工捐例，麟庆一次为崇实、崇厚及亲族子弟报捐三万两；咸丰元年（1851），广西太平天国起事，户部因军饷匮乏，请敕内外臣工量力报效，崇实捐助饷银五千两，赏戴花翎。弟崇厚报捐万两，升河南知府。三年，太平军陷安徽、金陵，军情紧急。户部以库储告竭，春季不能放俸。咸丰帝命十八家富绅捐助，共凑二十余万，内崇实兄弟报捐一万二千两。七年，以上年直隶荒旱，入春粮米昂贵，崇实又捐助粟米千石。完颜氏历次捐出的银两数额巨大，只是家产中很少一部分，崇实自述："吾等有富名者，不过房产地土。"⑤ 可知其财富主要是房屋、土地等不动产。

光绪十一年（1885），慈禧太后懿旨：文铦、崇礼、崇厚、文锡等筹

---

① 《清史稿》第446卷，第12476—12477页。
② 麟庆：《鸿雪因缘图记·娜嬛藏书》。
③ 同样的例子还有饶余王阿巴泰，昭梿《啸亭杂录》卷六《红兰主人》：崇德年间，阿巴泰率兵征明，南略地至海州而返，其邸中多文学之士，盖即当时所延致者。阿巴泰命其教诸子弟，故康熙年间宗室王公中以阿巴泰一族子弟文风最盛。
④ 震钧：《天咫偶闻》第3卷，第64页。徐宏：《论清代八旗科举世家——嵩申家族》（载《鞍山师范学院学报》2002年第4期）根据嵩申的会卷履历，指出：完颜氏一族自达齐哈至嵩申十代人中，朱卷中列名者有六十人，有功名者二十人，其中进士八人，举人二人，贡生四人，生员六人。出任各种官职的达五十多人。
⑤ 衡永：《鹤槎年谱》，第7、28、30、32、43页；崇实：《惕盦年谱》，第31页上。

捐三海工程银两。三海工程指修缮中、南、北海皇室园囿工程。内务府世家平日出任盐政、税务、海关、河道、织造等肥缺，无不家财万贯。身为皇室包衣，理当为"主子"分忧。这一次，仅崇厚一人，就报效十万余两。① 崇礼，蒋姓，内务府正白旗汉姓人，圆明园苑丞起家，同治中，出任粤海关监督。时天下初平，百货填积，故税收最旺。归京后，大治第宅，极有富名。光绪间官至理藩院尚书、刑部尚书、大学士。② 文铦，在崇礼之后亦曾任粤海关监督。③ 文锡，索姓，父明善，内务府正黄旗汉姓。道光间，外任苏州织造、粤海关监督。咸丰间，内授内务府大臣。子文锡、孙增崇，相继任内务府大臣，累代富显。④

在内务府诸肥缺中，河工贪冒之巨，为诸工之最。对此，旗人文康《儿女英雄传》中已有反映。（见图223）清季薛福成《庸盦笔记》卷三《河工奢侈之风》说："余尝遇一文员老于河工者，为余谈道光年间南河风气之繁盛：维时南河河道总督驻扎清江浦，道员及厅汛各官环峙而居，物力丰厚。每岁经费银数百万两，实用之工程者十不及一，其余以供文武员弁之挥霍、大小衙门之酬应、过客游士之余润。"道光年间，麟庆任南河总督近十年，其俸银以外的收入应相当可观，所以有财力为子弟捐纳买官，以巨款置产。崇实、崇厚长期担任外官，聚敛的财富也不少。

索绰罗氏，内务府正白旗满洲人，也是以科举闻名的内务府世家。

先祖布舒库，任内务府司库。子都图，内务府郎中，因身健如石，圣祖赐汉姓石。索绰罗氏发家，已在清中叶，最出名者有嘉庆年间大学士英和。英和的父亲德保和堂伯观保，都是进士出身，均选翰林院庶吉士，散馆后观保任翰林院编修，德保任翰林院检讨。⑤ 后来，观保官至礼部尚书、都察院左都御史；德保官至广东巡抚、礼部尚书。

英和少有隽才，权臣和珅欲妻以女，为德保婉辞。乾隆五十八年（1793）进士，选庶吉士，授编修，累迁侍读学士。仁宗亲政后，知拒婚事，又欣赏其才干，于是重用，先后任内务府大臣、翰林院掌院学士、军机大臣、户部尚书、协办大学士。英和创行海运，为清代行海运之始；又

---

① 衡永：《鹤槎年谱》，第33页下。
② 《清史列传》第61卷第16册，第4796页；崇彝：《道咸以来朝野杂记》，第44页。
③ 崇彝：《道咸以来朝野杂记》，第44页。
④ 《清史列传》第47卷，第3740页本传；崇彝：《道咸以来朝野杂记》，第13、16页。
⑤ 《八旗满洲氏族通谱》第43卷，第522页。

图 223　河工图（《儿女英雄传》）

奏请官米搭放折色（银两），一直施行到清末。道光八年（1828），因监修孝穆皇后陵寝地宫入水一案被革职籍家，解发黑龙江充当苦差。三年后赦归。英和通达政体，遇事有为，屡掌翰林院，爱才好士。子奎照，进士出身，官至礼部尚书、军机大臣；奎耀，进士出身，官至通政使；奎照子锡祉，进士出身，历翰林院侍讲学士，后官长芦盐运使。[①] 英和本人及其

---

① 《清史稿》第 363 卷，第 11412 页。

父、两子（奎照、奎耀）、一孙（锡祉），皆以词林起家，他曾镌一印章，文为"祖孙父子兄弟叔侄，四代翰林起家"。四代人不仅都是进士，且都是翰林，这样的成就，足以令士林仰视。

累世翰林，得益于严格的家教和强烈的功名意识。英和父亲幼读儒家经典，每背诵一字不讹后，必再读百遍，亲戚也都是饱学之士。其舅良卿，中进士后始辍官学，七旬背诵经典，仍能从头至尾不遗一字，教诲晚辈说："皆家塾官学之力也。"① 英和六岁得嗽疾，冬日晚不能秉烛夜读，如是者十年。十三岁结婚，妻萨克达氏，故漕运总督阿思哈女。婚后立志苦读，每天读书至深夜，妻在旁做针线陪伴。后来英和嘱画工绘《秋灯伴读图》，留示后人。

内府世家，由科举胜出的又有蒙乌吉氏，以乾、嘉名臣法式善最有名。

法式善在《存素堂文集》卷二《重修族谱序》中自述："吾家先世虽繁衍，然莫详其世系……伏念自始祖从龙入关，至法式善八世矣，世无显官，其进身又多由军职。迨余高祖官内务府郎中，始习翰墨。"法式善一姓为内府正黄旗蒙古，起家微贱，前几世无高官，都由军职进身，至高祖孟成，任内务府郎中。内务府俗，例取一字为姓，蒙乌吉氏简称孟姓。② 曾祖六格，官内管领；祖平安，贡生，内务府员外郎。

法式善，字开文，号时帆。本名运昌，高宗弘历特改名法式善，满洲语意为勤勉上进。又自号梧门，以幼时母课读之所，每日散学视梧荫逾门限。乾隆十八年（1753）生于西安门养蜂坊。不久，由圆明园银库库掌、叔父和顺收养。③ 和顺妻韩氏，内务府汉姓人，女诗人，号端静闲人，有《雁字诗》三十首，著《带绿草堂诗集》。韩氏通经史，工韵语，每有所作，秘不示人，投稿于旧罐中，逢初一、十五即焚之一炬。并且说："水流花放，迹象何存？月白风清，光景斯在。"④ 足见其处世为人清爽洒脱。法式善的早期教育，多受益于养母。⑤ 九岁，父病逝，家业中落，无力延师，韩氏亲自教读，以慈母兼严师。十一岁随韩氏寓外家，外家日衰，转

---

① 英和：《恩福堂笔记》，第31页。
② 盛昱：《八旗文经》第58卷，第469页。
③ 阮元：《梧门先生年谱》，嘉庆二十一年（1816）刻本，载《北京图书馆藏年谱丛刊》第119册，第1页上。
④ 法式善撰、张寅彭等校：《梧门诗话合校》，凤凰出版社2005年版，第530页。
⑤ 法式善：《先妣韩太淑人行状》，盛昱：《八旗文经》，第429页。

食于外家之戚。至是一二月辄易一师。韩氏每日灯下必严核读书未尝片刻松弛。十五岁，韩氏典衣买善本十三经及字典诸书。十六岁，选入咸安宫官学学习。

法式善很早就显露出作诗的天赋，十四岁游万寿山，至湖上有记游五古诗，为韩氏所称赏。十九岁二十一岁间，居僧寺中读书，两饭俱在官学中，夜则栖息禅榻。韩氏卒，依叔父信顺，居丰盛胡同，仍读书僧寺。二十四岁补廪膳生。二十七岁中举，仍在智化寺读书，翌年中进士，殿试三甲引见奉旨改庶吉士。[①] 四十二岁，官国子监祭酒。

法式善好学且善学，年轻时在僧寺读书。厨下一烧火老衲，年逾八十，早晚担井水浇花，步履仍矫捷如猿。某晚月下，见其仰卧松下，咿唔不绝。法式善好奇，问他在做什么。回答说："适得佳句。"遂朗声吟诵云："老僧安即佛，明月寿于松。"法式善赞赏其诗句，默然识之。[②] 有一次，他往游潭柘岫云寺，住宿寺中。次日晨，童子起报云："碗大的桃花在山嘴上红。"他认为此话有诗意，遂改为"碗大桃花山嘴红"。有一陈姓仆人能诗，有句云："太阳欲落水烟动，鸟背不如鱼背红。"也被他记录下来。[③] 法式善平生辑录了大量诗句，包括民间百姓提供的鲜活素材。正是因为有这种孜孜以求的执着，他的诗作被时人奉为圭臬，领袖诗坛三十年。[④] 他以激赏海内才俊为己任，如舒位、王昙、孙原湘，均汉人，曾作《三君子咏》以推扬之。铁保辑八旗人诗一百三十四卷，进呈蒙赐御制序，锡名《熙朝雅颂集》。《熙朝雅颂集》虽由铁保领衔，实际为法式善编辑。另著《清秘述闻》《槐厅载笔》《陶庐杂录》《存素堂诗集》《梧门诗话》《八旗诗话》诸书。

法式善才华横溢，命运却颇坎坷，每官至四品即降贬。嘉庆初，因疏请八旗在外屯田，受到申斥。法式善卒，后家道渐中落，所藏书籍字画出卖殆尽。[⑤]

法式善一族，从高祖时"始习翰墨"到他成为主宰诗坛三十年的文学巨擘，中间经历了三四代，大约百余年。

---

① 阮元：《梧门先生年谱》，第5页上。
② 《梧门诗话合校》，第234页。
③ 同上书，第305页。
④ 《清史稿》第485卷，第13402页。
⑤ 震钧：《天咫偶闻》，第88页。

图 224　文华殿御经筵图（《唐土名胜图会》）

以上，对内务府世家的四种类型做了初步归纳。军功型、保母型主要形成于清前期，带有鲜明的时代印记。科举型在清中叶才开始崭露头角，是社会趋于安定，经济趋于繁荣，八旗满洲、蒙古濡染汉文化日深的结果。婚姻型，作为专制帝权分泌出的一种裙带现象，并不具有明显的时间性。此外，有由偏途（笔帖式、翻译、恩荫）而成世家者，篇幅所限，兹不录。

二　世家的婚姻

内务府世家的婚姻关系，可以分解为两层，第一层世家联姻，第二层满汉通婚。

（一）世家的联姻

清代社会婚姻关系的基本特点是旗民不通婚，但在旗人内部，内务府三旗与外八旗之间，或者满洲、蒙古与汉军之间，婚姻不受任何限制。前举内务府汉姓人董得贵，銮仪卫銮仪使，娶妻舒穆禄氏、纳喇氏，均赐一品夫人。[1] 长子郝善，官居总兵官，原配夫人郭罗罗氏、继配夫人黑摄李（赫舍里）氏，均满洲。碑记说："两夫人皆出名族，能执妇道，以佐公

---

[1]　《董得贵及妻舒穆禄氏纳喇氏诰封碑》，杨海山：《京郊清代墓碑》，第 474—475 页。

者也。"①

不过，基于生活环境、习俗的考虑，内务府旗人选择婚姻，首先还是注重内部。热河总管尚福海有女八人：长适正红旗满洲他他拉氏，原任山西布政使善泰；次适内府正黄旗关氏，笔帖式长庆；三适内府镶黄旗赵氏，原任苑副容山；四适镶黄旗满洲富察氏，进士、兵部侍郎恭泰；五适镶蓝旗宗室书约；六适内府镶黄旗徐氏，笔帖式扬桑阿；七适内府正白旗苏氏，安徽旌德县知县延庚；八适内府正白旗李氏，笔帖式长顺。福海八个女儿中，有五个嫁给了内务府旗人。萨克达氏中祥的五女，也是全部嫁给内务府旗人。

在旗人内部的婚姻关系中，尤其引人注目的是世家间的联姻。

人类社会中有两种关系是与生俱来的，一为血缘关系，一为姻缘关系。通过缔结婚姻，扩大地域联系，加强部落或部落联盟间的联系，早在各民族史前时代已是习见现象，满洲人也不例外。② 入关后，联姻仍旧是满洲皇室与异姓贵族（或外藩）、世家望族间加强关系的重要手段。

先看尚氏。热河总管福海妻有尤氏、乌雅氏。乌雅氏，在《八旗满洲氏族通谱》卷二九中又写为吴雅氏。这虽是满洲中一小姓氏，因系雍正帝胤禛母家姓氏而显赫一时。胤禛生母德妃，乌雅氏，镶蓝旗包衣籍，出身卑贱。③ 一世祖额柏根、二世祖额森。额森长子魏武（威武、卫武），即德妃父，原任护军参领。康熙十七年（1678），乌雅氏生胤禛而封德嫔，寻进德妃。胤禛即位，尊为孝恭皇后④，并将魏武、额森、额柏根三代追封一等公，世袭罔替⑤，一族人抬入正黄旗满洲。魏武之子傅启，承袭一等公，任散秩大臣兼佐领；魏武之弟岳色，特赐骑都尉，任司胙官。额柏根兄萨穆哈一系子孙，也多高官厚爵。其孙铎弼，任都察院副都御史、内务府总管兼佐领；曾孙海望（与魏武为叔侄关系），雍乾名臣，历任内大臣、议政大臣、户部尚书，自雍正八年至乾隆二十年长期担任内务府总管。⑥ 尚氏所娶乌雅氏系何人女，虽不能确指，两家间的联姻应无

---

① 《董郝善及妻郭罗罗氏、继配黑摄李氏合葬墓碑》。
② 参刘小萌《满族从部落到国家的发展》，第11—12页。
③ ［日］铃木真：《雍正帝和藩邸旧人》，载日本《社会文化史学》第42号。
④ 《清内府八旗列传档案稿》下册，第825—830页；《清史稿》214卷，第8911页。
⑤ 萧奭：《永宪录》第2卷，第103页。雍正六年魏武及祖、父三代诰封碑，今在北京朝阳区洼里乡北龙王堂村。实地考察。
⑥ 《八旗满洲氏族通谱》第29卷，第377页；《钦定八旗通志》第153卷本传。

再看高氏。高斌父亲高衍中，妻李氏，福建督粮道李应昌之女。女二人，长适内务府郎中邓之琮，次适内务府大臣丁皂保。邓之琮，在《氏族通谱》中又写作邓智宗，内务府镶黄旗人；①丁皂保，内务府正黄旗人。②高斌妻陈氏，佐领阿麟之女；继妻祁氏，司库祁士杰之女；又继妻马氏，骁骑校马维藩之女。祁氏为正黄旗包衣旗鼓佐领人，祁士杰祖父祁天福，在《氏族通谱》卷七七有传。高氏与邓氏、丁氏、祁氏既同为内务府汉姓人，又同为官宦世家。

雍乾权臣鄂尔泰，西林觉罗氏，仕大学士、封世袭伯爵，身后追谥"文端"。高斌女嫁其次子鄂实。③鄂实后建功西域，战死于叶儿羌，谥果壮，图形紫光阁。

高斌子高恒，妻那拉氏，光禄寺卿德尔弼之长女。高斌长兄述明，妻内务府员外郎朱国善之女。七子中，长子图克善，妻祁氏，头等侍卫七十之女；次子高诚，妻赵氏，护军参领哈尔敏之女；三子西宁，妻王氏，候选州同八海之女；四子高晋，妻王氏，刑部员外郎德林之女；五子高泰，妻董氏，内务府郎中董殿邦之女；六子高坤，妻陈氏，总领催默尔森额之女，继妻傅察氏，三等侍卫傅尔敦之女；七子高复，妻祁氏，内务府员外郎长龄之女。其中，长子、七子之妻都是祁氏，与高斌妻祁氏当为同一家族。高氏与祁氏，应为世代联姻的内府世家。五子高泰之妻系董殿邦女，董殿邦已见前述，历仕三朝，做过内务府总管，也是赫赫有名的世家。其他女之配偶，虽不能确指，也不排除世家望族之可能。

高斌弟高钰，妻锺氏，锺国鼎之次女。锺国鼎，内务府正黄旗汉姓人，父锺成管，兄锺国玺，俱任员外郎，《氏族通谱》卷七八有传。高钰长子高谦，妻完颜氏，留保之女。完颜氏是最著名的内务府世家。留保，雍正年间历任礼、吏、工等部侍郎、尚书。第三子高益，妻姚氏，泰陵内务府大臣永泰之女；继妻罗氏，大理寺卿定柱之女；又继妻苏氏，户部郎中苏诚之女。罗氏、姚氏、苏氏同为《氏族通谱》有传的内务府汉姓之

---

① 《八旗满洲氏族通谱》第 77 卷《邓安明传》。
② 《八旗满洲氏族通谱》第 74 卷《丁崇德传》。
③ 鄂容安等编：《襄勤伯鄂文端公年谱》，《北京图书馆藏珍本年谱丛刊》第 91 册，第 464 页。

官宦人家。①

高斌孙高朴,在叶儿羌办事大臣任上以"玉石"一案被诛抄家,他曾送给总管内务府大臣金简几件玉器,金简深怕被皇帝指为寄顿,急忙上奏说:"奴才与高朴不但同系内务府人,兼关亲谊。高朴家书单内有寄奴才物件,现存家内,而上年冬间尚有寄奴才玉扳指两个、小玉镜一个,不敢隐匿。"② 说明高氏与金氏,不仅同为与皇室结亲的内务府世家,且互为姻亲,唯具体婚姻关系不详。

高斌另一孙高杞,乾隆年间官至内务府大臣、陕甘总督,其女嫁大学士英和次子奎耀。③ 可见高氏与索绰罗氏,也有联姻关系。

再看完颜氏。麟庆的祖母索绰罗氏,为英和从姐,即完颜岱之妻。英和《恽太夫人传》记:"吾从姊归完颜氏,为河南布政使讳岱之夫人,生吾甥泰安知府廷镛。"④ 但从陆继辂《山东泰安知府完颜君廷镛墓志铭》所述,廷镛"妣索绰罗氏,生母陆氏"看⑤,索绰罗氏并非其生母。

麟庆有二女,一妙莲保,嫁内务府蒙古旗人国子监祭酒法式善之孙、内阁中书桂馨子来秀,来秀也是大学士英和外孙。⑥ 麟庆与法式善为世交,且二人皆好吟咏,长相往来,他很满意两家结姻,曾说:"余何幸以姻娅之谊,重邀翰墨之缘耶?"⑦英和则是麟庆的座师。

咸丰三年(1853),皇帝招对,问崇实:"内廷主位有无亲戚?"回奏曰:"锡祉是奴才长亲,缘内廷婉嫔乃锡子绶胞妹,实不敢明言有亲也。"⑧ 皇帝诸嫔妃,泛称主位。婉嫔,索绰络氏,后尊封婉贵妃,英和孙女;锡祉,是英和次孙。完颜氏与索绰罗氏为姻亲,与婉妃只是辗转的亲戚关系,故崇实"不敢明言有亲"。

麟庆另一女佛芸保,嫁礼部尚书宗室延熙。佛芸保与延熙皆有文学艺

---

① 《八旗满洲氏族通谱》第74卷《罗永升传》;第77卷《姚达传》;第80卷《苏敏善传》,苏正应即苏诚。
② 中国第一历史档案馆编:《乾隆朝上谕档》第9册,档案出版社1991年版,第334—336、324页。
③ 英和:《恩福堂笔记·诗钞·年谱》,北京古籍出版社1991年版,第367页。
④ 英和:《恽太夫人传》,钱仪吉:《碑传集》149卷第12册,第4387页。盛昱:《八旗文经》,第431页。
⑤ 钱仪吉:《碑传集》第110卷第9册,第3169页。
⑥ 崇实:《惕盦年谱》,第12页上。
⑦ 麟庆:《鸿雪因缘图记·诗龛叙姻》。
⑧ 崇实:《惕盦年谱》,第29页下,30页上。

术修养，善画，夫妇合作有《避暑山庄图》。佛芸保有题自画山水小幅绝句云："一川杨柳迎风舞，千树桃花冒雨开；偶向小窗闲点染，满天春色笔端来。"① 意境清悠，富有想象。延熙是咸丰翰林；父庆祺，道光翰林，官直隶总督；子会章，光绪翰林，三世翰林之家。延熙藏书极精，博雅好事，且伉爽敢言，曾因左宗棠朝班失次，具疏弹劾；慈禧皇太后谒东陵，诣孝贞显皇后陵寝，不欲行跪拜礼，延熙持不可，数次面诤，太后甚怒，终不得不如仪跪拜；后又有请醇亲王归邸不得干政之奏。因失欢于当道，死后竟未得追谥。这在有清一代，前所未有。延熙先娶麟庆女，继娶他他拉氏，为光绪帝瑜贵妃之姑。② 这说明，完颜氏与皇室，除上面提到的婉妃，至少还存在另一层亲戚关系。

麟庆孙（崇实子）嵩申，娶杨佳氏，内务府世家锺祥子之孙女。殁，纳侧室王氏。③ 杨佳氏俗称"锺杨"家。内务府惯例，称呼上姓在名下，即如"锺杨"之称，始自锺祥。锺祥字云亭，内务府镶黄旗汉姓人，嘉庆成进士，始发科第，道光年间仕至河道总督，继麟庆后任。④ 锺祥子侄孙辈多跻身仕途；累世巨富，屋舍连云；四乡田连阡陌，有终年取不尽之租。锺祥一家子侄辈，与咸丰初大学士、蒙古旗人柏葰一家亦有多重联姻⑤。

至于索绰罗氏，与完颜氏、蒙乌吉氏均有姻缘关系，说见前文。英和子奎耀先娶高杞女，病故，续聘武勋王杨古利第五世孙女。杨古利，舒穆禄氏，满洲八大家之一，著名望族。

再看蒙乌吉氏。法式善养母韩氏，内务府正黄旗汉姓人。父韩锦，少有才，为高斌所赏，妻以女，所生女即法式善养母。⑥ 如此说来，高斌是法式善的外曾祖。法式善长女适大学士三公宝之子、侍卫兼佐领世泰；次女适四川都统、宗室东林子云奎。幼女择婿启元，内务府主事、六库郎中福宁子。子桂馨，原聘章佳氏那彦成长女。那彦成是满洲科甲世家，祖父阿克敦，翰林出身，官至翰林院掌院学士、刑部尚书、协办大学士，追谥

---

① 李放：《八旗画录》，民国八年（1919）印本，第60页下。
② 《清史稿》第442卷第41册，第12428页；崇彝：《道咸以来朝野杂记》，第52页。
③ 衡永：《鹤槎年谱》，第25页上；崇彝：《道咸以来朝野杂记》，第21页。
④ 《清史列传》第38卷本传第10册，第2984页。
⑤ 崇彝：《道咸以来朝野杂记》，第21页。
⑥ 法式善：《先妣韩太淑人行状》，载盛昱《八旗文经》，第429页。

文勤；祖父阿桂，举人，官至领班军机大臣、大学士，追谥文成。那彦成本人中进士，选翰林院庶吉士，嘉道年间历任尚书、直隶总督、陕甘总督。追谥文毅。那彦成善书法、能诗。但桂馨所聘章佳氏未过门以疾亡，遂续聘英和长女妙莲保。①

综合上述，内务府著名世家高氏、完颜氏、索绰罗氏、蒙乌吉氏、杨佳氏（锺祥家）间，存在着盘根错节的婚姻关系。联姻的网络，还延伸到内务府和外八旗官宦人家，且与皇室形成多重姻亲关系。同样出身内务府世家的曹雪芹在《红楼梦》里，关于贾、史、王、薛四大家族之间互为婚媾"联络有亲"的艺术描写，正是对这一社会现象的高度概括。

（二）满汉的通婚

内务府旗人是旗人的重要组成部分，通过内务府世家与汉人的婚姻，有助于了解旗民、满汉间的通婚情况。

满汉通婚，在清初原无禁例，相反，作为笼络汉人的一种策略，还曾一度受到统治者的鼓励。太祖努尔哈赤时，抚顺城明军守将李永芳降附，娶贝勒（王）阿巴泰女；佟养性自明境投归，娶宗室女，两人遂以"额驸"（女婿之意）自炫，为清朝肇建竭尽披肝沥胆之能事。太宗皇太极攻取大凌河城后，采纳贝勒岳托建策，下令以诸贝勒女妻明朝一品降官，以诸大臣女妻二品降官，以国中汉人女和庄头女给配众降兵。② 同时，汉人女嫁给满洲人的亦复不少。

清朝定鼎北京，仍准满汉官民相互婚娶，并制定出呈报的具体办法：满洲官员之女欲与汉人为婚，以及汉官之女欲与满洲人为婚者，呈报礼部；无职者听其自便，无须报部。但当时满汉矛盾尖锐，通婚并不普遍。在内廷，顺治帝福临选汉官女备六宫，如恪妃，吏部左侍郎石申女。康熙六年卒，玄烨追封皇考恪妃。③

内务府满洲娶汉女的情况也见诸记载。英和《恩福堂笔记·述事赋》记其先祖布舒库随某宗室王征西，客于陕西卢氏县一张姓人家，张姓唤子女谒王，择一女许配给他。大军凯旋，布舒库送女返京。未过半载，该女已满语纯熟。

---

① 阮元：《梧门先生年谱》，第13页上。
② 《清太宗实录》第11卷，第5页下，6页上。
③ 唐邦治：《清皇室四谱》第2卷，第9页下。

康雍年间，满汉隔阂尚深，通婚阻力重重。乾嘉以降，满人深深濡染汉文化，成见日愈消融。许多满洲旗人常年出外做官，不能不密切与汉人的交往。完颜氏与江南名士恽氏的联姻是一个典型例子。

麟庆母恽氏，江苏阳湖县望族。八世祖绍芳，明福建布政使参议。绍芳之孙日初，清初在东南沿海一带参与抗清斗争，后落发为僧，守节讲道，世称逊庵先生。日初是明朝忠臣，其子恽格（字寿平，号白云外史、南田老人）也不肯为清廷做官。一生以诗画为业，山水画、书法、诗文俱佳，被誉为"南田三绝"。恽珠作为一个江南名门之后，却嫁给了内务府满洲士族完颜氏。（见图225）

恽珠生时，祖母梦老妪授巨珠，光满一室，因命名"珠"。颖惠过人，承父教，通孝经、尔雅、毛诗，兼熟四子书。十岁能诗，尤精绘事。父毓秀任直隶肥乡县典史时，完颜廷镛的父亲完颜岱任肥乡县令，毓秀为完颜岱佐贰。廷镛母索绰罗氏见恽珠有诗才，试以《锦鸡》诗，援笔立就曰："闲对清波照彩衣，遍身金锦世应稀；一朝脱却樊笼去，好向朝阳学凤飞。"① 索绰罗氏赞不绝口，乃三次派人议婚，固请乃许。为廷镛正室。

恽珠训子严，绝燕游，戒奢傲，不许杂览"不经之书"，择师择交，防范无余力。麟庆年十二时，入学稍晚，舅舅恽秉怡任塾师，罚令跪，并以"红日满窗人未起"命麟庆对，应声云：

图225 恽珠画像

---

① 震钧：《天咫偶闻》，第100页。

第六章 旗人的世家 455

"青云有路我先行"。舅告恽珠，以为佳对，乃喜，命之起，而训勉益力。麟庆初受业于河南进士郑道印、次安徽太湖贡生曹萃、次舅舅恽秉怡、次顺天举人钮士元。

廷镠死后，恽珠随麟庆宦迹南北，不断告诫他勤政爱民、赏罚公平。麟庆从母亲处受益颇多，在其子崇厚、崇实编撰的家谱中有详实的记载。恽珠幼工画，得南田翁家法。而儿媳程孟梅，孙女妙莲保、佛芸保，亦皆能诗文，一门之内，风雅相踵。有诗才，自编《红香馆诗草》，选《闺秀正始集》，收一代女士之诗。① 以子麟庆贵，封一品太夫人。（见图 226）

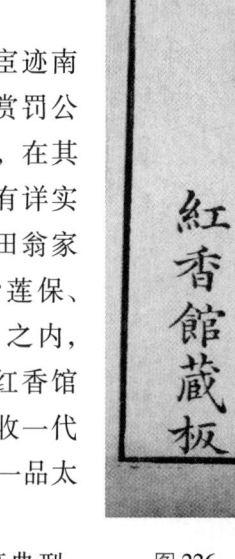

像恽珠这样的婚姻，尽管典型，

图 226　恽珠《闺秀正始集》

只是凤毛麟角，流行的满汉通婚，往往以满人纳妾的形式出现。萧奭《永宪录》卷二："按国制，皇后诸妃及凡满洲之正室皆不与汉人联姻。"② 这里说不准联姻的只是"满洲之正室（嫡妻）"，确实点到问题的关键。换言之，满人纳汉女为妾，不在禁例之列。从《永宪录》还可得知，这种现象在雍正年间已相当流行。

仍以内务府世家为例。据萨克达氏家谱，凡正室一至三人均为旗人，妾则清一色民人。如中祥娶妾凤氏，中祥大弟中福娶妾蔡氏。耐人寻味的是，蔡氏死后并没有与丈夫葬在一地，而是寄葬在中祥妾凤氏为首座的另一块茔地。中祥二弟中祐，妾傅氏，江西卢式县人；中祥长子诚基，妾唐氏，宛平县人；中福长子诚明，妾王氏，山西人；中祐长子诚存，妾郭氏，直隶河间府交河县人；次子诚培，妾董氏，江西人；妾关氏，直隶顺天府宛平县人。妾地位虽低于正妻，但年龄小，如育有子女，家庭地位未

---

① 震钧：《天咫偶闻》，第100页。
② 萧奭：《永宪录》，第179页。

必就低。

完颜岱妻索绰罗氏，又一妻陆氏，顺天香河人，也就是廷鏴生母。[①] 廷鏴祖上，未必是纯正满洲血统，他本人至少已有二分之一汉族血统；廷鏴娶恽珠，生麟庆，则麟庆身上，汉族血统已不少于四分之三。麟庆妻原配瓜尔佳氏、继配书书觉罗氏、继配程佳氏。程佳氏殁后，纳妾扬州洪氏。洪氏父盐商，后破产，因自讳巨族，改姓名陈惠英。麟庆与她感情深笃，复其姓，延请女教师专门给她讲习琴书、绘画。[②]

崇实妻系满洲阿哈觉罗氏，粤海关监督克明额女。咸丰七年（1857），买一侍女诸葛氏，因"性情幽静举止端方"，八年后纳为妾。诸葛氏本姓朱，朱者，明朝之国姓。崇实细细询问，方知讳其家世，并不在意，仍令复其本姓，还给她取了一个艳丽的字号"丽娟"。[③] 崇实病逝，诸葛氏为之尽节。[④] 这一悲剧性结局，似乎证明诸葛氏对他一往情深。诸葛氏没有生育。崇实生前曾谆谆嘱托崇厚：日后崇厚妾高佳氏得子，可过继诸葛氏。[⑤]

崇厚妻蒋佳氏，山东督粮道蒋明远之女[⑥]，其祖父蒋攸铦，字砺堂，汉军镶红旗人。道光初，官至直隶总督、内阁大学士、军机大臣。[⑦] 同治五年，纳妾杨氏，直隶天津县人。[⑧] 后又纳妾高佳氏。[⑨]

法式善妻富察氏，纳妾李氏、刘氏。除长女系富察氏所生，次女和儿子桂馨都是李氏所生。[⑩] 桂馨虽为妾生，但是家中独子，他后来中进士，入翰林，联姻名门，丝毫未因生母身份受到歧视。这与男性传统社会中，人们首重血胤延续的观念应是息息相关的。

世家之妾，籍贯各处，说明来源的复杂。这一方面是由于世家有较宽的社交范围；另一方面，他们宦迹南北，也会遇到比在京师更多的选择。其实，早在康、雍年间，通过织造从江浙一带购觅美女为婢为妾，在皇室

---

① 麟庆：《鸿雪因缘图记·环翠呈诗》。
② 麟庆：《鸿雪因缘图记·卸肩集句》；崇实：《惕盦年谱》，第13页上。
③ 崇实：《惕盦年谱》，第63页下。
④ 衡永：《鹤槎年谱》，第29页下。
⑤ 同上书，第34页下。
⑥ 同上书，第8页下。
⑦ 《清史稿》第366卷，第11448页。
⑧ 衡永：《鹤槎年谱》，第24页上。
⑨ 同上书，第27页上。
⑩ 阮元：《梧门先生年谱》。

中已见多不怪。文康《儿女英雄传》，主人公正黄旗汉军安骥，既娶旗女何玉凤、民女张金凤为妻，又纳婢女长姐儿为妾，是实际生活的写照。（见图227）

内务府世家纳妾成风，说明所谓旗民不婚（满汉不婚）的规则，只是被表面维护着。男人应酬官场，所娶正房最好是旗女，纳妾则多为民女。这种变通的办法，既维护了"首崇满洲"的古训，又满足了世家多妻（妾）多子的需要。

在人类社会中，正是通过婚姻的媒介，一族的血系传播到其他族群，

图227　安骥娶妻（《儿女英雄传》）

与此同时，其他族群的血系也汇聚到一族中，这是一个双向互动的混杂过程。世代愈远，混杂程度愈高，其从父系祖先所得遗传就愈少。从理论上讲，儿子从父亲得到的遗传占全部遗传的二分之一（另一半为母系），到孙辈只有四分之一，然后是八分之一……据此以推，至第十世孙，身上所有的远祖遗传只有一千零二十四分之一；降及数十世后，远祖遗传已无异于沧海一粟。① 联系前述内府世家的婚姻情况，不难得出如下答案：尽管清初八旗内部满洲、蒙古、尼堪（汉人），是基于民族差异的划分，不断往复的通婚，却使这种划分失去当初的血统含义，而蜕变为行政隶属的一种符号。同样，旗民通婚，则在更大范围内导致满汉血统的融通。

第二节 满洲世家与汉军世家

一 满洲世家

满洲著姓，向有八大姓之说，或曰八大家，按旗人崇彝的说法，此八大姓为钮祜禄氏（译姓郎）、瓜尔佳氏（关）、舒穆禄氏（舒）、那拉氏（分叶赫、辉发二那拉）、完颜氏（王，或有姓金者）、富察氏（傅）、费莫氏（费）、马佳氏（马）、章佳氏，实为九姓，但费莫氏、马佳氏两姓原系一族。②

富察氏，为八大姓之一。《八旗满洲氏族通谱》卷二五："富察，本系地名，因以为姓。其氏族甚繁，散处于沙济、叶赫、额宜湖、扎库塔、蜚悠城、讷殷、额赫库伦、讷殷江、吉林乌喇、长白山及各地方。"其中，隶属镶黄旗满洲的沙济富察氏，是满洲世家中最显赫的一支。始祖檀都事迹缺载，下传第四世旺吉努，"国初率族众属下人来归，初编半个佐领使统之"。③ 旺吉努孙哈锡屯，顺治年间历任议政大臣、内大臣、内务府总管，是该族步入显赫的开端。历康、雍、乾、嘉、道五朝，该族名臣辈出，如米思翰、马斯喀、马齐、马武、李荣保、傅清、傅恒、明瑞、明亮、福灵安、福隆安、福康安、福长安、景寿等。

---

① 潘光旦：《说家谱作法》，载《潘光旦文集》第9册，北京大学出版社2000年版，第515页。
② 崇彝：《道咸以来朝野杂记》，第47页。
③ 《八旗满洲氏族通谱》第25卷，第1页，旺吉努传，参见《沙济富察氏宗谱》，收入《北京图书馆藏家谱丛刊·民族卷》第45册。

米思翰，哈什屯长子。康熙三年（1664），由侍卫袭父一等男兼一云骑尉管佐领事。六年，任内务府总管。辅政大臣中有人欲向他借用皇家器具，被严拒。① 康熙皇帝亲政后，知其守正不阿，授礼部侍郎，擢户部尚书，旋列议政大臣。十二年（1673），吴三桂、尚可喜、耿精忠三藩相继请撤藩，以试探清廷态度。疏下户、兵二部议，米思翰与兵部尚书明珠商议结果，俱令撤藩，移山海关外。当时廷臣有言不可撤藩者，以两议入奏。米思翰坚持宜撤。得旨允行。不久，吴三桂反，米思翰亦病卒。三藩反后，有大臣追究说，正是因为撤藩，才导致三藩的反乱。主张撤藩者一时人人自危。康熙帝则说：朕自少时，以三藩势焰日炽不可不撤。岂因其叛，就诿过于人？及三藩平，玄烨追忆主张撤藩诸臣。米思翰子孙的权势在朝中更加炙手可热。

米思翰有四子。长子马斯喀。② 初任侍卫兼佐领，升内务府总管、领侍卫内大臣。康熙三十五年（1696）玄烨亲征蒙古噶尔丹，马斯喀领镶黄旗鸟枪兵，因追剿残敌贻误军机，廷议革职。玄烨说：马斯喀办内务府事尚优，从宽留内务府总管及佐领。二子马齐，由山西布政使、巡抚仕至兵部尚书、户部尚书。三十八年（1699）授武英殿大学士。三子马武，由侍卫兼管佐领，升镶白旗汉军副都统。

康熙帝晚年，为建储事颇伤脑筋。诸皇子各结朋党、相互倾轧，又加剧了矛盾的激化。马齐、马武兄弟，身为朝廷重臣，却卷入其间，推波助澜，几乎招致杀身之祸。四十七年（1708）十一月，内大臣佟国维等，以建储事密奏，玄烨一面谕令满汉大臣会议保奏，一面关照马齐不要参与其事。但马齐却利用自己的威势对建储一事施加影响，以致大臣们一致保荐允禩。玄烨闻知大怒，命拘拿马齐。王大臣议拟马齐立斩，马武等坐罪有差，族人一概革职。最后还是玄烨曲从宽宥，交允禩严行拘禁，其族人官职革退。此次风波后不到一年，玄烨又重新启用马齐、马武兄弟，二人相继担任内务府总管大臣。玄烨谕言："马齐兄弟，旧所管镶黄旗佐领，前曾拨给允禩，今已撤回，可仍令马齐、马武等管辖，其族人并随入本旗。"可见，马齐兄弟因卷入建储之争，连同所属佐领，被玄烨一怒之下拨给了允禩。至此，撤回镶黄旗，即脱离允禩，重新成为皇帝属人。玄烨还一针见

---

① 《钦定八旗通志》第139卷《米思翰（附李荣保）传》。
② 马斯喀与弟马齐、马武传俱载《钦定八旗通志》第140卷。

血地指出:"伊等谋立允禩,岂非欲结恩于允禩,为日后恣肆专行之计耶!"

康熙五十二年玄烨六十大寿盛典,适逢马武兄弟复出不久。《万寿盛典初集》特别突出其兄弟二人的身份,或者正反映出其地位依旧稳固、权势依旧熏灼。不久,马齐复授武英殿大学士。耐人寻味的是,尽管马齐兄弟在建储问题上,力挺胤禩(即后来之雍正帝)政敌,胤禛即位后,对其一族却表现出少有的宽容。雍正一朝,马齐受命总理国家事务,赏伯爵世袭罔替。乾隆四年(1739),以三朝元老、八十八岁的高龄去世。

雍正帝即位后,授马武领侍卫内大臣。四年(1726),病故。谕曰:"马武事我皇考五十余年,不离左右。恪恭谨慎,当盛暑严寒,无几微倦息之色。其生平胸怀坦白,情性和平。"又说他是老臣中"年齿最高,效力最久,圣眷最渥"之人。这三个"最"字,也反映了他在朝中的显赫地位。

马武弟李荣保,袭一等男兼一云骑尉,初任侍卫兼佐领,官至察哈尔总管。乾隆二年(1737),以册立皇后大典,追封李荣保一等公。十四年,李荣保第十子大学士忠勇公傅恒经略金川,凯旋后赐建宗祠。(见图228、229)傅恒宅第在嵩祝寺前街路东,人称松公府。其面积之广,建筑之壮丽,当年为北京第宅之冠。其子福康安,乾隆末年,以屡立边功授大学士,破例进封郡王。傅恒妹妹是乾隆帝的第一位皇后(孝贤皇后),子福隆安娶乾隆帝第四女和嘉公主,成亲王永瑆又为傅恒之婿(此事见《诒晋斋诗注》中)。皆所谓亲上作亲。明瑞(傅恒之侄)的曾孙景寿则娶道光皇帝第六女。此外如福灵阿、明亮等人,均娶皇族女。

图228 富察氏宗祠碑(北京石刻博物馆)

图 229　富察氏宗祠碑额（满汉文篆书）

这种多重婚姻关系，即便在满洲世家大族中也不多见。

钮祜禄氏亦为满洲八大姓之一。额亦都，长白山人，从清太祖征讨，身经百战，带兵近四十年，官至一等大臣。清太宗时追封弘毅公。额亦都有子十六，其三子车尔格，官至都统、户部尚书；八子图尔格，二等公、内大臣、尚书；十子宜尔登，一等伯议政大臣；十一子鄂德，轻车都尉、户部侍郎；十三子绰哈尔，议政大臣、兵部侍郎；十六子遏必隆，太子太师、辅政大臣、一等公；其余长子、五子、六子、九子均官佐领。额亦都及子孙得谥者十余人，其孙陈泰，曾孙讷亲、阿里衮、达尔党阿，俱官至大学士。① 同富察氏一样，钮祜禄氏也是典型的满洲世家。

马佳氏，满洲八大姓之一。明初之际，始祖马穆敦来居佳理库城马佳

---

① 《八旗满洲氏族通谱》第5卷，额亦都巴图鲁传，第1页。参见该族家谱，收入《北京图书馆藏家谱丛刊·民族卷》第39、40、41、42、43册。

地方，因以为氏。康熙名臣图海、晚清名臣升寅、宝琳、宝珣、绍英，均出自该族。与其同一渊源的费莫氏，也是为将封侯，总督巡抚，代有传人，四世凡有大学士数人，计乾隆朝有温福，以定边将军征金川，殁于木果木之役；嘉庆朝有勒保，历任陕甘、云贵、两江总督，先后镇压台湾林爽文起义、白莲教起义，功封一等侯，授文渊阁大学士，兼军机大臣，嘉庆二十四年（1819）卒，谥文襄（见图230）；道光朝有讷尔经额，直隶总督，文渊阁大学士；咸丰朝有文庆，武英殿大学士，兼军机大臣，谥文端；光绪朝有文煜，武英殿大学士，谥文达。其家有一印，上篆"三代四大学士之家"。其实大学士共有五人。

这个家族，以军功起家，从康雍朝至道咸，百数年间，兄弟子侄，贵显者不断，称得上是"簪缨门第，鼎盛之家"。以文庆一辈论，文庆本人

图230 马佳氏勒保夫妇诰封碑（北京石刻博物馆）

是翰林；文蔚亦为翰林，官至户部侍郎；文俊，文举人，官江西巡抚，书法最佳；文辉，官江西布政使；文煜，官武英殿大学士；文硕，仕至驻藏大臣；文康，官职虽不高，却著有脍炙人口的侠义小说《儿女英雄传》。①文硕与其兄（辉）皆富于财。当光绪九、十年，南号票庄阜康关闭，其兄弟被倒款数十万。后经户部查出，令其明白回奏：何以有如此巨款？文硕张皇失措，集族人各认数万两，作为代合族经营者。复向恭亲王请托，始含糊了事。恭王之子贝勒载澂，是文硕的女婿。

满洲世家权势炳赫，姻联帝室，世代相袭，与国（清朝）同休，是八旗中最显赫的世家大族。

二 汉军世家

清朝入关初，满洲男丁不过五万余，加上家口，不足二三十万，然而它面对的却是拥有上亿人口的汉人。尽管力量对比极其悬殊，满洲统治者却以摧枯拉朽之势，迅速打败了明朝，取得对全中国的统治。满洲人胜利的原因固然很多，有效利用汉军无疑是一个重要方面。汉军构成八旗的一个重要组成部分，也就不足为奇了。那么，构成汉军中坚的有哪些世家？他们的来源是什么？入旗后如何发迹？在清朝统治集团中享有怎样的地位？与满洲、蒙古旗人又是什么关系？

汉军世家，均为入关前入旗的辽东汉人，且其先世多为明朝将帅。雍正九年十一月上谕，提到汉军勋旧大臣子弟有尚、耿、石、李、佟、祖、蔡、王诸家。尚氏，平南王尚可喜之裔；耿氏，靖南王耿仲明之裔；石氏，三等伯石廷柱之裔；李氏，一等子李永芳之裔；佟氏，一等公佟养正、二等子佟养性之裔；祖氏，总兵祖大寿之裔；蔡氏，漕运总督蔡毓荣之裔；王氏，二等子王世选之裔。以上勋旧之家恰好八姓，故有人称之为"汉军八家"。②但事实上，汉军世家并不止以上"八家"，此外尚有范（范文程）、宁（宁完我）、洪（洪承畴）、李（李成梁）、郎（郎廷佐）、高（高天爵）、马（马光远）诸家，在清朝均显赫一时。关于汉军世家，这里不拟全面考察，只就李（李成梁）、祖（祖大寿）、

---

① 崇彝：《道咸以来朝野杂记》，第47—48页。
② 石继昌：《汉军八家述略》，载《春明旧事》，第311页。

郎（郎廷佐）、高（高天爵）四家的基本状况略作说明，以收借斑窥豹之效。

汉军李氏。日本东洋文库藏《李氏谱系》卷一《世次原始·始祖》称："李氏原籍朝鲜人也，明初渡江内附，游至铁岭，因慕风土淳厚，遂家焉，卜茔域于铁岭东南崔公堡之东，族人称为老坟，复因鼎革，碑记残毁，谱系散失，是以李哲根穗、李和山、李厦霸努、李把图理、李膺尼五位之世次无考未敢妄注也。"关于李氏谱系，日本学者园田一龟在20世纪30年代即有考证，他认为，该族原是居住鸭绿江左岸的女真人，14世纪末在始祖李膺尼带领下由朝鲜迁至中国铁岭，后编入明朝卫所并出仕做官。①

《李氏谱系》把李英列为一世祖，以军功授铁岭卫指挥佥事。以下三世，均世袭该职。第四世李泾有子四，居长者即明末辽东名将李成梁。李氏从第三世春字辈起，五个兄弟析为五房。李成梁一系属老长房，以下依次为老二房、老三房、老四房、老五房。

李成梁，字汝器，号银城，生于嘉靖五年（1526），由辽东铁岭卫学生员袭指挥佥事，隆庆元年（1567）升副总兵，协守辽阳。万历二年（1574）升辽东总兵官，累功加太子太保，封宁远伯，食禄一千六百石。十九年（1591），李成梁因受御史弹劾去职，赋闲家居。他镇辽二十二年，先后奏大捷者十，明帝屡次祭告郊庙，受廷臣贺，赐蟒衣金缯。成梁去辽十年，明廷先后更易八帅，边备益弛。万历二十九年（1601），命李成梁以原官挂印再镇辽东，年已七十有六。至万历三十六年（1608）成梁以八十三岁高龄解任回京。（见图231）

成梁镇守辽东前后近三十载，攻略女真、蒙古诸部，屡奏大捷。时人称"边帅武功之盛，二百年间罕有其匹"。② 成梁一族子弟皆列崇阶，联姻多为勋贵。弟成材官至参将，子如松、如柏、如桢、如樟、如梅，皆任总兵官。如梓、如梧、如桂、如楠，皆官参将。部下还有义子李平

---

① 《李氏谱系》原本藏辽宁大学，日本东洋文库藏抄本。研究该谱的有［日］园田一龟《李成梁と其の一族に就て》，载《东洋学报》26卷1期，1938年；孙文良：《论明末辽东总兵李成梁》，载《满族崛起与明清兴亡》，辽宁大学出版社1992年版；李林：《满族宗谱研究》，辽沈书社1992年版；［日］杉山清彦：《汉军旗人李成梁一族》，载京都大学人文科学研究所岩井茂树编《中国近世社会の秩序形成》，2004年。

② 《明史》第238卷《李成梁传》。

图231　明万历八年立李成梁石牌坊（辽宁锦州北宁市）

胡、李宁、李兴等皆以军功为参、游等官。形成明军中实力最雄厚的"李家将"。

　　成梁父子镇守辽东，正逢建州女真努尔哈赤（即清太祖）崛起，以军事斗争和扑朔迷离的政治活动为背景，两个家族也曾发生某种特殊的因缘。万历四十七年（后金天命四年，1619）萨尔浒之役，明朝倾天下之力，尽征宿将猛士及朝鲜、叶赫精锐，四面出击，以期后金国不能兼顾。明、金兵力相去无几，而金国正确决策："凭你几路来，我只一路去"①，集中精锐先破其一路，速战速决，各个击破，故数日内三路皆破，唯剩总兵李如柏一路因逗留独全，仓皇退去。事后，明廷交章论劾，有廷臣指称如柏曾纳奴（努尔哈赤）弟素儿哈赤（舒尔哈齐）女为妻，生有第三子，以致流传着"奴酋女婿作镇守，未知辽东落谁手"

---

① 海滨野史：《建州私志》卷中。

之谣①，并请迅速械系，以快公愤。但明帝念李氏父子勋劳，仅下诏令如柏回京候勘。李氏一族与清太祖一族有否联姻？史籍中已无从确认。但当时明朝边将中有蒙古人、女真人，女真一方也有汉人、蒙古人，彼此你来我往，相互渗透，联姻现象不足为奇。萨尔浒之役以后，李氏一族势力在辽东迅速衰落。

万历四十七年（1619）七月后金兵克铁岭，据统计，李氏家族至少有二十六人罹难（男十八人、女八人）。②其中，老一房第六世李如橘，第七世李鼎忠，第八世李丹箧、李秉箧；老二房第六世李如梃（李思忠父亲）、李如梓、李如枫、李如榛、李如稷、李如桧、李如嵩；第七世李一忠、李存忠、李贵忠；老三房第六世李如椅；老五房第六世李如栖、李如榴；第七世李明忠等，在家谱中均注明："万历己未年铁岭城陷殉难失塚"或"失塚无嗣"。老二房李如梃五子中，仅第四子思忠侥幸活命。进入清朝，李氏一族的复兴，正是由他开始的。

思忠父亲如梃，是成梁的侄子。思忠本人初官太原同知，后罢归寓居抚顺，其妻为抚顺佟盛年之姐。佟氏又称佟佳氏，本女真（满洲）一族。佟盛年之父养真（后代史书为避雍正帝讳，改称佟养正）《八旗满洲氏族通谱》卷二十有传："镶黄旗人，世居佟佳地方，其祖达尔汉图墨图，于明时同东旺、王肇州、索胜格等往来近边贸易。"据考证，达尔汉图墨图即明永乐十一年（1413）《敕修奴儿干永宁寺碑记》中题名的女真酋长佟答剌哈。③佟氏先祖既往来与明人边贸，寓居开原，继迁抚顺，渐成大族。

天命四年，后金军克抚顺，佟盛年之父养正、弟养性及佟氏一族俱降，思忠随同妻族至佛阿拉城（辽宁新宾旧老城）。不久，后金破铁岭，思忠父如梃、弟如梓及思忠的四兄弟俱罹于难。

佟氏熟知满汉双方情况，养性娶太祖努尔哈赤孙女，称额驸，长期统率八旗汉军，在后金国（清朝）据有重要地位。佟盛年满名图赖，军功

---

① 《明神宗实录》第582卷。参见陈济生《启桢诗选》：周宗建《边事有感》四首，有句云："胡女自专帏幄重，将军终负策书盟。"自注："李如柏纳胡女为妾。"许重熙《五陵注略》言：李如柏娶努尔哈赤侄女为妾，生子。
② ［日］杉山清彦：《汉军旗人李成梁一族》。
③ 《奴儿干永宁寺二碑补考》，载《内藤湖南全集》第7卷，日本筑摩书房1970年版，第587页。

卓著，顺治朝仕至兵部尚书、都统。尤为重要的是，其女是康熙帝生母孝康皇后，父以女贵，康熙元年追封一等公，世袭罔替。盛年二子，一佟国纲，仕至内大臣、议政大臣、都统，于乌兰布通之役中枪伤阵亡；一佟国维，由头等侍卫晋封一等公，其女又系康熙帝的孝懿皇后。这种与满洲皇帝父一辈子一辈的姻亲关系，注定佟氏家族在顺、康二朝荣宠有加的显赫地位。雍正一朝，佟氏子弟多在朝中高官厚爵。李思忠一系，因与佟氏联姻而有非同寻常的政治靠山。

按《李氏谱系》：李思忠初任正西堡备御，二任铁岭游击，三任盖州参将，四任副都统，五任礼部侍郎，六任陕西提督兼管四旗汉军官兵昂邦章京（昂邦章京即将军），世袭一等阿思哈尼哈番兼一拖沙喇哈番。《钦定八旗通志》卷一九四有传："（天命）六年，太祖定辽阳，敕思忠收集其族人之流亡者，思忠招徕户口并复故业。"辽东李氏与崛起中的女真（满洲人）互有征伐，彼此杀戮，血债盈盈，仇怨不已。但李氏作为辽东巨室望族，在明军中仍享有巨大影响力。这一点颇得满洲统治者的重视，清太祖努尔哈赤授思忠佐领，予骑都尉世职，这成为李氏一族劫难之余的转机。

李思忠入清后隶属汉军正黄旗，顺治三年任西安驻防副都统，擢陕西提督，其子孙世代为官，多高官厚爵。

长子荣祖，任佐领，工部郎中，参领；次子荫祖，顺治末年任直隶、山东、河南总督，加兵部尚书衔；[1] 三子显祖袭父爵，顺治帝赐名塞伯理，授二等侍卫升参领，江南左路总兵官，康熙初授浙江提督，平定三藩之乱，卒于军；四子耀祖，初任佐领，康熙时任刑部员外郎、礼部郎中；五子续祖，任知州、同知。

李思忠侄献祖（一忠之子），满名代都，随思忠入后金时约十三岁，初任三等侍卫，二任佐领，三任参领，四任副都统。[2]

李思忠孙李钖（荫祖长子），初授佐领，康熙十三年以参领随大军征剿吴三桂，官至福建布政使、兵部侍郎、安徽巡抚；曾孙李树德（李钖长子），历任佐领、山东巡抚，康熙末年授福州将军，署镶白旗汉军都统；李育德（李钖次子），仕至四川按察使。到第十一世李景纲（树德之

---

[1] 《钦定八旗通志》第194卷《李荫祖传》。
[2] 《八旗通志初集》第175卷《戴都传》。

子），袭授佐领，雍正元年（1723）升授銮仪卫前所掌印云麾使。

老二房李恒忠（李如梓之子），入后金时仅九岁，初任侍卫，事太宗皇帝皇太极，赐名宜哈纳，授佐领，顺治初升副都统。① 长子辉祖，康熙间恩荫授佐领，官至河南巡抚、湖广总督。② 二子兴祖，仕至四川按察使。三子仪祖，袭一等阿达哈哈番。

李辉祖之子李锴，字铁君，号眉山，生于康熙二十五年（1686）。李锴娶大学士索额图女，家世贵幸，却淡泊名利，由监生补授银库笔帖式，后离职，性友爱，其兄祈山罢官还，无宅，以己屋让兄，又变卖家产为偿官欠。筑室盘山鹰青峰下，闭户耽吟，罕与外界交。居盘山二十载而殁，他的诗古奥峭削，著《睫巢集》，又著《原易》及《春秋通义》《尚史》，是著名的八旗文士。③

老一房李如梧有二子宏训和继先。宏训子献箴，继先子丹箴、秉箴。丹箴、秉箴俱于铁岭之役殉难无嗣，献箴被掠，后被太宗选充侍卫，累功授爵一等阿达哈哈番，官参领。献箴兄弟及族人多亡于后金（清），但他的三个儿子向尧、向舜、向禹，却为清廷殊死效力，均于战争中阵亡。第四子向文（满名色冷），由国学生授礼部员外郎，又授佐领，升副都统、刑部左侍郎，苏州等处地方副将军。五子向旭，袭胞兄向禹难荫授知县。六子向昱，以侄子林盛的恩荫授户部笔帖式，授佐领，升广东驻防协领。向舜之子林盛，初袭父职，顺治年间出征云南，康熙年间历仕山东登州总兵、广西提督、镶红旗汉军都统、右翼四旗火器营总统诸职。④ 林盛居官贤明，康熙帝曾书"明信敦义"四字奖掖之。⑤ 向文之子林隆，初袭三等男爵，康熙时以本爵随旗入朝，擢副都统兼管佐领，参与平定三藩之乱，历任署河南提督、陕西提督、镶红旗汉军都统。⑥ 向昱之子林森，由佐领、参领升本旗副都统。据《李氏谱系》，至第十一世，其子弟或在朝或在旗，仍旧为官为宦。

一般情况，汉军旗人清初多用汉姓汉名，几代后受满俗影响或取满

---

① 《八旗通志初集》第175卷《宜哈纳传》。
② 《钦定八旗通志》第195卷《李辉祖传》。
③ 《清史稿》第485卷《李锴传》。
④ 《钦定八旗通志》第194卷《李林盛传》。
⑤ 清佚名辑：《清内府八旗列传档案稿·李林盛列传》，全国图书馆文献缩微复制中心2001年。
⑥ 清佚名辑：《清内府八旗列传档案稿·李林隆列传》；《钦定八旗通志》第195卷有传。

名，与之相异，李氏一族入清之初即有用满名者。李恒忠，满名宜哈纳；恒忠长子荣祖，满名立都；第三子显祖，满名塞伯理。老二房第八世献祖（一忠子），满名代都（戴都）；李钛（献祖长子），满名华色（花塞）；李钥（献祖次子），满名尹寿。老一房第十世向文，满名色冷（献箴第四子，又写色稜）。

其满名之由来，初由清帝所赐。恒忠的满名，是任侍卫时太宗皇太极所赐。其子显祖的满名，是任侍卫时世祖福临所赐。老二房的献祖，年幼时亦曾担任侍卫，其满名是否皇帝所赐已不得而知。其实，在满洲化家庭中给新生儿取一个满名，应该是一件水到渠成的事。

李氏一族降金后，老一房献箴一系和老二房思忠一系，均隶属旗主之一的皇太极（后来的清太宗）麾下，年幼的献箴、恒忠、献祖三人还被选充侍卫（虾）。他们被赐满名，受娶满妇，在语言、习俗乃至心态上逐步满化，同时被授官职、世袭爵位、世袭佐领①，赋予相应特权。这无疑是清初满洲统治者成功笼络汉军旗人的重要手段。

汉军祖氏，与李氏同为出身辽东的军功大族。《祖氏家谱·序》追述先世，自称为商朝祖乙之裔，晋以后世居范阳，至镇西将军祖逖之少子，始流寓于滁，历数十传而至明初。明洪武六年（1373），世荣从戎辽东，任小旗，为祖氏辽东第一代祖。祖氏在辽东的前四代，都是死后归葬滁州，至第五代始葬宁远卫。五代祖起，景泰年间升宁远卫指挥佥事；六代祖纲，承袭指挥佥事；七代祖旺，承袭指挥佥事，后宁远卫指挥同知。八代祖武，承袭指挥同知；次子承明，嘉靖时出征立功升宁远卫指挥使。八代祖仁，无官职。

祖氏祖上"滁籍"，很能说明问题。明初军队中以淮西籍军官为多。明太祖朱元璋麾下大批功臣将帅，绝大多数出自定远、滁州、凤阳等地，这与他反元起兵时组成这一地域乡里型军官团有关。辽东祖氏出身"滁籍"，似可说明该族是明军中的老资格军官世家。②

明朝中叶以后，明军在辽东地区先后有两大股军事势力，一是李成梁系统的"李家将"，一是祖大寿系统的"祖家将"。祖大寿父承训（祖仁之子）为李成梁部将，万历二十年（1592）出兵朝鲜，抗击日本侵略，

---

① 李氏一族拥有正黄旗汉军的四个世袭佐领，见［日］杉山清彦《汉军旗人李成梁一族》。
② 李洵：《祖大寿与"祖家将"》，《社会科学辑刊》1989年第2、3期合刊。

官至辽阳副总兵。大寿为其长子，由备御升宁远参将。天命十年（1625）清太祖征宁远，大寿与明总兵官满桂、宁远道袁崇焕婴城固守，金军不能克，太祖亦受伤死。大寿因此役扬名，升锦州总兵官。（见图232）

图232　明崇祯四年立祖氏石牌坊（辽宁兴城）

李成梁一系衰落后，明辽东边防主要依靠祖家将支撑。祖大寿兄弟子侄为将帅者，兄弟辈有大乐、大名、大成、大弼、大春等人；子侄辈有泽润、泽洪、泽远、泽溥、泽淳、泽源、泽沛、泽盛等；孙辈有良璧等。其中，与大寿同辈者如大乐、大弼官至总兵，子侄一辈在守大凌河城时大部分已为副将，等而下之资历较浅者或为参将、游击。由此构成"祖家将"的核心集团。

天聪五年（1631）七月，清太宗皇太极率军围大凌河城，三月城中食尽，祖大寿等突围不能，被迫投降。同时投降者有泽洪、泽润、可法、泽远等。随即，大寿借口招降走入锦州城不归，但"祖家将"大部已归附后金（清朝），大寿虽力图保持对明帝的忠节，已难力挽狂澜于既倒。

崇德七年（1642），锦松大战明军溃败，大寿穷促无路，再次投降，皇太极仍旧优礼相待，使隶汉军正黄旗。崇祯年间，明廷以祖家将固守辽东的最后一道防线——宁锦（宁远、锦州）防线。祖大寿守锦州，他的外甥吴三桂守宁远，两城互为犄角。祖大寿是祖氏一族中地位最高、辈分最长者，他的归降，使清朝彻底收服祖氏一族，骤添许多骁将。尤其大寿外甥吴三桂的投降，为清朝敞开进入山海关的通道。这也成为推翻明朝、定鼎北京的先声。

祖大寿降清，诸子侄多官显爵。[1] 长子泽溥，隶汉军正黄旗，任山东总督、福建总督。次子泽淳，任正黄旗副都统。三子泽清，任广东高州总兵官。泽洪隶汉军镶黄旗，官吏部侍郎，以军功晋一等子爵。泽洪子良璧，初授参领兼佐领，康熙年间任西安副都统，擢福州将军。[2] （见图233）

图233 祖大寿家族墓地（北京海淀东升乡马坊村）

汉军郎氏。《郎氏宗谱》（又题《牛胡鲁哈拉家谱》）载自明末至清光绪年间始祖郎玉以下十代世系。其中，第二世郎山仕于明，至骠骑将军；第四世明忠（得功之子）为明协守辽东中路副总兵；显忠为明管易

---

[1] 《八旗通志初集》第173卷《祖大寿传》。
[2] 《钦定八旗通志》第191卷《祖良璧传》。

州参将都督同知；第五世郎万年，为明游骑将军镇广宁死其事。说明其前世为明朝军官，且有死其事者。至六世郎熙载，始降清。其本传称：熙载配马氏，生九男六女。熙载少为明秀才，"少既失母，而父复羁祸，因谋于父所辖旧将之豪勇者自为堡守，已而相率归者更得三堡，合精兵数千人。迨我太祖太宗皇帝立极开创于兴龙之地，公得以顺天应人率四堡之众以佐命，皇帝嘉纳之，授封男爵……世袭罔替。即今所袭者阿达哈哈番是也"。[①] 家谱还提到熙载妻马氏"系出三韩右族，为明怀远将军马公国都长女"。

郎氏至第七世廷辅、廷佐、廷弼、廷相，均以军功发迹，成为汉军名宦巨族。家谱中俱有传。廷辅者字弼轩，为清资政大夫、世袭一等阿达哈哈番兼一托萨拉哈番，管镶黄旗参领、户部郎中。其本传记载了清初其家发生的一件风波：

> 我朝定鼎初，禁女子不得为汉服制，太夫人（即廷辅之母）稍迟闻禁，遂为家仆张二等质之于官，且按验时诸公俱幼，环膝相哭于太夫人之旁，太夫人亦相与无策。盖公早起罗鹑出也。公每出日晡归。是日适抵廓门，大风雨雪。公素不避艰险，不以为难。然觉心动，恍若所失不自安者数四，乃疾返间……入中堂，见太夫人方抚诸弟相哭不休，询在侍者得知底事，公怡色柔声劝夫人易旧章并大索素昔之冠袍带履等饰，馐火之于灶，因而灭迹。顷之，司寇诸寮偕户部侍郎讳位公者至。讳位公者，公季父也。度嫂素昔之服尚多，藏蓄未免口实，得公目告，侍郎公乃大喜，阳挽寮友发箧视之，竟无所据。仆得以诬主罪。及年十八，法当代父职，遂袭一等阿达哈哈番。

这件事说明两点：其一，清初不但强令汉人男性剃发易服，对妇女也有易服之命，以致汉人降臣降将无不战战兢兢。此事史书缺载，在家谱中却得到记载。其二，家仆告主未遂，反受惩罚，带有很大偶然性，实际上反映了当时家仆告主之盛行，这与史书记载正相吻合。

[①] 参见《钦定八旗通志》第189卷《郎廷佐传》，郎熙载于后金天命四年率辽河西四堡兵民归，授备御。

郎熙载次子廷佐，由官学生授内院笔帖式，顺治年间官江西巡抚、江南总督、兵部尚书。最大功绩是打败进攻长江的南明郑成功军，为清廷保住了漕运，也稳定了其江山。顺治十六年（1659）五月，郑成功率兵十万突入长江口，陷镇江，袭据瓜州，进取江宁（南京）。家谱本传说他同将军噶楚哈坐镇孤城，密授方略，"以奇计于旦日之内破贼数十万众"。传中所云"奇计"，不过是以汉人降将身份，对郑成功伪降，趁郑军懈怠之机，突然发起进攻。廷佐之孙聘耿精忠侄女为配。三藩乱起，廷佐特意上疏清廷，请明誓与"逆藩"不共天日。以过劳疾甚，殁于军中。

郎熙载第三子廷弼，进士出身，礼部员外郎。本传称其"尝监司库藏，误怀一瓷皿，坐死罪……赦之，祗免其官"。说他"误怀一瓷皿"，应是讳言犯了贪赃罪。此后不久，发生西洋传教士汤若望与徽州布衣杨光先关于历法的争论。杨光先叩阍申诉至再至三，皇帝命复廷弼官职，使往决讼。据说他在"三数月间，是非粗判"，并因此积劳成疾而殁。从本传指汤若望"以西法新法摇惑中夏"的措辞看，似乎廷弼是站在了杨光先一边。

据《郎氏家谱》，其子孙世代为官为宦。但是，就是这样一个很大程度上保持汉人传统和文化特性的世家，却在宗谱封面上特意署上《牛胡鲁哈拉家谱》七字。按："牛胡鲁"即满语"nioheri"的音译，汉意为"狼"，转义为"郎"。郎姓，是满洲八大姓之一，载在《八旗满洲氏族通谱》，渊源有自，但汉人郎姓与之风马牛不相及，却偏要使用这样一个满洲姓。其用意，实在耐人寻味。

汉军高氏。《镶白旗汉军高氏家乘》，记载始祖高友以迄第十一世子孙世系、仕途、婚姻、子女、墓地等情况。时间自明末至清朝道光年间。

高氏先世居铁岭，在明代并没有显赫的家世和背景，入清以后自第五世高天爵开始发迹。高天爵父亲高尚义，以随征松山、杏山及太原之功，予二等轻车都尉世职，任杭州驻防协领。[①] 天爵于顺治四年由荫生任山东高苑知县，累功迁两淮都转盐运使司，康熙十五年遭耿精忠之乱殉难。弟高膺爵，承袭世管佐领；高承爵，官至安徽巡抚、广东巡抚。高天爵十子中，高其位、高其佩最有名。其位，官至湖广提督、江南提

[①] 《钦定八旗通志》第189卷《高天爵传》。

督署两江总督,文渊阁大学士兼礼部尚书;其佩,由难荫生授知州,晋四川按察使司、刑部侍郎、正红旗汉军都统。其以指头代笔作画,为时所重。天爵侄子其倬,康熙进士,选翰林院庶吉士,历任云贵总督、闽浙总督、两江总督、工部尚书、户部尚书。乾隆年间,高氏一门贵幸无比。

但就是这样一个汉军世家,在乾隆帝将汉军大规模出旗为民的活动中也难以避免。谱书记载了族人出旗为民的一些情况。第七世有:高长庚改名高岱,贡生,入湖北武昌府民籍。未入葬祖坟。高柱勋,入江宁民籍,任江宁督标千总守备;高昭勋,太学生,"遵例出旗入大兴县籍";配郎氏。他虽然改入民籍,第三女却嫁给正白旗满洲都察院笔帖式祥玉。高怡,山东长清县知县调补安徽县知县,入大兴县民籍;元配觉罗氏,户部河南司员外郎萨敬阿女。高恒,入大兴县民籍;高惠,江宁县典史,入大兴县民籍。第九世的有:高若曾,太学生,入大兴县民籍。高洪,入大兴县民籍。乾隆中叶,清廷为缓和"八旗生计"的压力,命汉军旗人大规模出旗为民。适逢高氏家族第九代,一些子弟因此转为民人,像高岱,最后竟不知所终,连祖坟都没入葬。说明出旗为民范围之广,连世家大族子弟也不能幸免。当然,这些子弟应是族中的旁支庶子,同时也不排除有人自愿摆脱旗籍的束缚。这些出旗的子弟,有的妻子是满洲人,有的女儿嫁给了满洲人,由此又形成旗人与民人间复杂的婚姻关系。

高氏是汉军著名世家,生前显赫,死后荣光,葬地规模明显大于一般旗人。始祖高友葬奉天。第四世尚仁等葬北京广渠门外老虎地圈地;第五世,高天爵葬左安门外周家庄燕儿窝圈地;高承爵葬密云县城东江水峪。高荫爵,葬顺义县秀才营。[①] 高天爵子其位、其佩、高荫爵子其倬,都是朝廷高官。以后,高其位葬东直门外望京;高其佩葬广渠门外半壁店。高氏子孙从老墓地分出另辟新墓地的次数远高于一般旗人。

汉军与满洲、蒙古同属旗籍,但从来源和文化传统来说,又与汉人接

[①] 2004年9月2日,笔者与细谷良夫教授前往北京郊区顺义考察,顺路参观了城南四公里李桥镇王家坟(王爷坟)和硕和亲王(乾隆帝亲弟)墓碑。听当地人讲,过庄子营,有秀才营村,秀才即指高其佩,其墓碑在"文化大革命"中被拉倒,不知现存何处。后人有居太原者,前些年还回来扫墓。

近，这就注定它在婚姻关系方面带有某些不同于满洲、蒙古旗人的特点。那么，汉军世家的婚姻又是一种什么状况呢？

汉军李氏一族地位尊崇，与满洲宗室结有多重婚姻。思忠长子荣祖，娶宗室镶黄旗满洲固山额真拜音图（努尔哈赤异母弟巴雅拉次子）之女。李氏与皇室贵戚佟氏，则为世代姻亲。思忠娶佟氏，吏部尚书正蓝旗都统佟盛年之姐，思忠长女嫁广东总兵官佟国玺。怀忠之子懋祖，显祖之子李键、李镛，耀祖之子李锦，光祖之子李钰，庆祖之子李清铠，铎之子李据德等，均娶佟氏女。懋祖孙女则嫁给福建巡抚佟国鼎之孙佟钜。

李氏与马佳氏大学士图海、觉罗氏内弘文院吏部尚书伊图、内大臣席尔根、伊尔根觉罗氏大学士伊桑阿、苏完瓜尔佳氏著名五大臣费英东之子刑部尚书索海、纳喇氏吏部尚书马希纳、富察氏镶黄旗都统征南大将军富呢雅汉、赫舍哩氏内大臣索额图、叶赫那拉氏大学士明珠等满洲显贵，均有婚姻关系[1]，与汉军名臣显宦的姻亲关系更是盘根错节。

汉军高氏婚姻对象也包括不少满洲世家和皇室成员。高其倬，原配那拉氏，大学士、吏部尚书、内大臣明珠孙女；高绘勋，配觉罗氏，奉恩将军三等侍卫宗室华彬女（安亲王岳乐曾孙女）；高书勋，原配那拉氏，通政司经历富尔敦女；继配白氏，镶黄旗一等诚勇公班第女；高麟勋，原配马佳氏，古北口提督索拜女；继配宗室氏（爱新觉罗氏），奉国将军宗室衍德女。其女适一等公班第之孙、理藩院侍郎福禄之子官成。高岱，封郡主额驸，原配爱新觉罗氏，正白旗满洲宗室和硕亲王允祐孙女，慎郡王弘曔女。高氏与满洲纳喇氏、蒙古白氏间，还存在数代联姻现象。

值得注意的一点，高氏姻亲除了旗人，还有不少民人。当然也是仕宦人家。这说明，汉军旗人在婚姻选择方面，比满洲、蒙古旗人有较大自由。

汉军郎氏宗谱的一大特色，是专门记载了《外戚内家》《外戚外家》。所谓"外戚内家"，指郎氏男性延聘嫡妻的娘家，包括镶黄旗汉军汪氏、汉军马氏、汉军杨氏、正黄旗汉军周氏、正红旗汉军孙氏、正黄旗汉军赵氏、镶黄旗汉军卢氏、镶黄旗汉军祖氏、镶黄旗汉军范氏。家谱特别注

---

[1] ［日］杉山清彦：《汉军旗人李成梁一族》。

明，这些亲家清一色出身辽东的所谓"三韩籍"。①（见图234）家谱中所谓"外戚外家"，则指郎氏女性出嫁的夫家。

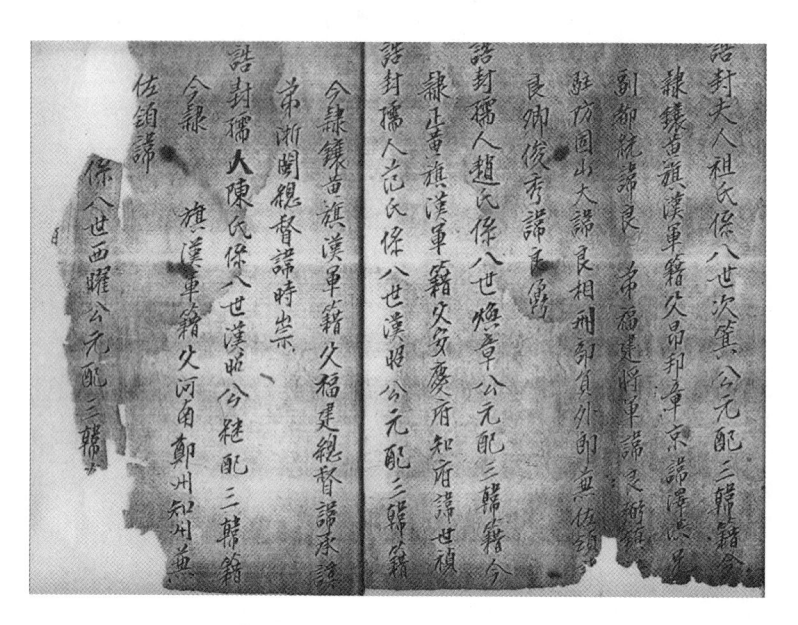

图234 《郎氏家谱》（郎氏内外亲家都是"三韩籍"）

郎氏婚姻关系的特点，始终与同样出身辽东即所谓"三韩籍"的老汉军联姻，其中马氏、祖氏、范氏、卢氏，都是汉军世家大族；郎氏女子

---

① 清代满洲旗人在名字前往往自署"长白"，作为籍贯通称；而汉军（仅限入关前入旗陈汉军）则自署"三韩"。一说，其先世为入旗朝鲜人（见刘正爱《民族生成の歴史人類学》第289页，日本風響社2006年版）。此说误。汉时，朝鲜南部分为马韩、辰韩、弁辰。至晋，亦称弁韩。合称三韩。后用为朝鲜代称。但清人又用"三韩"指代辽东或辽东北部一带。《奉天通志》卷一五九《金石七·石刻六》载辽东汎河（范河）村后金天命十年（明天启五年，1625）《重修永宁庵碑序》："汎河有庵，名曰永宁……不料戊午，三韩竟沉。"戊午为天命三年（明万历四十六年，1618），是年后金与明决裂，连克抚顺、开原、铁岭。位于铁岭以南的汎河（范河）村亦遭兵燹。此处"三韩"，指辽东开、铁一带。韩菼《有怀堂文集·织造曹使君寿序》则有"三韩曹使君子清"句。子清是内务府汉姓人曹寅（曹雪芹祖父）的字。曹氏先世居河北丰润，后迁辽东铁岭，籍贯历历可稽。又，汉军旗人、顺治年间内院大学士、辽东人宁完我在成寿寺碑记中亦自署"三韩"籍（见《北京图书馆藏中国历代石刻拓片汇编》第61册，第78页）。清宗室奕绘《清语》诗云："大清爱建国，天命始为书。地据三韩旧，言尤渤海余。"此处"三韩"，亦指辽东而非朝鲜。总之，旧汉军多出自辽东（家谱中记载甚明），这正是他们自署"三韩籍"的原因，与"朝鲜人"风马牛不相及。除"三韩"外，旧汉军还经常著籍"襄平"。铁岭一带，汉代为襄平县地，故有是称。汉军著籍襄平，实可与"三韩"互换。参见周汝昌《红楼梦新证》，第4—6、88、107页。不过，因"三韩"泛指辽东，在个别场合，也有指称满洲人原籍者。如祁寯藻《鸿雪因缘图记序》，盛赞麟庆"三韩贵胄，七叶名卿"。

的夫家，不仅有汉军旗人，还有民人，这种现象在内务府汉姓人中较少看到。另外，与汉军李氏、祖氏的一个明显区别，郎氏一族很少与满洲、蒙古旗人联姻。总之，汉军世家婚姻形态既有共性，也各有特点，至于其原因和背景，仍有待进一步研究和分析。

第七章

旗人的文化与习俗

清朝入关初，满人的传统文化大体保存完好。在八旗内部，满洲旗人地位最高，特权最大，蒙古、汉军旗人一味攀附满洲，对其文化风俗趋之若鹜，所以，清初旗人文化的核心就是满洲文化。以后，满文化在汉文化的浸淫下走向衰落，旗人文化中也陶熔了越来越多的汉文化成分。不过，由于满洲统治者对本族传统文化的刻意维护，直到清末，旗人社会中的满文化底蕴仍宛然可见。

第一节 旗人的文教

满洲统治者为巩固对全中国的统治，不能不积极吸取汉人的政治遗产与传统文化，也不能不大力提倡八旗教育。八旗教育的兴起，使旗人的文化素质普遍提高，同时促进了汉文化在旗人中的传播。事实表明，汉文化对旗人（主要是满人）的熏陶是全方位的，既表现为政治理念与伦理道德，也表现为生活习俗与信仰。

一 八旗教育的兴起

满洲人肇兴时代，无论长幼，争相奋励，皆以行兵出猎为喜，娴于骑射，疏于文教。建国后，满洲统治者逐步援举"汉法"，刷新旧制，同时注意提高本族的文化。天聪五年（1631），皇太极看到大贝勒阿敏等轻易放弃滦州，而大凌河城明军守将被围困四个月，弹尽粮绝，仍死守孤城，认为是明将"读书明道理"的缘故，下令诸贝勒大臣子弟八岁以上，十五岁以下，俱就学读书，使其"习于学问，讲明义理，忠君亲上"。[①] 这

[①] 《清太宗实录》第10卷，第28页上下。

种倡导，对于提高满洲贵族的文化水准，消除落后意识，确实起了开风气之先的作用。

清朝入关伊始，为八旗子弟接受教育提供种种便利条件。规定：满洲官员，文官在京四品以上，在外三品以上；武官在京、在外二品以上，各送一子入国子监读书。护军统领、副都统、阿思哈尼哈番、侍郎、学士之子，俱为荫生。其余各官之子，俱为监生。康熙四年（1665）规定，恩荫子弟，先送国子监读书，后授官职。

为扩大八旗子弟受教育范围，顺治元年（1644），于满洲诸旗各觅空房一所，立为书院，教习八旗子弟。接着，设立八旗官学，要求每牛录各取官学生二名，以二十名学习汉书，其他人学习满书。普通旗人子弟有了较多受教育的机会。

但是，清朝统治者在对待旗人教育问题上，始终面临着一个困难选择：一方面，基于客观形势的需要，满洲子弟不能不急起直追，努力学习汉文化；另一方面，又时时担心"肆力诗书、通达礼义"会导致满汉合流，使满洲子弟丧失精湛的骑射技艺和淳朴习风。基于此，清廷在如何发展八旗教育问题上，态度时有游移，尤其是对学习汉文化，屡屡加以限制。顺治十三年（1656）福临谕旨内称："今见八旗人等，专尚读书，有子弟几人，俱令读书，不肯习武，殊违我朝以武功定天下之意。"[①] 为此规定：凡额外私自读书的子弟，不准选用、考试。清朝统治者不希望出现八旗子弟重文偃武，消磨披坚执锐、冲锋陷阵的勇气，所以采取限制措施。但这恰好说明，重教育、喜读书的风气开始在满人中悄然兴起。

康熙帝玄烨，是入关后第一个特别重视培养八旗子弟文化素养的满洲统治者，他不仅本人孜孜向学，还要求周围人都要具备文化素养，连包衣家奴、侍卫驱走之辈也不例外。康熙二十四年（1685），他慨叹"内府竟无能书射之人"，下令在近处设立书房，专门培养内府佐领、管领下的子弟，使之分习满文和汉文，一次选出三百六十六名官学生。[②] 次年开设景山官学。这是在顺治元年设立八旗官学后，第一个为内府三旗子弟开设的专学。

---

① 《八旗通志初集》第47卷，第914页。
② 吴廷燮主纂：《北京市志稿·文教志》上，第252页。

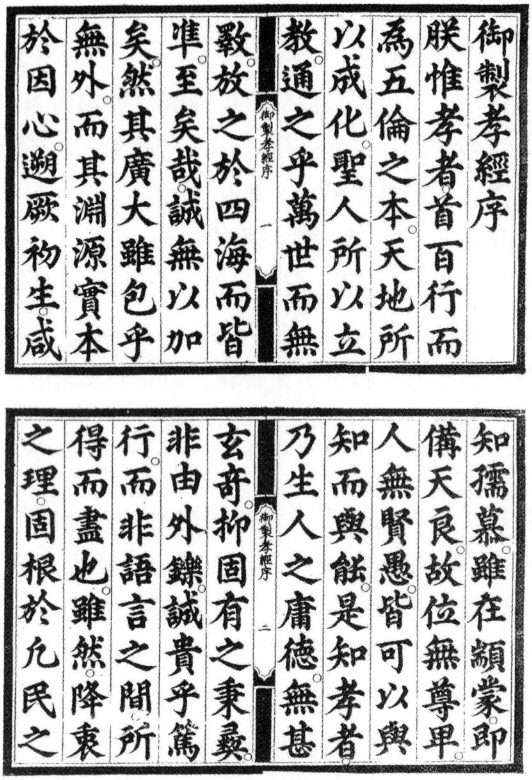
御製孝經序
朕惟孝者首百行而為五倫之本天地所以成化聖人所以立教通之乎萬世而無
御製孝經序　一
斁放之於四海而皆準至矣哉誠無以加矣然其廣大雖包乎無外而其淵源實本於因心遡厥初生咸
知孺慕雖在顓蒙即備天良故位無尊卑人無賢愚皆可以與知而與能是知孝者乃生人之庸德無甚
御製孝經序　二
玄奇抑固有之秉彛非由外鑠誠貴乎篤行而非語言之間所得而盡也雖然降衷之理固根於凡民之

图 235　顺治帝《孝经序》书影

雍正帝胤禛即位，对八旗人才的培养也很重视，增设各种类型的八旗子弟学校。雍正六年（1728），谕令在景山官学之外再设咸安宫官学，在内府佐领、管领下的幼童以及官学在学学生中挑选聪明俊秀者，分授满、汉功课、清文和弓马武艺。结果选定十三岁以上二十三岁以下学生九十名，雍正九年正式开学。

另外，相继开设蒙古官学、八旗义学、圆明园护军官学、健锐营官学、外火器营义学。这些官学，招收的学生各以特定旗人群体为对象，使不同家庭背景、身份和来源的旗人子弟有了受教育的机会。

宗学与觉罗学，是官办贵族学校，分别招收宗室和觉罗子弟。顺治十年（1653），每旗各设宗学一所，每所学校用品行兼优满汉官各一员为师傅，凡未封宗室子弟，年十岁以上者俱入宗学。

清廷创设宗学，主要是为了培养治国平天下的栋梁之材，用意是明显的。但是，统治者同样担心宗室子弟中出现"习汉书，入汉俗，渐忘我满洲旧制"现象。顺治十一年（1654），福临又改变初衷，谕命永远停止宗室内教授汉字各书，专习满文。宗学既被禁止教授汉文、汉书，事实上也就失去了它存在的合理性。康熙十二年（1673），清廷命宗室王公子弟各就本府读书，等于将宗学撤销。

雍正二年（1724），胤禛重新恢复宗学，并创立比较正规的制度：八旗宗室按左右翼（左翼为镶黄、正白、镶白、正蓝四旗，居京城的东半边；右翼为正黄、正红、镶红、镶蓝四旗，居京城的西半边），每翼各立一满学，一汉学。左翼宗学初设于东四牌楼灯市口东史家胡同西口，右翼宗学设于西单牌楼北口石虎胡同。后来，左翼宗学迁金鱼胡同，右翼宗学迁帘子胡同。

王、贝勒、贝子、公、将军以及宗室闲散的十八岁以下子弟，除情愿在家读书者外，准入宗学，或清书，或汉书，随其志愿分别教授。十九岁以上，曾在家读书之子弟，有愿读书者，亦准入宗学。宗学除教授满、汉书外，学内修一箭道，使学生在读书之余学习骑射。

每所宗学以王公一人总其事，下设正教长（后名总管）二人，副教长（后名副管）八人，皆由宗室担任；设清书（满文）教习二人，以赋闲满官及进士、举、贡、生员之善翻译者充补；设骑射教习二人，以赋闲官及护军校、护军之善射者充补；学生每十人设汉书教习一人，由举、贡充补。每月考试一次，每年春秋二季由宗人府组织考试，每五年大考一次。宗学学员额数，初定左翼七十名，右翼六十名。以后增至每翼一百名。①

与宗学关系密切的，有雍正七年（1729）设立的觉罗官学。此前宗人府设立宗学，只令教习宗室，未及觉罗。觉罗人众，若一概归并宗学，教者势难遍及，因有觉罗学之设。胤禛即位初，旨在削弱下五旗王公对宗室、觉罗的控制，命将所有宗室、觉罗从各王公属下撤出，作为公中佐领，实际上就是将他们改作皇帝属人。当时觉罗佐领共三十二个，按平均分配原则重新调整后，定为八旗，每旗觉罗佐领四个。以此为背景，规定每旗各择官房一所，设"觉罗学"。镶黄旗觉罗学，坐落安定门大街香儿胡同；正黄旗觉罗学，坐落西直门内北卫胡同；正白旗觉罗学，坐落朝阳

---

① 光绪朝《会典事例》第393卷，中华书局1991年影印本，第383页。

门内南小街新鲜胡同；镶白旗觉罗学，坐落东四牌楼大街路东十条胡同；正红旗觉罗学，坐落阜成门朝天宫内中廊下；镶红旗觉罗学，坐落宣武门内象房桥西承恩寺街；正蓝旗觉罗学，坐落王府大街路西阮府胡同；镶蓝旗觉罗学，坐落阜成门南玉带胡同。

清廷规定，八旗觉罗子弟，八岁以上十八岁以下俱入学，分读满汉书，有愿在家读书者听之。十八岁以上未曾读书者，必须于每月初一、十五日传集旗公署，宣讲《圣谕广训》。（见图236）八旗觉罗各学，由每旗派出一名王公为总管，觉罗二人为教长。于笔帖式内拣选能翻译者一人教授清书，礼部教习一人教授汉书，兵部拣选善射一人教授骑射。由宗人府对教授情况不时稽查。春秋两季，由王公亲自监考，登记档案。觉罗内有取进文生员、翻译生员的，将满汉教习交部议叙，至一切支给公费等项，俱照宗学之例行。唯在学之觉罗子弟每月各给公费银二两，略低于宗学学生待遇。①

觉罗学额设读书学生，镶黄旗六十一名，正黄旗三十六名，正白旗四十名，正红旗四十名，镶白旗十五名，镶红旗六十四名，正蓝旗三十九名，镶蓝旗四十五名。左翼共一百五十五名，右翼共一百八十五名。②

清朝统治者兴办官学，首先是为了造就人才，更深一层目的，则是"教化"子弟，使他们安分守法。顺治时期，宗学最首要的一条规矩是："有不循礼法者，学师具报宗人府，小则训责，大则奏闻。"康熙年间宽松了一些，不但令宗室子弟各就本府读书，而且特别鼓励他们延揽文学优赡之士，专精学习。但到末年，康熙帝诸子为争夺大位，各在本府延揽名士奇才，结成势力集团，争斗极其激烈。胤禛是当事者之一，最了解问题的严重程度，所以他在初登"大宝"后，一方面诛除异己，一方面注意培养后起之秀。为此复立宗学，并向教长、教习训谕说，"朕惟睦族敦宗，务先教化，特立义学……有不遵教训者，小则尔等自行惩劝；大则揭报宗人府，会同奏闻"云。③这就是说：你们要帮我管理好这些宗室子弟，要勤奋谨慎地为此努力。

清政府还在各八旗驻防地兴建官学。这样，到雍正年间，逐步完善了

---

① 《八旗通志初集》第49卷，第948页。
② 光绪朝《会典事例》第393卷，中华书局1991年影印本，第387页。
③ 《八旗通志初集》第49卷，第946页。

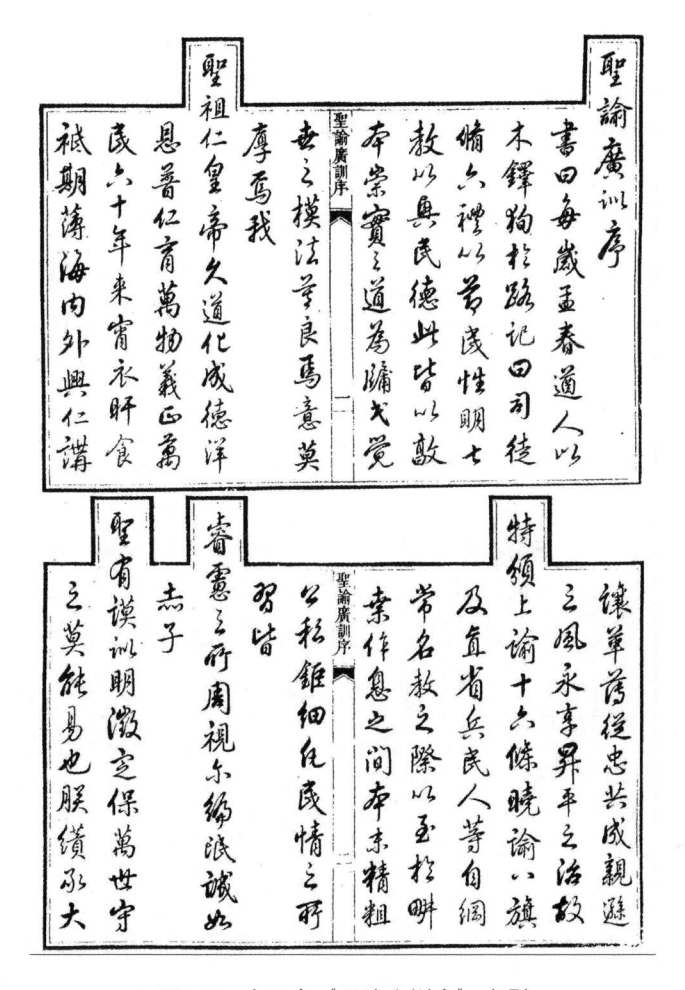

图236 雍正帝《圣谕广训序》书影

八旗的教育体系，使不同阶层、不同旗属的旗人子弟，普遍获得学习机会。入学子弟，课读经史，学习满汉文，兼习骑射。

除各类官办学校外，八旗社会的私家教育也渐有起色。子弟六七岁时，有力之家往往专馆延师课读。但清朝统治者对汉人师傅教授满洲子弟颇有戒心。雍正帝特意将谕旨遍告满洲大臣官员："切不可为其（指汉人师傅）所欺。"① 普通旗人无力独开一馆，送子弟外出就学。乾隆年间前因居士《日下新讴》诗云：

---

① 《钦定八旗通志》卷首九，第189页。

学帖标门教满洲，旗童秋爽竞来投，
跏趺满炕喧功课，"阿厄呜窝"念字头。

形象生动地刻画出北京城内私塾先生教授满洲子弟的情景。私塾先生训蒙，往往标帖于门，大书一"学"字，以招学童。如系满洲师傅，则贴一满文"学"字。学习满文，须先从十二字头念起，阿、厄、呜、窝，便是字头起首之音。私学与官学相结合，使旗人子弟享有比民人优越的受教育条件，使他们的文化素养普遍有所提高。

旗人子弟不必像民人子弟那样，以科举考试为唯一晋身之阶。他们的出路多，略通文字后，年事稍长，多数转入弓房习射，希望及早当差领到钱粮。由于他们以当差为正当营生，对于学问不暇深求，所以直到清末，学问渊博的旗人并不是很多。

对旗人来说，通过科考求得升迁比从旗内当差起步往往更为艰难。旗人考试制度，与民人同。清代科举有三种，文科举、武科举、翻译科举。文科举、武科举都是继承明朝旧制，以旗人和民人为考试对象，而翻译科举为清朝首创，专以旗人为对象。

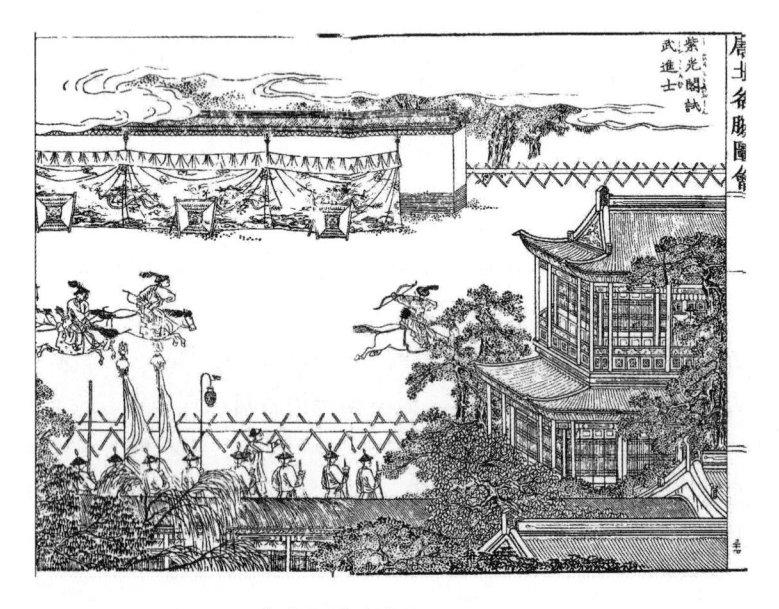

图237　紫光阁试武进士（《唐土名胜图会》）

文科考试以四书五经的文句为试题，撰写八股文；分乡试、会试、殿试三个级别。三年一大考，考生赴府考叫"乡试"，中试者为举人；次年举人赴京师考叫"会试"，中试者为贡生；然后经皇帝亲自主考，叫殿试，中试者称进士。进士又分一、二、三甲，其中一甲三人，头名状元，二名榜眼，三名探花。武科考试分三场，首场马射，二场步射、技勇，为外场；三场策二，问、论各一篇，为内场。

旗人考试，等级森严，亲疏有别。宗室人员不参加乡、会试，直接参加殿试，一般旗人子弟一律由乡试、会试逐级递进，最后才能参加殿试。发榜时也有区别，满洲、蒙古旗人为一榜，汉军旗人与汉人为另一榜。

翻译科举始于顺治八年（1651）。是年定：满洲、蒙古考试能通汉文者，翻汉文一篇，未能汉文者，作清字文一篇。仅限童生考取秀才。雍正初年，设定考取翻译秀才、翻译举人、翻译进士的三个层级；考试对象扩大到汉军旗人；考试内容，把汉文译成满文。雍正九年（1731）上谕："近见蒙古旗分人，能蒙古语言翻译者甚少，相习日久，则蒙古语言文字必渐废弃。"① 于是增设蒙古翻译科举，以蒙古旗人为考试对象，取中生员、举人、进士，以备理藩院之用，考试内容是把满文译成蒙文。此后，为加区别，又把汉译满考试称为满洲翻译科举。②（见图238）

清廷设立翻译考试，本意是鼓舞八旗子弟，令其专意学习国语（满语），造就出色人才。但在实施过程中却发现，主考官对应试者缺乏严格审评，"视其文理略通者将就取中"③，以致名实不符。这显然与合格翻译人才日渐匮乏有关。乾隆十九年（1754），决定终止翻译乡试和翻译会试，只保留翻译童试。童试考试内容，做清字（满文）文论二篇。乾隆帝为培养熟通满语文的八旗子弟，才保留翻译童试，但终止翻译乡、会试以后的二十余年间，"满洲学习清文善翻译者益少"，促使清廷又恢复翻译乡、会试。④

值得关注的一点，在翻译科举中，蒙古旗人的成绩似乎比满洲旗人出色。乾嘉年间蒙古旗人大员如松筠、台布、长龄、富俊等，都是翻译生员出身，任为理藩院笔帖式，然后走向发达的。翻译科举考试内容，主要是

---

① 《钦定八旗通志》第103卷，第1611页。
② 张永江：《八旗蒙古与清代的武科及翻译科考试》，载《内蒙古社会科学》1990年第7期。
③ 《钦定八旗通志》第103卷，第1636页。
④ 同上书，第1638页。

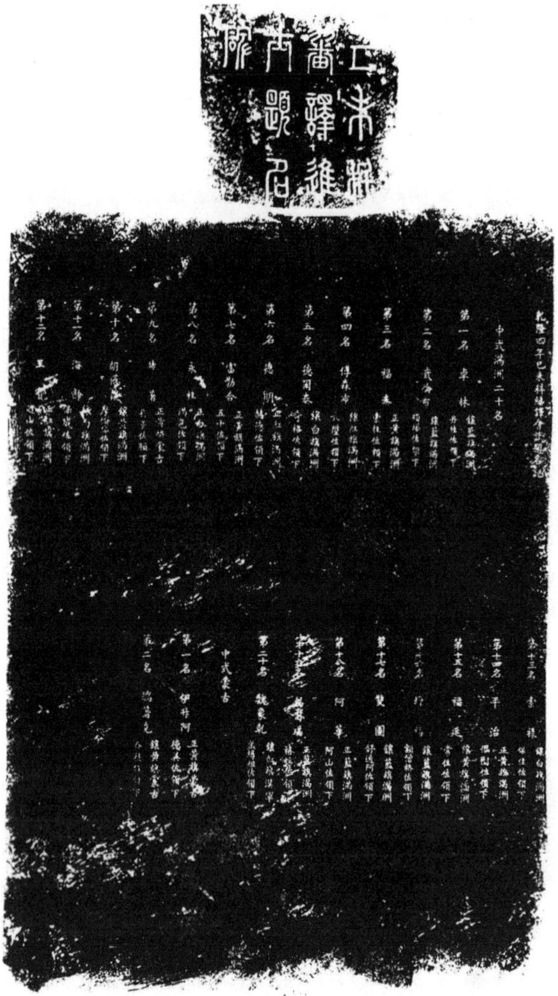

图 238　乾隆四年翻译进士题名碑拓本（国子监）

四书五经、性理小学等汉族经典翻译。其中，满洲翻译考试，是把汉文译成满文；蒙古翻译考试，则是把满文译成蒙文。满文本依蒙文改造，两者不仅字形、语法接近（均属阿尔泰语系），相互间语言亦多有渗透；满文与汉文的文字语法却迥然不同。总体来看，蒙古翻译考试，相对容易一些，这或者就是蒙古旗人在翻译考试中易于崭露头角的原因。[①]

[①]　［日］村上信明：《乾隆朝の繙訳科挙と蒙古旗人官僚の台頭》，日本《社会文化史学》第 43 号，2002 年 5 月。

八旗教育普及和科举制实施，使旗人的文化水准显著提高，在传播汉文化的同时，满洲、蒙古语言文字，也最大限度地得以维持和传承。但此举也助长了旗人子弟热衷功名的习尚。震钧《天咫偶闻》卷四评述八旗官学说：

> 教习之勤惰有赏罚，学生之优劣有进退。岁颁巨款以为俸薪、束脩、奖赏、膏火、纸墨、书籍、饮食之费，于是官学遂为人才林薮。八旗子弟无虑皆入学矣。至

图239 沙济富察氏乌拉布朱卷

近数科，每一榜出，官学人才居半。然费如许心力所造就者，举业耳。于学之实，固无当也。

国家花费大量财力，造就的却多是对科举功名趋之若鹜、无真才实学的庸碌之徒。这种状况引起一些有识之士的不满。这从《红楼梦》中贾宝玉不爱读四书，深厌八股文章，斥之为"饵名钓禄之阶"的态度中，就可以恍然如见了。

何况清朝皇帝站在维护"国语骑射"旧俗的立场，对旗人子弟中热衷科举功名，只读诗书、不谙弓矢的倾向也不会熟视无睹。康熙帝说过，八旗子弟应该成为"入则含毫挟册，出则跃马弯弓"的人才。这里所说的"含毫挟册"，并非一般意义上的有文化，而是特指研读儒家诗书。而他所要求的对象，也不是所有的八旗子弟，而主要指贵族官宦子弟。至于"出则跃马弯弓"，则是对所有八旗子弟的要求了。所以，康熙帝规定，八旗子弟赴考应先试马步射，合格后方准参加乡、会试。可见，他在教育上十分重视"文武兼资，以谙实用"。

雍正帝胤禛即位后，秉承既定宗旨。他一再对八旗兵丁训谕，强调武艺是旗人的主要晋身之阶，对一部分旗人来说，甚至还是他们的唯一出路。他曾直露地表示：文武兼通的人是很少的，我们满洲人因为入居汉地，已越来越多地蜕去了本习，如今若再一门心思崇尚文艺，使子弟中聪明颖悟的人都专意读书，只剩下蠢笨无能的人去披甲当兵，八旗的武力还能保持吗？再说，八旗子弟即使百般努力，也难以学得过江南汉人，何必弃己之长，专要去干些超不过别人的事呢？

清统治者既希望八旗子弟永远为自己执戟持戈，自然要将骑射摆在考试的首位。乾隆帝看到宗学子弟"多以骄逸自安，罔有学勩弓马者"，曾亲为考试清语、弓马。事实上，直到光绪二十年（1901），旗人参加乡、会试必须附加骑射考试的制度才被废除。

清初满洲旗人多不通晓汉语、汉文，统治者为了提高其文化水准，培养从政能力，积极组织人力翻译汉文书籍。清太祖努尔哈赤时，命满洲文士达海等人翻译《明会典》《素书》《三略》，作为施政用兵的参考。皇太极设立书房（文馆）后，为了"以历代帝王得失为鉴"，组织专人在达海指导下大规模翻译汉籍。达海生前参与翻译的就有《通鉴》《六韬》《孟子》《三国志》（实即《三国演义》）《大乘经》《武经》，并节译辽、金、宋、元四史。内容涵盖经、史、军事、宗教，足见满洲人所涉猎的汉文书籍已相当广泛。尽管《三国演义》尚未译完，一些典故已为满洲各阶层喜闻乐道。（见图240）

清朝入关，设翻书房于太和殿西廊下，加快汲取传播汉文化的步伐。阿什坦与和素父子，是这一时期满洲人的翻译大家。顺治二年（1645），译《洪武宝训》，以明开国君主朱元璋的训谕作为清朝治国施政的依据。顺治七年（1650），世祖福临将满文《三国演义》颁赐满洲诸王以下、八旗甲喇章京（参领）以上，作为兵书阅读。康熙时，儒家学说的精粹《四书》《五经》的满译本均已出齐，成为满洲人行为规范的楷模。乾隆年间，又用二十年时间完成对佛学经典《大藏经》满译本的翻译。

在早期，翻译目的侧重使满人熟悉汉人作品，吸收汉族传统文化，译书多用单一满文。后来，对汉人经典加以正确诠释被提上日程，同时附加学习汉语文的目的，于是，又刊行大量满汉合璧的本子。

随着满洲人多已习用汉语文，不再借助满文读本，大规模译书工作始告完竣。汉文书籍被源源不断地介绍到满人中来，对满人在政治、经济、

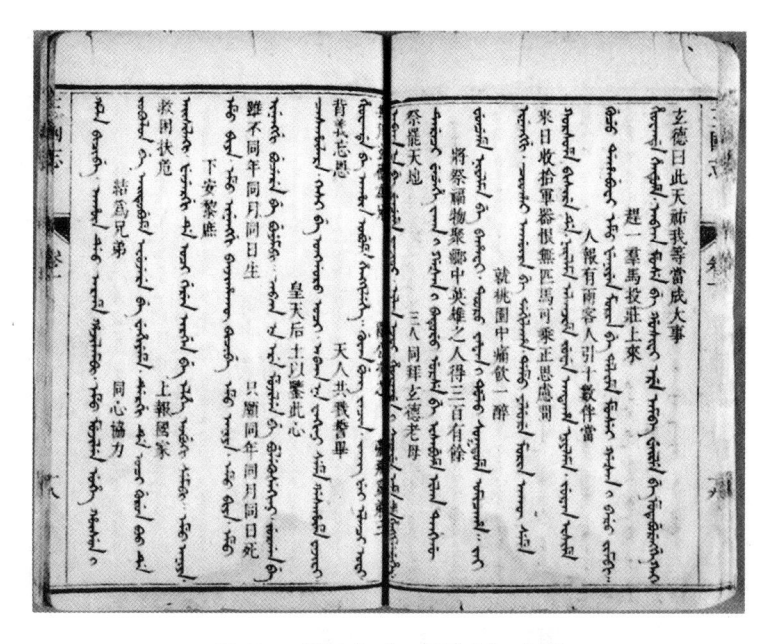

图 240　满汉文《三国演义》书影

军事、法律、文化等诸多领域的活动产生了深远影响。

　　清朝统治者组织翻译汉籍始终寓有"教化"旗人的目的，因此，对官方译本主要以经史政书为主的现象，也就不足为奇。但是，这些书籍大多词义深奥，难以诵读，真正在旗人中流行的译本，仍是《水浒传》《西厢记》《三国演义》等早已在汉人中脍炙人口的通俗读物。康熙年间，"稗官小说盛行，满人翻译者众"。[①] 作为翻译家和官方正统思想代言人的阿什坦对此种倾向颇为不满，在奏折中建言：读书务以经史为重，此外杂书（指除了经史以外的各种书籍）无益之言，必概废之而不睹，则庶乎学业日隆，而邪慝之心无由而入。近见满洲译书内，多有小说秽言。非惟无益，恐流行渐染，则人心易致于邪慝。他请求满洲皇帝上谕八旗读书人等，凡关圣贤义理古今治乱之书仍许翻译，此外杂书秽书概完禁饬不许翻译。[②] 但官方对旗人私译之风的打压，似乎并未奏效。向有"天下第一奇书"之誉的《金瓶梅》，成书于明万历年间，明清两朝忌之如水火，屡加查禁，居然也在康熙四十七年（1708）堂而皇之地译成满文刊行了。

---

① 震钧：《天咫偶闻》第 2 卷，第 43 页。
② 《八旗通志初集》第 237 卷，第 5339 页。

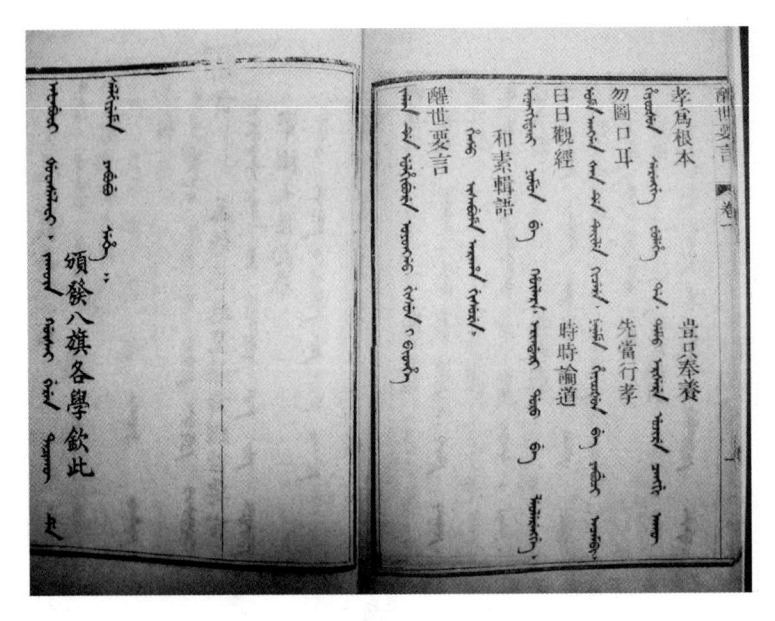

图 241 和素辑《醒世要言》书影

此书译者，竟是阿什坦之子和素。和素为一代翻译大家，曾经康熙帝殿试，清文第一，赐巴克什号，充武英殿翻书房总管。① （见图 241）他翻译的《金瓶梅》行文流畅，被公认为满文译本的杰作。②

乾隆年间借修《四库全书》，对民间书籍大肆销毁篡改，旗人中流行的满文私译也成为查禁对象。乾隆十八年（1753）七月上谕：八旗中除奉官翻译刊刻旧有翻译《三国》外，私行翻译清字小说俱着严行查禁；现有者搜获焚烧；现有板片尽数销毁。③ 有学者统计，在已知满文译本中，讲史类约占百分之三十三；烟粉类占百分之三十五（其中，人情类百分之一点五、才子佳人类百分之三十二、猥亵类占百分之一点五）；灵怪类占百分之十四；公案类占百分之五；讽喻类占百分之一点五；短篇小说类占百分之十一点五。④ 其中如《东周列国志》《东汉演义》《西汉演义》《三国志演义》《隋唐演义》《唐代演义》《北宋志传通俗演义》《皇

---

① 麟庆：《鸿雪因缘图记·赐茔来象》。
② 昭梿：《啸亭续录》第 1 卷，中华书局 1980 年《啸亭杂录》点校本，第 397 页。
③ 《钦定八旗通志》卷首十一，第 244 页。
④ ［德］马丁·吉姆：《汉文小说和短篇故事的满文译本》，定宜庄译，载《中国传统小说在亚洲》，国际文化出版公司 1989 年版，第 133 页。

明英烈传》《西游记》《后西游记》《红楼梦》《封神演义》《说岳全传》（精忠武穆王传）《杨家将》《飞龙全传》《水浒》《白蛇传》《禅真逸史》《金瓶梅》《玉娇梨》《肉蒲团》《喻世明言》《好逑传》《聊斋志异》《平山冷燕》诸书，均为民间所脍炙人口。这就充分说明，尽管有朝廷严旨，私译小说始终在旗人社会中流行。

入关后，旗人大部分聚居都市。随着生活环境的改变，汉文化的浸润，他们思想意识也发生明显变化。一些贵宦子弟恣意享乐，不思进取，甚至骄奢极欲，由质朴趋向庸俗。不少旗人子弟厌倦戎马倥偬的军旅生涯，羡慕市井的闲适与安逸。由于文化水准提高，感情变得细腻娴雅，审美情趣随之嬗变。说史、言情、灵怪之类小说在旗人社会中的泛起，成为满人涵濡汉文化的重要渠道，也是其社会风气、社会意识、道德伦理蜕变的征兆。

二 重文轻武习气的养成

清代满洲人对于汉文化以及汉人，怀有一种既自大又自卑的复杂情结。一方面，他们因处在征服者的地位，具有优越感；另一方面，他们意识到自身在文化上逊色于汉人，又产生一种自卑心理，由此派生出对汉文化的仰慕。其具体表现之一，就是愈演愈烈的"重文轻武"习气。这种风气的养成，对满洲人文化素质的提高是有积极作用的，但对清朝统治者来说，八旗子弟纷纷弃武习文，再无心为其冲锋陷阵、效死疆场，则是关系到统治基础是否巩固的大事。所以，他们采取了诸多防范措施，如前面提到的"旗民分治"、"旗民分居"、限制旗人子弟参加科举考试，以及提倡"国语骑射"。其实，旗人接受汉文化，其途径未必直接来自汉人，或多或少倒是得自统治者身体力行的表率和宣传。

满洲人从清太宗皇太极在位时开始阐扬汉人儒家学说[①]，但当时的统治者把主要精力倾注在开疆拓土、奠定基业上，文化建设非常薄弱。入关以后的几十年中，自幼生长汉地、在儒家思想熏陶下的新一代满洲精英迅速成长起来，思想意识焕然一新。康熙帝玄烨自幼研读儒家经典，熟通宋明理学，对宋儒朱熹推崇备至，认为他的学说"皆明白精确，归于大中

[①] 刘小萌：《满族从部落到国家的发展》，第359—360页。

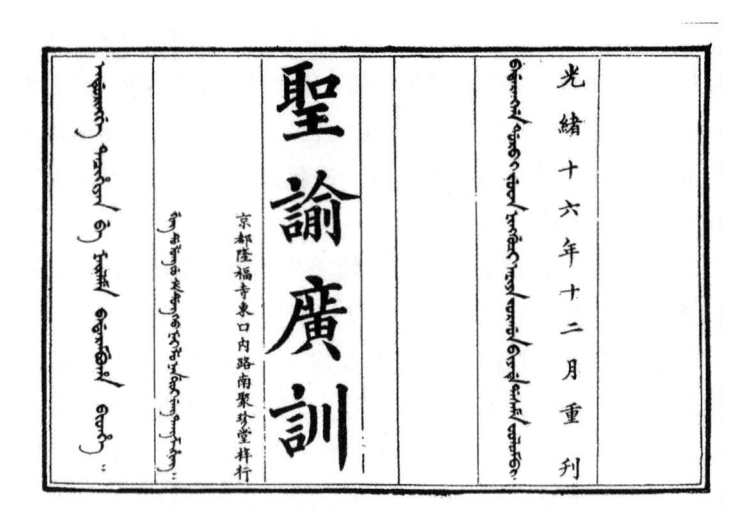

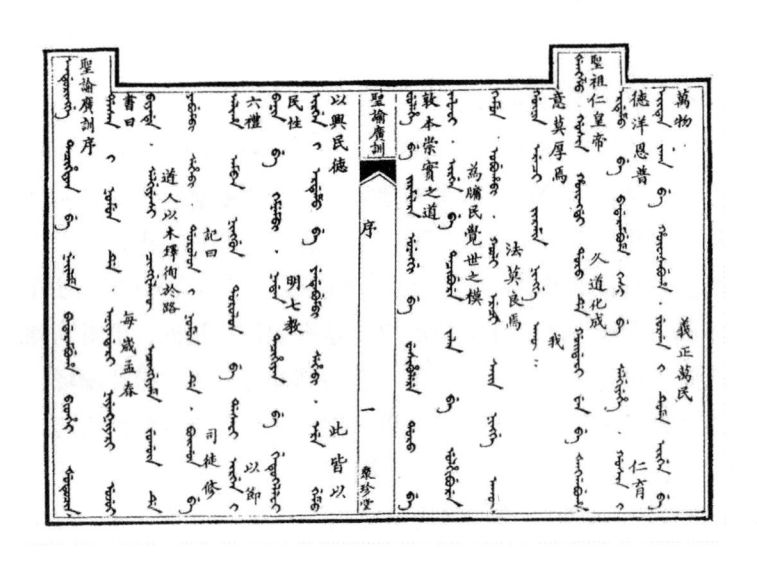

图 242　聚珍堂梓行满汉合璧《圣谕广训》书影

至正"。① 在位时组织编写《性理精义》，纂辑《朱子全书》，积极推举儒家学说。康熙九年（1670）颁行《圣谕十六条》于八旗，主要内容为"敦孝悌以重人伦""尚节俭以惜财用""隆学校以端士习""讲法律以儆愚顽"，实质上是以汉人传统思想宋明理学作为包括满洲旗人在内的全社

---

① 《清圣祖圣训》第 12 卷，第 17 页。

会的统治思想，以加强王朝的根基。

雍正帝即位，进一步规定：每月初一和教场射箭之期，由佐领传集所属兵丁，讲解《圣谕广训》；以后又将这一职守转给佐领下的各族长，作为宗族活动的首要内容。① 正是在满洲统治者的大力灌输下，儒家伦理观念才会很快地为旗人所接受。

思想意识的变迁有益于廓除传统意识中一部分陈旧落后的糟粕，并推动满洲人本身的社会发展，作用是积极的。但以程朱理学为代表的儒家学说毕竟是一种保守的思想体系，尤其是"三纲五常"一套精神枷锁，对旗人的消极影响也相当深远。

清朝统治者多次颁谕，或者禁止旗人子弟学习汉文，或者限制他们参加科举考试，却一刻不肯放松督促自家子弟学习汉文化。清历朝皇子皆从五岁入学读书，由皇帝亲自遴选翰林院中的博学鸿儒为师傅。为康熙帝讲论经史的是以理学大师著称的大学士李光地、高士奇，教授书法的是汉人沈荃等名士。雍正朝建立专供皇子读书的上书房，书房师傅"皆极词臣之选"，都是出类拔萃的人物。此后皇子学习汉书经典，更是相沿成习。在这种环境下成长起来的皇家子弟，已深为汉文化所濡染，并争相以"学识渊博"相标榜。

入关初的第一位皇帝福临，已能用汉文写诗，据说书法也算精通，至少能鉴赏好坏，且喜绘画。康熙帝玄烨汉学功底深厚，巡游四方，每至一地便即兴赋诗，绘画、书法俱佳。乾隆帝弘历提倡"国语骑射"最为有力，但无论是从史书记载，还是从民间传说看，他都是最热衷于附庸风雅、吟风弄月的皇帝。虽然他一再表示最厌恶八旗中的"词林学问"，自己却最喜四处题诗赋词。当时的儒臣，以纪昀最受眷顾。据说，乾隆帝某次南巡游至白龙寺。时正鸣钟，乾隆帝乃铺纸作诗。才写"白龙寺里撞金钟"七字，纪昀大笑不止。乾隆帝不禁恼怒起来，说："朕诗虽不佳，汝亦岂能当面大笑？"纪昀自知失态，连忙解释："臣非敢笑也，特因古人诗中有'黄鹤楼中吹玉笛'一句，积年苦不能对，今观御制七字，恰是天然对偶，不觉喜而失笑耳。"② 这只是一个传闻，不必当真，但皇帝日理万机，诗文应酬之作，不能一一躬亲，难免由儒

---

① 《八旗通志初集》第70卷，第1359页。
② 何刚德：《春明梦录》下，上海古籍书店1983年影印本，第6页。

臣润色以致代拟的情况，应是有的。乾隆帝诗作在历代皇帝中数量最多，洋洋数万首，蔚为大观。他痛斥有的八旗子弟总喜在人前卖弄，甚至与汉人文士较论同年行辈，相互唱和往来，但他自己却屡屡在满汉大臣前炫耀文才。他拔擢诗才敏捷的铁保、玉保兄弟，赞赏盛京出现了"弦诵彬彬"的读书声，在他内心深处，对汉文化是极为仰慕的。皇帝如此，也就难怪一般旗人了。（见图243）

图243 乾隆帝诗碑（杭州西湖）

从清初起，八旗王公贵族多拜汉文士为师。最早如皇太极时代的饶余贝勒阿巴泰，早在戎马倥偬之际，就注意网罗汉文士进府教授子弟。礼亲王昭梿在《啸亭杂录》中写道："崇德癸未（1643）年，饶余王（阿巴泰）曾率兵伐明，南略地至海州而返，其邸中多文学之士，盖即当时所延致者。"阿巴泰率兵进入中原，长驱直入，横扫直隶、山东。他把抢来的金银财宝、牲畜人口奉献给皇帝，却把满腹经纶的文人留给自己。

其子安亲王岳乐承其家教，平素喜欢结纳汉文士，对子女教育也很重视。他在湖广、江西一带作战时，不忘搜集日后可供子女学习和观摩的书画典籍，并且留心为子女物色有学识的先生。岳乐之子岳端的启蒙教师陶之典就是在"三藩之乱"后期由安亲王从长沙军中以车载入京师的。陶之典是湖南宁乡人，诗文书画都很有功底。其父陶汝鼐的诗、文、书法在明代颇负盛名，有"楚陶三绝"之誉。岳端十岁，即随陶之典读书。

岳乐有子二十人，其中五人封爵。他们中间无杰出的军事统帅，却涌现出一些痴迷于诗琴书画的高雅之士。岳乐儿子玛尔浑，自称古香主人，著有《敦和堂集》。他画的钟馗，被大学问家孙星衍收集。其弟吴尔占，号雪斋，也能诗善画。岳乐女六郡主，远嫁蒙古，三十岁即抑郁而亡于草原，据说也是诗画兼工。她曾画一幅梅花，半株生机盎然，半株几近枯萎，为悲叹自己命运不济而作，引起时人的同情。女孩子能同兄弟们一起吟诗作画，足见这是一个文学艺术氛围浓郁的贵族家庭。

在岳乐诸子中最出色的要数岳端。岳端（或作袁端，蕴端）字兼山，号玉池生，别号红兰室主人。因为是岳乐第十八个儿子，所以自称"长白十八郎"。生于康熙十年（1671），享年仅三十五岁。岳端诗画皆精，体现出一种超然飘逸的艺术风格，在爱新觉罗皇族中，他以"首倡风雅"著称。近人邓之诚在《清诗纪事》中，评价他是"一代宗潢（皇族）之秀，后来无及之者"。

岳端十五岁被封郡王，二十一岁降为贝子，二十九岁又被革去贝子，成为闲散宗室。这种每况愈下的境遇，对他的文风和诗作格调产生了深刻影响。或者也是他中年夭折的重要原因。

岳端被革爵时，玄烨给他定的罪名是"各处俱不行走，但与在外汉人交往饮酒，妄恣乱行"。所谓罪状中"各处俱不行走"，是说他不参加朝廷和皇族的活动，不履行贝子职事；"妄恣乱行"，不过是他与汉名士相互交友，一起吟诗作画。岳端与孔尚任情谊很深，在《题长春花·寿孔尚任母》诗中说："孔君与我交，诗文兼道义。孔君不挟长，我亦不挟贵。"岳端不以王公贵族自矜，以平等态度对待孔尚任，主要是敬佩他的文学才能，并从这种交往中获得教益。孔尚任是山东曲阜人，孔子后代。康熙帝南巡，孔尚任被推荐御前讲经（给皇帝讲授经典），受到褒奖，任命为国子监博士。后来，他的《桃花扇》传奇问世，因其中《余韵》一出讽刺清廷征辟山林隐士是索拿，且用"开国元勋留狗尾，换朝元老缩龟头"讽刺剃发和变节官僚，被借故罢官。孔尚任是具有民族意识的文人，岳端与他过从甚密，反映他已超出满洲贵族狭小意识的束缚。

岳端政治上屡受挫折，郁郁不得志，转而采取消极避世态度，他看透了富贵又看透了虚名，不满现实又不与之抗争。他不赞成屈原"虽九死而仍不悔"的忠君做法，认为投江而死毫无意义："世途不可处，水底不可留，我劝大夫一杯酒，庶几醉乡还可游。"把借酒消愁，一醉方休，作为求得解脱的最佳办法。这种人生态度及生活方式，对后来的宗室文人影响深远。岳端著有《玉池生稿》、戏曲《扬州梦传奇》。

阿巴泰曾孙、岳端侄孙文昭，也是著名诗人。文昭师从名士王士祯，与姜宸英、查慎行诗歌唱和。康熙三十八年（1699）应宗室乡试，因用《庄子》中语言被处分。后辞俸家居，过着"除却吟诗百不为"的生活。著有《紫幢钞诗》《芗婴居士集》。

清初宗室王公"栉风沐雨，以百战定天下"，弘扬的是骁勇善战的民族精神，康熙以降，天下太平，在汉文化陶融下，宗室贵族的生活方式、思想意识、价值观念发生了明显的变化。岳端一家，代表了从这一特权阶层中分离出来的贵族文人，他们崇尚汉文化，淡泊名利，追求一种闲适恬淡的人生。

康熙年间大学士明珠子、著名词人纳兰性德曾拜文坛名士徐乾学为师（见图244）；著《啸亭杂录》的宗室昭梿，曾拜汉儒士程蓉江为师。能够师从汉人第一流学者，当然是一般八旗子弟无从得到的优越条件，何况贵

图244　纳兰性德墓志铭

族大臣往往凭借自己政治上的特权地位和优厚家资，广交名士，交往唱酬，形成莫逆。"物本相感生，相感乃相亲"，这句诗是性德赠给落拓汉文人马元翎的。它道出了性德交友的真谛，是以思想上的共鸣和艺术的同调为基础的，这种沟通已突破民族甚至地位的界限。他所结交者，如无锡严绳孙、顾贞观、秦松龄，宜兴陈维崧，慈溪姜宸英，均为江南俊彦之士。

乾隆年间发生的胡中藻、鄂昌一案，也颇能说明满洲子弟与汉文士结交过从的密切程度。胡中藻，广西人，是满洲旗人大学士鄂尔泰的门生，

很得鄂尔泰的赏识，被视为"昌黎（韩愈）再世"。历任内阁学士、陕西学政、广西学政等官。乾隆二十年（1755），胡中藻所著《坚磨生诗钞》被乾隆帝细加搜求，认定他"诋讪怨望"，"非人类中所应有"。指斥胡中藻集内诗句"又降一世夏秋冬"，是隐喻清朝传三世以后至乾隆时"又降一世"。"又把心肠论浊清"是把"浊"字加于国号之上。呈南巡诗有"三才生后生今日"，是詈骂乾隆帝在三才（天、地、人）之后。乾隆帝还说："伊在鄂尔泰门下，依草附木，而诗中乃有'记出西林（鄂尔泰姓西林觉罗氏）第一门'之句，攀援门户，恬不知耻。"[①] 乾隆帝又斥鄂尔泰之侄鄂昌，身为"满洲世仆"历任巡抚等高官，见胡中藻"悖逆之作"不但不加纠举，反而"丧心与之唱和，引为同调"，罪不容诛。结果，胡中藻以"违天叛道，覆载不容"被杀，鄂昌则以"负恩党逆"勒令自尽。此案内受株连的还有宗室塞尔赫。鄂尔泰也因生前对胡中藻"独加赞赏"以致"酿成恶逆"，被乾隆帝下令将其祭牌自贤良祠中撤出。

乾隆帝铸成此案，目的不仅在于压制汉文士不满，制止满、汉人士结纳，而且为了防范满洲子弟"熏染汉习"。胡、鄂一案既结，乾隆帝又下一道谕旨，说道：

> 满洲本性朴实，不务虚名，即欲通晓汉文，不过于学习清语技艺之暇，略为留心而已。近日满洲熏染汉习，每思以文墨见长，并有与汉人较论同年行辈往来者，殊属恶习！……此等恶习，不可不痛加惩治。

乾隆帝谕旨内还威胁：今后一旦发现有满洲子弟与汉人互相唱和、较论同年行辈往来的，一经发觉，决不宽贷。但满洲子弟因仰慕汉文化，以至与汉文士交结，是清统治者不愿意看到而又不能不面对的现实。

在满洲子弟中，从清初开始，因为与汉士人频繁往来、唱酬应和，还出现了取双名和别号的习气，这也是满洲旧俗中所没有的。嘉庆帝曾忆及年幼时的一件事说，一次，乾隆帝见他手拿一把折扇，上面的题画诗句落款，有"兄镜泉"三字，询之是十一阿哥的手笔，"镜泉"即十一阿哥为自己取的别号。乾隆帝立即为这两个儿子讲了一番道理说，做这种附庸风雅的事，殊非

---

① 故宫博物院文献馆编：《清代文字狱档》第1辑《胡中藻坚磨生诗钞案》，上海书店1986年影印本。

皇子所宜，皇子读书，只应该讲求大义，使之有益于自己身心，这些寻章摘句的都是"末务"，年幼之人怎能学如此虚伪的东西！乾隆帝声称自己当皇子时从来不私取别号，有过的一个别号还是皇考（指死去的雍正帝）赐的，但是从来不用它署款题识。诸皇子如不知省改，相习成风，必致八旗子弟"咸以脱剑学书为风雅"，关系国运人心。① 为了防微杜渐，他还命将这番话写出来贴在皇子书房墙壁上，让他们触目儆心，永志不忘。从这件事不难看出，即使对生养深宫的皇子，汉人习尚也有莫大吸引力。

图 245　康熙帝"昌明仁义"榜书拓本（国子监）

皇族勋贵倾慕汉文化，对旗人子弟产生了深刻影响，上上下下，出现"争趋文事"的气象。他们仰慕读书向学之名，喜欢以文章翰墨相矜尚，天长日久，涌现了一批儒雅之士。而这种风气的盛行，是与满洲统治者的愿望相抵牾的。乾隆帝曾写诗批评这种现象：

八旗读书人，假借词林授，
然以染汉习，率多忘其旧。
问以弓马事，曰我读书秀，
及至问文章，曰我旗人胄。
两歧矢进退，故鲜大成就，
……

虽然确有八旗子弟以习汉书为骑射低劣的托词，反之又以旗人自居不肯认真读书学习，但从全局来看，"争趋文事"的结果，是使八旗子弟的文化素养有了明显提高。

---

① 刘锦藻撰：《清朝续文献通考》卷94，第8540页。

由于从清朝皇帝起都尊崇儒学，使"崇儒重道"成为风气。满洲贵族官员和子弟中不少人热心研讨儒家经典，有些还取得了一定成就。清初满洲理学名家，首推阿什坦。他是顺治九年（1652）进士，通经学，笃于实践。康熙初年，将儒学经典《大学》《中庸》《孝经》《论语》译为满文，刊刻行世，以教旗人。当时，社会上稗官野史盛行，满人社会中也流行各种译本。阿什坦上书建言：学者立志宜以圣贤为期，以经史为导，此外杂书无益之言，悉当屏绝。请敕旗下人自经史外，杂书不许翻译。又请求"严旗人男女之别"。实际上是要将旗人的言行纳入理学的伦理纲常。康熙帝召他入便殿，征询"节用""爱人"的道理。阿什坦回答说："节用莫要于寡欲，爱人莫先于用贤。"这虽然是拾孔孟之道的牙慧，却颇得康熙帝赞许。他不由得环顾左右官属说："此我朝大儒也！"[①] 阿什坦在理论上并没有什么建树，贵在身体力行儒家学说。他一生为官，清廉自持，临终时反复叮嘱后人："尔等处世，莫占便宜。便宜即是不义，慎之。"当时满洲文士多未脱淳朴笃诚的旧习，这不是有的汉人名士以理学大家自炫，实则沽名钓誉的行径所能比拟的。

康熙朝满洲理学名家还有德格勒。他以翰林身份入值内廷，据说是"清风亮节闻天下"，平时所交有徐元梦、汤斌、李光地诸名臣。徐是满洲旗人，汤、李二人以汉人理学大家名满天下。李光地《榕村语录》中说：自己的学问遇到德格勒、徐元梦两先生后有所长进，说明满洲儒士的学问已达到相当渊博的程度。德格勒为政刚正不阿。当时，满洲大学士明珠擅权，手可遮天，为结纳私党，不惜重金高爵。德格勒扈从康熙帝巡行，明珠馈万金为置装，意在笼络，德格勒坚辞不受。天下久旱不雨，皇帝命德格勒占卜释疑。德格勒奏言："小人在上之当去。"显有所指，因此受到明珠嫉恨。适逢德格勒删定《起居注》稿，明珠唆使人弹劾他"私抹《起居注》"，罪当论死。后从宽，全家随公主下嫁蒙古科尔沁王公，客死塞外。[②]

乾隆年间袭封和硕简亲王的宗室德沛，公余之暇，孜孜于对儒家经典的钻研，在《易经》的研究上有较深造诣，著有《周易补注》和《易图解》。他钻研理学，写过《实践录》等书。闭户穷经三十年，讲求言行如一，践履笃实，人称"济斋夫子"，学问人品备受时人推崇。

---

① 震钧：《天咫偶闻》第2卷，第43页。
② 同上。

也有一些满洲人掌握了汉人传统的治史方法。康熙朝纂修《明史》，就有满洲文士参与。清历朝实录的编纂，更有不少满洲学者与闻其事。雍正、乾隆年间官修《八旗满洲氏族通谱》《八旗通志》《满洲源流考》《满洲祭神祭天典礼》《满洲实录》诸书，保留了有关满洲源流、发展历程、人物事迹、八旗典章制度等方面的丰富史料，在清代史学中占有重要地位。雍乾年间，满洲镶红旗人常安著《明史评》二卷，在评明史的过程中讥讽时事，后在巡抚任上被人弹劾，下狱死。有人认为就是因为他太爱发表议论，才被人中伤而招致杀身之祸。八旗学术名家多载入盛昱等编《八旗文经》。

乾嘉年间，满洲贵族稽古右文，热衷于私家著述。宗室奕赓所撰《佳梦轩丛著》与另一宗室昭梿所撰《啸亭杂录》，是记述清朝史事、旗人风俗仪礼的两部著名笔记。

有清一代，满洲人在学术领域，虽达到相当高的水准，毕竟缺乏汉人乾嘉学派大师的学识与功力，未创建出独立的学派，也没有在史学、经学等领域产生出泰斗巨擘。满人的成就，更多地表现在文学艺术，尤其是诗文和小说上。

旗人中最著名的小说家为曹雪芹。曹雪芹，名霑，字梦阮，号雪芹，内务府正白旗旗鼓佐领（系由辽东汉人编成的佐领）下人。乾隆年间，曹雪芹写成小说《红楼梦》八十回。小说以满洲贵族家庭生活的素材为基础，以贾宝玉、林黛玉爱情悲剧为主要线索，真实地反映了清代中叶的社会面貌，而贵族家庭盛极而衰，"忽喇喇似大厦倾"的悲剧命运，尤其动人心魄。曹雪芹在世时，《红楼梦》已引起世人首先是旗人的瞩目，很快出现了一些抄本，其中就有怡亲王府《脂砚斋重评石头记》抄本，在满洲子弟尤其是郁郁不得志的宗室子弟中流传，他们从中觅到了知音。宗室永忠评价《红楼梦》说："传神文笔足千秋，不是情人不泪流。可恨同时不相识，几回掩卷哭曹侯！"乾隆末年，这部书已在社会上不胫而走，一部抄本的价值达数十两银子。据说，权臣和珅曾问乾隆帝此书是写的谁家事，乾隆帝臆测说是为康熙时大学士明珠家所作。嘉庆朝以后，《红楼梦》的续貂之作踵相问世，传奇、鼓词、子弟书等也多以《红楼梦》为蓝本加以改编。《红楼梦》影响越来越广泛，以致当时的北京出现了"闲谈不说《红楼梦》，读尽诗书是枉然"之说。

17世纪后期，从满洲旗人中涌现出的才子，用汉文写出的文章诗词，有些已达到与汉人不分伯仲的水平。正黄旗满洲人纳兰性德是大学士明珠之子，字容若。他多才多艺，尤擅写词，著有《饮水集》《侧帽集》，内容以抒情写景为主，描写北方风光的作品，真切动人，词风清新婉丽，名冠清代词坛之首。清代旗人诗作之多，令后人叹为观止。满洲旗人铁保编《熙朝雅颂集》一百三十六卷，嘉庆九年（1804）刊行，收载清初至中叶旗人诗作七千七百余首，是一部有代表性的结集。另外，法式善《八旗诗话》，记载八旗男女诗家二百四十九人。

许多旗人不仅能诗，而且善画。清前期的几位皇帝均雅好书画，在他们的奖掖提倡下，贵族王公子弟也多游艺于笔墨。满洲正白旗人唐岱参习西法，绘画山水，风格沉稳深厚，被康熙帝称为"画状元"。高其佩的指头画称名一时，八角鼓《古人名画》称赞说："赵子昂的八骏，唐伯虎的美人，米元章的山水，苏轼的竹，王羲之的写真，天下罕闻王维的雪景，宋徽宗的莺，我大清出了位高其佩，碰头老虎大有神。"[①] 清末民初画论家李放撰《八旗画录》，收辑清代旗人画家二百八十八位，提出并介绍了一种新的画派——八旗画派。

礼亲王昭梿曾感慨地说："余素不善书，人争嗤之，深以为耻。"[②] 说明能书擅画在贵族子弟中已蔚成风气。成亲王永瑆与铁保的书法素享盛名（见图246），与汉人翁方纲、刘墉并称四大家。大学士索额图精通金石学，凡汉唐以来的鼎、镬、盘、盂等，过手均能辨其真伪；而大学士明珠精于鉴赏，曹寅、昌龄富于藏书，均名重一时。

有些满洲人对汉文人也称难攻的音律学兴趣浓厚，还有人撰写过有关著述，如宗室允祉的《八音乐器说》、宗室永恩的《律吕元音》以及著名满洲翻译家和素的十八卷本《琴谱合璧》等。旗人中还有不少人热衷于钻研中医学，编著的医书不少，如文通著《百一三方解》，奇克唐阿著《厚德堂集验方萃编》等。这些都说明，满洲旗人所涉及的汉文化领域，已经十分广阔和深入。

第二节　旗俗的演变

北京城是旗人的主要聚居地，也是满汉文化交流融会的一块沃土，绚

[①] 华广生编述：《白雪遗音》第3卷，《明清民歌时调集》（下），上海古籍出版社1987年版，第755页。

[②] 《啸亭杂录》，第341页。

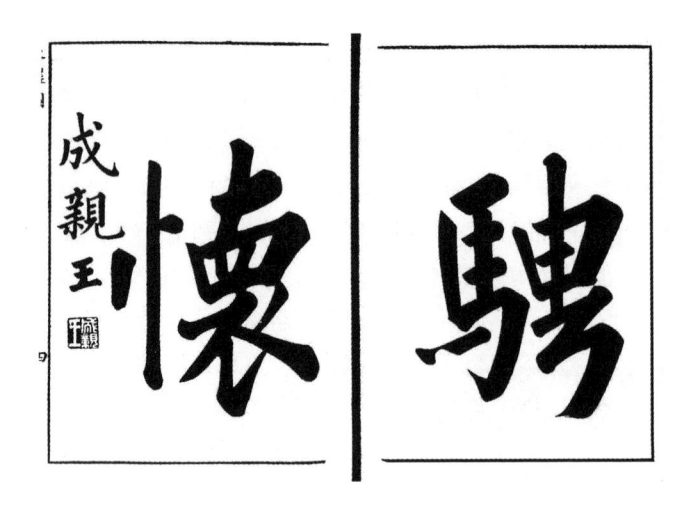

图246　成亲王书法（张宝《泛槎图》）

丽多彩的旗人风俗，便是这块沃土上生成的一株奇葩。

古城北京在历史上，大部分时间为北方各少数民族所统治。正是这些少数族人的崛兴与南进，促进了中原政治中心的东移，才有了北京取长安而代之的地位。从女真人建立金朝甚至更早的时候开始，北京就不是一个纯粹由汉族人居住的城市。金天德五年（1153），海陵王完颜亮将都城迁到燕京即今北京，改名中都，并把北京城划分为东西两县，西半边的是宛平县，东半边的是大兴县，这样的格局和名称一直袭用到清代。著名的卢沟桥，便是金代为北京留下的遗产。

蒙古人步女真人的后尘入居北京，他们在北京留下的痕迹，比起女真人要丰富、鲜明得多。至元十一年（1274），元世祖忽必烈将都城迁至北京，定名为大都。如果说此前的辽、金只控制北方的话，到了元大都时代，北京已成为包括江南在内的全国首都。在蒙古统治者的精心营建下，大都城宏伟壮观，城区规划横平竖直，有如棋盘。以后明朝的北京城，包括它的规制、皇宫、街衢，都是在元大都的基础上扩建的。一些元代的习俗，也长久地保留在北京居民之中，北京人至今称小巷为"胡同"，一说就是从元代沿袭下来的。北京的语言、饮食习俗，也潜移默化地受到蒙古族的一些影响。当时的北京居民中有不少其他少数民族的成员。今北京西直门外，有一个热闹去处叫魏公村，本名畏吾村，即畏吾儿（维吾尔）村，是元初畏兀儿人的聚居地。明太祖朱元璋驱逐故元，首禁元服（蒙古服)、元语(蒙古语),但北京作为元朝统治百年的帝都,一些习俗仍绵延未殄。① 清代镇压四方少数民族反抗,部分俘虏带归京城,一旦被赦免,往往被指定在北京的某地集中居住,于是就有了回子营、苗子营以及达子馆、达子营等地名。所以,北京城的形成发展,始终是各民族往来交融的产物。清朝定鼎北京,满洲人给这个古老城市带来的新气息尤为浓郁。清中叶以后,随着旗人日益渐染汉人文化,传统旗俗也发生了演变。

一 骑射习俗

骑射技艺是满洲开国的根本,一向为统治者所关注。乾隆帝弘历曾说,"弓矢乃八旗旧俗,而神武实万世之家风"。他身为一国之尊,骑射娴熟,坚持行围狩猎。每年八月十三日在避暑山庄度过自己的生日,八月十六日率领皇子皇孙到木兰围场行围打猎。乾隆五十四年(1789),他已是年近八旬老翁,按向例于八月十六日由避暑山庄启跸去木兰围场。这是他最后一次秋狝,在围场住了二十天,行围十三次,命中三鹿。记事诗中因有"将至八旬犹策马,命中三鹿去未空"句。

清朝创业,以弧矢威行天下,因此始终把骑射作为旗人的本务。八旗兵丁照例在每年春(二月下旬)秋(七月下旬)两次举行校射,也就是大比武。地点在东安门内南箭亭即正黄旗侍卫校场,届时衣冠竞会,旌旗并举,骏马骄风,雕弓替月,盛况空前。京西三十里仰山,山下地名仰山洼,每年入冬,满、蒙、汉军二十四旗兵丁在此会操。也标志着一年中武事的结束。(见图247)

八旗官员平日家居,也要演习射箭。家中设有靶场,良朋三五,约期为会。但清中叶以后,逐渐脱离习武的宗旨,蜕变为娱乐性很强的活动。射法有种种讲究:曰"射鹄子",鹄即天鹅,引申为箭靶,靶心俗谓"羊眼";曰"射月子",满语叫"艾杭",即"画布为正",也就是射布靶;曰"射绸",悬挂方寸绸布于空中而射,难度较大;又有于暮夜中悬香火于空而射的,则更难。这些射法,主要凭技巧,而不是气力,与清初八旗兵的射技比已大为逊色。据说清初旗人马步射,弓用八力,箭长三尺,镞长五寸,名叫"透甲锥",所中必透穿,或连贯两人尚有余力。②

---

① 史玄:《旧京遗事》,北京古籍出版社1986年版,第23页。
② 震钧:《天咫偶谈》第1卷,第12页。

图247 八旗演练（《唐土名胜图会》）

有清一代禁止赌博，唯独对旗人射箭下赌没有限制。有的旗人于门前大书"步靶候教"四字，即是摆射箭的赌场。到清季，这种游戏也随着旗人骑射技艺的荒疏而式微了。

旗人的弓马技勇，在雍正年间还颇值得称道。雍正五年统计，八旗亲军、护军内能开八力以上硬弓者，有一万八千人。雍正帝在瀛台考试天下武举。骑射之后，命八旗硬弓百人当众人前校射。其所用弓有十八个力者，有十六七个力者，其余则皆十三个力以上者，举重若轻，从容合度。汉人众武举观之，无不惊异叹服。①

乾隆朝以后，八旗骑射渐成虚文。十九年（1754），乾隆帝东巡，在盛京颁发满文谕旨，斥当地官员及军丁骑射及马上技艺俱是儿戏。② 朝鲜使臣在东安门内观看数百旗人参与的大型射箭比赛。据其形容：射者虚胸实腹，高提后肘，姿势虽好，距离箭靶亦不过三十步，但极其才力，终未见一箭中的。不惟不中，且歪横或出十步之外；其误发者，皆失色战栗，似有畏惧。这种现象简直令朝鲜使臣感到不可思议，不禁感慨道："胡人（满人）长在［于］骑射，而疏迂如此，未可知也。"③

---

① 《钦定八旗通志》卷首九，第199页。
② ［朝］俞拓基：《沈行录》，载《燕行录全集》第38册，第160页。
③ ［朝］洪大容：《湛轩燕记》，载《燕行录全集》第49册，第238页。

尽管如此，此后很长一段时间，清朝统治者仍旧身体力行地提倡骑射。据说，道光帝骑术至精，咸丰帝尽管体弱，骑术亦娴。咸丰帝为皇子时，从猎南苑，坠马伤股，虽经上驷院骨医治疗，还是终身行路不便。咸丰初年，北京市井传有"跛龙病凤掌朝堂"之谣。"跛龙"指咸丰帝，"病凤"指体弱多病的慈安后。① 但不管统治集团如何殚精竭虑，都无法重振雄风，讲武的旧典旷废，旗人既不知征役之劳，又不习击刺之法，直至束武安营，全忘旧制。同治年间，清帝欲重振八旗雄风，曾畋猎于南苑。八旗官兵无技可施，以至有的预先购得野鸡野兔，临时插矢献上，获取花翎之赏。

清末，旗人的骑射技艺虽日渐荒疏，但传统所系，武功拳脚还是比一般民人娴熟。闲暇之余，常以学习拳术、气功、摔跤为戏。芙萍《旗族旧俗志》说："近世之旗族人身体健壮者多，摇头晃膀，类皆带有武架子。"这类记载，在清季小说、曲艺中描述颇多。②

与此同时，勇武、好强的遗风仍有鲜明体现。崇彝《道咸以来朝野杂记》提到过这样一位人物——"小霸王"龄昌，世家子弟，因有家学的缘故，少年时有文名，中文举人，官礼部郎中。父亲故世后则放纵不羁。他幼时常习武术，拳脚娴熟，每出班则携带铁股折扇随身，两手指带钢铁戒指，向内挂有倒须钩，以备动手时伤人。在汉人聚居的南城一带，地痞土豪都畏惧他的声威，因而他自称"小霸王"。龄昌任官礼部，得过四次京察（考核）一等，却未能得到记名外放，主要是上司素知其行迹。后降职外任直隶州知州，候补河南某州，终未能回京，卒年八十余岁。像"小霸王"这样尚武好斗的八旗子弟在清季"正统"旗人眼里似乎已属"反面教员"，即所谓"以持躬不慎，遂终身潦倒，士君子于小节，可不谨哉！"③ 事实上，恰在他的身上，倒还残留着旗人早先勇武好侠的残风余响。

---

① 崇彝：《道咸以来朝野杂记》，第2页。
② 冷佛《春阿氏》描写京旗青年男子，热衷习武："忽见春英走来，穿一身紫花色的裤褂，盘着紧花儿的辫发，手提石锁，兴兴会会的自外走来。范氏道：'看你这宗神气，怪不得你女人跟你吵嘴呢。'文ики亦问道：'怪热的天，没事扔质子（即练把式的石墩子、石锁）——真可是吃饭撑的。'春英放了石锁，笑嘻嘻地坐下道：'这有什么，尚武的精神，是满洲固山的本等，越是天热，才越有意思呢。'……一面说着，自己提了石锁，拿了芭蕉叶扇子，出门找了同志，跑到宽敞地方抛掷一回。连出了几身透汗，直闹到日落西山方才回来。"第25—27页。
③ 崇彝：《道咸以来朝野杂记》，第95页。

图 248　旗兵布库图

和邦额《夜谈随录》，有不少篇幅记录北京旗人的奇闻轶事，所记"三官保"其人，与"小霸王"活脱脱如出一胎。书中描写三官保与另一八旗子弟打架斗嘴的情景：

> 佟大言曰："汝既称好汉，敢于明日清晨，在地坛后见我否？"保以手扪膺，双足并踊，自指其鼻曰："我三官保，岂畏人者？无论何处，倘不如期往，永不为人于北京城矣！"①

这个三官保，相貌俊美而性格暴戾，人称"花豹子"。家住安定门外旧营房。经常聚集一帮子弟在营房东关帝庙内习武，或掇石较力；或悬空架横木，为翻筋斗、竖蜻蜓诸戏；或以巨竹长数丈，张布为帆，上绘白虎，在上腾跃身手，以示技巧，名曰"中幡"。入夜，则聚谈畅饮，一边讲评武艺。以后，三官保的形象虽逐渐为旗人上层所不齿，但在普通的旗兵心目中却魅力不减。金启孮《北京郊区的满族》提到：在外火器营兵中最受钦佩的历史人物就是赵云和三官保。赵云是三国时的一员勇将，"长坂坡前逞英雄"，营兵佩服的原因不言自明。三官保则被说成乾隆年间北京城

---

① 和邦额：《夜谈随录》第 9 卷，第 275 页。

街面上的一霸，满洲人中的美男子，专打强而不欺弱，最终为国出征战死疆场。可见，在普通八旗子弟眼中，街头一霸的三官保始终是除暴安良的正面形象，为国捐躯的情节不知是否出自附会，却正好反映出旗人的一种传统诉求。从三官保在旗兵中备受推崇的事实不难推知，他们对"小霸王"龄昌这类好勇斗狠的人物也自有独到的评价。

二　旗家打扮

在旗人习俗中，保留时间长久者，莫过于服饰、发型、妇女天足，也就是"旗家打扮"。清人文献中，关于旗人服饰，多有描述。《儿女英雄传》第二十回描绘安太太：

> 穿一件鱼白百蝶的衬衣儿，套一件绛色二则五蝠捧寿织就地景儿的氅衣儿，窄生生的袖儿，细条条的身子，周身绝不是那大宽的织边绣边，又是甚么猪牙绦子、狗牙绦子的胡镶混作，都用三分宽的石青片金窄边儿，塌一道十三股里外挂金线的绦子，正卷着二折袖儿。头上梳着短短的两把头儿，扎着大壮的猩红头把儿，别着一枝大如意头的扁方儿，一对三道线儿玉簪棒儿，一枝一丈青的小耳挖子，却不插在头顶上，倒掖在头把儿的后边。左边翠花上关着一路三根大宝石抱针钉儿，还戴着一枝方天戟，拴着八颗大东珠的大腰节坠角儿的小挑，右边一排三枝刮绫刷蜡的蟲枝儿兰枝花儿。

氅衣，是旗人妇女所着礼服，略似长褂。扁方儿，扁形玉件头饰，约半寸宽，六七寸长。前文已述，旗妇与民妇外观最明显的区别：前者袍褂，后者上衫下裙；前者旗髻（或梳两把头），后者民髻；前者天足，后者缠足。基于此，又导致旗妇与民妇在仪态上的差异。同书第三十一回记，"旗装打扮的妇女走道儿，却和那汉装的探雁脖儿、摆柳腰儿、低眼皮儿、瞅脚尖儿走的走法不同；走起来大半是扬着个脸儿、拔着个胸脯儿、挺着个腰板儿走"。汉妇小脚，走路自然是要瞅着脚尖儿；旗妇脚穿花盆底，身材愈显挺拔。（见图249、250、251）

两把头在清初原用真发梳成。嘉、道以后，两把头多用青缎子做成，内有铁架，而且越来越大，几乎与戏台上的装扮相差无几。得硕亭《草珠一串》对旗人妇女头饰的变异大发感慨：

图 249　汉装女子服饰(《北京风俗图谱》)

图 250　旗人女子服饰（《北京风俗图谱》）

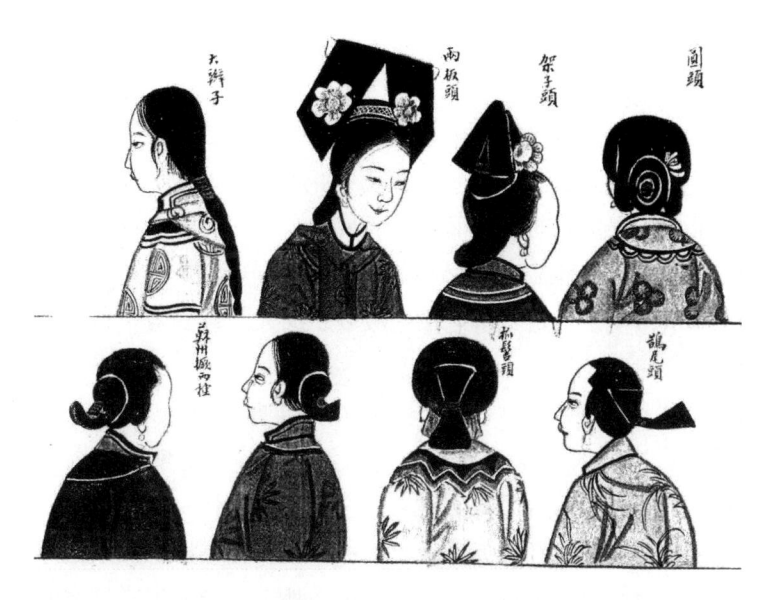

图251 旗民妇女发式(《北京风俗图谱》)

　　头名架子甚荒唐,脑后双垂一尺长。
　　袍袖直如弓荷袋,可能恭敬放挖杭?

并在"架子"后注道:"近时妇女,以双架插发际挽发,如双角形,曰架子头。""架子头"也就是"两把头"。作者在第三句后注云:"近因袍袖太宽无褂,不甚雅相,故皆将袍袖头移于褂上,直无袍矣。"诗末句"挖杭"一词后附注:"清语袍袖也。旗礼,妇女见尊长必放袍袖,今则亡矣。"在关外时,旗人妇女因为要与男子一样骑马射猎,服装上都带有箭袖,向长者施礼时,必先将袍袖敏捷地放下,然后再行全礼。这种表示恭敬的动作,旗人叫作"放挖〔瓦〕杭"。这本来是满人的古礼。入关既久,旗人妇女受到汉人影响,衣袖变得又长又肥,袍袖没有了,"放挖〔瓦〕杭"的礼节自然无从谈起。

　　对于旗人服制的"汉化"倾向,嘉庆帝曾在十年(1805)专门颁发过谕旨,说本朝服饰是立国以来列祖列宗所定,怎能任意更改?男子出门在外,还比较容易约束,女子深居闺阁,自然更难查察,尤其很多满洲妇女,衣袖已大大超过规定,官员对此应严加检查。这样的谕旨,颁布不止一次,虽是小题大做,效果并不明显。所以,《草珠一串》又讽其事说:

> 名门少妇美如花，独坐香车爱亮纱，
> 双袖阔来过一尺，非旗非汉是谁家？

旗人入关后的生活方式已经发生翻天覆地的变化，服装也难以恪守陈规。当看到香车上旗家贵妇时髦的服装上衣袖阔过一尺时，难怪作者要忧心忡忡地问一声："非旗非汉是谁家？"人们只知道至今仍然流行的旗袍是由旗装演变而来，却不一定了解它已经吸收了汉人服装的若干特点，而与旗袍的原形貌合神离。

旗家妇女不缠足，与汉人审美观大相异曲。汉人习俗，将女子脚（俗谓"金莲"）的大小作为判断其相貌美丑的一个要素，只有貌美而脚小的女子，才被认为白玉无瑕。过去民间流传着这样一个笑话：某县太爷生性惧内，其妻面貌姣好，如花似玉，可惜脚缠得不够程度，这成了县衙上上下下的一个忌讳。某日有一访客偏不识趣，当夫人出堂迎客时，便顺口吟哦说："珠翠响叮当，夫人出后堂，金莲三寸小——"县太爷听罢大喜，不料来客又拖着长声补了两个字："横量——"横量竟有三寸，脚大可知。因脚大而受到揶揄嘲讽，反映出汉人不健康的审美意识。与此相反，旗家妇女却普遍看不惯汉人裹小脚的习俗。

清初满洲女子有胆量，能干，性格泼辣，很少会有人东施效颦裹小脚。但世事流迁，随着汉化影响，竟也有旗女不顾缠足苦痛，甘冒受罚的危险，取仿汉人裹起小脚来。① 嘉庆年间，当清廷最后一次从汉军旗女中挑选秀女（从未婚旗女中挑选宫女叫"选秀女"）时，仅镶黄汉军旗女中，就发现有十九人缠足。照嘉庆帝推想，一旗就有如许之多，其余七旗想也不少，既然未见奏报，想必是该管大臣疏于稽查所致。于是他将有关旗员，上至都统下至佐领，统统交部议处。至于这些旗女的父亲，本来也该治罪，由于他们多数住在乡下，沾染了太多汉习，这次就"加恩免议"了，只是下不为例，如果再敢无视禁令，必将严惩不贷。

光绪年间，社会上一些满汉人士开始猛烈抨击妇女缠足恶习。慈禧太

---

① 乾隆时满人舒坤批《随园诗话》曾记："余见汉军蒋攸铦，本籍宝坻（按当云本辽东人，入关后居宝坻），其先人因田文镜提拔，遂登仕版……其家妇女缠足，饮食日用，悉仿南人（按，指汉人）。"引自周汝昌《曹雪芹小传》，第26页。文康：《儿女英雄传》第十二回安太太说："我们虽说是汉军旗人，那驻防的屯居的多有汉装，就连我们现在的本家亲戚里头，也有好几个裹脚的呢。"说明在驻防、屯居旗人中，旗女缠足、汉装现象并不鲜见。

后提倡汉女放足尤具热忱，她于光绪二十七年（1901）颁发懿旨说：汉人妇女率多缠足，行之已久，有乖造物之和。此后缙绅之家，务当婉切劝谕，使之家喻户晓，以期渐除积习云。当时一部分汉人妇女迎合时势实行放足，不久，又有《劝行放足歌》刊行，以推动放足运动。其歌曰：

> 照得女子缠脚，最为中华恶俗，幼女甫离提抱，即与紧紧缚束。身体因之羸弱，筋骨竟至断缩；血气既未充盈，疾病随之暗伏。轻者时呼痛苦，重者直成废笃；举动极为不便，行走尤形踯躅；懿旨屡屡诫谕，士民尚不觉悟；人孰不爱儿女？微疾亦甚忧郁。惟当缠足之时。任其日夜号哭，对面置若罔闻，女亦甘受其酷！为之推原其故，不过狃于世俗，意谓未此不美，且将为人怨詈。不知德言容工，女诫所最称述；娶妻惟求淑女，岂可视同玩物？……

晚清政府的放足运动确实雷厉风行，旗家妇女益逞天足而自豪，民间的"小脚娘"纷纷改弦易辙。

三 饮食习俗

京城饮食，较多地受到旗俗影响。入关以前，满人饮食烹调很简单，无非吃肉食米饮奶而已，盐、酱等佐料很珍贵。入关后，在饮食上还保持着一些北方民族的习惯，如喜食烧烤，当时人有"满菜多烧烤，汉菜多羹汤"之说。喜食奶食和各种面食糕点，有鹿茸糕、人参糕、鸡蛋糕之类，皆珍美可食。又有切糕、凉糕、艾窝窝、豌豆黄、萨其玛、芙蓉糕之属。其圆饼称为饽饽，多包雪糖。其称元宵饼者，团面如鸟卵，中有糖汤（今称元宵）。[1] 诱人的食品还有一种酥酪，叫奶乌他，据说是"真北方之奇味"，令人流连难忘：

> 内城果局物真赊，兼卖黄油哈密瓜。
> 我到他乡犹忆食，山楂糕与奶乌他。[2]

---

[1] ［朝］洪大容：《湛轩燕记》，载《燕行录全集》第49册，第264页。
[2] 得硕亭：《草珠一串》。

山楂糕,满语叫"温扑",也是老少皆宜的满味小吃。在菜肴制作方法上,除烧烤外还有白煮。北京西四牌楼的砂锅居,过去是专卖白煮肉和下水的馆子,故有"白肉居"的俗名。夏仁虎《旧京琐记》卷九载:

> 城内缸瓦市有沙锅居者,专市豚肉,肆中桌椅皆白木洗涤,甚洁,旗下人喜食此。

清朝入关,还把东北的物产和食俗带到北京城。东北是盛产麋鹿的地方,所谓"棒打狍子瓢舀鱼,野鸡飞到饭锅里"。鹿肉、鲟鳇鱼、野鸡等特产成为旗人喜爱的美味佳肴。《草珠一串》有首竹枝词道:

> 关东货始到京城,各处全开狍鹿棚,
> 鹿尾鳇鱼风味别,发祥水土想陪京。

"发祥水土"指东北,是满洲人的肇兴地,"陪京"指盛京。当旗人品尝这些由关外运来的野味时,不由得会遥想起早已变得陌生的故地。嘉庆年间,北京城的鳇鱼市价,每斤值银二三两。就是说,一斤鳇鱼相当于一石米价,价格高昂,不是普通旗人所能受用的。

尽管在饮食上旗人仍保留着一些满俗,但在京久住,满、汉人在饮食习惯上必然相互影响。随着全国各地各种风味菜肴传入京城,逐渐影响了旗人的饮食习惯,一些传统食品消失了:

> 满洲糕点样原繁,踵事增华不可言。
> 惟有棹张遗旧制,几同告朔饩羊存。

注释说:"棹张"就是饽饽包子,旧时旗礼,一切婚丧大事,都有棹张,如今已渐渐不见了。

还有不少满洲食品,因得到满、汉人民的共同喜爱,流传至今,只是人们未必知道其中的一些佳肴最初源于满人。著名的南北大菜"满汉全席",就是由北方的烧烤风味和苏州的风味小吃融合而成的,它集满汉烹饪之大成,成为中国规模最大的传统宴席。

泡菜馆的风气长期盛行于京城旗人中。有一首竹枝词说:"小帽长衫着体新，纷纷街巷步芳尘，闲来三五茶坊坐，半是曾登仕版人。"注云："内城旗员，于差使完后，便易便服，结朋友茶馆闲谈，此风由来久矣。"旗人因有钱粮，清闲无事，故形成泡茶馆的风气。当时，京城内茶馆遍布，从清早到中午，茶馆成了旗人遛早弯儿或遛鸟儿后品茗休憩的场所。他们有所谓"早茶、晚酒、饭后烟"的习惯。旗人男女多抽烟，待客之际，与茶并设，所以又称南草（烟）为"烟茶"。①（见图252）

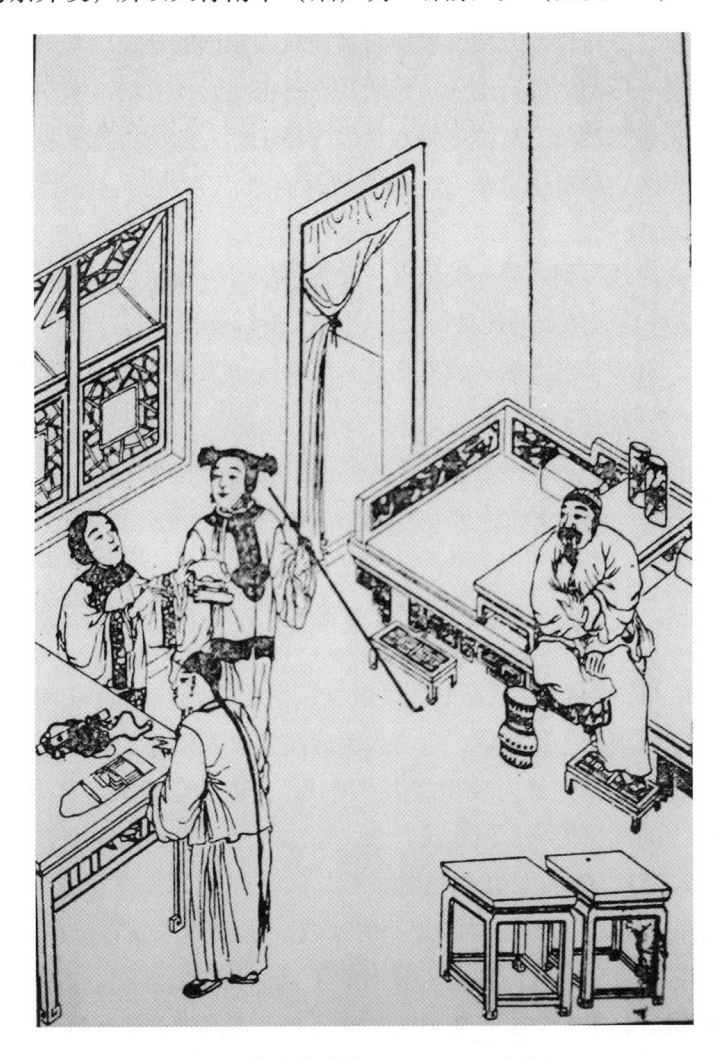

图252 抽旱烟的旗女（《儿女英雄传》）

---

① ［朝］李宜显：《庚子燕行杂识》，载《燕行录全集》第35册，第466页。

清代末叶，不少旗人终日无所事事，习于怠惰，提笼架鸟，消遣终日，清早遛完鸟后就到茶馆歇息。

四　礼仪习俗

过去北京有句俗话："树下房新尚不古，住家必是内务府，话大礼多动钱急，此人必是外八旗。"[①] 内务府旗人，清初多是皇室包衣奴仆，地位卑贱，以后身份逐渐改变，取得与其他旗人相同的地位，其中不乏高官显宦。京郊一带的内务府旗人，长期在农村屯居，没有脱离农业生产，所以到清末仍比较富裕。京师中旗人早已脱离生产，生活不免艰窘，但为都市习俗所熏染，即便生活艰窘，仍要硬撑着讲"礼儿"、端"架子"、摆排场。

清初人谈迁提到：满人极敬母，又善事挚友、长辈，命坐而坐，命食而食。[②] 这种尊老敬友的优良传统，在满人中延续很久，并成为京旗社会中的时尚。贵族官宦人家，最重礼节。震钧《天咫偶闻》卷十回忆：

> 八旗旧家，礼法最重。余少时见长上之所以待子弟，与子弟之所以事长上，无不各尽其诚。朝夕问安诸长上之室，皆侍立。命之坐，不敢坐。所命耸听，不敢怠。不命之退，不敢退。路遇长上，拱立于旁，俟过而后行。宾至，执役者，皆子弟也。其敬师也亦然。

旗人崇尚礼节，"敬老""敬长""敬尊"之俗突出。这既与满人早先古朴的血缘辈分观念一脉相承，也与入关后浸染汉人宗法观念息息相应，以至到后来，北京旗人待人接物之讲"礼儿"，远胜于民人。尊老、敬老，无疑是旗人的优良传统，但礼仪繁杂，礼法尊严，也不免有流于虚文的一面。（见图253）旗人尤以"耗财买脸，傲里夺尊，誉满九城"而自荣。如遇上婚丧大事，连那些"胯骨上的亲戚"也要邀来贺喜或吊丧，借此机会，主客双方比仪式的隆重，宴席的丰盛，礼金的厚薄，衣裳的华美，车轿的档次。结果，主家往往因此倾家荡产，客家中舍命陪君子的也不乏

[①] 《民族问题五种丛书》辽宁省编辑委员会：《满族社会历史调查》，辽宁人民出版社1985年版，第92页。

[②] 谈迁：《北游录·纪闻下》，第356页。

其人。这就是《草珠一串》所讽刺的:

> 丧事时兴作细棚,灵前无物不求精,
> 与其易也宁哀戚,说尽千年以后情。

这首诗讽刺王公显宦和旗人富家办丧事摆谱儿,铺张浪费,"搭细棚"、祭品求精就是这种习尚的表现。旗人向有"办事儿"搭棚之俗,不仅办丧事搭棚,办喜事、祭祖等都要搭棚。内城还有并无儿女婚事,却办所谓"出阁完姻筵席"的陋俗。《草珠一串》又云:

图253 男女揖拜请安(《北京风俗图谱》)

> 出阁完姻筵席开,梅红帖子印将来,
> 并无儿女缘何故,撒网虚名又一回。

何谓"撒网"?即无论婚丧等事,先备许多请帖,因亲及友,辗转相邀,虽素无一面之交的,接到请帖后亦必准备一份礼金送上,主要还是为了彼此拉拢关系,联络感情。"撒网"之风以王公贵族最突出。繁文缛节的风行,使主客双方觉得若是礼数不周,就没脸活下去,死了也欠光荣。就是婴儿满三月,举行所谓"洗三",也要兴师动众,邀集亲邻,一边洗一边念念有词地说:"先洗头,作王侯;后洗腰,一辈倒比一辈高;洗洗蛋,作知县;洗洗沟,作知州。"亲友则忙不迭往盆里抛铜板。

清季在京城各王府门口,中午和晚上常有旗兵等"折罗"(施舍)。尽管他们家业凋零,穷困潦倒,落到吃"折罗"的地步,却仍很讲究。所提的椭圆形饭盒里,盘碗齐备,要"折罗"时,还要求施主将汤菜和炒菜分开,以防串味。这是旗人入关后过惯寄食生活养成的风气,他们缺乏自谴的意识,完全沉溺在"讲究"的一潭死水里。

不过,旗人生活即便每况愈下,入不敷出,寅吃卯粮,甚至债台高筑,却也往往表现出谦和豁达,随遇而安,这也是旗人的一个特点。子弟书《穷大奶奶逛万寿寺》,用诙谐的笔调描述了一位旗家妇女对待贫困生活的态度:

> 大爷该班儿,大奶奶得了闲儿,这一日是四月初一,很好的天儿,我何不到万寿寺喝上个野茶儿。大奶奶不释闲儿,找了块铺陈去补汗褟儿,慌忙就洗她的蓝布衫儿,连烤带晒闹了个潮干儿。温洗脸水是个破沙浅儿,温水的工夫抽上袋烟儿,大奶奶洗了个清水脸儿,省得城外扬土烟儿。换袜子麻了花儿,大奶奶本是两只汗脚巴丫儿,使劲一登差点两半儿,将将就就没有两开儿。蝴蝶梦的鞋绽了半边,眼看着蝴蝶儿飞上了天儿。她倒说新鞋没有那旧鞋跟脚,逛庙何用满帮子花儿。

这段词把旗人"穷摆谱儿"的生活方式刻画得惟妙惟肖,从中也透射出他们在困境中乐天知命的性格。

五 婚葬习俗

满人的婚葬习俗源远流长,在汉人影响下也发生深刻转变。

满人早先的婚俗带有氏族社会婚姻的若干特点,"嫁娶则不择族类,父死而子妻其母(指后母)"。① 而且婚姻不论辈分,弟妻寡嫂的现象普遍。② 受汉人伦理道德的影响,天聪五年(1631)皇太极力矫此俗,下令

---

① [朝]李民寏:《建州闻见录》,辽宁大学历史系清初史料丛刊1978年本。
② 刘小萌:《满族从部落到国家的发展》,第276—277页。

永行禁止娶继母、伯母、婶母、弟妇、侄妇;同族嫁娶,男女以奸论。① 他在谈到创立新法的缘起时说:"汉人、高丽因晓(汉人)道理,不娶族中妇女为妻。凡人既生为人,若娶族中妇女,与禽兽何异。我想及此,方立其法。"② 皇太极以汉、朝等民族为榜样,竟至指斥本族古老婚习为禽兽之行,说明在立国不过短短二十年间,满人的伦理观念已发生演变。顺治以降,满人汉化渐深,旧俗随之泯改。晚清时,同治帝的孝哲皇后与珣妃为侄姑,是婚姻不择辈分的仅有一例。

满人入关前,无所谓妇女的"贞节"观,而汉人社会对妇女"贞节"的要求,却达到无以复加的程度。

在汉人历史上,尽管早在秦代已有提倡妇女贞节、褒奖守节寡妇之例,但整个社会对妇女的再婚尚持宽容态度。自宋儒提出"饿死事小,失节事大",守贞持节的枷锁日益深重。明成祖时仁孝文皇后作《内训》,有言"纵观往古,国家废兴,未有不由于妇之贤否"。将妇女是否贤德,提到关系国家兴亡的高度,所谓"贤德"的内涵,则是"女德有常,不逾贞信"。从此,能否保持贞操,便成为衡量一个妇女好坏的基本尺度。不仅夫死寡妇改嫁会受到舆论谴责,就是未婚少女,只要已许聘与人,而未婚夫亡殁,也要为他守节。许多寡妇唯恐因受人逼迫"失节",或因贫困难耐丧失生活下去的勇气,在丈夫死时自尽,美其名曰"殉节"。这种行为竟受到汉人统治者的表彰,不仅与死者旌表,还给其家属免去赋税的优待。有的家长唯利是图,竟至强迫女儿殉节。殉节之俗与缠足一样,均属汉族社会传统礼教习俗中最凶残无人性的部分。

满人入关,在接受汉文化过程中,逐渐摒弃本族的一些陋俗,同时,又不可避免地受到某些汉人习俗和伦理观念的熏陶,接受"贞节"观就是突出的一例。顺治十年(1653),清廷首次旌表了三十名八旗烈女和节妇,即夫亡从死和夫亡守节二十年以上者。③ 在此以前,清廷命诸王宗室内有孝友义顺及守节贞烈者,宗人府核实具奏,礼部照例旌表。接着,制定了旌表宗室节孝贞烈例,除赐给羊酒纸张并撰文遣官致祭外,还按等级赐给银两缎匹。同时,公布了宗室烈妇四人。旌表的四名烈妇是:和硕巽

---

① [日]村山纬等编:《清三朝实录采要》第2卷,日本伍石书轩1807年刻本。
② 《清太宗实录稿本》,辽宁大学历史系清初史料丛刊1978年本,第6—7页。
③ 《清世祖实录》第72卷,第20页下。

亲王满达海福晋（夫人）博尔济锦氏，侧福晋贵齐特氏；辅国公世布石伦夫人博尔济锦氏；正黄旗厄尔济根妻觉罗氏。满达海福晋十二岁选为王妃，从殉时年仅十六岁；侧福晋十五岁选入王府，二十岁时从殉。为了表彰她们，福临命给纸三千张，羊二只，酒三瓶，内院撰给祭文，遣官致祭。①

康熙帝大力提倡宋明理学，但他对汉人传统礼教中的妇女"殉节"并不赞同，认为人命至关重大，轻生从死属反常之事，如果再加以宣扬、旌表，死亡的人就会越来越多。为了制止这种行为，他下令对殉节妇女旌表一事，永行禁止。②

康熙帝的继任者雍正帝，不仅对妇女殉节表示反对，就是对妇女"从一而终"的守节行为，也只主张在汉人社会中提倡，而不要扩大到满人。他对不加区别地一律给予八旗寡妇补助的做法表示异议，说这样会使那些年轻又想嫁人的寡妇处于两难处境，甚至使她们贻误终身。规定，以后只有那些生有子女，并且年过四十的寡妇，国家才能予以生活补助。这样一来，年轻的寡妇往往要选择改嫁。雍正帝对寡妇殉夫很不以为然。他指出，夫死之后，妇人对于老人、子女，本该承担更重的责任，如此轻生，就是放弃责任，就是不孝，怎么还能表彰呢？

显而易见，康熙帝、雍正帝代表的上述看法，比起那些汉人理学大师和道学先生们的识见来确实高出一筹。但事实的发展却证明，汉俗的影响，包括贞节观在内的礼教，都是满人无力抵御的。乾隆朝以后，满人对妇女贞节的重视，与汉族相比简直有过之而无不及。从《钦定八旗通志》所载八旗节妇烈女人数来看，已经超过了顺、康、雍三朝的总和，有九千五百名之多，而前三朝总计不过两千余人。③ 其中包括夫死殉节的"烈妇"，守寡多年的"节妇"，未婚守节的"贞女"，以及尚未成婚即为夫殉死或因守贞而死的"烈女"。人数之多，实在惊人。明朝是传统礼教统治很严酷的朝代，近三百年中，全国旌表的节妇烈女，总共不过三千五百余人，相形之下，传统礼教对八旗妇女的残害，确实达到了登峰造极的地步。（见图254、255）

---

① 《八旗通志初集》第239卷，第5367页。
② 《清圣祖实录》第135卷，第16页下。
③ 《钦定八旗通志》，第241—256卷。

图 254　嘉庆二十三年旗人库雅拉氏节烈碑拓本

满人的葬俗也因汉人的影响发生了显著变化。满人在关外一向用火葬，不似汉族的"入土为安"。死于家者，第二日"举之于野而焚之"。[①] 如果战死疆场，则由同伴将尸体焚烧后将骨灰携回。清太祖努尔哈赤和清

---

① ［朝］李民寏：《建州闻见录》。

图255 道光元年旗人刘氏节烈碑拓本

太宗皇太极,都是先经火化,然后营建陵寝,将火化后的骨殖埋葬其内的。(见图256)这种葬俗,被直接带入了关内。顺治朝时,清廷发布的丧葬条例,公开允许官民火葬,这当然是指满人而言。以后,顺治帝福临和他的孝康、孝敬皇后死,也都实行火葬。所以史书记载说安放到地宫里

图 256　清太祖努尔哈赤父辈骨灰罐

的,并不是他们的遗体,而是"宝宫"。所谓"宝宫",其实就是一个骨灰罐,在帝王家则称为"宝宫"。① 火化地点,在景山寿皇殿。

满洲贵族故去,不仅行火葬,生前玩好,美珠重锦,焚于灵前,毫不吝惜。顺治十年(1653),定远大将军敬谨亲王尼堪战死,棺椁自湖北运回京师,自焚珠币珍玩无数。两年后,辅政王济尔哈朗卒,亦将平生所用服玩弓矢鞍辔犬马等焚毁一空。此即意大利传教士卫匡国所述:"按照鞑靼(满人)的风俗,一个贵人死后,要把他在另一个世界生活所需的仆人、妇女、马匹和弓箭投入他的火葬堆。"②

即使对普通旗人来说,当时要想效法汉俗实行土葬也不可能。由于战争频仍,许多八旗兵丁战死疆场。后来清朝在各省设立八旗驻防,规定驻防旗人死后不准在当地安葬,必须将棺椁运回京师即所谓"归旗"。在这种情况下,让八旗寡妇跋山涉水、千里迢迢扶柩回京,显然困难重重,权宜之计仍是实行火葬,然后将骨灰带回。

雍正元年,有旗员从节省靡费、减少扰累起见,奏请停止驻防官兵死后棺柩归旗,而满洲大员会议结果:旗人之旗〔族〕姓俱在京师,亡故

---

① 陈垣:《顺治皇帝出家》,《陈垣学术论文集》第1集,中华书局1980年版。
② 见杜文凯编《清代西人见闻录》,第6页。

之灵柩理应送回旗下安葬。若准其于居住之地建坟地、置产，累世年久，满洲、汉军俱渐为民人。① 满洲统治者从维持旗人独立性、防止旗民（满汉）混杂的角度出发，继续恪守棺柩归旗的旧制，势必在一段时间里强化火葬旧俗。

汉人基于传统观念，长期以来忌讳火葬，认为是对先人的大不敬，不但感情上难以接受，还担心招致神鬼报应。而焚尸扬灰，则被汉统治者作为一种极端严厉的刑罚。对于满人的火葬，自然会认为是一种野蛮的表现。濡染汉文化日笃的清统治者，也就逐渐以火葬为不雅之俗了。

乾隆帝即位后发布谕令，禁止旗人再行火葬。谕令说，本朝原来实行火葬，实出于不得已，因为迁徙无常，遇到父母之丧，弃之不忍，携之不能，故用火化，以便随身捧持。定鼎以来，八旗满洲和蒙古，各有宁居，祖宗墟墓，悉隶乡土，丧葬可依古以尽礼。此后除远乡贫人，不能扶柩回里，暂准携骨归葬外，其余一概不许火化。倘有犯者，按律治罪。② 弘历所谓"依古以尽礼"，实指汉人土葬习俗。同时，清廷开始在八旗驻防地为旗人购置坟地。随着八旗驻防从临时向固定的转化，旗人有了实行土葬的条件。从此，旗人葬式向汉俗转变，汉人慎终追远的伦理观念也在满人中流布。

清朝自太宗皇太极创业之初，即谆谆以满洲旧俗为重，及乾隆帝复重申之，但满洲旧俗却日愈销蚀。清季满洲人震钧说："自我生之初，所见旧俗，已谓其去古渐远。及今而日惜日忘，虽大端尚在，而八旗之习，去汉人无几矣。"③ 实在是发自肺腑的感叹。

考察旗俗的演变，有两点应该注意：

第一，满人在受到汉俗涵濡同时，其传统风俗，也给汉人带来某些影响。首先，旗人家汉人仆妇，服饰多从满俗。④ 其次，满人火葬习俗，一度影响到京师汉人。康熙年间造访京城的朝鲜使臣记载："清人皆火葬，汉人不火葬，而近来亦颇火葬云。虽火葬，皆入棺烧火，收其骨，纳器而

---

① 中国第一历史档案馆译编：《雍正朝满文朱批奏折全译》，第394、494、414—415、478页。
② 《清高宗实录》第5卷，第22页下。
③ 震钧：《天咫偶闻》第10卷，第208页。
④ 和邦额：《夜谈随录》，记家下汉妇着旗装，第238页。

埋之，聚土为小丘。"① 某些汉人改行火葬，与其经济拮据不无关系，但从火葬后把骨灰纳器内掩埋，上覆小丘（坟）来看，又是汉俗。再次，京城内外，部分民女在满俗影响下改行天足。此即福格《听雨丛谈》卷七所记："八旗女子，例不缠足。京城内城民女，不缠足者十居五六，乡间不裹足者十居三四。"福格长期居住京城，所记当非捕风捉影。京城民女不缠足者约占半数，满俗影响之深可想而知。京城回人妇女拒绝缠足，则是基于本族信仰。② 另外，关外民女，有缠足而梳旗髻者，时人谓之："满汉混俗，杂用其制。"③

第二，八旗内部，满洲、蒙古、汉军、内务府汉姓人，在风俗上既有共性，又有差异。内务府蒙古旗人崇彝在《道咸以来朝野杂记》中说："满洲祭祀典礼，大清会典中自有记载。即近人所著《天咫偶闻》中，所记亦甚详。是否如此，以予非满洲人，不敢断定。"他对满洲祭祀典礼表示隔膜，对蒙古旗人祭祀典礼程序、细节、特点却了然于胸，无不娓娓道来。④ 福格《听雨丛谈》卷六说：八旗满洲、蒙古、汉军各族，昔在辽东散居各城堡，故祭祀之礼，稍有同异，后世因之，不敢更张。大率满洲、汉军用豕，蒙古用羊。八旗汉军祭祀，从满洲礼者十居一二，从汉人礼者十居七八。内务府汉姓人，如满洲礼者十居六七，如汉军礼者十居三四。内务府汉姓人祭祀多从满俗，与其满洲化程度高是成正比的；相形之下，汉军仍在很大程度上保持汉人传统。

《儿女英雄传》大量描写旗人风俗，也注意到汉军与满洲人的风俗之别。第十二回描写张金凤拜见安太太，安太太坐着受礼。张姑娘磕头起来，便装了一袋烟，给婆婆递过去。站在一旁的张太太忙着搭讪："亲家太太，我看你们这里都是这大盘头，大高的鞋底子。俺姑娘这打扮可不随溜儿，不咱也给她放了脚罢？"安太太却连连摆手说："不用，我们虽说是汉军旗人，那驻防的屯居的多有汉装，就连我们现在的本家亲戚里头，

---

① ［朝］金昌业：《老稼斋燕行日记》，载《燕行录全集》第32册，第325页。
② ［英］阿奇博尔德·立德：《我的北京花园》提到，除了旗人妇女天足外，城内大量回民也"千方百计让妇女不缠脚。这是所有穆斯林都一贯坚持的信仰，他们视改变身体的任何部分都有违真主的旨意"（第215页）。
③ ［朝］金昌业：《老稼斋燕行日记》，载《燕行录全集》第33册，第329页。
④ 崇彝：《道咸以来朝野杂记》，第54页。

图 257　缠足的十三妹（《儿女英雄传》）

也有好几个裹脚的呢。"（见图257）自清初以来，汉军妇女既从满俗为大脚（天足）。而上述记载却说明，随着时间的推移，汉军旗人中又有改从汉俗缠足的，而且见多不怪，视为正常。该书第二十回又记，何玉凤祭奠先父母，"换上孝服。原来汉军人家的服制甚重，多与汉礼相同。除了衣裙甚至鞋脚都用一色白的"。也说明汉军旗人与汉俗的联系。

第三节　语言与姓氏

满语在清代称"国语"或者"清语"，满文称"清文"、"清书"或者"清字"。清朝统治者为使本族人长久保持满语、满文，采取了一系列措施。但事态的发展依旧是满语衰落，满文荒疏。与此同时，满人姓氏也受到汉文化影响。

一　满语满文的衰落

关外时期，满洲人多不通汉语文。清太祖努尔哈赤、清太宗皇太极时期的档案、诏敕、奏章、祭文等文书，基本用满文书写。（见图258）入关初期，满洲各官，无论在京师、盛京还是外任督抚，仍旧通行满语满文。满汉各官奏事各用本族文字，彼此难以沟通，汉官奏疏呈至内院，需译成满文呈进。因中枢权力控制在满人手里，公文多用满文，往往满官已得旨施行，汉官还没看到汉文译本。[①] 这种情况，说明在清初中央机构中，满文作用重于汉文。清廷为了协调满汉，一同处理政务，在内阁设立

---

① 谈迁：《北游录·纪闻下》，第369页。

图 258　新老满文

中书，在各部院设立笔帖式，负责翻译工作，将文书分别译为满汉两种文字，所谓"满汉合璧"很快成为通行格式。① 又通过翻译科举，从八旗满洲、蒙古、汉军中选拔翻译人才。

满人虽把持政府枢要，但生活在一个以汉人为主体的社会，不通汉语给他们带来诸多不便。所以，清统治者积极提倡满员学习汉语、汉文，汉员学习满语、满文。顺治帝曾亲教汉臣满语。顺治十年（1653），他亲自面试内翰林汉官，其中"通满洲文义者"三人，分别晋升；次一等粗通者十二人，仍留原秩；一窍不通者五人，全部降调。清初沿用明制，每科新进士，选若干人为庶吉士，入馆教习满汉文字，三年有成，量材授职，称"庶吉士散馆"。顺治十年，庶吉士散馆，福临亲选为上卷者三人，俱为汉军；选为中卷者三十二人，都是汉臣。康熙年间，馆选之例，庶吉士年四十五岁以下者，都必须熟读满文。② 清前期的几位皇帝召见臣属，见满臣说满语，见汉臣说汉语，见蒙古王公说蒙古语，与臣属并没有语言交流的障碍。

---

① ［日］村田雄二郎：《末世，用什么语言说话？——清末的国语问题和单一语言制》（《ラストエンペズは何語で話していたか？——清末の「国語」問題と単一言語制》，载《ことばと社会》第 3 号）。

② 震钧：《天咫偶闻》第 1 卷，第 10 页。

入关初，满洲人在积极学习汉语的同时，尚通晓本族语言，满汉兼通是当时旗人首先是贵族官员的共同特点。这一方面是实行统治的需要，另一方面，他们中的许多人也确实仰慕汉文化的博大精深。满语是一种源于渔猎文化的语言，在描述雨雪、云霓、阴晴、植物、野兽、禽鸟、网捕、畜牧、狩猎、皮毛诸方面，词汇远较汉语丰富，但用于处理政务，管理中原农业社会，发展文化教育，乃至传达政令信息，却显得捉襟见肘，力不从心。汉字历史已有数千年之久，蕴积宏富，擅长表达复杂思想和细腻情感，而满文自创制以来不过数十年，在词汇量和表达能力上均难与汉文匹敌。顺治年间，颁给满汉各官诰命，诰命取满汉合璧，但相关满文词汇远比汉文为少，任事者颇以为难。文官诰命中"仁""懿""庸"等字，满文只好都译作"好"；武官诰命中"元戎""总帅"等字，都译作"总兵"。诚如时人所云："满字少，故不顾文义。"①

康熙末年，生活在北京街巷中的满洲人皆能汉语。他们的子弟，从小在这种环境中长大，汉语固然不错，作为母语的满语却开始荒疏。当时造访京师的朝鲜使臣，敏锐地觉察到这一现象。金昌业记载说：

> 清人（指满人）皆能汉语，而汉人不能为清语。非不能也，不乐为也。然不能通清语，于仕路有妨。盖阙中衙门皆用清语奏，御文书皆以清语翻译故也。闾巷则满汉皆用汉语，以此，清人后生少儿多不能通清语。皇帝患之，选年幼聪慧者送宁古塔学清语云。②

在京师成长起来的新一代满洲人，满语逐渐荒疏。民间交流，主要借助汉语。康熙帝担心这种现象继续发展下去，特意选送年幼满洲子弟到关外宁古塔，专门学习纯正满语。但是在官场上，由于统治者大力提倡，仍旧通用清语（满语）清文（满文）。在清帝国的庞大疆域内，清语依旧维持"国语"的特殊地位。

满洲旗人不晓满语真正成为普遍现象，大约是在乾隆年间。对此抱有强烈危机感的乾隆帝弘历，曾一再面斥忘却"国语"的宗室子弟和满洲旗员。乾隆二十七年（1762），为承袭信郡王爵德昭事，将其诸子带领引

---

① 谈迁：《北游录·纪闻下》，第372页。
② ［朝］金昌业：《老稼斋燕行日记》，载《燕行录全集》第32册，第322页。

见,其中竟有年逾四十不能清语不能骑射者。弘历认为是德昭生前并不教训子弟所致,决定将王爵改由同宗别支子弟承袭。他还传谕宗室王公,各宜加意教诲子弟,如果袭爵时不能清语骑射,必照此办理。① 虽然三令五申,奖惩并行,情况并未好转,乾隆四十年(1775),又有宗室公爵英盛额不能清语受到斥责的事发生。为此,弘历建立起更为严格的年度考核制度。规定:王公子弟无论在家延师还是入宗学读学,都必须每月考察一次清语及马步射,若发现有不能清语,其在宗学者,将宗人府王公等及教习等一并治罪;其在家读书者,将伊父兄等一并治罪。②

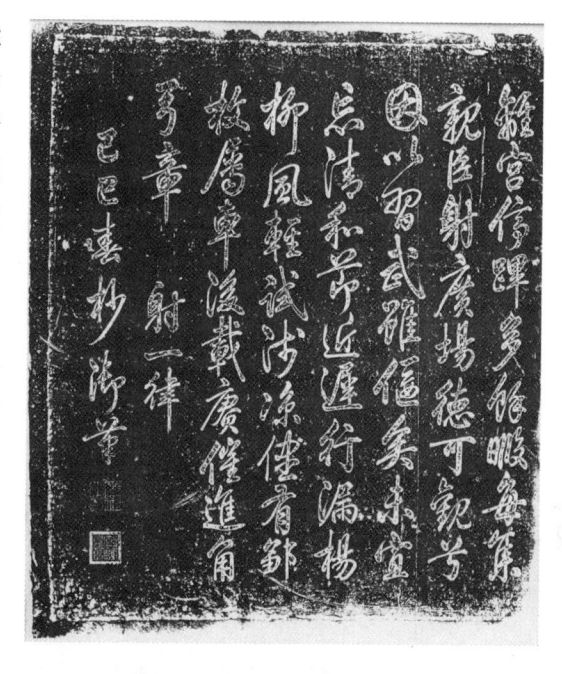

图259 乾隆帝《吟射诗刻》(乾隆十三年题)

嘉庆帝亲政后,也反复提到满洲子弟不懂满语的情况。他说,过去满洲人都通晓满语,能将小说、古词翻译成篇,如今不但不能翻译,甚至清话生疏,不识清字。有的满洲官员上奏折也用汉文书写。但是,这时清朝统治已呈衰象,统治者无力再像乾隆时那样,对使用"国语"严加督促。满语满文的衰落,如江河日下,不可遏止。嘉庆十八年(1813),地坛举行祭祀时,竟有宗室因没有看懂满文"视牲"两字,未能遵旨前往,被嘉庆帝给予罚俸一年处分。当时曾有官员不识时务地奏言,应该让天下士子皆读清书。嘉庆帝头脑还算清醒,回答:如今满洲人尚且对满文不能通晓,又何必让汉人学习,强人所难呢?可见这时与清初倡导满洲人保持"国语"的强大气势,实在不可同日而语了。

当时很多满洲子弟不愿学习满语,在办公处所听到的多是汉语,即使

---

① 光绪朝《会典事例》第2卷,第29页。
② 光绪朝《会典事例》第8卷,第118页。

讲满语，也时常夹杂汉语。此即乾隆帝所指责的："近见清语中杂以汉语，语熟成风，遂将可以翻清者，亦仍用汉语，而书于章奏者往往有之。"① 这种满汉语相杂的现象，已达到"语熟成风"的程度，说明即便在满人聚集的官场上，汉语开始取代满语。

同时，满语发音变得不再纯正，也就是"音韵错谬"或者"音近汉人语气"问题。② 乾隆帝将这种现象说成是满汉语言风尚的"渐渍"，用今天的话说，也就是互相吸收渗透。与此同时，京师汉人语汇中，也吸收了不少满语腔调和词汇。

在满洲旗人逐渐使用汉语的同时，汉人也从满语中汲取了不少富有表现力的语汇。这一点，在北京话中表现得比较明显。旗人与民人日常交谈，话语中兼用满汉词语，俗称"满汉兼"。宗室奕赓说："常谈之语，有以满汉兼用者，谈者不觉，听者不知，亦时习也。"③ 并援举数例说：俗以不甚修饰者为"懒散"，不知"懒散"即清语，相当于汉语的"邋遢"；又如事之不常见者及人之性左者俱曰"噶钮"，不知"噶钮"为清语，汉语谓之"怪"；又如俗言响声曰"咕嗵的一声"，不知"咕嗵"也是清语，也就是汉语的"大声响"。又如称戏谑为"岳伯"，马蹄袖为"瓦杭"，奶子糕为"乌他"，山楂糕为"温普"，下处为"蹋潭"，侍卫为"辖"，长者赐食曰"克食"等，都是融入北京话的满语语汇。奕赓认为这类例子不可枚举。正说明当年"满汉兼"的语汇相当丰富，所以才会成为人人习而不察的有趣现象。夏仁虎《旧京琐记》把北京话划分为旗下话、土话、官话。其中不论哪类话，都掺入了满语，如看曰"把"，靠役曰"苏拉"，官曰"章京（读如音）"，主管曰"侉兰"之类。④

"满汉兼"现象不仅存在于日常会话中，而且浸淫于京城流行的子弟书、八角鼓、岔曲、牌子曲、民歌中。子弟书著名的"满汉兼"作品有《螃蟹段儿》《寻夫曲》《升官图》。《螃蟹段儿》的内容，描写一对屯居的旗人青年和他的汉人妻子移居城市后，因不谙市俗而闹笑话的故事。从下面摘取的一段中，可以看出它的语言特点：

---

① 《钦定八旗通志》卷首十一，第242页。
② 《清高宗实录》第1096卷，第15页上。
③ 奕赓：《括谈上》，载《佳梦轩丛著》，第178页。
④ 夏仁虎：《旧京琐记》，第44页。

　　　　　阿哥　　　姓什么，
　　有一个 age 不知是 hala ai，
　　　　　号儿　　　何人
　　也不知 colo 叫做 ai niyalma，
　　　　　满洲　　蒙古　　　汉军
　　又不知 manju 叫做 monggo 是 ujen cooha，
　　　　　　佐领哪个旗
　　更不知哪个 niru ya gūsa。
　　屯里
　　toksode 住了二年半，
　　娶了个媳妇就是彼处的
　　gaiha sargan uthai tubai　蛮子家（指汉人），
　　　　　娘家　姓字名　谁
　　也不问 dancan ergi gebu hala 谁家女，
　　胡里　胡涂
　　hūlhi lampa i 娶到了家。
　　　　　　心性　聪明
　　这佳人 gūnin sure bime 嘴又巧，
　　满洲　话　　　　　就会了他
　　manju gisun 不上半年 bahanaha。
　　　　　有趣儿的　奶奶
　　也是个 amtanggai hehe 好玩笑，
　　　　　　　　　跌婆妈妈（意指言行滑稽之人）
　　到后来成了个半满半汉的 belci mama。①

　　这段文字每一句都是满汉语言混合使用，满语上面的汉语小字只是对满语的注释，不是唱词，只有这样，句末满语字母"a"才能与汉语"蛮子家""到了家"的"家"相押韵，使全句韵律一气呵成。
　　"满汉兼"体裁从一个角度反映了满汉文化的交融，汉语语汇已无孔不入地渗透到旗人生活的各个领域，并取代满语成为旗人的主要语言。

────────

① 关德栋、周中明编：《子弟书丛钞》，上海古籍出版社1984年版，第772页。

子弟书《螃蟹段儿》还具有民俗学研究的珍贵价值。有清一代，满汉之间、旗民之间是不准通婚的，直到咸丰年间始有变通。这篇子弟书说的是一个汉人女子嫁给满洲子弟，不到半年就掌握了满洲话，濡染了满洲习俗，俨然成了个"半满半汉"的"跌婆妈妈"的经历。这种描述当然不是作者随意的杜撰，而是对实际生活现象的高度概括。它通过对满汉杂居地区日常琐事的艺术加工，反映了满汉青年友好交往的主题，是很值得珍视的。

其实，不同语言的融会以及在艺术领域的渗透现象，并非清代所仅见。历史上北方少数民族多次入主中原，其文化不可避免地会与汉文化交相影响，并在社会生活乃至文学创作中，形成两种语言乃至多种语言的混合使用现象。元明戏曲中，就夹杂了一些契丹、女真、蒙古以及波斯、阿拉伯语，其中最多的是蒙语，如"把都儿"（勇士）、"虎儿赤"（奏乐者）、"虎剌孩"（盗贼）之类。① 在元代杂剧里，保留着若干蒙古语汉字音的译语，如"兀剌赤"（马夫）、"铁里温都哈喇"（杀头）之类。明人杨慎《滇载记》中，曾有一首诗兼用了若干蒙古语，颇为醒目：

> 吾家住在雁门深，
> 一片闲云到滇海；
> 心悬明月照青天，
> 青天不语今三载。
> 欲随明月到苍山，
> 误我一生路里彩（锦被名也）。
> 吐鲁吐鲁段阿奴（吐鲁可惜也），
> 施宗施秀同好歹（可不好也）。
> 云片波粼不见人，
> 押不卢花颜色改（押不卢乃北方起死回生草名）。
> 内屏独坐细思量（内屏骆驼背也），
> 西山铁立霜洒洒（铁立松林也）。②

---

① 详见方龄贵《元明戏曲中的蒙古语》，汉语大词典出版社1991年版。
② 关德栋：《曲艺论丛》，中华书局1958年版，第84页注1。

像这种"蒙汉兼"的作品流传至今的已寥若晨星，这应是蒙古人入居中原时间较短，而元人距今又较为遥远的缘故。相形之下，旗人流传下更多的"满汉兼"作品，是很自然的。

值得一提的是，旗人在创作子弟书"满汉兼"文体时，还将它作为一种高难度的文字游戏。如别具一格的《升官图》，全书仅七十二句，每句以七言为主。故事内容脱胎于《水浒传》和《金瓶梅》小说中西门庆与潘金莲初次调情幽会事。写作技巧之高妙，全在于满汉语双关的运用，而描写之大胆，字句之猥亵，又不减于《金瓶梅》。曲名之所以叫"升官图"，是因为每句都嵌以官职名称，而这些官职名（满语或汉语）中的一二个字或音节恰好生出另一含义。换句话说，即利用满语有关官职名称的字音以叶汉意，因每句几乎都包含官职名目，所以叫作"升官图"。如曲文第九句："这淫妇春心难按把'协尉'动"，"协尉"是官名，此处借为"邪欲"意；曲文第三十七句："又脱下柘榴红的'ejeku'（额折库）"，"ejeku"是满语官名，汉译为"翰林院侍读"或"主事"、"知事"，这里只借用"ku"的音叶汉语"裤"的意。曲中使用的满语词语，除职官名外，还有包衣达（管领）、乌真缀哈（汉军）、扎兰呢达（甲喇头目）、占音（章京）、郭什哈（亲随）、戛巴什先（先锋，八旗兵种之一）、乌克身（马甲，八旗兵种之一）、木昆呢达（族长）、牛录（佐领）等。《升官图》的创作，反映了一些旗人庸俗无聊的生活情趣，但它在语言上的研究价值不言而喻。直到清季，"满汉兼"文体仍偶见于北京等处童谣中，如：

> 今日"三音阿不喀"（好天气），
> 闲来无事出"都喀"（门）；
> "阿补"（行走）必须穿"撒补"（鞋），
> 要充朋友得"几哈"（钱）。①

在清人戴全德写的两卷《西调小曲》中，也可以看到这类文体的民歌。但不管怎么说，"满汉兼"文体流行的范围这时已大为缩小，或者不妨说，它已经成为旗人故弄玄虚的一种文字游戏了。

---

① 关德栋：《曲艺论丛》，第84页。

从形式上看，近代以来，除了东北偏远地区满人聚居的农村尚有部分人使用满语外，作为一种享有特殊地位的语言确实是近乎消失了，但实际上从清中叶开始，它的一些成分也在点点滴滴地融入汉语中，丰富了汉语词汇，影响到北方汉语的语调，最典型的，就是对今天"北京话"的影响。一些研究民族语言的专家指出，北京话正是满语融入汉语之后的产物。一方面，北京话中吸收了不少的满语语汇，比如老北京俗把"腋下"叫"胳肢窝"；把"小儿子"叫做"老疙瘩"；把"乞求"叫"央给"；把"肩胛骨"叫"哈巴骨"；把"给别人作难"叫"扎罚子"；把"上哪儿去?"叫"上哪儿克?"把"祸首"叫"祸搭"或"坏事搭"；把"妖怪"叫"妈虎子"；把"查看"叫"掰赤"等。这种满汉语汇的结合，丰富了汉语语汇，说起来轻快好听，逐渐形成北京话的一个特色。

满语对北京话的影响，还在于从中潜移默化表现出的那种旗人特有的气质。例如颇具特色的敬语"您"字，就是在汉语"你"字的基础上，吸收满语语调转化来的。如出一辙的还有"怹"，是对第三者（一般指比自己年长者）的尊称。对北京话的这种特点，满族著名作家老舍在其自传体小说《正红旗下》中曾有过一段描写：

> 至于北京话呀，他（指书中人物福海二哥）说的是那么漂亮，以致使人认为他是这种高贵语言的创造者。即使这与历史不大相合，至少他也应该分享"京腔"创作者的一份儿荣誉。是的，他的前辈们不但把一些满文词儿收纳在汉语之中，而且创造了一种轻脆快当的腔调；到了他这一辈，这腔调有时候过于轻脆快当，以致有时候使外乡人听不大清楚。

老舍先生的描写确是"点睛之笔"，不但提示了"京腔"的基本特点，而且肯定了满人为这种堪称为"世界上最优美的语言之一"的北京话所作出的贡献。不用说，老舍先生是十分以此为自豪的。

在满语衰落的同时，满文也逐渐荒疏。满文在清代又称"国书""清文""清字""清书"，是清朝最重要的官方文字。

清太祖努尔哈赤起兵时，满洲先世的女真人仍通行蒙古字。文书往返，必须先习蒙古书，译蒙古语通之，很不方便。16世纪末，努尔哈赤命巴克什（儒士，一种称号）额尔德尼、噶盖利用蒙古字母创制满文。

首创的满文尚不完备，大体上仍是蒙古字的翻版。后世为与皇太极年间巴克什达海改造的有圈点满文（新满文）相区别，称之为"无圈点满文"（老满文）。从此满洲人拥有了传达政令、沟通信息、积累知识、传播文化的重要手段。（见图260）

清朝入关前，文书档案主要用满文书写，定都北京后因为统治中原的需要，文书一般翻为满汉两种文字，称"满汉合璧"。但重要文书，首先是涉及军机、边疆、民族、旗务的部分，均用满文，或依据特定对象，酌加蒙、藏、维等文字。

雍正元年（1623），署西安将军普照在密折中奏称，自己"生性愚昧无知"，虽自幼在父亲传授下学习满汉文，但成绩不佳，凡写文章随意涂抹，对满文"圈点之用法、字牙之多少实不明晰"，请求密奏之折准用汉字。雍正帝朱批："字有何妨，汉字亦可以。即便如此潦草，或更乱些，朕亦不会责备。知道了。"① 当时满洲旗员不通满文还只是个别现象，雍正帝并没有给予重视，才会如此调侃。

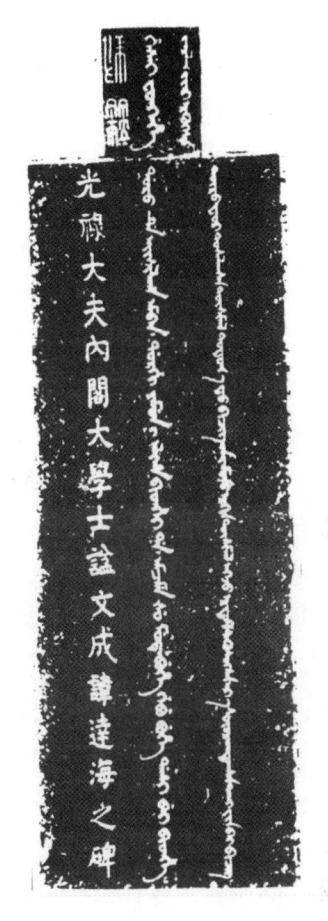

图260　满洲文士达海诰封碑

从雍正末年起，军机处满文月折中已杂用汉文。乾隆年间，汉文比例逐渐上升。嘉、道以后，在军机处、内务府、宗人府等主要由满员把持的重要机构中，汉文文件逐渐占据优势。②

道光帝曾痛斥专习汉文的旗人子弟，说这些人既不晓清语，又不识清字，岂有自命为旗人之理，真是"实堪可恨"。但骂归骂，实际上却无可奈何。他想了解满洲官员知晓满文的程度，谕令满洲侍郎以下至五品京堂

---

① 中国第一历史档案馆译编：《雍正朝满文朱批奏折全译》，第356—357页。
② 震钧：《天咫偶闻》第1卷："乾隆以前，廷寄清文多，故满章京事繁，近来多改汉文，满章京遂成闲曹矣。"

各官进内廷考试,结果,翻译通顺和稍有错误者只占十之三四,不能落笔者却有一半之多。① 当时担任内廷侍卫的宗室子弟多不学无术,至有满蒙字俱不识者。即使见面、起居等日常用语,也不能应对。间或有一两人能读满文鼓词小说,或者将满文传片结结巴巴念上几句,周围人必群起而哄:某某人,真是满汉皆通。② 受过系统教育的贵族子弟尚且如此,普通旗人子弟满文荒疏日甚也在情理之中。

光绪朝以降,即使在宫廷内,满语文也逐渐被废弃不用。旧制,满洲王公大臣向皇帝"谢恩""请安"或自报履历,必须使用满语或满文。《翁同龢日记》光绪九年(1883)元旦条:诸大臣入宫朝贺,"先叩贺太后天喜,汉话。次叩贺上(按,指光绪帝)天喜,清话"。③ 对太后用汉语,因其不通满语。光绪帝受过满语文系统教育,故用满语朝贺。刘体智《异辞录》也记载说:满大臣带领引见,太后前则易,皇帝前则难,因太后不通国语。④ 用末代皇帝溥仪的话说,太后对满文"差不多可以说完全不识",她批阅公文只批汉文,不阅满文。"垂帘听政"达数十年的慈禧太后尚且如此,无怪乎满语文的影响迅速式微。光绪二十七年(1901),清政府与八国签订《辛丑条约》,只备有法、英、德、汉四种文本各一份,已没有满文的位置。这表明:满语、满文最终丧失"国语""国书"的地位。

总体来看,无论是在八旗社会,还是在满人中间,满语文都呈现不可逆转的颓势。这是一个渐进的过程,而且在不同地域、不同阶层、不同部门、不同籍属(满洲、蒙古、汉军)中,其衰颓的时间和程度又有明显差异。关外地区,居处偏远,知晓满语文的旗人比京师和内地驻防地自然多一些;在京师,宗室贵族自幼受到良好教育,加之统治者反复督责,熟通满语文者相对普通旗人要多得多;军机处、八旗、内务府等衙门,大量办理旗务或皇室事务,一向注重满语文使用,这不仅是为着维系满洲文化,也是为了防止泄密,故满文文书一直流行到清末。⑤ 另外,北京满洲

---

① 《清宣宗实录》第267卷,第29页上下。
② 奕赓:《侍卫琐言》,载《佳梦轩丛著》,第67页。
③ 陈义杰整理:《翁同龢日记》第4册,中华书局1992年版,第1713页。
④ 刘体智:《异辞录》,中华书局1988年版,第232页。
⑤ 细谷良夫:《关于日本东洋文库所藏〈厢红旗档〉概述》,载冯明珠主编《文献与史学——恭贺陈捷先教授七十嵩寿论文集》,台湾远流出版社2002年版,第483—484页。

旗人彼此进行房地产交易，如系私契（白契），乾隆年间已罕用满文，反映出满语文在实际生活中的衰落；但是由八旗衙门颁发的官契（红契）却始终保持"满汉合璧"，直到清亡。

二 姓氏的汉化

与满语、满文的衰落同样令清朝统治者忧心忡忡的，是旗人在姓氏与人名上效法汉俗而忘记"根本"。

满洲人崛兴之初，大量吸收各民族成员加入自己的共同体中，其中包括为数众多的汉人。汉人入旗并逐渐满化的一个标志，便是效法满人以名代姓之俗，名前多不冠姓，有些人索性用满语命名，与满蒙旗人之名浑然无别。入关后，这种风气绵延不衰。与此同时，满洲旗人改汉姓、取汉名的现象也悄然而起。这种现象的滋生蔓延，直接关系到满洲文化的荣枯，难怪会引起统治者关注，苦心孤诣地加以制止，但其结果亦如面对满语满文的颓势一样，唯有徒唤奈何而已。

八旗满洲人的姓，满语叫"哈拉"（hala），多源于地名、部名或者某一图腾名。当同一血族的成员逐渐分散到各地，血缘纽带由紧到松，地域关系由近到远，并进一步形成新的血缘分支后，就在旧有姓氏上冠以所居地方的名称，如住在叶赫地方的那拉氏，姓叶赫那拉，清末慈禧太后，就是这个氏族的后裔。住在辉发河一带的则姓辉发那拉氏。观《八旗满洲氏族通谱》，满洲著名的瓜尔佳姓析分为苏完瓜尔佳、叶赫瓜尔佳等十二大氏；觉罗姓内则有伊尔根觉罗、舒舒觉罗、西林觉罗、通颜觉罗、阿颜觉罗、呼伦觉罗、阿哈觉罗、察喇觉罗等氏。清朝皇族爱新觉罗氏，也是这一古老姓氏的一个分支。

满人的习俗是"称名不举姓"，人们相逢，一般只以名字相称。"努尔哈赤"是名，他的姓为"爱新觉罗"；康熙年间一个满洲将领叫"穆成额"，他的姓不是"穆"，而是"那木都鲁"；与他同时的另一个满洲人也叫"穆成额"，却姓"萨尔察"。总之，满洲人是有姓的，至于见面相称不举姓的缘故，有人说是自氏族社会传下的旧俗。姓氏，作为一个基本血缘组织的标记，只有在与外部交往中才发挥它的功能。"称名不举姓"，或者是古昔同族聚居时代留下的残风余响。当时人们聚族而居，彼此相熟，自然无称姓的必要。相沿日久，"称名不举姓"成为旗人的共同习尚。

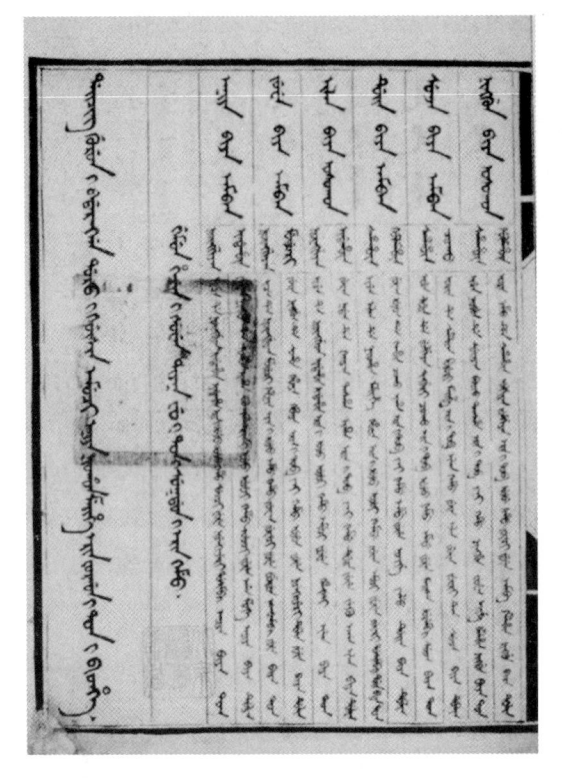

图261　光绪三十一年满文时宪书

在八旗姓氏中，从先世女真人承袭下来的为数不少，其中较著名者有富察（女真姓为蒲察）、伊喇（移剌）、纳喇（纳剌）、费莫（裴满）、完颜（完颜）、钮祜禄（女奚烈）。16世纪后，又吸收了不少蒙古姓，如博尔济吉特氏，原是蒙古黄金家族——成吉思汗家族的姓。《清朝通志》卷三至五《氏族略·满洲八旗姓》，共载横跨满蒙的姓氏十七个，就是一个明证。清朝入关前后，满洲这一新的民族共同体大量接纳外来民族成分，又加入了索伦（鄂温克）、锡伯、赫哲、达斡尔、汉、朝鲜等族姓氏，俱详《八旗满洲氏族通谱》。

满人姓氏中的汉姓，有些来源相当古老。董鄂氏，相传是金女真时被掳的宋朝宗室之后。[①] 汉人女子嫁入女真人（满洲人）家，多改称"某佳氏"。明末清初归附满洲的汉军旗人，一般都在本姓之上加上"佳"或"尔佳"如佟佳氏、王佳氏、张尔佳氏，不待详举。

按照汉人根深蒂固的观念，姓氏因与祖宗和血脉相连，是至关重要的。改姓意味着背祖，深为汉人所不齿。而加入八旗的汉军率多改从满洲习俗，亦可见其攀附满人意愿之强烈。有些入旗汉人虽保留汉姓，却依从满洲习俗，称名而不举姓。这些都说明，随着外族的不断加入，满人的姓氏大为丰富了。

满洲人改用汉姓汉名的情况自清初已露端倪。顺治帝就取了一个汉式

---

① 昭梿：《啸亭杂录》第10卷《宋人后裔》，第325页；成全：《东北古迹》，席长庚编著：《董鄂氏族史料集》，北京满学会1998年铅印本，第57—58页。

名字——福临。他的姓名全称是爱新觉罗·福临，满姓汉名。顺治九年（1652）会试，取中满洲进士、蒙古进士各五十人，状元麻勒吉，授弘文馆修撰，改名氏曰马中骥。①但这种现象的普及，还是在满人逐渐放弃本族语言改用汉语之后，大抵发生在乾隆、嘉庆年间。乾隆时，许多满人或者已经不知先世还有"称名不举姓"的旧俗，或者竟是故意取仿汉人，往往径直将自己名字的头一个字当作姓，以致引起乾隆帝亲自干预。乾隆三十二年（1767），吏部带领引见的旗人中有个叫满吉善者，是觉罗留保之子。弘历谕旨称：

图262　门前迎客图（《清俗纪闻》）

> 其名满吉善者，竟以满为姓矣。朕将满吉善之名改为吉善。吉善乃系觉罗，甚属尊贵，吉善竟不以觉罗为尊，以满为姓，照依汉人起名，是何道理？似此者，宗人府王公等理应留心查禁，今竟不禁止。王公所司何事？恐其尚有似此等者，著交宗人府王公等查明，俱行更改，将此严禁。②

乾隆皇帝特别下诏，为满人讲解什么是满洲的姓，什么是满洲的名。此等事情竟要由皇帝出面讲解，未免过于荒唐了。

更荒唐的是，到嘉庆年间，一些宗室子弟甚至对自己本应引以为豪的

---

① 谈迁：《北游录·纪闻下》，第363页。
② 光绪朝《宗人府则例》第1卷，光绪三十四年（1908）本，第22页下，23页上。

老姓——爱新觉罗氏也无所谓了。爱新觉罗汉姓曰金,其他觉罗汉姓曰赵,本来泾渭分明,有些宗室却偏要以赵姓自居。有宗室名图克坦,人称赵大。问他何以如此称呼,回答说赵姓是百家姓之首,宗室既然至高无上,必然姓赵无疑。清朝规定宗室系黄带子以与其他人相区别,于是又有宗室在自己的名字之前冠以黄姓,论资排辈,而以黄几呼之。嘉庆帝因此龙颜大怒,传谕宗室,此后再有以赵、黄为姓者,一定"从重治罪"。① 但收效不大。宗室中更有一般无聊之辈,以彼此乱起绰号为乐,诸如"巴达棍赵二"、"母猪赵二"、"忘八赵二"、"鸡屎赵二"之类,"呼者习以为常,听者泰然自若"。无独有偶,在系红带子的觉罗中,也有称"红八",因讼而入奏者。②

其实,满洲人家族观念还是比较强的,又重视纂修家谱、族谱,所以真正将老姓忘却的为数寥寥。他们之所以改从汉姓,主要还是顺遂习尚,也为了交往的便利。其改从汉姓,大抵有如下几种方式:

一种是意译。如萨察氏,因萨察的满语原意为"盔"。于是略加修饰,用"隗"为姓;宁古塔氏,满语意为"六",改姓为刘;乌雅氏,满语为猪,改姓为朱等。再如钮祜禄氏改姓为郎,曾被乾隆帝拿来作例子教训满洲子弟,说汉人因为知道"钮赫"原意为"狼",就喊他们为狼,本来含有鄙薄之意,岂料钮祜禄氏的不肖子孙们,竟然也自称为郎,甚至以郎字命名,真是不知好歹,自忘根本。可是,后来的钮祜禄氏还是都改汉姓为郎了。

另一种是取本姓的第一字为单字姓。如舒穆禄氏、舒舒觉罗氏改为舒氏;富察氏改为富氏;董鄂氏改为董氏等。满洲人原为双字或多字姓,改为单字姓后,很容易与汉姓混淆。还有满洲旗人以汉字谐音取代本姓,如瓜尔佳氏改姓关,裕瑚鲁氏改姓于,布尼氏改姓卜。最终,连皇室爱新觉罗氏也改姓为金了。

除姓氏外,满人取名也逐渐受到汉俗的影响。

名字只是人们用来称呼、相互区别的一种符号。

爱新觉罗族的命名,早期颇受蒙古文化的熏陶。被清朝尊为肇祖的孟特穆,就是蒙古人常用以取名的"孟哥帖木儿"(意为银铁)。清太祖努

---

① 光绪朝《会典事例》第 9 卷,第 133—134 页。
② 奕赓:《管见所及》,载《佳梦轩丛著》,第 84 页。

尔哈赤诸子侄中，阿敏（蒙古语"气息"意）、济尔哈朗（"幸福"意）、皇太极（"王子"意）等，也是取的蒙古名字。

满人早期风俗朴而不雕，生子命名多不取吉祥字眼。由于渔猎采集是经济生活的主要内容，对各种禽鸟如数家珍，往往用以命名。在努尔哈赤家族内，就有多尔衮（词义为"獾"）、固尔玛浑（"兔子"）、博和托（"驼峰"）、杜度（"斑雀"）等人。

在某些场合，新生儿的排行或身体某个部位或特征便成了名字来源。克勤郡王岳讬，其名字词义为傻公子、呆子；贝子傅喇塔，名字词义为烂眼边；豫亲王多铎，名字意为胎。舒尔哈齐第八子贝勒费扬武（芬古），名字意为"老疙瘩"，即幼子，努尔哈赤第十二子阿济格，意为"小"。此外，颖亲王萨哈廉，名字意为"黑"；贝子博洛，意为凉帽。

满人先世渔猎为生，对各种禽兽和猎具耳熟能详，并用以命名。阿穆瑚兰，即"哨鹿用的口哨"；伊斯哈，即"松鸭"；乌勒格善，即"一岁鹿"；纳辛，即"马熊"；那满，即"山羊"；噶鲁，即"天鹅"；萨克达，即"母野猪"；鄂硕，即"架鹰的三指皮巴掌"；尼鲁，即"披箭"；萨喇，即"箭桶"；苏纳，即"牵狗的绳子"；逊塔，即"顽鹰的网兜"；鄂费，即"打野鸡的脚套子"等。

满人先世生活简朴，以木为器。孩子命名，又有察哈喇（柳瓢）、萨马拉（大木碗）、阿卜萨（桦皮桶）之类。

满人命名常用数字。某人出生时，祖父适值七十岁，他的名字就叫"那丹珠"，满语"七十"之意。后来更有直接用汉语的，如祖父时年六十二，就取名为"六十二"。这种习惯，是汉人所没有的。

满人早先命名，又有阿勒巴图（村粗）、阿礼（通天鬼）、阿彦托克托（灯笼）、阿勒哈（闪缎）、鄂勒和达（人参）、僧库勒（韭菜）之类，无不以意为之。

满人名字译写汉字，最初所用字眼也很粗陋。成书于崇德年间的《清太祖武皇帝实录》，努尔哈赤便译作弩儿哈齐，多尔衮作多里哄。顺治九年修《清太宗实录》初稿本中，努尔哈赤孙萨哈廉作"查哈量"，侄拜尹图作"摆音兔"，女婿达尔汉额驸作"打儿汗额夫"，宗室篇古作"偏俄"。诸如此类的用法，在书中撂拾可见。这与汉人为孩子命名慎之又慎，必赋予某种祥瑞祝福之意的传统大相径庭。

以后，满人逐渐意识到命名习惯的粗陋，开始将汉人常用的平安吉庆、福禄寿喜一类美好、雅驯的字眼运用于名字中。皇太极生前，给第九子命名为福临（即清世祖），取"福之将至"意。福临第二子、五子、七子分别命名福全、常宁、隆禧，带有明显的汉化倾向。玄烨自幼习读儒家经典，深受汉文化影响，这也体现在他给儿子的命名上。如皇十三子至皇十六子的命名，来源于《礼记》和《诗经》。《礼记·中庸》曰："国家将兴，必有祯祥。""祯祥"被认为是吉事的征兆。《诗·小雅·鸳鸯》云："君子万年，福禄宜之。""福禄"二字，多用为吉庆颂祝之词。所以，皇十三子名胤祥，皇十四子名胤祯，皇十五子名胤禑，皇十六子名胤禄。玄烨没有将皇十五子命名为"胤福"，是避父福临的名讳。胤，意为后代，与下一字配合，寄托了玄烨对后辈的良好祝愿。

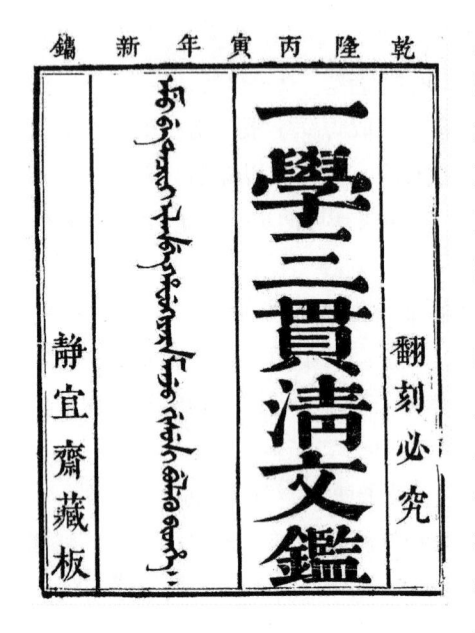

图 263　《一学三贯清文鉴》书影

上有所好，下必仿效。此后，以汉文福寿、吉祥、康泰等字词命名，日愈成为旗人中的习尚。诸如文元、永祥、崇善、富祥、贵福、德昌、景和、寿山、福海之类，都是一些流行的名字。由于这类字词在旗人名字中使用频率很高，有时只好用不同组合来区别。光绪年间礼部侍郎宝廷，郑亲王济尔哈朗八世孙，其二子一名寿富，号伯福；另一子名富寿，号伯富。这些吉祥字词使用频率高，有时还产生误会。李伯元《南亭笔记》记：有旗人名五福，前往广东省番禺任知县。粤俗，凡新年来临必贴"五福临门"四字于门。五福看见后认为是怠慢自己，大动肝火，下令将有关人等笞杖数百。从此阖县引以为戒，不敢复贴"五福临门"。这是一次罕见的误会，但从中也看出五福为人的专横，又不由得让人想起"只许州官放火，不许百姓点灯"的典故。

旗人多信儒、道两教，旗人中菩萨保、观音保、释迦保、韦驼保一类名字，屡见不鲜，正是其宗教信仰的反映。

旗人中还有以戏谑为名的。嘉庆年间，有旗人取名"吴（与'无'

谐音）米粮贵"的。又有某宗室，素喜收藏鼻烟盖、珊瑚、翡翠，摩挲玩赏，胜似稀世珍宝。他生有四子，长子曰奕鼻，次子曰奕烟，三子曰奕壶，四子曰奕盖，合起来为"鼻烟壶盖"。说来可发一笑。旗人雅好调侃取乐的天性，据此可见一斑。

话说回来，叫什么姓，取什么名，本来纯属个人私事，但清朝皇帝却偏要横加干涉，并把这件事看成保持"国语骑射"传统的一个重要因素。乾隆五年，有宗室名"望瑞"，弘历认为他的名字用汉文联写，竟成汉人名字，下令更改。① 又有镶黄旗满洲人叫"何督"的，乾隆帝认为他的名字与汉人无异，命改为"和都"或"赫督"。② 乾隆二十五年（1760）谕言：八旗满洲、蒙古皆有姓氏，历年既久，多有弃置本姓沿汉习者。姓氏者，乃满洲之根本，所关甚为紧要。今若不整饬，因循日久，必各将本姓遗忘不复有知者。③ 又谕：满洲名氏从来都是取满语与汉语对音来书写汉字的，不准依附汉姓，有意牵混。他要求旗人名字的第一个字不准用汉姓的姓，以免引起误解。当时有旗人取名"陶光"的，"陶"是汉人常见的姓；又有旗人名"郭布亨"的，"郭"也容易令人联想到汉人郭姓。他们都受到乾隆帝申斥。他还规定旗人取名只准用两个字，以与汉人取名常用三字相区别。贵州按察使喜崇福进京谒见时，乾隆帝一见其名就指责说，"'喜崇福'三字，竟似汉人名"，命令他改了一个满洲味实足的名字——尼堪富什浑。基于同样原因，正黄旗蒙古广明福，被改为明福。乾隆帝还传谕八旗满洲、蒙古，嗣后旗人内有似此用汉人名者，永行禁止。④ 嘉庆年间，有觉罗名"觉罗太"者，"指姓命名致蹈汉人习气"，受到颙琰（嘉庆帝）严斥。⑤

旗人取名还有一种风气，就是常将名字头一个字几代传用。大学士阿桂，其父名阿克敦，其子名阿迪斯、阿弥达，三代人名字的首字都是阿。乾隆帝认为"阿"字虽不见于汉人的《百家姓》，但这样通用下去，时间一久，也可能成为一户新姓，所以下令阿桂，日后不准再用"阿"字为孙子辈取名。后来人们常有"旗人父子不同姓""满族一辈一姓"的

---

① 《钦定八旗通志》卷首十一，第238页。
② 同上书，第246页。
③ 《钦定八旗通志》卷首十二，第251页。
④ 同上书，第255页。
⑤ 光绪朝《宗人府则例》第1卷，第24页上。

误解。

在乾隆、嘉庆两朝上谕中，有关旗人"效法汉人习气"更改汉姓汉名的内容举不胜举。皇帝虽然将这种现象上升到"数典忘祖"的高度，痛骂这些人"无耻之尤"，或者不惮其烦地亲自干预更改姓名，实际效果却微乎其微。旗人改从汉姓汉名，不仅是仰慕汉俗，更重要的是，旗人不能摆脱与汉人的频繁接触，而汉人称呼满名又感拗口，难以记忆。旗人为交往便利起见，取汉名是顺乎自然的选择。

清中叶以后，满人不但取汉名，又加表字，使名字更加复杂。

表字（旧称台甫，又称号），即人在本名外所取的与本名有意义关系的另一名字。人们相互间为表敬重，便以表字相称，而不直呼其名，益显彬彬有礼。旗人称谓原很古朴，后来受汉人影响，趋于繁缛。此即《儿女英雄传》第二十九回所指，进关后不过百年，风气已为之一变。旗人彼此相见，不问氏族，先问台甫，"久而久之，不论尊卑长幼远近亲疏，一股脑子把称谓搁起来，都叫别号"。芙萍《旗族旧俗志》也说：至于台甫，旗人本为阙如，后以排场之风尚所关，一般穷酸文人按其单名之字义，给旗人起字号，于是旗人亦渐有字。该作者先祖有叫玉山的。有人赠字曰"宝石"，谓有玉山必有宝石，两者相得，一生财源无穷，吃穿不尽。赐字人竟为此索要银十两，其先祖闻字喜悦不尽，连忙如数将银与之。一般朋侪听说后都来道贺讨赏，又花费不少银两。可见，一般旗人对讨来的表字是很看重的。尽管"宝石"这类的表字浅陋至极，但他们并不计较。

至于满洲上层，为与汉文人唱酬应和，还出现了取别号的习气。与汉文士一样，他们常用别号来表示本人的志向、情趣、嗜好。清初满洲诗人鄂貌图，字麟阁，一字遇尧，开风气之先。高塞，清太宗皇太极第六子，雅好文学，号"敬一道人"。康熙间宗室岳端又名蕴端，字正文，号"红兰室主人"，又号"玉池生""东风居士""长白十八郎"。宗室博尔都，字问亭，号"东皋渔父"。饶余亲王阿巴泰的第三代孙文昭，字子晋，号"芗婴居士""紫幢轩主人"，又自称"北柴山人"。雍正以降，贵族中取字、号者已相当普遍。嘉庆帝颙琰曾忆及年幼时的一件事，一次乾隆帝见他手拿一把折扇，上面的题画诗句落款，有"兄镜泉"三字，询之是十一阿哥（成亲王永瑆）的手笔，"镜泉"即十一阿哥为自己取的别号。乾隆帝随即在乾清宫召见大学士、军机大臣和诸皇子加以训斥，认为这种诗

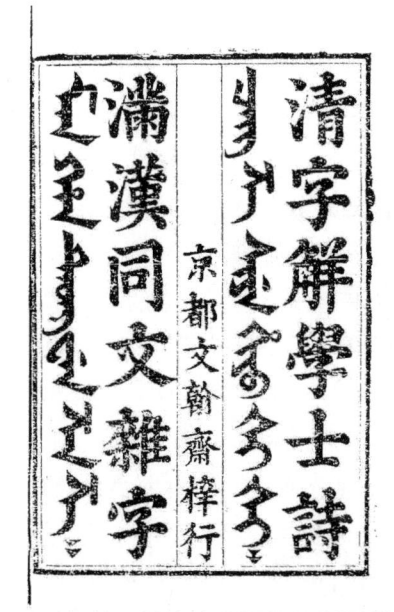

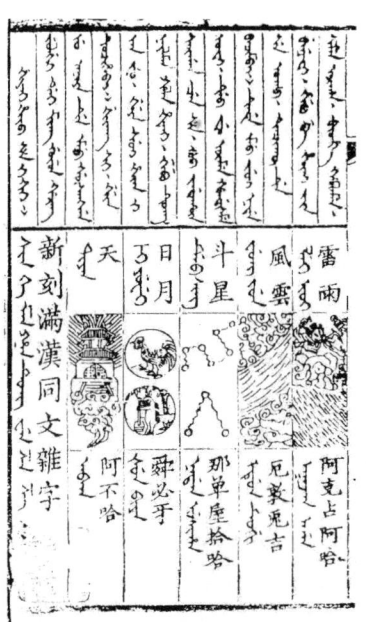

图 264 《清字解学士诗》书影

画题咏是受汉文师傅影响的书生习气，"以别号为美称，妄与取字，而不知其鄙俗可憎"。他还说，皇子读书，只应该讲求大义，使之有益于自己身心，这些寻章摘句都是"末务"，年幼之人怎能学如此虚伪的东西！乾隆帝声称自己当皇子时从来不敢私取别号，仅有的一个别号"长春居士"还是皇考（指雍正帝）赐的。但是从来不用它署款题识。诸皇子如不知省改，相习成风，必致八旗子弟"咸以脱剑学书为风雅"，关系国运人心。[①] 为了防微杜渐，他命将这番话写出来贴在皇子书房墙壁上，让他们"触目惊心"，永志不忘。从这件事不难看出，即使对生养深宫的皇子，汉人习尚也有莫大吸引力。在宗室贵族的引领下，满洲官宦以致一般文士，无不以互称字号为时尚。

汉人传统，各宗族、家族在取名上多采取以字排辈的办法，即同辈人取名排一相同字，用以区别辈分。这种命名法，把族人名字框定在经纬网络中，支辈分明，从姓名中便可看出是否属于同宗、同辈分或者哪一支，

---

① 刘锦藻：《清朝续文献通考》第 94 卷，第 8540 页。

它是汉人家族关系的体现和维系宗法制度的一种方式。① 清初满人没有这种取名习俗。入关后较早仿行的是爱新觉罗皇室，至康熙朝仿汉人宗谱定拟字辈的制度。②

说到此，不能不涉及避讳。帝王时代为了维护等级制度的尊严，说话写文章时遇到君主或尊亲的名字都不直接说出或写出，叫作避讳。这本是汉人旧俗，耳濡目染，也为旗人所接受。已见前述。

然而也有旗人不解此道，却偏偏大讲避讳而贻笑于人的。清末翰林院满洲翰林傅良任江苏学政，对考生诗中有犯"翠珠"等字的，虽佳文不录。人们大惑不解。以后听其仆人道破原委，才恍然大悟。原来"翠珠"是其爱妾名，所以禁止使用。还有一位满洲翰林裕德更讲究避讳。见"崇论"二字，必怒目横眉，任某科会试总裁时，房官荐卷，批语偶用"崇论宏议"。裕拍案大呼："混账！"将卷摒弃不阅。这事只是房官无心之过，与应试者邈不相涉，但应试者却因此名落孙山。所谓"失之毫厘，谬以千里"，像傅良、裕德以及前面提到的"五福临门"之类的避讳，将一种繁缛的虚文发挥到极端，除了自寻烦恼外，更使他人手足无措，实际是很可笑的。

第四节　信仰的递嬗

萨满教，是满洲人的传统宗教。清朝入关，萨满教也随着大批满洲旗人的举家迁徙，进入了北京城和八旗各驻防地。此后，在汉文化的汪洋大海中，这一传统信仰，不可避免地被佛教、道教乃至汉地巫术所淹没。不过，由于八旗制度的隔离作用，旗人始终居住在相对封闭的聚居区中，自成一个小社会，加之满人固有的民族意识，对传统文化的眷恋，以及作为统治民族所特有的优越感，致使萨满教的残风遗俗，甚至在满语满文已无法保存的时候，仍得以在一些家庭内传承。

刊行于乾隆年间的《霓裳续谱》，是清代著名民歌集，其中收有旗人中流行的民歌《陈憎变羊》："〔数岔〕陈憎变羊，柳氏慌忙，师婆子跳神

---

①　杜家骥：《满族入关前后之取名及相关诸问题分析》，载《满学研究》第 2 辑，民族出版社 1994 年版，第 211 页。

②　杨珍：《康熙皇帝一家》，学苑出版社 1994 年版，第 168 页。

设坛场，他的神鼓儿响叮当……〔岔尾〕跳罢了神收拾起，柳氏净手把香来上，把个苍头哭的就泪汪汪。"① 这首小曲描述了萨满祈神的全过程。"师婆子"也就是女萨满。满人无论祭天祭祖，还是治病求子都离不开萨满。陈恺"变羊"，当指羊角风发作。羊角风就是癫痫，病人发作时突然昏倒，全身痉挛，意识丧失，有的口吐白沫。病人家属无计可施，只好请来萨满跳神。萨满跳神时，以铜铃系在臂后，摇之作声，同时用手击鼓，

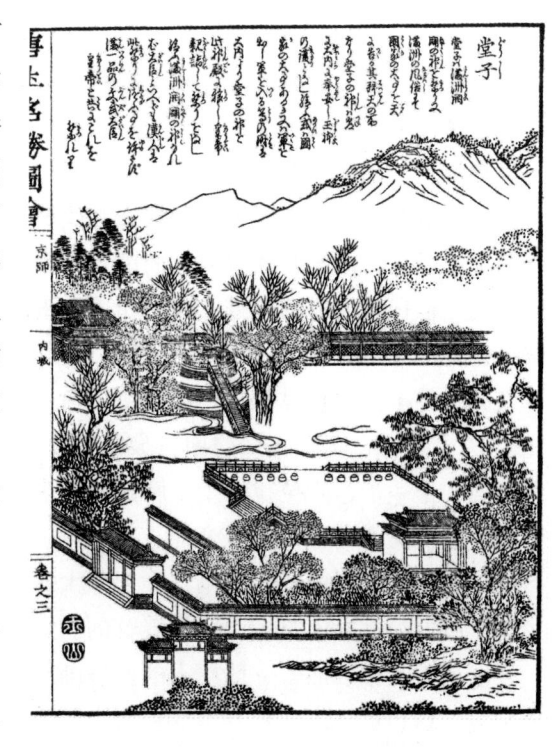

图265　清宫堂子（《唐土名胜图会》）

以壮声威。从这首小曲可以得知，萨满跳神在乾隆年间的北京旗人中尚未销声匿迹。

乾隆年间满洲旗人和邦额在《夜谈随录》一书中，也记述过一段萨满驱鬼的故事：北京城内有一个叫庄寿年的人，为黑狐所祟，病况弥笃，无药能治，于是延请镶白旗蒙古人穆萨满作法驱怪。其日，"邻人观者如堵"，只见穆萨满头戴"兜鍪"（即神帽），腰系铜铃，"挝鼓冬冬，日诵神哭"。跳神毕，趋步登楼，遂用神叉杀死一狐。从此怪绝，病者痊愈。② 这个故事固然荒诞，却说明萨满教在京旗中尚有一定影响。但从"观者如堵"的场面来看，萨满跳神已是一种较为稀罕的现象。

晚清人姚元之在《竹叶亭杂记》中回忆："二十年前，余尝见之（指跳神），今祭神家罕有用萨吗（即萨满）跳祝者，但祭而已，此亦礼之省

---

① 王廷绍编述：《霓裳续谱》第7卷，载《明清民歌时调集》下册，第340—341页。
② 和邦额：《夜谈随录》，第250—251页。

也。"① 从萨满作法的手段来看，与汉族民间巫师的"攘鬼除妖"颇相类似，反映出两者的合流趋向。只是那传统的神袍、全身披挂的神器，显得比巫师神气了许多。

至清末，京旗中的萨满祭祀已大为简化。从《赫舍里氏祭祀规条》看，在一般家庭，祖神的画像已被香碟代替，祭天也不再像清初那样于院外神竿前设祭，而是改在屋内。向门设神桌一张，上摆香碟，"神竿"竟改成用三根秫秸捆成的草把，草把上系祭祀用的猪胆，再供奉在神桌上。祭祀完毕撤去神桌，将"神竿"扔在房上。这些秫秸，已成为徒具象征意义的物件了。"金轱辘棒，烧热炕，爷爷打鼓奶奶唱，一唱唱到大天亮。""小兔儿，咧咧咧，前面打鼓是你爹，你爹戴着红毡帽，你妈穿着大板鞋，走一步，跩拉拉，十个脚趾头露着仨。"这是清末民初在北京郊外火器营营房中传唱的两首童谣。从中可以想见当年萨满跳神的场景。爷爷打鼓奶奶唱，男的戴红毡帽，女人穿大板鞋，这是典型的满人特色，因为裹小脚的汉族女人是无法跩拉着鞋的。

萨满教式微以后，一般旗人的信仰渐与民间信仰合流。民间信仰中历来是儒、释、道三家兼容并蓄。社会中虽不乏释、道的虔诚信徒，但更为流行的恐怕还是"邪信"、"俗信"和"杂信"。如供奉所谓"大仙"，即狐（狐狸）、黄（黄鼬）、白（刺猬）、柳（蛇）、灰（鼠）。宗教界谓之"邪信"，以别于本门宗教的"正信"。有的信仰和供奉的对象，虽出自某一正统宗教，但又不甚规范，宗教界谓此为"俗信"。民间濡染于"三教圆融"的思潮，往往佛、道不分，再加上"三教"外形形色色的"俗信"，便成了"杂信"。除"家宅六神"外，供奉的大小神祇还有土地爷、灶王爷、天地爷、"五大仙"、财神和福、禄、寿三星。年深日久，这些信仰均在旗人中广为传布。（见图266）

普通旗人的宗教活动，都是围绕日常生活中的切身利益展开的，带有明显的功利色彩。与之相比，生活在特殊政治环境、具有较高文化素养的八旗贵族文士，其对释、道等宗教的皈依，则带有更为复杂的诉求和更为多样化的形式。

入关后第一个皇帝顺治帝福临冲龄即位，顺治十八年（1661）以痘疹亡，年仅二十四岁。功业上虽无大的建树，但其个人习性行径，对以后

---

① 姚元之：《竹叶亭杂记》第3卷，光绪癸巳年（1893）刻本，第4页下。

图 266　祭灶王（《北京画报》）

的满洲人却影响颇巨。他在临死前颁布的"遗诏"中自责说："渐习汉俗，于淳朴旧制日有更张。"意中所指，即包括喜汉文学，好禅理，任用汉臣。福临生前最宠幸的贵妃叫董鄂氏，是正白旗满洲轻车都尉巴度的女儿。据魏特《汤若望传》第九章记述：董鄂妃于顺治十七年（1660）生一子，皇帝决定以此子为太子，未料数星期后此子殇，不久其母亦亡。福临痛不欲生，以至众人日夜守护，防其自尽。自此陷溺于僧众中，亲手落发，仅以其母后并汤若望力劝，才未至出家。福临曾从杭州召至名僧，靡费国帑起建佛寺。书中所说"名僧"，指木陈忞、玉琳琇二位禅师。福临不仅对他们尊礼有加，又给自己起了法号为"行痴"，并钤章"尘隐道人"、"痴道人"。福临还让宠信的太监做替身去寺院剃度为僧，以致福临患痘疹突然病逝后，民间有他没有死，而是到五台山（一说在北京西郊天台山慈善寺）出家当和尚的传说。[①] 福临所为，开启了有清一代上层旗人参禅学道的风习。

雍正帝胤禛，少年时代即喜读佛家典籍，成年后结交僧众，研讨禅机。他自称"天下第一闲人"，还把阐述佛家出世思想的《醒世歌》辑录

[①]　陈垣：《顺治皇帝出家》，《陈垣学术论文集》。

在《悦心集》中。一旦他真正坐了皇位，于日理万机之暇，与佛教的关系不仅没有疏远，反而更加密切，态度也更为笃诚。他自号"圆明居士"又称"破尘居士"，撰写佛教学著作，编辑名僧语录，刊印释家精典，与禅僧过从甚密。

雍正五年（1727）初，地方上报了所谓"黄河清"的祥瑞，朝臣称贺，蒙古王公要求诵经祈福。胤禛大悦，当即允准，表示蒙古地区因做福事而人畜兴旺，是受自己的恩赐，"朕亦即是释主"。在这里他已不是一般地比作佛徒，而是以教主自居了。

胤禛信佛，但也不排斥道教。在位期间，他密谕地方大吏留心寻访"内外科好医生与深达修养性命之人，或道士，或讲道之儒士俗家"。昭梿《啸亭杂录》卷九记有一则《娄真人》的故事：

> 娄真人近垣，江西人。宪皇帝（胤禛庙号）时召入京师，居光明殿。有妖人贾某之鬼为患，真人为之设醮祷祈，立除其祟。又在上前结幡招鹤，颇有左验，上喜之，封"妙应真人"。

道教是中国土生土长的宗教，形成于汉末的太平道，在演变过程中，又受到了不少佛教的影响。晋以后道教大行，其后出现了葛洪、陶弘景这样的有大影响于后世的人。唐代皇帝因姓李，认道教所奉祖师李耳（老子）为祖，道教大兴，宋、元时道教亦盛。明代皇帝亦多奉道教，明末嘉靖年间更甚。相形之下，清代满洲统治者对道教则淡漠得多，谈不上什么笃信，所看中的不过是娄真人一类道士表演的各种除祟避邪的法术，对道教宣扬的成仙、成神以及"炼气修真""烧丹炼汞"等说法，不过姑妄听之。在这一点上，确比明朝皇帝聪明得多。清吴振棫《养吉斋余录》卷四记雍正帝在位时，有道士张太虚、王定乾等倡言"炉火"（即修炼成仙）之说，雍正帝明鉴其非，"特俳优畜之，使居西苑而已"。也就是将他们等同于地位低下的戏子优伶。待乾隆帝即位，便将这些道士通通驱逐。从此再也没有到宫廷中妄言修炼的人。

康熙帝曾经规定：道教中"张天师"一派在当时的传人张继宗，只许称"正一真人"，由二品降为五品，也就是降低了他的政治地位。乾隆初年，又禁止正一真人传度门徒。这样一来，信奉道教基本上是民间的事了。但各地道观很多，道士为数众多，为满洲权贵所倚信的道士也并非寥寥。

旧时有句俗语云："在京的和尚出京的官。"京官穷，必须外放才会有聚敛发财的机会。和尚恰好相反，必须到京都投依权门，广化布施，方可发财得势。道士也是如此。京师中满洲贵戚富贵已极，就是贪生怕死，最有吸引力的莫过于长生不老、修道成神之说。所以道士入京，必须千方百计地去逢迎王公权贵。昭梿记云：

> 先恭王延至邸，问其（指娄真人）养生术，真人曰："王今锦衣玉食，即真神仙中人。"席上有烧猪，真人因笑曰："今日食烧猪，即绝好养生术，又奚必外求哉？"王深服其言，曰："娄公为真学道者，始能见及此也。"年九十余始仙逝。①

文中提到的"恭王"，即康熙年间恭亲王常宁。他贵为皇子，也把道士请到府邸中，请教长生术。常宁席上吃"烧猪"，娄道士说是"绝好养生术"，这自然是投其所好。

尽管道教的影响不及佛教，但道家清净无为的思想与佛家修福来世的思想却总是和谐地结合为一体，并对八旗贵族产生明显影响。八旗贵族受过良好的教育，一些人洞悉政治斗争的险恶而充满人生的忧患意识。他们锦衣玉食，又无劳苦寒暑之虞，追求的是一种恬淡闲适的生活，势必到佛、道中去寻求慰藉，参禅学道之风因此蔓延。清太宗皇太极第七子高塞号敬一道人，岳端号东风居士，康熙帝玄烨第二十一子胤禧号紫琼道人，雍正帝胤禛第六子弘曕号经畬道人……汉人文士王士禛在《池北偶谈》中曾评价高塞人性少淡泊，如枯禅老衲，好读书，善弹琴，工诗画，精曲理。由此可见，满洲贵族的参禅学道，与其对汉文化的广泛研习也是相得益彰的。

康熙年间宗室文昭，号芗婴居士、北柴山人。他是清朝开国时立过赫赫功勋的饶余亲王阿巴泰的曾孙。康熙三十八年（1699）因参加宗室乡试，引用《庄子》的内容，被放逐。这次贬斥对他是一次沉重打击，后来他索性辞俸，长期居住在北京右安门外赵庄，从清净无为的道家生活中，找到了精神的慰藉。他宣扬唐代道士司马微的学说："心安而居，道

---

① 昭梿：《啸亭杂录》第 9 卷，第 274 页。

图 267　天主—圣母，中国皇后
（朱家驹绘）

自来居。"教导人只有保持虚极、静笃，"道"就会自然而然地产生。他曾经在《自题写真》中自绘形象说：

> 乱头粗服葛天民，
> 枯木寒灰漫浪身。
> 我亦似渠渠似我，
> 问渠端的是何人。①

真实地反映了他放浪形骸、违世自任的态度。严格来讲，八旗贵族中的参禅学道之风已殊少宗教的意味，而变化为一种超尘脱俗、明哲保身的处世方式。

满洲旗人在入关以后不仅受到汉人宗教的濡染熏陶，在接受外来宗教方面也有过一段不应忽略的经历。基督教与佛教、伊斯兰教并立而为世界三大宗教。唐代，起源于中东但开始主要在罗马帝国中流行的基督教（时称景教）传入中国，到元代也有过欧洲方济各会士来华，元亡中断。基督教再度传入中国则是由明末清初来华的耶稣会士们实现的。耶稣会是基督教三大教派之一天主教的修会之一。明亡后，耶稣会士继续留在刚刚入居北京的清廷。

德意志人汤若望于顺治、康熙年间掌管钦天监达二十年之久，是当时影响较大的几位天主教传教士之一。他曾给福临的母亲看好了病，福临尊称他为"玛法"。福临不仅在宗教问题和道德问题上，而且在处理国务时都向他咨询请教。按照美国学者恒慕义主编的《清代名人传略》的说法，汤若望曾试图使福临皈依天主教，但从顺治十四年（1657）以后福临开始崇信佛教禅宗，使他的努力功亏一篑。②

---

① 转引自张菊玲《清代满族作家文学概论》，第 83 页。
② ［美］恒慕义主编：《清代名人传略》（上），第 574 页。

不过，天主教士在宫廷外面的不懈努力却收到了出乎意料的成果。在头一批攻占广州城的八旗官兵中就出现了天主教教徒。传教士们为此而欢欣鼓舞。意大利传教士卫匡国在《鞑靼战纪》中对此事曾经大事渲染，甚至预言：如果我们进入鞑靼区（这里特指满洲地区），将有更多的人愿意信教；很多伟大的事业将会发生，这个民族将信奉基督。① 尽管卫匡国的预言后来落了空，但旗人中从此有人信奉天主教，应是事实。

康熙、雍正、乾隆三朝，耶稣会传教士的活动达到了顶峰。由于清朝皇室是他们工作的重点，所以一些满洲贵族王公大臣也与他们私交甚笃。传教士们熟通满语和汉语，在康熙帝和贵族中享有威望。康熙帝与传教士交往很多，从传教士那里了解到大量的西方科学知识，但他并没有像传教士企盼的那样皈依天主教。不过，耶稣会士还是成功地使一些满洲贵族皈依了天主教，其中最著名的有苏努一族。

苏努是清太祖努尔哈赤的四世孙，曾祖父褚英是努尔哈赤的长子，因诅咒其父被幽禁至死。因此，他属宗室中不那么得宠的一支。康熙年间，苏努历任宗人府左宗人、纂修玉牒总裁官、镶红旗满洲都统。在乌兰布通之役立有军功，以后两次从康熙帝远征，因功晋封贝子，又被任命为奉天将军。苏努有十三个儿子，子孙满堂。在宫廷耶稣会士的影响下，苏努的第三子和第十子首先受洗，取教名"若望"和"保禄"。不久，他的十一子也要求受洗，教名"弗朗索瓦"。他们的行为，带动了全体家庭成员乃至奴仆。

苏努第十子曾从胤禵远征西藏，因勇敢善战受到康熙帝玄烨嘉奖，加官晋爵。但他在皈依天主教后，决心"只为耶稣基督服务"，"只和基督的敌人作战"，于是借口"膝盖有病再不能骑马打仗"，辞退了军职。② 第六子勒什亨（教名路易）精明能干，颇得玄烨赏识。当两岁的独生子夭亡时，他悲痛异常，询问耶稣会士巴多明说："公正的上帝在哪里？坏人们那么兴旺，而相信上帝的人却那么倒霉，怎么能让上帝的敌人对我幸灾乐祸呢？"巴多明巧妙地回答他："您一直向别人传颂上帝的公正、明智、仁慈，怎么您自己却抱怨起上帝？谁说您儿子的死是一件坏事？也许对您对他还是一件好事呢。对他来说，由于他受过洗，他可以得到永恒的幸

---

① ［意］卫匡国：《鞑靼战纪》，杜文凯编：《清代西人见闻录》，第54页。
② 朱静编译：《洋教士看中国朝廷》，上海人民出版社1995年版，第114页。

福，对于您来说，他使您更接近上帝了。"① 后来，勒什亨与第十二子乌尔陈等人都成为虔诚的教徒。

但苏努深深卷入了康熙末年诸皇子争夺储位的帮派活动，他是拥立胤禩为太子的满洲大臣之一，当胤禛即位后，苏努一家的信教活动终以悲剧告终。

雍正二年（1724）三月，胤禩的同党胤禵被遣往边城青海西宁。苏努的第六子勒什亨和第十二子乌尔陈以袒护胤禵的罪名被一同流戍。同时获遣的还有与胤禵关系密切的天主教神父穆经远。同年七月，年已七十七岁的苏努被谪戍到山西右卫（今右玉），合家随行。苏努获谴后不及半载而亡。他在死前是否信教不得而知。勒什亨、乌尔陈等人面临胤禛的残酷迫害，却始终表示坚持自己的信仰。胤禛令其悛改，他们却声称"愿甘正法，不肯改易"。②

雍正五年四月，王大臣等议奏，苏努之子乌尔陈等，与阿其那（指胤禩）等结党乱政，复私入西洋邪教，请将乌尔陈等凌迟处死。胤禛谕

图268 耶稣会士绘康熙帝像

---

① 朱静编译：《洋教士看中国朝廷》，第114页。
② 《清世宗实录》第59卷，第24页下。

称：乌尔陈、苏尔金、库尔陈等（均苏努子），不遵满洲正道，崇奉西洋之教，朕令伊等悛改，屡次遣王大臣等降旨，分析开导，乃伊等固执己见，坚称不愿悛改。但胤禛声称不愿将乌尔陈等人处死，理由是如此处置，西洋人不知其故，必以为他们是因为入西洋之教被戮，转使他们名闻于西洋。① 其实乌尔陈等人名闻西洋，正是因为他们以满洲贵族的身份皈依了天主教。而胤禛残酷迫害苏努一家，首先是基于政治上诛除异己的原因，并非因为他们供奉"西洋邪教"。苏努诸子宁甘斧钺，不放弃信仰的举止，也不是单纯的宗教行为，包含着对胤禛淫威的抗争。但不管怎么说，乌尔陈等人至死不渝的殉教精神是颇令人叹服的。雍正五年六至七月，乌尔陈、苏尔金等人相继卒于狱中。苏努一案受牵连的旗人教徒至少有一百多人。

满洲贵族中与苏努诸子同时信奉天主教的还有德沛。德沛袭封和硕简亲王，是宗室贵族中外任封疆大吏的第一人。他奉教在康熙末年，教名若瑟，妻子也领洗入教，名玛利亚，女名保辣。在宗室贵胄中，他是率先领洗的一位。当时西方人士供奉于内廷的很多，多娴习满语，与贵族接触往还尤为容易。德沛是天潢贵派的佼佼者，他平生淡泊名利，笃志于学。年轻时袭镇国公爵，后让爵于兄德普，自己入西山潜心读书，凡三十年。著述颇多，品行学问均为时人推重。② 当时宗室贵族无不妻妾成群，但天主教却规定不准纳妾，这无疑是富贵人家皈依入教的障碍之一。德沛《实践录》有言，生育虽传继之正道，然必发自欲情，纵欲徇私，何善之有？对蓄妾制进行了抨击。

胤禛即位，掀起禁教高潮，旗人入教更在严禁之例。③ 到弘历统治时代，对传教活动仍取严厉态度。然而在民间，还是有些人相继信教，其中包括旗人和宗室。乾隆三十四年（1769），在北京的传教士汪达宏神父在寄往欧洲的一封信中提到，几个系黄腰带（宗室的标志）的年轻人信仰了天主教。虽然系黄带子是皇亲国戚的标志，但他不认为这件事有什么重大意义：他们虽然系黄腰带，还是属于老百姓之列，在北京有大量的无所事事的八旗子弟，除了有权系一根黄腰带或红腰带，证明他们的血统以

---

① 引自陈垣《雍乾间奉天主教之宗室》，《陈垣学术论文集》，于苏努一家信教始末考证精详。
② 德沛其人其事及奉教始末具详《雍乾间奉天主教之宗室》。
③ 中国第一历史档案馆译编：《雍正朝满文朱批奏折全译》，第488页。

外，和老百姓别无两样。① 至此，在中国的西方传教士的黄金时期已成过去。不过，嘉庆以后，在宗室觉罗以及普通旗人中，仍有坚忍不拔的奉教者。嘉庆十年刑部奏审明德天赐托寄地图案内，提到旗人佟恒善，受天主教"蛊惑尤深"，并有"虽奉谕旨，亦不敢违悖天主"之语。又有佟澜，身系旗员，谕以如愿出教，尚可仰邀格外天恩，免其治罪。但再三开导，该员执迷不悟，坚称"不愿出教"。持这种态度的还有副参领李庆善。他们对信仰的坚定，可谓心如铁石，这与苏努诸子"甘愿正法，不肯改易"的志节是一脉相承的。（见图269）

及至鸦片战争以后，西方列强凭借船坚炮利，打开中国的大门。西方洋教乘虚而入，大行于内地与边疆的不少地区，民间因各种原因受洗入教的人数大增。但在八旗内部，洋教却始终未能获得发展的机会。清廷禁止旗人入教是一个原因，而尤为重要的是，旗人中普遍弥散的民族意识和仇外情绪。这时的洋教，不再代表一种单纯的外来宗教信仰，还成为西方势力向中国渗透的工具。在这种背景下，旗人自然难以在思想上对它产生认同。

图269 天主教士墓地

---

① 朱静编译：《洋教士看中国朝廷》，第218页。

第五节　消闲之俗

满洲旗人在入关初汉化程度浅，对辞义深奥的儒家经典和各种"高雅"的文学形式只能取敬而远之的态度，而大庭广众中流行的曲艺便顺理成章地成为他们娱乐、抒情的重要形式。在北京流行的子弟书、八角鼓岔曲以及戏剧中，都带有鲜明的旗人文化印记。

> 子弟消闲特好玩，出奇制胜效梨园。
> 鼓镲铙钹多齐整，箱行彩切俱新鲜。
> 虽非生旦净末丑，尽是兵民旗汉官。
> 歌舞升平鸣盛世，万民同乐庆丰年。
> 　　　　　——子弟书《票把儿上台》[①]

旗人对戏剧有普遍的爱好，不但乐于观戏，而且热衷"串戏"，约朋邀友，买行头，请人教，费用不赀，仍有人乐此不疲。这种风气可以一直追溯到入关前。

第一代豫亲王多铎，是清太祖努尔哈赤第十五子。他是努尔哈赤大妃乌拉纳喇氏（孝烈皇后）所生的三个儿子中最小的一个。因为母亲深受努尔哈赤的宠眷，他们兄弟三人也备受父亲宠爱。天命末年，他大概十二岁左右，就得到了父亲作为遗产分给他的三十个牛录，成为正黄旗（后改正白旗）的和硕贝勒。崇德元年（1636），清朝立国，他受封王爵中最高一级的和硕亲王。册封敕谕中称："考核功罪，虽无大功于国家，以父皇太祖之少子，封为和硕豫亲王。"多铎当时不过二十三岁，他的受封，很大程度因为他是太宗皇帝皇太极的幼弟。

多铎自幼受到父母娇惯，父母亡故后又受到众多兄长、兄嫂的呵护，尽管成长于戎马倥偬的动荡岁月，生活奢靡，贪图享乐的习性已逐渐养成。多铎的一个特点是好玩，尤其痴迷于听戏唱曲。崇德元年（1636），睿亲王多尔衮统率大军攻明，诸王公大臣随皇太极齐集欢送，唯独他假托避痘（天花），不去送行，却私携妓女，弦管欢歌。他不顾王爷的尊严，

[①] 《清蒙古车王府藏子弟书》，第219页。

图270 观戏的小孩（康熙《万寿盛典图》）

身披戏子之衣，乔扮傅粉之态，以为戏乐。为此，受到了罚银一万两的处分。多铎不仅喜欢看戏还亲自演戏，不惜耽误正事。所以说他是清朝满洲人中第一位戏迷。从这里，也可看出多铎为人率意、我行我素的一面，他并不把烦琐的公务、森严的等级、盛大的场面看得那么重要，及时行乐，快乐人生，至少在他的心里占有重要位置。

顺治皇帝福临冲龄即位，雅好戏曲。他曾经征召伶人，逐一传唱，各赐缎二匹、银三十两。并且令他们与太监一同在身边值班，随时应召。①

康熙帝很喜欢看戏，清廷中有南府之设，由艺人教授太监唱曲演戏，以备内廷庆典、节令承应演出时的需要。到乾隆朝，戏剧演唱竞相争艳，梨园兴盛。乾隆帝多次南巡，对接驾官员所备戏剧颇为欣赏，接着便扩充南府机构，设内、外学。宫廷演戏活动臻于兴盛。当时所演的剧种主要是昆山腔（昆曲）和弋阳腔（高腔）。在内廷剧事如火如荼的形势下，各地戏班竞相入京献艺。乾隆五十五年（1790），为庆贺弘历八十寿辰，以演唱二黄调为主，兼擅昆曲、梆子、啰啰等腔的三庆徽班由扬州奉调入京，以精湛技艺享誉京师。至嘉庆中叶，形成三庆、四喜、春台、和春四大徽班在京师剧坛争芳斗艳的局面。徽班进京，被视为京剧诞生的前奏，乾隆帝和满洲亲贵雅好戏剧，加以推举倡导，又为京剧的脱颖而出提供了重要

---

① 谈迁：《北游录·纪闻下》，第413页。

的社会条件。四大徽班入京后，不断融合其他一些剧种的艺术，到咸丰年间便初步形成具有独特艺术风格的剧种——皮黄戏，也就是京剧。

乾、嘉两朝，宫内演戏一时称盛。但嘉庆十八年（1813）发生天理教教徒攻打皇城的事件后，清廷停止了连台戏的演出，仅在每年正月十五日演"月令承应"戏。道光年间，宫廷戏剧益发不振。光绪年间，慈禧太后嗜剧成癖，常召外间名演员入宫献艺，称"内廷供奉"。宫廷观剧之风又呈复萌气象。

清朝最高统治者自己从观赏戏剧中得到很大艺术享受，却限制上上下下的旗人的同样嗜好。按规定，八旗王公、官员、兵丁人等是不准往茶园戏楼观戏听曲的，更不准粉墨登场参加演出。从康熙朝开始，历经雍、乾、嘉、道、咸、同、光七朝，有关禁令连篇累牍。清廷担心八旗子弟沉溺于园馆戏曲，而荒疏于国语骑射，为汉俗"污染"，影响到八旗军队的战斗力，因此采取的一项措施便是禁止在内城开设戏馆。嘉庆四年（1799）四月，以城内戏馆日渐增多，八旗子弟争逐歌场。皇帝谕旨内城戏院一概永远禁止。[1] 但旗员中仍有不识时务者，有一那姓御史，奏称城中清冷，都人（按：实指旗人）动苦拘束，请于万寿节旬日内，内城许立戏园歌演。奏入，嘉庆帝怒，即日褫职发遣，批其疏道："一片犬吠之声。"时人谓之"犬吠御史"。[2]

内城戏园既遭严禁，外城演戏活动益加繁盛。此即《道咸以来朝野杂记》所记："戏园，当年内城禁止，唯正阳门外最盛。"正阳门外至前门外大栅栏一带，不仅地处外城，而且又是繁华商业区。京城戏馆历史最悠久的为太平园、四宜园，其次是查家楼（见图271）、月明楼。这些戏园大约在康熙年间便出现了，多坐落在前门外。内城戏园很晚才出现，光绪七年（1881），清廷仍颁有禁止内城演戏的谕令。然而，对于严格禁锢下的旗人来说，戏剧的艺术魅力尤其难以抵御。上起八旗王公，下至普通子弟，从京城到各个驻防地，观戏听曲成为一种无法遏制的习尚，因此嗜好而触犯法网的事件也踵相不断。

京旗除王公贵族家自设戏班外，绝大多数戏迷为观看只能冒风险便装潜赴外城。这种现象到乾隆中期已经愈演愈烈。嘉庆十一年（1806），满

---

[1] 吴廷燮总纂：《北京市志稿·民政志》，第442页。
[2] 昭梿：《啸亭续录》，第486页。

洲御史和顺查报称，京师旗人中竟有演唱戏文，值戏园演剧之日，与戏班同台演出的。事后遵旨查究，却发现和顺本人也常到戏园听戏，并为此杜撰了"密为访查"的冠冕堂皇的理由。结果，"贼喊捉贼"的和顺被嘉庆帝下令革职议处。这一年，又有图桑阿等五名旗人，因登台演戏，被皇帝斥作"甘与优伶为伍，实属有玷旗人颜面"，受到销去户籍，发往伊犁充当苦役的重罚。嘉庆十三年，四品旗员椿龄不戴帽顶，潜赴外城听戏，查出后也被发往伊犁充当苦差。虽然有"以惩效尤"的前鉴，戏迷们却不知收敛，甚至出现日暮忘返，为赶城而争道的情况。

图 271　广和查楼（《唐土名胜图会》）

道光年间，违例听戏受到处罚的事例越来越多，被罚者的品秩也越来越高。贝勒奕绮、盛京将军奕颢、副都统常明、理藩院郎中保举、副都统松杰、镇国公绵顺、惇亲王绵恺，相继因私匿戏伶、游庙听曲、于府中演戏而获罪受罚。

随着八旗官员在京旗与各驻防地之间频繁调动，观剧演戏风气在各地旗人中迅速蔓延。雍正三年四月，清政府下令禁止盛京演戏，说明此风已传布到关外。乾隆时，杭州将军富椿上任后自求逸乐，每日听戏，有人称其戏班为"将军班"，所部旗兵中也有很多听曲看戏之人。满洲人国泰任山东巡抚时，年龄才逾弱冠，风姿姣好，酷嗜演剧，日与布政使于某在署中演长生殿。国泰扮杨玉环，于某扮唐明皇，每演至定情窥浴诸段，于某认为国泰是上级，不敢过于媟亵，草草敷衍而已。国泰大不满，正色责备他说："你为什么如此迂阔？这里不是巡抚官厅，为什么要拘泥官属仪节而耽误正事呢？什么叫做此官行此礼？你为什么明于彼却昧于此呢？"后来，国泰被参罢免。据说，朝臣到日，署中戏剧正酣，国泰闻报仓皇易装往见，脸上脂粉隐约可见。

　　嘉庆年间，伊犁等处旗员蓄养优伶，接纳内地戏班，被将军松筠遵旨驱逐。道光年间，江西袁州协副将旗人达崇阿性好演戏，并纵容子弟演戏，被革职，发往新疆充当苦役。又有乍浦副都统觉罗善英率儿子与兵丁在衙署学习弹唱，被革职发往军台效力赎罪。当时旗人为此失去前程的非止一二，但是却屡禁不止，有如"飞蛾扑火"般执着。

　　当时仅北京内城就居有数十万旗人，除少数当兵应差外，多数人不兵、不农、不工、不商，终日无所事事，又不得擅离城市自谋生计，精神上无所寄托，在这种情况下，禁止他们娱乐解闷又谈何容易？何况旗人"汉化"程度已深，对民间各种戏曲从隔膜到熟识，进而为时尚所趋，都是很自然的事。再说，从乾隆帝以降，到同光两朝的最高统治者——无论是慈安、慈禧两太后，还是载淳、载湉两皇帝，都是戏曲爱好者。慈禧太后，人称"古今第一大戏迷"，不仅爱听而且爱唱，有时和太监们唱和一段作为消遣。同治帝（载淳）能演武生，光绪帝（载湉）精于板鼓。"上有所好，下必从焉"，既有皇太后津津乐道戏剧于前，又有王公贵族如醉如痴紧步其后，却偏要对广大旗人防闲设阈，横加干涉，这当然难以奏效。所以，到清末，戏园在内城又冒了出来，隆福寺的景泰园、四牌楼的泰华轩、地安门的乐春芳皆是，东安门外金鱼胡同、北城府学胡同皆有戏

图272　畅音阁大戏台

图 273　京城戏楼（《北京风俗图谱》）

园。这些戏园兼演杂耍，鱼龙曼衍、吐火吞刀，及评话、嘌唱之类。①

清朝末年，旗人生计艰难，从事小营生的不少，清廷对此睁一只眼闭一只眼，无异于默认。但最高统治者对旗人与优伶同台演戏却不能容忍。道光四年（1824）定例：凡旗人因贫糊口，登台卖艺，有玷旗籍的，连子孙一并销除旗档。唱戏在当时被认为是最下贱的职业，国家把娼（妓女演员）、优（唱戏演员）、吏（县衙书吏）、卒（县衙差人）列为四种贱民。即使贫寒的农户、工匠名义上也算"清白之家"，社会地位比上述四种人高。这四种人的子孙是不能参加科举考试的，更无资格步入仕途，原因是家世"不清白"。因此，当时人有《戏题梨园脚色》以讽其事：

　　生旦净末丑，跟头老虎狗，
　　轰轰烈烈美名标，喧喧嚷嚷高台吼；
　　这样雄威岂可当，团场散了分钱走，
　　堪怜堪叹亦谋生，何不长街去卖酒。

----

① 震钧：《天咫偶闻》第 7 卷，第 175 页。

卖酒在当时也是微末生涯。既然旗人演戏触及法网,何不到街头与酒贩为伍呢?作者用一种戏谑的口吻流露出对禁止旗人演戏做法的不满。

禁令归禁令,热衷梨园的旗人照旧我行我素。咸同年间,正值京剧形成并发展时期。在宫廷演戏的影响下,一些八旗王公相继在自家府第建戏台、办堂会,甚至养戏班、办戏科。这种风气可以上溯到乾隆年间,当时成书的《红楼梦》写道:龄官、芳官等梨香院中的一班小戏,是专为元妃省亲准备的。第五十四回贾母指着湘云说:"他爷爷有一班小戏。"这种班子,有时应相好人家之邀出去演出,如本回中贾母所说:"如今这小戏子又是那有名玩戏的人家的班子,虽是小孩子,却是大班子强。"这"玩戏的人家",纵使比不上荣、宁二府,肯定也是豪门府第。一般的富裕人家是养不起戏班的。另外,王公贵宦家逢喜庆宴饮,请来戏班子演唱,这种方式,在戏班子中叫"唱堂会",这种戏叫作"堂会戏"。这种"约堂会戏"的演出方式,在乾隆年间是很普遍的。

直到清末,因为戏园设在外城,内城旗人往返听戏路途较远,且为法令所不容,作为变通之计的"票房"和"票友"便应运而生了。

"票房"即旗人聚集演唱戏曲的场所。关于它的缘起,有几种说法:一说道光年间为防止八旗子弟入民间戏园看戏,专门开设演唱太平鼓一类曲艺的娱乐场所,对八旗子弟免费发放入场票券。一说,雍正年间用兵西北,为鼓舞士气编写太平鼓词命八旗子弟在军中传唱,并奖以"龙票",演唱者称票友。较流行的一种说法是:乾嘉年间,一些闲得无事,喜欢弹唱的八旗子弟相聚一处,编词练唱,借以消遣自娱。按规定,八旗子弟聚集演唱,必须呈报内务府,由内务府颁给执照。执照上印有两个金龙图案,叫作"龙票",票面上书"发给某某票房"。"票房"一称即由此而来。凡参与票房活动的就称"票友"。

票房最初多半设在富贵之家,后来也有设在寺庙及茶馆中的。票房有首领一人,称"把儿头"或"票首"。票友相约一定日期聚集弹唱,叫作"过排"。所有练习、演出用具服饰,均由票友出资置办。夏仁虎《旧京琐记》卷十云:

> 票友之称,自亲贵以至富厚家子弟之好游荡者。……有约谓之走票,清唱谓之坐唱,上妆谓之彩唱,既登台则内外场之犒资皆由自备,往往因而破家。

票友就是"串戏"之人，"串戏"的开销很大，除买行头，请人教，还要请客捧场。北京昔日俗语叫"耗财买脸""花钱买乐"。这种人，自然可能很快把家产挥霍光，但一些八旗子弟仍乐此不疲。所以当时北京人又将这种毫无酬赏却耗资买脸的活动叫作"玩票"。清末民初，不少玩票的八旗子弟迫于生计不得不加入到艺人之列，即由票友转为专业，按当时的行话叫作"下海"或"下山"。

同光年间，京剧在旗民中日益普及，原先演唱曲艺的票房转向以京剧表演为主。清廷不准旗人演戏的禁令有所松弛，内城京剧票房和票友人数迅速增加。著名票房有：

肃王府票房。由肃亲王善耆在府第组织。善耆工老生，常请内行名伶到家中教戏，并在内廷演唱。票友多为贝勒、贝子等宗室亲贵。善耆嗜戏成癖，相传他曾与名伶杨小朵合演《翠屏山》。善耆扮石秀，杨扮巧云。当"巧云"峻词斥逐"石秀"时，"石秀"抗辩不屈，"巧云"不禁厉声喝道："你今天就是王爷也得给我滚出去！"四座观剧者闻声相顾失色，杨小朵却谈笑自若，而扮演石秀的善耆更乐不可支。宣统二年（1910）夏，各省代表为请愿召开国会聚集京师，晋谒肃亲王善耆。谈话中善耆忽然摘帽掷到桌子上，大声唱道，先帝爷白帝城云云。众代表悚然大惊异，善耆却笑着说：诸君莫慌，咱们都是好朋友，你们也不说是代表，我也不说是王爷，横竖咱们乐一晌就得了。① 善耆嗜剧，在旗人中是出了名的。

果子观票房。由八旗贵胄子弟汪绍在德胜门内果子观南口庙内组织。汪工老生，嗜京剧如痴，为玩票耗费了不少钱财，结果落得倾家荡产，下场凄凉。

达王府票房。清达王（竹香）在地安门东皇城根达王府偏院成立。票友多系王公世家子弟，每星期日聚会，邀请内行名家教戏。

翠峰庵票房。创立于同、光年间，地点在西直门南小街翠峰庵内。票首安寿，工刀马旦。他演《赶三关》《银空山》的代战公主，引入旗俗，梳两把头，穿长旗袍，脚下着花盆底旗鞋。这个票房出了不少优秀演员，如金寿山、德珺如等。

---

① 佚名编：《清朝野史大观》第 8 卷，上海书店 1981 年本，第 76—77 页。

此外，风流自赏票房、悦性怡怀票房、公悦自赏票房、遥吟俯畅票房、霓裳雅韵票房、游目骋怀票房等，均名重一时。其票首或票友，基本上非宗室贵族和世家子弟莫属。

票房和票友虽不遭明令禁止，但也受到社会舆论非议，道光末年，大学士穆彰阿曾孙德珺如，曾在票房走票唱旦角，被人指责说是穆彰阿生前误国的报应。德珺如为人伉爽，早年唱青衣正旦，其音可裂金石，因为脸长，人称"驴头旦"，他一怒之下改唱小生。崇彝说："论唱工，一时无出其右者。"他不为世俗所左右，当时艺人社会地位低下，他却偏要将女儿嫁给名伶谭鑫培之子小培，而且附加一个条件：非令小培学戏不可。此前，小培已入同文馆学习德语，其父不想让他继承父业。德珺如反以不学戏为耻，谭小培只好从命，从头学戏，成为梨园中一段趣谈。

但票友也有因受到歧视而酿成大案的。八旗子弟平龄素娴曲词，曾走票演戏。后考中咸丰八年（1858）顺天乡试，名列前十名。京师舆论大哗，谓"优伶亦得中高魁矣"。是科大学士柏葰为主考。柏葰为人持正，性颇耿直，不善阿谀奉承。偏偏当时朝廷用事并且专擅跋扈的军机大臣肃顺与他挟仇，于是铸成大狱。结果柏葰以下论死者十余人，株连系狱者数十人。这就是轰动朝野的戊午科场案。这场冤狱的铸成，主要是朝廷重臣的内部倾轧。可怜平龄，只是一家道极贫的八旗子弟（谒见房师时仅呈京钱十串），在世俗偏见与黑暗政治的双重迫害下瘐死狱中。当时，科举出身者社会地位最高，戏剧演员却为士人所不齿，所以京师舆论如此。其实，成为一名出色演员是非常难的，外貌、身材、嗓音、天赋，缺一不可。旗人中常有议论："三年出一个状元，三年出不了一个戏子。"

票房虽是旗人消遣娱乐的场所，但每每延聘名师，加之票友中人才济济，彼此切磋技艺，教学相长，最终从票友中脱颖出一批蜚声剧坛的演员，推动了京剧艺术的发展。老生如汪笑侬、马振卿、恩禹之、言菊明、奚啸伯；小生和武生有德珺如、程继仙、瑞德宝、金仲仁；京旗中青衣一角人才济济，著名的有陈德霖、尚小云、程砚秋、言慧珠；花旦有荣蝶仙、尚富霞；老旦有文荣时、谢宝云；净角有黄润甫、金秀山、钱金福、金少山；丑角有扎拉熊布（黄三熊）、果桐等。其余佼佼者难以缕述。

图 274　京剧中的脚色之一（《北京风俗图谱》）

图 275　京剧中的脚色之二（《北京风俗图谱》）

　　旗人对丰富京剧的表演艺术产生了一定影响，在京剧唱腔与演技的充实完善方面，也做出有益探索。一些满语插入了京剧道白，如"巴秃鲁"（英雄、勇敢）、"额娘"（母亲），多用在辽、金将领和番邦太后、公主的道白和称语中。

京剧的道具服饰也受到旗人文化涵濡，出现了所谓"旗装戏"。旗装戏，始自同治时代，据说为名花旦梅慧仙所创。旗装在以辽代契丹族妇女为主角的剧目中比较常见。《四郎探母》《雁门关》《赶三关》《银空山》等戏中人物萧太后、铁镜公主、代战公主，均用满洲妇女服饰，戴钿子，梳旗头或两把头，穿旗袍，外罩琵琶襟、大襟或一字襟坎肩，脚蹬花盆底或马蹄底旗鞋（见图276）。梅慧仙饰《闺房乐》中管夫人，先服汉装，念扬州话，后改旗装，须念京白。这种改变，难度很大。京剧妇女戏装原为汉式：一蟒，二披，三褶子，四宫装；如是武戏，还要加上一靠。① 以后出现裤袄，已是时装。旗装出现，更在裤袄之后。传统京剧戏装，历来无甚变化，但旗装样式、尺寸、图案、长短、肥瘦，却不尽相同。旗装是时装戏，演员的身段道白，都须活泼趋时，才能美观。

图276 京剧《四郎探母·萧太后》的旗装扮像（《清升平署戏装扮相谱》）

旗人在京剧剧目的推陈出新上也有贡献。《探亲旗婆》《儿女英雄传》《东皇庄》《惠兴女士》《春陈氏》诸戏，直接反映旗人生活，戏中均有旗装。唯民间戏班扮旗装梳两把头，多不得要领。时人嘲笑旗家妇女梳不好两把头，常说的一句话："探母公主的头。"②（见图277、278）

清代末年，八角鼓不仅为普通旗人喜闻乐见，而且引起王公大臣的浓厚兴趣。他们不仅能欣赏，有的还亲自登台演出。道光十九年（1839），

---

① 靠，传统戏剧服装，即剧中将士的铠甲。靠身有前后两片，满绣鱼鳞纹，腹部绣一大虎头，称"靠肚"；护腿两块，称"靠牌子"；背部插三角形小旗四面，称"靠旗"。不用靠旗的靠称"软靠"。女将所穿"女靠"，样式大致相同，靠身下缀彩色飘带，靠内并衬战裙。

② 清逸居士：《旗装戏考》，载《国剧画报》第36期（民国二十一年九月二十三日）。

图 277　民国《国剧画报·旗装专号》

图 278　民国《国剧画报·旗装戏考》

贝勒奕绮赴京城内各茶园登场度曲，九城哄传，各巷口报单高挂，书写今日某园准演绮贝勒八角鼓。且登场时任优伶辱骂，以博众茶客之欢。结果奕绮被皇帝下令革去贝勒，并重责四十板，令闭门思过，逾年而卒。奕绮以贵族身份公开登台演唱八角鼓，甘心与优伶为伍，在当时无异于石破天惊的举动，以致引起天庭震怒，除受到重惩外，还获得"素行卑鄙"的恶名。同、光年间，恭亲王之子贝勒载瀓，在府第中成立赏心悦目票房，本人也厕身其间。这些王公贵族，放下高贵的架子，作为"票友"参加表演，反映出八角鼓艺术蕴含的特殊魅力。

清朝鼎革后，八角鼓和子弟书一样走向衰落。不过，从八角鼓派生出的单弦、评书、相声等曲艺项目，却在历尽沧桑后得到发扬与光大。这些领域人才辈出，代有传人，成为旗人对民间文艺作出的突出贡献。

单弦是北京曲艺的代表性曲种，由一人自弹自唱。单弦起始时，先要唱一段岔曲，它的曲调较多，有连珠调、云苏调、太平年、罗江怨等。最早的单弦名家，是道、咸年间的司瑞轩（艺名"随缘乐"）。他根据《水浒传》《聊斋》《金瓶梅》等名著，创制了单弦牌子曲的演唱形式，在京师各茶馆表演，十分轰动。

清末民初的北京曲坛，从旗人中又脱颖出一批著名演员：

德寿山，原内府官，通文墨，后卖艺为生，表演单弦。德寿山兼擅编、演，用词雅驯，常借曲中情节讽刺官场黑暗，冷嘲热讽，妙趣横生。

常澍田，著名单弦演员。本续家学，又拜德寿山为师，技艺精进，以运用声腔模拟各种类型人物的声态、心理见长。在敲击八角鼓的手法上，达到出神入化的程度。所撰《批鼓》一文，总结了挞鼓十法：切、坐、拉、佃、碰、撮、簸、推、跪、丁。20世纪20年代后，形成单弦艺术的主要流派"常派"。

荣剑尘，幼学莲花落（是从单弦曲牌子中析出的曲种），后改单弦。得前辈艺人全月如等指点，吸收北京高腔唱法，形成独特风格，以嗓音甜润清脆、吐字发音讲求声韵、体现内在情感见长。20世纪30年代形成单弦艺术中的重要流派"荣派"。

谭凤元，演唱单弦，得自家传，后拜刘宝全为师，30年代形成单弦艺术中的"谭派"。

评书是在北京形成的曲种，一人表演，只说不唱。20世纪早期，旗人双厚坪，被誉为"评书大王"。继之者连阔如，擅长说长篇历史小说，形容武将披挂、神态，以及马跑、马嘶，堪称一绝。

相声是从八角鼓派生出的曲种，表演者抓哏逗乐，令观众捧腹大笑不止。相声起源于北京，流传于全国，至今仍是最喜闻乐见的曲艺形式。早期的八角鼓演唱形式之一"拆唱"，常由多人表演，以插科打诨的丑角为主要角色。道咸年间拆唱八角鼓的著名丑角张三禄，因与同行不睦，无人与他搭档而改说相声，是为单口相声之始。八角鼓艺术讲究的"说、学、逗、唱、吹、打、拉、弹"中的"说、学、逗、唱"，也就成为相声的主要表演手段。张三禄传人之一阿彦涛，是因家境贫寒而由票友被迫"下海"的穷旗人。他与徒弟春长隆、恩绪创建了相声史上的早期流派之一——"阿派"。该派讲究幽默含蓄，取笑而不庸俗，在相声中开了"文哏"先河。这显然与旗人有着舞文弄墨的习性分不开。[①]

在相声后来的发展中，诸多名家均出自旗人。常宝堃，艺名小蘑菇，生在曲艺世家，父亲常连安，弟常宝霆、常宝华，在曲艺界均有盛名。侯宝林，初学京剧，后改习相声。30年代与常宝堃齐名。毕生致力于相声吸收戏剧表现方法的探索。著有《我和相声》《谈相声的形式、结构、语言》《相声溯源》。无论在相声表演艺术，还是理论研究方面都取得突出成就，被誉为"相声大师"。

在北京曲坛奇葩争妍、走向繁荣的过程中，旗人艺术家始终起着举足轻重的作用，名家辈出，代有传人：关学曾，幼拜常德山为师，学单琴大鼓（即北京琴书）。演唱代表作《回龙传》。演唱"拆唱莲花落"的赵星垣（抓髻赵）、演唱梅花大鼓的金万昌、演唱京韵大鼓的姜蓝田、演唱竹板书的关顺鹏、演唱滑稽大鼓的富少舫、演唱滑稽二黄的白庆林（云里飞）和白宝山（小云里飞）等，就是其中的佼佼者。[②]

旗人被圈在北京的狭小天地里，除了当兵外，大多无事可做，只有耽于玩乐，自遣烦恼。除了痴迷戏曲，对提笼架鸟、携鹰逐兔、秋斗蟋蟀、冬怀鸣虫，皆乐此不疲。《草珠一串》有诗云：

> 衫敞前襟草帽横，手擎虎叭喇儿行。
> 官差署了原无事，早饭餐完便出城。

诗中"虎叭喇儿"为满语，即汉人所谓伯劳鸟。这首诗描写了八旗子弟不务正业，东游西逛，到官署不过点个卯，虚应故事，大清早就敞着大衫，头戴草帽，兴冲冲到郊外去遛鸟了。"手擎虎叭喇儿行"之句，还反

---

① 蔡源莉、吴文科：《中国曲艺史》，文化艺术出版社1998年版；关继新：《满族对北京的文化奉献》，载《北京社会科学》2007年第3期。
② 关继新：《满族对北京的文化奉献》。

图 279 茶园演戏图（顾文荃提供）

映了八旗子弟普遍喜好养鸟的事实。当时养鸟颇有讲究：要看文彩的，养红绿鹦鹉、虎皮鹦哥、芙蓉、倒挂、碧玉、珍珠等鸟；要听声的，养画眉、百灵、字字红、字字黑、小黄鸟之属，这些鸟能模仿各种禽音，各种市声，听之悦耳。但这类鸟非花工夫照料不可，每晨必提笼远游，否则虽精心饲养仍不会鸣叫。难怪八旗子弟要晨起到郊外遛鸟。再一类鸟是用于游戏各种技艺的，如梧桐、交嘴之类。

有些八旗子弟热衷于玩鸽子、玩鹰。鸽子的品种很多，上品相当昂贵，一对名品鸽子居然能卖几十两银子。清末京师知名鸽贩子，十之七八都是旗人。鸽子放飞带动了鸽哨制作。富察敦崇《燕京岁时记》记："凡放鸽之时，必以竹哨缀之于尾上，谓之壶卢，又谓之哨子。壶卢有大小之分，哨子有三联、五联、十三星、十一眼、双筒、截口、众星捧月之别。盘旋之际，响彻云霄，五音皆备，真可以悦性陶情。"制哨之家，每选一字，镌之哨底，以为款识，早期名哨如刻"惠"字、刻"永"字者，均出自旗人之手。"惠"字主人，姓名不详，只知其为镶白旗人，约生于嘉庆初年，卒于同治年间。"永"字（老永）哨晚出二十余年。同、光年间，"惠"、"永"之哨享名四庙（隆福寺、护国寺、花市、土地庙为四庙，皆有鸽市）。"惠""永"之后，名品有署名"鸣""兴""永（小

永)""祥""文""鸿"者。①（见图280）

每年夏秋，是玩蛐蛐的时节。从宫廷到里巷均有斗蛐蛐之举。清廷内蛐蛐的角斗是一种赌博游戏，赌金之巨令人瞠目。一局下来，输赢能达上万两白银。上有所好，下必效仿，从王公府第中的纨绔子弟以至普通旗人子弟，往往以斗蛐蛐为乐。据《道咸以来朝野杂记》称：内城以后马场杨姓旗人为首，赌戏历数十年不衰。杨氏为内务府汉军旗人，又是河道总督锺祥的后裔，故又称"锺杨家"。睿亲王魁斌、侍郎继禄等亦乐此不疲。至于小斗家亦颇不乏人。记不胜记。

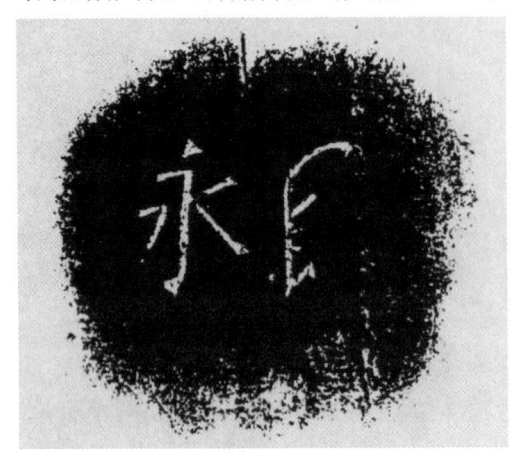

图280 旗人制"永"字号鸽哨满汉文印文

以玩鹰为戏，历代都有，而以清代旗人为甚，它多少带有北方渔猎民族射猎、尚武的遗风。鹰是捕牲射猎的好帮手。宁古塔（今黑龙江省宁安县）以盛产猎鹰称名，成为向清廷贡献鹰、鹞的基地。当地有专以捕鹰为业的鹰户，每年向清廷内务府交纳赋税丁银，如果交鹰，则可将鹰折银，抵消赋税。献给宫廷一只"海东青"（名贵鹰种），可以折银三十两，外加赏银十两，毛青布二十匹。捕捉到鹰、鹞，也按等级分别折银。

海东青能捕猎天鹅，非一般鹰鹞所能比，所以呈送京师时才会如此兴师动众。清廷内务府高养鹰鹞处，专门负责收缴、驯养鹰鹞，并在西直门外法华寺设鹰厂。每只鹰日饲羊肠十两，每只鹞子日饲麻雀六只。每年秋季，清帝携王公贵戚往京郊南苑、西苑或北苑行围射猎，上万人的射猎队伍随侍，养鹰鹞处的统领带着鹰手架鹰从行，盛况空前。

作为一种古老的风习，京城的旗人也以鹰为戏。清季是"玩鹰"的盛期，不但玩鹰，还有"较猎""比赛"种种花样。贵胄子弟玩鹰很讲究，非佳种不玩，从鸟市买到的好鹰，也不愿意架出去玩，必须自己在郊区张罗布网，捕到雏鹰，雇佣"把式"（鹰手）驯养，才觉玩得过瘾。

---

① 王世襄编著：《北京鸽哨》，辽宁教育出版社2000年版，第17页。

驻扎在京郊的旗营兵弁，每年春秋两季寻深山密林处，设置罗网捕鹰，获得佳种便献给清廷或各府第，换得银两。有的贵胄子弟，贿赂专管鹰鹞的"鹰差"，以次换好，俗称"换宝"，甚至预先买通捕鹰兵弁，将捕得佳种据为己有。因此鹰价不断上扬。清季，一只好鹰最高时可值纹银二百两。这样一来，玩鹰便成了一种摆谱儿、斗富的方式。还有恶少子弟，借此寻衅滋事。清季京郊火器营中就发生过一件"出鹰殡"的奇事。旗营中广某，绰号"野人广"，生性霸道，好养猎鹰，某次臂架猎鹰出营猎取鸟兔，可巧有位老农锄地，见到鹰正在啄兔，误认为是只野鹰，上去一锄将鹰、兔一并打死。野人广赶到，打了老农并勒令赔偿鹰、兔不算，事后又纠集恶棍打伤了老农，捣毁了他的家，并提出条件；租用一副四人抬"扛房"和乐队；老农穿孝服为死鹰顶丧架灵，在火器营串游一圈。出鹰殡日，内外轰动，人们边看边骂，愤愤不平。

　　清季政治腐败，许多下层旗人穷困潦倒，走投无路，自譬为"熬大鹰"。鹰生性桀骜，人们捉到它后，为了使之驯服，不让它睡觉并限制它的进食，一直到它服服帖帖任人摆布为止。这就叫"熬大鹰"。旗人收入低微，限制又多，人人如笼中鸟，难怪有熬鹰之感。朝廷熬旗人，旗人熬大鹰，都陷入不能解脱的困境中。

第八章

晚清旗人社会

从清前期起，八旗就出现了生计问题。所谓"八旗生计"问题，指普通旗人在生活上陷入了困境。乾嘉年间，清朝盛极而衰。道咸以降，国势日蹙，人口增加，库府空虚，生计问题成为八旗社会最严重的问题。入关未久，八旗军队即丧失骁勇善战的传统。生计的恶化，加速其衰朽。满洲统治者为解决八旗生计并恢复八旗军力，采取了一系列措施，却难以奏效。

第一节 八旗生计的恶化

清前期，多数旗人的生活水平高出普通民人。以兵丁中等收入的马甲为例，每年饷银三十六两，饷米二十三石。清朝前期物价比较低。在盛产稻米的上海地区，据姚廷遴《历年记》，康熙中期，米价一般不到一两一石。康熙四十八年（1709）十一月，京城米价每石一两二钱，江浙大熟而米价不减。玄烨命大学士和九卿讨论原因，大学士李光地说米贵是"因人民繁庶之故"。① 其实，与后来比，当时的米价还是比较便宜的。乾隆中期，江南米价在每石一两五钱至二两上下浮动。② 京城米价如按二两估算，马甲饷米二十三石，约合银四十六两，银米合计约八十二两银左右。赡养数口之家没有问题。至于普通民人的生活状况，从当时的文学作品中可以略知大概。《红楼梦》中刘姥姥进大观园，看到贾府吃螃蟹时，曾算过一笔账：

---

① 《清圣祖实录》第240卷，第14页下。
② 叶世昌、潘连贵：《中国古近代金融史》，复旦大学出版社2001年版，第124页。

这样螃蟹，今年就值五分（银子）一斤；十斤五钱。五五二两五，三五一十五；再搭上酒菜，一共倒有二十多两银子。阿弥陀佛！这一顿的钱，够我们庄家人过一年的！

张宸《平辅杂记》也说："近世士大夫……费用日益侈……一席之费，率二十金。"二十金，就是二十两银子，与大观园中螃蟹宴的费用相吻合。如果按米价每石二两计算，二十多两银子可买米近十石，足够一个数口之家食用，可知《红楼梦》所写并不夸张。当然，刘姥姥所说的"庄家人"应指农村中的殷实人户，基本上能保持低水平的温饱生活。自称"康熙秀才，雍正举人，乾隆进士"的扬州名士郑板桥，在范县做小官时写信提到本族一家的生活时说："可怜我东门人，取鱼捞虾，撑船结网，破屋中吃秕糠，啜麦粥，搴取荇叶蕰头蒋角煮之，旁贴荞麦锅饼，便是美食。"这种惨淡的景况对一般农户而言还是可以聊以自慰的。至于穷苦农民的生活则更为窘迫。《儒林外史》第三十六回，写农民"替人家做着几块田，收些稻，都被田主斛的去了；父亲得病，死在家里，竟不能有钱买口棺木"。不用说，这是生活的真实写照。

旗人除当兵外不事生产，如此世代相传，不仅丧失了劳动能力，家口生活也日益窘困，出现了所谓"八旗生计"问题。这个问题，在康熙年间崭露头角，乾、嘉以后发展为八旗社会难以疗治的痼疾。

京师是繁荣都市，八旗驻防的重点，也是"八旗生计"问题最严重的地区。数十万旗人久居京城，兵额有限，人口增加，又不从事生产，生活水准每况愈下。诚如乾隆时人沈起元《拟时务策》所指出的：甲不能遍及，而徒使之不士、不农、不工、不商、不兵、不民，而环聚于京师数百里之内，于是其生日蹙。[①] 尤其是旗人中的鳏寡孤独，缺少经济来源，又无亲属帮衬，难以维持生计。乾隆三十六年（1771），裕亲王允禄奏报：八旗中无法维持生计的鳏寡孤独，多达六千余名。由于救助不及时，无人赡养的旗人沦为乞丐、寡妇冒称民妇并自卖为奴一类触目惊心的事件始见于案牍。

[①] 贺长龄编：《皇朝经世文编》第35卷，上海九敬斋书店光绪二十八年（1902）石印本，第14页上。

普通旗人的贫困化问题不单通过官员的奏章得到反映，在小说、子弟书、岔曲、私家笔记中也有大量描述。满洲旗人和邦额《夜谈随录》，以传奇志怪的艺术形式，对这种社会现象进行了详实披露。《谭九》一篇，记京城某男子往郊外探亲，夜遇一旗装女子，"着红布短袄，绿布裤，蓝布短袜，跋高底破红鞋，皆敝甚，露一肘一腓并两踵"。一副穷困潦倒的窘相，正是旗人贫困状况的真实写照。《某马甲》中所述八旗兵丁的凄惨情景更为典型：

> 马甲某乙，居安定门外营房中，贫甚，差役多误。其佐领遣领催某甲往传语："亟出应役，不，则必斥革矣。"甲素与乙相善，即往见之。入门，马通（马粪）遍地，破壁通邻。屋三间，秸隔一间卧室，妻避其中。时际秋寒，乙着白布单衫，白足跋决踵鞋（露着脚趾的鞋）。甲一见恻然，曰："弟一寒如此哉！"……有顷，闻房中哀泣声，知为乙妻苦贫。……房中泣声渐粗，倍觉惨切。潜于帘隙窥之，乙妻已作环于梁间，将自缢。甲大惊，不复避嫌，急入救之，慰解再四。乙妻含悲致谢。

作者笔下的旗兵，居陋室，穿破衣，穷困无奈，差使多误，妻子走投无路，差点走上绝路。这篇故事文字虽短，却集中概括出"八旗生计"的严峻程度。

各地驻防旗人不如京旗，尚有做官、读书的出路。驻防八旗的甲缺不仅比京旗少，甲缺的饷银饷米也比较低，加之他们局限在满城狭小的天地间，毫无活动的余地。所以，八旗驻防中出现的生计问题，至少在严重程度上不亚于京旗。

八旗生计的恶化，实际上是普通旗人的贫困化问题，它的发展，使八旗的战斗力不断瓦解，团体意识趋于涣散，直接触及清朝统治者的利益。为了缓解这一问题的冲击，清廷陆续采取赏赐银两、增加兵额、京旗移垦、汉军出旗、回赎民典旗地等措施。这些措施虽使旗人的窘困有所缓解，但杯水车薪，并不能从根本上解决问题。乾隆年间，对八旗兵丁除按旧例颁给婚丧赏银和不定期的"恩赏"外，复将回赎旗地旗租发还，每年加赏八旗兵丁一月钱粮。但赏银落入旗兵之手后，或者抵补私债，或者妄行靡费，不过数月，罄尽无余，依然贫乏如故。① 汉军出旗后，余出兵缺主要由满洲人充补，同时增加了一些兵额，但兵额增加赶不上人口增长。

京旗移垦虽不失为一项积极措施，同样收效甚微。18世纪中，乾隆帝决定将京旗三千户闲散移往黑龙江拉林屯垦，实际移往二千户。其中老幼不能耕作的占十之一，年壮而不谙耕作的又占十之六七，力能耕作的只占十之二三。北京旗人长期脱离生产，不免沾染好逸恶劳的习气，缺乏开荒种地的勇气和能力。在以后四年中，拉林旗人大部分又逃回北京。②

鸦片战争爆发后，清朝国势日蹙，库府空虚，部分京旗日益贫困。这种状况在同光年间进一步发展。

图281 康熙四十二年八旗感恩碑亭记拓本

"八旗生计"严重恶化，不论在深度和广度上都远超前代。究其背后的原因，既有历史上延续已久的，也有在新的社会条件下产生的。概括起来，主要有以下几点：

一 人口增长

清前期的人口一直保持增长。乾隆六年（1741）开始有全国人口的统计数字，约为一亿四千万余。乾隆二十七年（1762）为二亿余。乾隆五十五年（1790）突破三亿。道光十四年（1834）超过四亿。清初，旗人虽因不断征战而付出沉重的生命代价，但随着大规模战争减少，人口也有比较迅速的增长。

顺治五年（1648）至嘉庆十七年（1812）的一百六十余年间，八旗

---

① 《八旗通志初集》第67卷。
② 《清高宗实录》第600卷，第33页下。

男丁由三十四万六千增至五十二万三千。其中汉军旗人因在乾隆朝大半出旗为民,少有增长。满洲男丁则增长了大约三倍,即从当初的五万五千余丁增至二十二万二千余丁。① 与此同时,八旗兵额只增加了大约一倍半,即从入关初的不足十万增至二十余万。生齿日繁与收入日绌的矛盾,导致"一分之产而养数倍之人",旗人的生活负担不能不因此加重。户部尚书梁诗正在奏疏中说:"百年休养,户口众多,无农工商贾之业可执,类皆仰给于官。"这是旗人穷困潦倒的重要原因。

具体就北京地区来说,晚清旗人生计日益恶化,与人口增长也有一定关系。据宣统三年(1911)民政部统计,京师二十四旗、内务府,共有旗人三十八万九千口。② 另外,在京郊也居住着众多旗人。京城市、郊旗人总数约为六十万,兵额十二万余,只比清初略有增加。③ 人口多兵缺少,加剧了旗人生计的困难。

二 财政危机

从 19 世纪中叶起,内忧外患,纷至沓来。国家用款浩繁,财政危机,币制紊乱,通货膨胀不止,加剧了旗人生计恶化。

鸦片战争后,因军费开支和战争赔款,清朝财政出现亏空。太平天国起义,前后持续十数年、纵横十八省,清廷军费激增,赋税收入却因统治地区的缩小而减少。咸丰元年(1851),仅例外支出的军费、河饷就有二千数百万两,达到常年岁出总数的三分之二,财政濒于崩溃边缘。咸丰三年,太平军控制长江水道,清王朝的江南财源一时中断。这年七月,户部库银仅存二十二万七千余两,中外经费同时告竭。④

财政危机直接导致两个后果,一是滥发货币造成通货膨胀,一是旗人粮饷被大幅裁减。

清廷穷蹙之余,不得不滥发纸币,铸铜、铁、铅钱并行。各局铸钱,相继减重,当百当千的大钱反轻于当五十钱。更因盗铸日多,钱质日劣。

---

① 允祥:《为报顺、康年间编审八旗男丁事奏本》,雍正元年五月初四日;嘉庆朝《会典》第 12 卷,第 22 页上下。
② 中国科学院图书馆藏:《民政部汇造二次查报户数清册》。
③ 兵额见《清史稿》第 137 卷《兵志二》;八旗人口见瑞丰辑《镶白旗满洲公牍》民国九年三月四日,全国图书馆文献缩微复制中心 2004 年本。
④ 《祁寯藻奏折》,载中国人民银行总行参事室金融史料组编《中国近代货币史资料》第 1 辑上册,中华书局 1964 年版,第 176 页。

同时，大量印行以银两为单位的"户部官票"（又称"银票"）和以制钱为单位的"大清宝钞"（又称"钱票"）。清朝原以银两和制钱为通行货币，至此突然增加大钱、票钞达二十一种之多，币制大乱，钱愈贱而银愈贵。咸丰初年，银一两值大钱七千余，同治初年值十千，光绪初年值十七千。京师旗民"得钞一千，不得抵半千之用"，到咸丰末年，官票几成废纸，宝钞每贯仅值二十至三十文，大钱也不断贬值。（见图282）

银贵钱贱，制钱又是市面上的主要流通货币，使日用百货价值陡增。以往京师旗民日常所需，不过花费数文钱至数十文钱。数年后，百物翔贵，米薪蔬菜，以及日用必需之物，较之当日，皆增价十倍。老米每百斤，价值三十余吊，煤百斤七吊，葱一根，也值十大钱一枚。[1] 猪肉由原来的每斤二三百文，涨至六七百文以上[2]，香油、硬煤、茶叶等日用品价格也都增长了四五倍之多。对聚居都市的贫困旗人来说，通货膨胀无异于雪上加霜。同光之际，物价虽然有所回落，比起先前来，还是腾昂许多。

清廷财政危机导致的另一后果，是旗人实际收入的裁减。自顺

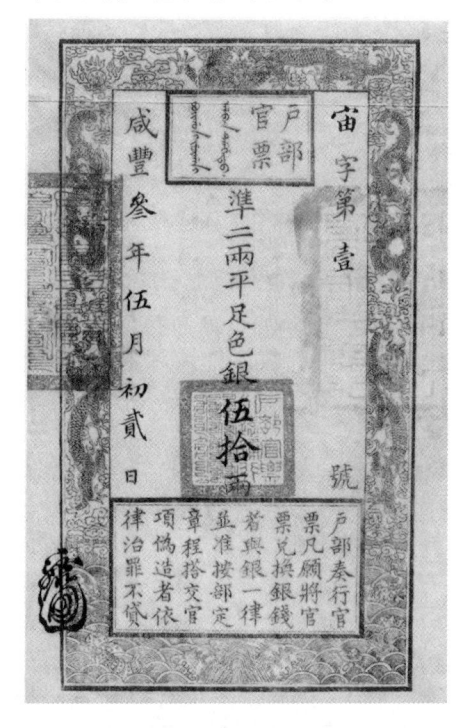

图282 咸丰三年银票

治十二年（1655）起，八旗发放兵饷，即有银、钱搭放之制，当时制钱质量较高，银、钱比价一般在银一两换钱千文，银、钱搭放只为花销便利，对旗人生计没有不良影响。康熙末年，钱价腾昂，制钱搭放比例随之水涨船高，由当初每年二、八月的百分之五增至百分之五十。雍正后期，兵丁月饷搭放制钱比例，在百分之十至三十间浮动；乾隆初年，搭放比例在百分之二十至三十间浮动。当时八旗兵饷总额，每年约四百万两，其中

---

[1] 张集馨：《道咸宦海见闻录》，中华书局1981年版，第251页。
[2] 《中国近代货币史资料》第1辑上册，第303页。

搭放制钱将及四分之一。① 八旗官兵搭放制钱，一向按银一两钱一千文换算，由于制钱实际价值高于此数（即所谓"钱贵银贱"），按既定比例搭放制钱，无异于额外增加一笔收入。举例来说，在银一两换钱八百文的情况下，兵丁月饷仍按银一两制钱一千文计算，就等于额外多得银二钱五分（或钱二百文）。这说明，在清中叶以前，搭放银、钱是一项优惠八旗官兵的经济政策。②

但是，自嘉道以降，随着白银大量外流和制钱质量下降，以往的钱贵银贱，逐渐为银贵钱贱所取代，即从原来银一两换不足千文，到银一两换千文，再到鸦片战争前，银一两换钱一千六百余文。随之，八旗饷银搭放制钱亦由优惠政策蜕变为得不偿失的秕政。咸丰三年（1853），清廷在铸造劣质大钱的同时，对八旗饷银，搭放铁制钱二成。银价高钱价低，官兵实际收入益发降低。咸丰八年（1858）正月，惠亲王绵愉指出："八旗兵丁万分痛苦，人所共见"，"自上年十月至今，八旗地面因饥寒不能遂其生者，不可胜数"。③ 有些旗民因领到的大钱和铁钱不能使用，甚至叩阍喊冤。

定制，八旗骁骑校、护军校、亲军校、前锋校等，每名月支饷银五两；领催、护军、前锋等，每名月支饷银四两；马甲等，每名月支饷银三两。清廷因财政困窘，复从咸丰十年（1860）起，对八旗官兵实行减成发饷：骁骑校等项官兵，按四成实银、二成钱折开放；技勇养育兵等，按五成实银、二成钱折开放。也就是说，一般兵丁只能领到原饷的六七成，有时甚至欠饷不发。裁减八旗俸饷为此前所未有，且这种做法基本延续到清末，对旗人生计的影响，尤为深刻。④

---

① ［日］上田裕之：《清康熙末年から乾隆初年の京师における制钱供给と八旗兵饷》，日本《史学研究》249号，2005年8月。
② ［日］黑田明伸：《中华帝国の构造と世界经济》（1994），《货币システムの世界史——非对称性をよむ——》，岩波书店2003年版。
③ 中国人民银行总行参事室金融史料组编：《中国近代货币史资料》第1辑上册，中华书局1964年版，第295—296页。
④ 光绪十年（1884）治麟在奏议中称："自减成以来，支五两者仅得二两一钱有零；支四两者仅得一两八钱有零；支三两者仅得一两三钱有零。加以库亏剪伤，到手尚复有几？以银易钱，多不过二三十千，少只十余千，以一家四五口计之，每月所支只可敷衍数日。若人口稍多，再值物价昂贵，即数日亦不能支。此犹就食饷较多者言之。而少者更可知矣。于是相率为小本经纪，为匠作，为田佣，甚且隐其姓名，假冒民籍为人执役。"载王云五主编《道咸同光四朝奏议》，第5430页。

三 高利贷盘剥

清初旗人依恃粮饷和地亩为主要收入,当大部分旗人的土地在旗、民地主的交相兼并下化为乌有时,仅有的粮饷又成为高利贷者、奸商牟取暴利的利薮。八旗兵丁月饷季米,发放有期,一旦临时急用,只能典当借贷,高利贷资本乘机网罗射利。在北京城内流传着这样一段话:

> 捐二十余两可得一甲士(指马甲)之银米,坐食一载,谓之"共甲";捐十余两可得一甲士米之半,饱食经年以待其本谓之"典米";九钱作一两,八百当一千,谓之"月支";米未领下而先贱卖,谓之"短米"。①

所云"典甲""典米""月支""短米"都是高利贷者乘旗人困窘之危,牟取暴利的方式。"典"是一种实物形式的高利贷,即预先将对方的动产(如牲畜、衣物,以至旗人饷米)或者不动产(如地、房)低价典入,由于典押物作价远低于本身的实际价值,两者的差价便构成高利贷的利息。当时一马甲月饷三两,全年三十六两;年米四十六斛(二十三石),如折价亦不少于四十余两,高利贷者只需先付二十余两就可全部攫为己有,剥削率之高不言而喻。嘉庆时,有山东人在八旗各衙门附近开店,秘密放债给八旗兵丁,名为"典粮钱",以一月为期,取倍蓰之利。② 与前述"典甲""典米",如出一辙。(见图283)

民人盘剥旗人,主要凭借经济手段。得硕亭《草珠一串》描写北京城内放高利贷的情景说:

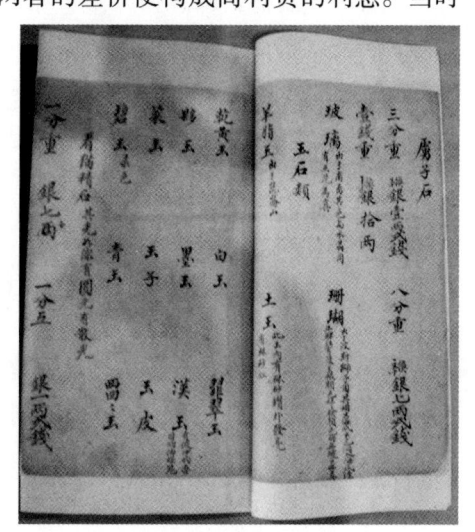

图283 当铺账簿

---

① 中国第一历史档案馆藏:《满文月折档录副奏折》,乾隆十年十一月福将奏。
② 《清仁宗实录》第225卷,第13页上下。

利过三分怕犯科，巧将契券写多多。
可怜剥到无锥地，忍气吞声可奈何！

诗末附注："近日山西……放债，率皆八分加一。又恐犯法，唯于立券时逼借钱人于券上虚写若干，如借十串，写作百串之类，旗人尤其受害。"清政府曾规定：放债一两，不准超过三分取利，但形同虚设。民间掩人耳目巧取豪夺的伎俩层出不穷。北京城内的放债者以晋商居多，为避免与律例抵牾，并达到牟取暴利的目的，多强迫负债人在契据上多写钱数，以致后者在饮鸩止渴的同时还要忍气吞声，任由债权人摆布，此即"旗人尤其受害"一句的含义。至于民人开办的老米碓房，经营碓米，兼放高利贷，或者与仓官、领催相勾结，舞弊分肥，也是尽人皆知的事实。

四 旗制积弊

晚清以来，八旗制度早已衰朽，积弊丛生。

积弊之一官贪。八旗衙门中贪风日盛，上自都统，下至领催，几乎无官不贪，加剧了旗人生计的艰难。参领、佐领，公开收取贿赂。凡属本旗人外出做官，在上任和卸任回京时，照例要送厚礼给他们。从佐领处开的各种证明文书叫图片，为了得到一张图片，一般要贿送五两银子。参领、佐领过"三节两寿"，都要勒索属下。佐领一官，或于本管佐，或于兄弟所管佐领下，借放"印子银"①，限期十个月或十二个月扣完。每月关领钱粮时，勒令清偿，不许暂缓。将利作本，利又加利。兵丁生计，多往因此匮乏。②

八旗官员与米商、木商、碓房老板勾结，举放利债，指扣兵丁钱粮。③ 他们利用职权对兵丁放债，形同享有政治特权的高利贷奸商，负债者的命运完全操纵在他们的手掌中。领催是佐领下基层官员，掌握旗人的经济命脉。一些领催恣意克扣、侵吞旗兵饷、米，京城中流行"领催绝

---

① 一种货币形式的高利贷，如借七十文钱，按一百文计算，每日交利钱四文，十七天半共付利息七十文，并归还本钱，利息与本钱相等（一百四十文）。因为每天付利息时都要由债主在折子上盖印为凭，故名印子银（印子钱）。
② 《八旗通志初集》第70卷，第1351页。
③ 《清文宗实录》第160卷，第4页下。

后"的口头禅，可知旗兵对他们的痛恨。

随着吏治败坏，佐领、领催克剥旗人的手段愈发变本加厉，仅散放钱粮一项，就有如下流弊：

其一，克扣饷银。如四两钱粮包，包银块不足三两，三两钱粮包仅包银一两数钱，旗兵人等领取时明知银数不足，公开计较者却不多，因领催与夸兰搭（营官）沆瀣一气，彼此勾结，一般旗兵不敢与之抗争。领催月饷四两，后加一两，不过五两，可一次发饷所敛常达数百两之多。

其二，"吃空缺"。兵丁病死，按规定须呈报本旗档房，地位较高的由都统转呈并给予少量葬费，谓之"白事银子"。地位较低的则一无所得，且应领钱粮一笔勾销。死者家属为保住这份钱粮一般隐匿不报，发放钱粮时，权由家人代领。夸兰搭见旗兵本人数月不至衙门，往往追查。在此种情况下，死者家属往往托本旗领催向夸兰搭疏通。领催耳目灵通，知某人已死，往往不予呈报，期望从中渔利。或代旗人向夸兰搭疏通，坐食运动费，夸兰搭也不深究。每月领取钱粮都经本旗领催之手，纵使领催从中克扣，"吃空缺"的家庭也敢怒不敢言。（见图284）

其三，"独吞"。旗兵死，家无亲人，本旗领催不予呈报。发放钱粮时，无人领取，塞入自己腰包。一旗领催手中的空缺不下数十位。旗兵多有悉其根底者，也不敢揭穿。领催白食空缺，挥金如土，一旦穷不可耐，就张罗在旗内出让空缺，即"卖缺"。清末八旗养育兵（一种赡养性质的预备兵种）月领银一两五钱，其缺有银二十两即可买得，一年多就可捞回本钱，以后则无异于纯利。"买缺"者冒领钱粮，上瞒夸兰搭，下瞒旗众，相沿成习，无人究问，只领催手中有一本秘账。芙萍《旗族旧俗志》回忆：他的二弟、三弟，各花了十五两银子从本旗领催手里买得养育兵的钱粮。二弟所食的钱粮原名"德奎"，三弟所食的钱粮原名"瑞铎"，七八年中冒领不误。芙萍祖父死，也未呈报本旗，每月钱粮由芙萍父亲代领，一直领了十几年，直到辛亥鼎革，旗制崩溃。

其四，"典缺"。领催为解燃眉之急，常将空缺钱粮典押与人。

其五，"借缺"，俗称"掏钱粮"。领催向放债人（本旗人居多数）借债时，以某项钱粮缺为抵押，本钱与利钱综合一起，分月归还，债权人每月由领催手中索取规定钱粮，至期两清。旗人不习惯承受经济上的窘迫，为解燃眉之急虽受重利盘剥也在所不惜。普通旗兵也有用这种"掏钱粮"方法的，所不同者，债权人往往是汉人商贾。

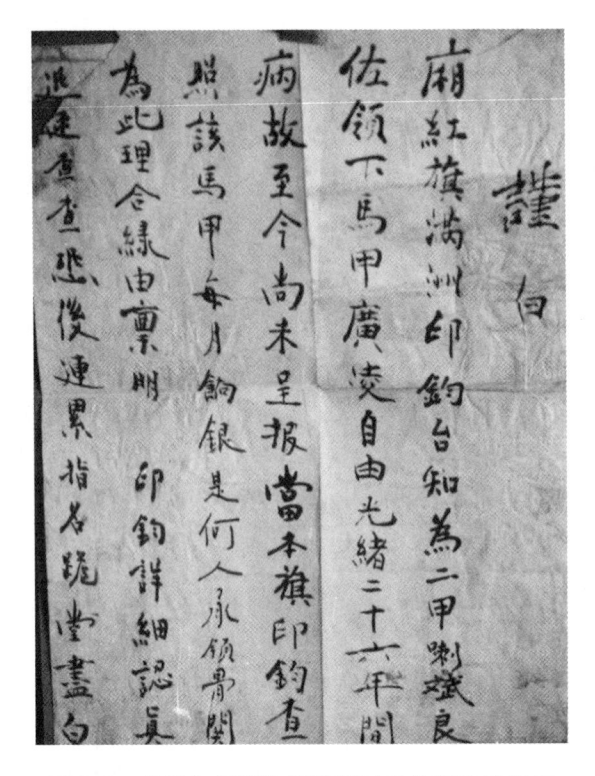

图284　光绪年间镶红旗满洲斌良佐领关于旗兵病故饷银仍被冒领的禀文

八旗兵丁的钱粮，是其赖以维生的最稳定收入，旗、民高利贷者，都乐于向旗兵放债，以规厚利。八旗兵丁用度至奢，仅靠有限钱粮，终至入不敷出，甚至债台高筑，钱粮则有名无实了。

积弊之二吏黩。八旗中有所谓"莫吉格"，汉语谓之"传事人"，身份类似文书。参领、佐领之职多因贿赂而得，他们不懂政务，甚至字都不识，旗务多赖莫吉格操办。参、佐领等官既与莫吉格共同作弊，又有许多把柄被莫吉格所掌握，故不敢唐突。①《官话时报》记镶白旗满洲一叫杨书堂的莫吉格，一人承办着四个佐领的事务，四个佐领全由他一人摆布，不敢与他计较。因为各种弊端全在他手中掌握，要是把他裁了，他就会全部抖搂出来。②

---

① 《旗弊难除》，《官话北京时报》，光绪三十四年九月十一日，第284号。
② 《弊病难除》，《官话北京时报》，第214号。

积弊之三冒食粮饷。八旗中冒食钱粮问题久已存在。其中，既有旗员冒食钱粮问题，也有普通旗人冒食问题。后者的冒食，主要通过以死人为活人或者抱养民人之子。清朝政府几次大规模清查冒入八旗的民间养子，症结就在于此。某次清查发现，西直门外一位姓诚的护军校，夫妇二人加上一子一女，却吃着七包钱粮（即七份钱粮），清查户口时被迫将已死未报的钱粮报出。① 镶红满洲世勋佐领下凤喜，原名马二，本为回人，却行贿坐补骁骑校②。有的旗人冒食钱粮，不知自敛，反而向别人吹嘘说："我手下的孀妇，分外能活，真有一二百岁的，那是我的手段。"③ 每一次大规模清查，都会有许多遗漏。而且旋踵之间，又会发生许多新的假冒。旗员冒食钱粮，是为了贪污；普通旗人冒食钱粮，或为缓解生计压力。大量兵额成为虚设，大量钱粮成为私人非法所得，正是八旗积弊的集中表现。

五　旗制束缚

八旗建立初，便以对旗人的严格管理为原则。清初旗人各有耕地，出则为兵，入则为农，耕战两事，兼行并举。八旗高度的组织性不仅没有产生消极影响，相反，还成为清朝迅速崛起的可靠保证。清朝入关后，八旗军事职能进一步强化，生产职能却迅速萎缩。清朝为了保证八旗官兵的收入，建立起俸饷制度，顺治十一年（1645）宣布，准许家有四丁以下的出征旗兵，将旗地尽数退出交旗，量加钱粮月米④，这成为旗人退出生产领域的开始。而后，八旗兵丁因频年出征，无力躬耕畎亩，只得将土地转租给民人。租出的土地虽然为数有限，却分散在京畿方圆数百里内，旗人局守京城，行动受到限制，若差人讨租，往返盘费甚至高过租银，这种状况加快了旗地转入民手的过程。康熙年间，西方传教士卫匡国在《鞑靼战纪》中指出了旗人脱离农业生产的影响，说："这些人大部分都不会耕地种田，从来没有使用过锄和犁，只会舞刀弄剑。"旗人不事农耕工商，假使外出谋生，则被当作"逃旗"受到惩处，条条清规戒律犹如无形绳

---

① 《旗弊的可望剔除》，《大同白话报》，宣统元年闰二月初八日，第221号。
② 《真敢奏保冒入旗籍吸烟的人员》；《再记前报》，《官话北京时报》，光绪三十四年八月初一、初七日，第246、252号。
③ 《空头钱粮》，《大同白话报》，光绪三十四年十一月初七日，第112号。
④ 《清世祖实录》第80卷，第10页上。

索，束缚住他们的手脚。除了当兵食饷外，只能仰给于统治者的赏赐，终日游嬉，无所事事。加上被好逸恶劳的陋习所浸染，八旗一步步蜕变为寄生性质的社会组织。（见图285）

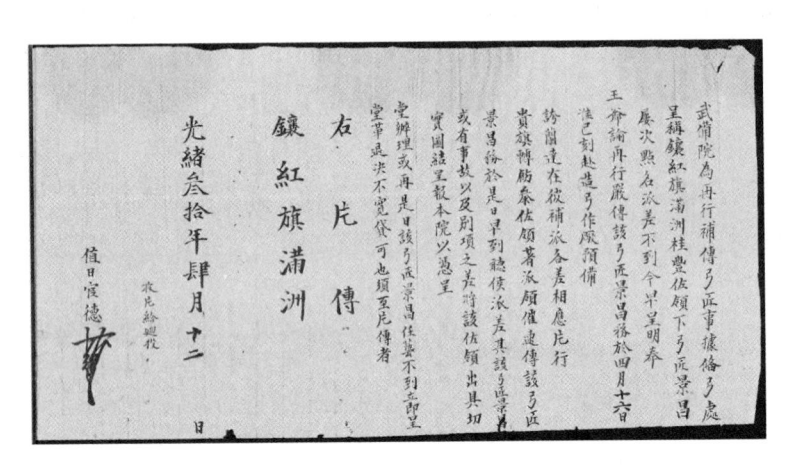

图285　光绪三十年武备院为旗兵误差不到给镶红旗满洲都统衙门的公文

有清一代，北京旗人究竟是否可以经商？对此一直有不同说法。有人认为，清廷禁止旗人经商。但时至今日，却查无明文。事实上，清廷并无旗人经商业贾之禁，只是由于旗制束缚和兵役负担，普通旗人即便有经商牟利之心，也无其力而已。① 这就造成旗人不经商业农的普遍现象。晚清学者魏源指出："聚数百万不士、不农、不工、不商、不兵、不民之人于京师，而莫为之所，虽竭海内之正供，不足以赡。"② 他们不仅丧失谋生的技能，且养成追逐享乐的嗜好，即使生活每况愈下，仍不知撙节，生计恶化是很自然的。

对于这个问题，清廷也逐步有所认识，乾隆年间组织京旗移垦，就是放宽对旗人限制的一种尝试。然而问题的症结是，清统治者允许少数京旗闲散下乡或者关外移垦，都是以不妨碍八旗军队拱卫京师的基本宗旨为前

---

① 道光元年武隆阿《筹议八旗生计疏》中言之甚明："旗人旧例，并无农工商贾之禁，然旗人之不务农工商贾者，固由于无田地资本，更由于聚族而官，非服官即当兵，食俸食饷，享于尊贵，始则鄙之不屑为，年复一年，性成习惯。"载王云五主编《道咸同光四朝奏议》第1册，第36页。

② 魏源：《圣武记》第14卷，中华书局1984年版，第563页。

提的。嘉庆二十一年（1816），旗人法式善提出京旗闲散耕垦口外、西北一带的建策，嘉庆帝斥责说："若如所奏，岂非令京城一空，尤为荒谬之极！"① 不久，御史罗家彦因提出"令八旗老幼男妇皆以纺织为业"的建议，被嘉庆帝下令革退，理由是：所奏与八旗劲旅屯住京师的本计大相刺谬。② 清廷既不能放弃八旗劲旅屯住京师的"本计"，也就无法放松对旗人自谋生计的限制。广大旗人从不耕不战到难以存活，孕育着清朝统治的危机。

如果说乾、嘉年间，朝廷尚有实力，划拨大量国帑救济八旗，那么到道光朝，这种能力已被大打折扣。由于财政困窘，清廷不能无限制扩大兵额增加粮饷，又不能继续划拨赏恤银两，如何调整思路，解决京旗生计，已成当务之急。道光元年（1821）筹议八旗生计问题，满洲大臣各抒己见。大学士伯麟认为，京旗生计日渐拮据，是因为户口繁增，萃处京城而游食者众；镶黄旗满洲都统英和认为，旗人生齿日繁，家无恒产，专仰给于朝廷。这些看法，都没有超出前人的议论。关于解决之道，喀什噶尔参赞大臣武隆阿强调："旗人生计非调剂不可，而调剂之法，舍自食其力外无良策。欲令自食其力，计惟有散之一法，始能使之各谋生理。"③ 以往解决八旗生计，即有京旗移垦一条，对此，清廷态度一直有所保留。武隆阿建议使京旗"散"往各地，自谋生计，比较前人，思路更为明确。但对此持否定态度的，仍是满洲皇帝。道光帝说："若以旗人挑补绿营兵缺，复以在京旗人往补驻防兵缺，无论兵丁得项本微，携眷远行诸多不便。且从此不复回旗，是以百数十年豢养之旗人，无故屏之远土，朕何忍焉？"他谕令将武隆阿等交部严议，"以为莠言乱政者戒"。④

清廷既不能放松对旗人的约束，京旗移垦也仍旧是一项辅助性尝试。道光元年（1821）十二月，清帝谕旨，迁徙部分京旗闲散前往黑龙江双城堡屯垦。原拟迁移三千户，旗人报名不甚踊跃，一年中，愿移者仅二十八户。⑤ 对移驻者，清政府从优安置，包括提供地亩、住房、种籽、粮食和四套大车一辆，但响应者寥寥。道光二年（1822）至五年（1825），三

---

① 《清仁宗实录》第324卷，第8页下、9页上。
② 奕赓：《东华录缀言》第6卷，载《佳梦轩丛著》。
③ 中国第一历史档案馆编：《道光初筹议八旗生计史料》，《历史档案》1994年第2期。
④ 《清宣宗实录》第26卷，第19页。
⑤ 《清宣宗实录》第28卷，第32页。

年间仅迁往一百八十九户,与原订每年移驻二百户的计划相差甚远。① 十一年(1831),各旗咨报愿往者仅镶黄旗满洲五户,因人数过少,只好归于次年愿往户口数内、凑足十余户,一并移驻。② 京旗移驻既少,到屯后近半数不能自食其力③,一部分陆续潜逃回京。

京旗移垦两次受挫,与清廷的指导思想——不能影响八旗"居重御轻"的大局——有关,也是旗人安土重迁、习于都市繁华,久已丧失劳动能力和热情的必然结果。

六　不知撙节

旗人久居都城,竞逐时尚,养成奢侈享乐的生活嗜好。即便生活每况愈下,仍不知撙节。旗人舒坤批《随园诗话》:"吾亲友中如鄂二爷祥,乃祖父及其本身,皆司户部银库,家资百万,惟知养鹰养马,饮食嬉游,从不顾恤亲友,未及十年,产业一空,与余堂兄志书行为相似。志书年未五十以贫死,有子六人,无所得食,惟做贼而已。"④ 有些满人挥霍成性,图享受,讲排场,家道中落,仍积习难改。此即宗室盛昱所感慨的:"每谓穷奢两字,实可为我满人写照。愈穷愈奢,愈奢愈穷,此两字当作如是解也。"⑤ 对此种现象,雍乾以降,官书多有指责。⑥

基于以上原因,咸同以来,旗人生计明显恶化。同治二年(1863)四月,西安驻防满洲官兵因缺饷日久,饥寒交迫而毙命者多达两千人。⑦ 青州驻防旗人因粮饷缺乏,将所有用物变卖糊口,最后无可折卖,只好到周围农村乞食,死者甚多。⑧ 北京旗人中,"家人多有衣不蔽身,食不充腹者。隆冬饥寒交迫,流离载道;堆卡几为虚设,毁房拆屋,难图一饱。

---

① 席裕福、沈师徐辑:《皇朝政典类纂》第13卷,官庄,第368页,沈云龙主编:《近代中国史料丛刊》续编第88辑,台北文海出版社1983年影印本。
② 《清宣宗实录》第182卷,第3页。
③ 《双城堡屯田纪略》,原载王云五主编《皇朝道咸同光奏议》第31卷《八旗生计》,第239页。
④ 引自周汝昌《曹雪芹小传》,第98页。
⑤ 何刚德:《春明梦录》下,第12页上。
⑥ 参见《八旗通志初集》第67卷,1300—1303页;《钦定八旗通志》卷首九,第192—197页;卷首十一,第227页。
⑦ 《清穆宗实录》第63卷,第15页。
⑧ 《清穆宗实录》第88卷,第18页下、19页上。

只靠城内各处粥厂分赈，尚可偶延残喘"。① 贫困旗人借贷无门，谋生乏术，于是横暴者流为盗贼，无赖者堕为娼优。② 清廷本有旗人子女买卖之禁，但旗人为生计所迫，买卖子女之事屡有发生，官府禁令成为一纸空文。③ 连以往备受优待的天潢贵胄即所谓宗室中，也出现大批贫户："宗室生齿日繁，不许外出，京中物价日昂，倍形困苦，温饱者少，饥寒者多，甚有流为乞丐者。"④ 京城东郊、北郊一带的屯居旗人，大半衣食不足，甚至十三四岁女孩犹无完裤，困苦万状。一方是骄奢无度的统治者，另一方是衣食无完的被统治者，在八旗生计日益严重的同时，旗人间的分化也日益深峻了。

生计问题加剧，激化了八旗内部矛盾。一些旗人负债累累，求贷无门，情急无奈，直入衙署闹事或"叩阍"。咸丰四年（1854）六月，旗员吉年因所领俸银宝钞贬值，借贷无门，一时情急，自写呈文，往东华门惇郡王府上呈递，痛骂管理户部军机大臣祁寯藻是头号奸贼，所议铸大钱、发钞票等项，均与国家无益。吉年的举动，震动京城。咸丰帝以叛逆罪，将他处死。咸丰八年（1858）三月，又有旗人万升等三人在咸丰帝出宫途中拦路叩阍，申诉行使大钱以来，百物昂贵，生计窘迫情状。各地驻防旗人，因不满粮饷减成折放或拖欠粮饷，也不断有人滋事。

清朝对旗人行动原有严格规定，如在京八旗满洲、蒙古、汉军官兵人等，各按内城本佐领分定地界居住，不许移居外城⑤，更不准随意出行、迁徙。随着生计问题日益严峻，统治者不能不尝试放松对旗人的控制，寻求自谋生计的途径。旧例：旗人逃走一个月，削去旗档，发往黑龙江，给披甲人为奴。到19世纪初期改为：投回者免罪，仍准当差。同时，准许北京旗人屯居种地，外官可以随带成丁子弟赴任。除旗兵告假或私自出境仍照旧例办理外，闲散旗人（即余丁）告假，准外出营生。在外年久，愿改民籍者，准其呈改。⑥ 同治三年（1864）颁布有关"旗民生计维艰，听往各省谋生"的规定，允许在京旗人出外营生，并与民人互相婚娶。⑦

---

① 王云五主编：《道咸同光四朝奏议》，第2044页。
② 文廷式：《闻尘偶记》，《近代史资料》，中国社会科学出版社1981年版，第46页。
③ ［日］服部宇之吉主编：《清末北京志资料》，第61页。
④ 宝廷：《请教养宗室片》，载《竹坡侍郎奏议》卷上，第29页上。
⑤ 光绪朝《会典事例》第155卷。
⑥ 《清宣宗实录》第81卷，第29页下、30页上。
⑦ 光绪朝《会典事例》第155卷。

为了解决"旗民生计维艰"问题，清政府于咸丰二年（1852）颁布《旗民交产章程》，正式准许顺、直等处旗地卖给民人。

这些点滴的变化，尚不足以使八旗生计问题得到缓解。不过，它毕竟说明，旗人所受八旗制度的束缚程度，比起以往，确有所减轻。

第二节 八旗兵丁的荒怠

清初八旗兵丁攻无不克，战无不胜，虎步龙行，威震四方。以后久居城中，疏于训练，骑射技艺日渐荒怠。

一 八旗军队不堪一战

乾隆年间，清廷开始将"骑射"与"国语（满语）"相举，反复强调是满洲的根本，旗人的要务。从此，保持"国语骑射"，作为一项国策正式确立。这恰恰说明了"国语骑射"的衰颓，而这种衰颓趋势并不是主观意愿所能扭转的。乾隆帝曾率领八旗兵丁行围演武，并给予赏赐，但兵丁希图安逸，并不乐从，甚至以"行围为劳众，不无怨望"。八旗兵坐享钱粮赏银，在京城中四处游嬉；或三五成群，臂鹰架雀，郊外闲游；或结帮聚伙，在酒肆茶馆中消磨时光。乃至嫖妓聚财，变卖家产挥霍。骁勇善战的优良传统日益丧失，八旗兵丁逐渐变成浮荡子弟。乾隆二十年（1755），八旗参加会试的举人共有一百二十五名，其中七十余人自报近视眼，希冀免考骑射。这中间，不会骑射的至少有五十余人。在对八旗官员进行的一次考试中，不但发现有步箭甚属不堪者，还闹出了任意放箭几乎伤人的笑话。乾隆帝气得大发雷霆，斥责旗人如此忽视骑射，不成体统。

驻防外地的八旗兵也是养尊处优，疏于操练。乾隆帝南巡至镇江，驻防兵丁较射时有弓箭落地者。而后在杭州阅兵，八旗兵射箭箭箭虚发，驰马人坠地，时人以为笑谈。盛京八旗兵丁在行围时，上缴的鹿多于吉林、黑龙江兵丁，但并不是亲手所猎，而是从汉民手中买来。

八旗兵丁荒嬉怠惰，各级旗员更加腐败。他们平日克扣军饷，悠游享乐；遇有战争，沿途勒索，中饱私囊；作战时则拥兵自卫，怯懦不前，即使朝廷钦命的领兵将帅，也很少知兵善战的良才。大金川之战，经略大臣讷亲躲在营帐内指挥，传为笑柄。大学士温福领兵出征大小金川，只知在军中置酒筵宴，挞辱士卒。乾隆末年的八旗将领海兰察曾感慨说："近日

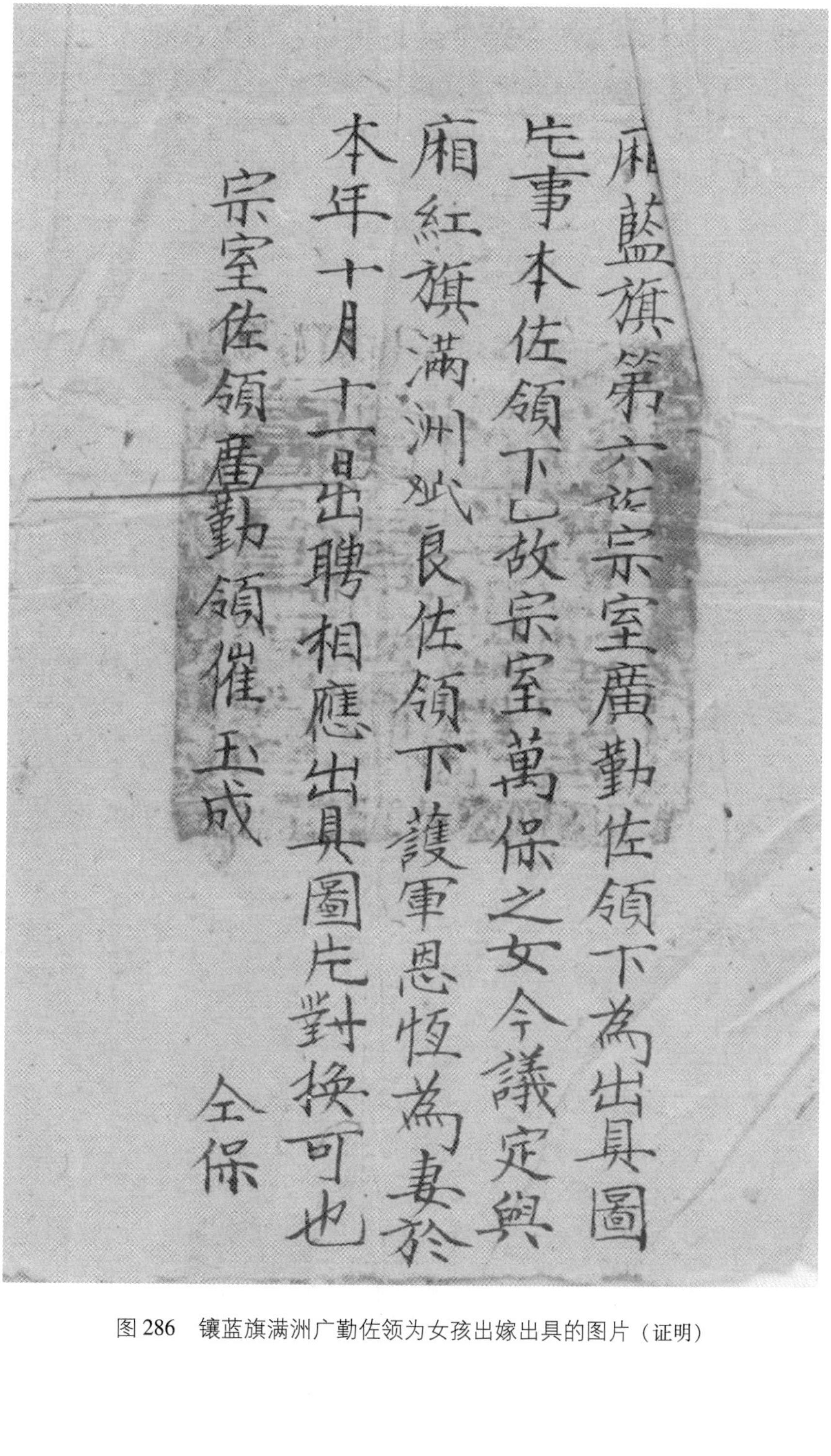

镶蓝旗第六族宗室广勤佐领下为出具图片事本佐领下已故宗室万保之女今议定与镶红旗满洲跌良佐领下护军恩恒为妻於本年十月十1日出聘相应出具图片对换可也

宗室佐领厘勤领催玉成

仝保

图 286 镶蓝旗满洲广勤佐领为女孩出嫁出具的图片（证明）

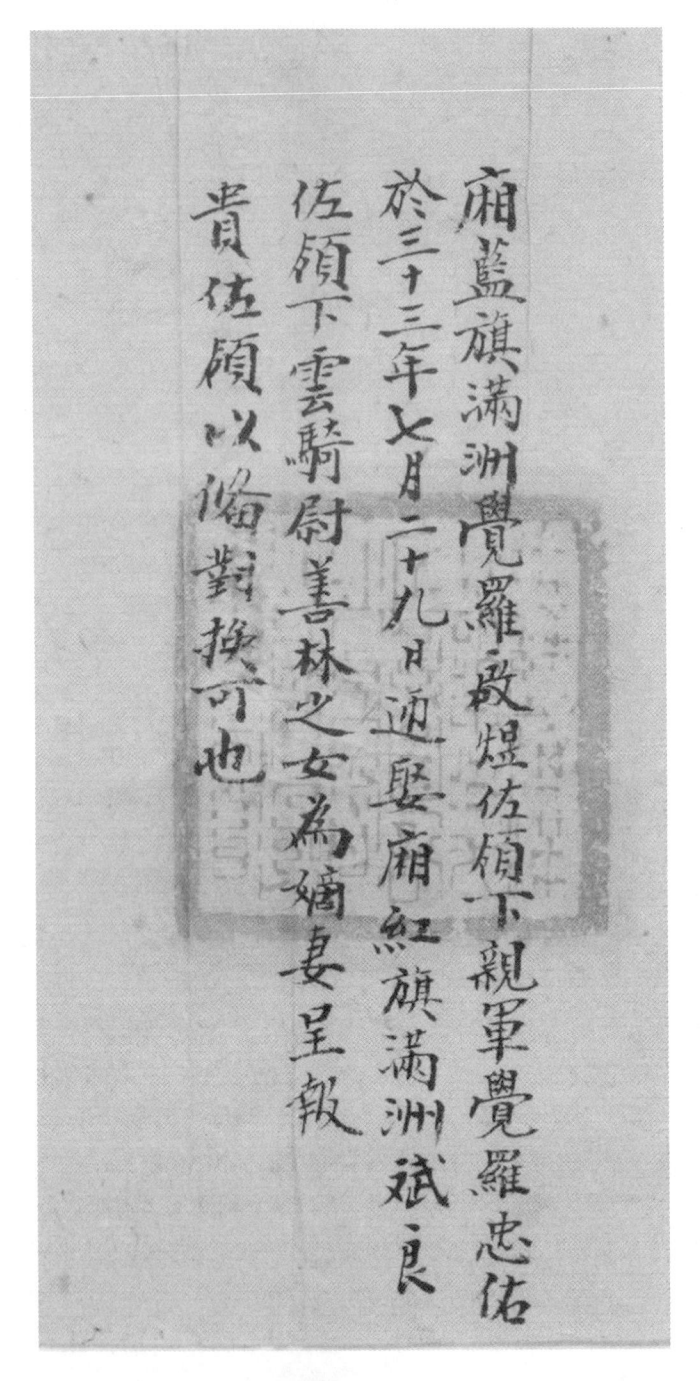

镶蓝旗满洲觉罗敏煜佐领下亲军觉罗忠佑於三十三年七月二十九日迎娶镶红旗满洲斌良佐领下云骑尉善林之女为嫡妻呈报贵佐领以备对换可也

图287 光绪三十三年镶蓝旗满洲觉罗启煜佐领为娶妻事给镶红旗满洲斌良佐领的公文

图 288　八旗健锐营碉楼（北京海淀香山）

大臣中知兵者，惟阿公（阿桂）一人而已，某安敢不为其下？其余皆畏懦之夫，使其登坛秉钺，适足为殃民耳。"①

八旗军队的衰朽，首先表现为将帅的腐化。不过，在乾、嘉年间，八旗中毕竟还涌现出阿桂、勒保、额勒登保等一批战功卓著的名将。道光年间，满洲将领长龄率军平定张格尔叛乱，建功新疆，尚属凛凛生威的人物。但自此之后，八旗将帅就难有值得一提的人物了。

第一次鸦片战争中，清廷派宗室奕山为"靖逆将军"，率军赴广东抗击入犯英军。奕山指挥作战无能，在任期间却广收苞苴，包括许多翠玉，因有"翡翠将军"之号。继之者"扬威将军"奕经，也是宗室。他不通军事，怯懦畏敌，与奕山不分伯仲。他带兵出征浙江期间，终日沉溺酒色，妓女不离营，得获"琵琶将军"之讥，又称"六子将军"，讽刺他收金子、要银子、养兔子、嫖婊子、请翎子、怕鬼子。②

因宗室纨绔子弟不堪军事重任，清政府在镇压太平天国时，转而倚用满洲、蒙古旗人。赛尚阿、琦善、讷尔经额、托明阿、德兴阿、西凌阿、官文、和春、胜保，先后被任命为钦差大臣。咸丰元年（1851），钦差大臣、大学士赛尚阿受命驰赴广西镇压太平天国起义。临行前，咸丰帝特赐

---

① 昭梿：《啸亭杂录》第9卷。
② 奕赓：《佳梦轩丛著》，第113—114页。

遏必隆宝刀，以壮其行，并给库银二百万两充军饷。赛尚阿至广西军前，不仅未能奏捷，反而连连败北，致使太平军突破重围，进入湖南。咸丰帝大为震怒，斥赛尚阿"调度无方，号令不明，赏罚失当，以致劳师糜饷，日久无功"。[1] 将他革职拿问，押解回京治罪。

讷尔经额昏庸更有过之，为承平大吏数十年，养尊处优，素不知兵。[2] 琦善虽略知节制军队，畏敌怯战则相同。太平军从武昌东下，琦善奉命由河南往御。他却借口说：招募夫役，用人过多，必致泄露军情，而骡马又不易征集。于是节节逗留。咸丰帝责问："募夫多不可靠，须用骡驮载，骡夫岂尽可靠耶？"[3]

胜保在旗籍将领中也属庸才，与太平军、捻军作战屡战屡败，素有"败保"之称。只是因为在"辛酉（1861）政变"中为慈禧太后效了力，在统治集团中的地位陡然突出起来。胜保得意之际不知收敛，反而贪黩行贿，无所不为，终因树敌太多被慈禧太后赐死。其他钦差大臣，或军前败没，或兵溃革职，充分暴露出八旗将帅的腐朽。

太平军攻入湖南，湖北提督、满洲旗人博勒恭武奉旨前往岳州防堵。闻太平军将到，博勒恭武与岳州参将阿克东阿弃城出走。博勒恭武逃出后，改装易服，一路北上，潜至京外黄村，假名图匿。[4] 阿克东阿逃到武昌，主使兵士捏报殉难，且亲自装点棺殓。[5] 提督是一省绿营最高将领，参将也是绿营大员，他们的怯懦，正是八旗将领的典型。

咸丰中叶，清廷倚重的满蒙大员，唯有僧格林沁。僧格林沁，博尔济吉特氏、蒙古科尔沁亲王。咸丰七年（1857），英法联军侵入天津海口，清廷任命僧格林沁为钦差大臣，督马队与旗兵布防。九年，英法俄美联军陷大沽炮台，由天津一路入犯北京。僧格林沁率马队与之战于通州八里桥，大败。同治四年（1865），僧格林沁在镇压捻军的战斗中全军覆没于山东曹州。僧格林沁的败没，说明满蒙亲贵和他们率领的军队无论是对外战争、还是对内攻剿，均不足恃。

八旗将领怯懦无能，官兵也不堪一击。19世纪中叶，八旗军队的军事

---

[1] 《清史稿》第392卷。
[2] 薛福成：《庸庵笔记》第1卷，江苏古籍出版社2000年版，第4页。
[3] 杜文澜：《平定粤匪纪略》第26卷，同治四年（1865）刊本。
[4] 王先谦：《咸丰东华录》第23卷。
[5] 王先谦：《咸丰东华录》第29卷。

装备仍是弓箭、刀剑和过时的火绳枪。道光帝曾说，骑射国语是满洲根本，人人都应该知晓；咸丰帝则要求旗人"国语勤习，骑射必强"。须知，这已是西方列强用洋枪洋炮轰开中国国门的时代了。当热兵器日益在世界范围内普及并显示出对冷兵器的绝对优势时，继续强调"骑射必强"的祖训，不仅不合时宜，纯属冥顽不灵。统治者的愚昧，加速了八旗军队的衰朽。

京师的八旗禁旅，承平日久，形同虚设。咸丰七年八月，一次查出八旗步甲空缺一千五百余名。① 旗人"注籍在营者，并不当差，但食甲米，虚伍缺额，不足十之一二。预雇无赖应卯，以备稽查"。② 雇佣钱，又叫"戍班钱"，价钱有一定行市。雇人替班的旗兵，把大部分时间都消磨在提笼架鸟和茶馆、酒肆中。

京城维持治安，原设栅栏和堆拨（岗哨）。晚清时，栅栏和堆拨荒废已久，百弊丛生。各堆拨兵役，半多老病，并不照例轮值，经常旷班，官兵员弁只图瓜分粮饷，临时雇觅替者。③ 城墙上设立堆拨，本为巡夜防盗。有的旗兵却监守自盗，将堆拨里的木料黄夜偷拆，缒城售卖。④ 内城各街道胡同口，原设栅栏一千一百余道，年久失修，早已损坏。管理栅栏和堆拨的房子，破损不堪，有的成为贫民、乞丐的栖身之所，或者沦为窃匪窝赃之处。⑤

鸦片对军队的侵蚀日益严重。吸食鸦片的兵丁越来越多，引起统治者极大关注，认为"此风不止，则精壮者必成孱弱，孱弱者悉成无用"。⑥ 但是屡禁不止。发展到后来，旗人中不仅烟瘾泛滥，甚至公然在城中开设烟馆，牟取暴利。⑦（见图289）

各地八旗驻防同样腐败不堪。八旗官兵世代享有特权，形成某种优越感，因而目无法纪，胡作非为。太原驻防兵丁剽悍，窝盗为匪，居民指满城为"梁山泊"。⑧ 荆州旗兵聚集营中无赖，私立"英雄会"，与汉民寻

---

① 吴廷燮主纂：《北京市志稿·民政志》，第466页。
② 徐一士：《一士类稿》，沈云龙主编：《近代中国史料丛刊》正编第1辑，台湾文海出版社1966年版。
③ 《清宣宗实录》第271卷，第12页；《清穆宗实录》第181卷，第20页下。
④ 《清穆宗实录》第55卷，第47页下。
⑤ 《清宣宗实录》第294卷，第36页上下。
⑥ 光绪朝《会典事例》第609卷。
⑦ 《清穆宗实录》第373卷，第18页上下。
⑧ 张集馨：《道咸宦海见闻录》，第38页。

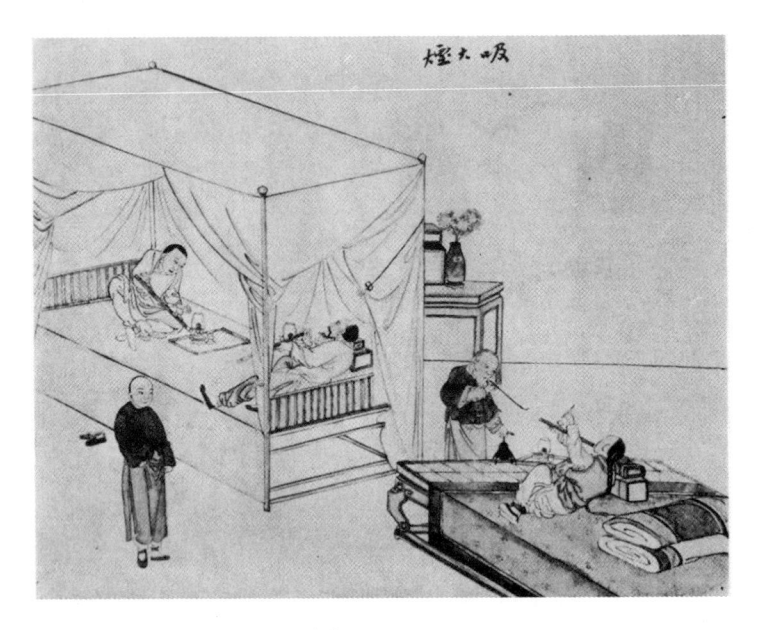

图 289　吸大烟图（《北京风俗图谱》）

衅滋事，稍不遂欲，即纠党持械，逞凶殴人。①

八旗军队的种种弱点在第一次鸦片战争中已暴露无遗。由于装备落后、素质低劣，他们在与英军的战斗中屡战屡败。基于同样原因，八旗军队在随后爆发的太平天国起义中，甚至不能抵御武装农民的进攻。

太平天国建都江宁（今南京市），清廷苦于兵力吃紧，调派满蒙京旗和关外八旗驻防兵出征，但他们骄横贵倨，督抚难以统领，轻易不出兵，所发者多绿营。② 旗兵出战闻炮即遁，唯日肆搜抢，至民间桌椅门窗鞋袜等物，零星杂货皆掠卖之，竟至成市。③ 八旗武力的无用可知。

清朝为威慑长江流域的汉人居民，自清初以来即在杭州、京口、乍浦、荆州、江宁等处屯驻八旗重兵。咸丰初年，在与太平军的战斗中，八旗军多次受挫，伤亡惨重。京口八旗驻防，阵亡官兵三百九十七人。④ 荆州八旗驻防，阵亡官兵一千二十名。⑤

---

① 《荆州驻防殴官塞署案牍》，光绪二十四年（1898）版。
② 王闿运：《湘军志》第 15 卷，岳麓书社 1983 年版。
③ 李棠阶：《李文清公日记》，咸丰三年七月记事，岳麓书社 2010 年版。
④ 春光：《京口八旗志》卷上，马协弟整理：《杭州八旗驻防营志略绥远旗志京口八旗志福州驻防志（附琴江志）》，辽宁大学出版社 1994 年版。
⑤ 希元、恩泽等修：《荆州八旗驻防志》第 11—12 卷，光绪五年（1879）荆州将军署刊印本。

太平军所向披靡，横扫长江流域，连破数座驻防旗城（满城），更使八旗军队遭到灭顶之灾。咸丰元年（1851），太平军克江宁城，八旗驻防官兵数千人或战死或被杀，满城人口约有数万，男妇几无孑遗。① 太平军乘胜克乍浦，驻防旗兵全军皆没。咸丰十一年（1861）十一月太平军克杭州，驻防官兵及眷属被杀或自杀死者八千余人。② 战后，官兵仅存四十六人，不得不从乍浦、福州、荆州、德州、青州、成都抽调旗兵补充兵源。多年后，旗人回忆此役，仍不免谈虎色变。为追悼亡者，杭州驻防旗人在每年的这一天禁止屠宰。有诗记载此事说："季冬一日最魂销，记得城池一炬焦。为禁满城停宰杀，伤心往事话今朝。"③

八旗军队的溃败不仅因旗兵缺乏战斗意志，而且因缺乏基本训练和有力指挥。不仅具有较高军事素质和训练水平的西方军队能打败八旗军队，就连武装起来的普通百姓都可以给他们带来灭顶之灾。可见八旗军队的腐朽已到何等地步。

二 对八旗军队的整饬

清统治者一向把八旗军队视作王朝的命脉所系。八旗军队屡战屡败，使他们认识到武器现代化和提高军事训练质量的必要性，开始对八旗军队加以整饬，以重振昔日雄风。

咸丰十年（1860）十月，英法联军攻入北京，十几万八旗禁军一触即溃。这种状况，使咸丰帝和满朝文武触目惊心。满洲大臣胜保提出，对京师内外八旗火器营、健锐营、圆明园护军营官兵，派知兵大员加以训练，以期成为劲旅。④ 恭亲王奕䜣、大学士桂良、户部侍郎文祥等满洲大员也奏言：八旗禁旅，素称骁勇，近来攻剿，未能得力，非兵力之不可用，实胆识之未优。若能添习火器，操演技艺，则器利兵精，临阵自不虞溃散。并建议：在对八旗各营普遍演练的同时，从各营中挑选闲散余丁，另立营伍，认真训练。⑤ 奕䜣等人的建议与清廷的意图完

---

① 《清史稿》第 398 卷。
② 张大昌：《杭州八旗驻防营志略》第 13 卷，沈云龙主编：《近代中国史料丛刊》正编第 63 辑，台湾文海出版社 1966 年影印本。
③ 徐一士：《一士类稿》。
④ 刘锦藻：《皇朝续文献通考》第三，第 9641 页。
⑤ 中国科学院近代史研究所史料编辑室等编：《洋务运动》第三，上海人民出版社 1961 年版，第 441—442 页。

全吻合。

  第二年，清廷制定京旗各营练兵章程，规定八旗各就所属地方设立公所，以资训练，并挑选各旗精兵一万名，组建神机营。当时，沙俄政府赠送枪支一万杆、炮五十门装备清军，这批枪炮运抵京师，拨给神机营存用。同治初年，任命醇亲王奕譞亲自管理神机营，规模扩大到一万四千人，共有马步队二十五营，分为左、右翼和中营。光绪二十一年（1895），将马步二十五队改成威霆制胜队。又有八汉炮队，选八旗汉军担任。中营炮队，为亲王自领亲兵。为将神机营训练为最精锐的军队，积极购备西洋枪炮，命各营演练，又选派旗兵学习德国兵法。[①]（见图290）

  清政府在训练神机营的同时，对八旗火器营、健锐营、圆明园护军营等旧军队也大力整顿，加练新操。光绪二十四年（1898）抽调京城内外八旗精壮兵丁两千人，编入武胜新队训练。第二年，改武胜新队为虎神营。

  京师神机营由亲贵王公自将，是练兵重点。该营机构臃肿，内部设文案、营务、印务、粮饷、核对、稿案六处及军火局、军器库、枪炮厂、机器局、军械所、轮船公所。职官共有五百四十余人，竟比兵部还多三百余人。

  神机营官兵深深沾染了八旗腐化习气。神机营会操，慈禧太后遣内侍前往观察。回报说：罢操后，诸兵各手拿一鸟笼，已徜徉于茶肆间矣。太后不信，又询问内务府总管春佑。春佑告诉她：京城里流传的谣谚有"糙米要掉，见贼要跑，雇替要早，进营要少"。就是指这些旗兵，讽刺他们领粮时刁难监放者，

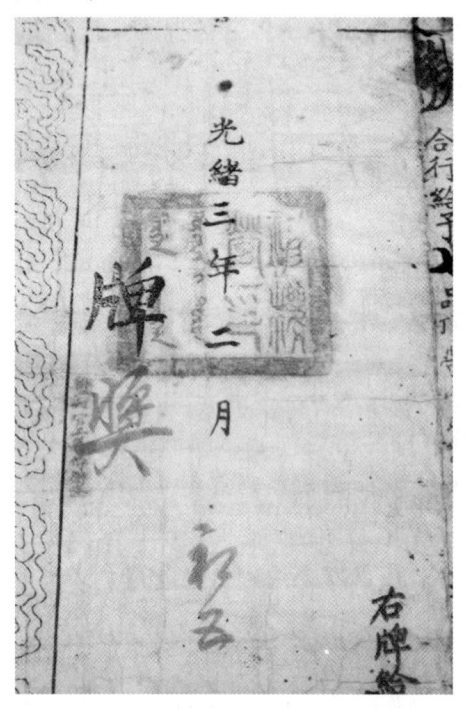

图290　神机营印文

[①]　《清德宗实录》第392卷，第15页。

临阵奔逃唯恐不及，出操预雇替身，平日很少到营当差。太后听说震怒，令醇亲王奕譞检阅在京旗营操练。检阅时，只见士弱马疲，步伐错乱。有一马甲竟从马上跌落，摔断腿骨。一查问，竟回答："我打磨厂货臭豆腐者，安能骑？"① 神机营会操在顺治门外教场口，会操前各兵丁已将附近各胡同口用帐幔遮掩。兵丁每操练一回合，即纷纷步入帐幔。有好事者绕道窥视，只见"满地排列鸦片烟具，各兵丁拼命呼吸，候令再出。如是者更三五番，日将暮矣。督操王大臣先归，彼等亦撤幔携具，呼啸而去"。这样的军队，无论如何操演，也无论配备什么样的新式武器，都无法消除腐朽的陋俗。八旗军队的纪律日益松懈，完全丧失战斗力，以致当外火器营兵罢操回营时，围观的儿童唱起这样的歌谣："火器营，练兵队，打前敌，往后退，踩脚屎，臭妹妹。"以此讽刺他们的不堪一击。

神机、虎神两营，对内对外，均不堪一战。庚子事变中，八国联军侵入北京，神机、虎神营随之溃灭。

第三节 "化除旗民畛域"

清朝定鼎北京，实行旗民分治。以后，旗人民人交往日益增多，但彼此的畛域仍很明显。旗民分治、旗民不交产、旗民不通婚、旗民不同刑、旗民分缺、旗人世以当兵为业、从国家领取粮饷，都是旗民畛域的具体表现。然而，清朝末叶，随着社会矛盾的丛生与加剧，"化除旗民畛域"，终于被统治者提上议事日程。

"化除旗民畛域"，又称"化除满汉畛域"。在很大程度上，这是一个问题的两个侧面。旗民畛域的实质，是满汉畛域，满汉畛域的形式，则往往表现为旗民畛域。

在清前期，"满汉畛域"是一个相当敏感的话题，特别是对汉臣来说，一旦触及，难免罹祸。乾隆时汉人杭世骏，在考选御史的时务对策中表示：意见不可先设，畛域不可太分，满洲才贤虽多，较之汉人，仅十之三四，天下巡抚，尚满汉参半，总督则汉人无一焉：何内满而外汉也？他

---

① 徐一士：《一士谈荟》，沈云龙主编：《中国近代史料丛刊》正编第1辑，台湾文海出版社1966年影印本。

的对策犯了大忌，也触动满洲统治者那根最敏感的神经，因此受到乾隆帝严斥："怀挟私心，敢于轻视（满洲）若此！"交部严议，结果革职。据说乾隆帝南巡时，杭世骏迎驾，乾隆帝召见时问："汝何以为活？"回答说："开旧货摊。"帝大笑，手书"买卖破铜烂铁"六个字赐他。待再度南巡，杭世骏迎驾。帝环顾左右说："杭世骏尚未死吗？"足见他对杭的对策仍耿耿于怀。当晚，杭世骏惶惧而卒。[①] 有清一代，"首崇满洲"是不可移易的国策，根本没有讨论的余地，杭世骏因昧于此道而受到打击，是很自然的。

鸦片战争以后，国难当头，满人中的有识之士开始认识到破除旗汉畛域的必要性。镶蓝旗宗室寿富，于中日甲午战争后考中进士，任翰林院庶吉士。他为文操笔立就，兼通西算，深谙时务，论天下大势认为应以力泯满汉畛域为先。他创立知耻学会于北京，勉励旗人力学敦行；主张洗却国耻，必须学习西方，变法才能图强。鉴于当时旗人多不了解变法维新的重要性，他专门撰写《与八旗君子陈说时局大势启》一文，陈说当世利害，切中肯要，有识者多推重他，但也受到众多旗人的非难。八国联军进北京时，阖家饮鸩殉国，年仅三十六岁。

清季宗室中的有识之士还有盛昱。盛昱字伯熙，肃恭亲王永锡曾孙，光绪二年（1876）进士。在国难深重的时代，他不断上疏言政，持论开明，受到排斥后将精力投入考据学问。他崇尚风雅，精于鉴赏，在表弟汉军旗人杨钟羲协助下编成《八旗文经》，是有清一代旗人文学作品的一部重要结集。盛昱喜交汉人名士，何刚德《春明梦录》一书说他："人甚不羁，菲薄满人，而喜与汉人为友。每谓'穷奢'二字，实可为我满人写照，愈穷愈奢，愈奢愈穷，此两字当作如是解也。"其实盛昱的"菲薄满人"，不过是洞悉国势陵夷，外患频仍，满人却多不知自励，仍昧于"满汉畛域"。他认为旗人衰微是由于人口增多、旗制束缚、国库空虚、兵丁粮饷减成发放等原因造成，以致"八旗生计"问题长期得不到解决，再加上贵族的恣意挥霍，国势自然积弱日衰，这样就为外国列强乘机入侵提供了条件。盛昱目睹光绪二十一年（1895）德国人在天津划定租界，沙皇吞并黑龙江以北、乌苏里江以东大片领土并在东北铺设铁路的侵略行径，曾在诗中表达"起我黄帝胄，驱彼白种贱，大破旗汉界，谋生皆任

[①] 龚自珍：《杭大宗逸事状》，转引自周汝昌《红楼梦小传》，第68页。

便"的强烈愿望,主张全中国人,不分旗民满汉,联合起来共御外侮。盛昱身为贵族宗室,却对"首崇满洲"的祖制大加斥责:

> 夫八旗之人,不及汉人什佰之一,八旗之官乃多于汉人数倍,荒陋贪鄙,动为人笑。笔帖式,旗官之初阶也,近者乃不由学而捐,黄口乳臭,目不知书,伺候堂官,有同奴隶,浸而升司官,浸而放道府,其且任封疆,长台阁。呜呼,内患之所由起,外侮之所由来,孰非此辈阶之厉之哉![1]

在当时天潢贵胄中能发表如此直言不讳的言论,当属空谷足音。不过,盛昱在主张化解满汉畛域的同时,又曾反对兴修铁路。他认为铁路商工之事,尽驱耕农使为工商,是聚百万不耕而食不蚕而衣之人,游荡于花天酒地之中,而朘民之脂膏。当时从儒家传统农本思想出发对待西方科技的满汉士人或持此谬说。

戊戌变法期间,"化除满汉畛域",第一次被提上清廷议程。光绪二十四年(1898)七月初,总理衙门章京、汉人张元济上书,请将满蒙各旗编入民籍,归地方官管辖;允许满汉通婚;任旗民自谋衣食,准许旗民转居别处;京师及各省驻防旗营设劝工学堂,以便解决旗民生计问题。[2] 二十九日,光绪帝下诏:"旗丁生齿日繁,徒以格于定例,不得在外省经商贸易,遂致生计益艰。从前富俊、松筠、沈桂芬等均曾筹议及之。现当百度维新,允宜弛宽其禁,俾得各习四民之业,以资治生。"[3] 光绪帝谕户部详查嘉庆、道光年间徙户开屯、计口授田成案,切实订立新章,会同八旗都统迅速查明办理。但戊戌变法遭到部分满洲贵族的强烈反对,他们竭力维持现状,反对改革,更不允许触动满人特权。军机大臣、镶蓝旗满洲刚毅露骨地表示:"改革者汉人之利,而满人之害也。"[4] 大学士徐桐(正蓝旗汉军)公开宣布:"宁可亡国,不可变法。"由于满洲保守派的反对,戊戌变法很快夭折,改革设想付诸东流。

19世纪末20世纪初,西方列强积极侵略中国。清朝统治日益衰朽,

---

[1] 盛昱:《意园文略》第3卷《八旗复官学议》。
[2] 国家档案局明清档案馆编:《戊戌变法档案史料》,中华书局1958年版,第44—45页。
[3] 《清德宗实录》第425卷,第22页上下。
[4] 中国史学会编:《戊戌变法》(一),第268页。

图291　光绪《北京新闻汇报》

内忧外困，社会矛盾趋于激化。以孙中山为首的革命者，开始进行推翻清政府的活动。革命者组织反满革命团体，筹备武装起义，创办报纸杂志，鼓吹排满革命。光绪二十九年（1903），蔡元培《释仇满》一文，猛烈抨击满洲特权，将其特权概括为三："世袭君主，而又以少数人专行政官之半额，一也；驻防各省，二也；不治实业，而坐食多数人之所生产，三也。"①《民报》第1号发表《民族的国民》一文，明指"满洲入寇中国二百余年，与我民族界限分明，未少淆也"。②光绪三十一年（1905），孙中山在日本东京正式成立中国同盟会，提出"驱逐鞑虏，恢复中华，建立民国，平均地权"的口号，主张用暴力推翻清朝。是年九月，发表在《醒狮》第一期的文章猛烈抨击清朝"首崇满洲"的政策："满人之居汉人二百分之一，则被选举为官者，亦应适如其率。乃满政府定制，官内各部寺院堂官，则满汉平均，属官则满多于汉，其内务府、理藩院等，及京外之将军、都统，则并无一汉人。"③总之，满洲特权，成为革命党抨击

---

①　蔡元培：《释仇满》，载《苏报》1903年4月11日、12日，收入《蔡元培全集》第1卷，第172页。

②　精卫：《民族的国民》，《民报》第1号；《中华民国史料丛编》，中国国民党中央委员会党史史料编纂委员会印行，1983年再版。

③　陈旭麓编：《宋教仁集》，中华书局1981年版，第17页。

最烈、在社会上最具煽动力的口实之一。

与革命党不同,民间的一些开明人士,则主张用一种和缓的方式,通过清廷自上而下的改良,化解满汉界限。他们认为,中国之所以如此衰败,是由于不合群。不合群的原因之一是满汉之界。进而主张,值此内忧外患之际,朝廷正宜化其种类之见,设官分职,但问其贤与否,不论其满与汉。①《上海新闻报》发表救急八策,其一为"混满汉之迹"。作者认为,满汉并族而居,优于此薄于彼,岂能免人之生心?希望朝廷明发谕旨,合满汉为一族,内可杜煽变者之口,外可销割据者之心。② 一时之间,削平满汉畛域成为朝野议论的一个话题。

光绪二十八年(1900)庚子之变,八国联军的铁蹄蹂躏京师,使清王朝蒙受空前未有的国耻。慈禧太后痛定思痛,认识到中国有学习西法进行改革的必要。(见图292)第二年,清廷宣布实行新政,命督、抚以上大员各就现在情形,参酌中西政要,举凡朝章国政,吏治民生,学校科举,军制财政,当因当革,当省当并,详细具奏。③ 张之洞、刘坤一等汉大臣联名上奏,提出改革建议。八月二十日,清廷颁布懿旨,责成中外臣工,将应行变通兴革诸事,力任其难,破除积习,以期补救时艰,并将刘坤一、张之洞所奏各法,随时择要举办。新政就此拉开序幕。三十一年(1905),清廷派载泽等五大臣出洋考察宪政。④ 第二年,下诏仿行宪政。

光绪三十三年(1907)六月,汉大臣袁世凯奏,事机紧迫,请赶紧实行预备立宪,列陈十事,第四件为融满汉。随即,梁鼎芬等汉臣纷纷上奏,提出同样建策。

一些满汉大臣,多从消弭革命的角度,强调化除满汉畛域的必要性和紧迫性。张之洞电奏:"革命党各处横行,人心惶扰,请特颁谕旨,化除满汉畛域,以靖人心而伐逆谋。"⑤ 满洲大臣端方陈奏,近者不逞之夫,倡言革命,欲弭此患,莫若令满汉大同,消泯名称,浑融畛域。⑥ 社会舆论也不乏此种议论。六月十日《盛京日报》发表《论平满汉之界以遏乱

---

① 《合群以御外侮说》,《大公报》1903年11月26日,第516号。
② 《救急八策之二》,《大公报》1903年12月10日,第530号。
③ 朱寿朋编:《光绪朝东华录》,中华书局1958年点校本,第4602页。
④ 《派载泽等分赴东西考察政治谕》,故宫博物院明清档案部编:《清末筹备立宪档案史料》,中华书局1979年版,第1页。
⑤ 郭廷以编著:《近代中国史事日志》,中华书局1987年版,第1283页。
⑥ 《清末筹备立宪档案史料》,第915页。

图292　洋报上的慈禧太后

萌》文章，认为只有削平满汉畛域，实行宪政，革命党人才无所借口，不戢自亡。《申报》提出，政府虽提出预备立宪，但革命之风潮不息，暗杀之手段日烈。究其原因，第一争执在于满汉之不平等。不先除满汉之界，虽日日预备立宪，不过成一立宪之空名词而已。①

与以往不同的是，一些满洲大员，积极倡导化除满汉畛域。出国考察归来的端方，于六月二十二日奏上化除满汉畛域的办法八条，即：满汉刑律宜归一致；满臣不宜称奴才；满汉通婚宜切实推行；满汉分缺宜行删除；满洲人士宜姓名并列；缠足宜垂禁令；京营宜改混成旗；驻防与征兵办法宜归一律。②这八条建议，以废除满人特权为旨要，涉及满汉在政治、法律、军政、习俗方面的差异。志锐等人，则从满洲人才远少于汉人的角度，强调满汉划一的必要性。③

三十三年（1907）七月，清廷谕内阁："现在满汉畛域，应如何全行化除？"命满汉大臣讨论奏上。④ 结果，大部分建议，集中在以下几个方面：

1. 满汉分缺，宜行删除。⑤ 关于官缺制度，虽然此前议订中央官制时，已确定各部尚书、侍郎，不分满汉，一体任用，但各部的其他额缺，并未更动。即便在《钦定宪法大纲》中，还有"用人之权，操之君上"。满、汉官僚争夺权位的斗争，还在激烈进行中。

---

① 《论消除革命党在实行立宪》，《申报》1907年7月27日第1版。
② 《清末筹备立宪档案史料》，第915—917页。
③ 同上书，第934—935页。
④ 《清德宗实录》第576卷，第1页上。
⑤ 同上书，第6页上。

2. 旗人犯罪，应与民人一体办理，现行律例折枷各条，概行删除。① 就是要求改变旗、民在法律上的不平等。同年九月三日，太后懿旨，"满汉沿袭旧俗，如服官守制，以及刑罚轻重，间有参差，殊不足昭划一"。② 她命礼部、修订法律大臣议定满汉通行礼制、刑律，除宗室外，满汉同一。清廷遂议定《满汉通行刑律》，并于宣统元年（1909）更名《现行刑律》，公布施行。满、汉民刑案件，一律归各地方审判厅审理。

3. 京旗驻防，宜占籍为民。③ 这是要求裁撤京旗驻防，停发粮饷，旗人改入民籍。此项建议，事关京旗、驻防数十万旗人，对旗人利益冲击最大。其中，京旗改制又难以驻防。清廷首先从裁撤驻防入手，于光绪三十三年（1907）八月颁发《裁停旗饷》诏书，筹议旗人计口授田，自谋生计。"该旗丁归农以后，所有丁粮词讼，统归有司治理，一切与齐民无异。"④ 这就是宣布，准备改变旗民分治的成规，统一于州县管辖。

4. 满汉通婚，宜切实推行。⑤ 并提出满人姓名并列、汉人妇女停止缠足，进一步消除满、汉间的所有差别。

事实上，早在光绪二十七年（1901），清廷已宣布取消满汉通婚之禁。⑥ 清廷还改变旗缺专任旗人旧制，二十九年（1903），赏赐徐世昌、段祺瑞等副都统衔，又委程德全出任齐齐哈尔副都统，两年后升任黑龙江将军。三十二年（1906），厘定官制，除外务部外，废除满汉复职制，各部均设尚书一员、侍郎两员，不分满汉。光绪三十一年（1905），宣布废除奉天旗民交产禁令。⑦

对于"化除满汉畛域"诸建议，清廷有的明令筹议实行，有的付诸实施。清廷还开始公开讨论"变通旗制"的问题。光绪三十四年（1908）

---

① 《清德宗实录》第577卷，第3页下。
② 《清德宗实录》第579卷，第2页下。
③ 《清末筹备立宪档案史料》，第918、928、933、936、948页；《清德宗实录》第576卷，第7页下。
④ 《清德宗实录》第578卷，第4页下、5页上。
⑤ 《清德宗实录》第576卷，第6页上。
⑥ 《清德宗实录》第492卷，第9页下。
⑦ 在此问题上，清廷曾多次反复：咸丰二年（1852），清廷议准顺直等地旗地，旗民互相交产；咸丰九年（1859），户部议复禁旗地买卖章程，仍禁旗人典买旗地；同治二年（1863），恢复咸丰二年旗地买卖旧制；光绪十六年（1890），复禁直隶旗地买卖，无论老圈自置，不准卖与民人；光绪三十一年（1905），颁布废除"奉天旗民交产"禁令。光绪三十四年（1908），度支部奏准旗地自由买卖。至此，旗民交产之禁才彻底消除，足见变革之难。

八月，清廷公布《钦定宪法大纲》，宣布预备立宪以九年为期。在"逐年筹备事宜清单"中，将变通旗制、筹八旗生计、融合满汉，列为第一年应办事宜。①

清廷实行新政，筹划对制度进行全方位改革，无论就深度还是广度讲，都是空前的。"化除满汉畛域"，只是其中的一个方面。清廷的改革，固然是时局所迫，换个角度讲，也不能不承认满洲统治者在政治理念上的巨大进步。

第四节　筹办八旗生计②

自鸦片战争以来，清廷就陷入日益恶化的财政危机中。军饷一直是清政府的主要财政开支。19世纪80年代中期，八旗和绿营一年军饷合计超过四千万两。开办军工厂、购置军事设施、训练海军等费用，每年又不下一千数百余万两。全年军费约占全国财政收入的百分之七八十。新政时期编练新军，进一步扩大军费开支。编设一镇新军花费一百余万两，常年经费二百余万两。至辛亥革命前夕，已练成二十六镇，总计常年经费五千二百余万两。③ 宣统三年（1911）财政预算，新军、八旗、绿营、海军各饷和其他军事费用合计一亿三千七百万两，占全部财政支出的百分之三十六。战争赔款和外债本息赔付是清廷的第二重大支出，除甲午战争前未偿外债，新增《马关条约》对日赔款和赎辽款二亿三千万两，庚子赔款四亿五千万两，另外还有一千八百万两的教案赔款，三宗赔款合计六亿九千八百万两，本息合计十二亿五千万两。④ 数额如此巨大的赔款，清廷根本无力偿还，只有继续举借外债。财政支出恶性膨胀，收支难以平衡，从中央到地方都出现庞大财政赤字。在如此情况下，取消八旗粮饷，让旗人自谋生计，不失为缓和财政危机的一项措施。

裁撤八旗驻防，取消旗籍，意味着国家停止对旗人的供养，旗人不再是世袭军人，必须转而从事农、工、商业。此计划从一开始就遭到各地旗

---

① 《逐年筹备事宜清单》，《清末筹备立宪档案史料》，第61页。
② 本节部分内容，由笔者研究生、现在洛阳师范学院工作的贾艳丽女士提供，特此说明，谨表谢忱。
③ 刘克祥、陈争平：《中国近代经济史简编》，浙江人民出版社1999年版，第277页。
④ 同上。

第八章　晚清旗人社会　605

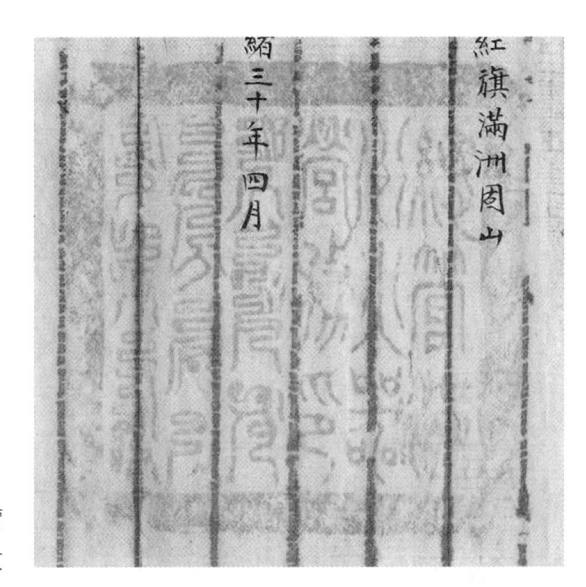

图 293　总管满洲火器营营务满汉文印文

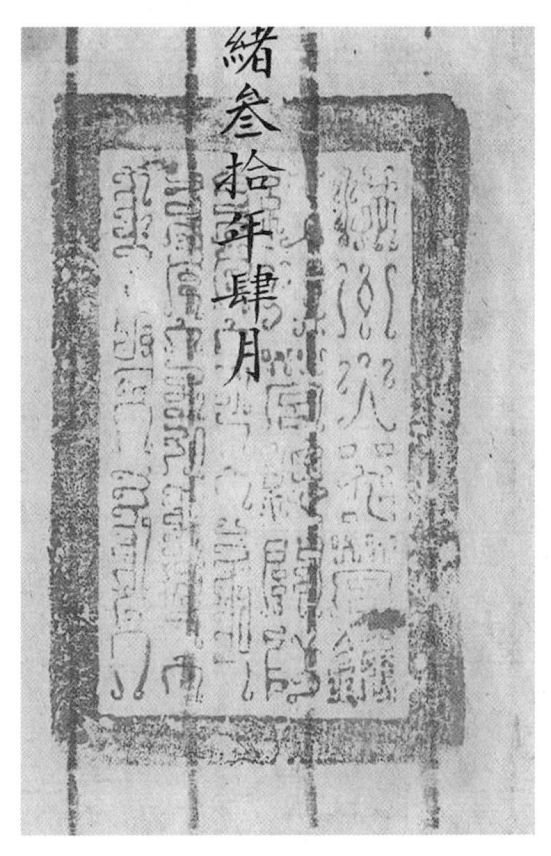

图 294　满洲火器营营总关防满汉文印文

人的强烈反对，终因阻力太大，清廷不得不暂缓实施。事实上，直至辛亥革命爆发，除东三省以外，没有一处驻防被裁撤，旗人改归民籍自然无从谈起。虽然一部分旗人开始务农经商，走上自谋生计道路，但大多数旗人并不愿摆脱对八旗制度的依赖，也就是不愿放弃既有的特权。二百多年来形成的生活方式，早已积重难返，不是几道行政命令可以改变的。何况旗人早已养成不事生产的习惯，也难以在短时间内扭转。

清廷变革八旗体制的努力，遇到严重挫折，但在筹办八旗生计方面，还是取得了一些成绩。其中与京旗有关的主要有四项：兴办实业、改革教育、编练新军、拨充巡警。

一　兴办实业

北京旗人，长期以当兵做官为业，只有少数上层兼事商业，牟取子母之利。但是，随着旗人生计恶化，旗营制度不能再照旧维持下去。清政府于同治三年（1864）不得不重申："旗民生计维艰，听往各省谋生。"[①] 也就是放松八旗制度对旗人的束缚。在城镇中，从事小商、小贩、手工业的旗人迅速增加。据《满族社会历史调查》所记，健锐营旗人屠世良的曾祖，同治年间以教书为生，其祖、父都是裱糊匠；南营房的吕德来，从祖父开始，三代均贩卖陶器为生；新街口住的傅茂其，同治年间便在果子铺里做工；镶蓝旗汉军旗人田洪泰一家三代，从事卖菜有九十多年的历史，也是从同治年间就开始了。戊戌变法时，太常寺卿袁昶奏请弛八旗经商贸易之禁，得到允准。[②] 庚子事变后，京旗人中从事商业和手工业的明显增多。[③] 在土木建筑、纺织刺绣、特种工艺等行业中，都有旗人学徒和工匠。随着推行新政，各项实业次第兴办，为筹办八旗生计提供了一条新思路。

光绪三十二年（1906）起，清政府先后在各地设立八旗工厂。三十四年十月，在北京设立首善工艺厂。首善工艺厂分设九处，其中，西郊外火器营、健锐营、圆明园八旗包衣、三旗精捷营等处旷地较多，贫困旗人尤伙，利用各营校场内空闲地基分设工艺厂七处，又在内城东西两城，分

[①] 光绪朝《会典事例》第 155 卷，光绪二十五年（1899）刻本，第 2 页上。
[②] 《清德宗实录》第 425 卷，第 22 页。
[③] 《北京市满族调查报告》，载《满族社会历史调查》，第 93 页。

设工艺厂二处。开办经费：集款交大清银行存储十二万余两；北洋拨助五万五千两；民政部筹银一万两；常年经费：外务部、度支部、陆军部、农工商部、邮传部，每年各一万两；北洋每年三万两；南洋每年二万两；奕劻等常年陆军部公费每一万两拨二千两；闽浙总督由福州全省每年二千两；崇文门常年盈余项下每年二千两。又陆续募捐：陕甘总督率同甘肃全省分认统捐银五千四百四十两；湖广总督由湖北省每年认拨银五千两；两广总督由广东省每年认拨银四千两以上。①

首善工厂，因系庆亲王奕劻所倡，捐款人多、数额巨大，税收方面享有优惠。开办之初，仍遇到不少困难。旗人长期游惰，不事生产，愿入工艺厂者很少。首善工厂所属七个分厂，开办初都未能及额。② 这些工厂开办多年，培养了一批掌握一技之长的旗人，为自谋生路创造了条件。

清政府为改变"我国男子谋生、妇女坐食，久为列邦所讥"的局面，还在京师专门为八旗女子设立了工艺厂，先令八旗孤贫妇女入厂学习，以后作为模范，在各地次第推行。女工厂的设立，不仅为贫困旗人妇女提供了一个自救手段，而且还是一次意义深远的观念变革，反映了晚清社会传统思想的变化。③

二 兴办学堂

清朝一贯重视旗人教育，设有八旗官学、宗学、觉罗学、景山官学、咸安宫官学、八旗义学。国家最高学府国子监，也有培养旗人精英的职能。民间私塾，是各类官学的补充。旗人把参加科举中试，作为谋生的一条出路。近代以来，制度腐败，官学弊窦丛生。

八旗官学，在雍、乾年间最为红火。八旗就学者众，旧有学舍隘不能容，每旗别给官房一所，各宽二十余楹，可容百人诵习。道光二十三年（1843），核减教习月费、学生膏火，官学迅速衰败。各旗学舍，倾颓迨尽，多年不修；教习仅备员额，并不实授生徒，学生挑选，大半假冒。④

咸安宫官学，旧例每年支银二千九百余两，道光二十二年，改为减半

---

① 《庆亲王等奏开办首善工艺厂情形折》，《政治官报》，光绪三十四年九月九日，第337号。
② 《首善工厂分期开办情形暨续募捐款折》，《政治官报》，宣统元年元月八日，第448号。
③ 张福记：《清末民初北京旗人社会的变迁》，《北京社会科学》1997年第2期。
④ 周家楣、缪荃孙等纂：《光绪顺天府志·京师志》第2册，第287页；吴廷燮主纂：《北京市志稿·文教志》上，第265页。

给发，咸丰四五年，改为银钱各半，又加八扣，于是餐钱食料仅属虚名，总裁、教习面试之例遂废。学生待遇递减，教育质量每况愈下，一百一十名官学生中，习清文者二十名，不但清书全不通晓，即文艺亦甚空疏。①

满人宝廷字竹坡，官至礼部右侍郎，为旗人中有识之士。为官直言极谏，奏疏传诵于四方，他曾上疏谆谆以八旗人才为虑，《请整顿八旗人才疏》云：近年八旗文风未见，大逊于前。一由于官学废弛，教育无法，虽不乏读书应试之人，而专攻举业，所学非所用；一由于开捐以来，进身太易，捐一笔帖式，谋入档房，但能奔走攀援，虽目仅识丁，不十年即可富贵。纵有聪明可造之才，沾染陋习，亦渐于轻浮卑佞。他建议培养八旗人才，应自整顿官学与笔帖式始。②

八旗人才的荒废与匮乏，是清王朝病入膏肓的一个征兆，非整饬官学与笔帖式所能改变。不过宝廷看到问题的严重性并痛加针砭，在八旗中还是起到振聋发聩的作用。

专为宗室、觉罗子弟开设的宗学、觉罗学，到晚清也只是惨淡经营。据乾隆年间定制，左右翼宗学共有一百三十人。同治九年（1870），大理寺官员王榕吉奉命稽查左翼宗学，发现就读学生"始而有二十六七人"，"自后十三四人"，"又自后一二人"，已不成其为学校了。究其原因，宗室子弟废学多为贫困所累："缘宗学肄业生定例每月给米三斗，纸笔墨按时给领，夏季给冰，冬季给炭，自经费不敷，月米裁减，又改为折色，向之领米三斗者，今领米不及二分，其他更无论焉，每月所领仅敷两日之食，欲责令常常入学读书作文，势必有所不能。"宗室之家旧有延师课读之习，但随着生计的普遍恶化，能延师者十之一，不能延师者十之九。③大批宗室子弟失学在家，是前所未有的现象。

觉罗学除了遇到资金短缺的难题外，管理松弛比宗学有过之而无不及。一份匿名呈文检举称：副管并不入学，每月十一日到学一次，领放工费，并不再来；教习以应住学并不住学，每月二十三四日到学一次，将考勤簿全行画完，教习并不认得学生名字；大学生清、汉书不会念，争来吃饭；学生清早到学并不念书，吵闹吃饭，饭后出学满街游逛或出城逛青，

---

① 吴廷燮主纂：《北京市志稿·文教志》上，第257页。
② 震钧：《天咫偶闻》第5卷。
③ 锺琦：《皇朝琐屑录》第17卷，光绪二十三年（1897）刻本，第7—8页。

至晚回学吃饭。尤为可笑的是，觉罗学副管不关心教学，却忘不了一切损公肥私的机会：祭祀之日，按例应买活猪公祭。副管却不等祭丁办理，亲自外出订下无毛死猪一口。届时并不举行公祭，副管带学生将死猪劈碎，各分一份自拿回家。①

满洲统治者深知"培植宗亲，体制最重"，光绪年间屡屡将整顿宗学、觉罗学提上议事日程，却都流于形式。光绪二十八年（1902）正月，清廷谕旨："宗学及觉罗等学教习、学生，恒不到馆，虚应故事。八旗官学，于中西根柢之学，亦少讲求。著照所请，将宗室觉罗八旗等官学，改设小学堂、中学堂，均归入大学堂办理。"②此后，改八旗官学为官立中小学校，并把送八旗子弟入学作为筹办八旗生计的一条措施。

近代以来，欧风东渐，国势剧变，京师为国家政教中枢，首先蒙受其影响。同治元年（1862）设立同文馆，培养新学人才，新式教育悄然而起。（见图295）嗣后，废科举，兴学校，为中国教育制度划时代的变化，京师各级学堂次第兴办。这就是清政府改八旗官学为中小学堂的大背景。

图295　北京同文馆

---

① 中国第一历史档案馆藏：《宗人府来文》，无人名呈文一篇，年月残缺。
② 《清德宗实录》第493卷，第9页下。

京师八旗学堂改办或创办的概况如下表：

学堂名称	成立时间	设立及改设情况
八旗第一至第八高等小学堂	1903	由八旗官学改设，共8所
左翼八旗第一至第八初等小学堂	1904—1905	由八旗都统衙门设立，共8所
右翼八旗第一至第七初等小学堂	1904—1905	由八旗都统衙门设立，共7所
内务府三旗高等小学堂	1903年12月	由景山官学改设，1所
内务府三旗第一至第六初等小学堂	1904—1906	内务府设立，共6所
正蓝旗蒙古初等小学堂	1908年4月	正蓝旗蒙古设立，1所
正红旗汉军初等小学堂	1909年4月	正红旗汉军都统衙门设立，1所
镶黄旗蒙古小学堂	1909年4月	镶黄旗蒙古设立，1所
正白旗汉军初等小学堂	1909年5月	由本旗义塾改设，1所
镶蓝旗满洲蒙古小学堂	1909年5月	镶蓝旗满洲都统衙门设立，1所
镶蓝旗蒙古初等小学堂	1909年6月	镶蓝旗蒙古设立，1所
镶红旗汉军初等小学堂	1909年6月	镶红旗汉军都统衙门设立，1所
镶红旗蒙古官立小学堂	1909年8月	镶红旗蒙古都统衙门设立，1所
左翼八旗第九初等小学堂	1910年1月	八旗学务处设立，1所
左翼八旗中学堂	1910	八旗学务处设立，1所
右翼八旗中学堂	1910	八旗学务处设立，1所

注：参见耿申、邓清兰等编《北京近代教育记事》，北京教育出版社1991年版。编者将"公立学堂"混同于"官立学堂"，似误。按服部宇之吉主编《清末北京志资料》的说法，"公立学堂"系指二人共同兴办的学堂，性质应属私立（第187页）。

以上八旗官立学堂共四十一所，按每校一般在五十人上下的概数估计[①]，在校生约有两千人以上。

同时，创办两所专门培养皇族子弟的特殊学堂。一为学部直辖的宗室觉罗八旗高等学堂，一为陆军部直辖的贵胄学堂。清朝皇族按宗支远近分宗室、觉罗，皆受到朝廷的优待。为培养宗室、觉罗子弟，曾设右翼宗室

---

① ［日］服部宇之吉主编：《清末北京志资料》，第188页。

官学、左翼宗室官学和觉罗学。经过教育的子弟，或升入国子监深造，或直接步入仕途。光绪二十七年（1901）颁布旨在兴办新式教育的上谕后，将宗室觉罗官学改为宗室觉罗八旗高等学堂，招生对象为高等小学堂的毕业生。贵胄学堂创办于三十二年（1905），是一个专门从事军事教育的贵族学校（详见后文）。（见图296、297）

旗人还积极兴办新式私立学堂，宝熙、千式枚、文斌等人创办的求实中学堂，文溥创办的愿学堂，文耀创办的崇实中学堂、振华学校，奎明、

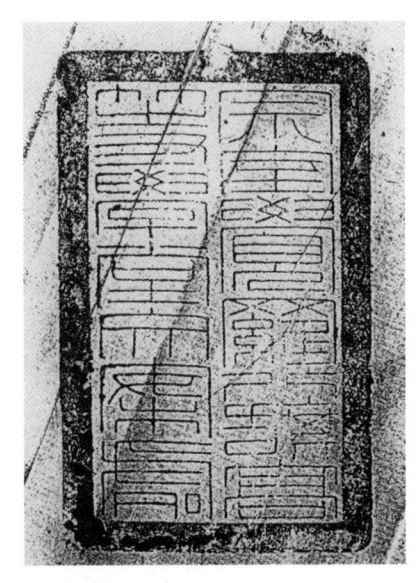

图296 宗室觉罗八旗高等学堂印文

喜山设立的外火器营高等小学堂，云祥创办的八旗中小学堂，端制军创办的陶氏小学堂，端制军等人创办的公立第一至第四小学堂，赵将军创办的疆务学堂，诚勤创办的务义初等小学堂，祥俊创办的阜成蒙学堂，长福等创办的北城第一蒙养小学堂，麟启等创办的豫振蒙养小学堂，崇锇创办的初等学社，恩志等创办的正红旗满洲公立小学堂等，约有三十所。① 私立学堂，有些由旗人官绅独立创办，有些由数人合办（即公立学堂），有些由官学改设，后者如外火器营第一至第八初等小学堂即是。

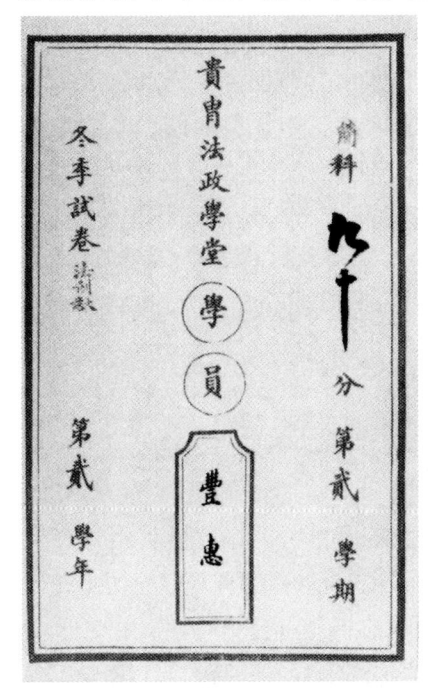

图297 贵胄法政学堂试卷

在私立学堂中，以女学堂的设立尤为瞩目。承认女性的受教育权，是

---

① ［日］服部宇之吉主编：《清末北京志资料》，第191—195页。

图 298　原八旗高等小学（今北京海淀香山小学）

社会上的新现象。肃亲王福晋创办的和育女学堂，创办于光绪三十一年（1905），主要招收皇室女子。另外，还有肃亲王胞妹葆淑舫创办的淑慎女学堂、崇芳创办的振儒女学堂，文时泉、英显齐创办的淑范女学堂，以及慧仙女学堂。后者起源于慧仙女士临终前将遗产约五万两委托给内务府郎中诚璋，嘱办女学堂，故取慧仙女士之名为校名。慈禧太后特赐匾额一面，推奖慧仙女士的功德。该校以机织科为主，另收普通科学生。三十三年（1907）开学，两科共有学生约七十人。女学堂多聘请日本人教师，教授国语、日语、手工、编织、体操、唱歌。① （见图299、300）

各类私学堂的兴办，极大地补充了官立学堂的不足，为旗人子弟接受新式教育，创造了有利条件。

兴办新式学堂除利用政府拨给款项、各旗自筹外，大量利用社会捐款。清政府为鼓励社会捐款，还制定奖励措施，对捐助者可以建坊，并可比照章程按五成实银核给衔封。② 有的地方对捐款者登报鸣谢，并将学堂花销登出以示透明。北京正白旗满洲公学于宣统元年（1909）闰二月在

---

① ［日］服部宇之吉主编：《清末北京志资料》，第208—209页。
② 《度支部议覆御史俾寿奏筹给各旗经费折》，《政治官报》光绪三十四年九月三日，第331号。

第八章　晚清旗人社会　613

图 299　光绪三十二年慧仙女工学校碑（碑阳）

图 300　光绪三十二年慧仙女工学校碑（碑阴）

《大同白话报》上登出上月旗人捐款名单、数目以及支出情况。①（见图301、302）

新学初兴，许多旗人一时还难以接受，他们宁肯送子弟进私塾也不愿送进学校。为提高教师素质，八旗学务处在光绪三十二年（1906）设立学务研究会，订立章程，令八旗各小学及蒙学各堂长、教员等每周日下午齐集研究，学习教育法、心理学等课程。②京师督学局还在左翼八旗第五初等小学堂等四所学校内，各开设内外城夜学师范传习所，令各学堂教员未习师范者及塾师入所补习。③清政府派遣八旗高等学堂学生去日本学习师范专业。④

为鼓励适龄人员入校学习，清政府制定了奖励措施。《中学堂毕业奖励章程》规定：开考列最优等作为拔贡，优等作为优贡，中等作为岁贡，下等作为廪生。⑤《高等学堂毕业奖励章程》规定：开考列最优等者作为举人，内以内阁中书尽先补用，外以知州分省尽先补用；考列优等者作为举人，内以中书科中书尽先补用，外以知县分省尽先

图301　经正书院碑拓本（碑阳）

---

① 《正白旗满洲公学二月费捐款鸣谢》，《大同白话报》，宣统元年闰二月二十三日，第236号。
② 耿申等编：《北京近代教育记事》，第27页。
③ 同上书，第30页。
④ 《留学生东渡》，《大同白话报》，光绪三十四年七月二十七日，第18号。
⑤ 《陕西巡抚恩寿奏陕省驻防中学堂毕业生请奖折》，《政治官报》，宣统二年九月五日，第1057号。

补用；考列中等者作为举人，内以部司务补用，外以通判分省补用。① 又议定，八旗世职人员遇有世袭者须领到学堂毕业文凭方准承袭。② 在对求学者施以奖励的同时，还规定对适龄辍学者给予惩罚。三十二年（1906），清政府拟定八旗改良办法六条，其中第六条规定："八旗幼丁凡年及九龄者，一律送入小学堂肄业，违者罪其家长。"③

兴办八旗新式学堂过程中，虽有不尽如人意的地方，但它毕竟培养了一批素质较高、掌握现代科学知识和技能的子弟。一部分旗人在辛亥革命后能顺利就业，与新式学堂的开办是有直接关系的。

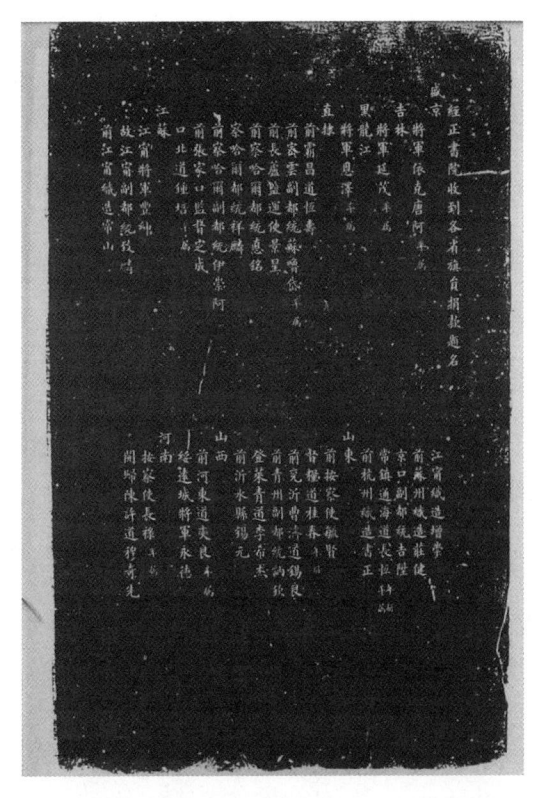

图302 经正书院碑拓本（碑阴刻各省旗员捐款题名）

三 编练新军

同治初年，清廷即开始从京师八旗和各处驻防旗兵挑选精壮，接受洋式训练，配以洋枪洋炮，称为练军。练军制度迅速在全国推行。练军打破旧有营制，一般以马、步单独成营，步队以五百人为一营，马队以二百五十人为一营，营下设哨，哨下辖队（棚）。练军不再按八旗旧制编组，军事素质、装备水平有所提高，官兵待遇也较前提高。但练军只涉及少部分旗兵，对改变八旗军队的整体素质并没有起到多少作用。

---

① 《学部奏八旗高等学堂毕业生请奖折并单》，《政治官报》，宣统三年十月十一日，《内阁官报》第100号。
② 耿申等编：《北京近代教育记事》，第30页。
③ 同上书，第30—31页。

20世纪初,清廷实行新政,其中一项即编练新军。挑选部分京旗兵为新军,既可组建新式武装,又可解决八旗生计。这成为筹办八旗生计的又一思路。

光绪二十八年(1902),清政府挑选京旗兵丁三千人,派袁世凯为督练大臣,内阁大学士铁良为全营翼长,所有营规军律悉照北洋常备军法令办理,营制饷章亦按常备军办定,此次练兵共编步队四营,马队一营,炮队一营。营名定为京旗常备军。①

皇宫扈卫本是八旗亲军营、前锋营、护军营的专职,但这些旗军积习太重。庚子乱后,已不堪任用。两宫回銮后,宫廷护卫暂由北洋留驻北京的武卫右营担任。亲军、前锋、护军各营官兵则分别安置出路:年富力强的官员,拨入陆军学堂肄习,仍给原俸;体质精壮之兵丁,分送各镇陆军,挑选教练,仍给原饷;不合格者,官员对品以旗员改补,兵丁拨旗以马甲坐补,分年递裁,期以十年裁尽。②

光绪二十九年(1903)清廷成立练兵处,庆亲王和袁世凯分任总理大臣和会办大臣,铁良为帮办大臣。随即拟定《陆军营制饷章》,提出全国编练三十六镇常备陆军的设想。按照三十三年(1907)提出的《全国三十六镇按省分配限年编成方案》,计划用五年时间编成。从此,京旗和各地驻防陆续改练新操,改编新式军队。京旗常备军在新建陆军中编列第一镇。(见图303)

京旗编练新军,标志着清朝军事制度的根本性变革。与八旗世袭兵制不同,新军实施募兵制,兵丁三年服役期满退役。京旗编设新军,还表明陈腐的八旗制度已来日无多。

新军编制基本仿效日本军队。一个镇下设两个步兵协,一个马队协,一个炮队标,一个工程营,一个辎重营和一个军乐队。每个步兵协下设二标,每个标(步兵或炮兵)由三个营组成。营下设队(连),队下设排,排下设棚(班)。棚下设正目一名,副目一名,正兵四名,副兵八名。一镇兵力约为一万二千余人。

新军官兵的待遇明显提高。标统月给俸银五百两,营管带月俸四百

---

① 《训练旗兵记》,国家图书馆分馆编选:《时事采新汇选》,北京图书馆出版社2003年影印本,第2175—2176页;朱寿朋编:《光绪朝东华录》,中华书局1958年版,第4962页。

② 《兵部奏遵旨变通武备章程折》,商务印书馆编译所编:《大清光绪新法令》第14册,上海商务印书馆1910年版,第5页。

两，排长月俸五十两，正兵月饷四两五钱，副兵月饷四两二钱。以往八旗马甲月饷三两，步甲月饷一两五钱，岁支米四十八斛至二十四斛不等；绿营马兵月饷二两，步兵月饷一两五钱，守兵月饷一两，皆岁支米三斗。相比之下，新军士兵的月饷高出不少。

京旗编入新军第一镇后，京城护卫改由第一镇和第六镇轮流值守。为建立一支保护皇室的劲旅，在载沣奏议下，又决定编练禁卫军。这成为京旗兵丁的又一条出路。

三十四年十二月，清政府决定由载沣统率调遣，载涛、毓朗、陆军部尚书铁良为专司训练禁卫军大臣，第一期步队一、二两标士兵，以第一镇正副目兵为基础，

图303 钦命办理京旗练兵事宜大臣关防印文

挑选京营八旗、圆明园、健锐营及火器营各旗兵入伍，其官长自管带以下由第一镇军官考取录用。第二期挑选时，由各旗营和昌平驻防内选调。清朝宗室，向不充兵，此时也有闲散宗室挑取入伍，寓有解决生计的考虑。[1] 选拔兵丁的标准：年龄在十七到二十五岁之间，身强力壮。被选兵丁应由所在旗营造具三代清册，咨送禁卫军训练处。禁卫军士兵全部选自旗营，一是基于皇族安全考虑，二是由于旗兵将裁，其中不乏精壮者，生计皆无，弃之可惜。[2] 禁卫军士兵接受严格训练，装备一流，月饷八两，比普通新军士兵的月饷高出不少。宣统三年（1911）七月，禁卫军练成，

---

[1] 《专司训练禁卫军大臣奏挑选兵丁拟请兼挑闲散宗室片》，商务印书馆编译所编：《大清宣统新法令》第11册，上海商务印书馆1910—1911年版，第26页。
[2] 《添练禁卫军之原因》，《盛京时报》，光绪三十四年十二月九日，第656号。

共有兵丁一万九十七名。①

军队的实力很大程度上取决于军官素质，军官素质低是八旗、绿营不堪一击的重要原因。清政府编练新军，为造就合格的军事骨干，创办军事学校。光绪二十七年（1901），清政府提出"练兵必先选将，而将才端由教育而成"。清廷面谕袁世凯：八旗兵丁生计日蹙，应在挑选旗兵内考拔学生，分遣各学堂肄业以广造就。但袁世凯认为现在所练旗兵启迪非易，建议从八旗、外火器营、圆明园、健锐等营中挑选天资聪秀、文理粗通者，考试通过后，分遣入武备、医学、农工、机器、电报、铁路各学堂；四五品以下世职各员，并八旗举、贡、生、监，有志向学者，亦准其一律送考。②

清政府在京师、各省及旗营驻防地普遍设立军事学堂。其中，京师设陆军小学堂四所，学生定额三百名，主要选八旗子弟；荆州、福州、察哈尔三驻防各设专门小学堂，每所定额九十名；其他驻防地旗人，参加本省陆军小学堂考选。③ 在直隶、陕西、湖北、江苏设陆军中学堂四所，在京师设兵官学堂及陆军大学堂。④ 三十四年（1908），京师陆军学堂有学生四百零四人，其中旗人三百人。毕业后，他们被分派新军前六镇。⑤

为培养贵胄子弟，三十二年（1905）创办陆军贵胄学堂。⑥ 根据王公子弟作为皇室之藩屏，国家之干城，应以武官为其本职的道理，贵胄学堂对学生主要进行军事教育。学堂里满洲贵族子弟占了大半。在三十四年（1908）的一百二十个学生中，七十人是皇族，二十三人是满洲官员子弟，汉官子弟仅有二十七个。⑦ 第一班于宣统元年（1909）毕业，政治官

---

① 载涛：《禁卫军之建立与改编》，载中国人民政协文史资料委员会编《文史资料选辑》第3辑，中华书局1960年版，第115页。
② 《请饬选八旗学生分派各学堂肄业片》，《袁世凯奏议》，天津古籍出版社1987年版，第773页。
③ 《练兵处奏筹拟陆军小学堂章程折》，《大清光绪新法令》第14册，第9页。
④ 《练兵处新定陆军学堂办法二十条》，《大清光绪新法令》第14册，第2页。
⑤ 《东方杂志》第12期，光绪三十年十二月，"教育"，第274—279页；光绪三十一年六月，第2辑第6期，"教育"，第109—123页。
⑥ 朱寿朋编：《光绪朝东华录》，第5318—5319、5420—5421页。
⑦ ［澳］冯兆基：《军事近代化与中国革命》，郭太风译，上海人民出版社1994年版，第87页。

报刊载九十六人名单,旗人约八十人。①

清政府注重派遣留学生出洋学习军事。在清国留学生会馆第二次报告（自1902年9月至1903年2月）所列留学生题名录中,旗人有三十一名,他们或为见习士官,或在学校学习陆军或警察。宗室良弼,当时为见习士官,后来成为满洲旗人中少壮派将领,宣统三年十二月初八日被同盟会员彭家珍炸死。在该报告列出的毕业生中,还有曾任近卫步兵第三联队见习士官的满洲旗人铁良②,铁良归国后出任江宁将军（见图304）。三十年（1904）,练兵处奏定陆军游学章程,规定各省定额,其中京旗六名,江宁、杭州、福州、荆州、西安、宁夏、成都、广州、绥远、热河、察哈尔、密云、青州十三处驻防各一名。③三十二年（1905）,又选派宗室出洋学习武备。④

有资料显示,截至宣统二年（1910）初,在全国旗人中,约有二十二万七千人参加强制性军事训练,百分之三十三的人完成了军训,三万八千三百九十五人在新军中服役或从事与新军有关的工作,二万九千二百九十二人在巡防营接受训练或加入巡防营。皇族宗室人员则在北京陆军贵胄学堂接受军事教育。显而易见,在走向近代化的新式陆军中,旗人占有相当大的比例。⑤

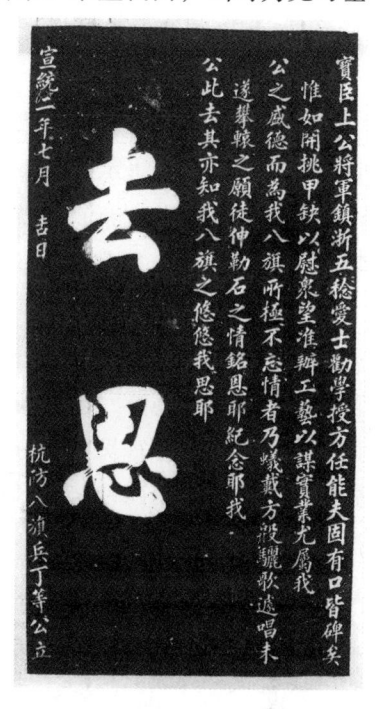

图304　铁良去思碑（宣统二年杭州驻防兵丁公立）

在京旗编练新军同时,畿辅和各省驻防旗军进行着同样的改造。随着隶属关系的改变,这部分旗人被造就为新式陆军的合格军人,同时也解决

---

① 《陆军部奏考试贵胄学堂第一班毕业生分数等第折》,《政治官报》,宣统元年九月四日,第709号。
② 房兆楹辑:《清末民初洋学学生题名录初辑》,台湾中央研究院近代史研究所史料丛刊,1962年版,第8—9、18、22—24、48页。
③ 《练兵处奏定选派陆军游学章程》,《大清光绪新法令》第14册,第3页。
④ 朱寿朋编:《光绪朝东华录》,第5443页。
⑤ ［澳］冯兆基:《军事近代化与中国革命》,第41页。

了久已潦倒的生计。

四 编练警察

京城警察编练,始于庚子(1900)事变以后,是中国警察制度滥觞,在初期主要受日本制度影响。

清初以来,京城治安,置步军统领及巡城御史、兵马司指挥,与顺天府共同负责。最高官员为步军统领,以满洲亲近大臣兼任,掌京城内外门禁锁钥,统率八旗步军、巡捕五营。内城治安,由八旗步军营担任,外城治安,由巡捕三营(后改五营)担任。京师八旗绿营,实际兼有卫戍、警备、消防、市政多重性质,"警察"与"军队"的职能尚未分开。

庚子事变,八国联军侵入北京,城市治安系统完全破坏,联军在各占领地分建"安民公所",维持侵略者的秩序。其时,日本军占领北京内城东西四牌楼以北地方,在原顺天府衙门设置军政署军事警务衙门,由日人川岛浪速担任事务官长。川岛向日本军当局提出创设警察官教育机构,得到批准后,于次年四月向步军衙门交涉,选拔三百名讲习生,以军事警务衙门的日本人担任讲师,川岛为总监督,在北新桥旧神机营营房内开课,目的是维持日本占领区内治安,培养日本式警察官。①

光绪二十七年六月,联军根据《辛丑条约》规定,向清政府归还占领区民政权,并撤离京师。日本军和川岛浪速策划,将军事警务衙门作为京师的警察机构保留,以维持日本的影响力。但是这一设想因遭到列强和清政府一致反对而落空。川岛退而求其次,又提出设立警务学堂、培养警官的建议,得到清廷认可。清廷命肃亲王善耆负责京师善后事宜,他结识川岛后,两人相见恨晚,后来拜了把兄弟。联军退出北京,清政府设立京城善后协巡局(翌年改称工巡局)。善耆在川岛浪速等人支持下,根据日本警察法和京城现状,编成巡捕队(此即日后北京警察的发端)。巡捕队服制,头戴清朝秋帽,身穿灰布长袍,左臂挂一白布箍,上盖安民公所关防,身佩腰刀,或携马棒,各带捕绳一条(俗呼白头绳)、口哨一个,在街上巡查。因巡捕用白布臂章箍在左臂,用捕绳拴住被捕者的辫子,市面上很快就出现了两个童谣。一个说:"不怕别个,就怕左胳膊箍白布的

---

① [日]中見立夫:《川島浪速と北京警務学堂・高等巡警学堂》,*CHIKAKI NI ARITE* No. 39,August 2001。

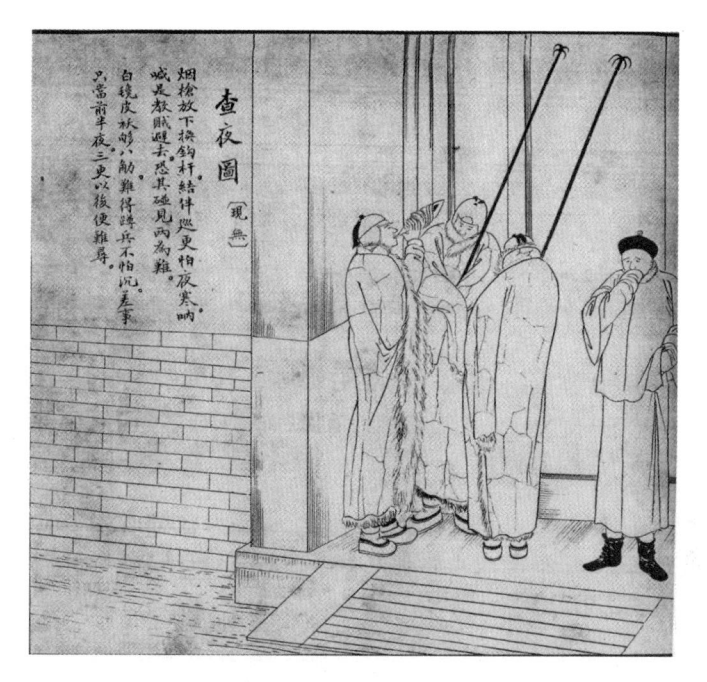

图305　钩子兵（消防兵）查夜（《北京画报》）

哪！"另一个说："天不怕，地不怕，就怕白头绳拴辫发。"这些童谣最早是被捕的"犯人"们唱出来的，后来被街市儿童传唱开来。七月，京师正式创设警察。

二十八年（1902），善耆被任命为步军统领兼工巡局大臣。步军统领衙门是负责北京治安的旧机构，工巡局是新设的市政机构，管理新编警察。三十一年（1905），设巡警部（后改民政部），工巡局改巡警厅，内外城各分十区。内城皇城内，分为中一区和中二区；东城分为内左一区至四区；西城分为内右一区至四区。外城东半部为外左一区至五区；西半部为外右一区至五区。至此，在北京内外城沿用二百余年的八旗绿营治安系统，被完全取代。此一变化，表明八旗制度的进一步衰朽，对旗人社会冲击尤大。正如前面所指出，庚子事变后，随着八旗分布格局被彻底打破，大批民人拥入内城，迅速发展起旗民混居的局面。

自咸丰以来，京城旗饷日减，旗人生齿日繁，大部分濒于贫困。庚子之变，旗人粮饷断绝数月，陡失衣食之资。京师自编设警察，重点招收旗人，"故内城巡警皆旗人，生计赖以少苏"。有人建议善耆、毓朗等满洲亲贵招收部分民人，以消除旗民畛域。毓朗笑称："旗人，满、蒙、汉皆俱，且有回子、缅甸、高勾丽（朝鲜）、俄罗斯人，何谓畛域也？今旗人失饷，无以为生，徒要不分畛域之虚名另募，何如因利乘便之为得计也？"①为培养警官，光绪二十七年（1901）七月，创设警务学堂，后改高等巡警学堂。② 日人川岛浪速担任学堂监督，主要聘用日本人，招收学生近五百名。为缓解旗人生计压力，同样以招收旗人为重点。③ 截至三十三年（1907），毕业生近三千人。内城警官，基本出自该学堂。（见图306）

图 306　内城的巡警（《北京画报》）

警察毕竟是社会中出现的新职业，由于传统观念影响，吃惯"铁杆庄稼"的旗人一旦不再当兵而去当警察，难免会有疑虑。报纸上刊载过这样一宗消息：南剪子巷旗人某甲，被旗营送去参加巡警挑选，某甲不愿意，到挑取日，他就装起鬼来，借了一件稀烂破的大棉袄，头发留二指多长，小辫起了缕子，还抹了一脸泥，脚下穿两只破鞋，假装走不动，装神

---

① 毓盈：《述德笔记》，《近代史资料》第107页，中国社会科学出版社1991年版。
② ［日］服部宇之吉主编：《清末北京志资料》，第198、222页。
③ ［日］中见立夫：《川岛浪速与北京警务学堂·高等巡警学堂》。

弄鬼，结果落选。① 但多数旗人为谋生计，对警察一职还是趋之若鹜。

招旗人为警察，改善了他们的生计，也提高了他们的素质。《警钟日报》的一位访员调查后认为："京中一切无振作，惟八旗比前十倍整顿，前数年见八旗兵皆委靡不堪，自办警察后，八旗人皆补警察长，每日操练无间断，而八旗大臣尤以练兵为亟亟，八旗焕然改观，非复前日之无用矣。"② 此话虽有夸大之嫌，但一批旗人经过严格训练，游惰之习渐改，不复昔日"爱听梨园歌管声，不识枪刀与弓箭"的陋习，成为对社会有用的人才，也是事实。

五 民间的自救

清政府采取措施解决八旗生计，引起旗人各界的热烈反响。他们在参与兴工厂、办学堂的同时，还积极采取了一些自救措施。

（一）组建团体

光绪三十四年（1908），北京旗人文时泉、阿质卿，组织八旗生计研究会，在方家园振华学校商议数次。在清廷谕旨设立变通旗制处后，诸人认为八旗生计问题刻不容缓，八旗生计研究会应召集会议，多提建议，以期与旗制处上下相应，推进问题的解决。③ 旗人学生纷纷组织团体。八旗公民会推举汉军旗人章福荣为会长，积极筹办八旗生计，获得京师和各地旗人的积极回应。烟台海军学堂学生荣纯、保鑫写信给公民会，条陈关于八旗生计的意见，并附上二人断指血书。公民会成员阅读来函，深为感动，乃至相对大哭。

宣统二年（1910），奉天旗务处总办金梁指出：京师变通旗制处开办三年，以事体重大苦无着手办法而不敢轻率从事，以致变通旗制、筹办生计事宜进展缓慢，误人甚大。此事非从根本上解决不可，旗制、生计当分为二事，变通旗制之事在上者任之，筹办生计之事则应是旗人自筹之事，应上下协议，相辅而行。如能农工学商并进，使人人皆有自谋生业之能力，则旗制不用变通则已自为变通。金梁提议创办八旗生计公会，由京外旗人公请奏明，并拟定办法大纲，在京师设八旗生计公会，在东北及各驻

---

① 《怕挑巡警装鬼》，《正宗爱国报》第120期第3版。
② 《社员通信》，《警钟日报》1904年5月3日第3版。
③ 《八旗生计将开大会》，《大同白话报》，光绪三十四年十一月二十六日，第131号。

防遍设分会，所有关于八旗生计之事统归其筹划。公会应清理官产并筹款设公司、设银行、设垦场、设工厂、设商号、经营森林矿产、兴办实业学堂等一切有利于旗人生计之事。他认为，如此实行，八旗生计一事不难解。① 倡议发出，各地旗人纷纷回应，宣统三年（1911）三月，各界代表在北京八旗先贤祠开会，决定先实行迁旗实边之事。会议还设立机关，选出京师及各驻防的代表。②

（二）筹集款项

解决旗人生计，首先是筹款难问题。《官话北京时报》建议，将八旗食饷兵丁四季米所有的四斗米零裁去，专办八旗生计。这些米，看上去是兵丁应吃之粮，实际全部进了参领、佐领、领催、莫吉格腰包。京旗二十四固山（旗），通计一年用银二十五万两，如拿去办生计，也是一笔不小的数目。③ 为兴办八旗工厂，旗人中还发起将政府退还国民捐款改捐给工厂的活动。

在新政时期，由清朝发起并在旗人中得到积极响应的筹办"八旗生计"活动，并没有达到预期成果。导致失败的原因，固然是辛亥革命的爆发和清王朝覆灭，深入考察，还有其他一些原因：

首先，满洲统治者的局限。一百年后的今天来看，清政府在统治最后十年中推行的新政改革，步子不可谓不大，成效不可谓不显著，但其局限同样明显。新政是清王朝发起的一场自上而下的自救运动，它的基本目的是摆脱严重的政治危机，维护王朝统治。由于八旗制度与满洲统治者的利益息息相关，清政府尽管认识到八旗制度完全过时，却没有结束它的果敢和勇气。表现在施政上，就是瞻前顾后，犹犹豫豫，甚至进一步退两步。诸如废除旗制、废除粮饷、京旗移垦、改入民籍等措施早有议论，且形成共识，却始终停留在纸面上，未能越雷池一步。

其次，旗人自身惰性。旗人长期以当兵为业，坐食俸饷，尽管生计日艰，很多人却不思振作。（见图307、308）朝廷裁撤驻防的谕令一出，即遭到各地旗人的强烈反对，有些地区甚至发生聚众闹事。清政府不得不暂缓

---

① 金梁：《拟设八旗生计公会广兴实业自谋生计议》，《盛京时报》，宣统二年十一月二十二日，第1241号；宣统二年十一月二十三日，第1242号。
② 《八旗生计会议报告》，《盛京时报》，宣统三年三月三十日，第1338号；宣统三年四月一日，第1339号。
③ 《管窥蠡测》，《官话北京时报》第199号。

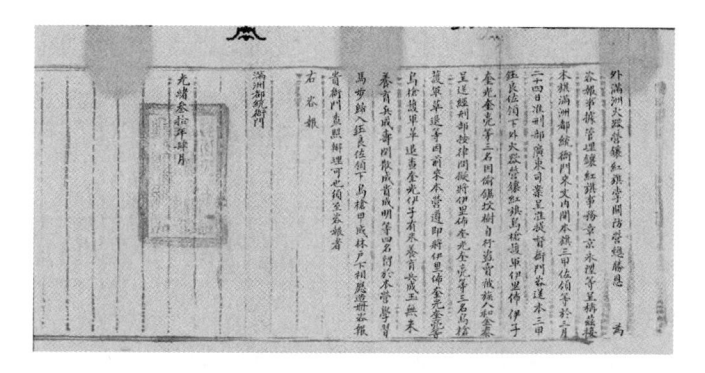

图307 光绪三十年火器营为旗兵盗卖坟树给镶红旗满洲都统衙门的咨文

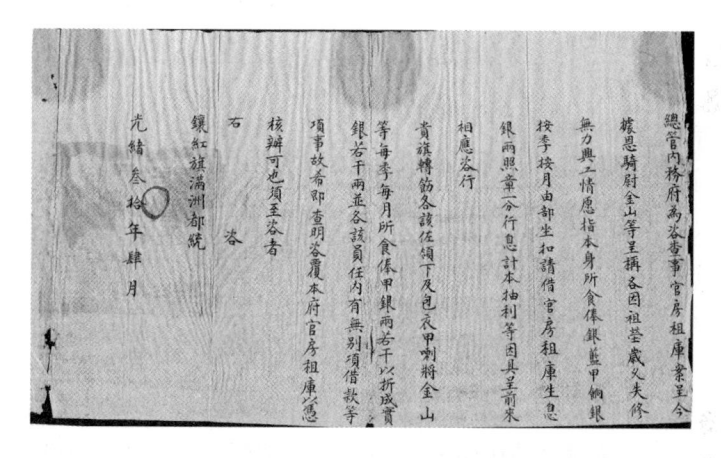

图308 光绪三十年内务府为宗室金山借官库银修祖茔事给镶红旗满洲都统咨文

新政实行。实际上，直到清朝灭亡，各地驻防依旧保留，粮饷也没有裁撤，改归民籍更是遥遥无期。正如《官话北京时报》上一件旗人信中所批评：

> 也怪当初定法的时候，限之太过。如今打算变为开放主意，好比缠足妇人，已竟到了中年，筋骨已折，要放也来不及了。直到今日，仍然是以作官当兵两件事，为独一无二的法门，就满打有另起炉灶的心肠，也苦于不知道由那头去起。①

---

① 《旗人何以不如人》，《官话北京时报》第248号。

这位作者还忆及挑常备军去保定训练时，旗人父母送行的场面："不过上一趟保府，而且还有火车，喝，惨哪！携男抱女，哭天抹泪，这可了不得啦，我们孩子连前门都不叫他出，如今愣叫他上什么保定府，但分他爸爸的钱粮在家，我也不叫他去哟。"①

再次，资金缺乏。国家财力困乏，又值新政之时，各项措施都需款项，政府对于筹旗人生计所需巨款，往往心有余而力不足。民间筹款则数目有限。兴办实业、办学诸措施，多因资金匮乏而难成规模。北京拟设八旗孤寡工厂，由于资金缺乏受到八旗各佐领的反对。开办工厂需要资金，各旗却无办公经费，如将有限银两开办工厂，各项办公费用又没有着落，以致各旗对办厂之事态度暧昧，抱着能缓一日便缓一日的态度。②

最后，官员腐朽。筹八旗生计是一件非办不可又十分棘手的事情，财政困难，国力虚弱，为旗人生计筹款实属不易，在这种情况下部分旗员却依旧有恃无恐，中饱私囊。当《官话北京时报》呼吁将政府退还的国民捐款改捐北京八旗工厂时，一些旗员却将退还的国民捐据为己有。京西健锐营八旗，兵额三千多，每名曾扣国民捐款七钱，合官员一共扣三千多两。奉旨退还后，只正黄旗退还兵丁，其他七旗都入了旗员腰包。③

在兴办学堂的过程中，发生过一件轰动的新闻。杭州贞文女学校（后名惠兴女学）的惠兴女士，去杭州女学堂报名，因旗人身份被拒，令其约集女子筹款自办。惠兴愤怒之余，延请当地有声望者商议创办学校。学校成立日，惠兴袒臂割肉，以血发誓，如学校关闭，将以身殉校。办校经费多为捐款，仅筹得三百余元，终因经费缺乏学校无力开办，决定以身殉学。惠兴预服毒药后，赴两堂禀请接济经费，后经家人发觉，竭力救治，为时已晚。临死前，还极力睁开眼睛嘱托家人递上所写禀书。④ 惠兴死，各界反响很大，尤其是旗人聚集的北京，纷纷捐助，使女学得以续办。⑤ 北京葆淑舫，以肃亲王胞妹之尊，开办淑慎女学堂，仍不免历尽艰辛。葆淑舫深知事业艰难，她的一段话发人深省：

---

① 《旗人何以不如人》，《官话北京时报》第248号。
② 《我闻如是》，《官话北京时报》，光绪三十四年九月十日，第283号。
③ 《侵吞国民捐款》，《官话北京时报》，光绪三十四年七月十八日，第233号。
④ 《记杭州贞文女学校校长惠兴女士为兴女学殉身事》，《时事采新汇选》，第7787—7788页。
⑤ 关于惠兴之死与贞文女学校的创办，参见夏晓虹《晚清女性与近代中国》，北京大学出版社2004年版。

北京城有一句俗话，管着爱做事的人，责备他是钻头不顾尾，或说是火燎眉毛顾眼前，我葆淑舫一生，正应了这句话，好像是一种毛病似的，无奈内中的情节，别有苦衷。我的意思，固然知道钻头不顾尾，终久是悬虚，但是得尺则尺，得寸则寸，老要等着连尾巴都能钻进去的时候，才肯动手，只怕等一辈子，也等不着，轮到归期，还不如那钻进一个脑袋的人，倒是比的一步没动的强啊，再说有志者事竟成，可说的是正事，苦心人天不负，不是迷信，故此我才倾家败产的，立这一处淑慎女学堂，那知道三起三跌，叫人心灰气短呕。①

筹划八旗生计，是许多旗人的呼声，真正开始筹办，却在旗人中遇到巨大阻力。他们只想通过清政府的扶助改善窘迫处境，却不愿为这场变革放弃既有的利益和特权。其结果，改革旗制成为泡影，筹划八旗生计的措施也难以奏效。不久，辛亥革命爆发，历史将以一种极端的形式，使"八旗生计"问题最终得到解决。

---

① 《相形见绌》，《正宗爱国报》第513期第1、2版。

第九章

旗人社会的瓦解

清朝末年,皇族擅权,不仅将"新政"时期"化除满汉畛域"的努力付之东流,且使社会政治矛盾空前激化。宣统三年(1911)爆发的辛亥革命,敲响了清王朝的丧钟。它无疑是一场史无前例的革命运动,因此受到全国人民的热烈响应,但对于旗人来说,却是"别有一番滋味在心头"。虽然,按照民国优待条例,八旗制度暂时得以保留,但它的职权却明显萎缩。有限的一点饷银,已无法维系旗人的凝聚,旗人纷纷申请放弃旗籍,改归民籍。八旗制度终结后,所有旗人改归民籍,这同时意味着延续近三百年的旗人社会趋于瓦解。昔日的旗人走向社会,自谋生计,开始充满艰辛、坎坷的人生历程。

第一节 清朝的灭亡

光绪三十四年(1908)十一月,光绪帝和慈禧太后同时病危。慈禧太后在病榻前授意,立第二代醇亲王载沣的长子三岁的溥仪为嗣皇帝,承继同治帝(载淳),兼祧光绪帝(载湉),由载沣当监国摄政王。[1](见图309)据说,她之所以选定光绪帝的亲兄弟为摄政王,主要是为了对野心勃勃的袁世凯预作防范。戊戌变法中,光绪帝代表的维新派为袁世凯出卖,光绪帝因此被囚禁直到病死。醇王府一系对袁恨之入骨。选载沣为摄政王,对袁世凯的权势将是有力钳制。[2] 慈禧太后临终前的这个决定,反映了她刻意保全爱新觉罗皇位的一片苦心。

---

[1] 金毓黻编:《宣统政纪》第1卷,辽海书社民国二十三年(1934)本,第1页。
[2] 溥仪:《我的前半生》,第26页。

第九章　旗人社会的瓦解　629

图309　皇上好学（《图画新闻》）

载沣八岁时袭醇亲王爵，二十六岁就任摄政王，可以说是清末贵极一时的人物。在清朝统治的最后三个年头（宣统元年至三年，1909—1911）里，他是国家实际上的最高统治者，代皇帝"主持国政"，有权裁定"军国大事"和"行政"、"黜陟赏罚"诸事。但同时又规定："遇有重大事件，必须请皇太后懿旨，由摄政王随时面请施行。"① 这里说的皇太后，是光绪皇帝的皇后隆裕。这是慈禧太后临终前为她侄儿媳留下的权力。

---

① 金毓黻编：《宣统政纪》第1卷，第6页。

载沣身膺重任，实际上并不具备执政的才识和经验。《辛丑条约》签订时，曾被任命为"头等专使大臣"，以皇弟的显贵身份赴德国"谢罪"。除此之外，未担任过什么重要官职。直到光绪三十三年（1907）五月，慈禧太后才有意把他调到军机处，"在军机大臣上学习行走"，翌年正月正式任命为军机大臣。载沣在军机处时间太短，何况还有庆亲王奕劻等资深王公位在其上，在处理政务方面没有什么作为。载沣一下子被超拔为摄政王，实在是勉为其难。据深知其底蕴的胞弟载涛评价：载沣"遇争优柔寡断"，"做一个承平时代的王爵尚可，若仰仗他来主持国政，应付事变，则绝难胜任"。①

载沣摄政后的第一件事是经过皇族集团的共同商议，除去心腹之患袁世凯。他下令罢去袁世凯一切职务，说他有"足疾"，行动不便，勒令回老家养病。据说原来是要将他处死的，但由于袁背靠外国使团，且拥有强大的私人党羽，载沣投鼠忌器，未敢将他处死。重臣张之洞也主张不要杀袁，说"主少国疑，不可轻于诛戮大臣"。②袁世凯被罢官离职，实际上仍控制北洋军队。载沣将他打发回老家，只起到"纵虎归山，养痈成患"的作用。载沣处事优柔寡断，缺乏政治手腕，据此可见一斑。

罢黜袁世凯，也是清皇室在军事上排斥汉人势力的开端，从而加剧了皇族与汉大臣的矛盾。载沣为加强皇室对军、政大权的控制，又采取一系列措施：

摄政之后，首先任命其弟贝勒载涛、贝勒毓朗（定亲王裔）、铁良（满洲）为专司训练禁卫军大臣，企图建立由自己亲率的禁卫军。

宣统元年（1909）正月，下谕成立筹办海军事务处，命肃亲王善耆、镇国公载泽、铁良、萨镇冰妥慎筹划，命庆亲王奕劻总核稽查。五人中满洲四人，皇室又占了三人。萨镇冰是留学英国归来的海军专家，也是唯一的汉人。宣统二年十一月成立海军部，由载洵（载沣弟）担任海军大臣。

是年五月，借溥仪名义下了一道上谕，宣布由皇帝亲自担任大元帅；皇帝亲政前，由摄政王代为行使最高统帅权。载沣把军队的最高指挥权抓

---

① 载涛：《载沣与袁世凯的矛盾》，《辛亥革命回忆录》（六），中华书局1963年版，第323页。

② 同上。

到自己手里。接着，将军咨处从陆军部分离出来，后改军咨府，以贝勒毓朗、载涛为军咨管理大臣。军咨府相当总参谋部性质，军咨管理大臣相当总参谋长职务。载沣通过载涛决策最高军事机密。

至此，以载沣兄弟三人为核心的皇族亲贵掌握了全国海陆军权、禁卫军权，集中了全部军事权力，为后来的"皇族内阁"奠定了实力基础。

载沣摄政后大抓兵权，是他当"谢罪使"时从德皇威廉·亨利讨教的一条经验：军队一定要放在皇室手里，皇族子弟要当军官。他做得更彻底，不但抓到皇室手里，而且还控制在自己家里。① 但是，载沣的做法也加深了皇室亲贵与汉族军事将领和地方督抚的矛盾。表面上看军权在握，实际上却陷于更加孤立、虚弱的境地。

载沣为了掩饰皇族集权，宣统元年（1909）三月，重申预备立宪，命令各省"切实筹办宪政"，务必在当年成立咨议局。这种姿态，使一部分立宪派分子，对载沣产生很大幻想。各省成立咨议局的同时，在中央筹建资政院。资政院是清廷模仿西方议会模式，却又经过精心改塑的中央议事部门，是代议制度在中国最早的试验。② 资政院参议员规定有三种产生办法——钦选、会推、保荐。钦选的目的同样是为了便于满族亲贵大僚对会议控制。钦选各类议员的名额：宗室王公世爵十六人，满汉世爵十二人，外藩王公世爵十四人，宗室觉罗六人，各部院衙门官三十二人，硕学通儒十人，纳税多额者十人。共计一百人。③ 各省咨议局议员互选的资政院议员亦以一百人为定额。但由于资政院正副总裁，秘书厅秘书长等五人不是"特旨简充"，便是"请旨简放"，所以，钦选议员在资政院中稳占多数。

资政院开设后，一切议决案需有一负责部门处理，责任内阁应运而生。宣统三年（1911）四月，摄政王载沣任命亲王奕劻为第一届内阁总理大臣，负责组织责任内阁，并将原来的军机处和旧内阁裁撤。待内阁人选宣布，舆论大哗。新内阁阁员的名单是：总理奕劻（庆亲王）、协理那桐、徐世昌（满、汉各一）、外务部大臣梁敦彦（汉人）、民政部大臣善耆（肃亲王）、度支部大臣载泽（镇国公）、学务部大臣唐景崇（汉人）、

---

① 溥仪：《我的前半生》，第26页。
② 韦庆远等：《清末宪政史》，中国人民大学出版社1993年版，第364页。
③ 《清末筹备立宪档案史料》，第631页。

陆军部大臣荫昌（满人）、海军部大臣载洵（贝勒）、司法部大臣绍昌（满人）、农商工部大臣溥伦（贝子）、邮传部大臣盛宣怀（汉人）、理藩部大臣寿耆（宗室）。新内阁十三人中，汉人四人，满洲九人，而满人九人中，宗室王公五人，宗室一人。于是被舆论抨击为"皇族内阁"。这样多的皇室成员位居要津、专权擅权的局面，即使在过去清王朝二百多年的历史上，也是未曾有过的。"近支排宗室，宗室排满，满排汉"之谚不胫而走。①

清皇室借立宪之名，不但没有对统治权放松任何控制，反而进一步加强了宗室亲贵的专权，新政时期"化除满汉畛域"的努力迅速付诸东流，在朝野激起了极大公愤。各省咨议局竞相上书，弹劾及于内阁，皇族首当其冲。清室对舆论汹汹却不屑一顾。载沣下的谕旨称："黜陟百司，系君上大权"，"朝廷用人，审时度势，一秉大公，尔臣民等均当懔遵钦定宪法大纲，不得率行干请，以符君主立宪之本旨！"② 立宪派原想在内阁中分点好处，此旨一下，希望完全落空，与清廷矛盾激化，清廷陷入前所未有的孤立中。

载沣在集权于皇室的同时，复以"筹办立宪新政"为名，向各地加征田赋钱粮，开征苛捐杂税。清初顺、康年间岁入仅三千余万两，雍乾嘉极盛，也不过四千余万。光绪末年至九千余万。然仅以部库表册为据，并不准确。光绪三十四年（1908），清理财政，简派监理官员，分驻各省调查，各项陋规隐没和盘托出，全国财赋之数始汇总于京师。是年岁入骤增至二亿。宣统元年（1909）至二亿六千余万。宣统三年（1911）清廷预算（是年清朝被推翻，因此只有预算没有决算）岁入二亿九千余万两，较之光绪末年九千余万两，激增至三倍，与清初比较，更高达十倍。③ 其时因实行新政，国用骤增，疆吏大员冒滥挥霍，交结朝贵宫监，阴树党援，兼以官贪吏黩，百姓负担加重，社会矛盾激化，反清浪潮不断高涨。清王朝亡兆毕露，连统治集团中人也已洞若观火：

比岁，纲纪破坏，政出多门，贿赂公行，昌言运动，内外大小

---

① 刘体智：《异辞录》第4卷，第197页。
② 《清末筹备立宪档案史料》，第579页。
③ 罗继祖：《枫窗胜语》，第36页。

官吏几无一不由营求而获。宵小得志，正士灰心。而所行新政不知缓急，但急切进行，征敛烦苛，民生愁苦。军政财政操于一二贵人之手，立法议法出于三五少年之私。措置乖方，民情怨结。官吏乃藉端朘削，辇运权门，四海日益困穷。朝贵日增豪侈，大兴土木，群肆酣嬉。水旱盗贼而不知忧，天怒人怨而不知惧，天下皆知大乱将至。①

这段话，正是对宣统末年全国形势一个比较全面的概括。爱新觉罗皇室经济上盘剥全国人民，政治上腐败透顶，当它将军、政、财大权独揽到自己手中时，也就将统治推到了历史的终点。

宣统三年八月十九日（1911年10月10日）武昌起义胜利，敲响了清王朝的丧钟。一个多月时间，先后有十四省宣布对清廷独立，转向革命营垒。清廷派出的军队，在陆军大臣荫昌统率下，出征讨伐，屡战屡败。清廷岌岌可危，惊惶失措。内阁总协理徐世昌看到时机已到，便同内阁总理庆亲王奕劻、协理那桐等人一齐向载沣保举他的政治死对头袁世凯重新出山。同时以"奉职无状"，自请"立予罢斥"。② 载沣本不愿意迈出这关键一步，以致危及自己的政治生命，但是他素性懦弱，没有独作主张的能力。主要军事将领冯国璋、段祺瑞，都是袁世凯的嫡系心腹，亦提出"非宫保（指袁世凯）再出，不能挽救危局"。载沣在穷途末路之际，只好任听摆布，将大权拱手交给袁世凯。

九月二十六日，袁世凯就任内阁总理大臣。他回到北京，马上收编载涛掌握的禁卫军，接着迫载沣辞去监国摄政王之位，以醇亲王名义退归藩邸。至此，他已把清王朝军、政大权完全攫为己有。随即，老谋深算的袁世凯与南方民军达成清帝退位后选他当大总统的保证，一面又以革命的势力逼迫清帝退位。当时，隆裕太后连连召开御前会议，商讨对策。会上，隆裕太后无可奈何，抱着溥仪大哭说："我悔不随先帝早走，免遭这般惨局。"王公贵族，主战主和，意见不一。不久，极力主战的宗室贵族良弼被革命党人彭家珍炸死，亲贵王公闻风丧胆，纷纷逃避。同时，袁世凯亲

---

① 《宣统三年九月初八日大学堂总监督刘廷琛奏折》，中国史学会编：《辛亥革命》（五），上海人民出版社1957年版，第475页。

② 《清末筹备立宪档案史料》，第598页。

图 310 清帝退位号外（《京师公报》）

信段祺瑞等四十二名前敌将领致电清帝要求退位。

　　清廷明知大势已去，授权袁世凯与民军商议条件。经过协商，达成优待条件，包括三个部分。《优待皇帝条件》《清皇族待遇之条件》《关于满、蒙、回、藏各族待遇之条件》。前两个条件规定：清帝辞位后，尊号仍存不废；王公世爵概仍其旧；皇族私产一体保护。后者规定：与汉人平等；先筹八旗生计，于未筹定之前，八旗兵弁俸饷，仍旧支放；从前营业居住等限制，一律蠲除，各州县听其自由入籍。①

　　宣统三年十二月二十五日（1912 年 2 月 12 日），溥仪宣布退位，清王朝自入关以来二百六十七年的统治至此结束。（见图 310）

---

① 《临时公报》，辛亥年十二月二十六日，《中华民国历史档案资料汇编》第 2 辑，第 74—76 页。

第二节　辛亥革命后的北京

辛亥革命爆发后，各地驻防八旗，主要有三种情况：一是顽强抵抗，损失惨重；二是短暂抵抗，随即投降；三是和平转变。属于第一种情况的，以西安、福州两地较为典型。在西安，驻防将军文瑞驱使旗兵固守城池，旗兵多有伤亡，但仍未能挡住新军的攻势。新军攻破东门后，巷战一夜，旗兵死二千余人，妇孺投井自尽者尤众。福州将军朴寿敌视革命，拒绝新军提出的和平解决条件。当新军攻占城内制高点于山后，朴寿仍率旗兵负隅顽抗，组织"杀汉团"，最后旗兵失败，朴寿被新军生擒后击毙（见图311），总督松寿吞金自尽。是役，新军阵亡十三人，旗兵阵亡多达二百八十余人，许多旗人妇女投河自尽。属于第二种情况的，以杭州、荆州较为典型；属于第三种情况的，有成都、广州等地驻防。① 此外，南京驻防旗人并未组织有效抵抗，也遭受重大损失。一些汉人武装借口打倒满人，大肆烧杀抢掠，旗人被害自杀者很多。有旗员点燃火药库，引起大爆炸，城垣崩塌，千余人尸骸化为灰烬，惨绝人寰。南京城原有旗人六七千人，据说幸存者仅四千余人。②

北京是全国最大的旗人聚居地。与南方一些地区不同的是，北京旗人与民人之间，经过二百多年磨合，关系比较融洽，并不存在严重隔阂与对立。何况，北京旗人身处帝国之都，也不能不仰承清室意旨。所以，当清室决定退位，并与南方民军签订优待条例时，北京旗人无奈却又平静地接受了这一巨大转变。

伴随改朝换代，古老北京城发生目不暇接的变化。大龙旗，换成象征满、蒙、汉、藏、回"五族共和"的五色旗。

民国肇建，宣布改行阳历。元年（1912）十月十号（旧历九月初一日），是武昌起义周年纪念。是日召开共和纪念大会。大清门匾改挂中华门字样（见图312），门前扎彩牌楼一座，前面恭悬宣布共和明诏，后面写"五族同庆"，中间安放黄亭子一座，内亦悬系明诏。前门外正中彩牌楼，系用松枝扎成者，上写"于万斯年"，东洞外彩牌楼上写"尊重人

---

① 潘洪钢：《辛亥革命与驻防八旗》，《中南民族学院学报》1991年第5期。
② 忻平等主编：《民国社会大观》，福建人民出版社1991年版，第703页。

道",西洞外彩牌楼上写"发扬国光"。崇文、宣武两门外以及各部门前,均扎松牌楼,加以五色国旗,电灯光明,非常灼目,作为皇家禁地的天坛任人游览。

民国二年元旦,中华门及东西长安门首次向市民开放,任人穿行。正阳桥、天桥均扎松彩牌楼,上悬"万象更新""五族同庆""咸与维新"等字样匾额。先农坛开放十日,任人游览。二月十二日(旧历十二月二十五日)为颁布共和明诏纪念日,悬灯结彩,开会十天,以志不忘。

这是一个标榜"万象更新"的时期,也是一个新旧杂陈的过渡时代。宣布退位的宣统小朝廷,依旧保持起码的尊严和体面。旧历正月十七日,清隆裕太后逝世。十八日大殓,停皇极殿,丧礼均如旧制。瑾贵妃接管皇室家务,保护宣统小皇帝。临

图311　福州将军朴寿毙命处(福州于山炼丹井)

图312　中华门(《旧都文物略》)

时大总统袁世凯派人进内帮办丧礼。各公署悬挂半旗，军警学三界均左臂围青布表示哀悼。王公皇族，进大内者均穿孝，冠去缨。二月二十七日奉移西陵梁各庄。

虽然宣统小朝廷依旧在紫禁城内养尊处优，遗老们也依旧入宫朝觐，但街景市容的变化却时时提醒着人们，清朝已寿终正寝。不久，连宅院门前象征旗俗的上马石，也被明令清除。京师警察厅发布公告：

> 查京师各处住户门前有种石蹬，俗名为"上马石"，宽、长数尺，横置道旁，侵占官街，阻碍车马，久应搬徙，以利交通。徒以积习相沿，甚谓有关体制。不知上马用石，必无此乘马之人，间有妇孺登车，藉为攀跻之级。现在车制改良，并不若从前高大，此石之用，更无可言。障碍徒多，何必长此虚设？至于体制一说，无论民国肇初，一切专制旧染不应存留，即在体制未更之前，试问门前黑石二方，既不是为门第之光荣，又不便于出入之实用，能永有此不良之体制而不改乎？本应为整顿交通起见，为此详切布告各住户：自布告之日起，限三个月，务将此项上马石一律自行运去。①

清代阀阅之家，门外置石二块，形状多长方形，或与门墩连为一体，称上马石，又称马台石，原为旗人骑马蹬踏之用，以后旗俗渐衰，八旗达官贵人，由骑马改为乘轿，但上马石依然置放门前，成为旗俗一种象征。至此，宅院前的上马石几乎被清理一空。（见图313）

上述情况，都标志着一个旧朝代的结束与一个新时代的开始。以此为背景，北京旗人社会，发生了一些深刻变化：其一，民国政府命令，京城内外居民，不分旗民，均将发辫剪去，以昭大同；② 其二，在教育部命令下，所有八旗中小学堂改为京师公立中小学校，五族并收。③ 其三，左右翼牲税征收局贴出告示，宣布清查旗人田房契纸。验时问明本业主住址、门牌、某区第若干号，登于簿内，以备稽查。④ 其四，依照优待条例"从

---

① 吴廷燮总纂：《北京市志稿·民政志》，第590页。
② 崇雯：《崇翰池年记》，第698页。
③ 延昌纂：《图门世谱》，第387页，咸丰间稿本，收入《北京图书馆藏家谱丛刊·民族卷》第45册。
④ 崇雯编：《崇翰池年记》，第709页。

图 313　京城桂公府内上马石

前营业居住等限制，一律蠲除，各州县听其自由入籍"。一些旗人申请冠姓改籍，这成为旗人归入民籍的开始。

一　剪除辫发

进入民国，旗人首先遇到的一个冲击就是剪除辫发。辫发、袍服，本来是满洲人渔猎时代的文化传统。清朝入关，强迫汉人剃发易服，曾引起强烈反抗。清初强迫汉人剃发，因有"留头不留发，留发不留头"一说。江南汉民反抗剃发，不惜抛头颅、洒热血，"嘉定三屠""扬州十日"，莫不与此有关。

近代以来，清朝国势日衰，华人远赴海外，脑后拖着一条长长辫发，常被洋人耻笑，甚且加以恶名（最流行的称之为"豚尾"）。华人蒙垢受辱，多将辫发剪去，改易西装。少数未剪发者，也将辫子高高盘在头顶，用帽遮掩，唯恐人知。

男人辫发，于日常生活多有不便，但事关"国俗"，直到晚清，都是朝野高度敏感的话题。光绪二十四年（1898）戊戌变法期间，康有为上《请断发易服折》，从五个方面列举剪辫发的必要，即辫发对发展邦交不利、对大机器生产不利、对训练新军不利、对讲究卫生不利、对维护人的尊严不利。① 另一位变法的积极倡导者谭嗣同，在《仁学》一书中，也把剪除辫发当作一项亟待变革之事。但是，随着变法失败，剪除辫发重新成为政坛禁忌。

戊戌变法失败后，大批青年学生东渡日本，寻求富国强兵之道。20世纪初，随着革命排满思想在留日学生中的披靡，许多学生自发剪辫。②这成为清末民间剪发风潮的发端。

新政时期，编练新军，新军士兵身穿卡其布军衣军裤，头戴军帽，脚穿外国军靴，脑后却拖着一条长长辫发。如此不伦不类的形象，令人难堪透顶，何况在训练和体操时，辫子不仅有碍观瞻，且累赘异常。于是，在南方杭州、广州等地的军校生和新军士兵中，开始有人剪除辫发。③

随着国门渐开，率先走出国门的满洲亲贵，认识到辫发的不雅。宣统二年（1910），摄政王载沣之弟军咨大臣载涛贝勒，赴日、美、英、法、德、意、奥、俄诸国考察，眼界大开，颇以为辫发不雅，中途即行剪去。载涛随员相率响应，其中唯有一员力劝保存，还受到涛贝勒严斥。涛贝勒剪发，在满人中开风气之先，在社会上影响很大。

清廷出使大臣伍廷芳赴美归国，也奏请剪发。当时，他与清陆军大臣满人荫昌、海军部大臣汉人萨镇冰等一些高官，均已剪发。在满汉大员表率下，禁卫军、陆军界、学界率先涌起剪发风潮。

贵胄学堂学生多系皇族、满洲子弟，眼界开阔，接触新事物较多，在剪发问题上义无反顾走在前列。宣统二年（1910），官方传出消息，德国皇太子拟于次年春来华游历，届时将到贵胄学堂参观，学堂上下认为辫发有碍观瞻。学堂监督张绍曾首先将辫发剪去，暗寓提倡之意。学员闻风而起，一百五十多人组成剪发会。全学堂自监督以下，所有军官和学员，于是年冬均将发辫剪去，面貌焕然一新。④

剪发之风迅速风靡学界，京师法文学堂剪辫者占十分之八，财政学堂、皖学堂占十分之六，交通传习所、殖边学堂占十分之七。其余剪发学

---

① 康有为：《戊戌奏稿》，沈云龙主编：《近代中国史料丛刊》正编第33辑，台湾文海出版社1966年影印本。
② 王冬芳：《迈向近代——剪辫与放足》，辽海出版社1997年版，第66页。
③ ［澳］冯兆基：《军事近代化与中国革命》，第97页。
④ 韩世儒：《清末陆军贵胄学堂第二期的回忆》，载《湖北文史资料》1990年第3辑，第46—47页。

生甚多。报载:"自剪发之风气一开,厕身军、学界者均一唱百和,逐次将发剪去者,颇不乏人。每届星期,茶坊酒肆,大都新样头颅,互相斗胜。"① 剪发风潮,从京城迅速蔓延到各大中城市。(见图314)

图314 奉天学生剪发(《图画新闻》)

---

① 《剪发百谈》第1集,《春申报》辛亥(1911)正月版,第1页。

第九章　旗人社会的瓦解

对于方兴未艾的剪发之风，清廷的态度模棱两可，既不禁止，又不表示赞成，形同默许。朝野之间，赞成和反对的声浪都很强大。反对者，谓辫发服制，系祖宗旧制；或谓发辫乃中国之国粹，亦全球之特色。赞成者，则多方阐述剪发必要性，如说短发卫生、节省开支、剪发可以振尚武之精神、符合世界潮流。赞成者还批驳"违背祖宗"一说："以辫发服制皆列祖列宗所制定，不可更改，如以此为前提，则今日立宪已属大悖祖宗成法。"①

王大臣会议剪发易服问题，与会者大都赞成剪发。宣统二年十一月十四日，资政院讨论剪发易服案，经过辩论，交付表决。一百三十六名议员中，投赞成票者一百零二人，投反对票者仅二十八人。剪发易服案顺利通过。资政院是清政府预备立宪所设置的中央咨议机构，由清廷指定的议员百人和各省咨议局推选议员百人组成。总裁、副总裁均由清室选派。资政院通过剪发易服案，表明在这个问题上全国上下已达成广泛共识，推进了剪发活动在全国各地的蔓延。但清廷中反对剪发的势力也不容小觑，权臣庆亲王奕劻是反对势力的代表，他通过农工商部尚书溥颋授意京师总商会，编造假名三万五千余，呈禀代奏，反对剪发。理由是，剃发易服，改用西洋呢绒，中国丝绸销路将大减，严重损坏商界利益。宣统三年十月，当清帝颁布上谕"凡我臣民，均准其自由剪发"时②，南方各省已纷纷揭竿而起，宣布独立。自清朝入关颁布的剃发令，至此延续二百六十七年之久，终于宣布废除。

辛亥革命爆发后，革命党为动员民众，推翻清朝，猛烈攻讦辫发，将其视为满洲专政统治的象征。民国元年（1912）三月五日，临时大总统孙中山颁布了一项措辞严厉的剪发令：

> 满虏窃国，易于冠裳，强行编发之制，悉从腥膻之俗。当其初，高士仁人，或不屈被执，从容就义；或遁入缁流，以终余年。痛矣先民，惨遭荼毒，读史至此，辄用伤怀。嗣是而后，习焉安之，腾笑五洲，恬不为怪……今者满廷已覆，民国成功，凡我同胞，允宜涤旧染之污，作新国之民。兹查通都大邑，剪辫者已多。至偏乡僻壤，留辫

---

① 《剪发百谈》第1集，第5页。
② 金毓黻编：《宣统政纪》第66卷，中华书局1987年《清实录》影印本，第1224页。

图 315 《剪发百谈》(辛亥年)

者尚复不少。仰内务部通行各省都督,转谕所属地方,一体知悉。凡未去辫者,于令到之日,限二十日一律剪除净尽。有不遵者,违法论。该地方官毋稍容隐,致干国犯。又查各地人民有已去辫尚剃其四周者,殊属不合。仰该部一并谕禁,以除虏俗,而壮观瞻。此令。①

孙中山首先回顾清廷入主中原强迫剃发易服,给汉人留下奇耻;也提到日久天长,汉人习于苟且,辫发胡服,恬不为怪的羞辱。命令限二十日之内一律将辫发剪去,否则按违法论。一声令下,城乡之人欣然剪发,但是仍有不少人态度犹豫,甚至坚持留发。在北京,许多市民是在强制下剪去辫发的。民国元年(1912)九月,琉璃厂工艺局举行集会宣传剪发,发现

---

① 《临时政府公报》第 29 号,载中国第二历史档案馆编《中华民国档案资料汇编》第 2 辑,江苏古籍出版社 1991 年版,第 32 页。

有发辫者进入会场，即将其辫发强制剪去。仅这次集会，被剪去发辫者就有千人之多。

由于革命党把剪除辫发与排满紧紧联系在一起，引起不少旗人的抵触。前陕甘总督升允之子，在天津剪辫回家，对父亲说："我已投身民党。"升允听后大怒，竟命手下将其杀死。这是一个极端的例子，表明剪发的政治含义已远超出这种行为本身，同时反映出清朝亲贵对辛亥革命的敌视。但是，许多普通旗人，则平静地接受了这一现实。他们认为剪辫是大势所趋，"天命至此，非人心所愿"[①]，与其螳螂挥臂，自取其辱，不如明哲保身，顺乎潮流。

有些旗人，以更为开明的态度面对改朝换代的剧变。满洲旗人崇雯，号翰池，生于京都西石槽胡同，所编《崇翰池年记》，是自撰年谱，自署长白图门氏。该谱最珍贵的，是记载了辛亥革命后旗人更名改姓、剪发诸事。崇雯对清朝鼎革既无奈又有几分理解，他以一种平静的心态，记述自己剪去辫发的过程："旧历重阳日巳刻，雯剪发须于前门外廊房二条胡同劝业场第二层楼上卫生理发馆。初次剪发，小洋二角，剪成拿破仑之发式。因天气渐凉，初剪恐头脑招风，非好修饰耳。"崇雯将留了三十多年的辫发一朝剪去，仅用小洋二角。担心头脑受凉，特意剪了"拿破仑式"。针对社会上抵触剪发的种种言论，他的持论颇为公允，甚至把当初清廷强迫汉人剃发、非从即死的暴政，作为辫发应剪的一条理由。他说：

> 剪发一节，彼都人士议论纷纭，有谓非有差使不剪者，此论即系将辫子卖矣，纯乎金钱主意，程度未免太低。有谓非有强迫命令不剪者，此论脑筋内仍存有专制压力，奴隶性质，不知发为我有，随我自由也。有谓有差使固不得不剪，无事何必自剪之，又何必出通告劝令亦剪之。此乃不知反观自省之说，当年清代得天下时，凡人民俱限三日一律薙发，违者正法，试问人民能皆有差使否？抑汉人能愿薙发乎？不待言而自解。有谓身体发肤受之父母，岂敢毁伤者。若是则发固不应剪，亦不应剃，剪发既云毁伤，试问从前薙发非毁伤乎？有谓剪发即系随革命者，此论更属荒唐。试问带辫子者能在民国世界之外乎？或曰发辫乃系国粹，务须保存。初不知国体已改共和，形式上总

---

① 王冬芳：《迈向近代——剪辫与放足》，第124页。

以大同融化为合群，若再留此发辫，非与有荣，不过仍存前清体制之纪念，亦无甚趣味。且各国均无发辫，将来民国共和若能达到完全极点，始克与各国一体大同，否则若到瓜分地步，恐求其剪发，外人亦未必准也。总之，睹时局之潮流，万不可仍然守旧，改方针之理想，宜早维新，切勿固滞不化也。①

崇雯认为，留发不过仍存前清之纪念，毫无意义。宣统帝虽仍存尊号，不过是个空架子，剪发乃大势所趋。皇帝已退位，国号已更改，旧体制怎能不改？如果说此时剪发就是追随革命，因清太后、清皇帝仍存尊号，尚在宫中，却不知宫禁绝不能久居，存尊号亦不过宣统一代。此时不剪发，将来带辫子者，恐万国无所归依。②崇雯的记载表明，旗人中一些开明人士，对清朝腐朽统治早已厌恶，对其倾覆也毫无依恋。但是，不管旗人对这场社会变革持何种态度，他们都面临一个共同问题：随着民国肇建，旗人不再享有特权，如何融入社会，如何自谋生计，成为当务之急。

二 冠姓改籍

民国肇建，因优待条例有"先筹八旗生计，于未筹定之前，八旗兵弁俸饷，仍旧支放"的规定，八旗制度暂时得以保留。但许多旗人目睹时局丕变，深知八旗制度不足为据，为顺应时局变化，他们迈出的第一步，就是申请冠姓改籍。

"冠姓改籍"，只是一个笼统概念，依具体内容，又可分为申请复姓、申请复姓更名、申请冠姓、申请冠姓更名、申请冠姓（或复姓）改籍、申请冠姓（或复姓）更名改籍等若干情况。申请冠姓改籍的，有满洲、蒙古，也有汉军，而在《政府公报》上正式刊布消息的，则多为仕宦或向学之人。

1. 申请复姓，即申请恢复祖上汉姓。民国元年（1912）九月十四日《政府公报》载：

> 统领官瑞禄呈称：窃禄本系民［汉］族，隶籍汉军。前清开基，

---

① 崇雯：《崇翰池年记》。
② 同上书，第701—703页。

人丁缺乏，因筹划实边，拨关内之民到江（按：指黑龙江）开垦，实行寓兵于农之策。春夏力田，秋操冬猎，合格者挑入旗籍。从此，登仕版者，以名为姓；仍事农商者，尚带原姓。此相沿之惯习也。

瑞禄是汉军籍，先世系出关民人，后被挑入旗籍。此后，族人在姓氏上两歧，出仕者改从旗俗（满俗），以名为姓；务农者仍用原姓，保留汉俗。瑞禄祖上本为马姓，至此请复原姓。瑞禄为官既久，名字不仅见诸文件，且为官场上下熟知，一旦复姓，诸多不便，所以请求明白公布，一律周知。① 这应是八旗官员在公开场合宣布复姓的理由。

图316　民国二年时宪书

京旗富新仓监督承佑系镶蓝旗汉军文湧佐领下人，原姓杨氏。他在呈文中说："从前旗籍人民多不冠姓，现在民国肇始，五族共和，自应冠复汉姓，以昭划一。拟请复姓杨氏，名曰杨承佑。"② 旗人申请复姓，通常都以"五族共和"或"五族一家"为理由，其中，又以汉军为大宗。据报载，自民国元年（1912）起，"汉军已有纷纷改复汉姓者"。③ 这些人中，有些仍担任旗职，有些供职于民国政府或军队。无论如何，申请复姓，都是放弃满俗，改从汉俗的表现。

旗人申请复姓，要经过一定程序。一般情况：先经所属部门向内务部民治司提出申请，该司查核无异，予以批准。除由部注册并咨值年旗转咨各该旗外，还要行文该申请人所属部门备案。

---

① 《黑龙江都督宋小濂咨国务院据统领官瑞禄请复原姓希鉴核备案文》，民国元年九月十四日，第137号，载《政府公报》第5册，第279页。本节所引有关旗人复姓之《政府公报》，均承中国社会科学院边疆史地研究中心毕奥男研究员提供，谨表谢忱。

② 《内务部咨镶蓝旗汉军都统、仓场总督据承佑呈请复姓应即照准请查照文》，《政府公报》民国元年十一月十四日，第197号，第7册，第354页。

③ 《申报》，民国元年七月二十一日。

2. 申请复姓更名。有些旗人在申请复姓的同时，要求更改汉名。此种情况，见《政府公报》载《陆军部旗籍员司呈准复姓更名入籍表》①（表9-1）：

表9-1　　　　　《陆军部旗籍司呈准复姓更名入籍表》

官职	原名	原旗	复姓	更名	入籍
世管佐领	钟恩	正黄旗蒙古钟恩佐领	何		
陆军协参领	占魁	正红旗满洲春福佐领	赵		湖北荆州府江陵县
陆军工程队协军校	接宗	荆州驻防正白旗蒙古序文佐领	戚	续芳	
陆军工程队协参领	存厚	镶红旗第六族宗室祥林佐领	岑	厚	
陆军工程队正军校	增禄	镶白旗蒙古启贵佐领	曾	禄	
陆军部录事	钰瑞	正蓝旗汉军印魁佐领	陈		
前陆军部候补笔帖式	英濬	镶黄旗汉军松山佐领	朱		
同上	长福	正红旗汉军桂龄佐领	郭		
陆军部录事	恩承	正红旗蒙古恩寿佐领	白	承恩	
前陆军部候补笔帖式	承荫	镶白旗汉军增森佐领	王		
陆军部录事	致祥	正黄旗汉军武英佐领	杨		
同上	广顺	镶红旗汉军丰璞佐领	刘	广纶	
同上	德松	正蓝旗汉军德英额佐领	陈	如松	
前陆军部候补笔帖式	德海	正蓝旗汉军增庆佐领	钮	鸿涛	
印务笔帖式	泉龄	正红旗汉军奎振佐领	白		
前陆军部笔帖式	崇俊	镶黄旗蒙古盛泰佐领	闻		
前陆军部候补笔帖式	增永	正蓝旗汉军联辉佐领	甘		
前陆军部笔帖式	文廉	镶黄旗满洲成铎佐领	孔		
陆军砲队副军校兼袭云骑尉	全寿	正蓝旗汉军英善佐领	潘	肃	
陆军协军校	定和	福州驻防镶白旗满洲桂龄佐领	郗		
前陆军候补主事	刘恩需	镶黄旗汉军济鑫佐领	复		
同上	惠春	镶红旗满洲凌秀佐领	叶		
同上	葆良	镶蓝旗满洲世隆佐领	伍		

① 《政府公报》，民国元年十一月十一日，第194号，第7册，第277—278页。

续表

官职	原名	原旗	复姓	更名	入籍
前陆军部学习笔帖工	荣喜	镶白旗满洲文元佐领	唐	荣祉	
前陆军部笔帖式	铁麟	镶蓝旗满洲文湧佐领	邹	麟	
前陆军部候补笔帖式	松熙	镶红旗满洲松鉴佐领	边		
同上	锡彬	镶黄旗汉军耆庆佐领	郎		
同上	世林	正蓝旗满洲达松阿佐领	孟		
陆军副参领衔军医协参领	庆禄	镶红旗汉军桂荣佐领	黄		
陆军部录事	连增	正红旗汉军志锐佐领	曹		

这些旗人，有些只申请复姓，有些申请复姓的同时要求更名。陆军部录事钰瑞，正蓝旗汉军印魁佐领下人，申请复姓陈；广顺，镶红旗汉军丰璞佐领下人，申请复姓刘，更名广纶；德松，正蓝旗汉军德英额佐领下人，申请复姓陈，更名如松。申请者，虽以汉军为多，也不乏满洲、蒙古。清代满、蒙旗人老姓，多有汉语对译，申请复姓，也并非无据。世管佐领钟恩，正黄旗蒙古人，申请复姓何；前陆军部笔帖式崇俊，镶黄旗蒙古人，申请复姓闻；宗室存厚，申请复姓岑，更名厚；增禄，镶白旗蒙古人，申请复姓曾，更名禄；恩承，正红旗蒙古人，申请复姓白，名承恩；荣喜，镶白旗满洲人，申请复姓唐，名荣祉。均属此例。

3. 申请冠姓。满、蒙旗欲改变称名不举姓旧俗，就要申请一个汉姓，加在名字前面，谓之"冠姓"。申请冠姓的，有职官，也有学生。民国元年（1912）十月十八日《政府公报》，登载直隶陆军小学校旗生申请冠姓的情况：

> 陆军部咨各旗营、内务府、西陵承办事务衙门，据直隶陆军小学校旗生模权等呈请冠姓，业经照准，希查照文（附单）为咨行事。前京师陆军小学堂未毕业学生，现已送入姚村直隶陆军小学校肄业。兹据该校呈称，旗生等禀请冠姓以昭大同等情，业经照准。除分咨外，相应摘录原单咨行贵查照可也。此咨。①

---

① 《政府公报》，民国元年十月十八日，第170号，第6册，第520—522页。

图 317　健锐营碉楼（北京海淀香山）

图 318　健锐营印房旧址（北京海淀香山）

表 9-2　陆军部咨文附《直隶陆军小学校旗生申请冠姓人名单》

隶属	佐领	原名	冠姓
正白满都统	富庚佐领	模权	佟
	延寿佐领	永良	唐
	锡露佐领	海福	李
正白汉都统	德成佐领	锡林	马
	广成佐领	荣印	叶
	续善佐领	续郴	董

续表

隶属	佐领	原名	冠姓
正白蒙都统	续昌佐领	续忠	吴
	长秀佐领	清廉	戴
镶白满都统	崇寿佐领	宜昌	杨
	铁林佐领	瑞斌	佟
	锡珍佐领	荣海	齐
正红满都统	那丹珠佐领	庆寿	那
	荣泰佐领	崇厚	关
	觉罗德谨佐领	增恺	赵
	五甲海英佐领	恩锟	索
	恩惠佐领	全斌	郎
密云副都统	正红蒙（佐领不明）	嵩超	赵
	镶黄满承锡署佐领	锺勋	汪
镶红汉都统	长存佐领	宝耆	孟
镶红满都统	岳善佐领	昆山	朱
正黄满都统	锡纶佐领	恩诗	金
	四甲喇怡勋佐领	恒光	张
	钟林佐领	贵麟	关
	兴福佐领	柏龄	张
正黄汉都统	景钰佐领	广福	任
正黄蒙都统	札普善佐领	荣堃	吴
镶黄满都统	兜钦佐领	立顺	关
	铁山佐领	德馨	吴
	隆秀佐领	全海	金
	全昌佐领	银祥	吴
镶黄汉都统	为文佐领	锡增	武
正蓝满都统	连善佐领	桂铭	赵
镶蓝满都统	荣泰佐领	锐昌	陈
健锐营	正白满隆斌佐领	连瑞	李
	镶白旗续绵佐领	续良	白
内火器营	镶蓝旗斌秀佐领	永泉	于
外火器营	镶白满文奎佐领	贵斌	傅

隶属	佐领	原名	冠姓
内务府	正黄汉广定管领	麟庄	徐
	镶黄汉广润管领	定荣	陈
	镶黄满锺山佐领	文照	刘
西陵承办事务衙门	西陵内务府正黄汉锺需管领	启运	梅

以上旗籍学生，包括八旗满洲、蒙古、汉军，内务府、外三营人等。他们申请冠姓，汰去重复，约有佟、唐、李、马、叶等三十姓。

4. 申请冠姓更名，即冠姓同时更改名字。据《政府公报》载：铜锟，系正蓝旗第三族伊里顺佐领下人，前陆军副军校，请冠金姓，并更名裕锟。① 陆军副军校印勋请冠赵姓，更名树勋；正军校崇启请冠左姓，更名鸿启；笔帖式保澍，请冠潘姓，更名宝澍；外郎隆禧请冠雷姓，更名鸿书；增贵请冠白姓。② 这些都是申请冠姓更名的具体事例。

申请者中，有旗籍警察。内务部警政司主事恩庆等呈文称："籍隶京旗，向从世俗，以名为姓，现在国体改建共和，五族一家，自应冠以祖姓，并更名以昭大同。"恩庆系镶黄旗满洲人，冠姓李；录事桂岩，系正白旗满洲人，冠姓更名赵玉崑；柏顺，系正白旗满洲人，冠姓陶；英林，系镶黄旗满洲人，冠姓郎。③

申请者中，还有民国政府旗籍官吏。民国元年十一月十五日内务部民治司呈文，称陆军部旗籍官十员，呈请冠姓更名。④（见表9-3）

这些申请者虽隶旗籍，但都是民国陆军部属员。冠姓更名，非惟时事所趋，对其仕途也有益无害。这是旗籍官员积极申请冠姓更名的基本原因。

申请冠名更名的，还有旗籍学生。陆军小学校第四期学生中，王朝藩，请更名王贯一；王延春请更名王荣庆；张幹臣请更名张振午；王学颜请更名王大钧；奎禄请冠富姓，更名宗弼。又第五期学生富森，请改名

---

① 《政府公报》，民国元年十二月五日，第218号，第8册，第122页。
② 《内务部咨陆军部准咨开副军校振纲等冠姓更名应照准注册文》，民国元年九月二十三日，第146号，载《政府公报》第5册，第640页。
③ 《内务部咨值年旗准本部主事恩庆等呈请冠姓更名应即照准希分咨各该旗备案文》，载《政府公报》，民国元年十一月十三日，第196号，第7册，第326页。
④ 《内务部咨值年旗准陆军部咨称刘恩需等呈请冠姓更名应即照准希分咨各该旗备案文》（附清单），载《政府公报》，民国元年十一月十五日，第198号，第7册，第381页。

表9-3　　　内务部咨文附《陆军部旗籍官员呈请冠姓更名清单》

旗籍	旗佐	原名	官阶	冠姓	更名
镶黄旗汉军	济鑫佐领	刘恩霈	前陆军部候补主事	刘	复
镶红旗满洲	凌秀佐领	惠春	前陆军部候补主事	叶	
镶蓝旗满洲	世隆佐领	葆良	前陆军部候补主事	伍	
镶白旗满洲	文元佐领	荣喜	前陆军部学习笔帖式	唐	荣祉
镶蓝旗汉军	文湧佐领	铁麟	前陆军部笔帖式	邹	麟
镶红旗满洲	松鉴佐领	松熙	前陆军部候补笔帖式	边	
镶黄旗汉军	耆庆佐领	锡彬	前陆军部候补笔帖式	郎	
正蓝旗满洲	松阿佐领	世林	前陆军部候补笔帖式	孟	墨林
镶红旗汉军	桂荣佐领	庆禄	前陆军部军医协参领	黄	
正红旗汉军	志锐佐领	连增		曹	

景森，冠以胡姓。①

5. 申请复姓复籍（改籍）。复籍，既恢复原籍，实际含义是放弃旗籍，改归民籍。直隶督练公所会办科长陆军步兵协军校祺昌，原籍奉天海城县人，清初出驻荆州，隶镶蓝旗依勒通阿佐领下，民国元年，他以"现在驻防一律裁撤"为理由，呈请复还海城县原籍，并请复石姓。② 随着各地驻防陆续裁撤，旗籍不复存在，改归民籍成了唯一出路。

镶黄旗满洲人恩启，民国元年时二十九岁，任印铸局办事员。他在呈文中称："查职家谱内载，原姓李氏，系顺天府大兴县籍，为此恳请俯准复姓改籍。"③ 满洲、蒙古旗人一向隶属旗籍，先世并不存在隶属州县民籍的情况。他们申请复籍，通常基于以下情况：其本人或先世系冒入旗籍民人。京师公立第四中学学生汪裕光，原系直隶宛平县人，前清时为入右翼八旗第一初等学堂学习，报为正黄旗满洲人；又，学生白双全，"在清时借名入旗，故称旗籍"，入学时原报籍贯正黄旗蒙古，实系京兆宛平县人。汪、白等人均在民国初年申请复籍。在这种场合，申请者必须提供家

---

① 《政府公报》，民国元年十月十九日，第180号。
② 《内务部咨奉天都督、镶蓝旗满洲都统准陆军部咨称，祺昌呈请复姓复籍，应即照准，请转饬备案查照办理文》，载《政府公报》，元年十一月十四日，第197号，第7册，第354页。
③ 南京第二历史档案馆藏：《1912年各地旗人请求冠姓更名改籍有关文书》，民国元年七月三日。转引自〔日〕能村启司《辛亥革命后北京旗人的改籍问题研究》，中国人民大学硕士论文2007年铅印本，第24页。

谱为证，并由相关责任人出具保结（担保书）。① 另外，不排除某些旗人先世本为旗籍，所谓原隶某处民籍，不过是申请改籍的借口。

6. 申请冠姓改籍。许多旗人祖上从未隶属民籍，他们欲出旗为民，只能申请冠姓改籍，即由旗籍改入民籍。但改入何处民籍，又有不同选择。一般情况，无论京旗还是驻防，多选在祖宗坟墓所在地。参谋部第四局课员济煦，系福州驻防满洲镶黄旗人，世代寄居福州已逾百年，祖宗坟墓均在闽侯二县。他申请在济煦名上冠以佟姓，并改隶福建福州府闽县。② 济煦在京城任职，却申请在福建府闽县入籍，因祖宗坟墓均在该地，已形同土著。

在京旗人，多申请入籍宛平、大兴两县，有些是因祖先庐墓所在，有些则是就近入籍。内务部主事钟音，系正黄旗汉军广惠佐领下人，姓邵氏，世居北京逾百余年，庐墓俱在宛平县地方。他在呈文中请求复姓邵氏，名曰邵钟音，并改隶顺天府宛平县民籍。③ 文鋆，系福州驻防正红旗满洲文锜佐领下、在京正红旗永庆佐领下人，前陆军协军校，请冠王姓，并改为顺天府宛平县籍。④

7. 申请冠姓更名改籍。满洲旗人图门氏崇雯，民国初即意识到八旗制度"万不能久存"，他认为与其等到旗制取消再作打算，不如幡然改计。民国二年阳历三月十七日，他具呈内务部，呈请冠姓更名改籍。图门译汉为"万"，因冠万姓；以"崇"与"穷"音相近，提出改崇雯为开雯，"用开字者，取其开通之意"；并请改入顺天府大兴县，理由是祖坟和住址均属大兴。呈文一个月后获得批准。崇雯（万开雯）弟弟和四个儿子同时办理相关手续。崇雯一家在更名同时，仍保留旧名中雯、霁、庠等字，"因系先人所命之名，不忍去耳"。说明他申请冠姓更名，内心实有些无奈。之所以要迈出这一步，主要是为子弟的前途着想。⑤ 这在旗人中间不无代表性。下引两表（表9-4、表9-5），则集中反映旗人申请冠姓更名入籍的一些情况。

---

① 北京市档案馆藏：《京师公立第一至第四中学及私立山东安徽、正志等中学关于学生更名更籍更名姓请鉴核给京师学务局呈以及学务局指令》，民国八年十二月。转引自［日］能村启司《辛亥革命后北京旗人的改籍问题研究》，第24页。
② 《内务部咨福建都督据参谋部咨称课员济煦呈请冠姓转籍业已照准请转饬立案文》，载《政府公报》，民国元年十月十四日，第166号，第3册，第396页。
③ 《内务部部令》，载《政府公报》，民国元年十一月十五日，第198号。
④ 《政府公报》，民国元年十二月五日，第218号，第8册，第122页。
⑤ 崇雯编：《崇翰池年记》，第713—714页。

表9-4　　　　《铨叙局汇编旗员改籍冠姓更名表》之一①

旗籍	原名	官阶	改籍	冠姓	更名
镶白蒙古	文瑞	热河候补通判	顺天府大兴县	乔	
正黄蒙古	庆祉	河南即用知县		赵	
正白满洲	益镇	前叙官局科员	顺天府宛平县	易	之震
正白蒙古	文彝	吉林补用道		田	
正黄满洲	元陞	吉林军政处副长	顺天籍	何	元春
正白汉军	钟凯	内务部司长		李	
	魁续	内务部佥事	新疆迪化县	赵	
正黄满洲	清泉	内务部主事		金	
镶红汉军	海龄	内务部录事		傅	
内务府正白旗	庆泉	内务部录事		于	志泉
正蓝汉军	椿康	内务部录事		张	家康
正蓝满洲	英贵	内务部录事		章	
镶黄满洲	斌英	内务部录事		孟	

表9-5　　　　《铨叙局汇编旗员改籍冠姓更名表》之二②

原旗	原名	官阶	改籍	冠姓	更名
镶黄汉军	刘恩需	前陆军部候补主事			复
镶红满洲	惠春	同上		叶	
镶蓝满洲	葆良	同上		伍	
镶白满洲	荣喜	前陆军部学习笔帖式		唐	荣祉
镶蓝汉军	铁麟	前陆军部笔帖式		邹	麟
镶红满洲	松熙	前陆军部候补笔帖式		边	
镶黄汉军	锡彬	同上		郎	
正蓝满洲	世林	同上		孟	墨林
镶白满洲	惠年	直隶候补同知	直隶宝坻县	项	
正黄满洲	崧寿	直隶芦台通判	大兴县	关	
正红蒙古	维麟	直隶候补理事同知		白	
镶蓝蒙古	阿林	署热河承德府知府	顺天府	苏	
正红汉军	德恩	热河补用道	吉林府	马	
正白满洲	佛勒混泰	署直隶唐县知县	直隶沧州	王	光佛

① 《政府公报》，民国元年十一月十六日，第199号，第7册，第421—422页。
② 《政府公报》，民国元年十二月初六日，第219号，第8册，第143页。

图 319　北京密云檀营旗人老屋

综上所述，可将旗人冠姓更名改籍情况归纳为五点：

其一，旗人改籍，一般入在京兆宛平县或大兴县。这些旗人，既有满洲、蒙古，也有汉军。其祖上，分别来自白山黑水、辽东或者蒙古高原，自清初即定居北京，可谓殊途同归，二百多年间，早已形同土著。

其二，改归民籍的法律依据，为满、蒙、回、藏各族待遇条例第六条："从前营业居住等限制，一律蠲除，各州县听其自由入籍。"允许旗人自由入籍，意味着准其放弃旗籍。民国政府之所以为改籍开放绿灯，因为这是"化除满汉畛域"的必要步骤。但这与当初清廷倡导的"化除满汉畛域"在含义上大相径庭。民国改籍，以冠汉姓为前提。对满、蒙旗人来说，意味着他们放弃本族传统，改从汉俗。这一条款，实际含有民族歧视内容。

其三，申请冠姓改籍，须履行一定手续。首先由申请人呈报内务部民治司，该司核准后立案注册，再行文有关机构。为官为学者，往往在这方面比较积极，主要是为了自己前程考虑。他们在政府公报刊登启事，以广周知。

其四，旗人申请冠姓，不一定申请改籍，申请改籍，却必须以申请冠姓为前提。对一些旗人来讲，从冠姓到改籍，是一个多步走的转变过程；

但是对另一些旗人来讲,这一过程却可能在同一时间内完成。

其五,旗人申请冠姓改籍,许多是基于无奈。旗人受到社会的普遍歧视,就业求职,遭遇到许多常人没有的困难。为了谋生求职,只好申请冠姓改籍。旗人崇泰之子,光绪年间即以行医为业。辛亥后,他向民国政府申请行医执照,因是旗人身份,遭到拒绝。无奈之下,他向内务部申请改隶京兆房山县民籍,放弃满洲瓜尔佳氏,冠汉姓李,更名李承荫,才领到执照。①

图 320　清末旗人与民人

第三节　维护旗人权益

进入民国,八旗制度的军事职能不复存在,但是在旗人管理、旗职任免、粮饷发放、救济贫困、旗人教育、维护旗人权益等方面,八旗制度继续发挥着作用。八旗人士组织社团,创办工厂,发行刊物,目的都是为了维护旗人权益。

---

① 赵书:《北京城区满族生活琐记》。

一 组织旗人社团

1912年1月1日，中华民国在南京正式成立。3月11日，南京临时政府公布了一个《临时约法》。约法规定：人民有言论、著作、刊行（即出版）及集会结社之自由。于是，政党如雨后春笋，次第产生。4月孙中山被迫辞职，临时政府迁都北京。北京作为国家的政治、经济、文化中心，各种政治势力，空前活跃。八旗有识之士，为维护旗人权益，奔走呼吁，成立了一系列社团。主要社团有：

满族同进会　设于灯市口迤北三巷余园首善第一工厂内，以征集京外八旗人民之意见、筹划生计、辅助政治进行、增进自治能力为宗旨。由睿亲王魁斌发起创办。会长熙彦、副会长魁斌。1912年4月19日成立，10月11日批准备案。又有档案资料记载，该会成立于1912年5月15日，设于东四二巷，会员四百余人。① 满族同进会以贵族王公为首脑，是一个有影响的旗人团体，曾呈请民国政府，旗人入籍州县，请改为"转籍"或"改籍"字样，获得批准。② 又呈文国务院，请求国会议员特设旗人专额。③ 虽然未获批准，却在社会上引起很大反响。

筹办八旗生计会　设于阜成门大街白塔寺庙内，以筹谋旗民生计、减轻国民负担为宗旨，由殷炳继创办。会长殷炳继，会员二百一十六人。1912年4月21日成立，9月15日批准备案。

五大民族生计会　设于骡马市四川营棉花头条东头路北1号，以维持汉蒙回藏满五族人民生计为宗旨，由黎光薰、石琴轩、展祖禽发起创办，1912年7月8日成立，7月批准备案。会长黎光薰，会员五十余人。后迁入皇城根西长安门15号宏恩堂，1913年又迁至米市胡同。该会又有1912年7月24日成立之说。

两翼八护生计研究会　设于西四牌楼广济寺，以研究实业生计、图谋发展、共享国民之幸福为宗旨，由松联发起创办。1912年8月16日成立，31日批准备案。会长宋教仁，会员二千二百余人。该会人数最多，会长为革命党领袖宋教仁，这至少反映出革命党人团结、争取旗籍人士的

---

① 于彤、袁凤华：《北洋政府时期北京社团一览》，载《北京档案史料》1991年第1期，下同。魁斌呈文见《政府公报》，民国元年五月初三日，第3号，第1册，第31—32页。
② 《政府公报》，民国元年六月二十四日，第55号，第2册，第459页。
③ 《政府公报》，民国元年十一月十二日，第195号，第7册，第207页。

良好愿望。

三旗共和协进社　设于箭厂胡同三旗学校内，以筹划旗人生计为宗旨，由赵庆宽发起创办，1912年9月12日成立，9月10日批准备案。会长张华甫、笔政，会员二百四十人。

旗籍生计研究会　设德胜门内草厂大坑北沿正黄蒙学堂内，以邀集八旗人士集思广益筹划生计、以期旗籍同胞增进知识能力、同事共和幸福为宗旨，由庆泽、谷德龄、荫昌等发起创办。会长林霖、副会长崇铦，理事庆泽、恒钧、文耀、李多文、荫昌、钟海，会员一百八十人。1912年10月21日成立，11月7日批准备案。该会又有1912年7月19日成立，27日批准备案之说。

旗籍生计促进会　设于王府仓胡同路北6号，以提倡农林工商实业为宗旨，由李俊润、关维德、瑞海等发起创办。1912年11月28日成立，同日批准备案。

宗族生计会　设于右二区仰祖胡同，以维持宗族生计、图永久之生存为宗旨，由溥彩发起创办，会长溥彩。1912年11月创办，11月18日批准备案。

驻防八旗同乡自治会　设于中一区北河沿，以筹划旗人生计为宗旨，由关睢发起创办，会长关睢，会员四十一人。1912年12月1日成立，同日批准备案。

旗籍筹备生计研究会　设于北闹市口上岗正红旗小学校内，以研究八旗生计为宗旨，由万修发起创办，会长万修。1912年12月成立，1913年1月18日批准备案。

旗族生计会　设于中一区三眼井，以筹划旗人生计为宗旨，由张文凯发起创办，会长张文凯。1912年成立，12月30日批准备案。

五族贫民救济会　以救济同胞中之不能自为生活者为宗旨，由李俊润、孟国华、李润轩等发起创办。1913年2月成立，该会附设贫民工厂。

八旗世爵世职生计联进会　以尊重道德、团结感情、增进公共谋生之能力为宗旨，由振远峰、伟竹铭、恩耀亭、祖圣时、启子明等筹备组织。1913年3月成立，3月28日批准备案。在庆丰茶楼开成立大会，到会世爵世职三百余人，以成全为正会长，松椿为副会长。会址在草厂大坑马神庙正黄旗蒙古小学校。[①]

[①] 席长庚整理：《成全自述》，北京满学会2001年铅印本，第52页。

旗营事务总会　设东四牌楼三条胡同满族同进会内，以结合团体征集意见、整顿旗务以期改良进步为宗旨，由满族同进会成员创办。1914年3月25日成立，27日批准备案。

　　此外，陆续成立的旗人社团还有内务府三旗共和协进社、外三营生计协进会等。这些旗人社团，成员构成不同，有的为宗室，有的为世爵世职，有的为上三旗，有的为左右翼八旗护军，有的为驻防旗人，有的为京城旗人；规模不一，少则二三十人，多则数千。宗旨也不尽相同。有人将这些旗人社团划分为三类：政治团体、实业团体、公益团体。指出其宗旨往往交错重合。① 但多数旗人社团的主旨，显然是筹划迫在眉睫的"旗人生计"。

　　民国三年（1914），满族同进会、宗族生计维持会、八旗世爵世职生计联进会、旗籍筹备生计研究会、旗籍生计研究会、共和旗族生计同仁会、两翼八护生计研究会、内务府三旗共和协进社、外三营生计协进会、八旗生计讨论会等旗人团体，呈文民国总统，指责内务部八旗生计处成立两年以来，"竟同虚设，不仅贻误苍生，且负大总统保民之厚意，若不及时挽救，则旗族无噍类矣"。他们请求总统发布命令，严饬生计处妥筹办法，逐件实行。经国务院批示：筹办八旗生计，载在优待条件，政府为切实履行起见，特设机关，以策进行。乃该处成立已阅两年，敷衍因循，尚无成绩，既负八旗属望之切，抑亦非政府设置之初心，应候交内务部，转行该处迅速妥筹办法，次第施行，以慰舆望云。② 但内务部八旗生计处无权无钱，动辄掣肘，在筹办旗人生计方面始终没有取得实效。

　　旗人社团是旗人利益的代言人和旗人生计的筹划者。他们或积极调查旗人状况，或规划旗人生计解决思路；或面谒当道，提出解决旗人生计的具体建议；或多方筹款，救济贫苦旗人；或组织旗人，开展互助。他们反复向政府呼吁，重视旗人受歧视问题。他们还代表旗人群体，要求政治平等。这些努力，使政坛上有了旗人的声音，并为一些旗人提供了帮助。但是，由于经费匮乏，团体丛杂，彼此掣肘，外部压力等原因，旗人社团所起的作用实际非常有限。③ 多数社团不过昙花一现，很快就消失了踪影。

----

　① 常书红：《辛亥革命前后的满族研究》，北京师范大学博士论文2003年5月铅印本，第144页。
　② 《旗族》第1期，民国三年四月。
　③ 常书红：《辛亥革命前后的满族研究》，第146—147页。

除了旗人团体，还有满汉名流，联合组织了一些社团。影响较大的有中华民族大同会、满族合进会、融洽汉满禁书会。

1912年3月23日，黄兴与蔡元培、宋教仁在南京发起成立中华民族大同会，以联络五族感情，化除畛域，共谋统一，同护国权为宗旨。随即，北京成立五大民族共和联合会，以赵秉钧为总理，陆建章为协理，以"扶助共和政体，化除汉满蒙回藏畛域，谋一致之进行"为宗旨。联合会章程提出纲要十条，其中第三条："振兴实业，先筹八旗生计。"[1] 5月，五族国民合进会成立，由前清陆军部侍郎姚锡光、和硕庄亲王载功，并满、蒙、回、藏、汉诸人共同发起，设总会所于虎坊桥湖广会馆。会长姚锡光，时任总统府边事高等顾问官；副会长满洲人志钧，公爵；蒙古人熙凌阿，贝勒；回人王宽，藏人萨伦；汉人赵秉钧，内务总长。该会主张五族"原同宗共祖之人"；提倡"举满、蒙、回、藏、汉五族国民合一炉，以冶之成一大民族"。简章以"联合五族国民之才识知能，对于共和政体种种设施作一致之进行，以巩固邦基而确保领土"为宗旨。发起初，会员五百一十五人。[2]

融洽汉满禁书会的发起人为著名革命党人陈其美。该会提出：民国肇基，共和初建，亟宜联络五族协力维持，始能收美满结果。从前鼓吹排满各书，实为联络之障碍，若不禁止，终难融洽，且悖共和宗旨。为此倡议发起融洽汉满禁书会，通电各省一律禁止，已出版者由该会筹资收毁。[3] 民国政府收到呈文，表示赞同。

这些团体，与旗人社团性质有别，主旨在于陶融满汉，推进共和。虽然活动时间不长，对消除满汉隔阂，改善旗人地位，促进全社会关注旗人生计，还是起了一定作用。在历史上，是不应忽略的一笔。

二 创办旗人工厂

民国初期，为筹办八旗生计，使旗人从寄食为生转为自谋生计，设立

---

[1] 《五大民族共和联合会章程及实行细则》，载《中华民国史档案资料汇编》第3辑，第926—932页。

[2] 《姚锡光等发起组织五族国民合进会启及章程》，载《中华民国史档案资料汇编》第3辑，第919—921页。

[3] 张寿崇：《有关满族的社团组织回顾》，载《辛亥革命后的北京满族》，北京出版社2002年版，第416—417页。

了一些旗人工厂。在北京，旗人工厂有两类，分别为宗室、觉罗和普通旗人开设。

进入民国，宗室、觉罗的特权被取消，俸禄、养赡银很快停发，除了很少一部分人（主要是上层贵族），通过优待皇室条件，暂时保留了一定官职和经济待遇外，其他人形同平民。一些毫无谋生技能的寄生者，生计顿时陷于困境。一些人家产耗光，便流离失所，或流浪街头，有的辗转沟壑，甚至冻馁而死。宗室桂顺，家境贫寒，由北京去天津谋生途中，病倒店中。走投无路，向溥仪发了一封告急禀文：

> 叩禀我主宣统大皇帝：奴才镶黄旗满洲头甲爱新觉罗氏。奴才桂顺因贫穷下天津谋衣谋食，行至杨村镇，住在回回马家小店，病在店中。现下当卖全无，又无衣无食，奴才无法，叩求我主大皇帝恩赐钱财，奴才好养病度日。别不多禀，奴才桂顺叩求。①

当时皇族数万余口，类似情况，比比皆是。民国初年，各王府虽已失去往昔的威风和阔绰，但毕竟"百尺之虫，死而不僵"。因此，一些穷困潦倒的亲戚族人纷纷找上门去，"打秋风"，求救济。醇王府就收到不少这类信函。有的来信自述家中"典质一空，告贷无门，窘迫之情，不堪言状"；有的哀鸣："时值天寒，尚无棉衣，合家嗷嗷待哺，实无一线生路。"诉苦之后总归要转入正题，或请"格外恩施，以救活命"，或请"为儿辈觅一啖饭之所，以济涸辙，俾数口之家，以免冻馁之忧"。② 需要救济者不可胜数，无论宣统小朝廷，还是宗室王公，纵使有心救济，也是杯水车薪，于事无补。

在这种形势下，由四十八名宗室王公发起，成立了名为"宗族生计维持会"的组织，其宗旨：维持皇族现状，筹划将来之生计，及增进自治能力；凡皇族男子年在二十岁以上，并有普通知识者，皆可入会为会员。维持会请求将东陵、避暑山庄一部分荒地拨给皇族，作为谋生手段。以后又在载涛倡议下，利用东陵地亩租金，试办教养工厂一处，以为无业宗族养生之备，使皇族贫寒子弟学习工艺，自谋衣食。为筹集办厂资金，

---

① 秦国经：《逊清皇室轶事》，紫禁城出版社1985年版，第12页。
② 中国社会科学院近代史所图书馆藏：《醇王府资料》第2函。

宗人府积极展开募捐活动。募捐启文说：

> 尝思天有好生之德，普施万物，人有当尽之义，惠及宗亲，此情之不能自已者也。兹因近年以来宗族异常困苦，啼饥号寒之家不可数计，耳闻目睹，情实堪怜。虽经前守护大臣奏明，先后拨交本府养赡无业宗族地亩一款，宗支繁衍势难普及。初拟发交各族按户分放，奈何所得亦只能图数日温饱而已。左右思维，惟有以此款设立工厂，收养孤苦幼稚，教以工艺，三年卒业，可以自谋生活。庶几款不虚糜，

图321 载涛贝勒府

> 咸沾利益。……此系公益之举。伏望仁慈善士量力资助，俾得早一日成立，则无业宗室得早一日免于冻馁。是皆出自诸公之所赐也。①

募捐公启发出后，一些宗室王公、民国政要、社会名流，纷纷解囊相助。庆亲王捐钞二百元，礼亲王捐钞一百元，醇亲王捐钞三百元，顺承郡王仅捐票洋十五元，似乎已囊中羞涩。他如洵贝勒、载泽、溥坪、溥培等宗亲

---

① 中国第一历史档案馆藏：《宗人府堂》，《宗人府补助教养工厂募捐启》，己未年（1919）二月。

各捐款不等。蒙古喀尔喀那亲王、阿亲王、贡亲王也积极认捐。有趣的是，捐款最多的并不是宗室王公，而是民国新贵。黎元洪捐京钞一千元，冯国璋捐中钞五百元，熊希龄捐现洋二百元。这些民国新贵原为清朝旧臣，与宗室贵族藕断丝连。他们大权在握，财源滚滚，不能不令家境颓落的前清贵族相形见绌。

经过一番筹备，宗人府教养工厂于民国八年（1919）五月正式开办。工厂专收无业宗室，先收一百名，凡宗室年龄在十岁以上、十五岁以下，身体强壮者，持各族图片证明，都可入厂。工厂分地毯科、织工科、木科、席科、筐科。生徒半工半读，除做工外，还学习国文、习字、算学、图画、体操、唱歌、音乐等课程。工徒全部住宿，每日两餐，每人布衣一件。准备培训三年后，使生徒掌握一技之长，听其自谋生计。但当时就业极难。三年后，宗人府又克服困难，于北京东安门内骑河楼东口创设了第二工厂。工厂生徒暂定五十名，将来再为推广。① 两厂为了打开产品销路，多种途径创收，还四处张贴传单，大事宣传。从传单中可以大略了解工厂创立时的情况：

> 哈哈！现在您知道宗人府创立了第二工厂吗？自从第一工厂创立以来，如今才是三年，里头一切成绩如何，不必再细说啦！
>
> 如今第二工厂又发现，一切内容的完备，您听我说一说："第一样，工徒守规则，所以各科全都发达啦。"例如织科——如毛巾，袜子，钱带子……全都是本国材料，精益求精的。石印科——如广告，传单，西式名片，书籍，簿册……用的全是上等材料，其余还有什么各种的化装（妆）品，真是没有一样不完备的。还有一样可称破天荒的事情，就是——本工厂附设的中西音乐会聘请侗将军充中乐会长，法人何图先生充西乐会长。作乐的好坏，如果要是有喜、寿、结婚……等事约（请），就可知道如何了。本工厂有售品，所卖的东西全都是取"物美价廉"的主意。想现在正当提倡国货，抵制外货的时代，爱买国货的先生们全都快要来啦！②

---

① 中国第一历史档案馆藏：《宗人府堂》，《宗人府第二工厂章程》。
② 中国第一历史档案馆藏：《宗人府堂》，《传单》1922年。

传单用通俗白话写成，这应该是受到当时方兴未艾的白话运动的影响。传单作者显然希望通过这种方式扩大工厂的影响。传单中提到的中乐会长侗将军即京城内鼎鼎大名的溥侗。溥侗，字厚斋，号西园，别署红豆馆主。他是清道光帝之孙载治的第五子，光绪年间曾受封二等镇国将军（一说为辅国将军），故有"侗将军"之谓。他雅好戏曲，颇有造诣，因有"票界大王"的美誉。

宗人府创办教养工厂，使一些皇族子弟学得一技之长，走上了自谋生计的道路。这对改变皇族子弟坐吃山空，无所事事的状况具有一定的示范和宣传意义。但是，它没有改变，也不可能改变众多贵族子孙日益破落的趋势。最后，连教养工厂本身也落得虎头蛇尾的结局。

旗人自救团体解体的原因大致有三：

第一，缺乏资金，当时兴办经济实体的资金渠道包括旗租、各旗和王府的捐助，不但没有保证，且逐年减少。

第二，工厂生产性质不明确，收留工徒，包吃包住，管穿衣还管读书学习，仍带有养赡本族贫人的寓意。经济负担重，难以赢利，也就不可能长久维持。正蓝旗第三族钟继佐领下学生普忠、普珉在给载涛贝勒（当时主管宗人府）的呈文中自述：修业期满领凭归家后，父亲病故，家境日见艰难，母亲在外佣工，所得佣资每月二圆左右，只自顾一身而已。自己年幼，技艺又未精通，实无谋生之路。并"恳求贝勒爷恩准，生等归回教养工厂重习二三年，得一技之长亦求生业"① 云。可见教养工厂仍带有福利院、救济院的性质。

第三，许多宗室子弟未改好逸恶劳旧习，或在厂不认真学习，或干脆不辞而别。宗人府教养工厂经常登出一些斥革工徒及不准毕业工徒回厂的启文："长裕系正蓝旗第五族锡麟佐领下，因假久未到厂，现奉堂谕著即斥革"；"本厂毕业工徒正红旗第五族宗室玉亭、正红旗第五族宗室贵钟、正红旗第三族宗室玉铨呈请回厂，复经检察，工徒玉亭等工作懒惰，奉堂谕著不准回厂"。镶蓝旗宗室繁泰、铁钟两名，入第二工厂未久，前后借假外出未归；又宗室毓达，入厂后屡犯过失，有违厂规，均被开除。在《宗人府堂》的档案中，还保留着一些工徒离厂前"顺手牵羊"的记录：镶蓝旗六族宗室斌福，请假久不回厂，携去单、夹裤褂各一套；正红旗头

---

① 中国第一历史档案馆藏：《宗人府堂》，《普忠、普珉呈文》。

族宗室裕清从第一工厂毕业时曾将工厂衣裤携去，以后他申请再次入厂时，奉堂谕："不准回厂。"更恶劣的如镶红旗工徒寿年、寿益、恩浚等人，还未入厂报到，就携领到的服装两套，被褥各一份扬长而去。① 类似例子难以毕举，说明宗室贵族子弟告别寄生生活，走上自食其力的道路，并不是一蹴而就的过程，往往需要付出长期艰苦的努力。对许多人来说，养成劳动习惯，无异于一次脱胎换骨的改造。

民国二年（1913），一些八旗人士组织三旗共和协进社，为帮助上三旗旗人的生计而设。在圆明园开渠种稻，开辟汤泉行宫为公园，迁城内一些旗人安家，在南苑沃地安排一部分贫困旗人。开设营业厂，使旗人在内设棚摆摊。民国政府也投资设立工艺厂、教养厂。② 北京西直门外乐善园（今动物园）官地兴办农事试验场，在清河镇建溥利呢革公司（今清河制呢厂），在香山等官地兴建林业，建首善工厂，吸纳了一些京城内外八旗贫寒男女就业。

这些措施，为部分旗人提供了就业机会，帮助他们掌握就业技能，缓解了由寄生生活转向自食其力过程中的困难。但对于数十万旗人来说，这样的机会毕竟很少，无法满足众多旗人的就业需求。

三 筹划八旗生计

民国优待条例中原有："先筹八旗生计，于未筹定之前，八旗兵弁俸饷仍旧支放。"进入民国，解决旗人生计问题一度引起新政权的重视。南京临时政府内务部饬令南京知事："现在南北既经统一，务合汉、满、蒙、回、藏五族为一大民族。所有旗民生计，尤宜急为筹画。"③ 1912年9月，孙中山北上，在西四广济寺会见北京各界旗人代表时指出："辛亥革命的迅速胜利和减少流血，是与广大北方旗人的顺应历史潮流分不开的。"有人问："关于旗人生计，民国有救济法否？"他回答："现在五族一家，各于政治上有发言之权。吾意对于各种工业，应即次第改良，使各旗人均有生计，免致失业。"④ 但孙中山话音未落，民国政局即陷于动荡。

---

　　① 均载中国第一历史档案馆藏《宗人府堂·八旗生计处》档案。
　　② 张福记：《清末民初北京旗人社会的变迁》，载《北京社会科学》1997年第2期。
　　③ 《辛亥革命资料》，中华书局1961年版，第253页。
　　④ 孙中山：《在北京广济庙与旗人的谈话》，广东省社会科学院历史研究室等编：《孙中山全集》，中华书局1981年版，第469页。

先是，第一任民国大总统袁世凯图谋复辟帝制，在全国的一致声讨下于民国五年（1916）忧郁而死。第二年，张勋拥戴废帝溥仪复辟，旋败。此后，北洋政府轮换无常，你去我往，令人眼花缭乱。民国十一年（1922），北京附近爆发直奉军阀战争。两年后，又爆发第二次直奉战争。干戈扰攘，政局动荡，武人当政，百业凋敝。当政者只图苟存于眼前，无意规划长远。在政局长期动荡的背景下，优待条例难以兑现，八旗生计更无暇顾及。

与清末相比，北京旗人生计陷于更加艰窘的境地，突出表现在两个方面：其一，贫困人口明显增多；其二，贫困程度日益加深。旗族互救急进会披露说：

> 国体倏变，待遇虽有专条，而俸饷未能时给。于是二百余年所受之痼疾至此遂——发现。老弱转乎沟壑，壮者散而四方。言之伤心，闻者落泪，故近岁以来，即专以北京而论，慈善救济粥厂调查，极贫户口动辄数万以上，而旗人实居其八九。因而啼饥号寒之声不绝于耳，典儿鬻女之惨实繁有徒；父子不相见，兄弟妻子离散，各不相顾之事，迭载报端。各省经历之惨状，尤有不忍言者。①

民国十一年（1922），又有八旗人士指出：各省之驻防已饷绝计穷，求告无所；至京旗哀黎，向恃月饷季米为生活之源者，其米折已无形取消，月饷亦年余未领，或典质一空，或告贷无所，甚者转于沟壑，困极轻生。去冬因冻馁而及于死者，以及碌碌之车夫，无告之贫儿，试一询其家世，其属于旗籍者十之有九。②

八旗生计问题日益严重，究竟是哪些原因造成的？除了政局长期动荡，主要有以下四点：

其一，国家财政拮据。政局动荡，财政困难，直接影响八旗生计的筹划，"究其所以停滞之故，全由于国家财政之困难"。③ 袁世凯就任大总统后，试图解决旗人生计问题。民国元年（1912），他批准成立八旗生计

---

① 中国社会科学院近代史所藏：《旗族互救急进会宣言书及简章》。
② 章福荣：《旗族存亡一大问题》，民国十一年（1922）八月版，第17页。
③ 《政治会议讨论借款筹办八旗生计案之始末》，载《旗族》月报第1期。

处，派宝熙、三多、治格、陆建章等办理，专司筹划八旗生计。① 他命人进行详细调查，并提出八旗人民移垦满蒙的庞大计划：拟以旗饷九百万元为抵，借入外债四五千万。八旗之穷民不过七八十万人，以十万户计，对于每户平均八口，各给以四百元旅费及开垦费，使移居东三省、察哈尔、绥远、新疆各地开垦，以为根本上生计问题之解决。② 但是这一庞大移民计划完全不切实际。旗人在北京生息数百年，早已形同土著，将其迁往边疆务农谈何容易？事实上，北洋政府向外国银行举借巨债计划，很快也不了了之。八旗生计处成立数年，无权无钱，无所事事，屡遭八旗社团的责问。③

由于财政困难，旗人粮饷不能依照《优待条例》规定继续发放。在北京，八旗世爵俸饷在民国元年（1912）已出现拖欠。是年秋季俸银未发，俸米亦停，一直拖到年底。八旗世爵、世职惶恐不安。正黄旗满洲都统志宝臣，提议请老翰林李毓如草拟一文，吁请袁世凯发放世俸。正白旗汉军世袭骑都尉恩锡等呈文大总统，请迅速开放秋季俸饷。呈文内自诉：秋期俸糈愆期，迄今尚无开放之日。伏查职等家计本极寒微，按季支领尚难免冻馁之虞，焉能延待三月之久。现已半皆日不再食，衣不再衣，家徒四壁，典质皆空，八口之家，嗷嗷待哺。在呈文上列署的有：世袭轻车都尉松山、世兴；骑都尉世瑞、文灏、希朗阿、英润、湛深、达崇阿、铁麟、世忠、金纲保；云骑尉连桂、全林、玉山、奎善、松寿、曜连；恩骑尉宝山。④ 这些世袭贵族，因俸饷拖欠生计无以为继，至于一般旗人，困苦可知。是年底，北洋政府放俸仅三成。⑤

进入民国，北京旗人俸米只发放了两三年，旗饷则断续发放到民国十三年（1924）。袁世凯当政期间，旗饷标准与清末差不多，只是将银两折合成银元和铜板。民国五年（1916）袁世凯死，旗饷开始出现拖欠，接着发生八旗都统联名向总统府索饷事件。民国七八年，旗饷支给更加困难。旗兵只能在三大节（春节、端午、中秋节）领到一些钱，饷银变成

---

① 《政府公报》，民国元年七月二十四日，第85号。
② 《申报》，民国三年二月十二日。
③ 《旗族》月报第1期。
④ 《正白旗汉军世袭骑都尉加一云骑尉恩锡等呈大总统请饬部速开放秋季奉糈文》（附名单），载《政府公报》，民国元年十二月二十日，第233号。
⑤ 席长庚整理：《成全自述》，第52页。

救济费。民国十三年（1924），最后一次发放旗饷，一个月饷三两的马甲，只领到五十个铜钱。①

其二，对旗人的歧视。清廷长期制造"满汉畛域"，导致民人（主体是汉人）与旗人（主体是满人）的隔阂与对立。清末推行新政，尝试"化除满汉畛域"，但宣统年间皇族一味集权，将此努力化为乌有。革命党人则充分利用满汉畛域，把攻讦矛头指向满洲专制。光绪三十一年（1905）孙中山成立同盟会，提出"驱逐鞑虏，恢复中华，平均地权，建立民国"纲领。这一纲领的积极意义是宣传推翻清朝统治，结束君主专制，其历史局限则集中表现为大汉族主义的张扬，即通过"驱逐鞑虏"来"恢复中华"。这里的"鞑虏"，指早已融合为中华民族重要成员的满族。

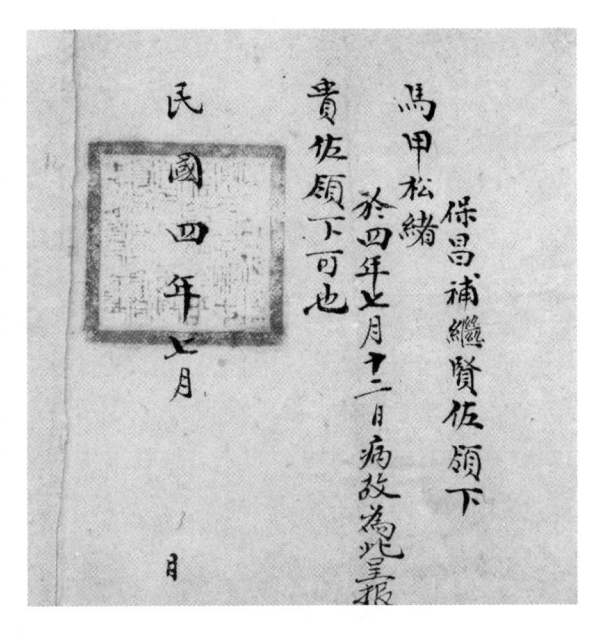

图322 民国四年镶红旗佐领关于旗人病故的公文

满洲人自顺治元年（1644）定鼎北京，以后一部分分赴各处驻防，形成大分散小聚居的态势。在二百六十多年中，他们世代居守一方，形同土著，文化上与汉人逐渐通融，矛盾隔阂也明显减少。尤其近代以来，列强入侵，国难当头，满汉旗民一致对外，同仇敌忾，彼此认同感进一步加强。而同盟会纲领为煽起革命高潮的政治需要，却将满人不分青红皂白，一概丑诋为"虏"，必欲"逐"之而后快，甚至扬言"食其肉""寝其皮"，极力鼓吹对满族的仇恨和报复。所以，辛亥革命成功的一个负面后果，是强化了对满族（从更大范围讲，则是旗人）的普遍性歧视。"鞑虏""胡儿""老爷骑马你骑（旗）人""满板"之类的歧视性称呼不绝于耳。许多旗人为了生存，只有隐瞒旗人身份。满人几乎全部隐去自己的

---

① 《北京市满族调查报告》，载《满族社会历史调查》，第89页。

姓氏改从汉姓用汉名，生活方式无不取仿汉人，以掩人耳目。满族人唐日新在一首忆昔的诗中写道：

> 自从民元到如今，民族沉怨似海深；
> 旗族伤残如草菅，谁敢自言满族人。

这就是当时状况的真实写照。在此种情况下，旗人的贫困与悲苦，得不到社会广泛的同情和关注，他们谋生求职，往往受到刁难和歧视。

其三，旗人群体，缺乏凝聚力。民国十一年（1922）旗人章福荣出版《旗族存亡一大问题》一书。他在书中回顾十几年来旗人生计毫无起色，言语间流露出对旗人内部关系涣散的失望：

> 况散沙的旗族而无团结力，即遇问题发生，往往互相轧轹，徒事纷争，盲人瞎马，夜临深池，不自知其非，不自知其害，竟不惜以感情枉真理。故吾谓近数年来八旗生计云者，不过口头的乱谈，纸片的瞎闹耳……较之清季旗族之青年有志者断指刺背痛哭流涕，恳求政府筹办八旗生计，而变通旗制处竟置若罔闻者，固不可同日语矣。①

旗人内部，等级繁密，贫富悬殊，京旗驻防，利益不一，团体虽多，各怀心思。在社会上，旗人不能形成一股强大力量，他们的诉求，也得不到其他社会势力和政治集团的重视。

其四，八旗内部，积弊依旧。八旗制度的衰朽，并未因朝代变革有所改观。旗员克扣旗人，变本加厉。民国三年（1914），镶黄旗佐领明喜等联名具呈大总统，揭载该旗克扣军饷弊端，请饬查办。大略为：食饷五两者，七成折扣，合银三两五钱，尚有种种陋规，实放仅三两一钱；食饷四两者，实放二两四钱；孀妇食饷一两五钱者，实放仅七钱。镶蓝旗满洲都统秀吉贪赃卖缺，经陆军、内务、财政各部查办，确有实据。该旗副都统文璞、瑞启，参领荣廉、忠顺等也因贪赃枉法、滥扣兵饷、不恤众生，被属下在陆军部呈控。镶白旗蒙古佐领续恩控告都统芬车，胪列六款内有克

---

① 章福荣：《旗族存亡一大问题》，第15页。

扣军饷、贿卖官缺、破坏划一经费等情。①

民国四年（1915）八月二十七日，《申报》报道了这样一起案件：京城地安门外旧鼓楼大街姑娘庙住户张润祥，内务府旗人，其父原充管领。润祥幼不读书，父亲殁后，领催郑兴成以其年幼为辞，管领经他人署理。因内务府饷银隔月发放，俸银米折尤无信息。润祥困苦难堪，出外充当厨役。其妻张韩氏性情刚烈，至郑兴成家索取被扣俸米，却被暴打一顿。张韩氏一气之下，服毒毙命。八旗官员上下其手，贪赃枉法，加重了旗人苦难。

许多旗人习于游惰，在粮饷日益枯竭的情况下谋生无计，坐吃山空，也是导致日益贫困的重要原因。

四　旗族意识

清末民初，旗人社会中兴起一个新的称呼——"旗族"。"族"，本来是血缘群体概念，如家族、宗族、种族、民族。八旗成立初，成员为满人、蒙古人、汉人、朝鲜人，以后又吸收鄂温克人、鄂伦春人、达斡尔人、赫哲人、藏人、回人、俄罗斯人，八旗组织无异于多民族成分的集结。清代近三百年间，八旗内部实行通婚，导致不同民族成分在血缘上融合，文化差异逐渐缩小，共性增加。与此同时，旗人作为一个在政治经济法律上享有特权的利益集团，认同感也在增强。正是在这种背景下，一个涵盖全体旗人、具有血缘色彩的专用名称——"旗族"脱颖而生。

民国三年（1914）四月，汉军旗人章福荣创办《旗族》月报。他以子伟为笔名，撰写《旗族解》一文，对"旗族"的含义第一次作了充分阐述：

> 八旗之种族就概括言之，既由满族、蒙古族、汉族组织而成，故其民族之名义不得谓之满族，亦不能谓之蒙古族，又不得谓之汉族，自当另有名义，始合人种学之公例。往昔人士以皇帝为满族，八旗中又有满族之一部，遂误认八旗之种族为满族，此等解释，固不适于事实衷于理论矣，然我族岂可自误用其名义耶？顾八旗制度虽分满洲、蒙古、汉军，其所享之权利、所处之阶级亦各有不同，然相视莫逆，

---

① 《旗族》第1期，民国三年四月。

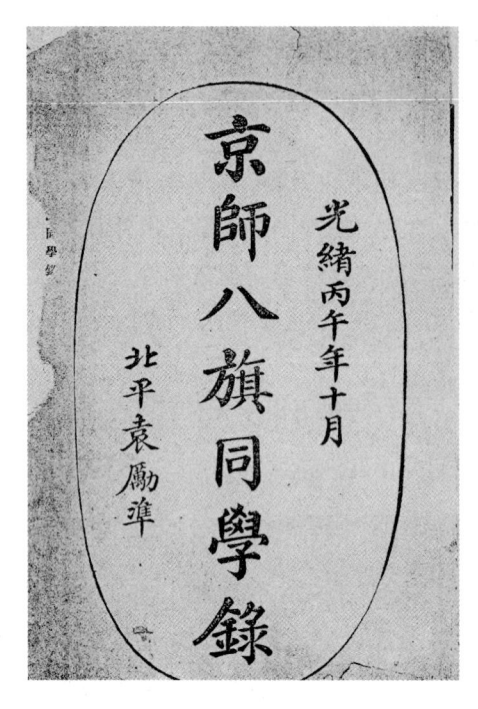

图 323 光绪《京师八旗同学录》

无异本支，式相好矣，无相尤也。融三族为一冶，已别成新民族之一种。其同化之原来，由于旗制；其民族之衰微，综厥于饷糈。①

章福荣论述有三个要点，其一，八旗既由满、蒙、汉等族组成，故不得将其称为满族、蒙族或汉族。八旗满洲、蒙古、汉军虽有差异，但相视莫逆，无异本支，早已融为一体，成为新民族之一种。其二，八旗制度是导致八旗满洲、蒙古、汉军融冶于一炉的条件。其三，八旗粮饷制度是"旗族"日益衰微的根源。

"旗族"意识的产生，的确反映了满、蒙、汉军旗人在世代通婚与融合后，差异缩小，共性增加，是对旗人共同体表示认同的结果。但章福荣试图在满、汉、蒙三民族之上生造出一个"旗族"来，却被事实证明是完全的空想。

近来，有人提出，"旗族"一称的出现，是满族认同感的体现，并就此阐述说：清政权覆灭后，八旗制度走到了尽头，承载八旗认同的八旗组织很快解体。但旗人在八旗组织内长期生活的历史记忆并不会随着八旗制度的消失而丧失。在新的民族国家体系中，被民人"他者化"了的旗人群体，需要一种新的界定和维系"自我"整体性的因素。于是，在八旗内部长期共同生活的历史记忆，成为所有旗人与其他中国人相区别的本质性差异。一个建立在共同历史记忆基础上的旗人共同体取代了一个建立在政治经济特权基础上的八旗组织，八旗认同和满洲认同实现了形式上和内容上的统一。②

---

① 子伟系汉军章福荣笔名，该文后收入章氏《旗族存亡一大问题》。
② 孙静：《满族形成的再思考》，复旦大学博士学位论文 2005 年本，第 138 页。

第九章　旗人社会的瓦解　671

笔者认为，"旗族"一称的产生，的确反映了旗人群体自我认同的加强，但这与"满族认同感的出现"，并不能简单画等号。

首先，"旗族"一称非如上引观点所称，是出现于八旗制度瓦解后的"历史记忆"。事实上，这一称呼在清末已出现①，民国初期流行一时。但"旗族"一称在社会上只是昙花一现，影响有限。八旗制度终结后，"旗族"一称随之消失。原因很简单，"旗族"既以八旗组织为依托，八旗组织一旦消亡，"旗族"也就失去了存在的基础。这与古语"皮之不存，毛将焉附"的道理如出一辙。

其次，章福荣是民国初年倡导"旗族"说的领军人物，他对"旗族"的阐释并非随意杜撰。他强调，不应将"旗人"与"满族"简单等同，因为八旗是多民族的融合，不是哪个民族可以取代的。他的看法，言之成理。而上引观点在接过"旗族"一称的同时，却声称它的出现，表明"八旗认同和满洲认同实现了形式上和内容上的统一"。如此表述，过于牵强，且与章福荣原意枘凿不合。

再次，"旗族"与"满族"是否如论者所云"实现了形式上和内容上的统一"，其实并不是一个主观思辨问题，而是一个可以通过历史事实加以充分验证的命题。以北京旗人论，民国初期约有六十万人。② 其中，大部分旗人改归民籍后报了汉族；一些旗人（主要是满洲旗人）报了满族，还有一些旗人（主要是蒙古旗人）报了蒙族。造成这样一种结果，固然与社会压力有一定关系，但北京地区大部分旗人始终没有申报满族，是谁

---

① 光绪三十三年七月初十日御史贵秀奏折内即有"旗族何贵，汉族何贱"句，载《清末筹备立宪档案史料》，第922页。

② 民国元年（1912）五月内务部民治司公布的辛亥年（1911）户口调查数字：京城二十四旗正户十一万八千七百八十三，内务府三旗正户四千五百七十一；又，京城二十四旗男女二十三万四千八百八十九口，内务府三旗男女十五万三千八百零一人。北京旗人共计十二万三千三百五十四户，三十八万八千七百九十口（民治司编辑：《内务部汇造京外查报户数总表》《内务部汇造京外查报口数总表》，收入《内务部汇造户籍表册》，中华民国五月，1函）。此次调查，是宣统年间由清政府民政部组织进行的全国户口调查的一个组成部分（见辛泸江《清末新政中的户口调查》，载《北京档案史料》，新华出版社1999年版）。其中，旗人户数比较准确，后收入刘锦藻编《清朝续文献通考》卷二五《户口一》。但上引京旗三十八万余口的数据，应是指内城旗人户口，而不包括外城和郊区的旗人。《清史稿·兵志一》提供了清季京旗官兵的准确数字：职官六千六百八十人，兵丁十二万三百九人。如果以每一旗兵眷属平均五口计算，京旗总人口约为六十三万余人。这与《镶白旗满洲公牍》民国九年（1920）三月四日"旗营兵士家属六十余万人口"的记载正相吻合。所以，笔者认为民国初期北京内外城以及郊区的旗人总人口应在六十万左右。

也无法否认的基本事实①，因此，也就否定了"旗族"即满族之说。既然如此，所谓"八旗认同和满洲认同实现了形式上和内容上的统一"，又从何说起呢？

民国年间，"旗族"一称风行一时，这既是旗人在八旗体制内长期陶融的结果，也是其在外部压力下强化自我认同的表现。强化自我认同的目的很明确，就是维护旗人残存的一些权益。章福荣创办《旗族》月报，关注焦点，始终是旗人权益。他在《筹办八旗生计第一入手之方法》中痛陈："近岁旗族以卖男鬻女为奴为娼者时有所闻，以盗劫罹法饿莩自毙者已不知其数矣。"他认为当务之急，是召开八旗会议，即由内务部会同八旗都统，令各旗推举富于学识深于经验者，会聚一堂，共同讨论，化除歧见，推动问题的解决。他在《旗族政治能力之薄弱》一文中指出，旗族争取临时参议院专额、国会专额、政治会议专额的努力，均已成过眼云烟，化为昨日春梦。此次约法会议，蒙、藏，各省商会，华侨皆有专额，而旗族仍付阙如。当时一些旗人团体和知名人士，呼吁再三，要求在立法机构中设立旗人专额，均未如愿。他们敦促政府切实采取措施筹办旗人生计，也徒劳无功。随着八旗制度终结，旗人全部融入民间，"旗族"一称成了明日黄花。

第四节　八旗制度的终结

民国十七年（1928），八旗制度最终完成了其历史使命。旗人失去制度保障，全部改归民籍。旗人改归民籍，意味着八旗社会瓦解。旗人由食饷为生转向自食其力，对大多数旗人而言，这一转变充满着坎坷与辛酸。

一　八旗制度的终结

辛亥革命后，八旗制度已呈强弩之末，但就北京和多数八旗驻防地来说，它的职能虽日渐削减，却依旧保留了一段时间。

民国优待条件中，与旗人利益攸关的有几条，其一为待遇满、蒙、

---

① 1949年10月统计，北京满族人口仅3.1万。这虽然有民国期间满族受歧视的影响，但绝大部分旗人及其后裔没有申报满族是一个显著事实。1959年增为8.9万人，占全市总人口的1.45%（满族社会历史调查编写组：《满族社会历史调查》，第103、81页）。此后，虽有一些旗人后裔因种种原因陆续改报满族，并未改变大多数旗人及后裔未报满族的基本事实。

回、藏七条中的第五条，先筹八旗生计，于未筹定之前，八旗兵弁俸饷，仍旧支放；优待皇室八条中的第八条，原有之禁卫军，归中华民国陆军部编制，额数俸饷，仍如其旧。上述条款，实为八旗制度的存续提供了法律依据。

民国初年，政府对解决八旗生计比较重视。民国元年（1912），内务部呈文临时大总统，称筹办八旗生计为当务之急，请特设筹办八旗生计处，委派专员办理。获得批准。

本来八旗制度是军政合一的组织，进入民国，它首先失去了军事职能，只保留行政职能。[①] 八旗衙门的行政职能，包括发放粮饷、筹办八旗生计、救济贫困、官员任免、管理新旧营房、管理教育、维护旗人利益、办理旗人冠姓更名改籍手续。

图324　民国五年镶红旗满洲都统印文
（只有汉文）

民国十三年（1924），清废帝溥仪小朝廷的末日来临。这年九月，直奉战争爆发，北洋政府陷于混乱状态，冯玉祥发动"北京政变"，囚禁"贿选总统"曹锟，推段祺瑞为民国政府临时执政，组成以黄郛为首的临时内阁。冯玉祥决定采取断然措施，将溥仪驱逐出宫。11月4日，黄郛内阁召开紧急会议，将优待清室条件加以修改并讨论通过。修改后的清室优待条件称：大清宣统帝从即日起，永远废除皇帝尊号，与中华民国国民在法律上享有同等一切之权利；自本条件修正后，民国政府每年补助清室家用五十万元，并特支出二百万元，开办北京贫民工

[①] 佟佳江：《清代八旗制度消亡的时间新议》，《民族研究》1994年第5期。

厂，尽先收容旗籍贫民。① 11月5日，溥仪及家人被逐出皇宫。小朝廷至此终结。

修改优待条件中规定支出二百万元开办北京贫民工厂，尽先收容旗籍贫民，很快证明是一个空头支票。不久，旗人粮饷彻底停发。民国十七年（1928），蒋介石领导的国民政府进占北京，推翻北洋军阀统治，宣布："幽燕底定，北伐告成。"北洋政府承认的"优待条例"不复存在，八旗制度寿终正寝。② 在此前后，各地驻防八旗相继裁撤。

二 旗人社会的瓦解

八旗制度的终结，注定了旗人社会的瓦解。旗人不论情愿与否，摆在面前的，只有冠姓更名、改归民籍一条路。

对于世代当兵食饷，习于寄生生活的旗人来说，重新培养劳动习惯，掌握劳动技能，绝非一蹴而就的事情。一旦失去"铁杆庄稼老米树"，断绝一切经济来源，他们的处境更加困厄。由于长期不事生产，缺乏一技之长，又不善经营，大批旗人家庭陷入贫困境地。不少人为了谋生，不得不从事小商小贩等活动，或者在街头拉洋车、捡破烂维生，生活极其悲惨。更有甚者，一些人习于坐吃山空，既无谋生技能，又乏自救手段，只能沦为乞丐。

归入民籍后，旗人担心受到歧视，往往讳言自己身世和背景。民国十八年（1929），社会学家李景汉撰写了调查报告《北平郊外之乡村家庭》，以西郊挂甲屯为对象进行深入考察，报告中披露了旗人隐瞒旗籍背景的现象："挂甲屯原为汉人居住的村庄，现在也有旗人的家庭百分之一五。当调查的时候询问到种族一事，往往旗人不愿告知他们在旗。有的回答道，还提在旗做什么！说时显出无限的感慨。追忆他们以往的尊严和现在的景况比较起来，不得不使他们伤心。何况旗人向来最讲礼貌排场，最会言谈

---

① 《摄政内阁公布"修正清室优待条例"文》，《政府公报》1924年11月6日，第3096号，载《中华民国史档案资料汇编》第3辑，第1474—1475页。

② 此说据佟佳江《清代八旗制度消亡的时间新议》。八旗制度终结的准确时间待考。按《北京市志稿·职官表》，担任八旗都统最迟者有镶红旗满洲都统乌拉喜春、正红旗蒙古都统李儒，均见《民国十四年（1925）职员录》，第781—782页。又日本东洋文库藏镶红旗满洲档止于民国十一年（1922），见细谷良夫《关于日本东洋文库所藏光绪朝〈厢红旗档概述〉》，载冯明珠主编《文献与史学：恭贺陈捷先教授七十嵩寿论文集》。

酬应。为要顾全面子所以不欲提起在旗一层。"①

民国二十二年（1933）发表的牛鼐鄂《北平一千二百户贫户之研究》称：北平市人口，以汉、满、回三族为最多。他估计，满族贫民，应占北平市人口之半。而此前发表的北平市社会局《救济事业小史》则称："此辈昔资旗粮为生，不事生产，清室既屋，谋生无从，而懒惰性成，积重难返，故北平贫民，旗人实居多数。"② 民国以来，因社会上大都歧视满族，社会舆论视其为"被征服者""落伍者"，故"满族"（或"旗人"）之称，人多讳言。旗人男子剪其辫发，即可混同于汉族男子，旗人妇女，以其天足，却难以掩饰。加之缺乏谋生手段，许多贫困旗妇，被迫沦为娼妓：平（北平市）内暗娼颇多，东北城一带尤甚。此项人口，以满族为多。至于四郊僻处，竟有以雏妓幼女，供人作泄之机械，藉求些微收入。③

北京内城居民，多数籍隶旗族。清代，因有"铁杆庄稼老米树"，对于生活问题，无须顾虑。及至辛亥革命，犹如晴天霹雳，清室覆亡，粮俸停止。贵族阶级，或拥有丰富资产者，对此固不稍加措意，而中上之族，亦以为无足轻重，泄泄沓沓，安居坐食。历十年之久，衣锦食稻，乃渐感不支，始则借债以为生，继则典当珍玩，或径售之于铺商。中下之族亦莫不搜罗所有，以易衣食。数年后欲卖物而无物，欲典衣而无衣，甚至贫无立锥，朝不保夕，触目皆是。这就是牛鼐鄂在报告中描绘的旗人贫困现象。

牛鼐鄂在《北平一千二百户贫户之研究》中，还专门列举旗人富华亭一家清末以来由富转穷，沦为贫户的典型事例（见本节附录）。富氏一家，前清收入颇丰，不知撙节，任意挥霍，其致贫原因，则不外家长富文炳娇纵儿媳，不加教养，致二子老大无成，无一技糊口。牛鼐鄂的研究，为了解八旗制度终结后旗人贫困化，既提供了典型个案，也不乏总体概括：

> 平市旗民之众多，已详述之，至其户数及人口之统计则颇难得其

---

① 李景汉：《北平郊外之乡村家庭》，商务印书馆民国十八年（1929）版，第14页。
② 牛鼐鄂：《北平一千二百户贫户之研究》，载燕京大学社会学系编辑《社会学界》第7卷，民国二十二年（1933），第156页。
③ 牛鼐鄂：《北平一千二百户贫户之研究》，载《社会学界》第7卷，第187页。

确数，实因自民国以来，旗族人多冠以汉姓，若询其籍贯，则多以大兴、通县、昌平等县应之，故本文贫民籍贯统计表中，亦以此数县人为最多。今就此一千二百贫户中，确实声明属于旗族者统计之，计有三百九十三户，合男女老幼一千六百七十六人。平均每户合四点三人。其中有工作而能得多少之进款者，有二百七十二户，合三百九十三户中百分之六十九点二。其余之一百二十一户，合百分之三十点八，未有丝毫之进款。①

在牛鼐鄂调查的一千二百贫户中，确认属于旗族的有三百九十三户，约占贫户总数的三分之一。因旗人多隐瞒旗籍背景，这只是一个大为缩水的数字。他在分析旗人致贫原因时，列举了旗民众多、国都南迁、家庭人口过多、残疾老幼、种种恶习诸条，他还指出旗人"个性"的缺陷，如"娇惰""狂傲""不耐劳""不能吃苦"。"盖自清入关，予满族以特殊待遇，使之养尊处优，不劳而获。其他民族，耳濡目染，渐渐形成生活满族化。"② 牛鼐鄂报告，对旗人整体评价不高，有一定偏见。不过，分析旗人致贫原因，如果只强调社会歧视，而忽略旧制度铸就的旗人"个性"缺陷，也是不全面的。

旗人的普遍贫困化，首先表现为家境破落，这从贫困人口地域分布上，也可得到印证。

民国十七年（1928），北平市社会局对内外城郊贫困人口进行统计，拟定的贫困人口共有二十三万四千八百人，占全市人口的六分之一，即市民每六人中即有一贫民。各区贫困人口分布很不均匀。贫困人口最少的是商业区外一、二区，每区仅有一千多人。贫困人口最多的是外四区、内三区、内五区，每区都达到两万多人。贫困人口主要分布在北京内城，而非外来人口相对集中的工商业区，说明他们是定居北京的老住户。其中，满人集中居住的皇城和内城北部，贫困人口比重都相当高。③

民国二十年（1931），北平市公安局调查表明：贫民分布又有新的变化。外一、外二、外五，这三个商业区仍是贫民最少；内城的内一、内二

---

① 牛鼐鄂：《北平一千二百户贫户之研究》，载《社会学界》第7卷，第181页。
② 同上书，第186页。
③ 袁熹：《清末民初北京的贫困人口研究》，《北京档案史料》，新华出版社2000年版。

两区次之；内六区在以前的皇城内，贫民在百分之十六以上。外四、内四两区，贫民在百分之二十以上；内三、内五区贫民分别为百分之十九点一和十八点四。究其原因，原在内城居住的旗人和贫民，因地价和房租不断上涨，不得不迁往交通闭塞、生活环境差、房租稍廉的地区。

总之，辛亥革命后在京旗人情况发生了急剧变化。原来属于上层家庭的旗人，还能依靠家产或自己的文化知识维持生活，甚至跻身于民国上流社会。但普通旗人由于缺乏谋生手段，大部分沦落为城市中的贫困阶层。同时，旗人从事的职业，比辛亥革命前显著扩大，主要以小商小贩、零散工、拉人力车、当警察的居多。很快，社会上三教九流、各行各业，都有了他们的身影。

附录：牛鼐鄂《北平一千二百户贫户之研究》中关于满族贫户富华亭一家的个案调查：

富华亭
富华亭——荣俊之长兄（家长）年五十一岁
富福亭——荣俊之二兄，年四十八岁
富荣俊——年四十三岁
住址：北平鼓楼酒醋局一号
种族：满族
职业：以荣俊姊妹代人缝补度日
其家庭历史及现在环境概况如下（据富荣俊之口述）：

先祖父在世，曾被任为陕西延安府同知，彼时除携妻妾赴陕外，留先父文炳，在北京内廷供职。先祖父在任八年，积蓄数十万。不幸夫妻相继病故，家产乃为妾所席卷。先父赴陕运灵，几遭妾之暗害。仅将二老尸骨运回，家产一无所得。

先父在清廷官居中堂殿员外，主管喇嘛事务，每季——半年，俸银四十八两，米五十四石，外加口米五石五斗——满俗旗民家口，皆有一定，若人口超过时，则每季加增口米一份，为五石五斗——每节由喇嘛官俸内，可扣留千余元。大兄华亭在内部堂当差，每季得薪二十八元，津贴一百元。先父曾用银百两，为之捐一候补员外郎虚衔。二兄福亭在内廷效力——即做事不支薪——当时家境丰富，收入最多，衣食饶足，毫无忧虑，时为吾富家最盛时代。

先父性喜交友，每日食客满门，京城内外知名饭肆，常见其设宴款会，故所耗费颇巨。今日我等处此衰落境域，旧时亲友，殊无一瞻顾者。

先父年进款既多，故衣食必求其适意，日常所需，皆由各商号按时送至，节年一并清算偿还。除米面衣服外，既饭店酒馆，每年亦有数百元之消耗。虽当时所入甚丰，而实无一文之积蓄。每遇有特殊事故，辄须借债，以资弥补，因之只有祖遗房产三所，从未置产。

吾姊妹有四，先父皆不令出嫁，谓："养女出嫁，一贼变成两贼"，盖以为女子出阁，心必外向，对母家鲜有忠顺者。若遇有为姊妹议亲者，辄曰："吾力尚能赡家，四女自能养育，无出嫁之必要。"故吾二姊三姊，皆先父殁后始嫁，时年各四十余矣。

先父对兄等，娇纵不教，虽为之延师，然对其所为，概不约禁。故皆养成放荡习惯，遂无一技之长。在外交结"地痞流氓"，不惜金钱，每季终，父若携银归，必设法要索，偿愿而后已。先父好食"大烟"，兄等嗜之尤甚。今虽贫无立锥，而"吗啡""白面"，不能须臾离。

先母刘氏，性宽厚，爱兄等倍于先父，子若外出晚归，母必临门伫望。惟对兄等之放荡妄为，向不稍加劝勉。对吾姊妹，则循循善诱，故吾姊妹自觉尚娴闺训，稍工针黹盖皆先母之教也。

吾兄华亭，幼而失学，长则挥霍性成，先父虽为之延师课五经，兼习武事，凡十四年，仅粗通文墨而已。兄年二十三岁时，父为捐官，二十四岁供职内部堂，与是年娶妻白氏，所生子女每至一二岁，辄以"抽风"疾夭殇。逾十年吾嫂死。时清廷衰弱，薪俸不能按时发给，故吾家亦渐觉拮据……吾兄四十六岁时，清逊帝出宫，内廷解散，兄无所事，饥寒交迫，不得已，设私塾以糊口，衣食仅能维持，但因以前豪奢，负债甚多，以致债权人，日常踵门追索，虽苦之无如何也。越二年，以债权人压迫过甚，吾兄潜行出亡。后曾来一函，责吾姊不改变旗装，且令吾姊妹不得出嫁，自云不得已，方始出走。上年又曾函吾家"看坟"者，责其不按时修墓，又云彼职业甚佳，身体亦好。然不署发信地址，并吾家情况，亦无一字询及。

吾二兄福亭亦曾于二十一岁时，在内廷中正殿效力，二十八岁娶妻王氏……入门数年，衣服典尽，继而夫妻相率售其装奁，即随身之衣饰，亦破旧不堪。当时吾家尚有余资，虽为之购置，但彼必即时售之。夫妻吸食鸦片，得钱之后，昼夜狂吸，且喜为乞丐，每沿街行乞，以致亲朋不之齿，先父虽知之不能禁也。年四十先父殁，弟兄积不相容，王氏以瘾死，所生四子，亦相继以"抽风"夭，乃与兄议，将祖遗房二所出售，但因负债甚巨，致所余亦无几，不得已效吾兄业教读，居三年，投入奉军，逾年困惫而归，两腿伤甚，询其故不肯言，调养经年，复投奉军为上士，今夏（民国二十年）方通音问。

吾姊荣珍性阴险，但工针黹，吾父殁后，因吾二兄教读，不足赡养，乃与余为人洗作，藉求衣食。幸吾家盛时，吾姊妹衣饰甚多，常典卖以济不时之需。惟吾姊性喜满俗装束，吾长兄之出走，亦以此为藉口，最近因患瘫疾，已卧床月余，虽亦延医调治，但迄未痊可，仅赖余努力工作，幸未断炊，惟所有救济机关之调查人，每因吾家室内整洁，谓吾家非贫，故以前曾未蒙分毫之救济。[①]

第五节　概括总结

以上，对北京旗人社会兴衰之迹进行了初步考察，由于史料浩繁和研究起步较迟，还只能对这一过程勾勒出基本轮廓和线索。最后，对其基本情况作一概括总结。

一　关于旗人社会形成

明万历二十九年（1601）清太祖努尔哈赤在辽东创建四旗，以黄、白、红、蓝为颜色。天命建元前一年（1615）定八旗制，于原有四旗外增设镶黄、镶白、镶红、镶蓝四旗。此后，在八旗满洲基础上，分设八旗蒙古、八旗汉军，八旗制度下满、蒙、汉军二十四固山（旗）体制始告形成。顺治元年（1644）清朝入关，定都北京，八旗官兵携带家眷大举进京，标志着北京旗人社会的形成。

清代京师（北京）的重要特征，是居民结构与前代发生重大变化。几十万旗人聚居的内城，成为名副其实的"旗城"。旗城（内城、北城）

---

① 牛鼐鄂：《北平一千二百户贫户之研究》，载《社会学界》第7卷，第179—181页。

与民城（外城、南城），是相互并存且有明显差异的两个社会，在城市功能、管理体制、建筑布局、人员构成、经济形态、文化习俗诸方面，均有各自特色。旗人与民人分城而居，是清朝旗民分治二元体制在空间关系上的突出表现。旗人主体是满人，民人主体是汉人，又说明旗民分治的实质是满汉隔离。

北京旗人社会从它形成初期起，即面临与关外迥然不同的环境。在对新环境的逐步适应中，八旗制度本身也发生某些变化。

首先，分布格局变化。满洲统治者为以人数较少的八旗军队有效控制全国广大地区，采取"居重驭轻"重点配置政策。京师是统治中心，也是八旗驻扎的重点，以后基于镇戍地方的需要，陆续将一部分旗兵派往各地驻防，形成"禁旅八旗"和"驻防八旗"的区别。

其次，兵制变化。入关前满洲人"出则为兵，入则为农"，实行兵农合一体制。入关后，清廷为加强中央军事力量，对八旗兵拣选、兵种、官兵俸饷逐一厘定，确立八旗常备兵制。确立八旗常备兵制，有助于提高八旗军队的正规化，但常备兵制带来的一个显著变化，是旗人完成脱离生产领域。旗人世代为兵，在日常生活的诸多方面却不得不依赖民人，这也是旗人社会丧失自身独立性的开端。

再次，八旗内部关系变化。在八旗内部，依据不同从属关系，逐步确立起两层关系：第一层是上三旗与下五旗的关系，第二层是内府三旗与外八旗的关系。旗人隶属关系不同，导致在权利、地位方面的差异。

旗人定居京师，表明其脱离乡村而迅速城市化。都市生活，使旗人社会面貌焕然一新。与关外时期比，旗人的物质生活有了极大改善，文化教育水平水涨船高。与此同时，贪图享乐、攀比奢华的风气也在潜滋暗长。

二　关于旗人不动产

旗人不动产，主要有两项，即畿辅旗地和内城旗房。旗房与旗地，是旗人衣食住行、赡养家口的依托，其盈亏对旗人生计所关甚巨。旗人生计的荣枯，又直接关涉八旗制度的损益，清朝统治的兴衰。对满洲统治者来说，维护旗房与旗地的国有，遏止其私有化趋势，限制买卖关系的发展，从一开始就不是简单的经济问题，而是政治问题。旗房与旗地，两者既有共性又有区别，其演变之迹，集中表现为以下几点：

第一，旗地旗房均经历一个从国有到私有的演变。旗房私有化是在商品经济发达、高利贷资本集中的大都市中进行的，因此相对于植根在农村自然经济的大片旗地来讲，其私有化速度更快一些，私有化程度更深一些，应在情理之中。

第二，旗人不动产买卖关系的发展，不仅表现为交易活动增加，交易频率加快，而且反映在交易范围扩展上。早期交易，局限在同一旗分的满洲、蒙古、汉军之间，它的发展，却突破这种界限而进入一个更为开阔的空间。当越旗交易现象为人们所熟视无睹时，旗民间的买卖活动也在迅猛发展。

第三，在旗人的不动产交易中，始终并行不悖着两股趋向。一股是畸零分散的趋向，主要见于兄弟数人分家析产场合；另一股是不断集中并形成大产业的趋向。后者主要是不断兼并的产物。

第四，在城乡两个方面发展起的旗地、旗房买卖，加剧了旗人的分化。随着中下层旗人的田宅陆续转售与人，八旗制度的物质基础开始瓦解。对清王朝的兴衰来说，这一变化产生的影响是很深远的。

关于旗地，以往有两种形态较少研究。一为茔地和祭田，二为施舍地。茔地和祭田是旗地重要组成部分，其来源，大体有七：圈地、置买地、置换地、回赎地、遗留地、恩赐地、拨给地。清入关初，旗地来源单一，圈地构成茔地祭田的主要来源，以后随着旗地来源多样化、风水意识抬头等原因，茔地祭田的来源变得复杂起来。

旗人施舍地，指旗人施舍给寺观的土地。施舍土地者既有旗人也有民人，而以旗人尤为踊跃。旗人舍地，导致两方面后果：其一促进了寺观大土地的形成与发展，其二造成旗地的大量流失。有清一代，统治者禁止旗民交产，旗人却在"施舍"名义下将土地无偿让渡给寺观。旗地流失，成为清廷屡禁不止的难题。

三 关于旗民关系

研究旗人社会，离不开对旗民关系的考察，因为这是旗人社会变迁的一条基本线索。

清初北京旗民畛域鲜明，不同管理机构，不同户籍制度，不同居住地域，不同职业分工，不同身份地位，对满、蒙、汉人来说，还有不同的文化背景。凡此种种，均导致内城旗人社会与外城民人社会的并存与隔阂。

旗民畛域被打破，首先表现为民人入居内城，并为旗人日常生活提供多种多样的服务。对于此种动向，清廷并没有明令禁止。究其原因，数十万旗人聚居内城，形成庞大消费群体；他们除做官当兵外无所事事，强化了群体的寄生性质。旗人衣食住行，无不依赖民人，这种状况，不是哪个统治者一厢情愿所能改变的。另一方面，民人对旗人也有强烈的经济需求：八旗官兵的消费能力和水平，大大超过民人；旗人领有银饷，又不知撙节，民人挣钱赢利，旗人是最理想的对象。正是这种双向需求，推动了旗人与民人的密切交往。事实表明，内城旗人社会与外城民人社会，只是形式的并存与分立，随着时间推移，两者相互渗透，彼此依存，并在京师的大框架内形成互利互补的局面。

大批民人进入内城，对旗人社会产生了多重影响：

第一，导致内城分布格局变迁。清初内城，八旗分居，各有界址。民人不断涌入，发展起旗民杂居的局面。同一地域旗民错居杂处，又导致邻里关系的发展。从清初民人流入内城到清末旗界消除，旗民杂居共处，是一个经历两百多年的渐进过程。

第二，促进内城经济全面繁荣。进入内城的民人，围绕旗人需求，发展起多种行业。粮食加工（碓房）、运输、商业、手工业、卖水送水、清粪等业，以及寺观僧道，只是其中一部分。他如跟丁（随丁）、轿夫、门房、仆妇、塾师、艺人、棚匠、医师、舆师（风水先生）者流，无不与旗人日常生活息息相关。旗人的生活质量因之提高，生活内容空前丰富，生活方式、社会观念随之改变。

第三，带动旗民关系演变。清初八旗，是以征服者身份入居北京的。但旗人不事生产，在生活上对民人百般依赖，其经济特权逐渐受到侵蚀。民人在满足旗人生活需求基础上，进而对其进行经济上的控制与盘剥，加剧了旗人生计的困难。许多旗人负债累累，落入高利贷网罗。在这些场合，旗人与民人关系，已由商品交易关系、雇佣与被雇佣关系，转变为债权人与债务人的关系。征服者与被征服者关系的转变，对标榜八旗是国家"根本"的满洲统治者来说，是一个无法破解的难题。

除了经济领域发展起的依存关系，在文化、社会、宗教等领域，旗人与民人也有频繁交往。其中，民间香会是一个典型个案。香会是民间组织进香、捐修庙宇，或在庙会期间提供各项义务活动的自发性组织，不带有任何官方色彩。清代北京旗民组织了名目繁多的香会。这类组织打破了旗民界限，开展经常性活动，并且长期坚持下去。作为旗人与民人、满人与汉人杂糅的民间组织，香会是"旗民分治"体制的一种异己力量。通过这一组织，旗人与民人密切联系。他们基于共同信仰互结同心，密切交往，共享精神的安慰与欢娱，感情上也日渐陶融。

事实表明：旗人社会并不是一个封闭的社会，八旗制度也不能为这种封闭性提供有效保证。八旗制度既要维护旗人以当兵为唯一职志的宗旨，势必强化旗人在生活各领域对民人的依赖，这是八旗制度无法克服的内在矛盾（或者说是它的根本性缺陷），也是导致大批民人进入内城的重要因素。

四 关于旗人类型

研究旗人社会，应该关注八旗内部关系，因为这是引导旗人社会变迁的又一条基本线索。

满洲人以人数很少的民族而统治人口众多的汉族，不能不想尽办法扩大自身实力。将一部分归附在先的汉人、蒙古人编为八旗（八旗蒙古、八旗汉军），是一种做法；将边疆地区一些被征服的小民族成员编为满洲旗下索伦（鄂温克、鄂伦春）佐领、达斡尔佐领、锡伯佐领、新满洲（黑龙江流域赫哲）佐领、库雅喇（乌苏里江上游赫哲）佐领、番子（四川西部藏人）佐领、回子（新疆维吾尔人）佐领，是又一种办法。康熙年间，将来自边外的俄罗斯人编为满洲旗下俄罗斯佐领，不过是依仿现成的模式。从这个角度讲，旗人社会无疑是一个多民族的熔炉。

有清一代，不断有非满洲血统成分——主体是汉人——通过各种途径加入八旗，其中一部分与满洲人融为一体。清初沦为满人奴仆的汉人为数众多，在与满人的朝夕相处中，他们耳濡目染满洲文化，一部分人逐渐满化。

清初统治者对旗下非满洲人施行满化政策，而满人享有的特权地位，又促使非满洲人主动地接受这种同化，这就推动了外族成分融于满人的过程。其中，内务府下非满洲人——主要有汉姓人（尼堪与抚西尼堪）、朝鲜人、蒙古人——以及满洲旗下"台尼堪"，满洲化程度最高。外族人融于满人的重要途径还有：奴仆开户、抱养义子、缔结婚姻。

当大批外来成分逐步融入满洲群体同时，一部分不同程度已被"满化"的汉军旗人又被逐出八旗，这就是乾隆年间发生的"汉军出旗"事件。

事实表明：尽管清廷苦心孤诣要把旗人造就为独立于民人社会的世袭军人集团，千方百计保证其集团成分的"清白"，旗民成分的对流却始终没有中断。这种交流，有助于打破旗民畛域，对满汉文化的传播与涵容也有推波助澜作用。

五 关于旗人世家

有清一代，旗人享有种种特权，其中最重要的就是在仕途上远较民人为易的少数上层。他们始终把持中央和地方大部分高职显爵，世代承袭，形成世家大族。世家大族间，又通过婚姻和亲属纽带，结成盘根错节的社会关系。旗人世家，主要有内务府世家、满洲世家、蒙古世家、汉军世家。其中，内务府世家最为典型，又可分为军功、保母、婚姻、科举四种类型。军功型、保母型主要形成于清前期，带有鲜明的时代印记。科举型在清中叶开始崭露头角，是旗人社会趋于安定、经济趋于繁荣、文化趋于发达的结果。婚姻型，作为专制帝权分泌出的一种裙带现象，不具有明显时间性。

旗人世家婚姻关系，可以分解为两层，一层为八旗世家间的联姻，一层为旗人与民人（满人与汉人）的通婚。内务府著名世家高氏、完颜氏、索绰罗氏、蒙乌吉氏、杨佳氏（锺祥家）间，存在着盘根错节的婚姻关系。联姻网络，还延伸到内务府和外八旗官宦人家，且与皇室形成多重姻亲关系。

旗人世家纳妾成风，集中说明所谓旗民不婚（满汉不婚）的规则，只是被表面维护着。男人应酬官场，所娶正房是旗女，纳妾则多为民女。这种变通办法，既维护了"首崇满洲"的祖训，又满足了世家多妻（妾）多子的需要。

清初八旗内部满洲、蒙古、汉军的划分，主要是基于民族的差异，不断往复的通婚，却使这种划分逐渐失去当初的血统含义，演变为行政隶属的一种符号。同样，旗人与民人通婚，在更大范围内导致满汉血统的融通。

六 关于旗人文化

清初八旗是满、蒙古、汉等多民族的汇集，这为渔猎文化、游牧文化、农耕文化的交流提供了理想温床。

满洲统治者为巩固对全中国统治，不能不积极吸取汉人的政治遗产与文化，也不能不大力提倡八旗教育。八旗教育的兴起，在使旗人文化素质普遍提高的同时，也促进汉文化在旗人中的传播。汉文化对旗人的熏陶是全方位的，既表现为政治理念和伦理道德，也表现为语言文字、宗教信仰和生活习俗。

清初满人传统文化大体保存完好，旗人文化的核心是满文化。但是，随着时间推移，汉文化逐渐成为旗人文化的主流。其结果，北京旗人文化，既不是单纯满文化的移植，也不是汉文化的翻版，而是多元文化的陶融。

图325　旗人挂孝图（顾文荃提供）

满洲、蒙古、汉军、内务府汉姓人，在文化上既有融通，也有差异：满洲人在日益渐染汉文化同时，还保持本族的一些传统习俗；内务府汉姓人多从满俗，与其满洲化程度高是成正比的；相形之下，汉军在很大程度上仍保持汉俗；至于蒙古旗人在多大程度上秉持本族传统，又在多大程度上吸收满俗和汉俗，则依时间先后而有明显变化。到清末，旗人内部文化差异缩小，共性增多，这是一个水到渠成的历史过程。

七 关于旗人社会瓦解

从清前期起，八旗内部出现所谓"生计"问题。"八旗生计"问题，实际指普通旗人在生活上陷入困境。乾嘉年间，清朝盛极而衰。道咸以降，国势日蹙，人口增加，库府空虚，生计问题成为旗人社会带有普遍性的问题。满洲统治者为解决八旗生计采取一系列措施，收效甚微。

清初统治者刻意制造旗民畛域，旗民分治、旗民不交产、旗民不同刑、旗民分缺、旗人世袭当兵为官，都是旗民畛域的具体表现。清朝后期，实际生活中的旗民畛域虽日渐消除，官方禁令却依旧有效。清朝末叶，内忧外患，社会矛盾加剧，新政时期，"化除旗民畛域"被提上清廷议事日程。"化除旗民畛域"，又称"化除满汉畛域"，这在很大程度上是一个问题的两个侧面。旗民畛域的实质，是满汉畛域，满汉畛域的形式，则往往表现为旗民畛域。清廷为"化除旗民畛域"作了一些有益尝试，但由于政治衰朽和制度积弊，有限改革没能扭转急剧的颓势。

宣统三年（1911）爆发的辛亥革命，敲响了清王朝丧钟。按照民国优待条例，八旗制度暂时得以保留，但旗人利益却失去基本保障。为生存，旗人纷纷申请冠姓改籍。民国十七年（1928），八旗制度终结，旗人全部归入民籍。这标志着自顺治元年（1644）以来延续二百八十余年之久的北京旗人社会归于瓦解。

第十章

文献研究

从顺治元年（1644）迄于今日，历代旗人及后裔在北京已生活三百六十余年之久。其间，形成大量与旗人相关的史料文献，有待广泛挖掘、深入研究。近些年来，随着研究领域的拓展和新研究方法的引入，人们对基本史料的理解有了更全面的认识，以往被忽略的史料不断开发出来，如清泉汩汩，汇为河川，取之不尽，用之不竭。本章试就史料种类和价值略作说明，作为全书内容的一个补充。

本章将史料分为基本史料和重点史料两大类。所以如此，并不是要在史料价值上彼此轩轾，只是因为学者对后类史料尚少关注，故单独析出，作一较为详细的介绍。这是需要首先说明的一点。

第一节 基本史料

基本史料包括官书奏档、地方史志、笔记文集、外人记录、满文文献、舆图绘画、报纸杂志、回忆口述、目录索引，一共九类。

一 官书奏档

研究北京旗人社会史，清历朝官修《实录》、五朝《会典》和《会典事例》《大清律例》《八旗通志初集》《钦定八旗通志》（即后世习称《八旗通志》二集），历朝《中枢政考》《兵部处分则例》《清三通》，依旧是基本史料。民国初年官修《清史稿》，虽有若干缺陷而为后人诟病，仍有参考价值。

《八旗满洲氏族通谱》《满汉名臣传》《清史列传》，是研究八旗世家、人物、宗族制度的珍贵史料。乾隆年间官修《满洲祭神祭天典礼》，为研究满洲人信仰礼俗所必备。

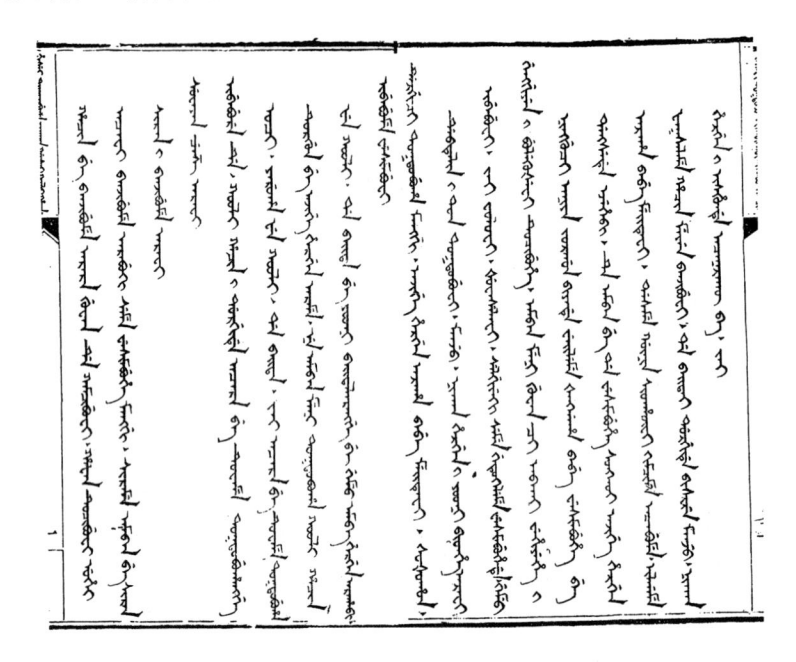

图 326 《八旗则例》满文本书影

八旗早期档案，多以满文书写，以后通行满汉合璧，直至晚清，汉文始取代满文成为主体文字。中国第一历史档案馆藏《军机处满文月折档》《八旗都统衙门档》《八旗杂档》，是重要的八旗档案。中国第一历史档案馆编《康熙朝汉文朱批奏折汇编》《雍正朝汉文朱批奏折汇编》《雍正朝汉文谕旨汇编》《康熙朝满文朱批奏折全译》《雍正朝满文朱批奏折全译》，包含有大量第一手资料。

日本东洋文库作为国际上重要的东方学研究中心，存有大量清代满汉文文献，除语言学、文学、宗教等方面著作外，与八旗有关的善本很多。八旗档案中为数最多的是镶红旗满洲都统衙门档，自雍正元年（1723）至民国十一年（1922）共计二千四百余件。东洋文库出版有成系列的学术专著、论丛、丛刊、文献目录和索引，其中《满文老档》7 册（1955—1963）、《旧满洲档——天聪九年 1》（1972）、《旧满洲档——天聪九年 2》（1975）、天聪七年《内国史院档》（2003），都是研究旗人早期社会的重要典籍。清代史研究委员会（满蒙史研究委员会）出版有《东洋文库所藏满蒙文献目录》（1964）、《八旗通志列传索引》（1965）、《镶红旗档——雍正朝》（1972）、《镶红旗档——乾隆朝1》（1983）、《镶红旗档——乾隆朝2》（1993）、《东洋文库藏镶红旗档——引言和目录》（2001），以及该文库东北亚研究班出版的《东洋文库所藏镶红旗档光绪朝目录》（2006）、文库明代史研究会出版的《中国土地契约文书集（金—清）》（1975），都对研究北京八旗社会有所裨益。

东京大学东洋文化研究所附属东洋学文献中心藏书丰富。因为历史原因，所收汉文书籍多与研究清代社会史、经济史、法制史有关，其中不乏抄本、孤本。契约文书的收藏很有特色，并在整理方面取得令人瞩目的成绩。东洋学文献中心印行《中国土地文书目录·解说》下（载《丛刊》

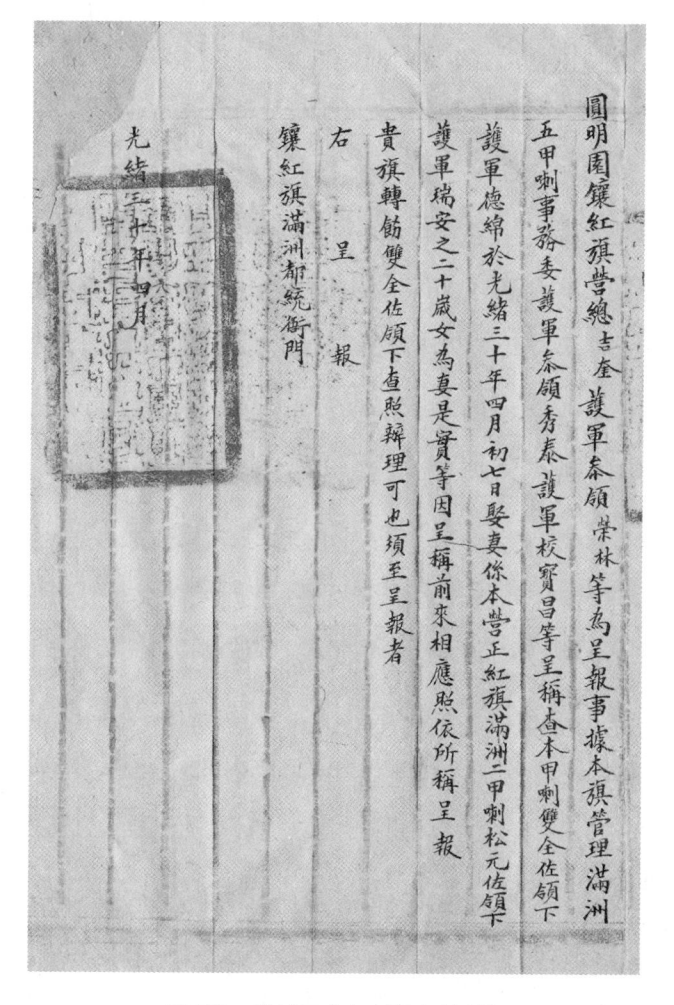

图327　光绪三十年《镶红旗档》

第48辑，1986）中的《北京文书》，刊布乾隆十四年（1749）至民国十三年（1924）间北京地区四百四十九件契约文书目录和提要，其中一部分为满文契书，尤其珍贵。同书载石桥崇雄《关于满文文书》一文，刊布十件满文契书全文，并加以解说。

1999年6月编成《仁井田升博士蒐集中国文书目录（稿）》，据仁井田升搜集明代至1940年间北京地区民事商事契约文书八百五十八件编成（另有其他地方文书二十四件），是对前述《北京文书》的补充。在北京契书中，相当一部分是旗人契书或与旗人生计有关的民契。契种主要有：卖地契、买地执照、补税地契执照、典地契、入官旗地承种执照、官产承租执照、典房契、老典房契、转典房契、卖房契、买房执照、指地（指房、指俸）借钱（银）契等。时间最早的为雍正四年（1726），最晚的为民国初年。这些契书对研究北京旗人社会，尤有价值。

关于民国初年旗人社会的尾声，前人所知甚少。今存日本京都大学、北京中国社会科学院近代史所等处《镶白旗满洲公牍》（民国四年至九年），为揭示这段历史真相，提供了若干鲜为人知的史实（见图328）。民国《政府公报》、中国第二历史档案馆编《中华民国史档案资料汇编》、北京市档案馆编《北京会馆档案史料》、北京市档案馆编《北京档案史

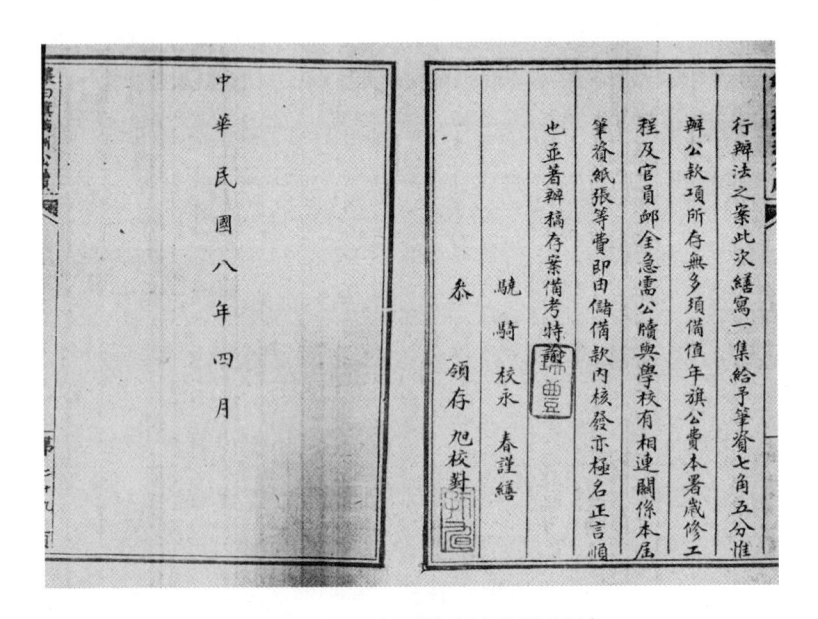

图328　民国八年《镶白旗满洲公牍》

料》，收有旗制改革、改入民籍、剪辫易服、改换汉姓、旗人生计、旗人会社的资料，内容丰富，有待挖掘整理。

中国社会科学院近代史所等单位编《鸦片战争》《太平天国》《戊戌变法》《义和团运动》《辛亥革命》资料集，以及《清末筹备立宪档案史料》《北洋公牍类纂》诸书，包括晚清八旗史的丰富内容。贺长龄、魏源等人编《皇朝经世文编》及续编，王云五主编《道咸同光四朝奏议》，以及清末官修《皇清奏议》，也有参考价值。

二　地方史志

北京作为清朝的首善之区，一向注重地方史志的纂修。张茂节修康熙《大兴县志》卷一《风俗考》，记载清初北京一年间的主要节日和民俗；《古迹考》记四月十八日弘仁桥碧霞元君（西顶）庙会和香会盛况；卷二顺天府丞薛所蕴《题请禁约木榜节文》，记顺天府学周围居住满人随意作践，引起清政府关注，颁发清字（满文）告示严禁拆毁一事；洪德元撰《特设满洲儒学碑记》，记康熙四年春诏立满洲儒学。吴景果纂修康熙《怀柔县新志》卷一、二，记丫髻山碧霞元君庙、玉皇阁的由来和康熙帝前往进香的盛况。这些记载，都是关于清初北京旗人生活的珍稀史料。

康熙《怀柔县新志》卷四，载汉军范氏（开国勋臣范文程一族）墓地和赐谥碑文；臧理臣等修民国《密云县志》卷七，收载范姓碑文墓志等四篇，反映汉军世家在清初政坛的重要作用，以及与满洲世家通婚的情况。

周志中修民国《良乡县志》卷八《李氏宗祠碑记》，记民人李氏田产被圈投旗，康熙四十八年分拨履亲王府当差，赏镶白旗满洲二甲喇入册一事，反映民人加入旗籍的渠道。

各县志中详载旗地、旗租、田赋诸项，是研究旗人经济与旗民关系的重要史料。康熙《宛平县志》卷九收户部《条陈圈地疏》，直陈顺治四年以来清廷屡次上谕禁止圈占民间田地又屡次复行圈占，"以致百姓失业，穷困逃散，且不敢视田为恒产，多致荒废"；康熙《昌平州志》（吴都梁修）卷六《赋役》，作者有感于旗人圈地对百姓生计的严重破坏，大发议论说："州（按：指昌平州）当胜国时，桑麻被野，烟火万家。胜矣。乃自我朝定鼎之后，膏腴为公家之请乞，阡陌入旗卒之侵渔，其隶于正供者率汙莱硗确，不过十之一二而已。至于拨补之地，又在任丘、肃宁、保安诸处，民不能自行播种，必转租土著，囊橐未必有获，行李辄已告劳，则又所云画饼已耳。以故失业之民散之遐方，或改逐末，作黄白萧条矣。"康熙前期，文网尚未绵密，但汉人文士敢于发出如此尖锐的批评，还是需要很大的胆量。这些资料，充分揭示出清初圈地苛政所导致的旗民（满汉）关系的紧张。

周家楣、缪荃孙等编纂《光绪朝顺天府志》，内容详实、全面，为研究北京旗人社会所必备。同样具有研究价值且尚少利用的则有民国时期官修《北京市志稿》。该书上承光绪朝《顺天府志》，记事重点放在光绪朝以后至民国二十年左右。《凡例》提出，清京城八旗人士，实为北京土著，而《畿辅通志》《顺天府志》不载，颇为遗憾。该志力矫此弊，《人物志》收有大量八旗人士，《礼俗志》分记旗汉礼仪习俗；《艺文志》著录相当数量的旗人著作，补充了《八旗艺文志》所缺，是该书的一大优点。

旗人金勋撰《北京西郊成府村志》和《妙峰山志》是两部体例特殊

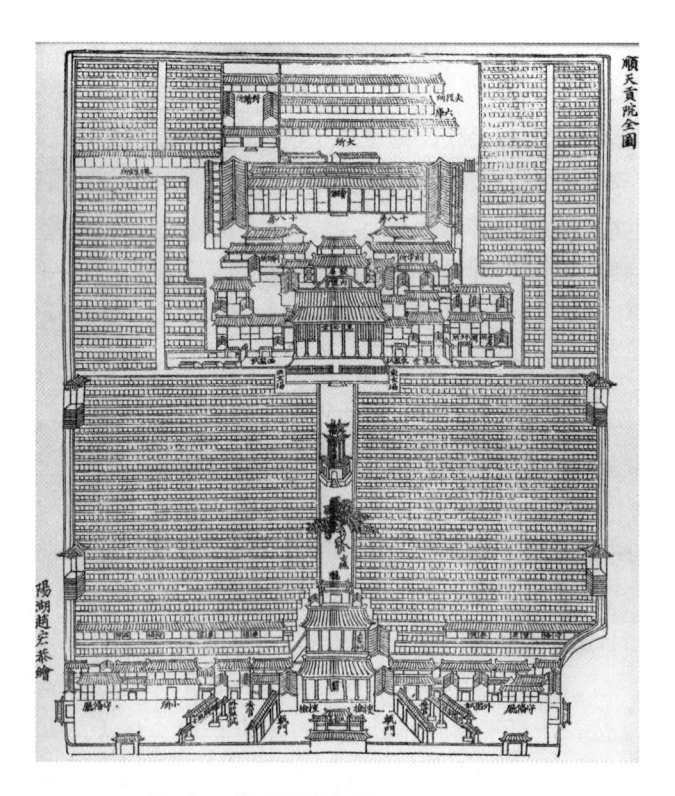

图329 顺天贡院全图（《顺天府志》）

的志书，前者记村，后者记山，对深入细微地考察清末北京旗人社会生活颇为珍贵。金勋（1882—1976）出生于北京西郊海淀区成府村。所著《成府村志》，介绍成府村数百年间之历史与变迁。他在该书序言中说："夫中国志书多矣，国有统志，省有通志，及郡县莫不有志焉，物产及掌故亦莫不有志，惟村志则甚罕见……余生长于西郊，留心村俗久矣，故有村志之试作。"成府村本是旗人聚居的村落，同时杂居了许多经商开铺的民人，人物风俗掌故均有特征。金勋记述村中旗人掌故如数家珍，不厌其详。时至今日，成府村在北京大学、清华大学的交相蚕食下早已荡然无存，所幸在金勋书中，它的丰貌得以永驻。

妙峰山为京西名山，山上碧霞元君庙远近闻名，香火最盛。但妙峰山香会兴盛于何时，前人说法不一。康熙《宛平县志》（王养濂修）卷一《风俗》记民间香会，卷九载张献《妙峰山香会序》，说明康熙年间妙峰山香会已相当活跃。金勋本人熟知民间香会，在《妙峰山志》一书中，对香会的各种名目、职能、特点以及旗人民人交融合作的情况，均有详实生动的记录。

三 笔记文集

清代北京八旗文人群星荟萃，相映生辉。他们留下的笔记文集，集中反映了旗人社会的方方面面。清朝宗室昭梿《啸亭杂录》、宗室奕赓《佳梦轩丛著》、内务府旗人麟庆《鸿雪因缘图记》、内务府旗人福格《听雨丛谈》、内务府旗人法式善《陶庐杂录》、满洲旗人富察敦崇《燕京岁时记》、蒙古旗人崇彝《道咸以来朝野杂记》、满洲旗人震钧《天咫偶闻》，都是这方面的名著。

他如刘献庭《广阳杂记》、谈迁《北游录》、吴长元《宸垣识略》、吴振棫《养吉斋丛录》、夏仁虎《旧京琐记》、朱一新《京师坊巷志稿》、陈宗藩《燕都丛考》诸书，作者均系汉人，在记载北京史地方面，其著述各有侧重，也足资采撷。

旗人铁保辑《熙朝雅颂集》、法式善撰《梧门诗话》和《八旗诗话》，盛昱、杨锺羲等编《八旗文经》，恩华纂辑《八旗艺文编目》，杨锺羲撰著《雪桥诗话》初集、续集、三集、余集等，是研究旗人文化的基本史料。

辛亥革命（1911）的爆发，结束了清王朝的统治，对旗人社会造成致命冲击。有关这段历史，吴自修《辛亥殉难记》、罗正钧《辛亥殉节录》是不能不看的两部书。辛亥革命中死难者虽大部为各地驻防旗人，对北京旗人社会的影响也显而易见。简言之，正是这场革命，昭示了八旗制度的瓦解和旗人社会的终结。

四　外人记录

北京是清朝首都，形形色色的外国人（传教士、使节、政客、学者、留学生、军人、游客）曾光顾这里，或者短暂停留，或者流连忘返，他们以有别于中国人的独特视角，把帝都见闻形诸笔端，即便鸿泥雁爪，不失为宝贵的历史留痕。

关于清初北京旗人，有两部外国名著必须一读。一部是耶稣会士卫匡国的名著《鞑靼战纪》，一部是日本国田兵右门等人口述《鞑靼漂流记》。

卫匡国1614年出生于匈牙利，作为耶稣会士，在明崇祯十六年（清崇德八年，1643）即他三十岁壮年时远渡重洋到中国传教，在传教同时深入研究中国历史、地理。清顺治八年（1651），离开中国返回欧洲。1654年，在荷兰出版《鞑靼战纪》，使欧洲人获悉发生在遥远中国的改朝换代大事变。鞑靼一称，始见于《新五代史》卷七四，元、明两朝，一般指游牧蒙古族。但当时外国人很难分辨蒙古人、女真人（满洲人），所以在很长一段时间里，他们将满洲人称为鞑靼，并将其所建国家称为"鞑靼国"。

《鞑靼漂流记》是乘船遭遇风暴、自日本海漂流至中国东北珲春一带的日本越前地方商民，返国后向德川幕府提供的报告。这些商民于日本宽永二十一年遭遇海难，时值清顺治元年（1646），也就是清朝自盛京（沈阳）迁都北京的同一年。是年七月，他们从珲春出发，途经盛京，被送至北京。在北京生活一年后，由清政府通过朝鲜李朝政府送还，顺治三年（1648）六月回到日本。

《鞑靼漂流记》内容丰富，涉及"鞑靼国"（此处特指满洲人所建清朝）的政治、军事、宗教、风俗、语言、习惯、饮食、城邑、道路、人物。记述了从盛京迁居北京的满洲男女，还描述了北京城的规模、紫禁城的壮观、满洲皇族的风采、满洲人精湛的骑射技术和使用满语情况。他们还提到满人汉人的区别。这些内容，多为他书所未载，一定程度上弥补了这段时期中国相关史料的匮乏。

耐人寻味的是，在卫匡国《鞑靼战纪》中，进入北京的满洲人是作

图 330　日本《鞑靼胜败记》中的满人形象

为野蛮杀戮者和文明破坏者来描写的，而在《鞑靼漂流记》的讲述者眼里，接待他们的满洲统治者却充满着人情善意。是书传世版本较多，一些日本学者曾对其进行过研究、考证，集大成者是已故女真史和满族史学者园田一龟。

几乎所有的外国来访者，都提到北京的旗民分居现象。他们把旗人聚居的内城（北城）称为"鞑靼城"，而把民人聚居的外城（内城）称为"汉城"。旗人与民人的区别，被他们敏锐地察知，并记录在自己的回忆中。同样话题，在清初人著述中却几乎是一个禁忌。

必须提到法国杜赫德编的《耶稣会士中国书简集》，该书被誉为西方早期汉学的"三大名著"之一，书中有许多旗人社会的有趣信息：有关康熙、雍正、乾隆几朝皇帝的描述，东鞑靼（蒙古人）与西鞑靼（满人）的区别，鞑靼语（满语）和汉语的比较，满洲化汉人（汉军被称为"满化汉人旗营"），满洲人"跳神"与葬仪，家产分配特点（幼子继承），康熙帝为保护鞑靼语付出的努力与《御制清文鉴》纂修，康熙帝对西方科技的浓厚兴趣，康熙诸皇子间围绕皇太子胤礽废立展开的争斗，满洲皇室成员皈依天主教的情况，雍正帝对皈依天主教的政敌镇国公苏努一族的残酷迫害等。耶稣会士在清廷中地位特殊，他们深入清朝统治集团的腹心，留下许多生动详实的记载，弥补了中国史料的缺失。

捷克人严嘉乐，是18世纪来华耶稣会传教士中的一位重要人物，在他的《中国来信》（1716—1735）中，留下关于满洲皇室和满洲习俗的有趣片段，如觐见康熙皇帝、康熙帝废太子、康熙帝临终遗嘱雍正帝即位、皇十四子回京与雍正帝发生冲突、康熙帝和雍正帝对宗教的态度、满人敬天法祖等情况。书中还提及1730年（雍正八年）9月30日发生在京师的一场大地震。作者按照测绘规则，先后绘制两幅北京平面图，寄回巴黎。图中标明"满城"（内城）和"汉城"（外城）。

同样值得一读的有《清廷十三年——马国贤在华回忆录》。马国贤（1682—1745），意大利传教士。他于1710年（康熙四十九年）到达澳门，1724年离开广州返国，在中国生活了十四年，其中十三年在北京度过。马国贤长期生活在宫内，耳濡目染，了解到康熙朝种种秘闻。1697年（康熙三十六年），法国耶稣会士白晋撰写了一部名为《康熙皇帝》的著作，描写青年康熙帝的生活。马国贤对晚年康熙帝，则有细致入微的描述。他在书中记录了康熙帝六十大寿时的"盛典"、皇太子胤礽两度废立、雍正帝即位等重大事件，可与中国史料相互参正。（见图331）

图331　西洋人笔下的满洲皇帝与皇后

近代以来，国门渐开，来京师的外国人迅速增多。1886年（光绪十二年），英国阿奇博尔德·立德夫人随丈夫来华，一住二十年，撰有十部有关中国的著作，代表作有《穿蓝色长袍的中国》和《我的北京花园》。《我的北京花园》主要描述1900年至1902年间作者在北京居住的见闻。以一个西方人的眼光，记载了满洲人的生活习俗，如满洲妇女服饰，满汉妇女外观上的差别。作者提到，除了旗人妇女天足外，北京城内回民也"千方百计让妇女不缠脚。这是所有穆斯林都一贯坚持的信仰，他们视改变身体的任何部分都有违真主的旨意"。

清代八旗是一个多民族成员的集合体，除满人、蒙古人、汉人、朝鲜人、鄂温克、鄂伦春、赫哲、锡伯、藏人、维吾尔人外，还包括少数俄罗斯人（阿尔巴津人）。关于后者情况，［俄］尼·伊·维谢洛夫斯基编：《俄国驻北京传道团史料》、［俄］叶·科瓦列夫斯基：《窥视紫禁城》、［俄］阿·马·波兹德涅耶夫：《蒙古及蒙古人》、［荷］伊兹勃兰特·伊台斯、［德］亚当·勃兰德撰：《俄国使团使华笔记（1692—1695）》诸书，均保留了一些生动有趣的记述。关于这段历史，还可参看［英］约·弗·巴特莱的名著《俄国、蒙古、中国》。

《镜头前的旧中国——约翰·汤姆森游记》作者，以一位职业摄影家的敏锐，捕捉到北京内城许多生动的生活细节——旗人门前悬挂着表示旗籍的灯笼，汉人的勤劳和经商能力征服了剽悍的满人后裔……

在形形色色的来华者中，对清朝国情了解最透彻的莫过于近邻的朝鲜使者。他们留下的旅行记多达百余种，泛称"燕行录"。由韩国、日本汇编出版的有《燕行录选集》（上下册）、《国译燕行录选集》（12册）、《燕行录全集》（100册）、《燕行录全集日本所藏编》（3册）。这些旅行记，对了解清代中国，尤其北京风貌、寺庙街市，满汉人生活状况，提供了大量第一手信息。日本学者夫马进撰有《日本现存朝鲜燕行录解题》，对日本各图书馆收藏三十三种燕行录的作者传略、撰写时间、内容特点作了概括，也有参考价值。

在朝鲜人诸多游记中，朴趾源《热河日记》是最有名的一部。朴趾源（1737—1805），是朝鲜李朝时代著名思想家、文学家。乾隆四十五年（1780），朝鲜使团赴清廷祝贺清高宗乾隆帝七十寿辰，朴趾源以观光客身份随行。回国后撰成《热河日记》。在这部百科全书式的旅行记中，作者记录了许多有趣的社会现象：满人的服饰；汉人称民家，满人称旗下；满洲化朝鲜旗人；通州漕运盛况；地安门内市廛繁华壮丽景象；清朝入主中原后"男顺而女不顺"；乾隆帝、豫亲王、和珅等人的神态仪表。作者对颐指气使的和珅颇多微词。书中还包含乾隆帝子孙行围、满人接受汉文化、多尔衮被誉为本朝"周公"、满人惧文字狱、乾隆七十大寿进贡盛况、满官与汉官互不相能、康熙帝废太子之原因、汉人不得居内城、隆福寺庙会盛景、李成梁后世为汉军世家、雍正篡位说、文字狱、满洲军机大臣等丰富内容。书中还屡屡触及满汉关系等当时在中原被视为禁忌的话题。

清朝末年，日人服部宇之吉主编《北京志》（译本更名《清末北京志资料》），记述清末北京的政治、经济、军事、外交、文化、教育和社会风俗习惯等各方面情况。所记除一部分来自中国本地文献，绝大部分是编纂者实地调查和搜集所得。其中第三章《市街》、第七章《人口和种族》、第八章《皇室和贵族》、第九章《旗人》，较有参考价值。

五 满文文献

在存世的满文文献中，档案占绝大多数，仅存中国第一历史档案馆的满文档案，就有一百五十万份之多。另外，就是翻译的中国古典汉文文献，如儒家经典、佛教经典、官修史书、小说，以及语言教科书、辞书。尽管满洲人（包括旗人）用汉文创作了大量出色的文学、诗歌、民间文艺作品，相形之下，反映旗人社会生活的满文作品能够流传下来的却寥若晨星，其中，《百二老人语录》是最有价值的一部。

《百二老人语录》是蒙古正蓝旗旗人松筠（1752—1835）在喀尔喀（外蒙古）库伦用满文撰写的一部著作，序文日期为乾隆五十四年（1790）十二月。接着由旗人富伦泰对该书稿做了编辑，日期为乾隆五十六年五月。后来，同为蒙古正蓝旗人的富俊又将满文译为汉文，富俊的序文日期为嘉庆十四年（1890）八月。流传至今的《百二老人语录》是富伦泰编辑的八卷本，每卷十五条，共计一百二十条。每条均以"一老人云（emu sakda hendume）"作为开头，形式夹叙夹议，故名之为《百二老人语录》。

汉译部分目录为：开国事一条、上谕二条、圣道佛教一条、敬礼事一条、慎刑事一条、旗员事十七条、外官事六条、驻防事三条、外藩事八条、用兵事六条、自行奋勉论一条、师教事十条、训教妻子事三条、家计事二条、忠孝论六条、勤学论二十四条、古事十条。从上引目录不难看出，是书内容丰富，涉及历史、边疆、民族、军事、教育、信仰、礼仪、家庭生活、夫妻关系、道德伦理、八旗制度等诸多方面，无异于了解八旗社会的一部珍藏。

多年来，《百二老人语录》在海外满学家中越来越引起重视，对其抄本和收藏情况进行了世界范围的调查，进而分析其创作背景和研究价值。[①] 在

---

① ［日］稲葉岩吉：《近獲蒙古人の撰述二種（上）——嗎拉忒氏松筠の百二老人語錄及び喀爾喀女史那遜蘭保蓮友の芸香閣遺詩——》（《青丘學叢》，第22号，1935年11月）；《鈔本百二老人及其語錄及び著者》，（《服部先生古稀祝賀記念論文集》，富山房，1936年）；浦廉一、伊東隆夫：《EMU TANGGU ORIN SAKDA I GISUN（百二老人の話）の研究》，《史學研究》第52号（1953年）；神田信夫：《〈百二十老人語錄〉のことども》，《滿學五十年》，刀水書房1992年版，第114頁；《〈百二老人語錄〉を求めて》，《滿族史研究通信》第9号，2000年4月。

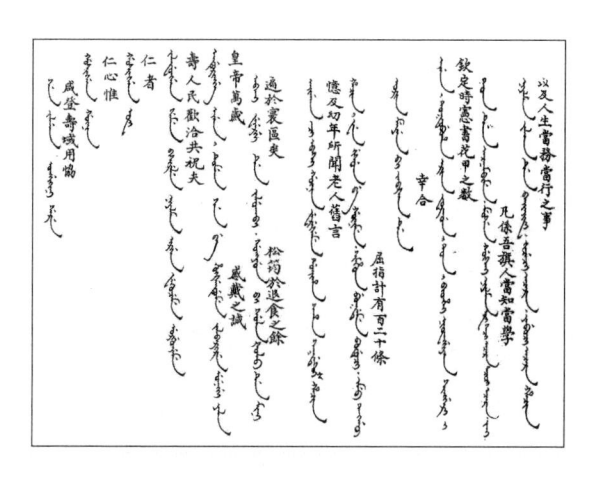

这方面集大成者是日本学者中见立夫。① 据其调查研究，已确知抄本藏在十处，包括比较完整的满汉合璧本五种、满文抄本四种、汉文抄本一种；不完整满汉合璧抄本二种，满文抄本二种。分别藏在俄罗斯彼得堡、美国芝加哥、日本东京、蒙古及中国北

图332 松筠《百二老人语录》书影

京、沈阳和台北等地图书馆。其中，美国芝加哥大学藏本已由日本著名满学家神田信夫先生整理作注后于1982年影印出版；意大利学者G.斯达理博士用芝加哥抄本和藏于大阪外国语大学的抄本，对满文本做了罗马字转写并翻译成德文出版②，为学者研究提供了便利。

对《百二老人语录》的研究价值，海外学者给予了相当高的评价。稻叶岩吉指出，该书深刻揭示了"八旗满洲人本身的堕落"现象，从而反映出处在强盛顶端的清王朝所面临的"走投无路的紧迫感"；浦廉一、伊东隆夫认为，该书阐明了"满洲旗人公私生活实相"，是"用实例来教育满洲人子弟的书"；神田信夫指出：该书非常具体地描写了乾隆时期满洲人的生活。遗憾的是，这样一部为海外学者推崇的文献，尚未纳入中国学者研究的视野。

松筠长期生活在北京，故书中有关八旗社会的记载相当详实，譬如都统、参领、佐领、骁骑校、钱粮领催、族长职能；旗人饷米发放；民人碓房酒店肉铺盘剥旗人；山东送水民夫，因债务与旗人发生纠纷；旗人沉溺于奢靡游嬉，生计日蹙；举办红白喜事，竞相攀比，以致负债累累；八旗

---

① ［日］中见立夫：《〈百二老人語錄〉の諸問題——稻葉岩吉博士旧蔵本の再出現とワランパートル国立図書館本をめぐつて——》，《満族史研究通信》第9号；《关于〈百二老人语录〉的各种抄本》，载《清史论集——庆贺王锺翰教授九十华诞》，紫禁城出版社2003年版。

② 《Emu tanggū orin sakda i gisun serkiyen：百二老人语录》（San Fransisco & Taipen：Chinese Materials Center，1982）；Stari, Giovanni, *Emu tanggū orin sakda i gisun serkiyen: Erzählungen der 120 Alten* (Wiesbaden: Otto Harrassowitz, 1983)。

图333 盛京将军富俊墓碑(辽宁省博物馆)

官员以权谋私，在旗人中大放其债；旗下旧俗，日渐消融。凡此种种，对全面了解旗人社会以及旗民关系，均有裨益。

六 舆图绘画

研究北京旗人社会，地图与绘画（早期为版画、晚期主要是绘画）有其独到的价值。其作用不仅在于将专题研究引向深入，还可以使研究成果富于形象化，更加感性，更加直观，更加生动，以收到雅俗共赏的效果。

雍正朝北京城图，现藏"台湾中央研究院"。雍正朝修《八旗通志初集》卷二，有关于八旗的一组图，包括《八旗方位总图》和《八旗地界图》共九张。图上除提供八旗分布的基本信息外，还有城门、主要街道、胡同、寺观（天主堂）、街市、仓储、库厂、衙门、河道、桥梁、牌楼的名称，对研究清前期北京地理、城市布局、八旗制度，有重要价值。乾隆年间修《钦定八旗通志》（即习称的《八旗通志》二集）卷三十，只是将《八旗方位总图》的方位作了调整，《八旗分界图》则未作任何变更。

现存中国第一历史档案馆《乾隆京城全图》，是颇有价值的北京城图。原图未载著者。据考证，绘制完成时间为乾隆十五年（1750），主要绘制人员有海望、郎世宁、沈源诸人。[①] 海望，满洲正黄旗人，姓乌雅氏，乾隆年间官内大臣、户部尚书，《清史稿》有传。郎世宁，意大利人，康熙中以传教士身份到中国，入值内廷，以画著称，《清史稿》有传。沈源，乾隆间以画师供奉内廷，参与绘制《彩绘圆明园四十景》，事迹载《国朝名画录》。《乾隆京城全图》的绘制，综合运用测量学、舆图学、投影几何学、建筑工程、绘画等多种技术手段，内容详实，比例准

[①] 北京市古代建筑研究所、北京市文物局资料中心编：《加摹乾隆京城全图·前言》。

确，在清代乃至中国舆图史上占有重要地位。同治、光绪间，按原图重摹，即后人所称《摹绘乾隆京城全图》（见图334）。民国二十九年（1940），同时有两种影印本面世。一称《清内务府藏京城全图》，是故宫博物院文献馆以乾隆图为底本影印出版，习称"故宫本"。一称《乾隆京城全图》，由兴亚院华北联络部政务局调查所依同一底本影印出版，附《乾隆京城全图解说·索引》一册。兴亚院是日本侵占北京时所设机构，因此习称该版本为"日本版"。

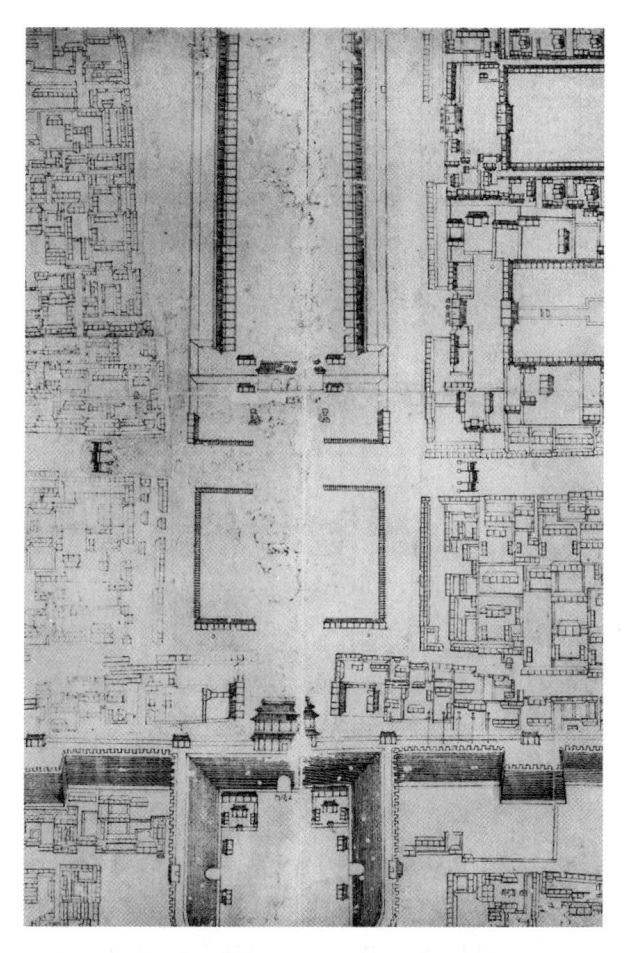

图334 大清门到正阳门（《乾隆京城全图》）

20世纪80年代，中国社会科学院考古研究所以《乾隆京城全图》为底本，编印《明清北京城图》。1996年，北京市古代建筑研究所、北京市文物局资料中心以影印故宫本为蓝本，日本版为参考，编印成《加摹乾隆京城全图》出版。该图因线条经过加摹，远较影印本清晰；又影印本地名文字字迹太小且模糊不清，该图编者在详加辨认基础上整理为《地名表》《地名笔画索引》《地名分类索引》，为研究者提供了极大便利。

《乾隆京城全图》为复原清代中叶北京历史风貌提供了直接、可靠的形象记录，对研究北京历史、地理、八旗制度、民族关系、城市规划、文化传统、宗教信仰、经济生活，具有学术价值。除上述国内藏本，目前学者利用的还有美国哈佛大学、法国巴黎藏本。

与《乾隆京城全图》互为表里的，则有北京各州县志中所载舆图。这些舆图直观性很强，起到与文字相辅相成的效果。康熙《大兴县志》卷一《京城图》，是目前所见清代京城较早的一幅地图。康熙《怀柔县新志》卷首载清帝《行宫图》，有助于了解清朝行宫的格局。京城东郊丫髻山庙会兴起于康熙年间，是旗人民人竞相进香、顶礼膜拜的场所。但丫髻山顶碧霞元君庙、玉皇阁均毁于20世纪三四十年代战火，该志载《丫髻山图》，对复现当年盛景，提供了依据。清代北京数十万旗人粮饷，均来自运河漕粮。康熙《通州志》（吴存礼修）卷一载《州治图》，反映了清前期漕粮入京和通州城内仓储状况。光绪朝《昌平州志》卷二载《恭亲王园寝图》，反映了王公园寝制度。《密云县志》卷首载《舆图·八旗营房图》与卷四《兵志考》，记密云八旗驻防与分防制度，可相互参照。（见图335）

可资考镜的清代绘画相当丰富。清前期内府刻版画，最有研究价值的当推康熙《万寿盛典图》。在中国古代，皇帝诞辰叫"万寿节"，为皇帝诞辰举行的庆祝活动称"万寿盛典"。康熙五十二年（1713）三月十八日，是清圣祖玄烨的六旬大寿，此前一日，玄烨奉母皇太后自西郊畅春园回銮紫禁城，皇子皇孙二十五人扶辇随行，沿途臣民仰瞻龙颜，颁赐克食数千席置于道左，耆老夹道欢呼"万岁"。为纪念这一旷世盛典，清廷在事后编纂了《万寿盛典初集》一百二十卷，主要收载与盛典有关的皇帝谕旨、臣工颂词。其中，第四十一、四十二两卷为木刻版图（即后世所称《万寿盛典图》），选择盛典当日五十多处有代表性的场景作图。前卷描绘紫禁城北门（即神武门）到西直门的沿途盛况；后卷描绘从西直门到畅春园的沿途盛况。另外，《初集》第四十三、四十四卷为《注记》，是对两卷图的文字说明。（见图336）

第十章 文献研究　703

图 335　八旗营房图（《密云县志》）

图 336　康熙《万寿盛典图》（局部）

清朝入关初，关于北京旗人社会鲜有文字记载。直到乾隆四年（1737）修成《八旗通志初集》，这种情况才有所改观。不过，《八旗通志》记载重点是与统治集团利益攸关的方面，如八旗旗分、土田、营建、兵制、职官、学校、典礼、人物传记等，至于旗人社会风俗、生活状况、宗教信仰、旗民关系（满汉关系）等，却较少涉及。《万寿盛典初集》第四十一至四十四卷图文并茂，内容涉及历史、社会、政治、经济、商业、都市、建筑、宗教、民俗、戏剧、艺术、文学、美术、民族等方面，以其多角度地反映聚居内城的旗人社会，值得认真挖掘。关于《万寿盛典初集》的时代背景、撰修过程和作者、版图内容与价值，前辈学者已有研究。① 与康熙《万寿盛典图》比较，乾隆《八旬盛典图》写实性较差，研究价值略逊一筹。

日本冈田玉山编述《唐土名胜图会》，是江户时代文人于文化三年（清嘉庆八年，1803）创作的介绍中国名胜的图籍，对北京内外城的建筑、庭院、人物、岁时、器物、产业等的刻画尤为精到，配有文字说明和大田南亩等文人墨客的诗作手迹。近些年有多种版本行世，以1987年日本版质量较优。②

清晚期，民间办报兴起，画报日益流行，反映北京古城和社会风俗的绘画，无论形式还是内容都有长足发展③，流行一时的《北京画报》，经常发表反映京旗生活的时事图画，配有语调诙谐的文字说明。（见图337、338）

进入民国，反映古都风貌的画作仍屡有行世。应该一提的，有日本学者青木正儿编辑并由内田道夫加以解说的《北京风俗图谱》。全书共一百一十七张图，每图附解说，分别反映岁时（春联门神、接神爆竹、元宵灯市、喇嘛打鬼、厂市年节、白云开庙、清明戴柳、什刹赏莲、中元莲灯、二闸河灯、中秋拜月、拖床冰嬉、祭祀灶神），礼俗（婚葬礼俗），居处（民宅、正厅、书斋、闺房、厨房、王府），服饰（旗民男女服装、妇女头髻发式），器用（桌椅、烟袋、梳妆器具、厨房器具、敬神器具、彩灯、小孩玩具、风筝），市井（招幌、庙会、香会、小贩形象），游乐

---

① 研究成果有郑振铎《中国古代木刻画选集》，人民美术出版社1985年版；[日] 小野胜年：《康熙万寿盛典图について》（《田村博士颂寿东洋史论丛》）、《康熙万寿盛典图考证》（天理图书馆报《ビブリア》第52号，昭和47年）。又，[日] 泷本弘之编：《清朝北京都市大图典》收有《康熙万寿盛典图》《乾隆八旬万寿盛典图》（遊子館1998年版）。前有《解题·〈康熙六旬万寿盛典图〉初探》。

② [日] 冈田玉山编述：《唐土名胜图会》，神田信夫序，德田武、石桥崇雄解说，日本ぺりかん社1987年版。

③ 参见陈平原《城阙、街景与风景——晚清画报中的帝京想像》，《北京社会科学》2007年第2期。

（茶馆、酒菜馆、打茶围、打麻雀、吸大烟、养鸟、斗蛐蛐），伎艺（戏台、脚色、乐器、说书、武艺、杂耍）。

青木正儿后来成为研究中国社会史和民俗史的大家。他年轻时在北京留学，深感传统风俗的流失，觉得很有必要把它记录下来，以免在不久的

图 337　摔跤图（《北京画报》）

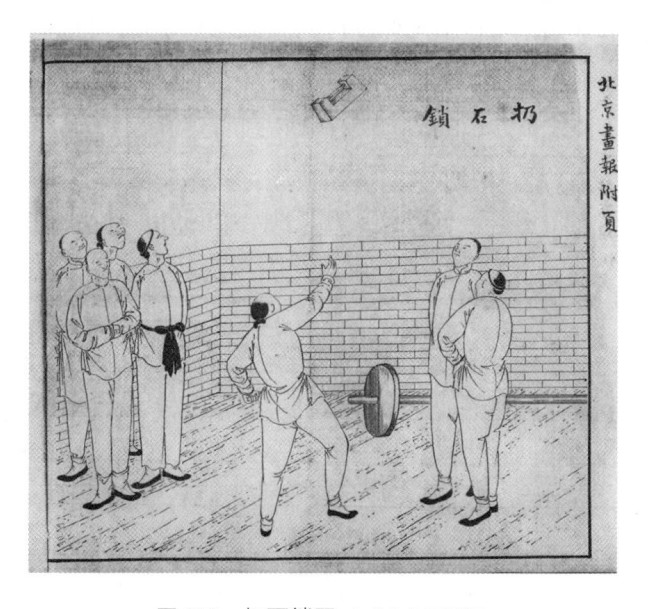

图 338　扔石锁图（《北京画报》）

将来湮没。他用节省出来的学费延请画工,把北京风俗中一些重要片段绘画下来。时值日本大正十四至十五年,即民国十四至十五年(1926)。现在看来,青木正儿的这个决定实在英明,也因此为我们保留了清末民初北京风俗的珍贵画面。画工无名氏显然熟悉旗人生活,或者他本人就是旗人,总之在其笔下,旗人生活百态得到惟妙惟肖的概括。

青木正儿回国后原计划对图谱加以说明并出版,因忙于工作,无从措手,画谱一直收藏在日本东北大学图书馆。日本昭和三十九年(1964),始由东北大学教授内田道夫加以图说,青木正儿作序出版。这部图说,使我们可以近距离、多侧面地了解近代北京旗人社会风貌。

清末民初人李放撰《八旗画录》,收录清代八旗画家二百八十八位,提出并介绍了一种新画派——八旗画派。作者撰写该书的目的"发三族之幽光,彰八旗之绝艺",即彰显八旗满、蒙、汉军在绘画方面取得的突出成绩。在序言中,作者特别提到八旗画派的三位杰出人物及其擅长:满洲旗人阿尔稗的鸟兽、蒙古旗人莽鹄立的写真、汉军旗人高其佩的指墨。李放以三位画家为代表,阐释清代八旗内部三族文化的相互渗透,是很有见地的。①

七 报纸杂志

中国报刊的源头可以追溯到汉代的《邸报》也称《邸抄》,其内容是转载抄录皇帝谕旨、臣工奏议等官方文书及有关政治情报,后来发展为一种手抄的类似报纸的出版物。此类出版物到明崇祯年间开始出现活字版印本,这些印本仅在官府内部发行。到清代,将《邸报》改称《京报》,内容多载宫门抄、上谕、奏折之类官方文件。但它由北京及其他各地报房商人经营,并流通于民间,是非官方正式出版物。光绪二十二年(1896),清政府公开编印发行官报。三十三年(1907)在北京出版《政治官报》,专载政治文牍。宣统二年(1910)内阁成立后,改称《内阁官报》。官报集中反映官方政策的内容、变化、动向。

北京最早的民间报纸是同治十一年(1872)创办的《中西闻见录》。20世纪初,自推行新政以来,官私报刊如雨后春笋般出现。其内容之丰

---

① 详见[美]黄巧巧《李放与〈八旗画录〉》,阎崇年主编:《满学研究》第6辑,民族出版社2000年版。

富、详实、具体、生动,思想观点之犀利大胆,均非传统文献所能比拟。《京话报》《京话日报》《正宗爱国报》《大同白话报》《官话大同日报》《中央大同日报》等,是创办于北京的民办报纸。(见图339)光绪二十七年(1901)创刊的《京话报》,是北京最早的白话报刊。《京话日报》是彭翼仲于光绪三十年(1904)创办,"以开发民智为宗旨",通篇

图339 光绪《大同白话报》

概用京话,内分演说、紧要新闻、本京新闻、各省新闻、各国新闻、小说、宫门抄。还有当日上谕以及戏单子等广告。这种形式成为后来北京许多白话报刊的流行形式。《正宗爱国报》光绪三十二年(1906)创刊,由丁国珍(字宝臣)、王子贞主持,面向普通读者。出版后颇受欢迎,争先快睹,人人脍炙,日发行量达到万余份。《中央大同日报》宣统元年(1909)创刊,社长恒诗峰,日出一大张,"以变通旗制,促进宪政为宗旨"。蔡友梅主办的《进化报》,注意八旗生计问题。北京旗人社会的各个侧面,如旗人生计、旗民关系、旗制改革等,在上述报刊中均有经常性报道。

《盛京时报》与《顺天时报》,是日本人分别在盛京及北京办的报纸,信息量大,也有不少反映旗人情况的信息。

民国建立后，中央政府官报改称《政府公报》，各省官报改称《公报》。一切新法令以见报之日起发生效力，公报成为公布法律、命令的政府机关刊物。旗人宣布改籍冠姓的消息频频见于公报。这一时期，八旗有识之士为维护已被严重销蚀的旗人权益，积极创办刊物，其中影响较大者有昙花一现的《旗族》杂志。

丁守和主编《辛亥革命时期期刊介绍》，对了解清末民初社会舆论、思想潮流，也有参考价值。

八　回忆口述

回忆和口述史学的兴起，为研究开辟了新资源。旗人赵之平《我的前半生》，芙萍（成廉）《旗族旧俗录》，席长庚整理《成全自述》，金启孮《北京郊区的满族》《北京城区的满族》，均含有鲜为人知的资料。不应遗漏的还有今人冯其利《清代王爷坟》、定宜庄《最后的记忆——十六位旗人妇女的口述历史》，赵书等人关于京郊旗营的回忆，以及在《满族研究》上发表的《北京市海淀区火器营满族社会调查报告》。北京市文史资料委员会编《辛亥革命后的北京满族》，收有回忆文章和口述三十八篇，对了解清朝鼎革后旗人社会的沧桑巨变，提供了若干生动个案。

九　目录索引

目录是研究津逮，同样不可或缺。杜连喆、房兆盈共编《三十三种清人传记综合索引》、日本东洋文库满文老档研究会编《八旗通志列传索引》、日本学者太田辰夫撰《八旗文人传记综合索引稿》、王灿炽编《北京史地风物书录》、郗志群主编《北京市百年论著资料索引》、阎崇年主编《国际满学著作提要》等，是这方面的基本著作。

第二节　重点史料

除前述九类史料，尚有契书、碑文、谱书、曲词、小说几类，研究价值颇高而学术界尚少问津，在此做一重点介绍。

一　契书

有清一代，实行"旗民分治"体制。这种"分治"，体现在社会生活的各个领域。同样，在构成经济生活重要内容的不动产交易中，旗契与民契的区别也很明显。笔者研究北京旗人社会之初，开始关注旗人契书，以后，循序渐进，逐步扩大认知范围，对旗人契书的基本内容、特点和研究价值，始有较深入的了解。

在北京旗人史料中，房地契是重要的一种，内容丰富，收藏量大。收藏旗人契书较多的单位有：中国社会科学院近代史研究所图书馆、北京大学图书馆、首都博物馆、中国科学院图书馆、北京市房管局等。韦庆远主编《清代的旗地》，北京大学张传玺主编《中国历代契约会编考释》，均收有反映北京旗人不动产转让和债务的契书。日本东洋文库明代史研究会出版的《中国土地契约文书集（金—清）》（1975），也收录若干旗人契书。另外，东京大学东洋文化研究所附属东洋学文献中心收藏旗人契书很有特色，已见前述。1985年，刘宗一、王育生发表《北京的房地契纸与契税》一文，对北京契约文书的历史沿革做了概括的说明。1996年，刘宗一主编《北京房地产契证图集》，对北京房地契约的历史沿革、形制特点作了较为系统的介绍。恩师王锺翰先生发表《康雍乾三朝满汉文京旗房地契约四种》[①]，是学术界利用北京旗人房地契进行专题研究的开始。日本学者今堀诚二《清代以降的家族制度——基于土地买卖文书的考察》（1975）一文，根据契约文书研究清代家族关系，角度新颖，考察精微，虽未涉及旗人契书，也有一定参考价值。笔者自1992年起开始利用旗人地契，1996年起开始利用旗人房契，发表有系列研究成果。

（一）旗契的内容特点

1. 旗契缘起

房地契书是房地产权的合法凭证。中原地区自有田宅交易以来，就出现了契书。契书，分为白契和红契。旧制，房产交易后需向官府交税，称"税契"。官府收税后在契书上钤盖朱红官印。此种契书称"印契"或"红契"。红契是交税的凭证，也是产权合法的书证。由交易双方私相授受之契则称白契，它虽对交易双方的权利义务有约束力，但不能作为享有充分法律权威的凭证。

明代北京城郊房地契税，由大兴、宛平两县按所辖地区征收。清承明制，入关伊始，就规定北京民人税契，仍由大兴、宛平两县分管。同时确

[①] 王锺翰：《清史续考》。

立八旗税收制度。顺治元年（1644），由户部在八旗左、右翼分设税关，任用钦差大臣（旗员）各一人负责征税。左翼在安定、东直、朝阳、广渠、左安、永定六门设役巡查，右翼在德胜、西直、阜成、西便、广宁、右安、永定七门设役巡查（见图340）。因其时旗人房地等不动产均禁止买卖，故交易对象，主要限于牲畜等和作为特殊商品的旗下奴仆。迟至雍正元年（1723），即清朝入关八十年后，八旗两翼税关始将旗房、旗地交易纳入税契之列。[①] 清朝入关，凡旗人均按等级分配土地和住房，即旗地和旗房。旗人对旗地和旗房，只有占有权和使用权，没有所有权。房屋和土地作为不动产的主要构成而被禁止买卖，因此，顺、康年间旗人契书均为白契。确立八旗田宅税契制以后，始有红契。

税契，本是历代统治者财政收入的一项来源，而纳税人则借以获得对象物所有权的法律保证。具体到旗人来说，上述变化还包含有另一层重要含义在里面，即它是旗地旗房买卖合法化的重要标志。也就是说，只有当旗人对不动产的私有权得到清政府事实上的认可以后，才可能确立这种制度，并且按照民间成例，纳税领契。因此，从法律上确认田、宅等不动产的私有，既是满洲人财产观念的重大进步，也是私有制趋于完善的重要标志。不过，税契制度确立后，旗人对旗房及旗地的私有权仍然是不充分的，这集中体现在国家对旗人不动产买卖的限制方面，也就是严禁与民人交易，并把这种限制叫作"不易之良法"。旗人虽成为旗房名义上的所有者，却没有充分的支配权，继续受着国家权力的种种干预。这种现象长期延续。

从雍正元年起，八旗税契制度一直行用了近二百年。及民国肇建，北京民人税契仍由大、宛两县分管，旗人税契改由左右翼牲税征收局主管。民国四年（1915）五月，成立监督京师税务左右翼公署（后改左右翼税务公署），始规定：凡城内及关厢契税，不分旗人、民人统由公署主管，大、宛两县只征城外契税。至此，旗人契书与相关的契税机构完全退出历史舞台。

2. 旗契形制

旗人契书过去简称"旗契"，其形制一般有别于"民契"（即民人契书），而在文字上分为单一满文、满汉合璧、单一汉文三种形式（还有个

[①] 《八旗通志初集》第70卷，第1347页。

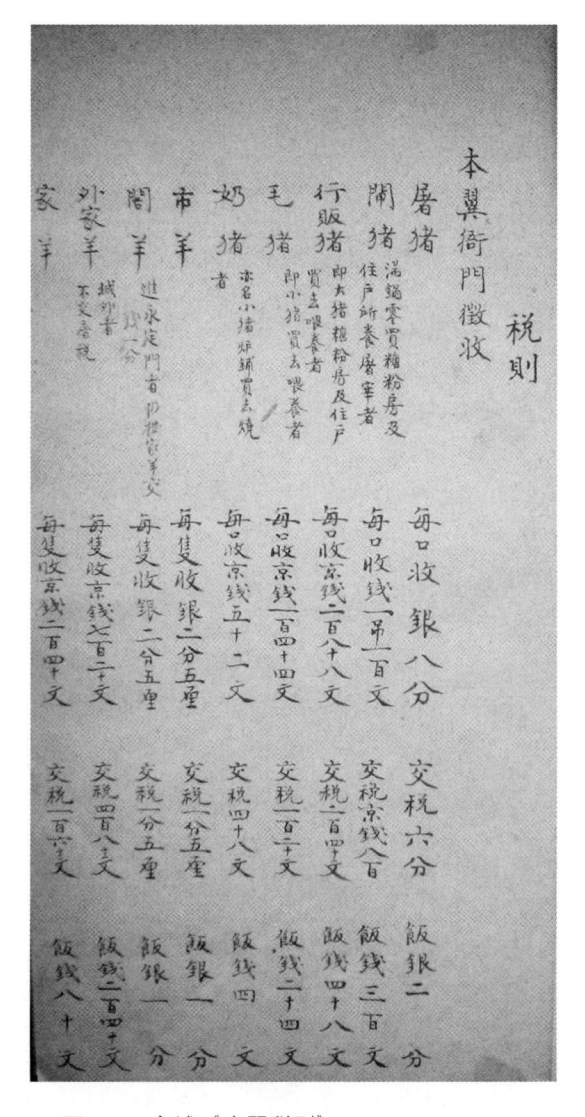

图 340　京城《右翼税则》(《右翼司榷笔记》)

别蒙文契)。在清代二百六十多年中，满文又称清文，尊为"国书"，但就旗契而言，还是满汉合璧或单一汉文者居多，至于纯用满文的契书，因只行用于清前期，能够历尽沧桑而存留至今者实属罕见。[①]

清代北京民契规格沿用明制，在白契或官颁契格纸上钤盖大兴或宛平

---

① 详见刘小萌《清前期北京旗人满文房契研究》，《民族研究》2001年第4期。

县印，后粘顺天府印制契尾，也有少数不粘契尾。俗称"民契"或"县契"。① 早期旗契均为白契。雍正以后出现旗人红契，均取满汉合璧书写。契式主要有两种，一种为手写卖契，另一种为左右翼户关刻印执照。执照也就是官刻契纸，其中又有卖房执照和补税执照之别。卖房执照与手写卖契均由卖房人写立并署名画押，税后由买主收存；补税执照则系买主置产后未及时税契，若干年后到左右翼户关补办手续时领取，与前者不同的是，后者由补税人写立并署名画押。改典为买执照也是补税执照类型之一。

执照的满文体因左右翼之别略有差异，左翼税关颁发的执照上书"temgetu bithe"，右翼税关颁发的执照上书"akdulara bithe"，均是契书、契据的意思。所钤印文，一为八旗左（或右）翼管税关防的长方形朱印，一为立契人所在佐领长官（也叫佐领）的图记。契书骑缝处墨书"卖字××号"。旗契不粘契尾。这些就是旗契有别于民契的基本特征。（见图341）

旗、民红契另一显著区别是担保人、中证人的身份不同。民间不动产交易受着宗法制的制约，按惯例"先问亲邻"，充当"中保人"的通常是立契人的亲友，由他们承担日后各种法律纠纷的连带责任。此外，在契书上画押的还有"左邻""右邻""房牙（或地牙）""总甲（或里长）""代书"。"房牙"是房产交易的中间人；"总甲"是十甲之长，即官府统治基层百姓的代理人；"代书"是契书的代笔人。日后一旦发生纠纷，这些人有出面作证的义务。而旗人不动产交易，按官府规定必须"呈明本管佐领"。② 所以，在旗人红契上签名画押的，除立契者本人外，照例由其所在佐领的官员佐领、骁骑校、领催共同充当保人。

旗契与民契在形制上的区别，既是旗民分治制度的一个具体体现，也是清统治者防止民人染指旗产的重要措施。

清朝后期，官贪吏黩，佐领等官往往借钤盖图记之机进行勒索。许多旗人转以假契投税，并私自描摹图记，以致"捏造假契之案日多，伪诈

---

① 刘宗一主编：《北京房地产契证图集》，中国奥林匹克出版社1996年版。
② 嘉庆朝《会典》第16卷，第17页下。

肆行，毫无忌惮"。① 为杜绝假契泛滥，两翼衙门要求各旗将图记造册咨送到翼，以备核验真伪。

旗契的特殊形制，一直沿用到民国年间。其时，旗人红契改由左右翼牲税征收局颁给，仍为官印执照，不过已纯用汉文。一套完整的红契通常包括草契、执照、验契执照，彼此粘连，上加盖左右翼牲税征收局关防。草契即底契，业主纳税或补税后领取执照，验契执照则是左右翼牲税征收局（后改左右翼税务公署）对旧契检验注册后颁给的凭据。

3. 旗契税率

满洲人税制缘起于建国初。清太祖努尔哈赤据辽沈，行重税，按交易价值十分之一取税。清太宗皇太极即位，放宽了对商业活动的苛刻限制，允许商品在境内的自由贸易。为了刺激流通，将税率由十分之一取税改为每两税三分（即百分之三取税），与明朝三十税一大体持平。② 清朝入关，无论旗契民契，仍沿旧制征税。雍正元年（1723）颁行八旗田宅税契令时强调："凡实买实卖者，照民间例纳税，典者免之。"③

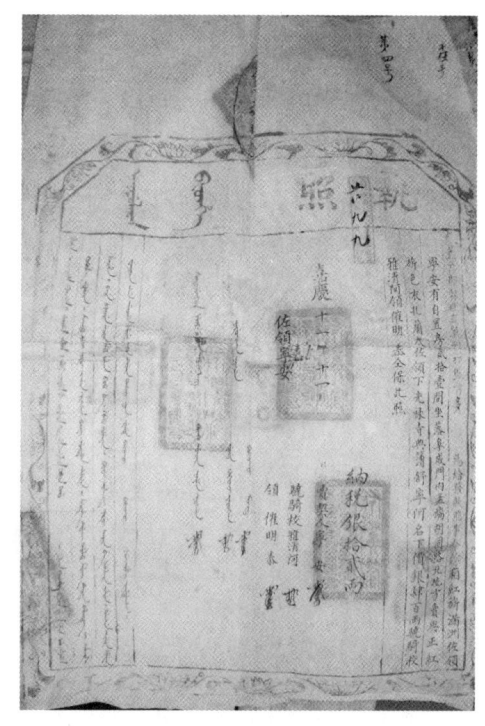

图341　嘉庆十一年满汉合璧执照

清朝末叶，财政日绌，愈加横征暴敛，税率屡次提高。光绪二十九年（1903）定，契价一两，征税三分三厘。宣统元年（1909）又改为"买价一两，征税九分"。税率已达百分之九。民国初年仍沿用清代税制，后鉴于税率过高，居民置产多隐匿不报，左右翼税务公署于民国四年制定了新

---

① 宝琳、宝珣编：《升勤直公（升寅）年谱》，道光间刻本，收入《北京图书馆藏珍本年谱丛刊》第126册，第311—312页。
② 《满文老档》（太祖朝）第60卷（日本东洋文库1956年版）、第72卷（1958年版）。
③ 《八旗通志初集》第70卷，第1347页。

的契税办法，规定买契按契价的百分之六。① 但不管税率如何浮动，旗契与民契在税率方面始终是一致的。

清沿明制，卖契必须向官府纳税，典契则免税。乾隆三十五年（1770），鉴于旗人房地交易多以"典"为名逃避纳税，又有所谓"老典"者，"其实与卖无异"，遂规定：典契十年以内不税，十年以外与卖同税，听现典主税契执业。② 此后，为了引起旗人对纳税问题的高度重视，将有关定例刊载在官刻契纸上。下面就是不同时期旗契上刊载的定例：

（1）钦差户部督理左翼税务监督五□为遵旨议奏事。准户部咨开：议覆御史增□等条奏案内，嗣后典契载有二三十年至四五十年以上者，令现在主一体上税，倘藐法行私，查出照漏税之例惩处。等因。乾隆三十五年七月十一日奉旨：依议，钦此。钦遵在案。

——引自《乾隆九年七月旗人苏海改典为买（地）执照》③

（2）钦差户部督理右翼监督惠□为给发执照事。准户部议覆左翼监督巴条奏：旗人有白契并老典房地于限内未行报出补税，请赏限二年，并典契载三五年已过十年原业主不能回赎者，照新例令典主呈明纳税执业。请一并予限二年，此次定限以后，再有隐匿不报，查出照例治罪。等因。一折。于乾隆五十五年一月二十七日具奏。二十九日奉旨：依议。钦此。知照到翼。

——引自《乾隆六十年九月镶红旗满洲巴宁阿改典为买（房）执照》

（3）钦差户部督理右翼税务监督成□为给发执照事。嘉庆五年八月准户部奏准：旗人契典房地已逾十年者展限五年补税。嘉庆十年九月二十九日复经具奏，于十月初一日奉旨：著再展限两年。钦此。钦遵。在案。嘉庆十二年九月底限满，本翼仍咨请宽限，经户部奏明，再行赏给余限一年。嗣后，已满十年典契，均定以一年余限，毋庸问明原业回赎与否，即令赴翼补税。倘逾余限仍不报税，一经查出或被人首告，即照例追价治罪。等因。九月二十六日奉旨：依议。钦

---

① 刘宗一、王育生：《北京的房地契纸与契税》，载《文史资料选编》第25辑，北京出版社1985年版，第243页。
② 乾隆朝《户部则例摘要》第16卷。
③ 此执照粘于乾隆九年七月二十三日苏海典地白契，年月残缺，当在乾隆三十五年以后。

此。钦遵。行知到翼。

——引自《嘉庆十三年六月正黄旗汉军福佑改典为买（房）执照》

（4）钦差户部督理税务监督宗室载□为给发执照事。准户部咨称：本部会议筹饷章程内开：置买田房未税契者于文到日限三个月一律补税，均免其罚赔治罪，概免钤用佐领图记，查照该业主原契，准于纳税。倘逾三个月限期，仍敢隐匿不报，一经查出，或被人告发，即照定例治罪，并追契价一半入官，仍令补纳正税。等因。具奏。奉朱批：依议。钦此。钦遵，行知到翼。

——引自《咸丰三年十二月正黄旗满洲那谦卖房执照》

除买卖不动产外，凡新建、改建、添盖房屋，均应按契价纳税。在这些方面，对旗人民人的规定是一样的。

4. 旗契种类

清代民契仍袭明代，种类繁多，反映了交易双方形成的复杂契约关系。与之相比，旗契种类，因其在早期受着满族社会契约关系不成熟和满人汉化程度未深的制约，不能不呈现出由少而多的变化。

顺、康两朝，旗契种类单调，行文简略。流行有典契、老典契，卖契。因当时还没有确立税契制度，所以旗契无一例外，均系白契。① 雍正朝后，卖契渐多，仍主要限于旗人内部。乾隆以后，契书种类丰富多样。按性质分，有典白契、找押白契、指房（或地）借银字据、抵押字据、改典为卖白契、老典白契、转典白契、改典为买白契、改典为买执照、卖白契、卖红契、杜绝卖契、分卖红契、买执照、新建或改建房契、补税契、赠与契、置买官产执照以及分产字据（也叫"分家单""分产单"）等。反映了旗人内部以及旗民间复杂契约关系以及所有权上的种种细微差别。②

民国肇建（1912），因民国政府与清室签订有优待条件，故八旗制度在管理旗人方面继续发挥职能（职能包括：编制户口、发放粮饷、抚恤鳏寡孤独、办校兴教、设立工艺厂等）。与此相应，旗契在形制和内容上虽有变化，但作为一种特殊契据，并未立即退出历史舞台。除了各种私契

---

① 《清高宗实录》第506卷，二十一年十一月壬寅："雍正元年以前，俱系白契。"

② 关于清代旗人房地契的主要种类，笔者有多篇论文述及（详见《满族的社会与生活》，北京图书馆出版社1998年版），在此不赘。

继续流行外，与旗人相关的官契主要有：

清皇室官产执照和标书。按照"优待条件"，清皇室和王公得以保有巨额房地产，对置买者分别由内务府和王府发给执照。标书则是内务府官租库颁发给官房承租人的书证。民国十三年（1924）十一月冯玉祥派军警进入皇宫，迫令溥仪立即迁出。随着溥仪小朝廷寿终正寝，内务府官产被清室善后委员会接收，标书随之销声匿迹。

验契执照。民国初年，旗人税契改由新成立的左右翼牲税征收局（后改左右翼税务公署）办理。民国二年（1913），民国政府为增加税收，由财政部指令左右翼牲税征收局公布了《京师验契施行细则》，规定凡细则公布前的旧契，不分民契旗契、买契典契，均须呈验，分别交纳验契费，漏税者必须补征。以后由左右翼税务公署及北京市财政局继续办理。凡经审验合格的契纸，加粘《验契执照》。财政局办理后，一度又改粘《验契纸》。验契工作直到民国二十七年（1938）才正式停办。

留置官产和旗产执照。民国政府为清理清皇室官产和旗产（包括房、地），组建京师城郊官产清理处（京兆全区旗产官产清理处、清室私产清理处），规定该官产或旗产由原承租人交价后留置，作为个人私产，并颁给《留置证书》或执照。以上几种官契中，既有由清皇室或王公颁给的，也有由民国政府颁给的，但不管由谁颁给，均与旗人生计相关，应视作旗契制度的尾声。

5. 旗契内容

一张比较规范的民契，通常包含几个方面：缔约双方身份，标的物来源、坐落、数量、质地，契价交付，中保人身份，违约责任说明，以及立契时间。如果是典契，一般还要注明出典原因、典当期限和回赎权。而早期旗契，特别是满文契，却往往缺少其中的若干要素，比如，对标的物来源不作说明。说明标的物来源，也就是说明房屋所有权来源，满文契书缺此要素，与契约关系不够成熟是有一定关系的。基于同一原因，早期旗契中还往往缺少关于标的物坐落、质地、出典原因、出典期限、违约责任的说明。[①] 清中叶以后，旗契与民契在基本要素上已无区别。是八旗社会契约关系趋于成熟的标志。

---

① 刘小萌：《清前期北京旗人满文房契研究》，《民族研究》2001年第4期。

图342 民国八年步军统领衙门颁给租地执照

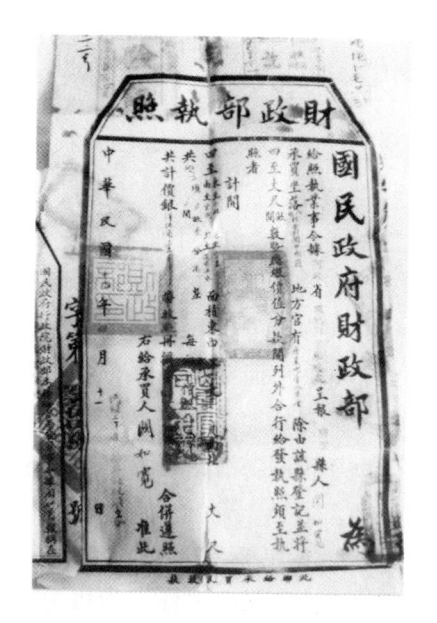

图343 民国十九年密云檀营满人关如宽买地执照

(二) 旗契的研究价值

研究北京旗人社会史，旗人契书以其内容的丰富详实，正可弥补官修史书的粗疏不足。契书反映的虽然只是具体个案，但将众多个案联系在一起，进行纵向或横向的排比分析，却不难对一系列带有普遍性问题，得出更深入的认识。从这个意义上讲，旗契的发掘利用，为开展个案与全局、微观与宏观的综合研究，提供了一个新的切入点。旗契的研究，为一些疑难问题的澄清提供了有益的佐证：

1. 旗民交产问题

清朝定鼎中原初，意在建立旗人的经济特权，强行圈占北京内城民房和畿辅民地作为旗房旗地，并将禁止旗民交产定为一项国策。但旗民间不断密切的往来却使这一禁令形同具文。从现有契书看，笔者所见最早一件旗民交易旗地的契书写于康熙二十一年（1682），这件汉文白契写着：

　　立退坟地人系厢红旗包下钮钮牛录下李八郎等，原有穆弘德祖坟地一块，在李八郎等地圈内，今有说合人将此坟地一块情愿赎讨归与坟主，言定赎坟银拾两正。两家情愿，不许反悔，恐后无凭，立此永远存照。

  康熙二十一年二月卅日　　立退坟地人李八郎等（押）①

"包下"是"包衣下"的简写。这份契书是镶红旗包衣牛录下的李八郎写立，交给原坟地主人收存。形制简陋，只提到对象地所有权的转让和价格，而该地的面积、四至、位置、有无附产，乃至买主的姓氏，一概阙如。如此简而又简的契书，或者与交易的非法性质有关。顺治初年，穆弘德家的祖坟地被旗人李八郎圈占，至此以十两银价将坟地赎归。这份契书有助于说明：清朝入关不过四十年，旗地向民人手中回流的现象已崭露头角。

  2. 旗民关系问题

  清朝入关初，满人用旗契，汉人用民契，两者泾渭分明，反映了旗人社会与民人社会的畛域。以后随着时间推移，旗人与民人交往越来越多，同一张契书上，除买卖双方外，作为中保、说合人的，往往既有旗人又有民人。乾隆二十年七月十一日正黄旗满洲鹤伶卖房契，"中保人"写为"王姓"，或系民人。嘉庆十年九月初九日民人丁茂宗卖房契，"中保人"八十六、永恩、普和，为旗人；"说合人"王国梁、孟正珍，为民人。在旗民交产的场合，这种现象尤为普遍。乾隆三十三年十二月二十五日正黄旗满洲塞同阿将德胜门路南一处房产老典与刘姓民人，交易的"中保人"是其胞弟吉尔泰，"说合人"有韩玉书、俞国栋、夏明文，均系民人。乾隆三十九年十二月民人张六格将宣武门内住房一所卖与镶红旗蒙古人七十四，"中保人"名张得金布，似为汉姓旗人；"说合人"系伊藏阿，属旗人无疑。乾隆五十一年八月十一日正红旗蒙古长安将阜成门内一处住房典与民人王某，"知情底保人"写为"三福"，是旗人；"中保人"李瑞、张四等，为民人。清朝中叶以降，旗人间不动产交易由民人牵线搭桥，或者民人间不动产交易由旗人"说合"，已是司空见惯的现象。②

  满洲人早期文化粗疏，定居北京后不能不受到汉文化强烈影响。今存

---

 ①　原件藏中国社会科学院近代史研究所图书馆。
 ②　均见中国社会科学院近代史研究所图书馆藏房契。

满洲旗人契书，康、雍之际，满、汉并用①；乾隆以降，官契仍坚持满汉合璧，直至清亡，私契却通行汉文。与此同时，越来越多的满洲人改从汉姓，选取汉语中表示福寿吉祥喜庆的词汇命名，成为一种时尚。这些变化，在契书中都有集中的反映。

3. 旗人经商问题

清朝入关初，据说曾颁布有关旗人"居积牟利之禁"，表面上说，为防止旗人恃强凌弱、骚扰民间②，真正用心还是希望旗人以当兵为唯一职志，成为国家可以依靠的"干城"和"股肱"。清代中叶，一些官员在奏疏中反复强调，旗人不会经商，以致"生计日蹙"。③ 这样一来，就出现了一个问题：旗人是否经商，以及旗人经商是否合法？其实，在清朝官书中，并没有禁止旗人经商的明文。许多旗人习于当兵，仰给于月饷季米，却不谙营生之道，以致落到"经商逐利，不待禁而不能"的地步，则是事实。但如果据此认为，旗人均与商业无缘，也未免以偏概全。具体就北京旗人来说，至少一部分贵族、官员、富户，很早即有经商传统。这在契书中不乏具体事例。笔者曾根据满文房契指出，至迟康熙末年，北京旗人中已出现铺面房买卖。④ 旗人经商活动的发展，大致基于几方面原因：首先是手中掌握大量银两；其次是商业利益驱动；再次是生计压力。对旗人经商现象，统治者始终抱着一种矛盾态度，既深知旗人衣食住行形成对商业的严重依赖，又担心商业活动会给他们造成腐蚀，但并没有明令禁止。

---

① 如果想更准确地探讨北京满洲旗人放弃满语、满文的时间问题，尚需时日。从现存契书看，至少在乾隆前期，北京满洲人中仍存在使用纯用满文的房契，如乾隆二十二年（1757）镶白旗满洲步甲巴兰太的典房白契（载《北京房地产契证图集》，第45页），乾隆十三年七月十三日正蓝旗满洲苏郎阿典房白契、乾隆十六年五月十七日正蓝旗满洲富明阿典房白契、乾隆二十三年九月二十八日正蓝旗满洲五达色典房白契、乾隆二十四年九月十二日正蓝旗满洲寿安典房白契（见石桥崇雄《満文文書のついて》，载《中國土地文書目録・解説下》，第188—192页）。又，笔者《清前期北京旗人满文房契研究》（载《民族研究》2001年第4期）一文，集中收录康熙三十四年（1695）至乾隆十七年（1752）的十件满文房契。均说明，乾隆前期，在满洲民间，满文尚未完全退出历史舞台。此后，汉文逐步取代满文。满洲贵族上层普遍接受良好教育（包括满语满文教育），直到清末，仍有一些人通晓满文、满语。

② 王庆云：《石渠余纪・记八旗生计》，第196页。

③ 如沈起元说："甲不能遇及，而徒使之不士、不工、不商、不兵、不民，而环聚于京师数百里之内，于是其生日蹙。"（贺长龄编：《皇朝经世文编》第35卷）梁师正亦称："百年休养，户口众多，无农工商贾之业可执，类皆仰食于官。"

④ 《清前期北京旗人满文房契研究》，《民族研究》2001年第4期。

4. 旗人语言问题

研究旗契，首先是早期旗契，对了解八旗内部满、蒙、汉军语言文字的应用与变化，也有重要价值。笔者在《清前期北京旗人满文房契研究》一文中，曾就当时满语文在北京旗人中的应用情况，作了初步概括。①

八旗内部满洲、蒙古、汉军旗人文化背景不同，各有自己的语言文字，一旦被编入八旗制度，首先要解决的，就是如何沟通问题。满文契书表明：他们在入关后相当长一段时间里，都是在使用本族语言的同时，兼用他族语言，从而形成多种语言并行的状况。

首先，汉军旗人兼用满语文。清朝开国时期，有多达数十万计的汉人，或者被编入上三旗内务府属和下五旗王公府属包衣佐领、包衣管领、旗鼓佐领，沦为皇室与王公贵族的私属和家奴；或者附入八旗满洲官兵户下，充任仆役。在长期的共同生活中，一部分汉人受到满洲文化的熏陶。《广阳杂记》卷一记载："满洲掳去汉人子女年幼者，习满语纯熟，与真女真无别。"这部分人入旗时年龄尚幼，最易被满人同化，在熟通满语的同时，生活起居也濡染满俗。

其次，蒙古旗人兼用满语文、汉语文。蒙古人自入旗初，开始接受满洲文化。现存多件康、雍、乾年间蒙古旗人契书系用满文写立，表明他们不仅在与满洲旗人交往时通行满语文，而且在内部交往中也常使用满语文。这凸显了清前期满语文作为"国语"在旗人社会中的特殊地位。蒙古游牧文化与满洲渔猎文化本来就有很多相同之处。② 满洲人肇兴之初，参考蒙文创制满文，是这两种文化相互融通的一个突出事例。对蒙古旗人来说，满文既脱胎于蒙文，掌握起来自然轻而易举。清统治者的积极倡导，也推动了满语文在蒙古旗内的普及。不过，蒙古旗人在使用满语文同时，运用汉语文的能力也在迅速提高，与此同时，蒙古语文却日渐荒疏了。③

---

① 《民族研究》2001年第4期。
② 详见刘小萌《满族肇兴时所受蒙古文化的影响》，载《满族的社会与生活》。
③ 康熙四十八年九月正红旗蒙古马甲五十八与本旗蒙古海潘儿的房产交易，同时写立满、汉契约各一张（契书藏中国社会科学院近代史所图书馆），唯独没有使用蒙文，就是一个典型的例子。雍正元年桑额奏请蒙古旗进士举人先入官学学习蒙古语一折："蒙古旗进士举人自幼只习汉文，不学蒙古语文"；又雍正十三年舒鲁色奏陈八旗蒙古子弟学习蒙古语一折："大行皇帝（指已故康熙帝）屡颁训谕，八旗蒙古旗人会蒙古语者少……今观之，京城成长之少年，不及老者，会蒙古语者甚少"（载《雍正朝满文朱批奏折全译》，第502、2455页），都说明在康熙年间，京师蒙古旗人的本族语文已明显荒疏。

再次，满洲旗人兼用汉语文。关外时期，满洲旗人多不通汉语。入关初期，不得不在各部衙中设立通满语的通事。但在汉文化冲击下，满语文只经历了短暂的繁荣。康熙十年（1671）清廷撤销了各部衙的满语通事，说明满官多已娴习汉语。在这之前，八旗满、蒙子弟考试生员，也改用汉文。满语文中大量汉语语汇的涌入，是这种影响与日俱增的表现。根据康、雍年间满文契书①，满人对汉语语汇的借用大致分三种情况：

第一种情况，汉语语汇意译。如满文契书的"top šun i duka"（正阳门）、"dulimbai hecen"（中城），就是根据汉语地名意译。

第二种情况，汉语语汇音译。在满文契书中，属于此种情况比较多，如："jung dung fang teo pu"（中东坊头铺）、"wase"（瓦）、"kiyoo"（桥）、"giyan"（间）、"langui"（拦柜）、"paidzi"（牌子）、"ping dzi men"（平子门）。平子［则］门，为元代旧称，明正统年间改阜成门。清沿明称，并把它意译为："elden i mutebuhe duka"。但满洲人在日常生活中却多未采纳此称，仍呼其为平则门，显然是受到汉人影响。② 再如满文契中的"gio lian dzi hūtung"（旧帘子胡同）、"hung mioo"（红庙）、"ban bi giye"（半壁街）、"loo lai giye"（老莱街）、"sin liyan dzi hūtung"（新帘子胡同）、"ban be［bi］giyei hūtung"（半壁街胡同）等，都是汉语地名对音。

第三种情况，满汉兼语式。所谓"兼语式"，就是两种语言兼用的表达方式。满文契书中的"wen šu i bithe"（文约），为汉语"文书"（wen šu）的音译与满语"文书"（bithe）的合成。情况类似的还有"aisilara jungšu"（协理中书）。契书中使用频率极高的"wase boo"（瓦房）一词，则由汉语词"瓦"（wa），加一满语名词性词缀"色"（se），再加满语"包"（boo，即房）组合而成。"满汉兼"是旗人、民人长期交往中形成的一种有趣语言现象。宗室奕赓在《佳梦轩丛著·括谈》中说："常谈之语，有以满汉兼用者，谈者不觉，听者不知，亦时习也。"这种现象一直延续到清末民初。

满洲人借用汉语语汇，因人而异，带有一定随意性。有的满文契书，

---

① 刘小萌：《清前期北京旗人满文房契研究》，《民族研究》2001年第4期。
② 顺治十二年十月十五日刻《赐汤若望茔地谕旨碑》，也将阜成门写为"平子门"（ping dzi men duka），载《拓本汇编》第61册，第81页。

"sin liyan dzi hūtung"（新帘子胡同）纯为汉语音译，而在其他契书中，"新帘子"的"新"字，却改用满语词"ice"（依车），成一满汉兼语式。称阜成门，或用音译，或用意译，还有沿用旧称"ping dzi men"（平子门）的。

满人命名，原有自己的规范和习惯，与汉人习俗大相径庭。满文契书则表明，在汉文化涵濡下，满人取汉名或满洲式汉名不再是罕见现象，如贾宝宇、大嘴，都是汉名；八十一、八十四、佛保，则是满洲式汉名。婴儿出生时按祖辈年龄数命名，是满洲旧俗。当初，数字命名使用满语，以后为简便起见，改用汉语。满人入关后易患痘疫，婴儿多早殇，取佛保、众圣保、众僧保、众神保、观音保、菩萨保、韦驮保等带有宗教色彩名字者屡见不鲜①，意在祷祝神佛保佑婴儿顺利成长。这些命名改用汉语，远比满语易说易记，但仍带有满俗特色。

为防范满人汉化，清朝统治者在入关初就把满语尊崇为"国语"，并把"国语"与"骑射"视作立国根本大力提倡，但在汉文化无孔不入的渗透下，首先是大量汉语词汇融入满语，接着便是满语、满文的衰落，这成为不可逆转的趋势。乾隆前期，旗人契书虽然仍有使用满文的，已相当稀少，就旗人整体而言，无论满洲、蒙古、汉军，使用汉语文越来越普遍，汉语文取代满语文，成为八旗内部满、蒙、汉军人交往沟通的主要语言工具。

总之，旗人契书对深入考察北京八旗社会，有着珍贵价值。对研究北京地方史，也是值得重视的史料。诸如清代城区建设布局、管理体制、人口分布、等级分化、民族构成、商品经济、城乡关系、地名变动乃至家产析产等内容，在契书中均有具体详实的记载。

二 碑刻

在现存清代北京地区碑刻中，旗人碑刻占有很大比例。旗人碑刻类型多样，主要有墓志铭、神道碑、功德碑、题名碑、香会碑、舍地碑、祠堂碑等，内容涉及八旗制度乃至旗人民人的诸多方面，且所详者往往可补文

---

① 如康熙十四年《清故淑女黑舍里氏圹志铭》（载《拓本汇编》第63册，第69页）记辅政大臣索尼长孙女黑舍里氏生前取法名"众圣保"；又，康熙四十四年阿进达墓载：阿进达殁后，其妻生一遗腹子，祖母"捧负珍如掌珠，锡以佛名众僧保"，见盛昱辑《雪屐寻碑录》第10卷，载金毓黻编《辽海丛书》第5册，第3000页。

献史书之阙，研究价值不言而喻。

(一) 收藏与整理

清代是等级制度高度发达的社会，对皇室和品官用碑，在规格、形制、题字等方面，都有严格规定。旗人作为社会中的一个特殊群体，在国家的政治、军事生活中起着举足轻重的作用，尤其在开国时代，文则运筹帷幄，武则叱咤骑射，群英崛起，盛极一时。由此形成众多旗人碑刻，也就不足为奇了。

旗人碑刻除散见于东北等地，主要集中在北京地区。自顺治元年清廷入关定鼎北京，满洲皇室和八旗将士就世代居住在这里，围绕他们的历史足迹，留下了形形色色的碑刻。这些碑刻，为研究清史、满族史以及八旗制度史提供了大量珍贵资料。

关于清代北京碑刻，前人已做了大量搜集整理工作。清人钱仪吉（1783—1850）编纂《碑传集》，采辑清朝自天命纪元至嘉庆朝约二百年间碑版状记之文，旁及地志杂传等，分宗室、功臣、宰辅、部院大臣、内阁九卿、翰詹、科道、曹司、督抚、河臣、监司、守令、教官、佐贰杂职、武臣、忠节、逸民、理学、经学、文学、孝友、义行、方术、藩臣、烈女等二十五目，凡一百六十卷，包括两千余人的历史资料。其中，旗人史料占有很大比重。

清朝宗室盛昱留心旗人文献，同表弟杨钟羲编纂《八旗文经》，堪称有清一代旗人文献的典籍。书中卷四十二至四十四"碑"、卷四十七至四十八"墓碑"、卷四十九墓志，收有若干反映北京旗人社会生活的原始资料。

盛昱字伯熙，清初肃武亲王豪格七世孙，隶镶白旗满洲。光绪二年（1867）进士，选翰林院庶吉士，后迁翰林院侍读。讨论经史、舆地及本朝掌故，皆能详其沿革。其间数上奏章，弹劾大员，以"清流"自诩。光绪十年任国子监祭酒，因政治上受到排挤，将精力投注于考据学问。他崇尚风雅，精通金石，对旗人碑刻情有独钟，"时出游衍蜡屐访碑，复广觅拓工，裹粮四出，近畿之碑响拓殆遍"。[①] 多年搜集，集腋成裘，蔚为大观。盛昱既殁，原拓散亡，唯副本尚存，惜当初顾觅抄手誊录副本时，前后多有错乱，未及编次，于是经杨钟羲对副本加以编次，因无原拓可

---

① 金毓黻：《雪屐寻碑录叙》，载《辽海丛书》第5册。

图344 康熙帝赐佟国维妻何奢礼氏"宿德壸范"匾额拓本
（康熙五十二年刻）

校，整理后的本子仍不免缺讹。杨氏以往岁盛昱赠词中有"年年雪屐寻碑"一语，定书名曰《雪屐寻碑录》。

《碑录》整理后印行未果，日本学者内藤湖南闻讯辗转寻访，将书稿携归东瀛，然未及印行而内藤先生殁。及20世纪30年代金毓黻编纂《辽海丛书》，始由日本友人处借得书稿，编入第五辑印行。《雪屐寻碑录》凡十六卷八百八十篇，基本是北京旗人碑刻，属于汉人者寥寥数篇而已。收录范围以帝诏御制谕祭文为最多，又有家撰墓碑、明堂碑文及祠堂记等。

前人搜集金石碑刻，一向贵远而贱近，每得一唐刻宋拓，无不互相矜重，而不必文章名贵，书法精美，概因物以稀为贵。而盛昱搜集碑刻遗文，及于当世，确实是需要一些远见卓识的。至于是书之价值，诚如金毓黻先生所指出的："其粲然可观者多为典章文物之所存，盛衰荣悴之所系，谓为《文经》之亚，谁曰不宜？即其姓氏爵里宗支子姓之琐细者，亦多为公私记载所不及详，异日续辑通志、通谱诸书，搜求八旗掌故，自必以是书为渔猎采伐之资。"[①]

盛昱等以个人之力，自然难以将京畿一带旗人碑刻搜访殆尽，自清末民初以来，一些机构和个人继续这方面的工作。如民国《房山县志》《良乡县志》，溥儒编《白带山志》等，都收有一些相关资料。这类资料逐渐为各图书馆、博物馆所网罗。其中北京图书馆收藏的石刻拓本数量最多，特别是在20世纪50年代，北京图书馆与有关单位合作，对北京地区的石刻进行了大规模传拓，使许多旗人碑刻得以保存，大大丰富了自盛昱以来的收藏。

1990年，中州古籍出版社出版《北京图书馆藏中国历代石刻拓本汇

---

① 金毓黻：《雪屐寻碑录叙》。

编》，其中清代部分三十册，收拓本五千余种。该书收录旗人碑刻，不仅在数量上超过了《雪屐寻碑录》，而且在范围上也较前书广泛，除了帝诏御制谕祭文、家撰墓碑、明堂碑文、祠堂记等之外，还包括题名、经刻、手书等，对研究清代北京旗人首先是满洲旗人的社会生活、军事和政治制度、氏族谱系、民族关系、文化变迁、宗教信仰等，都有重要价值。

因《拓本汇编》对单一民族文字的碑文未全部收录，所以要了解北京图书馆满文石刻的准确情况，还必须参考《全国满文图书资料联合目录》[①]。该书《石刻拓片部分》，列有北京图书馆等单位收藏的六百九十三件满文碑刻目录，附有碑名（一般为满汉文对照）、碑额、碑文文种（如单一满文或满汉文）、撰者、立碑时间、地点以及目前的收藏单位的说明，检索颇便。

徐自强主编《北京图书馆藏北京石刻拓片目录》，也是了解北京地区碑刻收藏情况的必要参考[②]。全书收石刻六千三百四十种，以清代石刻最多，有三千五百四十种，主要有墓碑（包括墓表、谕祭碑、神道碑、先茔碑、墓碣）、墓志（包括生圹志）、庙宇碑（包括观、庵、祠堂、善会碑及修缮寺庙之捐资题名等碑）、题名和题字碑（包括榜书和帝王御笔诗文）、杂刻（包括感恩、功德、家祠、学校等碑）等，涉及旗人生活方方面面。

在经过多年充实整理的北京石刻博物馆，藏有大量旗人碑刻，值得认真研究。笔者多次往观，每次都有新的发现和收获。

（二）文字特色

与通常民间碑刻通行汉文不同，旗人碑刻文字多样，分为单一满文、满汉合璧、满蒙汉合璧、满蒙汉藏合璧、满蒙汉维合璧、单一汉文等多种形式。在多文体碑中，无论其他文体如何组合，作为"国书"的满文体是不可或缺的。这既反映了旗人社会多源多流和多文化荟萃的特点，也集中体现了满洲人在八旗内部乃至庞大清帝国中所处的核心地位。

在多文体碑中，为数最多者当推满汉合璧碑，这也是有清一代八旗行文的标准格式。直到近代，纯用汉文的旗人碑刻始显著增加。至于纯用满

---

① 《全国满文图书资料联合目录》，书目文献出版社1991年版。
② 《北京图书馆藏北京石刻拓片目录》，书目文献出版社1994年版。

文的早期碑刻，存世者稀。①

满汉合璧碑刻虽内容大体重合，却有它独到的研究价值：

第一，拾遗补缺。一些满汉合璧碑刻，历时较远，某一文字部分早已漶漫模糊，难以辨识，另一文字部分则相对清晰。在这种场合，通过清晰部分可以完整地了解碑文内容。

有些碑刻，满文部分与汉文部分内容上有出入，可以相互发明。顺治十二年（1655）三月刻《王法哈墓碑》，汉文部分为："顺治岁次乙未季春吉旦诰赠通议大夫法哈王公之墓"，满文部分为："ijishūn dasan i juwan juwe ci aniya ilan biyai sain inenggi guwalgiya halai sargan ilibuha. g'oming

图 345　乾隆六十年宗人府颁恩碑（北京石刻博物馆）

---

① 参见刘小萌《关于江宁将军额楚满文诰封碑》，《满语研究》2001 年第 1 期。

bume amcame fungnehe doro de hūsun buhe amban faha i eifu."① 满文部分提到，该碑为法哈之妻瓜尔佳氏所立，为汉文部分所无；而汉文部分谓法哈的汉姓为"王"，满文部分却略而不言。综合满汉两部分文字，不仅确认王法哈为满人，还说明满人入关初已习惯冠汉姓。满洲瓜尔佳氏，一般冠汉姓为"关"，而墓主法哈却冠汉姓为："王"。这究竟反映满洲人冠汉姓带有很大随意性，还是另有原因，实在耐人寻味。

第二，诠释词义。清初文献中屡有"黑白昂邦"一职，其意颇不可解，对应满汉合璧碑文，知"黑白昂邦"即满语"hebei amban"音译，后译"议政大臣"，即有资格参与议政王大臣会议的大臣。清代旗人碑刻汉文体通常辞藻华丽，尤其谕祭碑、功德碑、诰封碑之类，套语连篇，有些还附有骈体文，满文体则相对朴实简洁。阅读满文体，易于准确把握碑文原义。

第三，考察语汇演变。满洲人入关后，深受汉文化影响，语汇更新速度很快，容量也在不断扩大。以往研究满语词汇演变，主要依据清代编撰的满文辞书、文书档案，而满文碑刻作为民间语言的活化石，准确无误地保留了不同时期满语语汇的构成与特点，为从历史语言学角度研究满语满文，开辟了新途径。

关于满语与汉语的关系，有研究者指出：清初旗人中流行的汉语原是辽东话（沈阳话），明末辽东汉人大批编入八旗，以后随着满人进入北京，又将辽东话带入北京。辽东汉话因受到女真语（满语）影响，失去了"失""吃""直""日"等音，而变成"斯""此""兹""依"。② 印证顺、康年间碑刻，"中原"一词，顺治八年八月《和格诰封碑》的满文写为："dzong yuwan"（音"宗原"）；顺治十二年十月《赐汤若望茔地谕旨碑》中园头王九重的"重"字，满文写为："dzong"（音"宗"），就是入关初期满语中汉语借词带有辽东话特点的两个具体例子。

（三）研究价值

日本学者鸳渊一曾著《满洲碑记考》，开创利用碑刻史料研究满族史和清朝史的先河，至于北京旗人碑刻，尚无系统研究。据笔者初步了解，旗人碑刻史料，至少在以下方面具有重要研究价值：

---

① 顺治十二年三月《王法哈墓碑》，载《拓本汇编》第61册，第75页。
② 常瀛生：《北京土话中的满语》，北京燕山出版社1993年版，第127、130、145页。

1. 关于八旗人物

旗人碑刻，以诰封碑、墓志为主，集中反映贵族、官员的身世与政绩。宗室王公碑刻数量很多，主要有：顺治八年肃亲王和格（豪格）诰封碑、十四年多罗贝勒杜尔户墓碑，康熙元年惠顺亲王祜塞墓碑、五年多罗贝勒常阿岱墓碑、六年辅国公构孳墓碑、十年镇国公果色墓碑、十一年礼亲王代善墓碑、豫郡王多铎墓碑、承泽亲王硕塞墓碑、十四年显亲王富寿墓碑、三十九年康亲王杰书墓碑、四十二年简亲王雅布墓碑、四十九年康亲王椿泰墓碑，雍正九年怡亲王胤祥庙碑、十年怡亲王胤祥祠碑、十一年贤良祠碑、十二年贤良寺碑，乾隆三年诚郡王允祉墓碑、八年庄亲王允禄世子弘普墓碑、十七年定亲王永璜墓碑、简亲王德沛墓碑、二十八年信郡王德昭墓碑、三十二年庄亲王允禄墓碑、纯亲王永祺墓碑、三十五年恭亲王弘昼墓碑、三十七年显亲王衍璜墓碑、三十九年諴亲王允祕墓碑、四十三年奠代善墓诗刻、肃亲王成信墓碑、四十四年弘暻墓碑、六十年诚郡王弘畅墓碑，嘉庆七年多罗贝勒绵惠谕祭碑、道光二年定亲王绵恩墓碑、四年顺承郡王伦柱墓碑、二十一年惇亲王绵恺墓碑、豫亲王裕全墓碑、成亲王永瑆墓碑，咸丰元年瑞郡王奕志墓碑、四年肃亲王敬敏墓碑、同治七年醇亲王园寝诗刻碑、光绪五年肃亲王华丰墓碑、十八年醇亲王奕譞墓碑、二十四年恭亲王奕䜣墓碑、豫亲王本格墓碑、三十四年肃亲王隆懃墓碑，以及民国六年庆亲王奕劻墓碑等。这些碑文，在研究满洲贵族时，均有参考价值。

有些碑文，虽收入《实录》等官书，但撰修者基于种种考虑，对碑文加以修改或剪裁。对照碑刻原文，有助于恢复历史原貌。皇太极长子肃亲王豪格（碑文称"和格""合格"），为争夺皇位与睿亲王多尔衮深相结怨，顺治五年（1648），被摄政王多尔衮以微末罪名幽系，不久卒于狱。顺治八年福临亲政后，为豪格昭雪，复王爵，立碑表彰。《世祖实录》卷五九录其碑文云："值睿王专政启衅，遽加以罪名，辄行拘系，抑勒致死。"核对碑刻原文则为："值墨儿根王专政，诬捏事端而拘禁之，遂而自终。"①明确记载豪格自尽而死，《实录》却代之以模棱两可的说法。顺治十五年九月，福临再次为豪格立碑。②这些记载，对了解皇室骨肉相残的遗案有所裨益。（见图346）

---

① 顺治八年八月《和格诰封碑》，载《拓本汇编》第61册，第42页。
② 顺治十五年九月《合格墓碑》，载《拓本汇编》第61册，第126页。

图 346　肃亲王豪格满汉合璧墓碑拓本

多罗恭惠郡王棱德弘（即勒克德浑），和硕礼亲王代善孙、颖亲王萨哈廉次子，生前以功封多罗顺承郡王。《八旗通志》初集卷一二九载：勒克德浑顺治九年（1652）三月薨，年三十四，"康熙十年五月，追谥曰恭惠，勒石记其功焉"。而据《多罗恭惠郡王碑文》[①]，追谥并勒石记功的时间当在顺治十二年（1655）十月。说明《八旗通志》所记时间有误。（见图347）

图347　顺承郡王勒克德浑墓碑

[①] 顺治十二年十月《多罗恭惠郡王碑文》，载《拓本汇编》第61册，第80页。

第十章　文献研究　731

　　有些诰封碑，于碑主履历缕述颇详，可补文献记载之不足。觉罗巴哈纳，满洲镶白旗人，景祖觉常安第三兄之四世孙。年十七，出征效力，屡著劳绩。天聪八年（1634）授牛录章京世职。顺治元年（1644）任本旗蒙古、满洲固山额真。是清初八旗的重要将领。顺治末年仕至秘书院大学士。康熙五年（1666）卒，赠谥敏壮。① 巴哈纳虽载入《八旗通志》的名臣列传，篇幅颇短。原立于北京朝阳区十八里店满井的顺治十四年（1657）三月《巴哈纳诰封碑》，记载其"初任拜他喇布勒哈番管牛录"直到第十八任"少师兼太子太师、吏部尚书、加一级、中和殿大学士"的全部履历②，为了解他的事迹，保存了重要史料。类似碑文，以顺、康二朝为多。

　　清朝定鼎中原，国势日隆，开国勋臣的辉煌业绩，均镌刻碑铭，以垂久远。勋臣索尼，为清初政坛上四朝元老，宦绩卓著。关于皇太极死后的继位之争，《索尼诰封碑》记载说："父皇太宗文皇帝宾天，国势抢攘无主，宗室昆弟，各肆行作乱，争窥大宝，尔重念父皇恩遇，坚持忠贞之心，不惜性命，戮力皇家，同叔和硕郑亲王扶立朕躬，秉忠义以定国难"，充分肯定了索尼在福临即位问题上所起的重要作用。又提及多尔衮擅政后对索尼的迫害："顺治二年二月二十八日后，墨勒根王心怀篡夺，知尔必为朕死，实难存留，以计遣祀昭陵，随无故削职，即安置彼处。朕亲政之后，知尔无辜召回。"③ 索尼之兄噶布喇的女儿嫁给康熙帝玄烨，即仁孝皇后，因有这层关系，索尼、索额图父子在朝廷中权势熏灼，益发不可一世。与索尼家族有关的碑刻还有《索尼墓碑》《众圣保（索尼孙女）圹志》《噶布喇墓碑》。④

　　墓志，又称墓志铭，是埋入墓中记载墓主姓名家世和生平业绩的标识物。范文程、洪承畴、马鸣佩等人，都是清初汉军显赫人物，他们的墓志、祠堂碑，提供了关于家世、政绩、婚姻、子女的详细情况。⑤

---

① 《八旗通志初集》第160卷，第4003—4004页。
② 顺治十四年三月《巴哈纳诰封碑》，载《拓本汇编》第61册，第98页。
③ 康熙六年四月《索尼诰封碑》，载《拓本汇编》第62册，第85页。
④ 康熙七年四月《索尼墓碑》，载《拓本汇编》第62册，第112页；康熙十四年四月《众圣保（索尼孙女）圹志》，载《拓本汇编》第63册，第69页；康熙二十二年《噶布喇墓碑》，载《拓本汇编》第64册，第42页。
⑤ 康熙四年七月《洪承畴墓志》，载《拓本汇编》第62册，第58页。康熙五年正月《马鸣佩墓志》，载《拓本汇编》第62册，第66页。康熙七年五月《范文程墓碑》，载《拓本汇编》第62册，第115页。乾隆二十二年正月《范公（文程）祠堂碑》，载《拓本汇编》第71册，第95页；康熙十年十二月《洪承畴及妻李氏合葬志》，载《拓本汇编》第62册，第182页。

大西农民军首领孙可望，张献忠义子，顺治十四年（1657）八月降清，编入旗籍，封义王。十七年（1660）死。关于其死因，向有病故和被清廷暗害二说。《圣祖实录》卷二顺治十八年四月庚午："赐故义王孙可望，谥恪顺。"文辞简略。而《谥恪顺义王碑文》载谕旨全文，是研究孙可望的有用资料。①

一等阿思哈尼哈番巴尔达奇，原籍"京奇里兀喇"（今黑龙江流域精奇里江），索伦部达斡尔人首领。顺治年间率部内迁，编入旗籍。墓碑称他："倾心内附，岁贡方物，及同党相残，又能率尔兄弟协力纳款。"该碑对研究清初东北边疆民族史有重要价值。② 宁古塔将军巴海在招抚"新满洲"、巩固东北边防方面建有殊功，玄烨御赐诗有云："凤简威名将略雄，高牙坐镇海云东；旌麾列处销兵气，壁垒开时壮武功。"这些碑文，正与文献记载相得益彰。③

清初旗人建功立业，有武功，也有文治。《顺治九年满洲进士题名碑》，记载麻勒吉等五十名满洲进士的人名、旗籍，其中一甲三人，二甲七人，三甲四十人。内容远详于官书。进士哲库纳，碑文记为镶蓝旗人，而《八旗通志·儒林传》记为镶白旗人，似误。说明题名碑有证史的功用。乾隆四年、十年、十三年、十六年《翻译进士题名碑》，也是研究满洲文士的重要史料。此外，乾隆七年九月、二十年四月、二十九年四月、三十七年十二月、四十一年十月、五十五年十月，嘉庆七年至道光三年、道光四年至十年、十年至十六年、十六年至三十年，咸丰元年至同治十三年，光绪元年至三十二年《满御史题名碑》，为研究八旗御史和监察制度，提供了系统详实的资料。

2. 关于八旗内外关系

研究八旗组织，经常遇到这样几层关系，一层是八旗内部满洲、蒙古、汉军人间的关系，另一层是旗人与民人间的关系。如何梳理这几层关系，并把握其演变趋向，对深入认识清代旗人社会及其内外关系，都是很

---

① 顺治十八年四月《谥恪顺义王碑文》，载《拓本汇编》第61册，第166页。
② 载《拓本汇编》第61册，第65页。
③ 康熙十七年四月《巴海诰封碑》，载《拓本汇编》第63册，第117页。《巴海御赐诗碑》，载《拓本汇编》第63册，第120页；康熙二十二年九月《巴海及妻艾新觉罗氏诰封碑》，载《拓本汇编》第64册，第60页；康熙三十六年四月《巴海谕祭碑》，载《拓本汇编》第65册，第102页。

有意义的。在这方面，旗人碑刻蕴涵的信息量也很丰富。

八旗组织包括满洲、蒙古、汉军三个部分，原本是多民族成分的结合体，正是由于这个组织的陶熔，才使多民族成分的差异逐渐缩小。内务府汉姓人，是八旗内部与满洲人关系最紧密也最久远的一部分汉人，因此被附载入《八旗满洲氏族通谱》。

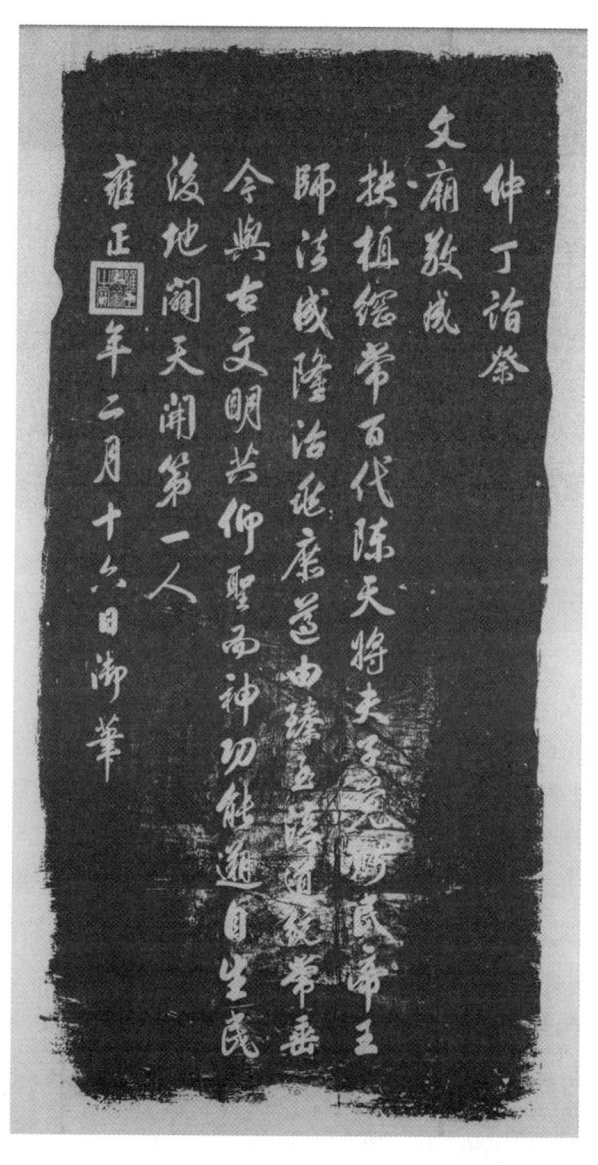

图 348　雍正帝书《仲丁诣祭文庙诗》拓本（国子监）

尚氏家族，是内务府汉姓人中一个显赫家族，关于该家族，现存康熙六年（1667）十一月《尚大德（尚兴之父）诰封碑》《尚兴诰封碑》《尚志杰墓碑》。① 据《八旗通志初集》卷五，尚兴曾管理正白旗满洲包衣第五参领第六旗鼓佐领。《氏族通谱》卷七四：尚大德，正白旗包衣人，世居沈阳地方，国初来归。子尚兴任郎中兼佐领，孙尚志杰原任郎中兼佐领、署内务府总管；尚志舜，原任内务府总管兼佐领。因地位显赫、世代簪缨，祖坟所在地得名为"尚家楼"（在今北京市朝阳区三元桥附近）。尚兴作为内务府包衣，在何衙门任郎中，官书所云不明，《尚大德（尚兴之父）诰封碑》提到，他曾任"包依卫勒勒诸尔汉郎中"（booi weilere jurgan i icihiyara hafan，直译为"[皇]家的工部郎中"），应是内务府营造司郎中。

董氏家族，是内务府汉姓人中又一世家。《八旗满洲氏族通谱》卷七四董文选传：正黄旗包衣人，世居抚顺地方。其曾孙董得启，原任员外郎；元孙董思，原任銮仪卫銮仪使；董得贵，由佐领定鼎燕京时以功授骑都尉，三遇恩诏，加至二等轻车都尉，卒。其子董殿邦袭职，历任内务府总管，缘事革退。其亲兄之孙穆克登布袭职时削去恩诏所加之职。又董文选四世孙董顺邦、叶清额、董治邦、浩善（墓碑写作董郝善），五世孙三保、董玉麟、石图、八十八、萨哈尔图、董玉象、董色、众神保、增长、常海、禅布、延龄、延福，六世孙八十七、图尔秉阿、葛尔秉阿、朱尔杭阿、清明、七十八、塞克图等人，或跻身官场或博取功名，多非平庸之辈。

董氏祖茔在今北京房山区阎村镇南坊村，存世有康熙十五年（1676）十月《董得贵诰封碑》②、康熙十六年十一月《董得贵及妻舒穆禄氏纳喇氏诰封碑》、康熙五十一年（1712）十一月《董郝善及妻郭罗罗氏继配黑摄李氏墓碑》③、乾隆朝无年月《董殿邦墓表》④ 等碑。董得贵，《八旗通志初集》卷二○三有传，曾管理正黄旗包衣第五参领第四旗鼓佐领。⑤ 碑

---

① 碑在北京朝阳区尚家楼。载《拓本汇编》第62册，第100—101页；第67册，第161页。
② 载《拓本汇编》第63册，第97页。
③ 载《拓本汇编》第66册，第174页。
④ 载《拓本汇编》第76册。
⑤ 《八旗通志初集》第4卷，第67页。

刻中记载该家族屡受恩诏、世代为官、与满人通婚、取满洲式名等史料。

清初朝鲜人被大批编入内务府，著名的有金氏家族。存世有雍正七年（1729）《金花住神道碑》《金新达礼神道碑》。①《八旗通志初集》卷四：正黄旗包衣第四参领第二高丽佐领，系国初编立，始以辛达礼（新达礼、新达理）管理。金花柱（花住）是其子。辛达礼，原籍朝鲜易州（碑文写为翼州，即义州）地方，天聪元年（1627）率子弟归附。其子噶布拉、胡住、花住及孙辈、曾孙辈多担任八旗官职。花住子常明仕至领侍卫内大臣、内务府总管，乾隆七年（1742）赐太子太保。② 标志着该家族荣宠臻于顶点。以上两碑皆常明所立，是研究内务府朝鲜人的宝贵史料。

研究八旗内外关系，婚姻问题不应忽略。在旗人墓志和诰封碑中，均包含有相关史料。

清朝入关初，在西南地区设"三藩"镇守。"三藩"指吴三桂、耿仲明、尚可喜。三人都是降清的明将。清廷为笼络之，封吴三桂平西王、耿仲明靖南王、尚可喜平南王，并分别与这三个家族缔结婚姻关系。其中，耿氏家族与皇室有几层婚姻关系。耿仲明死后，子继茂袭爵。顺治十二年（1655），清廷以和硕显亲王姊，赐和硕格格号，妻继茂长子精忠；以固山贝子苏布图女，赐固山格格号，妻其次子昭忠。③ 其第三子聚忠，十一岁时，福临命入侍内廷。十五年，又以和硕公主（和硕安亲王女）许配之。诏书中谆谆叮嘱："尔勿以配和硕公主，为和硕额驸之势，越分悖理，有违正道。"康熙三年（1664）二月又封聚忠妻为柔嘉公主。④ 十年，耿继茂病故，长子精忠袭爵。十三年（1674），精忠叛，被诛爵除。而昭忠、聚忠都保持了对清廷的忠诚。⑤ 碑刻还记载尚可喜子之隆妻和硕和顺公主⑥、洪承畴孙（即洪士铭子）奕沔聘宗室贵族女等事实。⑦

清朝统治者为维护满洲人特权地位，曾三令五申，禁止满汉通婚，实

---

① 载《拓本汇编》第68卷，第80—83页。
② 《八旗满洲氏族通谱》第72卷，第790页，参见《拓本汇编》第69册，第183页。
③ 《八旗通志初集》第175卷，第4238页。
④ 顺治十五年五月《耿聚忠诰封碑》，载《拓本汇编》第61册，第117页，康熙三年二月《耿聚忠妻和硕柔嘉公主诰封碑》，载《拓本汇编》第61册，第25页。
⑤ 《八旗通志初集》第188卷，第4466页。
⑥ 康熙三十一年三月《尚之隆妻和硕和顺公主谕祭碑》，载《拓本汇编》第65册，第5页。
⑦ 康熙二十年三月《洪士铭妻林氏墓志》，在北京海淀区车道沟出土，载《拓本汇编》第63册，第153页。

际上又有种种变通方式,如满人纳妾,基本是汉女。清末满洲大臣端方两妾杨氏、高氏,都是汉人。普通满汉人间的联姻也逐渐增多。①(见图349)

图349 光绪二十九年端方侍姬杨氏高氏碑
(二姬皆汉人)

反映旗人婚姻关系、婚姻观和妇女事迹的资料还有:乾隆十八年三月《永升妻红氏贞节碣》、二十四年七月《普福妻留嘉氏旌表碑》,嘉庆二十三年十二月《成都妻库雅拉氏墓碑》,道光十五年五月《成都及妻库雅拉

---

① 《端方侍姬杨氏高氏墓碣》,光绪二十九年七月,载《拓本汇编》第88册,第180页。又见《德喜妻张氏殉难碑》,载《拓本汇编》第89册,第139页。

氏墓表》，道光元年三月《岱清阿妻刘氏节烈碑》，道光十一年四月《福格妻康氏贞节碑》，同治八年《伊尔根觉罗室乌苏氏墓碑》，同治十年二月《福德及妻赫特勒氏墓碑》，光绪二十八年九月《德喜妻张氏殉难碑》，宣统三年五月《长敬侧室魏氏墓碑》。

3. 关于旗人宗教

清代北京地区流行佛、道等教，寺观庙宇林立，香火甚盛。清朝统治者在以儒学为统治思想的同时，积极推举佛、道二教。顺治帝福临笃信佛教在历史上是很出名的。京城南海会寺，明嘉靖以来，香火盛极一时。入清，年久寺颓。顺治十三年（1656）众信徒欲重修，命寺僧往江淮，延请禅僧性聪（憨璞）住持是刹。第二年，福临巡狩南苑，于海会寺遇性聪（憨璞），并屡召其入内廷，问佛法大意，奏对称旨，福临大喜，赐"明觉禅师"号。此后，福临对人说："朕初虽尊崇象教，而未知有宗门耆旧，知有宗门耆旧，则自憨璞始。"① 这是福临接触佛教禅宗之始。性聪住海会寺五年，寺内殿宇廊庑与钟楼山门之属均修葺一新。顺治十七年（1660）春，福临还亲自为万安山法海寺慧柩和尚榜书"敬佛"二字。② 同年五月二十一日又谕旨宣徽院发出告示保护法海寺免受搅扰，该告示被刻碑竖立于寺旁，碑为满汉文合璧，碑阴刻有法海寺的四至界址。③ 这些都是福临礼佛、敬佛、崇佛的实证。

康熙帝即位，发内帑重修梵宇，广建佛刹，崇佛之风，一时称盛，并给后世留下许多御制碑刻。雍正、乾隆二朝，国家富强，社会安定，最高统治者对于修葺北京地区著名庙宇更是乐此不疲，赏赐大量银两、土地、财物。在统治者的倡导和民人社会风气的涵濡下，众多旗人也是慷慨解囊、乐善好施，将大量钱财、土地施舍给寺院庙观。关于旗人社会生活的这一重要方面，官书文献少有披露，唯独在碑刻中，得到了集中反映。当时京城内外兴修寺庙，捐资者的成分可以分为几类：一类由满人捐助；一类由旗人捐助；再一类，由旗人民人合作捐资。

宛平县治之西有义利寺，建于元至正年（1341—1367）间。其僧智

———

① 顺治十七年七月僧道忞撰：《海会寺碑》，载《拓本汇编》第61册，第153页。
② 即著名的《敬佛榜书碑》，顺治十七年三月十六日刻，碑在北京海淀区正红旗村香山法海寺，碑额双勾篆书"敕赐法海禅寺"六字，碑阴《西天东土历代佛祖之图》，载《拓本汇编》第61册，第144页。
③ 碑在北京海淀区正红旗村，载《拓本汇编》第61册，第150页。

图 350 雍正三年隆福寺重修碑（北京石刻博物馆）

存，精通佛典，于大藏经能记诵其半，人遂以半藏呼之,因称为半藏寺。明代修葺，仅免沦废，及清初岁月愈深，殿宇倾颓。康熙元年（1662），由辅政大臣索尼倡导，和硕额驸吴应熊、和硕额驸耿精忠、和硕额驸尚之隆、和硕额驸耿精忠、俺达尚之信、哆啰额驸耿聚忠、大学士范文程、大学士宁完我、内大臣孙延龄、一等金钦尼哈番祖泽洪、吏部左侍郎吴达礼、一等侍卫噶布喇等众多满汉高官共同襄助，大举重修。旧刹面貌焕然一新。索尼念"佛法广大，常能利益众生"，为祈福惠，遂更义利寺名曰

图 351　乾隆帝书《般若波罗蜜多心经塔碑》拓本

保安。①

　　大约从康熙中叶起，北京内城修缮庙宇，多由旗人、民人共同捐资。与此同时，内城中不仅进入众多民人，而且出现了"民居"。② 越来越多的民人定期或不定期地进入内城，逐渐定居下来，对打破旗民畛域，无疑

---

① 康熙三年三月索尼撰：《保安禅寺碑记》，载《拓本汇编》第62册，第33页。
② 康熙二十七年九月《永寿观音庵碑》，载《拓本汇编》第64册，第113页。

具有积极意义。值得注意的一点：约自道光以降，各种店铺商家越来越频繁地卷入这类社会公益事业，并在碑刻中留下大量记载。这对研究北京内城商业的发展，旗民关系的演变，都是宝贵资料。

为了组织进香、祭祀、捐修庙宇，或在庙会期间提供各项义务服务，北京的旗民成立了名目繁多的"香会"。这类民间组织打破了旗民的界限，形成地域性组织，组织经常性活动，并且几十年乃至上百年地把活动坚持下去。现存大量会碑、题名碑，为了解香会的活动内容、人员构成提供了详实资料。

4. 关于旗人土地

长期以来，旗地问题一直是研究的重点，碑刻史料的挖掘，为这一传统研究领域开拓出一片崭新天地。

旗人土地就其性质、来源、用途来说，相当复杂。以性质分，有官庄、王庄、一般旗地之别；就来源分，有老圈、价买、典置、长租、赏赐、置换、回赎、转让、继承等之别；就用途分，又有庄田、茔地、祭田等之别。前人研究旗地，主要侧重于官庄、王庄和一般旗地，碑刻则为研究旗人茔地、祭田提供了丰富史料。现存舍地碑、题名碑、善会碑、香火田碑，则反映了旗人将大量土地捐献给寺院的现象。值得关注的：正是在"舍地"的形式下，相当一部分旗地"合法"地流入了民间，而清朝统治者在严禁民人置买旗地的同时，对此种动向却采取了异乎寻常的宽容态度。

清廷虽三令五申禁止民人置买旗地，对宠遇优渥的西洋传教士，却另案办理。顺治十二年（1655）十月十五日《赐汤若望茔地谕旨碑》，镌刻有福临将阜成门外旗地赏赐汤若望作为茔地的谕旨。清朝入关，圈占京畿一带大片土地作为旗地，安置"从龙入关"的旗人。汤若望作为西洋传教士，却受赐旗地。这虽然只是特例，却反映出福临对他的宠信。

雍乾年间清廷为维护旗人生计，多次大规模清理民典旗地，动辄回赎。乾隆十五年（1750）十二月初十日奏："西洋人郎世宁等，于例禁之后私典旗地，应撤回治罪。"①但在随后的谕旨中，却"加恩免其撤回治罪"，甚至连定例以前所典旗地一概免其回赎。郎世宁奉旨后，深感皇恩

---

① 《清高宗实录》第378卷，第16页。

浩荡，特镌刻《恩施郎世宁等价典旗地碑》，作为永久纪念。① （见图352）清廷这样做，在当时又是一个特例。郎世宁，意大利米兰人，生于1688年（清康熙二十七年），康熙五十四年（1715）底到达北京，乾隆三十一年（1766）在京逝世，享年七十八岁。郎世宁历仕康、雍、乾三

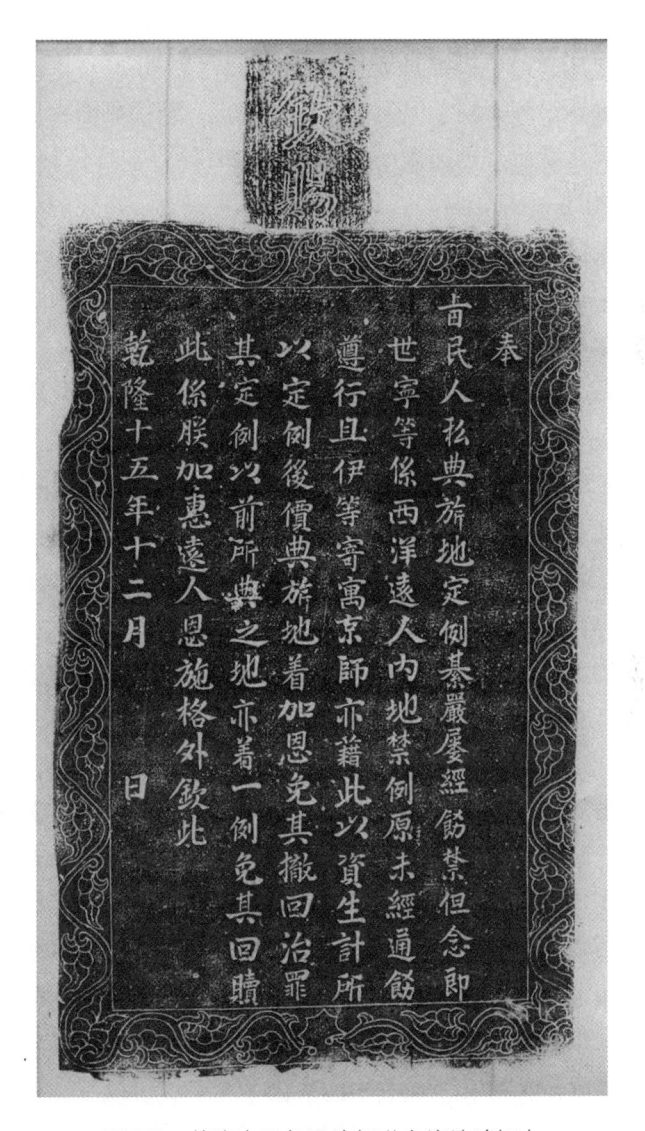

图352 乾隆十五年恩施郎世宁旗地碑拓本

---

① 乾隆十五年十二月《恩施郎世宁等价典旗地碑》，载《拓本汇编》第70册，第138页。

朝，在绘画方面造诣尤高，留下了一批传世佳作。乾隆十五年查出郎世宁违例典买旗地时，他在内廷任画师已三十余年。乾隆帝对他如此厚待，自然是基于笼络的目的。不过从另一角度讲，西洋人典买旗地毕竟有限，即便对他们网开一面，也丝毫无损于禁止民典旗地政策。

5. 关于满人姓氏汉化

研究旗人社会，不可能回避满人"汉化"问题。对于这一问题，目前海内外学术界说解不同。但无论持何种观点，都不可能否认以下基本事实：满人定居北京后，迅速濡染汉文化，同时导致本身传统文化的荒疏，这是历史发展的一个基本趋向，这一趋向也就决定了变化的结局。关于这一变化，有大量事实可为佐证，满人姓氏汉化，只是其中的一个侧面。前人研究，主要依据文献中零星记载，在旗人墓志、寺庙碑、香会题名碑中，却有大量最原始、可靠的记载。

满人命名，原有自身传统与特色，入关前已受到汉文化影响。

清初皇室中取汉名者，最有代表性的当属顺治帝福临，但因实录等官书中皇帝御名为避讳而缺笔，所以"福临"的满文究竟如何书写，无从得知。根据同一时期的碑刻，宗室中镇国公"构孳"（godzi）、"果色"（goose）也是汉名。① 汉人间，起名"狗子"的男孩俯拾即是，"构孳"是否脱胎于"狗子"，尚不敢断言。"果色"又名"高塞"，为清太宗皇太极子，清初著名宗室诗人。肃亲王豪格的儿子取名富寿（fušeo），封和硕显亲王。既富且寿，取的都是汉语里的吉祥字。在碑刻中，他们的名字不仅满汉对应，而且是汉名在先，满名只是汉名音译。②

满洲人都有自己的传统姓氏，集大成者就是雍正年间纂修的《八旗满洲氏族通谱》。满洲人素有"称名不举姓"之俗，一般场合，只称名字，略去姓氏。通过康熙年间碑刻，可以看到满人姓名存在几种类型：

一类为地道满语名字，诸如萨什库、瓦尔大、舒禄、阿思哈、卜达、克什兔、乌尔兔、鄂那海、色勒、都赖、法保、立哥、阿你妈、聂尔兑、厄义兔、八兔、那尔布等皆是。

一类为满洲特色汉名，如七十四、四十二、三进保、长寿、存住、常

---

① 康熙六年五月《构孳墓碑》，载《拓本汇编》第62册，第90页；康熙十年九月《果色墓碑》，载《拓本汇编》第62卷，第177页。
② 康熙十四年四月《富寿墓碑》，载《拓本汇编》第63卷，第71页。

寿、常保、常有、福海、奴才、药师保、花子、老米、关保、三达子、黑达子、六十五、贵禄、老哥、保住儿、丫头、索住、观音保、伽蓝保、二哥、进保、常在、来住等，不一而足。

一类为冠汉姓满名：王花子、刘保住、刘索住、白阿林兔、王白呀喇、赵拉达里、李五十八、赵六十八、鲍六十七、王克什礼、李五十、刘八十、张六十八、王二吉兔、白八十一、程六十儿、马二吉兔、王八十等。①

这些记载表明，满人冠汉姓现象虽发端于关外时期，它的普及，应是在进入北京以后。一般来说，满人取汉姓，多与自己的族姓保持一定对应关系，不过，在碑刻中，还有一些有趣的另案。前文提到瓜尔佳氏法哈，冠汉姓曰王，就是一个特例。康熙十七年（1678）《安氏茔地碑》载：满人翁格清，旧以赵为姓，入关后，他为祈祷子孙世世平安，"乃令举族咸以安为氏"。其子遂称安泰。②满人改汉姓的随意性，由此可见一斑。与改姓异曲同工的是，随意命名的例子也撷拾可见。镶黄旗满洲人恒斋，由部外放，辗转至四川成都后生一子，因起名成都。③

尽管许多满洲男子的姓名已趋汉化，但在某种程度仍留有本族特色。相形之下，碑刻中的满洲妇女，则采取了更为汉化的表达方式，即无一例外地称作某门某氏，如伊门关氏、那门赵氏、苏门卜氏、穆门赵氏等。前为夫姓，后为妇姓。如此表述，与汉人妇女如出一辙。④只有觉罗门刘氏、觉罗门王氏、觉罗门纪氏、全门觉罗氏、胡门富氏之类，以其满人姓氏的特殊性，将身份显露无遗。⑤

三　谱书

清代八旗世家大族，素有修谱传统。清朝鼎革以来，虽历经岁月沧桑、社会动荡，旗人谱书存世者依旧不少。

---

① 康熙三十七年三月二十四日《东岳庙碑》，载《拓本汇编》第65册，第118—120页；康熙三十七年三月《散司攒香会碑》，载《拓本汇编》第65册，第121—122页；康熙四十一年七月十六日《重修三义庙碑记》，载《拓本汇编》第66册，第17—18页；康熙五十一年八月《东岳庙速报司岳武穆鄂王记》，载《拓本汇编》第66册，第168—170页。
② 载《拓本汇编》第63册，第122页。
③ 《成都及妻库雅拉氏墓表》，载《拓本汇编》第80册，第69页。
④ 康熙四十一年二月《曹国相创善会碑》，载《拓本汇编》第66册，第6页。
⑤ 乾隆十三年三月《供茶会碑》，载《拓本汇编》第70册，第18页。

日本学者多贺秋五郎潜心研究中国宗谱三十年，在《中国宗谱的研究》中，他把旗人谱书纳入"东北谱"，下分汉人谱（居住东北的汉军和汉人）、满人谱（居住东北、北京、华中）、蒙人谱（居住东北、北京）。① 近二十年来，东北旗人谱书受到中国学者的重视，仅对吉林、辽宁两省的不完全调查，就发现五百部以上。有人据此估计，存世总数超过千部。同时陆续出版了一批研究成果。② 相形之下，对北京旗人谱书的研究起步较晚。

近年来，笔者在研究北京旗人史的过程中，开始留意旗人谱书，迄今为止看过的旗人谱书，约有六七十种，分属旗籍满洲、蒙古、汉军、朝鲜（高丽）、锡伯、达斡尔、内务府包衣。尽管他们的旗籍和族源不同，但有一个共同特征，即都世居北京。其中一些谱书，不见于现有谱书目录。③

（一）收藏概况

北京是清代旗人的主要聚居地，也是达官贵人、世家大族为数最多的地区，旗人修谱蔚成风气，流传至今的仍相当可观，主要藏于国家图书馆、首都图书馆、中国科学院图书馆、北京大学图书馆、中国社会科学院历史所图书馆及近代史所图书馆、民族研究所图书馆、中央民族大学图书馆等单位。据说仅国家图书馆就藏有汉文八旗谱十九种，满文家谱二十一

---

① ［日］多贺秋五郎：《中国宗谱的研究》，日本学术振兴会1981—1982年版，第470—472页。

② 徐建华：《中国的家谱》，百花文艺出版社2002年版，第135页。关于东北旗人家谱整理和研究成果有，李林主编：《满族家谱选编》，辽宁人民出版社1988年版；李林：《满族宗谱研究》，辽沈书社1992年版；李林：《本溪县满族家谱研究》，辽宁民族出版社1998年版；傅波、张德玉：《满族家谱选》，中国社会科学出版社1994年版；傅波、张德玉：《满族家谱研究》，辽宁古籍出版社1996年版；张德玉：《满族宗谱研究》，辽宁民族出版社2002年版；佟明宽、李德进：《满族佟氏史略》，辽宁民族出版社2005年版。此外，来新夏：《近三百年人物年谱知见录》（上海人民出版社1983年版），包括对若干旗人家谱的研究。

③ 《美国家谱学会中国族谱目录》（台湾成文出版有限公司1983年版），共收3140种家谱，主要是大陆以外日本、美国、中国香港、中国台湾等收藏单位的目录；多贺秋五郎《中国宗谱的研究·现存宗谱目录》是日本、美国、中国三地的综合性目录，即在日本的1276种（其中旗人谱书约40种）、在美国的1247种、在中国（包括香港、台湾）的有873种；中国大陆出版的有《中国历代年谱总录》（增订本）（北京图书馆出版社1996年版），共收谱4450种；《中国家谱综合目录》（中华书局1997年版），共收家谱目录14719种；《上海图书馆馆藏家谱提要》（上海古籍出版社2000年版），共收录家谱11700种。

种。① 现在看来，国家图书馆的收藏应不止此数。此外，我国台湾等地及日本、美国等均有收藏。

关于北京旗人谱书，已有先行性研究。② 但令研究者颇感困难的是，这部分文献被各图书馆作为"善本"长期束之高阁，借阅不便，收费亦昂。值得庆幸的是，近年来，北京国家图书馆将馆藏谱书（也包括部分外单位的收藏）以两套丛书形式影印出版。③ 这不仅使多年的难题迎刃而解，且为研究者提供了莫大便利。

日本东洋文库藏有大量清代满汉文文献，包括八旗世袭谱档、《爱新觉罗宗谱》及皇室各支的一些分谱。在旗人家谱中，以反映汉军世家的《李氏谱系》《祖氏家谱》《甘氏族谱》较有价值。

笔者所云谱书，只是为了称呼的简便，具体说来则有《通谱》《年谱》《族谱》《宗谱》《宗谱源流考》《支谱》《房谱》《分谱》《世系》《世谱》《坟谱》《谱单》《谱传》《家乘》《事迹官爵谱》《源流考》《世系生辰谱》《升官录》《年记》《事略》等种种名目。总之，是以某个家族或宗族系谱为中心，并记载其源流、制度、人物、史迹、信仰、传统等内容的文字记录。

谈到旗人修谱缘起，首先不能排除汉文化影响。与中国历史上修谱的悠久传统一脉相承，旗人修谱的主要目的也是尊祖、敬宗、收族。祥安等续修《叶赫那拉氏族谱》④，首载乾隆十一年四世孙常英《原序》，就阐明了修谱宗旨："尊祖故敬宗，敬宗故收族"；所谓"收族"，即将族人收

---

① 徐建华：《中国的家谱》，第135页。在北京图书馆第二阅览部家谱整理小组《北京图书馆满族宗谱叙录》（上）（下）（载《文献》1987年第2、3期）一文中，介绍了21种汉文旗人谱书，除满洲旗人外，还包括旗籍蒙古博尔济吉忒氏、达斡尔郭氏谱书。

② 赖惠敏：《社会地位与人口成长的关系——以清代两个满洲家族为例》，载台湾《中央研究院近代史研究所集刊》第21期，1992年6月；徐凯：《朝鲜佐领考》（载《韩国学论文集》1998年7期）；《尼堪与满洲八旗族分佐领》（载《中国史研究》2004年第1期）；《满洲八旗中的高丽士大夫家族》（载《明清论丛》第1期，1999年）；杨海英：《佐领源流与清代兴衰》（载《中国社会科学院历史研究所学刊》第3集，商务印书馆2004年版）。

③ 北京图书馆编：《北京图书馆藏珍本年谱丛刊》，北京图书馆出版社2001年版；北京图书馆编：《北京图书馆藏家谱丛刊·民族卷》，北京图书馆出版社2002年版。后者收录满、蒙、回、朝、达斡尔、锡伯、彝、纳西等族宗谱130余部，其中属于清代旗人范畴的有60余部，除宗谱、族谱外，还收有《八旗满洲氏族通谱》《爱新觉罗宗谱》、唐邦治《清皇室四谱》等相关文献。以其内容丰富、种类繁多，堪称旗人谱书的集大成者。

④ 祥安等辑，续修：《叶赫那拉氏族谱》，清道光二十九年（1849）九思堂朱丝栏稿本，收入《北京图书馆藏家谱丛刊·民族卷》第38册。

于一谱,以增强家族的凝聚力。旗人一向重视血统,雍正年整饬旗务,比丁册按三代开载,更强化了这种传统意识。通过修谱,增强同族的凝聚力,防止出现"冒宗""乱宗"现象。在这一点上,从皇室的《玉牒》,到寻常旗人谱书,其动机如出一辙。因此,有的旗人谱书特别规定:干犯名义者不书,逃入二氏者不书,螟蛉抱养者不书,不详所出者不书,以防乱宗。①

除了尊祖、敬宗、收族、纯洁血脉,修谱还有助于家产继承、官爵世袭、婚姻嫁娶、教育子弟、提高声望。家谱的中心,是记载世系。世系,又叫世表、世系表、世系图,是反映血族源流、亲疏关系和辈分的图表。有四种基本格式:

欧式:又称横行体,宋欧阳修创立。其特点:世代分格,由右向左横行,五世一表,使用便利。欧式中,每个世代人名左侧都有一段生平记述,介绍该人的字、号、功名、官爵、生辰年月日、配偶、葬地、功绩。

苏式,又称垂珠体,宋苏洵创立。其特点:世代直行下垂,世代间无横线连接,全部用竖线串联,图表格式也是由右向左排列,主要是强调宗法关系。

宝塔式:将世代人名像宝塔一样,由上向下排列。宝塔式采用横竖线连接法,竖线永远处在横线中间。但是对大家族来说,因人名不能排在同一页纸上,为写谱、看谱带来不便。

牒记式:不用横竖线连接世代人名间的关系,而是纯用文字表述血缘关系。每个人名下有一相关简介,包括:字、号、功名、官爵、生辰年月日、葬地、功绩。以上四种世系表形式各有特色,在旗人谱书中均比较常见。

除了记录世系,旗人谱书包含大量家族(宗族)制度的内容,如族规、家训、祠堂、祠产、祭田、墓地。族规、家训是同一祖姓内由历代先祖制定、要求全体族人必须遵守的一套比较严格的行为规范和制度。其内容广泛,以传统伦理道德和宗法制度为基础。祠堂是祭祀祖先的场所,祖茔是列祖列宗长眠之地,尊祖敬宗对团结族人有着重大意义。族产、祭田是维系族人正常活动的物质基础。故族产、祭田、祖茔、各房墓地的分布

---

① 明海纂:《黑龙江库雅喇氏宗谱》,收入《北京图书馆藏家谱丛刊·民族卷》第46册。

与坐向，均在详载之列。①

现存旗人谱书，基本属世家大族。其成员世代为官，谱书中自然少不了"恩荣"篇，集中记载皇帝对本族成员的褒奖、封赠，包括敕书、诰命、御制碑文。对本族历史上的重要人物，立有专传。这既是为了光耀门楣、奖劝后嗣，同时也为了感戴皇恩。有的谱书还收有艺文、祖先遗像、手泽遗墨。

旗人热衷修谱，除了受汉文化影响外，还基于八旗制度的特殊背景：

首先，承袭世爵世职的需要：八旗佐领（牛录），向有世管佐领、勋旧佐领、公中佐领之别。其中，前两种佐领均属世袭性质。此外，八旗爵位也是世袭。功臣世家子弟在奏请承袭世职世爵时，必须附上相应世系谱单。康熙年间副都统博第奏称：

> 该臣看得旗下世袭官袭职一事，凡世袭官缺出后，方传甲喇章京、牛录章京、分得拨什库、小拨什库、族长、族人取家谱。所送家谱，在旗无所凭核查，且此会方取家谱，则拖延时日，错漏在所难免。望将所有世袭官员家谱，皆事先保取，核实造册，钤印，存于旗署。如有袭职之事，核查所送家谱，再与折子一并具奏。送到家谱后所生应添人名，至年终，该甲喇章京、牛录章京、分得拨什库等与各族长、族人将应添人名查明保送后，添注于钤印家谱档，如此则查之有据，且断不至于错漏……②

可见，当初作为世系凭证的，只是私家保存的家谱。以后，八旗衙门将相关资料存储备查，形成档案。清廷处理世袭事务的档案越积越多，则形成特有的八旗世袭谱档。再者，早期旗人谱书大多简明，通常只是表明世系源流的谱单，以后体例渐趋严整。体例比较严整的谱书，应是由汉军旗人领风气之先的。他们熟通汉人传统文化，有些在明代就是军功世家，本身

---

① 如旗籍达斡尔郭氏《黑水郭氏家乘·先茔录》初集、二集，初集载黑龙江祖茔地，二集载本支五世以下在京郊各处茔地。并附详图。远支茔地可考者，也编为附录。均收入《北京图书馆藏家谱丛刊·民族卷》第 47 册。

② 中国第一历史档案馆编：《康熙朝满文朱批奏折全译》，第 1664 页。

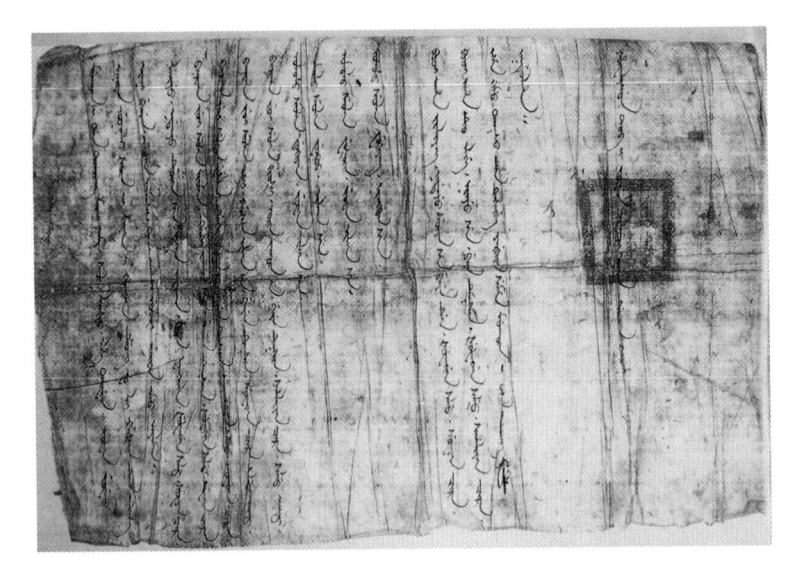

图 353　雍正十三年沙济富察氏满文家谱

就有家传老谱。①

　　雍正十三年（1735）敕修、乾隆九年（1744）告竣的《八旗满洲氏族通谱》八十卷，是一部大型官修旗人谱书。全书收录爱新觉罗皇室以外的八旗满洲姓氏七百四十一个，蒙古、高丽、汉姓五百二十五个，合计一千二百六十六个，记载八旗人物二万余。这部谱书，堪称八旗满洲重要氏族的谱系集成。② 其资料，主要来自官方档案和私家谱书。《氏族通谱》的出版，既为旗人各族姓了解自身源流提供了基本线索和依据，对修谱之

---

　　① 如汉军宁远李氏（即明宁远伯李成梁之后）、广宁祖氏、沈阳甘氏，都是在明代任辽东军职，入清仍为官宦人家；宁远李氏原有老谱，明清鼎革之际，遭兵燹，旧谱散失；甘姓族谱则是在前代老谱基础上重修；《张氏家谱》《李氏谱系》《祖氏家谱》，均始修于康熙年间。参见多贺秋五郎《中国宗谱的研究》，第 472—475 页。另外，目前所见满洲人较早的谱书有《镶黄旗钮祜禄氏弘毅公家谱》，始修于康熙二十七年（1688）。收入《北京图书馆藏家谱丛刊·民族卷》第 41、42、43 册。马佳氏族谱（安东本）载称："我马佳氏自盘古以来，至康熙四十一年（1702）四月间阖族会议，访立谱牒，以留后世参阅，以司马公为始祖，其盘古之人未可记载。"（见马熙运编著《马佳氏宗谱文献汇编》1995 年铅印版）蒙古旗人谱书中时间较早的有雍正十三年（1735）《蒙古博尔济吉忒氏族谱》，收入《北京图书馆藏家谱丛刊·民族卷》第 1 册。

　　② 除了《八旗满洲氏族通谱》，在《皇朝通志·氏族志》中也有关于旗人谱系的简要记载。

风的兴起，也起到推波助澜的作用。① 乾隆以降，修谱渐成旗人各族姓的传统。

旗人重视修谱，还基于八旗制度的性质。清朝前期，旗人血缘群体（从家族到宗族）经历了多次分解过程。第一次是入关前的编旗设佐（牛录）；第二次是由关外到北京的大迁徙；第三次是由北京派往各地驻防。其结果，同一血缘群体成员在少则几十年、多则上百年间，由原来聚居一地转变为散处全国各地。《八旗满洲氏族通谱》因修成较早，不能完整反映这一动态过程。而旗人谱书一续再续，为反映其血缘群体的繁衍分析，提供了更为全面、详实的资料。《正白旗满洲叶赫纳喇氏宗谱》记族人分驻地方一共四十三处，除了东北、北京地区，还包括乌什、伊犁、察哈尔、凉州、归化城、西安、易州、沧州、密云、河南、广东、青州、福建。② 其人口的大范围分布，显然是入关后实施八旗驻防制度的结果。（见图354）这样的例子，在旗人谱书中俯拾即是。八旗官兵在最高统治者直接调遣下往各地驻防，并不是一种自由的迁移，用社会学术语来说，属于机械性人口迁徙。这与同时代民人（主要是汉人）比较随意的流动迁徙，在性质上是不同的。

《八旗满蒙氏通谱（纳喇氏）》，系东陵赞礼郎兼防御德成额，请人自《八旗满洲氏族通谱》摘出有关那拉氏部分而成书。本身并无多大研究价值。但谱序中的一段话却如实道出满人修谱的特殊心态：

> 国朝自定鼎燕都，迄今百八十余年矣，满洲世仆，有留于乌拉哈达辉发叶赫永镇者，有从龙神京散于八旗者，有派于诸处坐镇者，同宗分处，远隔天涯，虽支派一脉，相逢俱莫识，当面谁何矣，良堪叹也。况一族散于八旗甲喇佐领各异，而指名为姓相习日久，能识百十年前同族乎？深可畏也。③

---

① 恩龄：《正红旗满洲哈达瓜尔佳氏家谱·凡例》（收入《北京图书馆藏家谱丛刊·民族卷》第36册）称："谨遵钦定八旗满洲氏族通谱"（第二条）、"谱式系仿照钮祜禄氏十六房家谱体裁"（第一条）、并参照直隶昌黎县《万氏家谱》（第七条），"照巨族前贤各家谱成［程］式恭办"。说明满人修谱除了参考《钦定八旗满洲氏族通谱》外，还参考了民间满汉谱书的范本。
② 裕彬等续修：《正白旗满洲叶赫纳喇氏宗谱》，同治九年抄本，收入《北京图书馆藏家谱丛刊·民族卷》第37册。
③ 成额等辑：《八旗满蒙氏通谱（纳喇氏）》清道光间抄本，收入《北京图书馆藏家谱丛刊·民族卷》第37册。

这段话,深刻反映出修谱者对入关百余年间族人星散、远隔天涯的担忧。这种担忧显然强化了他们的修谱意识。而恒敬纂《讷音富察氏谱传》谱序一亦云:

> 顾我满洲人氏,基始于长白一带,原无汉姓,各指其地而姓之。厥后族大丁繁,四方散处,遂又有一姓而各异其地者,同姓不同宗之说,因是而起。迫至分隶八旗而后,宗族之亲益散而不可核矣。①

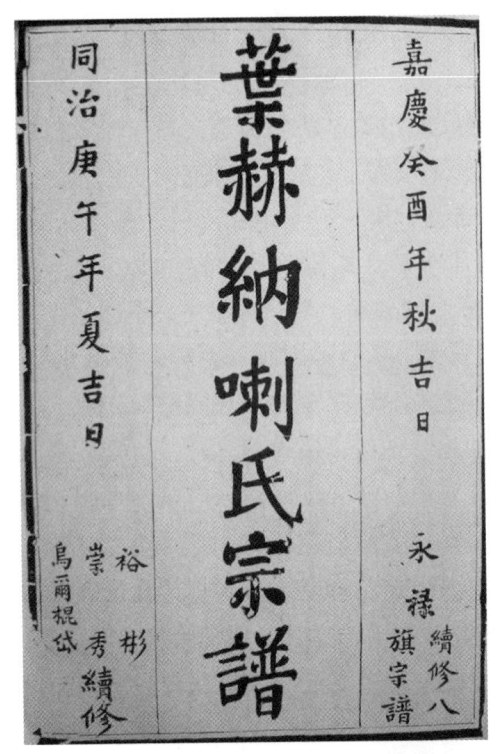

图354 《叶赫纳喇氏宗谱》

富察氏,亦为满洲著姓,年深日久,散居各处。先是一姓异地,同姓而不同宗;既而分隶八旗,族人分散;接着,同旗族人又被调往各地驻防,一系的族裔更加涣散。民间宗谱多冠以地望,旗人宗谱多冠以旗分,这并不是偶然的。为使分散的族人保持长久联系,旗人不仅热衷修谱,还重视谱书的收藏。②

与民人谱书比,旗人谱书有哪些特点?

首先是文字。主要有纯用满文、满汉兼用、纯用汉文三种。值得注意的是,蒙古旗人谱书罕有使用本族文字者。在前期,满洲旗人谱书多用满文或满汉兼用,以后,汉文成为主要书写文字。《黑龙江库雅喇氏宗谱》一修于康熙十五年(1676),二修于雍正元年(1723),三修于嘉庆二十

---

① 恒敬等纂:《讷音富察氏谱传》,清嘉庆十二年抄本,收入《北京图书馆藏家谱丛刊·民族卷》第45册。
② 恩龄修:《正红旗满洲哈达瓜尔佳氏家谱》,修好后分存八处:陕西西安府满城内红旗街、陕西西安府城内三兆村祠堂、京都前门内细瓦厂祠堂、京都阜成门内武定侯祠堂、京都阜成门内巡捕厅胡同祠堂、京都良乡西关外茔地阳宅内、京都长辛店二老庄茔地东、西阳宅内。

五年（1820），四修于道光二十年（1840），都是在原创满文谱图基础上的续修。民国十四年（1925）五修，有感于国体变更，旗族式微，满文失传，始将满文谱图改译汉文。① 黑龙江驻防旗人地处边远，得以长时期保留满洲文化和满文，相比之下，北京旗人早在康熙、雍正时期已深深濡染汉文化，其谱书采用汉文不足为奇。

其次是类型。金启孮在为《马佳氏宗谱文献汇编·序》中云："满洲之修宗谱也，有力者编辑巨帙若干册，一般者亦仿古人世系总图法，以满汉文字各书写辈分，依层次列一世系表图，家置一编，以明所自，是以孝子贤孙每经若干年后，即倡议续修一次，以昭久远。"② 金启孮提到的谱书，既有只记载世系的谱单，也有记事详尽的鸿篇巨制。前者多见于旗人家族，后者则非世家大族莫属。

谱书每隔若干年照例要重修。通常是三十年一修，但二十年、四十年、五十年乃至更长时间重修一次，也是正常的。新谱对老谱的更替，通常意味着老谱使命的完结，这或者是存世旗人谱书中，时间晚近的续修谱多于时间较早的续修谱，而时间较早的续修谱又多于始修谱的一个重要原因。

那么，主持修谱者又是什么身份呢？

金启孮说："所推主修之人，或雄于财，或显于宦，以其易于底成。"受到族人推举的或为富人或为官宦，其实两者往往是兼而有之。他们既家资富赡，乐于捐资，又拥有社会地位，在族中不乏号召力。多贺秋五郎则认为：在宗族人数较少的场合，修谱比较简单，由族内的"有力者"和"有识者"出面即可。这里的"有识者"，强调了主修者的文化素养方面。他同时指出，当宗族人数膨胀并分析为若干房派时，族长的出面显得格外重要；在这种场合，除了族长和编修者外，各房派之长也是必须参加的；有时，还吸收外姓名士。③

值得关注的是，在旗人内部，谱书体例依旗籍之别也有若干差异：

满洲人谱书，多把先祖世系追溯到明末清初的始迁祖。④ 满洲先世以

---

① 收入《北京图书馆藏家谱丛刊·民族卷》第46册。
② 马熙运编著：《马佳氏宗谱文献汇编》。
③ ［日］多贺秋五郎：《中国宗谱的研究》，第29—30页。
④ 中国修谱，一向有"小宗之法"和"大宗之法"。"小宗之法"，即世系只上溯到始迁祖或五世祖；"大宗之法"，即世系一直上溯到血缘始祖或受姓祖。满人谱书，比较符合"小宗之法"。

渔猎征战为业，故"国初以前，谱图世系，未能征实"。① 其始迁祖，也就是率领族人由关外原籍迁入北京的第一代祖先。

汉军旗人谱书，多承袭汉人修谱传统，上溯谱系，年代久远。康熙六十一年（1722）汉军李树德重修《李氏谱系·世表》："李氏，原籍朝鲜人也，明初渡江内附，游至铁岭，因慕风土淳厚，遂家焉。"这个李氏，就是为明朝镇守辽东几世的宁远伯李成梁族裔②，其先世本朝鲜人（据日本学者园田一龟考证，其先世本为朝鲜东北境的女真人），后徙居辽东铁岭。经历明清之际的大动荡，李氏族裔又成为汉军巨族。该谱把世系追溯到明初。蔚州《李氏家谱·序》则自称为陇西李氏之后，世居山西孝义县，"明洪武年间，副尉讳让公，以军职调隶蔚州卫，始卜居焉"。

有些谱书承袭汉人谱书陋习，动辄攀龙附凤，把世系一直上溯到古代某名族或名人。汉军《甘氏族谱》自称是周惠王之子带的后人，至"宋开宝初，以武功封伯爵，食邑于江西之丰城，因为丰城人。数传至受和，随明成祖，征辽东有功，世授沈阳中卫指挥"。③ 此甘氏，即"三藩"之乱中为清廷尽节自刎、被追谥"忠果"的云贵总督甘文焜之族。汉军《祖氏家谱·序》则自称是商祖乙之裔，晋以后"世居范阳，至镇西将军逖之少子，始流寓于滁，历数十传而至明初，有自滁从戎度辽者，累功授宁远卫指挥世职，遂于宁远，迄今十有余世，门阀日启，瓜瓞日繁"。文中提到的镇西将军，即以"闻鸡起舞""中流击水"而脍炙人口的东晋名将祖逖。

这些家谱，上溯的先祖时间越远，名声越大，可信程度似乎也越差。至于蒙古旗人世家，多系元太祖成吉思汗之裔，其家谱上溯至元初，似乎还并非虚无缥缈之语。④ 另外，满人谱书多记本族传统习俗、祭祀礼仪，汉军谱书则无。这些差异，很大程度上是由旗人的不同来源、文化背景、心理状态所决定的。

(二) 研究价值

北京旗人谱书内容丰富，笔者初涉其间，仅略举数端，以说明其研究

---

① 恩龄：《正红旗满洲哈达瓜尔佳氏家谱·凡例》。
② 参见《钦定八旗通志》第194卷《李思忠传》，第3434页。
③ 参见《钦定八旗通志》第207卷《甘文焜传》，第3695页。
④ 《蒙古博尔济吉特氏族谱》《恩荣奕叶》。均收入《北京图书馆藏家谱丛刊·民族卷》第1册。

价值：

1. 研究满洲族姓的源与流

叶赫那拉氏是满洲八大姓之一，《八旗满洲氏族通谱》卷二二："其氏族散处于叶赫、乌喇、哈达、辉发及各地方，虽系一姓，各自为族。"有清一代，叶赫一姓出过不少贵戚名臣。康熙年间明珠一家，乃至清季主宰朝柄近五十年的慈禧太后，都是其中声名素著者。因族大支繁，谱书传世者不少。如《叶赫那拉氏世系生辰谱》（记该氏在镶红旗满洲的一支），载始迁祖胡锡布以下七代世系；《正白旗满洲叶赫纳喇氏宗谱》（记该氏在正白旗满洲的一支），载始迁祖雅巴兰以下九代人世系；而《叶赫那兰氏八旗族谱》与前述《正白旗满洲叶赫纳喇氏宗谱》一脉相承，记始祖以下十五代世系。①

《正白旗满洲叶赫纳喇氏宗谱》载有《族源》满汉文本各一。记事起自明初，止于后金天命三年（1618）。述叶赫源流：

> 叶赫地方贝勒始祖原系蒙古人氏，姓土默特氏，初自明永乐年间带兵入扈伦国招赘，遂有其地，因取姓曰纳喇氏。后明宣德二年迁于叶赫河利城涯建城，故号曰叶赫国。其地在开原之东北，即明所谓之北关者是也。与明交会于镇北关，与海西女真接壤。所属有十五部落，而人多勇猛善骑射者，所属地方人心服悦，俱以贝勒称之。故始祖贝勒星恳达尔汉……在叶赫地方计一百九十年共八代、嗣贝勒十一辈。天命三年明万历十八年终。

按："明万历十八年"应为明万历四十六年（1618）之误。是年叶赫部被攻灭，贝勒金台什、布扬武亡。上引记载有为清朝官修《满洲实录》《八旗满洲氏族通谱》所未详者，如称所属部落十五、世系八代、称贝勒十一人等。该谱还收有康熙壬子年（1672）昆山徐乾学纂辑的《叶赫纳喇氏事迹》，内容较详，惜明万历十一年以上记事残缺。

此外，延升主修《那拉氏宗谱》，奉明末辉发贝勒苏巴太为始祖。即辉发那拉氏。该氏与叶赫那拉氏本同族，谱书自称隶属正白旗满洲，实为

---

① 均收入《北京图书馆藏家谱丛刊·民族卷》第37、38册。

内务府旗籍。① 又，祥安等续修《叶赫那拉氏族谱》，载叶赫那拉氏镶黄旗满洲一支，述本族源流：

> 我高祖讳章嘉，本朝鲜人，世为名阀。天命年间迁于辽，隶满洲，职居厩长，住叶赫氏那拉，暨我曾祖讳概吉顺，顺治元年从龙入都，本支仍居叶赫，族属甚繁，故谱中止叙进京之一派。

关于章嘉一族，《八旗满洲姓氏通谱》卷二二仅寥寥数语："（叶赫那拉氏镶黄旗）章嘉，原任厩长；其孙法尔萨，原任牧长；元孙常英，现系生员。"② 章嘉为内务府旗籍，清初根本称不上什么"世为名阀"。该谱书，只记载章嘉后人迁入北京的一支，与留在原籍的族人已一分为二。叶赫那拉氏先祖，本有蒙古血统，该宗谱则明言先世为朝鲜人。既然原籍朝鲜，如何又成了叶赫那拉氏？这中间的来龙去脉，似乎不很清晰。但不管怎么说，那拉氏的几部谱书，说明该族除了女真、蒙古血统，还加入了朝鲜人。这是满洲人多源多流的一个典型例子。

与一族多源互为补充的，还有所谓一族多流，即同一血缘的族人因为各种原因分为不同的族姓。《八旗满洲氏族通谱》卷七，专载各地马佳氏，均按旗划分，立传及附载者六百余人，这些马佳氏的不同分支，同姓不同祖，因而各奉其祖，自修本支族谱。③ 这在满洲诸大姓中很有代表性，是历代族人长期繁衍分析的必然结果。而且在马佳氏中，一向有"马佳、费莫、富察三姓不能结婚"的说法。关于三姓间的关系，一说马佳原名费莫，为同族；一说明初先祖兄弟分炊，兄居嘉理库城马佳地方，因以为氏，弟氏费莫，皆同族而各自立谱；第三种说法则出自康熙帝之口：清初归化者为费莫，反正者为马佳。④ 究竟哪种说法比较符合事实，就不得而知了。

2. 研究旗人宗族制度

旗人宗族制度，渗透在社会生活各个方面，并集中记载于谱书中。

---

① 延升纂：《那拉氏宗谱》，朱丝横栏旧抄本，1册。收入《北京图书馆藏家谱丛刊·民族卷》第37册。关于该族，参见《八旗满洲氏族通谱》第24卷，第315页。
② 《八旗满洲氏族通谱》第24卷，第292页。
③ 《马佳氏宗谱文献汇编》，第280页。
④ 同上书，第512、513页。

首先，谱书中载有族规、宗规，是一族人必须遵守的行为规范。《郎氏宗谱·家规》载《可行者十则》：崇儒风、正人品、敦本源、勤学问、重婚丧、谨仕进、诚祭祀、慎居正、恤藏获、奖节义；又载《可戒者十二则》：信异端、好茛菪（浪荡）、任残忍、尚奢侈、听谗谄、妄议论、妒富贵、羞贫富、傲长上、骄乡邻、荒酒色、拖债负。① 《尚氏宗谱》则说："宗室有过行者，国有削籍之条；族有败类者，家有除名之议。"② 对违反族规和触犯本族利益的，一般都根据情节轻重予以惩罚。《叶赫那兰氏八旗族谱》世系图，在镶蓝旗乌达哈名下注云："乌达哈因开门投降，故将其后倍[辈]永为佐领下人。"这个叫乌达哈的族人，可能是在天命三年（1618）后金攻叶赫城时开门纳降者，故为族人所不齿，后嗣只能永远保持"佐领下人"（这里应是"户下"即家奴、家仆的意思）身份。在第八世费扬武名下又注："此人之后嗣与户下人认户，故合族议除在正白。"③ 费扬武后人因与户下人认户连亲，导致血统上的混淆，故被合族公议开除族籍。上引两例，说明叶赫那拉氏宗族制度的严厉。

谱书中详载墓地与祭田，也是宗族制度的重要方面。

谱书还载有派语（又称字辈，也就是关于族人行辈的字语），借以标明族人的行辈、长幼和尊卑。满洲人早期称名不举姓，命名用满文，后来改用汉字，仍存在很大随意性，不像汉人命名慎之又慎，结果不同辈分乃至同一辈分的族人间，常有同名混淆现象。为了杜绝这类现象，旗人谱书普遍记有派语。用派语表明行辈，是汉族的悠久传统，康熙年间首先被满洲皇室所接受。当时确定皇子名首字用"胤"字，皇孙名首字用"弘"，二字用"日"旁。乾隆、道光、咸丰三朝又分别增加各四字，形成"胤、弘、永、绵、奕、载、溥、毓、恒、启、焘、闿、增、祺"十四代字辈。字辈一般由吉庆和吉利的单字组成，或五言或四言或七言，缀连起来，朗朗上口，组成代表一定含义、体现一定价值观，或对子孙寄予殷切期望的诗句。升寅在《马佳氏宗谱》序中说："按代依字命名，或满或汉，总以本字冠首，名字既免重复，辈行亦易分晓。"马佳氏是满洲八大姓之一，族大支繁，子孙命名，每多重复。道光二年（1822）阖族共同会议，重

---

① 《郎氏宗谱》3册，光绪壬寅年（1842）写本，中国科学院图书馆藏。
② 凝祥：《尚氏宗谱》道光乙酉年（1825）家刻本，1册残。复印件由尚焰先生保存。
③ 额腾额纂修：《叶赫那兰氏八旗族谱》，道光三年（1823）抄本1册。收入《北京图书馆藏家谱丛刊·民族卷》第38册。

修宗谱，以笃亲谊而正名号，拟定排辈冠字十六字曰：文熙启秀，积庆开先，忠诚绍世，谦惠延年。并规定自第十四代起按文字排。道光十七年（1837），因其中有应避清皇族名讳（"启"字），阖族又商定，由原定十六字内酌定"绍世延熙，忠诚积庆"八字，仍从第十四代排起。但是这么一改，同一辈分中又出现不同的冠字。当然，马佳氏遇到的这种情况比较特殊。

汉军祖氏自第八代起，为防辈分紊乱，起定名字各十字。其名曰：承天泽建胤尚学裔贞章；其字曰：绩宇渊平直蕃衍毓克匡遗传子孙。规定：凡命名起号，必查世谱，勿犯讳，勿失次，勿以字为名，勿以名为字，若有违者，即为不孝。祖氏第十代辈名本天字，为避明熹宗天启年号，改大字；第十三代本胤字，为避清圣祖太子讳，改应字。①

选择字辈，除了避皇帝讳，还必须考虑避先祖名讳。延昌纂修《图门世谱》："今于谱内及族中长辈官名、乳名之外选定曰崇、荫、荣、熙"四字。② 不仅避先祖官名、字号，连乳名都要避，为此特意将先祖乳名附载谱中。

满人因平常称名不举姓，俗以本名第一字为姓，避讳方法亦照此推之。额德布，则称额讳德布，哇岱——哇讳岱，法辉——法讳辉（《辉发萨克达氏家谱》），以此类推，完全是套用汉人做法。

3. 研究旗人世家大族

有清一代，旗人享有种种特权，其中最重要的就是在仕途上远较民人为易。在总人口中只占很小比例的旗人，始终把持中央和地方的大部分高职显爵，世代承袭，形成世家大族。世家大族间，又通过婚姻和亲属纽带，结成盘根错节的社会关系。尽管这些世家大族对清朝的政治军事曾产生深刻影响，有关情况在官修史书中却难得一觅，谱书包含了这方面的丰富资料。

第一类，内务府世家。首先是内务府汉姓人，即《八旗满洲氏族通谱》中所谓的"附载于满洲旗分内之尼堪姓"。尼堪，满语汉人意。清初，隶属满洲旗分的尼堪以其来源，大致划分为三类：抚顺（抚西）尼堪、台尼堪、尼堪。俱详《清朝通志·氏族志》。其中，除台尼堪隶属八

---

① 祖建极续修：《祖氏家谱》，康熙写本，藏日本东洋文库。
② 延昌纂：《图门世谱》，咸丰年间稿本，收入《北京图书馆藏家谱丛刊·民族卷》第45册。

旗满洲外，抚顺尼堪和尼堪两类均隶属内务府。其共同特征：先世均为辽东汉人；入旗时间久远，一般在八旗汉军成立前；因与满洲人关系密切，被收入《八旗满洲氏族通谱》。作为"附载于满洲旗分内之尼堪姓氏"，他们被视为八旗内部满洲化程度最高的汉姓人。

《尚氏宗谱》，记载内务府正白旗汉姓人尚氏，康、雍之际，尚志杰、尚志舜兄弟先后任内务府总管，在管理内廷事务方面做了大量工作。①

《奉天高佳氏家谱》，记载内务府镶黄旗汉姓人高氏（高佳氏）。② 乾隆朝，因高斌官拜文渊阁大学士，高氏成为内府包衣中的望族。高斌女嫁弘历（乾隆帝）于潜邸，死后谥慧贤皇贵妃。高斌以皇室外戚，荣宠一时，几代子孙，多在朝中或地方任官，但或廉能或贪黩，结局却大相径庭。

多年来，中国红学界利用《曹氏宗谱》研究曹雪芹家族，曹氏也属内务府汉姓世家。

其次，内务府满洲世家。隆钊修《辉发萨克达氏家谱》，以朴氏为始迁祖。朴氏先后担任福临（顺治帝）、玄烨（康熙帝）的保姆，死后追封奉圣夫人。朴氏本姓布母布哩氏，虽为异姓，却被萨克达氏奉为始迁祖，葬在祖茔首位。这种做法，在满洲谱书中仅此一例。③

满洲名士麟庆《鸿雪因缘图记》④，其子崇实、崇厚修《清江南河道总督完颜公（麟庆）行述》⑤，崇实撰《惕盦年谱》[《完颜文勤公（崇实）年谱》]⑥，其孙衡永编《鹤槎（崇厚）年谱》。⑦ 以上祖孙三代一共写了四部谱书，比较系统地记录了内务府镶黄旗满洲完颜氏一族从清初至清末的史迹。

延升主修《那拉氏宗谱》，记内务府正白旗满洲辉发那拉氏。该族清初宦迹平平，道光以降开始走强。历任军机大臣、武英殿大学士的麒庆，

---

① 凝祥：《尚氏宗谱》，参见《八旗满洲氏族通谱》第74卷，第807页尚大德传。
② 伊桑阿续修：《奉天高佳氏家谱》，乾隆五十九年写本，中国科学院图书馆藏，参见《八旗满洲氏族通谱》第74卷，第805页高名选传。
③ 萨氏修：《辉发萨克达氏家谱》，光绪二十四年（1898）写本。收入《北京图书馆藏家谱丛刊·民族卷》第38册。
④ 麟庆：《鸿雪因缘图记》。
⑤ 崇实、崇厚：《清江南河道总督完颜公行述》。
⑥ 崇实：《惕盦年谱》（《完颜文勤公年谱》），光绪三年（1877）刊本。
⑦ 衡永编：《鹤槎年谱》，民国十九年（1930）刊本。

历任粤海关监督、总管内务府大臣俊启，都出自该族。粤海关是皇帝财富的重要渊薮，历任监督均委以内务府旗人，俊启因此成为朝野咸知的首富。其自修豪宅在东华门北小草场，以逾制被御史参劾，此房被查抄，赐予慈禧太后的弟弟照祥。① 民国十一年（1922），其族裔成文、延昌、福灵阿祖孙三代，因参与溥仪大婚有功，赏给二品顶戴。说明该族与完颜氏一样，不仅始终隶属内务府旗籍，且与清朝近三百年的统治相终始。

他如英和《恩福堂笔记·年谱》，记内务府正白旗满洲索绰络氏；阮元《梧门先生（法式善）年谱》，记内务府正黄旗蒙古蒙乌吉氏，都是以科举起家的内务府世家。

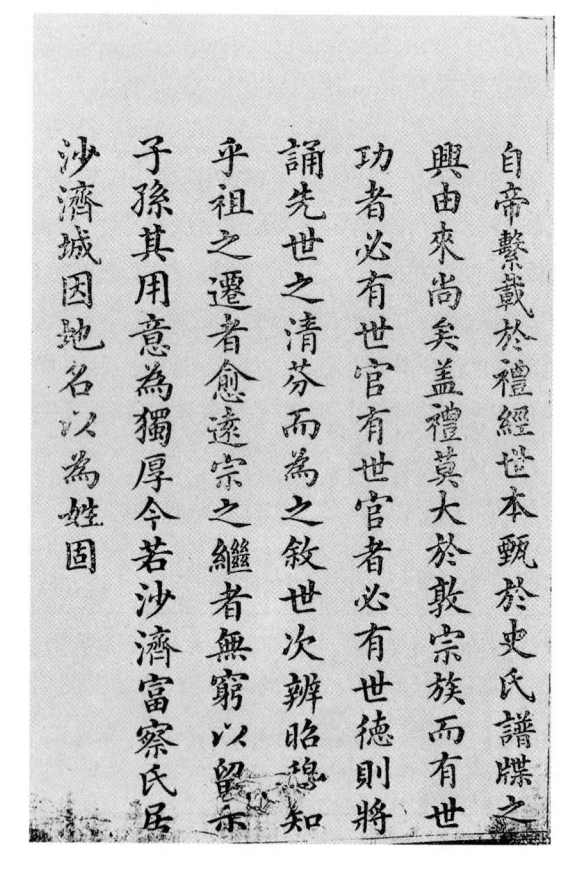

图355　《沙济富察氏家谱》书影

---

① 崇彝：《道咸以来朝野杂记》，第7页。

第二类，八旗满洲世家。早在关外时期，富察就是满洲八大姓之一。其中，隶属镶黄旗满洲的沙济富察氏，是满洲世家中最显赫的一支。《沙济富察氏宗谱》修自乾隆四十五年（1780），道光七年（1827）由第十二世孙宝轮、诚复续修，自由始祖一直续至第十六世。始祖檀都事迹缺载，下传第四世旺吉努，"国初率族众属下人来归，初编半个佐领使统之"。① 旺吉努孙哈锡屯，顺治年间历任议政大臣、内大臣、内务府总管，是该族步入显赫的开端。历康、雍、乾、嘉、道五朝，该族名臣辈出，如米思翰、马斯喀、马齐、马武、李荣保、傅清、傅恒、明瑞、明亮、福灵安、福隆安、福康安、福长安、景寿等。

图356 八旗火炮五福图案（福取"蝠"的谐音）

当代人马熙运先生编著《马佳氏宗谱文献汇编》，是清代、民国间马佳氏各种族谱、宗谱的集大成者。马佳氏为满洲八大姓之一，明初之际，始祖马穆敦来居佳理库城马佳地方，因以为氏。康熙名臣图海、晚清名臣升寅、宝琳、宝珣、绍英，均出自该族。研究马佳氏，宝琳、宝珣编《升勤直公（升寅）年谱》②，也是必要的参考。

钮祜禄氏亦为满洲八大姓之一。其中地位最显赫的为长白山钮祜禄氏额亦都一系。现存《开国佐运功臣弘毅公家谱》《钮祜禄氏弘毅公家谱》《镶黄旗满洲钮祜禄氏弘毅公家谱》数种版本。③ 弘毅公为额亦都，长白山人，钮祜禄氏。从清太祖征讨，身经百战，带兵近四十年，官至一等大臣。清太宗时追封弘毅公。钮祜禄氏是典型的满洲世家。家谱由第一世编

---

① 《八旗满洲氏族通谱》第25卷，旺吉努传，第1页。
② 宝琳、宝珣编：《升勤直公年谱》，道光刊本。
③ 收入《北京图书馆藏家谱丛刊·民族卷》第39、40、41、42、43册。

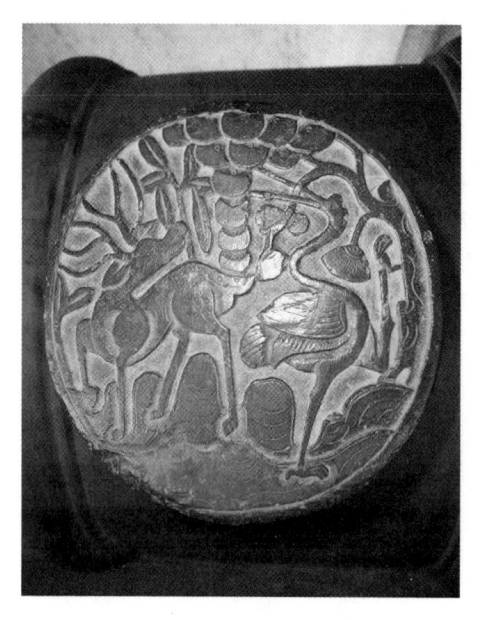

图 357　八旗火炮禄寿图案（禄取"鹿"的谐音，鹤寓意寿）

至第六世。

第三类，八旗汉军世家。首先应提到汉军李氏。《李氏谱系》，康熙壬寅（1722）十世裔孙李树德重修，抄本二册。自明初以迄康熙末年，共载十三世。① 反映明辽东名将李成梁后裔入清后高官厚爵与联姻情况。

汉军祖氏，与李氏同为出身辽东的军功大族。《祖氏家谱》，清康熙刻本，全八册，现藏日本东洋文库。祖氏原有明末老谱，康熙乙丑（1685），十二世孙祖建极续修族谱，十五年后完成。反映明辽东名将祖大寿一族入清后为官为宦的史迹。

汉军郎氏。《郎氏宗谱》，光绪壬寅年（1902）写本一册，又封皮题署《牛胡鲁哈拉家谱》二册。主要内容：宗谱总图、宗系分图、述传、家规、外戚、修谱藏谱。该谱记载自明末至清光绪年间始祖郎玉以下十代世系。②

汉军高氏。《镶白旗汉军高氏家乘》，记载始祖高友以迄第十一世子孙的世系、仕途、婚姻、子女、墓地、出旗为民等情况。时间自明末至清朝道光年间。家谱最后，有光绪丁酉（1897）第十二世孙高桂康七律一首。③

日本东洋文库藏《甘氏家谱》，也是研究汉军世家的资料。此外，旗

---

① 《李氏谱系》原本藏辽宁大学，日本东洋文库藏抄本。研究该谱者有［日］园田一龟：《李成梁と其の一族に就て》，载《東洋学报》26 卷 1 期，1938 年；孙文良：《论明末辽东总兵李成梁》，载《满族崛起与明清兴亡》，辽宁大学出版社 1992 年版；李林：《满族宗谱研究》；［日］杉山清彦：《汉军旗人李成梁一族》，载京都大学人文科学研究所岩井茂树编《中国近世社会の秩序形成》，2004 年版。

② 《郎氏宗谱》，现藏中国科学院图书馆。

③ 《镶白旗汉军高氏家乘》，现藏中国科学院图书馆。

籍蒙古、朝鲜、达斡尔世家的谱书亦有不少。① 后者先是满化,继而汉化。在研究八旗内部民族关系,首先是外族成分融入满洲族的过程方面,这部分谱书具有不可替代的价值。

除了族谱、宗谱,旗人年谱如柯汝霖编《范忠贞(范承谟)年谱》,鄂容安等编《襄勤伯鄂文端公(鄂尔泰)年谱》,铁保编、瑞元、瑞恩续编《梅庵(铁保)自编年谱》,文祥《文文忠公(文祥)自订年谱》,法良编《先仲兄少司寇公(斌良)年谱》,佚名编《松文清公(松筠)升官录》,申权编《金公(金梁)年谱》等,对于研究旗人世家和重要人物,都是不应忽略的。

谱书中还包含八旗世家婚姻关系的丰富史料,笔者曾以内务府世家为对象,进行考察。②

4. 研究旗人信仰与民俗

这里说的旗人信仰与民俗,主要指有别于汉人的满洲信仰和民俗。

《辉发萨克达氏家谱》记服制,其中《大清例男人穿孝素服仪注》《妇人穿孝素服仪注》,基本是大清律的翻版。记葬俗,奉女性家长为始迁祖,为汉俗所无;记葬制,以始祖为上,已婚男姓并正妻按辈分左昭右穆顺延;妾、未婚男女、使女、坟丁等分葬在夸兰(茔地围墙)四周。这些基本是满洲各族的通例。

最带有本族传统信仰的还是祭祀部分。如祭词:某某"sini omolo sinde bofun deijimbi"(你的孙子给你焚包袱了);"sini jalahi jui sinde bofun deijimbi"(你的侄子给你焚包袱了)。后者用于本人未婚或没有儿孙的死者。按规定,每岁清明、中元、十月朔、岁暮祭扫焚化包袱。还记有祭祀换锁例、供影上坟(原注:此条遗失)等旧例,并叮嘱后世子孙勿怠勿失,谨慎遵守云。由此可窥知满洲人在汉文化风俗包围下如何努力维护自身传统文化,并把这作为维系本族凝聚力和认同感的重要纽带。

完颜氏的几部年谱详细记载在宅前安杆大祭、举行家祭、道观进香,

---

① 如关于旗籍蒙古世家有《蒙古博尔济吉忒氏族谱》《恩荣奕叶》;关于旗籍达斡尔世家有《黑水郭氏家乘》(包括乡土录、世系录、世德录、扬芬录、先茔录、旧闻录)。具详《北京图书馆藏家谱丛刊·民族卷》第1、47册。

② 参见刘小萌《关于清代内务府世家》,载《明清史论丛——孙文良教授诞辰七十周年纪念文集》,辽宁大学出版社2004年版。

或在衙署中筑佛堂的情况。真实反映了同一满洲家庭成员在信仰上的多样性。麟庆一家信道教，北京白云观至今保留着他们父子的碑。麟庆晚年日习"导引术"（导引术，是民间将呼吸运动与躯体运动相结合的一种医疗健身方法），不甚得法。病重，访南城名医调治，又服参芪过多，生疽，病逝。死后与三亡妻合葬，以朝向不吉，又改。在完颜氏的几部谱书中，怪异现象记载最多。《惕盦年谱》（《完颜文勤公年谱》）记，崇实生时祖母恽氏（即麟庆母亲）梦东岳头陀，故命乳名岳保；二岁出痘，乳母刘氏梦华佗祖师，其母发愿每月上香烛钱；五岁，母渡江遇险，又有金甲神（靖江王）托梦渔翁救护；十岁，得重病，食一神赐红果，即仙丹，仍是华佗云天垂手。这类记载不仅多，而且绘声绘色。正是通过这些民间"杂信"，集中反映出满人与汉人信仰的交融。

满人入居北京，取名深受汉人影响，排字取吉祥字。崇实乳名岳保，故其弟崇厚乳名宗保，取"宗"之义——泰山——山宗。世家子出生，有乳名、大名、还有字、号。崇实长子初名嵩祝，后避咸丰帝奕詝（zhǔ）讳，改申字；娶乳名同。三儿生，名华祝，后避讳，改华毓。崇厚长子，乳名阶儿，大名三祝，避讳，改三奇，又改衡平。第二子名三捷。第三子衡永，乳名亮哥。四子衡光，乳名中哥。五子衡桂，乳名桂哥。六子衡彬，乳名彬哥。崇厚五个女儿也皆有乳名、大名，与男儿同。① 世家女亦取名号。崇翰池之妹，名崇雰，号翠池，字蝶香，乳名芸。崇翰池之女，乳名鹿格。鹿者取其福禄之意，又鹿与六音同，因其为第六胎。②

从谱书中，还可考知满人名字汉化演变的过程。马佳氏各支宗谱、族谱，前期名字多以满文，唯承德一支自始迁祖马为德起，以次各世，均以马字冠名姓，未用满文命名，较为罕见。马佳氏，"辛亥后冠汉字单姓马氏"。

高斌一族为内务府汉人，但从第三四代起，多改满洲名字。汉军李氏、祖氏子弟，也有取满洲名字者，不妨说是八旗内汉姓人和汉军人在一定程度上接受满文化的表现。

为保佑幼儿平安，许多满人还按照民间习俗，到寺庙许以"跳墙和

---

① 衡永编，崇厚述：《鹤槎年谱》。
② 崇雰编：《崇翰池年记》。

尚"，由长老赐给幼儿法名。所谓"跳墙和尚"，旧著有如下解释："小儿周岁……或恐不寿，则有舍在寺观冒为僧道出家者。其法于是日抱之入庙，予一帚使扫地，其师假作督责笞击之。预设一长凳，令小儿跨越而过，不可回头，即出庙归家，仿佛逾垣逃遁者，嗣后终身不宜再入此庙。"① 可见，父母令小儿舍身寺庙，不过徒具形式，跨凳象征跳墙，随即归家，依旧嬉戏。从此多了一重佛祖的护佑，这应是"跳墙和尚"的真实含义。崇翰池出生时，父母四十余岁，老来得子，非常欢慰，祖母尤钟爱。许以跳墙和尚，六岁留发，为贤良寺晟一方丈之弟子，赐法名益安。崇翰池二十一岁时，弟崇霁生，亦许以跳墙和尚，为贤良寺晟一方丈之次弟子，赐法名静安。崇翰池婚后，其长子、次子均许以跳墙和尚，成为贤良寺晟一方丈的长徒孙、次徒孙，赐法名富佑、禅佑。崇翰池生第三子晋堃，双亲原拟照旧例将此孙满月后仍许以贤良寺为跳墙和尚，不料京师变乱，方作罢论。② 满人幼儿被许以"跳墙和尚"，获赐法名，成为寺庙俗家弟子。这反映了民间宗教与习俗在满人中的深刻影响。

5. 研究八旗制度

《正白旗满洲叶赫纳喇氏宗谱》记载了该族支三个世管佐领的源流（主要集中在第四、七、十房）："正白旗满洲二甲喇叶赫纳喇氏历任佐领，始祖星恩达尔汉第六世（代）孙四房雅巴兰一支子十二位，分三个佐领。"据《八旗满洲氏族通谱》卷二十二及《八旗通志》初集卷五，该三佐领分别为正白旗满洲二参四佐，二参一佐，二参五佐；其中，二参四佐编立最早，"系天聪九年，以叶赫地方人丁编立，始以承政兼三等阿思哈尼哈番舅舅阿锡达尔汉管理"二参一佐是以二参四佐内滋生人丁编立的；以后复由二参一佐之一部分编为二参五佐。《八旗满洲氏族通谱》记载阿什达尔汉至那罕泰上下五代的佐领世袭关系，谱书则记载了上下九代的承袭关系。其中，二参四佐自阿什达尔汉起，始终由其直系子孙（第七房）承袭；二参一佐主要由十房子孙承袭，中间也穿插了四房、七房子孙；二参五佐先后由十房、七房、四房子孙承袭。如果说前期的佐领承

---

① 吴廷燮总纂：《北京市志稿》第7册《礼俗志》，第150页。
② 崇雯编：《崇翰池年记》，载《北京图书馆藏珍本年谱丛刊》第198册，第544页。

袭在各房尚带有一定随意性的话①，愈到后来，其承袭关系愈明确，即第一个佐领属阿什达尔汉的第七房，第二个佐领属额森的第十房，第三个佐领属巴当阿的第四房。明确承袭关系的好处是减少了族人间关于佐领继承权的纷争，但选择继承人的标准首先不是才能、年资而是血统，这对八旗管理层素质所造成的消极影响也是显而易见的。

6. 考察辛亥鼎革后旗人生活的剧变

崇雯编《崇翰池年记》，实际是自撰年谱。自署长白图门氏，作者号翰池，又号憨痴生，乳名书，正白旗满洲三甲喇人。生于京都西石槽胡同。该谱记事起自光绪五年（1879），截至民国六年（1917）。内容涉及上学、家祭、捐纳、从政、婚姻、子女、土地、丧葬、辛亥鼎革、剃发、更名冠姓改籍、家庭破落。不啻一部内容生动翔实的晚清旗人社会生活史。崇雯出身官宦世家，本人只是低级官吏，毕生饱经忧患，故其自述与世家大族所载颇多不同，如实反映了中下层旗人在动荡年代的生活。特别是谱书中反映的满人对辛亥革命的开明态度，在其他文献中很少看到。崇雯续补《图门世谱》，也值得参考。（见图358）

除上述外，家谱在研究满洲家庭人口、婚姻关系、风俗信仰、生计状况、教育科举、仕途升黜、民族交流，以及重要历史事件与人物，北京城市史、商业史、建筑史、灾祸史、医疗史等诸多方面，均有参考价值。谱书的利用，其意义不仅在于新史料的开掘，同时也为研究提供了新的视角。

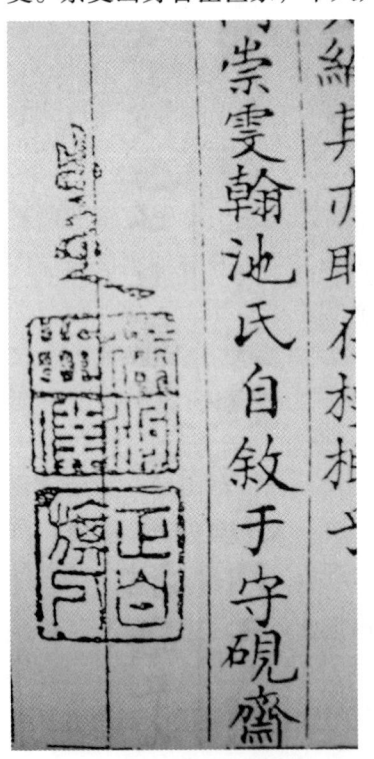

图 358　崇雯的满汉文印文

四　词曲

清代北京旗人聚居内城，除当兵为官外无所事事，兼以衣食无忧，素性豪爽，

---

① 参见北京国家图书馆藏《满洲正黄旗已故世管佐领文普接袭宗谱》（抄本一册），该佐领前九次承袭，都是在始祖索呢音的长子、二子、三子、四子、五子、六子及其子孙中辗转。

乐于游嬉，对各种喜闻乐见的民间词曲更是情有独钟，在子弟书、岔曲等方面造诣尤为突出，留下大量佳作，包含有反映旗人生活的丰富史料。

（一）子弟书

满洲民间原流行反映传统祭礼活动、狩猎生活的满语歌谣。入关以后，满人又积极汲取汉民族歌谣曲艺的素养，汉人中广为传唱的"边关调"，曾被译为满语流传。蒲松龄《聊斋志异》卷七《沂水秀才》中，提到当时流传的"满洲调"，就是一种满语俗曲，而汉族民间流行的"绣荷包"，则是一支源于"满洲调"的俗曲。子弟书《风流公子》中的主人公："清语儿飞熟兼通翻译，写清字真是笔走龙蛇。唱一支满洲曲儿嘟噜儿圆软，听说这些时又把香山的过马儿学。"[1] 这虽然是艺术虚构，也说明在北京旗人中，长期流行着满洲曲。

在满洲传统文化与汉文化陶冶熏染下的旗人，曾经独立地创造了一些新的词曲形式，最有代表性的就是子弟书。

子弟书，又称"子弟段""八旗子弟书""清音子弟书"，是一种鼓词类说唱艺术，因其为八旗子弟所创，故名。关于子弟书的产生，以往曾有研究者认为是八旗子弟"渐浸润于汉文化"的结果，单纯强调它与汉文化的联系，而疏虞于它与满文化的渊源。汉文化对子弟书的产生确有一定影响，特别是唐代"变文"、宋代"弹词"等传统说唱文学，对子弟书的形式、内容、表现手法的影响更为直接。另一方面，满洲人本身源远流长的传统民歌、民间小曲、萨满神歌，也为子弟书的兴起提供了重要的养分。[2] 从这个意义上说，子弟书乃是满汉文化交融的一颗硕果。

子弟书大约产生于乾隆初年，兴盛于乾隆中后期，一直流行到清末。流传地区主要限于北京、沈阳及东北一些地方。

清代北京内城禁止开设戏园，旗人只能以杂耍、八角鼓、曲词自娱。于是旗人将军营中传唱的俗曲改为雅驯的词曲，名曰子弟书。作为一种说唱艺术，子弟书有唱词，没有说白；虽以七言为主，讲求格式、韵律，但又可以根据需要而增加一些衬字，使形式更加活泼；在韵律上

---

[1] 北京市民族古籍整理出版规划小组辑校：《清蒙古车王府藏子弟书》，国际文化出版公司1994年版，第192页。

[2] 参见关德栋、周中明编《子弟书丛钞·前言》；张寿崇主编：《满族说唱文学——子弟书珍本百种·前言》，民族出版社2000年版。

通常取汉语传统的十三辙进行押韵，一般每两句一押；伴奏乐器以三弦、鼓板为主。

子弟书的篇幅比较短，通常只有一两回，十回以上的作品并不多见，每回几十句，具有文辞简洁、韵律优美的特点。子弟书的语言一般为汉语，亦有少量满汉语合璧或者满汉兼用者（俗称满汉兼），如《螃蟹段》《升官图》。此外，雪窗《官衔叹》行文中也夹杂了不少满语。[1]

子弟书的唱腔，有东、西调之分。最早的子弟书因在北京东城出现，称为东城调或东韵，后来又出现新的流派，称为西城调，或西调。比较而言，东调沉雄似弋阳腔，适于铺述忠臣孝子慷慨激昂的历史故事，如《白帝城托孤》《千锺禄》之属；西调则靡曼如昆山曲，适于表现才子佳人缠绵旖旎的爱情故事，如《露泪缘》《西厢记》《百花亭》《玉簪记》等。[2]

子弟书作品很多，传世的尚有四百余种，一千数百部。但如此浩瀚的作品当年得以刊刻的堪称凤毛麟角，绝大多数属手抄本。它的作者多属无名氏，即使有少数作品能够查考作者姓名的，其生平事迹也大多湮没无闻。仅见于鹤侣子弟书《逛护国寺》中的作者，就有松窗、小窗、芸窗、竹轩、西园、渔村、云崖、西杭诸人，鹤侣称赞这些人"俱是编书的国主可称元老"。[3]

在子弟书作家中，韩小窗、罗松窗、鹤侣最负盛名。韩小窗是东调子弟书的代表作家，生平事迹无一定论。一说为咸、同、光时期人，籍贯辽宁开原；一说嘉、道时期沈阳人，病死辽阳。作品约有四十余部，尤以写《红楼梦》题材的作品称名。他的作品不是嬉笑怒骂皆成文章，便是沉郁凄凉苦不胜情，如所写《忆真妃》前八句：

> 马嵬坡下草青青，今日犹存妃子陵。
> 题壁有诗皆抱憾，入祠无客不伤情。
> 三郎甘弃鸾凤侣，七夕空谈牛女星。
> 万里西巡君请去，何劳雨夜叹闻铃。[4]

---

[1] 《清蒙古车王府藏子弟书》，第23—24页。
[2] 参见郑振铎《中国文学研究》，作家出版社1957年版，第1371页。
[3] 《清蒙古车王府藏子弟书》，第277页。
[4] 同上书，第163页。

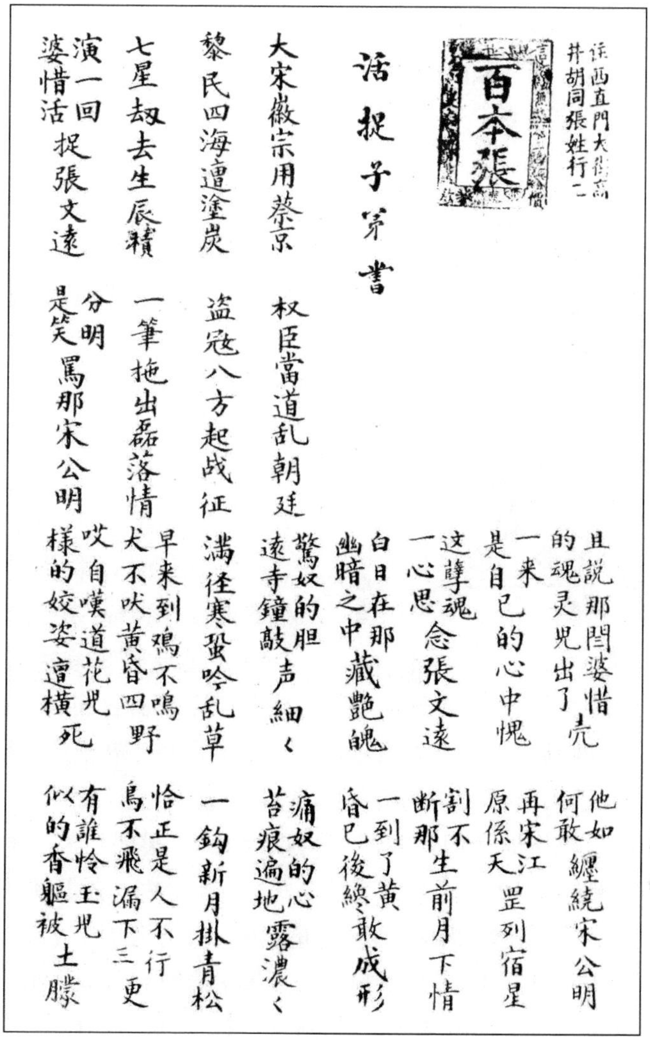

活捉子弟書

大宋徽宗用蔡京
黎民四海遭塗炭
七星叔去生辰禮
演一回婆惜活捉張文遠

權臣當道亂朝廷
盜寇八方起戰征
遠遠徑寒螢吟亂草
一筆拖出磊落情
分明是笑罵那宋公明

且說那閻婆惜
的魂靈兒出了壳
一來是自己的心中愧
這尊魂一心思念張文遠
白日在那幽暗之中藏艷魄
一到了黃昏已後總敢成形
割不斷那前月下情
原係天罡列宿星
再宋江
何敢繞宋公明
他如纏繞宋公明

驚奴的膽細細
痛奴的心苦痕遍地露濃濃
恰正是人不行
一鉤新月掛青松
早來到雞不鳴黃昏四野
鳥不飛漏下三更
有誰憐玉兒
似的香軀被土朦
哎自嘆道花兒
樣的姣姿遭橫死

图359 百本张子弟书书影

所写是出色的旧体诗，又不拘泥于格律，文字清新流畅。这正是吸取旧体诗丰富营养，又杂糅民间演唱特点的结果。反映了旗人文学创作的突出特点。在艺术高峰上与韩小窗相颉颃的，是西调子弟书作者的代表罗松窗。他的生平事迹已不可考，一说为乾隆年间人。郑振铎《中国俗文学史》对韩小窗、罗松窗文学上的造诣评价很高。

子弟书在当时北京城内外极受欢迎，成为旗民雅俗共赏的民间曲艺形式。无名氏子弟书《石玉昆》描述说书场的盛况时说：到棚内遍观，茶坐［座］过千人，门口仍有不少人出入如蜂拥，纷纷出入因无座；听众虽多，却无不聚精会神；满堂中万籁寂寞，鸦雀无闻，只见说书人指法玲珑，嗓音嘹亮，形容潇洒，字句清新。以致令听众一句一夸，一字一赞，人心同悦，众口同音。收到了"惊动公卿夸绝调，流传市井效眉颦"的轰动效应。①

子弟书内容丰富，一类由传统戏曲、小说题材敷衍而来，另一类直接反映现实中旗人生活。属于后一类的作品主要有：鹤侣《老侍卫叹》《少侍卫叹》《女侍卫叹》《侍卫论》《借靴》《集锦书目》《逛护国寺》，西园《阔大奶奶听善会戏》，雪窗《官衔叹》，煦园《荣华梦》，无名氏《叹旗词（固山叹）》《打十湖》《梨园馆》《打围回围》《射鹄子》《阔大烟叹》《为票嗷［傲］夫》《为赌嗷［傲］夫》《穷鬼自叹》《司官叹》《阔大奶奶逛二闸》（逛二闸）《升官图》《苇连换笋鸡》《灵官庙》《绪［续］灵官庙》《风流公子》《捐纳大爷》《太常寺》《票把儿上台》《乡城骂》《随缘乐》《銮仪卫叹》《假老斗叹》《张格尔造反》《调春戏姨》《文乡试》《饭会》《花别妻》《家主戏嬛》《拿螃蟹·螃蟹段儿》《连理枝》《得钞嗷［傲］妻》。

这些子弟书，内容涉及八旗制度、旗人形象、旗人风俗、旗人服饰、旗人语言、旗人信仰、旗人娱乐、旗人生计、旗人家庭、旗民关系，研究价值颇高。下面略举数端：

1. 旗人形象

清朝视八旗为"国家根本"，待遇优渥，但清中叶以降，国势日

图 360 子弟书《孟姜女哭城》

---

① 关德栋、周中明编：《子弟书丛钞》，第 734—736 页。

衰，旗人的境遇也每况愈下，无名氏《八旗叹》（又名《固山叹》）即专诵其事。《打围回围》，述旗人少妇对外出随围丈夫的思念之情，以及丈夫回围重聚时的欣喜之状。《射鹄子》则讽刺旗人贵宦子弟，弓箭整齐，衣衫新鲜，到鹄棚射箭竞逐，仆从如云，众星捧月，结果却丢人现眼的窘态：

> 有个平台儿小小五间盖在正北，将那鹄棚儿箭档儿都设在正南……这棚东执笔开头箭，走出位衣冠人物世俗的英贤。只见他迈步蹲身先抬后腿，张弓递箭又努前肩。后手扎煞前拳乱晃，弓梢挂地箭扣子朝天。本就是弓软箭沉从空高掉，怎禁得一推一徕箭奔了东南。忽听得打箭的哎哟说着了我的腿，这位爷眼似漓鸡脸都吓蓝。①

本篇在语言上也有特色，杂用满语如郭什哈（亲兵）棉袄、巴图鲁（勇士）坎肩、挖杭（衣服袖）、秃噜（脱落）。

在八旗兵丁中，步甲待遇最低，差使最苦，主要职守清街、垫道、站岗、值勤。《苇连换笋鸡》刻画了一个年过半百、穷困潦倒的老步甲：

> 有一个鸦发乌申（步甲）名何是，并无家口孤苦伶仃。幼年间托亲赖友将差使引，到而今年过半百已近龙钟。也曾在丰盛街前看过地面，皆因他人头儿窝囊当不行。派在个背巷堆拨（步甲值勤的班房）将就他老，现在那有人胡同把差充。②

接着讲老步甲值勤时看到一个卖笋鸡的，想吃鸡没钱，就把堆拨的一个破梆铃和自己戴的一顶破凉帽换了只小鸡，鸡也吃了酒也喝了，老兵睡意蒙眬，将身一倒就在堆拨里睡着。没想到偏偏遇上查哨的，结果不仅受了官刑，差使也被革退。

塑造旗人形象最丰富生动的非鹤侣莫属。鹤侣名奕赓，宗室子弟，庄襄亲王五世孙，与咸丰皇帝同辈。道光八年（1828），父亡，由于生前获

---

① 张寿崇主编：《满族说唱文学——子弟书珍本百种》，第389—392页。
② 《清蒙古车王府藏子弟书》，第136—137页。

罪被削去头品顶戴。鹤侣从道光十一年至十六年任三等侍卫,晚年穷困潦倒。笔名除鹤侣外,还自号爱莲居士、墨香书屋主人,在所著《侍卫琐言》一书中,曾自号"天下第一废物东西"。愤世嫉俗的心态显露无遗。撰有《佳梦轩丛著》。

奕赓虽为天潢贵胄,但家境日趋没落,他从事"不登大雅之学"的曲艺创作,以宣泄对人生的感触和惆怅的心绪。他长期生活在普通旗人中,对他们的命运尤多关切,刻画形象真实入微。作品显示出横溢的才华,嬉笑怒骂,皆成文章;行文走笔,酣畅淋漓。他同情下层旗人的潦倒命运,又对旗人中种种恶习丑态,极尽鞭挞、戏谑、嘲讽之能事,并从玩世不恭的口吻中流露出"无力回天"的苦痛。

奕赓自任侍卫六年,撰有《侍卫琐言》,从一个侧面反映了清代侍卫制度。他撰写的子弟书《少侍卫叹》《老侍卫叹》《女侍卫叹》诸篇,从不同角度对侍卫形象加以艺术的概括,使人们对八旗侍卫的了解,从干瘪无味的官方史籍中摆脱出来,有幸目睹一个个有血有肉、栩栩如生的人物形象。

侍卫是当时的"天之骄子",也是旗人中最幸运的一个群体。尤其是少年侍卫,前程无量,踌躇满志,外观也是衣冠华美,非同凡响。《少侍卫叹》说:

> 自是旗人自不同,天生仪表有威风。学问深渊通翻译,膂力能开六力弓。性格聪明嘴头滑顺,人情四海家道时兴。本就是赳赳武夫干城器,更兼他手头散漫衣帽鲜明。精奇泥哈番顶儿红,俏摆春风的孔雀翎。时兴的帽样儿拉三水,内造鲜明紫红缨。翡翠翎管金镶口,翎绳儿在帽外头耷拉着蛱蝶相逢。院样儿靴子三直平底,提字号是京都久寓的内兴隆。
>
> 外套儿是带嗉的貂皮月白绫子做里,库灰线绐火狐皮袍暖而轻。小荷包平金打子三蓝的穗,天青色扣绐搭包里儿红。表抽儿是顾绣瓜蝶赤金口,羊指佩是寿山福海喜相逢。戴着个油盘三针常行随表,他偏说是钢轮金套单版镂钉。
>
> 小刀子是镶银什件秦鳇鱼的鞘,大火镰嵌宝镶银式样精。菠菜绿的扳指金挂里,水上飘的烟壶儿盖是紫晶。水烟袋是大小两分和阗白的嘴,荷包是红皮太平袋戳纱小胆瓶。马褥牛皮托子宝蓝缎面,还

有那螺蛳花硬口腰刀嵌宝玲珑。①

作者详细描绘了少年侍卫阔绰华丽的衣着打扮。帽子、顶子、翎子、靴子、貂褂（而且是带膆貂褂，皇帝御赐）、红狐袍子、荷包、表、玉佩、小刀子、火镰、扳指、水烟袋、鼻烟壶、烟荷包、马上坐褥、腰刀，所有物件，无不精美华丽，组合为侍卫的服饰特点，令人眼花缭乱，远非普通旗人所能企及。少年侍卫一个个神气活现，不可一世，却往往是"金玉其外，败絮其中"：

> 立金门森森气象熊腰虎背，见上司栗栗悚悚兔遁蛇行。在同寅内有说有笑也是瞧人行事，与苏拉们赏赐丰富故尔呼唤有灵。又搭着小殷勤小扇子小旋风小妇气象，在章京前小心下气从小道儿进铜。所以才诸事合宜无人摸住，该班儿想叫他接班万不能。

接着，作者模仿少年侍卫的油嘴滑腔，一会儿搭讪着说话，一会儿悄语低声，一会儿又唉声叹气，最后则是狡猾地"一执手说请了，告个假出门扬长去"。一副巧言令色的形象跃然纸上。

奕赓对侍卫的情状了若指掌，在所著《侍卫琐谈》中，将侍卫分为几种类型。一类"黠者"，设计谋财，使他人甘心入网，虽死无怨，且无损于自己的"清名"；一类"愚者"，百无一能，心无一孔，言谈行事虽贩夫不如。其他又有行同"市井者""村俗者""中无所养者""目不识丁者""强而横者""傲而奢者"，不能毕举。还有"具小聪明而轻薄者"，对人各拟以别号，背地呼之，千奇万巧，穷尽心思，必尽肖其人而后已。总之，世态炎凉无以言状。② 这不过是旗人社会众生相的一个缩影。

清室宗藩优游逸养百有余年，往往玩物丧志，不思进取。朝阳门外灵官庙尼僧广真，幼年失身，老不安分，蓄养雏姬，兼教歌唱，京城勋戚大吏无不往来，她收取夜合之资，另为聚敛之术。道光十八年（1838）设席庆寿，朝官数十人在庙饮酒狎妓，被御史访拿交审。广真

---

① 《清蒙古车王府藏子弟书》，第36页。
② 奕赓：《佳梦轩丛著》，第77页。

倚仗财势，临审时毫不恐惧，扬言道："不止数人，即王爷公爷亦常赴我庙顽耍"，且扬扬得意貌。最后究出庄亲王奕赓、镇国公溥喜、不入八分镇国公绵顺常入庙饮酒，吸食鸦片烟，于是王公爵俱被革除。① 此事在京城旗民中引起轰动，有人作子弟书《灵官庙》《绪（续）灵官庙》，以讽其事：

　　这其间贵贱无分薰莸莫辨，鱼龙相混玉石相杂。也有那派衍天潢金枝玉叶，系连枫陛五侯家。抑尊就卑 不为异，自将玉树近蒹葭，忘却了奕世藩封剪桐旧谱，甘心沦落徇狭邪。②

当时，一些王公贵族，恣意寻欢逐乐，自甘堕落，种种劣迹，难以悉数。

2. 旗人生计

清朝末年，入不敷出、生计艰窘已成为多数旗人的难言之隐，一些旗人既耽于游嬉享乐，又不知搏节省俭，每月领到饷银不到几天就挥霍净尽，只好"饮鸩止渴"，靠典当借贷维生。即便如此，一旦有钱到手，马上又旧态复萌，将钱花得一文不剩。奕赓《老侍卫叹》，通过一对老侍卫夫妇的遭遇，将此情此景淋漓尽致地描绘出来。开头诗篇云：

　　人生七十古来稀，笑我时乖寿偏齐。
　　酒债寻常行处有，朝回日日典春衣。
　　当票子朝朝三五个，帐主儿门前闹泼皮。
　　老妻自是多贤惠，挎竹篮每向坟边乞祭余。③

短短八行，对老侍卫晚年每况愈下的境遇作了高度概括，这与往昔"平明执戟侍金门"的荣耀生活形成了鲜明对照。接着，作者用夸张的笔法写了老夫妇的对话：妻子抱怨丈夫"当差使四十余年没托堪，交朋友见天恋恋在三和居（饭馆名）"。丈夫尽管贫乏到山穷水尽的地步，却并不以交友之道为非，反而强调"走街面儿不交朋友使不得，轻钱财如粪

---

① 奕赓：《佳梦轩丛著》，第109页。
② 《清蒙古车王府藏子弟书》，第308页。
③ 奕赓：《佳梦轩丛著》，第33页。

土你是胎里红的脾气"。"胎里红"是"天生的"意思,而轻钱财、讲义气、重友谊、乐助人,确确实实是许多旗人"胎里红的脾气"之一。至于说落到如此捉襟见肘的地步,却仍旧与哥们儿"见天恋恋在三和居",却不免有些愚憨。老侍卫一面为自己的举动辩解,一面却反唇相讥,指责妻子昔日"每日三餐拣着贵的吃。戴的是赤金点软翠,穿的俱是蚕吐的丝。出份子总是你去要把长车雇,走亲戚人家略有迁求你就不踏泥"。可怜这对年届古稀的老夫妇,当年竞相乱花销,男的泡馆子,女的讲排场,不知节用,最后穷得家徒四壁。

《老侍卫叹》还绘声绘色地描绘了这对老夫妇清早起来无米下锅,磨牙斗嘴的场景。老妇说:"老乌龟你就会在家中吹(催)妻子,到底儿哪是你的准衣食?"老夫道:"这如今我英雄气短皆因手里素,嗜咱过老的夫妻咧你也忍心把我逼。快去吧你劈点儿劈柴佘点热水,天不早咧误了差使了不得。"老妇答:"煤炭

图361 茶馆图(《北京风俗图谱》)

全无我如何笼火?想罢昨晚我就忍了一顿饥,你瞧我这稀破的汗褟套着单褂襕,奔七十的人咧到底没有爷们泼皮。"一番对话,将贫苦旗人穷到无米下锅、无煤笼火的情形刻画得入木三分。语言全用地道北京话,生动活泼,极富感染力。事已至此,只有将家中余物继续典当。作者接着写道:

  老英雄无奈下炕将破被卷,
  说就剩下了他咧索性咱今朝把饭吃。
  甚么差使不差使搁下也没要紧,
  把翎管儿也添上还有破靴子。
  诰命(指老妇)落泪说天绝了我,

拿了去吧我还有一条旧中衣。
英雄说你穿甚么呢过着堂儿冷不冷?
诰命说快去啵我裆里骑着破狗皮。
老英雄是单汗褟儿套着夹毡子褂,
在炕洞儿里把没有腰儿的靴子找了一只。
又把双山底布帮儿的肋巴扇,
去不多时他当钱回来笑嘻嘻。
说真是恨钱如恨命,
好有拿手的醋老西。
好容易当了钱八百,
我说了个天花乱坠他驳了个是不有余。
吃甚么啵有了钱咧你也出回主意,
是包饽饽是下面还是叫桌席?
西口儿外稀烂的吊子闹他一个,
再乐他一对大双皮。
叫锅子烙饼打烧酒,
你别错会意这些个东西可不为你吃。
……

为了吃上顿饭,老侍卫将家中余物搜敛一空,就连炕上的破被卷、官帽上的翎管儿、破靴子也拿去典当。偏偏碰上开当铺的山西人精于盘剥,好说歹说才当了八百钱。钱刚到手,老侍卫首先盘算的仍是如何吃、喝。俗话说,"人无远虑,必有近忧",但许多旗人却只顾眼前口腹之需,不考虑量入而出,结果一步步朝着贫困走下去。《老侍卫叹》固然是艺术作品,它的素材却实实在在源于众多旗人的生活。

异曲同工的还有煦园氏《荣华梦》,讲一贵胄子弟,穷困潦倒之余,奴仆漫散别投主,唯剩夫妻二人终日受煎熬。某日忽来一长随通报,说这位爷补授了内阁学士侍郎衔,接着是享用不尽的荣华富贵,使唤不完的金童玉女,听不完的阿谀奉承。"那老爷正笑这恭维话,猛然间一声响亮枕头边。霎时惊醒荣华梦,原来是狸猫捕鼠向前蹿。"[①] 作者以此警醒旗人,

---

① 张寿崇主编:《满族说唱文学——子弟书珍本百种》,第416—418页。

世间荣华富贵不过是南柯一梦，转瞬即逝。

3. 休闲娱乐

京郊素多河湖，沿岸风景秀美，成为旗人闲暇游玩的去处。昆明湖、长河，为清廷御用，禁止旗民泛舟。什刹海仅有踏藕船，小不堪泛，京东的二闸遂成游人荟萃之所。二闸即通惠河庆丰闸，其水上源护城河，下接通州白河，水不甚宽，而船最多，皆粮船、驳船，由京师至通州，来往相属。自五月初到七月中，二闸游人如织。青帘画舫，酒肆歌台，令人疑在秦淮河上。内城人往游，通常在齐化门外登舟，至东便门换舟，至通惠闸。舟可租终日，到处流连，或朝往夕还，一随人意。午饭必于闸上酒肆。或征歌板，或阅水嬉，豪者不难挥霍万钱。无名氏《阔大奶奶逛二闸》，通过一位阔大奶奶的郊游，描写二闸一带"观不尽，水碧山青，天然古画"般的美景，对大奶奶一身旗装打扮，刻画得惟妙惟肖。①（见图362）

图362 二闸河灯（《北京风俗图谱》）

子弟书《集锦书目》以文字游戏形式，将子弟书的书名嵌入编写成篇，其中一段描述了逛庙会的盛景："东廊下游人齐看《女斛斗》，那《石玉昆》《郭栋儿》《柳敬亭》俱各说书在庙傍。《西厢》以内《灯谜会》，又有商贾杂陈的《百宝箱》。"文中提到的石玉昆、郭栋儿都是演说子弟书的著名艺人。著名旗人说书人还有随缘乐。他说书时的场面空前，俱见《随缘乐》。北京城中庙会文化、茶文化以及商品经济的繁兴，与子弟书的流行相得益彰。

《为票嗷（傲）夫》，叙一八旗子弟，整日热心于演戏，走堂会，晚上回到家中仍不歇息，"取出新买的戏本子对着灯瞧。分清了音律拿腔调，记准了牌名用板凿。昆弋口风凭吞吐，尖团字眼细推敲"。他为了演好旦角，反复揣摩妇人梳妆打扮，"甚么兜兜儿咧汗巾子咧需要上色，油

---

① 关德栋、周中明编：《子弟书丛钞》，第754—756页。

绿套裤配水红裤腰。细细刷牙将指甲染，常常刮脸剔眉毛。三百六十天脑袋不疼离不开膏药，一日里十二个时辰把妇道学"。① 为走堂会，甚至连老婆的梳头匣子都搬了去。如此这般，难免引发老婆抱怨，而旗人对戏曲的痴迷，借此也可见一斑。

《梨园馆》讲一旗人贵宦子弟到外城梨园馆享乐，酒足饭饱之余驱车回城（当时叫"赶城"）。书中对酒席之丰盛，菜肴之精美，极尽描写之能事。反映了旗人上层生活的豪奢。西园《为赌嗷（傲）夫》，描写旗人嗜赌，最后败产倾家。此类作品较多，主旨均在于警世。

（二）八角鼓岔曲

八角鼓也是旗人的创造。它既是乐器名，又是曲种名，因演唱者手执八角形的小鼓弹奏演唱而得名。

八角鼓的由来众说纷纭，但流传最广的说法是：八角鼓这种乐器脱胎于八旗军鼓，最初只在八旗军中流行，后来才普及到北京内城，而后又传至外城戏园。八角鼓鼓身为八角形，以木为框，单面蒙蟒皮，八角八面喻八旗。除手拿的一面，其余七面各有一对小铜镲，中加一个小铜片；手拿的一面，内有一柱，贴柱也有三个小铜片。镲与铜片暗喻三八二十四固山。中柱为旗主爱新觉罗江山一统。八角鼓下端饰有红、黄、蓝、白诸色丝穗，按旗属而定。②

演奏时用指击打鼓面，小铜镲随着鼓身震动发出打击声。表演八角鼓，一般是二至三人。两人表演，说唱者左手持鼓，右手拍弹，另一位弹三弦伴奏。若是三人，则增加一个扮丑角的。表演时，击鼓、弹弦者取坐姿，丑角站立，演者用折扇轻打丑角脖子，以博一笑。《燕台小乐府八角鼓》说：

> 十棒花奴罢歌舞，新声乃有八角鼓，
> 一木一扇一氍毹，演说无是兼子虚。
> 虚中生实无生有，别是人间一谈薮，
> 操成北地土风音，生就东方滑稽口。
> 有时按曲苏昆生，有时说书柳敬亭，

---

① 《清蒙古车王府藏子弟书》，第17—18页。
② 张卫东：《北京八角鼓与岔曲、腰截、单弦牌子曲的关系》，2007年打印稿。

图 363　溜冰（《北京画报》）

有时郝隆作蛮语，有时公冶通鸟声。

由此可见，八角鼓是门有说有唱，擅长打趣和逗哏的曲种。

八角鼓有许多曲牌，如数唱、太平年、金钱莲花落、怯快书、流水板、叠断桥、四板腔、云苏调等不下数十个。但以四句脆岔曲为曲头、曲尾，中间才按故事情节的需要，选用不同的杂牌子曲，故此又叫"单弦牌子曲"。

至于岔曲名称由来，一说岔曲为清宫御制，为与民间区别，故称岔曲；一说为宝小岔所创，故名岔曲。旗人崇彝则另有说法，他在《道咸以来朝野杂记》中说：文小槎，外火器营人，曾从征西域及大、小金川，奏凯归途，自制马上曲，名"小槎曲"。以后，简称"槎曲""岔曲"，又曰"脆唱"，成为八角鼓艺术的创始。①

岔曲种类繁多，大致有平岔、慢岔、垛字岔、西岔、起字岔、数岔等十几种。有些较长的段子又叫"大岔曲儿"或"长岔"和"赶板"。岔曲唱词一般七至八字一句。岔曲的形成，受到汉族民间杂剧、散曲、小

---

① 崇彝：《道咸以来朝野杂记》，第 105 页。

图 364　抖空竹（《北京画报》）

调、民歌的深刻影响，同时带有满洲文化的鲜明印记。①

收有岔曲的著作，主要有乾隆六十年（1795）王廷绍编民歌集《霓裳续谱》，嘉、道年间华广生编民歌集《白雪遗音》。《霓裳续谱》收有流传于京师一带的旗人民歌，反映了满人祭祖、跳神、家庭生活，以及语言特点。② 这些民歌尽管用汉语传诵（也有一些"满汉兼"句式），也带有满文化烙印。③ 北京大学图书馆《清蒙古车王府藏曲本》，收有岔曲二百余首，其他图书馆和私人手中也有收藏。1935 年故宫文献馆出版《升平署岔曲》收集宫廷岔曲，多为歌功颂德、粉饰太平之作，也有一定参考价值。2004 年，伊增埙编著《古调今谈——北京八角鼓岔曲集》，收集八角鼓岔曲六百四十六首，是一部带有研究性质的集大成之作。

岔曲的内容或者取材于戏曲、小说，或者诵唱万般景物、京师风情，或者渲染男欢女爱、功名利禄，或者冷嘲热讽、惩恶扬善。反映旗人生活的作品不少，从如下几类可以略知一二：

---

① 详见伊增埙编著《古调今谈——北京八角鼓岔曲集》的序言《满族与八角鼓岔曲》，知识产权出版社 2004 年版。

② 俱载明冯梦龙、清王廷绍编述《明清民歌时调集》。

③ 王廷绍编述：《霓裳续谱》第 7 卷《姐在园中去采花》《陈憎变羊》《树叶儿娇》《惧内的苦》；第 8 卷《小小的沙弥下山坡》《姐儿生的好不俏皮》。

1. 八旗制度

长岔《八旗自叹》，生动刻画了清代后期北京旗人的生活习俗、兼性嗜好，语言具有"满汉兼"特点，是现存岔曲中难得一见的佳作：

《八旗自叹》（赶板）

软弱无能，出在八旗大营。拨什户（满语：领催）不甚公，他把那碓房里面的哥儿们赚了个生疼。听了个关米笑盈盈，开了仓门就要使铜，放银子有余平。

御马营，来的冲，八步（满语：鞦稍铁牌）赶毡（鞍木上的稍绳）玩得精。布库营（善扑营）真格的横，傻大黑粗手头子硬，爱交朋友又舍不得铜，狼吃狼喝假装愣，硬钉子一碰就收生性。

嘎不什先（前锋）不压众，扭腰飞腿似醋桶。乌枪巴牙拉（护军）像醉龙，终朝每日玩铁铳，马步箭，都是三等，听见放达（满语：头目）混剡情（随便说闲话），噶拉达（翼长）的跟前胡进贡。

黄带子（宗室），有龙性，四开契儿袍子根子硬，空戴七蓝（蓝翎）是没有俸，十三仓去胡蒙，抓住花户（仓上人役）混想铜，要打官司又呛不动，满破着（豁出去）闹撞了（被举报揭发了）上关东。

满洲人，爱闹性，茶馆酒肆假充横。蒙古人，物拉行（满语：前襟有油光），见了羊肉没了命。汉军人，实在能，差使买卖两头挣，摇铜鼓，粘糖不镫，大钱俩的半拉槟榔卖了个冲，做油活，吹号筒，烟儿泡耗子药外带着西湖景。

乌克申（满语：马甲），更无能，坐槽儿（天生的）会吃不会挣，他的钱粮不中用，去了署班儿不剩铜，又要巴结又无能，印房效力弄人情，满不通，汉不能，遇见来文急得横蹦，不会写字糊封筒。

押坊（满语：步行）无事是步营，安分守己是堆儿（堆子）兵，偷狗吃是一能，扫街垫道抬大桶，下稻地，剡稻梗；遇见窃案活要命，左不过，磕头碰地去弄人情。

汲桶兵（消防兵），有奇能，老爷睡觉他会哄，戛七巴脑打报堆（俚语，即"归了包堆儿"），他们的差使没人懂。

挑好汉，是绿营，守兵战兵和马兵，都是指官事竟胡蒙，抓住土包要吃铜，箔落人儿（娼妓）把他们敬，他们是又背又扛又走更，想拿贼,万不能,明火执仗闹哄哄,奸盗邪淫罪不轻,那守备顶戴都闹扔。

内务府,是梯子儿形,不得势的是幼丁,得了势把眉毛拧,八月里苏杭是去定,版闸子粤海(广东粤海关)去挣铜。昂阿氏(满语:寡妇),苦伶仃,白吃白喝养育兵,那世袭佐领还可以,最可叹,苏拉哈番(满语:闲散官员)穷了个苦情。①

作者不愧是调侃诙谐的行家里手,仅用了七十五句,便将晚清年间八旗军队的衰朽现象作了全面的概括,从八旗满蒙汉各兵种到宗室、内府旗人,以至绿营兵丁,都未能逃过作者辛辣的笔锋。领催是八旗佐领的基层官员,收入不高,却利用给旗兵发放钱粮的机会,多方设计,侵蚀纳贿,发了"黑心"财。前锋、护军本是八旗的精锐兵种,到头来,"扭腰飞腿似醋桶","马步箭,都是三等",技艺荒疏不说,还要为蝇头小利奔竞争逐。马甲是八旗军队的主力兵种,除了吃喝已百无一能。八旗步军本来地位不高,以扫街垫道、看守堆拨、维持治安为职守,到这时则沦为官府杂役,完全失却军人本色。汉军旗人在生计的压力下不得不混迹民间,摇货郎鼓的,卖糖葫芦、槟榔、大烟泡、耗子药的,外带拉洋片,聊以糊口。而无依无靠,又乏治生能力的寡妇们却只有"苦伶仃"地长吁短叹了。这些细节描写,艺术地再现了八旗衰朽的真相。

2. 旗人生计

《酒鬼》是一部较长的段子,全曲由"南罗儿""倒推船"等十多个曲牌组成,讲述了一个旗人家境贫寒,酗酒打妻,后有所悔悟的故事。其中两曲是这样写的:

〔银纽丝〕

哥哥想起事儿一桩,提起我的祖父不平常,随龙伴过驾,一品在朝纲,到而今,积作的儿孙不像个样,只有你哥哥这份钱粮,吃饭当差穿么么衣裳,(我的兄弟哟咳)可怜我,卖也没的卖,当也没的当。

---

① 参见伊增埙编著《古调今谈——北京八角鼓岔曲集》,第257—260页,其中词义错误处,笔者参考其他版本作了更正,并酌增满语注释。

〔剪靛花〕

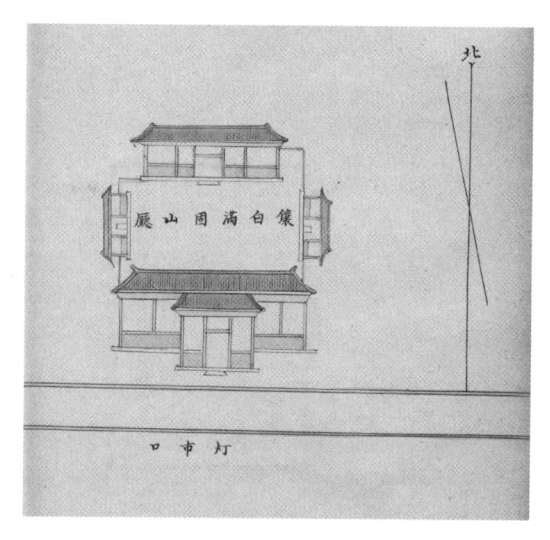

幸喜你嫂子多贤惠，忍饥挨饿把家当，惯会打急荒，（哎哟）惯会打急荒，无衣服，光打光披着一块毡子装柴王，每日不出房，（哎哟）叫我疼得慌，终朝揽活与人家做，每日奔波把活忙，真真算贤良，（哎哟）真真算贤良。①

图365　京师灯市口地方镶白满固山厅
（《左翼四旗所属官厅图》）

旗人的先辈当年"从龙入关"，弯弓挟矢，所向披靡，血战多年，奠定了清朝基业，何其荣耀！二百年后，他们的子嗣很大一部分却落到"卖也没的卖，当也没的当"的窘迫田地，又何其悲惨！八旗生计的不断恶化，主要是由于八旗制度的束缚、八旗人口的繁衍、统治者的苛剥，而旗人本身竞逐奢华、追求享乐、不知节用的陋习，也起到雪上加霜的作用。《酒鬼》塑造的形象，既包含了作者对旗人嗜酒无度的嘲讽，也寄予了对其潦倒命运的同情。

《马甲叹》，讲述一个普通旗人自幼学文习武有才能，"弓马箭，练得精，演撒放，不脱空，满洲话，翻得精，念过一本《清文启蒙》；抢甲喇，挑缺拉过六力弓"，终于通过马步箭考试，"挑缺"当上马甲。马甲月饷不过三两，他却不知撙节，置衣裳，会朋友，唱曲玩票，加上媳妇懒，孩子多，家境每况愈下。到碓房借高利贷，犹如饮鸩止渴。最后追悔莫及，只有认命。②

《因我的账沉》以诙谐的笔调，讲述一个负债累累的旗人，走投无路，最后不得不决定到吉林种地为民：

---

① 《明清民歌时调集》下册，第765页。
② 伊增埙编著：《古调今谈——北京八角鼓岔曲集》，第256—257页。

因我的账沉，短了精神，天天儿发闷，日日揪心，穷得我不敢出门儿，在家里盆。［过板］忽听外边有人叫，只当是要账的找上门。叫人回应问信音，原来是，摸几格（旗营书吏）传我去谢恩，想来又是半年赏，乐得我也不再炕上蹲。对弄着到了神武门，我各处留神，见人就问，打听真了才知道，原来是年年儿展限那俩月的库银。白跑了一趟转家门，扫兴之极实［卧牛］实难混。千思万想无道路，将心一狠上吉林，虽说种地为民销了旗档，到底儿先得它三十两银。①

为了缓解"八旗生计"的压力，清廷自乾隆年间起，开始推行"京旗移垦"政策，即迁移京旗部分闲散或贫户到黑龙江、吉林等地屯垦，并由官府赏给安家银两、土地、房屋、牛具、种籽。道光年间再次组织京旗移垦。咸丰六年（1856）曲本《百万句全》中一首岔曲《京都子弟》也提到："当今万岁有个恩典，旗人若是无恒产，准上吉林去屯田。"则反映了这一政策的延续。最初，移垦旗人依旧保持旗籍，至于岔曲中所云"种地为民销了旗档"，则是晚清以来的事。本来旗人是颇以自己的身份为自豪的，为了求生，却不能不选择销除旗档，离开繁华都市，到偏远的关外开荒种地。"八旗生计"问题的日益严峻，据此可见一斑。

《鸟枪诉功》是一典型"满汉兼"体裁的牌子曲，述一郎姓旗人，弃文就武当了鸟枪兵，习武当差，事事要强，"提本领样样都在人人以上"。但目睹八旗官员"终日吃喝逛，听戏在前门上"，"耍钱在弓房，拉叉打十胡掷赶活羊（赌博性娱乐，即斗牌、掷骰子之类）"，心中渐生不满，自认上当。于是随波逐流，家境衰败。一日，上司要挑赏，他却没有到衙门去的衣服，只好厚着脸皮到亲戚家去借，亲戚的衣服却在当铺里。旗人无奈，借了五吊钱去赎。忙碌半天，因为没给上司送礼，还是没有得到挑赏。旗人回到家中，不禁破口大骂。《鸟枪诉功》，从一个侧面反映了八旗内部贫富差距的扩大，与人际关系的炎凉，并将病态社会里下层旗人的典型心态披露无遗。

《一铺土炕》，对旗人家中的窘迫，也做了生动的艺术概括："一铺土炕，两间官房，三个大碗，筷子四双，五个补漏的砂锅挂满墙。［过板］

---

① 伊增埙编著：《古调今谈——北京八角鼓岔曲集》，第261—262页。

六天吃了七顿饭，可怜那，八九十岁［卧牛］老额娘，十冬腊月光着脊梁。"① 额娘是满语，母亲的意思。生活沦落到这般欲哭无泪的地步，却还有心调侃。这即是无奈的自嘲，也流露出旗人乐天知命的心态。

3. 家庭生活

生活中有烦恼、忧愁，也有欢乐与希望、亲情和友情。《霓裳续谱》卷七《陈慥变羊》展示了萨满跳神的全过程。《惧内的苦》以一旗人的口吻，述说自己在悍妇折磨下的苦痛，曲中还穿插着"五十八阿八达子波斯户莺达户"之类的满语骂人话。卷八《小小的沙弥下山坡》并无色情含义，讲一旗兵随征王伦之叛，年轻妻子在家终日忧心忡忡。她祈请小和尚保佑"出兵的阿哥，要得了胜"，夸奖对方"是个有灵有圣的一尊活佛"。

《劝妻》，以一新婚不久的旗人"大爷"开导大奶奶（妻子）的口吻，展示旗人家庭

图366　民间取租票

生活的内容，旗礼与旗俗。旗人家做儿媳妇的礼节最多也最严格。每日早晚向公婆请安，倒茶装烟，态度必须恭谨。对"爱充大旗派儿"的小姑子必须善待。平日里吃饭如何坐位，如何盛饭，如何摆放碗筷，以及烧火、叠被窝、穿戴、言语、举止，都有一定之规，丝毫马虎不得。"老太太是个老八板儿，不许女孩们胡打扮儿，不许拢蓬儿，也不许卷边，戴花儿不许比脑门儿大一半儿；穿衣裳不准穿鸳鸯纽袢儿；穿套裤不准外摆巾儿，夯拉着飘带儿；穿袜子不许跳三针儿明缉脸儿；穿鞋也无非绸缎面儿，钉扎锁扣几朵花儿，不许穿时兴的南蝴小双脸儿。娶媳妇的要打门前过，不许站在门前去卖呆儿。"② 这许多个"不许"，正是"旗人礼数最多"的一个绝妙注脚。（见图367）

---

① 伊增埛编著：《古调今谈——北京八角鼓岔曲集》，第268页。
② 同上书，第272—274页。

图367 旗人家庭生活

4. 市井风情

旗人都市生活内涵丰富，喜怒哀乐，总是人间常情。骑射习武，游乐消闲，婚丧嫁娶，衣食住行，林林总总的生活细节，在岔曲中都有细致入微、栩栩如生的描绘。岔曲《勤》（一名一生不懒），刻画了一个家境贫寒却勤奋本分的旗人形象：

> 一生不懒，永不会躲静求闲。清早起出城十里去绕弯，回家来挑水摇煤扫地笼火刷盆洗碗收拾饭，为图贱，他买条黄瓜能跑趟南苑。[过板]吃完饭上房拔草，院里擦砖，拿着块揩布把街门揽，抓工夫缝连补绽，看孩子外带拉弓射箭，一天到晚连[卧牛]连轴转。晚饭毕，封火算账量麸料。临睡觉，月亮地里耍会子盘磨。①

曲中的主人公，家境并不富裕，但日常生活很充实。他不仅包揽了家中的所有杂务，还乘着家务之暇，带着孩子练习拉弓射箭。每日临睡前，要在月色下再练几番气力。这反映了旗人的本色。《今日下了班儿》，原载1942年第248期《立言画刊》，由金受申供稿并做笺注。此曲为同治年抄本，生动反映北京旗人闲时到郊野射箭的过程：

---

① 伊增埙编著：《古调今谈——北京八角鼓岔曲集》，第248页。

今日下了班儿,堪可得闲儿,吃完了早饭,要去射野箭。小草帽,旧布衫儿,褡裢里装上几百钱儿,一张弓,两支箭儿,烟袋荷包佩火镰儿。[过板]小小子儿拉匹骟马,背着草口袋,披上一把打草镰儿。出城不走关厢里,抄着近儿绕着弯儿,穿过粪场进菜园儿……不奔官塘道,找着阴凉奔河沿儿。见窝铺里看瓜的老叟午梦眠儿,池塘里青蛙成阵闹声喧儿,熏风阵阵扑人面儿,断续蝉鸣在绿杨尖儿,野花簇簇如铺锦,寻香的粉蝶绕苍苔儿。行至在绿阴浓处无人走,立下弓,放下箭儿,掸掸土,擦擦汗儿,钉上橛子放着马,铺下草口袋儿,蹭了个火儿吃袋烟儿。端端弓,捻捻箭儿,演"克木"进退撒放像见官儿……村子里摇鼓的吆喝饽饽肉,灌园子的辘轳歌儿唱着玩儿,小河边上儿童争打琉璃排,门儿外村姑背草晒干柴儿。行至在绿树阴浓无人处,把"扎昆固山塔儿哈本"背了一番儿。忽听背后有人呼唤,原来是摩机哥(旗营书吏)气喘吁吁跪上前儿,说章京们现在印房把你等,叫我攥着帖子城里关外跑[卧牛]跑了一圈儿,大喜咧,大人保你"卓异",预备引见,快走吧,对履历好写那"泥彦兀术"绿头牌儿。①

"扎昆固山塔儿哈本"(jakūn gūsa targabun)是满语,意为《八旗箴》,是清朝皇帝训诫旗人的箴言。"泥彦兀术"(niowanggiyan uju)是满语"绿头牌"的意思。绿头牌,是被皇帝引见者手持的写有姓名履历的牌子。主人公下班后,努力练习私功(射箭、背诵八旗箴),不敢丝毫懈怠。这正是八旗子弟中"佼佼者"的形象。该曲笔调清新秀美,把夏日京郊的胜景和农夫恬淡的生活,刻画得淋漓尽致。

岔曲中还有许多反映旗人服饰、习俗的资料。《霓裳续谱》载《风流大姐》:"风流大姐,打扮的一绝,百褶的罗裙把那窄荡捏,相衬高底儿的大红鞋。"这个风流大姐穿着高盆底,显系旗妇无疑,但身上穿的百褶裙却早非旗式袍服了。《树叶儿多》:"树叶儿多啊多不多,我们那儿有个旗下太太甚是难说,提起她的脾气甚是溜河,闲暇没事又在街前站,瞧见吹鼓手的叫大哥。大哥大哥你家中坐,沏点香茶咱们俩喝。吹鼓手的说,我不认识你,你会认识我?太太说,你好眼拙,当初娶我的时候,不是您

---

① 伊增埙编著:《古调今谈——北京八角鼓岔曲集》,第251—255页。

图 368　京郊卢沟桥（《南巡盛典·名胜图》）

给打的锣？"① 此曲塑造一位不拘小节的旗妇形象，她不甘寂寞，闲来无事，总是街头一站，随意与人搭讪。旗人婚嫁，请民人做吹鼓手。在旗人与民人的日常交往中，穿插着许多洋溢着生活情趣的细节。

5. 惩戒说教

自鸦片战争以来，烟毒日益泛滥。咸丰八年（1858），清政府与英、美、法诸国签订《通商章程善后条约·海关税则》，准许外商进口鸦片，称为"洋药"，每百斤收税银三十两，从此鸦片成为合法的进口商品。这也就是《劝诫洋烟》中所指出的：

> 鸦片熬烟赛钢刀，斩尽了愚顽。它本是外国的毒药，在中国流传，害得这京城地面苦况难言。都只为贪图收税把罪名宽，因此上，改名洋药奉了官。烟毒到处相传染，烟瘾流传祸蔓延，不论旗民和贵贱，不分贫富与愚顽……②

同一题材的还有德寿山所作《烟鬼叹》。作者目睹烟毒泛滥，严重损害世人健康，有感于胸，撰为此曲。作者在劝诫旗人的同时，还谴责官府

---

① 伊增埙编著：《古调今谈——北京八角鼓岔曲集》，第 236 页。
② 同上书，第 209 页。

"贪图收税",把鸦片改名"洋药",使其贸易合法化的可耻行径。

五　小说

清代旗人创作了一些著名长篇小说,除内府旗人曹雪芹所撰《红楼梦》外,对考察北京旗人社会具有独到价值的,主要有满洲旗人和邦额的《夜谈随录》、文康的《儿女英雄传》、冷佛的《春阿氏》、松龄(松友梅)的《小额》。

清代初年蒲松龄《聊斋志异》行世后,谈狐说鬼成了一时时尚,仿效之作纷纷问世,其中和邦额的《夜谈随录》是较有影响的一部。

和邦额,号霁园主人,生于乾隆元年(1736),隶满洲镶黄旗。和邦额自幼跟随祖父,到过甘、陕、青、闽、粤许多地方。祖父去世后,他进入京师八旗咸安宫官学读书。这所官学是雍正时创建的,专收"八旗子弟之俊秀者",校址在西华门内。《夜谈随录》中关于北京旗人的故事占有很大比重,显然与这段经历有关。但咸安宫官学并未把他造就成沉溺于章句的俗儒,而是为他提供了广交朋友、搜奇猎异的条件。和邦额的仕途并不顺利,三十八岁中举,做过知县一类的地方官。

《夜谈随录》共四卷、一百四十一篇,书成于乾隆四十四年(1779),刊行于乾隆五十四年(1789)。虽名为"志怪之书",却不乏现实生活的写照。《庄剧松》形象地讲述了镶白旗蒙古穆萨嘛(萨满)驱逐狐怪的过程。说明在清朝入关百余年后,作为满洲传统信仰的萨满教在京师旗人中依旧绵延存续。《某马甲》《伊五》《红姑娘》《谭九》《塔校》《永护军》《多先锋》诸篇,则对"八旗生计"压力下普通旗人的生活窘迫加以翔实入微的描述。《护军女》记旗下少女面对浪荡子的挑逗,设计惩处,准确勾勒出旗人女子泼辣斗狠的一面。《三官保》描写八旗子弟好勇斗力的神态尤为生动。《孝女》记京城旗民妇女前往丫髻山碧霞元君祠进香盛况,可与史书相印证。书中保留了旗人坐铺司栅、晨练骑射、携鸟枪打牲、玩耍"中幡"、满洲旧仆善国语、家下汉妇穿旗装、满洲将军目不识丁、满洲贵爵子弟癖好斗鸡走狗等日常生活中的诸多细节。所记或补正史所缺,或与正史彼此参正,均为了解旗人社会的佐资。《夜谈随录》虽系文言小说,作者模拟旗人京腔京调,却也活灵活现。

文康的《儿女英雄传》,开创中国侠义公案小说之先河。小说以旗人何、安二家的冤案为线索展开。何玉凤(化名十三妹)之父为人所害,她立志复仇,遁迹江湖。安骥之父亦为人所陷,安骥携金往救,落难于能仁寺,被何玉凤搭救。何促成安骥与同时落难于能仁寺的村女张金凤联姻。后来安父得救,何玉凤也被说服嫁给安骥,二女相夫,终使安骥探花及第,位极人臣,并如愿以偿地娶得玉凤、张金凤二女,一夫两妻,结局圆满。该书成于道光年间。文康系满洲镶红旗人、大学士勒保之孙,早年门第之盛,无与伦比,晚年家道中落。书中故事虽属虚构,反映的却是作者憧憬的生活。

书中主人公之一汉军旗人安骥娶何玉凤、张金凤二女为妻,又纳长姐为妾,正是旗人富贵之家一夫多妻现象的如实写照。正妻何玉凤为旗女,次妻张金凤为民女,妾长姐为家奴之女,旗人家庭中这种多重身份的组合,在史料记载中屡见不鲜。

书中的另一主人公何玉凤(十三妹)是流落民间的旗女,早先旗人家庭的熏陶,后来在民间闯荡的历练,铸就了她特殊的人格魅力。满人以骑射文化为传统,作风粗犷强悍。旗人女性自幼耳濡目染,对武功技艺并不陌生。十三妹自幼随父习武,技艺高强,为人豪爽,侠肝义胆,应是满洲文化潜移默化所使然。但十三妹最终成为安家的贤惠儿媳,恪守三从四德,热衷荣华富贵,又可看出旗人女子对汉族儒家文化的归依。即便如此,从十三妹清查自家旗地时的雷厉风行,仍可看出旗人妇女持家泼辣、硬朗的作风。因此,在某种意义上,不妨把十三妹视为旗人社会中满汉文化交融而又颇具自身特点的一个典型人物。

作者以其神来之笔,勾勒出旗人社会一幅幅细致入微的风俗画面:婚嫁习俗、祭祀礼仪、家庭起居、主奴关系、服饰发型、旗地经济、旗人称谓、旗民交往、休闲娱乐……

关于旗人婚俗。汉人议婚,须有媒妁之言,而旗人老规矩,"甚至还有不用媒人,亲身拿柄如意跪门求亲的呢"。又汉人定亲,婆家先送一匹红绸子挂红,叫"红定在先",旗家却不然,"也有用如意的,也有用个玉玩手串儿的,甚至随身带的一件活计都使得,讲究的是一丝片纸,百年为定"(第二十六回)。该书述何玉凤出嫁,喜轿入院里放下,"忽然静悄悄半天,只听得一声弓弦响,咻的就是一箭,从轿子左边儿射过去;接着便是第二箭,又从轿子右边射过去;说时迟那时快,又是第三箭,却正正的射在轿框上,噔的一声,把枝箭碰回去了。姑娘暗想:'这可不是件事!怎么拿着活人好好儿的当鹄子办起来了?'"(第二十八回)这就是旗人结婚时特有的放响箭习俗。接下来，讲述新人下轿，脚踏红毡。都是旗礼。

关于旗人祭祀风俗。第二十一回，描写安太太等祭罢何玉凤亡母，把中间供的攒盘恭恭敬敬撤下来，又向碗里拨了一撮饭，浇了一匙汤，端到玉凤跟前让她吃，说"这是老太太的克食（克食：满语'恩赏''上赏'的意思），多少总得领一点"。玉凤却不知这是八旗吊祭的一个老风气。何玉凤自父亲死后长期流落民间，对满人旧俗已不甚了了。作者在描写旗人风俗的同时，还揭示了旗人内部汉军人与满人在风俗上的某些差别。

图369　旗人家庭（《儿女英雄传》）

图370　祭拜家祠（《儿女英雄传》）

形形色色的旗人形象，在作者笔下都有淋漓尽致的刻画。第三十四回述安公子参加会试，所遇八旗侍卫，神态各异，栩栩如生。作者语言之生动、形象之逼真、观察之细微，与奕赓子弟书《侍卫叹》不分伯仲。八旗子弟的情趣、嗜好，在作者的生花妙笔下，都有集中反映。

旗人世家大族的家内关系极为复杂。作者通过对累代陈人、家生子、奶公、奶母、嬷嬷、雇工人、库图扳兵（牵马奴）、庄头、佃户、长工、短工、师爷相公等人物的描述，将这种盘根错节的关系，剥丝抽茧，展示无遗。大丫头长姐儿爹娘原是贵州仲苗的叛党，分赏功臣为奴的罪人所生，自幼陪着安公子一处玩耍，后来被他收纳为妾（二十九回）。类似情况，在旗人世家中并不鲜见。

旗地是旗人生活的命脉，官修史书中这方面记载固然不少，但往往失于空疏。《儿女英雄传》所记，有补史之效。三十三回记安家旗地是国初老圈地，按类分有庄稼地、菜园子、果木庄子、棉花地、苇子地。按质分有良田和薄地，或高岸或低洼；按用途有额租地、养赡地、划拨地。旗地大量流入民间，导致旗人生计艰窘，是旗人社会普遍性问题，安家也不例外。第三十回何玉凤说："围着庄园的这片地原是我家的老圈地，当日多的狠呢。年久日深，失迷的也有，隐瞒的也有，听说公公不惯经理这些事情，家人又不在行，甚至被庄头盗典盗卖的都有，如今剩的只怕还不及十分之一。"庄头盗典、盗卖现象，在旗人社会中早已司空见惯，屡禁不止。第三十三回，安老爷与安小姐有一段对话，回顾旗地流失过程，在旗人社会中颇为典型：

图371　旗人主仆（《儿女英雄传》）

（安老爷说）"这项地原是我家祖上从龙进关的时候占的一块老圈地，当日大的狠呢！南北下里，南边对着我家庄门那座山的山阳里，有一片枫树林子，那地方儿叫作红叶村，从那里起，直到庄后我合你说过的那个元武庙止；东西下里，尽西头儿有个大苇塘，那地方叫作苇滩，又叫作尾塘，从那里起，直到东边亢家村我那座青龙桥。这方圆一片大地方，当日都是我家的。自从到我手里，便凭庄头年终交这几两租银。听说当年再多二十余倍还不止。大概从占过来的时候便有隐瞒下的，失迷掉的，甚至从前家人庄头的诡弊，暗中盗典的都有。"何小姐道："只不知这老圈地，我家可有个甚么执照儿没有？"安老爷说："怎的没有！凡是老圈地，都有部颁龙票，那上面东西南北的四至都开得明白。只是老年的地不论顷亩，只在一夫之力一天能种这块地的多少上计算,叫作一垧。所以那顷数至今我再也弄不清了。"

安老爷提到的"青龙桥",在京郊确有其地。有人考证,安老爷庄园,就在京西南辛庄。① 无论此说能否成立,旗人地亩或被庄头隐瞒或被盗典,大量迷失,应为普遍现象。

关于八旗掌故,书中也有不少反映。第十八回记旗下控马奴:"那时国初时候,大凡旗人家里都还有几名家将,与如今使雇工家人的不同。那些家将也都会些摔跤打拳、马枪步箭、杆子单刀、跳高爬绳的本领,所以从前征噶尔旦的时候,曾经调过八旗大员家的库图扒兵(满语:牵马的奴仆),这项人便叫作'家将'。"库图扒,即满语"kutule"的音译,此称大量见于清代八旗档案,汉语音译又作"库图勒"、"苦独立",意译则为"跟马人""厮卒""控马奴""跟役"。库图扒平日在家服役,战时随主出征,立有战功则豁除奴籍。康熙年间平定三藩、北方布尔尼之乱,都曾征调库图扒出征。雍正九年(1731),与准噶尔部战事正酣,世宗胤禛为了最大限度减少满洲旗兵伤亡,还组建了清一色家仆组成的军队——家选兵和复仇兵,成为西北战场上的一支生力军。②《儿女英雄传》中提到的征噶尔旦,反映的就是这段历史。

《儿女英雄传》的特点之一是京语的运用。文康擅长纯熟、流利的北京口语。《儿女英雄传》开创了地道的京味,不论叙事语言还是人物语言,都写得鲜活,于俗白中见风趣,俏皮中传神韵。胡适先生曾准确地概括说:"旗人最会说话,前有《红楼梦》,后有《儿女英雄传》,都是绝好的记录,都是绝好的京语教科书。"《儿女英雄传》语言的成功,深刻地影响了其后小说的创作,成为京味小说的滥觞。

满汉人民长期交往的结果,使清代北京口语深深濡染满语影响。《儿女英雄传》在人物对白中,往往掺杂满语,其中有纯用满语的,也有"满汉兼"语式的。第四十回语言中的"满汉兼"现象尤为明显。此类例子在书中甚多,不待详举。作者试图用这种笔法,烘托旗人家特有的文化氛围。对我们来说,则为研究旗人与汉文化的关系,提供了有益启迪。

旗人松龄的小说《小额》,是一部反映晚清北京旗人社会的上乘之

---

① 焦雄:《北京西郊宅园记·安骥宅园》,北京燕山出版社 1996 年版,第 131—133 页。
② 刘小萌:《库图勒考》,《满语研究》1987 年第 2 期。

作。松龄即松友梅，旗人出身。自1907年北京《进化报》创立时起，他就任该报社总务。除对小说、说书艺术有深厚修养外，还通晓中医，谙熟旗人生活。

《小额》成书前曾于报上连载。后有光绪三十四年（1908）北京东单牌楼西观音寺和记排书局刊本。初版封面印有毛笔行书"社会小说"字样。内封正中隶书"小额"二字，下有双行"社会小说"四字。书前有序二篇，一署杨曼卿（杨旭），一署"漠南德洵少泉"。另有《题辞》署"绿棠吟馆"，用《长恨歌》原韵赋成。中山大学中文系编《中国现代文学研究》第一辑曾重排连载。另有日本平成四年（1992）汲古书院版。《小额》一书《题辞》是这样开头的：

> 大清一统大帝国，地广民稠真难得，
> 北京社会人物全，良莠贤愚难尽识。
> 有一小额号少峰，能使善良皆侧目，
> 横行霸道家财丰，实为土豪之特色。
> 不习弓马不临池，专吸旗人之膏脂，
> 重利盘剥放大账，更比碓房胜一时。
> 秤盘摆动戥星摇，朝朝暮暮胜元宵，
> 钱粮包子无其数，争似为官赴早朝。
> ……

小额（号小峰）就是书中主人公。早先，其父"放阎王账，专吃旗下，外带着开小押儿"，花五千多两银子给小额办了一份库兵的差使。后来，小额继承父业，专以开钱局放旗债规取暴利为业，"要是一分马甲钱粮，在他手里借十五两银子，里折外扣，就能这辈子逃不出来"。小额依仗着手里有钱，豢养了一帮跑账的"碎催"（帮闲打手）。这伙人在外无恶不作，随意欺负债户，引发众怒，小额也锒铛入狱。小额在狱中饱受煎熬，家产被昔日的狐群狗党诈骗一空。出狱后，他大病一场，终于猛醒，决心改邪归正，重新做人。围绕这一贯穿全书的故事线索，作者着力刻画了京城市井中形形色色的旗人，使他们的言语行状，穷形毕露，跃然纸上。

何谓"社会小说"？按作者的解释："既叫作社会小说，就得竟说社会上的事。既说社会上的事，就得把一切的腐败恶习、野蛮现象都形容出来。"① 基于此，作者对旗人社会中形形色色的丑恶人物和腐败现象揭露尤为深刻。作者还以书中人物的话，揭示了普通旗人在国势陵夷、官贪吏黩的双重困厄下命运多舛的处境："咱们旗人是结啦（谁说不是呢），关这个豆儿大的钱粮，简直的不够喝凉水的，人家左翼倒多关点儿呀（也不尽然，按现在说，还有不到一两六的呢），咱们算丧透啦……"按清制，八旗前锋、护军月饷四两，马甲月饷三两，到清季只能领得一两六。这正是七扣八扣、贪污刻剥的结果。

小说通篇以地道北京口语写成，穿插着俗语、俚语、歇后语，渲染情景对话生动有趣，韵味无穷。讽刺放阎王债之恶，就说："反正没有杀孩子的心，不用干那个"；形容气急败坏，就说："一脑门子的气"，或者"气的浑身上的肉乱跳，说话也结巴啦"。刻画小额态度的张狂，就用他自己的话："姓额的放得就是阎王账，不服自管告我去，营城司坊，南北衙门，我全接着！"描写旗痞"票子联"善偷，就说："连他爹都教他冤的（按，欺骗的意思）大头蚊子似的。"形容小孩丑陋，则称："长的老老（姥姥）不疼，舅舅不爱。"形容小孩淘气，就讲："一个个的都跟小反叛儿似的，整天的滚车辙。"诸如此类，无不神形毕肖，入木三分。老北京话的无穷魅力，都浓缩在只言片语中。小说中描写王香头装神弄鬼诓骗钱财一段，更是活灵活现，堪称语言的经典。

通过该书，还可了解清季北京口语中满语词汇的流行情况。书中记载旗下专用语有：莫吉格（传事人）、夸兰达（旗营长官）、拨什户（领催）、牛录、甲喇、老陈人儿、档子、挑小缺儿（养育兵）、固山（旗）、乌布（额缺）、詹音（章京）；常用的一个满语动词是："克"（"你们老太太也家克啦吧"、"您老往哪儿克啊"）。满语亲属称谓如阿玛、阿哥、格格等也很流行。作者熟通旗人习俗、穿戴和待人接物的做派，并在书中都有绘形绘色的形容。

旗人冷佛《春阿氏》，是根据清末光绪三十二年（1906）发生在京旗中的一桩公案改编成的小说，出版于民国二年（1913）。冷佛，原名王绮，北京内务府旗籍。他笔下的被告春阿氏，是一位普通满洲妇女，被诬

---

① 松龄（松有梅）著，[日]太田辰夫、竹内诚编：《小额》，日本汲古书院1992年版，第76页。

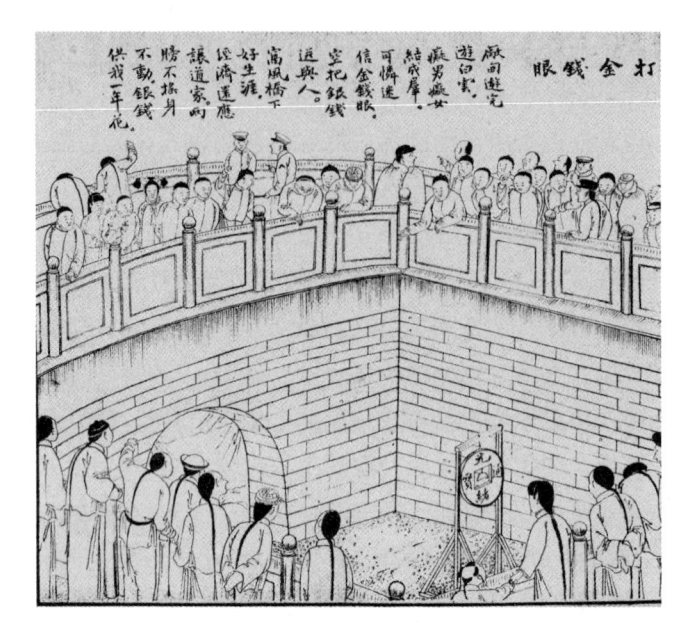

图372　白云观庙会——打金钱眼（《北京画报》）

陷谋害亲夫入狱，受尽折磨而死于非命。是书之史料价值，不在于案件本身，而在于作者的观察深深嵌入旗人社会基层。他对晚清北京市井风俗、旗人日常生活耳熟能详，所以写来惟妙惟肖，真实亲切，是京味小说的上品。作者文笔细腻，擅长通过人物对话，烘托旗人生活的氛围和特点。

反映旗人备受碓房盘剥："咱们扎爷家里，闹得日月好紧，米跟银子都在堆房（即碓房）里掏啦。他的侄子也是个孤苦伶仃的苦孩子，送了回技勇兵，因为身量太小，验缺的时候没能拿上。"

反映旗人挑差行贿："现在这维新的年头儿，挑分破护军都得打枪（托人情），什么事要比起老年来，那如何是行的事。"

反映牛录（佐领）与领催沆瀣一气："这旗下的事，您还不知道吗？没钱的穷牛录，惯与领催往来。接长补短，借上包儿钱粮，就是那们档子事。"这里的穷牛录，指佐领。佐领本是领催长官，但因想从富裕领催那儿得些好处，不免攀阔巴结。

反映旗人冒食空饷等积弊。玉吉父母双亡，舅爷劝他冒食空饷，玉吉却颇不以为然。舅爷教训他："孩子，你过于糊涂，旗下事情，你也摸不清。说句简截话罢，你若不吃，旗下也照旧支领，不但国家社会不知你的情，倒给领催老爷留下饭了。与其便宜旁人，何不自己吃呢。"

反映旗人借高利贷，以房契做抵押："有姓贾名仁义的劝道：'少爷别着急，我们亲戚有一家放账的，只要有房契作押，对他个铺保水印，借几百两都可现成，但恐是利息过大，扣头大多。'"

反映民间商人借旗人放饷之际，额外取利："好可恶的奸商，每月领银子，银子落价；买点儿荤油猪肉，连肉也涨钱，这是什么年月！……你说这个年头，可怎么好！一斤杂合面全都要四五百钱。我长怎么大真没经过！"

上述现象，晚清以来，即泛滥于旗下，颇为时论诟病。作者的描写，不过是对社会现实的高度概括。

是书在语言上极富特色，尤其京城俗语（包括谚语、俚语、歇后语）的运用，生动活泼，趣味浓厚。某些俗语，带有旗人文化的鲜明印记，如"平白无故的，弄得我满身箭眼"（比喻遭人诟骂）；"我们是同旗，同牛录，一个戥子吃饷"（旗人放饷银，以牛录即佐领为单位，戥子即戥秤）；"我看这孩子的神气，满是二两五挑护军——假不指着的劲儿"（护军月饷，本为四两，晚清时按七成发放，经过层层克扣，实际只能领到二两五左右。而旗人好面子，讲虚荣，对此故作无所谓之状。这句话是歇后语，即装作无所谓的意思，说不指着，那是假话）；"现在这维新的年头儿，挑份破护军都得打枪"（打枪意为托人情）；"缩子老米——他差着廒哪"（"缩子米"即梭子米，是一种细长的粗米，比老米差，因此不能放在同一个仓廒里。这句话是歇后语，有差很多、不如的意思）。

作者熟悉旗人仪礼，对婚丧习俗不厌其烦，均能娓娓道来。反映旗人丧仪，有"停床"①、烧倒头纸②、搭棚、写殃榜③、接三④、放焰口⑤、

---

① 徐珂编撰：《清稗类钞》："八旗人死，停尸于正屋之木架，曰太平床，不在炕。所衣必棉，其数或七或九，盖凶事尚单，故皆用单数也。"（中华书局1984年版，第8册）
② 倒头纸即领魂纸，一束黄色绵纸，于人咽气时焚之。
③ 殃榜即殃榜，人死之后，丧家请阴阳先生开殃书，以定入殓、出殃、发引、破土、下葬时间，及一切忌犯。
④ 人死三日，为接三。流俗所传，此日死者要登临望乡台，此时，家人送死者盘费及衣食住行必需之物，无所不备。徐珂《清稗类钞》记八旗丧礼："既殓三日，喇嘛诵经，曰接三，以死后之第三日必回煞也。接三者，迎接魂也。"（第8册）
⑤ 于是日夜请僧道番尼入棚放焰口，孝子按时跪灵举哀。其时诵经者有抛撒碎馒头之举，谓替亡者过恶狗村时施舍用。

送三①、首七念经②、破土出殡③，种种仪节。出殡时嵌棺、棺上扫土（扫财）、掀棺、起灵、起杠，出殡后圆坟（殡三日，具祭墓所），三七日、五七日、七七日、六十日及满月日，均往墓前祭祀。亦有在家烧纸者。而五七日必烧伞，六十日必烧船桥等仪节。

记旗家婚礼，则有过八字帖、放小定儿、通信过礼、放定纳彩。如述放定之日："两位放定的女眷自外走来。这里亲友女眷按着雁行排列，由街门直至上房，左右分为两翼，按次接见新亲，从着满洲旧风，皆以握手为礼。"④握手为礼，俗称"拉手儿"，也有妇女用"扶头把儿"（手摸一下两把头为礼）。是满人特有风俗。

记旗妇打扮。镶黄旗满洲领催文光，侧室姓范，绰号"盖九城"，原是东直门某胡同的暗娼，后来从良嫁给文光。书中描写家中的范氏："梳着二把头，穿一身东洋花布小裤褂，垂着湖色洋绉的绣花汗巾，白袜花鞋，极为瘦小；脸上不施脂粉，淡扫蛾眉，越显得花容月貌。"⑤范氏见官时则是另一番打扮，也是旗装："挽着个蟠龙旗髻，梳着极大的燕尾（头发以线缝住，分叉脑后，如燕尾状），拖于颈后。穿一身东洋花布的裤褂，外罩浅月白竹布衫，一双瘦小的天足，敞着袜口儿，青缎双脸儿鞋，木底有三分余厚⑥。袅袅娜娜的走来……"⑦范氏当初既为暗娼，应系民女，嫁与旗人后改为旗妇发式。这对嫁入旗家的民女来说，是司空见惯的现象。

《春阿氏》还表明：晚清北京话中融入不少满语，如"福晋格格"、"阿妈（父亲）""奶奶（满人称母亲为奶奶）""额娘（母亲）""牛录（佐领）""伯什户（领催）""满洲固山（旗）""甲喇（参领）""夸兰达（旗营长官）"等，毋庸毕举。

清末民初满洲旗人穆儒丐，也是不应遗漏的作家。穆儒丐，19世纪

---

① 丧事之家，于接三之夜，焚"烧活"，即纸糊的冥衣冥器楼库纸锞，于相近之开旷地焚之，曰"送三"。送时，孝子及晚辈自灵前号啕痛哭，沿街呼叫，亲友则举香提灯，分列随进。此即"送三"的全部仪式。

② 自接三、放焰口后，开始唪经三日。

③ 接三后，即于五日或七日出殡。

④ 冷佛著，松颐校释：《春阿氏》，吉林文史出版社1987年版，第212页。

⑤ 同上书，第6页。

⑥ 即花盆底鞋。徐珂：《清稗类钞》："八旗妇女皆天足，鞋之底以木为之，其法于木底之中部凿其两端，为马蹄形，故呼曰马蹄底。底之高者达二寸，普通均寸余。"

⑦ 冷佛著，松颐校释：《春阿氏》，第52页。

第十章　文献研究　797

图 373　送妆奁图（《清俗纪闻》）

图 374　迎亲图（《清俗纪闻》）

80年代前半期出生在北京西郊香山的满洲旗人家庭，原名穆都哩（穆笃里）。穆都哩是满语"龙""辰"的意思，所以人们又尊称他"穆辰公"。穆儒丐是他从事写作的笔名。少年时期，穆儒丐先后就读于八旗虎神学堂、经正学堂，后赴日本留学。民国初期从北京到沈阳从事写作，长期在日本人办的《盛京时报》工作。代表作有自传性小说《徐生日记》、社会小说《北京》《同命鸳鸯》，均发表于20世纪20年代。历史小说《福昭创业记》，述清朝开国史，也很有名。

自传性小说《徐生日记》，讲述义和团运动给普通旗人生计带来的沉重打击，不仅使旗人走向贫困，更摧毁了他们的社会尊严和地位；作者回忆留学日本期间满人留学生与汉人留学生间的政治冲突，以及这段经历对自己人生道路的影响。《北京》一书重点描写辛亥革命后北京的社会罪恶与旗人群体的沦落。《同命鸳鸯》则以北京西郊旗人营地为背景，描写亲兄弟般共同成长的两个青年的不同命运。这几部小说，对了解辛亥革命前后满洲旗人如何从统治地位迅速转变为弱势群体，具有特殊价值。[①]

北京满人小说，远不止以上几部。如何从史学角度，把小说中的丰富资料加以挖掘、整理、研究，还是一项长期任务。

图375　京师八旗衙门遗址之一（北京宣武新文化街）

[①]［日］北海道大学教授长井裕子：《文学テクストにおける近現代中国の旗人像の変遷》（研究成果報告書平成十七年八月）、《満族作家穆儒丐の文学生涯》（《民国初期文化与社会》共同研究班的报告）。

以上，只是对北京旗人史料的简短介绍，深入研究仍有待来日。

今天的北京城已跨入 21 世纪。大都市的急剧发展，令人眼花缭乱的变迁，迅速拉远了我们与旧时代的联系。旗人社会早已消逝，旗人后代却继续繁衍生生不息。旗人文化，是北京传统文化中最具特色的一部分。它掩映在宏伟的宫墙内，徜徉在狭小的街巷间，尘封在厚重的档案里。老北京四合院，有它的身影；"老北京"地道"京腔"，闪烁着它的神韵；"老北京"情有独钟的京剧杂耍、棋琴书画、提笼架鸟……无不洋溢着旗人的乐天知命。至于"老北京"的古道衷肠、热心助人、乐天知命，乃至"死要面子活受罪"，也无不蕴蓄着旗俗的积淀。在古老北京迈向未来的道路上，旗人历史与文化，永远与它同行。

大事记

纪年	公元	大事记
明万历十一年	1583	清太祖努尔哈赤起兵辽东，为征服女真诸部之始。
明万历二十七年	1599	努尔哈赤命以蒙文为基础，创制满文（后称老满文）。
明万历二十九年	1601	努尔哈赤对传统牛录制度进行改造，每三百人编为一牛录，设牛录额真管辖。
明万历三十五年	1607	初步编成四固山（旗），各以黄、白、红、蓝为旗色。
明万历四十三年	1615	改造牛录固山制度，在牛录组织基础上增设五牛录（甲喇），又在原有四固山基础上增设镶黄、镶白、镶红、镶蓝四固山，标志着八固山（八旗）制度的形成。
明万历四十四年 后金天命元年	1616	努尔哈赤于赫图阿拉（在今辽宁新宾）称汗，国号曰金，史称后金。
明光宗泰昌元年 天命五年	1620	后金借取明朝军制，建立武官制度，为八旗世职制度的滥觞。
明熹宗天启元年 天命六年	1621	后金军先后攻克沈阳、辽阳，辽河以东汉民均"剃发"降。迁都辽阳。努尔哈赤下令"计丁授田"。
明天启四年 天命九年	1624	后金编成蒙古旗，为八旗蒙古的滥觞。
明天启五年 天命十年	1625	后金迁都沈阳。
明天启六年 天命十一年	1626	清太祖努尔哈赤病逝，第八子皇太极即位，称天聪汗。
明崇祯二年 天聪三年	1629	皇太极命科尔沁等五部蒙古悉遵后金制度。编成蒙古两旗。始置文馆，翻译汉籍，振兴文教，考试生员。
明崇祯三年 天聪四年	1630	皇太极命重新编审八旗壮丁，隐匿者罚。
明崇祯四年 天聪五年	1631	仿明制，设六部。各级官员实行满、蒙、汉分缺制。令满、蒙、汉官子弟报名读书。

续表

纪年	公元	大事记
明崇祯五年 天聪六年	1632	皇太极命达海改进满文,创"有圈点文字"(后称新满文)。禁止乱伦婚娶。
明崇祯六年 天聪七年	1633	正式编汉军一旗。
明崇祯七年 天聪八年	1634	初次考试举人。
明崇祯八年 天聪九年	1635	定族名满洲。编成蒙古八旗。又编外藩蒙古三旗。
明崇祯九年 清崇德元年	1636	改文馆为内三院。皇太极称帝,定国号大清,改元崇德。皇太极告诫臣下不忘旧俗,娴于骑射。
明崇祯十年 清崇德二年	1637	分汉军为两旗。
明崇祯十一年 清崇德三年	1638	更定蒙古衙门为理藩院。规定,"有效他国衣冠束发裹足者治重罪"。
明崇祯十二年 清崇德四年	1639	分汉军为四旗。
明崇祯十五年 清崇德七年	1642	取得松锦大捷,洪承畴被擒,祖大寿降。增编汉军为八旗。
明崇祯十六年 清崇德八年	1643	清太宗皇太极病逝,顺治帝福临即位。
清顺治元年	1644	摄政王多尔衮率领八旗入关。顺治帝迁都北京。强令官民剃发易服。颁迁城令,腾出内城,安置八旗。京城内外大小衢巷设立护门栅栏。八旗各建官学。
顺治二年	1645	更定孔子神牌,称大成至圣先师。再颁剃发易服令。圈占畿辅田地,设立皇庄、王庄和八旗官兵旗地。命八旗官学合两旗为一学。
顺治三年	1646	严满汉分城之制。
顺治四年	1647	宣布嗣后增丁不加旗地,减丁不退旗地。
顺治五年	1648	准满汉官员缔结婚姻。初设六部汉尚书。再颁迁城令,限令内城民人在第二年年底前搬完。
顺治七年	1650	摄政王多尔衮死。定镶黄、正黄、正白为上三旗,其余为下五旗。
顺治十年	1653	定冠服之制依满式,违者治罪。八旗各设宗学,选满洲生员为师。八旗贫无葬地者,每旗拨给坟茔地。
顺治十一年	1654	许四丁以下出征旗兵,退交旗地,酌加粮饷。
顺治十四年	1657	赏赉八旗贫丁。

续表

纪年	公元	大事记
顺治十八年	1661	顺治帝死,康熙帝玄烨即位。
康熙三年	1664	发仓粟赈给八旗庄田。
康熙四年	1665	命居住北京前三门外旗人俱迁入内城,汉人投充旗下者不在此例。
康熙六年	1667	康熙帝亲政。
康熙九年	1670	八旗地亩不准越旗交易,其兵丁本身种地,不准全卖。
康熙十二年	1673	部分京旗迁回盛京(沈阳),拨给田地。吴三桂据西南反,京师闻变。民人杨起隆伪称朱三太子,聚众内城谋起事,失败。
康熙十三年	1674	命步军统领提督九门事务。又定守皇城内各汛专用满洲,城外各汛兼用蒙古汉军。
康熙十四年	1675	内城街道交步军统领管理。
康熙二十年	1681	平定三藩之乱。准汉军人员在京城关厢居住。
康熙二十二年	1683	满洲、蒙古家人,禁止卖与汉军、民人。
康熙二十三年	1684	黑龙江将军送新满洲四十人至京,分隶上三旗,始设虎枪营。规定八旗驻防官兵本身亡故,家口俱令回京。
康熙二十四年	1685	设内务府官学。收复雅克萨城,编成俄罗斯佐领。
康熙二十五年	1686	设景山官学。在畿辅屯居旗人中试行保甲。
康熙二十七年	1688	设汉军火器营兼练大刀营。
康熙二十八年	1689	中俄签订尼布楚条约。
康熙三十年	1691	统一京师内外城管理权,命步军统领管理巡捕三营兼辖五城督捕。始设火器营。
康熙三十四年	1695	命在京八旗分地各造屋两千间,给无房兵丁。
康熙三十八年	1699	准宗室子弟参加乡试,旋即停止。
康熙四十四年	1705	免八旗借支兵饷银七十万两。
康熙五十二年	1713	康熙帝六十寿辰,举行祝寿盛典,开千叟宴。
康熙六十一年	1722	康熙帝卒,雍正帝胤禛即位。
雍正元年	1723	八旗两翼设义学。设乡、会试翻译科。谕令八旗蒙古学习蒙古语。命八旗无恒产者移居热河垦田。设圆明园八旗护军营、圆明园内务府三旗护军营。禁八旗各佐领下私行科派。旗人买卖房地,照民间例一体上税,领取印契。

续表

纪年	公元	大事记
雍正二年	1724	重修八旗营房八千间。在直隶固安、新城设立八旗"井田"。挑补养育兵。八旗左右翼各建宗学一。
雍正三年	1725	重新厘定八旗编审制度。重新划定八旗界址。
雍正六年	1728	设咸安宫官学。八旗各设义学一。设八旗二十四米局。清查旗人地亩，造册存部。
雍正七年	1729	将王公属下觉罗撤出，编为公中佐领，均之于八旗。每旗设觉罗官学一。动支内帑回赎民典旗地。清查八旗内开户人、养子，并另记档案。在畿辅旗屯设屯目、乡长。
雍正八年	1730	设军机房（军机处）。京师地震，赏赐八旗兵丁帑银。将设有旗庄之畿辅各州县分为八路，每路派官专管。
雍正九年	1731	用兵西北，将旗下奴仆组成家兵、复仇兵。
雍正十年	1732	设圆明园护军营官学。重申八旗驻防兵丁亡故，禁止在外埋葬，灵柩送京安葬。
雍正十三年	1735	纂修《八旗满洲氏族通谱》。雍正帝卒，乾隆帝弘历即位。
乾隆元年	1736	八旗"井田"改为屯田。准八旗驻防官兵在当地安葬。
乾隆四年	1739	定八旗兵丁合操之制。
乾隆五年	1740	议定回赎民典旗地及旗人下乡种地之例。
乾隆七年	1742	准八旗汉军出旗为民。
乾隆八年	1743	定宗室会试之制。制定《逃旗法》。
乾隆九年	1744	定民典旗地减价回赎办法。
乾隆十一年	1746	再次回赎民典旗地。
乾隆十二年	1747	在咸安宫官学内增设蒙古官学。准在京旗人下屯种地。
乾隆十四年	1749	设健锐营驻香山。
乾隆十五年	1750	命八旗米局二十四米局分左右翼办理，不拘旗分。
乾隆十六年	1751	停止八旗另户下屯种地。
乾隆十七年	1752	定八旗汉军藤牌兵之制。
乾隆十八年	1753	规定内城栅栏共一千九十九座，皇城内栅栏一百九十六座。再次回赎民典旗地。严禁私行翻译清字小说。
乾隆十九年	1754	移京城满洲三千驻拉林等处屯垦。

续表

纪年	公元	大事记
乾隆二十一年	1756	禁止民人在内城开设旅店。谕令将八旗另记档案人、抱养民人之子、开户人出旗为民；又命将下五旗王公府属佐领非满洲人丁出旗为民。
乾隆二十二年	1757	令入官地亩，得由地方官向民佃征租交旗。
乾隆二十三年	1758	八旗地亩，准越旗买卖。
乾隆二十四年	1759	凡八旗户下人，准本主放出为民。
乾隆二十五年	1760	命来京回人编一佐领，并建清真寺。民人租种旗地，禁止长租。
乾隆二十八年	1736	再逃旗人，销除旗籍。回赎民典旗地招佃收租。
乾隆三十五年	1770	将旗人典当不动产时间限定为十年，逾限听典主执业。
乾隆三十六年	1771	《增订清文鉴》编成。
乾隆三十八年	1773	建外火器营，不久建立义学。
乾隆四十年	1775	设健锐营官学。
乾隆四十一年	1776	健锐营增设番子（藏人）佐领一。
乾隆四十二年	1777	纂修《满洲源流考》。
乾隆四十四年	1779	八旗回赎入官老圈地亩，仍官为取租，分给八旗兵丁。
乾隆四十七年	1782	禁止民人典买旗房。
乾隆五十六年	1791	停止从前旗地不准增租夺佃之例。
嘉庆元年	1796	京旗另户满洲，逃走佣工，削除旗档。
嘉庆四年	1799	嘉庆帝颙琰下令查抄和珅家产。嘉庆帝指斥法式善关于旗人屯垦建议。
嘉庆五年	1800	重申旗地不准增租夺佃之令。
嘉庆十八年	1813	北京发生天理教起义，攻入皇宫。
嘉庆二十一年	1816	嘉庆帝斥责罗家彦建议八旗男妇纺织，违背"八旗劲旅屯住京师本计"。
道光元年	1821	对混入旗籍的民人和家奴再次进行大规模清查。旗员武隆阿密陈八旗生计，请以驻防旗人挑补绿营兵缺，在京旗人往补驻防兵缺，受降职处分。富俊奏定双城堡章程，专为移驻京城闲散。
道光五年	1825	准许八旗余丁出外谋生。
道光二十年	1840	英国发动鸦片战争。
道光二十一年	1841	奏准将居住京城外之宗室人等，一体编查保甲。

续表

纪年	公元	大事记
道光二十三年	1843	颁布各省驻防考试翻译章程。
道光三十年	1850	年末（1851），广西爆发太平天国起义。
咸丰二年	1852	户部议定旗民交产章程。
咸丰三年	1853	太平军攻克南京。清政府对八旗饷银，折发制钱，并搭放铁制钱。
咸丰六年	1856	英国发动第二次鸦片战争。
咸丰八年	1858	沙俄强迫黑龙江将军签订《瑷珲条约》。
咸丰九年	1859	户部议奏复禁旗地买卖章程，仍禁民人典买旗地。
咸丰十年	1860	咸丰帝奕詝逃往热河。英、法联军侵入北京，焚毁圆明园。清廷与英、法、俄签订《北京条约》。八旗官兵粮饷减成发放。
咸丰十一年	1861	咸丰帝奕詝死，子载淳即位。叶赫那拉氏垂帘听政。议定京旗各营练兵章程，设神机营。
同治元年	1862	设同文馆，招八旗子弟入学。
同治二年	1863	恢复咸丰二年旗地买卖旧制。
同治三年	1864	是年奏准：旗民生计维艰，听往各省谋生，并准与当地民人互相嫁娶。又谕，京城宗室、觉罗潜住外城者，勒限迁回内城。
同治九年	1870	再次严禁内城设立戏园。
同治十三年	1874	又谕，宗室除在京城外茔地居住者仍从其旧外，不得寄居前三门外南城地面。
光绪七年	1881	严禁八旗各项考试，抢冒顶替。禁内城茶园违禁演戏。。
光绪十二年	1886	京师王公、官员、八旗绿营兵丁饷银，仍照旧制，全数放给。
光绪十五年	1889	年末，复禁直隶旗地买卖，无论老圈自置，不准卖与民人，其从前民典旗地，仍准执业。
光绪十八年	1892	户部对八旗公产进行分类整理，定名为八项旗租地。
光绪二十年	1894	中日甲午战争爆发。废除旗人参加科考附加骑射考试。
光绪二十一年	1895	清廷与日签订《马关条约》。
光绪二十二年	1896	奏准变通八旗兵制并选储将校，以固根本。
光绪二十四年	1898	挑选京城八旗精壮兵丁二千名，入武胜新队训练。光绪帝颁谕变法维新，百日后失败。
光绪二十五年	1899	武胜新队改名虎神营。
光绪二十六年	1900	义和团传入北京。八国联军入侵。那拉氏挟光绪帝逃往西安。八国联军占领北京。

续表

纪年	公元	大事记
光绪二十七年	1901	清廷与八国签订《辛丑条约》。清廷宣布实行新政；文场废八股试帖改时务策论，武场废弓刀石马步射，八旗子弟须入学肄业；准许满汉通婚，惟汉人仍不得选送秀女。又谕妇女不必缠足。北京设工巡局，设巡警维持治安。
光绪二十八年	1902	奏准变通八旗各类官学，改设中、小学堂。直隶总督袁世凯由旗兵中选练新军。
光绪二十九年	1903	清廷成立练兵处。清廷赏赐徐世昌、段祺瑞等副都统衔，为汉官兼八旗官衔之始。挑选八旗聪颖子弟，进入各学堂。
光绪三十一年	1905	清廷派载泽等五大臣出洋考察宪政。奏准，京旗常备军，遵照陆军章制改编，设督练处，扩充成镇。建立贵胄学堂，令王公大臣各遣子弟投考入学。宣布废止科举，推广学堂。京城内外城各分为十区，废止八旗绿营治安系统。孙中山在日本东京成立中国同盟会。
光绪三十二年	1906	清廷下诏预备立宪，改定官制，废除满汉复职制。
光绪三十三年	1907	颁发《裁停旗饷》诏书。
光绪三十四年	1908	度支部奏准旗地自由买卖。清廷颁布"钦定宪法大纲"。光绪帝载湉与慈禧太后叶赫那拉氏相继死。溥仪即帝位，其父摄政王载沣监国。在北京设立首善工艺厂。年底，创办禁卫军。
宣统元年	1909	颁布《现行刑律》，满、汉民刑案件，一体审理。设立贵胄法政学堂。
宣统三年	1911	武昌起义，各省纷纷响应。摄政王载沣宣布退归藩邸，袁世凯任内阁总理大臣。清廷宣布末帝溥仪退位，赞成共和国体。议定优待皇室八条、待遇皇族四条、待遇满蒙回藏七条。
民国元年	1912	孙中山就任临时大总统，宣布中华民国成立。孙中山让袁世凯任大总统。成立八旗生计处。
民国六年	1917	张勋拥清废帝溥仪复辟，旋败。
民国九年	1920	北洋政府在直隶省与京兆区成立"旗产官产清理处"。
民国十三年	1924	第二次直奉战争爆发。溥仪被冯玉祥军队驱逐出紫禁城。北洋政府修改清室优待条件。
民国十七年	1928	国民政府进占北京，推翻北洋军阀统治。北洋政府承认的"优待条例"不复存在，八旗制度寿终正寝。

参考文献

一 基本史料

清历朝《实录》，台湾华文书局影印本。

曹子西主编：《清实录北京史资料辑要》，紫禁城出版社1990年版。

伊桑阿等纂：《大清会典》，康熙二十九年（1690）内府刻本。

允裪等纂：《大清会典》《大清会典则例》，乾隆二十九年（1764）殿本。

托津等纂：《大清会典》，嘉庆二十三年（1818）殿本。

昆冈等纂：《大清会典》《大清会典事例》，光绪二十五年（1899）刻本；中华书局1991年影印本。

乾隆朝《户部则例摘要》，乾隆五十八年（1793）铭新堂刻本。

清乾隆时官修：《清朝通志》，万有文库本，商务印书馆民国二十四年（1935）版；浙江古籍出版社2000年版。

清乾隆时官修：《皇朝文献通考》，九通全书本，光绪八年（1882）浙江书局刻本；浙江古籍出版社2000年版。

刘锦藻：《清朝续文献通考》，九通全书本，光绪八年（1882）浙江书局刻本；浙江古籍出版社2000年版。

鄂尔泰等纂：《八旗通志初集》，东北师范大学出版社1985年点校本。

福隆安等纂：《钦定八旗通志》，吉林文史出版社2002年点校本。

鄂尔泰等纂：《钦定八旗则例》，乾隆七年（1742）殿本。

鄂尔泰等纂：《钦定中枢政考》，乾隆七年（1742）殿本。

清雍正、乾隆时官修：《八旗满洲氏族通谱》，雍正十三年（1735）内府刻满文本，乾隆九年（1744）内府刻汉文本；辽沈书社1989年影印本。

裕诚等纂：《总管内务府现行则例》，故宫博物院文献馆民国二十六年（1937）校印本。

世铎等纂：《宗人府则例》，光绪三十四年（1908）刻本。

琴川居士编：《皇清名臣奏议》，清末刻本。

允禄等编：《上谕旗务议覆》，天津古籍出版社1991年点校本。

允禄等编：《谕行旗务奏议》，乾隆九年（1744）刻本。
王云五主编：《道咸同光四朝奏议》，台湾商务印书馆1970年影印本。
赵尔巽等撰：《清史稿》，中华书局1976年点校本。
清国史馆撰：《清史列传》，中华书局1987年校勘本。
朱寿朋编：《光绪朝东华录》，中华书局1958年点校本。
金毓黻编：《宣统政纪》，辽海书社民国二十三年（1934）本，中华书1987年《清实录》影印本。
中国社会科学院近代史所藏：《旗族互救急进会宣言书及简章》。
韦庆远主编：《清代的旗地》，中华书局1989年版。
王晓传辑录：《元明清三代禁毁小说戏曲史料》，作家出版社1958年版。
中国科学院经济研究所彭泽益编：《中国近代手工业史资料》，中华书局1962年版。
中国社会科学院近代史所等单位编：《鸦片战争》《太平天国》《戊戌变法》《义和团运动》《辛亥革命》资料集。
马协弟整理：《杭州八旗驻防营志略绥远旗志京口八旗志福州驻防志（附琴江志）》，辽宁大学出版社1994年点校本。
中国人民大学清史研究所、档案系合编：《康雍乾时期城乡人民反抗斗争资料》，中华书局1979年版。
北京市东城区园林局编：《北京庙会史料》，北京燕山出版社1999年版。
郭成伟、田涛点校整理：《明清公牍秘本》，中国政法大学出版社1999年版。
孙健主编：《北京经济史资料》，北京燕山出版社1990年版。
房兆楹辑：《清末民初洋学学生题名录初辑》，台湾中央研究院近代史研究所史料丛刊，1962年版。
杨度：《国会与旗人》，中国新报社光绪三十三年（1907）刊本。
户部井田科编：《户部井田科奏咨辑要》，光绪朝排印本。
中国科学院图书馆藏：《民政部汇造二次查报户数清册》。
章福荣：《旗族存亡一大问题》，民国十一年（1922）刊本。
爱新觉罗锺启等编：《京师八旗同学录》，光绪三十二年（1906）刊本。
子涛氏：《旗务积略》，中国科学院图书馆藏光绪十八年（1892）手写本。
清佚名编：《清内府八旗列传档案稿》，全国图书馆文献缩微复制中心2001年影印本。
春申报编：《剪发百谈》初集，春申社辛亥年（1911）印本。
马建石、杨育棠主编：《大清律例通考校注》，中国政法大学出版社1992年版。
沈家本：《变通旗民交产旧制折》，收入李光灿《评〈寄簃文存〉》，群众出版社1985年版。
宝廷：《竹坡侍郎奏议》，光绪刻本。
夏震武辑：《嘉定长白二先生奏议》，宣统二年（1910）刊本。

奕绘：《明善堂文集》，天津古籍出版社1995年版。
甘厚慈辑：《北洋公牍类纂》，光绪三十四年（1908）刊本。
贺长龄编：《皇朝经世文编》，上海广百宋斋光绪十七年（1891）刻本，上海九敬斋书店光绪二十八年（1902）石印本；又《清朝经世文编》，中华书局1992年影印本。
盛康编：《皇朝经世文续编》，光绪二十三年（1897）思补楼刻本。
俞正燮：《癸巳类稿》，上海商务印书馆1957年版。
中国科学院历史研究所第三所编：《锡良遗稿》，中华书局1959年版。
天津图书馆、天津社会科学院历史研究所合编：《袁世凯奏议》，天津古籍出版社1987年版。
陈旭麓编：《宋教仁集》，中华书局1981年版。
高叔平编：《蔡元培全集》，中华书局1984年版。
张集馨：《道咸宦海见闻录》，中华书局1981年版。
于敏中等编纂：《日下旧闻考》，北京古籍出版社1983年版。
松筠：《百二老人语录》，日本东洋文库藏手写本。
铁保辑：《熙朝雅颂集》，辽宁大学出版社1992年版。
盛昱、杨钟羲编：《八旗文经》，辽沈书社1988年影印本。
恩华纂辑：《八旗艺文编目》，关继新整理点校，辽宁民族出版社2006年版。
李放：《八旗画录》，民国八年（1919）刊本，又辽海丛书民国十七年（1928）云在山房丛书本。
《古今图书集成图集》编委会编：《古今图书集成图集》，齐鲁书社2006年版。
佚名：《清朝野史大观》，上海书店1981年影印本。
魏源：《圣武记》，中华书局1984年版。
和邦额：《夜谈随录》，中州古籍出版社1993年版。
文康著，董恂评，尔弓校释：《儿女英雄传》，齐鲁书社1989年版。
冷佛著，松颐校释：《春阿氏》，吉林文史出版社1987年版。
松龄（松友梅）著，太田辰夫、竹内诚编：《小额》，日本汲古书院1992年版。
法式善撰、张寅彭等校：《梧门诗话合校》，凤凰出版社2005年版。
杨钟羲撰著：《雪桥诗话》初集、续集、三集、余集，北京古籍出版社1991年点校本。
北京市民族古籍整理出版规划小组辑校：《清蒙古车王府藏子弟书》，国际文化出版公司1994年版。
（明）冯梦龙、（清）王廷绍、华广生编述：《明清民歌时调集》，上海古籍出版社1987年版。
李家瑞：《北京俗曲集》，中国曲艺出版社1988年版。

李家瑞：《北平风俗类征》，台湾"中央研究院"历史语言研究所1992年再版。

关德栋、周中明编：《子弟书丛钞》，上海古籍出版社1984年版。

张寿崇主编：《满族说唱文学——子弟书珍本百种》，民族出版社2000年版。

伊增埙编著：《古调今谈——北京八角鼓岔曲集》，知识产权出版社2004年版。

杨米人等著，路工编选：《清代北京竹枝词》，北京古籍出版社1982年版。

赵晓阳编：《旧京歌谣》，北京图书馆出版社2006年版。

雷梦水等编：《中华竹枝词》，北京古籍出版社1997年版。

赵之平：《我的前半生》，北京市民族古籍整理出版规划小组办公室编：《北京民族文史资料》第一辑，1985年油印本。

芙萍（成廉）：《旗族旧俗志》，北京市民族古籍整理出版规划小组办公室编：《北京民族文史资料》第三辑，1986年铅印本。

王晓传辑录：《元明清三代禁毁小说戏曲史料》，作家出版社1958年版。

中国人民大学清史研究所译编：《清代西人见闻录》，中国人民大学出版社1985年版。

[朝] 李民寏：《建州闻见录》，辽宁大学历史系清初史料丛刊1978年本。

[意] 卫匡国：《鞑靼战纪》，戴寅译，载《清代西人见闻录》，中国人民大学出版社1985年版。

[日] 田兵右卫门等口述：《鞑靼漂流记》，园田一龟注本，日本东洋文库丛书，平凡社1991年版。

[日] 海外路巷說：《韃靼勝敗記》，日本墨堤舍本。

[日] 中川忠英：《清俗纪闻》，日本窃恩堂1799年本。

[法] 杜赫德编：《耶稣会士中国书简集》第1—3卷，郑德弟、朱静等译，大象出版社2001年版。

[法] 杜赫德编：《耶稣会士中国书简集》，郑德弟、吕一民、沈坚、朱静、耿升译，大象出版社2005年版。

[意] 马国贤：《清廷十三年——马国贤在华回忆录》，李国纲译，上海古籍出版社2004年版。

[捷] 严嘉乐：《中国来信》（1716—1735），丛林、李梅译，大象出版社200年版。

[法] 白晋：《康熙皇帝》，赵晨译，黑龙江人民出版社1981年版。

[俄] 尼·伊·维谢洛夫斯基：《俄国驻北京传道团史料》，杨诗浩等译，商务印书馆1978年版。

[俄] 尼古拉·阿多拉茨基：《东正教在华两百年史》，阎国栋、肖玉秋译，广东省出版集团、广东人民出版社2007年版。

[俄] 叶·科瓦列夫斯基：《窥视紫禁城》，阎国栋等译，北京图书馆出版社2004年版。

[英] 阿奇博尔德·立德夫人：《我的北京花园》，李国庆、陆瑾译，北京图书馆出版

社2004年版。

［俄］阿·马·波兹德涅耶夫：《蒙古及蒙古人》第2卷，刘汉明等译，内蒙古人民出版社1983年版。

［荷］伊兹勃兰特·伊台斯、［德］亚当·勃兰德：《俄国使团使华笔记（1692—1695)》，北京师范学院俄语翻译组译，商务印书馆1980年版。

［英］约·弗·巴特莱：《俄国、蒙古、中国》下卷，吴持哲、吴有刚译，商务印书馆1981年版。

《镜头前的旧中国——约翰·汤姆森游记》，杨博仁、陈宪平译，中国摄影出版社2001年版。

曹天生主编、张琨等译：《19世纪中叶俄罗斯驻北京布道团人员关于中国问题的论著》，中华书局2004年版。

［韩］林基中编：《燕行录全集》100册，东国大学校出版部2001年版。

［朝］朴趾源：《热河日记》，上海书店出版社1997年版。

［日］夫馬進：《日本現存朝鮮燕行録解題》，《京都大學文學部研究紀要》第42号，2003年3月。

［法］李明：《中国近事报道》（1687—1692)，郭强、龙云、李伟译，大象出版社2004年版。

［葡］安文思：《中国新史》，何高济、李申译，大象出版社2004年版。

朱静编译：《洋教士看中国朝廷》，上海人民出版社1995年版。

二 档案史料

中国第一历史档案馆藏：《军机处满文月折档》。

中国第一历史档案馆藏：《军机处满文录副》。

中国第一历史档案馆藏：《八旗都统衙门档》。

中国第一历史档案馆藏：《八旗杂档》。

中国第一历史档案馆编：《康熙朝汉文朱批奏折汇编》，中国档案出版社1984年版。

中国第一历史档案馆编：《康熙朝起居注》，中华书局1984年版。

中国第一历史档案馆编：《雍正朝汉文朱批奏折汇编》，江苏古籍出版社1991年版。

中国第一历史档案馆编：《雍正朝汉文谕旨汇编》，广西师范大学出版社1999年版。

中国第一历史档案馆编：《康熙朝满文朱批奏折全译》，中国社会科学出版社1996年版。

中国第一历史档案馆编：《雍正朝满文朱批奏折全译》，黄山书社1998年版。

中国第一历史档案馆编：《清代档案史料丛编》第1—14辑，中华书局1978—1990年版。

中国第一历史档案馆编：《乾隆初年整饬民风民俗史料》（下），《历史档案》2001年

2期。

中国第一历史档案馆编：《嘉庆十四年通州粮仓吏胥舞弊案》，载《历史档案》1990年1期。

中国第一历史档案馆编：《道光朝北京粮仓吏役舞弊史料》（上），载《历史档案》1994年2期。

中国第一历史档案馆编：《道光初筹议八旗生计史料》，《历史档案》1994年第2期。

中国第一历史档案馆编：《道光元年查办冒入旗籍史料》，《历史档案》1995年第3期。

中国第二历史档案馆编：《中华民国史档案资料汇编》，江苏古籍出版社1991年版。

国家档案局明清档案馆编：《戊戌变法档案史料》，中华书局1958年版。

故宫博物院明清档案部编：《清末筹备立宪档案史料》，中华书局1979年版。

中国科学院图书馆藏：《光绪宣统民国户口册·镶红旗满洲二甲喇户口册》。

日本东洋文库藏：《镶红旗档》（陆续出版有《雍正朝镶红旗档》《乾隆朝镶红旗档》《镶红旗档光绪朝目录》2006年版）。

关嘉录译：《雍乾两朝镶红旗档》，辽宁人民出版社1987年版。

安双成：《顺治朝八旗男丁满文档案选译》，载《满学研究》第1辑，吉林文史出版社1992年版。

安双成：《清初编审八旗男丁满文档案选译》，载《历史档案》1988年第4期。

中国科学院民族研究所辽宁少数民族社会历史调查组：《满族历史档案资料选辑》，1963年版。

中国第二历史档案馆编：《中华民国史档案资料汇编》，江苏古籍出版社1991年版。

瑞丰辑：《镶白旗满洲公牍》（民国四年至七年），日本京都大学图书馆藏。

瑞丰辑：《镶白旗满洲公牍》（民国四年至八年），中国社会科学院近代史研究所图书馆藏。

瑞丰辑：《镶白旗满洲公牍》（民国四年至九年），全国图书馆文献缩微复制中心2004年影印本。

北京市档案馆编：《北京档案史料》。

于彤、袁凤华整理：《北洋政府时期北京社团一览》，载《北京档案史料》1991年第1期。

刘苏选编：《五大民族共和联合会章程》，载《北京档案史料》1992年第1期。

刘苏选编：《五族国民合进会史料》，载《北京档案史料》1992年第2期。

中国社会科学院近代史研究所图书馆藏：《醇王府资料》。

中国科学院民族研究所等编：《满族历史档案资料选辑》，1963年铅印本。

三 契约碑刻

中国社会科学院近代史研究所图书馆藏房地契约文书。

北京大学图书馆藏房地契约文书。

中国科学院图书馆藏房地契约文书。

日本东京大学东洋文化研究所藏北京契约文书。

北京大学张传玺主编：《中国历代契约会编考释》（上下），北京大学出版社1995年版。

日本東京大學東洋文化研究所：《仁井田陞博士蒐集中国文书目录（稿）》，1999年版。

日本東京大學東洋文化研究所：《中國土地文書目錄·解説》下，《東洋學文獻センター―叢刊》第48辑，1983年版。

盛昱辑：《雪屐寻碑录》，载金毓黻编《辽海丛书》第5册，辽沈书社1985年影印本。

钱仪吉纂：《碑传集》，中华书局1993年点校本。

北京图书馆金石组编：《北京图书馆藏中国历代石刻拓本汇编》，中州古籍出版社1990年版。

中国科学院图书馆藏：《白云观碑拓本》。

王晶辰主编：《辽宁碑志》，辽宁省人民出版社2002年版。

东岳庙北京民俗博物馆编、赵世瑜主持辑录并审订：《北京东岳庙与北京泰山信仰碑刻辑录》，中国书店出版社2004年版。

政协北京市石景山区委员会编：《石景山文史》第14集，《石景山寺庙碑文选编专辑》，2006年本。

徐自强主编：《北京图书馆藏北京石刻拓片目录》，书目文献出版社1994年版。

杨海山：《京郊清代墓碑》，学苑出版社2014年版。

四　族谱家乘

祖建极续修：《祖氏家谱》，清康熙写本，日本东洋文库藏。

李树德重修：《李氏谱系》，康熙壬寅（1722）写本，日本东洋文库藏。

甘恪修撰：（沈阳）《甘氏家谱》（序言题《沈阳旗汉甘氏家谱》），道光二十六年（1846）刻本，日本东洋文库藏。

那淳纂修：《叶赫那拉氏世系生辰谱》，乾隆丁酉（1777）抄本，收入北京图书馆编《北京图书馆藏家谱丛刊·民族卷》第38册，北京图书馆出版社2002年版。

裕彬、崇秀、乌尔棍岱续修：《正白旗满洲叶赫纳喇氏宗谱》，同治庚午（1870）年手写本，中央民族大学图书馆藏，收入《北京图书馆藏家谱丛刊·民族卷》第37册，北京图书馆出版社2002年版。

额腾额纂修：《叶赫那兰氏八旗族谱》，道光三年（1823）抄本，收入《北京图书馆藏家谱丛刊·民族卷》第37册，北京图书馆出版社2002年版。

祥安等续修：《叶赫那拉氏族谱》，道光二十九年（1849）稿本，收入《北京图书馆藏家谱丛刊·民族卷》第 38 册，北京图书馆出版社 2002 年版。

鄂尔泰等撰，成额等辑：《八旗满蒙氏族通谱（纳喇氏）》道光间抄本，收入《北京图书馆藏家谱丛刊·民族卷》第 37 册，北京图书馆出版社 2002 年版。

延升纂：《那拉氏宗谱》，朱丝横栏旧抄本，收入《北京图书馆藏家谱丛刊·民族卷》第 37 册，北京图书馆出版社 2002 年版。

（清）佚名纂：《辉发纳喇氏族次房三房宗谱正册》，光绪间抄本，收入《北京图书馆藏家谱丛刊·民族卷》第 37 册，北京图书馆出版社 2002 年版。

叶凌云撰：《叶赫纳拉氏宗谱源流考》，1934 年写本，收入《北京图书馆藏家谱丛刊·民族卷》第 38 册，北京图书馆出版社 2002 年版。

恒敬等修：《讷音富察氏谱传》，嘉庆十二年（1807）抄本，收入《北京图书馆藏家谱丛刊·民族卷》第 45 册，北京图书馆出版社 2002 年版。

宝轮等修：《沙济富察氏宗谱》，道光七年（1827）刻本，收入《北京图书馆藏家谱丛刊·民族卷》第 45 册，北京图书馆出版社 2002 年版。

萨氏修：《辉发萨克达氏家谱》，光绪二十四年（1898）隆钊写本，收入《北京图书馆藏家谱丛刊·民族卷》第 38 册，北京图书馆出版社 2002 年版。

郭克兴：《郭氏家乘六种》，民国十五年、十六年（1926、1927）铅印本，收入《北京图书馆藏家谱丛刊·民族卷》第 47 册，北京图书馆出版社 2002 年版。

法良编：《先仲兄少司寇公年谱》（斌良年谱），道光二十九年（1849）刻本，收入北京图书馆编《北京图书馆藏珍本年谱丛刊》第 138 册，北京图书馆出版社 2001 年版。

成琦编：《主善堂主人年谱》，光绪间稿本，收入《北京图书馆藏珍本年谱丛刊》第 163 册，北京图书馆出版社 2001 年版。

（清）佚名编：《松文清公升官录》，收入《北京图书馆藏年谱丛刊》第 119 册，北京图书馆出版社 2001 年版。

阮元：《梧门先生年谱》，嘉庆二十一年（1816）刻本，收入《北京图书馆藏珍本年谱丛刊》119 册，北京图书馆出版社 2001 年版。

图门氏纂修：《正白旗满洲三甲喇公中佐领图门氏家谱》，咸丰年间稿本，收入《北京图书馆家谱丛刊·民族卷》第 45 册，北京图书馆出版社 2002 年版。

延昌纂：《图门世谱》，咸丰年间稿本，收入《北京图书馆藏家谱丛刊·民族卷》第 45 册，北京图书馆出版社 2002 年版。

崇雯编：《崇翰池年记》，民国间稿本，收入《北京图书馆藏珍本年谱丛刊》198 册，北京图书馆出版社 2001 年版。

凝祥：《尚氏宗谱》道光乙酉年（1825）家刻本（残本）。

释今释：《平南王元功垂范》，乾隆三十年（1765）刻本，收入《北京图书馆藏珍本年谱丛刊》68 册，北京图书馆出版社 2001 年版。

罗振玉编：《平南敬亲王尚可喜事实册》，民国十三年（1924）铅印本，收入《北京图书馆藏珍本年谱丛刊》68册，北京图书馆出版社2001年版。

尚久蕴等：《尚氏宗谱》1994年第六次续修本，又1997年六修补遗本，又2002年六修补遗（之二）本。

伊桑阿续修：《奉天高佳氏家谱》，乾隆五十九年（1794）写本，中国科学院图书馆藏。

郎氏纂修：《郎氏宗谱》（光绪壬寅年冬月朔日复皮重订）1册，《牛胡鲁哈拉家谱》（内封：《郎氏宗谱》光绪二十八年十一月初一日复皮重订）2册，中国科学院图书馆藏。

佚名：《镶白旗汉军高氏家乘》，写本，中国科学院图书馆藏。

崇实、崇厚：《清江南河道总督完颜公行述》，清刻本。

麟庆：《鸿雪因缘图记》，北京古籍出版社1984年版。

崇实：《惕盫年谱》（《完颜文勤公年谱》），光绪三年（1877）刻本。

衡永编，崇厚述：《鹤槎年谱》，民国十九年（1930）刊本。

宝琳、宝珣编：《升勤直公（升寅）年谱》，道光间刻本，收入《北京图书馆藏珍本年谱丛刊》126册，北京图书馆出版社2001年版。

唐邦治：《清皇室四谱》，上海聚珍仿宋书局民国十二年（1923）排印本。

马熙运编著：《马佳氏宗谱文献汇编》，1995年铅印版。

席长庚：《董鄂氏族史料集》，北京满学会满学资料丛书1998年铅印本。

席长庚整理：《成全自述》，北京满学会满学资料丛书2001年铅印本。

五　地方志

张茂节修，李开泰等纂：《大兴县志》，康熙二十四年（1685）刻本传抄本影印，收入《中国地方志集成·北京府县志辑》第7册，世纪出版集团、上海书店出版社2002年版。

王养濂修、李开泰等纂：《宛平县志》，康熙二十三年（1684）刻本，收入《中国地方志集成·北京府县志辑》第5册，世纪出版集团、上海书店出版社2002年版。

吴景果纂修：《怀柔县新志》，康熙六十年（1721）刻本，收入《中国地方志集成·北京府县志辑》第5册，世纪出版集团、上海书店出版社2002年版。

臧理臣等修：《密云县志》，民国三年（1914）京华印书局铅印本，收入《中国地方志集成·北京府县志辑》第6册，世纪出版集团、上海书店出版社2002年版。

周志中修：《良乡县志》，民国十三年（1924）铅印本，收入《中国地方志集成·北京府县志辑》第7册，世纪出版集团、上海书店出版社2002年版。

吴都梁修：《昌平州志》，康熙十二年（1673）澹然堂刻本，收入《中国地方志集成·北京府县志辑》第4册，世纪出版集团、上海书店出版社2002年版。

吴履福等修，缪荃孙等纂：《昌平州志》，光绪十二年（1886）刻本，收入《中国地方志集成·北京府县志辑》第4册,世纪出版集团、上海书店出版社2002年版。
吴存礼修:《通州志》,康熙三十六年(1697)刻本,收入《中国地方志集成·北京府县志辑》第6册,世纪出版集团、上海书店出版社2002年版。
神穆德:《潭柘山岫云寺志》,光绪九年(1883)刊本。
周家楣、缪荃孙等编纂:《光绪顺天府志》,北京古籍出版社1987年版。
吴廷燮总纂:《北京市志稿》,北京燕山出版社1998年版。
朱一新:《京师坊巷志稿》,北京古籍出版社1982年版。
金勋:《北京西郊成府村志》,中国科学院图书馆藏民国二十九年(1940)稿本,又收录于《中国地方志集成·乡镇志专辑》,江苏古籍出版社1992年版。
金勋:《妙峰山志》,中国科学院图书馆藏民国稿本。
溥儒:《白带山志》,民国三十七年(1948)刻本。
[日]服部宇之吉主编:《北京志》,1908年日本东京博文馆原版;张宗平、吕永和译本更名《清末北京志资料》,北京燕山出版社1994年版。

六 笔记

沈德符:《万历野获编》,中华书局1959年版。
沈榜:《宛署杂记》,北京出版社1961年版。
刘献庭:《广阳杂记》,中华书局1957年点校本。
谈迁:《北游录》,中华书局1960年点校本。
钱泳:《履园丛话》,中华书局1979年点校本。
查慎行:《人海记》,北京古籍出版社1989年点校本。
萧奭:《永宪录》,中华书局1959年版。
昭梿:《啸亭杂录》,中华书局1980年点校本。
英和:《恩福堂笔记》,北京古籍出版社1991年版。
奕赓:《佳梦轩丛著》,北京古籍出版社1994年点校本。
薛福成:《庸盦笔记》,商务印书馆光绪二十四年(1898)本,江苏古籍出版社1983年版、2000年版。
王庆云:《石渠余记》,北京古籍出版社1985年点校本。
姚元之:《竹叶亭杂记》,光绪癸巳年刻本。
福格:《听雨丛谈》,中华书局1984年点校本。
法式善:《陶庐杂录》,中华书局1984年点校本。
富察敦崇:《燕京岁时记》,北京古籍出版社1981年点校本;又日本小野胜年译注,日本东洋文库丛书,平凡社昭和四十二年版。
崇彝:《道咸以来朝野杂记》,北京古籍出版社1982年点校本。
震钧:《天咫偶闻》,北京古籍出版社1982年点校本。

汪启淑：《水曹清暇录》，北京古籍出版社1998年版。
吴长元：《宸垣识略》，北京古籍出版社1982年点校本。
吴振棫：《养吉斋丛录》，北京古籍出版社1983年点校本。
夏仁虎（枝巢子）：《旧京琐记》，北京古籍出版社1985年点校本。
李伯元：《南亭笔记》，上海古籍出版社1983年影印本。
何刚德：《春明梦录》《客座偶谈》，上海书店1983年影印本。
待余生：《燕市积弊》，北京古籍出版社1995年版。
阙名：《燕京杂记》，北京古籍出版社1986年标点本。
刘体智：《异辞录》，中华书局1988年版。
李若虹：《朝市丛载》，北京古籍出版社1995年版。
金梁：《光宣小记》，上海书店出版社1998年版。
毓盈：《述德笔记》，《近代史资料》总79号，中国社会科学出版社1991年版。

七　报纸杂志

《政府公报》《政治官报》《盛京时报》《东方杂志》《大同白话报》《正宗爱国报》《官话大同日报》《中央大同日报》《中华报》《京话日报》《警钟日报》《北京画报》《图画新闻》《国剧画报》《旗族》。

八　舆图绘画

［日］冈田玉山编述：《唐土名胜图会》，日本ぺりかん社1987年影印本。
［日］内田道夫解説：《北京風俗図譜》，平凡社，昭和三十九年版。
佚名绘：《左翼四旗所属官厅图》，无年月，手绘本。
佚名绘：《北京民间风俗百图》，北京图书馆出版社2003年版。
［美］塞缪尔·维克多·康斯坦特：《京都叫卖图》，陶立译，北京图书馆出版社2004年版。
中国社会科学院考古研究所编：《明清北京城图》，地图出版社1986年版。
侯仁之主编：《北京历史地图集》，北京出版社1988年版。
北京市古代建筑研究所、北京市文物局资料中心编：《加摹乾隆京城全图》，北京燕山出版社1996年版。
高晋辑：《南巡盛典》，清末刻本。
朱诚如主编：《清朝图典》，紫禁城出版社2002年版。

九　今人著作

郑振铎：《中国文学研究》，作家出版社1957年版。

孟森：《明清史论著集刊》，中华书局1959年版。

孟森：《明清史论著集刊续编》，中华书局1986年版。

郑天挺：《探微集》，中华书局1980年版。

潘光旦：《潘光旦文集》第9册，北京大学出版社2000年版。

陈宗藩编著：《燕都丛考》，北京古籍出版社1991年版。

关德栋：《曲艺论丛》，上海古籍出版社1958年版。

朱眉叔等选注：《满族文学精华》，辽沈书社1993年版。

周汝昌：《曹雪芹小传》，百花文艺出版社1983年版。

周汝昌：《红楼梦新证》，华艺出版社1998年版。

陈垣：《陈垣学术论文集》，中华书局1980年版。

郭廷以编著：《近代中国史事日志》，中华书局1987年版。

韦庆远等：《清末宪政史》，中国人民大学出版社1993年版。

顾颉刚：《妙峰山的香会》，载《妙峰山》，中山大学语言历史研究所《民俗学会丛书》1928年版。

奉宽：《妙峰山琐记》，中山大学民俗学会民国二十八年（1939）铅印本。

吕威：《民国时期的妙峰山民俗研究》，载刘锡诚主编《妙峰山·世纪之交的中国民俗流变》，中国城市出版社1996年版。

北京市朝阳区文化文物局、北京市民俗博物馆编写：《东岳庙》，1999年铅印本。

齐如山：《故都三百六十行》，书目文献出版社1993年版。

金受申：《北京通》，大众文艺出版社1999年版。

邓之诚：《骨董琐记全编》，北京出版社1996年版。

傅乐焕：《关于清代满族的几个问题》，载《辽史丛考》，中华书局1984年版。

王锺翰主编：《满族简史》，中华书局1979年版。

王锺翰主编：《中国民族史》，中国社会科学出版社1994年版。

王锺翰主编：《满族史研究集》，中国社会科学出版社1988年版。

王锺翰：《清史杂考》，中华书局1963年版。

王锺翰：《清史新考》，辽宁大学出版社1990年版。

王锺翰：《清史续考》，台湾华世出版社1993年版。

王锺翰：《清史余考》，辽宁大学出版社2001年版。

王锺翰：《清史补考》，辽宁大学出版社2004年版。

罗继祖：《枫窗脞语》，中华书局1984年版。

金启孮：《北京郊区的满族》，内蒙古大学1989年版。

金启孮：《北京城区的满族》，辽宁民族出版社1998年版。

满族社会历史调查编写组编：《满族社会历史调查》，辽宁人民出版社1985年版。

溥仪：《我的前半生》，群众出版社1979年版。

北京市文物研究所编：《北京考古四十年》，北京燕山出版社1990年版。
祁美琴：《清代内务府》，中国人民大学出版社1998年版。
李养正：《新编北京白云观志》，宗教文化出版社2003年版。
杨亦武：《上方山兜率寺》，华文出版社2004年版。
孙荣芳等：《大觉禅寺》，北京出版社2006年版。
张云涛：《北京戒台寺石刻》，北京燕山出版社2007年版。
张菊玲：《清代满族作家文学概论》，中央民族学院出版社1990年版。
定宜庄：《清代八旗驻防制度研究》，天津古籍出版社1992年版。
定宜庄：《最后的记忆——十六位旗人妇女的口述历史》，中国广播电视出版社1999年版。
赖惠敏：《天潢贵胄——清皇族的阶层结构与经济生活》，台湾中央研究院近代史研究所专刊第81辑，1997年版。
杨珍：《康熙皇帝一家》，学苑出版社1994年版。
杨海英：《洪承畴与明清易代研究》，商务印书馆2006年版。
常瀛生：《北京土话中的满语》，北京燕山出版社1993年版。
丛宏业等编：《北京风物散记》第1集，科学普及出版社1981年版。
钱实甫编：《清代职官年表》，中华书局1980年版。
徐广源：《清东陵史话》，紫禁城出版社1997年版。
晏子有：《清东西陵》，中国青年出版社2002年再版。
忻平等主编：《民国社会大观》，福建人民出版社1991年版。
李婷：《京旗人家——〈儿女英雄传〉与民俗文化》，黑龙江人民出版社2005年版。
佟鸿举：《民俗文书收藏趣谈》，百花文艺出版社2006年版。
黄兆桐：《关于纳兰性德在上庄地区史迹的调查报告》，2001年9月稿本。
石继昌：《春明旧事》，北京出版社1996年版。
文安主编：《晚清述闻》，中国文史出版社2004年版。
赵迅：《纳兰性德家族墓志考》，北京文津出版社2000年版。
冯其利：《清代王爷坟》，分载《文史资料选编》第43、44辑，北京出版社1993年版。
杜连喆、房兆盈共编：《三十三清人传记综合索引》，燕京大学图书馆引得编纂处民国二十一年（1932）刊。
吴建雍撰著：《北京通史》第7卷，中国书店1995年版。
魏开肇等：《北京通史》第8卷，中国书店1995年版。
韩光辉：《北京历史人口地理》，北京大学出版社1998年版。
侯仁之、唐晓峰主编：《北京城市历史地理》，北京燕山出版社2000年版。
尹钧科：《北京郊区村落发展史》，北京大学出版社2001年版。

刘宗一主编：《北京房地产契证图集》，奥林匹克出版社1996年版。
叶世昌、潘连贵：《中国古近代金融史》，复旦大学出版社2001年版。
刘克祥、陈争平：《中国近代经济史简编》，浙江人民出版社1999年版。
施渡桥：《晚清军事变革研究》，军事科学出版社2003年版。
罗尔纲：《晚清兵制》，中华书局1997年版。
张玉田等：《中国近代军事史》，辽宁人民出版社1983年版。
王建华：《半世雄图：晚清军事教育现代化的历史进程》，东南大学出版社2004年版。
[美] A. W. 恒慕义主编：《清代名人传略》，中国人民大学清史研究所翻译组译，青海人民出版社1990年版。
[韩] 任桂淳：《清朝八旗驻防兴衰史》，生活·读书·新知三联书店1993年版。
赵生瑞：《中国清代营房史》，中国建筑工业出版社1999年版。
北京市档案馆编：《档案与北京史国际学术讨论会论文集》，中国档案出版社2003年版。
耿申、邓清兰等编：《北京近代教育记事》，北京教育出版社1991年版。
北京市政协文史资料委员会编：《辛亥革命后的北京满族》，北京出版社2002年版。
秦国经：《逊清皇室轶事》，紫禁城出版社1985年版。
北京市文物研究所编：《北京考古四十年》，北京燕山出版社1990年版。
[日] 小柳司气太：《白云观志》，开明堂东京支店1934年版。
[日] 东洋文库满文老档研究会编：《八旗通志列传索引》，1969年刊。
[日] 太田辰夫：《八旗文人傳記综合索引稿》，汲古書院1975年版。
[日] 织田方：《清朝行政法》，中国政法大学2003年版。
[日] 武田昌雄：《满汉礼俗》，上海文艺出版社1989年影印本。
[日] 中嶋幹起：《清代中国语满洲语词典》，东京外国语大学亚非语言文化研究所1998年版。
[日] 多贺秋五郎：《中國宗譜の研究》，日本學術振興會，1981—1982年版。
[澳] 冯兆基著，郭太风译：《军事近代化与中国革命》，上海人民出版社1994年版。
[美] 马克·欧立德：《满洲之道：中华帝国晚期的八旗制度与种族认同》，斯坦福大学出版社2000年版（Mark C. Elliott: The Manchu Way: The Eight Banners and Ethnic Identity in Late Imperial China, Stanford University Press, 2000）。
刘小萌：《八旗子弟》，福建人民出版社1996年版。
刘小萌：《爱新觉罗家族全史》，吉林人民出版社1997年版。
刘小萌：《满族的部落与国家》，吉林文史出版社1996年版。
刘小萌：《满族从部落到国家的发展》，辽宁民族出版社2001年版，中国社会科学出版社2007年再版。
刘小萌：《满族的社会与生活》（论文集），北京图书馆出版社1998年版。

刘小萌：《胥吏》，北京图书馆出版社1998年版。
刘小萌：《旗人史话》，社会科学文献出版社2000年版。
刘小萌：《正说清朝十二王》，中华书局2006年版。
刘小萌：《清通鉴·前编》，山西人民出版社2000年版。
刘小萌、定宜庄：《萨满教与东北民族》，吉林教育出版社1990年版。
常书红：《辛亥革命前后的满族研究》，北京师范大学博士论文，2003年铅印本。
贾艳丽：《清末新政时期的八旗生计问题》，中国社会科学院近代史所硕士论文，2006年铅印本。
[日] 能村启司：《辛亥革命后北京旗人的改籍问题》，中国人民大学硕士学位论文，2007年铅印本。
孙静：《满族形成的再思考》，复旦大学博士学位论文，2005年铅印本。

十　今人文章

李景汉：《北平郊外之乡村家庭》，商务印书馆1929年版。
包路芳：《从村屯到城市——李景汉北京郊区调查80年回访》，《北京社会科学》2006年第6期。
牛鼐鄂：《北平一千二百户贫户之研究》，燕京大学社会学系编《社会学界》第7卷，1933年。
李洵：《祖大寿与"祖家将"》，《社会科学辑刊》1989年第2、3期合刊。
朱眉叔：《日本京都大学图书馆藏满汉合璧写本〈温凉盏〉评介》，《满语研究》1988年第3期。
冯其利：《京郊清墓探寻——大学士墓》，《北京档案史料》2002年第2期，新华出版社2002年版。
陈文石：《清代满人政治参与》，台湾中央研究院历史语言研究所集刊第48本，1977年版。
陈文石：《清代的笔帖式》，台湾《食货月刊》第4卷第3期，1974年6月。
苏亚民：《北京管理衙署的沿革》，《文史资料选编》第36辑，北京出版社1989年版。
赵书：《外火器营满族乡镇杂忆》，《文史资料选编》第42辑，北京出版社1992年版。
徐萍芳：《论北京旧城街道的规划及其保护》，法国远东学院北京中心编印2002年6月。
李孝聪：《北京城地域结构启示录》，法国远东学院北京中心编印2002年12月。
翔凤：《清初北京城内八旗驻地问题》，《红楼梦研究集刊》1980年第5期。
内蒙语文历史研究所编：《满语中的蒙语借词》，1976年油印本。
刘宗一、王育生：《北京的房地契纸与契税》，《文史资料选编》第25辑，北京出版社1985年版。

吴洋：《清代"俄罗斯佐领"考略》，《历史研究》1987年第5期。
杜立福、罗荣禄：《俄国东正教在中国的兴衰》，《文史资料选编》第22辑，北京出版社1984年版；又载《北京市东城区文史资料选编》第4辑，1993年。
萧玉秋：《俄国东正教驻北京传教团在华活动的历史评价》，载［俄］尼古拉·阿多拉茨基：《东正教在华两百年史》附录。
黄铭崇：《八旗组织与北京内城的社区结构初探》，《建筑师》1991年第41期。
姜纬堂：《论〈八旗方位全图〉》，《满学研究》第1辑，吉林文史出版社1992年版。
北京市社会学会、中央民族学院民族研究所等联合调查组：《北京市海淀区火器营满族社会调查报告》，《满族研究》1988年第1期。
于德源：《清代北京的旗地》，《中国农史》1989年第3期。
华立：《从旗人编查保甲看清朝"旗民分治"政策的变化》，《民族研究》1988年第5期。
佟佳江：《清代八旗制度消亡时间新议》，《民族研究》1994年第5期。
张永江：《八旗蒙古与清代的武科及翻译科考试》，《内蒙古社会科学》1990年第7期。
阎崇年、郝志群：《京师八旗都统衙门建制沿革及遗址考察》，《满学研究》第7辑，民族出版社2002年版。
赵毅、王景泽：《"革命排满"与八旗社会》，《东北师范大学学报》1995年第1期。
迟云飞：《清末最后十年的平满汉畛域问题》，《近代史研究》2001年第5期。
张福记：《清末民初北京旗人社会的变迁》，《北京社会科学》1997年第2期。
袁熹：《清末民初北京的贫困人口研究》，《北京档案史料》2000年第3辑，新华出版社2000年版。
毕琼：《成府村研究》，《北京档案史料》2004年第4辑，新华出版社2004年版。
辛泸江：《清末新政中的户口调查》，《北京档案史料》1999年第3辑，新华出版社1999年版。
史明正：《北京史研究在海外》，《北京档案史料》1999年第3辑，新华出版社1999年版。
定宜庄：《美国与台湾学者近年来对满族史与八旗制度史的研究简述》，《满族研究》2002年第1期。
定宜庄：《内务府完颜世家考》，《清史论丛》，辽宁古籍出版社1995年版。
定宜庄：《清代北京城内的八旗鳏夫》，《东アジア近世都市における社会の结合》，日本清文堂2005年版。
张卫东：《北京八角鼓与岔曲、腰截、单弦牌子曲的关系》，2007年打印稿。
［美］马克·欧立德：《清代满洲人的民族主体意识与满洲人的中国统治》，华立译，《清史研究》2002年第4期。

［美］盖博坚：《西方学者近期对"满洲"之释义》，王湘云译，《清史论集——庆贺王锺翰教授九十华诞》，紫禁城出版社2003年版。

［美］黄巧巧：《李放与〈八旗画录〉》，阎崇年主编：《满学研究》第6辑，民族出版社2000年版。

邱仲麟：《水窝子——北京的供水业者与民生用水（1368—1937）》，李孝悌主编：《中国的城市生活》，台湾联经出版社2005年版。

马钊：《满学：清朝统治的民族特色——1990年以来以英语发表的清史著作综述之一》，载《清史译丛》第1辑，中国人民大学出版社2004年版。

孙静：《满族民族认同的历史追寻——柯娇燕满族研究评价》，载《清史译丛》第3辑，中国人民大学出版社2005年版。

李典蓉：《清代满洲认同的几个问题》，《清史译丛》第6辑，中国人民大学出版社2007年版。

关纪新：《满族对北京的文化贡献》，《北京社会科学》2007年第3期。

宪容：《河北省の土地制度に就いて》，日本《東亜論叢》第1辑，東京文求堂1939年。

熊遠報：《清代民国時期における北京の水壳買業と「水道路」》，《清代徽州地域社会史研究》，日本東京汲古書院2003年版。

［日］村松佑次：《旗地の〈取租冊檔〉をよび〈差银冊檔〉について》上下，载《東洋學報》第45卷。

［日］太田辰夫：《清代文学中的满族语言》，辽宁省民族研究所编：《满族研究参考资料》1988年第1期。

［日］细谷良夫：《八旗制度之演变》，辽宁省民族研究所编：《满族研究参考资料》1984年第2期。

［日］细谷良夫：《清朝における八旗経済の一断面》，《一関高専紀要》第7号，1972年。

［日］细谷良夫：《八旗米局攷——清朝中期の八旗経済をめぐって——》，载《集刊東洋学》第31号，1974年6月。

［日］细谷良夫：《围绕尚氏家族的诸史料》，《满学研究》第4辑，民族出版社1998年版。

［日］细谷良夫：《歷史語言研究所所藏「已入滿洲姓氏」檔案——包衣ニルをめぐって——》，日本《滿族史研究》第1号，2002年5月。

［日］细谷良夫：《关于日本东洋文库所藏光绪朝〈厢红旗档概述〉》，载《文献与史学：恭贺陈捷先教授七十嵩寿论文集》，台湾远流出版社2002年版。

［日］今堀诚二：《清代以降の家族制度——土地買賣文書にょる一考察——》，载《法制史研究》第25期，1975年。

[日] 中见立夫：《〈百二老人語錄〉の諸問題——稲葉岩吉博士旧蔵本の再出現とワランパートル国立図書館本をめぐつて——》，《滿族史研究通信》第 9 号，2000 年。

[日] 中见立夫：《川島浪速と北京警務学堂・高等巡警学堂》，《CHIKAKI NI ARITE》No. 39，August2001。

[日] 石橋崇雄：《满文文書について》，日本東京大學東洋文化研究所：《中國土地文書目錄・解説》下，《東洋學文献センター叢刊》第 48 辑，1983 年版。

[日] 村田雄二郎：《ラストエンベズは何語で話していたか？——清末の「国語」問題と単一語言制》，《ことぱと社会》第 3 号。

[日] 长井裕子：《文学テクストにおける近現代中国の旗人像の変遷》，研究成果報告書平成十七年八月。

[日] 长井裕子：《满族作家穆儒丐的文学生涯》（莎日娜汉译），《民国初期文化与社会》共同研究班的报告，2006 年铅印本。

[日] 绵贯哲郎：《清初の旧汉人と八旗汉军》，日本大学史学会：《史叢》第 67 号，2002 年。

[日] 杉山清彦：《漢軍旗人李成梁一族》，岩井茂樹编：《中國近世社会の秩序形成》，2004 年。

[日] 铃木真：《雍正帝と藩邸旧人》，日本《社会文化史学》第 42 号，2001 年 9 月。

[日] 村上信明：《乾隆朝の繙訳科挙と蒙古旗人官僚の台頭》，日本《社会文化史学》第 43 号，2002 年 5 月。

[日] 黑田明伸：《中華帝国の構造と世界経濟》（1994 年），《貨幣システムの世界史——非対称性をよむ——》，岩波書店 2003 年版。

[日] 上田裕之：《清、康熙末年から乾隆初年の京師における制錢供給と八旗兵餉》，日本《史學研究》249 号，2005 年 8 月。

[德] 马丁、吉姆：《汉文小说和短篇故事的满文译本》，定宜庄译，载《中国传统小说在亚洲》，国际文化出版公司 1989 年版。

定宜庄、刘小萌：《台尼堪考》，《清史研究通讯》1988 年第 3 期。

刘小萌：《库图勒考》，《满语研究》1987 年第 2 期。

刘小萌：《关于清代八旗中"开户人"的身份问题》，《社会科学战线》1987 年第 2 期。

刘小萌：《试析旗下开户与出旗为民》，《中国民族历史与文化》，中央民族学院出版社 1988 年版。

刘小萌：《清前期东北边疆"徙民编旗"考察》，吕一燃主编：《中国边疆史地论集》，黑龙江教育出版社 1991 年版。

刘小萌：《清代北京旗人的房地契书》，《满学研究》第 5 辑，民族出版社 2000 年版。

刘小萌：《北京地区碑刻中的旗人史料》，《文献》2001年第3期。

刘小萌：《关于江宁将军额楚满文诰封碑》，《满语研究》2001年第1期。

刘小萌：《关于清代北京旗人谱书：概况与研究》，《文献》2006年第2期。

刘小萌：《乾、嘉年间畿辅旗人的土地交易》，《清史研究》1992年第4期。

刘小萌：《从房契文书看清代北京城中的旗民交产》，《历史档案》1996年第3期。

刘小萌：《清代北京旗人的房屋买卖》，《清史论丛》，辽宁古籍出版社1996年版。

刘小萌：《清代北京内城居民的分布格局与变迁》，《首都师范大学学报》1998年第2期。

刘小萌：《清前期北京旗人满文房契研究》，《民族研究》2001年第4期。

刘小萌：《清代北京旗人的茔地与祭田》，《清史论丛》2001年号，中国广播电视出版社2001年版。

刘小萌：《清代北京旗人与香会》，《燕京学报》新12期，2002年5月。

刘小萌：《清代北京旗人舍地现象研究》，《清史研究》2003年第1期。

刘小萌：《清朝皇帝与保母》，《北京社会科学》2004年第3期。

刘小萌：《清皇室与三藩"额驸"》，《满族研究》2002年第3期。

刘小萌：《内务府世家的类型及其婚姻关系》，《清史论集》，人民出版社2006年版。

刘小萌：《关于清代北京的俄罗斯人》，《清史论丛》2007年号，中国广播电视出版社2006年版。

刘小萌：《康熙年间的北京旗人社会》，《明清档案与历史研究论文集》，新华出版社2008年版。

刘小萌：《清代北京旗人社会中的民人》，《故宫博物院暨国家清史编纂委员会国际清史研讨会论文集》，紫禁城出版社2006年版。

后　记

　　北京这座日新月异的大都市，有我祖辈日渐湮没的痕迹。我的母亲出生在城内一个典型的旗人家庭，她的双亲即我姥姥和姥爷两家都是旗人，而我们兄弟三人又是由姥姥亲手带大的。因此，无论从家庭出身还是文化传承上讲，我都是不折不扣的"半个旗人"。因为研究清史和满族史的缘故，早有撰写北京旗人社会史的打算，这既是学术的追求，也寓有对先辈生活足迹和历史命运的关切。如今完成的这部著作，尽管还很不成熟，总算了结了一个夙愿。

　　本书在写作和出版过程中，得到相关部门的大力支持。感谢北京市社会科学基金规划办公室和李建平主任对本研究的长期支持，感谢国家清史编纂委员会对本书出版的资助。感谢陈铮先生细心审阅书稿，提出许多中肯意见，使我获益良多。感谢中国社会科学出版社对我的一向支持，感谢责任编辑郭沂纹女士、责任校对李小冰女士，以及风向标工作室卓有成效的工作。还要感谢中国科学院图书馆、北京大学图书馆、国家清史编纂委员会资料中心、中国第一历史档案馆、日本东洋文库、东京大学东洋文化研究所图书馆、东北学院大学大学院史学科公开研究中心和该校图书馆，以及中国社会科学院近代史研究所图书馆的诸位同仁，在资料方面提供的诸多便利和热情帮助。

　　感谢细谷良夫教授、关继新研究员、长井裕子教授、定宜庄研究员、毕奥南研究员、唐戈教授、柳泽明教授、赖惠敏研究员、余敏玲研究员、赵志强研究员、李宝臣研究员、顾文荃研究员、徐丹俍先生、尚焰先生、谢军先生、绵贯哲郎先生、相原佳之先生、张笑颜女士、贾艳丽女士提供宝贵资料或其他帮助。谨向所有支持、帮助、鼓励过我的学术界前辈、同行和朋友们，致以最衷心的感谢！

作者谨识　2008年4月21日

中国社会科学出版社"社科学术文库"
已出版书目

1. 冯昭奎：《21世纪的日本：战略的贫困》，2013年8月出版。
2. 张季风：《日本国土综合开发论》，2013年8月出版。
3. 李新烽：《非凡洲游》，2013年9月出版。
4. 李新烽：《非洲踏寻郑和路》，2013年9月出版。
5. 韩延龙、常兆儒编：《革命根据地法制文献选编》，2013年10月出版。
6. 田雪原：《大国之难：20世纪中国人口问题宏观》，2013年11月出版。
7. 中国社会科学院科研局编：《中国社会科学院学术大师治学录》，2013年12月出版。
8. 李汉林：《中国单位社会：议论、思考与研究》，2014年1月出版。
9. 李培林：《村落的终结：羊城村的故事》，2014年5月出版。
10. 孙伟平：《伦理学之后》，2014年6月出版。
11. 管彦波：《中国西南民族社会生活史》，2014年9月出版。
12. 敏 泽：《中国美学思想史》，2014年9月出版。
13. 孙 晶：《印度吠檀多不二论哲学》，2014年9月出版。
14. 蒋寅主编：《王渔洋事迹征略》，2014年9月出版。
15. 中国社会科学院财经战略研究院：《科学发展观：引领中国财政政策新思路》，2015年1月出版。
16. 高文德主编：《中国民族史人物辞典》，2015年3月出版。
17. 李细珠：《张之洞与清末新政研究》，2015年3月出版。
18. 王家福主编、梁慧星副主编：《民法债权》，2015年3月出版。
19. 管彦波：《云南稻作源流史》，2015年4月出版。

20. 施治生、徐建新主编：《古代国家的等级制度》，2015 年 5 月出版。

21. 施治生、徐欣如主编：《古代王权与专制主义》，2015 年 5 月出版。

22. 何振一：《理论财政学》，2015 年 6 月出版。

23. 冯昭奎编著：《日本经济》，2015 年 9 月出版。

24. 王松霈主编：《走向 21 世纪的生态经济管理》，2015 年 10 月出版。

25. 刘小萌：《清代北京旗人社会》（修订本），2016 年 1 月出版。